WERDER BR
VIZEMEISTER 19
Deutscher Fußballmeister 1965
POST CARD
Leeds United
Dauerkarte
Sonnabend, 30. Jan.
1. FC
WESER-STA
HAAKE-BECK
Hauptribüne
Werder Bremen
TV
Werder Bremen Jürgen Röber
KLAUS ALLOFS
DAVE WATSON
MANCHESTER CITY
FIGURINE DE COLLECTION
Johan Micoud
aaaaaiiilton
Glasgow Rang
Dienstag, 27. Juli 1976, 20
Weser-Stad
INTERNATIONAL CLUB MATCH
CARDIFF CITY v.
S.V. WERDER BREMEN
THURSDAY, 31st JULY, 1969
OFFICIAL PROGRAMME
Werder
Bremen
CARL ZEISS JENA
BREMER KARTE
SV WERDER BREMEN in PUMA
UEFA-CUP
1982/83
FC Vorwärts
Frankfurt (Oder)
SV
Werder Bremen
29.09.1982
1. FC Nürnberg
Werder Bremen
HAUPT-Tribüne
Wie steh'n zu Werder

Lebenslang grün-weiß

Arnd Zeigler

Lebenslang grün-weiß

Für meinen
Sportsfreund Rainer!

Arnd Zeigler
12/2006

EDITION TEMMEN

Die Deutsche Bibliothek verzeichnet diese Publikation in der Deutschen Nationalbibliografie; detaillierte bibliografische Daten sind im Internet unter http://dnb.ddb.de abrufbar.

Bildnachweis:

Bauman, Frank: 522o.r.; DPA / Picture Alliance: 10u., 11o. und m., 381o.; Heidmann, Carsten: 6, 7, 32u., 61u., 151u., 288, 323u., 380u. sowie alle Trikot-Aufnahmen und Werder-Devotionalien; Imago: 32o., 41o., 60u.r., 61o.l., 68u.l., 76o., 107u., 109o., 160o. und u., 161u., 168, 170u., 178, 184, 186o., 189o., 201m., 204u., 214, 218, 242, 251, 257, 267, 272o., 273, 278o., 279, 280l., 284, 287, 295r.u., 298u., 308, 313u. und m., 317, 320o., 323o., 327, 328, 333, 334u.r., 337, 359, 373, 377, 379, 382, 393, 403, 411, 420r., 427, 435o., 449, 466, 472o., 474o., 475, 537, 541m. und u., 544, 546o.r., 547o., 549o., 555o., 556, 557, 560o.m., 563o. und m., 568, 569, 575; Müller, Horst: 80u., 180o.l., 200, 220o.l., 264o.; 344, 366; Landesinstitut für Schule, Medien/Landesbildstelle Bremen: 293; Rufer, Wynton: 406 u.l.; Schrank, Volker (bildkultur): 153; Schumann, Walter: 27o., 31u.r., 60u.l., 89o., 100/101m., 125r., 136, 140u., 147, 155, 165, 170o., 243l., 247m., 276, 294r.o., 300; van der Walle, Carl: 291o.l., o.r., m.r.; Watson, Dave: 222r.; Wilm, Pico: 177o., 197, 280r., 281; Witters Sport-Presse-Fotos: 194, 270u.l., 208o., 252, 253, 255, 338u.,

Die Portraits der Spielerkader und der Trainer werden nicht einzeln nachgewiesen. Sie stammen größtenteils von den Fotografen Horst Müller, Jürgen Stroscher, Walter Schumann und Gerhard Zebrowski. Die sonstigen nicht einzeln nachgewiesenen Aufnahmen stammen aus dem Archiv des SV Werder, aus dem Archiv des Autors sowie aus dem Verlagsarchiv. In wenigen Fällen konnten trotz intensiver Recherche Fotografen nicht ermittelt werden. Der Verlag bittet ggf. um Mitteilung.

1. Auflage 2006

Hohenlohestr. 21 – 28209 Bremen
Tel. 0421/34 84 30 – Fax 0421/34 80 94
info@edition-temmen.de
www.edition-temmen.de

Herstellung: Edition Temmen

ISBN 3-86108-564-X
ISBN 978-3-86108-564-5

Premiumausgabe:
ISBN 3-86108-585-2
ISBN 978-3-86108-585-0

Werder fühlt sich gut an

Ganz gewieften Lesern dieses Buches wird auffallen, dass sein Autor dieses Vorwort nicht völlig neu erfunden, sondern lediglich aktualisiert hat. Das ist keine Faulheit, sondern Absicht. Denn an den im Herbst 2003 für das Buch »Das W auf dem Trikot« aufgezählten »41 guten Gründen, Grün-Weiß zu tragen« hat sich wenig bis gar nichts verändert. Abgesehen davon, dass nicht jedem Fan die Farben der Trikots gefallen oder der Abschied von Joe Micoud geschmeckt haben mag, ist die Liebe zu einem Verein durch beinahe nichts zu erschüttern. Durch schlechte Jahre nicht, und durch gute Jahre schon mal überhaupt nicht.

Und, Boy: Wir hatten gute Jahre, wir Werderfans! Wir hatten sogar traumhafte Jahre! Wir haben im Sommer 2004 und in den Jahren danach Dinge erlebt, die wir fast nicht mehr für möglich gehalten hatten. Mit Werder nach endlosen »Jaaahren voller Frust« plötzlich wieder eine Meisterschaft feiern zu dürfen, war unfassbar. »Meister werden« schien ein Hochgefühl, das ausschließlich in der Vergangenheit gesucht werden durfte. Doch wir erlebten das flirrende Revival dieser Emotion, die wir für immer verloren glaubten. Ein Gefühl wie »Ich kann wieder gehen!«, oder »Ich kann wieder sehen!« oder »Ich kann immer noch stehen!«

Wir stehen auf Werder Bremen. Wir stehen auf einen Verein, der sich in den über 107 Jahren seines Bestehens immer wieder neu erfunden hat. Wer jetzt zehn Jahre alt ist, wird das Double 2004 in seinem Herzen tragen. Wer zwanzig ist, war beim Pokalsieg 1999 völlig von den Socken. Wer dreißig ist, verklärt möglicherweise den Triumph von Lissabon 1992 zu einem der schönsten Tage seines Fan-Lebens. Wer vierzig ist, vergöttert nach wie vor Horst-Dieter Höttges oder Dieter Burdenski und war in seiner Kindheit auch ganz ohne Titel glücklich, ein Werder-Fan zu sein. Wer fünfzig ist, erinnert sich an die kurzzeitige Aufregung um die rohrkrepierende »Millionenelf«. Wer sechzig ist, erinnert sich an Eintrittspreise um 2 DM in der alten Betonschüssel Weser-Stadion, die nasskalt und zugig sein konnte, und wo man doch immer wieder hinwollte. Wir stehen auf Werder Bremen. Fast jeder tut dies aus einem anderen Grund.

Seine Zuneigung oder Liebe zu einem Fußballverein rational zu erklären, ist ein Ding der Unmöglichkeit. Ebenso wenig kannst du ja erklären, warum Mutti die Beste ist. Es ist einfach so. Irgendwann wachst du also auf und hast einen Lieblingsverein, der dich künftig oft nicht mehr so gut schlafen lässt.

Kult-Schriftsteller Nick Hornby formulierte es einst wunderbar so: »Man sucht sich keinen Verein aus. Der Verein wird einem gegeben.« Und wenn du also plötzlich mit einem Verein zitterst, leidest, jubelst, dann wirst du feststellen, dass dein Leben reicher ist – wenngleich nicht unbedingt immer an positiven Dingen. Fest steht nur: Sobald du einen Lieblingsverein hast, verlierst du unwiederbringlich die Macht, deine Laune an Wochenenden frei zu wählen.

Als Werder Bremen 1980 aus der Bundesliga abstieg, war ich 14 und habe geweint. In der Schule bekam ich von meinem Mathelehrer (Herrn Frühmark) jeden Montagmorgen einen Spruch reingedrückt, der meistens die Wörter »Werder-Fans« und »kleine Brötchen backen« enthielt. Vor diesen Sprüchen graute mir noch mehr als vor Mathe, und das will wirklich etwas heißen.

Trotzig und wild entschlossen habe ich daraufhin jede Sekunde der folgenden Zweitligasaison in mich aufgesogen, obwohl die Gegner nur Erkenschwick, Lüdenscheid und Solingen hießen. Erkenschwick, Lüdenscheid, Solingen, und wenn man gegen Solingen gespielt hatte, kam wieder Erkenschwick und dann wieder Lüdenscheid. Manchmal aber auch Bocholt. Egal. Ich war sicher, dass meine Hingabe auch ein ganz winziges Bisschen dazu beiträgt, den SVW zurück in die Bundesliga zu bringen, wo er schließlich verdammtnochmal auch hingehörte.

Wir (ja, ab jetzt spätestens »wir«!) stiegen bekanntlich sofort wieder auf, und die Welt war schön, denn Werder spielte tollen Fußball und war plötzlich eine Spitzenmannschaft. Nur wer vorher schon den Abstieg miterlebt hatte, wusste die bunten Werder-Achtziger richtig zu schätzen.

Als Michael Kutzop dann 1986 den Elfer versemmelte, hatte ich mich gerade entschlossen, heftig in ein Mädchen verliebt zu sein. Vorher war ich jahrelang nur in Rudi Völler verliebt. Die Enttäuschung der verpassten Meisterschaft war fast zuviel für mich: Ich überlegte ernsthaft, ob Mädchen nicht eigentlich viel besser seien als Fußballvereine, weil Mädchen keine Außenpfosten haben. Aber langfristig hast du als Fan keine faire Wahl: Wenn du jung bist, kommen und gehen die Mädchen, aber der Verein bleibt. Immer.

Der Lieblingsverein ist in guten und schlechten Zeiten für dich da, und dann ist es ja wohl das Mindeste, dass du als Fan das auch andersherum so handhabst. Ein 3:1 gegen Bayern ist unheimlich gut gegen Liebeskummer, und die selbstverständliche Gegenleistung ist, dass du als Fan eben auch da bist, wenn dein Verein mal Kummer hat (und je nach Verein kommt das ja nicht unbedingt selten vor). Das ist nur fair.

John F. Kennedy hat bekanntermaßen einmal gesagt: »Frage nicht, was dein Land für dich tun kann – frage, was du für dein Land tun kannst.« Ähnlich verhält es sich mit der Liebe zu einem Verein. Man wird nicht Fan, weil man von seinem Verein immer prächtig unterhalten wird, und wenn man Fan wird, investiert man nicht sein Eintrittsgeld, um anschließend guten Fußball reklamieren zu können. Werder-Liebe funktioniert anders. Frag dich am besten erstmal, was du für deinen Verein tun kannst!

Dabei geht es gar nicht um große Gesten, viel Geld oder das Ausüben zahlreicher Ehrenämter zur selben Zeit (obwohl das natürlich eine tolle Sache ist!). Nein – es geht darum, dass jeder Werder-Fan einen kleinen Teil dazu beisteuern kann, dass die Mannschaft gewinnt. Und wenn das gelingt, dann war dein Mitzittern, deine Aufregung, dein Gebrüll ein kleiner, aber wichtiger Teil dieses Sieges. Das macht es so toll, ein Fan zu sein. Okay, auch das hat Nick Hornby mal ganz ähnlich formuliert.

Und er hatte ein weiteres mal Recht, als er eine der romantischsten Begleiterscheinungen des Fan-Daseins schilderte. Im übertragenen Sinn etwa so: Wann immer Werder Bremen einen großen Sieg landet, kann ich sicher sein, dass in ganz Deutschland Bekannte und Freunde an mich denken. Wenn du Fan bist, dann bist du für Außenstehende Werder Bremen, und Werder Bremen ist du.

Und deshalb gehe ich jetzt mal davon aus, dass dieses Buch mehrheitlich von Werder-Fans gelesen wird und rede mal für uns alle, wenn ich sage: Wir alle sind Werder Bremen, und Werder ist ein Teil von uns allen. Wir sind nicht Rekordmeister, haben auch nicht das größte Stadion oder das dickste Bankkonto, aber Werder Bremen ist sich immer treu geblieben – und damit auch uns.

Werder ist einzigartig und nicht nur für uns Fans etwas ganz Besonderes, sondern auch für ausnahmslos alle Spieler und Persönlichkeiten, die in diesem Buch zu Wort kommen. Manche Zyniker sagen, für Renommee und Tradition könne man sich nichts kaufen. Umgekehrt wird ein (Fußball-)Schuh draus: Der SV Werder Bremen kann auf ein Renommee und eine Tradition verweisen, die man sich für kein Geld der Welt kaufen kann. Mehr als vier Jahrzehnte in der deutschen Eliteklasse, die ermöglicht wurden durch einen seriös geführten Verein, der auch in seinen erfolgreichsten Jahren immer menschlich, hanseatisch-bescheiden und sympathisch geblieben ist.

Als im Herbst 2003 der Vorgänger dieses Buches erschien, stand Werder überraschend auf Platz 1 der Bundesliga. Niemand hatte uns dort erwartet. Auch wir nicht. Aber wir alle haben inständig gehofft, dass die Rückkehr an die Tabellenspitze der reiche Lohn sein könnte für das stete Arbeiten an einer Mannschaft, einem Verein, einer Institution, die für unsere Stadt Bremen genauso viel bedeutet wie für jeden einzelnen von uns.

Wir hatten Werder nicht weniger lieb, als der Verein immer mal wieder kurz am Boden lag. Aber wir lieben Werder besonders fürs Aufstehen. Jetzt, so hört man immer mal wieder, gibt es viele Menschen im ganzen Land, die Werder ein bisschen heimlich oder auch ziemlich unheimlich um das beneiden, was hier entstanden ist. Sie beneiden Werder Bremen um den schönsten Fußball, um sympathische Hauptfiguren auf und neben dem Platz, die das Herz am rechten Fleck tragen. Sie bewundern die Unaufgeregtheit und die Seriosität, mit der hier Werte geschaffen wurden, für die man anderswo die Zukunft eines ganzen Vereins verpfändet hat.

Nicht jeder Mensch mag Werder Bremen. Aber fast jeder Fußballinteressierte in Deutschland honoriert, respektiert und/oder mag das, was hier geschieht. Und wisst ihr, warum?

Weil wir die Guten sind.

Lebenslang grün-weiß!
Euer Arnd Zeigler

WERDER BREMEN
MEISTER UND POKALSIEGER
2004
DOUBLE 2004
WERDER BREMEN
WIR: DIE NUMMER 12
WERDER BREMEN
3:0 BAYERN
8. APRIL 2006
Europa-Pokalsieger der Pokalsieger 1992
100% WERDER
WERDER BREMEN
DOUBLE

1963/64: Der Fluch der Nummer 1

Oben v.l.:
Edu Hundt (Ligaobmann), Jagielski, Schimeczek, Zebrowski, Ferner, Hänel, Klöckner, Schulz, Thun, Trainer Multhaup
Unten v.l.: Schütz, Schwierzke, Bordel, Nachtwey, Lambertz, Bernard, Lorenz, Dudjahn, Piontek, Jung, Masseur Binder

Wußten Sie das vom SV Werder Bremen?

Bremen, Weser-Stadion,
Telefon 49 04 39

39 Mannschaften: Vertragsliga, 8 Amateur-
mannschaften, 1 Reisemannschaft, 1 Alt-
herren-Mannschaft, 28 Jugendmannschaften.
Bezahlte Trainer: Georg Knöpfle (Vertrags-
spieler); Fred Schulz (Amateure).
Abteilungen: Fußball, Handball, Leichtath-
letik, Tischtennis, Schach.
Mitglieder: 1900.
Fußgänger: Schröder, Lambertz, Jung, Dud-
jahn.
Senior: Willi Schröder (35).
Junior: Klaus Lambertz (23).
Verheiratet: Kokartis, Nachtwey, Lorenz, Schütz, Jagielski, Jung, Meyer, Thun, Hänel, Schröder, Schimeczek, Soya.
Ledig: Lambertz Piontek, Zebrowski, Dud-
jahn.
Spielausschuß: Edu Hundt (ehem. National-
spieler, dreimal).
Vorsitzender: Dr. Hans Burhorn.
Städt. Stadion: Weser-Stadion am Osterdeich: 32 000 Plätze, davon 3150 Sitzplätze(Ausbau auf 40 000 beginnt jetzt).
Aus eigener Jugend: Lambertz u. Zebrowski.
Nationalspieler: Schröder (12 A u. 2 Amat.).

Kapitän Schütz

Erinnerungen an die erste Saison der Bundesliga sehen, zumindest im Fernsehen, irgendwie immer gleich aus: Putzige, mit Swingmusik nachvertonte Schwarzweißfilmchen zeigen uns pausbäckige Fans mit Fahnen und Tröten, die zu Hunderten aus Straßenbahnen quellen, um sich in unüberdachten, überfüllten Stehplatzbetonschüsseln für einen Eintrittspreis von 3 DM ihren Lieblingsverein anzusehen. Und die Spielausschnitte von damals muten so gemütlich an, als könne man mit dem Gebotenen aus heutiger Sicht selbst spielerisch ganz gut mithalten: Der Star der Mannschaft dribbelt sich zappelig einen Wolf, während seine Nebenleute mit in die Hüfte gestemmten Händen entspannt zusehen. Der Torwart schlägt ab und keinen Mitspieler interessiert es. Zu langsame Verteidiger polieren ihren schnellen Gegenspielern vorsätzlich die Knochen. Alles also in etwa so wie bei uns Freizeitfußballern heute.

Aber der Fußball der Saison 1963/64 war wirklich anders. Fußball-Deutschland befand sich in Aufbruchstimmung und fieberte dem Start der Bundesliga-Ära entgegen, die vor allem von Bundestrainer Sepp Herberger und dem Kölner Vereinspräsidenten Franz Kremer vorangetrieben wurde. Herberger versprach sich international eine höhere Konkurrenzfähigkeit für seine Nationalelf, wenn sich die besten Spieler Deutschlands Woche für Woche miteinander messen, anstatt – wie in Werders Fall – in der Oberliga gegen Neumünster, Bergedorf und Altona ran zu müssen. Das brilliante Abschneiden Deutschlands bei den ersten Weltmeisterschaften nach Bundesligaeinführung gab dem Trainerfuchs langfristig völlig recht. Und der ausgebuffte Rheinländer Kremer hatte in Köln still und leise das Vollprofitum eingeführt. Der »Lizenzspieler«, heute würde man »Profi« sagen, löste den »Vertragsspieler« aus Oberligazeiten ab. Und wer als Lizenzspieler beim 1. FC Köln kickte, wurde von Franz Kremer rundum kompetent beraten, fürsorglich betreut und verlässlich bezahlt. Während man sich also bei den Geißböcken ausschließlich auf das pure Fußballspielen in der neuen Eliteliga konzentrieren konnte, litten alle anderen Vereine unter Geburtswehen.

Vorschau auf die erste Bundesliga-Saison im »Kicker«. Man beachte die wichtige Rubrik »Fußgänger«!

Auch Werder ging das nicht anders. An der Weser war man zwar zunächst einmal mit Recht stolz darauf, zu den ersten neun Clubs zu gehören, die vom DFB am 16. Januar 1963 für würdig befunden worden waren, in der Bundesliga mitspielen zu dürfen – im Gegensatz zum FC Bayern München zum Beispiel, der draußen bleiben musste. Fünf Vizemeisterschaften hintereinander in der norddeutschen Oberliga unter Trainer Schorsch Knöpfle waren die sportliche Visitenkarte. Aber von der Goldgräberstimmung und hemmungslosen Deutschmark-Euphorie mancher anderer Bundesliga-Standorte war man in

Werders Führungsetage um Präsident Alfred L. Ries und Geschäftsführer Hans Wolff meilenweit entfernt. Zu offensichtlich war es, dass auf den Verein völlig neue Probleme zukamen: Das Stadion musste ausgebaut werden, weil es zwar wie heute rund 40.000 Zuschauern Platz bot, aber nur über 3200 Sitzplätze und ein kleines Dach auf der Südtribüne verfügte. Und Flutlicht! Man brauchte plötzlich eine Flutlichtanlage! Welchen beruflichen Status haben eigentlich die Lizenzspieler? Wer zahlt die Sozialversicherungsabgaben für die Spieler? Wer kann den Leistungsträgern berufliche Hilfestellung leisten, um sie an der Weser halten zu können? Fragen über Fragen, und eine schwierige Mission vor allem für Hans Wolff, den Geschäftsführer, den man heute natürlich »Manager« nennen würde.

Der DFB hatte sich zwar auf dem Papier zum Vollprofitum durchringen können, legte den Vereinen aber fußballjuristische Daumenschrauben an. Insgesamt 1200 DM durfte ein Lizenzspieler 1963 höchstens inklusive aller Prämien verdienen. Einzig für besonders verdiente Spieler wie Uwe Seeler beim HSV oder die Weltmeister Maxl Morlock (Nürnberg) und Hans Schäfer (Köln) galten Ausnahmeregelungen, die ein etwas höheres Gehalt erlaubten. Von vornherein gab es jedoch Unregelmäßigkeiten, weil verschlagene Fußballfunktionäre mit verschleierten Zahlungen natürlich auch ein erlaubtes Höchstgehalt immer irgendwie umgehen konnten.

Vor dem Hintergrund dieses gestrengen Reglements fiel auch das Ködern neuer Stars nicht leicht. Werder hatte bei seinen Neuverpflichtungen dennoch ein absolut glückliches Händchen: Günter Bernard erwies sich als Volltreffer. Er avancierte zu einem der besten deutschen Torhüter, hütete den Werder-Kasten rund ein Jahrzehnt lang und war die Nummer 1 in der höchst respektablen Reihe von Klassetorhütern, die Werder bis heute vorweisen konnte.

Zusätzlich musste Ersatz her für den größten Fußballstar, den Bremen in den Fünfziger Jahren bewundern durfte: Für Willi Schröder (Bild rechts), den Nationalspieler und herausragenden Spieler der Oberligajahre, kam die Bundesliga einen Hauch zu spät. Er hatte es nach Ansicht von Trainer Knöpfle schon im letzten Oberligajahr am nötigen Trainingseifer fehlen lassen und wurde aussortiert. Nach nur noch einem Pflichtspieleinsatz in seiner letzten Werder-Saison wechselte das Fußballidol mit Beginn der Bundesliga zu den Kollegen von Bremerhaven 93, bei denen in den Sechzigern zahlreiche Werder-Kämpen ihre Karriere ausklingen ließen. Schröder wurde schließlich ersetzt durch den feinen Techniker Diethelm Ferner, den Werder vom VfB Bottrop loseiste. Ferner und Bernard waren die zwei wichtigsten Neuen auf dem Spielfeld. Auf der Trainerbank fand derweil die überraschendste personelle Änderung statt: Mangels Vertrauen in die Perspektive der Mannschaft, die er fünf Jahre lang jeweils zum Nord-Vizemeister gemacht hatte, kündigte der knorrige Erfolgstrainer Georg Knöpfle seinen Abschied an und machte sich auf nach Köln, wo er den 1. FC zur allerersten Bundesligameisterschaft führte. Alles richtig gemacht! Seine Nachfolge trat der Westfale Willi »Fischken« Multhaup an. Ein Herr im gesetzten Alter schon, Gentleman, Autorität und absoluter Fußballfachmann. Intelligent, charismatisch und seriös, immer für einen Spruch gut. Multhaup wurde von Werders Liga-Obmann Edu Hundt ausgesucht, mit dem er in den dreißiger Jahren gemeinsam für Schwarz-Weiß Essen gekickt hatte.

Mittlerweile ist fast vergessen, dass Multhaup für Werder Bremen nur die zweite Wahl darstellte: Geschäftsführer Hansi Wolff hatte vielmehr Anfang des Jahres mit Engelszungen versucht, Bernd Trautmann für den Trainerposten bei Werder zu begeistern. Der Klassetorwart von Manchester City, selbst gebürtiger Bremer, musste jedoch schweren Herzens absagen: Er hatte seine Karriere mit 41 Jahren immer noch nicht beendet. Als die Bundesliga startete, nahm Trautmann statt des turbulenten Trainerstuhls bei Werder den Managerposten beim englischen Viertdivisionär Stockport Country an, den er auf Anhieb vor dem Abstieg rettete.

Als im August 1963 der Vorhang für die Bundesliga aufging, präsentierte sich der Verein mit einem neu ausgebauten Weser-Stadion, dessen Flutlichtanlage am 15. August 1963, neun Tage vor dem Ligastart, vor über 20.000 Fans gegen die international renommierte Elf von Honved Budapest eingeweiht wurde. Werders 2:1-Sieg durch ein Doppelpack

Willi Soya: Erster Werder-Bundesliga-Torschütze

Bremen, Weser-Stadion, 24.8.1963, 17:34 Uhr: Werder Bremens erstes Bundesligator

Diese nicht schönen, aber seltenen Bilddokumente zeigen die »Mutter aller Werder-Tore«: Nach 34 erstaunlich überlegen geführten Minuten gegen den amtierenden Deutschen Meister Borussia Dortmund gleicht Werders Halbrechter Willi Soya den Rückstand aus der ersten Spielminute der ersten Bundesligasaison aus. Beim Schuss prallt er mit Dortmunds Nationaltorwart Hans Tilkowski zusammen (oberes Bild), der sich dabei verletzt, aber auf die Zähne beißt und weiterspielt.

Dortmunds Verteidiger Geisler und Bracht versuchen alles, können den Ball aber nicht mehr aufhalten. Soya bringt Werder mit diesem Tor auf die Siegerstraße. Auf dem unteren Foto erkennt man am rechten Bildrand den Torschützen Soya, der – immer noch auf Torwart Tilkowski liegend! – bereits strahlt. Am Ende heißt es 3:2 für Werder.

24. August 1963, 17.01 Uhr: Das erste Tor der Bundesliga-Geschichte!

Klaus Lambertz, Werder-Torwart der ersten Stunde

Friedhelm »Timo« Konietzka (Borussia Dortmund), Bundesliga-Torschütze der ersten Minute

Keine Fernsehkamera fing es ein, weil es damals nur eine davon im Stadion gab, und die musste erst noch aufgebaut werden. Und die Herren Fotografen putzten noch ihre Objektive und waren auf den großen Moment nicht so recht gefasst, obwohl das Abenteuer Bundesliga am vorletzten Augustsamstag 1963 nicht wirklich überraschend kam und ganz Fußballdeutschland im Grunde auf diesen Moment wartete: Auf das geschichtsträchtige, allererste Tor der neuen deutschen Eliteliga. Es fiel passenderweise in Bremen beim Duell zwischen den Traditionsmannschaften von Werder und Borussia Dortmund, dem Deutschen Meister.

Niemand weiß heute genau, ob die »Mutter aller Bundesligatore« nun nach 25, 35, 40 oder 55 Sekunden fiel. Die Schilderungen der Reporter gehen da etwas auseinander, wobei die Schätzungen mehrheitlich auf die ca. 35. Sekunde des Spiels hinauslaufen.

Lange Zeit ist man davon ausgegangen, dass überhaupt kein Bildmaterial dieses großen Momentes existiert. Nach mehr als vier Jahrzehnten können die erstmals veröffentlichten Bilder auf dieser Seite erahnen lassen, wie das Tor gefallen ist, das 1963 den Startschuss gab zu Abertausenden von Spielen voller Dramatik, Klasse und Leidenschaft.

Den magischen Moment beschreibt jemand, der das Tor besser gesehen haben dürfte als jeder andere: Werders Torsteher Klaus Lambertz.

Das Tor war insgesamt sehr unspektakulär. Über links kam Emmerich mit dem Ball, passte flach nach innen, und Konietzka konnte mutterseelenallein mit dem Ball auf mich zulaufen. Er hat mich dann quasi »unterspielt«, also den Ball unter meinem Körper hindurchgeschoben, als ich herauslief.

Es gehört zum Sport, dass eben auch in der ersten Minute Tore fallen können. Und hinterher sind wir ja auch gut ins Spiel gekommen. Wenn heute über dieses erste Tor geredet wird meint man manchmal vergessen zu haben, dass Werder das Spiel ja trotzdem noch gewonnen hat.

Der Bundesligastart war für uns Spieler ein großer Einschnitt. Vorher war alles regional. Wir haben in der Oberliga gegen Kiel, Oldenburg und Hamburg gespielt, und mit dem Bundesligastart konnten wir uns deutschlandweit mit den besten Teams messen. Es war eine größere Herausforderung, weil in der Bundesliga nur noch starke Gegner warteten. Vorher, in der Oberliga Nord, gab es doch ein um einiges größeres Leistungsgefälle. Dazu kam die ganze Logistik: Die Fahrerei, Trainingslager, die vielen damit verbundenen Neuerungen – eigentlich fing 1963 der Profifußball erst richtig an. Der Umgang mit dem Fußball wurde ungleich systematischer. Die Doppelbelastung durch den bürgerlichen Beruf und den Fußball war im ersten Bundesligajahr für Werder noch ein großes Problem. Das haben wir erst im zweiten Jahr besser unter einen Hut bekommen.

Damals war absolut nicht absehbar, was sich aus der Bundesliga entwickeln würde. Man hat zwar von Anfang an mehr Geld verdient als noch zu Oberligazeiten, aber niemand konnte ahnen, was für eine große, kommerzialisierte Sache der Profifußball werden sollte – auch bedingt durch den Globalisierungsdruck.

Bild 1: Viele Jahre lang wurde behauptet, vom ersten Bundesligator aller Zeiten gäbe es kein Bildmaterial. Die Bilder auf dieser Doppelseite belegen das Gegenteil, wenngleich der Torschuss selbst nicht zu sehen ist. Die Entwicklung des Tores aber ist auf diesen drei seltenen Schnappschüssen gut zu rekonstruieren: Nach gut 30 Sekunden der Partie Werder – Dortmund am 1. Spieltag 1963/64 geht BVB-Stürmer Lothar Emmerich auf dem linken Flügel auf und davon. Der Werder-Strafraum ist völlig verwaist, Werders Hintermannschaft noch im Tiefschlaf. Werders Max Lorenz (2. v. r.) kann Emmerich nicht an einer gezielten, flachen Hereingabe hindern, während dessen Sturmkollege Friedhelm »Timo« Konietzka in der Mitte darauf lauert, Bundesliga-Geschichte zu schreiben. Werder-Kapitän Pico Schütz kann der Szene aus einiger Entfernung nur zuschauen und sieht das Unheil kommen …

Bild 2: Konietzka hat eingenetzt und dreht rechts jubelnd ab, während Werder-Keeper Lambertz links am Boden ungläubig dem Ball hinterherstaunt. Hinter dem Torschützen liegt Werder-Verteidiger Bordel am Boden, der nicht mehr eingreifen konnte. In der Bildmitte freut sich »Emma« Emmerich über seine gelungene Überraschung, während im Hintergrund deutlich zu erkennen ist, dass unzählige Besucher des Weser-Stadions noch auf der Suche nach ihrem Sitzplatz auf der Südtribüne sind. Die Stadionuhr zeigt immer noch 17 Uhr …

Für mich war das Kapitel »Berufsfußball« dann 1967 vorbei. Ich war in den ersten vier Jahren Bundesliga die Nummer 2, hätte vielleicht auch mal die Nummer 1 werden können, aber ich hatte von vornherein eine andere Orientierung als die meisten anderen Spieler. Ich wollte studieren, Profifußball war nicht das Ziel meiner Wünsche. Ich wollte einen Beruf wählen können, der mir Spaß macht, und damit meine ich nicht den Fußball. Mir schwebte eine Ingenieurstätigkeit vor, ein geregelteres Leben. Ich habe dann eine gesunde Distanz zum Fußball entwickelt. Heute wohne ich in Süddeutschland und habe nur noch losen Kontakt zu Werder. Manchmal trifft man sich zu Jahrestagen, wie zuletzt zum 40. Jubiläum der 1965er Meisterschaft.

Klaus Lambertz bestritt für Werder zwischen 1961 und 1967 insgesamt 35 Ligaspiele, davon 17 in der Bundesliga. Das erste Bundesligator verursachte, wie geschildert, keinen größeren Schaden: Der amtierende Meister aus Dortmund traf zwar in der ersten und später kurioserweise noch ein weiteres Mal in der letzten Minute des Spiels (und erneut war es Konietzka), Werder hatte jedoch in der Zwischenzeit durch Soya, Schütz und Klöckner einen beruhigenden Vorsprung herausgespielt.

Bild 3: Die Bundesliga hat ihren ersten Torjubel, während Lambertz und Bordel stumme Blicke tauschen. Rechts macht sich BVB-Stürmer Brungs auf die Jagd nach seinen Kollegen Konietzka und Emmerich. Die Zuschauer wirken wie erstarrt, an der Mittellinie werden Haare gerauft

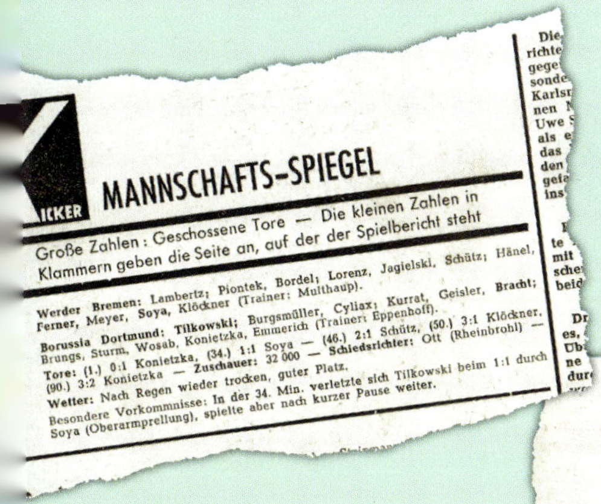

ICKER

MANNSCHAFTS-SPIEGEL

Große Zahlen: Geschossene Tore — Die kleinen Zahlen in Klammern geben die Seite an, auf der der Spielbericht steht

Werder Bremen: Lambertz; Piontek, Bordel; Lorenz, Jagielski, Schütz; Hänel, Ferner, Meyer, Soya, Klöckner (Trainer: Multhaup).

Borussia Dortmund: Tilkowski; Burgsmüller, Cyliax; Kurrat, Geisler, Bracht; Brungs, Sturm, Wosab, Konietzka, Emmerich (Trainer: Eppenhoff).

Tore: (1.) 0:1 Konietzka, (34.) 1:1 Soya — (46.) 2:1 Schütz, (50.) 3:1 Klöckner, (90.) 3:2 Konietzka — **Zuschauer:** 32 000 — **Schiedsrichter:** Ott (Rheinbrohl) —

Wetter: Nach Regen wieder trocken, guter Platz.

Besondere Vorkommnisse: In der 34. Min. verletzte sich Tilkowski beim 1:1 durch Soya (Oberarmprellung), spielte aber nach kurzer Pause weiter.

Werder Bremen – Bor. Dortmund 3:2

Fehlstart des Meisters

Erst zum zweiten Male spielte der junge Amateur-Verteidiger Bordel in Werders 1. Mannschaft. Foto: Metel[illegible]

Werder-Torwart Klaus Lambertz mehr als vier Jahrzehnte nach dem geschichtsträchtigen Gegentor

Helmut Jagielski galt als feiner Techniker, was aber nicht bedeutete, dass er in Werders Hintermannschaft ein Waisenknabe war. Hier erholt sich das niedergestreckte Löwen-Sturm-Ass Brunnenmaier nur mühsam

des bulligen Sturmtanks Dieter Meyer geriet allerdings im Nachhinein zur Nebensache. Denn in diesem Spiel wuchs sich unmittelbar vor Beginn der Bundesliga eine zuvor schon kritische Personalsituation zur Katastrophe aus: Torwart Volker Boelsen, eigentlich nur der Ersatz-Ersatztorwart, brach sich schon Mitte der ersten Halbzeit den Arm und trieb eine aus heutiger Sicht unfassbare Verletzungsserie auf die Spitze, die auch vier Jahrzehnte später noch absolut reif scheint für das Guinness-Buch der Rekorde: Insgesamt verletzten sich im Jahr 1963 hintereinander Werders erste sechs (!!!) Torhüter.

Premierenpech Im ersten Spiel für seinen neuen Verein Werder Bremen (in Bottrop) verletzte sich der Ex-Schweinfurter Nationaltorwart Günter Bernard. Ein Bänderriß zwingt Bernard zu mehrwöchiger Pause. Das nennt man Premierenpech. Foto: Pilzecker

Die Tragödie begann am 6. Januar 1963, einem unglückseligen Winternachmittag, auf dem vereisten Donnerschwee-Platz zu Oldenburg. Konnte der Zehenbruch von Pico Schütz noch verkraftet werden, so wurde Werders unumstrittener Stammtorwart Heini Kokartis an diesem Tag ungleich härter vom Schicksal getroffen: Ein dreifacher Schädelbruch bedeutete später nach Monaten der Ungewissheit sein Karriereende. Nachfolger sollte zum Sommer der schon erwähnte Schweinfurter Günter Bernard werden, der sogar schon im Tor der Nationalelf stand. Bernard kam – und riss sich in seinem allerersten Testspiel für Werder beim Ablösespiel für Ferner in Bottrop den Meniskus.

Zweiter Torwart hinter Kokartis und dann später auch hinter Bernard war der lange Student Klaus Lambertz, den es natürlich auch erwischte. Lambertz laborierte an einem schmerzhaften Brustbeinanriss und ließ sich wochenlang fit spritzen, bis es irgendwann einfach nicht mehr ging. Eigentlich die Chance für Amateurtorwart Volker Boelsen, aber eben nur eigentlich, denn dann kamen Budapest und der Armbruch. Weil in diesem Kapitel nicht nur über Verletzungen berichtet werden soll, folgende Ergänzung nur noch in Kürze: Der Mann hinter Boelsen hieß Erwin Peters (siehe Extrastory!) und verletzte sich im darauf folgenden Monat, und beide wurden im Tor der Amateure vertreten durch Wolfgang Hermann, also quasi den Ersatz-Ersatz-Ersatz-Ersatztorwart, der schon in seinem allerersten Spiel in der ersten Amateurmannschaft, natürlich, ebenfalls kaputt war.

Die unendliche Torwartmisere machte das Comeback eines ehemaligen Werder-Heroen notwendig, der sich im biblischen Fußballalter von 38 befand und schon seit zwei Jahren im Fußball-Ruhestand weilte: Dragomir Ilic gab in vier Spielen noch einmal sein bestes, kassierte zwar sieben Tore, trug aber dennoch zu 6:2 Punkten bei.

Kommen wir zu den prägenden Figuren in Werders erster Bundesligasaison. Herz und Kopf der Mannschaft war wie eh und je Kapitän Pico Schütz, der so ziemlich auf jeder erdenklichen Position glänzte. Begonnen hatte er als Mittelstürmer, und später lag ihm das Verhindern von Toren ebenso gut wie das Toreschießen. Dann Mittelläufer Helmut Jagielski – wobei »Mittelläufer« ein irreführender Begriff war, denn das klassische 4-2-4-System kannte keinen Mittelläufer mehr. Jagielski spielte zentral in der Abwehr und galt vielmehr noch vor Franz Beckenbauer als erster echter Libero Deutschlands überhaupt. Josef Piontek war eine Bank als rechter Außenverteidiger und wurde auf dieser Position schließlich auch Nationalspieler. Max Lorenz war einer der auffälligsten Mittelfeldspieler der Liga und nahm in Werders System die Position im linken Mittelfeld ein. Im Angriff schließlich wirbelten vor allem der trickreiche Rechtsaußen Gerhard Zebrowski und der bullige Mittelstümer Dieter Meyer, der im Jahr zuvor in 28 Oberligaspielen geradezu Gerd-Müller-like gleich 36 Mal eingenetzt hatte.

Die erste Bundesliga-Saison der Geschichte lief für die Bremer sehr, sehr durchwachsen. Zwar wurde gleich im ersten Spiel der Deutsche Meister Borussia Dortmund mit 3:2 niedergekämpft, was vor allem deshalb ein Fall für die Geschichtsbücher wurde, weil bereits in der ersten Minute des ersten Bundesligaspiels des SV Werder das allererste Bundesligator überhaupt fiel: Der Dortmunder Friedhelm Konietzka überlistete schon nach geschätzten 40 Sekunden den machtlosen Lambertz. Ein schöner Auftaktsieg, aber leider ein Muster ohne Wert. Denn nach anschließend fünf sieglosen Spielen fand sich Werder schnell auf Rang 12 wieder, nur zwei Punkte vor einem Abstiegsplatz. Passenderweise im Nordderby gelang

Heinz Steinmann schießt sein einziges Tor für Absteiger Saarbrücken ausgerechnet gegen seine künftigen Kollegen von Werder Bremen. Werder leistet sich am drittletzten Spieltag eine peinliche 2:3-Schlappe. Man beachte die beeindruckende Anzahl tatenloser Werder-Verteidiger!

dann die Wende: Der selbe HSV, der Werder seit Bestehen der Oberliga Jahr für Jahr das Nachsehen gab, wurde im Weser-Stadion durch drei Tore von Pico Schütz mit 4:2 abgeledert. Nach weiteren Siegen gegen Schalke, Frankfurt, Münster und München 1860 marschierte Werder bis zur Winterpause auf einen beachtlichen 6. Platz vor.

Doch Werder wäre nicht Werder gewesen, hätte die Mannschaft nicht in der Rückrunde durch teilweise unerklärliche Ergebnisse ihre gute Ausgangslage wieder verspielt. Die fehlende Konstanz lag hauptsächlich am Spielsystem der Bremer. Trainer Willi Multhaup wollte es perfektionieren. Werder wagte sich unter Multhaup an das modernste System der frühen sechziger Jahre: Das 4-2-4, mit dem die Brasilianer 1958 und 1962 im Husarenstil Weltmeister wurden. Erdacht hatte es der Überlieferung nach schon Jahre vorher Gustav Sebes, der Trainer der ungarischen »Wunderelf«. Bei Werder funktionierte das System nicht ganz so gut wie bei den Brasilianern. Vorerst nicht. Selbstkritisch merkte der Vereinschronist im monatlichen Mitteilungsblatt des Clubs an: »Offensichtlich haben noch nicht alle unserer Bundesliga-Fußballer ihre Aufgabe innerhalb eines solch komplizierten Systems restlos erkannt.« Multhaup sagte es einfacher: »Die Spieler begreifen nicht, was ich will. Sie spielen falsch, und darum verlieren sie.«

Heimspiel vor einer noch putzig kleinen Nordtribüne. Die Anwohner konnten damals direkt ins Stadion schauen. Für Werder formieren sich v.l.: Zebrowski, Thun, Schimeczek, Jagielski, Soya, Piontek, Meyer, Lorenz, Nachtwey, Lambertz und Kapitän Schütz

Andererseits bestätigte der Verlauf der ersten beiden Bundesligajahre auf beinahe unheimliche Weise die Vorahnungen des neuen Werder-Trainers, der bei seinem Dienstantritt im Sommer 1963 meisterlich orakelte, im ersten Jahr sei für Werder schon ein Mittelfeldplatz okay, während im zweiten Jahr dann aber bitte die Wandlung zu einer Klassemannschaft gelingen solle. Willi Multhaup besaß offenbar einen 7. Sinn.

Im Idealfall bedeutete Multhaups 4-2-4 einen vollendeten Angriffswirbel: Die stürmenden Außenverteidiger unterstützten die beiden Läufer im Mittelfeld. Je nach Bedarf konnte die Mannschaft auf dem Feld mit sechs Offensiv- oder Defensivspielern agieren. An weniger guten Tagen freilich konnte ein solide aufspielender Gegner ein wackeliges 4-2-4 in der Luft zerreißen, weil die beiden Mittelfeldspieler nur bei optimaler Unterstützung der übrigen Mannschaftsteile etwas zu melden hatten. Werders noch recht ungewohntes System bescherte den Zuschauern mitunter eigenartige Darbietungen. Beim Spiel in Frankfurt beispielsweise spielte Werder bildschön und gefällig, und Max Lorenz als linker Läufer wurde von vielen Beobachtern sogar als bester Mann auf dem Platz bezeichnet. Ein kleiner Schönheitsfehler jedoch: Lorenz' Gegenspieler Willi Huberts schoss sage und schreibe vier Tore, und Werder verlor trotz eines ausgeglichenen Chancenverhältnisses gleich mit 0:7, ohne wirklich schlecht gespielt zu haben. Das Statement des »Kicker« fiel daher etwas bizarr aus: »Werder spielte gut, oft zu durchsichtig. War schulmäßig mit klarer Konzeption, vergaß aber die Deckungsaufgaben.« Und von Max Lorenz wurde berichtet, er habe »erst nach dem Spiel so richtig bemerkt, dass sein Gegenspieler soeben vier Tore erzielt hatte«.

Fans wie Medien registrierten die Spiele des SV Werder in der Rückrunde mit einer gewissen Hilflosigkeit. Dem späteren Meistermacher Multhaup ging das nicht anders. Er fragte sich nicht selten: »Was soll ich denn noch versuchen?« In der Vorrunde hatte die Elf doch gezeigt, wozu sie fähig war und sogar den ewigen Nordrivalen HSV hinter sich gelassen. In der Rückserie aber kassierte die Mannschaft ihre vielen Niederlagen mit einer, wie es in einer Nachbetrachtung des bekannten Journalisten Ben Harder heißt: »wurstigen Uninteressiertheit«. (Eine ganz und gar unwurstige Erklärung dafür wird übrigens Kapitän Pico Schütz im nächsten Kapitel liefern!) Selbst gegen die Absteiger Saarbrücken und Münster wurde sang- und klanglos verloren. Eine Entwicklung, die für die kommende Saison 1964/65 nichts Gutes zu verheißen schien. Aber man kann sich ja auch mal täuschen …

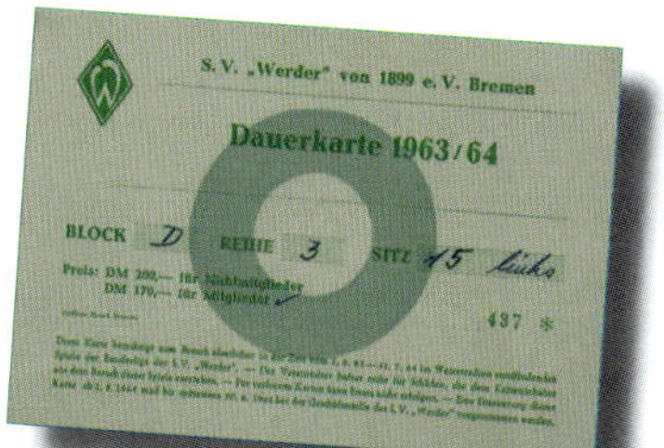

WERDER BREMEN 1963/64

Trainer

Multhaup, Willi »Fischken«
Verantwortlicher Trainer in allen 30 Spielen der Saison

Werders Neuzugänge im Sommer 1963

Neuer Trainer mit neuen Spielern: Willi Multhaup schart beim Trainingsauftakt im Juli 1963 die Neuzugänge Schwierzke, Klöckner, Ferner, Sidon und Bernard um sich (v.l.)

Wer kam?

Bernard (FC Schweinfurt 05)
Bordel (eigene Amateure)
Ferner (VfB Bottrop)
Klöckner (SW Essen)
Schwierzke (1. FC Saarbrücken)

Wer ging?

Kokartis (Sportinvalide)
Schröder (Bremerhaven 93)

Tor

Bernard, Günter
15 Spiele; 0 Tore

Lambertz, Klaus
11 Spiele; 0 Tore

Abwehr

Piontek, Josef »Seppl«
30 Spiele; 0 Tore

Jagielski, Helmut »Jackl«
23 Spiele; 0 Tore

Schimeczek, Helmut »Schimmi«
20 Spiele; 1 Tor

Mittelfeld

Schütz, Arnold »Pico«
30 Spiele; 12 Tore

Lorenz, Max
30 Spiele; 0 Tore

Soya, Willi »Bohne«
25 Spiele; 4 Tore

Angriff

Zebrowski, Gerhard »Zebro«
27 Spiele; 8 Tore

Dudjahn, Horst
0 Spiele; 0 Tore
Amateur

Erweiterter Kader

Ilic, Dragomir »Dragan« Torwart
4 Spiele; 0 Tore
Reaktiviert nach Karriereende 1961

Der Sport-Verein »Werder« im Jahr 1963/64:

1963/64

1. Vorsitzender:	Alfred L. Ries
2. Vorsitzender:	Fritz Düring
3. Vorsitzender:	Wilhelm Riethmöller
Spielausschuss-Vorsitzender:	Edu Hundt
Geschäftsführer:	Hans Wolff
Vereinsarzt:	Dr. Duve
Masseur:	Peter Kienert
Mitglieder:	2.000
Kapazität Weser-Stadion:	40.000 Plätze (7.300 Sitzplätze, davon 6.400 überdacht)

Bordel, Wolfgang
9 Spiele; 0 Tore
Amateur

Nachtwey, Walter
6 Spiele; 0 Tore

Schwierzke, Wolfgang
3 Spiele; 0 Tore

Ferner, Diethelm »Didi«
24 Spiele; 3 Tore

Thun, Dieter
22 Spiele; 6 Tore

Hänel, Klaus »Atze«
17 Spiele; 4 Tore

Meyer, Dieter
15 Spiele; 9 Tore

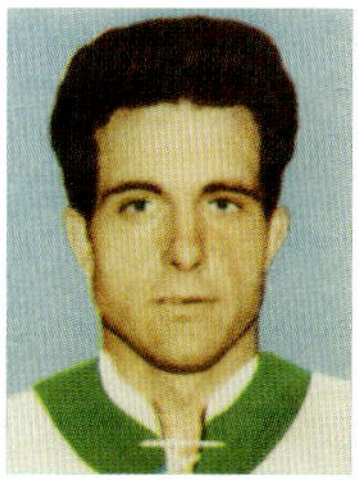

Klöckner, Theo
14 Spiele; 4 Tore

Jung, Erwin
5 Spiele; 1 Tor

In Freundschaftsspielen eingesetzt:

Boelsen, Volker (Tor)
Peters, Erwin (Tor)
Schulz, Hans (Angriff)

Beinahe ein Star (1): Erwin Peters
... oder: 60 Minuten im Rampenlicht

Werder Bremen gilt als die Mannschaft mit der vielleicht beeindruckendsten Torwart-Tradition der Bundesligageschichte. Bis zum Abschied von Frank Rost 2002 reichten ganze vier Torhüter für knapp vier Jahrzehnte: Bernard, Burdenski, Reck – und eben Rost. Absehbar war dies zu Beginn der Bundesliga-Ära noch nicht, denn das Jahr 1963 ging durch eine unfassbare Serie von Torwart-Ausfällen in die Bundesligahistorie des Vereins ein (s. Saisonbericht).

Das Pech der Herren Torhüter Kokartis, Bernard, Lambertz und Boelsen, die es allesamt in den Monaten Januar bis August verletzungsbedingt dahinraffte, hätte das Glück eines blutjungen Mannes aus Oyten sein können: Erwin Peters, erst 18-jähriger Torwart Nummer 4 in der kummergeplagten Hierarchie der Werder-Einser, wurde im großen Freundschaftsspiel gegen Honved Budapest, der offiziellen Flutlichtpremiere des bundesligatauglich gebastelten Weser-Stadions, nicht einfach ins kalte Wasser geworfen, nein: er wurde brutal geschubst. Und wäre anschließend alles auch nur einen Tick anders weitergelaufen im Fußball-Leben des jungen Erwin P., dann hätte er heute daheim in Oyten möglicherweise auf eine stattliche Lizenzspielerlaufbahn zurückblicken können. Warum es ganz anders kam, erzählt Peters selbst:

Ich war schon vorab als zweiter Torwart für dieses Spiel vorgesehen. Bernard und Lambertz waren verletzt, so dass mit dem Amateurtorwart Volker Boelsen nur noch ein gesunder Keeper zur Verfügung stand. Wir hatten am frühen Abend mit der Bundesliga-Reservemannschaft ein Vorspiel gegen den 1. FC Lichtenfels und gewannen mit mir im Tor 2:1. Anschließend setzte ich mich als Ersatztorwart der Lizenzspielermannschaft auf die Reservebank und war unglaublich aufgeregt.

Beinahe die Eintrittskarte zur Bundesliga: Das Originalticket zum Honved-Spiel, in dem Erwin Peters seine große Stunde im Werder-Trikot erlebte

Honved Budapest war 1963 ein echtes europäisches Klasseteam mit Superstars wie Albert oder Tichy. Ich wiederum war gerade 18 und hatte noch nie vor einer solchen Kulisse gespielt, geschweige denn gegen so einen hochkarätigen Gegner. Und, ganz ehrlich: Ich wusste gar nicht so genau, ob ich Schiss vor einem Einsatz hatte, oder ob ich insgeheim drauf hoffte.

Jedenfalls kam es dann, wie es kommen musste: Torwart Volker Boelsen, unsere eigentliche Nummer 3, brach sich den Arm und musste raus. Ehe ich mich versah, war meine Stunde gekommen. Im wahrsten Sinne des Wortes, denn Boelsen verletzte sich schon Mitte der ersten Halbzeit, und ich musste als unerfahrener Junge noch eine gute Stunde gegen Budapests Stars ran. Wie mechanisch rannte ich aufs Feld, bekam von Pico Schütz noch einen aufmunternden Klaps und ein paar beruhigende Worte, nach dem Motto ›Hab' keine Angst, wir sind bei Dir!‹, und erst nach einigen Momenten zwischen den Pfosten spürte ich, dass ich ganz schön weiche Knie hatte. War aber dann halb so schlimm. Ich habe eine ganz gute Partie gespielt und bin nur einmal überwunden worden, von besagtem Tichy. Wir gewannen 2:1.

Eigentlich wäre das ein guter Einstand für eine mögliche Bundesligakarriere gewesen, aber dann habe ich ein paar Fehler gemacht, die ich heute noch manchmal bereue. Zunächst war ich zu ungeduldig, wenn ich beim Bundesligakader mittrainieren durfte. Als junger Bursche musste ich für die Stars die Bälle und die Hanteln schleppen, vom Stadion zu Platz 11. Wenn die schon fertig umgezogen im Vereinsheim saßen, gegessen und Karten gespielt haben, kam ich gerade erst aus der Dusche. Heute würde ich das sicher mitmachen, aber damals fühlte ich mich ausgenutzt und habe rumgemault, wollte das alles nicht mit mir machen lassen und bin freiwillig zurückgegangen zu den Amateuren. Anschließend kam ich für die Bundesliga dann nicht mehr in Frage. Das wurde im Oktober deutlich, als sich vor unserem Spiel in Köln wieder Bernard und Lambertz als Torhüter 1 und 2 verletzt hatten. Der Mann dahinter, Volker Boelsen, hatte seinen Armbruch noch nicht auskuriert. Eigentlich wäre ich dran gewesen, aber Trainer Multhaup zog mir den schon 38-jährigen Dragomir Ilic vor, den er aus dem Fußball-Ruhestand zurückholte. Dabei hat Multhaup mich eigentlich gemocht. Ich war damals ziemlich dürr, und wenn wir vom Verein Essensmarken bekamen, riet der Trainer mir: ›Junge, kauf Dir mal anständig Schokolade dafür, Du brauchst was auf die Rippen!‹

Bei den Amateuren hatte ich später weiterhin Boelsen vor der Nase. Vor dieser Konkurrenz flüchtete ich zum SV Hemelingen. Dort war ich etwas genervt von den sportlichen Bedingungen, denn ich war ja von Werder nur das Beste gewohnt. In Hemelingen ging es dagegen auf einen groben, schwarzen Schlackeplatz – ein Horror für den Torwart. Das war nicht meine Welt. Zu allem Überfluss habe ich mich dann auch noch schwer verletzt, als auf meinem Arbeitsplatz bei einer Waggonbaufirma ein Drehgestell absackte und mir unter anderem mehrere Finger brach. Zweieinhalb Jahre konnte ich anschließend nicht mehr spielen, habe es danach noch einmal bei Werders Amateuren versucht, aber es hat nicht mehr geklappt. Die hatten in Teupel inzwischen einen neuen, hervorragenden Torwart geholt. Als wir 1966 um die Deutsche Amateurmeisterschaft spielten und zum dann ja auch siegreichen Finale gegen Hannover 96 nach Herford reisten, nahm Amateurtrainer Lossmann als zweiten Torwart nicht mich, sondern lieber den nicht einmal besonders großen Feldspieler Schorse Knopf mit. Da wusste ich, dass für mich bei Werder nichts mehr zu holen war.

Immer noch sehr junger Torwart beim Jugendturnier in Rotterdam 1966, drei Jahre nach dem großen Spiel gegen Honved

Fünf sehr gute Jahre hatte ich beim TuS Walle, und in der 2. Hälfte der Sechziger Jahre habe ich mir dort innerhalb von Bremens Amateurfußballszene einen sehr guten Namen gemacht. Dann kamen noch drei Jahre beim BBV Union, dann ging es nach Ottersberg, nach Osterholz-Scharmbeck in die Nieder-sachsenliga und schließlich heimwärts, nach Oyten.

Ohne meinen schweren Arbeitsunfall hätte ich den ganz großen Sprung in die Bundesliga schaffen können, vielleicht auch bei anderen Vereinen als Werder. Manchmal bedauere ich sehr, dass es nicht geklappt hat. Man muss bedenken: Ich habe damals parallel zu meiner Fußballkarriere knallhart gearbeitet, habe bei der schon erwähnten Waggonbaufirma im Dreck geschuftet, habe mir nach Feierabend gleich die fertig gepackte Sporttasche geschnappt und bin zum Training auf Platz 11 geradelt. Das war für mich damals einfach zu hart. Wäre ich heute noch einmal jung und könnte mich ganz auf Fußball konzentrieren, dann würde ich alles versuchen, um Bundesligaprofi zu werden. Und ich denke, ich würde es schaffen.

Erwin Peters lebt heute in Oyten. Der Fußball hat ihn nicht losgelassen. Er verfolgt Werder und die Bundesliga so intensiv, wie es nur ein Fußballverrückter kann. Seit 1995 trainiert er die 1. Damenmannschaft des TV Oyten.

Seinen Spielerinnen hat er hin und wieder davon erzählt wie es war, damals, 1963, als er fast Bundesligatorwart wurde.

Prominente Sportler in unserem Gebiet

Torwart Erwin Peters Sportler des Jahres

TSV Ottersberg honorierte Leistungen in den Meisterschaftspartien des Verbandsligisten

Torwart Peters rettete zwei Punkte

Glücklicher 1:0-Sieg gibt Ottersberg Kraft für die schweren Auswärtsspiele

Ottersberg (nn) „Jetzt geht es mit uns aufwärts", strahlte Ottersbergs Pressewart Georg Lemmermann nach dem 1:0-Sieg seiner Mannschaft gegen die Elf von Kickers Emden. Um die Wahrheit die Ehre zu geben: Es war ein ausgeglichenes Spiel, in dem die Gäste gar vor dem Seitenwechsel die zahlreicheren Chancen besaßen und der Siegtreffer in einer Phase fiel, in dem bei Ottersberg nicht alles wunschgemäß lief. Dann aber kehrte bei den Hausherren Ruhe, Überlegenheit, Konzentration im Mittelfeld ein. Lediglich in der Abwehr blieb man hektisch und produzierte einige unnötige Eckstöße für Emden, aber landeten regelmäßig beim Ottersberger Torsteher Erwin Peters, womit der beste Spieler auf dem Platz erwähnt wird.

In der Schlußphase noch mächtig gezittert

FCO bezwang Nordholz 2:1 / Peters Glanztaten sicherten Einzug in die 4. Pokalrunde

Erwin Peters 2006: Damen-Trainer beim TV Oyten

Beinahe ein Star (2): Dieter Meyer
Werders fast vergessener Rekordknipser

Dieter Meyer

Werder Bremens Fans gehören in Sachen Offensivfußball zu den Privilegierten in Deutschland: Die Älteren durften Anfang der achtziger Jahre mit offenem Mund die schlitzohrige Perfektion eines Rudi Völler bestaunen, später die schwindelerregend hoch angesiedelten Kopfbälle eines Karl-Heinz Riedle, sie durften mit dem urwüchsigen Uwe Reinders einem Rechtsaußen von oft beängstigender Durchschlagskraft zujubeln und sahen jeweils zum Abschluss ihrer aktiven Karriere in Manni Burgsmüller und Klaus Allofs zwei der großartigsten Offensivkünstler, die die Bundesliga je hervorgebracht hat. Die jüngeren Fans ihrerseits feierten Mario Baslers Torjägerkanone, schnalzten mit der Zunge, als Claudio Pizarros Stern aufging, konnten den regelmäßig torgekrönten 50-Meter-Sprints eines Ailton mit bloßem Auge kaum folgen und waren mit einem ganzen Land stolz, in Miro Klose den besten Stürmer und Torschützenkönig der WM 2006 zu den ihren zählen zu dürfen.

Aber wer ist nun eigentlich Dieter Meyer? Nun – Dieter Meyer stellt alle oben Genannten gewissermaßen in den Schatten. Er ist der treffsicherste Stürmer, der je das W auf dem Trikot trug, wenn man die Torquote als Kriterium heranzieht: In Werders letztem Oberligajahr 1962/63 traf Meyer in 28 Spielen 36 mal ins Schwarze. Alleine in seinen ersten drei Punktspielen für Werder machte der von Bergedorf 85 geholte junge Bulle zehn Tore. Wäre er in Bremen geblieben, dann hätte er seine Vita möglicherweise nicht nur mit der Deutschen Meisterschaft 1965, sondern Dank seiner außergewöhnlichen Treffsicherheit auch mit einer strahlenden Bundesligakarriere schmücken können. Doch Meyer entschied sich vor Werders Triumphsaison 1964/65 überraschend zur Rückkehr ins heimatliche, beschauliche Bergedorf. Er war erst 24.

Der sonnigere Teil von Dieter Meyers Karriere endete am 27. Dezember 1964, einen Tag nach Weihnachten, durch einen brutalen Tritt des berüchtigten Bremerhavener Abwehrspielers Egon Coordes, der später auch bei Werder und noch später als Assistenztrainer auf der Bank des FC Bayern landen sollte. Ein trister Kick vor 2000 Zuschauern im Schneetreiben von Bremerhaven, unwürdiger Tiefpunkt einer bis dahin tollen Fußballgeschichte.

Dieter Meyers Ex-Kollegen in Grün und Weiß waren zwei Wochen zuvor sensationell Herbstmeister der Bundesliga geworden. Meyer erzählt seine kurze, torreiche Werder-Karriere noch einmal nach:

Ich hatte nach guten Spielen in der Oberliga für Bergedorf 85 einige lukrative Angebote, unter anderem von Sampdoria Genua, die wirklich viel Geld zahlen wollten. Viele Vereine aus dem Hamburger Raum wollten mich, doch das allerbeste Angebot bekam ich letztlich von Werder. Für Italien war ich mit meinen damals Anfang zwanzig einfach noch zu jung. Und so wechselte ich gemeinsam mit Dieter Thun und Erwin Jung nach Bremen. Auf meinem Polterabend habe ich den Vertrag unterschrieben. Für die damalige Zeit war das eine Riesensache: Werder zahlte Handgeld, Wohnung, Auto... Verdient habe ich in der Oberliga zunächst 500 Mark netto plus Prämien. Für einen jungen Kerl wie mich war das schon sensationell. Nebenbei habe ich Versicherungen verkauft. Wir haben ja alle nebenbei gearbeitet.

1962 kam ich also nach Bremen. War eine gute Truppe. Willy Schröders Tabakladen in der Innenstadt war immer unser Treffpunkt. Ein toller Fußballer war das!

In meinem ersten Oberligajahr 1962/63 habe ich dann gleich getroffen wie ich wollte. Selbst Uwe Seeler ist da nicht mehr

Ein wahrhaft bulliger Sturmtank: Dieter Meyer gibt 1963 gegen den 1.FC Nürnberg alles, was er hat. Der leidtragende Torwart ist der Nürnberger Roland Wabra – links daneben dessen Kollege Wenauer

mitgekommen. Am Ende also 36 Tore in meinem ersten Werder-Jahr. Ich war schnell, körperlich sehr kräftig und hatte einen echten Torriecher. Auch die Nationalmannschaft war ein Thema. Sepp Herberger und Helmut Schön luden mich dann zu einem DFB-Sichtungslehrgang nach Barsinghausen ein.

Dann kam die Bundesliga und Werder hatte in Fischken Multhaup einen neuen Trainer. Mein Pech, denn unter Multhaups Vorgänger Georg Knöpfle war ich noch gesetzt. Multhaup passte ich wiederum nicht so recht ins System. Ich habe dann nicht mehr jedes Spiel mitmachen dürfen, mal durfte ich ran, mal nicht. Nur die Hälfte der Bundesligaspiele bestritt ich. Neun Tore sprangen heraus, in diesen 15 Spielen. Auch gar nicht mal so schlecht, aber trotzdem nicht zufriedenstellend. Und dann meldete sich in dieser Zeit mein Ex-Trainer Knöpfle bei mir, der inzwischen beim 1. FC Köln gelandet war. Er wollte mich an den Rhein holen.

Werder gab mich aber nicht frei. Ich hatte ja noch Vertrag. Ich wollte ein bisschen tricksen, für ein Jahr zurück nach Bergedorf gehen und dann über diesen Umweg doch nach Köln wechseln. Über den Umweg Regionalliga wäre das gegangen. Offiziell hat es geheißen, ich hätte aus familiären Gründen in meine Heimat zurückkehren wollen, u.a. auch, weil ich mir die Bundesliga nicht zutraue. In Wirklichkeit wollte ich nach Köln, zu meinem alten Trainer. Köln hatte eine echte Spitzenmannschaft, dazu professionell geführt.

Heute weiß ich, dass dieses Manöver ein Riesenfehler war. Wäre ich in Bremen geblieben, hätte ich in der folgenden Saison wohl die Meisterschaft mitfeiern dürfen. Und dann wäre mir auch die Verletzung nicht passiert. Die wurde mein sportliches Schicksal.

Mit Bergedorf traten wir in Bremerhaven an. Anfang der 2. Halbzeit erwischte mich Egon Coordes mit einem ganz gemeinen Foul. Klassisch drübergehalten, wie man so sagt. Der Knöchel war komplett kaputt und kam anschließend nie wieder in Ordnung. Ich musste lange pausieren, habe es in der Regionalliga bei Bergedorf noch ein paar Mal versucht, aber ich wurde nie wieder gesund. Unterklassig noch ein bisschen rumkicken, das ging noch ab und zu. Tore machen konnte ich schon noch, aber ich spielte auf Sparflamme. Ich wartete vorne auf die Bälle, Laufarbeit ging nicht mehr, wegen der Schmerzen. Manche haben mir dann unterstellt, ich sei einfach nur faul geworden.

Meyer ist ein Abstauber Abstauber Abstauber

Die Stunde der Dichter

Meyer über alles. Nein, bitte nicht. Denn Meyer ist ja doch nur ein Abstauber . . .

★

Es spielten 22 im Volksparkstadion, und nur einer hieß Meyer. Er war nicht der beste Mann auf dem Platz und nicht der schlechteste. Aber der beliebteste.

Wenn Sie in ein paar Wochen, ein paar Monaten, ein paar Jahren von diesem Rekordspiel vor 50 000 sprechen, dann werden Sie sich sagen: Warte mal, das war doch, wo der Meyer . . .

Ja, das fing in der Kurve mit den grünweißen Werder-Fahnen an. Der Lautsprecher sagte die Mannschaften auf, und die Kurve jubelt im Rhythmus: „Meyer, Meyer, Meyer . . ."

Die blaugeflaggte HSV-Kurve traf der Schlag. Wenn man das tausendfache Schlucken in einer Tüte eingefangen hätte, hätte es einen großen Blubbs gegeben.

Ist doch wohl unerhört. Dieser Meyer — kommt der nicht, hahaha, aus Bergedorf, haha! — dieser Meyer Konkurrenz für Uwe? Nee, so was . . .

In dieser Minute schlug die Stunde des unbekannten Dichter-Komponisten von Eidelstedt. Es war ein historischer Augenblick wie einst die Geburt der Marseillaise, die auch zuerst nur so dahingeträllert wurde und die dann Frankreichs Nationalhymne wurde.

Der Denker vom Volkspark war auf der Hut: Kinder, laßt euch doch nicht bluffen! Ein Abstauber ist der Meyer. Nix wie ein Abstauber!

Und er sang, nach der guten, alten Kindermelodie „Oller, oller Überfahrer" die neue Hymne des nordischen Recken-Fußballs:

„Meyer ist ein Abstauber, Abstauber, Abstauber! Meyer ist ein . . ."

Ist das möglich? Es gibt ihn noch, den Dichter auf der Tribüne. Es gibt sie noch: die Leute mit Fußballhumor auf den Lippen — dort, wo sonst das „Pfui" und das Pfeifen sitzen.

Gut: Meyer rächte sich. Er machte wirklich ein Abstaubertor. Und das war dem Dichter und seinen Sangesbrüdern gar nicht recht.

Aber es machte die Sache nur noch schöner: Jetzt hatten alle ihren Spaß.

(Hier sollte die Geschichte eigentlich enden. Aber es gab noch den Elfmeter, und den verschoß Meyer, obwohl er ja ganz frei vor dem Tor stand, wie bei einem Alleingang. Er ist eben doch ein

Die Rache des „ollen, ollen Überfahrers" Dieter Meyer: In der 66. Minute umspielt er Schnoor (Foto) und schießt aus ein paar Metern Ent-

Wenn man als Stürmer zu Gesängen und Gedichten inspiriert, kann man kein Schlechter sein: Dieter Meyer erntete 1963 Schlagzeilen als gefürchteter »Abstauber«. Nicht der schlechteste Ruf

Eine schwere Zeit war das. Es war eigentlich sofort nach der Verletzung klar, dass es bei mir nicht mehr für die Bundesliga reichen würde. Wäre ich gesund geblieben, dann hätte aus mir ein richtig Guter werden können. Ich bin von einem Arzt zum anderen gelaufen, aber keiner konnte mir helfen und die Schmerzen im Knöchel blieben. So schnell geht das eben manchmal. Wäre ich bei Werder geblieben, wäre das wohl nie passiert.

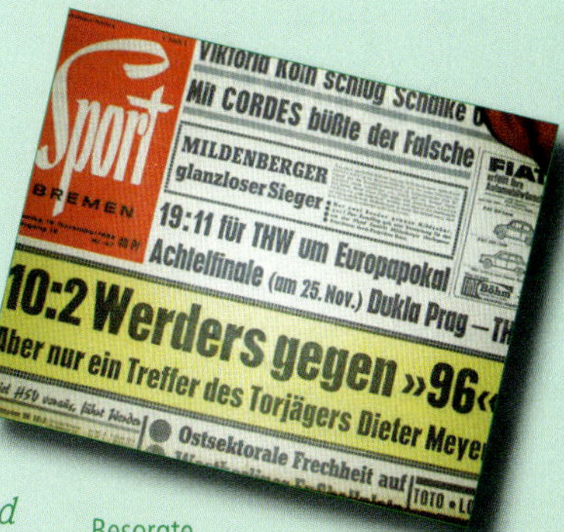

Besorgte Schlagzeile in der »SPORT«: Meyer hatte beim 10:2 gegen Hannover nur EIN Tor geschossen!

Ohne das Foul des Egon Coordes hätte Dieter Meyer weit über Norddeutschland hinaus ein großer Star werden können. Bei Werder kam er schließlich auf eine sensationelle Bilanz: In 43 Punktspielen (Oberliga und Bundesliga) schoss er 45 Tore.

Wenn er über den Zwischenfall von damals redet, klingt auch mehr als 40 Jahre später Unmut über den Moment durch, der ihn um seine Karriere brachte. Jedoch stellt Meyer klar: »Böse war ich schon auf Coordes, aber ich bin nicht nachtragend.«

Seit vielen Jahrzehnten schon betreibt er »Meyers Café« (Bild rechts) in Wentorf bei Hamburg. Demnächst will er kürzer treten. Ihm bleibt die Erinnerung an jene Saison direkt vor Einführung der Bundesliga, damals, 1962/63, in der ihm alles gelang. Und an neun Bundesligatore für Werder Bremen im allerersten Jahr der neuen Eliteklasse.

Alle Spiele 1963/64

20.07.1963
Freundschaftsspiel
VfB Lübeck – W. Bremen 3:4 (1:2)
Aufstellung: Lambertz – Piontek, M. Lorenz – Schütz, Jagielski, Schimeczek (75. H. Schulz), – Dudjahn, H. Schulz (55. Thun), D. Meyer, Soya, G. Zebrowski
Trainer: Multhaup
Tore: 0:1 Soya (15.), 0:2 Schütz (18.), 1:2 Schipper (25.), 1:3 Schütz (32.), 2:3 Schipper (49.) 2:4 Schütz (81.), 3:4 Schipper (82.)
Zuschauer: 1.855

27.07.1963
Freundschaftsspiel
VfB Bottrop – W. Bremen 1:5 (1:3)
Aufstellung: Bernard (62. Piontek), – Piontek (62. Dudjahn), Schwierzke – M. Lorenz, Jagielski, Schimeczek – G. Zebrowski, Soya, Schütz, Ferner, Klöckner
Trainer: Multhaup
Tore: 0:1 Klöckner (7.), 0:2 Schütz (20.), 1:2 Klinghammer (28.), 1:3 Schütz (38.), 1:4 Schütz (52.), 1:5 G. Zebrowski (76.)
Zuschauer: 5.000

31.07.1963
DFB-Pokal-Viertelfinale (Wettbewerb 1962/63)
W. Bremen – Tasm. 1900 Berlin 1:0 (0:0)
Aufstellung: Lambertz – Piontek, M. Lorenz – Schütz, Jagielski, Schimeczek – G. Zebrowski, Soya, D. Meyer, Ferner, Klöckner
Trainer: Multhaup
Tor: 1:0 G. Zebrowski (72.)
Zuschauer: 12.000 in Verden

07.08.1963
DFB-Pokal-Halbfinale (Wettbewerb 1962/63)
Borussia Dortmund – W. Bremen 2:0 (1:0)
Aufstellung: Lambertz – Piontek, Schütz – M. Lorenz, Jagielski, Schimeczek – G. Zebrowski, Soya, D. Meyer, Ferner, Klöckner
Trainer: Multhaup
Tore: 1:0 Konietzka (18.), 2:0 Schmidt (70.)
Zuschauer: 35.000

15.08.1963
Internationales Freundschaftsspiel
W. Bremen – Honved Budapest 2:1 (2:0)
Aufstellung: Boelsen (Peters) – Piontek, Bordel – M. Lorenz, Jagielski, Schütz – Hänel (78. G. Zebrowski), Ferner, D. Meyer, Soya (Hänel), Klöckner
Trainer: Multhaup
Tore: 1:0 D. Meyer (10.), 2:0 D. Meyer (22.), 2:1 Tichy (57.)
Besonderes Vorkommnis: Platzverweis Dudas (Budapest) (68.)
Besonderheit: Einweihung der neuen Flutlichtanlage des Weser-Stadions
Zuschauer: 17.214

24.08.1963
Bundesliga, 1. Spieltag
W. Bremen – Borussia Dortmund 3:2 (1:1)
Aufstellung: Lambertz – Piontek, Bordel – M. Lorenz, Jagielski, Schütz – Hänel, Ferner, D. Meyer, Soya, Klöckner
Trainer: Multhaup
Tore: 0:1 Konietzka (1.), 1:1 Soya (34.), 2:1 Schütz (47.), 3:1 Klöckner (50.), 3:2 Konietzka (90.)
Zuschauer: 32.000

31.08.1963
Bundesliga, 2. Spieltag
1. FC Nürnberg – W. Bremen 3:0 (2:0)
Aufstellung: Lambertz – Piontek, Bordel – M. Lorenz, Jagielski, Schütz – G. Zebrowski, Hänel, D. Meyer, Ferner, Klöckner
Trainer: Multhaup
Tore: 1:0 Müller (41.), 2:0 Morlock (44.), 3:0 Strehl (71.)
Zuschauer: 33.000

07.09.1963
Bundesliga, 3. Spieltag
W. Bremen – VfB Stuttgart 2:2 (1:2)
Aufstellung: Lambertz – Piontek, Bordel – M. Lorenz, Jagielski, Schütz – Hänel, Ferner, D. Meyer, Soya, G. Zebrowski
Trainer: Multhaup
Tore: 1:0 D. Meyer (2.), 1:1 Wanner (11.), 1:2 Höller (13.), 2:2 G. Zebrowski (64.)
Zuschauer: 30.000

14.09.1963
Bundesliga, 4. Spieltag
1. FC Kaiserslautern – W. Bremen 3:0 (1:0)
Aufstellung: Bernard – Piontek, Bordel – M. Lorenz, Jagielski, Schütz – Hänel, Ferner, D. Meyer, Soya, Klöckner
Trainer: Multhaup
Tore: 1:0 Reitgaßl (26.), 2:0 Richter (63.), 3:0 Reitgaßl (84.)
Zuschauer: 22.000

21.09.1963
Bundesliga, 5. Spieltag
W. Bremen – Meidericher SV 1:1 (0:1)
Aufstellung: Bernard – Piontek, Bordel – Schütz, Jagielski, M. Lorenz – G. Zebrowski, Soya, D. Meyer, Ferner, Hänel
Trainer: Multhaup
Tore: 0:1 Versteeg (15.), 1:1 Schütz (80.)
Zuschauer: 27.000

27.09.1963
Internationales Freundschaftsspiel
W. Bremen – Stade Francais FC Paris 1:1 (0:1)
Aufstellung: Bernard – Piontek, Schwierzke – Schütz, Jagielski, M. Lorenz – G. Zebrowski, Hänel (46. Dudjahn), Jung, Ferner (46. Thun), Klöckner
Trainer: Multhaup
Tore: 0:1 Loubet (4.), 1:1 G. Zebrowski (69.)
Zuschauer: 6.500

05.10.1963
Bundesliga, 6. Spieltag
1. FC Köln – W. Bremen 4:3 (0:1)
Aufstellung: Ilic – Piontek, M. Lorenz – Schütz, Jagielski, Schimeczek – G. Zebrowski, Soya, D. Meyer, Ferner, Klöckner
Trainer: Multhaup
Tore: 0:1 Klöckner (19.), 0:2 D. Meyer (59.), 1:2 Schäfer (65.), 2:2 Müller (75.), 3:2 Schäfer (77.), 4:2 Müller (79.), 4:3 G. Zebrowski (84.)
Zuschauer: 23.000

12.10.1963
Bundesliga, 7. Spieltag
W. Bremen – Hamburger SV 4:2 (2:1)
Aufstellung: Lambertz – Piontek, Schwierzke – M. Lorenz, Jagielski, Schimeczek – G. Zebrowski, Thun, Schütz, Soya, Hänel
Trainer: Multhaup
Tore: 1:0 G. Zebrowski (10.), 2:0 Schütz (15.), 2:1 G. Dörfel (26.), 3:1 Schütz (48.), 3:2 U. Seeler (56.), 4:2 G. Zebrowski (80.)
Zuschauer: 40.000

19.10.1963
Bundesliga, 8. Spieltag
Eintr. Braunschweig – W. Bremen 1:1 (1:1)
Aufstellung: Lambertz – Piontek, Schwierzke – M. Lorenz, Jagielski, Schimeczek – G. Zebrowski, Thun, Schütz, Soya, Hänel
Trainer: Multhaup
Tore: 1:0 Wuttich (31.), 1:1 Schütz (43.)
Zuschauer: 28.000

23.10.1963
Freundschaftsspiel
W. Bremen – Bremer Amateur-Landesauswahl 7:0 (1:0)
Aufstellung: Ilic – Thun, Schimeczek – Schütz, Jagielski, Ferner – G. Zebrowski (Piontek), Soya, D. Meyer (Nachtwey), Jung, Hänel
Trainer: Multhaup
Tore: 1:0 Jung (39.), 2:0 D. Meyer (55.), 3:0 Ferner (70.), 4:0 Soya (73.), 5:0 Hänel (76.), 6:0 Hänel (80.), 7:0 Jung (83.)
Zuschauer: 3.000

26.10.1963
Bundesliga, 9. Spieltag
FC Schalke 04 – W. Bremen 2:3 (1:1)
Aufstellung: Lambertz – Piontek, M. Lorenz – Schütz, Jagielski, Schimeczek – G. Zebrowski, Ferner, Thun, Soya, Hänel
Trainer: Multhaup
Tore: 1:0 Matischak (20.), 1:1 Ferner (31.), 2:1 Matischak (53.), 2:2 Schütz (76.), 2:3 Ferner (87.)
Zuschauer: 30.000

09.11.1963
Bundesliga, 10. Spieltag
W. Bremen – Hertha BSC Berlin 2:2 (1:0)
Aufstellung: Lambertz – Piontek, M. Lorenz – Schütz, Jagielski, Schimeczek – G. Zebrowski, Ferner, Thun, Soya, Hänel
Trainer: Multhaup
Tore: 1:0 Hänel (20.), 1:1 Klimaschefski (64.), 2:1 Schimmöller (78. ET), 2:2 Beyer (86.)
Besonderes Vorkommnis: Schütz (W.B.), schießt FE am Tor vorbei (41.)
Zuschauer: 16.000

16.11.1963
Bundesliga, 11. Spieltag
W. Bremen – Eintracht Frankfurt 4:1 (2:1)
Aufstellung: Lambertz – Piontek, M. Lorenz – Schütz, Jagielski, Nachtwey – G. Zebrowski, Ferner, Thun, Soya, D. Meyer
Trainer: Multhaup
Tore: 1:0 D. Meyer (5.), 1:1 Stein (19.), 2:1 D. Meyer (43.), 3:1 Schütz (47. FE), 4:1 D. Meyer (80.)
Zuschauer: 22.000

23.11.1963
Bundesliga, 12. Spieltag
Karlsruher SC – W. Bremen 1:1 (1:0)
Aufstellung: Lambertz – Piontek, M. Lorenz – Schütz, Jagielski, Nachtwey – G. Zebrowski, Ferner, Thun, Soya, D. Meyer
Trainer: Multhaup
Tore: 1:0 Wild (9.), 1:1 G. Zebrowski (58.)
Zuschauer: 20.000

30.11.1963
Bundesliga, 13. Spieltag
W. Bremen – 1. FC Saarbrücken 0:3 (0:1)
Aufstellung: Lambertz – Piontek, M. Lorenz – Soya, Schütz, Nachtwey – G. Zebrowski, Thun, D. Meyer, Ferner, Hänel
Trainer: Multhaup
Tore: 0:1 Krafczyk (12.), 0:2 Schönwälder (53.), 0:3 Krafczyk (81.)
Zuschauer: 10.000

03.12.1963
Internationales Freundschaftsspiel
W. Bremen – Spartak Moskau 4:2 (2:1)
Aufstellung: Lambertz (46. Ilic) – Piontek, M. Lorenz (Schwierzke) – Ferner, Schütz, Schimeczek – G. Zebrowski, Thun, Jung, Soya, D. Meyer
Trainer: Multhaup
Tore: 1:0 G. Zebrowski (2.), 2:0 D. Meyer (31.), 2:1 Netto (42.), 3:1 Jung (70.), 4:1 Jung (73.), 4:2 Maslonkin (90.)
Zuschauer: 8.000

07.12.1963
Bundesliga, 14. Spieltag
SC Preußen Münster – W. Bremen 1:3 (0:2)
Aufstellung: Ilic – Piontek, M. Lorenz – Schütz, Jagielski, Schimeczek – G. Zebrowski, Ferner, Thun, Soya, D. Meyer
Trainer: Multhaup
Tore: 0:1 Ferner (24.), 0:2 D. Meyer (27.), 1:2 Rummel (68.), 1:3 G. Zebrowski (90.)
Zuschauer: 9.000

14.12.1963
Bundesliga, 15. Spieltag
W. Bremen – TSV 1860 München 4:1 (1:1)
Aufstellung: Ilic – Piontek, M. Lorenz – Schütz, Jagielski, Schimeczek – G. Zebrowski, Ferner, Thun, Soya, D. Meyer
Trainer: Multhaup
Tore: 0:1 Brunnenmeier (26.), 1:1 D. Meyer (43.), 2:1 Thun (58.), 3:1 Soya (64.), 4:1 D. Meyer (85.)
Zuschauer: 13.000

29.12.1963
Internationales Freundschaftsspiel
W. Bremen – Stadtauswahl Budapest 3:1 (2:0)
Aufstellung: Lambertz (46. Ilic) – Piontek, M. Lorenz – Schütz, Jagielski, Nachtwey (46. Schwierzke) – G. Zebrowski, Thun, Jung, Soya (46. Dudjahn), Hänel
Trainer: Multhaup
Tore: 1:0 G. Zebrowski (19.), 2:0 Hänel (20.), 2:1 Novak (69. FE), 3:1 Jung (85.)
Zuschauer: 10.000

04.01.1964
Freundschaftsspiel
W. Bremen – Meidericher SV 1:1 (1:1)
Aufstellung: Lambertz (Ilic) – Piontek, M. Lorenz – Schütz, Jagielski, Schimeczek (Klöckner) – G. Zebrowski, Ferner, Thun, Soya (Jung), Hänel
Trainer: Multhaup
Tore: 0:1 Rahn (3.), 1:1 Hänel (15.)
Zuschauer: 8.000

11.01.1964
Bundesliga, 16. Spieltag
Bor. Dortmund – W. Bremen 4:3 (4:0)
Aufstellung: Lambertz – Piontek, M. Lorenz – Schütz, Jagielski, Nachtwey – G. Zebrowski, Ferner, Thun, Soya, Hänel
Trainer: Multhaup
Tore: 1:0 Brungs (13.), 2:0 Konietzka (16.), 3:0 Brungs (20.), 4:0 Konietzka (34.), 4:1 Hänel (63.), 4:2 G. Zebrowski (73.), 4:3 Schütz (81. FE)
Besonderes Vorkommnis: Wosab (BVB) schießt FE an den Pfosten (80.)
Zuschauer: 16.000

18.01.1964
Bundesliga, 17. Spieltag
W. Bremen – 1. FC Nürnberg 2:1 (1:1)
Aufstellung: Ilic – Piontek, M. Lorenz – Schütz, Jagielski, Nachtwey – G. Zebrowski, Ferner, Thun, Soya, Hänel
Trainer: Multhaup
Tore: 1:0 Thun (1.), 1:1 Wild (14.), 2:1 Hänel (67.)
Zuschauer: 16.000

01.02.1964
Bundesliga, 19. Spieltag
W. Bremen – 1. FC Kaiserslautern 2:0 (1:0)
Aufstellung: Bernard – Piontek, M. Lorenz – Schütz, Jagielski, Schimeczek – G. Zebrowski, Ferner, Thun, Soya, Klöckner
Trainer: Multhaup
Tore: 1:0 Schimeczek (9.), 2:0 Thun (73.)
Zuschauer: 14.000

Fußball anno 1963: Werder-Trikots ganz ohne Raute, eine Mannschaft ohne große Stars und eine Tribüne aus Rasen. Werder spielte ein Freundschaftsspiel bei SW Essen mit (v.l.) Nachtwey, Piontek, D. Meyer, Thun, Schimeczek, Schütz, Lambertz, Jagielski, Jung, Soya und Zebrowski

15.02.1964
Bundesliga, 20. Spieltag
Meidericher SV – W. Bremen 1:0 (0:0)
Aufstellung: Bernard – Piontek, M. Lorenz – Schütz, Jagielski, Schimeczek – G. Zebrowski, Ferner, Thun, D. Meyer, Klöckner
Trainer: Multhaup
Tor: 1:0 Nolden (70. FE)
Zuschauer: 20.000

22.02.1964
Bundesliga, 21. Spieltag
W. Bremen – 1. FC Köln 1:1 (1:0)
Aufstellung: Bernard – Piontek, M. Lorenz – Schütz, Jagielski, Schimeczek – G. Zebrowski, Ferner, Thun, Hänel, D. Meyer
Trainer: Multhaup
Tore: 1:0 Schütz (45. FE), 1:1 Pott (68.)
Zuschauer: 40.000

07.03.1964
Bundesliga, 23. Spieltag
W. Bremen – Eintr. Braunschweig 2:3 (0:2)
Aufstellung: Bernard – Piontek, M. Lorenz – Schütz, Jagielski, Schimeczek – G. Zebrowski, Ferner, Thun, Jung, Hänel
Trainer: Multhaup
Tore: 0:1 Schrader (8.), 0:2 Schrader (15.), 1:2 G. Zebrowski (68.), 1:3 Dulz (80.), 2:3 Schütz (84. HE)
Zuschauer: 12.000

14.03.1964
Bundesliga, 24. Spieltag
W. Bremen – FC Schalke 04 1:0 (1:0)
Aufstellung: Bernard – Piontek, M. Lorenz – Schütz, Jagielski, Schimeczek – G. Zebrowski, Thun, Jung, Soya, D. Meyer
Trainer: Multhaup
Tor: 1:0 G. Zebrowski (28.)
Besonderes Vorkommnis: Mühlmann (S04) hält HE von Schütz (88.)
Zuschauer: 15.000

18.03.1964
Freundschaftsspiel
W. Bremen – Bremer Amateur-Landesauswahl 2:4 (0:1)
Aufstellung: Lambertz – Thun, Schwierzke (M. Lorenz) – Schütz, Jagielski (Nachtwey), Schimeczek – Dudjahn, Soya, Jung, Hänel, D. Meyer
Trainer: Multhaup
Tore: 0:1 Heeren (10.), 0:2 Adelt (62.), 0:3 Adelt (68.), 1:3 Jung (75.), 1:4 Roder (85.), 2:4 Soya (88.)
Zuschauer: 400

26.03.1964
Bundesliga, 22. Spieltag (Nachholspiel)
Hamburger SV – W. Bremen 1:1 (0:0)
Aufstellung: Bernard – Piontek, M. Lorenz – Schütz, Jagielski, Schimeczek – G. Zebrowski, Thun, Jung, Soya, Klöckner
Trainer: Multhaup
Tore: 1:0 U. Seeler (2.), 1:1 Jung (15.)
Zuschauer: 22.000

30.03.1964
Bundesliga, 18. Spieltag (Nachholspiel)
VfB Stuttgart – W. Bremen 2:0 (1:0)
Aufstellung: Bernard – Piontek, M. Lorenz – Schütz, Jagielski, Schimeczek – G. Zebrowski, Hänel, Jung, Soya, Klöckner
Trainer: Multhaup
Tore: 1:0 Höller (41.), 2:0 Zipperer (71.)
Zuschauer: 35.000

04.04.1964
Bundesliga, 26. Spieltag
Eintracht Frankfurt – W. Bremen 7:0 (2:0)
Aufstellung: Bernard – Piontek, Schwierzke – M. Lorenz, Schütz, Schimeczek – G. Zebrowski, Thun, Jung, Soya, Klöckner
Trainer: Multhaup
Tore: 1:0 Huberts (4.), 2:0 Stein (7.), 3:0 Stein (54.), 4:0 Huberts (55.), 5:0 Stein (66.), 6:0 Huberts (86. FE), 7:0 Huberts (87.)
Zuschauer: 17.500

08.04.1964
DFB-Pokal, 1. Hauptrunde 1963/64
W. Bremen – FC Schalke 04 0:2 (0:0)
Aufstellung: Bernard – Piontek, M. Lorenz – Schütz, Bordel, Nachtwey – G. Zebrowski, Hänel, Klöckner, Ferner, D. Meyer
Trainer: Multhaup
Tore: 0:1 Berz (62.), 0:2 Matischak (82.)
Zuschauer: 8.000

11.04.1964
Bundesliga, 27. Spieltag
W. Bremen – Karlsruher SC 0:0
Aufstellung: Bernard – Piontek, M. Lorenz – Schütz, Bordel, Schimeczek – G. Zebrowski, Thun, Klöckner, Ferner, Hänel
Trainer: Multhaup
Tore: –
Besonderes Vorkommnis: Bernard (W.B.) hält FE von Witlaschil (19.)
Zuschauer: 12.000

15.04.1964
Bundesliga, 25. Spieltag (Nachholspiel)
Hertha BSC Berlin – W. Bremen 5:2 (2:1)
Aufstellung: Bernard – Piontek, M. Lorenz – Schütz, Bordel, Schimeczek – G. Zebrowski, Ferner, Klöckner, Soya, Hänel
Trainer: Multhaup
Tore: 1:0 Borchert (8.), 1:1 Klöckner (11.), 2:1 Borchert (44.), 3:1 Faeder (48.), 4:1 Klimaschefski (59.), 5:1 Borchert (62.), 5:2 Hänel (74.)
Zuschauer: 18.000

18.04.1964
Bundesliga, 28. Spieltag
1. FC Saarbrücken – W. Bremen 3:2 (1:0)
Aufstellung: Bernard – Piontek, Nachtwey – M. Lorenz, Bordel, Schimeczek – Thun, Ferner, Schütz, Soya, Klöckner
Trainer: Multhaup
Tore: 1:0 Hesse (40. FE), 1:1 Soya (72.), 2:1 Steinmann (78.), 3:1 Reuther (85.), 3:2 Soya (86.)
Zuschauer: 8.000

25.04.1964
Bundesliga, 29. Spieltag
W. Bremen – SC Preußen Münster 4:2 (2:1)
Aufstellung: Bernard – Piontek, M. Lorenz – Ferner, Schütz, Schimeczek – G. Zebrowski, Thun, Klöckner, Soya, D. Meyer
Trainer: Multhaup
Tore: 1:0 D. Meyer (7.), 1:1 Pohlschmidt (12.), 2:1 Soya (24.), 3:1 Klöckner (72.), 3:2 Bockisch (73.) 4:2 Thun (90.)
Zuschauer: 12.000

09.05.1964
Bundesliga, 30. Spieltag
TSV 1860 München – W. Bremen 3:2 (1:1)
Aufstellung: Bernard – Piontek, Bordel – M. Lorenz, Schütz, Schimeczek – G. Zebrowski, Ferner, Thun, Soya, Klöckner
Trainer: Multhaup
Tore: 1:0 Luttrop (2.), 1:1 Thun (43.), 2:1 Brunnenmeier (56.), 2:2 Thun (76.), 3:2 Brunnenmeier (78. FE)
Zuschauer: 15.000

10.05.1964
Freundschaftsspiel
FC Schweinfurt 05 – W. Bremen 3:1 (1:1)
Aufstellung: Bernard (Lambertz) – Piontek, M. Lorenz (Bordel) – Schimeczek, Schütz, Jagielski – G. Zebrowski (Ferner), Thun, Klöckner (Soya), H. Schulz, D. Meyer
Trainer: Multhaup
Tore: 1:0 Gunkel (29.), 1:1 H. Schulz (39.), 2:1 Gunkel (75.), 3:1 Schweighöfer (78.)
Zuschauer: 4.000

15.05.1964
Internationales Freundschaftsspiel
W. Bremen – C. D. Guadalajara 2:1 (2:0)
Aufstellung: Lambertz – Piontek, M. Lorenz – Schütz, Jagielski, Schimeczek – G. Zebrowski, Ferner, D. Meyer, Soya (Jung), Hänel (Klöckner)
Trainer: Multhaup
Tore: 1:0 M. Lorenz (5.), 2:0 Soya (9.), 2:1 Monguila (86.)
Zuschauer: 5.000

International Soccer League Tournament II

31.05.1964
Internationales Turnier, USA
E.C. Bahia – W. Bremen 2:2 (0:1)
Aufstellung: Bernard – Piontek, M. Lorenz – Bordel, Jagielski, Schimeczek – G. Zebrowski, Ferner, Klöckner, Soya, Hänel (Thun)
Trainer: Multhaup
Tore: 0:1 G. Zebrowski (11.), 1:1 Martinez (49.), 2:1 Barrento (57.), 2:2 Bordel (69.)
Zuschauer: 10.000, im Randall Island Stadion in New York

05.06.1964
Internationales Turnier
AC Lanerossi Vicenza – W. Bremen 1:1 (0:0)
Aufstellung: Bernard – Piontek, M. Lorenz – Schütz, Jagielski, Schimeczek – G. Zebrowski, Ferner, Klöckner, Soya, Hänel
Trainer: Multhaup
Tore: 1:0 Humberto (63.), 1:1 Schimeczek (82. FE)
Besonderes Vorkommnis: Platzverweis für Vinicius de Menzes (Vicenza) (63.)
Zuschauer: 7.225 im Soldiers Field in Chicago

07.06.1964
Internationales Turnier
Blackburn Rovers FC – W. Bremen 2:3 (1:1)
Aufstellung: Lambertz (Bernard) – Piontek, M. Lorenz – Bordel, Jagielski, Schimeczek – G. Zebrowski, Ferner, Klöckner, Soya (H. Schulz), Thun
Trainer: Multhaup
Tore: 0:1 G. Zebrowski (31.), 1:1 Douglas (34. HE), 1:2 Newton (47. ET), 2:2 England (64.), 2:3 G. Zebrowski (68.)
Zuschauer: 8.000 im Coliseum in Los Angeles

10.06.1964
Internationales Turnier
E. C. Bahia – W. Bremen 1:3 (0:1)
Aufstellung: Bernard – Piontek, M. Lorenz – Schütz, Jagielski, Schimeczek (Nachtwey) – G. Zebrowski, Ferner, Klöckner, Soya, Hänel
Trainer: Multhaup
Tore: 0:1 Klöckner (33.), 0:2 Piontek (52.), 0:3 Klöckner (62.), 1:3 da Silva (66.)
Zuschauer: 8.000 in Los Angeles

19.06.1964
Internationales Turnier
Hearts of Midlothian – W. Bremen 0:3 (0:1)
Aufstellung: Bernard – Piontek, Bordel – M. Lorenz, Jagielski, Nachtwey – G. Zebrowski, Ferner, Klöckner, Soya, Hänel
Trainer: Multhaup
Tore: 0:1 G. Zebrowski (37.), 0:2 Hänel (79.), 0:3 G. Zebrowski (88.)
Zuschauer: 4.300 im Soldiers Field in Chicago

24.06.1964
Internationales Turnier
AC Lanerossi Vicenza – W. Bremen 4:6 (2:1)
Aufstellung: Bernard – Piontek, M. Lorenz – Schütz, Jagielski, Schimeczek – G. Zebrowski, Ferner, Klöckner, Soya, Hänel
Trainer: Multhaup
Tore: 1:0 (6.) Vastola, 2:0 (41.) Vastola, 2:1 G. Zebrowski (45.), 2:2 Schütz (55.), 3:2 Menti (59.), 3:3 G. Zebrowski (66.), 3:4 Jagielski (69.), 3:5 G. Zebrowski (73.), 4:5 Vastola (82.), 4:6 Schimeczek (FE)
Zuschauer: 14.000 im Randall Island Stadion in New York

Endstand International Soccer League, »Section I«:

		S U N	Tore	Pk.
1.	SV W. Bremen (D)	4 2 0	18:10	10
2.	Hearts of Midlothian (SCO)	4 1 1	7:5	9
3.	A.C. Lanerossi Vicenza (I)	2 2 2	12:11	6
4.	Blackburn Rovers (ENG)	1 1 4	7:11	3
5.	E.C. Bahia (BRA)	0 2 4	5:12	2

Bundesliga-Abschlusstabelle 1963/1964

Platz	Verein	Spiele	S	U	N	Tore	Quot.	Punkte
1.	1. FC Köln	30	17	11	2	78:40	1,95	45-15
2.	Meidericher SV	30	13	13	4	60:36	1,67	39-21
3.	Eintracht Frankfurt	30	16	7	7	65:41	1,59	39-21
4.	Borussia Dortmund (M)	30	14	5	11	73:57	1,28	33-27
5.	VfB Stuttgart	30	13	7	10	48:40	1,20	33-27
6.	Hamburger SV (P)	30	11	10	9	69:60	1,15	32-28
7.	1860 München	30	11	9	10	66:50	1,32	31-29
8.	Schalke 04	30	12	5	13	51:53	0,96	29-31
9.	1. FC Nürnberg	30	11	7	12	45:56	0,80	29-31
10.	**Werder Bremen**	**30**	**10**	**8**	**12**	**53:62**	**0,85**	**28-32**
11.	Eintracht Braunschweig	30	11	6	13	36:49	0,73	28-32
12.	1. FC K'lautern	30	10	6	14	48:69	0,70	26-34
13.	Karlsruher SC	30	8	8	14	42:55	0,76	24-36
14.	Hertha BSC Berlin	30	9	6	15	45:56	0,69	24-36
15.	Preußen Münster	30	7	9	14	34:52	0,65	23-37
16.	1. FC Saarbrücken	30	6	5	19	44:72	0,61	17-43

Fieberkurve der Bundesliga-Saison 1963/1964

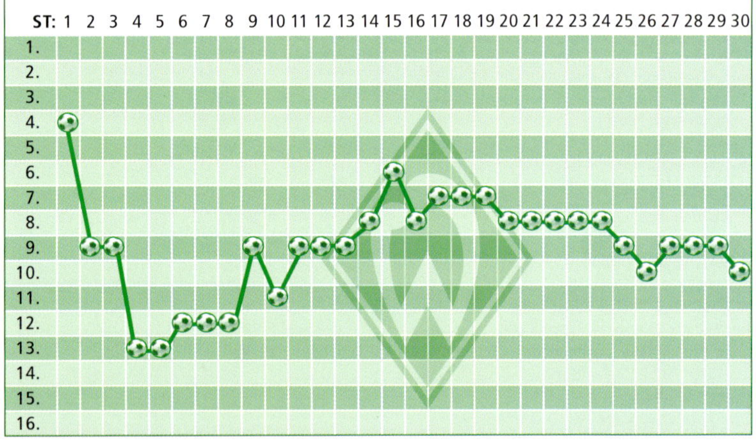

Großes Talent der frühen Bundesligajahre:
Werder-Eigengewächs Hans Schulz

1964/65: Wer glaubt an Spuk und Geister?

Oben v.l.:
Hänel, Soya, Matischak, Jung, Thun, Steinmann, Lorenz, Schütz, Jagielski, Piontek, Trainer Multhaup
Unten v.l.:
Klöckner, Schimeczek, Bordel, Bernard, Lambertz, Höttges, Ferner, Zebrowski, H. Schulz

Manchmal funktioniert Fußball geradezu erschreckend einfach. Nehmen wir nur mal als Beispiel den 1. FC Köln: Der hatte die gute Idee, zur ersten Bundesligasaison ein Maskottchen anzuschaffen. Hatte Hörner, wurde nach einem kölschen Fußballidol benannt (»Hennes«) und brachte Glück: Köln wurde auf Anhieb Meister! Bei Werder dachte man: »Das können wir auch.« Zum Schlagerspiel gegen den HSV am 26. September 1964 schenkte Bremens Schlachterinnung dem Verein einen kleinen, schwarzen Heidschnuckenbock. Hatte Hörner und wurde nach einem bremischen Fußballidol benannt: »Pico«. Und das Schönste: Die Gemeinsamkeiten waren hier noch nicht zu Ende: Auch Werder wurde mit dem neu verpflichteten Bock auf Anhieb Meister! Passend zur 1000-Jahr-Feier der Stadt Bremen.

Es wäre allerdings etwas verfehlt, die Meisterschaft ausschließlich auf die Anwesenheit des gehörnten Pico zurückzuführen. Verantwortlich für das strahlendste Jahr der bis dahin 66-jährigen Werder-Historie waren vor allem die (zweibeinigen) Neuverpflichtungen (ohne Hörner), die wiederum Werder genau das gaben, was im ersten Bundesligajahr noch gefehlt hatte. Das zuvor zuweilen noch launisch stotternde 4-2-4-System flutschte vortrefflich. Werder wuchs zu einer perfekt harmonierenden Einheit zusammen. Zwanzig Jahre später hätte Otto Rehhagel so etwas bestimmt schwärmend »mein Kollektiv« genannt.

Historisches Dokument einer historischen Reise: Auf dem USA-Trip zu Saisonbeginn wuchs die spätere Meistermannschaft zusammen. Die wichtigen Neuzugänge Höttges, Steinmann und Matischak wurden problemlos eingebaut und entwickelten sich so rasant zu Schlüsselfiguren in einem perfekt funktionierenden Mannschaftsgefüge. Die hier zu sehende Postkarte aus Chicago wurde von der späteren Meistermannschaft an enge Freunde in der Heimat verschickt.

Die Medien gefielen sich zwar dabei, Werder fortgesetzt eine »Mannschaft ohne Stars« zu nennen, aber das war nur die halbe Wahrheit. Zwar hatte niemand die Mannschaft wirklich auf der Rechnung. Aber die Neueinkäufe waren das Beste, was Werders Geschäftsführer Hansi Wolff in seiner Amtszeit an die Weser lockte: Von Borussia Mönchengladbach kam der aufstrebende, junge Linksverteidiger Horst-Dieter Höttges. Bei Absteiger Saarbrücken eiste man Nationalspieler Heinz Steinmann los, und Schalke 04 musste mit Mittelstürmer Klaus Matischak wieder mal einen Star nach Bremen ziehen lassen, wie schon so oft zuvor.

Matischaks Transfer war nötig geworden, weil der bisherige junge Sturmtank Dieter Meyer sich verpokert hatte: Er wollte zum Meister 1. FC Köln wechseln, bekam aber von Werders Führung kein grünes Licht für einen Wechsel zur Konkurrenz. Meyer wollte seinen Wechsel listig erzwingen und erwirkte bei Werders Präsident Ries eine Freigabe für seinen Heimatverein Bergedorf 85. Offiziell, weil er sich die Bundesliga nicht zutraute. Klaus »Zick-Zack« Matischak ließ wiederum bei Werder den unglücklichen Meyer schnell vergessen. Matischak avancierte bald zu einem der beliebtesten Werder-Torjäger aller Zeiten.

Werder startete als Tabellenzehnter des Vorjahres wenig glorreich mit einem 1:2 bei Abstiegskandidat Kaiserslautern die Meistersaison. Die Zeitungen zerrissen die Mannschaft in der Luft, der junge Höttges wurde kurzerhand als »bundesligauntauglich« eingestuft und Trainer »Fischken« Multhaup machte sich »große Sorgen« für den weiteren Saisonverlauf. Aber das war völlig unbegründet: es folgten drei Siege am Stück, und schon Mitte September 1964 hatte Werder in der Spitzengruppe eine erste Duftmarke gesetzt: Platz 1! Bis zum Ende der Vorrunde wurde der Spitzenplatz mit Köln und Dortmund hart umkämpft. Am 17. Spieltag übernahmen die Mannen um Pico Schütz nach einem 1:1 in Braunschweig erneut die Pole Position und gaben sie nicht wieder ab. Der HSV wurde auswärts mit 4:0 gedemütigt, Hannover 96 zuhause 3:0 abgefertigt. Und nachdem Werder im Frühjahr in sieben Spielen nur ein Gegentor kassierte und der Öffentlichkeit immer unheimlicher wurde, folgte das Meisterstück: Im Dauerregen wurden am 8. Mai 1965 die direkten Kontrahenten aus Dortmund mit 3:0 nach Hause geschickt. Verfolger und Titelverteidiger Köln konnte nicht nachlegen und spielte nur 0:0 gegen Nürnberg. Theoretisch wäre es für den 1. FC Köln noch möglich gewesen, Werder am letzten Spieltag abzufangen: Der Abstand betrug vor Werders abschließendem Spiel in Nürnberg zwei Punkte und drei Tore in der Tordifferenz,

Ex-Schalker Klaus Matischak wurde zum allseits gefürchteten Sturmtank im Angriffszentrum der Bremer. Seine Karriere endete verletzungsbedingt viel zu früh 1967, nach nur 42 Bundesligaspielen für Werder, in denen er stattliche 20 Tore erzielte

Ein historisches Bilddokument: Horst-Dieter Höttges in seinem ersten Bundesligaspiel. Am 22. August 1964 hat auf dem Betzenberg der Lauterer Kapitulski nichts zu lachen

»Werder wurde nicht hochgespült, sondern hat sich hochgespielt.« (Bundestrainer Helmut Schön)

wobei Köln deutlich mehr Tore erzielt hatte. Glücklicherweise wurde aber damals bei Punktgleichheit nicht die Tordifferenz, sondern der Quotient herangezogen. Und das bedeutete, dass Köln am letzten Spieltag bei einer 0:1-Niederlage Werders einen eigenen Sieg mit 15:0 benötigt hätte. Ergo: Die Mathematiker konnten ihren Rechenschieber einpacken, und ein Transparent beim Empfang der Meisterelf am Bremer Hauptbahnhof brachte es auf den Punkt: »Wer glaubt an Spuk und Geister? Werder Meister!« stand da geschrieben.

Die Stammformation des frischgebackenen Deutschen Fußballmeisters war das Beste, was der Norden in den Sechzigern zu bieten hatte: Bernard, Piontek, Steinmann, Jagielski, Höttges, Schütz, Lorenz, Zebrowski, Matischak, Ferner und Klöckner. Mitgeholfen hatten außerdem: Hans Schulz, Schimeczek, Hänel, Bordel, Thun und Soya.

Bremen ertrank in den tollen Tagen damals im Mai 1965 nicht nur im Regen, sondern vor allem in der Freude um den ersten und für 23 lange Jahre einzigen Meistertitel ihres SVW. Kapitän der Meistermannschaft war der Mann, der so gerufen wurde wie der Glücksbringer mit den Hörnern: »Pico« Schütz.

Links: Willi Multhaup, der Grandseigneur unter den deutschen Trainern, formte Werder in nur zwei Jahren zum Meisterteam und verabschiedete sich auf dem Höhepunkt seines Erfolges in Richtung Dortmund. Oben: Das berühmteste Werder-Transparent der sechziger Jahre, gesichtet auf Gleis 5 des Hauptbahnhofes bei Ankunft der frischgebackenen Meisterelf. Rechts: Der Kapitän und die Schale. Pico Schütz präsentiert beim offiziellen Empfang in der Stadthalle die begehrte »Salatschüssel«. Trainer Multhaup und die Spieler Soya und Höttges wirken etwas feiermüde

Werder Bremen: Bernard; Piontek, Höttges; Steinmann, Bordel, Lorenz; Zebrowski, Schütz, Matischak, Ferner, Hänel.

Partisan Belgrad: Soskic; Jusufi, Damjanovic; Becejac, Rasovic, Vasovic; Bajic, Kovacevic, Hasanagic, Pirmajer, Vislavski.

Tor: (33.) 1:0 Schütz. — Schiedsrichter: Wharton (Schottland). — Zuschauer: 30 000. — (82.) Platzverweis für Schütz und Becejac, (84.) Platzverweis für Bordel.

Bremen, Weser-Stadion, 8.5.1965, 17:42 Uhr: Werders Meisterstück gegen Borussia Dortmund

1964/65

1:0 das war Matischaks gezielter Kopfball

2:0 Klöckner ist nicht mehr zu bremsen

3:0 Zebrowski in seiner größten Szene

Obwohl die Meisterschaft erst beim abschließenden Saisonspiel in Nürnberg endgültig unter Dach und Fach gebracht wurde, war der 3:0-Heimsieg gegen Borussia Dortmund der entscheidende Schritt auf dem Weg zum Titel. Die Borussen saßen Werder mit nur zwei Punkten Rückstand im Nacken, und auch der Titelverteidiger aus Köln drückte Dortmund die Daumen, denn der FC war mit nur einem Punkt Rückstand und einem vermeintlich leichten Heimspiel gegen den »Club« bis zu diesem Tag der eigentliche Favorit auf den Titel.

Doch Werder lieferte an einem völlig verregneten Mai-Samstag eine Galavorstellung ab. Schon nach einer knappen Viertelstunde brach Matischak mit einem blitzsauberen Kopfball den Widerstand der Westfalen. Mit dem Pausenpfiff ging Klöckner mit einem 50-Meter-Pass von Höttges auf und davon und vollendete gegen Dortmunds Torwart Wessel, und als Rechtsaußen Zebrowski gegen die aufgerückten BVB-Verteidiger kurz vor dem Ende des Spiels eine Maßflanke von Diethelm Ferner per Flugkopfball in die Maschen setzte, war die Begegnung längst gelaufen.

Stadionsprecher Richard Ossenkop verkündete wenige Minuten später, dass der 1.FC Köln über ein torloses Unentschieden gegen den 1.FC Nürnberg nicht hinausgekommen war. Werder war praktisch durch! Das obere Bild der Bremer Fotografenlegende Walter Schumann fängt genau diesen Moment ein. Wenig später tanzte halb Bremen im Regen auf dem Rasen des Weser-Stadions (unteres Bild) und feierte Werders erste Meisterschaft.

Jubel im Norden: nach dem großen 3:0-Erfolg über Borussia Dortmund

WERDER Deutscher Meister!

Schöner hätte auch ein Endspiel nicht sein können...

Zu 99,99 Prozent ist Werder Meister

Glanzvoller Sieg über Borussia Dortmund

40 000 Zuschauer feierten die Bremer Mannschaft im Weser-Stadion

Furios gestartet, Krise überwunden

am Ende sicherer Sieger und Meister

Eckpfeiler des Triumphes: Piontek, Höttges, Lorenz und Steinmann

Werders frischgebackene Meisterelf nach dem letzten Saisonspiel in Nürnberg: Klöckner, Trainer Multhaup, Bernard, Steinmann, Piontek, Schütz (zu seinen Füßen der Siegerkranz!), Matischak, Jagielski und Lorenz (oben v.l.), sowie Zebrowski, Höttges und Ferner (unten v.l.)

Arnold »Pico« Schütz: »... richtig original gut Fußball gespielt!«

»Pico« Schütz 1960: Jungstar ...

Arnold Schütz

»Pico« (Jahrgang 1935) spielte rekordverdächtige 17 Jahre in Werders 1. Mannschaft und beendete seine Karriere 1972 nach genau 826 Spielen für die Grünweißen. Als die Bundesliga startete, war »Pico« schon 28 Jahre alt. Dennoch hielt er volle neun weitere Jahre als Leistungsträger bei Werder durch und beendete seine Laufbahn 1972 als ältester Spieler der Bundesliga nach 253 Spielen und 70 Toren für Werder.

... und heute: Ehrenspielführer des SV Werder

Was hatte die Meistermannschaft 1965 für Qualitäten?

Damals hieß die DFB-Formel: Drei Mann dürft ihr verpflichten – mehr gibt es nicht. Verboten! Und wir hatten das unverschämte Glück, dass wir vor der Meistersaison drei Spieler bekamen, die bei uns in den Kader passten und die wir als Mannschaft dringend brauchten. Ein Heinz Steinmann, ein Höttges und ein Matischak. Dadurch hatten wir eine im wahrsten Sinne des Wortes komplette Mannschaft. Wir wuchsen zu einer guten Einheit und haben auch privat viel zusammen unternommen und uns untereinander gegenseitig besucht. Wir waren eine sehr harmonische Mannschaft. Und wir hatten ›Fischken‹ Multhaup, unseren Trainer. Der war zwar akribisch bei seiner Arbeit, aber als Typ auch locker und menschlich. Wenn wir Training hatten, hat die Mannschaft die erste halbe Stunde erst einmal alleine trainiert, weil Multhaup sich immer erst einmal in Ruhe mit den Trainigskiebitzen unterhalten wollte: ›Na, was sagt ihr zum Spiel letzten Samstag?‹ Er hatte genau die richtige Mischung aus Autorität und langer Leine. Der Montag war immer sein Haupt-Trainingstag. Da mussten wir richtig ran. Dort, wo hinter der Ostkurve heute Kunstrasen und Ascheplatz sind, war früher eine Wiese. Dort ging es dann montags richtig ab: Seilspringen, Steigerungsläufe, Gewichtheben. Multhaup war ein sehr guter Trainer, und Mannschaft und er verstanden sich optimal. Unser Schlüssel war sicher die bärenstarke Hintermannschaft. Höttges und Piontek wurden überall gehasst, wenn wir mit dem Verein irgendwo hinkamen. Spielten sie in der Nationalelf genauso wie bei uns, dann fanden das alle toll. Ran an den Mann, kurz decken, Respekt verschaffen – das war ihr Rezept. Wir bekamen hin und wieder vom Gegner den Vorwurf, unfair zu spielen, aber keiner unserer Spieler wurde vom Platz gestellt. Wir waren einfach nur ein sehr unangenehm zu spielender Gegner. Wir haben einfach nur richtig original gut Fußball gespielt!

Weshalb lief das zweite Bundesligajahr so viel besser als das erste?

Das hatte vor allem zwei Gründe. Zum einen hatten wir im ersten Jahr keinen so guten Kader, aber dafür viel Verletzungspech. Aber der Hauptgrund war, wenn ich ganz ehrlich bin, ein ganz anderer: Unser Geschäftsführer Hansi Wolff plante eine Amerikareise für die Zeit zwischen der ersten und der zweiten Bundesligasaison. Wir sollten in New York spielen, in Chicago und Los Angeles. Ein sehr renommiertes Turnier war das. Und der ansonsten sehr schlaue Hansi Wolff hat den Fehler gemacht, uns vorher gemeinsam mit Trainer Multhaup anzukündigen: ›Wer sich in der Endphase der Bundesliga verletzt, kommt nicht mit nach Amerika!‹ Und nach dieser Ansage ließ die Spannung bei uns nach. Wir sind nicht mehr in letzter Konsequenz in die Zweikämpfe gegangen und haben die Saison locker auslaufen lassen. In der Vorrunde standen wir noch prima da, aber je näher die Reise rückten, umso mehr haben wir uns gesagt: ›Ich will aber doch mit nach Amerika!‹ und haben uns nicht mehr so reingekniet. Und dann wurden wir Zehnter.

Sie waren vor der Meistersaison krasser Außenseiter. Wann haben Sie im Verlauf der Punktspielrunde gemerkt: »Hoppla, wir sind ja wirklich gut!«?

Wir haben nach der Auftaktniederlage in Kaiserslautern gleich eine gute Serie hingelegt und uns oben in der Tabelle festgesetzt. Unsere Abwehr war so unglaublich stark: Jagielski und Steinmann in der Mitte spielten durchweg klasse, und vor den Außenverteidigern Höttges und Piontek hatte die ganze Bundesliga Angst. Wir standen einfach gut. Und wir waren auch selbstbewusst genug, selbst nach Rückständen, was selten genug vorkam, immer noch mindestens einen Punkt zu holen. Die Kölner waren uns die ganze Saison über immer auf den Fersen, und alle erwarteten, dass wir die Spitze irgendwann verlieren würden. Aber je näher das Saisonende rückte, umso klarer wurde uns: Mensch, wir sind wirklich dicht dran! Und spätestens, als es die Zeitungen merkten und schrieben, dass man Werder Bremen als Titelkandidat ernstnehmen muss, haben wir es endgültig realisiert, wie gut wir waren. Dann wollten wir den letzten Rest auch noch schaffen und die Schale nach Bremen holen. Und am Ende hatten wir so eine breite Brust, dass wir vor jedem Spiel gedacht haben: ›Was will der Gegner von uns? Wir stehen oben, und da bleiben wir auch!‹

Was änderte sich für Sie durch die Einführung der Bundesliga?

Im Grunde nicht viel. Der Vertragsspieler hieß plötzlich ›Lizenzspieler‹, und manche von uns arbeiteten nicht mehr voll, sondern nur noch halbtags. Ich habe während meiner kompletten Karriere meinen Job als Güterbesichtiger im Hafen nicht aufgegeben. Als die Bundesliga startete, habe ich meinen Vorgesetzten im Verein gesagt: ›Leute, ich bin fast dreißig Jahre alt. Ich werde meinen Job nicht an den Nagel hängen!‹ Ich musste im Hafen ja keine Stahlplatten schleppen. Ich hatte einen soliden, guten Job, den ich nicht aufgeben wollte. Und so sind die Vereinsoberen bei meinem Arbeitgeber aufgelaufen

Muskelpaket Schütz beim Schuss. Die im Hintergrund erkennbaren Gladbacher sind froh, in diesem Moment nicht eingreifen zu müssen

Ganz frühes Merchandising-Objekt: Ein Bock namens »Pico«

und haben dort vorgesprochen, um für mich zu erreichen, dass ich zum Training frei bekomme. In den ersten beiden Bundesligajahren war nur nachmittags Training, ehe dann ein Trainer kam, der entschieden hat, zweimal pro Tag trainieren zu wollen. Morgens um 10 Uhr und dann am Nachmittag um halb vier. Und dann wurde es etwas härter für mich: Ich bin erst frühmorgens ins Büro gefahren und habe geguckt, was ich zu tun habe. Dann später ging's zum Vormittagstraining. Mittags dann rüber zu meiner Mutter, die in der Nähe meiner Arbeitsstelle wohnte, und gegen halb drei wieder zum Weser-Stadion auf den Trainingsplatz.

Weshalb ist ein hochkarätiger Bundesligaspieler wie Pico Schütz nie Nationalspieler geworden?
Ich hatte mit meinen Positionen Pech. Ich habe bei Werder als Mittelstürmer begonnen und hatte national immer den dicken Seeler vor mir, an dem man natürlich nicht vorbeikam. Wenn wir Spiele hatten wie ›Norddeutschland gegen Westdeutschland‹, dann spielte der Dicke immer in der Mitte und ich musste auf Rechtsaußen ausweichen. Einmal bekam ich nach einem starken Spiel mit der norddeutschen Auswahl tatsächlich eine Einladung des DFB für ein Länderspiel gegen Nordirland. Und was passiert? Zeitgleich mit meiner guten Partie der Norddeutschland-Auswahl spielt in Frankfurt Süddeutschland gegen Westdeutschland. Bundestrainer Sepp Herberger ist leider dort und nicht bei unserem Spiel unter den Zuschauern und sieht auf meiner Position den Kölner Wilden, der prima spielt. Ende vom Lied war, dass Wilden gegen Nordirland randurfte und ich nicht. Und dann habe ich mir gesagt, okay, dann war's das wohl mit der DFB-Karriere.

Gab es für Sie je die Überlegung, Werder zu verlassen?
Es waren immer mal gute Angebote da, aber von mir aus wollte ich nie wechseln. Dann begann die Bundesliga, wir wurden im zweiten Jahr gleich Deutscher Meister und ich selbst ging auf die Dreißig zu. Und da habe ich mir gesagt, nun machst du dein Ding hier zuende und ziehst das durch. Das hat gut funktioniert: Bei Werder konnte ich insgesamt noch 10 Jahre Bundesliga spielen, obwohl ich bei Bundesligastart schon nicht mehr der Allerjüngste war. So ist es auch meinen Mitspielern und Freunden von damals gegangen: Die meisten sind Bremen treu geblieben und haben gesagt, wir gehören hier her und bringen unsere Karriere hier zuende.

Was bedeutet Ihnen Werder als Verein?
Ich bin waschechter Bremer und habe Werder natürlich viel zu verdanken. Wir hatten im Verein immer eine tolle Gemeinschaft, egal ob anfangs in der Oberliga oder später in der Bundesliga. Bei Werder war immer alles sehr harmonisch. Ein sehr menschlicher, gut organisierter Verein. Dank Werder habe ich die ganze Welt kennengelernt. Wir haben in Österreich, Jugoslawien und der Schweiz genauso gespielt wie später in Nord- und Südamerika. Und ich musste nicht mal was dafür bezahlen (lacht). Wo erlebt man so etwas sonst schon? Ich bin dem Verein für vieles sehr dankbar.

Schließlich, für die Nachwelt: Woher kam der Name »Pico«?
In meinem Stammverein TuS Walle war ich immer der kleinste und schmalste. Und den kleinsten in einer Mannschaft nannte man immer schon ›Pico‹. In meiner Ausbildung musste ich dann als junger Kerl schwere Baumwollballen schleppen und habe körperlich langsam zugelegt. Und bei Werder bin ich durch das Training dann richtig kräftig geworden. Der Name ›Pico‹ ist einfach für immer geblieben, auch als er längst schon nicht mehr passte.

Arnold »Pico« Schütz stand von 1955 bis 1972 in Werders Kader (1955-1963 Oberliga, 1963-1972 Bundesliga) und absolvierte in diesen 17 Jahren 473 Punktspiele, in denen er stattliche 178 mal ins Netz traf.

Oben: »Scharfschütze, Hinterhaltsschütze, Freistoßspezialist« stand unter diesem Sammelbild aus dem Jahr 1965

Rechts und unten: Doppelpico! Während Arnold »Pico« Schütz die Meistermannschaft auf's Spielfeld führt, sorgt am Rande das neue Maskottchen »Pico« für ausreichend Glück. Beide erledigen ihre Jobs 1965 zur vollsten Zufriedenheit!

WERDER BREMEN 1964/65

Trainer

Multhaup, Willi »Fischken«
Verantwortlicher Trainer in allen 30 Spielen der Saison

Mit dunkler Brille getarnt...

... stiegen zwei Spieler die Treppe zum Flugzeug hinauf, das Werder Bremen nach New York brachte. Die beiden jungen Männer flogen als Gäste mit; denn spielen dürfen sie ja für Werder Bremen noch nicht. Es handelt sich um die beiden „Neuen", Klaus Matischak, den bisherigen Mittelstürmer Schalkes (links) und Horst Höttges, bisher Verteidiger von Borussia Mönchengladbach.
Foto: Pilzecker

Aus dem »Kicker« vom 1. Juni 1964: Zwei der Neuzugänge vor Werders zweiter Bundesligasaison hatten einen etwas skurrilen ersten Auftritt im feinen Anzug mit dem »W« auf der Brust: Matischak und Höttges schummeln sich in den Flieger nach New York, der sie Ende Mai 1964 zum internationalen Turnier in die USA bringen wird, obwohl beide erst ab Juli bei Werder unter Vertrag stehen

Wer kam?

Höttges (Bor. Mönchengladbach)
Matischak (Schalke 04)
Schulz (eig. Amateure)
Steinmann (1. FC Saarbrücken)

Wer ging?

Meyer (Bergedorf 85)
Schwierzke (Eintr. Trier)

Tor

Bernard, Günter
30 Spiele; 0 Tore

Lambertz, Klaus
0 Spiele; 0 Tore

Abwehr

Höttges, Horst-Dieter »Eisenfuß«
29 Spiele; 1 Tor

Lorenz, Max
27 Spiele; 2 Tore

Piontek, Joseph »Seppl«
28 Spiele; 3 Tore

Mittelfeld

Ferner, Diethelm »Didi«
29 Spiele; 1 Tor

Schütz, Arnold »Pico«
28 Spiele; 10 Tore

Soya, Willi »Bohne«
8 Spiele; 2 Tore

Angriff

Zebrowski, Gerhard »Zebro«
28 Spiele; 11 Tore

Matischak, Klaus »Zick-Zack«
19 Spiele; 12 Tore

Schulz, Hans
19 Spiele; 4 Tore

Erweiterter Kader

Boelsen, Volker
0 Spiele; 0 Tore
Amateur

Der Sport-Verein »Werder« im Jahr 1964/65:

1. Vorsitzender:	Alfred L. Ries
2. Vorsitzender:	Fritz Düring
3. Vorsitzender:	Wilhelm Riethmöller
Geschäftsführer:	Hans Wolff
Spielausschuss-Vorsitzender:	Edu Hundt
Vereinsarzt:	Dr. Franz Böhmert
Masseur:	Wolfgang Binder
Mitglieder:	2.000
Kapazität Weser-Stadion:	40.000 Plätze (7.300 Sitzplätze, davon 6.400 überdacht)

Jagielski, Helmut »Jackl«
28 Spiele; 10 Tore

Steinmann, Heinz
26 Spiele; 0 Tore

Schimeczek, Helmut »Schimmi«
6 Spiele; 0 Tore

Bordel, Wolfgang
1 Spiel; 0 Tore

Nachtwey, Walter
0 Spiele; 0 Tore

Hänel, Klaus-Atze
7 Spiele; 1 Tor

Klöckner, Theo
17 Spiele; 4 Tore

Thun, Dieter
2 Spiele; 0 Tore

Dudjahn, Horst
0 Spiele; 0 Tore
Amateur

Jung; Erwin
0 Spiele; 0 Tore

In Freundschaftsspielen eingesetzt:

Meiners, Frank (Angriff)

Alle Spiele 1964/65

29.07.1964
Internationales Turnier – Finale (Hinspiel)
Turnier in den USA
Turnier International Soccer League
GKS Zaglebie Sosnowitz – W. B. 0:0 (*)
Aufstellung: Bernard – Schütz, Höttges, M. Lorenz, Jagielski – Steinmann, Ferner – G. Zebrowski, Matischak, Soya, Klöckner
Trainer: Multhaup
Tore: –
(*) Nach 18 Minuten wegen eines Wolkenbruchs abgebrochen!
Zuschauer: 8.000 im Randall Island Stadion in New York

30.07.1964
Internationales Turnier – Finale (Wiederholungsspiel des Hinspiels vom Vortag)
GKS Zaglebie Sosnowitz – W. B. 4:0 (2:0)
Aufstellung: Bernard – Schütz, Höttges, M. Lorenz, Jagielski – Schimeczek, Ferner – G. Zebrowski, Matischak, Soya, Klöckner (Hänel)
Trainer: Multhaup
Tore: 1:0 Krawiarz (8.), 2:0 Szmidt (37.), 3:0 Geleczka (73.), 4:0 Fulczyk (75.)
Zuschauer: 10.000 im Randall Island Stadion in New York

02.08.1964
Internationales Turnier – Finale (Rückspiel)
GKS Zaglebie Sosnowitz – W. B. 1:0 (1:0)
Aufstellung: Lambertz – Piontek, Höttges (Schütz), M. Lorenz, Jagielski – Schimeczek, Ferner – G. Zebrowski, Matischak, Soya (Hänel), Klöckner
Trainer: Multhaup
Tor: 1:0 Piecyk (36.)
Zuschauer: 8.000

13.08.1964
Internationales Freundschaftsspiel
W. Bremen – Sheffield Wednesday 1:0 (0:0)
Aufstellung: Bernard – Piontek, Höttges – M. Lorenz (Schütz), Jagielski, Steinmann – G. Zebrowski, Ferner (M. Lorenz), Matischak, Soya (Hänel), Klöckner
Trainer: Multhaup
Tor: 1:0 Matischak (54.)
Zuschauer: 8.000

14.08.1964
Freundschaftsspiel
ASV Bergedorf 85 – W. Bremen 2:4 (1:2)
Aufstellung: Lambertz (Bernard) – Bordel (Piontek), Höttges – Schütz, Jagielski, Steinmann – G. Zebrowski (H. Schulz), Ferner (M. Lorenz), Klöckner, Soya, Hänel
Trainer: Multhaup
Tore: 0:1 Hänel (20.), 1:1 Meyer (24.), 1:2 Klöckner (33.), 1:3 Hänel (46.), 2:3 Meyer (50.), 2:4 Klöckner (85.)
Zuschauer: 3.500

22.08.1964
Bundesliga, 1. Spieltag
1. FC Kaiserslautern – W. Bremen 2:1 (2:1)
Aufstellung: Bernard – Piontek, Höttges – M. Lorenz, Jagielski, Schütz – G. Zebrowski, Ferner, Matischak, Hänel, Klöckner
Trainer: Multhaup
Tore: 1:0 Richter (14.), 1:1 Matischak (17.), 2:1 Leydecker (37.)
Zuschauer: 25.000

29.08.1964
Bundesliga, 2. Spieltag
W. Bremen – Eintr. Braunschweig 5:1 (3:1)
Aufstellung: Bernard – Piontek, M. Lorenz – Schütz, Jagielski, Steinmann – G. Zebrowski, Hänel, Matischak, Ferner, Klöckner
Trainer: Multhaup
Tore: 1:0 Hänel (10.), 2:0 Piontek (24.), 3:0 Schütz (25.), 3:1 Moll (31.), 4:1 G. Zebrowski (58.), 5:1 Matischak (75.)
Zuschauer: 15.000

05.09.1964
Bundesliga, 3. Spieltag
Eintracht Frankfurt – W. Bremen 0:2 (0:1)
Aufstellung: Bernard – Piontek, Bordel – Schütz, Jagielski, Höttges – G. Zebrowski, Schulz, Matischak, M. Lorenz, Thun
Trainer: Multhaup
Tore: 0:1 G. Zebrowski (33.), 0:2 G. Zebrowski (54.)
Besonderes Vorkommnis: Bernard (W.B.) hält FE von Huberts (59.)
Zuschauer: 23.000

12.09.1964
Bundesliga, 4. Spieltag
W. Bremen – Karlsruher SC 1:0 (0:0)
Aufstellung: Bernard – Piontek, M. Lorenz – Schütz, Jagielski, Höttges – G. Zebrowski, Schulz, Matischak, Ferner, Thun
Trainer: Multhaup
Tor: 1:0 Schütz (68. FE)
Zuschauer: 27.000

19.09.1964
Bundesliga, 5. Spieltag
1. FC Köln – W. Bremen 4:2 (2:0)
Aufstellung: Bernard – Piontek, Höttges – Schütz, Jagielski, Schimeczek – G. Zebrowski, Soya, Klöckner, Ferner, M. Lorenz
Trainer: Multhaup
Tore: 1:0 Müller (39.), 2:0 Schäfer (40.), 2:1 Schütz (61.), 3:1 Hornig (80.), 3:2 G. Zebrowski (83.), 4:2 Schäfer (86.)
Zuschauer: 35.000

26.09.1964
Bundesliga, 6. Spieltag
W. Bremen – Hamburger SV 0:0
Aufstellung: Bernard – Piontek, Höttges – Steinmann, Jagielski, M. Lorenz – G. Zebrowski, Schütz, Matischak, Ferner, Hänel
Trainer: Multhaup
Tore: –
Zuschauer: 40.000

03.10.1964
Internationales Freundschaftsspiel
Royal Racing White Club Brüssel – W. Bremen 1:1 (1:0)
Aufstellung: Bernard – Piontek, Höttges (67. Bordel) – Schimeczek, Steinmann, Ferner – G. Zebrowski, Schütz, Matischak (10. H. Schulz), Hänel, Klöckner
Trainer: Multhaup
Tore: 1:0 Baulinho (37.), 1:1 Klöckner (63.)
Zuschauer: 2.000

10.10.1964
Bundesliga, 7. Spieltag
Hannover 96 – W. Bremen 1:2 (1:1)
Aufstellung: Bernard – Piontek, Höttges – Schimeczek, Steinmann, Ferner – G. Zebrowski, Schütz, Matischak, Hänel, Klöckner
Tore: 1:0 Gräber (38.), 1:1 Matischak (42.), 1:2 Matischak (82.)
Trainer: Multhaup
Zuschauer: 50.000

17.10.1964
Bundesliga, 8. Spieltag
W. Bremen – Bor. Neunkirchen 2:0 (2:0)
Aufstellung: Bernard – Piontek, Höttges – Schimeczek, Steinmann, Ferner – G. Zebrowski, Schütz, Klöckner, Soya, Hänel
Trainer: Multhaup
Tore: 1:0 Klöckner (28.), 2:0 G. Zebrowski (38.)
Zuschauer: 14.000

24.10.1964
Bundesliga, 9. Spieltag
VfB Stuttgart – W. Bremen 1:1 (0:1)
Aufstellung: Bernard – Piontek, Höttges – Steinmann, Jagielski, Ferner – M. Lorenz, Schütz, Klöckner, Soya, Hänel
Trainer: Multhaup
Tore: 0:1 Schütz (10.), 1:1 Geiger (86.)
Zuschauer: 18.000

27.10.1964
Internationales Freundschaftsspiel
W. Bremen – Dukla Prag 2:2 (2:2)
Aufstellung: Bernard (Lambertz) – Bordel, Höttges (M. Lorenz), Steinmann, Jagielski – Schimeczek, Schütz (Ferner) – Thun, Klöckner, H. Schulz, G. Zebrowski
Trainer: Multhaup
Tore: 0:1 Jelinek (16.), 1:1 Klöckner (22.), 1:2 Vesely (31.), 2:2 Schütz (39.)
Zuschauer: 12.500

31.10.1964
Freundschaftsspiel
Arminia Bielefeld – W. Bremen 3:2 (2:0)
Aufstellung: Bernard – Piontek, M. Lorenz – Steinmann, Jagielski, Schimeczek – G. Zebrowski, Ferner, Klöckner, Soya, H. Schulz
Trainer: Multhaup
Tore: 1:0 Roggensack (33.), 2:0 Kirchner (36.), 2:1 Klöckner (64.), 3:1 Erich (74.), 3:2 Soya (79.)
Zuschauer: 5.000

07.11.1964
Bundesliga, 10. Spieltag
W. Bremen – Hertha BSC Berlin 5:1 (0:0)
Aufstellung: Bernard – Piontek, Höttges – Steinmann, Jagielski, Ferner – G. Zebrowski, Schütz, Klöckner, Soya, H. Schulz
Trainer: Multhaup
Tore: 0:1 Krampitz (60.), 1:1 H. Schulz (69.), 2:1 Schütz (70.), 3:1 Schütz (81.), 4:1 G. Zebrowski (83.) 5:1 Soya (86.)
Zuschauer: 18.000

14.11.1964
Bundesliga, 11. Spieltag
W. Bremen – FC Schalke 04 2:2 (1:1)
Aufstellung: Bernard – Höttges, M. Lorenz – Steinmann, Jagielski, Ferner – G. Zebrowski, Schütz, Klöckner, Soya, H. Schulz
Trainer: Multhaup
Tore: 1:0 Soya (17.), 1:1 Herrmann (43. FE), 1:2 Kreuz (46.), 2:2 Schütz (50.)
Zuschauer: 19.000

21.11.1964
Bundesliga, 12. Spieltag
TSV 1860 München – W. Bremen 3:1 (1:1)
Aufstellung: Bernard – Höttges, M. Lorenz – Steinmann, Jagielski, Ferner – G. Zebrowski, Schütz, H. Schulz, Soya, Klöckner
Trainer: Multhaup
Tore: 0:1 Klöckner (9.), 1:1 Kohlars (12.), 2:1 Kohlars (76.), 3:1 Heiß (86.)
Zuschauer: 35.000

28.11.1964
Bundesliga, 13. Spieltag
W. Bremen – Meidericher SV 1:0 (0:0)
Aufstellung: Bernard – Piontek, Höttges – Steinmann, Jagielski, M. Lorenz – G. Zebrowski, Ferner, Matischak, H. Schulz, Klöckner
Trainer: Multhaup
Tor: 1:0 G. Zebrowski (87.)
Zuschauer: 18.000

05.12.1964
Bundesliga, 14. Spieltag
Borussia Dortmund – W. Bremen 1:2 (1:1)
Aufstellung: Bernard – Piontek, Höttges – M. Lorenz, Steinmann, Schimeczek – G. Zebrowski, Ferner, Klöckner, H. Schulz, Hänel
Trainer: Multhaup
Tore: 1:0 Konietzka (28.), 1:1 Höttges (37. HE), 1:2 Klöckner (61.)
Besonderes Vorkommnis: Hänel (W.B.) scheidet mit Wadenbeinbruch aus (42.)
Zuschauer: 18.000

12.12.1964
Bundesliga, 15. Spieltag
W. Bremen – 1. FC Nürnberg 1:1 (1:0)
Aufstellung: Bernard – Piontek, Höttges – Schimeczek, Steinmann, M. Lorenz – G. Zebrowski, Schütz, Klöckner, Ferner, H. Schulz
Trainer: Multhaup
Tore: 1:0 H. Schulz (34.), 1:1 Strehl (84.)
Zuschauer: 35.000

19.12.1964
Bundesliga, 16. Spieltag
W. Bremen – 1. FC Kaiserslautern 1:1 (0:1)
Aufstellung: Bernard – Piontek, Höttges – Steinmann, Jagielski, M. Lorenz – G. Zebrowski, Schütz, Klöckner, Ferner, H. Schulz
Trainer: Multhaup
Tore: 0:1 Kapitulski (8.), 1:1 Ferner (61.)
Zuschauer: 18.000

02.01.1965
Bundesliga, 17. Spieltag
Eintr. Braunschweig – W. Bremen 1:1 (1:0)
Aufstellung: Bernard – Piontek, Höttges – Steinmann, Jagielski, Schimeczek – G. Zebrowski, M. Lorenz, Schütz, Ferner, Klöckner
Trainer: Multhaup
Tore: 1:0 Krafczyk (38.), 1:1 G. Zebrowski (90.)
Besonderes Vorkommnis: Bernard (W.B.) hÄlt FE von Moll (70.)
Zuschauer: 30.000

09.01.1965
Bundesliga, 18. Spieltag
W. Bremen – Eintracht Frankfurt 2:2 (1:0)
Aufstellung: Bernard – Piontek, Höttges – M. Lorenz, Jagielski, Steinmann – G. Zebrowski, Ferner, Schütz, Soya, H. Schulz
Trainer: Multhaup
Tore: 1:0 M. Lorenz (40.), 1:1 Stein (48.), 2:1 Schütz (78.), 2:2 Stinka (86.)
Zuschauer: 25.000

16.01.1965
DFB-Pokal – 1.Runde
FSV Mainz 05 – W. Bremen 1:0 (1:0)
Aufstellung: Lambertz – Piontek, Bordel – Schimeczek, Steinmann, Ferner – G. Zebrowski, M. Lorenz, Schütz, Soya, Jagielski
Trainer: Multhaup
Tor: 1:0 Meyer (56.)
Besonderheiten: Der Pfosten des Mainzer Tores brach. Er konnte gerichtet werden. (39.)
Zuschauer: 12.000

23.01.1965
Bundesliga, 19. Spieltag
Karlsruher SC – W. Bremen 0:2 (0:1)
Aufstellung: Bernard – Piontek, Höttges – Steinmann, Jagielski, M. Lorenz – G. Zebrowski, Schütz, Matischak, Ferner, H. Schulz
Trainer: Multhaup
Tore: 0:1 H. Schulz (30.), 0:2 Kahn (85. ET)
Zuschauer: 25.000

30.01.1965
Bundesliga, 20. Spieltag
W. Bremen – 1. FC Köln 0:0
Aufstellung: Bernard – Piontek, Höttges – Steinmann, Jagielski, M. Lorenz – G. Zebrowski, Schütz, Matischak, Ferner, H. Schulz
Trainer: Multhaup
Tore: –
Zuschauer: 39.966

06.02.1965
Freundschaftsspiel
VfR Rasensport Harburg – W. B. 0:4 (0:1)
Aufstellung: Lambertz – Piontek, Bordel – H. Schulz, Nachtwey, Schimeczek – Jung, Thun, Matischak, Soya, Dudjahn
Trainer: Multhaup
Tore: 0:1 Soya (29.), 0:2 Thun (57.), 0:3 Jung (85.), 0:4 Matischak (88.)
Zuschauer: 3.000

07.02.1965
Freundschaftsspiel
SC Victoria Hamburg – W. Bremen 1:6 (0:2)
Aufstellung: Lambertz – Dudjahn, Bordel – Schimeczek, Nachtwey, M. Lorenz – Thun, Schütz, Matischak, Soya, Jung
Trainer: Multhaup
Tore: 0:1 Matischak (10.), 0:2 Schütz (21.), 0:3 Soya (57.), 0:4 Jung (73.), 1:4 Diekert (82. HE), 1:5 Jung (85.), 1:6 Soya (89.)
Zuschauer: 3.000

13.02.1965
Bundesliga, 21. Spieltag
Hamburger SV – W. Bremen 0:4 (0:2)
Aufstellung: Bernard – Piontek, Höttges – Steinmann, Jagielski, M. Lorenz – G. Zebrowski, Schütz, Matischak, Ferner, H. Schulz
Trainer: Multhaup
Tore: 0:1 Matischak (17.), 0:2 Matischak (27.), 0:3 D. Seeler (78. ET), 0:4 Schütz (80.)
Zuschauer: 50.000

20.02.1965
Bundesliga, 22. Spieltag
W. Bremen – Hannover 96 3:0 (1:0)
Aufstellung: Bernard – Piontek, Höttges – Steinmann, Jagielski, M. Lorenz – G. Zebrowski, Schütz, Matischak, Ferner, H. Schulz
Trainer: Multhaup
Tore: 1:0 Piontek (23.), 2:0 Matischak (65.), 3:0 Matischak (69.)
Zuschauer: 35.000

27.02.1965
Internationales Freundschaftsspiel
W. Bremen – Dozsa Ujpest Budap. 3:0 (1:0)
Aufstellung: Bernard (46. Lambertz) – Piontek, Höttges (70. Bordel) – Steinmann, Jagielski, M. Lorenz – G. Zebrowski, Schütz, Matischak (82. Soya), Ferner, H. Schulz
Trainer: Multhaup
Tore: 1:0 H. Schulz (7.), 2:0 Matischak (65.), 3:0 H. Schulz (87.)
Zuschauer: 6.000

06.03.1965
Bundesliga, 23. Spieltag
Bor. Neunkirchen – W. Bremen 1:1 (0:0)
Aufstellung: Bernard – Piontek, Höttges – Steinmann, Jagielski, M. Lorenz – G. Zebrowski, Schütz, Matischak, Ferner, H. Schulz
Trainer: Multhaup
Tore: 1:0 Schock (55.), 1:1 Matischak (77.)
Zuschauer: 28.000

08.03.1965
Internationales Freundschaftsspiel
Sheffield Wednesday – W. Bremen 2:3 (1:0)
Aufstellung: Bernard (Lambertz) – Bordel, Höttges (M. Lorenz), Ferner, Steinmann (Jagielski), Schimeczek, G. Zebrowski, Schütz, Matischak, Soya, H. Schulz
Trainer: Multhaup
Tore: 0:1 H. Schulz (7.), 1:1 Hickton (10.), 1:2 Schütz (30.), 2:2 Hickton (52.), 2:3 Matischak (84.)
Zuschauer: 20.000

20.03.1965
Bundesliga, 24. Spieltag
W. Bremen – VfB Stuttgart 1:0 (0:0)
Aufstellung: Bernard – Piontek, Höttges – Steinmann, Jagielski, M. Lorenz – Ferner, Schütz, Matischak, Soya, H. Schulz
Trainer: Multhaup
Tor: 1:0 M. Lorenz (52.)
Zuschauer: 25.000

27.03.1965
Bundesliga, 25. Spieltag
Hertha BSC Berlin – W. Bremen 0:0
Aufstellung: Bernard – Piontek, Höttges – Steinmann, Jagielski, M. Lorenz – G. Zebrowski, Schütz, Matischak, Ferner, H. Schulz
Trainer: Multhaup
Tore: –
Zuschauer: 54.375

03.04.1965
Bundesliga, 26. Spieltag
FC Schalke 04 – W. Bremen 1:0 (1:0)
Aufstellung: Bernard – Piontek, Höttges – Steinmann, Jagielski, M. Lorenz – G. Zebrowski, Schütz, Matischak, Ferner, H. Schulz
Trainer: Multhaup
Tor: 1:0 Crawatzo (12.)
Zuschauer: 35.000

10.04.1965
Bundesliga, 27. Spieltag
W. Bremen – TSV 1860 München 3:2 (1:2)
Aufstellung: Bernard – Piontek, Höttges – Steinmann, Jagielski, M. Lorenz – G. Zebrowski, Schütz, Matischak, Ferner, Schulz
Trainer: Multhaup
Tore: 0:1 Heiß (7.), 1:1 G. Zebrowski (41.), 1:2 Kraus (43.), 2:2 H. Schulz (62.), 3:2 Bena (76. ET)
Zuschauer: 40.000

15.04.1965
Freundschaftsspiel
W. Bremen – SC Preußen Münster 1:1 (1:0)
Aufstellung: Bernard (Lambertz) – Piontek (Bordel), Höttges (Schütz) – Schimeczek, Steinmann, M. Lorenz – G. Zebrowski, Ferner, Matischak, Hänel, H. Schulz
Trainer: Multhaup
Tore: 1:0 Piontek (41.), 1:1 Bockisch (84.)
Zuschauer: 4.000

24.04.1965
Freundschaftsspiel
VfL Wolfsburg – W. Bremen 1:7 (1:4)
Aufstellung: Lambertz (Bernard) – Schütz, Bordel – Schimeczek, Jagielski, Ferner – G. Zebrowski (Soya), H. Schulz, Matischak, Hänel, Klöckner
Trainer: Multhaup
Tore: 0:1 Schütz (5. HE), 0:2 Klöckner (11.), 1:2 Kemmer (25.), 1:3 Hänel (28.), 1:4 Matischak (37.), 1:5 Klöckner (46.), 1:6 Klöckner (85.), 1:7 Klöckner (88.)
Zuschauer: 3.000

Horst-Dieter Höttges, Werders bester Einkauf der sechziger Jahre. Der unschuldige Blick täuscht extrem

30.04.1965
Bundesliga, 28. Spieltag
Meidericher SV – W. Bremen 2:2 (0:1)
Aufstellung: Bernard – Piontek, Höttges – Steinmann, Jagielski, M. Lorenz – G. Zebrowski, Schütz, Matischak, Ferner, Klöckner
Trainer: Multhaup
Tore: 0:1 Matischak (24.), 0:2 Schütz (50.), 1:2 Schmidt (63.), 2:2 van Haaren (80.)
Zuschauer: 35.000

08.05.1965
Bundesliga, 29. Spieltag
W. Bremen – Borussia Dortmund 3:0 (2:0)
Aufstellung: Bernard – Piontek, Höttges – Steinmann, Jagielski, M. Lorenz – G. Zebrowski, Ferner, Matischak, Schütz, Klöckner
Trainer: Multhaup
Tore: 1:0 Matischak (13.), 2:0 Klöckner (45.), 3:0 G. Zebrowski (87.)
Zuschauer: 39.940

15.05.1965
Bundesliga, 30. Spieltag
1. FC Nürnberg – W. Bremen 2:3 (2:2)
Aufstellung: Bernard – Piontek, Höttges – M. Lorenz, Jagielski, Steinmann – G. Zebrowski, Schütz, Matischak, Ferner, Klöckner
Trainer: Multhaup
Tore: 1:0 Strehl (8.), 1:1 G. Zebrowski (11.), 1:2 Matischak (38.), 2:2 Strehl (43.), 2:3 Piontek (55.)
Besonderes Vorkommnis: L. Müller (FCN) schießt FE am Tor vorbei (54.)
Zuschauer: 22.000

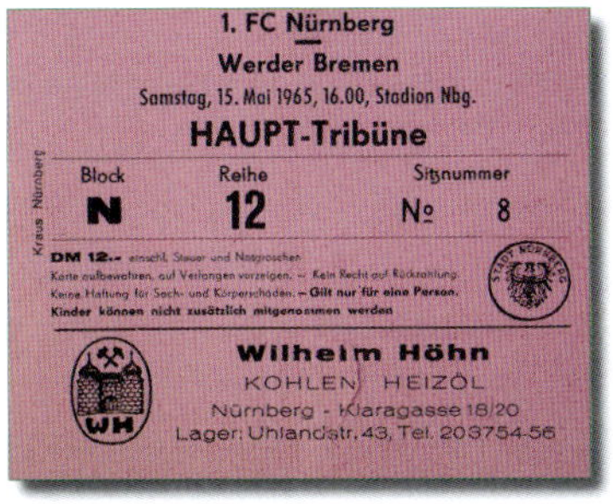

16.05.1965
Freundschaftsspiel
FC Schweinfurt 05 – W. Bremen 1:1 (0:0)
Aufstellung: Bernard (30. Lambertz) – Piontek (35. Bordel), Höttges – Steinmann, Jagielski, M. Lorenz (70. Soya) – G. Zebrowski, Schütz, Klöckner, Ferner, H. Schulz
Trainer: Multhaup
Tore: 1:0 Schweighöfer (55.), 1:1 G. Zebrowski (57.)
Zuschauer: 6.000 in Lichtenfels

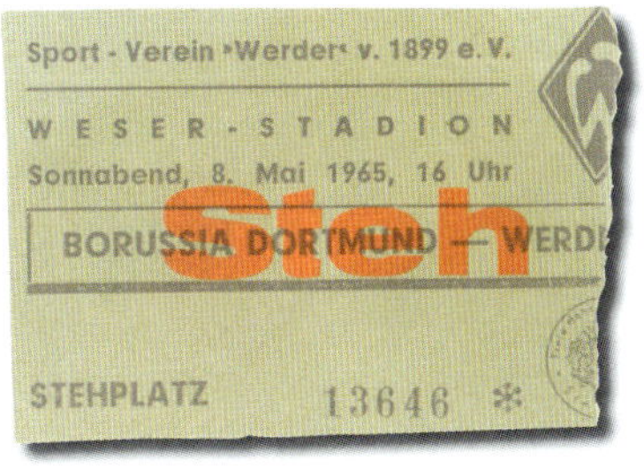

23.05.1965
Freundschaftsspiel
SC Göttingen 05 – W. Bremen 2:2 (0:1)
Aufstellung: Bernard (46. Lambertz) – Piontek (46. Soya), Höttges (46. Bordel) – Schimeczek, Steinmann, M. Lorenz (46. Hänel) – G. Zebrowski, Schütz, Jung, Ferner, Klöckner
Trainer: Multhaup
Tore: 0:1 Klöckner (27.), 1:1 Mürdter (71.), 2:1 Medoch (80.), 2:2 Jung (83.)
Zuschauer: 10.000

26.05.1965
Internationales Freundschaftsspiel
Wiener SK – W. Bremen 0:3 (0:1)
Aufstellung: Bernard – Piontek (46. Bordel), Höttges – Steinmann, Jagielski, M. Lorenz (46. Schimeczek) – Hänel, Ferner, Klöckner (46. Soya), Schütz, H. Schulz
Trainer: Multhaup
Tore: 0:1 H. Schulz (13.), 0:2 Soya (77.), 0:3 Hänel (85.)
Zuschauer: 6.000

30.05.1965
Internationales Freundschaftsspiel
Botev Burgas – W. Bremen 2:3 (1:1)
Aufstellung: Lambertz – Bordel, Höttges – M. Lorenz, Jagielski, Steinmann – H. Schulz, Ferner, Schütz, Schimeczek (46. Soya), Hänel (46. Klöckner)
Trainer: Multhaup
Tore: 1:0 unbekannt (4.), 1:1 Schütz (32.), 1:2 Schütz (48.), 1:3 Schütz (62.), 2:3 unbekannt (89.)
Zuschauer: 20.000

02.06.1965
Internationales Freundschaftsspiel
Slavia Sofia – W. Bremen 0:0
Aufstellung: Bernard – Höttges, Piontek – Steinmann, Jagielski, M. Lorenz – H. Schulz, Ferner, Klöckner, Schütz, Soya
Trainer: Multhaup
Tore: –
Zuschauer: 15.000

14.06.1965
Freundschaftsspiel
W. B. – Nationalelf Indonesien 6:5 (2:1)
Aufstellung: Bernard – Höttges (46. Bordel), Piontek – Steinmann, Jagielski (46. Schimeczek), M. Lorenz – G. Zebrowski, Ferner, Klöckner, Schütz (46. Hänel), Matischak (Soya)
Trainer: Multhaup
Tore: 1:0 G. Zebrowski (33.), 1:1 Soejipto (33.), 2:1 Schütz (35.), 2:2 Soejipto (53.), 2:3 Soejipto (53.), 3:3 Schimeczek (65. FE), 3:4 Tahir (68.), 4:4 Ferner (75.), 5:4 Schütz (83.), 6:4 Schütz (84.), 6:5 Max (86.)
Zuschauer: 7.000

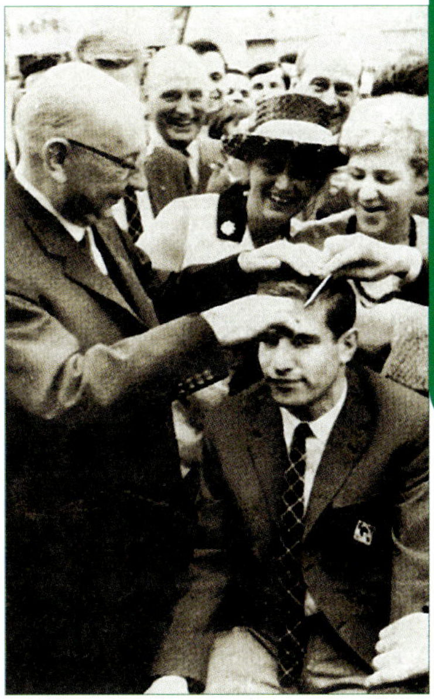

Verlorene Wette: Auf dem Marktplatz von Lichtenfels müssen Klaus Matischak und Max Lorenz nach der gewonnenen Meisterschaft ihr Haupthaar opfern. Ein Wachtmeister kommt der Aufgabe gerne nach.

16.06.1965
Freundschaftsspiel
Kreisauswahl Wilhelmshaven – W. B. 1:5 (0:2)
Aufstellung: Lambertz – Piontek, Höttges – Schimeczek, Jagielski, M. Lorenz – Hänel, Schütz, Klöckner, Matischak (Meiners), Soya
Trainer: Multhaup
Tore: 0:1 Soya (6.), 0:2 M. Lorenz (8.), 0:3 Schütz (53.), 0:4 Klöckner (67.), 0:5 Stolle (73. ET), 1:5 Schimeczek (74. ET)
Zuschauer: 4.000

Bundesliga-Abschlusstabelle 1964/1965

Platz	Verein	Spiele	S	U	N	Tore	Quot.	Punkte
1.	Werder Bremen	30	15	11	4	54:29	1,86	41-19
2.	1. FC Köln (M)	30	14	10	6	66:45	1,47	38-22
3.	Borussia Dortmund	30	15	6	9	67:48	1,40	36-24
4.	1860 München (P)	30	14	7	9	70:50	1,40	35-25
5.	Hannover 96 (N)	30	13	7	10	46:42	1,14	33-27
6.	1. FC Nürnberg	30	11	10	9	44:38	1,16	32-28
7.	Meidericher SV	30	12	8	10	46:48	0,96	32-28
8.	Eintracht Frankfurt	30	11	7	12	50:58	0,86	29-31
9.	Eintracht Braunschweig	30	10	8	12	42:47	0,89	28-32
10.	Borussia Neunkirchen (N)	30	9	9	12	44:48	0,92	27-33
11.	Hamburger SV	30	11	5	14	46:56	0,82	27-33
12.	VfB Stuttgart	30	9	8	13	46:50	0,92	26-34
13.	1. FC K'lautern	30	11	3	16	41:53	0,77	25-35
14.	Hertha BSC Berlin	30	7	11	12	40:62	0,65	25-35
15.	Karlsruher SC	30	9	6	15	47:62	0,76	24-36
16.	Schalke 04	30	7	8	15	45:60	0,75	22-38

Fieberkurve der Bundesliga-Saison 1964/1965

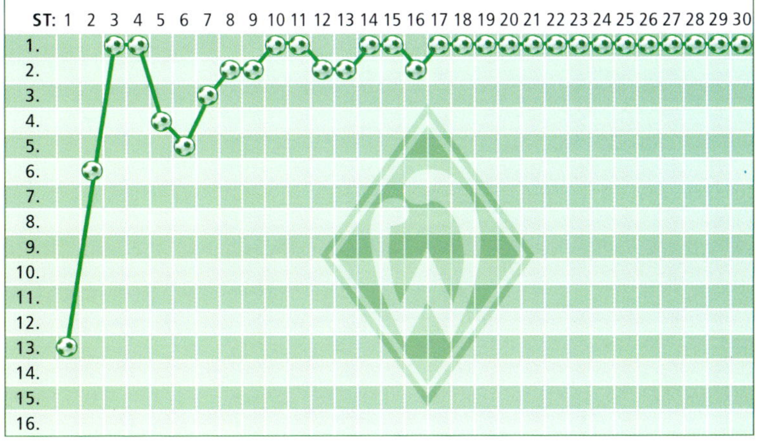

1965/66: Danish Dynamite

Oben v.l.:
Trainer Brocker, Schütz, Lorenz, Jagielski, Soya, Piontek, Hänel, Podlich, Danielsen, Matischak
Unten v.l.:
Ferner, Schimeczek, Bordel, Lambertz, Bernard, Steinmann, Höttges, Dausmann

Ein Titelverteidiger möchte in der Regel seinen Titel verteidigen. Deshalb heißt er ja so. Werder bestritt die Saison 1965/1966 als »Gejagter«, doch obwohl die Mannschaft bis kurz vor Schluss der Saison von der erneuten Meisterschaft träumen durfte, am Ende einen respektablen 4. Tabellenplatz belegte und den eigenen Fans den ersten ausländischen Star in der Bundesligageschichte des Vereins präsentierte, bleibt am Ende etwas Ratlosigkeit, wenn man sich die Bundesligarunde nach der Meisterschaft 1965 etwas genauer ansieht.

Nachdem Werder den Titel im Vorjahr geradezu sensationell errungen hatte, ging die Mannschaft mit hohen Erwartungen in die Saison 1965/66. Die Voraussetzungen waren jedoch ungleich schlechter als im Vorjahr. Denn neben der hohen Erwartungshaltung machten die Neueinkäufe diesmal Werder einen Strich durch die Rechnung, und auch mit dem neuen Trainer wurde der SVW nie so recht warm.

Das gesamte Vereinsvermögen des SV Werder betrug am Ende des Kalenderjahres 1965 492.312 DM. 21 Lizenzspieler verdienten zusammen 665.770 DM, was einem Durchschnittsjahresverdienst von 31.703 DM für den Werder-Profi des Jahres 1965 entsprach. Das durchschnittliche Monatseinkommen eines Werder-Lizenzspielers im Jahr nach der Meisterschaft betrug somit: 2642 DM.

In der Zeit des größten Jubels hatte Meistermacher Multhaup seinen Abschied bekannt gegeben und sich, enttäuscht über die vermeintlich nur mäßig ausgeprägte Fußballbegeisterung an der Weser, ausgerechnet dem großen Konkurrenten Borussia Dortmund angeschlossen. Das war ein Grund. Der andere Grund war, dass der SV Werder Multhaups Wünschen nach einer Professionalisierung des Vereins nicht in dem Maße nachkommen mochte, wie es dem Trainer vorschwebte. Multhaup pochte darauf, weiterhin eng mit Ligaobmann Edu Hundt zusammenarbeiten zu dürfen. Hundt wiederum, seines Zeichens ehrenamtlicher Funktionär und erfolgreicher Bremer Geschäftsmann, forderte einen bezahlten Managerposten. Hundt und Multhaup wollten hauptverantwortlich für die personelle Gestaltung des Lizenzspielerkaders sein, der Vorstand wollte soviel Machtfülle nicht zulassen. Vor allem Werders Macher Hansi Wolff hätte eine derartige Beschneidung seines Kompetenzbereichs nie zugelassen. Hundts Wunsch nach angemessener Bezahlung seiner angestrebten Managertätigkeit wurde also abgelehnt. Pikiert trat er von seinem Amt als Ligaobmann zurück. Wenig später teilte Multhaup dem Verein mit, ebenfalls nicht über das Saisonende hinaus für Werder arbeiten zu wollen, und das auch, weil er nach Hundts Abschied keine Basis mehr für ein professionelles Weiterarbeiten sah. Ein für Werder folgenschwerer Verlust!

Der Vorstand guckte als Nachfolger den ehemaligen Schalker Meisterkicker Günter Brocker aus. Der war zwar zu seiner Schalker Zeit ein guter Verteidiger, aber als Trainer hatte er im Vergleich mit Vorgänger Multhaup deutlich weniger zu bieten. Er war weniger gewitzt, sprach seltener intelligent, schien insgesamt planloser und weniger fußballbesessen. Brockers Taktikbesprechungen bestanden nicht selten aus nur mäßig ausgeklügelten Marschrouten wie »Los, Jungs! Die knallen wir weg!« Kapitän Pico Schütz erinnerte sich später, dass die Mannschaft nach Brockers Kabinenansprachen immer völlig sicher war, dass der Gegner keine Ahnung hatte und der Sieg ein Spaziergang werden würde. Brockers Lieblingsansprache vor einem Spiel ging etwa so: »Wir haben sechs Nationalspieler, unser heutiger Gegner hat nur einen. Was soll da schon schiefgehen?« Charisma und Ausstrahlung, Eigenschaften, mit denen Ex-Trainer Multhaup wahrhaft zu wuchern verstand, gingen Brocker nahezu komplett ab. Und es verwundert nicht, dass ein Trainer weniger Autorität in seiner Mannschaft genießt, wenn den Spielern sehr schnell klar wird, dass der neue Mann weniger zu bieten hat als sein gefeierter Vorgänger. Der wiederum wurde in Dortmund auf Anhieb Europacupsieger, während Günter Brocker das leicht in Schlingern geratene Werder-Schiff vergebens wieder auf den Kurs einer Spitzenelf zu bringen versuchte.

Die Mannschaft hatte ihr Gesicht in der Sommerpause nur wenig verändert. Nachdem im Vorjahr mit Höttges, Matischak und Steinmann ausschließlich Schlüsselspieler und Volltreffer ins Weser-Stadion gelockt wurden, kamen nach der Meisterschaft in erster Linie Mitläufer, die Werder folgerichtig schnell wieder verließen: Der Kieler Manfred Podlich schaffte den Durchbruch ebenso wenig wie Hugo Dausmann vom FK Pirmasens. Podlich bestritt insgesamt elf Spiele im Werder-Trikot, Dausmann 15. Einziger Hochkaräter war mit dem dänischen Halbstürmer John Danielsen der erste namhafte ausländische Star in Werders Bundesliga-Geschichte. Danielsen bereicherte die Grünweißen volle fünf Jahre lang.

Der SV Werder war in dieser Saison leichter auszurechnen. Torjäger Matischak traf nur noch achtmal. Sein Stern begann zu sinken. Außer Torwart Bernard, »Eisenfuß« Höttges und Kapitän Pico Schütz (der in nur 23 Spielen sagenhafte 20 Treffer markierte!) setzte kaum ein Spieler Glanzlichter. Die Abwehr blieb ein bundesweit gefürchtetes Prunkstück des SVW, aber die schönste Abwehr macht auf Dauer wenig Freude, wenn im Sturm nichts passiert. Klöckner war gegangen, Matischak selten in From, Soya lange verletzt und Podlich wie Dausmann keine Verstärkungen. Fast die gesamte Saison litt unter Werders Sturmflaute.

Dabei fing alles so gut an! Werder legte mit vier Siegen in den ersten fünf Spielen einen wahren Raketenstart hin, ohne wirklich spielerisch zu gefallen. Am Anfang jagte man die Bayern (damals einer der beiden Aufsteiger!) und schien der Favoritenrolle des Titelverteidigers gerecht zu werden. Dann allerdings zeigte sich, dass der Werder-Motor längst nicht mehr so reibungslos schnurrte wie noch im Jahr zuvor. In den nächsten vier Spielen, in denen Werder auf Kapitän Pico Schütz verzichten musste, wurde gleich dreimal zu null verloren. Aus Platz 2 nach fünf Spieltagen war Platz 7 geworden. Dann kam Pico zurück und führte seine Elf zu drei Siegen in Folge (Platz 5). Danach fiel das Herz des Werder-Spiels erneut aus. Diesmal gleich sieben Spiele, und wieder sackte Werder ohne ihn ab. Der Rückstand auf die Spitze wuchs und wollte sich nie wieder so recht verringern. Nach Kantersiegen gegen schwächere Teams (5:0 gegen Tasmania, 4:0 gegen Braunschweig, 6:1 bei Schalke 04) folgten immer wieder unerklärliche Patzer.

In der Rückrunde konnte Werder diesen Eindruck verwischen. Werder war mit 25:9 Punkten die beste Elf des Frühlings 1966, dazu das heimstärkste aller Teams. Im Verlauf der Saison hatten sich mit Bernard, Höttges, Piontek und Lorenz im Vorfeld der WM 1966 in England gleich vier Bremer in den engeren Kreis der Nationalelf vorgearbeitet. Mehr war nicht zu erwarten. Spätestens nach dem ernüchternden 0:1 in Braunschweig war klar, dass der Weg zur Meisterschale diesmal nicht wieder über Werder führen würde. Der abschließende 4. Platz fünf Punkte hinter Meister 1860 München war das Optimum für eine alternde Mannschaft, die an schlechteren Tagen nur noch wie ein Abklatsch der starken Vorjahrestruppe wirkte. Die negativen Eindrücke aus einem einzigen Europapokalspiel überschatteten das an sich passable Abschneiden in der Liga. Die Saison 65/66 ließ den Schwanengesang für die ehemalige Meisterelf nahen.

Längsstreifen machten schon 1965 schlank. Hänel beim Einwurf. Man beachte den Hintergrund: Kaum ein Werder-Fan ohne Krawatte!

Helmut Jagielski, Werders Stopper, eröffnete in Bremen, in der Vahr 72, eine Tankstelle. Erster Kunde war Wilhelm Riethmöller, der als dritter Vorsitzender die Glückwünsche des Werder-Vorstandes überbrachte.

Als alle Spieler weiterhin einem Beruf nachgingen, um sich etwas dazuzuverdienen, war die Eröffnung einer Tankstelle für so manchen Bundesliga-Lizenzspieler eine vielversprechende Option (Aus dem »Sport-Magazin«)

»Auf Schnee und Eis spiele ich nicht!« (John Danielsen)

Brocker Trainer bei Werder Bremen

h. f./w. b. Bremen/Kaiserslautern, 9. Februar

Neuer Fußball-Trainer bei Werder Bremen wird Günter Brocker vom 1. FC Kaiserslautern! Er kam, sah und — hat gestern einen Vertrag für zwei Jahre unterzeichnet. Am 1. Juni wird er Nachfolger von Willy Multhaup (geht zu Borussia Dortmund).

Werder-Geschäftsführer Wolf: „Brocker hinterließ einen so hervorragenden Eindruck, daß wir sofort den Vertrag geschlossen haben." — Brocker (39), der für den Duisburger SV und Schalke 04 spielte, bevor er 1961 den 1. FC Kaiserslautern übernahm: „Ich scheide schweren Herzens von Kaiserslautern, freue mich aber riesig auf die neue Aufgabe."

Günter Brocker

Multhaup

Sport-Verein „Werder" v. 1899 e.V., Bremen

Abteilungen für Fußball, Leichtathletik
Handball, Tischtennis, Sommerspiele, Schach

geb. 24.5.25

Geschäftsstelle Weser-Stadion, Fernruf 490439
Sport- und Spielbetrieb im Weser-Stadion

Bankkonten:
Bankhaus Neelmeyer & Co., Konto-Nr. 7507
Die Sparkasse in Bremen, Konto-Nr. 13443

Postscheckkonto Hamburg, Nr. 147650

28 Bremen, den

Anstellungs-Vertrag

zwischen

dem Sport-Verein "Werder" v.1899 e.V. Bremen, vertreten durch seinen Vorstand, und Herrn Günter Brocker. Der Vertrag wird wie folgt geschlossen:

§ 1

Herr Brocker ist mit Wirkung vom 1. Juni 1965 als hauptamtlicher Trainer für den S.V. "Werder" zu nachstehenden Bedingungen angestellt.

§ 2

Herr Brocker ist verpflichtet, das Training und die sportliche Betreuung der Lizenzspieler des S.V. "Werder" nach seinem besten Können und mit seiner ganzen Arbeitskraft durchzuführen. Zu seinen Obliegenheiten gehört ferner die Überwachung des Sportbetriebes der Fussball-Amateurabteilung.

Herr Brocker wird in seiner Tätigkeit durch den Vorstand bzw. durch die vom Vorstand berufenen Vereinsvertreter unterstützt. Alle die Bundesliga angehenden Fragen werden zwischen Herrn Brocker und den Vereinsvertretern besprochen und beraten.

§ 3

Die Aufstellung der Bundesliga-Mannschaft erfolgt durch den Trainer nach Rücksprache mit dem Obmann der Bundesliga, wobei die letzte Entscheidung dem Trainer zusteht.- Spielabschlüsse für diese Mannschaft werden mit Herrn Brocker vorher besprochen.

§ 4

Herr Brocker verpflichtet sich, über alle internen Vereinsangelegenheiten sowohl während wie auch nach der Vertragszeit Stillschweigen zu bewahren.

§ 5

Herr Brocker erhält für seine Tätigkeit ein Gehalt von

brutto DM 3.000.-- (Dreitausend) monatlich.

Bei Unfall oder Krankheit, die eine vorübergehende Arbeitsunfähigkeit nach sich ziehen, stehen dem Trainer die gesetzlichen Ansprüche zu. Ist der Unfall mit dauernder Invalidität bzw. mit dem Absterben verbunden, erhält Herr Brocker bzw. dessen Erben eine einmalige Vergütung von drei Monatsbezügen, soweit es sich um einen Unfall handelt, der während der Tätigkeit des Trainers für den S.V."Werder" erfolgte.

-2-

Im Februar 1964, mitten in der Meisterschaftssaison, unterschreibt Günter Brocker einen Zweijahresvertrag als neuer Trainer an der Weser. 3000 DM brutto waren damals ein sehr anständiges Monatseinkommen. Für den Meistertitel hätte Brocker 20.000 DM bekommen. Für den tatsächlich erzielten 4. Platz gab es immerhin noch einmal 3.000 DM extra

§ 6

Ausser den unter § 5 vereinbarten Bezügen bezahlt der S.V."Werder" Herrn Brocker für die Dauer des Vertrages:

1.) monatlich DM 200.-- brutto (Zweihundert) als Abgeltung für Telephon, Stadtfahrten etc.

2.) ein Weihnachtsgeld in Höhe einer Monatsentschädigung, also DM 3.200.-- (Dreitausendzweihundert) brutto.

3.) falls die Bundesligamannschaft des S.V. "Werder" eine Platzprämie zum Abschluß der Herbstserie erhält, steht Herrn Brocker derjenige Betrag zu, den jeder Spieler erhält.

§ 7

Entsprechend dem von der Bundesliga-Elf des S.V. "Werder" erreichten Tabellenplatz erhält Herr Brocker folgende Sonderzahlungen brutto:

zum Saisonabschluß	1. Platz	DM 20.000.--
	2. Platz	DM 10.000.--
	3. Platz	DM 5.000.--
	4. Platz	DM 3.000.--
	5. Platz	DM 2.000.--
	6. Platz	DM 1.000.--

Für die Erringung der Deutschen Pokalmeisterschaft erhält Herr Brocker eine Sonderprämie von DM 10.000.-- brutto.

Herr Brocker hat Anspruch auf einen dienstfreien Tag in jeder Woche. Der Tag ergibt sich aus dem Trainingsplan. Ferner erhält Herr Brocker einen bezahlten Urlaub von vier Wochen pro Jahr, wobei die Festsetzung dieser Ferienzeit im Benehmen mit dem Vorstand erfolgt.

§ 8

Der Vertrag wird für die Dauer von zwei Jahren, d.h. bis zum 30.Juni 1967 geschlossen. Falls wider Erwarten die Bundesliga-Mannschaft des S.V. "Werder" nach Ablauf einer Spielsaison nicht mehr der obersten Spielklasse angehören sollte, dieser Vertrag jedoch mit dem betreffenden Jahr nicht endet, gilt der Vertrag mit Schluß derjenigen Spielsaison als beendet, in welcher der Abstieg erfolgt.

Der Vertrag verlängert sich jeweilig um ein weiteres Jahr, sofern er nicht rechtzeitig, -spätestens drei Monate-, vor Ablauf der Vertragszeit schriftlich gekündigt wird.

§ 9

Bei Streitigkeiten aus diesem Vertrage gilt als Gerichtsstand B r e m e n vereinbart.

Bremen, den 8. Februar 1965

Sport-Verein " W E R D E R " v.1899 e.V.

(1.Vors.) (2.Vors.)

● Wir wollen Spiele sehen und keine Schlägerei!

So tretet ihr den Fußball tot

17. November 1965: Das Skandalspiel gegen Partizan Belgrad

Als amtierender Meister durfte Werder Bremen 1965 erstmals in der Vereinsgeschichte (und für 23 Jahre auch zum letzten Mal) Deutschland im Europapokal der Landesmeister vertreten. Es wurde ein unrühmliches Kapitel der Vereinsgeschichte, das Werder bundesweite Negativschlagzeilen einbrachte und der ohnehin bisweilen als überhart verschrieenen Brocker-Elf bissige Kritiken von allen Seiten bescherte. In der Bundesliga hatte der Titelverteidiger mit 4 Punkten Rückstand auf München 1860 bereits eine Menge Boden verloren, und neben dem sportlichen Substanzverlust kosteten die beiden Spiele gegen Partizan Belgrad den SV Werder auch den vorerst letzten Rest ihres unter Multhaup erworbenen Positiv-Images.

Die glücklichste Minute von Schütz

In der 32. Minute riß Werders Spielführer, Schütz, jubelnd die Arme hoch, denn einen Augenblick zuvor hatte er das 1:0 für die Bremer erzielt. Der großartige Torwart Soskic ließ jedoch keinen weiteren Treffer zu. Von rechts: Wharton, Jusufi, Schütz, Vasovic, am Boden Soskic (Werder – Partizan Belgrad 1:0). Bild: Nordbild

Die schwärzeste Minute für Schütz

In der 83. Minute ließ sich Schütz, der bereits zuvor zu unbeherrscht spielte und ein paarmal böse über die Stränge schlug, zu einer Tätlichkeit an Becejac hinreißen. Die Strafe folgte auf dem Fuß: Platzverweis! V. l. Schütz, der müde abwinkt, Masseur Binder und der ausgezeichnete Schiedsrichter Wharton. Bild: Nordbild

Was war geschehen? Werder brach unter großen Turbulenzen zum Hinspiel in die jugoslawische Hauptstadt auf. Die Werder-Delegation wurde interimsmäßig von Ligaobmann Fred Schulz betreut, da Günter Brocker wegen des Todes seines Vaters in der Hansestadt blieb, der in einem Bremer Krankenhaus verstarb, während der Werder-Trainer sich am Flughafen gerade auf den Abflug nach Belgrad einstellte. Abwehr-Ass Jagielski fehlte mit Hexenschuss, der neue Dänen-Star Danielsen war nicht dabei, und auch Flügelstürmer Zebrowski durfte als Bundeswehrsoldat nicht in die damalige Ostblock-Hauptstadt mitreisen. Nachdem dann auch der Start nach Jugoslawien mit einer Maschine der Fluggesellschaft »Jugoslovenski Aero Transport« vom Neuenlander Feld erst im dritten Versuch stattfinden konnte, weil die Düsenaggregate nicht ansprangen, erreichte eine heftig genervte Werder-Delegation die jugoslawische Metropole förmlich auf dem Zahnfleisch. Dennoch lag ein gutes Ergebnis zunächst in der Luft. Kapitän »Pico« Schütz erinnert sich:

In Belgrad erwartete uns die Hölle. Ein aufgeheiztes Stadion voller fanatischer Partizan-Anhänger, die uns mit einem wahren Hagel von Slivovitz-Flaschen empfingen. Und das Spiel selbst war unglaublich schmutzig. Wir haben eigentlich gut gespielt, lange ein 0:0 gehalten und Hans Schulz hatte sogar noch die Riesenchance, uns in Führung zu bringen. Aber mit der Härte der Jugoslawen sind wir nicht klargekommen. Ich erinnere mich noch gut: Unseren jungen Verteidiger Bordel haben sie irgendwann an der Seitenlinie so sehr zusammengetreten, dass man hinterher auf seinem Rücken genau die Stollenabdrücke sehen konnte, weil sie auf ihm noch herumgesprungen waren, als er schon längst am Boden lag.

Der Unterschied zwischen einer deutschen und einer jugoslawischen Mannschaft war damals: Wenn wir Deutschen Foul gespielt haben, war das ehrlich und offen. Unsere Fouls konnte man noch vom obersten Tribünenplatz aus deutlich erkennen. Aber die Jugoslawen haben damals versteckte Fouls regelrecht trainiert. Die haben Dich gepiekt, gezwickt, gekratzt, hinter dem Rücken des Schiedsrichters bearbeitet und so bis aufs Blut gereizt. Sie hatten unheimlich viele besonders linke Spieler in ihren Reihen.

Europa-Pokal

Trotz 1:0 über Belgrad:

Werder ist raus! 3 Platzverweise in Bremen

(Bericht auf Seite 27)

Bei jenem Hinspiel haben wir am Ende den Faden verloren. Erst Mitte der zweiten Halbzeit haben sie unsere Abwehr geknackt, am Ende haben wir dann völlig demoralisiert noch zwei Tore bekommen. Und ein 0:3, das war's dann schon fast. Auf dem anschließenden Bankett haben die Jugoslawen zu uns rübergegrinst, haben Faxen gemacht und Grimassen gezogen, und daraufhin haben wir zurückgedroht: Wartet ab, ihr müsst noch nach Bremen – und da machen wir Ernst mit euch!

Selbst mit einem Messer soll Schütz beim Bankett in Richtung der dauerfeixenden Jugoslawen gedroht haben – so verpestet war die Atmosphäre zwischen beiden Teams. Werder verließ Belgrad Tags darauf enttäuscht, wütend und zerschunden. Der damalige Vereinsarzt Dr. Franz

Böhmert konstatierte: »Ich hatte noch nie nach einem Spiel so viele kleine Verletzungen zu behandeln!« Vor dem Abflug kreuzen die verbitterten Verlierer in einer jugoslawischen Zeitung die Namen der Kontrahenten an, die beim Rückspiel in Bremen acht Tage später besonders büßen sollten. Der Zorn konzentrierte sich besonders auf Hasanagic und Becejac.

Unser Trainer Günter Brocker hat sein Übriges getan. Der hat uns in den Tagen vor dem Spiel immer mehr aufgehetzt, bis wir so heiß waren, dass wir schließlich auf dem Rasen im Rückspiel viel zu oft das Fußballspielen vergessen haben. ›Auge um Auge, Zahn um Zahn‹ war seine Marschroute. Dabei hätten wir es wirklich noch schaffen können. Wir haben die Partie gut begonnen, sind dann durch ein Tor von mir nach einer halben Stunde in Führung gegangen, aber wir waren von den Vorkommnissen beim Hinspiel noch so vergrellt, dass wir danach weiter auf die Jugoslawen drauf gegangen sind. Wir haben bei jedem Zweikampf ausgeteilt und uns dadurch dummerweise unser eigenes Spiel zerstört.

Der Fußball-Skandal von Bremen ist eine Schande

Der Höhepunkt war dann mein Platzverweis. Dabei konnte ich eigentlich selbst gar nicht so viel dafür. Das Spiel war mehr oder weniger entschieden. Es liefen die letzten zehn Minuten, und der Kraftakt war uns trotz guter Chancen nicht gelungen. In der 80. Minute war Diethelm Ferner von Becejac wieder unglaublich brutal gefoult worden, lag mit Blut im Gesicht am Boden. Becejac stand daneben und grinste. Da sind mir die Nerven durchgegangen und ich habe ihm eine gescheuert. Im letzten Moment wollte ich mich beherrschen, aber da war meine Faust schon unterwegs. Der Jugoslawe wurde vom Platz gestellt und trottete vom Feld, ich flog ebenfalls runter. Er ging zuerst vom Platz, ich nach ihm. Ich war zum einzigen Mal in meinem Leben vom Platz gestellt worden und mir war alles egal. Meine Mannschaftskameraden haben mich schließlich angestachelt: ›Los, Pico, den kriegst Du noch!‹

Polizei-Autos rasten auf das Spielfeld

Was passierte also? Ich dachte nicht weiter nach, sprintete los, die ganze Tribüne feuerte mich an, doch Becejac hatte ja schon etwas Vorsprung und erreichte nach einem tollen Sprint wohlbehalten die Kabine. Durch das begeisterte Geschrei unserer Fans war er gewarnt. Unklugerweise hatte ein Sportreporter aus Jugoslawien im letzten Augenblick die Idee, Becejac noch beschützen zu wollen und stellte sich mir in den Weg. Der Reporter hatte anschließend einen Schneidezahn weniger, ich selbst wurde acht Wochen gesperrt.

Unglückseligerweise wurde ausgerechnet dieser turbulente Fußballabend im Weser-Stadion in der ARD übertragen. Nicht live, aber am Tag danach als Aufzeichnung. Und so bekamen Hunderttausende deutscher Fußballfreunde nicht nur das Gekeile auf dem Rasen zu sehen sondern auch noch ein von aufgebrachten Zuschauern nach dem Schlusspfiff gestürmtes Spielfeld, Polizeifahrzeuge mitten auf dem Rasen und einen Schiedsrichter, der ebenso wie die Gästespieler die Kabinen nur mit Hilfe der »Freunde und Helfer« erreichen konnte. Die Republik war sich einig: Werder hatte Deutschland blamiert. Ein Teil der wütenden Leserbriefe aus dem »Kicker Sportmagazin« von damals findet sich auf dieser Seite.

Und jeder, aber auch wirklich jeder Berichterstatter brachte zum Ausdruck, dass Werder Bremen durch einen selbstverschuldeten Skandal den Deutschen Fußball buchstäblich mit Füßen getreten hatte. Werder hatte »Revanche« mit »Rache« verwechselt und sich als schlechter Verlierer gezeigt. Nicht nur deshalb herrschte in der Mannschaft anschließend Katerstimmung. »Pico« Schütz:

Hätten wir uns damals aufs Fußballspielen konzentriert, dann hätten wir die Jugoslawen vielleicht noch gepackt. Da waren sich hinterher alle einig. Die Partizan-Spieler waren an diesem Tag einfach cleverer als wir. Sie haben das Spiel verzögert, sehr zurückhaltend gespielt und sich nicht auf unsere harte Gangart eingelassen. Wir waren regelrecht verdattert, wie zahm die Jugos spielten. Am Ende ist Partizan Belgrad also relativ sicher weitergekommen, bis ins Finale durchmarschiert und hätte dort fast noch sensationell gegen Real Madrid gewonnen.

Bitter enttäuscht

Als alter Fußballanhänger bin ich über die Vorgänge während des Spiels und auch nach dem Spiel bitter enttäuscht. Aber wir Deutsche sollten fair genug sein, zuzugeben, daß der Hauptteil der Schuld auf Werder geschoben werden muß. Wer aber so üble Rüpel in seinen Reihen hat, sollte meiner Ansicht nach nicht den deutschen Fußball im Ausland vertreten ...

Günther Pawolka (Kirchbarkau)

Eine Schande

Ich kann nur hoffen, daß dieses Spiel nicht vom Auslandsfernsehen übernommen wurde. Es war eine Schande für den deutschen Fußball.
Die Schuld an den Bremer Vorfällen gebe ich in erster Linie den Journalisten der Boulevardblätter, die das Volk aufwiegeln, zweitens dem Trainer Brocker, der doch den Bremer Spielern offensichtlich vom Spielbeginn an die Devise gegeben hat: „Konzentriert Euch auf die Beine des Gegners."
Leider haben das die Spieler auch gründlich besorgt. Ich bin überzeugt, daß Bremen die nächste Runde erreicht hätte, wenn sich Spieler und Trainer auf „Fußballspielen" besonnen hätten.

Lothar Koch (Büttinghausen)

LESERBRIEFE

Zu den Vorfällen während des Bremer Europapokalspiels erhielten wir eine Fülle von Zuschriften, die ausnahmslos gegen Werder gerichtet sind. Wir drucken nachstehend einige dieser Stimmen ab.

Mit gleicher Münze?

Ich glaube, wir sollten froh sein, daß das Gastspiel Werder Bremens im Europapokal nur so kurz war. Was sich im Weserstadion ereignete, war eine Blamage für den deutschen Fußball. Nicht allein in spielerischer Hinsicht, was zu entschuldigen wäre, sondern mehr noch, was die Anständigkeit und Fairneß dem Gegner und den Respekt dem Schiedsrichter gegenüber betrifft. Gewiß, in Belgrad sollen sich ähnliche Vorfälle mit umgekehrtem Vorzeichen abgespielt haben; aber war das ein Grund, um mit gleicher Münze heimzuzahlen? Die Bremer, sowohl Spieler als auch Zuschauer (wann werden sie endlich die Lehre aus dem Spiel gegen 1860 ziehen?!), haben dem deutschen Fußball einen schlechten Dienst erwiesen. Seien wir also froh, daß es vorüber ist, denn wer weiß, was die Bremer gegen einen technisch noch überlegeneren Gegner getan hätten.

Ronald Braun (Saarbrücken)

Nach dem Schlusspfiff bricht das Chaos endgültig aus: Polizeischutz für den Schiedsrichter und die Belgrader Spieler, ein von aufgebrachten Fans überflutetes Spielfeld im Weser-Stadion

WERDER BREMEN 1965/66

Trainer

Brocker, Günter
Verantwortlicher Trainer in allen 34 Spielen der Saison

Werders Neuzugänge im Sommer 1965

Neuer Trainer mit neuen Spielern: Günter Brocker präsentiert beim Auftakttraining seine Neuzugänge Podlich, Danielsen und Dausmann.

Wer kam?

Danielsen (BK 09 Odense)
Dausmann (FK Pirmasens)
Podlich (Holstein Kiel)

Wer ging?

Dudjahn (VK Osterholz-Scharmbeck)
Jung (VfB Oldenburg)
Klöckner (SW Essen)
Nachtwey (Karriereende)
Thun (VfL Wolfsburg)

Tor

Bernard, Günter
34 Spiele; 0 Tore

Lambertz, Klaus
0 Spiele; 0 Tore

Abwehr

Piontek, Josef »Seppl«
33 Spiele; 2 Tore

Steinmann, Heinz
32 Spiele; 0 Tore

Höttges, Horst-Dieter »Eisenfuß«
31 Spiele; 5 Tore

Mittelfeld

Ferner, Diethelm »Didi«
34 Spiele; 4 Tore

Danielsen, John
26 Spiele; 5 Tore

Schütz, Arnold »Pico«
23 Spiele; 20 Tore

Angriff

Zebrowski, Gerhard »Zebro«
32 Spiele; 7 Tore

Matischak, Klaus »Zick-Zack«
21 Spiele; 8 Tore

Dausmann, Hugo
14 Spiele; 5 Tore

Erweiterter Kader

Der Sport-Verein »Werder« im Jahr 1965/66:

1. Vorsitzender:	Alfred L. Ries
2. Vorsitzender:	Fritz Düring
3. Vorsitzender:	Wilhelm Riethmöller
Geschäftsführer:	Hans Wolff
Spielausschuss-Vorsitzender:	Fred Schulz
Vereinsarzt:	Dr. Franz Böhmert
Masseur:	Wolfgang Binder
Mitglieder:	2.000
Kapazität Weser-Stadion:	40.000 Plätze (7.300 Sitzplätze, davon 6.400 überdacht)

1965/66

Lorenz, Max
31 Spiele; 4 Tore

Jagielski, Helmut »Jackl«
11 Spiel; 0 Tore

Schimeczek, Helmut »Schimmi«
6 Spiele; 1 Tor

Bordel, Wolfgang
3 Spiel; 0 Tore

Schulz, Hans
12 Spiele; 2 Tore

Hänel, Klaus »Atze«
7 Spiele; 1 Tor

Podlich, Manfred
11 Spiele; 6 Tore

Soya, Willi »Bohne«
1 Spiel; 1 Tor

In Freundschaftsspielen eingesetzt:

Knopf, Georg (Mittelfeld)
Sidon, Heinz (Abwehr)
Zebrowski, Manfred (Mittelfeld)

Alle Spiele 1965/66

24.07.1965
Freundschaftsspiel
ETB Schwarz-Weiß Essen – W. B. 1:3 (0:0)
Aufstellung: Bernard – Piontek, Höttges – Steinmann, Jagielski (46. Bordel), M. Lorenz (46. Schimeczek), – G. Zebrowski (46. H. Schulz), Schütz (46. Soya), Matischak (46. Dausmann), Ferner (46. bis 78. Danielsen), Hänel (46. Podlich)
Trainer: Brocker
Tore: 1:0 Fraenkel (67.), 1:1 Soya (76.), 1:2 Podlich (78.), 1:3 Podlich (82.)
Zuschauer: 10.000

25.07.1965
Freundschaftsspiel
FK Pirmasens – W. Bremen 1:3 (1:1)
Aufstellung: Bernard – Piontek (46. Bordel), Höttges (46.H. Schulz) – Steinmann (46. Schimeczek), Jagielski, M. Lorenz – Matischak (46. Hänel), Schütz, Dausmann (46. Soya), Ferner (46. Danielsen), Podlich
Trainer: Brocker
Tore: 0:1 Dausmann (10.), 1:1 Volberg (40. FE), 1:2 Podlich (77.), 1:3 Soya (85.)
Zuschauer: 8.000 in Ludwigshafen

30.07.1965
Freundschaftsspiel
KSV Holstein Kiel – W. Bremen 0:1 (0:1)
Aufstellung: Bernard – Piontek, Bordel – Schimeczek, Steinmann, M. Lorenz – G. Zebrowski, Schütz, Dausmann, Ferner, Podlich
Trainer: Brocker
Tor: 0:1 Ferner (18.)
Besonderes Vorkommnis: Bernard (W.B.) hält Strafstoß von Hönig (44.)
Zuschauer: 10.000

01.08.1965
Internationales Freundschaftsspiel
Aarhus GF – W. Bremen 2:4 (2:2)
Aufstellung: Lambertz (Bernard) – Piontek, Bordel – M. Lorenz, Steinmann, Schimeczek – Soya (Dausmann), H. Schulz, G. Zebrowski, Danielsen (Ferner), Podlich (Schütz)
Trainer: Brocker
Torschützen für Werder: G. Zebrowski, Podlich, Schütz (FE), Schütz (82.)
Besonderes Vorkommnis: Bernard (W.B.) hält einen Strafstoß (79.)
Zuschauer: 4.300

04.08.1965
Internationales Freundschaftsspiel
W. Bremen – Wiener SK 5:3 (3:0)
Aufstellung: Bernard – Piontek, Bordel – Schimeczek (46. Danielsen), Jagielski, M. Lorenz – G. Zebrowski (46. Hänel), Schütz (46. Soya), Matischak (46. Dausmann), Ferner, Podlich (46. H. Schulz)
Trainer: Brocker
Tore: 1:0 Schütz (8.), 2:0 Podlich (14.), 3:0 Schütz (25. FE), 4:0 Hänel (55. FE), 4:1 Metzler (64.), 4:2 Hörmeyer (66. FE), 5:2 Dausmann (84. FE), 5:3 Blutsch (90. FE)
Zuschauer: 15.000

07.08.1965
Freundschaftsspiel
SC Preußen Münster – W. Bremen 3:1 (1:0)
Aufstellung: Bernard (Lambertz) – M. Lorenz, Bordel – H. Schulz, Jagielski, Ferner – G. Zebrowski, Schütz, Dausmann, Danielsen (Hänel), Podlich
Trainer: Brocker
Tore: 1:0 Reh (28.), 2:0 Lulka (52.), 3:0 Meeren (54.), 3:1 Hänel (75.)
Besonderes Vorkommnis: Bernard (W.B.) hält einen FE von Bockisch
Zuschauer: 12.000

14.08.1965
Bundesliga, 1. Spieltag
W. Bremen – 1. FC Nürnberg 1:0 (0:0)
Aufstellung: Bernard – Bordel, M. Lorenz – Steinmann, Jagielski, Schimeczek – H. Schulz, Schütz, Danielsen, Ferner, Podlich
Trainer: Brocker
Tor: 1:0 H. Schulz (57.)
Zuschauer: 35.000

21.08.1965
Bundesliga, 2. Spieltag
Hannover 96 – W. Bremen 2:1 (0:0)
Aufstellung: Bernard – Piontek, Höttges – Steinmann, Jagielski, M. Lorenz – G. Zebrowski, Schütz, Matischak, Ferner, Podlich
Trainer: Brocker
Tore: 1:0 Heiser (51.), 2:0 Bandura (67.), 2:1 Ferner (74.)
Zuschauer: 72.000

28.08.1965
Bundesliga, 3. Spieltag
W. Bremen – 1. FC Kaiserslautern 4:1 (2:0)
Aufstellung: Bernard – Piontek, Höttges – Steinmann, Jagielski, M. Lorenz – G. Zebrowski, Schütz, Matischak, Ferner, Hänel
Trainer: Brocker
Tore: 1:0 Hänel (12.), 2:0 Matischak (22.), 2:1 Reitgaßl (52. HE), 3:1 Matischak (67.), 4:1 Schütz (84. FE)
Zuschauer: 34.000

04.09.1965
Bundesliga, 4. Spieltag
VfB Stuttgart – W. Bremen 0:2 (0:1)
Aufstellung: Bernard – Piontek, Höttges – Steinmann, Jagielski, M. Lorenz – G. Zebrowski, Schütz, Matischak, Ferner, Hänel
Trainer: Brocker
Tore: 0:1 G. Zebrowski (37.), 0:2 Schütz (71. HE)
Zuschauer: 40.000

11.09.1965
Bundesliga, 5. Spieltag
W. Bremen – Meidericher SV 2:0 (1:0)
Aufstellung: Bernard – Piontek, Höttges – Steinmann, Jagielski, M. Lorenz – G. Zebrowski, Schütz, Matischak, Ferner, Hänel
Trainer: Brocker
Tore: 1:0 Ferner (25.), 2:0 Matischak (90.)
Zuschauer: 25.000

18.09.1965
Bundesliga, 6. Spieltag
1. FC Köln – W. Bremen 2:0 (1:0)
Aufstellung: Bernard – Piontek, M. Lorenz – Steinmann, Jagielski, Höttges – G. Zebrowski, H. Schulz, Matischak, Ferner, Dausmann
Trainer: Brocker
Tore: 1:0 Löhr (12.), 2:0 Thielen (47.)
Zuschauer: 45.000

22.09.1965
Freundschaftsspiel
Bremer Landesauswahl – W. B. 1:6 (1:0)
Aufstellung: Lambertz – Sidon, Bordel – Danielsen, Schütz, Hänel – M. Zebrowski, Soya, Matischak, Dausmann, Podlich
Trainer: Brocker
Tore: 1:0 Meyer (43.), 1:1 Dausmann (60.), 1:2 Hänel (60.), 1:3 Dausmann (67.), 1:4 Matischak (84.), 1:5 Dausmann (89.), 1:6 Podlich (90.)
Zuschauer: 3.000

23.09.1965
Internationales Freundschaftsspiel
Odense BK 09 – W. Bremen 2:2 (0:1)
Aufstellung: Bernard – Piontek, Bordel – Steinmann, Schütz, Hänel – G. Zebrowski, H. Schulz (Soya), Danielsen, Ferner, Podlich
Trainer: Brocker
Tore: 0:1 Ferner (23.), 1:1 Hansen (53. FE), 1:2 G. Zebrowski (80.), 2:2 Petersen (89.)
Zuschauer: 3.700

26.09.1965
Freundschaftsspiel
SC Victoria Hamburg – W. Bremen 3:2 (1:2)
Aufstellung: Lambertz – Sidon, Bordel – H. Schulz, Schütz, Hänel (46. Knopf), – G. Zebrowski, Matischak, Danielsen, Soya, Podlich
Trainer: Brocker
Tore: 0:1 Matischak (5.), 0:2 Soya (40.), 1:2 Somann (42.), 2:2 Gronau (55.), 3:2 Wolff (60.)
Zuschauer: 2.000

02.10.1965
Bundesliga, 7. Spieltag
W. Bremen – FC Schalke 04 2:0 (1:0)
Aufstellung: Bernard – Piontek, Höttges – H. Schulz, Steinmann, M. Lorenz – G. Zebrowski, Danielsen, Matischak, Ferner, Podlich
Trainer: Brocker
Tore: 1:0 Podlich (28.), 2:0 Matischak (68.)
Zuschauer: 18.000

Ein Däne erobert Bremens Zuschauer
John Danielsen überragender Spieler beim 2:0 gegen Schalke
Bremen, 4. Oktober

06.10.1965
Europapokal der Landesmeister – 1. Runde-Hinspiel
APOEL FC Nikosia – W. Bremen 0:5 (0:4)
Aufstellung: Bernard – Piontek, Höttges – H. Schulz, Steinmann, M. Lorenz – G. Zebrowski, Danielsen, Matischak, Ferner, Podlich
Trainer: Brocker
Tore: 0:1 Matischak (14.), 0:2 Podlich (32.), 0:3 Matischak (33.), 0:4 H. Schulz (44.), 0:5 G. Zebrowski (78.)
Zuschauer: 8.208 im Volksparkstadion Hamburg

10.10.1965
Freundschaftsspiel
TSV Ahrensburg – W. Bremen 0:7 (0:5)
Aufstellung: Lambertz – Knopf, Bordel – Schütz, Jagielski, Hänel – Schimeczek, Soya, Dausmann, Matischak, M. Zebrowski
Trainer: Brocker
Tore: 0:1 Dausmann (6.), 0:2 Matischak (7.), 0:3 Matischak (10.), 0:4 Soya (14.), 0:5 Dausmann (32.), 0:6 Dausmann (76.), 0:7 Matischak (88.)
Besonderes Vorkommnis: Lambertz (W.B.) hält einen FE von Westphal (80.)
Zuschauer: 1.500

13.10.1965
Europapokal der Landesmeister – 1. Runde-Rückspiel
W. Bremen – APOEL FC Nikosia 5:0 (2:0)
Aufstellung: Bernard – Piontek, Höttges – H. Schulz, Steinmann, M. Lorenz – G. Zebrowski, Danielsen, Matischak, Ferner, Podlich
Trainer: Brocker
Tore: 1:0 Danielsen (36.), 2:0 Ferner (41.), 3:0 Danielsen (54.), 4:0 Höttges (64.), 5:0 Höttges (83. FE)
Zuschauer: 11.999

16.10.1965
Bundesliga, 8. Spieltag
W. Bremen – TSV 1860 München 0:2 (0:0)
Aufstellung: Bernard – Piontek, Höttges – Steinmann, Jagielski, M. Lorenz – G. Zebrowski, Danielsen, Matischak, Ferner, Podlich
Trainer: Brocker
Tore: 0:1 Grosser (73. FE), 0:2 Rebele (87.)
Zuschauer: 48.000

20.10.1965
Bundesliga, 9. Spieltag
Eintracht Frankfurt – W. Bremen 1:0 (1:0)
Aufstellung: Bernard – Piontek, Höttges – Steinmann, Jagielski, M. Lorenz – G. Zebrowski, Danielsen, Matischak, Ferner, H. Schulz
Trainer: Brocker
Tor: 1:0 Huberts (44.)
Zuschauer: 45.000

23.10.1965
Bundesliga, 10. Spieltag
W. B. – Eintracht Braunschweig 4:0 (3:0)
Aufstellung: Bernard – Piontek, Höttges – Steinmann, Jagielski, M. Lorenz – G. Zebrowski, Schütz, Matischak, Danielsen, Ferner
Trainer: Brocker
Tore: 1:0 Matischak (2.), 2:0 Schütz (22.), 3:0 Piontek (25.), 4:0 Matischak (55.)
Zuschauer: 15.000

30.10.1965
Bundesliga, 11. Spieltag
Borussia Neunkirchen – W. B. 1:2 (0:1)
Aufstellung: Bernard – Piontek, Höttges – Steinmann, Jagielski, M. Lorenz – G. Zebrowski, Schütz, Matischak, Danielsen, Ferner
Trainer: Brocker
Tore: 0:1 Schütz (23. FE), 1:1 Simmet (68.), 1:2 G. Zebrowski (82.)
Zuschauer: 15.000

06.11.1965
Bundesliga, 12. Spieltag
W. B. – Tasmania 1900 Berlin 5:0 (3:0)
Aufstellung: Bernard – Piontek, Höttges – Steinmann, Jagielski, M. Lorenz – G. Zebrowski, Schütz, Matischak, Ferner, Podlich
Trainer: Brocker
Tore: 1:0 G. Zebrowski (9.), 2:0 M. Lorenz (13.), 3:0 Matischak (28.), 4.0 Ferner (48.), 5:0 Matischak (88.)
Zuschauer: 12.000

09.11.1965
Europapokal der Landesmeister – Achtelfinale-Hinspiel
FK Partizan Belgrad – W. Bremen 3:0 (0:0)
Aufstellung: Bernard – Piontek, Höttges – Steinmann, Bordel, M. Lorenz – H. Schulz, Schütz, Matischak, Ferner, Hänel
Trainer: Fred Schulz (vertrat den aus familiären Gründen/Todesfall nicht mitgereisten Brocker)
Tore: 1:0 Jusufi (69.), 2:0 Hasanagic (75.), 3:0 Pirmajer (88.)
Besonderes Vorkommnis: Zebrowski erhielt als Bundeswehrsoldat von Bonn aus keine Reisegenehmigung
Zuschauer: 24.203

17.11.1965
Europapokal der Landesmeister – Achtelfinale-Rückspiel
W. Bremen – FK Partizan Belgrad 1:0 (1:0)
Aufstellung: Bernard – Piontek, Höttges – Steinmann, Bordel, M. Lorenz – G. Zebrowski, Schütz, Matischak, Ferner, Hänel
Trainer: Brocker
Tor: 1:0 Schütz (33.)
Besondere Vorkommnisse: Platzverweis für Becejac (Belgrad) (82.), Platzverweis für Schütz (W.B.) (82.), Platzverweis für Bordel (W.B.) (84.)
Zuschauer: 28.478

20.11.1965
Bundesliga, 13. Spieltag
Karlsruher SC – W. Bremen 3:2 (2:2)
Aufstellung: Bernard – Piontek, Höttges – Schimeczek, Steinmann, M. Lorenz – G. Zebrowski, Ferner, Matischak, Dausmann, Hänel
Trainer: Brocker
Tore: 0:1 Hänel (7.), 1:1 Wild (9.), 1:2 Hänel (13.), 2:2 Wild (24.), 3:2 Cieslarczyk (62.)
Zuschauer: 20.000

27.11.1965
Bundesliga, 14. Spieltag
W. B. – Borussia M'gladbach 2:0 (0:0)
Aufstellung: Bernard – Piontek, Höttges – Schimeczek, Steinmann, M. Lorenz – G. Zebrowski, H. Schulz, Matischak, Danielsen, Ferner
Trainer: Brocker
Tore: 1:0 M. Lorenz (73.), 2:0 Höttges (75. FE)
Zuschauer: 8.000

04.12.1965
Bundesliga, 15. Spieltag
Borussia Dortmund – W. Bremen 2:1 (1:1)
Aufstellung: Bernard – Piontek, Höttges – H. Schulz, Steinmann, M. Lorenz – G. Zebrowski, Danielsen, Dausmann, Ferner, Hänel
Trainer: Brocker
Tore: 0:1 G. Zebrowski (17.), 1:1 Libuda (38.), 2:1 Emmerich (73. FE)
Besonderes Vorkommnis: Steinmann scheidet verletzt aus, Werder spielt bis zum Ende des Spiels in Unterzahl (42.)
Zuschauer: 25.000

11.12.1965
Bundesliga, 16. Spieltag
W. Bremen – Hamburger SV 2:0 (2:0)
Aufstellung: Bernard – Piontek, Höttges – Ferner, M. Lorenz, H. Schulz – G. Zebrowski, Dausmann, Matischak, Danielsen, Hänel
Trainer: Brocker
Tore: 1:0 Danielsen (13.), 2:0 Höttges (17. FE)
Zuschauer: 15.000

18.12.1965
Bundesliga, 17. Spieltag
FC Bayern München – W. Bremen 3:1 (1:1)
Aufstellung: Bernard – Piontek, Höttges – Ferner, M. Lorenz, H. Schulz – G. Zebrowski, Dausmann, Matischak, Danielsen, Hänel
Trainer: Brocker
Tore: 0:1 Piontek (24.), 1:1 Ohlhauser (41.), 2:1 Koulmann (48.), 3:1 Beckenbauer (90. FE)
Zuschauer: 20.000

15.01.1966
Bundesliga, 19. Spieltag
W. Bremen – Hannover 96 3:3 (1:3)
Aufstellung: Bernard – Piontek, Höttges – Schimeczek, Steinmann, M. Lorenz – G. Zebrowski, Ferner, Matischak, Danielsen, Dausmann
Trainer: Brocker
Tore: 1:0 G. Zebrowski (4.), 1:1 Rodekamp (19.), 1:2 Heiser (36.), 1:3 Gräber (39.), 2:3 Danielsen (65.), 3:3 Schimeczek (73.)
Zuschauer: 12.000

Internationale Härte im Weser-Stadion: Beim Hass-Duell mit Partizan Belgrad (siehe Extra-Story) wird früh klar, dass Spielfreude und Eleganz an diesem kalten Novemberabend eher eine Nebenrolle spielen. Horst-Dieter Höttges (Nr. 3) dürfte jedenfalls leichte Mühe haben, angesichts dieses Fotos zu erklären, er habe unbedingt den Ball treffen wollen

02.01.1966
Internationales Freundschaftsspiel
W. Bremen – FD Slavia Sofia 4:2 (2:0)
Aufstellung: Bernard – Piontek, Höttges – Ferner (40. Steinmann), M. Lorenz, Schimeczek – G. Zebrowski, Danielsen, Dausmann, Hänel, Podlich
Trainer: Brocker
Tore: 1:0 Dausmann (29.), 2:0 Dausmann (34.), 3:0 Hänel (68.), 3:1 Manolov (82.), 4:1 G. Zebrowski (84.), 4:2 Manolov (85.)
Zuschauer: 6.000

08.01.1966
Bundesliga, 18. Spieltag
1. FC Nürnberg – W. Bremen 2:1 (0:0)
Aufstellung: Bernard – Piontek, Höttges – Schimeczek, Steinmann, M. Lorenz – G. Zebrowski, Danielsen, Dausmann, Ferner, Hänel
Trainer: Brocker
Tore: 1:0 Reisch (56.), 1:1 Höttges (59.), 2:1 Wild (74.)
Besonderes Vorkommnis: Bernard (W.B.) hält FE von Reisch (88.)
Zuschauer: 35.000

22.01.1966
DFB-Pokal – 1. Runde
W. Bremen – TSV 1860 München 4:0 (0:0)
Aufstellung: Lambertz – Piontek, Höttges – Ferner, Steinmann, M. Lorenz – G. Zebrowski, Schütz, Matischak, Danielsen, Dausmann
Trainer: Brocker
Tore: 1:0 Dausmann (56.), 2:0 Dausmann (82.), 3:0 G. Zebrowski (86.), 4:0 Schütz (89.)
Zuschauer: 15.000

29.01.1966
Bundesliga, 20. Spieltag
1. FC Kaiserslautern – W. Bremen 2:3 (2:2)
Aufstellung: Bernard – Piontek, Höttges – Ferner, Steinmann, M. Lorenz – G. Zebrowski, Schütz, Matischak, Danielsen, Dausmann
Trainer: Brocker
Tore: 0:1 Schütz (8.), 1:1 Wrenger (10.), 2:1 Kaminke (43.), 2:2 Schütz (44.), 2:3 G. Zebrowski (69.)
Zuschauer: 22.000

05.02.1966
Bundesliga, 21. Spieltag
W. Bremen – VfB Stuttgart 3:1 (0:0)
Aufstellung: Bernard – Piontek, Höttges – Ferner, Steinmann, M. Lorenz – G. Zebrowski, Schütz, Matischak, Danielsen, Dausmann
Trainer: Brocker
Tore: 1:0 G. Zebrowski (42.), 2:0 M. Lorenz (58.), 3:0 Schütz (64.), 3:1 Menne (84.)
Zuschauer: 16.000

12.02.1966
Bundesliga, 22. Spieltag
Meidericher SV – W. Bremen 1:2 (0:1)
Aufstellung: Bernard – Piontek, Höttges – Ferner, Steinmann, M. Lorenz – G. Zebrowski, Schütz, Matischak, Danielsen, Dausmann
Trainer: Brocker
Tore: 0:1 Schütz (32.), 1:1 Sabath (48.), 1:2 Schütz (65.)
Zuschauer: 9.000

19.02.1966
DFB-Pokal – 2. Runde
W. B. – SC Concordia Hamburg 2:0 (0:0)
Aufstellung: Bernard – Piontek, Höttges – Ferner, Steinmann, M. Lorenz – G. Zebrowski, Schütz, Matischak, Danielsen, H. Schulz
Trainer: Brocker
Tore: 1:0 Ferner (68.), 2:0 Schütz (78. FE im Nachschuss)
Zuschauer: 7.000

26.02.1966
Bundesliga, 23. Spieltag
W. Bremen – 1. FC Köln 2:1 (2:0)
Aufstellung: Bernard – Piontek, Höttges – Ferner, Steinmann, M. Lorenz – G. Zebrowski, Schütz, Matischak, Danielsen, Dausmann
Trainer: Brocker
Tore: 1:0 Danielsen (27.), 2:0 Dausmann (39.), 2:1 Löhr (84.)
Zuschauer: 25.000

05.03.1966
Bundesliga, 24. Spieltag
FC Schalke 04 – W. Bremen 1:6 (1:1)
Aufstellung: Bernard – Piontek, Höttges – Ferner, Steinmann, M. Lorenz – G. Zebrowski, Schütz, Hänel, Danielsen, Podlich
Trainer: Brocker
Tore: 0:1 M. Lorenz (22.), 1:1 Pyka (27.), 1:2 Danielsen (46.), 1:3 Podlich (62.), 1:4 Schütz (68. FE), 1:5 Hänel (79.), 1:6 Podlich (90.)
Zuschauer: 28.000

12.03.1966
Bundesliga, 25. Spieltag
TSV 1860 München – W. Bremen 3:1 (2:1)
Aufstellung: Bernard – Piontek, Höttges – Ferner, Steinmann, M. Lorenz – G. Zebrowski, Schütz, Hänel, Danielsen, Podlich
Trainer: Brocker
Tore: 0:1 Hänel (2.), 1:1 Brunnenmeier (14.), 2:1 Konietzka (29.), 3:1 Konietzka (79.)
Zuschauer: 28.000

19.03.1966
Bundesliga, 26. Spieltag
W. Bremen – Eintracht Frankfurt 3:2 (3:1)
Aufstellung: Bernard – Piontek, Höttges – Ferner, Steinmann, M. Lorenz – G. Zebrowski, Schütz, Hänel, Danielsen, Podlich
Trainer: Brocker
Tore: 1:0 Schütz (8.), 2:0 Schütz (21. FE), 3:0 Podlich (29.), 3:1 Lechner (44.), 3:2 Solz (78.)
Besonderes Vorkommnis: Kunter (Frankfurt), hält FE von Schütz (73.)
Zuschauer: 15.000

26.03.1966
Bundesliga, 27. Spieltag
Eintr. Braunschweig – W. Bremen 1:0 (1:0)
Aufstellung: Bernard – Piontek, Höttges – Ferner, Steinmann, Schimeczek – G. Zebrowski, Schütz, Matischak, M. Lorenz, Hänel
Trainer: Brocker
Tor: 1:0 Ulsaß (16.)
Zuschauer: 18.000

02.04.1966
Bundesliga, 28. Spieltag
W. B. – Borussia Neunkirchen 5:2 (4:1)
Aufstellung: Bernard – Piontek, M. Lorenz – Ferner, Steinmann, Höttges – G. Zebrowski, Schütz, Hänel, Danielsen, Podlich
Trainer: Brocker
Tore: 1:0 Schütz (2.), 2:0 Podlich (18.), 3:0 Schütz (28.), 3:1 Wingert (32.), 4:1 Schütz (45.), 5:1 Schütz (46.), 5:2 Kuntz (80.)
Zuschauer: 8.000

07.04.1966
DFB-Pokal, Viertelfinale
1. FC Kaiserslautern – W. Bremen 3:1 (0:0)
Aufstellung: Bernard – Piontek, Höttges – Ferner, Steinmann, H. Schulz –G. Zebrowski, Schütz, Hänel, Danielsen, Podlich
Trainer: Brocker
Tore: 1:0 Wrenger (60.), 1:1 Danielsen (44.), 2:1 Rummel (81.), 3:1 Rummel (84.)
Zuschauer: 20.000

Klaus Matischak hatte 1965/66 zunehmend mit Verletzungen zu kämpfen. Seine Karriere neigte sich dem Ende zu

09.04.1966
Freundschaftsspiel
SV Völklingen – W. Bremen 3:0 (2:0)
Aufstellung: Lambertz (28. Bernard) – Piontek, Jagielski – Höttges (79. Bordel), Bordel (46. Ferner), Ferner (19. G. Zebrowski) – H. Schulz, Podlich, Schütz, Soya, Danielsen (46. Matischak)
Trainer: Brocker
Tore: 1:0 Candidore (23.), 2:0 Bach (28.), 3:0 Pfeiffer (59.)
Zuschauer: 4.000

14.04.1966
Internationales Freundschaftsspiel
Juventus Turin – W. Bremen 2:3 (2:2)
Aufstellung: Bernard – Piontek, M. Lorenz – Ferner, Steinmann, Hänel – G. Zebrowski, Schütz, H. Schulz, Danielsen, Podlich
Trainer: Brocker
Tore: 1:0 del Sol (6.), 1:1 G. Zebrowski (29.), 1:2 Danielsen (36.), 2:2 del Sol (39. FE), 2:3 Podlich (60.)
Zuschauer: 15.000

16.04.1966
Bundesliga, 29. Spieltag
Tasmania 1900 Berlin – W. B. 1:1 (1:1)
Aufstellung: Bernard – Piontek, Bordel – Ferner, Steinmann, H. Schulz – G. Zebrowski, Schütz, Hänel, Danielsen, Podlich
Trainer: Brocker
Tore: 1:0 Engler (31.), 1:1 Podlich (45.)
Zuschauer: 1.200

23.04.1966
Bundesliga, 30. Spieltag
W. Bremen – Karlsruher SC 3:1 (1:1)
Aufstellung: Bernard – Piontek, Bordel – Ferner, Steinmann, H. Schulz – G. Zebrowski, Schütz, Hänel, Danielsen, Podlich
Trainer: Brocker
Tore: 1:0 Danielsen (40.), 1:1 Dobat (41.), 2:1 Schütz (60.), 3:1 Schütz (73.)
Zuschauer: 8.000

30.04.1966
Bundesliga, 31. Spieltag
Bor. Mönchengladbach – W. B. 0:7 (0:1)
Aufstellung: Bernard – Piontek, Höttges – Ferner, Steinmann, H. Schulz – G. Zebrowski, Schütz, Dausmann, Danielsen, Hänel
Trainer: Brocker
Tore: 0:1 Dausmann (10.), 0:2 Schütz (65.), 0:3 Dausmann (67.), 0:4 Ferner (75.), 0:5 Dausmann (76.), 0:6 Höttges (86.), 0:7 Dausmann (88.)
Zuschauer: 20.000

14.05.1966
Bundesliga, 32. Spieltag
W. Bremen – Borussia Dortmund 1:0 (0:0)
Aufstellung: Bernard – Piontek, Höttges – Ferner, Steinmann, M. Lorenz – G. Zebrowski, Schütz, Dausmann, Danielsen, Hänel
Trainer: Brocker
Tor: 1:0 Höttges (89. FE)
Zuschauer: 44.000

18.05.1966
Freundschaftsspiel
VfL Osnabrück – W. Bremen 0:2 (0:2)
Aufstellung: Bernard – Piontek, Höttges – Ferner, Steinmann, M. Lorenz – G. Zebrowski (36. Jagielski), Schütz, Dausmann, Danielsen, Hänel
Trainer: Brocker
Tore: 0:1 Ferner (42.), 0:2 Danielsen (45.)
Zuschauer: 7.000

21.05.1966
Bundesliga, 33. Spieltag
Hamburger SV – W. Bremen 1:3 (1:2)
Aufstellung: Bernard – Piontek, Höttges – Ferner, Steinmann, M. Lorenz – Soya, Schütz, H. Schulz, Danielsen, Hänel
Trainer: Brocker
Tore: 0:1 Soya (25.), 1:1 Pohlschmidt (33.), 1:2 Piechowiak (34. ET), 1:3 H. Schulz (57.)
Zuschauer: 15.000

22.05.1966
Freundschaftsspiel
Auswahl Vechta – W. Bremen 0:6 (0:4)
Aufstellung: Lambertz – Sidon, Bordel – Steinmann (Höttges), Knopf, Jagielski, Schimeczek – Dausmann, Soya, Schütz, Hänel
Trainer: Brocker
Torschützen für Werder: Schütz (3), Höttges (2), Bordel
Zuschauer: 3.000

25.05.1966
Freundschaftsspiel
Vorwärts Billstedt – W. Bremen 1:2 (1:2)
Aufstellung: Lambertz – Bordel, Knopf (Sidon), Höttges, Piontek – M. Lorenz, Jagielski, Schimeczek – G. Zebrowski, Soya, Dausmann
Trainer: Brocker
Tore: 0:1 Dausmann (6.), 0:2 Schimeczek (16.), 1:2 J. Petersen (20.)
Zuschauer: 5.000

Immerhin: Nach einer etwas durchwachsenen Saison dürfen drei Werderaner mit der DFB-Delegation zur WM nach England. Während Horst-Dieter Höttges maßgeblich am Siegeszug der deutschen Elf bis ins Finale teilhaben wird, bleiben für Günter Bernard und Max Lorenz allerdings nur Reservistenrollen übrig.

28.05.1966
Bundesliga, 34. Spieltag
W. Bremen – FC Bayern München 1:1 (1:1)
Aufstellung: Bernard – Piontek, Höttges – Ferner, Steinmann, M. Lorenz – G. Zebrowski, Schütz, Dausmann, Danielsen, Hänel
Trainer: Brocker
Tore: 0:1 Werner (15.), 1:1 Schütz (20.)
Besonderes Vorkommnis: M. Lorenz scheidet verletzt aus, Werder in Unterzahl (60.)
Zuschauer: 22.000

05.06.1966
Internationales Freundschaftsspiel
SC Etar Tarnovo – W. Bremen 0:0
Aufstellung: Lambertz – Piontek, Bordel – Ferner, Jagielski, Schimeczek – Hänel, Steinmann, Schütz, Danielsen, Dausmann (38. Sidon)
Trainer: Brocker
Tore: –
Zuschauer: 3.000

08.06.1966
Freundschaftsspiel
Nationalelf Bulgarien – W. B. 3:1 (0:1)
Aufstellung: Bernard (Lambertz) – Sidon, Piontek – Ferner, Jagielski, Schimeczek – Hänel (Soya), Steinmann, Schütz, Danielsen, Bordel
Trainer: Brocker
Tore: 0:1 Bordel (28.), 1:1 Asparuchov (56.), 2:1 Apostolov (64.), 3:1 Asparuchov (76.)
Zuschauer: 40.000 in Sofia

Bundesliga-Abschlusstabelle 1965 / 1966

Platz	Verein	Spiele	S	U	N	Tore	Quot.	Punkte
1.	1860 München	34	20	10	4	80:40	2,00	50-18
2.	Borussia Dortmund (P)	34	19	9	6	70:36	1,94	47-21
3.	Bayern München (N)	34	20	7	7	71:38	1,87	47-21
4.	**Werder Bremen (M)**	**34**	**21**	**3**	**10**	**76:40**	**1,90**	**45-23**
5.	1. FC Köln	34	19	6	9	74:41	1,80	44-24
6.	1. FC Nürnberg	34	14	11	9	54:43	1,26	39-29
7.	Eintracht Frankfurt	34	16	6	12	64:46	1,39	38-30
8.	Meidericher SV	34	14	8	12	70:48	1,46	36-32
9.	Hamburger SV	34	13	8	13	64:52	1,23	34-34
10.	Eintracht Braunschweig	34	11	12	11	49:49	1,00	34-34
11.	VfB Stuttgart	34	13	6	15	42:48	0,88	32-36
12.	Hannover 96	34	11	8	15	59:57	1,04	30-38
13.	Borussia M'gladbach (N)	34	9	11	14	57:68	0,84	29-39
14.	Schalke 04	34	10	7	17	33:55	0,60	27-41
15.	1. FC K'lautern	34	8	10	16	42:65	0,65	26-42
16.	Karlsruher SC	34	9	6	19	35:71	0,49	24-44
17.	Borussia Neunkirchen	34	9	4	21	32:82	0,39	22-46
18.	Tasmania 1900 Berlin (N)	34	2	4	28	15:108	0,14	8-60

Fieberkurve der Bundesliga-Saison 1965 / 1966

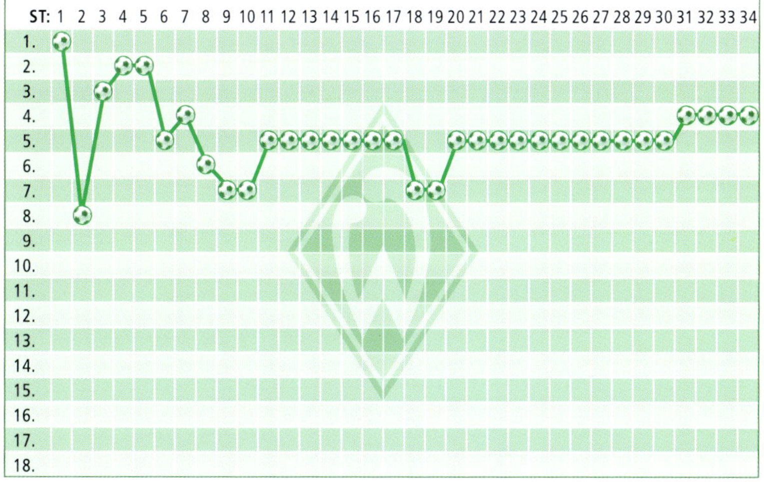

1966/67: Reell abgeschmiert

Oben v.l.:
Schütz, Steinmann, Lorenz, Baumann, Danielsen, Björnmose, Ferner, Schröder, Podlich, Trainer Brocker
Unten v.l.:
Jagielski, Görts, Lambertz, Matischak, Schimeczek, Zebrowski, Hänel, Bordel, Schweighöfer, Bernard, Höttges

Unfassbar, welches Wellental Werder Bremen seinen Fans in den Gründerjahren der Bundesliga zumutete. Hatte man Werder schon in Oberligazeiten ob der Unberechenbarkeit dieser technisch feinen, aber als sensibel geltenden Mannschaft »die Sphinx des Nordens« genannt, weil diese merkwürdige, zu allem fähige Mannschaft an schlechten Tagen auch in negativer Hinsicht zu wirklich allem fähig war, so wurde spätestens 1966/67 überdeutlich: Die Einführung der Bundesliga hatte an diesem werdertypischen Phänomen nicht das Geringste geändert. Nach Meisterschaft und zuletzt dem respektgebietenden Platz 4 dachten eigentlich alle Fachleute, Werder sei nun bis auf weiteres der Bundesliga-Spitze zuzurechnen. Auf dem Papier zählte Werder Bremen 1966 zur Crème der deutschen Lizenzvereine. Auch Trainer Brocker nannte als Saisonziel vor der vierten Saison, »reell mitmischen zu wollen«. Werder mischte dann auch massiv mit – im Abstiegskampf.

Das war um so schwerer zu fassen, weil Werder im Vergleich zum Vorjahr personell nichts Bahnbrechendes verändert hatte. Trainer Günter Brocker konnte in seinem zweiten Werder-Jahr weiter auf die Defensiv-Karte setzen. Die Transfers zu Saisonbeginn schienen das Niveau des Kaders eher anzuheben. Mit dem ungemein talentierten, aber leider verletzungsanfälligen Hans Schulz (zum HSV), dem alternden Willi Soya (zu Bergedorf 85) und Fehleinkauf Hugo Dausmann (zu Pirmasens) verließen drei Spieler unseren Verein, die ersetzbar schienen.

Weil Werder hinten gewohnt bombenfest stand, klotzte Brocker vorne: Gleich fünf neue Offensivkräfte wurden verpflichtet, weil Ex-Torjäger Klaus Matischak im Vorjahr abgebaut hatte. Mit dem Dänen-Star Björnmose, dem quicken Flügelstürmer Werner Görts von Absteiger Neunkirchen, dem bulligen Rolf Schweighöfer aus Schweinfurt und den eigenen Talenten Baumann und Schröder sollte der Werder-Angriff auf Touren kommen. Die Letzteren waren gerade mit Werders Nachwuchs Deutscher Amateurmeister geworden, und Baumann hatte dazu mit gleich drei Toren im Finale entscheidend beigetragen. Geballte Offensivkraft sollte aus dem Tabellenvierten wieder einen Titelkandidaten basteln. Ein Trugschluss, wie sich schmerzlich schnell zeigte. Am Ende mussten mangels geeigneter Konkurrenz die alten Kämpen Zebrowski und Schütz als Torjäger herhalten. Schweighöfer konnte sich ebenso wenig in der höchsten Spielklasse durchsetzen wie Baumann und Schröder. Der nächste Nicht-Torjäger Ole Björnmose erlebte später bessere Jahre, wurde zum Dauerbrenner und hielt ein Jahrzehnt lang für Werder und den HSV die Knochen hin. Werner »Anneliese« Görts wiederum reifte in den kommenden Jahren zu einem der besten deutschen Linksaußen und sollte bis ins hohe Fußballalter auf

Werders Flügel wirbeln und zu einer der vielen grünweißen Legenden werden.

Die Saison 1966/67 kostete Nerven wie nie zuvor. Der völlig verpatzte Start in diese Saison sollte leider wegweisend sein für ein turbulentes Jahr, in dem die Fans mit unansehnlichem Fußball gequält, die Hoffnungen schnell begraben und natürlich schnell der Kopf von Trainer Brocker gefordert wurde, der in Bremen nie die Popularität seines Vorgängers »Fischken« Multhaup erreichen konnte. Nach drei Spielen hatte Werder genau null Punkte auf dem Konto. Der Saisonstart wurde kurioserweise wohl auch deshalb restlos vergeigt, weil die drei Leistungsträger Bernard, Höttges und Lorenz nach ihrer Teilnahme an der WM 1966 in England und dem Erringen des 2. Platzes vom DFB von einer Feier zur nächsten beordert wurden. Alle drei verpassten dadurch einen Großteil der Vorbereitung. Werder konnte erst zu Saisonbeginn auf seine ausgepowerten Leistungsträger zurückgreifen.

Die Mannschaft schien nach dem Katastrophenstart schon wenige Wochen nach Saisonbeginn entnervt und konnte sich erst im Winter mit einem Zwischenspurt aus der Abstiegszone befreien. Hintereinander wurden der HSV (5:1) und Pokalsieger Bayern München (4:1) aus dem Weser-Stadion gefegt. Werder sagte in der oberen Tabellenhälfte kurz »Kuckuck!«, aber nur um eine haarsträubend schlechte Rückrunde zu spielen, und die Sternstunden gegen den ewigen Nordrivalen und den späteren Südrivalen ließen es umso unbegreiflicher erscheinen, weshalb diese einst so unverwüstliche Mannschaft nun nach unten durchgereicht wurde. Die Rettung kam erst erschreckend kurz vor dem Schlussvorhang der Saison, als der 28-jährige Däne John Danielsen Werder als Mittelstürmer zum erstaunlich glatten 3:0 gegen die Frankfurter Eintracht führte. Am Ende waren nur die beiden Aufsteiger Essen und Düsseldorf noch schlechter. Nur wenige der sonstigen Korsettstangen spielten verlässlich: Steinmann und Höttges boten ebenso Normalform wie Torwart Günter Bernard und Außenverteidiger Piontek. Alles Defensivleute. Wie schlecht der Rest der Mannschaft gespielt haben muss, mag man daran ablesen, dass trotz der soliden Abwehrrecken die viertmeisten Gegentore gefangen wurden – eine für Bremer Verhältnisse ganz und gar ungewohnte Bilanz. Vorne zauberte ausschließlich der schon erwähnte Danielsen von Zeit zu Zeit. Der Rest war grünweißes Schweigen. Die Fans kehrten sich ab und machten Werder zum unangefochtenen Schlusslicht der Zuschauertabelle. Nur noch beschämende 17.000 Bremer kamen im Schnitt ins Weser-Stadion, was nur zu verständlich war, denn dafür brauchte man schon verflucht gute Nerven. Werder überstand die Saison mit der maximalen Anzahl an theoretisch möglichen blauen Augen, und Trainer Brockers Tage in Bremen schienen unweigerlich gezählt. Sein Kredit bei Fans und Medien war verspielt. Und auch innerhalb der Mannschaft gab es nicht mehr viele, die für ihn durchs Feuer gingen – was

Einer der besten Techniker bei Werder in den Sechzigern: Ballästhet Diethelm Ferner

wohl u.a. auch daran lag, dass Brocker seine Spieler mitunter öffentlich bloßstellte. So sagte er über seinen besten Torschützen Gerhard Zebrowski nach dem enttäuschenden 1:1 gegen Kaiserslautern im Februar 1967: »Es fehlt den meisten Spielern auch die Intelligenz. Schauen Sie sich den Zebrowski an. Ich habe dem im Training bestimmt nicht gesagt, dass er fünfmal seinen Gegenspieler anschießen soll.«

Alarm: nur noch 8000...
...Zuschauer kamen Sonnabend ins Bremer Weserstadion

Sportlich hatte Brocker die Mannschaft heruntergewirtschaftet, menschlich kam er nicht an. Seine Art, so sagten viele, passte einfach nicht nach Bremen. Und der ehemaligen Meistermannschaft hatte er innerhalb von nur zwei Jahren so augenscheinlich spielerische und körperliche Defizite antrainiert, dass sich ehemalige Werder-Größen mit Schaudern abwandten. Hennes Tibulski, ein Werder-Star der Vorkriegszeit, konstatierte über Werders Status Quo in der Rückrunde vernichtend: »Werder hat aber auch gar nichts drin. Kein Konzept, keine Kondition und kein taktisches Geschick. Die müssen ganz von vorn anfangen.«

Brocker nicht gefeuert
Aber Bremens Trainer steht im Kreuzfeuer der Kritik

„Ich schmeiße alle 'raus"
Gereizte Stimmung nach einem mühevollen Sieg für Werder

Brocker jedoch durfte allen Vorwarnungen zum Trotz vor seiner sich abzeichnenden Entlassung erst noch den Saisonbeginn 1967/68 spektakulär in den Sand setzen.

WERDER BREMEN 1966/67

Trainer

Brocker, Günter
Verantwortlicher Trainer in allen 34 Spielen der Saison

Werders Neuzugänge im Sommer 1966

Mit diesen fünf Neuen (v.l.n.r.) will Brocker zurück an die Spitze: Der Däne Björnmose und der Neunkirchener Görts werden echte Verstärkungen, während Schweighöfer den Sprung in die Stammelf nur sporadisch schafft. Außen die beiden Eigengewächse Baumann und Schröder

Wer kam?

Baumann (eig. Amateure)
Björnmose (BK Odense)
Görts (Bor. Neunkirchen)
Schröder (eig. Amateure)
Schweighöfer (Schweinfurt 05)

Wer ging?

Dausmann (FK Pirmasens)
Schulz (HSV)
Soya (Bergedorf 85)

Tor

Bernard, Günter
27 Spiele; 0 Tore

Lambertz, Klaus
6 Spiele; 0 Tore

Abwehr

Steinmann, Heinz
32 Spiele; 0 Tore

Höttges, Horst-Dieter »Eisenfuß«
30 Spiele; 3 Tore

Piontek, Josef »Seppl«
30 Spiele; 2 Tore

Mittelfeld

Ferner, Diethelm »Didi«
34 Spiele; 6 Tore

Schütz, Arnold »Pico«
32 Spiele; 9 Tore

Danielsen, John
27 Spiele; 3 Tore

Angriff

Görts, Werner »Anneliese«
30 Spiele; 6 Tore

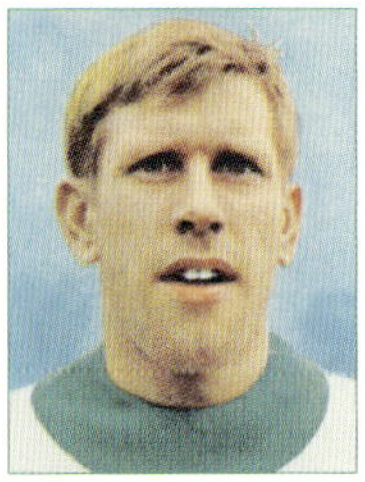

Zebrowski, Gerhard »Zebro«
28 Spiele; 9 Tore

Schweighöfer, Rolf
13 Spiele; 6 Tore

Erweiterter Kader

Teupel, Gerhard
1 Spiel; 0 Tore

1966/67

Der Sport-Verein »Werder« im Jahr 1966/67:

1. Vorsitzender:	Alfred L. Ries
2. Vorsitzender:	Fritz Düring
3. Vorsitzender:	Wilhelm Riethmöller
Geschäftsführer:	Hans Wolff
Spielausschuss-Vorsitzender:	Fred Schulz
Vereinsarzt:	Dr. Franz Böhmert
Masseur:	Wolfgang Binder
Mitglieder:	2.200
Kapazität Weser-Stadion:	45.000 Plätze (7.300 Sitzplätze, davon 6.400 überdacht)

Schimeczek, Helmut »Schimmi«
24 Spiele; 0 Tore

Lorenz, Max
21 Spiele; 3 Tore

Bordel, Wolfgang
5 Spiel; 0 Tore

Jagielski, Helmut »Jackl«
4 Spiele; 0 Tore

Hänel, Klaus »Atze«
19 Spiele; 2 Tore

Schröder, Herbert
4 Spiele; 0 Tore

Björnmose, Ole
5 Spiele; 0 Tore

Matischak, Klaus »Zick-Zack«
2 Spiele; 0 Tore

Baumann, Carsten
0 Spiele; 0 Tore
Amateur

Podlich, Manfred
0 Spiele; 0 Tore

In Freundschaftsspielen eingesetzt:

Ackerschott, Carsten (Mittelfeld)
Ackerschott, Richard (Tor, eigentlich Abwehrspieler)
Knopf, Georg (Abwehr)
Sidon, Heinz (Abwehr)

Alle Spiele 1966/67

30.07.1966
Freundschaftsspiel
Wormatia Worms – W. Bremen 0:1 (0:1)
Aufstellung: Lambertz – Piontek, Bordel – Steinmann, Jagielski, Ferner (Hänel) – G. Zebrowski (Björnmose), Schütz, Schweighöfer, Danielsen (H. Schröder), Görts
Trainer: Brocker
Tor: 0:1 Schweighöfer (33.)
Zuschauer: 1.200

31.07.1966
Freundschaftsspiel
Borussia Neunkirchen – W. Bremen 4:1 (1:0)
Aufstellung: Lambertz – Piontek, Bordel – Steinmann, Jagielski, Danielsen (Schimeczek) – Björnmose (G. Zebrowski), Schütz, Schweighöfer (C. Baumann), Ferner, Podlich (Hänel)
Trainer: Brocker
Tore: 1:0 Kuntz (28.), 2:0 Linsenmeier (64.), 3:0 Lang (73.), 4:0 Hermesdorf (75.), 4:1 C. Baumann (83.)
Zuschauer: 1.500

03.08.1966
Internationales Freundschaftsspiel
W. Bremen – Dukla Prag 1:1 (0:1)
Aufstellung: Bernard – Piontek, Höttges (65. Bordel) – Steinmann, Jagielski, M. Lorenz – Björnmose (46. G. Zebrowski), Danielsen (46. Schütz), Ferner, Schweighöfer, Görts
Trainer: Brocker
Tore: 0:1 Strunc (20.), 1:1 G. Zebrowski (72.)
Zuschauer: 8.000

04.08.1966
Freundschaftsspiel
Itzehoer SV – W. Bremen 2:2 (1:1)
Aufstellung: Lambertz – Sidon (Knopf), Hänel – Schimeczek, Bordel, H. Schröder – G. Zebrowski, Björnmose, C. Baumann, Danielsen, Podlich
Trainer: Brocker
Tore: 1:0 Dähne (33.), 1:1 Podlich (42.), 2:1 Dähne (73. FE), 2:2 Schimeczek (87. FE)
Zuschauer: 2.000

06.08.1966
Internationales Freundschaftsspiel
W. Bremen – Odense BK 09 3:3 (3:1)
Aufstellung: Lambertz – Piontek, Bordel – Steinmann, Jagielski, Ferner (Schimeczek) – G. Zebrowski (Podlich), Schütz, Schweighöfer, Danielsen (Hänel), Görts
Trainer: Brocker
Tore: 1:0 Schweighöfer (4.), 1:1 Kähler (10.), 2:1 Schütz (15.), 3:1 Schweighöfer (42.), 3:2 Hansen (49.), 3:3 Rasmussen (60.)
Zuschauer: 5.000

08.08.1966
Internationales Freundschaftsspiel
Hvidovre Kopenhagen – W. Bremen 2:2 (1:1)
Aufstellung: Bernard – Piontek, Höttges – Jagielski, M. Lorenz, Ferner – G. Zebrowski, Schütz, Schweighöfer, Danielsen, Görts
Trainer: Brocker
Tore: 1:0 F. Hansen (32.), 1:1 Höttges (35. FE), 2:1 F. Hansen (79.), 2:2 Schütz (82.)
Zuschauer: 5.000

Zuverlässiger, vielseitiger Offensivmann: Klaus Hänel

10.08.1966
Internationales Freundschaftsspiel
Aalborg BK – W. Bremen 6:2 (2:1)
Aufstellung: Lambertz – Schütz, Bordel – Hänel, Jagielski, Danielsen (Piontek) – G. Zebrowski, Björnmose, Schweighöfer, Ferner, Görts
Trainer: Brocker
Tore: 0:1 Schweighöfer (20.), 1:1 unbekannt (30.), 2:1 unbekannt (?.), 3:1 unbekannt (59.), 4:1 unbekannt (61.), 5:1 unbekannt (63.), 6:1 unbekannt (65.), 6:2 Hänel (?)
Zuschauer: 6.000

13.08.1966
Internationales Freundschaftsspiel
W. Bremen – Leicester City 1:3 (0:1)
Aufstellung: Bernard – Piontek, Höttges – Steinmann, Jagielski, M. Lorenz – G. Zebrowski, Schütz, Schweighöfer (Danielsen), Hänel, Görts
Trainer: Brocker
Tore: 0:1 Stringfellow (21.), 1:1 Schütz (72.), 1:2 Roberts (76.), 1:3 Sinclair (87.)
Zuschauer: 6.000

14.08.1966
Freundschaftsspiel
SV Obernkirchen – W. Bremen 2:2 (0:0)
Aufstellung: Lambertz – Sidon, Bordel – Knopf, Ackerschott jun., H. Schröder – Björnmose, Schimeczek, C. Baumann, Danielsen, Podlich
Trainer: Brocker
Tore: 0:1 Danielsen (49.), 1:1 Scheuer (53.), 2:1 Scheuer (64. HE), 2:2 Schimeczek (88.)
Zuschauer: 2.000

20.08.1966
Bundesliga, 1. Spieltag
Eintr. Braunschweig – W. Bremen 2:0 (1:0)
Aufstellung: Bernard – Piontek, Höttges – Ferner, Steinmann, M. Lorenz – G. Zebrowski, Schütz, Björnmose, Danielsen, Görts
Trainer: Brocker
Tore: 1:0 Maas (23.), 2:0 Saborowski (81.)
Zuschauer: 20.000

24.08.1966
Freundschaftsspiel
VfB Lübeck – W. Bremen 2:3 (2:0)
Aufstellung: Bernard (46. Lambertz) – Piontek (46. Bordel), Höttges – Schimeczek (46. Jagielski), Steinmann, M. Lorenz – G. Zebrowski (46. Podlich), Schütz (46. Björnmose), Schweighöfer, Danielsen (46. H. Schröder), Hänel (46. C. Baumann)
Trainer: Brocker
Tore: 1:0 Wenzel (25.), 2:0 Kemmer (47.), 2:1 H. Schröder (52.), 2:2 Hänel (59.), 2:3 Schweighöfer (77.)
Zuschauer: 4.200

27.08.1966
Bundesliga, 2. Spieltag
W. Bremen – VfB Stuttgart 1:2 (0:2)
Aufstellung: Bernard – Piontek, Höttges – Ferner, Steinmann, H. Schröder – G. Zebrowski, Schütz, Schweighöfer, Danielsen, Hänel
Trainer: Brocker
Tore: 0:1 Peters (4.), 0:2 Gress (31.), 1:2 G. Zebrowski (81.)
Zuschauer: 16.000

03.09.1966
Bundesliga, 3. Spieltag
Meidericher SV – W. Bremen 1:0 (0:0)
Aufstellung: Bernard – Piontek, Höttges – Steinmann, Jagielski, M. Lorenz – G. Zebrowski, Schütz, Hänel, Ferner, Görts
Trainer: Brocker
Tor: 1:0 Rühl (88.)
Besonderes Vorkommnis: Heidemann (MSV) schießt HE an die Latte (21.)
Zuschauer: 13.000

10.09.1966
Bundesliga, 4. Spieltag
W. Bremen – FC Schalke 04 2:1 (2:0)
Aufstellung: Bernard – Piontek, Höttges – Steinmann, Jagielski, M. Lorenz – G. Zebrowski, Schütz, Hänel, Ferner, Görts
Trainer: Brocker
Tore: 1:0 Schütz (22.), 2:0 Görts (33.), 2:1 Klose (61.)
Zuschauer: 12.000

17.09.1966
Bundesliga, 5. Spieltag
1. FC Kaiserslautern – W. Bremen 2:0 (0:0)
Aufstellung: Bernard – Piontek, Höttges – Steinmann, Jagielski, M. Lorenz – Hänel, Ferner, Schütz, Danielsen, Görts
Trainer: Brocker
Tore: 1:0 Geisert (50.), 2:0 Reitgaßl (58.)
Zuschauer: 20.000

24.09.1966
Bundesliga, 6. Spieltag
W. Bremen – Hamburger SV 5:1 (3:0)
Aufstellung: Lambertz – Piontek, Höttges – Ferner, Steinmann, Schimeczek – G. Zebrowski, Schütz, Schweighöfer, Danielsen, Görts
Trainer: Brocker
Tore: 1:0 Höttges (7. FE), 2:0 G. Zebrowski (8.), 3:0 Schütz (42.), 4:0 Schweighöfer (52.), 4:1 Kurbjuhn (55.), 5:1 Danielsen (64.)
Zuschauer: 20.500

01.10.1966
Bundesliga, 7. Spieltag
Borussia Dortmund – W. Bremen 2:0 (1:0)
Aufstellung: Teupel – Piontek, Höttges – Ferner, Steinmann, Schimeczek – G. Zebrowski, Schütz, Schweighöfer, Danielsen, Görts
Trainer: Brocker
Tore: 1:0 Emmerich (45. FE), 2:0 Emmerich (60.)
Zuschauer: 21.000

05.10.1966
Freundschaftsspiel
Concordia Hamburg – W. Bremen 1:4 (0:2)
Aufstellung: Bernard – Sidon (46. Knopf), Bordel – Hänel, Jagielski, M. Lorenz – G. Zebrowski, Björnmose, Schweighöfer, H. Schröder, Görts (83. C. Baumann)
Trainer: Brocker
Tore: 0:1 H. Schröder (26.), 0:2 G. Zebrowski (38.), 0:3 Görts (60.), 1:3 Vogler (62.), 1:4 Schweighöfer (71.)
Zuschauer: 1.200

08.10.1966
Bundesliga, 8. Spieltag
W. Bremen – FC Bayern München 4:1 (2:0)
Aufstellung: Bernard – Piontek, Höttges – Ferner, Steinmann, Schimeczek – G. Zebrowski, Schütz, Schweighöfer, Danielsen, Görts
Trainer: Brocker
Tore: 1:0 Piontek (17.), 2:0 Ferner (28.), 2:1 Ohlhauser (60.), 3:1 Schweighöfer (74.), 4:1 Schütz (90.)
Zuschauer: 24.000

15.10.1966
Bundesliga, 9. Spieltag
Fortuna Düsseldorf – W. Bremen 0:1 (0:0)
Aufstellung: Bernard – Piontek, Höttges – Ferner, Steinmann, Schimeczek – G. Zebrowski, Schütz, Schweighöfer, Danielsen, Görts
Trainer: Brocker
Tor: 0:1 Ferner (60.)
Zuschauer: 30.000

22.10.1966
Bundesliga, 10. Spieltag
W. Bremen – Hannover 96 3:0 (1:0)
Aufstellung: Bernard – Piontek, Höttges – Ferner, Steinmann, Schimeczek – G. Zebrowski, Schütz, Schweighöfer, Danielsen, Görts
Trainer: Brocker
Tore: 1:0 Görts (32.), 2:0 Schütz (61.), 3:0 Görts (87.)
Besonderheit: Pico Schütz bestreitet sein 500. Spiel für Werder Bremen
Zuschauer: 21.500

29.10.1966
Bundesliga, 11. Spieltag
Karlsruher SC – W. Bremen 4:4 (1:2)
Aufstellung: Bernard – Piontek, M. Lorenz – Ferner, Steinmann, Schimeczek – G. Zebrowski, Schütz, Schweighöfer, Danielsen, Görts
Trainer: Brocker
Tore: 0:1 Schütz (21.), 1:1 Wild (27. FE), 1:2 Schütz (45.), 1:3 Schütz (64.), 1:4 Görts (68.), 2:4 Zaczyk (75.), 3:4 Sekularac (79.), 4:4 Müller (84.)
Zuschauer: 12.000

05.11.1966
Bundesliga, 12. Spieltag
W. Bremen – Bor. M'gladbach 2:2 (0:1)
Aufstellung: Bernard – Piontek, Höttges – Ferner, Steinmann, Schimeczek – G. Zebrowski, Schütz, Schweighöfer, Danielsen, Görts
Trainer: Brocker
Tore: 0:1 Netzer (30.), 0:2 Heynckes (56.), 1:2 Höttges (61. FE), 2:2 Piontek (70.)
Zuschauer: 16.000

12.11.1966
Bundesliga, 13. Spieltag
Rot-Weiß Essen – W. Bremen 0:1 (0:1)
Aufstellung: Bernard – Piontek, M. Lorenz – Ferner, Steinmann, Schimeczek – G. Zebrowski, Schütz, Schweighöfer, Danielsen, Görts
Trainer: Brocker
Tor: 0:1 G. Zebrowski (11.)
Zuschauer: 30.000

16.11.1966
Freundschaftsspiel
W. Bremen – Schwarz-Weiß Essen 1:3 (0:0)
Aufstellung: Lambertz – M. Lorenz, Bordel – H. Schröder, Jagielski, Schimeczek – G. Zebrowski (Görts), Björnmose, C. Baumann (Matischak), Hänel (Danielsen), Podlich
Trainer: Brocker
Tore: 0:1 Klöckner (55.), 0:2 Perau (58.), 0:3 Perau (65.), 1:3 H. Schröder (83.)
Zuschauer: 3.000

19.11.1966
Freundschaftsspiel
SC Sperber Hamburg – W. Bremen 1:1 (1:1)
Aufstellung: Lambertz – Bordel, M. Lorenz – H. Schröder, Steinmann, Schimeczek – G. Zebrowski, Schütz, Schweighöfer, Hänel, Görts
Trainer: Brocker
Tore: 1:0 M. Lorenz (23. ET), 1:1 Hänel (38.)
Zuschauer: 500

26.11.1966
Bundesliga, 14. Spieltag
W. Bremen – 1. FC Nürnberg 4:4 (2:2)
Aufstellung: Bernard – Piontek, Höttges – Ferner, Steinmann, Schimeczek – G. Zebrowski, Schütz, Schweighöfer, Danielsen, Görts
Trainer: Brocker
Tore: 0:1 H. Müller (18.), 1:1 Schweighöfer (28.), 2:1 Schweighöfer (32.), 2:2 Volkert (36.), 3:2 Höttges (54. FE), 3:3 Brungs (57.), 4:3 G. Zebrowski (67.), 4:4 Piontek (87. ET)
Zuschauer: 15.000

03.12.1966
Bundesliga, 15. Spieltag
Eintracht Frankfurt – W. Bremen 4:1 (2:1)
Aufstellung: Bernard – Piontek, Höttges – Ferner, Steinmann, Schimeczek – G. Zebrowski, Schütz, Schweighöfer, Danielsen, Görts
Trainer: Brocker
Tore: 1:0 Blusch (5.), 1:1 G. Zebrowski (27.), 2:1 Lotz (39.), 3:1 Bechtold (76.), 4:1 Bechtold (83.)
Zuschauer: 14.000

10.12.1966
Bundesliga, 16. Spieltag
TSV 1860 München – W. Bremen 2:1 (1:1)
Aufstellung: Bernard – Piontek, Höttges – Ferner, Steinmann, M. Lorenz – G. Zebrowski, Schütz, Hänel, H. Schröder, Görts
Trainer: Brocker
Tore: 0:1 Görts (7.), 1:1 Rebele (15.), 2:1 Zeiser (87.)
Zuschauer: 12.000

1966/67: Kontrollierte Gehaltsexplosion in der Liga

Der DFB stellte vor der Saison wichtige Weichen für die Zukunft der Bundesliga. Zwar waren seit ihrer Einführung die Gehälter, verglichen zu seligen Oberligazeiten, förmlich explodiert. Dennoch beschloss der DFB-Beirat, die freie Marktwirtschaft innerhalb der Fußballszene weiterhin zu blockieren. Ein Antrag, die Begrenzung der Ablösesummen und der Monatsgehälter der Lizenzspieler abzuschaffen, wurde mit 17:13 Stimmen knapp abgeschmettert. Das bedeutete: Die Ablösesummen waren weiterhin auf die Höchstmarke von 100.000 DM beschränkt, wobei theoretisch für Ausnahmespieler wie Uwe Seeler oder Helmut Haller die Chance bestand, per Sondergenehmigung, einen höheren Erlös anzupeilen. Das Handgeld für einen Lizenzspieler durfte höchstens 20.000 DM pro Jahr betragen. Bei damals üblichen Zweijahresverträgen bekam man als Spieler folglich 40.000 DM auf die Hand, was in den sechziger Jahren schon ein kleines Vermögen war. Clevererweise galt dies auch für Vertragsverlängerungen, was in der Praxis dazu führen sollte, dass Spieler keinen Grund mehr haben sollten, aus finanziellen Gründen den Verein zu wechseln. Eine nett gemeinte, aber sehr kurzlebige Idee.

(Aus dem »Spiegel«)

11.12.1966
Freundschaftsspiel
TSG Ulm 46 – W. Bremen 1:3 (0:1)
Aufstellung: Bernard – Höttges, Piontek, Steinmann, M. Lorenz – Ferner, H. Schröder (46. Schütz) – Hänel (G. Zebrowski), Björnmose, Schweighöfer, Görts
Trainer: Brocker
Tore: 0:1 Schweighöfer (22.), 1:1 Velkovski (57. FE), 1:2 Schweighöfer (80.), 1:3 Schweighöfer (83.)
Zuschauer: 2.800

17.12.1966
Bundesliga, 17. Spieltag
W. Bremen – 1. FC Köln 1:3 (1:1)
Aufstellung: Bernard – Piontek, Höttges – Ferner, Steinmann, M. Lorenz – G. Zebrowski, Schütz, Schweighöfer, H. Schröder, Görts
Trainer: Brocker
Tore: 0:1 Jendrossek (11.), 1:1 Schweighöfer (25.), 1:2 Jendrossek (52.), 1:3 Struth (70.)
Zuschauer: 15.000

28.12.1966
Internationales Freundschaftsspiel
W. Bremen – Slavia Sofia 1:0 (0:0)
Aufstellung: Bernard – Piontek, Höttges – Steinmann (67. Schimeczek), Bordel, M. Lorenz – G. Zebrowski, Schütz, Matischak (46. Schweighöfer), Ferner, Hänel
Trainer: Brocker
Tor: 1:0 Ferner (73.)
Zuschauer: 4.500

01.01.1967
Freundschaftsspiel
Polizei SV Bremen – W. Bremen 1:5 (0:3)
Aufstellung: Lambertz – Piontek (H. Schröder), Höttges – Ferner, Hänel, Schimeczek (Bernard) – G. Zebrowski (Bordel), Björnmose, Podlich, Danielsen, C. Baumann
Trainer: Brocker
Tore: 0:1 Podlich (5.), 0:2 Höttges (10.), 0:3 Podlich (35.), 0:4 Danielsen (52.), 0:5 Bernard (54.), 1:5 Eichel (75.)
Zuschauer: 1.200

07.01.1967
Bundesliga, 18. Spieltag
W. Bremen – Eintr. Braunschweig 2:3 (1:2)
Aufstellung: Bernard – Piontek, Höttges – Steinmann, Hänel, Schimeczek – G. Zebrowski, Schütz, Ferner, M. Lorenz, Görts
Trainer: Brocker
Tore: 0:1 Maas (12.), 1:1 G. Zebrowski (23.), 1:2 Ulsaß (37.), 2:2 M. Lorenz (73.), 2:3 Ulsaß (81.)
Zuschauer: 18.000

14.01.1967
DFB-Pokal, 1. Runde
Hessen Kassel – W. B. 2:2 (1:1, 0:0) n.V.
Aufstellung: Lambertz – Höttges, M. Lorenz – Steinmann, Hänel, Schimeczek – Podlich, Schütz, Matischak, Ferner, Görts
Trainer: Brocker
Tore: 1:0 Schaub (26.), 1:1 Ferner (85.), 2:1 B. Michel (97.), 2:2 Schimeczek (114.)
Zuschauer: 24.690

15.01.1967
Freundschaftsspiel
Bremer SV – W. Bremen 2:6 (2:5)
Aufstellung: Lambertz – Sidon, Piontek – H. Schröder, Jagielski, Bernard – G. Zebrowski, Schütz, Schweighöfer, Danielsen, C. Baumann
Trainer: Brocker
Tore: 0:1 G. Zebrowski (7.), 0:2 Schütz (9.), 0:3 Schweighöfer (21.), 0:4 Schütz (28.), 1:4 Westphal (31.), 2:4 Schwenneker (34.), 2:5 Bernard (38. FE im Nachschuss), 2:6 G. Zebrowski (83.)
Besonderes Vorkommnis: Lambertz hält FE von Adelt (BSV)
Zuschauer: 2.200

21.01.1967
Bundesliga, 19. Spieltag
VfB Stuttgart – W. Bremen 1:1 (1:0)
Aufstellung: Lambertz – Piontek, Höttges – Steinmann, Hänel, Schimeczek – G. Zebrowski, Ferner, Schweighöfer, M. Lorenz, Görts
Trainer: Brocker
Tore: 1:0 Weiß (25.), 1:1 Schweighöfer (68.)
Zuschauer: 23.000

25.01.1967
DFB-Pokal 1. Runde, Wiederholungsspiel
W. B. – Hessen Kassel 2:1 (1:1, 1:1) n.V.
Aufstellung: Lambertz – Piontek, Höttges – Steinmann, M. Lorenz, Schimeczek – G. Zebrowski, Ferner, Schweighöfer, Podlich, Görts
Trainer: Brocker
Tore: 1:0 Höttges (2. FE), 1:1 Fritzsche (25. FE), 2:1 Höttges (112.)
Zuschauer: 10.081

28.01.1967
Bundesliga, 20. Spieltag
W. Bremen – MSV Duisburg 1:1 (0:1)
Aufstellung: Bernard – Piontek, Höttges – Steinmann, Hänel, Schimeczek – G. Zebrowski, Ferner, Schütz, M. Lorenz, Görts
Trainer: Brocker
Tore: 0:1 Rühl (7.), 1:1 G. Zebrowski (88.)
Zuschauer: 10.000

04.02.1967
DFB-Pokal Achtelfinale
Bor. Neunkirchen – W. B. 1:1 (1:1, 1:1) n.V.
Aufstellung: Bernard – Piontek, Höttges – Steinmann, Hänel, Schimeczek – G. Zebrowski, Ferner, Schütz, M. Lorenz, Görts
Trainer: Brocker
Tore: 1:0 Hermesdorf (27.), 1:1 Görts (35.)
Zuschauer: 25.000

11.02.1967
Bundesliga, 21. Spieltag
FC Schalke 04 – W. Bremen 0:1 (0:1)
Aufstellung: Bernard – Piontek, Höttges – Steinmann, Hänel, Schimeczek – G. Zebrowski, Ferner, Björnmose, Danielsen, Görts
Trainer: Brocker
Tor: 0:1 Ferner (16.)
Zuschauer: 30.000

14.02.1967
DFB-Pokal Achtelfinale, Wiederholungsspiel
W. Bremen – Borussia Neunkirchen 1:2 (0:1)
Aufstellung: Bernard – Piontek, Höttges – Steinmann, Hänel, Schimeczek – G. Zebrowski, Ferner, Björnmose, Danielsen, Görts
Trainer: Brocker
Tore: 0:1 Linsenmaier (15.), 0:2 Linsenmaier (66.), 1:2 Hänel (79.)
Zuschauer: 12.000

18.02.1967
Bundesliga, 22. Spieltag
W. Bremen – 1. FC Kaiserslautern 1:1 (0:1)
Aufstellung: Bernard – Piontek, Höttges – Steinmann, Hänel, Schimeczek – G. Zebrowski, Ferner, Schütz, Danielsen, Görts
Trainer: Brocker
Tore: 0:1 Reitgaßl (34.), 1:1 Görts (82.)
Zuschauer: 13.000

25.02.1967
Bundesliga, 23. Spieltag
Hamburger SV – W. Bremen 1:1 (1:1)
Aufstellung: Bernard – Piontek, Höttges – Steinmann, Hänel, Schimeczek – G. Zebrowski, Ferner, Schütz, Danielsen, Görts
Trainer: Brocker
Tore: 0:1 Hänel (15.), 1:1 U. Seeler (28.)
Zuschauer: 22.000

Werders Geschäftsführer Hans Wolff führte über Jahrzehnte Aufzeichnungen über jedes Werder-Spiel – zumeist sachlich und gewissenhaft. Bei diesem Freundschaftsspiel in Bordeaux muss ihm die Schiedsrichterleistung irgendwie missfallen haben.

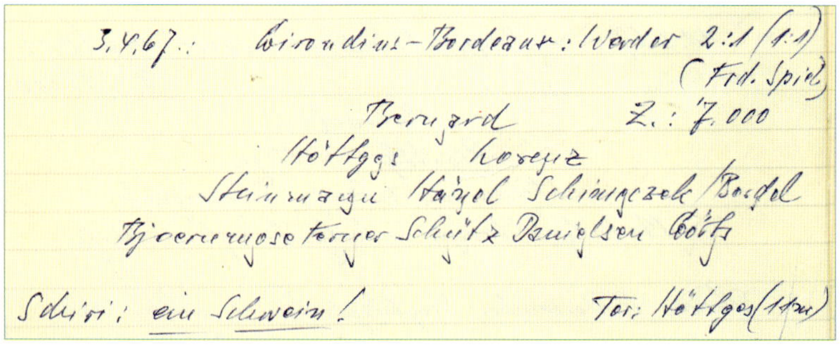
3.4.67.: Girondins-Bordeaux : Werder 2:1 (1:1)
(Frd. Spiel)
Bernard Z.: 7.000
Höttges Lorenz
Steinmann Hänel Schimeczek Bordel
Bjoernmose Ferner Schütz Danielsen Görts
Schiri: ein Schwein! Tor: Höttges (11m)

04.03.1967
Bundesliga, 24. Spieltag
W. Bremen – Borussia Dortmund 2:1 (0:1)
Aufstellung: Bernard – Piontek, Höttges – M. Lorenz, Steinmann, Schimeczek – Matischak, Ferner, Schütz, Danielsen, Görts
Trainer: Brocker
Tore: 0:1 Wosab (22.), 1:1 Schütz (63.), 2:1 Schütz (85.)
Zuschauer: 30.000

11.03.1967
Bundesliga, 25. Spieltag
FC Bayern München – W. Bremen 1:0 (0:0)
Aufstellung: Bernard – Bordel, Höttges – Steinmann, M. Lorenz, Schimeczek – Matischak, Ferner, Schütz, Danielsen, Görts
Trainer: Brocker
Tor: 1:0 Müller (82. FE)
Zuschauer: 13.000

18.03.1967
Bundesliga, 26. Spieltag
W. Bremen – Fortuna Düsseldorf 1:0 (1:0)
Aufstellung: Bernard – Bordel, Höttges – Steinmann, M. Lorenz, Schimeczek – Björnmose, Ferner, Schütz, Danielsen, Görts
Trainer: Brocker
Tor: 1:0 Ferner (31.)
Zuschauer: 10.000

24.03.1967
Freundschaftsspiel
TuS Zeven – W. Bremen 1:11 (0:8)
Aufstellung: Bernard – Schütz, M. Lorenz – Steinmann, Jagielski, Schimeczek – G. Zebrowski, Ferner, Björnmose (H. Schröder), Danielsen (C. Baumann), Görts
Trainer: Brocker
Torschützen für Werder: Ferner (4), G. Zebrowski, Danielsen, Schimeczek, Schütz, Björnmose, H. Schröder, Steinmann
Zuschauer: 2.500

27.03.1967
Freundschaftsspiel
TuS Haste Osnabrück – W. Bremen 2:1 (1:0)
Aufstellung: Lambertz – Piontek (46. H. Schröder), Bordel Schimeczek, Jagielski, Hänel – Podlich, Schütz, Matischak, M. Lorenz, C. Baumann
Trainer: Brocker
Tore: 1:0 Schaber (15. FE), 1:1 Schütz (80.), 2:1 Kühn (85.)
Zuschauer: 5.400

01.04.1967
Bundesliga, 27. Spieltag
Hannover 96 – W. Bremen 2:1 (1:0)
Aufstellung: Bernard – Höttges, M. Lorenz – Steinmann, Hänel, Schimeczek – Björnmose, Ferner, Schütz, Danielsen, Görts
Trainer: Brocker
Tore: 1:0 Bandura (5.), 2:0 Siemensmeyer (54.), 2:1 Schütz (84.)
Zuschauer: 22.000

03.04.1967
Internationales Freundschaftsspiel
Girondins Bordeaux – W. Bremen 2:1 (1:1)
Aufstellung: Bernard – Höttges, Schimeczek, Bordel, Steinmann – M. Lorenz, Danielsen, Ferner – Björnmose, Schütz, Görts
Trainer: Brocker
Tore: 1:0 unbekannt (22.), 1:1 Höttges (44. FE), 2:1 Couecou (47.)
Zuschauer: 7.000

08.04.1967
Freundschaftsspiel
Roland Delmenhorst – W. Bremen 3:8 (1:3)
Aufstellung: Lambertz – Piontek, Bordel – H. Schröder, Hänel, M. Lorenz – Björnmose, Danielsen, Ferner, Schütz, Görts
Trainer: Brocker
Tore: 0:1 Björnmose (17.), 0:2 Ferner (26.), 0:3 Schütz (35. FE), 1:3 Uhlhorn (44.), 1:4 Björnmose (49.), 1:5 Danielsen (55.), 2:5 Uhlhorn (57.), 2:6 Danielsen (63.), 3:6 Jilg (67. HE), 3:7 Schütz (75.), 3:8 Björnmose (77.)
Besonderes Vorkommnis: Lindenthal (Roland) verschießt Strafstoß (78.)
Zuschauer: 3.000

15.04.1967
Bundesliga, 28. Spieltag
W. Bremen – Karlsruher SC 0:3 (0:1)
Aufstellung: Lambertz – Bordel, Höttges – Steinmann, Hänel, H. Schröder – Björnmose, Ferner, Schütz, Danielsen, Görts
Trainer: Brocker
Tore: 0:1 Dobat (40.), 0:2 Müller (52.), 0:3 Weidlandt (69.)
Zuschauer: 17.000

22.04.1967
Bundesliga, 29. Spieltag
Bor. M'gladbach – W. Bremen 1:1 (0:0)
Aufstellung: Lambertz – Piontek, Höttges – Steinmann, Hänel, Schimeczek – G. Zebrowski, Ferner, Schütz, M. Lorenz, Danielsen
Trainer: Brocker
Tore: 0:1 Danielsen (59.), 1:1 Laumen (69.)
Zuschauer: 15.000

29.04.1967
Bundesliga, 30. Spieltag
W. Bremen – Rot-Weiß Essen 0:0
Aufstellung: Lambertz – Piontek, Höttges – Steinmann, Hänel, Schimeczek – G. Zebrowski, Ferner, Schütz, M. Lorenz, Danielsen
Trainer: Brocker
Tore: –
Zuschauer: 10.000

01.05.1967
Internationales Freundschaftsspiel
Leicester City – W. Bremen 2:2 (1:1)
Aufstellung: Lambertz – Piontek, M. Lorenz – Steinmann, Hänel, Schimeczek – G. Zebrowski, Ferner, Björnmose, Danielsen, Görts
Trainer: Brocker
Tore: 1:0 Sinclair (40.), 1:1 Görts (44.), 1:2 Steinmann (58.), 2:2 Sharkey (65.)
Zuschauer: 7.000

03.05.1967
Internationales Freundschaftsspiel
Huddersfield Town AFC – W. B. 3:0 (1:0)
Aufstellung: Teupel – Piontek, M. Lorenz – Steinmann, Hänel, Schimeczek – G. Zebrowski (46. Schütz), Ferner, Björnmose, Danielsen, Görts
Trainer: Brocker
Tore: 1:0 Clark (32.), 2:0 Harper (69.), 3:0 Harper (71.)
Zuschauer: 8.000

09.05.1967
Freundschaftsspiel
Auswahl Südjütland – W. Bremen 1:2 (1:0)
Aufstellung: Lambertz – Piontek, Steinmann (Bordel) – Hänel, Schimeczek, M. Lorenz – G. Zebrowski, Ferner, Björnmose (Schütz), Danielsen, Görts
Trainer: Brocker
Tore: 1:0 unbekannt (10. HE), 1:1 Schütz (65.), 1:2 Görts (75.)
Zuschauer: 3.000 in Haderslev

14.05.1967
Bundesliga, 31. Spieltag
1. FC Nürnberg – W. Bremen 2:1 (1:1)
Aufstellung: Lambertz – Piontek, Bordel – Schimeczek, Hänel, M. Lorenz – G. Zebrowski, Ferner, Danielsen, Schütz, Görts
Trainer: Brocker
Tore: 1:0 Volkert (30.), 1:1 M. Lorenz (44.), 2:1 Brungs (84.)
Besonderes Vorkommnis: Strehl (FCN) schießt FE am Tor vorbei (26.)
Zuschauer: 14.000

16.05.1967
Internationales Freundschaftsspiel
VV St. Truiden – W. Bremen 3:4 (3:1)
Aufstellung: Lambertz – Piontek, Bordel – Schimeczek, Jagielski, Hänel (Danielsen) – G. Zebrowski, M. Lorenz, Schütz, Ferner (Podlich), Görts
Trainer: Brocker
Torschützen für Werder: Schütz (2), G. Zebrowski, Görts
Zuschauer: 7.000

20.05.1967
Bundesliga, 32. Spieltag
W. Bremen – Eintracht Frankfurt 3:0 (1:0)
Aufstellung: Bernard – Piontek, M. Lorenz – Hänel, Steinmann, Schimeczek – G. Zebrowski, Ferner, Schütz, Danielsen, Görts
Trainer: Brocker
Tore: 1:0 Danielsen (12.), 2:0 G. Zebrowski (68.), 3:0 Ferner (81.)
Besonderes Vorkommnis: Platzverweis für Blusch (Frankfurt) (45.)
Zuschauer: 20.000

27.05.1967
Bundesliga, 33. Spieltag
W. Bremen – TSV 1860 München 2:4 (1:2)
Aufstellung: Bernard – Piontek, M. Lorenz – Steinmann, Hänel, Höttges – G. Zebrowski, Ferner, Schütz, Danielsen, Görts
Trainer: Brocker
Tore: 0:1 Heiß (11.), 1:1 Hänel (26.), 1:2 Brunnenmeier (42.), 2:2 M. Lorenz (67.), 2:3 Heiß (84.), 2:4 Küppers (86.)
Zuschauer: 28.000

28.05.1967
Freundschaftsspiel
Lüneburger SK – W. Bremen 1:5 (0:2)
Aufstellung: Ackerschott sen. (46. Knopf) – Piontek, Knopf (46. Ackerschott jun.) – Jagielski, Bordel, Schimeczek – G. Zebrowski, M. Lorenz, Schütz, C. Baumann, Podlich
Trainer: Brocker
Tore: 0:1 Schimeczek (4.), 0:2 Podlich (21.), 0:3 Schütz (50.), 1:3 Schulze (53.), 1:4 Schütz (63.), 1:5 Jagielski (80.)
Zuschauer: 2.500

01.06.1967
Freundschaftsspiel
SpVgg./Marathon Remscheid – W. B. 1:2 (1:0)
Aufstellung: Bernard – Piontek, Höttges (Bordel) – Steinmann (Hänel), Jagielski, Schimeczek – G. Zebrowski, Schütz, Danielsen, M. Lorenz, Görts / Außerdem eingewechselt: Ferner
Trainer: Brocker
Tore: 1:0 Budde (15.), 1:1 Piontek (60.), 1:2 Schütz (70.)
Zuschauer: 3.000

03.06.1967
Bundesliga, 34. Spieltag
1. FC Köln – W. Bremen 4:1 (2:0)
Aufstellung: Bernard – Piontek, M. Lorenz – Bordel, Jagielski, Höttges – G. Zebrowski, Hänel, Schütz, Danielsen, Ferner
Trainer: Brocker
Tore: 1:0 Hornig (7.), 2:0 Neumann (31.), 3:0 Löhr (66.), 3:1 Ferner (82.), 4:1 Pott (90. FE)
Zuschauer: 7.000

Bundesliga-Abschlusstabelle 1966 / 1967

Platz	Verein	Spiele	S	U	N	Tore	Quot.	Punkte
1.	Eintracht Braunschweig	34	17	9	8	49:27	1,81	43-25
2.	1860 München (M)	34	17	7	10	60:47	1,28	41-27
3.	Borussia Dortmund	34	15	9	10	70:41	1,71	39-29
4.	Eintracht Frankfurt	34	15	9	10	66:49	1,35	39-29
5.	1. FC K'lautern	34	13	12	9	43:42	1,02	38-30
6.	Bayern München (P)	34	16	5	13	62:47	1,32	37-31
7.	1. FC Köln	34	14	9	11	48:48	1,00	37-31
8.	Borussia M'gladbach	34	12	10	12	70:49	1,43	34-34
9.	Hannover 96	34	13	8	13	40:46	0,87	34-34
10.	1. FC Nürnberg	34	12	10	12	43:50	0,86	34-34
11.	MSV Duisburg	34	10	13	11	40:42	0,95	33-35
12.	VfB Stuttgart	34	10	13	11	48:54	0,89	33-35
13.	Karlsruher SC	34	11	9	14	54:62	0,87	31-37
14.	Hamburger SV	34	10	10	14	37:53	0,70	30-38
15.	Schalke 04	34	12	6	16	37:63	0,59	30-38
16.	**Werder Bremen**	**34**	**10**	**9**	**15**	**49:56**	**0,88**	**29-39**
17.	Fortuna Düsseldorf (N)	34	9	7	18	44:66	0,67	25-43
18.	Rot-Weiß Essen (N)	34	6	13	15	35:53	0,66	25-43

Fieberkurve der Bundesliga-Saison 1966 / 1967

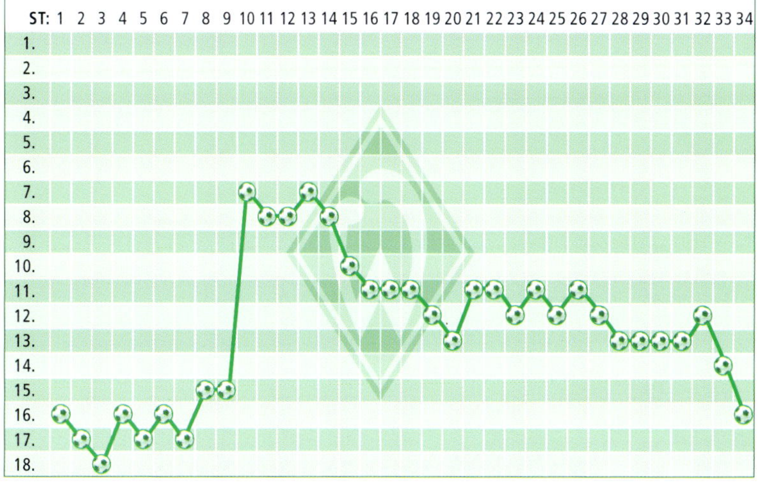

Max Lorenz 1965 …

Max Lorenz: »… in Bremen jeden weggenagelt!«

Max Lorenz

Max Lorenz (Jahrgang 1939) fasste als Hemelinger Junge in Werders Bundesligakader Fuß und zählte von Anfang an zu den absoluten Leistungsträgern in der Werder-Elf der Bundesliga-Gründerjahre. Als Allrounder, der nahezu überall spielen konnte, schaffte er den Sprung in die Nationalelf, stand im Kader der Vizeweltmeistermannschaft von 1966 und verließ Werder 1969 in Richtung Braunschweig, wo er seine Karriere später auch beendete.

… und heute

War bei Einführung der Bundesliga 1963 klar, dass das Fußballspielen mal ein Hauptberuf sein würde?
Nein, absolut nicht. Wir haben alle damals noch ehrbare Berufe nebenher gehabt. Ich habe eine Ausbildung bei Jacobs Kaffee gemacht. Als die Bundesliga anfing, war das Einkommen auf 1200 DM netto begrenzt. Mehr durfte man nicht verdienen, aber 1200 DM waren 1963 sehr viel Geld. Alles war ein totaler Neubeginn. Wir trainierten nicht mehr abends, sondern schon um 15.30 Uhr. Plötzlich musste man pünktlich sein, die Reisen wurden immer mehr. Aber diese Zeit möchte ich nicht missen: Es war eine kameradschaftliche Zeit, auch irgendwie wärmer als heute.

Wie sehr hat dann die Meisterschaft 1965 Ihr Leben und das Ihrer Kollegen verändert?
Die Meisterschaft für uns war damals eine Sensation. Das war vergleichbar mit dem ›Wunder von Bern‹ 1954, und genau wie man sich an die erste deutsche Weltmeisterelf mit Fritz Walter und Helmut Rahn erinnert, erinnert man sich immer noch an Werders erste Meistermannschaft: Günter Bernard, unser hervorragender Torwart. Den würde man wahrscheinlich heute für zu klein halten, aber er war immer schon da, wo der Ball hinkam, hatte eine sensationelle Sprungkraft und konnte auch perfekt Fußball spielen. Oft war er so eine Art zusätzlicher ›Letzter Mann‹ hinter unserem Libero Helmut Jagielski. Jagielski war einer der großartigsten Fußballer, die ich je kennen gelernt habe. Kam von Schalke 04 zu uns. Der hat Fußball zelebriert. Manchmal sind die Fans in Ohnmacht gefallen, weil er im Strafraum den Ball bedrängt mit der Hacke zum Torwart zurückgespielt hat. Und er war der verlängerte Arm des Trainers auf dem Spielfeld. ›Jackl‹ hat uns geführt. Von seiner Erfahrung haben wir ungemein profitiert. Piontek und Höttges waren Extraklasse auf dem Außenverteidigerposten. Die hatten soviel Kraft und waren so dynamisch, dass die meisten Gegner Angst gekriegt haben. Heinz Steinmann kam dazu. ›Pico‹ Schütz war eine große Spielerpersönlichkeit, Gerhard Zebrowski ein großartiger Außenstürmer. Klaus Matischak, unser Mittelstürmer, wäre heute gar nicht mit Geld aufzuwiegen. Der hatte manchmal keine Lust und war so ein Basler-Typ.

Er konnte selbst entscheiden, ob er gut oder schlecht spielt. ›Na gut, dann gib halt den Ball her und ich hau ihn rein!‹ Und dazu kommt, dass wir eine wahnsinnig eingespielte Mannschaft waren. Wir haben zwei Jahre mit derselben Aufstellung gespielt. Diese ganzen Verletzungen wie heute, die gab es damals noch nicht: ›Muskeln, die zumachen‹ – da lache ich mich tot! Muskel zu oder auf – egal. Wenn wir damals was mit den Muskeln hatten, haben wir das verschwiegen, um am Wochenende wieder mitspielen zu dürfen. Großartig war ›Fischken‹ Multhaup, unser Trainer. Der war ein Grandseigneur, der seiner Zeit weit voraus war. Er war in seiner Denke der Zeit weit voraus, hatte Ideen und Visionen, war ein smarter Typ. Heute würde so einer Bayern München trainieren. Er war wie Trapattoni auf deutsch. Multhaup hat uns den Libero angeschnackt. Wir konnten damit erst nichts anfangen, weil niemand in Deutschland mit Libero spielte. Jagielski war der erste in Deutschland überhaupt. In den Sechzigern war er sicherlich der zweitbeste deutsche Libero nach Beckenbauer. Vor Multhaup haben wir noch ganz simpel Mann gegen Mann gespielt. Multhaups System haben wir im ersten Jahr noch nicht so ganz kapiert, aber dann sind wir vor der zweiten Saison in die USA geflogen und haben an einem Turnier teilgenommen, wo wir uns so richtig eingespielt haben. Danach haben wir hier in Bremen jeden weggenagelt und sind dann verdient Meister geworden.

Wie sind Sie zu Werder gekommen?
Ich war ein echter Hemelinger Junge, ein Straßenfußballer. Ich spielte natürlich beim SV Hemelingen, damals eine Fußballhochburg, und mein Vater hat gesagt: ›Junge, du bist ein Hemelinger Jung, du bleibst hier! Wat schall dat?‹ Ich bin dann aber zu einem Probetraining bei Werder eingeladen worden. Einige Spieler von Werder, Atze Hänel und Horst Barth, waren Kollegen von mir bei Jacobs Kaffee. Die kannten mich und hatten bei Werder vorgesprochen: ›Da bei Hemelingen spielt so ein ›Lorenz‹, ein Verrückter! Holt euch den!‹ Ich bin dann mit meinem Jacobs Kaffee-Wagen vorgefahren, und Trainer Knöpfle hat gesagt ›So, Junge, nu' komm mal her!‹ Ich hatte nicht mal Sportsachen mit. Haben sie mir alles leihen müssen,

Lagebesprechung zweier Mittelfeldstrategen: Danielsen (links) im Gespräch mit Max Lorenz

und so bin ich dann auf den Platz gelaufen und habe mir gesagt: ›Hau rein, du hast nichts zu verlieren!‹ Dann kamen Edu Hundt, Hans Wolff und Georg Knöpfle, der Trainer, zu meinem Vater und haben ihn überredet, mich einen Vertrag unterschreiben zu lassen. 320 DM habe ich in meiner ersten Saison in der Oberliga verdient, und das war schön, wenn man so ein Sümmchen neben seinem richtigen Job mit Fußball verdienen konnte. Ich war unheimlich stolz, als ehemaliger Tribünenfan, der solchen Spielern wie Willi Schröder und Ilic zugejubelt hat, plötzlich mit denen in einer Mannschaft spielen zu dürfen. Ich war wirklich dankbar, zu dieser Mannschaft zu gehören und habe mir den Arsch aufgerissen, um dabeibleiben zu dürfen.

Wie sehen Sie im Nachhinein Ihre bewegte Karriere in der Bundesliga?

Ich habe insgesamt zehn Jahre bei Werder gespielt und bin im hohen Fußballalter dann noch zu Eintracht Braunschweig gewechselt. Ich habe mit 30 noch 480.000 DM gekostet, wahnsinnig viel Geld damals. Die Stadt zu verlassen, war nicht leicht. Ich war ja schon ein Idol hier, wenn ich das selbst mal so sagen darf. Als mein Wechsel fest stand, haben die Leute mir Blumen nach Hause gebracht, und manche Fans haben sogar geweint. Eigentlich war mein Wechsel auch gar nicht so vorgesehen, aber ich war mehrfacher Nationalspieler, und Werder wollte mir nicht das zahlen, was mir eigentlich zugestanden hätte. Der Vorstand hat mir hier auf die Schulter geklopft und wollte mir einreden: ›Max, du bist ein Bremer Junge, du bist hier ein Idol. Du gehst doch nicht weg von Werder!‹ Vom vielen Schulterklopfen hätte ich beinahe eine schräge Schulter gekriegt, aber vom Schulterklopfen kann man nicht leben, und so bin ich nach Braunschweig gegangen. Das habe ich nie bereut, denn ich war auch sehr gerne in Braunsschweig. Dort bin ich leider in den Bundesligaskandal mit hineingerutscht. Wir haben allerdings keine Spiele verschaukelt, sondern umgekehrt für ein erfolgreiches Spiel Geld bekommen, und das würde ich heute auch wieder nehmen. Heute würde man drüber lachen, aber damals bin ich zwei Jahre vom DFB gesperrt worden. Ich wurde zwar noch begnadigt, aber dann war ich zu alt, um den Anschluss noch mal zu schaffen. Also habe ich Schluss gemacht und einen sehr guten Job bei Adidas angenommen.

Max Lorenz ging aus dem SV Hemelingen hervor und schloss sich 1960 dem Oberliga-Kader des SV Werder an. Gegen Ende seiner Karriere wechselte er zu Eintracht Braunschweig und spielte dort noch von 1969 bis 1972. Für Werder kommt er auf eine bemerkenswert runde Bilanz: Er absolvierte 250 Punktspiele in Oberliga und Bundesliga und erzielte dabei exakt 25 Tore.

Lorenz-Memorabilia aus der Gründerzeit der Bundesliga: Oben ein Bierdeckel anlässlich der WM 1966, unten ein ganz früher Schlüsselanhänger (1965)

1967/68: Partnertausch

Oben v.l.:
Schaub, Schweighöfer, Steinmann, Piontek, Danielsen, Schmidt, Björnmose, Zebrowski, Lorenz, Schütz, Trainer Langner
Unten v.l.:
Rupp, Höttges, Loweg, Bernard, Schimeczek, Ferner, Görts
(Diese Aufnahme entstand nicht zu Saisonbeginn, sondern erst nach der Entlassung von Trainer Brocker!)

Die Saison 1967/68 geht als eine der bewegtesten in die Bundesligageschichte des SVW ein. Trainer Günter Brocker führte Werder in eine denkwürdige Saison – mit neuem Torwart und neuem Stürmerstar. Nach dem schmählich vergeigten Saisonauftakt gegen den HSV (0:4) starb der langjährige Präsident Alfred Ries. Werder stürzte in eine Führungskrise. Erst ein spektakulärer Trainerwechsel rettete die Bundesligazugehörigkeit und sorgte für eine kaum fassbare Wende zum Guten.

Ein Highlight der Saison: Am 27. April 1967 biegt Werder in den letzten fünf Minuten das Auswärtsspiel bei den Bayern noch um und macht aus einem 1:2 einen 3:2-Sieg. Bernd Rupp (links) bereitet das Siegtor durch Lorenz in der Schlussminute vor. Hier kommt er vor dem Bayern-Verteidiger Nowak zum Flanken

Im Jahr zuvor hatte Werder wie beschrieben nur hauchdünn den Klassenerhalt geschafft. Die Fans bekamen Fußball zum Abgewöhnen, und aller Kritik zum Trotz durfte der oft überfordert scheinende Trainer Brocker die Mannschaft auch 1967 in die neue Saison führen. Ein kapitaler Fehler. Brocker war bei Medien und Fans unten durch und genoss auch innerhalb der Mannschaft nicht mehr viel Respekt.

Seine einzige Chance hätte darin bestanden, gleich in den ersten Saisonspielen den desaströsen Eindruck der Vorsaison zu verwischen. Dafür bedurfte es drastischer Verstärkungen, besonders im Angriff. Aber auch die anderen Mannschaftsteile hatten eine Blutauffrischung bitter nötig. Sturm-Ass Klaus »Zickzack« Matischak beendete vor der Saison ebenso seine Laufbahn wie Abwehr-Haudegen Helmut Jagielski. Zudem demontierte Trainer Brocker Torwartlegende Günter Bernard, dem er zu Beginn der neuen Spielzeit den wenig bekannten Neuzugang Karl Loweg vorzog, der als einer von gleich drei Spielern von Hessen Kassel zu Werder kam. Der zweite, Horst Schaub, hatte großes Verletzungspech und schaffte den Durchbruch nicht. Der Dritte im Bunde hieß Bernd Schmidt, entpuppte sich als fleißiger Allrounder und hielt in genau 150 Spielen die Knochen für Werder hin. Dazu gesellte sich als Matischak-Nachfolger ein echter Kracher: Bernd Rupp von Borussia Mönchengladbach galt als einer der kommenden Stürmer der Bundesliga und der Nationalelf. Leider, leider: Bei Werder konnte er diesen Ruf letztendlich nicht rechtfertigen.

Getreu dem Motto »Irgendwas muss ich doch ändern!« sorgte Noch-Trainer Brocker zum Start der Saison für personelle Paukenschläge: Er setzte im Auftaktspiel zuhause gegen den HSV mit Bernard und Schütz gleich zwei Denkmäler auf die Bank. Karl Loweg sollte in der Kiste die Nachfolge von Dauerbrenner Günter Bernard antreten. Die Betonung liegt auf »sollte«: In den ersten beiden Spielen sah der Neu-Bremer schlecht aus und kassierte satte neun Tore. Später verschuldete er noch mit zwei weiteren Fehlgriffen das blamable Pokal-Aus gegen Regionalligist Röchling Völklingen. In der Hintermannschaft ersetzte Edelreservist Schimeczek den Ausputzer Jagielski. Neben ihm standen mit Piontek und Höttges die üblichen Verdächtigen. Das Mittelfeld zählte mit Nationalspieler Lorenz, Heinz Steinmann und dem Dänen John Danielsen personell zu den stärkeren Mannschaftsteilen. Lediglich der Sturm war weiterhin ein Sorgenkind: Der vielseitige Neuzugang Bernd Schmidt musste seine Bundesligatauglichkeit erst noch beweisen, Stareinkauf Bernd Rupp war in seinen Leistungen viel zu schwankend und Rechtsaußen Zebrowski hatte beim Trainer keine allzu guten Karten. Der im Jahr zuvor gekommene Werner Görts wurde dagegen überraschend zum Publikumsliebling Der rasante Blondschopf stellte mit seinen 16 Treffern alle anderen Offensivkräfte weit in den Schatten.

Letztlich grub sich Trainer Brocker mit seinen personellen Kapriolen das eigene Grab bei Werder: Nie wieder und nie zuvor startete Werder so katastrophal und desolat in eine neue Serie wie 1967. In den ersten drei Spielen gab es dreimal fürchterlich Prügel. Am ersten Spieltag siegte der HSV erstmals überhaupt seit Einführung der Bundesliga gegen Werder und schoss das Weser-Stadion mit 4:1 sturmreif. Eine Woche später wurde Eintracht Frankfurt zum Toreschießen eingeladen und nahm beim 5:3 diese Einladung auch dankend an. Als dann auch noch die zu jener Zeit noch eher durchschnittlichen Gladbacher das Weser-Stadion gleich mit 4:0 enterten, musste Brocker unter Polizeischutz in die Kabine geleitet werden. Seine Tage waren gezählt. Er wirkte geradezu suizidgefährdet, ratlos, planlos. Um die schwindelerregende Talfahrt des Ex-Meisters von der Weser zu stoppen, musste erstmals in der Bundesligageschichte ein Werder-Coach gefeuert werden.

Werder nur noch „alte Herren"

BREMER TAGESZEITUNG

Montag, 4. September 1967

Heute abend im Weser-Stadion:
Werders Vorstand erörtert die Trainerfrage

Werder-Coach in unruhigen Zeiten: Günter Brocker

Trainerentlassung Nr. 1: Günter Brocker – oder: Chronik eines angekündigten Rauswurfs (Entlassung: 4. September 1967)

Als sich am Abend des 4. September 1967 im Weser-Stadion die Führungsriege des SV Werder zusammensetzte, blieb der Öffentlichkeit nicht mehr viel Spielraum für Phantasie. Trainer Brocker, um dessen Schicksal es auf dieser Sitzung ging, hatte einen Meister übernommen und aus ihm in gerade mal zwei Jahren einen desolaten Trümmerhaufen gemacht. Im Jahr zuvor fast abgestiegen, begann er die neue Saison 1967/68 mit drei Niederlagen, 4:13 Toren und Platz 17. Nach einem 0:4 zuhause gegen Borussia Mönchengladbach war das Maß voll.

Die Lage für Brocker war schier aussichtslos. Eine sportlich heruntergewirtschaftete Mannschaft ohne Perspektive, ein Vereinsvorstand, der sich längst um Alternativen für

Am liebsten würde ich mich aufhängen!

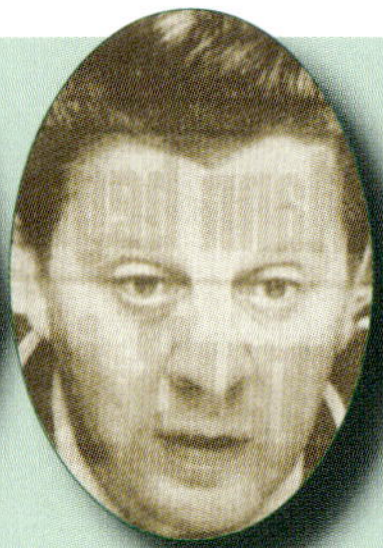

die Trainerbank bemühte und eine aggressive Anhängerschaft, die in der Endphase seines Werder-Engagements dafür sorgte, dass Günter Brocker bei Heimspielen von Polizisten beschützt werden musste.

Kaum ein Lizenzspieler des SVW mochte noch für ihn durchs Feuer gehen, weil der Westfale den gesamten Kader immer wieder durch schwer nachvollziehbare Personalmaßnahmen verunsichert hatte. Die Stars merkten, dass sie unter Brocker nicht mehr weiterkamen. Vor allem an den Nationalspielern Bernard, Höttges oder Piontek wurde das Dilemma deutlich: Unter Multhaup noch unantastbare Heroen, schrumpften die Werder-Idole unter Brocker zu Bundesliga-Durchschnittskickern.

Hinzu kam: In der abgelaufenen Saison hatten die Bremer das geringste Zuschauerinteresse aller 18 Bundesligisten zu beklagen. Der gebotene Fußball war einfach zu schwer verdaulich. Für einen finanziell angeschlagenen Verein wie Werder war das ein Schreckensszenario, denn die Zuschauereinnahmen genossen anno 1967 einen wesentlich höheren Stellenwert in den Finanzplanungen eines Bundesligisten als es angesichts extraordinärer TV-Gelder und anderer Geldquellen im 21. Jahrhundert der Fall ist.

Zudem wurde bekannt, dass der todkranke Werder-Chef Alfred Ries noch in den letzten Tagen seines Lebens vom Krankenbett aus alles versuchte, um den mittlerweile in Köln glücklosen Meistermacher Multhaup an die Weser zurückzuholen. Selbst die Kölner regten an, Multhaup wieder bei Werder unterzubringen, aber aus Sorge um die leere Kasse schreckte Werders Vorstand mehrheitlich vor einer Brocker-Entlassung zurück, um eine teure Abfindung zu vermeiden.

Schließlich sprachen alle Fakten gegen ihn. Am allermeisten, dass er sich kurioserweise öffentlich über den Fitnesszustand seiner Mannschaft beklagte, den niemand außer ihm selbst zu verantworten hatte.

Günter Brocker wurde beurlaubt

Mannschaftsführer Heinz Steinmann leitet heute das Training des SV Werder

Ab heute mit Fritz Langner

Mit geliehenem Trainingsanzug geht Werders neuer Trainer an die Arbeit

Am Tag nach seiner Entlassung wurde bekannt, dass der zuvor bei Schalke 04 geschasste Fritz Langner sich gegen die ebenfalls gehandelten freien Kandidaten Kuno Klötzer (früher Fortuna Düsseldorf), Fritz Pliska (früher RW Essen) und Jenö Csaknady (früher 1.FC Nürnberg) durchgesetzt hatte. Er leitete das Training erstmals am 6. September 1967.

Günther Brocker hatte anschließend nicht mehr viel Glück. Er nahm bei Schalke 04 kurioserweise den Posten des neuen Werder-Trainers Langner ein, was indirekt einen Trainertausch komplettierte, von dem zunächst beide Vereine profitierten. Exakt ein Jahr nach Dienstantritt hatte es sich jedoch auch bei Schalke ausgebrockert: Wieder wurde er entlassen, und wieder hatte er nach anfänglich guten Resultaten eine zutiefst abstiegsbedrohte Mannschaft hinterlassen. Knapp drei Jahre später tauchte er als Coach von RW Oberhausen noch einmal in der Bundesliga auf. Auch dort rutschte er jedoch ans Tabellenende, musste gehen, und was schlimmer wog: Brocker wurde anschließend vom DFB für zwei Jahre gesperrt, weil ihm eine Verstrickung in den Bundesligaskandal nachgesagt wurde.

Der erste Trainertausch der Bundesliga-Geschichte ist vollzogen: Günter Brocker (Schalke, früher Werder) begrüßt seinen Nachfolger Fritz Langner (Werder, früher Schalke)

Es geschah etwas Erstaunliches: Der geschasste Brocker wurde zwei Monate nach seinem Rauswurf bei Werder Bremen vom Ligakonkurrenten Schalke 04 angeheuert, wo er im Jahrzehnt zuvor auch schon als Spieler glänzte. Schalke wiederum hatte sich kurz zuvor von Fritz Langner getrennt. Der »eiserne Fritz« beseitigte im Eiltempo die Scherben, die Brocker hinterlassen hatte. Langner legte mit Werder eine Sensations-Saison hin, die bis heute ihresgleichen sucht. Der harte Fritz erkannte die Defizite innerhalb der vom nachgiebigen Brocker offenkundig vernachlässigten Elf. Er bolzte auf brutalste Weise Kondition und brachte einer personell praktisch unveränderten Mannschaft das Siegen bei. Sein Einstand war ein beeindruckendes 3:0 beim amtierenden Meister aus Braunschweig. Es folgten weitere fünf Spiele ohne Niederlage und der Sprung auf Platz 7. Nicht schlecht für eine Elf, die zwei Monate zuvor irreparabel zerstört zu sein schien! Dann folgte eine Durststrecke, die mit drei Schlappen in vier Wochen einen Rückfall in alte Zeiten andeutete. Aber Fritz Langner jagte diesen kurzen, bösen Traum mit der wohl beeindruckendsten Siegesserie in Werders über 40-jähriger Bundesligageschichte aus dem Weser-Stadion: Von den letzten 21 Spielen verlor Werder nur noch zwei! Die Sternstunde fand wie im Vorjahr gegen den inzwischen zur Spitzenelf aufgestiegenen FC Bayern statt. Die Europapokalhelden von der Isar wurden mit 4:1 nach Hause geschickt. In der Rückrunde blieb die Langner-Elf bis zum Saisonende gar 14 Spiele am Stück ungeschlagen – damals Rekord! Wäre der verpatzte Saisonbeginn nicht gewesen, dann wäre Werder vermutlich der einzige ernsthafte Konkurrent von Max Merkels Nürnbergern gewesen. So aber wurde es am Ende »nur« die Vizemeisterschaft. Werder meldete sich zurück in der Spitzengruppe der Bundesliga. Dachten alle.

Günter Bernard 1971 …

Günter Bernard

Günter Bernard (Jahrgang 1939) war Werders allererster Stareinkauf der Bundesliga-Ära. Er kam 1963 von Schweinfurt 05, wo er es schon bis ins Tor der Nationalelf geschafft hatte. Galt während seiner ganzen Karriere als einer der besten deutschen Keeper, stand aber immer im Schatten von zunächst Hans Tilkowski und später Sepp Maier. Immerhin durfte er die WM 1966 in England als zweiter Torwart miterleben. Bernard war sowohl im Meisterjahr 1965 als auch in vielen Jahren des Abstiegskampfs ein großer Rückhalt des SV Werder.

… und im Jahr 2003

Günter Bernard: »… unter Langner so fit wie nie zuvor!«

Die bewegende Saison begann mit der unerklärlichen Demontage von Nationaltorwart Günter Bernard, der von Trainer Brocker zunächst aussortiert wurde.

Ich habe erst viel später erfahren, dass Günter Brocker mit unserem Ersatztorwart Karl Loweg offenbar krumme Geschäfte gemacht hat. Die sollen miteinander eine Beteiligung des Trainers an Lowegs Einsatzprämien vereinbart haben. Das ist später durchgesickert, und wenn die ersten Spiele nicht so katastrophal verloren gegangen wären, wäre das wahrscheinlich auch so weitergegangen. Zu meinem Glück wurde Brocker schnell entlassen, und sein Nachfolger Langner hat sich gesagt: ›Der Bernard war doch vorher ein starker Torwart. Da kann doch was nicht stimmen!‹ Beim Training hat er gesehen, dass an meiner Leistung nichts auszusetzen war, und glücklicherweise hat er dann nach seinem Amtsantritt sofort wieder auf mich gesetzt. Ich habe dann eine gute Saison gespielt, wir alle haben uns gesteigert und sind auf denkwürdige Weise noch Vizemeister geworden.

Wer hat Sie damals zu Werder geholt?

Mit Seppl Piontek und Max Lorenz habe ich im Juniorenbereich schon in DFB-Auswahlmannschaften gespielt, später dann auch in der Nationalelf. Werders starker Torwart Kokartis hat sich dann kurz vor dem Start der Bundesliga 1963 schwer verletzt und Werder bekam ein Torwartproblem. Ich hatte mehrere Angebote, unter anderem von München 1860. Max Merkel wollte mich holen, aber dort hätte ich Radenkovic verdrängen müssen. Bei Werder sollte ich gleich die Nummer 1 werden, und wie der Zufall so wollte hat in meiner Heimat bei Schweinfurt 05 ein gewisser Heinz Rath gespielt. Der war vorher Linksaußen bei Werder Bremen und hat mit Hansi Wolff, dem Geschäftsführer und mit Ligaobmann Edu Hundt dann die ersten Kontakte zu Werder geknüpft. Ich muss gestehen, dass ich damals als Süddeutscher noch dachte: Okay, spielst du halt zwei Jahre im Norden und wechselst dann wieder irgendwo in den Süden. Dann hat es uns als Familie hier aber auf Anhieb so gut gefallen, sportlich sind wir gleich Meister geworden, und so bin ich seit nun schon 40 Jahren hier hängen geblieben.

Welche Faktoren waren verantwortlich für die Erfolge des ersten Bundesligajahrzehnts?

(Ohne zu überlegen) Die Harmonie! Wir hatten eine tolle Truppe, in der alles passte und die Mischung stimmte. Ich kenne gegnerische Spieler die froh waren, wenn sie in Bremen nicht aufgestellt wurden, weil sie andernfalls gegen Höttges und Piontek rangemusst hätten. Heinz Steinmann als Vorstopper kam noch dazu, und diese drei wurden ergänzt durch Helmut Jagielski, einen Supertechniker, der oft sehr leichtsinnig gespielt hat, aber das war nicht schlimm. Er konnte seine Technik ausspielen, weil die anderen die Drecksarbeit für ihn mit erledigt haben. Als Jagielski aufhörte, haben wir nie wieder einen so guten Libero gehabt. Und noch etwas hat zum Erfolg beigetragen: Werder hat es als einer der ersten Vereine verstanden, seine Spieler beruflich abzusichern, sowohl während der aktiven Karriere als auch danach. Ich selbst habe zum Beispiel vormittags bei ›Hertie‹ gearbeitet, 9 bis 12 Uhr. Danach ging's dann zum Training. Das änderte sich schließlich 1966, weil dann alle Vereine nach und nach das Vollprofitum einführten. Und gegen Ende unserer Karriere haben Horst Höttges und ich von Werder dann gute Jobs als Vertreter von Puma bekommen.

Sie zählten in den Sechzigern zu den besten deutschen Torhütern. Weshalb hat es mit einer Nationalmannschaftskarriere nie richtig funktioniert?

Nun, ich war von 1961 bis 1968 fast immer dabei. Die meiste Zeit war ich Ersatztorwart. Dann kam Sepp Maier groß heraus. Der war erst Anfang 20 und unglaublich gut. Ich hätte vielleicht noch ein paar Länderspiele machen können, aber auf Sicht wäre ich die Nummer 2 oder Nummer 3 geblieben. Deshalb habe ich mich auf Werder konzentriert, und das war dann auch kein Fehler. Manches ist für mich einfach unglücklich gelaufen. 1962 sollte ich mit zur WM in Chile und habe mich dann schwer verletzt. Daraufhin hat Bundestrainer Herberger den Stuttgarter Sawitzki mitgenommen. Und vier Jahre später, bei der tollen WM in England, durfte ich dabei sein. Und kaum jemand weiß, dass ich um ein Haar auch im Endspiel im Wembleystadion zwischen den Pfosten gestanden hätte: Hans Tilkowski, die Nummer 1, hatte sich im Halbfinale gegen Russland schwer an der Schulter verletzt. Ich lag mit ihm auf einem Zimmer und habe mitbekommen, dass er wirklich wahnsinnige Schmerzen hatte und seinen Arm kaum hochbekam. Doch wie das so ist: Auf so ein großes Endspiel verzichtet man nicht gerne, und dann haben sie beim DFB nächtelang alles versucht, um Tilkowski irgendwie fit zu bekommen. Er hatte bis dahin eine fehlerlose WM gespielt, und ich kann es gut verstehen, dass er auch angeschlagen unbedingt spielen wollte. Ich hätte das an seiner Stelle ebenso gemacht.

Torwartmode: Torhüter trugen in den ersten zehn BL-Jahren meistens entweder pechschwarz oder knallgelb. Günter Bernard etablierte das Anfang der Siebziger sehr modische Torwartpullover-Design links im Bild. Es hieß »Wolfgang Fahrian« und stammte nicht von Nike oder adidas, sondern von der vergleichsweise kleinen Firma »Kurt Kränzle KG«, die damals viele Bundesliga-Torhüter ausstattete. Rechts: Das Ding stand Bernard prima, oder?

Kommen wir zurück zum Jahr 1967. Weshalb konnte die Mannschaft denn das Niveau des Meisterjahres mittelfristig nicht halten?

Weil Willi Multhaup uns verließ und Günter Brocker einfach nicht zu Werder gepasst hat. Er war selbst unbestritten ein sehr guter Fußballer, aber er hat als Trainer alles sehr locker gesehen. Das konnte nicht lange gut gehen. Er wollte neue Leute bringen und das System umkrempeln, wollte ohne Libero spielen. Zudem war er als Typ merkwürdig selbstherrlich. Er hat mir im Training Elfmeter reingehauen und laut gejubelt, wenn er mich überwinden konnte. Als Fritz Langner kam und umgehend Pico Schütz und mich wieder in die Elf eingebaut hat, lief es sofort besser. Langner hat sehr auf Disziplin und Kondition geachtet und uns extrem getrimmt. So fit waren wir noch niemals zuvor, und obwohl es ein ungeheuer hartes Training war, konnten wir das akzeptieren, weil wir gesehen haben, dass wir sofort Erfolg hatten. Auch spielerisch wurden wir schnell besser, weil wir mehr Kraft hatten. Hansi Wolff, unser Geschäftsführer, hat Langner dann nach der Vizemeisterschaft angestachelt: ›Fritz, nun musst du nur noch einen Platz klettern, dann werden wir 1969 wieder ganz oben stehen!‹ Und daraufhin hat Langner einen großen Fehler gemacht: Er hat uns in der Vorbereitung auf die folgende Saison förmlich kaputt trainiert. Er hat es einfach maßlos übertrieben: In der größten Hitze mussten wir 5000-Meter-Läufe machen – sogar ich als Torhüter. Völliger Unsinn.

Günter Bernard wurde 1963 vom FC Schweinfurt 05 verpflichtet, trug das Werder-Trikot anschließend bis 1973 und stand in dieser Zeit 287 mal bei Punktspielen zwischen den Pfosten. Er war WM-Teilnehmer 1966 und absolvierte zwischen 1962 und 1968 fünf A-Länderspiele für den DFB.

Günter Bernard zu Beginn seiner Karriere, noch als Torhüter des FC Schweinfurt 05 (links) und auf dem Höhepunkt: Als Deutschlands Torhüter Nr. 2 auf einem Bierdeckel zur WM 1966 (rechts)

WERDER BREMEN 1967/68

Trainer (bis 4.9.1967)

Brocker, Günter
Verantwortlicher Trainer in 3 Spielen der Saison

Trainer (ab 5.9.1967)

Langner, Fritz
»Der eiserne Fritz«
Verantwortlicher Trainer in 29 Spielen der Saison

Interimstrainer

Ackerschott, Richard
Verantwortlicher Trainer in 2 Spielen der Saison (vertrat den erkrankten Langner am 23. und 24. Spieltag)

Werders Neuzugänge im Sommer 1967

»Dreimal Kasseler bitte!« Werder verpflichtete mit Horst Schaub, Karl Loweg und Bernd Schmidt (v.l.) gleich drei Spieler von Hessen Kassel. Nur Schmidt wurde ein Volltreffer. Schaub blieb in zwei Jahren ganz ohne Bundesligaeinsatz

Tor

Bernard, Günter
31 Spiele; 0 Tore

Loweg, Karl
4 Spiele; 0 Tore

Abwehr

Höttges, Horst-Dieter »Eisenfuß«
33 Spiele; 9 Tore

Lorenz, Max
33 Spiele; 4 Tore

Steinmann, Heinz
32 Spiele; 2 Tore

Mittelfeld

Ferner, Diethelm »Didi«
33 Spiele; 4 Tore

Danielsen, John
26 Spiele; 5 Tore

Hänel, Klaus »Atze«
6 Spiele; 0 Tore

Angriff

Björnmose, Ole
34 Spiele; 8 Tore

Rupp, Bernd
33 Spiele; 10 Tore

Görts, Werner »Anneliese«
30 Spiele; 16 Tore

Erweiterter Kader

Gerling, Hans-Georg »Schorse«
0 Spiele; 0 Tore
Amateur

Der Sport-Verein »Werder« im Jahr 1967/68:

1967/68

1. Vorsitzender:	Alfred L. Ries
2. Vorsitzender:	Fritz Düring
3. Vorsitzender:	Wilhelm Riethmöller
Geschäftsführer:	Hans Wolff
Spielausschuss-Vorsitzender:	Fred Schulz
Vereinsarzt:	Dr. Franz Böhmert
Masseur:	Wolfgang Binder
Mitglieder:	2.350
Kapazität Weser-Stadion:	45.000 Plätze (7.300 Sitzplätze, davon 6.400 überdacht)

Piontek, Josef »Seppl«
31 Spiele; 4 Tore

Schütz, Arnold »Pico«
30 Spiele; 2 Tore

Schmidt, Bernd
12 Spiele; 1 Tor

Schimeczek, Helmut »Schimmi«
10 Spiele; 0 Tore

Zebrowski, Gerhard »Zebro«
13 Spiele; 3 Tore

Schweighöfer, Rolf
1 Spiel; 0 Tore

Schaub, Horst »Kuddel«
0 Spiele; 0 Tore

In Freundschaftsspielen eingesetzt:

Matischak, Klaus (Angriff)
Roder, Kurt (Angriff)
Schygulla, Klaus (Abwehr)

Wer kam?

Loweg (Hessen Kassel)
Rupp (Bor. M'gladbach)
Schaub (Hessen Kassel)
Schmidt (Hessen Kassel)

Wer ging?

Baumann (VfL Osnabrück)
Bordel (LBV Phönix)
Jagielski (Karriereende)
Lambertz (eig. Amateure)
Matischak (Karriereende)
Podlich (Preußen Münster)
Schröder (VfL Osnabrück)

Alle Spiele 1967/68

01.07.1967
Intertoto-Runde, 1. Spieltag
W. Bremen – IF Elfsborg Boras 4:1 (3:0)
Aufstellung: Loweg – Piontek, Schimeczek, Höttges, M. Lorenz – Ferner, Danielsen – G. Zebrowski, Björnmose, Schmidt, Görts
Trainer: Brocker
Tore: 1:0 Höttges (10. FE), 2:0 Björnmose (25.), 3:0 Höttges (35.), 4:0 Danielsen (49.), 4:1 Carlsson II (85.)
Zuschauer: 5.000

08.07.1967
Intertoto-Runde, 2. Spieltag
Grasshopper Zürich – W. Bremen 1:2 (0:2)
Aufstellung: Loweg – Piontek, Schimeczek – Hänel, Höttges, Steinmann – Schmidt, Björnmose, Ferner (46. G. Zebrowski), Danielsen, Görts
Trainer: Brocker
Tore: 0:1 Höttges (34.), 0:2 Höttges (38. FE), 1:2 Fuhrer (72.Elfmeter)
Zuschauer: 4.000 in Waldshut

15.07.1967
Intertoto-Runde, 3. Spieltag
W. Bremen – Polonia Beuthen 2:0 (1:0)
Aufstellung: Loweg – Piontek, Hänel, Schimeczek, Höttges – Steinmann, Danielsen – Schmidt, Björnmose, Ferner, Görts
Trainer: Brocker
Tore: 1:0 Schmidt (37.), 2:0 Björnmose (78.)
Zuschauer: 9.000

22.07.1967
Intertoto-Runde, 4. Spieltag
Polonia Beuthen – W. Bremen 2:1 (2:1)
Aufstellung: Loweg – Piontek, Hänel – Schimeczek, Höttges, Steinmann – Danielsen, Schmidt, Björnmose, Ferner, Görts (46. G. Zebrowski)
Trainer: Brocker
Tore: 1:0 Banas (7.), 1:1 Schmidt (31.), 2:1 Bajger (37.)
Zuschauer: 20.000

29.07.1967
Intertoto-Runde, 5. Spieltag
W. Bremen – Grasshopper Zürich 1:1 (0:1)
Aufstellung: Loweg – Piontek, Hänel, Schimeczek, Höttges – Steinmann, Danielsen – Schmidt, Ferner, Björnmose, Görts
Trainer: Brocker
Tore: 0:1 Grahn (31.), 1:1 Görts (54.)
Zuschauer: 5.000

02.08.1967
Freundschaftsspiel
BV Quakenbrück – W. Bremen 0:5 (0:2)
Aufstellung: Bernard – Piontek, Hänel, Höttges – Danielsen (Schütz), Steinmann (Schimeczek), M. Lorenz, – G. Zebrowski, Björnmose, Ferner (Schmidt), Görts
Trainer: Brocker
Tore: 0:1 Steinmann (12.), 0:2 Ferner (17.), 0:3 Björnmose (74.), 0:4 Björnmose (76.), 0:5 G. Zebrowski (78.)
Zuschauer: 3.000

05.08.1967
Intertoto-Runde, 6. Spieltag
IF Elfsborg Boras – W. Bremen 2:2 (0:1)
Aufstellung: Loweg (65. Bernard) – Piontek, Höttges – Steinmann, Hänel, Schimeczek – G. Zebrowski, Ferner, Björnmose, Danielsen, Görts
Trainer: Brocker
Tore: 0:1 Höttges (1. FE), 1:1 Christensson (65.), 2:1 Höglund (77.), 2:2 Görts (85.)
Zuschauer: 1.776

Endstand Intertoto-Runde, Gruppe 7:

		S U N	Tore	Pk:
1.	Pol. Beuthen (P)	5 0 1	16 : 6	10
2.	SV W. Bremen (D)	3 2 1	12 : 7	8
3.	IF Elfsborg Boras (S)	1 1 4	10 :16	3
4.	Grasshopper Zürich (CH)	1 1 4	9 :18	3

09.08.1967
Freundschaftsspiel
Tura Westrhauderfehn – W. B. 1:10 (0:4)
Aufstellung: Loweg (46. Bernard) – Piontek, Hänel, Höttges, Ferner (60. Schimeczek) – Steinmann, Danielsen – Schmidt, Björnmose, Rupp, Görts
Trainer: Brocker
Tore: 0:1 Björnmose (6.), 0:2 Ferner (7.), 0:3 Höttges (17.), 0:4 Rupp (28.), 0:5 Ferner (48.), 0:6 Rupp (49.), 0:7 Björnmose (73.), 0:8 Höttges (75.), 0:9 Rupp (76.), 0:10 Hänel (80.), 1:10 Lammers (82.)
Zuschauer: 4.000

11.08.1967
Internationales Freundschaftsspiel in Frankreich
W. Bremen – Stade Rennes 8:0 (5:0)
Aufstellung: Loweg – Piontek (80. Schimeczek), Steinmann, Hänel, Höttges – Ferner Danielsen – Schmidt, Björnmose, Rupp, Görts
Trainer: Brocker
Tore: 1:0 Rupp (3.), 2:0 Höttges (5.), 3:0 Höttges (8. HE), 4:0 Rupp (19.), 5:0 Björnmose (30.), 6:0 Rupp (57.), 7:0 Rupp (73.), 8:0 Rupp (78.)
Zuschauer: 6.000

16.08.1967
Freundschaftsspiel
SV Hemelingen – W. Bremen 0:8 (0:1)
Aufstellung: Loweg (Bernard) – Piontek, Hänel (Schütz), Höttges (Schimeczek) – M. Lorenz, Steinmann (Danielsen), Ferner – Schmidt, Björnmose, Rupp, Görts (G. Zebrowski)
Trainer: Brocker
Tore: 0:1 Höttges (8. FE), 0:2 Görts (51.), 0:3 Björnmose (57.), 0:4 G. Zebrowski (66.), 0:5 Danielsen (67.), 0:6 Björnmose (72.), 0:7 Danielsen (85.), 0:8 G. Zebrowski (90.)
Zuschauer: 3.600

19.08.1967
Bundesliga, 1. Spieltag
W. Bremen – Hamburger SV 1:4 (1:1)
Aufstellung: Loweg – Piontek, Höttges – Steinmann, Hänel, Ferner – G. Zebrowski (59. Schmidt), Björnmose, Rupp, Danielsen, Görts
Trainer: Brocker
Tore: 1:0 Rupp (10.), 1:1 H. Schulz (41.), 1:2 B. Dörfel (65.), 1:3 Kurbjuhn (78.), 1:4 G. Dörfel (88.)
Zuschauer: 41.000

22.08.1967
Freundschaftsspiel
Roland Delmenhorst – W. Bremen 0:3 (0:3)
Aufstellung: Loweg – Piontek, Hänel, Höttges – Schimeczek, Steinmann (46. Schütz), Danielsen – Schmidt, Björnmose, Rupp, Görts
Trainer: Brocker
Tore: 0:1 Schmidt (20.), 0:2 Björnmose (28.), 0:3 Görts (36.)
Zuschauer: 2.000

26.08.1967
Bundesliga, 2. Spieltag
Eintracht Frankfurt – W. Bremen 5:3 (4:2)
Aufstellung: Loweg – Piontek (26. M. Lorenz), Höttges – Hänel, Schimeczek, Steinmann – Schmidt, Schütz, Björnmose, Rupp, Görts
Trainer: Brocker
Tore: 1:0 Steinmann (11. ET), 1:1 Höttges (16.), 2:1 Bechtold (21.), 3:1 Solz (36.), 3:2 Höttges (44. FE), 4:2 Solz (45.), 4:3 Schütz (72.), 5:3 Kraus (89.)
Zuschauer: 24.500

02.09.1967
Bundesliga, 3. Spieltag
W. Bremen – Bor. M'gladbach 0:4 (0:1)
Aufstellung: Bernard – Piontek, M. Lorenz – Schütz, Steinmann, Höttges – Schmidt, Ferner, Rupp (59. G. Zebrowski), Björnmose, Görts
Trainer: Brocker
Tore: 0:1 Meyer (40.), 0:2 Ackermann (63.), 0:3 Meyer (82.), 0:4 Netzer (89. FE)
Zuschauer: 12.000

Unternehmungslustig stolzierte der Mini-Fußballer im Bremer Weser-Stadion davon, den Ball wie eine Kostbarkeit an sich gepreßt. Um den Kleinen vom Spielfeld zu bringen, wurde eine Spielpause eingelegt.

Wer kennt diesen Hooligan? (aus dem »Kicker«)

03.09.1967
Freundschaftsspiel
Hessen Kassel – W. Bremen 2:4 (1:3)
Aufstellung: Loweg – Piontek, Steinmann – Schimeczek, Höttges (Ferner), M. Lorenz – Schmidt (Hänel), Danielsen, Görts, Björnmose, Rupp
Trainer: Brocker
Tore: 0:1 Rupp (4.), 0:2 Rupp (15.), 1:2 H. Michel (40.), 1:3 Björnmose (41.), 1:4 Ferner (56.), 2:4 Tutschies (86.)
Zuschauer: 4.000

06.09.1967
Freundschaftsspiel
Amateurauswahl Bremen – W. B. 0:3 (0:0)
Aufstellung: Loweg (46. Bernard) – Piontek, Höttges (46. Schütz) – Schimeczek, Steinmann (46. Hänel), M. Lorenz – Görts, Ferner (46. Schmidt), Danielsen, Björnmose, Rupp
Trainer: Langner
Tore: 0:1 M. Lorenz (60.), 0:2 Björnmose (71.), 0:3 Schimeczek (87.)
Zuschauer: 4.000 in Blumenthal

09.09.1967
Bundesliga, 4. Spieltag
Eintr. Braunschweig – W. Bremen 0:3 (0:1)
Aufstellung: Bernard – Piontek, Höttges – Schimeczek, Steinmann, M. Lorenz – Görts, Ferner, Björnmose, Danielsen, Rupp
Trainer: Langner
Tore: 0:1 Görts (4.), 0:2 Ferner (61.), 0:3 Rupp (89.)
Zuschauer: 17.137

13.09.1967
Bundesliga, 5. Spieltag
W. Bremen – TSV 1860 München 2:2 (2:2)
Aufstellung: Bernard – Piontek, Höttges – Schimeczek (40. Hänel), Steinmann, M. Lorenz – Görts, Ferner, Björnmose, Danielsen, Rupp
Trainer: Langner
Tore: 0:1 Küppers (9.), 0:2 Küppers (25.), 1:2 Görts (26.), 2:2 Björnmose (41.)
Zuschauer: 33.000

16.09.1967
Bundesliga, 6. Spieltag
FC Schalke 04 – W. Bremen 0:2 (0:0)
Aufstellung: Bernard – Piontek, Höttges – Schütz (13. Schmidt), Steinmann, M. Lorenz – Görts, Ferner, Björnmose, Danielsen, Rupp
Trainer: Langner
Tore: 0:1 Görts (48.), 0:2 Björnmose (80.)
Zuschauer: 13.000

23.09.1967
Bundesliga, 7. Spieltag
W. Bremen – VfB Stuttgart 3:1 (2:0)
Aufstellung: Bernard – Piontek, Höttges – Schütz, Steinmann, M. Lorenz – Görts, Danielsen, Björnmose, Ferner, Rupp
Trainer: Langner
Tore: 1:0 Piontek (1.), 2:0 Görts (29.), 2:1 Haug (49.), 3:1 Höttges (51. FE)
Zuschauer: 30.000

Der dänische Stareinkauf Ole Björnmose konnte weitaus besser mit dem Leder umgehen, als es dieses Bild vermuten lässt. Im Hintergrund beobachtet Max Lorenz das Szenario auf Werders Trainingsplatz

30.09.1967
Bundesliga, 8. Spieltag
1. FC Köln – W. Bremen 1:4 (0:1)
Aufstellung: Bernard – Piontek, Höttges – Schütz, Steinmann, M. Lorenz – Görts, Ferner, Björnmose, Danielsen, Rupp
Trainer: Langner
Tore: 0:1 Rupp (43.), 0:2 Rupp (65.), 0:3 Björnmose (79.), 1:3 Löhr (86.), 1:4 M. Lorenz (88.)
Zuschauer: 28.000

04.10.1967
Freundschaftsspiel
VfB Lübeck – W. Bremen 0:9 (0:1)
Aufstellung: Loweg – Piontek, Schmidt, Schütz (46. Schimeczek), Steinmann (46. Hänel) – M. Lorenz, Ferner – G. Zebrowski, Björnmose (46. Schweighöfer), Danielsen, Rupp
Trainer: Langner
Tore: 0:1 Björnmose (32.), 0:2 Schweighöfer (46.), 0:3 Rupp (53.), 0:4 Schweighöfer (57.), 0:5 G. Zebrowski (63.), 0:6 Hänel (65.), 0:7 M. Lorenz (72.), 0:8 Ferner (75.), 0:9 Ferner (80.)
Zuschauer: 4.000

14.10.1967
Bundesliga, 9. Spieltag
1. FC Kaiserslautern – W. Bremen 2:2 (0:0)
Aufstellung: Bernard – Piontek, Höttges – Schütz, Steinmann, M. Lorenz – Görts, Ferner, Björnmose, Danielsen, Rupp
Trainer: Langner
Tore: 0:1 Björnmose (52.), 1:1 Kapitulski (58. FE), 1:2 Görts (71.), 2:2 Kapitulski (81.)
Zuschauer: 23.000

21.10.1967
Bundesliga, 10. Spieltag
W. Bremen – 1. FC Nürnberg 0:4 (0:0)
Aufstellung: Bernard – M. Lorenz, Steinmann – Höttges, Schütz, Schimeczek (20. Schmidt) – Görts, Ferner, Björnmose, Danielsen, Rupp
Trainer: Langner
Tore: 0:1 Schütz (55. ET), 0:2 Schmidt (60. ET), 0:3 Brungs (63.), 0:4 Volkert (64.)
Zuschauer: 44.500

28.10.1967
Bundesliga, 11. Spieltag
MSV Duisburg – W. Bremen 1:1 (1:0)
Aufstellung: Bernard – Schmidt, Höttges (25. Hänel) – Schütz, Steinmann, M. Lorenz – Görts, Ferner, Björnmose, Danielsen, Rupp
Trainer: Langner
Tore: 1:0 Wild (21.), 1:1 Ferner (65.)
Zuschauer: 8.500

04.11.1967
Bundesliga, 12. Spieltag
W. Bremen – Alemannia Aachen 0:1 (0:0)
Aufstellung: Bernard – Piontek, Höttges – Schütz, Steinmann, M. Lorenz – Görts (74. G. Zebrowski), Ferner, Björnmose, Danielsen, Rupp
Trainer: Langner
Tor: 0:1 Ferdinand (46.)
Zuschauer: 18.000

11.11.1967
Bundesliga, 13. Spieltag
Hannover 96 – W. Bremen 4:2 (2:1)
Aufstellung: Bernard – Piontek, Höttges – Schütz, Steinmann, M. Lorenz – G. Zebrowski, Ferner, Björnmose, Danielsen, Rupp
Trainer: Langner
Tore: 1:0 Rodekamp (21.), 1:1 Höttges (37. FE), 2:1 Straschitz (43. FE), 2:2 Björnmose (46.), 3:2 Skoblar (75.), 4:2 Siemensmeyer (85.)
Zuschauer: 17.000

18.11.1967
Bundesliga, 14. Spieltag
W. Bremen – FC Bayern München 4:1 (1:1)
Aufstellung: Bernard – Piontek, Höttges – Schütz, Steinmann, M. Lorenz – G. Zebrowski (76. Schweighöfer), Ferner, Görts, Björnmose, Rupp
Trainer: Langner
Tore: 1:0 Höttges (15. FE), 1:1 Höttges (26. ET), 2:1 Görts (49.), 3:1 Görts (81.), 4:1 Höttges (87. FE)
Besonderes Vorkommnis: Bernard (W. B.) hält HE von Müller (25.)
Zuschauer: 25.000

22.11.1967
Freundschaftsspiel
TuS Bremerhaven 93 – W. Bremen 0:2 (0:1)
Aufstellung: Loweg – Piontek, Schmidt – Schütz (46. Schimeczek), Steinmann (46. Hänel), M. Lorenz (46. Schweighöfer) – Görts, Ferner, Björnmose, Danielsen, Rupp (46. G. Zebrowski)
Trainer: Langner
Tore: 0:1 Görts (38.), 0:2 Schimeczek (73. FE)
Zuschauer: 4.000

25.11.1967
Bundesliga, 15. Spieltag
Borussia Dortmund – W. Bremen 1:1 (1:1)
Aufstellung: Bernard – Piontek, Höttges – Schütz, Steinmann, M. Lorenz – Görts, Ferner, Björnmose, Danielsen, Rupp
Trainer: Langner
Tore: 1:0 Weber (23.), 1:1 Görts (34.)
Zuschauer: 12.000

28.11.1967
Internationales Freundschaftsspiel
FC Twente Enschede – W. Bremen 2:3 (0:1)
Aufstellung: Bernard – Piontek, Höttges (Schmidt) – Schütz (Schimeczek), Steinmann, M. Lorenz – Görts (G. Zebrowski), Ferner, Björnmose, Danielsen, Rupp
Trainer: Langner
Tore: 0:1 Rupp (24.), 1:1 Donkelaar (51.), 2:1 Steinmann (64. ET), 2:2 G. Zebrowski (67.), 2:3 G. Zebrowski (72.)
Besonderheit: Die Spielzeit wurde wegen des stark aufgeweichten Bodens auf 2 x 37 ½ Minuten reduziert
Zuschauer: 3.000

In der langen Siegesserie, die schließlich mit der Vizemeisterschaft endete, holten die Spieler restlos alles aus sich heraus, wie dieses Foto belegt: Max Lorenz und Seppl Piontek am Ende ihrer Kräfte!

02.12.1967
Bundesliga, 16. Spieltag
W. Bremen – Karlsruher SC 6:1 (4:0)
Aufstellung: Bernard – Piontek, Höttges – Schütz (70. Schimeczek), Steinmann, M. Lorenz – G. Zebrowski, Ferner, Görts, Björnmose, Rupp
Trainer: Langner
Tore: 1:0 Görts (17.), 2:0 Höttges (24. FE), 3:0 G. Zebrowski (39.), 4:0 Görts (44.), 5:0 Görts (47.), 5:1 Hausser (49.), 6:1 Piontek (60.)
Zuschauer: 15.000

09.12.1967
Bundesliga, 17. Spieltag
Borussia Neunkirchen – W. Bremen 0:0
Aufstellung: Bernard – Piontek, Höttges – Schimeczek, Steinmann, M. Lorenz – G. Zebrowski, Ferner, Görts, Björnmose, Rupp
Trainer: Langner
Tore: –
Zuschauer: 6.000

12.12.1967
Freundschaftsspiel
TuS Syke – W. Bremen 0:18 (0:9)
Aufstellung: Loweg – Piontek, Schmidt – Schimeczek, Hänel, M. Lorenz – Görts (46. G. Zebrowski), Ferner, Björnmose (Schweighöfer), Danielsen, Rupp
Trainer: Langner
Torschützen für Werder: Rupp (8), Ferner (4), Björnmose, Görts, Schimeczek, Schweighöfer, Danielsen, Hänel
Zuschauer: 3.000

21.12.1967
Freundschaftsspiel
W. Bremen – Nationalelf Bulgarien 3:1 (2:0)
Aufstellung: Loweg – Piontek, Höttges – Steinmann, Hänel, M. Lorenz – G. Zebrowski (Schimeczek), Ferner, Björnmose, Danielsen, Görts
Trainer: Langner
Tore: 1:0 Ferner (34.), 2:0 Görts (45.), 3:0 Görts (75.), 3:1 Mitkov (79.)
Zuschauer: 4.000

30.12.1967
Freundschaftsspiel
SC Preußen Münster – W. Bremen 2:4 (1:2)
Aufstellung: Bernard (Loweg) – Piontek, Höttges (Schmidt) – Schimeczek (Schütz), Hänel (Steinmann), M. Lorenz – Görts (G. Zebrowski), Ferner, Björnmose, Danielsen, Rupp
Trainer: Langner
Tore: 0:1 Rupp (20.), 1:1 Hengstermann (35.), 1:2 Ferner (42.), 2:2 Tenbrink (50.), 2:3 Rupp (55.), 2:4 Steinmann (65. FE)
Zuschauer: 2.000

06.01.1968
Bundesliga, 18. Spieltag
Hamburger SV – W. Bremen 2:1 (1:0)
Aufstellung: Bernard – Piontek, Höttges – Schütz, Steinmann (46. Hänel), M. Lorenz – Schimeczek, Ferner, Görts, Björnmose, Rupp
Trainer: Langner
Tore: 1:0 Hönig (35.), 2:0 Hönig (51.), 2:1 Rupp (67.)
Zuschauer: 16.000

13.01.1968
Bundesliga, 19. Spieltag
W. Bremen – Eintracht Frankfurt 2:0 (2:0)
Aufstellung: Bernard – Piontek, Höttges – Schütz, Hänel, M. Lorenz – G. Zebrowski, Ferner, Görts, Björnmose, Rupp
Trainer: Langner
Tore: 1:0 Görts (43.), 2:0 Rupp (45.)
Zuschauer: 8.000

20.01.1968
Bundesliga, 20. Spieltag
Bor. M'gladbach – W. Bremen 3:1 (1:1)
Aufstellung: Bernard – Piontek, Höttges – Schütz, Steinmann, M. Lorenz – G. Zebrowski, Ferner, Schmidt, Björnmose, Görts
Trainer: Langner
Tore: 1:0 Laumen (8.), 1:1 G. Zebrowski (30.), 2:1 Laumen (59.), 3:1 Vogts (73.)
Zuschauer: 18.000

27.01.1968
DFB-Pokal, 1.Runde
SV Völklingen – W. Bremen 4:2 (2:1)
Aufstellung: Loweg – Piontek, Schimeczek – Schütz, Hänel, Schmidt – G. Zebrowski (46. Schweighöfer), Björnmose, Görts, Danielsen, Rupp
Trainer: Langner
Tore: 1:0 Christ (9.), 2:0 Martin (27.), 2:1 Görts (38.), 3:1 Martin (60.), 3:2 Rupp (66.), 4:2 Christ (72.)
Zuschauer: 4.500

03.02.1968
Bundesliga, 21. Spieltag
W. Bremen – Eintr. Braunschweig 3:2 (1:1)
Aufstellung: Bernard – Piontek, Höttges – Schütz, Steinmann, M. Lorenz – Görts, Ferner, Björnmose, Danielsen, Rupp
Trainer: Langner
Tore: 1:0 Danielsen (21.), 1:1 Ulsaß (41.), 2:1 Ferner (65.), 3:1 Görts (68.), 3:2 Elfert (81.)
Zuschauer: 12.000

10.02.1968
Bundesliga, 22. Spieltag
TSV 1860 München – W. Bremen 1:3 (1:2)
Aufstellung: Bernard – Piontek, Höttges – Schütz, Steinmann (65. Schimeczek), M. Lorenz – Görts, Ferner, Björnmose, Danielsen, Rupp
Trainer: Langner
Tore: 1:0 Zeiser (15.), 1:1 Görts (21.), 1:2 Höttges (25. FE), 1:3 Björnmose (75.)
Zuschauer: 7.500

17.02.1968
Bundesliga, 23. Spieltag
W. Bremen – FC Schalke 04 2:0 (1:0)
Aufstellung: Bernard – Piontek, Höttges – Schütz, Steinmann, M. Lorenz – Görts, Ferner, Björnmose, Danielsen, Rupp
Trainer: Ackerschott / Langner im Krankenhaus
Tore: 1:0 Görts (26.), 2:0 Danielsen (50.)
Zuschauer: 14.000

24.02.1968
Freundschaftsspiel
VfL Osnabrück – W. Bremen 1:2 (1:1)
Aufstellung: Bernard – Piontek, Höttges (46. Hänel) – Schütz, Steinmann, M. Lorenz – Görts (46. G. Zebrowski), Ferner, Björnmose, Danielsen, Rupp
Trainer: Ackerschott / Langner krank
Tore: 1:0 Wiethe (33.), 1:1 Rupp (33.), 1:2 Rupp (77.)
Zuschauer: 1.500

25.02.1968
Freundschaftsspiel
FC St. Pauli – W. Bremen 2:2 (1:0)
Aufstellung: Bernard – Schimeczek, Höttges – Schütz, Steinmann, M. Lorenz (46. Hänel) – Görts (66. G. Zebrowski), Ferner, Björnmose (50. Schmidt), Danielsen, Rupp
Trainer: Ackerschott / Langner krank
Tore: 1:0 Hoffmann (18. HE), 2:0 Markhoff (84.), 2:1 G. Zebrowski (85.), 2:2 Höttges (87. FE)
Zuschauer: 2.200

02.03.1968
Bundesliga, 24. Spieltag
VfB Stuttgart – W. Bremen 0:3 (0:1)
Aufstellung: Bernard – Piontek, Höttges – Schütz, Steinmann, M. Lorenz – Görts, Ferner, Björnmose, Danielsen, Rupp
Trainer: Ackerschott / Langner krank
Tore: 0:1 Danielsen (30.), 0:2 Görts (51.), 0:3 Björnmose (64.)
Zuschauer: 8.000

09.03.1968
Bundesliga, 25. Spieltag
W. Bremen – 1. FC Köln 3:1 (2:0)
Aufstellung: Bernard (46. Loweg) – Piontek, Höttges – Schütz, Steinmann, M. Lorenz – Görts, Ferner, Björnmose, Danielsen, Rupp
Trainer: Langner
Tore: 1:0 Björnmose (11.), 2:0 Danielsen (43.), 3:0 Rupp (62.), 3:1 Pott (75. HE)
Zuschauer: 22.000

16.03.1968
Bundesliga, 26. Spieltag
W. Bremen – 1. FC Kaiserslautern 2:1 (1:0)
Aufstellung: Loweg – Piontek, Höttges – Schütz, Steinmann, M. Lorenz – Görts, Ferner, Björnmose, Danielsen, Rupp (63. G. Zebrowski)
Trainer: Langner
Tore: 1:0 Piontek (3.), 2:0 Ferner (63.), 2:1 Kapitulski (80.)
Zuschauer: 16.000

19.03.1968
Internationales Freundschaftsspiel
W. Bremen – IFK Norrköping 1:0 (0:0)
Aufstellung: Loweg – Piontek, Höttges – Schütz, Steinmann, M. Lorenz – Görts, Ferner, Roder, Danielsen, G. Zebrowski
Trainer: Langner
Tor: 1:0 G. Zebrowski (50.)
Zuschauer: 3.000

23.03.1968
Bundesliga, 27. Spieltag
1. FC Nürnberg – W. Bremen 0:0
Aufstellung: Bernard – Piontek, Höttges – Schütz, Steinmann, M. Lorenz – Görts, Ferner, Björnmose, Danielsen, Rupp
Trainer: Langner
Tore: –
Zuschauer: 25.000

30.03.1968
Bundesliga, 28. Spieltag
W. Bremen – MSV Duisburg 3:3 (1:1)
Aufstellung: Bernard – Piontek, Höttges – Schütz, Steinmann, M. Lorenz – Görts, Ferner, Björnmose, Danielsen, Rupp
Trainer: Langner
Tore: 1:0 Piontek (9.), 1:1 Kremer (27.), 1:2 Wild (65.), 1:3 Wild (68.), 2:3 Steinmann (79.), 3:3 Höttges (83. HE)
Zuschauer: 20.000

06.04.1968
Bundesliga, 29. Spieltag
Alemannia Aachen – W. Bremen 1:1 (1:0)
Aufstellung: Bernard – Piontek, Schmidt – Schütz, Steinmann, M. Lorenz – Görts, Ferner, Björnmose, Danielsen, Rupp
Trainer: Langner
Tore: 1:0 Ferdinand (25.), 1:1 Rupp (63.)
Zuschauer: 27.000

10.04.1968
Freundschaftsspiel
Niederländische Militär-Nationalmannschaft – W. Bremen 2:1 (2:0)
Aufstellung: Bernard – Piontek, Schygulla (46. Schimeczek) – Schütz (46. Schweighöfer), Steinmann, M. Lorenz – G. Zebrowski, Ferner, Görts, Schmidt, Rupp
Trainer: Langner
Tore: 1:0 Jeuring (7.), 2:0 unbekannt (42.), 2:1 Schweighöfer (60.)
Zuschauer: 3.000 in Zeven

13.04.1968
Internationales Osterturnier – Halbfinale
SK Rapid Wien – W. Bremen 1:4 (1:2)
Aufstellung: Bernard – Piontek, Schimeczek – Schütz, Steinmann, M. Lorenz – Görts, Ferner, Björnmose, Danielsen, Rupp
Trainer: Langner
Tore: 0:1 Görts (24.), 0:2 Rupp (31.), 1:2 Hasil (32.), 1:3 Görts (53.), 1:4 Danielsen (76.)
Zuschauer: 20.000

15.04.1968
Internationales Osterturnier – Endspiel
FK Austria Wien – W. Bremen 0:0
Aufstellung: Bernard – Piontek, Schimeczek – Schütz, Steinmann, M. Lorenz – Görts, Ferner, Björnmose, Danielsen, Rupp
Trainer: Langner
Tore: –
Zuschauer: 20.000
Werder Turniersieger, da höherer Sieg im Halbfinale (Austria – Bor. Dortmund 2:1)

20.04.1968
Bundesliga, 30. Spieltag
W. Bremen – Hannover 96 1:0 (0:0)
Aufstellung: Bernard – Piontek, Höttges – Schütz, Schimeczek, M. Lorenz – Görts, Ferner, Björnmose, Danielsen, Rupp
Trainer: Langner
Tor: 1:0 Schütz (86.)
Zuschauer: 18.000

23.04.1968
Internationales Freundschaftsspiel
AS St. Etienne – W. Bremen 1:2 (0:1)
Aufstellung: Bernard – Piontek, Schimeczek – Schütz, Höttges, M. Lorenz – Görts, Ferner, Björnmose, Danielsen, Rupp
Trainer: Langner
Tore: 0:1 Ferner (14.), 1:1 Keita (53.), 1:2 Görts (61.)
Zuschauer: 4.000

25.04.1968
Freundschaftsspiel
FC Emmering – W. Bremen 0:3 (0:1)
Aufstellung: Loweg – Piontek, Höttges – Schimeczek, Steinmann, M. Lorenz – G. Zebrowski, Ferner, Schmidt, Danielsen, Görts (Rupp)
Trainer: Langner
Tore: 0:1 Höttges (40. FE), 0:2 G. Zebrowski (53.), 0:3 Schmidt (66.)
Zuschauer: 2.000

27.04.1968
Bundesliga, 31. Spieltag
FC Bayern München – W. Bremen 2:3 (0:1)
Aufstellung: Bernard – Schimeczek, Höttges – Schütz (60. Schmidt), Steinmann, M. Lorenz – Görts, Ferner, Björnmose, Danielsen, Rupp
Trainer: Langner
Tore: 0:1 Danielsen (16.), 1:1 Ohlhauser (46.), 2:1 Ohlhauser (62.), 2:2 Steinmann (85.), 2:3 M. Lorenz (90.)
Besonderes Vorkommnis: Görts (W. B.) scheidet verletzt aus (83.)
Zuschauer: 10.000

02.05.1968
Internationales Freundschaftsspiel
EfB Esbjerg – W. Bremen 1:0 (0:0)
Aufstellung: Bernard (Loweg) – Schmidt, Schimeczek – Höttges, Steinmann, M. Lorenz – G. Zebrowski (Matischak), Ferner, Björnmose, Danielsen, Rupp
Trainer: Langner
Tor: 1:0 Bertelsen (85.)
Zuschauer: 9.000

11.05.1968
Bundesliga, 32. Spieltag
W. Bremen – Borussia Dortmund 2:1 (0:1)
Aufstellung: Bernard – Piontek, Höttges – Schütz, Steinmann, M. Lorenz – G. Zebrowski (46. Schmidt), Ferner, Björnmose, Danielsen, Rupp
Trainer: Langner
Tore: 0:1 Held (39.), 1:1 Rupp (46.), 2:1 M. Lorenz (76.)
Zuschauer: 20.000

18.05.1968
Bundesliga, 33. Spieltag
Karlsruher SC – W. Bremen 1:2 (1:2)
Aufstellung: Bernard – Piontek, Höttges – Schütz, Steinmann, M. Lorenz – G. Zebrowski (64. Schmidt), Ferner, Björnmose, Danielsen, Rupp
Trainer: Langner
Tore: 0:1 G. Zebrowski (2.), 0:2 Rupp (15.), 1:2 Herrmann (41.)
Besonderes Vorkommnis: Kessler (KSC) hält HE von Höttges (73.)
Zuschauer: 12.000

19.05.1968
Freundschaftsspiel
TSV Waging am See – W. Bremen 0:7 (0:5)
Aufstellung: Loweg – Piontek, Schütz – Höttges, Schimeczek, M. Lorenz – Schmidt, Danielsen, Björnmose, Ferner, G. Zebrowski (Rupp)
Trainer: Langner
Tore: 0:1 Schmidt (10.), 0:2 Danielsen (16.), 0:3 G. Zebrowski (17.), 0:4 Danielsen (36.), 0:5 Ferner (40.), 0:6 Björnmose (60.), 0:7 Schmidt (85.)
Zuschauer: 3.000

21.05.1968
Internationales Freundschaftsspiel
W. Bremen – Huddersfield Town 2:3 (1:3)
Aufstellung: Loweg (Bernard) – Schimeczek, Höttges – Schütz, Steinmann, M. Lorenz – Hänel (Schmidt), Ferner, Björnmose, Danielsen, Rupp
Trainer: Langner
Torschützen für Werder: Rupp (2)
Zuschauer: 3.000

25.05.1968
Bundesliga, 34. Spieltag
W. Bremen – Borussia Neunkirchen 2:1 (2:0)
Aufstellung: Bernard – Piontek, Höttges – Schütz, Steinmann, M. Lorenz – Schmidt, Ferner, Björnmose, Danielsen, Rupp (43. G. Zebrowski)
Trainer: Langner
Tore: 1:0 Schmidt (27.), 2:0 M. Lorenz (35.), 2:1 Pontes (50.)
Zuschauer: 8.000

01.06.1968
Internationales Freundschaftsspiel
Tscherno More Varna – W. Bremen 1:1 (1:0)
Aufstellung: Bernard – Piontek, Schmidt – Schütz, Steinmann, Schimeczek – Schweighöfer, Ferner, Björnmose, Danielsen, G. Zebrowski
Trainer: Langner
Tore: 1:0 Bogomilov (2.), 1:1 G. Zebrowski (58.)
Zuschauer: 2.000

Bundesliga-Abschlusstabelle 1967 / 1968

Platz	Verein	Spiele	S	U	N	Tore	Diff.	Punkte
1.	1. FC Nürnberg	34	19	9	6	71:37	+35	47-21
2.	**Werder Bremen**	**34**	**18**	**8**	**8**	**68:51**	**+17**	**44-24**
3.	Borussia M'gladbach	34	15	12	7	77:45	+32	42-26
4.	1. FC Köln	34	17	4	13	68:52	+16	38-30
5.	Bayern München (P)	34	16	6	12	68:58	+10	38-30
6.	Eintracht Frankfurt	34	15	8	11	58:51	+7	38-30
7.	MSV Duisburg	34	13	10	11	69:58	+11	36-32
8.	VfB Stuttgart	34	14	7	13	65:54	+11	35-33
9.	Eintracht Braunschweig (M)	34	15	5	14	37:39	-2	35-33
10.	Hannover 96	34	12	10	12	48:52	-4	34-34
11.	Alemannia Aachen (N)	34	13	8	13	52:66	-14	34-34
12.	1860 München	34	11	11	12	55:39	+16	33-35
13.	Hamburger SV	34	11	11	12	51:54	-3	33-35
14.	Borussia Dortmund	34	12	7	15	60:59	+1	31-37
15.	Schalke 04	34	11	8	15	42:48	-6	30-38
16.	1. FC K'lautern	34	8	12	14	39:67	-28	28-40
17.	Borussia Neunkirchen (N)	34	7	5	22	33:93	-60	19-49
18.	Karlsruher SC	34	6	5	23	32:70	-38	17-51

Fieberkurve der Bundesliga-Saison 1967 / 1968

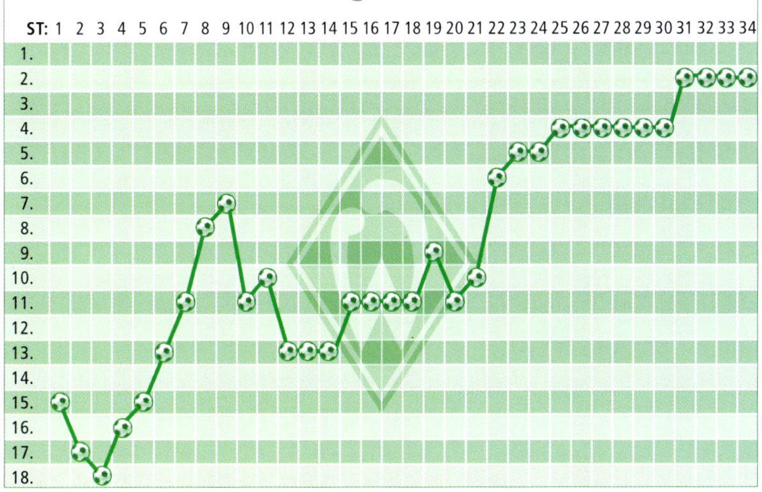

1968/69: Werders »Alte Herren«

Oben v.l.:
Höttges, Piontek, Schmidt, Steinmann, Bünting, Rupp, Schröder, Danielsen, Björnmose, Görts, Schütz, Lorenz, Trainer Langner
Unten v.l.:
Schaub, Ferner, Schimeczek, Loweg, Bernard, Schweighöfer, Zebrowski, Zembski

Horst-Dieter Höttges, inzwischen Mitte zwanzig, war weiterhin eine extrem feste Größe in der Nationalelf und bei Werder

Okay, Sparsamkeit ist weder bei Hansestädtern im Allgemeinen, noch beim SV Werder im Besonderen etwas Ungewöhnliches. Vor der Saison 1968/69 jedoch machten sich die Entscheidungsträger um den noch recht neuen Präsidenten Fritz Düring (er hatte im Jahr zuvor den verstorbenen Vereins-Patriarchen Alfred Ries als Chef abgelöst) der falschen Sparsamkeit verdächtig: Trainer Fritz Langner hatte dringend den Einkauf »fertiger« Spieler gefordert. Der Vorstand war offenbar noch leicht geblendet von der Vizemeisterschaft der Vorsaison und lehnte ab. Zudem hatte mit Fritz Düring ein typischer Hanseat das Ruder des Vereins übernommen, dessen Devise dem Trainer gar nicht gefallen haben dürfte: »Wir werden niemals das Wettbieten um teure Stars mitmachen und den Verein in Schulden stürzen! Wir können nur soviel ausgeben, wie wir auch einnehmen!« Statt gestandener Bundesligaprofis kamen in der Folge lediglich fünf Amateure. Der erneute Absturz war vorprogrammiert.

Dabei war der Kader auf den ersten Blick nicht nennenswert schwächer als jener, der vor wenigen Monaten Dank einer beispiellosen Aufholjagd beinahe noch um die Deutsche Meisterschaft mitgespielt hätte: Nur der langjährige Leistungsträger Klaus Hänel hatte sich verabschiedet. Die neu verpflichteten Amateure schienen allesamt talentiert, aber keiner von ihnen konnte der Mannschaft auf Anhieb weiterhelfen. Und die verbliebenen Stars konnten nicht verleugnen, dass der Zahn der Zeit auch an grünweißen Institutionen gemeinerweise nicht spurlos vorübergegangen war: Werder hatte mit einem Durchschnittsalter von 28 Jahren die mit Abstand älteste Mannschaft der Liga. Erschwerend kam dazu, dass Werders Nachwuchskonzept aus heutiger Sicht nicht mehr so leicht nachvollziehbar scheint: Mit Hans Schulz, der sogar bei Bundestrainer Helmut Schön hohes Ansehen genoss und mit dem hochveranlagten Ex-Amateur Herbert Schröder besaß Werder zweifellos Rohdiamanten, die wiederholt zeigten, was sie draufhatten – jedoch leider nicht in Bremen. Hans Schulz glänzte nach seinem Abschied beim Nordrivalen HSV, während Herbert Schröder zum Dreh- und Angelpunkt beim VfL Osnabrück in der Regionalliga avancierte und nach mehreren überragenden Jahren in Ostwestfalen gar vom FC Bayern München verpflichtet wurde.

»Ihr fünf spielt jetzt vier gegen zwei!« (Trainer Fritz Langner)

Das alles alleine wäre vielleicht noch nicht weiter tragisch gewesen. Fritz Langner aber, der aus heutiger Sicht anmutet wie ein Felix Magath mit etwas überschaubarerem Intellekt, hatte seinen Zauber verloren. Seine Quälereien auf dem Trainingsplatz waren für die Mannschaft vorhersehbar geworden. Langner selbst hatte immer wieder gesundheitliche Probleme, in deren Zusammenhang er einmal die Mannschaft mit der unvergesslichen Diagnose erfreute: »Ich hatte Durchblutungsstörungen. Die wollten mir glatt mein Bein adoptieren!«

Dieselbe Mannschaft, die ein Jahr vorher noch heilfroh war, von einem untauglichen Trainer wie Brocker erlöst zu werden, zog nun nicht mehr ganz so dankbar mit. Zu Saisonbeginn schlug Langner über den körperlichen Zustand seiner gealterten Kämpen die Hände über seinem schlesischen Dickschädel zusammen: Seine Leistungsträger kamen übergewichtig, hüftsteif und pausbäckig aus der Sommerpause, nachdem sie sich wenige Wochen zuvor durch Langners Training förmlich gestählt in den Urlaub verabschiedet hatten. Erschrocken konstatierte Werders Trainer: »Ich traute zuerst meinen Augen nicht! Ich gebe ja zu, dass meine Truppe in der letzten Saison unheimlich viel geleistet hat, dass ich ihr nichts schenkte. Aber das ist doch kein Grund, sich im Urlaub dermaßen gehen zu lassen! Vor allem nicht, wenn man langsam auf die Dreißig zugeht. Schließlich haben wir die im Schnitt älteste Mannschaft der Bundesliga.« Der »eiserne Fritz« ergriff drastische Sofortmaßnahmen und versprach seiner Mannschaft: »Meine Herren! Ich werde ab sofort in unregelmäßigen Abständen bei Ihnen zuhause vorbeischauen um nachzuprüfen, ob Sie auch so leben, wie es sich für Lizenzfußballer gebührt!« Die ohnehin schon pausbäckigen Stars machten ordentlich dicke Backen.

Im Vorjahr hatte es noch völlig ausgereicht, eine aus dem Ruder gelaufene Mannschaft konditionell auf Vordermann zu bringen, um ihre Performance um ein Vielfaches zu verbessern. In der Saison 1968/69 war das nicht mehr genug. Der »Kicker« titelte »Alarm-Stimmung in Bremen!«, und Langner selbst jammerte ahnungsvoll: »Wenn nicht in letzter Minute ein Wunder geschieht, wenn wir uns nicht fangen und einen ganz rapiden Leistungsanstieg verzeichnen können, dann wird unser Start in die Bundesliga ein Fiasko werden!«

Die Stammelf war zwar eingespielt, aber dennoch zu wankelmütig. Torwart Bernard erwischte nicht seine allerbeste Saison, beim von Langner nicht besonders geliebten Stürmer Bernd Rupp platzte der Knoten auch in seinem zweiten Werderjahr nur alle Jubeljahre mal und aus den hervorragenden Einzelkönnern Lorenz, Ferner und Björnmose konnte Langner rätselhafterweise kein entsprechend starkes Mittelfeld stricken.

Für Tototipper war Werder anno 1968 eine Zumutung. Als Vizemeister gestartet, landete die Mannschaft schon nach

Oben: Er erlebte bessere Jahre als die unter Brocker und Langner, konnte sich aber in den letzten Jahren seiner Karriere noch einmal eindrucksvoll steigern: Günter Bernard

Unten: Bernd Rupp (links) fühlte sich in Bremen nie wirklich heimisch. Auf diesem Bild scheint auch Diethelm Ferner den teuren, aber umstrittenen Torjäger eher skeptisch zu fixieren

Oben: Verabschiedete sich 1969 aus Bremen: Bundesliga-Urgestein Max Lorenz

Unten: Radio Bremen-Reporterlegende Helmut Poppen (rechts) interviewt Trainerlegende Fritz Langner. In der Bildmitte: Keine Rumba-Rassel, sondern ein Mikrofon.

fünf Spielen brutal auf Platz 18 (der 3:1-Sieg des 3. Spieltages gegen die Münchner Löwen wurde erst am 17. September nachgeholt und konnte die Tabellensituation somit erst nachträglich etwas entspannen). Was dann folgte war ein Tanz am Abgrund, der nur von winzigen Sternstündchen unterbrochen wurde: Am 9. Spieltag wurde Ex-Meister Braunschweig vor den Augen von Bundestrainer Schön im Weser-Stadion in einem großartigen Spiel 2:1 niedergekämpft. Im nächsten Heimspiel musste sogar der kommende Meister Bayern München dran glauben, weil die Abwehr dichthielt und der alte Kämpe Heinz Steinmann kurz vor Schluss Sepp Maier mit einem Kopfball das Nachsehen gab. Gerd Müller, der in der Vorrunde alleine sagenhafte 20 Tore machte, wurde wie meistens von Horst-Dieter Höttges kaltgestellt. Der 1:0-Sieg brachte kurzfristig etwas Frischluft auf Platz 15. Durchwachsen ging es weiter, ehe mit der niederschmetternden 0:6-Revanche in München der Absturz wieder unausweichlich schien. Acht Spieltage vor Saisonende wirkte Werder ausgebrannt und Langner ratlos: Platz 17, allerdings mit zwei noch ausstehenden Nachholspielen, die Werder in dieser Saison merkwürdigerweise allesamt gewann. Zwei Heimspiele in Folge sollten anschließend eigentlich ein Punktepolster bringen, aber nach einem Sieg gegen Hertha wurde sang- und klanglos gegen Aufsteiger Aachen verloren.

Weil alles nichts half, griff Fritz Langner zu seiner allerletzten List: Er schickte beim Schicksalsspiel in Braunschweig am 22. April 1969 exakt die elf Spieler auf den Platz, die im Vorjahr Vizemeister wurden. Der Kniff zog: Die um ein Jahr gealterten Herren in grün und weiß besannen sich ihrer Fähigkeiten und nahmen die Eintracht auswärts mit 3:0 geradezu auseinander. Die Moral war wieder intakt, die Angst war weg. Befreit spielte Werder die Saison zu Ende, verlor am Ende sechs Mal in Folge nicht und schloss die Ära Fritz Langner fürs Erste mit einem versöhnlichen Platz 9 ab, der mit großem zeitlichen Abstand nicht annähernd die zwischenzeitlich depressive Stimmung im Weser-Stadion erahnen lässt.

»Die wollten mir glatt mein Bein adoptieren!« (Fritz Langner nach einem Krankenhausaufenthalt)

Der »eiserne Fritz« schließlich musste dem Göttinger Fritz Rebell weichen, der schon Anfang der Rückrunde als sein Nachfolger feststand und vor allem einen großen Vorteil vorweisen konnte: Seine niedrigen Gehaltsforderungen. Fritz Langner seinerseits hatte erst einmal die Schnauze voll und kündigte an: »Ich hänge zwar immer noch mit ganzem Herzen am Fußball, aber ich habe mir fest vorgenommen, mich nicht mehr zu ärgern.«

Werbung, 1969

WERDER BREMEN 1968/69

Trainer

Langner, Fritz
»Der eiserne Fritz«
Verantwortlicher Trainer in 31 Spielen der Saison

Interimstrainer

Ackerschott, Richard
Verantwortlicher Trainer in 4 Spielen der Saison (vertrat den erkrankten Langner am 10., 12. und 13. Spieltag sowie aus privaten Gründen in der 2. Halbzeit des letzten Saisonspiels am 34. Spieltag)

Werders Neuzugänge im Sommer 1968

Zum Leidwesen des Trainers wurde der Kader 1968/69 ausschließlich mit jungen Talenten ergänzt. Beim Saisonauftakt waren vertraute Gesichter Trumpf: Ferner, Bernard und Zebrowski stellten sich im Sommer 1969 im Kreise ihrer Kollegen den Fotografen

Wer kam?

Bünting (eig. Amateure)
Faber (Düren 99)
H. Meyer (eig. Amateure)
Roder (eig. Amateure, w.d.S.)
Zembski (BBV Union Bremen)

Wer ging?

Hänel (Trainer bei Union Bremen)

w.d.S. = während der Saison

Tor

Bernard, Günter
25 Spiele; 0 Tore

Loweg, Karl
11 Spiele; 0 Tore

Abwehr

Lorenz, Max
34 Spiele; 2 Tore

Höttges, Horst-Dieter »Eisenfuß«
31 Spiele; 6 Tore

Schütz, Arnold »Pico«
31 Spiele; 4 Tore

Mittelfeld

Ferner, Diethelm »Didi«
34 Spiele; 2 Tore

Danielsen, John
25 Spiele; 3 Tore

Meyer, Herbert
3 Spiele; 0 Tore

Angriff

Görts, Werner »Anneliese«
34 Spiele; 15 Tore

Björnmose, Ole
34 Spiele; 5 Tore

Rupp, Bernd
25 Spiele; 13 Tore

Erweiterter Kader

1968/69

Der Sport-Verein »Werder« im Jahr 1968/69:

1. Vorsitzender:	Fritz Düring
2. Vorsitzender:	Wilhelm Riethmöller
Geschäftsführer:	Hans Wolff
Lizenzspieler-Obmann:	Fred Schulz
Vereinsarzt:	Dr. Franz Böhmert
Masseur:	Wolfgang Binder
Mitglieder:	2.250
Kapazität Weser-Stadion:	45.000 Plätze (7.177 Sitzplätze, davon 2.500 überdacht)

Steinmann, Heinz
31 Spiele; 2 Tore

Piontek, Josef »Seppl«
27 Spiele; 2 Tore

Schmidt, Bernd
23 Spiele; 2 Tore

Schimeczek, Helmut »Schimmi«
11 Spiele; 0 Tore

Faber, Ralf
1 Spiel; 0 Tore

Zembski, Dieter
1 Spiel; 0 Tore

Zebrowski, Gerhard »Zebro«
17 Spiele; 2 Tore

Roder, Kurt
4 Spiele; 0 Tore

Schweighöfer, Rolf
4 Spiele; 0 Tore

Bünting, Horst
0 Spiele; 0 Tore

Schaub, Horst »Kuddel«
0 Spiele; 0 Tore

In Freundschaftsspielen eingesetzt:

Kugler, Bernd (Tor)

Beinahe ein Star: Horst Bünting
Oder: Der 32-Jahre-Irrtum

Im Sommer 1968 taucht in Werders Bundesligakader ein junger, schmaler Blondschopf auf, der heute zu den fast vergessenen Werder-Profis zählt. Es ist auch nicht weiter verwunderlich, dass Horst Bünting im Werder-Trikot nur wenig bleibende Eindrücke hinterließ. Er bekam einfach keine Gelegenheit dazu. Mit gerade einmal 19 Jahren musste Bünting seine Bundesligakarriere im Winter 1968 nach nicht einmal einem halben Jahr Profidasein wieder beenden, ohne je ein Pflichtspiel bestritten zu haben. Oder besser: Man glaubte, er müsse sie beenden. Ein Irrtum, wie Bünting erst 32 Jahre später erfuhr.

Und ein Jammer, denn der schlaksige Stürmer hatte zu allergrößten Hoffnungen berechtigt: Vor seinem Engagement bei Werder hatte er zahlreiche Jugend- und Nachwuchsmannschaften des DFB durchlaufen und dort mit später gestandenen Bundesligaspielern zusammengespielt. Reiner Geye wurde A-Nationalspieler, Armand Theis, Winnie Schäfer und Hannes Riedl bestritten Hunderte von Bundesligaspielen – doch Horst Bünting war ihr Kapitän. Weshalb er bei Werder niemals zeigen durfte, was er kann, erzählt er selbst:

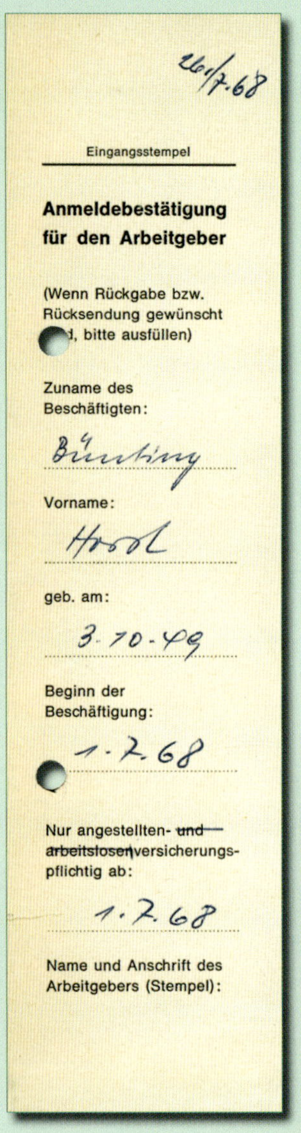
26/7.68

Eingangsstempel

Anmeldebestätigung für den Arbeitgeber

(Wenn Rückgabe bzw. Rücksendung gewünscht …d, bitte ausfüllen)

Zuname des Beschäftigten:
Bünting

Vorname:
Horst

geb. am:
3.10.49

Beginn der Beschäftigung:
1.7.68

Nur angestellten- ~~und arbeitslosen~~versicherungspflichtig ab:
1.7.68

Name und Anschrift des Arbeitgebers (Stempel):

Beginn einer hoffnungsvollen Karriere, die irgendwie nicht sein sollte: Der supertalentierte Jugendnationalspieler Horst Bünting wird Lizenzspieler bei Werder

Ich bin 1967 von meinem Stammverein Germania Wilhelmshaven bewusst zu Werder gegangen, weil ich mir in Bremen die besten Einsatzchancen ausrechnete. Werders Kader galt als überaltert und war auch eher klein, und nachdem ich in der Jugendnationalmannschaft durchweg gute Kritiken bekam, rechnete ich mir auch bei Werder Chancen aus, relativ bald zu spielen. Ich hatte sämtliche Auswahlmannschaften durchlaufen: Stadtauswahl, Bezirksauswahl, Niedersachsenauswahl, norddeutsche Auswahl und schließlich Jugendnationalmannschaft. Und dort habe ich es als einer von nur zwei Spielern überhaupt geschafft, zwei Jahrgänge zu durchlaufen.

Den Durchbruch habe ich bei einem Lehrgang in Barsinghausen geschafft. Ich wurde als bester Nachwuchsspieler Wilhelmshavens dorthin eingeladen und habe dann in zwei Trainingsspielen sieben Tore geschossen. Damit war ich praktisch auf der Liste. Ich hatte mehrere Angebote anderer Vereine. Udo Lattek wollte mich holen, der HSV war an mir dran, selbst Real Madrid hat am Rande eines UEFA-Jugendturnieres einmal Interesse bekundet.

Werder hat mich im Herbst 1967 aus Wilhelmshaven losgeeist. Ich habe zunächst bei Werders Amateuren gespielt und dort in meinem allerersten Spiel, noch bevor ich einmal mit der Mannschaft trainieren konnte, gleich ein Tor geschossen.

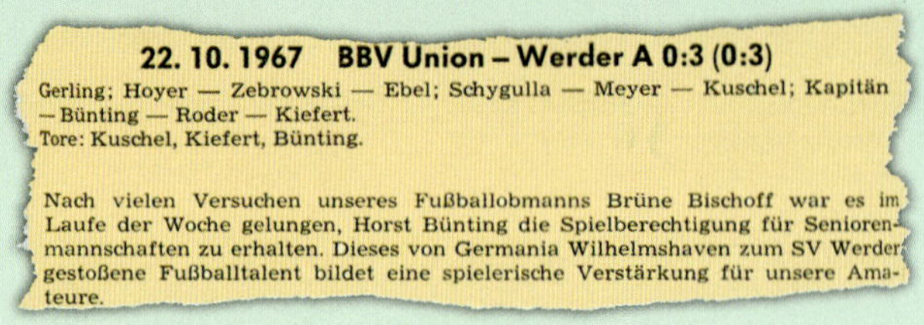
22. 10. 1967 BBV Union – Werder A 0:3 (0:3)

Gerling; Hoyer — Zebrowski — Ebel; Schygulla — Meyer — Kuschel; Kapitän — Bünting — Roder — Kiefert.
Tore: Kuschel, Kiefert, Bünting.

Nach vielen Versuchen unseres Fußballobmanns Brüne Bischoff war es im Laufe der Woche gelungen, Horst Bünting die Spielberechtigung für Seniorenmannschaften zu erhalten. Dieses von Germania Wilhelmshaven zum SV Werder gestoßene Fußballtalent bildet eine spielerische Verstärkung für unsere Amateure.

Horst Bünting spielte ab Oktober 1967 für Werders Amateure – und traf und traf und traf. In seinen ersten vierzehn Spielen für Werder waren es dreizehn Tore. Bünting war gerade erst 18 geworden. Parallel dazu lieferte er blendende Spiele in der DFB-Jugendauswahl ab. Sein neuer Verein bat die Journalisten, nicht zuviel Aufhebens um das Supertalent zu veranstalten. Doch Bünting bekam hintereinander einen

Muskelfaserriss, eine schmerzhafte Knochenhautentzündung im Knie, konnte oft nur mit Kortisonspritzen spielen. Die machten auf Dauer alles noch schlimmer. Die Spiele um die Amateurmeisterschaft 1968 stand Bünting mit den Spritzen durch, danach streikte das Knie. Dennoch schaffte er mit Dieter Zembski und Herbert Meyer gemeinsam den Sprung in den Profikader 1968/69. Dort jedoch wartete ein echtes Problem auf Bünting. Schlimmer als das Knie. Es hieß: Fritz Langner.

Als Fritz Langner 1967 zu Werder kam, stand die Mannschaft am Abgrund. Wohl auch, weil sein Vorgänger Brocker das Training zuletzt eher schleifen ließ. Langner hat dann die Trainingsintensität angezogen und mit seiner Methode zunächst großen Erfolg gehabt: Werder wurde unter ihm anfangs ja auch sensationell Vizemeister.

Aber er hat dann nicht aufgehört mit der Schleiferei. Er konnte offenbar das Training nicht dosieren, und so hat er uns mehr oder weniger kaputttrainiert. Vereinfacht gesagt: Wir konnten nach ein paar Monaten unter Langner zwar drei Marathonläufe hintereinander durchstehen, aber auf den ersten zwanzig Metern ist uns jeder Gegenspieler weggelaufen. Wir waren einfach völlig erschöpft. Erschwerend kam dazu, dass er menschlich nicht einfach zu ertragen war. Verbal war das schon oft sehr schlimm, was man von ihm zu hören bekam. Gerade auch, wenn man wie ich als junger Spieler keine Lobby hatte. Seine Worte waren oft unterste Schublade, aber aufbegehren konnte man auch nicht. Wer Langner Widerworte gab, saß ganz schnell auf der Tribüne.

Eigentlich hatte ich sportlich gar keine so schlechten Karten bei ihm. Ich stand kurz davor, für Ole Björnmose in die Elf zu rücken. Aber in dieser Saison, letztlich meiner einzigen als Profi, hatte ich unglaubliches Pech. Direkt zu Saisonbeginn hatte ich eine sehr schmerzhafte Knochenhautentzündung im Knie und konnte nur sehr sporadisch mittrainieren. Dann kam eine Schleimbeutelentzündung hinzu, die operiert werden musste. Und selbst direkt nach dieser Knieoperation musste ich unter Langner das volle Training absolvieren, bis ich Wasser im Knie hatte. Ich wurde von ihm ins Krankenhaus geschickt, wo mir durch eine Punktion das Wasser aus dem Knie gezogen wurde. Am nächsten Tag musste ich wieder voll trainieren. Prompt wurde das Knie wieder dick, wieder ins Krankenhaus, wieder punktieren lassen, und danach musste ich wieder trainieren und immer so weiter. Langner hat mich beschimpft: ›Du immer mit Deinem Wasserknie!‹ So ist er mit seinen Spielern umgegangen.

Mich hat er im Training regelrecht gejagt. Das war einfach seine Methodik. So war er halt. Ich habe das nie verstanden. Ich hatte ein einziges Mal ein Gespräch mit ihm geführt, in dessen Verlauf er mir erzählt hat, warum ich wieviel rennen müsse und wie hart ich trainieren müsse – alles im Grunde sehr wirr und zusammenhanglos. Ich ging aus seinem Zimmer und wusste gar nicht, was er mir hatte sagen wollen. Allerdings ging es eigentlich allen Spielern gleich schlecht. Dass wir uns nach den Läufen am Rand des Spielfelds vor Anstrengung übergeben mussten, war gang und gäbe. Seine Methode bestand eigentlich hauptsächlich darin, permanent über alle körperlichen Grenzen zu gehen. Und damit hat er den einzelnen Spielern ihre Stärken genommen. Wir waren bald alle ausgebrannt.

Ohne die Knieprobleme hätte ich dennoch meine Chance bekommen. Wir hatten Personalprobleme im Angriff, und Björnmose spielte einen Not-Mittelstürmer. Er wollte gar nicht in der

Für Deutschland am Ball: Horst Bünting 1968 in Aktion

10 000 DM für Sing

… die … ch „hinters Licht

Die Laufbahn endete, bevor sie begann

Das tragische Geschick des Horst Bünting!

Schnelles Ende einer Karriere! Horst Bünting, der frühere Mannschaftsführer der Jugend-Nationalelf, von Udo Lattek einmal als das größte Talent im deutschen Fußballsport bezeichnet, muß auf ärztliches Anraten die Fußballstiefel an den Nagel hängen.

Der 19 Jahre alte Lizenzspieler des SV Werder war von den Bremern im Wettlauf gegen sechs andere Bundesligavereine bereits als Jugendlicher in die

Hansestadt geholt worden, wo er eine Lehre begann. „Fidi" Düring, Werders heutiger Vorsitzender, hatte die Einwilligung seines Vereins Wilhelmshaven 05 und auch die der Eltern erhalten, die wohl einsahen, daß für den talentierten, technisch hervorragenden jungen Mann der Weg vorgezeichnet war.

Zuerst spielte Horst Bünting in der Jugendmannschaft — mit dem Erfolg, daß die Bremer Fußballfans in Scharen kamen, um den jungen Mann zu sehen, der sich als Mittelstürmer in der Jugendnationalelf einen Namen gemacht hatte. Bald schon hatte er einen Stammplatz in der Amateurmannschaft der Bremer, und es war kein Wunder, daß der junge Mann mit 18 Jahren in die Bremer Landesauswahl berufen wurde.

Auch Werder-Trainer Fritz Langner hielt große Stücke von Bünting und holte ihn bereits zum Training, als er noch keinen Lizenzvertrag unterschrieben hatte und Werders Verantwortliche die Journalisten beschworen, nur nicht zuviel Wind um den jungen Mann zu machen, bevor sie den Vertrag mit ihm unter Dach und Fach hätten. Als es soweit war und der Vertrag Gültigkeit hatte, war Langners Zuversicht bereits abgekühlt. Denn Bünting zeigte sich den Anforderungen des Trainings nicht gewachsen und fehlte sogar häufig — wegen Herzschmerzen. Was Langner geneigt war, als Ausrede abzutun.

Ohne jemals ein Spiel in der Bundesliga bestritten zu haben, iist die Laufbahn von Horst Bünting, der im Oktober zwanzig Jahre alt wird, nun beendet. Er wird nach der Lösung seines Vertrages mit dem SV Werder nach Wilhelmshaven zurückkehren. Eine Herzinfektion macht ihn für jeglichen Leistungssport untauglich. Nicht nur der SV Werder, auch der deutsche Fußballsport müssen auf sein Talent verzichten.

H. O. Busche

(aus der »Fußball-Woche«)

Sturmmitte spielen und hat das oft zum Ausdruck gebracht. Ich stand also auf dem Sprung. Ich war ein sehr kopfballstarker, technisch guter, läuferisch starker Stürmer, kein Brechertyp. Eigentlich von der Statur her eher ein Leichtathlet. Udo Lattek wollte mich vor allem aufgrund meiner Kopfballstärke haben.

Nachdem ich aber bei Werder wegen meines Knies nicht so recht auf die Beine kam, ergriff später Kurt Roder die Chance, die ich im Grunde nie bekam. Roder war mein Konkurrent bei den Werder-Amateuren. Wir waren beide sehr ähnliche Spielertypen, beides Mittelstürmer, und harmonierten auf dem Platz deshalb nicht besonders.

Werder bestritt vor dem Saisonauftakt 1968/69 zehn Vorbereitungsspiele. Horst Bünting stand nicht eine Sekunde auf dem Platz. Zum einen lag das an diesem verdammten Knie. Zum anderen aber auch daran, dass Langner nach eigener Aussage im Zweifel lieber auf die alten, erfahrenen Spieler setzte und als Trainer galt, der Nachwuchstalenten nur dann eine Chance gab, wenn es gar nicht mehr anders ging.

Der Sommer ging, und Büntings Knie besserte sich langsam. Im Grunde konnte er im Herbst 1968 wieder spielen. Und, oh Wunder: Er durfte sogar zum ersten Mal für Werders Profis ran. Am 25. September spielte er in einem Testspiel gegen Bremens Landesauswahl 90 Minuten durch. Werder gewann 5:0, Bünting spielte torlos, aber gut. Was die Wende zum besseren hätte sein können, sollte schließlich sein einziger Einsatz in Werders erster Mannschaft bleiben. Denn nach dem Ende der Kniebeschwerden schlug das Schicksal zu.

Im Herbst 1968 bekam ich aus heiterem Himmel Herzrasen. Von einem Moment zum anderen. In einer Sekunde war alles gut, und im nächsten Moment schlug mein Herz 200 mal pro Minute. Ich kam ins Krankenhaus Links der Weser. Dr. Böhmert untersuchte mich dort persönlich, ich wurde förmlich auf den Kopf gestellt, und man diagnostizierte eine Herzmuskelentzündung als Folge einer Virusinfektion.

Fritz Langner, der sich anfangs auf den hochveranlagten Blondschopf freute, hielt ihn nun endgültig für ein Weichei. Die Herzbeschwerden waren für den Schleifer nichts als eine Ausrede, dem harten Training nicht weiter standhalten zu müssen. Er ließ Bünting fallen. Und Bünting fiel tief und schnell.

Ich wurde zunächst mit Penicillin vollgepumpt und man teilte mir dann sehr bald mit, dass ich aus Sicherheitsgründen nie wieder Fußball spielen dürfe. Im Grunde hat man mir seinerzeit die Profilizenz entzogen.

Im Jahr 2000, also 32 Jahre danach, habe ich mich am Herzen operieren lassen, weil die Probleme all die Jahre hindurch nicht nachließen. Und nach so langer Zeit erfuhr ich, dass ich nie eine Herzmuskelentzündung hatte, sondern nur eine eher harmlose sogenannte Reizleiterstörung. Die ließ sich mit einem kleinen Eingriff beheben, und danach war ich praktisch gesund. Mehr als 30 Jahre lang habe ich Medikamente genommen, die ich nicht hätte nehmen müssen. 1968 gab es noch nicht die Möglichkeit, über einen Katheter im Herzen zu operieren und es gab auch noch nicht die Diagnosemöglichkeiten, die ich im Jahr 2000 hatte. Deshalb mache ich auch den Ärzten von damals keinen Vorwurf. Traurige Tatsache aber ist: Ich hätte nie mit dem Fußball aufhören müssen. Es war einfach eine Fehldiagnose.

Horst Bünting galt als hochtalentierte Sturmhoffnung. Er wollte zwei oder drei Jahre in Bremen spielen, um dann zu einem größeren Verein zu wechseln. Doch ein Jahr nach seinem Wechsel zu Werder Bremen war seine Fußballkarriere vorbei. Die Experten sagten ihm eine große Zukunft voraus. Nun war er gerade 19 Jahre alt geworden und musste alle Träume begraben. Bünting brach deprimiert alle Kontakte zu Werder und den ehemaligen Mannschaftskameraden ab, zerstörte alle Brücken zum Fußball. Er musste von vorne anfangen. Schule und Ausbildung hatte er aufgegeben, nicht zuletzt auf Anraten von Trainer Langner, um Berufsfußballer zu werden. Ein Jahr dauerte es, bis er diesen Schlag halbwegs verdaut hatte. Er begann eine Ausbildung und war zurück im Leben.

Horst Bünting im Jahr 2006: Leises, gelegentliches Bedauern, aber keine Depression über eine entgangene Karriere

Damals war es wirklich eine niederschmetternde Situation. Ich hatte jung geheiratet, hatte mit 19 schon eine kleine Tochter und musste mein Leben völlig neu planen. Werder hat meinen Vertrag aufgelöst und damit war also endgültig Schluss. Ich mochte kein Fußballspiel mehr sehen. Es tat zu sehr weh. Anschließend aber hatte ich beruflich viel Erfolg und habe letztlich dadurch das Ende meiner Fußballkarriere verschmerzen können. Man weiß am Ende nie, wofür es gut war. Vielleicht hätte ich den endgültigen Durchbruch nie geschafft, wer weiß. Viel Geld gab es damals mit Fußball auch noch nicht zu verdienen. Ich habe also den Schritt ins normale Berufsleben für mich akzeptiert. Und dann war es auch gut. Ich jammere nicht.

Einen Stich hat es mir allerdings etwas später noch mal versetzt, als ich meinen ehemaligen Jugendnationalelf-Mannschaftskameraden Rainer Zobel plötzlich im Fernsehen sah. Wir haben in allen Auswahlmannschaften nebeneinander gespielt: Er Rechtsaußen, ich Mittelstürmer. Zobel hatte tatsächlich den Weg zu Udo Lattek genommen, der uns beide hatte haben wollen, bevor ich zu Werder ging. Zobel wurde Stammspieler bei Bayern München, spielte im Europapokal der Landesmeister und sammelte Titel. Das mit anzusehen tat dann noch einmal weh. Denn Rainer Zobel hat im Grunde alles nur über sein Talent erreicht, fast ohne Training. Sagen wir ruhig: Er war faul. Im Gegensatz zu ihm hatte ich Talent, war aber auch zusätzlich noch trainingsfleißig. Ich hätte das auch schaffen können, was Zobel erreicht hat.

Aber das ist vergangen. Früher musste man schon ein Breitner oder Beckenbauer sein, um alleine mit Fußball auszusorgen. Und ich habe keine Ahnung, ob ich dafür wirklich das Zeug gehabt hätte. Also habe ich meinen Frieden gemacht. Ich bin jetzt gesund, muss seit meiner Herz-OP keine Hammer-Medikamente mehr nehmen, und ich führe ein sorgenfreies Leben. Ich bin dankbar für die schöneren Zeiten meiner Fußballkarriere. Nicht für das viele Pech bei Werder, aber für die Spiele in der Jugendnationalelf. Es war schön, kurz als Fußballer bekannt gewesen zu sein. Und ich freue mich auch heute noch, wenn ich hin und wieder überraschend Autogrammpost bekomme. Das alles ist ein Teil meines Lebens gewesen.

Horst Bünting ist kein Star geworden, aber er ist heute glücklicher, als er es womöglich alleine durch den Beruf »Fußballprofi« jemals hätte werden können. Es existieren nur noch wenige Bilder, die ihn als Fußballer zeigen. Denn Bünting hat während seiner aktiven Laufbahn nie Berichte oder Fotos aufgehoben:

Ich dachte immer, ich hätte noch so viel Zeit dafür. Das alles hatte doch erst der Anfang sein sollen!

Horst Bünting 1968 als Kapitän der besten Nachwuchskicker des Landes (ganz links). Als Chef der Jugend-Nationalelf führte er hier eine Mannschaft aufs Spielfeld, in der u.a. die späteren Bundesliga-Stars Reiner Geye (5.v.l., später u.a. Kaiserslautern) und Winfried Schäfer (5. v.r., später u.a. Mönchengladbach) spielten

Alle Spiele 1968/69

29.06.1968
Intertoto-Runde, 1. Spieltag
W. B. – Djurgarden Stockholm 1:2 (1:2)
Aufstellung: Bernard – Piontek, Höttges – Schütz, Steinmann, Schimeczek – Schmidt (46. Görts), Ferner, Björnmose, Danielsen (75. Schaub), G. Zebrowski
Trainer: Langner
Tore: 1:0 Björnmose (11.), 1:1 Svensson (29.), 1:2 L. Karlsson (38.)
Zuschauer: 5.000

06.07.1968
Intertoto-Runde, 2. Spieltag
W. Bremen – VSS Kosice 0:1 (0:0)
Aufstellung: Bernard – Schmidt, Höttges (46. Schütz) – Schimeczek, Steinmann, Björnmose – G. Zebrowski, Ferner, Görts, Danielsen, Schaub (72. Schweighöfer)
Trainer: Langner
Tor: 0:1 Danko (68.)
Zuschauer: 4.000

14.07.1968
Intertoto-Runde, 3. Spieltag
W. Bremen – Szombierki Beuthen 0:2 (0:2)
Aufstellung: Bernard – Schmidt, Höttges – Schütz (Lorenz), Steinmann, Schimeczek – Görts (Schaub), Ferner, Björnmose, Danielsen, G. Zebrowski
Trainer: Langner
Tore: 0:1 Bednarek (33.), 0:2 Powieczko (38.)
Zuschauer: 2.500

21.07.1968
Intertoto-Runde, 4. Spieltag
Szombierki Beuthen – W. Bremen 2:0 (1:0)
Aufstellung: Bernard – Zembski, Schimeczek – Steinmann, M. Lorenz, Björnmose – Schmidt, Ferner, Schweighöfer (46. Schaub), Danielsen, G. Zebrowski
Trainer: Langner
Tore: 1:0 Strzelczyk (30.), 2:0 Stannek (70.)
Zuschauer: 6.000

24.07.1968
Internationales Freundschaftsspiel
VSS Lokomotive/Waggonbau Poprad – W. Bremen 1:2 (1:0)
Aufstellung: Bernard – Zembski, Schimeczek – Steinmann, Schütz, Ferner – Schmidt, Björnmose, Höttges, Danielsen, G. Zebrowski
Trainer: Langner
Torschützen für Werder: Höttges, Björnmose
Zuschauer: 3.000

27.07.1968
Intertoto-Runde, 5. Spieltag
VSS Kosice – W. Bremen 3:1 (0:1)
Aufstellung: Bernard – Piontek, Höttges – Schütz (53. M. Lorenz), Steinmann, Schimeczek – Schmidt, Ferner, Björnmose, Danielsen, G. Zebrowski (60. Görts)
Trainer: Langner
Tore: 0:1 G. Zebrowski (2.), 1:1 Somosi (54.), 2:1 Scherer (68.), 3:1 Scherer (70.)
Zuschauer: 3.000

01.08.1968
Internationales Freundschaftsspiel
W. Bremen – Nottingham Forest 0:1 (0:0)
Aufstellung: Bernard – Piontek, Schimeczek – Höttges (Schmidt), Steinmann, M. Lorenz – Görts, Ferner, Björnmose, Danielsen, G. Zebrowski
Trainer: Langner
Tor: 0:1 Baker (70.)
Besonderes Vorkommnis: Platzverweis für Hindley (Forest) (87.)
Zuschauer: 4.500

03.08.1968
Intertoto-Runde, 6. Spieltag
Djurgarden Stockholm – W. B. 3:4 (3:1)
Aufstellung: Bernard – Schimeczek, Piontek – Schütz, Steinmann, M. Lorenz – Görts, Ferner, Björnmose, Danielsen, G. Zebrowski (78. Roder)
Trainer: Ackerschott (in Vertretung des privat verhinderten Langner)
Tore: 1:0 Svensson (15.), 2:0 Svensson (18. HE), 3:0 Gummesson (31.), 3:1 Görts (32.), 3:2 Schütz (55. FE), 3:3 Görts (70.), 3:4 Schimeczek (78. FE)
Zuschauer: 1.025

Endstand Intertoto-Runde, Gruppe 4:

	S U N	Tore	Pk.
1. VSS Kosice (CSSR)	5 0 1	12 : 6	10
2. Szombierki Beuthen (P)	4 0 2	12 : 9	8
3. Djurgarden Stockholm (S)	2 0 4	12 :14	4
4. SV W. Bremen (D)	1 0 5	6 :13	2

06.08.1968
Freundschaftsspiel
Kreisauswahl Ostfriesland – W. B. 0:11 (0:7)
Aufstellung: Bernard – Piontek (H. Meyer), Höttges (Schimeczek) – Schütz, Steinmann, M. Lorenz (Zembski) – Görts, Ferner, Björnmose (Schmidt), Danielsen (Roder), G. Zebrowski (Schaub)
Trainer: Langner
Tore: Ferner (3), Schütz (2), Schaub (2), Roder (2), M. Lorenz, Steinmann
Zuschauer: 5.000 in Simonswohlde

09.08.1968
Internationales Freundschaftsspiel
W. Bremen – Aarhus GF 3:0 (0:0)
Aufstellung: Bernard – Piontek, Höttges – Schütz, Steinmann, M. Lorenz – Görts, Ferner (75. Schmidt), Björnmose, Danielsen (65. Roder), G. Zebrowski
Trainer: Langner
Tore: 1:0 Görts (46.), 2:0 Björnmose (50.), 3:0 G. Zebrowski (85.)
Zuschauer: 4.000

17.08.1968
Bundesliga, 1. Spieltag
W. Bremen – Hannover 96 3:2 (2:0)
Aufstellung: Bernard – Piontek, Höttges – Schütz, Steinmann, M. Lorenz – Görts, Ferner, Björnmose, Danielsen, G. Zebrowski
Trainer: Langner
Tore: 1:0 Steinmann (24.), 2:0 Görts (36.), 2:1 Anders (66.), 3:1 Piontek (68.), 3:2 Siemensmeyer (87.)
Zuschauer: 25.000

21.08.1968
Internationales Turnier »Juan-Gamper-Pokal«, Halbfinale
CF Barcelona – W. Bremen 3:0 (2:0)
Aufstellung: Bernard – Piontek, Höttges – Schütz, Steinmann, Lorenz – Görts, Ferner, Björnmose, Danielsen, G. Zebrowski
Trainer: Langner
Tore: 1:0 Mendoza (30.), 2:0 Elardio (32.), 3:0 Bernard (ET)
Zuschauer: 80.000

22.08.1968
Internationales Turnier »Juan-Gamper-Pokal«, um Platz drei:
Atlético Bilbao – W. Bremen 3:1 (1:1)
Aufstellung: Bernard (73. Loweg) – Piontek, Höttges – Schütz (46. Schimeczek), Steinmann, M. Lorenz – Görts, Ferner, Björnmose, Danielsen (46. Schmidt), G. Zebrowski
Trainer: Langner
Tore: 0:1 Björnmose (7.), 1:1 unbekannt (33.), 2:1 unbekannt (65.), 3:1 unbekannt (79.)
Zuschauer: 90.000

24.08.1968
Bundesliga, 2. Spieltag
1. FC Kaiserslautern – W. Bremen 1:0 (1:0)
Aufstellung: Bernard – Piontek, Höttges – Schütz (87. Schimeczek), Steinmann, M. Lorenz – G. Zebrowski, Ferner, Björnmose (77. Schmidt), Danielsen, Görts
Trainer: Langner
Tor: 1:0 Kentschke (16.)
Zuschauer: 15.000

04.09.1968
Bundesliga, 3. Spieltag
Hamburger SV – W. Bremen 5:2 (2:1)
Aufstellung: Bernard (78. Loweg) – Piontek, Höttges – Schütz, Steinmann, M. Lorenz – Görts, Ferner, Björnmose, Danielsen, G. Zebrowski (75. Roder)
Trainer: Langner
Tore: 0:1 Görts (25.), 1:1 G. Dörfel (36.), 2:1 Pötzschke (42.), 2:2 Schütz (49.), 3:2 U. Seeler (64.), 4:2 U. Seeler (74.), 5:2 Hönig (89.)
Zuschauer: 18.500

09.09.1968
Bundesliga, 4. Spieltag
W. Bremen – FC Schalke 04 1:3 (1:1)
Aufstellung: Bernard – Piontek, Höttges – Schütz (46. Schimeczek), Steinmann, M. Lorenz – Görts, Ferner, Björnmose, Danielsen, G. Zebrowski (63. Roder)
Trainer: Langner
Tore: 0:1 Lütkebohmert (21.), 1:1 Höttges (30. HE), 1:2 Kasperski (50.), 1:3 Slomiany (71.)
Zuschauer: 18.000

14.09.1968
Bundesliga, 5. Spieltag
Hertha BSC Berlin – W. Bremen 1:0 (1:0)
Aufstellung: Bernard – Piontek, Höttges – Schütz (75. Schmidt), Schimeczek, M. Lorenz – Görts, Ferner, Björnmose, Danielsen, G. Zebrowski (73. Schweighöfer)
Trainer: Langner
Tor: 1:0 Steffenhagen (13.)
Zuschauer: 40.000

17.09.1968
Bundesliga, 6. Spieltag
W. Bremen – TSV 1860 München 4:1 (0:0)
Aufstellung: Bernard – Piontek, Höttges – Schütz, Steinmann (46. Danielsen), Schimeczek – Görts, Ferner, Björnmose (85. Schmidt), M. Lorenz, G. Zebrowski
Trainer: Langner
Tore: 0:1 Linsenmaier (51.), 1:1 G. Zebrowski (57.), 2:1 Björnmose (64.), 3:1 Görts (71.), 4:1 Görts (79.)
Zuschauer: 18.000

21.09.1968
Bundesliga, 7. Spieltag
W. Bremen – Eintracht Frankfurt 0:1 (0:0)
Aufstellung: Bernard – Piontek, Höttges – Schimeczek, Schütz (46. Schmidt), M. Lorenz – Görts, Ferner, Björnmose, Roder, G. Zebrowski (69. Rupp)
Trainer: Langner
Tor: 0:1 Bellut (50.)
Zuschauer: 18.000

25.09.1968
Freundschaftsspiel
Landesauswahl Bremen – W. B. 0:5 (0:4)
Aufstellung: Loweg – Zembski, Schimeczek, Faber, H. Meyer – Schmidt, Bünting – Roder, Rupp, Schweighöfer, Schaub
Trainer: Langner
Tore: 0:1 Rupp (20.), 0:2 Schweighöfer (27.), 0:3 Schweighöfer (39.), 0:4 Schweighöfer (40.), 0:5 Schweighöfer (55.)
Zuschauer: unbekannt

28.09.1968
Bundesliga, 8. Spieltag
MSV Duisburg – W. Bremen 2:0 (0:0)
Aufstellung: Loweg – Piontek, Schimeczek – Schütz, Höttges, M. Lorenz – Görts, Ferner, Björnmose, Roder (37. Schmidt), Rupp
Trainer: Langner
Tore: 1:0 Riedl (58.), 2:0 Pavlic (86.)
Zuschauer: 16.000

05.10.1968
Bundesliga, 9. Spieltag
W. Bremen – Eintr. Braunschweig 2:1 (1:1)
Aufstellung: Loweg – Piontek, Höttges – Schmidt, Steinmann, M. Lorenz – Görts, Ferner, Björnmose, Danielsen (54. Schimeczek, 68. H. Meyer), G. Zebrowski
Trainer: Langner
Tore: 1:0 G. Zebrowski (10.), 1:1 Polywka (32.), 2:1 Höttges (57.)
Zuschauer: 16.000

12.10.1968
Freundschaftsspiel
Vorwärts Billstedt – W. Bremen 2:9 (1:4)
Aufstellung: Bernard (50. Loweg) – Piontek, Zembski (46. H. Meyer) – Schmidt, Faber, Schütz – Görts (30. Roder), Ferner, Björnmose, G. Zebrowski, Rupp (46. Schaub)
Trainer: Ackerschott sen. für Langner (Krankenhaus)
Tore: 1:0 Wehlan (1.), 1:1 Rupp (8.), 1:2 Ferner (28.), 1:3 Björnmose (29.), 1:4 Roder (38.), 1:5 Ferner (58.), 1:6 Schmidt (60.), 1:7 G. Zebrowski (77.), 2:7 Gummelt (80.), 2:8 Björnmose (83.), 2:9 Björnmose (87.)
Zuschauer: 2.000

19.10.1968
Bundesliga, 10. Spieltag
VfB Stuttgart – W. Bremen 2:2 (1:0)
Aufstellung: Loweg – Piontek, Höttges – Schmidt, Steinmann, M. Lorenz – Görts, Ferner, Björnmose, Danielsen, G. Zebrowski (46. Rupp)
Trainer: Ackerschott für Langner (Krankenhaus)
Tore: 1:0 M. Lorenz (45. ET), 1:1 Görts (48.), 2:1 Gress (76.), 2:2 Piontek (86.)
Zuschauer: 15.000

23.10.1968
Freundschaftsspiel
Auswahl Grafschaft Syke – W. B. 2:7 (1:3)
Aufstellung: Loweg (Bernard) – Piontek, Höttges (H. Meyer) – Schmidt, Schütz, M. Lorenz – Görts, Ferner, Björnmose, Rupp, G. Zebrowski
Trainer: Langner
Torschützen für Werder: Björnmose (3), Ferner (2), Görts, G. Zebrowski
Zuschauer: 2.000

26.10.1968
Bundesliga, 11. Spieltag
W. Bremen – FC Bayern München 1:0 (0:0)
Aufstellung: Loweg – Piontek, Höttges – Schütz, Steinmann, M. Lorenz – Görts, Ferner, Björnmose, Danielsen, G. Zebrowski (72. Rupp)
Trainer: Langner
Tor: 1:0 Steinmann (81.)
Zuschauer: 35.000

30.10.1968
Bundesliga, 12. Spieltag
Alemannia Aachen – W. Bremen 2:1 (1:1)
Aufstellung: Loweg – Piontek, Höttges – Schütz, Steinmann, M. Lorenz – Görts, Ferner, Björnmose, Danielsen, G. Zebrowski (61. Rupp)
Trainer: Langner
Tore: 1:0 Klostermann (12.), 1:1 Björnmose (20.), 2:1 Claessen (46.)
Zuschauer: 15.000

02.11.1968
Bundesliga, 13. Spieltag
Borussia Dortmund – W. Bremen 3:2 (2:2)
Aufstellung: Loweg – Piontek, Höttges – Schütz (79. Schmidt), Steinmann, M. Lorenz – Görts (76. G. Zebrowski), Ferner, Björnmose, Danielsen, Rupp
Trainer: Langner
Tore: 1:0 Erler (6.), 2:0 Emmerich (22.), 2:1 Danielsen (26.), 2:2 Rupp (31.), 3:2 Sturm (57.)
Zuschauer: 14.800

09.11.1968
Bundesliga, 14. Spieltag
W. Bremen – 1. FC Köln 3:1 (1:0)
Aufstellung: Loweg – Piontek, Höttges (71. Schmidt) – Schütz, Steinmann (87. G. Zebrowski), M. Lorenz – Görts, Ferner, Björnmose, Danielsen, Rupp
Trainer: Langner
Tore: 1:0 Rupp (35.), 2:0 Görts (68.), 3:0 Schütz (75. FE), 3:1 Hornig (84.)
Zuschauer: 15.000

16.11.1968
Bundesliga, 15. Spieltag
1. FC Nürnberg – W. Bremen 1:1 (1:1)
Aufstellung: Bernard – Piontek, Höttges – Schütz, Steinmann, M. Lorenz – Görts, Ferner, Björnmose, Danielsen, Rupp
Trainer: Langner
Tore: 1:0 L. Müller (10.), 1:1 Görts (38.)
Zuschauer: 9.000

29.11.1968
Bundesliga, 16. Spieltag
W. Bremen – Kickers Offenbach 2:0 (1:0)
Aufstellung: Bernard – Piontek, Höttges – Schütz, Steinmann, M. Lorenz – Görts, Ferner, Björnmose (70. Schmidt), Danielsen, Rupp
Trainer: Langner
Tore: 1:0 Rupp (20.), 2:0 Danielsen (83.)
Zuschauer: 10.000

06.12.1968
Bundesliga, 17. Spieltag
Bor. M'gladbach – W. Bremen 1:1 (0:0)
Aufstellung: Bernard – Piontek, Schimeczek – Schütz, Steinmann, Höttges – Görts, Ferner, Björnmose, M. Lorenz, Rupp
Trainer: Langner
Tore: 0:1 Rupp (49.), 1:1 Milder (61.)
Besonderes Vorkommnis: Platzverweis für Höttges (W. B.) (88.)
Zuschauer: 20.000

07.12.1968
Freundschaftsspiel
Blauweiß Dahl – W. Bremen 2:9 (1:0)
Aufstellung: Bernard (46. Loweg) – Piontek (H. Meyer), Schimeczek – Björnmose, Schütz, M. Lorenz – Görts, Ferner, Rupp (46. Bernard), Danielsen, G. Zebrowski
Trainer: Langner
Torschützen für Werder: Görts (4), Danielsen (3), Bernard, G. Zebrowski
Zuschauer: 1.000

15.12.1968
Freundschaftsspiel
Heider SV – W. Bremen 1:5 (0:1)
Aufstellung: Bernard (46. Loweg) – Zembski (67. Faber), Schimeczek – Ferner (60. Schweighöfer), Schütz, Schmidt – G. Zebrowski, Björnmose, Görts, Danielsen (70. H. Meyer), Rupp
Trainer: Langner
Tore: 0:1 G. Zebrowski (31.), 0:2 Björnmose (57.), 0:3 Björnmose (68.), 1:3 Hußner (81.), 1:4 Schimeczek (82.), 1:5 Schweighöfer (86.)
Zuschauer: 2.500

22.12.1968
Freundschaftsspiel
Roland Delmenhorst – W. Bremen 0:8 (0:4)
Aufstellung: Bernard (46. Loweg) – Zembski (46. H. Meyer), Schimeczek – Faber, Schütz, Schmidt – G. Zebrowski, Ferner, Görts (46. Schweighöfer), Björnmose, Rupp
Trainer: Langner
Tore: 0:1 Rupp (4.), 0:2 Ferner (10.), 0:3 Schmidt (41.), 0:4 Görts (43.), 0:5 Schimeczek (56.), 0:6 Rupp (72.), 0:7 Björnmose (82.), 0:8 Ferner (87.)
Zuschauer: 1.500

28.12.1968
Internationales Freundschaftsspiel
W. Bremen – Tscherno More Varna 1:1 (1:0)
Aufstellung: Bernard (46. Loweg) – Piontek, Schimeczek – Schütz, Steinmann (46. H. Meyer), M. Lorenz – G. Zebrowski (46. Görts), Ferner (46. Schmidt), Björnmose, Danielsen, Rupp
Trainer: Langner
Tore: 1:0 Rupp (37.), 1:1 Todorow (85.)
Zuschauer: 3.200

04.01.1969
DFB-Pokal, 1.Runde
Rot-Weiß Essen – W. Bremen 1:2 (1:0)
Aufstellung: Bernard – Piontek, Schimeczek (46. Schmidt) – Schütz, Steinmann, M. Lorenz – Görts, Ferner, Björnmose, Danielsen, Rupp
Trainer: Langner
Tore: 1:0 Pöhling (37.), 1:1 Görts (61.), 1:2 Görts (75.)
Zuschauer: 18.000

11.01.1969
Bundesliga, 18. Spieltag
Hannover 96 – W. Bremen 1:0 (0:0)
Aufstellung: Bernard – Piontek, Schmidt – Schütz, Steinmann, M. Lorenz – Görts, Ferner, Björnmose, Danielsen, Rupp
Trainer: Langner
Tor: 1:0 Breuer (18.)
Besonderes Vorkommnis: Siemensmeyer (96) schießt HE an den Pfosten (50.)
Zuschauer: 15.000

18.01.1969
Bundesliga, 19. Spieltag
W. Bremen – 1. FC Kaiserslautern 2:1 (0:0)
Aufstellung: Bernard – Piontek, Höttges – Schmidt, Steinmann, M. Lorenz – G. Zebrowski (70. Schweighöfer), Ferner, Görts, Björnmose, Rupp
Trainer: Langner
Tore: 1:0 Görts (46.), 1:1 Geisert (51.), 2:1 M. Lorenz (58.)
Zuschauer: 11.000

25.01.1969
Bundesliga, 20. Spieltag
TSV 1860 München – W. Bremen 4:3 (2:1)
Aufstellung: Bernard – Höttges, B. Schmidt – Schütz, Steinmann, M. Lorenz – G. Zebrowski, Ferner, Görts, Björnmose, Rupp
Trainer: Langner
Tore: 1:0 Ho. Schmidt (5.), 2:0 Fischer (7.), 2:1 Ferner (10.), 3:1 Fischer (53.), 3:2 Rupp (58.), 4:2 Kohlars (72.), 4:3 Rupp (86.)
Zuschauer: 13.000

01.02.1969
Bundesliga, 21. Spieltag
W. Bremen – Hamburger SV 1:1 (1:0)
Aufstellung: Bernard – Höttges, Schmidt – Schütz, Steinmann, M. Lorenz – G. Zebrowski (74. Danielsen), Ferner, Görts, Björnmose, Rupp
Trainer: Langner
Tore: 1:0 Görts (14.), 1:1 H. Schulz (69.)
Zuschauer: 32.000

08.02.1969
Bundesliga, 22. Spieltag
FC Schalke 04 – W. Bremen 2:1 (0:0)
Aufstellung: Bernard – Schmidt, Höttges – Schütz, Steinmann, M. Lorenz – Görts, Danielsen, Björnmose, Ferner, Rupp
Trainer: Langner
Tore: 1:0 Wittkamp (48.), 1:1 Höttges (72. FE), 2:1 Libuda (75.)
Zuschauer: 18.000

15.02.1969
DFB-Pokal, Achtelfinale
W. Bremen – Eintr. Braunschweig 5:0 (3:0)
Aufstellung: Bernard – Schmidt, Höttges – Schütz, Steinmann, M. Lorenz – Görts, Ferner, Schweighöfer, Björnmose, Rupp
Trainer: Langner
Tore: 1:0 Schweighöfer (19.), 2:0 Björnmose (34.), 3:0 Görts (38.), 4:0 Rupp (57.), 5:0 Görts (69.)
Zuschauer: 14.000

01.03.1969
Bundesliga, 23. Spieltag
Eintracht Frankfurt – W. Bremen 2:1 (1:1)
Aufstellung: Bernard – Schmidt, Höttges – Schütz, Steinmann, M. Lorenz – Görts, Ferner, Björnmose, Schweighöfer, Rupp
Trainer: Langner
Tore: 1:0 Kalb (3.), 1:1 Rupp (13.), 2:1 Bellut (60.)
Zuschauer: 10.500

08.03.1969
Bundesliga, 24. Spieltag
W. Bremen – MSV Duisburg 2:1 (0:1)
Aufstellung: Bernard – Schmidt, Höttges – Schütz, Steinmann, M. Lorenz – Görts, Ferner, Schweighöfer (63. Piontek), Björnmose, G. Zebrowski (52. H. Meyer)
Trainer: Langner
Tore: 0:1 Riedl (38.), 1:1 Schmidt (61.), 2:1 Görts (72.)
Zuschauer: 12.000

22.03.1969
Bundesliga, 25. Spieltag
W. Bremen – VfB Stuttgart 1:0 (1:0)
Aufstellung: Bernard – Schmidt, Schimeczek – Schütz, Steinmann, Höttges – Görts, Ferner, Björnmose, M. Lorenz, Rupp
Trainer: Langner
Tor: 1:0 Björnmose (43.)
Zuschauer: 22.000

29.03.1969
Bundesliga, 26. Spieltag
FC Bayern München – W. Bremen 6:0 (2:0)
Aufstellung: Bernard – Schimeczek, H. Meyer – Schütz, Steinmann, M. Lorenz – Görts, Ferner, Björnmose, B. Schmidt, Rupp
Trainer: Langner
Tore: 1:0 Starek (4.), 2:0 He. Schmidt (32.), 3:0 Ohlhauser (48.), 4:0 G. Müller (53.), 5:0 G. Müller (65.), 6:0 Beckenbauer (85.)
Zuschauer: 17.000

31.03.1969
Freundschaftsspiel
TSV Trostberg – W. Bremen 1:11 (0:5)
Aufstellung: Bernard (46. Loweg) – Schmidt, Schimeczek (H. Meyer) – Schütz, Steinmann. M. Lorenz – Görts, Ferner, Schweighöfer, Björnmose, Rupp (G. Zebrowski)
Trainer: Langner
Torschützen für Werder: Rupp (3), Görts (3), Björnmose (2), Ferner, Schweighöfer, Björnmose
Zuschauer: 2.000

03.04.1969
DFB-Pokal, Viertelfinale
1. FC Kaiserslautern – W. Bremen 3:0 (1:0)
Aufstellung: Bernard – Piontek, Höttges – Schütz, Steinmann, M. Lorenz – Görts, Ferner, Schmidt, Björnmose, Rupp
Trainer: Langner
Tore: 1:0 Geisert (18.), 2:0 Friedrich (53.), 3:0 Kentschke (69.)
Zuschauer: 10.000

08.04.1969
Bundesliga, 27. Spieltag
W. Bremen – Hertha BSC Berlin 2:0 (0:0)
Aufstellung: Bernard – Piontek, Schmidt – Schütz, Steinmann, Höttges – Ferner, Danielsen, Björnmose, M. Lorenz, Görts
Trainer: Langner
Tore: 1:0 Schmidt (88.), 2:0 Schütz (90.)
Zuschauer: 18.174

19.04.1969
Bundesliga, 28. Spieltag
W. Bremen – Alemannia Aachen 1:2 (1:0)
Aufstellung: Loweg – Piontek, Schmidt – Schütz, Steinmann, Höttges (76. Faber) – Ferner (46. Rupp), Danielsen, Björnmose, M. Lorenz, Görts
Trainer: Langner
Tore: 1:0 Görts (26.), 1:1 Claessen (69.), 1:2 Pawellek (74.)
Zuschauer: 12.400

22.04.1969
Bundesliga, 29. Spieltag
Eintr. Braunschweig – W. Bremen 0:3 (0:0)
Aufstellung: Bernard – Piontek, Höttges – Schütz, Steinmann, M. Lorenz – Görts (83. Schmidt), Ferner, Björnmose, Danielsen, Rupp
Trainer: Langner
Tore: 0:1 Görts (73.), 0:2 Rupp (76.), 0:3 M. Lorenz (80.)
Zuschauer: 8.000

26.04.1969
Bundesliga, 30. Spieltag
W. Bremen – Borussia Dortmund 2:1 (2:1)
Aufstellung: Bernard – Piontek, Höttges – Schütz, Steinmann, M. Lorenz – Görts, Ferner, Björnmose, Danielsen, Rupp
Trainer: Langner
Tore: 1:0 Höttges (37. FE im Nachschuß), 1:1 Wosab (38.), 2:1 Rupp (44.)
Zuschauer: 16.000

28.04.1969
Internationales Freundschaftsspiel
FC Sunderland – W. Bremen 1:1 (0:0)
Aufstellung: Bernard – Piontek, Höttges – Schütz, Steinmann, M. Lorenz – Görts, Ferner, Schmidt, Danielsen, Rupp
Trainer: Langner
Tore: 1:0 Kerr (65.), 1:1 Schmidt (68.)
Zuschauer: 4.000

29.04.1969
Internationales Freundschaftsspiel
Doncaster Rovers – W. Bremen 2:1 (2:1)
Aufstellung: Bernard – Zembski (Schimeczek), Höttges – Schütz, Steinmann, M. Lorenz – Görts, Ferner, Schmidt, Danielsen, Rupp
Trainer: Langner
Tore: 1:0 Briggs (15.), 2:0 Johnson (30.), 2:1 Höttges (41.)
Zuschauer: 8.239

01.05.1969
Freundschaftsspiel
TSV Lesum – W. Bremen 0:12 (0:4)
Aufstellung: Bernard (Loweg) – Schimeczek, Höttges – Schütz (Faber), Steinmann (Zembski), M. Lorenz – Görts, Ferner (H. Meyer), Schmidt, Danielsen (Schweighöfer), Rupp
Trainer: Langner
Tore: 0:1 Görts (1.), 0:2 M. Lorenz (12.), 0:3 Schmidt (14.), 0:4 Ferner (21.), 0:5 Schimeczek (55.), 0:6 Schmidt (70.), 0:7 Schweighöfer (80.), 0:8 Schmidt (82.), 0:9 Schmidt (85.), 0:10 Schimeczek (86.), 0:11 Höttges (87.), 0:12 Schweighöfer (89.)
Zuschauer: 1.500

03.05.1969
Freundschaftsspiel
TSV Achim – W. Bremen 0:7 (0:0)
Aufstellung: Bernard (46. Loweg) – Piontek, Höttges – Schütz, Steinmann, M. Lorenz (46. Faber) – Schweighöfer, Ferner, Schmidt (46. H. Meyer), Danielsen (46. Schimeczek), Görts (46. Zembski)
Trainer: Langner
Tore: 0:1 Schütz (50.), 0:2 Höttges (55.), 0:3 Höttges (57.), 0:4 Schweighöfer (63.), 0:5 Schweighöfer (74.), 0:6 Höttges (86.), 0:7 Schweighöfer (88.)
Zuschauer: 1.000

04.05.1969
Freundschaftsspiel
Blauweiß Borssum – W. Bremen 0:9 (0:5)
Aufstellung: Bernard – Piontek, Schimeczek – Schütz, Steinmann, M. Lorenz – Schmidt (H. Meyer), Ferner, Höttges, Danielsen, Görts (Zembski)
Trainer: Langner
Tore: 0:1 Schütz (20.), 0:2 Danielsen (22.), 0:3 Ferner (24.), 0:4 Schimeczek (30.), 0:5 Höttges (39.), 0:6 Schütz (47.), 0:7 Danielsen (53.), 0:8 Schmidt (80.), 0:9 Höttges (85.)
Zuschauer: 3.000

07.05.1969
Internationales Freundschaftsspiel
W. Bremen – FC Sunderland 1:0 (1:0)
Aufstellung: Bernard – Schmidt, Schimeczek – Schütz, Steinmann (46. Faber), Björnmose – Görts (46. Zembski), Ferner, Schweighöfer, Danielsen, Rupp
Trainer: Langner
Tor: 1:0 Björnmose (23.)
Zuschauer: 2.500

08.05.1969
Freundschaftsspiel (Spielzeit wegen Wolkenbruchs auf 2 x 37 Minuten reduziert)
TSV Mörsen/Scharrendorf – W. B. 0:5 (0:0)
Aufstellung: Loweg – Zembski, Schimeczek – Schütz (46. Faber), Steinmann (46. H. Meyer), Ferner – Schmidt, Björnmose, Schweighöfer, Danielsen, Rupp
Trainer: Langner
Tore: 0:1 Schweighöfer (3.), 0:2 H. Meyer (24.), 0:3 Schweighöfer (27.), 0:4 Schweighöfer (44.), 0:5 Ferner (74.)
Zuschauer: 1.000

17.05.1969
Bundesliga, 31. Spieltag
1. FC Köln – W. Bremen 3:3 (3:2)
Aufstellung: Bernard – Piontek, Höttges – Schütz, Steinmann, M. Lorenz – Görts, Ferner, Björnmose, Danielsen, Rupp
Trainer: Langner
Tore: 1:0 Biskup (3.), 2:0 Overath (4.), 2:1 Görts (27.), 2:2 Danielsen (36.), 3:2 Rühl (40. FE), 3:3 Höttges (64. FE)
Zuschauer: 17.000

18.05.1969
Freundschaftsspiel
TSV Barsinghausen – W. Bremen 1:7 (0:4)
Aufstellung: Bernard (49. Loweg) – Piontek, Höttges – M. Lorenz, Schütz, Schmidt (10. Schimeczek) – G. Zebrowski, Ferner, Schweighöfer, Görts, Rupp
Trainer: Langner
Tore: 0:1 Görts (17.), 0:2 Görts (19.), 0:3 Schweighöfer (30.), 0:4 Schweighöfer (43.), 0:5 M. Lorenz (50. FE), 0:6 Schweighöfer (53.), 0:7 Schimeczek (61.), 1:7 Schneider (78.)
Zuschauer: 1.400

23.05.1969
Bundesliga, 32. Spieltag
W. Bremen – 1. FC Nürnberg 3:3 (2:1)
Aufstellung: Bernard – Piontek, Höttges – Schütz, Steinmann, M. Lorenz – Görts, Ferner, Björnmose, Danielsen, Rupp
Trainer: Langner
Tore: 1:0 Rupp (6.), 1:1 Küppers (13.), 2:1 Höttges (14.), 3:1 L. Müller (51. ET), 3:2 Strehl (63. FE), 3:3 Küppers (65.)
Besonderes Vorkommnis: Platzverweis für Volkert (FCN) (35.)
Zuschauer: 27.000

31.05.1969
Bundesliga, 33. Spieltag
Kickers Offenbach – W. Bremen 0:3 (0:2)
Aufstellung: Bernard (75. Loweg) – Piontek, Höttges – Schütz, Steinmann, M. Lorenz – Görts, Ferner, Björnmose, Danielsen, Rupp
Trainer: Langner
Tore: 0:1 Ferner (10.), 0:2 Görts (39.), 0:3 Görts (61.)
Besonderes Vorkommnis: Bernard (W. B.) hält HE von E. Schmitt (71.)
Zuschauer: 17.000

01.06.1969
Freundschaftsspiel
TuS Varel – W. Bremen 3:6 (1:5)
Aufstellung: Loweg – Schmidt, Höttges – Schütz (Zembski), Steinmann (H. Meyer), M. Lorenz – Görts (G. Zebrowski), Ferner, Björnmose, Danielsen (Schimeczek), Rupp
Trainer: Langner
Tore: 1:0 Schonvogel (15.), 1:1 Görts (25.), 1:2 Höttges (Elfmeter), 1:3 Björnmose, 1:4 Görts, 1:5 Danielsen, 2:6 Schonvogel (50.), 2:6 Björnmose (70.), 3:6 D. Schubert (85.)
Zuschauer: 2.500

07.06.1969
Bundesliga, 34. Spieltag
W. Bremen – Bor. M'gladbach 6:5 (4:3)
Aufstellung: Loweg – Schmidt, Schimeczek (38. Zembski) – Schütz, Steinmann, M. Lorenz – Görts, Ferner, Björnmose, Danielsen, Rupp
Trainer: Langner / Ackerschott
Tore: 1:0 Rupp (9.), 2:0 Rupp (9.), 2:1 Laumen (10.), 3:1 Rupp (24.), 3:2 Köppel (31.), 3:3 Wimmer (37.), 4:3 Schütz (41. FE im Nachschuß), 5:3 Björnmose (67.), 6:3 Björnmose (76.), 6:4 Ackermann (80.), 6:5 Milder (83. FE)
Besonderes Vorkommnis: Trainer Fritz Langner verschwand schon vor der Halbzeit aus dem Stadion, weil er einen Flieger kriegen musste, um rechtzeitig zu Verhandlungen bei seinem kommenden Verein TSV München 1860 sein zu können.
Zuschauer: 12.000

09.06.1969
Freundschaftsspiel
Blau-Weiß Bornreihe – W. Bremen 2:7 (1:3)
Aufstellung: Loweg – Schmidt (46. H. Meyer), Schimeczek – Schütz, Steinmann, M. Lorenz – Görts, Ferner, Björnmose (46. Schweighöfer), Danielsen, Rupp (46. Zembski)
Trainer: Langner
Torschützen für Werder: Lorenz (3), Görts, Schweighöfer, Ferner, Danielsen
Zuschauer: 2.500

11.06.1969
Internationales Freundschaftsspiel
Standard Lüttich – W. Bremen 7:2 (2:1)
Aufstellung: Loweg – Schmidt, M. Lorenz – Schütz, Steinmann, Ferner (H. Meyer) – G. Zebrowski (Schweighöfer), Björnmose, Görts, Danielsen, Rupp
Trainer: Langner (war nicht dabei)
Tore: 1:0 Kostedde (22.), 2:0 Kostedde (25.), 2:1 Schütz (42. FE), 3:1 Takac (48.), 4:1 Kostedde (54.), 4:2 G. Zebrowski (55.), 5:2 Takac (59.), 6:2 van Moer (77.), 7:2 Colonval (88.)
Zuschauer: 7.500

17.06.1969
Freundschaftsspiel
Kreisauswahl Friesoythe – W. B. 3:10 (1:6)
Aufstellung: Loweg – Schmidt, H. Meyer (46. Faber) – Schütz, Steinmann, M. Lorenz – Görts (65. H. Meyer), Höttges, Björnmose, Danielsen, G. Zebrowski
Trainer: Langner
Torschützen für Werder: Höttges (4), Lorenz (2), Björnmose (2), G. Zebrowski, Görts
Zuschauer: 2.500

18.06.1969
Freundschaftsspiel
VfL Wildeshausen – W. Bremen 1:12 (1:6)
Aufstellung: Loweg – Schmidt, Faber – Schütz, Steinmann, Höttges (46. H. Meyer) – Görts, Ferner, Björnmose, Danielsen (G. Zebrowski), M. Lorenz
Trainer: Langner
Torschützen für Werder: Ferner (3), M. Lorenz (2), Björnmose (2), Schmidt (2), Görts (2), Höttges
Zuschauer: 1.500

20.06.1969
Freundschaftsspiel
SV Selsingen – W. Bremen 1:15 (0:7)
Aufstellung: Loweg – Schmidt, H. Meyer (46. Zembski) – Schütz, Steinmann, Björnmose – Görts (46. G. Zebrowski), Ferner, Höttges, Danielsen, M. Lorenz
Trainer: Langner
Torschützen für Werder: Höttges (4), Danielsen (3), M. Lorenz (2), Ferner (2), Görts (2), Schmidt (2).
Zuschauer: 1.500

21.06.1969
Freundschaftsspiel
Olympia Laxten – W. Bremen 0:10 (0:5)
Aufstellung: Loweg – Schmidt, H. Meyer (Zembski) – Schütz, Steinmann, Björnmose – Görts, Ferner, Danielsen, Höttges (G. Zebrowski), M. Lorenz
Trainer: Langner
Tore: Danielsen (4), Görts (2), Björnmose, Höttges, Ferner, Alvers/ET
Zuschauer: 3.000

22.06.1969
Freundschaftsspiel
SG Gronau/Vorwärts Epe – W. B. 3:6 (2:3)
Aufstellung: Loweg – Schmidt, H. Meyer – Schütz, Steinmann, Björnmose – Görts, Ferner, Höttges (35. Zembski), Danielsen (70. G. Zebrowski), M. Lorenz
Trainer: Langner
Tore: 0:1 Görts (8.), 0:2 Ferner (10.), 1:2 Bajorath (24.), 1:3 Steinmann (34.), 2:3 Waga (35.), 2:4 Schütz (63.), 2:5 Steinmann (71.), 2:6 M. Lorenz (79.), 3:6 Müller (86.)
Zuschauer: 2.100

24.06.1969
Freundschaftsspiel
SGO Bremen – W. Bremen 0:8 (0:4)
Aufstellung: Kugler – Schmidt, H. Meyer – Schütz, Steinmann, Björnmose – Görts, Ferner, Höttges, Danielsen, G. Zebrowski
Trainer: Langner
Tore: G. Zebrowski (3), Ferner (2), Görts (2), Danielsen
Zuschauer: 2.000

25.06.1969
Freundschaftsspiel
Rotenburger SV – W. Bremen 1:8 (0:4)
Aufstellung: Kugler – Schmidt, H. Meyer – Schütz, Steinmann, Höttges (46. Zembski) – Björnmose, Ferner, Görts, Danielsen, G. Zebrowski
Trainer: Langner
Torschützen für Werder: G. Zebrowski (3), Schmidt (2), Görts (2), Björnmose
Zuschauer: 2.000

* In der Fieberkurve wurden die Nachholspiele nicht chronologisch, sondern nummerisch berücksichtigt. Die zwischenzeitlich dramatischen Tabellenplätze vor der Austragung der – ausnahmslos gewonnenen – Nachholspiele finden deshalb in der Kurve keinen Niederschlag.

Bundesliga-Abschlusstabelle 1968 / 1969

Platz	Verein	Spiele	S	U	N	Tore	Diff.	Punkte
1.	Bayern München	34	18	10	6	61:31	+30	46-22
2.	Alemannia Aachen	34	16	6	12	57:51	+6	38-30
3.	Borussia M'gladbach	34	13	11	10	61:46	+15	37-31
4.	Eintracht Braunschweig	34	13	11	10	46:43	+3	37-31
5.	VfB Stuttgart	34	14	8	12	60:54	+6	36-32
6.	Hamburger SV	34	13	10	11	55:55	0	36-32
7.	Schalke 04	34	14	7	13	45:40	+5	35-33
8.	Eintracht Frankfurt	34	13	8	13	46:43	+3	34-34
9.	**Werder Bremen**	**34**	**14**	**6**	**14**	**59:59**	**0**	**34-34**
10.	1860 München	34	15	4	15	44:59	-15	34-34
11.	Hannover 96	34	9	14	11	47:45	+2	32-36
12.	MSV Duisburg	34	8	16	10	33:37	-4	32-36
13.	Hertha BSC Berlin (N)	34	12	8	14	31:39	-8	32-36
14.	1. FC Köln (P)	34	13	6	15	47:56	-9	32-36
15.	1. FC K'lautern	34	12	6	16	45:47	-2	30-38
16.	Borussia Dortmund	34	11	8	15	49:54	-5	30-38
17.	1. FC Nürnberg (M)	34	9	11	14	45:55	-10	29-39
18.	Kickers Offenbach (N)	34	10	8	16	42:59	-17	28-40

Fieberkurve der Bundesliga-Saison 1968 / 1969*

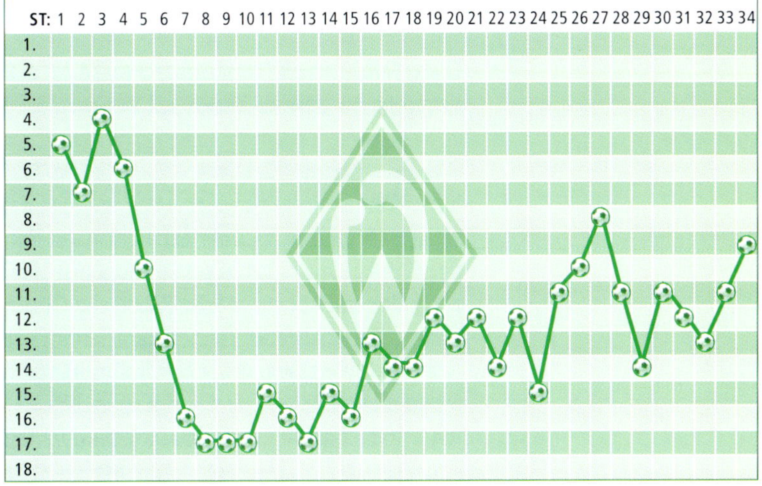

1969/70: Rebell am Ball

Oben v.l.:
Piontek, Steinmann, B. Lorenz, Meyer, Windhausen, Schütz, Danielsen, Trainer Rebell
Mitte v.l.:
Schmidt, Coordes, Deterding, Görts
Unten v.l.:
Björnmose, Höttges, Bernard, Zembski, Hasebrink

In der Vorsaison mussten Werders Fans mit ansehen, was dabei herauskommt, wenn man bei der Zusammenstellung der Mannschaft zuviel Sparsamkeit an den Tag legt. 1969/1970 darf exemplarisch als Musterbeispiel dafür gelten, was passieren kann, wenn sich ein Vereinsvorstand bei der Auswahl des Trainers für eine Sparlösung entscheidet. Eine schmerzliche Erfahrung, die Dr. Franz Böhmert später zu der ernüchternden Bilanz verleitete: »Wir haben ganz selten den Trainer bekommen, den wir haben wollten. Meist mussten wir den nehmen, der gerade frei war oder den wir bezahlen konnten.«

Diese Saison wurde vermeidbarerweise zur schlimmsten Nervenprobe für unseren Verein seit Bestehen der Liga.

Wie gesagt: Eine glücklichere Hand bei der Wahl des Trainers hätte Werder einiges erspart. Mit Erstaunen nahm die Fachwelt zur Kenntnis, dass der alte Fuhrmann Fritz Langner (ging nach Ablauf seines Vertrages zu München 1860) durch den noch älteren Fuhrmann Fritz Rebell von Göttingen 05 ersetzt wurde. Ein erfahrener Trainer, der allerdings schon 64 Jahre alt, und vor allem: völlig bundesligaunerfahren war. Und schon recht bald überraschte der eigentlich als knallhart geltende Rebell damit, immer mal wieder durchblicken zu lassen, dass ihm die Bundesliga eigentlich viel zu aufregend sei. Das hätte man eventuell auch vorher in Erfahrung bringen können, aber Werders Vereinsführung um Präsident Düring war zu begeistert von der Idee, Fritz Rebell zu verpflichten. Oder um es etwas passender zu sagen: Düring war begeistert von Rebells Gehaltsvorstellungen, denn der Mann aus der Regionalliga erwies sich als ungewöhnlich genügsam in seinen Forderungen.

Der Trend zum billigeren Trainer!
Werder Bremen verpflichtete Fritz Rebell von Göttingen 05

Personell hatte sich Werder vor der Saison eher verschlechtert: Mit dem wuchtigen Stürmer Windhausen und Mittelfeldstratege Hasebrink kamen zwar erprobte Kräfte vom Ligakonkurrenten Kaiserslautern. Die übrigen Neuzugänge Deterding und Coordes (beide aus Bremerhaven) sowie Bernd Lorenz (Duwo 08 Hamburg) und Ersatztorwart Stefens (SV Meppen) konnten jedoch den Aderlass der Abgänge nicht aufwiegen: Es gingen der in Bremen nie glücklich gewordene Torjäger Rupp, aus der Meisterelf die Leistungsträger Max Lorenz, Ferner und Zebrowski sowie die Reservisten Schweighöfer, Schaub und Faber. Nachdem sich die Mannschaft in den ersten sechs Jahren

Bundesliga immer nur punktuell verändert hatte, vollzog Rebell in Zusammenarbeit mit Geschäftsführer Hansi Wolff den ersten großen Umbruch in Werders Bundesligageschichte. Vor allem der Abschied von Rupp und Max Lorenz tat weh. Bernd Rupp bewies bei seinem neuen Verein 1. FC Köln sofort und nachhaltig, dass er sehr wohl zu den besten Stürmern der Liga gehörte, was er außer in Bremen eigentlich auch überall unter Beweis stellte. Und mit Max Lorenz kehrte ein absolutes Fußball-Denkmal Bremen den Rücken. Lorenz war neben Diethelm Ferner der einzige Star der Meisterelf, der seine Bundesligakarriere nicht bei seinem Herzensverein Werder beendete.

Die Saison lief unruhig, und zwar konsequent von vorne bis hinten. Nach 3:1 Punkten zum Start gab es die erste Misserfolgsserie, die Werder nach sieben Spielen ohne Sieg in die Abstiegszone katapultierte. Bis zum Saisonende sollten die Bremer nicht wieder herausfinden. Vor allem auswärts war mit Werder kein Staat zu machen: Unter Trainer Rebell gelang kein einziger Sieg. Der Coach wiederum zeigte sich in der Bundesliga mehr und mehr überfordert, verspielte jeglichen Respekt und ließ bald durchblicken, sich diese Liga nicht länger antun zu wollen. Es war beschlossene Sache, dass das Desaster mit dem knorrigen Göttinger eine einjährige Episode bleiben sollte. Umso mehr, als mit der Zeit immer mehr Schrulligkeiten über den unglücklichen älteren Herrn bekannt wurden: Er wollte die Herzen der Spieler gewinnen, indem er ihnen montags Obst auf den Platz legte. Er vergrub glücksbringende Kupfermünzen unter dem Rasen des Weser-Stadions. Er schlief vor wichtigen Spielen in einem grünweißen Nachthemd. Er veranlasste, dass Werder im Heimspiel gegen Hertha BSC zum ersten Mal in der Bundesligageschichte des Vereins die Farben Grün und Weiß verließ, um in Schock-Knallrot aufzulaufen. Begründung des Trainers: »Die grünen Hemden konnte keiner mehr leiden. In denen hatten wir einfach kein Glück.« Geschäftsführer Wolff war von der Idee angetan, bestellte die neuen Hemden und verriet: »Wir sind zu der Erkenntnis gekommen, dass rote Trikots bei Flutlicht und Schnee am besten auszumachen sind und die Bälle geradezu anzuziehen scheinen.«

Spieler: Mehr Training

Revolution in Bremen!

Und es wurde immer seltsamer: Rebell drosselte das Training und entschloss sich in Zeiten zunehmender Professionalisierung, den entgegengesetzten Weg zu gehen und die Spieler nur noch halbtags trainieren zu lassen. Vollprofis wie die geschäftstüchtige Dänen-Connection Danielsen und Björnmose gingen daraufhin auf Jobsuche, um vormittags künftig auch noch etwas zu tun zu haben.

Rassiges Duell zwischen Björnmose (Werder) und Günther Netzer (Mönchengladbach). Tore fallen am 11. Oktober 1969 im Weser-Stadion allerdings nicht

Das Training des eigentlich als »harter Hund« verschrieenen Rebell war erstaunlich lasch und erinnerte manchmal sogar an Opas guten alten Turnverein: Wenn etwa der Trainer huckepack auf den Schultern eines Spielers eine Wäscheleine hochhielt, um die Stürmer unter der Leine hochhüpfen zu lassen. Angeblich gut fürs Sprungvermögen. Die Halbtagsprofis waren nicht sehr überzeugt. Sie wurden – wohl einmalig in der Bundesliga – auf Eigeninitiative ein erstes Mal beim Vorstand vorstellig und baten darum, Rebell wieder zu einem deutlich härteren Training zu bewegen. Der vorgeschickte Ligaobmann Fred Schulz wollte helfen: »Ich habe mehrfach beim Training zugesehen und Herrn Rebell dann gebeten, das Training zu verschärfen.«

Das nun tägliche zweistündige Training brachte zwar Muskelkater, aber weiterhin keine Siege. Und die Spieler hatten schließlich endgültig die Nase voll von Obst, Nachthemden und Wäscheleinen und waren sich sicher: »Mit dem steigen wir ab!« Ein weiteres Mal, erstmals in Werders Bundesligageschichte, wandten sich Lizenzspieler nach einer beschämenden Niederlage in Kaiserslautern mit mulmigem Gefühl und diesmal mit der dringenden Anregung an den Vorstand, den Trainer zu entlassen, und das bitteschön auch möglichst bald. Entlassen werden im wörtlichen Sinne musste Rebell dann nicht mehr: Er sah ein, dass er die Mannschaft nicht mehr erreichte – wenn er sie überhaupt jemals erreicht hatte. Eher erleichtert zog er sich als Rentner ins heimatliche Heusenstamm zurück und hatte vom Profifußball die Nase gestrichen voll.

Ein Trainer alter Schule mit Trainingsmethoden wie im Grundschulsportunterricht: Fritz Rebell huckepack auf den Schultern eines Lizenzspielers. Der Sprung nach der hochgehaltenen Wäscheleine sollte die Sprungkraft schulen

Von der Bundesliga die Nase voll

Trainer Rebell geht in den Ruhestand — Weg frei für „Zapf“ Gebhardt

Trainerentlassung Nr. 2: Fritz Rebell oder: Billiges muss nicht gut sein (Entlassung: 14. März 1970)

Als der zumindest in unteren Klassen erfahrene Trainer Fritz Rebell seine knapp zehnmonatige Bundesligakarriere begraben musste, betrieb er schonungslose Selbstkritik: »Für einen Mann in meinem Alter war die Bundesliga wohl eine Nummer zu groß.« Nun lag es womöglich nicht am biologischen Alter des Heusenstammers, sondern eher daran, dass der gesetzte Herr schlicht und einfach zu brav war und vor dem Sprung in die Eliteklasse des Deutschen Fußballs zu große Ehrfurcht besaß. Unterklassig hatte sich der ehemalige Herberger-Schüler über Jahrzehnte ein hervorragendes Image verschafft, aber in der Bundesliga fand er sich von vornherein merkwürdig schlecht zurecht.

Werders erfahrene Mannschaft machte sehr schnell aus, dass ihr neuer Trainer fast nichts von den Stärken und Schwächen der Gegner wusste. Im Gegenteil: In der Regel mussten die Spieler vor Bundesligaspielen ihrem Trainer erklären, welche taktischen Maßnahmen möglicherweise Erfolg versprechend sein könnten. Nach den Spielen wiederum musste sich der arme Rebell vor versammelter Journalistenschar von Reportern z.B. darüber belehren lassen, dass die von ihm ausdrücklich gelobten Spieler des Gegners überhaupt nicht auf dem Platz gestanden hatten.

Die Entfremdung zwischen Rebell und dem SV Werder schritt schleichend voran, nachdem die Mannschaft schon früh in der Saison große Probleme aller Art offenbarte: Spielerisch war nicht viel, taktisch nicht, und konditionell schon mal gar nicht. Nach einem grauenvollen 1:1 zuhause im Weser-Stadion gegen den Aufsteiger RW Oberhausen vor nur noch 10.000 Zuschauern kamen Vorstand und Trainer zunächst einmal überein, den Vertrag zum Saisonende zu lösen. Alles klang harmonisch: »Zum Schluss meiner Laufbahn möchte ich mir nicht mehr die Nerven verschleißen lassen. Darum ist Bremen meine letzte Station. Zum Saisonende gehe ich in den Ruhestand. Mich erwartet eine gute Rente, und in meiner Heimat Heusenstamm habe ich Grundbesitz.« Und auch Werders Vorsitzender Fritz Düring fand versöhnliche Worte ohne größeres Bedauern. Er konnte mit »Zapf« Gebhardt simultan zu Rebells Entschluss einen langjährigen Wunschtrainer für die kommende Saison verpflichten. Der Wechsel schien eine harmonische Angelegenheit zu werden: »Wir haben Herrn Rebell nichts vorzuwerfen. Er hat alles Mögliche getan und wird zweifellos die Elf bis zum Saisonende betreuen.«

Aber das war dann eben doch ein Fall von »Denkste!«. Nach diesem Schwur dauerte es noch fünf Wochen bis zum endgültigen Ende der Ära Rebell. Eine Serie von Spielausfällen und immer größeres Verletzungspech warfen Werder im Kampf um den Klassenerhalt immer weiter zurück. Ein mageres Heim-1:1 gegen den VfB Stuttgart und eine Niederlage bei den ebenfalls abstiegsbedrohten Lauterern schickten Fritz Rebell vorzeitig in Rente

Alt geworden

Nach Bremens 1:2 gegen den VfB Stuttgart

Fritz Rebell nach der 1:2-Niederlage: „Soll ich jetzt Trübsal blasen . . .?“

Werder wie alte Herren

Beim 2:0 Lob für Braunschweig

Der schwarze Tag von Werder Br…

Pfiffe, Gelächter, Sorgen nach 0:3

Harmloser geht es nicht Werder enttäuschte stark

Braunschweiger hätten höher als 2:0 gewinnen können

Pfiffe, Pfui-Rufe, Hohngelächter . . .

Mönchengladbach und Werder 1:1

Leistung auf dem Niveau eines Absteigers

Ein mageres 1:1 im Bundesligaspiel gegen zehn Laut…

Rebell

Im Sturm nur Wachsfiguren

Eintracht schlug enttäuschenden Exmeister Werder Bremen 2:0

Tilkowski neuer Werder-Trainer

In Köln schon auf der Spielerbank / Multhaup sagte „Nein“

Werder unterliegt dem Tabellenletzten sensationell 0:3

Auf dem spielerischen Tiefpunkt angelangt

…in Psychiater gesucht!

Werder unterlag dem Karlsruher SC überraschend 0:3

Werder Bremen ohne Trainer

Rebell ließ sich beurlauben – Pfeiffer auf der Wunschliste

Schwächste Bremer, die es je gab . . .

Fritz Rebell bat um Beurlaubung

Werder ohne Trainer nach Köln / Gespräche mit Willi Multhaup

Das Scheitern Rebells in allerhöchster Abstiegsnot war nur der unbestrittene Höhepunkt einer langen Fehlentwicklung im Verein. Werders Vorsitzender Düring stolperte letztlich über die unglückliche Trainerwahl und räumte seinen Stuhl ohne allzu großen Widerstand für die »jungen Wilden« Dr. Franz Böhmert und Klaus-Dieter Fischer. Böhmert und Fischer traten an, um Werder moderner zu führen und die viel zu häufigen Personalentscheidungen nach Gutsherrenart der Vergangenheit durch zeitgemäßeres Management zu ersetzen.

Werders neues Triumvirat

n links Liga-Obmann Richard Ackerschott, 3. Vorsitzender Klaus Fischer und äsident Dr. Böhmert. Foto: Schumann

Verbessert werden sollte ab sofort nicht zuletzt auch die Transferpolitik, die in den Jahren nach dem Titelgewinn beinahe desaströs zu nennen war: Hans Schulz, Max Lorenz, Bernd Rupp und Didi Ferner ließ Werder ziehen und ersetzte sie stets durch schwächere Kräfte. Eins kam zum anderen.

Für weitere Unruhe sorgte in den ungemütlichen Tagen auch Horst-Dieter Höttges, der gerne zum FC Barcelona gewechselt wäre. Nur die Ausländersperre im spanischen Fußball verhinderte diesen Transfer. In der Bundesliga buhlten Stuttgart und ausgerechnet der HSV vergeblich um das Werder-Idol: Werder dachte gar nicht daran, den »Eisenfuß« abzugeben. Höttges hatte noch volle vier Jahre Vertrag in Bremen und galt als unverkäuflich.

Zurück zum Trainerwechsel. Guter Rat war teuer: Der künftige Trainer Gebhardt hatte bereits einen gültigen Vertrag bei Werder – jedoch erst ab der neuen Saison. Aktuell stand er in Duisburg unter Vertrag, aus dem er auch nicht entlassen wurde. Werder brauchte also einen Kurzzeittrainer, der am Saisonende klaglos wieder die Trainerbank räumen, aber die Mannschaft dennoch engagiert vor dem Abstieg retten sollte. Der Verein verhandelte mal wieder mit Meistertrainer Multhaup, und als der sich nicht erweichen ließ, fand Vereinsboss Düring seinen Retter überraschend in Hans Tilkowski, dem 39-fachen Nationaltorwart, der in seiner besten Zeit sein Nationalmannschaftszimmer mit Werders Keeper Bernard teilte. Tilkowski wurde von einem Trainer namens Erich Ribbeck in Frankfurt demontiert und saß dort seinen Lizenzspielervertrag auf der Tribüne ab. Zu Werder kam er durch Zufall: Helga Wolff, die Ehefrau des Geschäftsführers, hatte gehört, dass der Frankfurter Keeper im Begriff war, Trainer zu werden. »Warum versuchen wir's nicht mit dem?«, fragte sie etwas vorwitzig. Der Gatte griff brav zum Telefon, und ganze elf Tage nach brilliant bestandenem Trainerexamen trat der junge Tilkowski seinen Dienst in Bremen an. Einen Tag nach Rebells Rauswurf saß er beim Spiel in Köln schon auf der Werder-Bank. Weil die Frankfurter Eintracht ihm vorerst durch einige Zickereien die Freigabe verweigerte, tat »Til« dies gar als offiziell immer noch aktiver Spieler eines direkten Konkurrenten!

Und nach anfänglichen Rückschlägen zeigte sich bald, dass Tilkowski ein Glücksgriff war. Als »Til« anfing, lag klar auf der Hand, was zu tun war: Als erstes fiel dem Trainerneuling auf, dass die von Rebell halbtags trainierte Truppe keinerlei Kondition und Fitness besaß und bei den ersten Trainingseinheiten regelmäßig nach 20 Minuten auf dem grünweißen Zahnfleisch kroch. Tilkowski beseitigte dieses Defizit sukzessive und erreichte auch fußballerisch deutlich mehr als sein Vorgänger. Die Elf spielte sicherer und entwickelte sich von einer berüchtigten Kloppertruppe zu einer Mannschaft, die plötzlich sogar richtig spielen konnte. Die Auswärtssiege in Braunschweig und bei den Münchner Löwen brachten Werder aus dem gröbsten Schlamassel heraus. Das schwer erkämpfte 1:0 zuhause gegen die Bayern machte einerseits alles klar – und versaute andererseits den Münchnern nebenbei den Titelgewinn.

Am Saisonende im Sommer 1970 erlebte Bremen einen traurigen Abschied von Retter Hans Tilkowski, der so gerne geblieben wäre und doch Gebhardt Platz machen musste. Man behielt ihn in warmer Erinnerung – und holte ihn wenige Jahre später zurück. Dann allerdings leider mit deutlich weniger Erfolg.

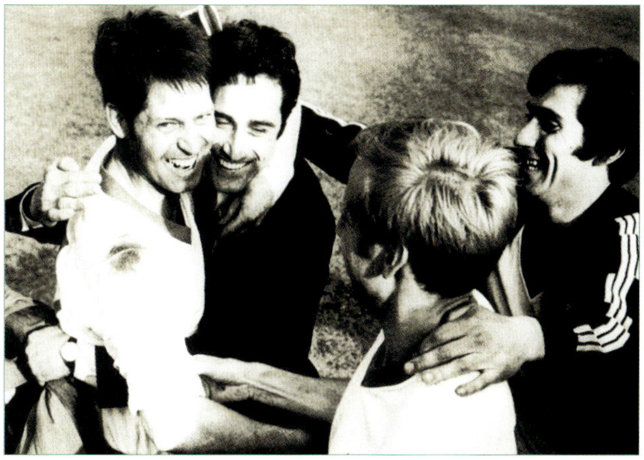

Ein schöner Werder-Tag: Am 18. April 1970 bejubelt Retter Hans Tilkowski gemeinsam mit Pico Schütz, Werner Görts und dem zuvor ausgewechselten Herbert Meyer den entscheidenden Auswärtssieg bei 1860 München

Bremen, Weser-Stadion, 15.11.1969, 16:59 Uhr: Der bissige Torwart

Ein Zuschauer als 12. Mann

Das bizarrste Ereignis der Saison spielte sich beim Heimspiel gegen Rot-Weiß Essen ab. Beim 2:1-Siegtor durch Björnmose stand urplötzlich ein sichtlich promilleerfahrener Werderfan im Essener Tor – neben dem nicht unwesentlich verwirrten Torwart Bockholt. Björnmose störte sich daran nicht und schoss ein – und der Schiedsrichter gab den Treffer zum Erstaunen aller Augenzeugen! Es war der Siegtreffer, der bei Torwart Bockholt die Sicherungen bersten ließ: Der Essener rannte aus seinem Tor und biss dem Torschützen in die Schulter. Unterhaltung der hochkarätigsten Art. Ein Resultat derartiger Vorfälle war, dass in der Folgezeit erstmals Zäune zwischen Stehplätzen und Spielfeld errichtet wurden.

Als Bremen das Siegestor schoß, stand ein Zuschauer neben RWE-Torhüter Bockholt

Gebissen: Torschütze Björnmose

Beim Bremer Siegtor half ein Zuschauer mit

1

2 Augenblicke später steht der „Schwarze" vor Bockholt

3 Kik, Rausch protestieren, Björnmose, Steinmann freuen sich

Und dann biß Bockholt zu

Beim Spiel zwischen Werder Bremen und Rot-Weiß Essen drohte ein Abbruch

Bissig: Torhüter Bockholt (RWE)

4 Schiedsrichter Binder bleibt bei „Tor!" Kik ist traurig

5 Essens Torwart eilt zum Schiedsrichter (links), will ihn umstimmen, derweil zwei Ordner den „Zaubermeister" vom Spielfeld holen

Beinahe Werder-Trainer: Udo Lattek
»Werder und ich – eine unerfüllte Liebe«

Kam bei Werder nicht unter und musste notgedrungen zu den Bayern wechseln, um dort mit Breitner, Hoeneß und Co. dreimal in Serie Deutscher Meister zu werden: Udo Lattek 1969

»Wir können es uns erstens nicht leisten und lehnen es zweitens aus Prinzip ab, einen sogenannten ›Star-Trainer‹ zu verpflichten«, hatte Werders Vorsitzender Fritz Düring 1969 als Parole ausgegeben. Als Resultat muss man mit etwas Abstand konstatieren, dass Werder Bremen nie zuvor und nie danach so extrem am falschen Ende gespart hatte wie im Frühjahr 1969, als es um die Regelung der Nachfolge von Fritz Langner ging. Das Trainer-Schnäppchen Fritz Rebell wurde aus der Regionalliga geholt, weil Rebell ein paar Mark weniger forderte. Der Kandidat Udo Lattek wollte geringfügig mehr haben. Lattek allerdings hätte, eine mittlerweile oft erzählte Episode, die künftigen Nationalspieler Paul Breitner und Uli Hoeneß im Schlepptau gehabt. Mit anderen Worten: Für einen – seien wir ehrlich – Kleckerbetrag verzichtete Werder seinerzeit auf die drei Musketiere Lattek, Breitner und Hoeneß. Udo Lattek erinnert sich heute so:

Die Geschichte hat sich exakt so abgespielt. Fritz Rebell wurde statt meiner verpflichtet, weil ich 5000 Mark gekostet hätte und er nur 4000 DM. Und Werder hat wohl auch das Risiko gescheut, mit mir einen Mann zu verpflichten, der noch nie einen Bundesligisten trainiert hatte. Ich war bis dahin Trainer der Jugendnationalmannschaft, der Amateurnationalmannschaft, der Militärnationalmannschaft und außerdem Assistent von Bundestrainer Helmut Schön.

Aber auch nach der Absage sind wir in aller Freundschaft verbunden geblieben. Und die Absage an mich blieb ja für den ganzen Verein nicht ohne Folgen, wie ich gehört habe. Werders altes Präsidium wurde anschließend entmachtet, und Franz Böhmert übernahm mit Klaus-Dieter Fischer das Ruder. Und so habe ich dann doch wenigstens etwas für Werder bewirkt.

Fast-Werderaner Lattek mit Fast-Werderaner Hoeneß (nicht im Bild: Fast-Werderaner Breitner)

Paul Breitner und Uli Hoeneß habe ich statt zu Werder Bremen dann ein Jahr später mit zu Bayern München genommen. Breitner war schon so gut wie bei München 1860 und Uli Hoeneß war schon mit dem VfB Stuttgart klar, aber ich habe beide überredet: ›Jungs, wartet mal noch ein bisschen. Es kann sein, dass ich zu Bayern München gehe, und dann möchte ich euch beide mitnehmen.‹

Dr. Franz Böhmert und ich waren eng befreundet, und er hat immer wieder versucht, mich für Werder zu verpflichten. Wir haben immer wieder versucht, zueinander zu kommen, aber entweder war ich nicht frei, oder Werder hatte gerade einen Trainer. Werder und ich, das ist sozusagen eine unerfüllte Liebe. Mit Werders Vereinsführung wäre ich hervorragend klargekommen. Man hat halt vor und nach den Spielen immer mal zusammengesessen, und mit der Zeit haben wir festgestellt, dass wir die gleiche Wellenlänge haben und dass wir mit Sicherheit gut zusammenpassen würden. Es hätte allerdings ein ernsthaftes Problem gegeben: Ich kann nicht besonders gut Skat spielen.

Später wurde immer viel über mein Verhältnis zu Otto Rehhagel geschrieben. Die Wahrheit ist: Es gab nie eins! Schon sehr früh, in den siebziger Jahren, kam Otto als Trainer von Kickers Offenbach zu uns nach München. Kickers Offenbach ging durch Zufall in Führung, und Rehhagel ist demonstrativ vor meine Bank gestürmt, hat dort rumgetanzt und in meine Richtung getönt: ›Jetzt hab' ich's Dir gezeigt!‹ Da habe ich ihm gesagt: ›Junge, wir werden nie Freunde werden!‹ Und so kam es dann ja auch.

Ich muss allerdings ganz klar sagen: Ich erkenne seine Leistungen an, seine Erfolge, aber seine Art gefällt mir nicht, und wahrscheinlich gefällt ihm meine Art auch nicht. Als er Werder-Trainer war und ich bei Bayern München, war es zwischen uns sozusagen eine Feindschaft auf sportlicher Ebene. Und die haben wir gepflegt. Ich vermute, dass er letzten Endes nicht drüber wegkam, dass er früher Malermeister war und ich studiert habe.

Werder Bremen als Verein mit all seinen Persönlichkeiten in der Führungsriege hat mir dagegen eigentlich immer gut gefallen. Ich bin ja auch so'n bisschen knorrig, dickköpfig und gradlinig. Und die Mentalität innerhalb des Vereins wäre mir da schon sehr entgegen gekommen. Wie gesagt: Ich war manches Mal ganz kurz davor, Werder-Trainer zu werden, aber wie das im Leben so häufig ist: Man sucht sich und findet doch nie zusammen, obwohl man es sich vielleicht sehr gewünscht hätte.

Udo Lattek 2006: DSF-Kommentator

WERDER BREMEN 1969/70

Trainer (bis 16.3.1970)

Rebell, Fritz
Verantwortlicher Trainer in 22 Spielen der Saison

Trainer (ab 17.3.1970)

Tilkowski, Hans »Til«
Verantwortlicher Trainer in 12 Spielen der Saison

Werders Neuzugänge im Sommer 1969

Ein glückloser Trainer und seine fünf Neuen: Fritz Rebell präsentiert vor dem Saisonstart v.l. Bernd Windhausen, Bernd Lorenz, Egon Coordes, Heinz-Dieter Hasebrink und Eckhard Deterding

Wer kam?

Coordes (Bremerhaven 93)
Deterding (Bremerhaven 93)
Hasebrink (1. FC Kaiserslautern)
Lorenz (Duwo 08 Hamburg)
Stefens (SV Meppen)
Windhausen (1. FC Kaiserslautern)

Wer ging?

Bünting (Sportinvalide)
Faber (Düren 99)
Ferner (RW Essen)
Loweg (FSV Frankfurt)
Max Lorenz (Eintr. Braunschweig)
Roder (Polizei SV Bremen)
Rupp (1. FC Köln)
Schaub (Freiburger FC)
Schweighöfer (SpVgg. Fürth)
Zebrowski (Bremerhaven 93)

Tor

Bernard, Günter
31 Spiele; 0 Tore

Stefens, Friedrich »Fritz«
3 Spiele; 0 Tore

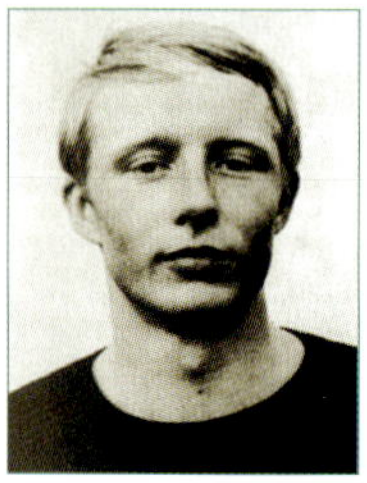

Kugler, Bernd
0 Spiele; 0 Tore
Amateur

Abwehr

Höttges, Horst-Dieter »Eisenfuß«
31 Spiele; 3 Tore

Schütz, Arnold »Pico«
30 Spiele; 5 Tore

Steinmann, Heinz
30 Spiele; 0 Tore

Mittelfeld

Björnmose, Ole
34 Spiele; 5 Tore

Hasebrink, Heinz-Dieter
31 Spiele; 3 Tore

Danielsen, John
27 Spiele; 1 Tor

Angriff

Görts, Werner »Anneliese«
34 Spiele; 15 Tore

Lorenz, Bernd
25 Spiele; 5 Tore

Windhausen, Bernd
17 Spiele; 4 Tore

Erweiterter Kader

Roder, Kurt
4 Spiele; 0 Tore

Plaggemeyer, Walter
2 Spiele; 0 Tore
Amateur

Hoyer, Norbert
1 Spiel; 0 Tore
Amateur

Der Sport-Verein »Werder« im Jahr 1969/70:

1969/70

1. Vorsitzender:	Fritz Düring
2. Vorsitzender:	Wilhelm Riethmöller
Geschäftsführer:	Hans Wolff
Leiter der Lizenzspielerabt.:	Fred Schulz
Vereinsarzt:	Dr. Franz Böhmert
Masseur:	Wolfgang Binder
Mitglieder:	2.500
Kapazität Weser-Stadion:	45.000 Plätze (7.000 Sitzplätze)

Piontek, Josef »Seppl«
23 Spiele; 2 Tore

Schmidt, Bernd
23 Spiele; 1 Tor

Zembski, Dieter
19 Spiele; 0 Tore

Schimeczek, Helmut »Schimmi«
1 Spiel; 0 Tore

Coordes, Egon
20 Spiele; 0 Tore

Meyer, Herbert
13 Spiele; 0 Tore

Deterding, Eckhard
7 Spiele; 0 Tore

Kiefert, Jürgen
1 Spiel; 0 Tore
Amateur

In Freundschaftsspielen eingesetzt:

Götz, Willi (Angriff)
Mohrmann, Dieter (Abwehr)

Alle Spiele 1969/70

26.07.1969
Freundschaftsspiel
FSV Jever – W. Bremen 2:10 (0:5)
Aufstellung: Stefens – Piontek, Schütz – Steinmann (46. Coordes), Höttges (46. Zembski), Hasebrink – Danielsen, Björnmose (46. Schmidt), Görts (46. Deterding), Windhausen, B. Lorenz
Trainer: Rebell
Tore: 0:1 Windhausen (3.), 0:2 Windhausen (23.), 0:3 Windhausen (27.), 0:4 Schütz (31.), 0:5 Windhausen (45.), 1:5 Alonso (53.), 1:6 B. Lorenz (63.), 1:7 Coordes (68.), 1:8 Schütz (73. FE) 1:9 Coordes (83.), 1:10 Deterding (84.), 2:10 Aldag (90.)
Zuschauer: 2.500

27.07.1969
Freundschaftsspiel
Bezirksausw. Hoya/Diepholz – W. B.0:16 (0:8)
Aufstellung: Stefens – Piontek, Steinmann – Höttges (46.Schütz), Coordes (46. H. Meyer), Hasebrink (46.Zembski) – Danielsen (46. Schmidt), Björnmose, Görts, Windhausen, B. Lorenz (46. Deterding)
Trainer: Rebell
Tore: 0:1 Hasebrink (9.), 0:2 Windhausen (16.), 0:3 Windhausen (24.), 0:4 Windhausen (25.), 0:5 Höttges (33. HE), 0:6 Windhausen (34.), 0:7 Windhausen (38.), 0:8 Björnmose (39.), 0:9 Windhausen (56.), 0:10 Björnmose (66.), 0:11 Schütz (70.), 0:12 Schütz (76.), 0:13 Schmidt (77.), 0:14 Deterding (79.), 0:15 Deterding (83.), 0:16 Deterding (87.)
Zuschauer: 2.500 in Ehrenburg

28.07.1969
Internationales Freundschaftsspiel
W. Bremen – Akademik Sofia 1:2 (0:1)
Aufstellung: Kugler – Piontek, Schütz (46. Schmidt) – Steinmann, Höttges, Hasebrink (46. Coordes) – Danielsen, Björnmose, Görts (46. Deterding), Windhausen, B. Lorenz
Trainer: Rebell
Tore: 0:1 Illiev (16.), 0:2 Jordanov (73.), 1:2 Hasebrink (76.)
Zuschauer: 5.000

31.07.1969
Internationales Freundschaftsspiel
Cardiff City – W. Bremen 2:2 (1:0)
Aufstellung: Stefens – Piontek, Schmidt – Schütz, Steinmann, Höttges – Görts (36. Deterding), Björnmose, Windhausen, Danielsen, B. Lorenz (72. Coordes)
Trainer: Rebell
Tore: 1:0 Clark (18.), 1:1 Höttges (75.), 1:2 Björnmose (83.), 2:2 Clark (84.)
Besonderes Vorkommnis: Platzverweise für Piontek (W. B.) und Bird (Cardiff)
Zuschauer: 10.000

02.08.1969
Internationales Freundschaftsspiel
FC Aberdeen – W. Bremen 0:0
Aufstellung: Stefens – H. Meyer, Schmidt – Schütz, Steinmann, Höttges – Björnmose, Danielsen, Windhausen, Hasebrink, Deterding
Trainer: Rebell
Tore: –
Zuschauer: 14.000

05.08.1969
Internationales Freundschaftsspiel
Derby County – W. Bremen 6:0 (3:0)
Aufstellung: Stefens (Bernard) – Zembski, Schmidt – Schütz, Steinmann, Coordes – Hasebrink, Höttges, Windhausen, Danielsen, Björnmose
Trainer: Rebell
Tore: O'Hare, McFarland, Durban, McGovern, Hector, Schmidt (ET)
Zuschauer: 14.000

08.08.1969
Internationales Freundschaftsspiel
W. Bremen – Sparta Prag 2:1 (2:1) abgebrochen
Aufstellung: Bernard – H. Meyer, Schmidt – Schütz, Steinmann (7. Coordes), Höttges (9. Deterding) – Hasebrink, Danielsen, Windhausen, Björnmose, B. Lorenz
Trainer: Rebell
Tore: 1:0 Björnmose (21.), 2:0 Windhausen (27.), 2:1 Masek (43.)
Besonderes Vorkommnis: Platzverweis für Torwart Kramerius (Sparta Prag) (53.) Anschließend brach die Mannschaft von Sparta Prag auf Veranlassung ihres Trainers das Spiel ab.
Zuschauer: 3.000

10.08.1969
Freundschaftsspiel
SV Meppen – W. Bremen 1:5 (0:3)
Aufstellung: Bernard (Stefens) – H. Meyer, Schmidt – Schütz, Höttges (71. Mohrmann), Coordes – Hasebrink, Björnmose, Windhausen, Danielsen (84. B. Lorenz), B. Lorenz (46. Deterding)
Trainer: Rebell
Tore: 0:1 Windhausen (8.), 0:2 Windhausen (30.), 0:3 Windhausen (37.), 0:4 Windhausen (49.), 0:5 Windhausen (69.), 1:5 Hüring (72.)
Zuschauer: 2.500

16.08.1969
Bundesliga, 1. Spieltag
VfB Stuttgart – W. Bremen 1:1 (0:0)
Aufstellung: Bernard – Piontek, Schmidt – Höttges, Schütz, Björnmose – Görts, Hasebrink, Windhausen, Danielsen, B. Lorenz (77. Coordes)
Trainer: Rebell
Tore: 1:0 Weidle (48.), 1:1 Windhausen (61.)
Zuschauer: 28.000

23.08.1969
Bundesliga, 2. Spieltag
W. Bremen – 1. FC Köln 2:1 (0:1)
Aufstellung: Bernard – Piontek, Schmidt – Höttges (71. Zembski), Schütz, Coordes – Görts, Björnmose, Windhausen, Danielsen, Hasebrink
Trainer: Rebell
Tore: 0:1 Rühl (13.), 1:1 Görts (55.), 2:1 Danielsen (58.)
Zuschauer: 25.000

30.08.1969
Bundesliga, 3. Spieltag
Hannover 96 – W. Bremen 3:2 (0:1)
Aufstellung: Bernard – Piontek, Schmidt – Coordes, Schütz, Hasebrink (75. Zembski) – Görts, Björnmose, Windhausen, Danielsen, Deterding
Trainer: Rebell
Tore: 0:1 Windhausen (29.), 1:1 Anders (48.), 2:1 Heynckes (52.), 3:1 Coordes (75. ET), 3:2 Görts (90.)
Zuschauer: 47.000

06.09.1969
Bundesliga, 4. Spieltag
W. Bremen – Hamburger SV 1:1 (1:1)
Aufstellung: Bernard – Piontek, Schmidt – Höttges, Schütz, Hasebrink – Görts, Björnmose, Windhausen, Danielsen, B. Lorenz
Trainer: Rebell
Tore: 1:0 Windhausen (22.), 1:1 U. Seeler (38.)
Zuschauer: 35.000

13.09.1969
Bundesliga, 5. Spieltag
Rot-Weiß Oberhausen – W. Bremen 3:1 (2:1)
Aufstellung: Bernard – Piontek, Schmidt – Schütz (56. Hasebrink), Steinmann, Höttges – Görts, Björnmose, Windhausen, Danielsen, B. Lorenz
Trainer: Rebell
Tore: 1:0 Wilbertz (2.), 2:0 Brozulat (10.), 2:1 Schütz (32.), 3:1 Dausmann (49.)
Zuschauer: 26.000

16.09.1969
Internationales Freundschaftsspiel
Odense BK 09 – W. Bremen 1:1 (0:0)
Aufstellung: Bernard – Piontek, Schmidt – Höttges, Schütz, Steinmann – Hasebrink, Björnmose, Windhausen, Danielsen, Deterding
Trainer: Rebell
Tore: 1:0 Madsen (55.), 1:1 Björnmose (88.)
Besonderes Vorkommnis: Hansen (Odense) hält HE von Schütz (85.)
Zuschauer: 3.000

19.09.1969
Freundschaftsspiel
Tura Bremen – W. Bremen 1:9 (1:3)
Aufstellung: Bernard (46. Stefens) – H. Meyer, Schmidt – Schütz, Steinmann, Hasebrink – Deterding, Björnmose, Windhausen, Danielsen, Zembski
Trainer: Rebell
Tore: 0:1 Deterding (8.), 1:1 Osterholz (26.), 1:2 Windhausen (31.), 1:3 Windhausen (44.), 1:4 Schütz (63.), 1:5 Björnmose (68.), 1:6 Hasebrink (69.), 1:7 Windhausen (80.), 1:8 Schütz (82. FE), 1:9 Hasebrink (87.)
Zuschauer: 1.200

20.09.1969
Freundschaftsspiel
Germania Papenburg – W. Bremen 1:8 (0:5)
Aufstellung: Stefens – H. Meyer, Schmidt – Schütz, Steinmann, Hasebrink – Zembski, Björnmose, Windhausen, Danielsen (46. Coordes), Deterding (62. Bernard)
Trainer: Rebell
Tore: 0:1 Windhausen (4.), 0:2 Björnmose (14.), 0:3 Björnmose (25.), 0:4 Windhausen (35.), 0:5 Björnmose (45.), 1:5 Tittmann (59.), 1:6 Bernard (75.), 1:7 Hasebrink (78.), 1:8 Björnmose (82.)
Zuschauer: 2.000

27.09.1969
Bundesliga, 6. Spieltag
W. Bremen – FC Schalke 04 0:1 (0:1)
Aufstellung: Bernard – Schmidt, Höttges – Schütz, Steinmann, Coordes (78. Deterding) – Björnmose, Danielsen, Windhausen, Hasebrink, B. Lorenz
Trainer: Rebell
Tor: 0:1 Wüst (16.)
Zuschauer: 16.000

04.10.1969
Bundesliga, 7. Spieltag
FC Bayern München – W. Bremen 4:1 (1:0)
Aufstellung: Stefens – Piontek, Schmidt – Schütz, Steinmann, Höttges – Hasebrink, Björnmose, Windhausen, Danielsen, B. Lorenz
Trainer: Rebell
Tore: 1:0 G. Müller (32.), 1:1 Schmidt (54.), 2:1 G. Müller (62.), 3:1 G. Müller (69.), 4:1 G. Müller (89.)
Zuschauer: 25.000

11.10.1969
Bundesliga, 8. Spieltag
W. Bremen – Bor. Mönchengladbach 0:0
Aufstellung: Bernard – Piontek, Schmidt – Schütz, Steinmann, Höttges – Görts, Björnmose, Windhausen (46. B. Lorenz), Danielsen, Hasebrink
Trainer: Rebell
Tore: –
Zuschauer: 14.000

13.10.1969
Freundschaftsspiel
VfB Heusenstamm – W. Bremen 1:2 (1:0)
Aufstellung: Stefens – Piontek, Schmidt – Schütz, Steinmann (Höttges), Coordes (Bernard) – Danielsen, Zembski, Hasebrink (Björnmose), Deterding, Görts
Trainer: Rebell
Torschütze für Werder: Höttges (2)
Zuschauer: 300

15.10.1969
Bundesliga, 9. Spieltag
Eintracht Frankfurt – W. Bremen 2:1 (0:0)
Aufstellung: Bernard – Piontek, Schmidt – Schütz, Steinmann, Höttges – Hasebrink, Björnmose, Windhausen, Danielsen, Görts
Trainer: Rebell
Tore: 0:1 Windhausen (62.), 1:1 Lutz (74.), 2:1 Lutz (78.)
Zuschauer: 12.000

21.10.1969
Freundschaftsspiel
W. Bremen – W. Bremen Amat. 4:0 (0:0)
Aufstellung: Bernard (Stefens) – Piontek, Schmidt – Schütz, Steinmann, Coordes – Görts, Björnmose, Windhausen, Hasebrink, B. Lorenz (46. Deterding)
Trainer: Rebell
Tore: Deterding, Windhausen, Björnmose, Görts
Besonderheit: Das Spiel dauerte nur 2 x 35 Minuten.
Zuschauer: unbekannt

25.10.1969
Bundesliga, 10. Spieltag
W. Bremen – 1. FC Kaiserslautern 3:2 (3:1)
Aufstellung: Bernard – Piontek, Schmidt – Schütz, Steinmann, Höttges – Görts, Hasebrink (71. Coordes), Windhausen, Björnmose, B. Lorenz
Trainer: Rebell
Tore: 1:0 Görts (1.), 1:1 Vogt (17.), 2:1 B. Lorenz (21.), 3:1 Höttges (41. FE), 3:2 Ripp (54.)
Zuschauer: 8.000

31.10.1969
Bundesliga, 11. Spieltag
Borussia Dortmund – W. Bremen 2:1 (1:1)
Aufstellung: Bernard – Höttges, Schmidt – Schütz, Steinmann, Hasebrink – Görts, Björnmose, Windhausen, Danielsen, B. Lorenz
Trainer: Rebell
Tore: 1:0 Held (17.), 1:1 B. Lorenz (23.), 2:1 Schütz (57. ET)
Zuschauer: 18.000

04.11.1969
Internationales Freundschaftsspiel
W. Bremen – FC Twente Enschede 2:2 (2:0)
Aufstellung: Stefens – H. Meyer, Zembski, Schütz, Coordes – Schmidt, Deterding. Björnmose – Windhausen, Görts, B. Lorenz
Trainer: Rebell
Tore: 1:0 Görts (13.), 2:0 Zembski (42.), 2:1 unbekannt, 2:2 Coordes (80. ET)
Zuschauer: 2.800

08.11.1969
Bundesliga, 12. Spieltag
W. Bremen – Eintr. Braunschweig 0:1 (0:0)
Aufstellung: Bernard – Höttges (46. Zembski), Schmidt – Schütz, Steinmann, Hasebrink – Görts, Björnmose, Windhausen, Danielsen, B. Lorenz (73. Deterding)
Trainer: Rebell
Tor: 0:1 Ulsaß (80.)
Zuschauer: 12.000

15.11.1969
Bundesliga, 13. Spieltag
W. Bremen – Rot-Weiß Essen 2:1 (1:0)
Aufstellung: Bernard – Zembski, Schmidt – Schütz, Steinmann, Höttges – Görts, Hasebrink (46. Deterding), Björnmose, Danielsen, B. Lorenz
Trainer: Rebell
Tore: 1:0 Hasebrink (13.), 1:1 Littek (70.), 2:1 Björnmose (76.)
Zuschauer: 11.000

19.11.1969
Freundschaftsspiel
Bremerhaven 93 – W. Bremen 0:2 (0:2)
Aufstellung: Stefens – H. Meyer, Zembski – Höttges (46. Schütz), Steinmann, Coordes (73. Piontek) – Deterding, Schmidt, Björnmose, Danielsen, B. Lorenz
Trainer: Rebell
Tore: 0:1 B. Lorenz (4.), 0:2 B. Lorenz (26.)
Zuschauer: 2.400

28.11.1969
Bundesliga, 14. Spieltag
MSV Duisburg – W. Bremen 1:1 (0:0)
Aufstellung: Bernard – Zembski, Schmidt – Schütz, Steinmann, Höttges – Görts, Hasebrink, Björnmose, Danielsen, B. Lorenz (46. Deterding)
Trainer: Rebell
Tore: 1:0 Budde (68.), 1:1 Schütz (77.)
Zuschauer: 10.000

06.12.1969
Bundesliga, 15. Spieltag
W. Bremen – TSV 1860 München 1:1 (0:1)
Aufstellung: Bernard – Zembski, Schmidt – Schütz, Steinmann, Höttges – Björnmose, Hasebrink, Windhausen, Danielsen (46. Deterding), Görts
Trainer: Rebell
Tore: 0:1 Fischer (20.), 1:1 Björnmose (74.)
Zuschauer: 11.000

13.12.1969
Bundesliga, 16. Spieltag
Alemannia Aachen – W. Bremen 0:0
Aufstellung: Bernard – Piontek, Zembski – Schütz, Steinmann, Höttges – Deterding, Hasebrink, Björnmose, Schmidt, Görts
Trainer: Rebell
Tore: –
Zuschauer: 9.605

20.12.1969
Bundesliga, 17. Spieltag
W. Bremen – Hertha BSC Berlin 1:0 (1:0)
Aufstellung: Bernard – Piontek, Zembski – Schütz, Steinmann, Höttges – Windhausen, Hasebrink, Björnmose, Schmidt, Görts
Trainer: Rebell
Tor: 1:0 Schütz (31.)
Zuschauer: 11.000

26.12.1969
Freundschaftsspiel
VSK Osterholz-Scharmb. – W. B. 0:11 (0:6)
Aufstellung: Stefens – Piontek, Zembski – Schütz, Steinmann (46. H. Meyer), Coordes – Görts, Hasebrink, Windhausen, Höttges, B. Lorenz
Trainer: Rebell
Tore: 0:1 Windhausen (1.), 0:2 Windhausen (6.), 0:3 Piontek (7.), 0:4 Piontek (10.), 0:5 Hasebrink (12.), 0:6 Höttges (29. FE), 0:7 Höttges (56. HE), 0:8 Windhausen (59.), 0:9 B. Lorenz (72.), 0:10 B. Lorenz (84.), 0:11 H. Meyer (85.)
Zuschauer: 2.100

24.01.1970
Freundschaftsspiel
Landesauswahl Bremen – W. B. 0:3 (0:0)
Aufstellung: Stefens – Schmidt (46. H. Meyer), Zembski – Schütz (46. Coordes), Steinmann, Höttges – Björnmose, Windhausen (46. Danielsen), Görts, Hasebrink, B. Lorenz
Trainer: Rebell
Tore: 0:1 Görts (55.), 0:2 Coordes (60.), 0:3 B. Lorenz (68.)
Zuschauer: 2.000 auf dem Kuhhirten

31.01.1970
Freundschaftsspiel
W. Bremen – Hamburger SV 2:3 (0:2)
Aufstellung: Stefens – Schmidt (46. Piontek), Zembski – Schütz, Steinmann, Höttges – Görts, Hasebrink, Windhausen, Björnmose, B. Lorenz
Trainer: Rebell
Tore: 0:1 H. Schulz (10.), 0:2 H. Schulz (42.), 0:3 U. Seeler (52.), 1:3 Björnmose (67.), 2:3 Schütz (77.)
Zuschauer: 5.000

07.02.1970
Bundesliga, 22. Spieltag
W. Bremen – Rot-Weiß Oberhausen 1:1 (0:1)
Aufstellung: Bernard – Piontek, Zembski – Schütz, Steinmann, Höttges – Schmidt, Hasebrink, Windhausen, Björnmose, Görts
Trainer: Rebell
Tore: 0:1 Dausmann (14.), 1:1 Piontek (87.)
Zuschauer: 10.000

28.02.1970
Bundesliga, 25. Spieltag
Bor. M'gladbach – W. Bremen 1:0 (0:0)
Aufstellung: Bernard – Piontek, Zembski – H. Meyer, Steinmann, Höttges – Görts, Hasebrink, Björnmose, Coordes, B. Lorenz (85. Plaggemeyer)
Trainer: Rebell
Tor: 1:0 Le Fevre (88.)
Zuschauer: 18.000

07.03.1970
Bundesliga, 26. Spieltag
W. Bremen – Eintracht Frankfurt 3:2 (1:1)
Aufstellung: Bernard – Piontek, Zembski – H. Meyer, Steinmann, Höttges – Görts, Hasebrink, Björnmose, Danielsen, B. Lorenz
Trainer: Rebell
Tore: 0:1 Heese (18.), 1:1 B. Lorenz (28.), 2:1 Hasebrink (71.), 3:1 Björnmose (76.), 3:2 Zembski (81. ET)
Zuschauer: 12.000

11.03.1970
Bundesliga, 18. Spieltag (Nachholspiel)
W. Bremen – VfB Stuttgart 1:1 (0:0)
Aufstellung: Bernard – Piontek, Zembski – H. Meyer, Steinmann, Höttges – Görts, Hasebrink, Björnmose, Danielsen, B. Lorenz (84. Coordes)
Trainer: Rebell
Tore: 1:0 Björnmose (67.), 1:1 Zech (85.)
Zuschauer: 16.000

14.03.1970
Bundesliga, 27. Spieltag
1. FC Kaiserslautern – W. Bremen 1:0 (0:0)
Aufstellung: Bernard – H. Meyer, Zembski – Höttges, Steinmann, Coordes – Görts, Hasebrink, Björnmose, Danielsen, Windhausen
Trainer: Rebell
Tor: 1:0 Friedrich (80.)
Besonderes Vorkommnis: Platzverweis für Zembski (W.B.) (83.)
Zuschauer: 7.000

17.03.1970
Bundesliga, 19. Spieltag (Nachholspiel)
1. FC Köln – W. Bremen 3:0 (2:0)
Aufstellung: Bernard – H. Meyer, Höttges – Schütz, Steinmann, Coordes – Görts, Björnmose, Hasebrink, Danielsen, B. Lorenz (60. Plaggemeyer)
Trainer: Tilkowski
Tore: 1:0 Löhr (16.), 2:0 Overath (18.), 3:0 Löhr (51.)
Zuschauer: 29.000

21.03.1970
Bundesliga, 28. Spieltag
W. Bremen – Borussia Dortmund 1:3 (1:1)
Aufstellung: Bernard – Piontek, Höttges – Schütz, Steinmann, H. Meyer – Hasebrink, Björnmose, Görts (73. Coordes), Danielsen, B. Lorenz
Trainer: Tilkowski
Tore: 1:0 B. Lorenz (32.), 1:1 Trimhold (42.), 1:2 Weist (63.), 1:3 Weist (80.)
Zuschauer: 18.000

25.03.1970
Bundesliga, 23. Spieltag (Nachholspiel)
FC Schalke 04 – W. Bremen 0:0
Aufstellung: Bernard – Piontek, Höttges – Schütz, Steinmann, H. Meyer – Hasebrink (62. Coordes), Björnmose, Görts, Danielsen, B. Lorenz
Trainer: Tilkowski
Tore: –
Zuschauer: 7.000

Gab ab Mitte März 1970 die Kommandos: Hans Tilkowski (re.), links Hansi Wolff

28.03.1970
Bundesliga, 29. Spieltag
Eintr. Braunschweig – W. Bremen 1:2 (0:2)
Aufstellung: Bernard – Piontek, Höttges – Hoyer, Schütz, Steinmann – Görts, Danielsen, Björnmose (64. Kiefert), H. Meyer (55. Coordes), B. Lorenz
Trainer: Tilkowski
Tore: 0:1 Björnmose (23.), 0:2 Görts (29.), 1:2 Grzyb (77.)
Zuschauer: 10.000

01.04.1970
Bundesliga, 20. Spieltag (Nachholspiel)
W. Bremen – Hannover 96 1:0 (1:0)
Aufstellung: Bernard – Piontek, Höttges – Steinmann, Schütz, Coordes – Görts, Danielsen, Björnmose (35. Schimeczek), H. Meyer, B. Lorenz
Trainer: Tilkowski
Tor: 1:0 Schütz (27. FE)
Besonderes Vorkommnis: Platzverweis für Bohnsack (H96) (89.)
Zuschauer: 20.000

11.04.1970
Bundesliga, 31. Spieltag
W. Bremen – MSV Duisburg 0:0
Aufstellung: Bernard – Piontek, Coordes – Steinmann (46. Schmidt), Schütz, Höttges – Görts, H. Meyer, Björnmose, Danielsen, B. Lorenz
Trainer: Tilkowski
Tore: –
Zuschauer: 12.000

14.04.1970
Bundesliga, 21. Spieltag (Nachholspiel)
Hamburger SV – W. Bremen 2:2 (0:0)
Aufstellung: Bernard – Piontek, Höttges – Steinmann, Schütz, Coordes – Görts, Hasebrink, Björnmose, H. Meyer (61. B. Lorenz), Zembski
Trainer: Tilkowski
Tore: 1:0 Hellfritz (49.), 1:1 Schütz (81. FE), 1:2 Höttges (88.), 2:2 Hönig (89.)
Zuschauer: 10.000

18.04.1970
Bundesliga, 32. Spieltag
TSV 1860 M'chen – W. Bremen 0:1 (0:1)
Aufstellung: Bernard – Piontek, Höttges – Steinmann, Schütz, Coordes – Zembski, Hasebrink, H. Meyer (70. B. Lorenz), Björnmose (78. Schmidt), Görts
Trainer: Tilkowski
Tor: 0:1 Piontek (11.)
Zuschauer: 28.000

21.04.1970
Bundesliga, 24. Spieltag (Nachholspiel)
W. Bremen – FC Bayern München 1:0 (0:0)
Aufstellung: Bernard – Piontek, Höttges (80. Danielsen) – Steinmann, Schütz, Coordes – Zembski, Hasebrink, H. Meyer, Björnmose, Görts
Trainer: Tilkowski
Tor: 1:0 Görts (67.)
Besonderes Vorkommnis: Platzverweis für Nerlinger (Bayern) (20.)
Zuschauer: 31.000

27.04.1970
Bundesliga, 30. Spieltag (Nachholspiel)
Rot-Weiß Essen – W. Bremen 3:2 (1:1)
Aufstellung: Bernard – Zembski, Schmidt – Steinmann, Schütz, Coordes – Görts, Hasebrink, Björnmose, Danielsen, B. Lorenz
Trainer: Tilkowski
Tore: 1:0 Beer (1.), 1:1 Görts (23.), 1:2 B. Lorenz (59.), 2:2 Lippens (61.), 3:2 Littek (89.)
Zuschauer: 21.000

30.04.1970
Bundesliga, 33. Spieltag
W. Bremen – Alemannia Aachen 4:1 (2:0)
Aufstellung: Stefens – Zembski, Höttges (82. Schmidt) – Steinmann, Schütz, Coordes – Görts, Hasebrink, Björnmose, Danielsen, B. Lorenz
Trainer: Tilkowski
Tore: 1:0 Görts (7.), 2:0 Görts (44.), 3:0 Görts (53.), 3:1 Tenbruck (56.), 4:1 Höttges (67.)
Zuschauer: 6.000

03.05.1970
Bundesliga, 34. Spieltag
Hertha BSC Berlin – W. Bremen 4:1 (1:1)
Aufstellung: Stefens – Zembski, Schmidt – Steinmann, Schütz, Coordes – Görts, Hasebrink, Björnmose, Danielsen, B. Lorenz (69. Windhausen)
Trainer: Tilkowski
Tore: 0:1 Hasebrink (18.), 1:1 Horr (23.), 2:1 Brungs (56.), 3:1 Bredenfeld (59.), 4:1 Horr (61.)
Zuschauer: 33.000

05.05.1970
DFB-Pokal, 1.Runde
Tennis Borussia Berlin – W. Bremen 0:2 (0:1)
Aufstellung: Bernard – H. Meyer (46. B. Lorenz), Höttges – Schmidt, Schütz, Coordes – Hasebrink, Zembski, Björnmose, Danielsen, Görts
Trainer: Tilkowski
Tore: 0:1 Hasebrink (31.), 0:2 Hasebrink (88.)
Zuschauer: 2.744

11.05.1970
Internationales Turnier-Finale
Vitoria Setubal – W. Bremen 1:2 (0:0)
Aufstellung: Bernard – Zembski, Schmidt – Steinmann, Schütz, Coordes – Windhausen, Hasebrink, Björnmose, H. Meyer, Görts
Trainer: Tilkowski
Tore: 0:1 Björnmose (63.), 1:1 Jacinto Joao (66.), 1:2 Görts (86.)
Zuschauer: 20.000 in Caracas

13.05.1970
Internationales Freundschaftsspiel
Vitoria Setubal – W. Bremen 3:1 (2:1)
Aufstellung: Bernard – Zembski, Schmidt – Steinmann, Schütz, Coordes – Danielsen (Lorenz), Hasebrink, Björnmose, H. Meyer, Görts
Trainer: Tilkowski
Tore: 1:0 unbekannt, 2:0 Jacinto Joao, 2:1 Björnmose, 3:1 Jacinto Joao (65.)
Zuschauer: 10.000 in Caracas

16.05.1970
Internationales Freundschaftsspiel
SC Gallicia Caracas – W. Bremen 1:1 (0:1)
Aufstellung: Stefens – Zembski, Schmidt – Steinmann, Schütz, Coordes – Windhausen (Lorenz), Hasebrink, Björnmose (70. Götz), H. Meyer, Görts
Trainer: Tilkowski
Tore: 0:1 Windhausen, 1:1 Maldonado (83.)
Zuschauer: 2.000

21.05.1970
Internationales Freundschaftsspiel
Nationalelf Costa Rica – W. Bremen 1:1 (1:0)
Aufstellung: Bernard – Schmidt, Steinmann – Schütz, Coordes, Zembski – Windhausen, Hasebrink (H. Meyer), Björnmose, Danielsen (B. Lorenz), Görts
Trainer: Tilkowski
Tore: 1:0 Ruiz (15.), 1:1 B. Lorenz (73.)
Zuschauer: 15.000 in San Josè

Vor Werders Weltreise im Frühjahr 1970 hatte Geschäftsführer Hans Wolff wirklich an alles gedacht. Dies ist der Auszug eines Merkblattes, das jeder Spieler bekam. Statt einer Playstation mussten damals »Knobelbecher« und »Spielkarten« herhalten. Äußerst rätselhaft bleibt allerdings, weshalb Werders Kicker auch »Anti-Baby-P.« mitnehmen sollten

Regenhaut mitzunehmen.

Ausserdem sollte jeder mitnehmen: (Wäsche kann in den Hotels z.Waschen gegeben werden

Reise-Necessaire Rasierzeug Badezeug
1 zweites weißes Hemd Unterwäsche für 6 Tage
mehrere Freizeithemden Strümpfe leichte Schuhe
eine zweite graue Hose einen leichten Sommeranzug
zwei Schlafanzüge Turnschuhe 1 Paar Nockenschuhe
Sonnenoel Shorts Anti-Baby-P. 1 " Stollenschuhe
1 warmen Pullover (!) Foto-u.Film-Apparat Sonnenbrille
Knobelbecher Spielkarten Krimis Paste zum Wäschewaschen

Jeder bitte nur e i n e n Koffer, der äußerst 15 kg wiegen darf und besonders stabil und abschließbar ist. Waschzeug etc. wird am

22.05.1970
Internationales Freundschaftsspiel
Nationalauswahl Honduras – W. B. 1:1 (0:1)
Aufstellung: Bernard – Schmidt, Coordes – Steinmann (Hasebrink), Schütz, Zembski – Görts, Björnmose (Danielsen), Götz, H. Meyer, B. Lorenz (Windhausen)
Trainer: Tilkowski
Tore: 0:1 Götz, 1:1 Elfmeter
Besonderes Vorkommnis: In der ersten Halbzeit fiel für 20 Minuten das Flutlicht aus.
Zuschauer: 10.000 in Tegucigalpa

28.05.1970
Internationales Freundschaftsspiel
Auswahl Tahiti – W. Bremen 0:5 (0:2)
Aufstellung: Bernard (Stefens) – Zembski, Coordes – Steinmann, Schütz, Schmidt – Görts (Windhausen), Björnmose (H. Meyer), Götz, Hasebrink (Danielsen), B. Lorenz
Trainer: Tilkowski
Tore: Götz (2), B. Lorenz, Björnmose, Windhausen
Zuschauer: 4.000 in Papeete

30.05.1970
Internationales Freundschaftsspiel
Auswahl Tahiti – W. Bremen 1:1 (1:1)
Aufstellung: Bernard (Stefens) – Schmidt, Zembski – H. Meyer, Schütz, Hasebrink – Görts, Björnmose, Götz (Danielsen), Windhausen, B. Lorenz
Trainer: Tilkowski
Torschütze für Werder: B. Lorenz
Zuschauer: 2.000 in Papeete

03.06.1970
Internationales Freundschaftsspiel
FC Prag Sydney – W. Bremen 0:2 (0:0)
Aufstellung: Bernard – Zembski, Coordes – Steinmann, Schütz, Schmidt – Görts, Björnmose, Windhausen, Hasebrink (Danielsen), B. Lorenz
Trainer: Tilkowski
Tore: 0:1 Schütz (59.), 0:2 B. Lorenz(62.)
Zuschauer: 1.500

04.06.1970
Internationales Freundschaftsspiel
FC Southcoast United – W. B. 0:1 (0:0)
Aufstellung: Bernard (Stefens) – Zembski, Coordes – Steinmann, Schütz, H. Meyer – Görts (Danielsen), Björnmose, Windhausen (Götz), Schmidt, B. Lorenz
Trainer: Tilkowski
Tor: 0:1 Schütz (Elfmeter)
Zuschauer: 2.500 in Wonoona

07.06.1970
Internationales Freundschaftsspiel
Auswahl Victoria – W. Bremen 1:2 (1:2)
Aufstellung: Bernard – Zembski, Schmidt – Steinmann, Schütz, Coordes – Hasebrink, Görts, Björnmose (H. Meyer), Götz, B. Lorenz
Trainer: Tilkowski
Tore: 1:0 (15.), 1:1 Götz, 1:2 Götz
Zuschauer: 10.000 in Melbourne

09.06.1970
Internationales Freundschaftsspiel
Auswahl Makassar – W. Bremen 1:1 (1:0)
Aufstellung: Bernard (Stefens) – Zembski, Coordes – Steinmann, Schütz, Schmidt – Görts, Björnmose (H. Meyer), Götz, Hasebrink (Danielsen), B. Lorenz
Trainer: Tilkowski
Tor für Werder: Eigentor
Zuschauer: 30.000 in Djakarta

10.06.1970
Internationales Freundschaftsspiel
Nationalelf Indonesien – W. Bremen 4:8 (1:6)
Aufstellung: Bernard (Stefens) – Zembski, Coordes – Steinmann, Schütz, Schmidt – Görts (H. Meyer), Björnmose (Hasebrink), Götz, Danielsen, B. Lorenz
Trainer: Tilkowski
Torschützen für Werder: Götz (3), Schütz (Elfmeter), Görts, Steinmann, Hasebrink, B. Lorenz
Zuschauer: 40.000 in Djakarta

So sah Werders Umfeld im 70. Jubiläumsjahr des Vereins aus: Oben sehen wir so etwas wie die Vorläufer der »Ultras«, unten werfen wir einen Blick in Werders Kommandozentrale. Dort, wo heute Kartenstelle, Call-Center, Medienabteilung und Marketingbüros notwendig sind, schmissen 1969 Frau Radel und Fräulein Jauchstetter den Laden im Alleingang. So nämlich sah seinerzeit Werders Geschäftsstelle aus

Bundesliga-Abschlusstabelle 1969 / 1970

Platz	Verein	Spiele	S	U	N	Tore	Diff.	Punkte
1.	Borussia M'gladbach	34	23	5	6	71 : 29	+ 42	51-17
2.	Bayern München (M, P)	34	21	5	8	88 : 37	+ 51	47-21
3.	Hertha BSC Berlin	34	20	5	9	67 : 41	+ 26	45-23
4.	1. FC Köln	34	20	3	11	83 : 38	+ 45	43-25
5.	Borussia Dortmund	34	14	8	12	60 : 67	- 7	36-32
6.	Hamburger SV	34	12	11	11	57 : 54	+ 3	35-33
7.	VfB Stuttgart	34	14	7	13	59 : 62	- 3	35-33
8.	Eintacht Frankfurt	34	12	10	12	54 : 54	0	34-34
9.	Schalke 04	34	11	12	11	43 : 54	- 11	34-34
10.	1. FC K'lautern	34	10	12	12	44 : 55	- 11	32-36
11.	**Werder Bremen**	**34**	**10**	**11**	**13**	**38 : 47**	**- 9**	**31-37**
12.	Rot-Weiß Essen (N)	34	8	15	11	41 : 54	- 13	31-37
13.	Hannover 96	34	11	8	15	49 : 61	- 12	30-38
14.	Rot-Weiß Oberhausen	34	11	7	16	50 : 62	- 12	29-39
15.	MSV Duisburg	34	9	11	14	35 : 48	- 13	29-39
16.	Eintracht Braunschweig	34	9	10	15	40 : 49	- 9	28-40
17.	1860 München	34	9	7	18	41 : 56	- 15	25-43
18.	Alemannia Aachen	34	5	7	22	31 : 83	- 54	17-51

Fieberkurve der Bundesliga-Saison 1969 / 1970

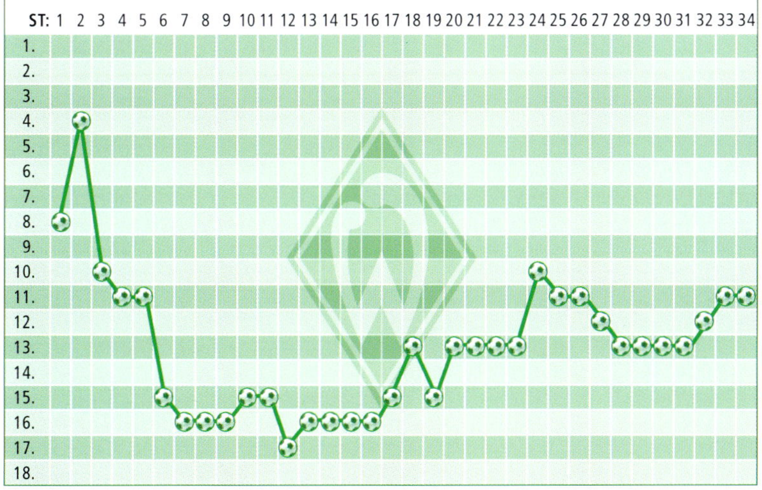

Klaus-Dieter Fischer als 3. Vorsitzender im Jahr 1970

Klaus-Dieter Fischer, Dr. Franz Böhmert: Zwei Leben für den SV Werder Bremen

Klaus-Dieter Fischer

Fischer (Jahrgang 1940) war ab 1970 zunächst 3. Vorsitzender und später Vizepräsident des SV Werder. »Vize« gilt als einer der wichtigsten Motoren des Vereins. Seit Jahrzehnten engagiertester Kämpfer für die Nachwuchsarbeit. Genaue Aufgabendefinition in Werders Chefetage: Vorstandsmitglied Amateurabteilungen, Vorsitzender des Amateurvorstandes und Leiter der Nachwuchsgruppe der Bundesliga. Offiziell firmiert Fischer, der Vater eines Sohnes und einer Tochter ist, als »Geschäftsführer Leistungszentrum Fußball und andere Sportarten« der Werder Bremen GmbH und Co. KG aA und ist Präsident des SV Werder Bremen e.V.

»KDF« im Jahr 2006

Wie lief Ihre Amtsübernahme 1970?

Böhmert: Mit meinem Vorgänger »Fidi« Düring haben mich davor und danach freundschaftliche Bande verbunden. Wir haben auch ganz offen über alles geredet. Düring war nicht so ehrgeizig, dass er sein Amt um jeden Preis behalten wollte. Er hat vielmehr immer gesagt: Wenn es Jüngere gibt, die den Verein übernehmen wollen, soll es so sein. Wir haben uns eingeschaltet, weil es mit dem Verein nach der Deutschen Meisterschaft etwas bergab ging. Es gab unterschiedliche Strömungen um den Verein, und viele waren der Ansicht, alles müsse langsam etwas professioneller werden. Klaus-Dieter Fischer kam mit seinen Leuten sogar schon 1968 zu mir und bat mich, den Verein zu übernehmen, aber damals war ich gerade Chefarzt geworden und konnte das nicht machen. Ich musste mich erst mal um meine Abteilung hier im Krankenhaus kümmern. Naja, und dann kamen sie eben zwei Jahre später wieder.

Wie genau lief die Entmachtung der »grauen Eminenz Werders«, Hans Wolff?

Fischer: Am Anfang war die Zusammenarbeit mit Hansi Wolff für uns sehr positiv. Gerade für uns als jungen Vorstand war er ein sehr wertvoller Ratgeber. Er wusste unheimlich gut Bescheid, war auf seinem Gebiet extrem erfahren und hatte unglaublich gute Connections in Bremen. Aber so nach ein oder zwei Jahren merkten wir dann doch, dass es ihm nicht passte, dass da junge Leute waren, die auch eigene Ideen hatten und nicht alles das machten, was ihm selbst vorschwebte. Das hat alles vor sich hingeschwelt bis zu einem Spiel in Bochum, das wir damals auswärts mit 3:0 gewannen. Und Hansi Wolff hatte, wie sich herausstellte, im Alleingang und ohne Absprachen der Mannschaft eine zusätzliche Siegprämie versprochen. Und da haben wir uns gesagt: Wenn jetzt jemand mit den Mitteln des Vereins so umgeht, dann müssen wir dagegen vorgehen. Dazu kam, dass er gegen seinen Nachfolger Rudi Assauer, den wir langsam einarbeiteten, in der Öffentlichkeit polemisiert hat. Und dann mussten wir uns von diesem wirklich sehr verdienstvollen Mann leider trennen.

Böhmert: Hans Wolff war für mich fast ein väterlicher Freund. Er hat die Notwendigkeit der Veränderungen in der Vereinsspitze eingesehen und den Wechsel von Fidi Düring zu mir mitgetragen. Allerdings hatten später dann Klaus-Dieter Fischer und ich so eine Art Vater-Sohn-Konflikt mit ihm, der irgendwann nicht mehr lösbar war. Hans Wolff hat zum Beispiel gesagt: ›Trikotwerbung kommt nicht in Frage! Und Bandenwerbung verschandelt das Stadion!‹ Er kam einfach aus einer anderen Zeit. Aber andererseits wäre der SV Werder ohne ihn nie das geworden, was er heute ist. Ihn zu entmachten war die allerschwierigste Entscheidung meiner Amtszeit und das einzige schwere menschliche Problem, das mich in all den Jahren bei Werder wirklich belastet hat. Er hatte die Geschicke des SV Werder über 30 Jahre lang zum Wohle des Vereins geführt. Auch wegen ihm konnten wir 1965 Deutscher Meister werden. Diese notwendige Entscheidung hat uns alle wahnsinnig belastet. Es war mit Abstand meine schlimmste Zeit bei Werder.

Und einer der Gründe für ihr Engagement war der Fehlgriff des alten Vorstands, Fritz Rebell 1969 als Trainer einzustellen?

Fischer: Richtig. Wir selbst konnten zu Beginn keine großen Bedingungen stellen, denn wir kamen ja gleich in eine gewisse

›Retterposition‹. Wir waren Letzter der Bundesligatabelle, finanziell und sportlich schwer angeschlagen. Werder hatte gerade Trainer Rebell entlassen und Hans Tilkowski angeheuert.

Böhmert: Durch die personellen Fehlentscheidungen unserer Vorgänger entstand zwischen dem alten Vorstand auf der einen Seite und uns Jüngeren auf der anderen Seite eine Konfliktsituation. Als der Vorstand Fritz Rebell verpflichtete, habe ich meine großen Bedenken geäußert. Ich erinnere mich sehr gut: Ich war in der Geschäftsstelle, und es waren zwei Kandidaten für Werders Trainerjob da. Der eine war Fritz Rebell, und der andere war mein Freund Udo Lattek. Dann kam der damalige Vizepräsident Wilhelm Riethmöller und polterte mich an: ›Du immer mit deinen Trainern! Der Rebell wollte 4500 DM haben und der Lattek wollte 6000 DM haben. So viel sind die beide nicht wert!‹ Udo Lattek hätte für dieses Geld, wie ja schon an anderer Stelle erwähnt, auch noch zwei A-Jugendliche namens Hoeneß und Breitner mit zu uns gebracht. Aber die Namen haben damals noch keinen großen Eindruck hinterlassen. (lacht)

Klaus-Dieter Fischer und Dr. Franz Böhmert – Architekten des SV Werder

Ihr erstes ganz großes Projekt war die »Millionenelf«. Was war der Grundgedanke dahinter?

Fischer: Die Millionenelf war eigentlich unsere erste, große, eigene Idee als neuer Vorstand. Wir hatten gehört, dass der DFB daran arbeitet, die Beschränkung der Ablösesummen wegfallen zu lassen und haben uns gesagt: Jetzt oder nie, jetzt müssen wir noch einmal zuschlagen, um Werder noch einmal massiv zu verstärken. Und wir sagen heute noch: Die Idee war richtig und gut, wir haben leider nur die falschen Leute geholt, um damit Erfolg zu haben.

Böhmert: Wir haben uns gesagt: Nun sind wir eine graue Maus geworden. So darf das nicht bleiben! Wir dürfen jetzt nicht kleckern, wir müssen klotzen! Diese Idee der Millionenelf erarbeiteten wir damals zusammen mit Edu Hundt, den wir fünf Jahre nach seinem Rücktritt als Liga-Obmann wieder ins Präsidium zurückholten. Er war einer unserer ganz wichtigen Berater in jener Zeit. Wir waren einfach der Meinung, zum Wohle des Vereins einen Befreiungsschlag zu versuchen. Richard Boljahn von der SPD hat uns sehr geholfen, damals eine der politischen Größen der Stadt. Ganz Deutschland hat sich damals gefragt: Wie machen die Bremer das bloß? Ein Jahr später kam ›Ente‹ Lippens zu mir und fragte, ob wir ihn nicht auch noch kaufen wollen: ›Mensch Doktor, Werner Görts, ›Acker‹ Weist und ich – das wäre doch ein Bombensturm für euch!‹ Ich sagte ihm: ›Willi, das ist eine nette Idee, aber jetzt haben wir kein Geld mehr!‹ Und darauf sagte Lippens: ›Dann verkauft halt ein Schiff!‹ (lacht)

Wie waren die Arbeitsbedingungen im Verein in jener Zeit?

Böhmert: Die Jahre zwischen 1973 und 1978 waren finanziell eine ungeheuer schwierige Phase für den Verein. Wir hatten oft schlaflose Nächte, weil wir manchmal nicht wussten, woher das Geld kommen sollte, um die Gehälter zu bezahlen. Ich erinnere mich noch gut, dass wir mal an einem Punkt waren, wo wir kein Weihnachtsgeld zahlen konnten. Wir hatten einfach kein Geld. Rudi Assauer war Mannschaftskapitän, kam zu mir und mahnte: ›Doktor, das geht so nicht. Wir müssen der Mannschaft Weihnachtsgeld zahlen! Die halten schließlich alle im Abstiegskampf ihre Knochen für den Verein hin!‹ Und dann hat er privat das Geld für seine Mannschaftskameraden vorgestreckt! Rudi hat uns 30.000 DM zur Verfügung gestellt, und davon haben wir der Mannschaft ihr Weihnachtsgeld ausgezahlt. Assauer verdiente damals 70.000 DM im Jahr, aber er lebte immer sparsam. Er gab uns das Geld und sagte mir: ›Zahlt es zurück, wenn ihr könnt!‹ Wiederbekommen hat er das Geld erst, als er nach Schalke ging. Er war dann ja Manager, und wir haben ihm gesagt: ›Rudi, du weißt ja selbst am besten, wie unsere finanzielle Lage ist. Wenn wir es uns leisten können, dann nimm dir das Geld einfach wieder zurück.‹ (lacht)

Franz Böhmert 1970

Dr. Franz Böhmert

Böhmert (* 21. Januar 1934 in Gröningen, † 28. Dezember 2004 in Bremen) wurde 1970 Präsident des SV Werder und mit damals 36 Jahren der jüngste Vereinsboss der Fußball-Bundesliga, nachdem er drei Jahre zuvor schon Deutschlands jüngster Chefarzt geworden war. Zudem war er von 1963 bis 1970 Vereinsarzt bei Werder Bremen. Später ärztlicher Direktor des Zentralkrankenhauses »Links der Weser« in Bremen. Vater einer Tochter. Von 1987 bis 2000 war Böhmert Vorstandsmitglied des DFB-Ligaausschusses, später Mitglied des DFB-Vorstandes als Vorstand des Ligaverbandes DFL. Er übernahm nach der Neustrukturierung des Vereins 1999 den Vorsitz des Werder-Aufsichtsrates. Franz Böhmert starb wenige Tage nach Weihnachten 2004 im Alter von 70 Jahren.

Franz Böhmert im Jahr 2003

»Das hat bitter wehgetan!« (Fischer): Der gerade entlassene Wolfgang Weber verlässt nach der Verabschiedung von seiner Mannschaft im Januar 1980 zum letzten Mal die Werder-Kabine

Welches war die schwierigste Entscheidung Ihrer Amtszeit?

Fischer: Bitter wehgetan hat die Entscheidung, ›Bulle‹ Weber als Trainer entlassen zu müssen. Das war so ein fantastischer Mensch, und wenn ich ihm heute begegne, tut es mir immer noch leid, dass wir solch eine Entscheidung treffen mussten. Und in der jüngeren Vergangenheit war das kurze Engagement von Felix Magath 1999 ein Fehler, der bei uns ganz tief gesessen hat. Wir waren so sicher, mit Magath aus dem Tabellenkeller rauszukommen, und die Tatsache, dass er sich heute in Stuttgart menschlich offenbar so extrem anders verhält, ist sicherlich auch ein Ergebnis unserer vielen Gespräche mit ihm. Wir haben mit Felix Magath endlos über seinen Führungsstil diskutiert, aber zu jener Zeit vor vier Jahren war er so rigide in seinen Verhaltensformen den Spielern gegenüber, dass es einfach nicht mehr ging. Unstrittig ist, dass er uns damals ins Pokalendspiel gebracht hat. Aber vom Tabellenstand und von der Moral innerhalb der Mannschaft her standen wir am Ende seiner Zeit bei uns wieder genau da, wo wir am Anfang waren.

Böhmert: Was Trainerwechsel angeht, hatte ich immer meine Philosophie. In dieser Hinsicht hatte ich drei Lehrmeister: Fischken Multhaup, Edu Hundt und Otto Rehhagel. Durch sie habe ich für mich gelernt: Du musst immer zusehen, den charismatischsten Trainer zu bekommen! Ich habe damals mit Udo Lattek lange verhandelt. Georg Buschner, der DDR-Nationaltrainer, war 1974 bei uns im Gespräch. Und Rinus Michels. Als der damals in Barcelona aufhörte, habe ich zu Hansi Wolff gesagt: ›Hol mir den Rinus Michels!‹ Und als Otto Rehhagel uns verließ, sagte ich sofort: ›Arsène Wenger!‹ Mit Wenger haben wir einen großen Fehler gemacht, aber hinterher ist man halt immer schlauer: Arsène Wenger wäre im November 1995 gekommen. Wir wollten aber das Risiko damals nicht eingehen, den eigentlichen Rehhagel-Nachfolger erst vier Monate nach Saisonbeginn zu bekommen. Wenger stand damals in Japan unter Vertrag. Er war verhandlungsbereit, und Willi Lemke und ich sind dann rübergeflogen, über Tokio nach Nagoya. Eine grausam anstrengende Reise! Dort angekommen haben wir uns kurz im Hotel frisch gemacht, haben vier Stunden mit Arsène Wenger verhandelt und sind dann wieder zurückgeflogen. Wenger hatte in seinem Vertrag in Japan zwar eine Ausstiegsklausel, aber er hat uns gesagt: ›Ich bin erst seit vier Wochen hier. Ich habe drei Spieler aus Monaco zu mir nach Japan geholt und kann nicht jetzt schon hier wieder alles hinschmeißen!‹ Dieses Verhalten sprach ja für ihn! ›Wenn die Saison hier vorbei ist, im November, könnte ich nach Bremen kommen!‹ Aber so lange konnten wir nicht warten.

Einen Beinahe-Skandal gab es 1979: Per Røntved, Werders Abwehrkünstler 1972 bis 1979, bezichtigte Werder nach seiner Heimkehr nach Dänemark in einem Enthüllungsbuch des Dopings. Werder wollte ihn daraufhin sogar verklagen. Was ist daraus geworden?

Böhmert: Wir haben zu Per heute noch ein gutes Verhältnis. Er hängt noch sehr an Bremen. Vor zwei Jahren rief mich ein Freund von ihm aus Bremer Zeiten an: ›Herr Doktor, der Per hat mich angerufen. Er würde gerne seinen Kindern noch mal seine alte Wirkungsstätte zeigen.‹ Gar keine Frage, habe ich geantwortet. Per ist Ehrengast bei uns, immer! Und dann kam Per, und wir haben alle alten Spieler zusammengetrommelt und hatten ein tolles Treffen. Er hatte vor vielen Jahren einen Schlaganfall, aber ist inzwischen wieder auf dem Weg der Besserung. Er wurde dann im Stadion besonders begrüßt und hatte Tränen in den Augen. Ich habe seinen Kindern erklärt, was für ein großartiger Fußballer er war. Einer der besten, die wir je hatten. In den Siebzigern war Per Røntved übrigens so etwas wie unser Tafelsilber. Wann immer wir finanziell in Not gerieten, berieten wir darüber, Røntved zu verkaufen, weil er als nahezu einziger Spieler bei uns gutes Geld gebracht hätte. Wir hatten mal eine Finanzlücke von 160.000 DM. Unser Controller kam zu uns und sagte: ›Wir müssen Spieler verkaufen!‹. Wir fragten ›Wen denn?‹ Und er sagte: ›Røntved!‹ Und das wurde zum Schlagwort bis heute. Wann immer es Probleme gibt, heißt es irgendwann: ›Ui, nun müssen wir wohl Røntved verkaufen!‹ (lacht)

Gut, dann hat er also dieses Buch geschrieben. Hintergrund war, dass wir damals einen bei den Spielern sehr geschätzten Mannschaftsarzt hatten: Dr. Hoge. Die Spieler verehrten ihn wie einen Guru. Und Dr. Hoge hatte es sich angewöhnt, den Spielern manchmal reine Placebo-Tabletten zu verabreichen, wenn es mal nicht so lief. Die Spieler kamen zu ihm und sagten ›Peter, ich fühl' mich heute nicht so!‹ Und er sagte geheimnisvoll: ›Okay, nimm eine hiervon, aber nur eine halbe Tablette!‹

Das war der Ursprung für Pers Dopingenthüllungen. Heute würde das wahrscheinlich höhere Wellen schlagen, aber damals hat das keinen interessiert. Das Thema war dann im Nu vergessen.

Wie ernst stand es um Werder nach dem Abstieg 1980?
Böhmert: Sehr ernst! Ich habe in diesem Jahr frühzeitig im Gefühl gehabt, dass es diesmal schief gehen könnte. Ich habe zu Rudi Assauer gesagt: ›Rudi, diesmal packen wir es nicht!‹. Aber ich habe gleichzeitig gedacht, mal sehen, wofür der Abstieg gut sein kann. Wir haben ja finanziell immer schon am Rande des Erträglichen gearbeitet. Die Devise hieß: Wenn wir absteigen, müssen wir eben finanziell gesunden und uns ganz langsam wieder nach oben arbeiten. Ohne den Abstieg damals hätte es unsere späteren Erfolge nie gegeben. Das steht für mich fest. Wir haben damals gesagt, wir verkaufen alles, was uns Geld einbringt und versuchen dann, mit einer jungen Mannschaft wieder nach oben zu kommen. Und wenn der direkte Wiederaufsteig nicht klappt, dann müssen wir eben noch einen Schnitt machen und ganz kleine Brötchen backen. Wir hatten sehr viel Glück mit unseren Neuzugängen: Klaus Fichtel und Erwin Kostedde kamen und schlugen voll ein. Erwin Kostedde hatte einen extrem leistungsbezogenen Vertrag. Genaugenommen hatte er sogar zwei Verträge: Den richtigen, und einen für seine Frau. (lacht) Er hatte einen Vertrag, den er zuhause vorzeigen konnte, und in dem es sich so las, als hätte er ein solides Einkommen. Dabei wurde er in Wirklichkeit nach Einsätzen bezahlt.

Ihr größter Fehler innerhalb Ihrer Amtszeit?
Böhmert: Wahrscheinlich die Tatsache, dass wir den großartigen Fußballer Junior Baiano nach nur einem Jahr wieder nach Brasilien verkauft haben. Seine Frau wollte zurück, er selbst gar nicht mal. Also haben wir uns mit Flamengo über einen Transfer geeinigt. An einem Dienstag um 12 Uhr mittags sollte die erste Rate der Ablösesumme für ihn auf unserer Bank angekommen sein. Am Abend vorher hatte die Mannschaft mit ihm Abschied gefeiert. Er war unheimlich beliebt innerhalb der Mannschaft. Einen Tag später, an diesem besagten Dienstag ruft mich Willi Lemke an und sagt: ›Nun rate mal, wer hier bei mir im Büro sitzt, mit Tränen in den Augen? Junior Baiano! Will nicht mehr weg!‹ Dieser Abschiedsabend musste ihn also sehr angerührt haben. Ich sagte dann zu Willi Lemke: ›Willi, kein Problem! Wie ich die Brasilianer kenne, werden die nicht pünktlich zahlen. Und wenn das Geld um 12 Uhr nicht da ist, schreibst du ein nettes Fax an Flamengo und erklärst den Transfer für geplatzt.‹ Um kurz nach 12 Uhr ruft er wieder an, am Boden zerstört: ›Du, das Geld ist auf dem Konto …‹ Da waren wir beide so sauer …! Wir mussten ihn also ziehen lassen, und diesen Weggang habe ich unsagbar bedauert. Junior Baiano war ein toller Kerl, ein sehr feiner Mensch. Ich erinnere mich noch gut: Er war in Bremen seiner gelegentlichen Leichtsinnigkeit wegen bei den Zuschauern nicht unumstritten. Einmal habe ich ihn in unserer Kabine gesehen, nachdem er bei uns von den eigenen Fans ausgepfiffen wurde. Da saß er, war abgrundtief deprimiert – und weinte. Und auf deutsch sagte er weinend zu mir ›Ich versuche doch, immer nur mein Bestes zu geben!‹ Das hat mich damals so erschüttert! Da merkte man, mit welchen Emotionen und welchem Engagement Junior Baiano Fußball spielte. Wenn ich an ihn denke, werde ich heute noch traurig. Als Spieler und auch menschlich würde ich ihn immer wieder holen. Der würde bei uns jederzeit reinpassen.

Fischer: Im Nachhinein ist es auch nach vielen Jahren noch bedauerlich, dass es uns 1994 nicht gelungen ist, Stefan Effenberg zu verpflichten. Ich bin heute noch sicher, dass wir mit Effenberg damals im Europapokal weiter gekommen wären und mit Sicherheit auch die Meisterschaft 1995 geholt hätten. Ob wir auf Dauer mit ihm glücklich geworden wären, das wage ich zu bezweifeln, aber für diese Saison damals wäre die Entscheidung, ihn zu holen richtig gewesen. Wir haben dann ja leider aus finanziellen Gründen nein sagen müssen.

Wie sehen Sie die Neustrukturierung des Vereins im Jahr 2003?
Böhmert: Solche Entwicklungen sieht man immer mit einem lachenden und einem weinenden Auge. Werder musste sich früher immer abstrampeln, um mit den Konkurrenten mithalten zu können, die viel bessere Voraussetzungen hatten als wir. Egal ob durch's Stadion oder durch die Infrastruktur. Wir hatten hier ja permanent große logistische Probleme. Wenn ich mir verglichen damit Bayern München anschaue, glaube ich, dass die auch Beckenbauer und Müller damals nicht hätten halten können, wenn sie im Stadion an der Grünwalder Straße hätten weiterspielen müssen. Wir waren immer hintendran und haben es irgendwie immer gerade so gepackt. Als Klaus-Dieter Fischer und ich zwei Jahre im Amt waren, haben wir eine erste Satzungsänderung verabschiedet. Wir haben den Vereinsvorstand verschlankt auf unseren Drei-Personen-Vorstand. Früher war es gang und gäbe, dass Vereine riesige Vorstände hatten, wo jeder mal mitreden durfte. Das war für Werder damals eine ganz entscheidende Neuerung: Dass wir künftig auf ganz kleiner Ebene Entscheidungen treffen konnten, mussten und wollten, die dann auch meistens richtig waren.

Zeitsprung. Im Dezember 2004, ein Jahr nach diesem Teil des Interviews, verstarb Dr. Franz Böhmert plötzlich und unerwartet an den Folgen eines Schlaganfalls. Den totalen Triumph des Double-Sommers 2004 durfte er noch miterleben. Klaus-Dieter Fischer ist seither der letzte Überlebende in der Führung des Vereins, der die Bundesligageschichte praktisch von Beginn an aus nächster Nähe mitverfolgt hat. Mit der Erringung des Doubles und der Rückkehr in die Champions League wurde einer seiner größten Träume erfüllt.

Baumeister der größten Erfolge: Willi Lemke, Otto Rehhagel und Dr. Franz Böhmert. Drei grundverschiedene Typen, die sich möglicherweise gerade deshalb perfekt ergänzten

Was bedeutete das Double 2004 und der dreifache Einzug in die Champions League für die Gesamtentwicklung von Werder als Verein und GmbH?
Man muss es in dreifacher Hinsicht sehen. Einmal sportlich: In Europa zu spielen bedeutet ja nicht nur für die Profimannschaft, sondern auch für den ganzen Verein etwas. Ich merke das insbesondere auch daran, dass Werder jetzt ganz anders wahrgenommen wird. Wir kriegen Einladungen für alle Bereiche des Vereins, also z.B. auch für die Jugendmannschaften, von denen wir früher nur geträumt haben. Das ist der eine Bereich.

Der zweite Bereich ist der wirtschaftliche Bereich, sicher der größte Quantensprung für uns: Dass man sich nun an Spielerverpflichtungen heranwagen kann wie z.B. im Fall Diego, mit rund sechs Millionen Ablöse.

Und der dritte Punkt ist sicherlich das Ansehen des Vereins generell. Wenn man die Entwicklung sieht, dass wir inzwischen zum zweitbeliebtesten Verein in der Bundesliga aufgestiegen sind, dann ist das ganz toll. Unsere Mitgliederzahlen steigen stetig weiter. Wir sind jetzt bei über 24.000. Wir müssen dringend das Stadion ausbauen, damit wir mehr als 26.000 Dauerkarten verkaufen können. Früher haben wir manches Mal vor 16.000 Zuschauern gespielt, und wenn heute Energie Cottbus kommt, weiß ich schon vorher, dass wir bis auf den Gästebereich wieder ausverkauft sein werden. Wenn man sich all diese Dinge vor Augen führt, dann denkt man manchmal, man träumt. Ich glaube aber, wir müssen auch jetzt in dieser Situation trotzdem vorsichtig sein, dass wir im wirtschaftlichen Bereich nicht überziehen, damit wir all das auch dann wirklich weiter bewerkstelligen können, wenn wir mal nicht in die Champions League kommen sollten. Damit muss man ja immer rechnen, mit diesem Fall. Und wir haben das u.a. deshalb ganz gut hingekriegt, weil wir die Vertragsgestaltung mit den Spielern eben auch sehr stark an der Frage des Erfolges orientiert haben.

Die Mitgliederzahlen des Vereins haben sich lange Jahre fast nicht geändert. Über Jahrzehnte lagen sie immer zwischen 2000 und 2500. Der erste kleine Sprung kam 1998, als die Zahl die 3.000 ansteuerte. 2003 hatte Werder 5700 Mitglieder, und im Jahre 2006 war es gar mehr als die vierfache Menge dieser Zahl. Wie bedeutsam ist diese Entwicklung für Werder als Großes und Ganzes? Sind die Mitglieder noch das Fundament für sportliche Erfolge?
Ich sage immer, die Mitglieder sind der Transmissionsriemen für die grün-weiße Idee. Ich merke das immer, wenn ich durch die Lande fahre mit unserem Projekt ›Hundert Schulen, hundert Vereine‹ – wie Kinder kommen und stolz sagen, nun gucken Sie mal hier, ich bin Mitglied in unserem Verein! Ich muss natürlich auch dazu sagen: Wir hätten höchstwahrscheinlich schon in früheren Jahren einen solchen Sprung machen können, aber wir haben unsere Philosophie in dieser Hinsicht verändert. Vorher wollten wir nur aktive Mitglieder haben, die selbst irgendwo spielen oder ehrenamtlich tätig sind.

Dann haben wir auf einmal gemerkt, das wir in der Mitgliederzahlentabelle der Bundesliga auf einem Abstiegsplatz standen, und dann haben wir unsere Philosophie geändert: Lass uns doch mal gucken, ob es nicht andere Bindungsmöglichkeiten gibt als das aktive Betätigungsfeld? Ob nicht einfach die Tatsache, dass ich Fan von Werder Bremen bin, auch dazu führt, die Mitglieder für den Sport-Verein Werder zu gewinnen. Wir haben dank des Mediums Internet die Anmeldung vereinfacht. Ich habe an einem Freitagnachmittag um 14 Uhr den Startschuss gegeben. In der ersten Viertelstunde hatten sich 150 Leute angemeldet. Nach zwei Stunden ist das ganze System zusammengebrochen, und dann hatten wir anschließend eine unfassbare Steigerung von 6000 auf 17.000 Mitglieder innerhalb von drei Monaten.

Ist es gleichzeitig auch ein Problem, dass Werder sich im Angesicht des stetig steigenden Renommees der schwierigen Aufgabe stellen muss, einerseits die Nähe zu den Fans und Mitgliedern nicht zu verlieren und andererseits trotzdem der sprunghaft gestiegenen Nachfrage Herr zu werden?
Ja, das ist ein Problem! Aus der gestiegenen Quantität, aus den Zuschauerzahlen, aus den Mitgliederzahlen, entsteht das qualitative Problem, alle richtig zu betreuen. Ich merke das häufig bei unseren Mitgliedern. Früher konnte man einfach sagen, 3000 Mitglieder – da kennst Du fast jeden. Wenn dich heute einer anspricht ›Mensch Herr Fischer, kennen sie mich nicht, ich bin Dauerkartenbesitzer!‹ dann sage ich: ›Tut mir leid. Wir haben 26.000!‹ Wir versuchen natürlich, durch viele soziale Aktionen gegenzusteuern. Die schon erwähnte Aktion ›Hundert Schulen, hundert Vereine‹, die ich gerne noch erweitern möchte, wenn das Stadion ausgebaut ist, wäre ein solches langfristiges Fanbindungsprogramm. Das sind ja nicht nur soziale Aspekte, die wir damit verbinden. Das dürfen wir nicht vergessen. Deswegen ist es auch wichtig, dass trotz der GmbH es weiterhin den e.V., also den Verein gibt. Beides darf sich nicht zu sehr voneinander entfernen. Das haben wir ja auch durch die Satzung sehr gut miteinander verklammert: Der Verein ist immer noch der Hauptgesellschafter. Der Verein bestimmt immer noch mit, und die Mitglieder und Fans dürfen im Grunde gar nicht merken, dass wir ›zwei Firmen‹ sind. Wir müssen immer Werder Bremen bleiben!

Werder Bremen steht im Jahr 2006 glänzend dar. Möglicherweise, weil man in Bremen hanseatisch-seriös geblieben ist, als anderswo nach Sternen gegriffen wurde – nach oftmals geborgten Sternen.
Unser Vorteil war, dass wir von der grauen Maus her gekommen sind und uns fortentwickelt haben. Und nicht wie andere Vereine gehandelt haben, die den umgekehrten Weg gegangen sind. Wenn wir unseren Nachbarn aus Hamburg nehmen, wird das vielleicht deutlich. Die Hamburger, die ja heute immer noch davon reden, sie seien die wahre ›Nummer eins im Norden‹, haben schlicht und einfach nicht mitbekommen, dass sie es nicht mehr sind. Dort wurden viele Fehler gemacht, z.B. im Umgang mit Fans. Aus solchen Dingen haben wir natürlich gelernt.

Alleine dass dieser Denkprozess bei uns auch immer vorhanden ist, dass wir sagen, wir dürfen uns nicht zu weit von dieser Farbe grün-weiß entfernen, ist auch den Protesten geschuldet. Diese Mündigkeit hat Tradition bei unseren Fans. Wenn sie überlegen, dass die Aktion ›Sitzen ist für'n Arsch‹ zu unserer Überlegung geführt hat, das Tribünenmodell zu schaffen, bei dem man Stehplätze in Sitzplätze umwandeln kann, ist so ein Punkt dabei. Und ich glaube, auch die Tatsache, dass wir Gott sei Dank hier bei Werder Bremen wenig mit rassistischen Dingen zu tun haben, mit Fremdenfeindlichkeit, basiert eigentlich auch auf der guten Zusammenarbeit mit dem Fanprojekt von Werder Bremen. Das ist auch so eine Aufgabe, der wir uns stellen. Selbst, wenn es nur so ganz kleine Akzente sind, die wir da setzen und die deutlich machen: Werder Bremen ist nicht abgehoben, Werder Bremen denkt an solche Dinge! Das sind alles Zeichen, die wir immer wieder setzen müssen.

Vereinspräsident mit Herz für die Basis: Klaus-Dieter Fischer im Jahr 2003

Werder galt lange als Verein, der an einem unüberwindbaren Standortnachteil zu leiden hat: An Strukturschwäche, fehlendem Hinterland, wirtschaftlichen Problemen des Landes Bremen. Sind die großen Erfolge der letzten Jahre ein Indiz dafür, sich von derartigen Faktoren unabhängiger gemacht zu haben?
Nein, das täuscht. Ich denke, gerade deshalb muss man die Leistung dieses Vereins besonders würdigen. Die wirtschaftliche Situation Bremens ist ja nicht besser geworden. Es ist immer noch klar, dass es eine große Bindung regionaler Sponsoren an die Vereine gibt. Wenn sie überlegen, dass wir mit ›Beck's‹ den letzten Sitz eines Konzerns in Bremen verloren haben, dass wir also keine große Firma mehr in unserer Stadt haben, deren Zentrale auch hier angesiedelt ist, dann wird deutlich, wie schwierig es ist, Sponsoren für uns zu gewinnen. Die Situation ist nicht besser geworden, und es kommt hinzu, dass Politiker in der heutigen Zeit nicht mehr mutig genug sind, uns zu unterstützen, obwohl sie alle wissen, dass wir der erste Werbeträger dieses Stadtstaates sind. Unser großer Wunsch für Bremen ist ganz einfach, dass die Aussagen, Werder sei ein wichtiger Imageträger und ein großer Sympathieträger für Bremen, nicht nur Lippenbekenntnisse der Politiker sind.

1970/71: Knack!

Oben v.l.:
Trainer Gebhardt, Höttges, Piontek, Schmidt, Björnmose, B. Lorenz, Stefens, Thelen, Hasebrink, Meyer, Assauer, Steinmann, Schütz
Unten v.l.:
Bernard, Götz, Zembski, Windhausen, Deterding, Coordes, Kamp, Görts

Neu in Bremen: Rudi Assauer. Noch konnte niemand ahnen, welch nachhaltigen Einfluss der als Libero eingeplante Ex-Dortmunder auf Werders Bundesligageschichte nehmen sollte

Ein neues Werder-Jahrzehnt brach an. Ganz neue Gesichter prägten die neue Zeit unseres Vereins in dieser Saison. Mit Dr. Franz Böhmert hatte vor Saisonbeginn ein neuer, junger Präsident den Verein übernommen. Auf der Bank saß nach dem Intermezzo mit Trainerneuling Tilkowski mit Robert »Zapf« Gebhardt nun wieder ein »harter Hund« alter Prägung (»Ich will doch mal sehen, ob ich diesen alten Traditionsverein nicht wieder auf Schwung bekommen kann!«), und auf dem Spielfeld verschwanden langsam aber sicher die Überlebenden der 65er Meisterelf. Nur eins blieb bestehen: Werder unternahm auch in dieser Saison eine ausgedehnte Sightseeing-Tour durch die wenig gastlichen Regionen der Bundesligatabelle.

Personell konnte Werder vor der Saison traditionsgemäß keine großen Sprünge machen. Immerhin: Gebhardt durfte im Vergleich zu seinen Vorgängern mit 19 Lizenzspielern (Rebell und Langner hatten zuletzt nur 17 zur Verfügung) arbeiten. Die durch personelle Engpässe verursachten Krisensituationen der letzten Saison schienen also endgültig der Vergangenheit anzugehören. Topkandidaten für das Werder-Trikot waren in der Sommerpause der 1860er Horst Blankenburg (später ein ganz Großer im Trikot von Ajax Amsterdam) für den Liberoposten und der Nationalspieler Bernd Dörfel als neuer Außenstürmer. Doch um Blankenburg riss sich die halbe Liga, Dörfel forderte zuviel Gehalt. Auch der schon in Bremen weilende ägyptische Superstar Abu Grisha konnte trotz großer Bemühungen nicht verpflichtet werden. So wurden schließlich drei echte Neulinge und ein Amateur verpflichtet. Willi Götz aus dem eigenen Nachwuchs kam bei Werder über eine Reservistenrolle nie hinaus. Der Kölner Werner Thelen kam als im Vergleich zu Dörfel preisgünstigere, vielseitig einsetzbare Sturmhoffnung, traf in der Bundesliga jedoch kein einziges Mal ins Tor und verschwand nach 15 Spielen und nur einem Jahr wieder. Aber dann begrüßte Trainer Gebhardt auch zwei Neu-Werderaner an der Weser, deren weiteren Werdegang man sicher keinem Leser erklären muss: Rudi Assauer und Kalli Kamp.

Mit Rudi Assauer kam für Werders Verhältnisse ein absoluter Stareinkauf aus Dortmund. Gemeinsam mit Horst-Dieter Höttges bildete der heutige »Mr. Schalke« sechs Jahre lang ein zuverlässiges Abwehrbollwerk. Allerdings erst mit Verzögerung. Kurios dagegen der Werdegang von Kalli Kamp, den der ehemalige Nürnberger Meisterkicker Robert Gebhardt noch aus der fränkischen Heimat kannte: Kamp kam als Torjäger aus Rüsselsheim und schlug bei Werder sofort ein, obwohl er an der Weser bis auf Tore schießen so ziemlich alles konnte. Schon in seinem ersten Jahr absolvierte der junge Kamp alle 34 Spiele und bewies zwar keinen übermäßigen Torriecher, wohl aber Mannschaftsdienlichkeit und nie versiegenden Kampfgeist.

Trainer Robert Gebhardt, den alle nur unter seinem Spitznamen »Zapf« kannten (den bekam er Jahrzehnte vorher verpasst, weil er schon in jungen Jahren den Zapfhahn in der väterlichen Wirtschaft bedienen musste), hatte es zunächst nicht leicht bei Werder, was nicht nur an der tollen Arbeit seines schweren Herzens scheidenden Vorgängers Hans Tilkowski lag. Umso mehr, weil ihm bewährte Kräfte nicht mehr zur Verfügung standen. John Danielsen, Werders erster ausländischer Bundesliga-Star, verpokerte sich bei den Verhandlungen um einen neuen Vertrag und schnürte statt für Werder künftig für den schweizerischen FC Chiasso die Stiefel. Heinz Steinmann wurde zum Ausklang seiner Karriere das, was man heute »Standby-Profi« nennen würde. Er spielte in der gesamten Saison nur noch 75 Minuten beim 0:0 gegen Berlin und machte danach Schluss mit dem Profifußball, oder wie man damals noch geläufiger sagte: mit seinem Lizenzspieler-Dasein. Noch schlimmer traf es Josef Piontek: Der hätte zwar gerne noch gespielt, konnte aber nicht. Piontek fiel fast zwei Jahre lang verletzungsbedingt aus. Auch seine Bundesliga-Karriere stand vor dem Aus.

Die neu zusammengewürfelte Truppe bestätigte beim Bundesligastart 1970/71 selbst die verbohrtesten Pessimisten und startete die Spielzeit rekordverdächtig mit gleich sechs Spielen ohne Sieg. Platz 18, mal wieder Abstiegskampf vom Allerfeinsten.

Kurios: Danach folgte direkt ein Werder-Hoch mit sechs Spielen ohne Niederlage, das die Mannen um die verbliebenen Stars Schütz, Höttges und Bernard auf Platz 13 hievte. Vor allem zuhause holte sich die Gebhardt-Elf nach und nach die nötigen Punkte zum Klassenerhalt. Um den spärlich ins Weser-Stadion pilgernden Fans aber besseren Fußball bieten zu können, fehlte schlicht und einfach ein richtig guter Stürmer. Die Abwehr stand mit 40 Gegentoren gut, aber vorne passierte zu wenig, und so wurde Pico Schütz, mittlerweile ältester Feldspieler der Bundesliga, gemeinsam mit Kalli Kamp und Bernd Lorenz mit jeweils fünf Toren bester Werder-»Torjäger« der Saison.

Das Ende vom Lied: ein schließlich frühzeitig gesicherter 10. Platz. Alles in allem ein durchwachsenes Jahr, wie gewohnt. Zu wenig zum Leben, zuviel zum Sterben. Hätte man zu jener Zeit schon gewusst, dass bereits diese erste Saison der siebziger Jahre mit diesem Rang 10 die beste Platzierung des ganzen Jahrzehnts gebracht hatte, dann wäre das für den Werder-Vorstand kein sehr vergnüglicher Gedanke gewesen.

Die Saison könnte man im Prinzip glatt als »ereignisarm« abhaken wenn … ja, wenn am 3. April nicht etwas passiert wäre, was noch heute in keinem geschichtlichen Bundesliga-Rückblick fehlen darf …

Mönchengladbach, Bökelberg, 3.4.1971, 17.10 Uhr: Der Pfostenbruch

Klassisch durchgegammelt: der ominöse Torpfosten. Kuriosum am Rande: An der Bruchstelle sieht man eindeutig, dass es definitiv ein anderer Pfosten ist als der, der in den letzten Jahren als »Der legendäre gebrochene Pfosten von Mönchengladbach« durch verschiedene Ausstellungen gereicht wurde

Werder spielt beim Tabellenführer Mönchengladbach auf dem Bökelberg und hält bis kurz vor Schluss ein angesichts der mittlerweile traditionellen Auswärtsschwäche fast schon sensationelles 1:1. Bei einem wuchtigen Kopfballversuch landet nach 88 Minuten der Gladbacher Nationalstürmer Laumen, putzigerweise ein künftiger Bremer, im Tornetz. Und sehr zur Verwunderung des Publikums bricht durch Laumens Schwung das Tor knirschend zusammen: Nix Aluminium, damals waren Pfosten noch aus Holz.

Es folgten filmreife Szenen von nicht geringem Comedy-Wert: Weil Werder scharf auf den unerwarteten Punktgewinn war, wollten alle Spieler in Grün-Weiß das Tor wieder aufrichten. Immer, wenn dies zu gelingen drohte, kamen Gladbacher Ordner und legten unter Mithilfe von Gladbach-Fans das Tor wieder hin. Der Borussia ist in diesem Moment klar, dass ein 1:1 gegen Werder zu wenig sein könnte im Titelzweikampf mit den Bayern. Gladbach also hofft auf ein Wiederholungsspiel, Werder will den hart erkämpften Punkt, basta. Der Gladbacher Platzwart Willi Evers erntet Hohngelächter, als er mit einem Hammer, ein paar Nägeln und einem Stück Holz aufkreuzt, um das bockige Tor zu reparieren. Und Günter Netzer, der Gladbacher Kapitän, verhält sich in

Die Sekunde vor dem »Knack«: Der künftige Bremer Herbert Laumen rauscht heran, Günter Bernard lenkt den Ball derweil großartig übers Tor. Laumen landet im Tornetz – der Rest ist Bundesliga-Geschichte und kostete Gladbach zwei Punkte am »Grünen Tisch«

Knack – da war das Tor kaputt

Mönchengladbach – Bremen abgebrochen

Entscheide schnell, DFB!

Wehe, wenn der Pfosten bricht!

Schade um den Torpfosten, schade aber auch um Borussia Mönchengladbach. Einen Punkt hatten sie damals schon (1:1 zwei Minuten vor Schluß gegen Werder), jetzt haben sie gar keinen Punkt. Aber die Geschichte ist noch nicht zu Ende. Berufung folgt.

den Augen des Schiedsrichters Gert Meuser »merkwürdig passiv«.

Legendär ist bis heute der Werder-Vorschlag, das abgebrochene Tor für die letzten paar Minuten von eigenen Ersatzspielern festhalten zu lassen. Schließlich wird nach zwölf Minuten der Ratlosigkeit kapituliert: Schiedsrichter Meuser bricht die Partie ab.

Die weiteren Denkansätze zur Lösung des Problems »Wie soll das Spiel gewertet werden?« haben allesamt einen schalen Beigeschmack. Die Idee, ausschließlich die versäumten 2 Spielminuten nachholen zulassen, scheint zwar sportlich noch am gerechtesten, aber in Sachen Durchführbarkeit natürlich völlig absurd. Eine Spielwiederholung würde die wackeren Bremer bestrafen, die so womöglich doch noch um den erkämpften Punktgewinn gebracht werden würden. Eine Wertung zu Ungunsten der Gladbacher Platzherren schied zumindest nach Ansicht der Gladbacher aus. Die Fohlenelf bangte um ihre große Meisterschaftschance.

Ende vom Lied: Borussia Mönchengladbach wurde vom DFB für das nicht zur Verfügung stehende Ersatztor mit dem Abzug beider Punkte aus dem Spiel bestraft. Mönchengladbachs Manager Grashoff hatte sich folgenschwer verplappert. Am Ende einer Anhörung, in deren Verlauf die Gladbacher glaubhaft machen wollten, dass sie sich sehr wohl um eine Reparatur des wankelmütigen Gebälks bemüht hatten, rutschte dem Funktionär tragischerweise heraus: »Kein Wunder, dass die Bremer sich so ins Zeug gelegt hatten. Die waren ja auch daran interessiert, das Spiel zu Ende zu bringen.« Mehr musste der DFB-Richter nicht wissen. Werder bekam die Punkte. Die Gladbacher Fans wünschten den Verband daraufhin zum Teufel. Überflüssigerweise, denn ihre Mannschaft schaffte es trotzdem noch.

Paradox: Bald-Werderaner Herbert Laumen spielte 1970 gegen seinen künftigen Verein, traf das Tor nicht, aber bescherte Werder durch den Pfostenbruch zwei wichtige Punkte

Bilddokumente einer auf ewig einmaligen Bundesliga-Kuriosität: Der Pfostenbruch von Mönchengladbach! Der eingewechselte Gladbacher Herbert Laumen liegt nach einem Kopfball im über ihm zusammenbrechenden Tor, anschließend gefangen wie ein Fisch im Netz. Die übrigen Bilder belegen eindeutig die Aussage aller Beteiligten, wonach sich nur die Bremer Spieler um eine Behebung des Schadens bemühten

Und auch Werder hätte mit dem geschenkten DFB-Punkt im Rucksack beinahe etwas erreicht, von dem vor der Saison kein Bremer zu träumen gewagt hatte: Vier Spieltage vor Saisonende stand Werder dank einer Serie von 12:2 Punkten aus sieben ungeschlagenen Spielen in Folge auf einem überraschenden 5. Platz und träumte vom ersten UEFA-Cup-Auftritt in der Vereinsgeschichte. Eine blamable 0:3-Packung bei den fast schon abgestiegenen Oberhausenern eine Woche vor Saisonende ließ diesen Traum zerplatzen. Oberhausen rettete sich dank der beiden Punkte gegen den SVW, und Werder musste sich dusseligerweise sogar vorwerfen lassen, den Mannen vom Niederrhein im Zuge des Bundesligaskandals die Punkte freiwillig zugeschustert zu haben. Weil schnell klar wurde, dass kein Verein so behämmert wäre, die eigene Europacupteilnahme gegen schmutziges Bestechungsgeld zu tauschen, verlief diese Räuberpistole im Sande. Werder war mit dem abschließenden Abrutschen auf Platz 10 auch wirklich genug gestraft. Und Horst-Dieter Höttges erwies sich als Orakel. In der Winterpause konstatierte er düster: »Diese Saison überstehen wir noch, doch dann brauchen wir mindestens eine Million Mark, um ein halbes Dutzend erstklassiger Spieler einzukaufen. Mit den Alten werden wir die kommende Saison nicht überstehen.«

Unabhängig vom Herumstapfen in der sportlichen Grauzone der Liga wurde Werders Vorstand im Laufe der Saison noch aus einem anderen Grund mulmig: Die besser situierten Bundesligaclubs betrieben beim DFB die Aufhebung der Ablösesummenbegrenzung. Drohend wurde diese Vision immer konkreter, und bei Werder wusste man: Wenn die Ablösesummen frei verhandelbar werden, dann bedeutet das nichts anderes als mittelfristig eine Konzentration der besten Spieler der Liga bei den wenigen reichen Clubs und die Verurteilung des Ligarests zu verarmten, sportlich chancenlosen Kellerkindern. Werders Vereinsführung wollte diesem Schicksal entgehen und baldowerte einen in der Theorie brillianten Plan aus, der nicht nur Werders Fans in der kommenden Saison beschäftigen sollte, sondern bundesweit für großes Erstaunen bei Fachleuten und Fußballanhängern sorgen würde. Mehr über die großen Pläne des eher kleinen Vereins auf den nächsten Seiten.

Einen optischen Vorboten der neuen Werder-Ära gab es schon im Frühling 1971 zu bestaunen: Im vorletzten Saison-Heimspiel gegen den FC Bayern stellte Werder ein ungewohntes neues Trikot vor. Nicht nur die neuen, rotweißen Farben verkündeten, dass der Verein unter dem erst 37-jährigen Vereinsoberhaupt Franz Böhmert in der kommenden Saison 1971/72 ein für alle Mal das Abstiegsgespenst aus Bremen verscheuchen wollte. Alles bei Werder sollte erstens anders und zweitens besser werden. Anders wurde es.

Oben: Heinz Steinmann löste kurz vor Karriereende Pico Schütz als Werder-Kapitän ab. Hier beharkt er sich mit Berlins berüchtigtem »Goldköpfchen« Franz Brungs. Unten: Ein Ball aus Marzipan sollte Glück bringen. Dem Saisonverlauf nach muss der Marzipanball sich jedoch harte Vorwürfe gefallen lassen: Er versagte völlig

kicker
UNSERE SERIE
Trainer der Bundesliga
„Zapf“
Gebhardt
SV Werder Bremen

WERDER BREMEN

SPORTVEREIN „WERDER"
v. 1899 e.V.

Deutscher Pokalsieger 1961
Deutscher Meister 1965
Deutscher Vizemeister 1968

Postanschrift:
28 Bremen, Weser-Stadion,
Telefon: (0421)–49 04 39

An den
Vorstand des
S.V. "Werder" Bremen

28 Bremen
Weser-Stadion

22. 2. 1971 Ge./D.

Sehr geehrte Herren!

Vor ca. 8 Tagen wurde ich von einem mir namentlich nicht bekannten Werder-anhänger angesprochen, daß die Spieler Windhausen und Schmidt betrunken in einer Gaststätte aufgefallen seien. Da ich antwortete, ich könne mir das nicht vorstellen, nannte mir der Herr die Gaststätte, deren Namen ich mir leider nicht gemerkt habe.

Ich bin dann am 18. Februar mit dem Spieler Höttges zu dieser Gaststätte gefahren und habe dort folgendes erfahren:

Am Sonntag, d. 14. 2. 1971, sind die Spieler Windhausen und Schmidt gegen vormittags 11.00 Uhr in diese Gaststätte gekommen und haben dort nach Angaben der Wirtin und deren Freund jeder ca. 15-20 Biere und einige Schnäpse getrunken. Gegen etwa 13.30 Uhr nachmittags waren beide Spieler stark angetrunken. Der Spieler Windhausen erhob sich, angeblich um zur Toilette zu gehen, und fiel hierbei in eine Blumenbank. Wegen dieses Vorfalles ergab sich eine Debatte zwischen der Wirtin und deren Freund einerseits und Herrn Windhausen andererseits, in deren Verlauf es zu einer Schlägerei gekommen ist. Der Bekannte der Wirtin versetzte Windhausen einen Fausthieb wodurch Windhausen hinfiel und sich hierbei verletzte. Windhausen blutete stark.

Die Wirtin wollte einen Krankenwagen bestellen, um den stark blutenden Windhausen ins Krankenhaus bringen zu lassen. Schmidt jedoch bat, von der Herbeirufung eines Krankenwagens Abstand zu nehmen, weil er befürchtete, daß dann die Angelegenheit am nächsten Tag in der Presse stehen würde.

Diese Ausführungen kann ich nach den Aussagen der Wirtin und deren Bekannten machen. Ich hatte mir als Zeugen den Spieler Höttges mitgenommen und dazu kamen dann noch der Spielführer Arnold Schütz, die beide meine vorstehenden Angaben bestätigen können.

Ich melde hiermit beide Spieler zur Bestrafung an.

Mit freundlichem Gruß!

R. Gebhardt

Bankkonten: Bankhaus Neelmeyer AG, Nr. 7 507 ~~Die Sparkasse in Bremen, Nr. 13443~~ Postscheckkonto Hamburg, Nr. 1476 50
Sparkasse Bremen 113 4436

Bernd Windhausen

Bernd Schmidt

Zwar »zur Bestrafung angemeldet«, konnten Bernd und Bernd ihre Karriere bei Werder dennoch unbescholten fortsetzen. Robert »der Bestrafer« Gebhardt dagegen war wenig später Geschichte

WERDER BREMEN 1970/71

Trainer

Gebhardt, Robert »Zapf«
Verantwortlicher Trainer in 33 Spielen der Saison

Interimstrainer

Ackerschott, Richard
Verantwortlicher Trainer in 1 Spiel der Saison (vertrat den erkrankten Gebhardt am 27. Spieltag)

Tor

Bernard, Günter
33 Spiele; 0 Tore

Stefens, Friedrich »Fritz«
3 Spiele; 0 Tore

Abwehr

Schütz, Arnold »Pico«
34 Spiele; 5 Tore

Zembski, Dieter
34 Spiele; 2 Tore

Schmidt, Bernd
32 Spiele; 4 Tore

Mittelfeld

Björnmose, Ole
30 Spiele; 3 Tore

Hasebrink, Heinz-Dieter
22 Spiele; 4 Tore

Meyer, Herbert
16 Spiele; 0 Tore

Angriff

Kamp, Karl-Heinz »Kalli«
34 Spiele; 5 Tore

Lorenz, Bernd
26 Spiele; 5 Tore

Görts, Werner »Anneliese«
25 Spiele; 4 Tore

Erweiterter Kader

Müller, Klaus
1 Spiel; 0 Tore
Amateur

Schöttner, Volker
1 Spiel; 0 Tore
Amateur

Werders Neuzugänge im Sommer 1970

Zum ersten, aber nicht zum letzten Mal, stellte sich Werder vor Saisonstart nicht in weißen Trikots den Fotografen. Trainer Gebhardt versammelte mit Kamp, Götz, Thelen und Assauer vier Spieler um sich, von denen nur Kamp und Assauer den Sprung in die Stammelf schafften

Wer kam?

Assauer (Borussia Dortmund)
Götz (eig. Amateure)
Kamp (Opel Rüsselsheim)
Thelen (1. FC Köln)

Wer ging?

Danielsen (FC Chiasso/Schweiz)
Schimeczek (Karriereende)

Der Sport-Verein »Werder« im Jahr 1970/71:

1. Vorsitzender:	Dr. Franz Böhmert
2. Vorsitzender:	Wilhelm Riethmöller
3. Vorsitzender:	Klaus-Dieter Fischer
Geschäftsführer:	Hans Wolff
Leiter der Lizenzspielerabt.:	Richard Ackerschott
Vereinsarzt:	Dr. Franz Böhmert
Masseur:	Wolfgang Binder
Mitglieder:	2.500
Kapazität Weser-Stadion:	40.000 Plätze (7.000 Sitzplätze)

Assauer, Rudolf »Rudi«
31 Spiele; 1 Tor

Coordes, Egon
30 Spiele; 1 Tor

Höttges, Horst-Dieter »Eisenfuß«
22 Spiele; 1 Tor

Steinmann, Heinz
1 Spiel; 0 Tore

Piontek, Josef »Seppl«
0 Spiele; 0 Tore

Windhausen, Bernd
12 Spiele; 4 Tore

Thelen, Werner
15 Spiele; 0 Tore

Deterding, Eckhard
9 Spiele; 1 Tor

Götz, Willi
5 Spiele; 0 Tore

In Freundschaftsspielen eingesetzt:

Allhorn, Heinz (Tor)
Knopf, Georg (Abwehr)
Matischak, Klaus (Angriff)
Quantz, Karl-Heinz (Mittelfeld)
Schimeczek, Helmut (Abwehr)
Struckmann, Rainer (Mittelfeld)

Alle Spiele 1970/71

27.06.1970
Intertoto-Runde, 1. Spieltag
W. Bremen – SK Beveren-Waas 0:0
Aufstellung: Bernard – Schmidt, Coordes – Steinmann, Schütz, Zembski – Görts, Assauer (46. Windhausen), Götz (82. H. Meyer), Björnmose, B. Lorenz
Trainer: Gebhardt
Tore: –
Zuschauer: 2.000

30.06.1970
Freundschaftsspiel
Auswahl der Pädagogischen Hochschule Oldenburg – W. B. 2:3 (0:1)
Aufstellung: Stefens (Bernard) – H. Meyer, Schmidt (Coordes) – Assauer, Schütz, Zembski – Görts, Windhausen, Götz (Lorenz), Björnmose, Deterding
Trainer: Gebhardt
Torschützen für Werder: Windhausen (2), B. Lorenz
Zuschauer: 1.500

04.07.1970
Intertoto-Runde, 2. Spieltag
W. Bremen – Linzer ASK 1:1 (1:0)
Aufstellung: Bernard – H. Meyer, Coordes – Assauer, Schütz, Zembski – Kamp, Schmidt, Götz, Björnmose, Görts (73. Deterding)
Trainer: Gebhardt
Tore: 1:0 Kamp (2.), 1:1 Strebele (89.)
Zuschauer: 4.000

11.07.1970
Intertoto-Runde, 3. Spieltag
Östers IF Växjö – W. Bremen 1:2 (0:0)
Aufstellung: Bernard – Schmidt, Coordes – Steinmann (46. H. Meyer), Schütz, Assauer – Kamp, Zembski, Götz, Björnmose, Görts
Trainer: Gebhardt
Tore: 0:1 Schmidt (71.), 1:1 Ejderstedt (77.), 1:2 Kamp (85.)
Besonderes Vorkommnis: Bernard hält FE von Ejderstedt (43.)
Zuschauer: 3.000

18.07.1970
Intertoto-Runde, 4. Spieltag
SK Beveren-Waas – W. Bremen 2:2 (0:1)
Aufstellung: Bernard – Schmidt, Coordes – Steinmann, Schütz, Assauer – Görts, Zembski (84. H. Meyer), Kamp, Björnmose, B. Lorenz
Trainer: Gebhardt
Tore: 0:1 B. Lorenz (30.), 0:2 Björnmose (56.), 1:2 Rogiers (60.), 2:2 Rogiers (67.)
Zuschauer: 1.250

25.07.1970
Intertoto-Runde, 5. Spieltag
W. Bremen – Östers IF Växjö 2:1 (1:0)
Aufstellung: Bernard – Zembski, Coordes – Steinmann, Schütz, Höttges – Thelen, Assauer, Kamp, Björnmose, (70. B. Lorenz), Görts
Trainer: Gebhardt
Tore: 1:0 Thelen (15.), 1:1 Bild (51.), 2:1 Höttges (84. FE)
Besonderes Vorkommnis: Platzverweis für Svensson (Ö.V.)
Zuschauer: 6.000

29.07.1970
DFB-Pokal, Achtelfinale (Saison 1969/70)
Alem. Aachen – W. B. 1:1 (1:1, 0:1) n.V.
Aufstellung: Bernard – Zembski (110. H. Meyer), Coordes – Steinmann, Schütz, Assauer – Thelen, Höttges, Björnmose, Kamp (61. Schmidt), Görts
Trainer: Gebhardt
Tore: 0:1 Thelen (11.), 1:1 Schauß (58.)
Zuschauer: 8.000

01.08.1970
Intertoto-Runde, 6. Spieltag
Linzer ASK – W. Bremen 4:4 (2:1)
Aufstellung: Bernard – Zembski, Coordes – Höttges (57. H. Meyer), Schütz, Assauer – Björnmose, Schmidt, Kamp (46. Görts), B. Lorenz, Thelen
Trainer: Gebhardt
Tore: 0:1 Sturmberger (8. ET), 1:1 Kondert (9.), 2:1 Bauer (35.), 3:1 Wetscher (57.), 3:2 Assauer (61.), 3:3 Zembski (62.), 4:3 Strebele (71.), 4:4 Björnmose (85.)
Zuschauer: 3.500

Endstand Intertoto-Runde, Gruppe 4:

	S U N	Tore	Pk.
1. Östers IF Växjö (S)	4 0 2	16 : 8	8-4
2. SV W. Bremen (D)	2 4 0	11 : 9	8-4
3. SK Beveren-Waas (B)	1 3 2	9 :11	5-7
4. Linzer ASK (A)	0 3 3	10 :18	3-9

03.08.1970
DFB-Pokal, Achtelfinale-Wiederholungsspiel (Saison 1969/70)
W. Bremen – Alemannia Aachen
1:1 (1:1,0:0) n.V. – Losentscheid für Aachen!
Aufstellung: Bernard – Zembski, Coordes – Steinmann, Schütz, Assauer – Kamp (53. Götz), Björnmose, Thelen (80. B. Lorenz), Höttges, Görts
Trainer: Gebhardt
Tore: 0:1 Steinmann (65. ET), 1:1 Assauer (81.)
Zuschauer: 9.000

08.08.1970
Freundschaftsspiel
SSV Delmenhorst – W. Bremen 2:6 (1:1)
Aufstellung: Stefens – Zembski (46.H. Meyer), Schmidt – Höttges, Schütz, Assauer – Kamp, Björnmose, Windhausen (46.B. Lorenz), Götz, Thelen
Trainer: Gebhardt
Tore: 1:0 Knapp (7.), 1:1 Windhausen (10.), 1:2 Björnmose (47.), 1:3 Kamp (48.), 1:4 Schütz (56.), 1:5 Thelen (70.), 1:6 Kamp (71.), 2:6 Janson (80.)
Zuschauer: 1.000

15.08.1970
Bundesliga, 1. Spieltag
W. Bremen – 1. FC Köln 1:1 (1:0)
Aufstellung: Bernard – Zembski, Coordes – Höttges, Schütz, Assauer – Görts, Schmidt, Kamp (61. Windhausen), Björnmose, Thelen (84. H. Meyer)
Trainer: Gebhardt
Tore: 1:0 Schmidt (26.), 1:1 Löhr (86.)
Zuschauer: 25.000

22.08.1970
Bundesliga, 2. Spieltag
Kickers Offenbach – W. Bremen 2:1 (1:0)
Aufstellung: Bernard – Zembski, Coordes – Höttges, Schütz, Assauer – Kamp, Schmidt, Götz, Björnmose, Thelen (60. B. Lorenz)
Trainer: Gebhardt
Tore: 1:0 H. Kremers (22. FE), 2:0 Gecks (49.), 2:1 Björnmose (80.)
Zuschauer: 15.000

28.08.1970
Bundesliga, 3. Spieltag
Eintr. Braunschweig – W. Bremen 1:0 (1:0)
Aufstellung: Bernard – Zembski, Coordes – Schmidt, Schütz, Höttges – Kamp, H. Meyer, Windhausen, Götz, Görts (46. Thelen)
Trainer: Gebhardt
Tor: 1:0 Ulsaß (8.)
Zuschauer: 16.020

05.09.1970
Bundesliga, 4. Spieltag
W. Bremen – MSV Duisburg 0:2 (0:0)
Aufstellung: Bernard – Zembski, Coordes – Höttges, Schütz, Assauer (68. Schmidt) – Kamp, H. Meyer, Windhausen, Götz, Görts (46. Thelen)
Trainer: Gebhardt
Tore: 0:1 Dietz (59.), 0:2 Budde (81.)
Zuschauer: 12.000

08.09.1970
Freundschaftsspiel
TSG Burg-Gretesch – W. Bremen 0:5 (0:1)
Aufstellung: Bernard (46. Stefens) – Zembski, Coordes (46. H. Meyer), Steinmann, Schütz – Schmidt, Deterding, Hasebrink – Windhausen, Götz, B. Lorenz
Trainer: Gebhardt
Tore: 0:1 Windhausen (3.), 0:2 Götz (60.), 0:3 Windhausen (75.), 0:4 B. Lorenz (83.), 0:5 Windhausen (86.)
Zuschauer: 3.000

11.09.1970
Bundesliga, 5. Spieltag
VfB Stuttgart – W. Bremen 3:0 (0:0)
Aufstellung: Bernard – Höttges, Coordes – Assauer, Schütz, Zembski – Kamp, Schmidt, Windhausen, H. Meyer (80. Götz), Görts
Trainer: Gebhardt
Tore: 1:0 Weiß (68.), 2:0 Weidle (78.), 3:0 Gress (79.)
Zuschauer: 15.000

16.09.1970
Freundschaftsspiel
Stadtausw. Wildeshausen – W. B. 0:6 (0:5)
Aufstellung: Bernard (46. Stefens) – Zembski, Coordes (46. H. Meyer), Höttges, Schütz (46. Steinmann) – Schmidt, Kamp (46. Thelen), Björnmose – Götz (22. Windhausen), Assauer, B. Lorenz
Trainer: Gebhardt
Tore: 0:1 Björnmose, 0:2 Thelen, 0:3 Windhausen, 0:4 Björnmose, 0:5 Björnmose, 0:6 Höttges (FE)
Zuschauer: 3.000

19.09.1970
Bundesliga, 6. Spieltag
W. Bremen – Hertha BSC Berlin 0:0
Aufstellung: Bernard – Zembski, Coordes – Steinmann (75. Schmidt), Schütz, Höttges – Kamp, Assauer, Windhausen, Björnmose, Thelen
Trainer: Gebhardt
Tore: –
Zuschauer: 22.000

26.09.1970
Bundesliga, 8. Spieltag
W. Bremen – Rot-Weiß Essen 1:1 (1:1)
Aufstellung: Bernard – Höttges, Zembski – Coordes, Schütz, Schmidt – Görts, Assauer (36. H. Meyer), Windhausen (80. Kamp), Björnmose, Thelen
Trainer: Gebhardt
Tore: 1:0 Björnmose (13.), 1:1 Hohnhausen (36.)
Zuschauer: 15.500

03.10.1970
Bundesliga, 9. Spieltag
Eintracht Frankfurt – W. Bremen 0:2 (0:1)
Aufstellung: Bernard – Zembski, Coordes – Schmidt, Schütz, Höttges (36. H. Meyer) – Görts, Kamp, Windhausen, Björnmose, B. Lorenz
Trainer: Gebhardt
Tore: 0:1 Windhausen (43.), 0:2 Windhausen (57.)
Zuschauer: 6.000

07.10.1970
Bundesliga, 10. Spieltag
W. Bremen – Bor. M'gladbach 1:1 (1:1)
Aufstellung: Bernard (85. Stefens) – Zembski, Coordes – Schmidt, Schütz, Höttges – Görts, Kamp, Windhausen, Björnmose, B. Lorenz
Trainer: Gebhardt
Tore: 1:0 Zembski (9.), 1:1 L. Müller (25.)
Zuschauer: 32.000

10.10.1970
Bundesliga, 11. Spieltag
Hamburger SV – W. Bremen 1:1 (0:0)
Aufstellung: Bernard – Zembski, Coordes – Schmidt, Schütz, Höttges – Görts, Assauer (58. H. Meyer), Kamp, Björnmose, B. Lorenz (74. Windhausen)
Trainer: Gebhardt
Tore: 1:0 Hönig (64.), 1:1 Windhausen (86.)
Zuschauer: 14.000

24.10.1970
Bundesliga, 12. Spieltag
W. Bremen – Hannover 96 0:0
Aufstellung: Bernard – Zembski, Coordes – Höttges, Schütz, Assauer – Thelen (76. Hasebrink), Kamp, Windhausen, Björnmose, B. Lorenz (59. K. Müller)
Trainer: Gebhardt
Tore: –
Zuschauer: 15.000

27.10.1970
Bundesliga, 7. Spieltag (Nachholspiel)
Borussia Dortmund – W. Bremen 0:1 (0:1)
Aufstellung: Bernard – Zembski, Coordes – Höttges, Schütz, Assauer – Schmidt, Kamp, Windhausen, Björnmose, B. Lorenz
Trainer: Gebhardt
Tor: 0:1 Windhausen (28.)
Zuschauer: 12.000

31.10.1970
Bundesliga, 13. Spieltag
Arminia Bielefeld – W. Bremen 3:0 (2:0)
Aufstellung: Bernard – Zembski, Coordes – Höttges, Schütz, Assauer – Schmidt, Kamp, Windhausen (46. Hasebrink), Björnmose, B. Lorenz
Trainer: Gebhardt
Tore: 1:0 Schulz (15.), 2:0 Leopoldseder (43.), 3:0 Slomiany (75.)
Zuschauer: 17.000

07.11.1970
Bundesliga, 14. Spieltag
W. Bremen – 1. FC Kaiserslautern 1:1 (1:0)
Aufstellung: Bernard – Zembski, Coordes – Assauer, Schütz, Höttges – Thelen, Kamp, Björnmose, Schmidt, B. Lorenz (80. Götz)
Trainer: Gebhardt
Tore: 1:0 Schütz (29.), 1:1 Friedrich (50.)
Zuschauer: 11.000

14.11.1970
Bundesliga, 15. Spieltag
FC Bayern München – W. Bremen 2:1 (0:0)
Aufstellung: Bernard – Zembski, Coordes – Höttges, Schütz, Assauer – Thelen, Kamp, Björnmose, Hasebrink, Schmidt
Trainer: Gebhardt
Tore: 1:0 Roth (53.), 2:0 G. Müller (63.), 2:1 Coordes (89.)
Zuschauer: 16.000

18.11.1970
Freundschaftsspiel
Roland Delmenhorst – W. Bremen 1:11 (0:6)
Aufstellung: Stefens – Piontek, H. Meyer, Assauer, Schütz – Hasebrink, Thelen, Kamp – Götz, B. Lorenz, Deterding (80. Coordes)
Trainer: Gebhardt
Tore: 0:1 Kamp (2.), 0:2 Thelen (8.), 0:3 B. Lorenz (21.), 0:4 Thelen (25.), 0:5 Deterding (39.), 0:6 Assauer (43.), 0:7 B. Lorenz (56.), 0:8 Götz (68.), 0:9 Fleischer (ET, 73.), 0:10 Thelen (82.), 0:11 B. Lorenz (88.), 1:11 Jielch (90.)
Zuschauer: 1.200

20.11.1970
Freundschaftsspiel
TuS Syke – W. Bremen 1:4 (1:2)
Aufstellung: Bernard – Zembski, Schmidt – Assauer, Schütz, Hasebrink – Thelen, Björnmose, Götz (46. Kamp), B. Lorenz, Coordes
Trainer: Gebhardt
Tore: 0:1 B. Lorenz (2.), 0:2 Thelen (20.), 1:2 Schreiber (25.), 1:3 Björnmose (75.), 1:4 Schütz (85. FE im Nachschuss)
Zuschauer: 1.500

28.11.1970
Bundesliga, 16. Spieltag
W. Bremen – Rot-Weiß Oberhausen 2:0 (2:0)
Aufstellung: Bernard – Zembski, Coordes – Höttges, Schütz, Assauer – Thelen (67. Deterding), Björnmose, Kamp, Hasebrink, Görts
Trainer: Gebhardt
Tore: 1:0 Schütz (33. FE), 2:0 Görts (35.)
Zuschauer: 12.000

05.12.1970
Bundesliga, 17. Spieltag
FC Schalke 04 – W. Bremen 0:0
Aufstellung: Bernard – Zembski, Coordes – Assauer, Schütz, Schmidt – Thelen (46. B. Lorenz), Hasebrink, Kamp, Björnmose, Görts
Trainer: Gebhardt
Tore: –
Zuschauer: 15.000

13.12.1970
DFB-Pokal, 1.Runde
Fort. Düsseldorf – W. B. 3:1 (1:1, 0:1) n.V.
Aufstellung: Bernard – Zembski, Coordes – Assauer, Schütz, Höttges – Görts, Björnmose, Hasebrink (101. Schmidt), Kamp, Deterding
Trainer: Gebhardt
Tore: 1:0 Herzog (76. FE), 1:1 Schütz (89. FE), 2:1 Geye (91.), 3:1 Herzog (98. FE)
Zuschauer: 12.000

19.12.1970
Internationales Freundschaftsspiel (*)
SC Ismailia Kairo – W. Bremen 1:4 (0:3)
Aufstellung: Bernard – Zembski (H. Meyer), Coordes (Schmidt) – Assauer, Schütz, Höttges – Deterding (Thelen), B. Lorenz, Kamp, Hasebrink (Björnmose), Görts
Trainer: Gebhardt
Torschützen für Werder: B. Lorenz (3), Görts
Zuschauer: 50 (* Grund: Die Anwesenheit einer DDR-Volkskammer-Delegation in Kairo. Das Spiel durfte deshalb in Ägypten nicht als offizielles Spiel ausgetragen werden und fand quasi unter Ausschluss der Öffentlichkeit statt.)

21.12.1970
Internationales Freundschaftsspiel
FC Nacional Kairo – W. Bremen 1:4 (1:1)
Aufstellung: Bernard – Schmidt, Zembski – Assauer, Schütz, Höttges (Coordes) – Björnmose, Kamp (Höttges), B. Lorenz, Hasebrink (Thelen), Görts
Trainer: Gebhardt
Tore: 1:0 unbekannt, 1:1 Björnmose (29.), 1:2 Coordes (47.), 1:3 B. Lorenz (48.), 1:4 B. Lorenz (87.)
Zuschauer: 15.000

23.01.1971
Bundesliga, 18. Spieltag
1. FC Köln – W. Bremen 1:1 (1:1)
Aufstellung: Bernard – Zembski, Coordes – Assauer, Schütz, Höttges – Görts (73. H. Meyer), Kamp, B. Lorenz, Hasebrink, Thelen (62. Schmidt)
Trainer: Gebhardt
Tore: 1:0 Rupp (41.), 1:1 Höttges (44.)
Zuschauer: 5.200

Dieses Bild zeigt den vermutlich unbekannntesten Spieler in Werders Bundesligageschichte: Am 24.10.1970 schickte Robert Gebhardt gegen Hannover 96 den 19-jährigen Amateur Klaus Müller auf den Rasen. Alleine dessen Name sorgt dafür, dass Müller heute als unauffindbar gilt. Er wechselte anschließend in den Süden und landete über die SpVgg. Bayreuth bei der SpVgg. Weiden, wo sich seine Spur verliert. Lieber Klaus Müller, falls Du dies hier liest: Bitte melde Dich!

31.01.1971
Bundesliga, 19. Spieltag
W. Bremen – Kickers Offenbach 3:1 (2:1)
Aufstellung: Bernard – Zembski, Coordes (87. Schmidt) – Assauer, Schütz, Höttges – Deterding (68. Björnmose), Kamp, B. Lorenz, Hasebrink, Görts
Trainer: Gebhardt
Tore: 0:1 Bechtold (7.), 1:1 Görts (14.), 2:1 Hasebrink (45.), 3:1 Kamp (88.)
Zuschauer: 13.000

06.02.1971
Bundesliga, 20. Spieltag
W. Bremen – Eintr. Braunschweig 2:0 (1:0)
Aufstellung: Bernard – Zembski, Coordes – Assauer, Schütz, Höttges (42. Schmidt) – Deterding, Kamp (79. Björnmose), B. Lorenz, Hasebrink, Görts
Trainer: Gebhardt
Tore: 1:0 Görts (37.), 2:0 Schütz (78. FE)
Zuschauer: 22.000

13.02.1971
Bundesliga, 21. Spieltag
MSV Duisburg – W. Bremen 3:1 (1:0)
Aufstellung: Bernard – Zembski, Coordes – Assauer, Schütz, Schmidt – Deterding (46. Björnmose), Kamp, B. Lorenz, Hasebrink, Görts
Trainer: Gebhardt
Tore: 1:0 Riedl (26.), 2:0 Budde (63.), 3:0 Budde (71.), 3:1 Kamp (75.)
Zuschauer: 11.000

20.02.1971
Freundschaftsspiel
SGO Bremen – W. Bremen 2:6 (1:3)
Aufstellung: Stefens – H. Meyer, Coordes – Schmidt, Schütz, Assauer – Thelen, Hasebrink, Deterding, Matischak, Görts
Trainer: Gebhardt
Tore: 1:0 Vogelsang (1.), 1:1 Thelen (15.), 1:2 Assauer (27.), 1:3 Schütz (44. FE), 1:4 Görts (55.), 1:5 Hasebrink (83.), 2:5 Wagner II (85.), 2:6 Schmidt (87.)
Zuschauer: 2.000

27.02.1971
Bundesliga, 22. Spieltag
W. Bremen – VfB Stuttgart 3:1 (1:0)
Aufstellung: Bernard – Zembski, Coordes – Assauer, Schütz, Hasebrink – Deterding, Kamp, B. Lorenz (84. Schmidt), Björnmose, Görts
Trainer: Gebhardt
Tore: 1:0 Deterding (2.), 1:1 Weiß (54.), 2:1 Schütz (84.), 3:1 Hasebrink (86.)
Zuschauer: 12.000

06.03.1971
Bundesliga, 23. Spieltag
Hertha BSC Berlin – W. Bremen 3:1 (2:0)
Aufstellung: Bernard (46. Stefens) – Zembski, Coordes – Assauer, Schütz, Hasebrink – Deterding, Kamp, Görts, Björnmose, B. Lorenz (62. Schmidt)
Trainer: Gebhardt
Tore: 1:0 Gayer (18.), 2:0 Gayer (40.), 3:0 Sperlich (47.), 3:1 Görts (65.)
Zuschauer: 18.000

13.03.1971
Bundesliga, 24. Spieltag
W. Bremen – Borussia Dortmund 3:1 (1:1)
Aufstellung: Bernard – Zembski, Coordes – Assauer, Schütz, Schmidt – Görts, Björnmose, Kamp, Hasebrink, B. Lorenz (78. H. Meyer)
Trainer: Gebhardt
Tore: 1:0 Schmidt (2.), 1:1 Neuberger (30.), 2:1 Kamp (49.), 3:1 B. Lorenz (61.)
Zuschauer: 15.000

19.03.1971
Bundesliga, 25. Spieltag
Rot-Weiß Essen – W. Bremen 2:2 (1:1)
Aufstellung: Bernard – Zembski, Coordes – Assauer (64. Thelen), Schütz, Schmidt – Görts, Björnmose, Kamp, Hasebrink, B. Lorenz
Trainer: Gebhardt
Tore: 1:0 Erlhoff (22.), 1:1 B. Lorenz (27.), 2:1 Beer (56.), 2:2 Björnmose (85.)
Zuschauer: 20.000

27.03.1971
Bundesliga, 26. Spieltag
W. Bremen – Eintracht Frankfurt 1:0 (0:0)
Aufstellung: Bernard – Zembski, Coordes – Assauer, Schütz, Schmidt – Görts (29. Thelen), Björnmose, Kamp, Hasebrink, B. Lorenz (71. H. Meyer)
Trainer: Gebhardt
Tor: 1:0 Schmidt (90.)
Zuschauer: 16.000

03.04.1971
Bundesliga, 27. Spieltag
Bor. M´ – W. Bremen 1:1 (1:1) abgebr.
Aufstellung: Bernard – Zembski, Coordes – Assauer, Schütz, Schmidt – Deterding, Björnmose, Kamp, Hasebrink, B. Lorenz
Trainer: R. Ackerschott für den erkrankten Gebhardt
Tore: 1:0 Köppel (7.), 1:1 Hasebrink (16.)
Besonderes Vorkommnis: Der Pfosten des Werdertores brach, daraufhin wurde das Spiel abgebrochen (88.). Das Spiel wurde mit 0:0 Toren und 2:0 Punkten für Werder gewertet.
Zuschauer: 14.000

09.04.1971
Freundschaftsspiel
TuS Bremerhaven 93 – W. Bremen 1:4 (0:1)
Aufstellung: Bernard (10. Stefens) – Zembski, Coordes – Assauer, Schütz, Schmidt – Kamp, Höttges (38. H. Meyer), B. Lorenz (46. Thelen), Hasebrink, Björnmose
Trainer: Gebhardt
Tore: 0:1 Björnmose (24.), 1:1 Zebrowski (52.), 1:2 Schütz (62.), 1:3 Hasebrink (64.), 1:4 Björnmose (83.)
Zuschauer: 3.500

17.04.1971
Bundesliga, 28. Spieltag
W. Bremen – Hamburger SV 2:2 (1:0)
Aufstellung: Bernard – Zembski, H. Meyer – Assauer, Schütz, Schmidt – Deterding (69. Schöttner), Kamp, B. Lorenz, Hasebrink, Björnmose
Trainer: Gebhardt
Tore: 1:0 Schmidt (28.), 1:1 Hönig (63.), 2:1 B. Lorenz (87.), 2:2 Klier (88.)
Zuschauer: 25.000

20.04.1971
Internationales Freundschaftsspiel
FC Liverpool Montevideo – W. B. 4:1 (2:1)
Aufstellung: Bernard (46. Stefens) – Zembski, H. Meyer, Assauer, Schütz –Schmidt, Thelen (30. Schöttner), Kamp – B. Lorenz, Hasebrink, Björnmose
Trainer: Gebhardt
Tore: 0:1 Thelen (25.), 1:1 Bertocci, 2:1 Ibanez, 3:1 Rivero, 4:1 Latuda
Zuschauer: 3.000 in Caen/Frankreich

30.04.1971
Bundesliga, 29. Spieltag
Hannover 96 – W. Bremen 0:3 (0:2)
Aufstellung: Bernard – Zembski, H. Meyer – Assauer, Schütz, Schmidt – Görts, Kamp, B. Lorenz, Hasebrink, Björnmose
Trainer: Gebhardt
Tore: 0:1 Schütz (37.), 0:2 B. Lorenz (41.), 0:3 Kamp (77.)
Zuschauer: 25.239

08.05.1971
Bundesliga, 30. Spieltag
W. Bremen – Arminia Bielefeld 4:1 (2:0)
Aufstellung: Bernard – Zembski (65. H. Meyer), Höttges – Assauer, Schütz, Schmidt – Görts, Kamp, B. Lorenz, Hasebrink, Björnmose
Trainer: Gebhardt
Tore: 1:0 Assauer (5.), 2:0 Zembski (15.), 3:0 B. Lorenz (58.), 4:0 Kamp (66.), 4:1 Wenzel (74.)
Zuschauer: 17.000

15.05.1971
Bundesliga, 31. Spieltag
1. FC Kaiserslautern – W. Bremen 2:1 (1:1)
Aufstellung: Stefens – Zembski, Höttges – Assauer, Schütz, Schmidt – Görts, Kamp, B. Lorenz, Hasebrink, Björnmose
Trainer: Gebhardt
Tore: 1:0 Friedrich (48.), 1:1 Hasebrink (53.), 2:1 Vogt (87.)
Zuschauer: 17.000

22.05.1971
Bundesliga, 32. Spieltag
W. Bremen – FC Bayern München 0:1 (0:0)
Aufstellung: Bernard – Zembski, Höttges – Assauer, Schütz, Schmidt – Görts, Kamp (64. Coordes), B. Lorenz, Hasebrink (77. H. Meyer), Björnmose
Trainer: Gebhardt
Tor: 0:1 Breitner (51.)
Zuschauer: 41.000

29.05.1971
Bundesliga, 33. Spieltag
Rot-Weiß O'hausen – W. Bremen 3:0 (1:0)
Aufstellung: Bernard – Zembski, Coordes – Assauer (62. Thelen), Schütz, Schmidt – Görts, Kamp, B. Lorenz, Hasebrink, Björnmose (46. H. Meyer)
Trainer: Gebhardt
Tore: 1:0 L. Kobluhn (12.), 2:0 Wilbertz (49.), 3:0 L. Kobluhn (86.)
Zuschauer: 20.000

31.05.1971
Freundschaftsspiel
TuS Harsefeld – W. Bremen 2:14 (1:7)
Aufstellung: Bernard (46. Stefens) – H. Meyer, Coordes – Assauer, Schütz, Höttges (46. Zembski) – Görts (30. Thelen), Kamp, Deterding, Hasebrink, Björnmose
Trainer: Gebhardt
Tore: 1:0 Ölkers (6.), 1:1 Deterding (13.), 1:2 Björnmose (19.), 1:3 Deterding (31.), 1:4 U. Schröder (39. ET), 1:5 Assauer (39.), 1:6 Deterding (44.), 1:7 Deterding (44.), 1:8 Zembski (46.), 1:9 Deterding (47.), 1:10 Deterding (49.), 1:11 Brunsen (51. ET), 1:12 Björnmose (65.), 1:13 Hasebrink (72.), 1:14 Björnmose (76.), 2:14 U. Schröder (82.)
Zuschauer: 4.000

05.06.1971
Bundesliga, 34. Spieltag
W. Bremen – FC Schalke 04 0:1 (0:0)
Aufstellung: Bernard – Zembski, Coordes – Assauer (79. H. Meyer), Schütz, Schmidt – Görts (25. Deterding), Kamp, B. Lorenz, Hasebrink, Björnmose
Trainer: Gebhardt
Tor: 0:1 Libuda (86.)
Zuschauer: 10.000

06.06.1971
Freundschaftsspiel
Hertha BSC Berlin – W. Bremen 4:4 (2:2)
Aufstellung: Bernard (20. Stefens) – Zembski, H. Meyer – Assauer, Schütz, Coordes (46. Björnmose) – Deterding, Kamp, Schmidt, Hasebrink, B. Lorenz (46. Thelen)
Trainer: Gebhardt
Tore: 1:0 Brungs (15.), 2:0 Brungs (20.), 2:1 B. Lorenz (26.), 2:2 Schmidt (28.), 2:3 Björnmose (48.), 2:4 Schütz (54.), 3:4 Brungs (59.), 4:4 Steffenhagen (72.)
Zuschauer: 3.000 in Bad Hersfeld

07.06.1971
Freundschaftsspiel
Standortauswahl Barme – W. B. 1:8 (1:3)
Aufstellung: Bernard – Zembski, H. Meyer, Assauer (Höttges), Schütz – Coordes (Björnmose) – Deterding, Kamp, Schmidt, Hasebrink, B. Lorenz (Thelen)
Trainer: Gebhardt
Tore: 0:1 Schmidt (19.), 0:2 Kamp (32.), 1:2 Lambertz (35. Elfmeter), 1:3 Schmidt (42.), 1:4 B. Lorenz (65.), 1:5 Hasebrink (76.), 1:6 B. Lorenz (80.), 1:7 Höttges (82. Elfmeter), 1:8 Höttges (84.)
Zuschauer: 1.000

09.06.1971
Freundschaftsspiel
Auswahl Ammerland – W. Bremen 1:16 (0:8)
Aufstellung: Bernard – Zembski, H. Meyer, Assauer, Schütz – Schmidt (Höttges), Thelen, Kamp (Schöttner) – Deterding, Hasebrink, B. Lorenz
Trainer: Gebhardt
Torschützen für Werder: B. Lorenz (4), Deterding (4), Hasebrink (2), Schütz (2), H. Meyer, Thelen, Assauer, Schöttner
Zuschauer: 2.300 in Rastede

10.06.1971
Internationales Freundschaftsspiel
W. Bremen – FC Ismailia Kairo 1:1 (1:1)
Aufstellung: Bernard – Zembski, Coordes – Assauer, Schütz, H. Meyer – Schmidt, Deterding, Hasebrink, Kamp, B. Lorenz (46. Thelen)
Trainer: Gebhardt
Tore: 0:1 Grisha (5.), 1:1 Hasebrink (27.)
Zuschauer: 3.000

11.06.1971
Freundschaftsspiel
SV Soltau – W. Bremen 3:4 (0:3)
Aufstellung: Bernard – Zembski, Coordes, Assauer, Schütz – H. Meyer, Deterding, Björnmose – Schmidt (58. Kamp), Hasebrink, B. Lorenz
Trainer: Gebhardt
Tore: 0:1 B. Lorenz (18.), 0:2 Schütz (37. HE), 0:3 Schütz (39. FE), 0:4 H. Meyer (50.), 1:4 Kelly (57.), 2:4 Avenriep (85.), 3:4 Kelly (88.)
Zuschauer: 1.500

15.06.1971
Freundschaftsspiel
BSC Grünhöfe – W. Bremen 0:10 (0:6)
Aufstellung: Bernard – Zembski, Coordes – Höttges, Schütz (Kamp), H. Meyer – Thelen, Björnmose, Deterding, Hasebrink, B. Lorenz
Trainer: Gebhardt
Tore: B. Lorenz (4), Hasebrink (2), Deterding, Kamp, Thelen, Höttges
Zuschauer: unbekannt

16.06.1971
Freundschaftsspiel
TSG Wörpedorf / Grasberg / Eickedorf – W. Bremen 1:5 (1:2)
Aufstellung: Bernard – H. Meyer, Coordes (46. Thelen), Assauer, Höttges – Schmidt, Deterding, Kamp – Björnmose, Hasebrink, B. Lorenz
Trainer: Gebhardt
Torschützen für Werder: Deterding (3), Björnmose, B. Lorenz
Zuschauer: 1.000

17.06.1971
Freundschaftsspiel
Auswahl TV Axstedt/ MTV Bokel / SV Hagen / TSV Uthlede – W. B. 1:14 (0:4)
Aufstellung: Bernard (46. Schmidt) – Zembski, Coordes, Assauer, Höttges – Björnmose, Thelen, Kamp (46. H. Meyer) – Deterding, Hasebrink (46. Bernard), B. Lorenz
Trainer: Gebhardt
Torschützen für Werder: B. Lorenz (2), Hasebrink (2), Björnmose (2), Coordes (2), Deterding (2), Thelen, Bernard, Höttges, Assauer
Zuschauer: 1.500 in Axstedt

18.06.1971
Freundschaftsspiel
TuS Eintracht Bremen – W. Bremen 1:9 (1:6)
Aufstellung: Bernard (46. Allhorn) – Zembski, Coordes (60. Bernard), Assauer, Höttges – H. Meyer – Kamp, Schmidt (46. Schöttner) Hasebrink, B. Lorenz, Thelen
Trainer: Gebhardt
Tore: 0:1 B. Lorenz (5.), 0:2 Coordes (11.), 0:3 Kamp (18.), 0:4 Hasebrink (19.), 1:4 Arneboldt (37.), 1:5 Thelen (43.), 1:6 H. Meyer (44.), 1:7 H. Meyer (81.), 1:8 B. Lorenz (85.), 1:9 Kamp (89.)
Zuschauer: 1.000

19.06.1971
Freundschaftsspiel
TuS Weener – W. Bremen 1:9 (0:3)
Aufstellung: Bernard (46. Schmidt) – Piontek, Coordes – Höttges, Assauer, Zembski (46. Bernard) – Thelen, Kamp, Schmidt (46. Schöttner), Hasebrink, B. Lorenz
Trainer: Gebhardt
Tore: 0:1 B. Lorenz (2.), 0:2 Kamp (8.), 0:3 Thelen (36.), 0:4 Bernard (48.),1:4 Finke (55.), 1:5 Höttges (58. HE), 1:6 Thelen (65.), 1:7 Höttges (72. FE), 1:8 Thelen (79.), 1:9 Bernard (82.)
Zuschauer: 2.500

20.06.1971
Internationales Freundschaftsspiel
W. Bremen – FC Twente Enschede 0:3 (0:1)
Aufstellung: Bernard – Piontek, Coordes – Assauer (78. Schmidt), Höttges, Zembski – Thelen (46. Schöttner), Kamp, B. Lorenz, Hasebrink, H. Meyer
Trainer: Gebhardt
Tore: 0:1 van der Kerckhoff (5.), 0:2 Notten (82.), 0:3 van der Waun (87.)
Zuschauer: 1.000 in Bramsche

22.06.1971
Freundschaftsspiel
FC Lastrup – W. Bremen 2:5 (2:1)
Aufstellung: Bernard (46. Allhorn) – Zembski, Coordes, H. Meyer, Höttges – Björnmose, Kamp, Hasebrink – Deterding, Schöttner, Thelen
Trainer: Gebhardt
Tore: 1:0 unbekannt (2.), 1:1 Thelen (8.), 2:1 unbekannt (40.), 2:2 Kamp (47.), 2:3 Hasebrink (48.), 2:4 Kamp (80.), 2:5 Höttges (82.)
Zuschauer: 2.000

23.06.1971
Freundschaftsspiel
Kreisauswahl Nordharz – W. B. 0:8 (0:4)
Aufstellung: Bernard (46. Allhorn) – Zembski, H. Meyer – Coordes, Höttges, Björnmose – Thelen, Kamp (75. Bernard), Deterding, Hasebrink, Schöttner
Trainer: Gebhardt
Tore: Thelen (2), Deterding (2), Hasebrink (2), Björnmose, Schöttner
Zuschauer: 2.500 in Langelsheim

24.06.1971
Freundschaftsspiel
SV Cuxhaven – W. Bremen 0:4 (0:2)
Aufstellung: Bernard (46. Allhorn) – Zembski, H. Meyer, Björnmose, Höttges – Coordes, Kamp, Schimeczek – Deterding, Hasebrink, Schöttner (46. Schmidt)
Trainer: Gebhardt
Tore: Höttges (HE), Coordes, Kamp, Deterding
Zuschauer: 2.000

26.06.1971
Freundschaftsspiel
Spfr. Niedersachsen-Vechta – W. B. 0:4 (0:1)
Aufstellung: Allhorn – Piontek, Zembski, Knopf, Schütz – Struckmann, Kamp, Schmidt – Assauer (8. Deterding), Höttges, Schöttner (46. Quanz)
Trainer: Gebhardt
Tore: 0:1 Kamp (3.), 0:2 Deterding (68.), 0:3 Schmidt (73.), 0:4 Piontek (88.)
Zuschauer: 1.500

27.06.1971
Freundschaftsspiel
Kreisauswahl Ostfriesl. – W. B. 0:2 (0:1)
Aufstellung: Allhorn – Piontek, Zembski, Knopf, Schütz – Struckmann Kamp, Höttges (46. Quanz) – Deterding, Schmidt, Schöttner
Trainer: Gebhardt
Tore: 0:1 Höttges (44.), 0:2 Schmidt (82.)
Zuschauer: 3.500 in Norden

Bundesliga-Abschlusstabelle 1970 / 1971

Platz	Verein	Spiele	S	U	N	Tore	Diff.	Punkte
1.	Borussia M'gladbach (M)	34	20	10	4	77:35	+42	50-18
2.	Bayern München	34	19	10	5	74:36	+38	48-20
3.	Hertha BSC Berlin	34	16	9	9	61:43	+18	41-27
4.	Eintracht Braunschweig	34	16	7	11	52:40	+12	39-29
5.	Hamburger SV	34	13	11	10	54:63	-9	37-31
6.	Schalke 04	34	15	6	13	44:40	+4	36-32
7.	MSV Duisburg	34	12	11	11	43:47	-4	35-33
8.	1. FC K'lautern	34	15	4	15	54:57	-3	34-34
9.	Hannover 96	34	12	9	13	53:49	+4	33-35
10.	**Werder Bremen**	**34**	**11**	**11**	**12**	**41:40**	**+1**	**33-35**
11.	1. FC Köln	34	11	11	12	46:56	-10	33-35
12.	VfB Stuttgart	34	11	8	15	49:49	0	30-38
13.	Borussia Dortmund	34	10	9	15	54:60	-6	29-39
14.	Arminia Bielefeld (N)	34	12	5	17	34:53	-19	29-39
15.	Eintracht Frankfurt	34	11	6	17	39:56	-17	28-40
16.	Rot-Weiß Oberhausen	34	9	9	16	54:69	-15	27-41
17.	Kickers Offenbach (N, P)	34	9	9	16	49:65	-16	27-41
18.	Rot-Weiß Essen	34	7	9	18	48:68	-20	23-45

Fieberkurve der Bundesliga-Saison 1970 / 1971

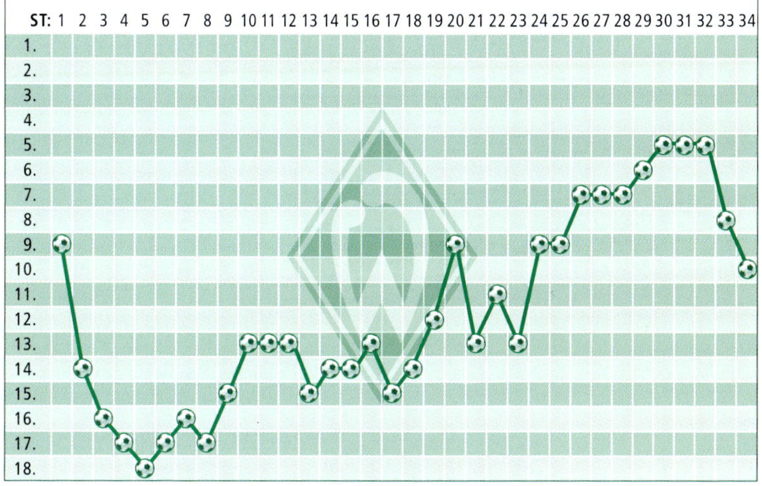

1971/72: Millionenelf Freunde müsst ihr sein

Oben v.l.:
Trainer Gebhardt, Piontek, Schmidt, Assauer, Weber, Schütz
Mitte v.l.:
Höttges, Hasebrink, C. Baumann, Laumen, Zembski, Kamp
Unten v.l.:
Dietrich, Weist, Bernard, Haak, Götz, Neuberger, Görts

Die Saison 1971/72 wird in Werders Vereinsgeschichte immer eine Sonderstellung einnehmen. Leider nicht auf Grund überragender sportlicher Erfolge, sondern durch einen sehr intelligent geplanten Kraftakt, der jedoch misslang und Werder schließlich fast ins Verderben führte: das »Millionending«.

Sage und schreibe 7000 Fans drängelten sich schon am 19. Juli 1971, Wochen vor Saisonbeginn, in die Bremer Stadthalle zur offiziellen Vorstellung der »neuen« Werder-Elf, an der diesen Sommer wirklich fast alles neu war. Und trotz der wieder mal sehr bescheidenen Vorsaison wurden an jenem Tag sogar lauthals Träume von der Meisterschaft besungen. Denn Werder hatte zur Verblüffung der Konkurrenz mehr Geld als je zuvor für neue Stars lockergemacht – mehr als die Bayern, mehr als Borussia Mönchengladbach.

Weber Neuberger Weist Laumen Dietrich

Werders letzter großer Coup?

Von „hanseatischer Sparsamkeit" nicht mehr die Rede / Verstärkungen im Anmarsch

Ganz Deutschland fragte sich: »Wie machen die das bloß?« Ausgerechnet die seit vielen Jahren klammen Bremer, die zuletzt Saison für Saison beim Spieler-Shopping einen Igel in der Tasche hatten. Selbst die eigenen Fans und Vereinsmitglieder waren verblüfft; hatten sie doch immer wieder gehört, ihr Verein habe Schulden. Aber Werder hatte unter der Federführung von Präsident Böhmert, Schatzmeister Riethmöller und dem 3. Vorsitzenden Klaus-Dieter Fischer sowie Geschäftsführer Wolff einen gewieften Dreh gefunden, den Verein auf finanziell weitaus größere Füße zu stellen: »Bremens Industrie und Handel haben uns wesentliche Hilfe bei der Verpflichtung der neuen Spieler geleistet und ihnen außergewöhnliche Lebensstellungen zugesichert!«, lobte Hansi Wolff das Engagement der Bremer Wirtschaft.

Doch das war nur die Hälfte des Millionendings. Für jedermann gut sichtbar lief Werder anno 1971 in den heute legendären »Speckflaggen-Trikots« in den Bremer Farben Rot und Weiß auf und verleugnete zugunsten dieser knalligen Bremen-Werbung sogar gewissermaßen die Vereinsidentität: Auf der Brust ersetzte der Bremen-Schlüssel das »W« auf dem Trikot, und auf dem Rücken stand nun »BREMEN« – und nicht etwa »Werder«. Presse und Fans nahmen diese Neuerung zunächst etwas verunsichert hin. »Dürfen wir denn den Namen ›Werder‹ noch gebrauchen?« fragte Radio Bremen-Reporter Hanns Schulz spitzfindig. Andere sahen es versöhnlicher, wie der Sportchef des »Weser-Kurier«, Hans-Otto Busche: »Besser auf den Trikots für Bremen werben als für Salamiwurst.«

Die Stadt Bremen ließ sich im Gegenzug nicht lumpen, erließ Vergnügungssteuer und Steuerschulden und beteiligte Werder fortan an den Werbeeinnahmen aus dem Weser-Stadion. Der

SVW hatte auf einen Schlag ein prall gefülltes Konto, ohne sich neu zu verschulden und konnte endlich einmal auf große Einkaufstour gehen.

Werders große Pläne hingen nicht alleine mit der engen Liebe zur Stadt Bremen, sondern vor allem mit einschneidenden Neuerungen im deutschen Fußball zusammen: Die Freigabe der Ablösesummen stand unmittelbar bevor. Bis 1971 galt eine in den DFB-Statuten festgelegte Höchstgrenze von 100.000 DM. Nationalspieler durften etwas teurer sein. Und Werders rühriger Geschäftsführer Wolff wusste: »Jetzt oder nie! Diese Saison bietet uns die letzte Chance, eine wirklich gute Mannschaft zusammenzubekommen. Nach dem Wegfall der Ablösesummengrenze werden wir uns keine großen Könner mehr leisten können!«

Und so düste Hansi Wolff als »Mann mit dem Geldkoffer« durch die Bundesliga-Lande, um für den traditionell sparsamen SV Werder plötzlich alles zu kaufen, was auf dem Markt war. Argwöhnisch beobachtete die Konkurrenz Werders überraschende Kaufwut. Herthas Trainer Kronsbein wetterte: »Unglaublich, diese Preistreiberei grenzt an Wahnsinn!« Werders Neueinkauf Willi Neuberger untermauerte diese Worte: »Was Werder Bremen mir geboten hat, hat mir kein anderer deutscher Club bieten können.«

Günther Netzer war einer der wenigen Stars, die dem klingenden Lockruf aus Bremen widerstehen konnten. Später wird er sich erinnern: »Als ich mit Mönchengladbach wegen eines neuen Vertrages verhandelte und die Verhandlungen zeitweilig festgefahren waren, hätte es für mich, finanziell gesehen, nur einen Club gegeben: Werder Bremen. Ich fragte mich, woher die das Geld nehmen!« Der Superstar war wankelmütig, wäre schließlich gerne nach Bremen gewechselt, bestand aber auf der Zusage Werders, als Nebenverdienst Werders Stadionzeitung vermarkten zu dürfen. Da das »Werder-Echo« aber in Händen des Ex-Stürmerstars Klaus Matischak lag, musste Werder dem Mittelfeld-Star aus Mönchengladbach diesen Gefallen versagen. Der blonde Engel blieb daraufhin in Gladbach, seine Teamkollegen Dietrich und Laumen, die ebenso Nationalspieler waren wie der Dortmunder Willi Neuberger, trugen dagegen ab sofort Grün-Weiß, oder besser: Rot-Weiß. Bei Laumen bekam Werder den Zuschlag, obwohl 13 der 18 Bundesligisten sich um seine Dienste bemühten. Dazu kam Dortmunds Super-Sturmtalent Werner »Acker« Weist, der schon als neuer Gerd Müller gefeiert wurde. Das millionenschwere halbe Dutzend wurde schließlich komplettiert durch den Berliner Jürgen Weber, den Heimkehrer Carsten Baumann und den Bremerhavener Torhüter Peter Haak, der vor allem durch seine für einen Lizenzspieler etwas ungewöhnlichen Körpermaße auffiel: Haak wog 95 Kilogramm bei einer

In Bremens Farben: Rot und Weiß

Bundesliga im „New Look"

Rätsel um das „Millionenspiel" gelüftet

Koschnick: „Ja zur Bundesliga in Bremen"

Der erste Entwurf für das legendäre »Speckflaggen-Trikot« sah so aus. Glücklicherweise wurde das Design noch nachgebessert

Größe von 1,80 m. Allerdings nur zu Beginn. Dann musste er unter »Zapf« Gebhardt trainieren.

Soweit die lange, spannende Vorgeschichte einer Saison, die dann sportlich nicht der Rede wert war. Denn Werders vermeintliche »Meisterelf aus dem Geldsack« gurkte mittelmäßig bis schlecht herum. Die neuen Stars waren entweder dauerverletzt, litten unter Integrationsproblemen oder fanden nie zu ihrer Form.

»Pico« Schütz dazu: »Durch den Einkauf der vielen teuren Spieler innerhalb des Kaders begann ein Hauen und Stechen. Wir hatten ja auch vor der Millionenelf schon gute Fußballer: Hasebrink, Kalli Kamp und andere, das waren alles auch gute Spieler, denen man plötzlich hochbezahlte Stars vor die Nase gesetzt hat. Manch einer hat dann angekündigt: ›Lasst die erst mal kommen – die kriegen gleich was auf die Knochen!‹ Ich habe versucht, da zu vermitteln: ›Mensch Leute, bleibt doch erst mal ruhig! Die werden auch keine Bäume ausreißen.‹ Es kamen zwar namhafte Spieler, aber in manchen Fällen auch Leute für Positionen, wo wir gar keinen Bedarf hatten. Der Laumen, der Dietrich, die hatten bei ihrem letzten Verein Mönchengladbach auch schon nicht mehr unumstritten gespielt. Bei Werder hat man entschieden: ›Wenn wir so namhafte Leute vom Deutschen Meister kriegen können, dann müssen wir sie auch holen.‹ Und weil sie teuer waren, mussten sie auch spielen. Und das waren dann später auch diejenigen, die dafür gesorgt haben, dass Trainer ›Zapf‹ Gebhardt gehen musste. Gebhardt war ein guter Trainer, der entlassen wurde, obwohl wir eigentlich noch ganz gut dastanden. Laumen und Dietrich haben gegen

Gebhardt gewettert, weil sie dessen Training zu hart fanden. Die haben unserem Vorstand erzählt, dass sie in Gladbach viel weniger trainieren mussten und dafür viel fitter waren. Hintergrund war eher, dass sie bei uns in Bremen ihre Karriere geruhsam ausklingen lassen und die Kohle einsacken wollten, ohne dafür hart zu trainieren.«

Die Kluft innerhalb der Mannschaft, die keine mehr war, schien unüberbrückbar. Die neu verpflichteten Stars gaben Interviews, in denen sie gerne betonten, dass »nirgendwo in der Bundesliga so gut gezahlt wird wie in Bremen!« Peter Dietrich sagte das, der statusgemäß auch gleich in die unmittelbare Nachbarschaft von Bürgermeister Hans Koschnick zog. Auf der anderen Seite gab es die alten Leistungsträger wie Bernard, Schütz, Hasebrink oder Zembski, die mit deutlich weniger zufrieden sein mussten. Dieter Zembski kehrte im September von seinem ersten (und einzigen) Länderspieleinsatz in Hannover gegen Mexiko zurück und erzählte seinen Bremer Kumpanen: »Ihr glaubt gar nicht, was anderswo in der Bundesliga verdient wird!« Unzufriedene Profis mischten sich also mit Überbezahlten. Das konnte nicht gut gehen.

Ging es dann auch nicht: Den Saisonstart seiner Mannschaft beim 1. FC Köln (0:0) bezeichnete Trainer Gebhardt abschätzig als »Hokuspokus-Fußball«. Danach wurde es eher noch schlimmer: Nur ein 2:2 zuhause gegen die hausbackenen Lauterer, und als die Millionentruppe am 3. Spieltag in Frankfurt mit 0:4 auseinandergenommen wurde und sieglos auf Platz 14 absackte, war erstmals Feuer unterm Werderdach. Dann schien es einen Wimpernschlag lang so, als könne der Startruppe doch die ersehnte Wende gelingen: Die Millionäre siegten dreimal am Stück, und zum Teil wurde sogar spielerisch geglänzt. Werder war auf Platz 3 angekommen und fing an zu träumen, dass nun doch alles gut wird. Aber alles wurde schlecht. Die Niederlage bei Tabellenführer Schalke 04 war noch entschuldbar, das 2:3 zuhause gegen Stuttgart aber sorgte für einen großen Knall: Trainer Gebhardt wurde überraschend schnell gefeuert, vielleicht zu schnell.

»Der hat mir zu lange Haare. Den kann ich nicht ausstehen.« (Werders Trainer Robert Gebhardt über Günther Netzer nach dessen gescheitertem Wechsel nach Bremen)

Trainerentlassung Nr. 3: Robert »Zapf« Gebhardt oder: Glückloser Stardompteur (Entlassung: 28. September 1971)

Der Wind wurde rauer an der Weser: Waren Günter Brocker und Fritz Rebell in den vier Jahren zuvor erst gefeuert worden, als es gar nicht mehr anders ging, erwischte es wenige Wochen nach Beginn des »Unternehmens Millionenelf« Robert Gebhardt völlig überraschend und nach Ansicht einiger Fachleute auch zu übereilt. Werder stand immerhin noch auf Platz 7, aber der Vorstand traute ihm wohl nicht mehr zu, das passende Konzept für die schwere Aufgabe zu finden, aus den vielen teuren Stars eine passable Mannschaft zusammenzubauen.

Schon vor dem Saisonstart verspielte Gebhardt Kredit, als er öffentlich »einen Platz zwischen 6 und 11« als realistisches Saisonziel nannte – für eine von ihm trainierte Mannschaft, die soeben mit einer XXL-Portion neuer Stars verstärkt worden war. Niemand in Bremen mochte derartige Prophezeiungen hören.

Man warf ihm vor, die teuren Stars nicht in den Griff bekommen zu haben. Die Qualität des gebotenen Fußballs konnte Gebhardt auch nicht in die Waagschale werfen, denn Werder spielte unter ihm selten schön, was auch an Gebhardts defensiver Fußballphilosophie lag: Assauer, Schütz, Zembski oder Schmidt wurden für gelegentliche Vorstöße regelmäßig vom Trainer zusammengefaltet. Die teuren Einkäufe wurden mal hierhin und mal dorthin verschoben, und am Ende saßen sie auch immer öfter auf der Bank.

Zudem wuchs das Befremden über Gebhardts seltsames Selbstverständnis. So nahm z.B. des Trainers strikte Abneigung gegen Getränke auch nichtalkoholischer Natur (»Trocken bleiben, immer trocken bleiben«) zuweilen bizarre Züge an. Bei der Fahrt zu einem Auswärtsspiel musste sich Außenstürmer Werner Görts gefallen lassen, dass Gebhardt dessen Sporttasche durchsuchte. Er hatte Görts in Verdacht, heimlich Wasser mit sich zu schmuggeln. Ergebnis: negativ.

Nach Gebhardts Abschiedsvorstellung, dem 2:3 zuhause gegen den VfB Stuttgart, leistete sich Werders Trainer einen verbalen Fehltritt, der das ganze Dilemma aufzeigte: »Sie von der Presse wollten doch, dass Neuberger im Mittelfeld spielt. Jetzt haben Sie gesehen, was dabei herausgekommen ist!«, kanzelte er die Medienvertreter auf der Pressekonferenz nach dem Spiel ab und ließ undurchdacht den verheerenden Eindruck entstehen, er habe sich die Mannschaftsaufstellung nach Wochen voller nervenzehrender Negativschlagzeilen indirekt von den Journalisten diktieren lassen.

Gebhardt war nach der überraschenden Entlassung nicht mehr zu entlocken als »Damit hatte ich nie und nimmer gerechnet!«

Jetzt mit Meistermacher Multhaup

SV Werder trennte sich von Robert Gebhardt / Stillschweigen über die Gründe

Alte und neue Trainergeneration: Meistertrainer Multhaup (rechts) kehrte kurz als Nothelfer zu Werder zurück. Als er sah, dass Trainer-Azubi Piontek (links) die Lage gut im Griff hatte, ging er wenige Wochen später endgültig in Rente

Die abfällige Handbewegung von Horst Höttges gegenüber Trainer Gebhardt ist schon einige Wochen alt, aber sie verdeutlichte die Bremer Lage. Eingeblendet: Multhaup.

Außenstürmer Werner Görts zählt zu den ganz wenigen Werder-Stürmern der frühen Bundesliga-Jahre, die über einen großen Zeitraum hinweg erstklassige Leistungen boten. Görts kratzte mehrfach vergeblich am Tor zur Nationalelf

Bremen hat jetzt ältesten Trainer

Bremen, 4. Dezember

Werder Bremen hat seinen „Strohmann" gefunden! Der ehemalige Ligaspieler und jetzige Kaffee-Kaufmann Hugo Scharmann (60) hat die Nachfolge von Meistermacher Fischken Multhaup (68) angetreten, der als Nachfolger des gefeuerten „Zapf" Gebhardt (51) sein Amt im Oktober wieder zur Verfügung stellte.

Aber: Ex-Spieler Sepp Piontek (31), der seit Multhaups Ausscheiden die alleinige Verantwortung trug, bleibt auch weiterhin Trainer-Assistent. Bis er im März 1972 seine gültige Lizenz als Bundesliga-Trainer erhält. Werders Geschäftsführer Wolff: „Wir glauben, daß sich dieses Gespann Piontek/Scharmann vertragen wird.

Hugo Scharmann kam 1933 von Schalke 04 zu Werder und spielte bis 1948 für die Bremer. Dann machte er sein Trainerdiplom und war bis 1955 als Trainer tätig.

Im Winter 1971 schloss Werder die erste »Operation Strohmann« erfolgreich ab: Dank Hugo Scharmanns alter Trainerlizenz durfte Seppl Piontek in aller Ruhe seine Trainerausbildung in Köln abschließen und sich in Bremen unterdessen von Pico Schütz auf dem Trainingsplatz vertreten lassen. Mit Fred Schulz (1978) und Fritz Langner (1980) wurde dieses Modell noch zweimal wiederholt

Keiner der neuen Spieler schlug ohne Wenn und Aber ein. Der schon erwähnte Dietrich freute sich über sein tolles Gehalt, zahlte aber wenig davon mit Leistung zurück. Meistens war er verletzt, und Mönchengladbach war froh, ihn rechtzeitig verkauft zu haben. Andersrum posaunte Dietrich nach seinem Wechsel zu Werder, Mönchengladbach habe »seinen Zenit als Verein überschritten«. Viel falscher kann man nicht liegen: Gladbach wurde ohne Dietrich zu einem Superteam der siebziger Jahre und Dietrich landete in Bremen hoch bezahlt auf der Ersatzbank, wenn er gerade nicht verletzt war. Werner »Acker« Weist machte zwar das eine oder andere Tor, spielte aber zu unkonstant. Herbert Laumen wurde hin und her geschoben: Mal war er Mittelstürmer, mal sollte er ins Mittelfeld. Mit dem Trainer zoffte er sich, weil Gebhardt von dem teuren Star auch Abwehraufgaben erwartete, wonach Laumen aber nun gar nicht zumute war. Bester der Neulinge war noch Willi Neuberger, der nach langem Wechsel-Hickhack mit Borussia Dortmund erst kurz nach Saisonbeginn einsteigen durfte.

Obwohl ziemlich eindeutig die seelenlose, blutleere Mannschaft Wurzel allen Werder-Übels war, fand eine nie gekannte Rotation auf der Trainerbank statt. Unglaubliche sechs Trainer (!!!) kümmerten sich in der Saison 1971/72 offiziell und inoffiziell um den ins Schlingern geratenen SV Werder Bremen – einer erfolgloser als der andere. Der beinharte »Zapf« Gebhardt wurde gegen einen bekannten Mann ausgetauscht, der gegen Stuttgart sehr, sehr zufällig schon auf der Tribüne saß. »Bekannt« ist eigentlich untertrieben: Der neue Mann war in Bremen seit sechs Jahren ein Denkmal. Er hieß Willi Multhaup und hatte sich zuvor etliche Male erfolgreich gegen eine Rückkehr an die Weser gewehrt, allen Werder-Werbens zum Trotz. Gebhardts Scheitern war nicht alleine Schuld des Trainers selbst. Man warf ihm öffentlich vor, mit den teuren Stars nicht klargekommen zu sein und vergaß dabei, dass es bei Licht betrachtet gar nicht »seine« Stars waren: Gebhardt bekam ein halbes Dutzend namhafter Spieler – nicht weil er sie haben wollte oder für seine Mannschaft benötigte, sondern weil sie schlicht und einfach auf dem Markt waren.

Meistermacher Willi Multhaup beendete also sein Rentnerdasein im Pott und trat mit verblüffenden Erfolgsrezepten an, wie »Die Spieler müssen nun ein paar Butterbrote mehr essen!« oder »Da es sich bei Werder um sehr viele westdeutsche Spieler handelt, muss man mit denen richtig westdeutsch reden, mit ›ährlich‹ und ›woll‹ und so, klar?«.

Multhaup sollte den dauerverletzten Lizenzspieler Seppl Piontek einarbeiten, der bei Werder langsam in die Trainerrolle hineinwachsen sollte. Piontek litt jedoch unter Dauerstress, weil sein Trainerexamen zu viel Zeit erforderte, um Werder nebenbei coachen zu können. Und so wurde er in der Trainingsarbeit wochenweise vertreten vom immer noch aktiven Haudegen Arnold Schütz. Ein Trainer ohne Lizenz, der von einem anderen Trainer ohne Lizenz vertreten wurde – das fand der DFB gar nicht gut. Notgedrungen kam deshalb noch der Trainerlizenzinhaber Hugo Scharmann als Strohmann dazu, der Werder in seligen Oberligazeiten bis 1951 betreut hatte und ab Dezember 1971 nominell für die Mannschaft zuständig war, aber faktisch nicht das geringste mit ihr zu tun hatte. Das war Trainer Nummer 5.

Ersatztorwart Peter Haak erinnert sich heute, dass der Vorstand nach nahezu jedem schlechteren Spiel (und davon gab es ausreichend viele) mit Trainer Nr. 6 drohte: »Wenn ihr euch nicht zusammenreißt, verpflichten wir den Fritz Langner! Also seht euch vor!« Die älteren Spieler kannten Langner noch, die jungen Spieler nicht. Sie sollten ihn kennenlernen. Haak blickt schaudernd zurück: »Am Montag nach einem katastrophalen 2:4 zuhause gegen Braunschweig wurden wir überraschend in den Sitzungsraum bestellt. Und da saß er dann plötzlich, der angedrohte Langner. Er war einerseits als Trainer hart, okay. Aber andererseits hatte er keinen Stil und war niveaulos im Umgang mit seinen Spielern. Seine Ausdrucksweise uns gegenüber war schon nicht mehr rüde, die war allerunterste Schublade.«

Fritz Langners Mission bestand ausschließlich darin, die in den Sand gesetzte Bundesligasaison noch durch das letzte erreichbare Ziel aus dem Feuer zu reißen: Werders Millionaros standen im Pokal-Halbfinale gegen Kaiserslautern. Dieser Pokal sollte unbedingt an die Weser, und Mannschaftskapitän Horst-Dieter Höttges, der als einer der wenigen Spieler mit Langner zurechtkam, frohlockte: »Mit dem werden wir Pokalsieger!« Es passte ins Bild dieser verkorksten Saison, dass natürlich auch das misslang. Werder verlor sowohl das Hin- als auch das Rückspiel gegen die Pfälzer. Langner verschwand noch vor Saisonende wieder, sollte allerdings nicht das letzte Mal Werder-Trainer gewesen sein. Für die letzten beiden Saisonspiele wurde dann erstaunlicherweise kein weiterer Trainer verpflichtet. Piontek übernahm wieder und blieb im letzten Teilstück der Saison immerhin ungeschlagen.

Für Horst-Dieter Höttges war das nicht die einzige Enttäuschung: Ausgerechnet dem international gefeierten Nationalspieler wurde von Geschäftsführer Hansi Wolff die Kapitänsbinde weggenommen, weil Höttges am Tag vor dem erwähnten Heimdebakel gegen Eintracht Braunschweig an einem Tresen gesichtet worden war. Erschwerend kam dazu, dass es ausgerechnet der Tresen des Hotels war, in dem sich der Gegner des nächsten Tages auf das Spiel gegen Werder vorbereitete. Braunschweig wertete Höttges lockeres Auftauchen als Provokation. Höttges war sauer und dachte sogar kurz an einen Vereinswechsel. Während der Saison hatte sich unter anderem Ajax Amsterdam heftigst für den Nationalverteidiger interessiert. Dem Fußballgott sei Dank: Der Wechsel zerschlug sich, auch der Groll gegen Hansi Wolff verrauchte, und dem SV Werder blieb sein eisenfüßiges Denkmal erhalten.

Die Millionenelf dagegen zerfiel in Rekordzeit. Platz 11 für die »Meistermannschaft aus dem Geldsack«. Was blieb, waren teure Gehaltsempfänger, enttäuschte Hoffnungen … und rot-weiße Trikots. Die finanziellen Spätfolgen des Kraftaktes lasteten viele Jahre wie ein schwerer Rucksack auf den Schultern der Verantwortlichen.

Werders Chef-Einkäufer: Hansi Wolff

Er war schon seit 1946 Werders Geschäftsführer und damit einer der ersten echten Fußball-Vereinsmanager des Landes. Im Jahr seines 25. Dienstjubiläums lieferte er sein persönliches kaufmännisches Meisterstück ab, das durch Denkfehler auf dem sportlichen Sektor jedoch, wie beschrieben, kein Ruhmesblatt für den Verein wurde: Hansi Wolff war der Manager des »Millionendings«.

Wolff selbst hat sich bei aller Machtfülle immer als Vereinsdiener gesehen: »Ich war und bin immer nur der verlängerte Arm des Vorstandes. Aber ich bin der einzige, der all diese Dinge regeln kann. Vorstandsmitglieder haben einen anderen Beruf. Mein Beruf ist die Arbeit für Werder.« Und die bescherte Wolff ein buntes Berufsleben. Um für den Verein überdurchschnittliche Spieler zu gewinnen, überquerte er 1949 mit Schmugglern die französische Grenze, damit Torwart Dragan Ilic nicht zum 1.FC Saarbrücken ins damals politisch unabhängige Saarland, sondern zu Werder wechselte. 1955 überredete er in einer Holzhütte im Bremer Hafen den blutjungen Waller Buttjer »Pico« Schütz, nicht zum SSV Reutlingen zu wechseln, wo er schon einen (ungültigen) Vertrag unterschrieben hatte. Um DDR-Ass Wunderlich zu bekommen, reiste Wolff in einem Güterwagen bei 25 Grad minus in die damalige »Ostzone«, im Gepäck als Argumentationshilfe etliche Dosen grüner Heringe. Und bei einer anderen Gelegenheit hatte er für einen anderen DDR-Kicker, den Dessauer Rolf Theile, zuvor in Berlin sogar einen Blanko-Personalausweis basteln lassen. Später wurde Schalke um seine Cracks Jagielski und Matischak erleichtert. Und die Verpflichtung von Horst-Dieter Höttges erwies sich gar als Agentenkrimi mit höchstem Unterhaltungswert für alle Beteiligten: Der damalige Mönchengladbacher Höttges wurde von Wolff in dessen Privatwagen buchstäblich nach Bremen entführt und dort versteckt, damit der hochveranlagte Abwehrmann nicht mehr von anderen Vereinen weggefischt werden konnte. In Bremen bekam Höttges' künftiger Mannschaftskamerad Seppl Piontek von Wolff 500 DM in die Hand gedrückt, um mit Höttges für eine Woche in Paris abzutauchen.

»Ich verspüre so etwas wie Jagdfieber, wenn ich auf die Suche nach neuen Spielern gehe«, hatte Wolff einmal gesagt. 1971 also hat es ihn vollends gepackt, das Fieber. Und so holte er nahezu ohne Rücksprache mit Trainer Gebhardt für insgesamt gut eine Million DM u.a. die prominenten Herren Laumen, Dietrich, Neuberger und Weist an die Weser. Gute Spieler fraglos, die jedoch nicht zu einer guten Mannschaft zu formen waren. Warum auch immer. Mit zwanzig Spielern verhandelte Wolff, sieben verpflichtete er. Und die Konkurrenz stöhnte auf: »Überall, wo wir hinkommen, war der Wolff vorher schon da, weil er einfach schneller war.«

Werders Trainer Robert Gebhardt äußerte sich rückblickend äußerst verschnupft über den exzessiven Einkaufsbummel seines Geschäftsführers. Er, der Defensivspezialist, hatte fast nur Offensivspieler bekommen: »Ohne mir auch nur ein Wort zu sagen, kaufte Wolff sieben Spieler ein, von denen ich höchstens einen gebrauchen konnte.«

Am Ende war es wohl Zufall, aber auch passend, dass Hansi Wolff 1976 seinen Schreibtisch beim SV Werder im selben Jahr räumen musste, in dem mit Otto Rehhagel erstmals der Trainer die Bildfläche in Bremen betrat, der allergrößten Wert auf das letzte, entscheidende Wort in Sachen Neuverpflichtungen legte. Wolffs Ära endete nach drei Jahrzehnten mit der Inthronisierung des jungen Rudi Assauer als neuem Bundesliga-Manager. Werder ging mit der Zeit, und auch Hansi Wolff musste gehen.

November 1975: Gefeierter Mann

Dezember 1975: Gefeuerter Mann

Hans Wolff nicht mehr Bundesliga-Manager
Werder entmachtete seinen starken Mann

Werder entmachtete Hansi Wolff!
Klaus Matischak neuer Ligaobmann – Hans Wolff hat mit der Lizenzspielerabteilung ab sofort nichts mehr zu tun

Präsidium schob Hans Wolff jetzt auf das Abstellgleis
Klaus Matischak für Belange der Lizenzspieler zuständig

WERDER BREMEN 1971/72

Trainer (bis 28.9.1971)

Gebhardt, Robert »Zapf«
Verantwortlicher Trainer in 8 Spielen der Saison

Trainer (29.9.1971–24.10.1971)

Multhaup, Willi »Fischken«
Verantwortlicher Trainer in 4 Spielen der Saison

Trainer (ab 25.10.1971)

Piontek, Josef »Seppl«
Verantwortlicher Trainer in 20 Spielen der Saison (machte vom 8.5.–10.6.1972 für F. Langner Platz)

Strohmann (1.12.1971–7.5.1972)

Scharmann, Hugo
Nur nominell Trainer vom 1.12.1971 bis 7.5.1972

Trainer (8.5.1972–10.6.1972)

Langner, Fritz »Der eiserne Fritz«
Verantwortlicher Trainer in 2 Spielen der Saison

Interimstrainer

Schütz, Arnold »Pico«
Leitete zwischen Okt. und Mai sowie nach Langners Abschied bis Saisonende das Training, wenn Piontek zur Trainerausbildung in Köln sein musste

Tor

Bernard, Günter
33 Spiele; 0 Tore

Haak, Peter
3 Spiele; 0 Tore

Abwehr

Assauer, Rudolf »Rudi«
32 Spiele; 0 Tore

Zembski, Dieter
30 Spiele; 1 Tor

Mittelfeld

Kamp, Karl-Heinz »Kalli«
34 Spiele; 5 Tore

Neuberger, Willi
33 Spiele; 7 Tore

Angriff

Laumen, Herbert
31 Spiele; 10 Tore

Weist, Werner »Acker«
28 Spiele; 13 Tore

Erweiterter Kader

Bracht, Uwe
1 Spiel; 0 Tore
Amateur

Starzak, Norbert
2 Spiele; 0 Tore
Amateur

Der Sport-Verein »Werder« im Jahr 1971/72:

1971/72

1. Vorsitzender:	Dr. Franz Böhmert
2. Vorsitzender:	Wilhelm Riethmöller
3. Vorsitzender:	Klaus-Dieter Fischer
Geschäftsführer:	Hans Wolff
Leiter der Lizenzspielerabt.:	Richard Ackerschott
Vereinsarzt:	Dr. Franz Böhmert
Masseur:	Wolfgang Binder
Mitglieder:	2.400
Kapazität Weser-Stadion:	40.000 Plätze (7.700 Sitzplätze, davon 2464 überdacht)

Höttges, Horst-Dieter »Eisenfuß«
28 Spiele; 3 Tore

Schmidt, Bernd
27 Spiele; 3 Tore

Schütz, Arnold »Pico«
15 Spiele; 3 Tore

Piontek, Josef »Seppl«
1 Spiel; 0 Tore

Weber, Jürgen
27 Spiele; 5 Tore

Hasebrink, Heinz-Dieter
27 Spiele; 3 Tore

Dietrich, Peter
8 Spiele; 2 Tore

Görts, Werner »Anneliese«
27 Spiele; 3 Tore

Baumann, Carsten
16 Spiele; 3 Tore

Götz, Willi
7 Spiele; 0 Tore

In Freundschaftsspielen eingesetzt:

Allhorn, Heinz (Tor)
Frank, Bernd (Abwehr)
Schöttner, Volker (Angriff)
Struckmann, Rainer (Mittelfeld)

Werders Neuzugänge im Sommer 1971

Trainer Gebhardt stellte eine stattliche Reihe von Hochkarätern vor, die er anschließend nicht zu echten Verstärkungen formen konnte: Neuberger, Weist, Dietrich, Haak, Laumen, Weber und Carsten Baumann

Wer kam?

Baumann (VfL Osnabrück)
Dietrich (Bor. M'gladbach)
Haak (Bremerhaven 93)
Laumen (Bor. M'gladbach)
Neuberger (Borussia Dortmund)
Weber (Hertha BSC Berlin)
Weist (Borussia Dortmund)

Wer ging?

Björnmose (HSV)
Coordes (VfB Stuttgart)
Deterding (Olympia Wilhelmshaven)
Lorenz (Rapid Wien)
H. Meyer (Kickers Offenbach)
Stefens (SV Meppen)
Steinmann (Sportinvalide)
Thelen (Alemannia Aachen)
Windhausen (Sportinvalide)

w.d.S. = während der Saison

Herbert Laumen 1972

Herbert Laumen: »Wir wären eine gute 4 x 400-Meter-Staffel gewesen«

Im Gladbacher Herbert Laumen verpflichtete Werder 1971 einen dynamischen Offensivspieler, der bis dahin bereits zwei Deutsche Meisterschaften mit Borussia Mönchengladbach hatte feiern dürfen, zum Kreis der Nationalelf zählte und mit satten 97 Toren Rekordtorschütze des amtierenden Meisters vom Niederrhein war. Ein dicker Fisch, und so was passt ja an die Weser. Dachte man. Es passte nicht: Laumen war ob seiner hohen Ablösesumme und seiner Vorgeschichte umstritten, da er die in den Himmel geschossenen Ansprüche der Öffentlichkeit an die Bremer Millionentruppe ebenso wenig erfüllen konnte wie der ebenfalls vom Bökelberg zu Werder geholte Nationalelf-Kollege Dietrich. Eine bewegte und erfolgreiche Fußballkarriere erlebte in Bremen einen ihrer Tiefpunkte. Herbert Laumen erklärt, woran es lag:

Ich war auf dem Platz so eine Art ›vierte Spitze‹, im vorderen Mittelfeld. Unsere Besetzung in Mönchengladbach war vom Feinsten: Netzer, Dietrich und Laumen hinter den drei Spitzen LeFevre, Köppel und Wimmer. Nach unserer erfolgreichen Titelverteidigung in Mönchengladbach wollte ich einen Vierjahresvertrag haben. Zu meiner großen Überraschung hat der damalige Manager Helmut Grashoff das abgelehnt, mit der Begründung, ich sei zu alt. Dabei war ich gerade erst 26. Diese Aussage hat mich so schockiert, dass ich mich umgehört habe. Ich hatte einige konkrete Angebote, und das von Werder war absolut attraktiv, weil in Bremen eine wirklich große Mannschaft zu entstehen schien.

Herbert Laumen 2006

Im ersten Jahr hatten wir dann gleich das Problem, dass wir permanent unter einem neuen Trainer arbeiten mussten. Gebhardt begann, Multhaup kam, Piontek übernahm, Schütz trainierte uns, dann kam Fritz Langner für ein paar Wochen, und am Ende war Piontek zurück. Das konnte nicht gut gehen. Und auch zwischenmenschlich hat es nie wirklich gepasst. Es gab von vornherein eine regelrechte Cliquenwirtschaft: Die alten, eingesessenen Platzhirsche gegen die teuren, dazugeholten Stars. Und wenn wir mal ein ganz schlechtes Spiel gemacht hatten kam es vor, dass wir Neuen mit einer Geldstrafe belegt wurden und der Rest der Mannschaft nicht. Damit sollte wohl für die Öffentlichkeit ein Zeichen gesetzt werden. Nach dem Motto: ›Schaut, wir sind auch nicht zufrieden mit den Millionaros und zeigen denen mal, dass sie für ihr vieles Geld mehr ackern müssen!‹

Beides zusammen hat dafür gesorgt, dass wir nicht erfolgreich sein konnten. Ein Trainer, der uns eigentlich nicht wollte und entlassen wurde, dann immer wieder andere Trainer mit anderen Ideen, ein einziges Chaos. Ich könnte mir vorstellen, dass ein Trainer wie Otto Rehhagel aus den selben Spielern eine Klassemannschaft hätte formen können. Jemand, der Wert auf das Spielerische gelegt hätte. Davon bin ich überzeugt. ›Zapf‹ Gebhardt war einfach kein passender Trainer für uns. Wir waren fit, wir hätten bestimmt eine gute 4x400-Meter-Staffel abgegeben, aber wie man mit unseren Spielern gut Fußball spielen kann, das konnte er uns nicht vermitteln. Ein Großteil seiner Trainingseinheiten bestanden aus reinem Konditionsgebolze. In Gladbach haben wir auch mal 200 Meter-Läufe gemacht, aber sonst spielte sich unser Training schon mehrheitlich mit dem Ball ab. Bei Werder unter Gebhardt spielten wir kaum Fußball. Dafür haben wir 400-Meter-Läufe mit Medizinball machen müssen, bis wir am Ende waren.

Die Saison fing trotzdem ganz gut an. Speziell nach unserem 5:1-Sieg in Dortmund dachte man, jetzt habe sich diese Mannschaft wohl endgültig gefunden. Danach gewannen wir zuhause gegen Bochum und standen auf Platz 3. Der Knoten schien geplatzt. Aber Trainer Gebhardt war immer noch nicht zufrieden und hat immer weiter rumexperimentiert. Dann ging es relativ schnell wieder abwärts. Dieses erste Jahr war wirklich der reine Horror. Das ist kein Vorwurf an das Umfeld – das war tadellos. Präsident Dr. Böhmert und Hansi Wolff haben uns immer korrekt und fair behandelt. Wir hatten schlicht und einfach ein massives Trainerproblem.

Dann begannen die Querelen innerhalb der Mannschaft. Es war jedem langjährigen Werderaner klar: Wenn der Verein fünf fertige Spieler von anderen Bundesligisten holt, dann spielen die auch. Ich war zweimal hintereinander Meister, hatte in den beiden Jahren zuvor 39 Tore geschossen. Ich war dadurch praktisch gesetzt. Gleichzeitig war also fünf bisherigen Stammspielern klar: ›Hey, die kommen hierher, bekommen dicke Verträge und nehmen uns unsere Plätze in der Mannschaft weg‹. Einerseits ist das vielleicht verständlich, aber es hat natürlich den Mannschaftsgeist kaputtgemacht. Ich kannte so was aus Mönchengladbach nicht. Da habe ich genau umgekehrt gedacht: Ich kam aus der eigenen Jugend, habe immer gespielt und mir bei jedem Neueinkauf gesagt, dass der neue Spieler dazu beitragen wird, eine immer bessere Mannschaft

Bierdeckel, Haake-Beck (1971)

zu formen. Das hat uns weiter gebracht als der Sozialneid in Bremen. Im Übrigen gilt: Jeder Spieler ist für seinen Vertrag selbst verantwortlich.

In diesem Zusammenhang war dann auch der Trainerwechsel zu Piontek nicht hilfreich, denn der kam ja selbst aus der Mannschaft, war noch unerfahren und wahrscheinlich nicht besonders gut geeignet, mal ordentlich dazwischenzuhauen. Außerdem war er von Montag bis Freitag in Köln in der Sporthochschule, um seinen Trainerschein zu machen. Das kam ja noch dazu. Also hat der ›Pico‹ Schütz von Montag bis Freitag das Training geleitet, und dann kam denn der Seppl am Wochenende und hat die Mannschaft aufgestellt.

Fritz Langner schließlich hat zum Saisonende hin das letzte bisschen unserer Moral kaputtgemacht. Er hat uns trainiert, als würde die Saison gerade erst anfangen. Wir hatten aber schon vierzig Spiele in den Knochen und wurden durch sein Geschinde sicherlich nicht spritziger. Langner wurde geholt, weil wir im Pokal-Halbfinale standen und wenigstens dort die Saison noch halbwegs hätten retten können. Mit Lautern hatten wir eine lösbare Aufgabe, aber Langner hat uns vor dem Spiel kaputttrainiert. Wir waren völlig geschafft und verloren mit 1:2.

Übrigens war indirekt Günther Netzer Schuld an dem ganzen Schlamassel. Der hatte alles angeleiert. Hansi Wolff wollte nicht nur Dietrich und mich haben, sondern unser gesamtes Mittelfeld in Mönchengladbach – auch Netzer. Beim Hallenturnier in Berlin haben wir uns getroffen, und dann wurde alles so gut wie perfekt gemacht. Wir drei haben uns gesagt: Komm, gehen wir zusammen nach Bremen! Am Ende haben Peter Dietrich und ich unterschrieben, Netzer ist aber im letzten Moment noch abgesprungen. Mit ihm wäre die Chance größer gewesen, Werder zu einer Spitzenmannschaft zu formen. Andererseits … Günther Netzer und Gebhardt, das wäre eine einzige Katastrophe geworden.

Herbert Laumens Stationen als aktiver Spieler:

1962–71 Borussia Mönchengladbach
1971–73 Werder Bremen
1973–74 1. FC Kaiserslautern
1974–75 FC Metz (Frankreich)
1975–76 SpVgg. Neu-Isenburg
1976–79 SV Wese

Rassiges Duell: Herbert Laumen gegen Braunschweigs Kapitän Achim Bäse

Alle Spiele 1971/72

Ein eigenes Programmheft nur für die Präsentation der neuen Werder-Elf in der Stadthalle. 7000 Fans kamen

27.07.1971
Freundschaftsspiel
Preußen Münster – W. Bremen 3:4 (1:1)
Aufstellung: Haak – Zembski, Höttges (46. Piontek) – Assauer, Schütz (46. Schmidt), Dietrich – Laumen, Weber (46. Hasebrink), Weist, Görts (46. Kamp), C. Baumann
Trainer: Gebhardt
Tore: 0:1 Weist (7.), 1:1 Lorenz (10.), 1:2 Laumen (48.), 1:3 Weist (59.), 2:3 Jeworreck (65.), 2:4 Laumen (80.), 3:4 Jeworreck (87.)
Besonderes Vorkommnis: Laumen (W. B.) verschießt FE (74.)
Zuschauer: 7.000

30.07.1971
Internationales Freundschaftsspiel
W. Bremen – Derby County 1:2 (0:2)
Aufstellung: Allhorn – Schmidt, Assauer, Schütz, Zembski – Kamp, Laumen, Hasebrink (61. Piontek) – Görts, Weist, Weber
Trainer: Gebhardt
Tore: 0:1 Hinton (14.), 0:2 Robson (17.), 1:2 Weist (69.)
Zuschauer: 13.500

01.08.1971
Freundschaftsspiel
TSV Westerland – W. Bremen 2:2 (2:0)
Aufstellung: Haak – Zembski, Assauer (46. Piontek), Schütz, Schmidt (74. Assauer) – Höttges, Kamp, Hasebrink – Laumen, Weber, Görts
Trainer: Gebhardt
Tore: 1:0 Laskowski (12.), 2:0 Reimers (42.), 2:1 Laumen (72.), 2:2 Görts (88.)
Zuschauer: 6.000

03.08.1971
Freundschaftsspiel
TuS Walle – W. Bremen 2:12 (0:6)
Aufstellung: Haak – Piontek, Höttges (33. Schmidt) – Assauer, Schütz, Weber, Kamp – Laumen, Weist, Hasebrink, Görts / Außerdem eingewechselt: Zembski
Trainer: Gebhardt
Tore: 0:1 Weist (12.), 0:2 Weist (18.), 0:3 Weber (23.), 0:4 Weist (33.), 0:5 Laumen (36.), 0:6 Weist (38.), 1:6 Suling (50.), 1:7 Weist (54.), 1:8 Weist (58.), 2:8 Radtke (71.), 2:9 Kamp (76.), 2:10 Weist (79.), 2:11 Weist (80.), 2:12 Weber (87.)
Zuschauer: 1.500

07.08.1971
Internationales Freundschaftsspiel
W. Bremen – SC Etar Trnovo 5:1 (1:0)
Aufstellung: Bernard – Zembski, Höttges (82. Schmidt), Assauer, Schütz – Dietrich (85. C. Baumann), Laumen, Weber (46. Hasebrink) – Kamp, Weist, Görts
Trainer: Gebhardt
Tore: 1:0 Weist (29.), 2:0 Laumen (48.), 3:0 Weist (55.), 4:0 Laumen (71.), 5:0 Schütz (73.), 5:1 Zenow (85.)
Zuschauer: 5.000

14.08.1971
Bundesliga, 1. Spieltag
1. FC Köln – W. Bremen 0:0
Aufstellung: Bernard – Höttges, Assauer, Schütz, Zembski – Laumen, Dietrich (61. Schmidt), Weber (73. Hasebrink) – Kamp, Weist, Görts
Trainer: Gebhardt
Tore: –
Zuschauer: 24.000

21.08.1971
Bundesliga, 2. Spieltag
W. Bremen – 1. FC Kaiserslautern 2:2 (1:0)
Aufstellung: Bernard – Zembski, Assauer, Schütz, Höttges – Dietrich, (78. Hasebrink) Kamp (62. Weber), Neuberger – Görts, Laumen, Weist
Trainer: Gebhardt
Tore: 1:0 Dietrich (31.), 1:1 Hosic (56.), 1:2 Seel (60.), 2:2 Weist (84.)
Zuschauer: 26.000

28.08.1971
Bundesliga, 3. Spieltag
Eintracht Frankfurt – W. Bremen 4:0 (1:0)
Aufstellung: Bernard – Zembski, Assauer, Schütz, Höttges – Dietrich, Laumen, Neuberger – Görts, Weist (74. Weber), C. Baumann (58. Kamp)
Trainer: Gebhardt
Tore: 1:0 Parits (6.), 2:0 Kalb (58. FE), 3:0 Grabowski (73.), 4:0 Grabowski (77.)
Zuschauer: 18.500

01.09.1971
Bundesliga, 4. Spieltag
W. Bremen – Arminia Bielefeld 4:0 (3:0)
Aufstellung: Bernard – Zembski, Assauer, Schütz, Höttges – Kamp, Weber, Hasebrink – Görts (80. C. Baumann), Laumen, Neuberger
Trainer: Gebhardt
Tore: 1:0 Görts (2.), 2:0 Schütz (8. FE), 3:0 Neuberger (40.), 4:0 Schütz (80. FE)
Zuschauer: 19.000

04.09.1971
Bundesliga, 5. Spieltag
Borussia Dortmund – W. Bremen 1:5 (1:2)
Aufstellung: Bernard – Schmidt (68. Dietrich), Assauer, A. Schütz, Zembski – Kamp, Hasebrink, Weber – Görts, Laumen (64. Weist), Neuberger
Trainer: Gebhardt
Tore: 0:1 Hasebrink (19.), 0:2 Neuberger (20.), 1:2 J. Schütz (26. FE), 1:3 Weber (74.), 1:4 Kamp (75.), 1:5 Zembski (89.)
Zuschauer: 27.000

07.09.1971
Freundschaftsspiel
Blumenthaler SV – W. Bremen 0:10 (0:5)
Aufstellung: Haak – Piontek, Schmidt, Schütz (46. Assauer), Höttges (46. Weber) – Dietrich, Neuberger, Laumen – Hasebrink (46. Görts), Weist, C. Baumann
Trainer: Gebhardt
Tore: 0:1 Laumen (15.), 0:2 Laumen (17.), 0:3 Hasebrink (20.), 0:4 Laumen (31.), 0:5 Laumen (42.), 0:6 Laumen (48.), 0:7 Assauer (65.), 0:8 C. Baumann (73.), 0:9 Weber (77. FE), 0:10 Weist (89.)
Zuschauer: 3.000

11.09.1971
Bundesliga, 6. Spieltag
W. Bremen – VfL Bochum 2:0 (0:0)
Aufstellung: Bernard – Zembski, Assauer, Schütz, Schmidt – Hasebrink, Kamp, Weber – Görts, Laumen, Neuberger
Trainer: Gebhardt
Tore: 1:0 Kamp (69.), 2:0 Laumen (75.)
Zuschauer: 33.000

14.09.1971
Freundschaftsspiel
Polizei SV Bremen – W. Bremen 2:6 (0:4)
Aufstellung: Bernard (46. Haak) – Zembski (46. Piontek), Schmidt (46. Laumen), Schütz (46. Assauer), Höttges, Neuberger (46. Kamp), Dietrich, Hasebrink (46. Weber), Görts, Weist, C. Baumann
Trainer: Gebhardt
Tore: 0:1 Weist (7.), 0:2 Görts (10.), 0:3 Hasebrink (26.), 0:4 Weist (42.), 1:4 Lohnau (54.), 1:5 Laumen (56.), 1:6 Laumen (75.), 2:6 Chairsell (77.)
Zuschauer: 1.400

18.09.1971
Bundesliga, 7. Spieltag
FC Schalke 04 – W. Bremen 2:0 (1:0)
Aufstellung: Bernard – Zembski, Assauer, Schütz, Schmidt – Kamp, Hasebrink, Weber (51. Höttges) – Görts, Laumen, Neuberger
Trainer: Gebhardt
Tore: 1:0 Rüßmann (13.), 2:0 Sobieray (69.)
Zuschauer: 32.000

21.09.1971
Freundschaftsspiel
Vorwärts Billstedt – W. Bremen 4:8 (0:4)
Aufstellung: Bernard (46. Haak) – Piontek (46. Zembski), Höttges, Assauer (46. Weber), Schütz (46. Schmidt) – Neuberger, Kamp (46. Görts), Laumen, Weist, Hasebrink, C. Baumann
Trainer: Gebhardt
Tore: 0:1 Severin (ET), 0:2 Weist, 0:3 Hermann (ET), 0:4 Weist, 1:4 Pietzucn, 2:4 Kindler, 2:5 Schütz (FE), 2:6 Hasebrink, 3:6 Pietzucn, 3:7 C. Baumann, 3:8 Weber, 4:8 Hamdorf
Zuschauer: 1.500

25.09.1971
Bundesliga, 8. Spieltag
W. Bremen – VfB Stuttgart 2:3 (0:2)
Aufstellung: Bernard – Zembski, Assauer, Schütz, Schmidt – Neuberger, Hasebrink (78. Höttges), Weber – Kamp, Weist (63. Laumen), C. Baumann
Trainer: Gebhardt
Tore: 0:1 Köppel (8.), 0:2 Handschuh (28.), 1:2 Weber (55.), 1:3 Köppel (60.), 2:3 Laumen (78.)
Zuschauer: 21.000

29.09.1971
Freundschaftsspiel
Phönix Lübeck – W. Bremen 0:1 (0:0)
Aufstellung: Bernard – Schmidt (46. Weber), Höttges (46. Zembski), Assauer, Neuberger, Schütz, Dietrich – Görts, Kamp, Weist, Laumen
Trainer: Multhaup
Tor: 0:1 Görts (66.)
Zuschauer: 3.000

02.10.1971
Bundesliga, 9. Spieltag
Fortuna Düsseldorf – W. Bremen 1:3 (0:2)
Aufstellung: Bernard – Zembski, Assauer, Schütz, Höttges – Kamp, Neuberger, Weber – Görts, Laumen, C. Baumann
Trainer: Multhaup
Tore: 0:1 Neuberger (16.), 0:2 C. Baumann (40.), 0:3 Köhnen (58. ET). 1:3 Hesse (82.)
Zuschauer: 15.000

05.10.1971
Freundschaftsspiel
TSV 1860 München – W. Bremen 1:1 (1:1)
Aufstellung: Bernard – Schmidt, Höttges – Assauer, Neuberger, Dietrich – Görts, Hasebrink, Weist, Weber (46. Laumen), Baumann
Trainer: Multhaup
Tore: 1:0 Brozulat (4. FE), 1:1 Weist (30.)
Zuschauer: 8.000

06.10.1971
Internationales Freundschaftsspiel
Kombi. Rapid/Austria Wien – W. B. 3:2 (1:1)
Aufstellung: Bernard (46. Haak) – Schmidt, Höttges, Assauer, Schütz, Kamp – Görts, Dietrich (46. Hasebrink), Laumen, Neuberger (46. Weber), C. Baumann (46. Weist)
Trainer: Multhaup
Tore: 0:1 Neuberger (28.), 1:1 Riedl (31.), 2:1 B. Lorenz (65.), 2:2 Schütz (72. FE), 3:2 Ullmann (89.)
Zuschauer: 1.200

13.10.1971
Bundesliga, 10. Spieltag
W. Bremen – FC Bayern München 1:2 (1:1)
Aufstellung: Bernard – Zembski, Assauer (46. Schmidt), Schütz, Höttges – Neuberger, Weber, Kamp – Görts, Laumen, C. Baumann (73. Weist)
Trainer: Multhaup
Tore: 1:0 Kamp (34.), 1:1 G. Müller (43.), 1:2 U. Hoeneß (61.)
Zuschauer: 41.000

16.10.1971
Bundesliga, 11. Spieltag
Hertha BSC Berlin – W. Bremen 2:1 (2:1)
Aufstellung: Bernard – Zembski, Höttges, Schütz, Schmidt – Neuberger, Kamp (46. Hasebrink), Weber – Görts, Laumen (65. Weist), C. Baumann
Trainer: Multhaup
Tore: 0:1 C. Baumann (15.), 1:1 Varga (25.), 2:1 Steffenhagen (45.)
Zuschauer: 23.000

19.10.1971
Freundschaftsspiel
TuS Bremerhaven 93 – W. Bremen 3:7 (0:5)
Aufstellung: Bernard (20. Haak) – Schmidt, Zembski – Assauer, Schütz, Dietrich – Kamp (46. Laumen), Hasebrink, Weist, Neuberger (46. Weber), C. Baumann
Trainer: Multhaup
Tore: 0:1 Weist (4.), 0:2 Schütz (8.), 0:3 Dietrich (25.), 0:4 C. Baumann (26.), 0:5 Assauer (38.), 0:6 Laumen (50.), 1:6 Jansen (64.), 2:6 U. Zembski (69.), 2:7 Hasebrink (74.), 3:7 Jansen (90.)
Zuschauer: 3.000

23.10.1971
Bundesliga, 12. Spieltag
W. Bremen – Hannover 96 2:1 (1:1)
Aufstellung: Bernard – Zembski, Assauer, Schütz, Schmidt – Höttges, Hasebrink (37. Weber), Neuberger – Kamp, Weist, Görts
Trainer: Multhaup
Tore: 0:1 Berg (14.), 1:1 Weist (28.), 2:1 Kamp (66.)
Besonderes Vorkommnis: Rote Karte für Reimann (H96) (69.)
Zuschauer: 18.000

30.10.1971
Bundesliga, 13. Spieltag
Eintr. Braunschweig – W. Bremen 1:1 (1:1)
Aufstellung: Bernard – Zembski, Assauer, Schütz, Höttges – Kamp, Weber, Neuberger – Görts, Weist, C. Baumann
Trainer: Piontek
Tore: 0:1 Schütz (15. FE), 1:1 Bründl (16.)
Zuschauer: 9.533

02.11.1971
Freundschaftsspiel
SV Meppen – W. Bremen 0:2 (0:2)
Aufstellung: Bernard (46. Haak) – Zembski, Höttges (46. Assauer), Neuberger (75. Schütz), Schmidt – Dietrich, Laumen, Hasebrink – Görts, Weist (46. Weber), C. Baumann (15. Kamp)
Trainer: Piontek
Tore: 0:1 Dietrich (9.), 0:2 Laumen (69.)
Zuschauer: 4.500

06.11.1971
Bundesliga, 14. Spieltag
W. Bremen – MSV Duisburg 1:1 (1:0)
Aufstellung: Bernard – Zembski, Assauer, Neuberger, Höttges (89. Schmidt) – Kamp, Dietrich, Weber – Görts, Weist, C. Baumann
Trainer: Piontek
Tore: 1:0 Weber (17.), 1:1 Riedl (66.)
Zuschauer: 12.000

09.11.1971
Freundschaftsspiel
Tura Westrhauderfehn – W. B. 0:7 (0:3)
Aufstellung: Bernard (Haak) – Zembski, Schmidt – Assauer, Schütz, Neuberger (Höttges) – Kamp (Görts), Hasebrink, Laumen, Weist, C. Baumann
Trainer: Piontek
Tore: Laumen (2), Weist, Hasebrink, C. Baumann, Neuberger, Höttges
Zuschauer: 2.500

13.11.1971
Bundesliga, 15. Spieltag
W. B. – Rot-Weiß Oberhausen 4:0 (1:0)
Aufstellung: Bernard – Zembski, Assauer, Neuberger, Höttges – Dietrich (74. Laumen), Kamp, Weber – Görts, Weist, C. Baumann
Trainer: Piontek
Tore: 1:0 Wörmer (38. ET), 2:0 Görts (47.), 3:0 C. Baumann (71.), 4:0 Weist (75.)
Zuschauer: 12.000

15.11.1971
Internationales Freundschaftsspiel
Derby County – W. Bremen 6:2 (3:0)
Aufstellung: Bernard – Zembski, Schmidt, Assauer, Schütz – Hasebrink, Kamp, Neuberger (46. Weber) – Laumen, Görts, C. Baumann
Trainer: Piontek
Tore: 1:0 unbekannt, 2:0 unbekannt, 3:0 unbekannt, 4:0 unbekannt, 5:0 unbekannt, 6:0 unbekannt, 6:1 Kamp, 6:2 Kamp
Zuschauer: 7.000

16.11.1971
Internationales Freundschaftsspiel
Sheffield Wednesday – W. Bremen 2:0 (1:0)
Aufstellung: Bernard – Zembski, Schmidt – Assauer, Schütz (20. C. Baumann), Hasebrink – Görts, Kamp, Laumen, Neuberger, Weber
Trainer: Piontek
Tore: 1:0 Joicey (40.), 2:0 Sinclair (85.)
Zuschauer: 5.000

19.11.1971
Freundschaftsspiel
Alemannia Aachen – W. Bremen 1:4 (0:2)
Aufstellung: Bernard (46. Haak) – Zembski, Schmidt (46. Assauer), Neuberger, Höttges – Hasebrink, Weber, Laumen (66. Kamp) – Görts, Weist, C. Baumann
Trainer: Piontek
Tore: 0:1 Görts (8.), 0:2 C. Baumann (23.), 0:3 Weist (64.), 1:3 Thelen (68.), 1:4 C. Baumann (85.)
Zuschauer: 3.000

27.11.1971
Bundesliga, 16. Spieltag
Hamburger SV – W. Bremen 2:1 (0:0)
Aufstellung: Bernard – Zembski, Assauer, Neuberger, Höttges – Hasebrink, Kamp, Weber (75. Laumen) – Görts, Weist, C. Baumann
Trainer: Piontek
Tore: 1:0 Volkert (62.), 2:0 Zaczyk (70.), 2:1 Weist (86.)
Besonderes Vorkommnis: Zaczyk (HSV) schießt HE am Tor vorbei (41.)
Zuschauer: 17.000

HAMBURG: Nationalspieler Höttges (Werder Bremen) hat den Dreß des Hamburger SV übergestreift, wie zu Anfang dieser Saison der Däne Björnmose und früher schon Willi Schröder. Das Foto ist kein Scherz und keine Sensation! Werder hatte die Trikots vergessen und der HSV überließ den Gästen sein blaues Trikot und spielte selbst, wie einst zu Tull Harders Zeiten, in roten Hosen und weißen Trikots.

04.12.1971
DFB-Pokal, 1. Runde-Hinspiel
SpVgg Bad Pyrmont – W. B. 1:4 (0:3)
Aufstellung: Bernard – Zembski, Assauer, Neuberger, Höttges (66. Schütz) – Laumen (46. Schmidt), Hasebrink, Weber – Kamp, Weist, Görts
Trainer: Piontek
Tore: 0:1 Assauer (22.), 0:2 Laumen (25.), 0:3 Weist (26.), 0:4 Zembski (49.), 1:4 Goschzik (66.)
Zuschauer: 6.000

11.12.1971
Bundesliga, 17. Spieltag
W. Bremen – Bor. M'gladbach 2:2 (0:1)
Aufstellung: Bernard – Zembski, Assauer, Neuberger, Höttges – Hasebrink, Kamp (57. Schmidt), Laumen – Weist, Weber, Görts
Trainer: Piontek
Tore: 0:1 Sieloff (39.), 0:2 Kulik (47.), 1:2 Hasebrink (66.), 2:2 Laumen (74.)
Zuschauer: 36.000

15.12.1971
DFB-Pokal, 1. Runde-Rückspiel
W. Bremen – SpVgg. Bad Pyrmont 6:0 (5:0)
Aufstellung: Haak – Zembski, Assauer (12. Neuberger), Schütz, Schmidt – Höttges, Laumen, Hasebrink – Kamp, Weist, Görts (46. Götz)
Trainer: Piontek
Tore: 1:0 Schmidt (6.), 2:0 Weist (8.), 3:0 Weist (10.), 4:0 Zembski (20.), 5:0 Kamp (40.), 6:0 Weist (85.)
Zuschauer: 4.000

18.12.1971
Freundschaftsspiel
Wuppertaler SV – W. Bremen 1:1 (1:1)
Aufstellung: Bernard – Zembski, Neuberger, Schütz, Schmidt – Kamp, Hasebrink, Weber – Götz, Laumen, Görts (33. Schöttner)
Trainer: Piontek
Tore: 0:1 Kamp (3.), 1:1 Lehr (9.)
Zuschauer: 3.300

29.12.1971
Freundschaftsspiel
Rot-Weiß Essen – W. Bremen 3:1 (1:1)
Aufstellung: Bernard (46. Haak) – Schmidt, Höttges, Assauer, Neuberger (46. Schütz) – Hasebrink, Görts, Laumen – Weist (46. Götz), Weber, C. Baumann
Trainer: Piontek
Tore: 1:0 Fürhoff (16.), 1:1 Weist (30.), 2:1 Lippens (59.), 3:1 Lippens (67.)
Zuschauer: 1.000

01.01.1972
Freundschaftsspiel
SV Woltmershausen – W. B. 3:11 (1:4)
Aufstellung: Bernard (46. Haak) – Höttges, Assauer (46. Schütz), Neuberger, Schmidt – Hasebrink, Laumen, Weber – Görts (46. Götz), Weist, C. Baumann
Trainer: Piontek

Tore: 0:1 Weist (5.), 0:2 Laumen (16.), 0:3 Assauer (21.), 0:4 Weber (24.), 1:4 Buckermann I (43.), 2:4 Albrecht (53.), 2:5 Weist (55.), 2:6 Schütz (66.), 2:7 Laumen (68.), 2:8 Götz (69.), 2:9 Götz (75.), 3:9 Bindemann (77. FE), 3:10 Höttges (82. HE), 3:11 Weist (87.)
Zuschauer: 1.000

02.01.1972
Freundschaftsspiel
Hessen Kassel – W. Bremen 1:4 (0:3)
Aufstellung: Bernard – Schmidt, Assauer, Neuberger, Höttges (46. Zembski) – Hasebrink, Weber (63. Kamp), Laumen – Görts, Weist, C. Baumann
Trainer: Piontek
Tore: 0:1 Laumen (27.), 0:2 Neuberger (31.), 0:3 C. Baumann (44.), 1:3 Matziossek (57.), 1:4 Assauer (82.)
Zuschauer: 5.500

09.01.1972
Freundschaftsspiel
Hannover 96 – W. Bremen 5:5 (2:3)
Aufstellung: Bernard – Schmidt (46. Zembski), Assauer, Neuberger, Höttges – Kamp, Laumen, Hasebrink – Görts, Weist, C. Baumann
Trainer: Piontek
Tore: 1:0 Reimann (1.), 1:1 Neuberger (11.), 2:1 Keller (24.), 2:2 Höttges (27. FE), 2:3 C. Baumann (41.), 3:3 Keller (65.), 4:3 Keller (71.), 4:4 Laumen (78.), 5:4 Hellingrath (84.), 5:5 Laumen (86.)
Zuschauer: 5.000 in Vöhrum

22.01.1972
Bundesliga, 18. Spieltag
W. Bremen – 1. FC Köln 2:2 (1:2)
Aufstellung: Bernard – Schmidt, Assauer, Neuberger, Höttges – Kamp, Laumen, Hasebrink – Görts, Weist, C. Baumann
Trainer: Piontek
Tore: 0:1 Scheermann (23.), 1:1 Weist (26.), 1:2 Cullmann (38.), 2:2 Laumen (48.)
Zuschauer: 18.000

05.02.1972
Bundesliga, 20. Spieltag
W. Bremen – Eintracht Frankfurt 3:1 (0:1)
Aufstellung: Bernard – Schmidt, Assauer, Neuberger, Höttges – Kamp, Laumen, Hasebrink – Görts (88. Weber), Weist, C. Baumann
Trainer: Piontek
Tore: 0:1 Parits (11.), 1:1 Höttges (56. FE), 2:1 Laumen (71.), 3:1 Weist (74.)
Zuschauer: 12.000

12.02.1972
DFB-Pokal, Achtelfinale-Hinspiel
W. Bremen – Hamburger SV 4:2 (2:2)
Aufstellung: Bernard – Schmidt, Assauer, Neuberger, Höttges – Kamp, Laumen, Hasebrink – Görts, Weist, C. Baumann
Trainer: Piontek
Tore: 0:1 Zaczyk (20.), 1:1 Kamp (36.), 1:2 Zaczyk (39.), 2:2 Neuberger (40.), 3:2 Hasebrink (61.), 4:2 Höttges (86.)
Zuschauer: 15.000

19.07.1972
Bundesliga, 21. Spieltag
Arminia Bielefeld – W. Bremen 1:0 (0:0)
Aufstellung: Bernard – Schmidt, Assauer, Neuberger, Höttges – Kamp, Laumen, Hasebrink – Görts, Weist, C. Baumann
Trainer: Piontek
Tor: 1:0 Kasperski (74.)
Zuschauer: 16.000

23.02.1972
DFB-Pokal, Achtelfinale-Rückspiel
Hamburger SV – W. Bremen 1:0 (0:0)
Aufstellung: Bernard – Schmidt, Assauer, Neuberger, Höttges (24. Zembski) – Laumen, Kamp, Hasebrink – Görts, Weist, C. Baumann
Trainer: Piontek
Tor: 1:0 U. Seeler (77.)
Zuschauer: 10.500

26.02.1972
Bundesliga, 22. Spieltag
W. Bremen – Borussia Dortmund 3:1 (2:0)
Aufstellung: Bernard – Schmidt, Assauer, Neuberger, Zembski – Laumen (72. C. Baumann), Hasebrink, Kamp – Görts, Weist, Weber
Trainer: Piontek
Tore: 1:0 Weist (30.), 2:0 Hasebrink (40.), 3:0 Weist (69.), 3:1 Bücker (84.)
Zuschauer: 12.000

04.03.1972
Bundesliga, 23. Spieltag
VfL Bochum – W. Bremen 4:2 (1:2)
Aufstellung: Bernard – Zembski, Assauer, Neuberger, Schmidt – Höttges, Laumen, Hasebrink – Görts, Weist, Weber (72. Kamp)
Trainer: Piontek
Tore: 0:1 Laumen (6.), 1:1 Walitza (19.), 1:2 Schmidt (21.), 2:2 Walitza (60.), 3:2 Wosab (68.), 4:2 Hartl (88.)
Zuschauer: 9.000

07.03.1972
Bundesliga, 19. Spieltag (Nachholspiel)
1. FC Kaiserslautern – W. Bremen 2:1 (0:1)
Aufstellung: Bernard – Zembski, Höttges, Assauer, Schmidt – Neuberger, Laumen, Hasebrink – Görts, Weist, Kamp
Trainer: Piontek
Tore: 0:1 Neuberger (30.), 1:1 Bitz (54.), 2:1 Fuchs (59.)
Zuschauer: 16.000

11.03.1972
Bundesliga, 24. Spieltag
W. Bremen – FC Schalke 04 2:0 (0:0)
Aufstellung: Bernard – Zembski, Assauer, Höttges, Schmidt – Hasebrink, Laumen, Neuberger – Görts, Weist, Kamp
Trainer: Piontek
Tore: 1:0 Laumen (55.), 2:0 Neuberger (80.)
Zuschauer: 38.000

18.03.1972
Bundesliga, 25. Spieltag
VfB Stuttgart – W. Bremen 1:0 (0:0)
Aufstellung: Bernard – Zembski, Assauer, Höttges, Schmidt – Laumen, Kamp, Hasebrink – Görts, Weist, Neuberger
Trainer: Piontek
Tor: 1:0 Höbusch (50.)
Zuschauer: 12.000

25.03.1972
Bundesliga, 26. Spieltag
W. Bremen – Fortuna Düsseldorf 1:1 (0:0)
Aufstellung: Bernard – Zembski, Assauer, Höttges, Schmidt – Hasebrink, Kamp (67. Weber), Neuberger (46. C. Baumann) – Görts, Weist, Laumen
Trainer: Piontek
Tore: 1:0 Laumen (69.), 1:1 Hoffer (80.)
Besonderes Vorkommnis: Woyke (F. D.) hält FE von Höttges (7.)
Zuschauer: 13.000

01.04.1972
DFB-Pokal, Viertelfinale-Hinspiel
Hannover 96 – W. Bremen 0:2 (0:1)
Aufstellung: Bernard – Zembski, Assauer, Höttges, Schmidt – Laumen (77. Weber), Hasebrink, Kamp (85. C. Baumann) – Görts, Weist, Neuberger
Trainer: Piontek
Tore: 0:1 Weist (8.), 0:2 Görts (84.)
Zuschauer: 18.560

05.04.1972
DFB-Pokal, Viertelfinale-Rückspiel
W. Bremen – Hannover 96 2:1 (1:1)
Aufstellung: Bernard – Zembski, Assauer, Höttges, Schmidt – Kamp, Hasebrink, Laumen – Görts (43. Weber), Weist, Neuberger
Trainer: Piontek
Tore: 0:1 Siemensmeyer (19.), 1:1 Laumen (34.), 2:1 Hasebrink (61.)
Zuschauer: 13.000

08.04.1972
Bundesliga, 27. Spieltag
FC Bayern München – W. B. 6:2 (4:2)
Aufstellung: Haak – Zembski, Kamp, Assauer, Schmidt – Laumen, Hasebrink, Neuberger – Götz (71. C. Baumann), Weist, Weber
Trainer: Piontek
Tore: 1:0 G. Müller (4.), 1:1 Schmidt (15.), 2:1 Krauthausen (18.), 3.1 G. Müller (20.), 3:2 Weber (24. FE), 4:2 Sühnholz (30.), 5:2 G. Müller (76.), 6:2 U. Hoeneß (84.)
Zuschauer: 16.000

09.04.1972
Freundschaftsspiel
1. FC Lichtenfels – W. Bremen 0:4 (0:3)
Aufstellung: Haak (46. Allhorn) – Zembski, Kamp, Schütz, Schmidt – Neuberger, Laumen, Hasebrink (46. C. Baumann) – Götz, Weist, Weber
Trainer: Piontek
Tore: 0:1 Weist (3.), 0:2 Götz (30.), 0:3 Neckermann (43. ET), 0:4 Götz (49.)
Zuschauer: 2.600

15.04.1972
Bundesliga, 28. Spieltag
W. Bremen – Hertha BSC Berlin 5:0 (2:0)
Aufstellung: Bernard – Zembski, Assauer, Höttges, Schmidt – Hasebrink, Laumen, Neuberger – Kamp, Weist, Weber
Trainer: Piontek
Tore: 1:0 Laumen (7.), 2:0 Weist (18.), 3:0 Neuberger (52.), 4:0 Weist (57.), 5:0 Weist (88.)
Zuschauer: 9.500

22.04.1972
Bundesliga, 29. Spieltag
Hannover 96 – W. Bremen 5:1 (3:0)
Aufstellung: Bernard (62. Haak) – Zembski, Höttges, Assauer, Schmidt – Neuberger, Hasebrink, Laumen – Kamp, Weist, Weber (62. Götz)
Trainer: Piontek
Tore: 1:0 Keller (1.), 2:0 Siemensmeyer (7.), 3:0 Siemensmeyer (37.), 3:1 Kamp (52.), 4:1 Weller (74.), 5:1 Siemensmeyer (76.)
Zuschauer: 16.250

30.04.1972
Freundschaftsspiel
SV Bösel – W. Bremen 1:10 (0:5)
Aufstellung: Haak – Zembski, Assauer, Schütz, Schmidt – Kamp, Laumen, Hasebrink – Götz, Weist, Weber
Trainer: Piontek
Torschützen für Werder: Weist (5), Weber (2), Laumen, Hasebrink, Götz
Besonderes Vorkommnis: Preuth (Bösel) schießt FE am Tor vorbei (1. HZ)
Zuschauer: 2.000

06.05.1972
Bundesliga, 30. Spieltag
W. Bremen – Eintr. Braunschweig 2:4 (1:2)
Aufstellung: Bernard – Zembski (63. Starzak), Höttges, Assauer, Schmidt – Kamp, Hasebrink (46. Götz), Weber – Laumen, Weist, Neuberger
Trainer: Piontek
Tore: 0:1 Haebermann (7.), 0:2 Bründl (22.), 1:2 Laumen (35.), 1:3 Assauer (49. ET), 1:4 Erler (61.), 2:4 Weber (65. FE)
Zuschauer: 8.000

09.05.1972
Freundschaftsspiel
SV Cuxhaven – W. Bremen 0:7 (0:1)
Aufstellung: Bernard (60. Haak) – Kamp, Assauer, Schütz, Schmidt – Laumen, Hasebrink, Neuberger – Götz (46. Starzak), Weist, Weber
Trainer: Langner
Tore: Laumen (3), Hasebrink, Starzak, Weist, Kamp
Zuschauer: 1.000

11.05.1972
Freundschaftsspiel
Auswahl Oberhessen – W. B. 0:9 (0:4)
Aufstellung: Bernard – Kamp, Assauer, Schütz, Schmidt – Laumen (70. Bracht), Hasebrink (46. Starzak), Neuberger – Götz, Weist, Weber

Trainer: Langner
Tore: Laumen (3), Weist (2), Hasebrink (2), Weber, Götz
Zuschauer: 2.000 in Alsfeld

12.05.1972
Freundschaftsspiel
Viktoria Nidda – W. Bremen 0:5 (0:2)
Aufstellung: Bernard – Kamp, Assauer, Schütz, Schmidt (75. Piontek) – Laumen, Hasebrink, Neuberger – Götz, Weist (41. Starzak), Weber
Trainer: Langner
Tore: Götz (2), Neuberger, Weber, Kamp
Zuschauer: 2.000

14.05.1972
Freundschaftsspiel
1. FC Bad Kissingen – W. Bremen 2:5 (0:3)
Aufstellung: Bernard – Piontek, Assauer, Schütz, Schmidt – Laumen, Hasebrink, Neuberger – Kamp, Götz, Weber
Trainer: Langner
Tore: 0:1 Kamp (13.), 0:2 Neuberger (20.), 0:3 Götz (25.), 0:4 Weber (54.), 1:4 Binder (65.), 2:4 Hedrich (69.), 2:5 Neuberger (80.)
Zuschauer: 2.500

17.05.1972
Freundschaftsspiel
W. Bremen – TuS Bremerhaven 93 5:1 (2:0)
Aufstellung: Bernard – Schmidt, Höttges (23. Starzak), Assauer, Schütz – Neuberger, Götz, Kamp – Laumen, Hasebrink, Weber
Trainer: Langner
Tore: 1:0 Hasebrink (30.), 2:0 Hasebrink (40.), 3:0 Kamp (64.), 3:1 Westphal (73.), 4:1 Weber (76.), 5:1 Laumen (85.)
Zuschauer: 1.000

20.05.1972
Bundesliga, 31. Spieltag
MSV Duisburg – W. Bremen 2:0 (1:0)
Aufstellung: Bernard – Schmidt, Assauer (13. Starzak), Schütz, Höttges – Kamp, Hasebrink, Weber – Götz (70. Bracht), Laumen, Neuberger
Trainer: Langner
Tore: 1:0 Dietz (6.), 2:0 Lehmann (69. FE)
Zuschauer: 7.000

24.05.1972
Freundschaftsspiel
Olympia Wilhelmshaven – W. B.2:0 (1:0)
Aufstellung: Bernard – Starzak, Struckmann, Schmidt (46. Görts), Schütz – Neuberger, Kamp, Hasebrink – Götz, Laumen, Weber
Trainer: Langner
Tore: 1:0 Deterding (28.), 2:0 Hartl (79.)
Zuschauer: 1.200

27.05.1972
Freundschaftsspiel
Auswahl Lahstedt – W. Bremen 2:8 (2:2)
Aufstellung: Bernard – Götz, Schütz, Kamp, Schmidt – Weber, Hasebrink, Neuberger – Weist, Görts, Laumen (38. Piontek)
Trainer: Langner
Tore: 0:1 Neuberger (8.), 0:2 Görts (23.), 1:2 Damian (37.), 2:2 Green (43.), 2:3 Weist (48.), 2:4 Hasebrink (65. FE), 2:5 Neuberger (67.), 2:6 Weber (76.), 2:7 Weber (81.), 2:8 Weist (88.)
Zuschauer: 800 in Gadenstedt

30.05.1972
DFB-Pokal, Halbfinale-Hinspiel
1. FC Kaiserslautern – W. Bremen 2:1 (2:1)
Aufstellung: Bernard – Zembski, Höttges, Assauer, Schmidt – Weber, Kamp, Hasebrink – Görts, Laumen, Neuberger
Trainer: Langner
Tore: 0:1 Hasebrink (5.), 1:1 Pirrung (13.), 2:1 Schwager (17.)
Zuschauer: 25.000

03.06.1972
Bundesliga, 32. Spieltag
Rot-Weiß Oberhausen – W. B. 2:2 (0:1)
Aufstellung: Bernard – Zembski, Kamp, Schütz, Schmidt – Neuberger, Hasebrink, Weber – Götz, Laumen, Görts (84. Piontek)
Trainer: Langner
Tore: 0:1 Görts (28.), 1:1 Hoff (58.), 2:1 Fröhlich (79.), 2:2 Schmidt (83.)
Besonderes Vorkommnis: Scheid (RWO) hält FE von Weber (57.)
Zuschauer: 4.800

07.06.1972
Freundschaftsspiel
Kreisauswahl Osterholz – W. B. 1:4 (0:3)
Aufstellung: Bernard (36. Haak) – Zembski, Schmidt – Höttges, Assauer, Neuberger – Görts (46. Götz), Kamp, Laumen, Hasebrink, Weber
Trainer: Schütz
Tore: 0:1 Görts (17.), 0:2 Kamp (32.), 0:3 Weber (34.), 4. Tor durch Laumen
Besonderes Vorkommnis: Hasebrink (W. B.) schießt Foulelfmeter am Tor vorbei (29.)
Zuschauer: 2.500 in Worpswede

10.06.1972
DFB-Pokal, Halbfinale-Rückspiel
W. Bremen – 1. FC Kaiserslautern 1:2 (0:2)
Aufstellung: Bernard – Zembski, Assauer (80. Piontek), Schütz, Schmidt (41. Dietrich) – Höttges, Kamp, Hasebrink – Görts, Laumen, Neuberger
Trainer: Langner
Tore: 0:1 Seel (4.), 0:2 Seel (12.), 1:2 Hasebrink (84.)
Zuschauer: 22.000

11.06.1972
Freundschaftsspiel
VfR Neumünster – W. Bremen 1:2 (1:2)
Aufstellung: Bernard (46. Haak) – Zembski (46. Frank), Starzak, Schütz, Assauer (46. Kamp) – Neuberger, Dietrich, Hasebrink – Görts (75. Bracht), Laumen, C. Baumann (25. Götz)
Trainer: Piontek
Tore: 1:0 Hoffmann (2.), 1:1 C. Baumann (14.), 1:2 Laumen (36.)
Besonderes Vorkommnis: Bachmann (VfR) hält FE von Dietrich (9.)
Zuschauer: 1.200

21.06.1972
Freundschaftsspiel
Spfr. Anderten – W. Bremen 0:7 (0:3)
Aufstellung: Bernard (46. Haak) – Zembski, Schmidt (70. Höttges) – Höttges (46. Götz), Assauer, Kamp – Görts, Laumen, Weist, Hasebrink, Neuberger
Trainer: Schütz
Tore: 0:1 Weist (19.), 0:2 Weist (25.), 0:3 Weist (37.), 0:4 Hasebrink (47.), 0:5 Weist (56.), 0:6 Laumen (68.), 0:7 Laumen (81.)
Zuschauer: 1.500

24.06.1972
Bundesliga, 33. Spieltag
W. Bremen – Hamburger SV 4:0 (2:0)
Aufstellung: Bernard (73. Haak) – Zembski, Assauer, Höttges, Schmidt – Kamp, Dietrich, Laumen – Görts (40. Götz), Weist, Neuberger
Trainer: Piontek
Tore: 1:0 Höttges (15. FE), 2:0 Höttges (43. HE), 3:0 Neuberger (47.), 4:0 Weist (51.)
Zuschauer: 8.000

28.06.1972
Bundesliga, 34. Spieltag
Bor. M'gladbach – W. Bremen 2:2 (2:0)
Aufstellung: Bernard – Zembski, Kamp, Assauer, Schmidt – Laumen, Dietrich, Hasebrink – Götz, Weist, Neuberger
Trainer: Piontek
Tore: 1:0 Heynckes (2.), 2:0 Wittkamp (35.), 2:1 Dietrich (50.), 2:2 Weist (59.)
Zuschauer: 10.500

Bundesliga-Abschlusstabelle 1971 / 1972

Platz	Verein	Spiele	S	U	N	Tore	Diff.	Punkte
1.	Bayern München (P)	34	24	7	3	101 : 38	+ 63	55-13
2.	Schalke 04	34	24	4	6	76 : 35	+ 41	52-16
3.	Borussia M'gladbach (M)	34	18	7	9	82 : 40	+ 42	43-25
4.	1. FC Köln	34	15	13	6	64 : 44	+ 20	43-25
5.	Eintracht Frankfurt	34	16	7	11	71 : 61	+ 10	39-29
6.	Hertha BSC Berlin	34	14	9	11	46 : 55	- 9	37-31
7.	1. FC K'lautern	34	14	7	13	59 : 53	+ 6	35-33
8.	VfB Stuttgart	34	13	9	12	52 : 56	- 4	35-33
9.	VfL Bochum (N)	34	14	6	14	59 : 69	- 10	34-34
10.	Hamburger SV	34	13	7	14	52 : 52	0	33-35
11.	**Werder Bremen**	**34**	**11**	**9**	**14**	**63 : 58**	**+ 5**	**31-37**
12.	Eintracht Braunschweig	34	8	15	11	43 : 48	- 5	31-37
13.	Fortuna Düsseldorf (N)	34	10	10	14	40 : 53	- 13	30-38
14.	MSV Duisburg	34	10	7	17	36 : 51	- 15	27-41
15.	Rot-Weiß Oberhausen	34	7	11	16	33 : 66	- 33	25-43
16.	Hannover 96	34	10	3	21	54 : 69	- 15	23-45
17.	Borussia Dortmund	34	6	8	20	34 : 83	- 49	20-48
18.	Arminia Bielefeld	34	6	7	21	41 : 75	- 34	19-49

Fieberkurve der Bundesliga-Saison 1971 / 1972

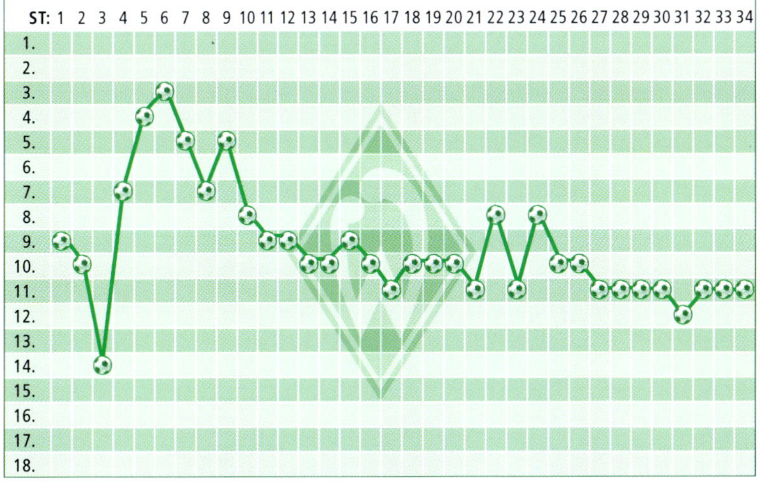

1971/72

1972/73: Danke für alles, Pico!

Oben v.l.:
Trainer Piontek, Schmidt, Zembski, Assauer, Dietrich, Hasebrink, Neuberger, Laumen, Höttges
Unten v.l.:
Kontny, Bernard, Baumann, Allhorn, Weist, Tippelt, Kamp, Görts

Klassiker der Siebziger: Horst-Dieter Höttges kontra Gerd Müller

Ratlosigkeit greift um sich im Fußball-Bremen des Sommers 1972: Genau ein Jahr zuvor schien Werder mit dem zusammengekauften Dream Team nach der Bundesliga-Spitze greifen zu können. Doch die neuen Stars wie Laumen, Neuberger und vor allem Dietrich, allesamt Nationalspieler, verdienten an der Weser prächtig und kickten dafür bedenklich unauffällig. Vor der Saison 1972/73 hielt eine große Hoffnung den Verein aufrecht: Fans wie Verantwortliche träumten davon, die teuren Millionarios mögen sich doch bitte als Mannschaft finden und jetzt endlich den Fußball spielen, den man seit einem Jahr von ihnen erwartete. Alt-Bundestrainer Sepp Herberger nannte Werder sogar als möglichen Titelkandidaten! Eine Fachzeitschrift brachte es auf den Punkt: »Die Bremer Millionenrakete soll endlich zünden!«

Dass daraus wieder mal nichts wurde, lag unter anderem an einer Art »Kirch-Krise«, mit der sich die Liga 1972 herumschlagen musste: Im Jahr zuvor hatte der Bundesliga-Skandal um verschobene Spiele die Liga in ihren Grundfesten erschüttert. Die Fans verloren den Glauben an ehrlichen Sport und blieben zuhause. Die Stadien leerten sich, was damals schwerer wog als heute. Denn anders als heute bildeten 1972 die Zuschauereinnahmen noch einen Löwenanteil des Umsatzes. Resultat: Den Vereinen wurde das Geld knapper, während die teuren Verträge der Lizenzspieler weiterliefen.

Werder litt darunter mehr als andere Vereine, denn vor allem die im halben Dutzend geholten Neuzugänge der Vorsaison kassierten zum größten Teil fürstliche Bezüge. Und so kochten nicht nur Bayern und Mönchengladbach 1972 auf Sparflamme, auch der SV Werder blieb auf dem Transfermarkt so zurückhaltend wie lange nicht mehr. Der talentierte Außenstürmer Tippelt kam aus Hamburg, brachte es aber nur auf fünf Ligaeinsätze und wurde schon im Jahr darauf zum SV Meppen abgeschoben, weil ihm offenkundig die Erstligareife fehlte. Mehr Glück hatte Werder mit dem blutjungen Abwehrspieler Mario Kontny, der mit erst 19 Jahren andeutete, dass ihm die Zukunft gehören könnte.

Noch mehr als auf Mario Kontny jedoch schien dies auf den prominentesten Neuzugang zuzutreffen, der trotz seiner erst 21 Jahre schon zu den gefragtesten Talenten der Bundesliga zählte: Dieter Burdenski. Werder bekam den Mann, der als DER kommende deutsche Keeper galt.

Ehe »Budde« bei Werder durchstarten konnte, verging jedoch viel Zeit. Denn wenige Tage nach seiner Ankunft in Bremen brach sich der Mann, der Günter Bernard ablösen sollte, das Bein. Oldtimer Bernard, der sich eigentlich verstärkt um seine berufliche Existenz kümmern wollte, musste ein Jahr als Nummer 1 im Werder-Tor dranhängen und spielte seine vielleicht beste Saison überhaupt. Dieter Burdenski kehrte erst zum Saisonende in die Bude zurück, blieb dann aber fast 15 Jahre lang eine feste Größe zwischen den Werder-Pfosten.

Dass Werder auch 1972/73 enttäuschte, lag vor allem an der fehlenden Substanz des Kaders: Durch das fehlende Geld ging der SVW mit einem Mini-Aufgebot von nur 16 Profis in die Saison. Wenn man den langzeitverletzten Burdenski und die nur sporadisch eingesetzten Baumann und Tippelt abzieht, wird klar, dass die Grünweißen personell auf dem letzten Loch pfiffen.

Die Saison begann mit einem seltsamen Wettbewerb, der als Überbrückung der Sommerpause gedacht war und als Schnapsidee endete: Der DFB beschloss zum ersten Mal die Durchführung eines »Liga-Pokals«. Werder hatte sich dummerweise vorher schon für eine USA-Reise entschieden, inklusive zahlreicher vereinbarter Freundschaftsspiele, die nicht mehr abgesagt werden konnten. Bizarre Lösung: Werder splittete seinen Kader in zwei Grüppchen. Während die eine Gruppe in den USA kickte, machte die andere Hälfte des Kaders Urlaub. Anschließend durften die USA-Heimkehrer urlauben, während die Urlauber am Ligapokal teilnehmen mussten.

Die Lage verbesserte sich im Spätsommer. Genauer gesagt, nach den Olympischen Spielen von München: Da stieß mit einem gewissen Per Røntved der Kapitän der dänischen Elf zu Werder, um zunächst das Mittelfeld und in späteren Jahren die Abwehr zu verstärken. Wer sich an Røntved erinnert wird bestätigen: Mit ihm kam einer der besten Fußballer, die in den siebziger Jahren das Werder-Trikot trugen! Nicht umsonst wollten die Bayern den langen Blonden wenige Jahre später zum Beckenbauer-Nachfolger machen.

Per Røntved wurde bitter benötigt. Als er kam, standen die Ex-Millionarios schon wieder auf Platz 15. Mit ihm wurden zunächst fünf Spiele nicht verloren. Werder kletterte auf Platz 11, und abgesehen von wenigen Ausreißern nach unten sollten die Bremer diesen Platz bis zum Saisonende beibehalten. Die teuren Einkäufe der Vorsaison fanden auch im zweiten Jahr bei Werder nicht zu ihrer Form, und nach wie vor rätselte Deutschland, aber vor allem Werder: Weshalb nur schafft es eine Mannschaft mit sieben Nationalspielern nicht, erfolgreichen Fußball zu spielen?

Auch Trainer Josef Piontek wurde von der negativen Entwicklung seiner Mannschaft überrascht. Vor der Saison war er noch überzeugt, dass Werders teure Mannschaft mit einem Jahr Verspätung vielleicht doch noch die Spitzenelf werden könnte, als die sie zusammengekauft wurde. Die Gründe für diesen Optimismus teilte der Trainer in einer schriftlichen Situationsanalyse seinem Vorstand mit: Die lange verletzten Dietrich und Görts würden endlich voll mitmischen können, die Spannungen zwischen alten und neuen Spielern seien möglicherweise ausgestanden. Piontek baute auf mehr Homogenität innerhalb der Mannschaft. Und wieder zerstoben schöne Fußballträume im Weserwind: Nichts davon bewahrheitete sich.

Vielleicht lag dies auch an einem Abgang: Werder verlor vor der Saison das Bremer Bundesliga-Denkmal »Pico« Schütz. Der ehemalige Kapitän ging von Bord und stand nur noch in Freundschaftsspielen und im Ligapokal sporadisch auf dem Platz. Schütz trainierte nebenher den TuS Syke und ließ seine Bundesligazeit langsam ausklingen. Die wichtigste Werder-Integrationsfigur des ersten Bundesliga-Jahrzehnts beendete die Karriere nach unglaublichen 826 Spielen für die erste Mannschaft. Mit ihm hängte auch der schon im Vorjahr zum neuen Trainer gekürte Seppl Piontek endgültig und offiziell seine Fußballstiefel an den Nagel und konzentrierte sich auf den Trainerjob bei Werder. Eigentlich war Piontek als Sportdirektor oder »Team-Manager« nach englischem Vorbild eingeplant, dem ein reiner »Übungsleiter« unterstellt werden sollte. Er merkte jedoch schnell, dass ihm die tägliche Arbeit auf dem Trainingsplatz besser gefiel. Seppl Piontek blieb drei Jahre lang mit mäßigem Erfolg Werders Chefcoach.

Mittelmaß war überhaupt Trumpf bei Werder in den Jahren nach dem »Millionending«: Die Hintermannschaft um die Haudegen Bernard, Assauer und Höttges stand felsenfest, aber das, was man heute »Kreativabteilung« nennen würde, lahmte Woche für Woche: Laumen, Dietrich und Neuberger schafften es nur selten, den Gegner in Angst und Schrecken zu versetzen. Und im Sturm reichte ein »Acker« Weist alleine nicht aus. Der Ex-Dortmunder wurde mit 13 Toren Werders interner Torschützenkönig, blieb aber hinter den hohen Erwartungen weiter zurück. Der Rest der Mannschaft tat dies auch: Werder wurde wieder nur Elfter.

Unterdessen wurden wichtige Weichen für die Zukunft gestellt. Mit der Verpflichtung des neuen Jugendkoordinators Jürgen Wähling wollte der Verein der Geldknappheit Rechnung tragen und künftig vermehrt auf eigenen Nachwuchs setzen. Werder fügte sich in das Schicksal, vorerst zu den grauen Mäusen der Liga zu zählen. Nach der Saison verschwand mit Neuberger der erste »Millionario« zum Wuppertaler SV. Er war der einzige Millionario, für den Werder eine nennenswerte Summe bekommen konnte. Laumen und Dietrich waren inzwischen schwer vermittelbar. Für Neuberger aber gab es gute 400.000 DM, die fürs Erste Werders Liquidität sicherten. Das Experiment »Millionenelf« war nach zwei Jahren endgültig gescheitert.

Bemerkenswerter Zweikampf: Werner Görts wird umgenietet von – Otto Rehhagel (damals Kaiserslautern)!

WERDER BREMEN 1972/73

Trainer

Piontek, Josef »Seppl«
Verantwortlicher Trainer in allen 34 Spielen der Saison

Werders Neuzugänge im Sommer 1972

Ein junger Trainer stellt drei noch jüngere Talente vor: Josef Piontek freut sich über die Neuzugänge Kontny, Tippelt und Burdenski. Røntved kam später noch hinzu

Wer kam?

Burdenski (Arm. Bielefeld)
Kontny (Wilhelmsburg 09 Hamburg)
Røntved (Brönshöj Kopenhagen/DK, w.d.S.)
Tippelt (Hamburger SV)

Wer ging?

Baumann (Hessen Kassel, w.d.S.)
Götz (Hannover 96)
Haak (RW Braunschweig)
Piontek (Trainer SVW)
Weber (Hellenic Kapstadt/Südafrika)

w.d.S. = während der Saison

Tor

Bernard, Günter
28 Spiele; 0 Tore

Burdenski, Dieter »Budde«
4 Spiele; 0 Tore

Abwehr

Assauer, Rudolf »Rudi«
34 Spiele; 0 Tore

Zembski, Dieter
31 Spiele; 1 Tor

Höttges, Horst-Dieter »Eisenfuß«
29 Spiele; 3 Tore

Mittelfeld

Hasebrink, Heinz-Dieter
34 Spiele; 6 Tore

Kamp, Karl-Heinz »Kalli«
32 Spiele; 2 Tore

Neuberger, Willi
30 Spiele; 4 Tore

Angriff

Laumen, Herbert
29 Spiele; 8 Tore

Weist, Werner »Acker«
25 Spiele; 13 Tore

Görts, Werner »Anneliese«
33 Spiele; 3 Tore

Erweiterter Kader

Erkenbrecher, Uwe
5 Spiele; 0 Tore
Amateur

Rosenberger, Bernd
2 Spiele; 0 Tore
Amateur

Bracht, Uwe
1 Spiel; 0 Tore
Amateur

1972/73

Der Sport-Verein »Werder« im Jahr 1972/73:

1. Vorsitzender:	**Dr. Franz Böhmert**
Stellv. Vorsitzende:	**Wilhelm Riethmöller und Klaus-Dieter Fischer**
Techn. Dir./Geschäftsführer:	**Hans Wolff**
Vereinsarzt:	**Dr. Franz Böhmert**
Masseur:	**Wolfgang Binder**
Mitglieder:	**2.300**
Kapazität Weser-Stadion:	**40.000 Plätze (9.000 Sitzplätze)**

Schmidt, Bernd
21 Spiele; 0 Tore

Kontny, Mario
15 Spiele; 0 Tore

Røntved, Per
28 Spiele; 5 Tore

Dietrich, Peter
20 Spiele; 4 Tore

Baumann, Carsten
5 Spiele; 0 Tore

Tippelt, Dieter
5 Spiele; 0 Tore

Allhorn, Heinz
0 Spiele; 0 Tore
Amateur

Mohrmann, Dieter
0 Spiele; 0 Tore
Amateur

Rischker, Wolfgang
0 Spiele; 0 Tore
Amateur

Roggow, Hans-Joachim
0 Spiele; 0 Tore
Amateur

Schütz, Arnold »Pico«
0 Spiele; 0 Tore
Lief nach Verlassen des Kaders weiterhin in Freundschaftsspielen, im Ligapokal und schließlich seinem Abschiedsspiel für Werder auf

In Freundschaftsspielen eingesetzt:

Conrad, Rolf (Abwehr)
Geils, Karl-Heinz (Abwehr)
Ohling, Volker (Angriff)
Ripke, Franz-Josef (Angriff)
Steinmann, Heinz (Abwehr; stand knapp zwei Jahre nach seinem verletzungsbedingten Karriereende noch einmal zehn Minuten für Werder auf dem Platz)

Alle Spiele 1972/73

03.07.1972
Internationales Freundschaftsspiel
Baltimore Bays – W. Bremen 0:0
Aufstellung: Burdenski – Zembski, Schmidt – Höttges, Assauer, Kamp – Tippelt, Laumen, Weist, Dietrich, Neuberger
Trainer: Piontek
Tore: –
Zuschauer: 5.197 im Memorial Baseball Stadion

07.07.1972
Internationales Freundschaftsspiel
CD Universidad Mexico – W. B. 1:2 (0:2)
Aufstellung: Burdenski – Zembski, Schmidt – Höttges, Assauer, Kamp – Hasebrink, Laumen, Weist, Dietrich, Neuberger
Trainer: Piontek
Tore: 0:1 Laumen (16.), 0:2 Zembski (35.), 1:2 Padilla (87.)
Besonderes Vorkommnis: Rote Karte für Alvarado (Mexico) (82.)
Zuschauer: 4.000 in Detroit

09.07.1972
Internationales Freundschaftsspiel
Chicago All Stars – W. Bremen 2:5 (1:2)
Aufstellung: Burdenski – Zembski, Schmidt – Höttges, Assauer (46. Schütz), Kamp – Neuberger, Laumen (46. Kontny), Weist, Dietrich, Tippelt
Trainer: Piontek
Tore: 1:0 Roy (1.), 1:1 Weist (11.), 1:2 Laumen (26.), 1:3 Neuberger (59.), 2:3 Kovacs (70.), 2:4 Kamp (80.), 2:5 Laumen (87.)
Besonderheit: Das Spiel fand auf einem Kunstrasenplatz statt.
Zuschauer: 1.500

11.07.1972
Internationales Freundschaftsspiel
Bavaria SC Milwaukee – W. B. 0:4 (0:2)
Aufstellung: Burdenski – Kontny, Schmidt (Zembski) – Höttges (Schütz), Assauer, Dietrich (Mohrmann) – Görts, Kamp, Laumen, Hasebrink, Neuberger (Tippelt)
Trainer: Piontek
Tore: Görts (2), Tippelt, Laumen
Zuschauer: 1.000

15.07.1972
Internationales Freundschaftsspiel
Miami Gatotos – W. Bremen 1:4 (0:2)
Aufstellung: Burdenski – Zembski, Schmidt – Höttges, Assauer (46. Schütz), Kamp – Görts (15. Hasebrink), Laumen, Weist, Dietrich, Neuberger
Trainer: Piontek
Torschützen für Werder: Laumen (2), Hasebrink, Weist
Zuschauer: 2.000

19.07.1972
Internationales Freundschaftsspiel
Toronto Metros – W. Bremen 0:6 (0:3)
Aufstellung: Burdenski – Zembski, Schmidt – Höttges (46. Schütz), Assauer, Kamp – Hasebrink, Laumen, Weist, Dietrich (46. Kontny), Neuberger
Trainer: Piontek
Tore: Laumen (2), Weist, Neuberger, Höttges (Elfmeter), ET
Zuschauer: 6.000

23.07.1972
Internationales Freundschaftsspiel
Rochester Lancers – W. Bremen 1:3 (0:1)
Aufstellung: Bernard (46. Burdenski) – Zembski, Schmidt – Höttges, Assauer, Kamp – Tippelt, Laumen, Weist, Hasebrink, Neuberger (46. Schütz)
Trainer: Piontek
Torschützen für Werder: Weist (2), Neuberger
Zuschauer: 6.000

25.07.1972
Internationales Freundschaftsspiel
Montreal Olympics CS – W. B. 0:3 (0:1)
Aufstellung: Burdenski – Zembski, Schmidt – Höttges (Kontny), Assauer (Schütz), Kamp – Hasebrink, Neuberger (Tippelt), Laumen, Weist (Mohrmann), Dietrich
Trainer: Piontek
Tore: Weist, Hasebrink, Höttges
Zuschauer: 4.000

02.08.1972
Ligapokal, 1. Spieltag
VfL Osnabrück – W. Bremen 1:2 (1:0)
Aufstellung: Burdenski – Kontny, Assauer, Schütz, Mohrmann – Höttges, Laumen, Hasebrink – Tippelt, Weist, C. Baumann
Trainer: Piontek
Tore: 1:0 Segler (24.), 1:1 Laumen (50.), 1:2 Weist (85.)
Zuschauer: 6.000

09.08.1972
Ligapokal, 2. Spieltag
W. Bremen – Arminia Bielefeld 1:1 (0:1)
Aufstellung: Burdenski – Kontny, Assauer, Schütz, Mohrmann – Höttges, Tippelt, Hasebrink – Rischker, Laumen, C. Baumann
Trainer: Piontek
Tore: 0:1 Brücken (2.), 1:1 Schütz (51. Elfm.)
Zuschauer: 3.000

16.08.1972
Ligapokal, 3. Spieltag
Arminia Bielefeld – W. Bremen 6:1 (4:0)
Aufstellung: Burdenski – Zembski, Schmidt, Schütz, Roggow (46. Rischker) – Tippelt, Kontny, Dietrich – Kamp, Neuberger, C. Baumann
Trainer: Piontek
Tore: 1:0 Knoth (22.), 2:0 Brücken (26.), 3:0 Damjanoff (33. FE), 4:0 Damjanoff (36.), 5:0 Damjanoff (69.), 6:0 Leopoldseder (85.), 6:1 Rischker (86.)
Zuschauer: 4.000

19.08.1972
Freundschaftsspiel
Blau-Weiß Bornreihe – W. Bremen 1:5 (0:3)
Aufstellung: Allhorn – Kontny, Zembski – Kamp, Schütz, Dietrich (Roggow, Mohrmann) – Rischker, Tippelt, Neuberger, Schmidt, C. Baumann
Trainer: Piontek
Tore: 0:1 C. Baumann (16.), 0:2 Neuberger (31.), 0:3 Müller (38. ET), 1:3 Stelljes, 1:4 Schütz (89.), 1:5 Neuberger (90.)
Zuschauer: 1.200

23.08.1972
Freundschaftsspiel
Mooreger SV – W. Bremen 0:7 (0:2)
Aufstellung: Allhorn – Kontny, Zembski – Schmidt, Kamp, Schütz – Tippelt, Dietrich, Neuberger, Bracht, C. Baumann
Trainer: Piontek
Tore: Dietrich (3), Kamp (2), Neuberger, Bracht
Zuschauer: 1.000

26.08.1972
Ligapokal, 4. Spieltag
W. Bremen – VfL Osnabrück 3:2 (3:1)
Aufstellung: Allhorn – Zembski, Schmidt, Schütz, Kontny – Kamp, Dietrich, Bracht – Tippelt, Neuberger, C. Baumann
Trainer: Piontek
Tore: 1:0 C. Baumann (24.), 1:1 Holtgrave (25.), 2:1 Dietrich (30.), 3:1 Neuberger (32.), 3:2 Koch (64. FE)
Zuschauer: 1.600

30.08.1972
Ligapokal, 5. Spieltag
Borussia Dortmund – W. Bremen 6:1 (1:0)
Aufstellung: Bernard – Zembski (46. Kontny), Höttges (60. Tippelt), Assauer, Schmidt – Kamp, Hasebrink, Dietrich – Laumen, Neuberger, C. Baumann
Trainer: Piontek
Tore: 1:0 Bücker (35.), 2:0 Nerlinger (46.), 3:0 Wilhelm (54.), 4:0 Wilhelm (57.), 4:1 Hasebrink (82. FE), 5:1 Peehs (87.), 6:1 Bücker (89.)
Zuschauer: 5.000

12.09.1972
Freundschaftsspiel
SG Eschweiler – W. Bremen 1:2 (1:0)
Aufstellung: Bernard – Zembski, Schmidt, Höttges, Assauer – Kamp, Dietrich, Laumen – Görts, Weist, Tippelt
Trainer: Piontek
Torschützen für Werder: Weist, Laumen
Zuschauer: 4.000

16.09.1972
Bundesliga, 1. Spieltag
W. Bremen – Kickers Offenbach 0:0
Aufstellung: Bernard – Zembski, Höttges, Assauer, Schmidt – Laumen, Dietrich, Kamp (68. Hasebrink) – Görts, Weist, Neuberger
Trainer: Piontek
Tore: –
Besonderes Vorkommnis: Höttges (W. B.) schießt FE am Tor vorbei (23.)
Zuschauer: 12.500

Schatzmeister Riethmöller ehrt den »Helden von Wembley«: Werders frischgebackener Europameister Horst-Dieter Höttges wird gefeiert. Assauer und Bernard freuen sich mit

20.09.1972
Bundesliga, 2. Spieltag
FC Bayern München – W. Bremen 2:1 (1:0)
Aufstellung: Bernard – Zembski, Schmidt, Assauer, Höttges – Kamp, Dietrich, Hasebrink – Görts, Weist, Neuberger
Trainer: Piontek
Tore: 1:0 Schneider (25.), 2:0 G. Müller (46.), 2:1 Weist (60.)
Besonderes Vorkommnis: Bernard (W. B.) hält FE von Roth (48.)
Zuschauer: 25.000

23.09.1972
Bundesliga, 3. Spieltag
W. B. – Rot-Weiß Oberhausen 1:0 (1:0)
Aufstellung: Bernard – Zembski, Höttges, Assauer, Schmidt – Kamp, Hasebrink, Dietrich (46. Laumen) – Görts, Weist, Neuberger (77. Tippelt)
Trainer: Piontek
Tor: 1:0 Weist (34.)
Zuschauer: 10.000

26.09.1972
Ligapokal, 6. Spieltag
W. Bremen – Borussia Dortmund 6:1 (4:0)
Aufstellung: Bernard – Zembski, Schmidt, Höttges (Kontny), Assauer – Kamp (C. Baumann), Görts, Hasebrink – Weist, Laumen, Tippelt
Trainer: Piontek
Torschützen für Werder: Laumen (3), Schmidt, Weist, Görts
Zuschauer: 1.500

Endstand Ligapokal, Gruppe 3:

	S U N	Tore	Pk.
1. Arminia Bielefeld	2 3 1	13 : 8	7
2. Borussia Dortmund	2 3 1	11 : 9	7
3. SV W. Bremen	3 1 2	14 :17	7
4. VfL Osnabrück	1 1 4	7 :11	3

30.09.1972
Bundesliga, 4. Spieltag
1. FC Köln – W. Bremen 1:0 (0:0)
Aufstellung: Bernard – Zembski, Höttges, Assauer, Schmidt – Kamp, Laumen, Hasebrink (79. C. Baumann) – Görts, Weist, Neuberger
Trainer: Piontek
Tor: 1:0 Simmet (48.)
Zuschauer: 15.800

04.10.1972
Bundesliga, 5. Spieltag
Eintr. Braunschweig – W. Bremen 1:0 (0:0)
Aufstellung: Bernard – Zembski, Höttges, Assauer, Schmidt – Kamp, Neuberger, Hasebrink – Görts, Weist, C. Baumann (56. Dietrich)
Trainer: Piontek
Tor: 1:0 Gersdorff (47.)
Zuschauer: 14.000

07.10.1972
Bundesliga, 6. Spieltag
W. Bremen – Hertha BSC Berlin 1:1 (1:1)
Aufstellung: Bernard – Zembski, Höttges (68. Kamp), Assauer, Schmidt – Røntved, Dietrich, Neuberger – Görts, Weist, Tippelt (46. Hasebrink)
Trainer: Piontek
Tore: 1:0 Dietrich (9.), 1:1 Gutzeit (41.)
Zuschauer: 15.000

14.10.1972
Bundesliga, 7. Spieltag
Wuppertaler SV – W. Bremen 1:1 (1:1)
Aufstellung: Bernard – Zembski, Røntved, Assauer, Schmidt – Kamp, Dietrich (77. Kontny), Hasebrink – Görts, Weist, Neuberger
Trainer: Piontek
Tore: 0:1 Weist (12.), 1:1 Pröpper (18.)
Zuschauer: 16.500

15.10.1972
Freundschaftsspiel
Hessen Kassel – W. Bremen 1:3 (1:2)
Aufstellung: Bernard – Zembski, Schmidt, Assauer, Kontny – Kamp, Røntved, Hasebrink – Görts (36. C. Baumann), Weist, Neuberger (78. Tippelt)
Trainer: Piontek
Tore: 0:1 Røntved (10.), 1:1 Gummlich (32.), 1:2 Weist (44.), 1:3 C. Baumann (67.)
Zuschauer: 4.000 in Bad Hersfeld

21.10.1972
Bundesliga, 8. Spieltag
W. Bremen – FC Schalke 04 2:0 (1:0)
Aufstellung: Bernard – Zembski, Assauer (82. Kamp), Røntved, Schmidt – Dietrich, Höttges, Hasebrink – Görts, Weist, Neuberger
Trainer: Piontek
Tore: 1:0 Weist (14.), 2:0 Hasebrink (79.)
Zuschauer: 18.000

28.10.1972
Bundesliga, 9. Spieltag
Eintracht Frankfurt – W. Bremen 2:2 (1:0)
Aufstellung: Bernard – Zembski, Røntved, Assauer, Schmidt – Kamp, Hasebrink, Dietrich – Görts, Laumen, Neuberger
Trainer: Piontek
Tore: 1:0 Grabowski (32.), 1:1 Laumen (53.), 1:2 Dietrich (63.), 2:2 Rohrbach (86.)
Zuschauer: 7.000

04.11.1972
Bundesliga, 11. Spieltag
VfB Stuttgart – W. Bremen 2:1 (0:1)
Aufstellung: Bernard – Zembski, Røntved, Assauer, Schmidt – Kamp, Dietrich, Hasebrink (15. Höttges) – Görts, Laumen, Neuberger
Trainer: Piontek
Tore: 0:1 Neuberger (42.), 1:1 Handschuh (71. HE), 2:1 Ettmayer (77.)
Zuschauer: 13.000

11.11.1972
Bundesliga, 12. Spieltag
W. Bremen – MSV Duisburg 0:2 (0:1)
Aufstellung: Bernard – Zembski, Røntved, Assauer, Schmidt (46. Hasebrink) – Höttges, Kamp (46. Weist), Dietrich – Görts, Laumen, Neuberger
Trainer: Piontek
Tore: 0:1 Seliger (36.), 0:2 Wunder (87.)
Zuschauer: 12.000

18.11.1972
Bundesliga, 13. Spieltag
Hamburger SV – W. Bremen 2:2 (2:0)
Aufstellung: Bernard – Zembski, Assauer, Höttges, Schmidt – Hasebrink (86. Røntved), Laumen, Kamp – Görts, Weist (22. Dietrich), Neuberger
Trainer: Piontek
Tore: 1:0 Volkert (35. HE), 2:0 Volkert (43.), 2:1 Kaltz (65. ET), 2:2 Laumen (70.)
Zuschauer: 14.000

22.11.1972
Bundesliga, 14. Spieltag
W. Bremen – Hannover 96 3:1 (2:0)
Aufstellung: Bernard – Höttges, Røntved, Assauer, Schmidt – Kamp, Dietrich, Hasebrink (57. C. Baumann) – Görts, Laumen, Neuberger
Trainer: Piontek
Tore: 1:0 Dietrich (15.), 2:0 Neuberger (25.), 2:1 Deterding (57.), 3:1 Görts (65.)
Zuschauer: 11.000

25.11.1972
Bundesliga, 15. Spieltag
1. FC Kaiserslautern – W. Bremen 3:1 (1:0)
Aufstellung: Bernard – Schmidt, Røntved, Assauer, Höttges (33. Kontny) – Kamp, Hasebrink, Laumen – Görts, Neuberger, C. Baumann
Trainer: Piontek
Tore: 1:0 Pirrung (26.), 1:1 Neuberger (46.), 2:1 Diehl (58.), 3:1 Ackermann (84.)
Besonderes Vorkommnis: Rote Karte für Schmidt (W. B.) (88.)
Zuschauer: 8.000

02.12.1972
Bundesliga, 16. Spieltag
W. Bremen – Fortuna Düsseldorf 1:3 (0:0)
Aufstellung: Bernard – Kontny, Kamp, Assauer, Höttges – Røntved, Laumen, Hasebrink – Görts (71. C. Baumann), Weist, Neuberger
Trainer: Piontek
Tore: 0:1 Schulz (54.), 0:2 Budde (66.), 0:3 Geye (83.), 1:3 Laumen (88.)
Zuschauer: 16.000

06.12.1972
Bundesliga, 10. Spieltag (Nachholspiel)
W. Bremen – Bor. M'gladbach 1:1 (1:1)
Aufstellung: Bernard – Zembski, Höttges (62. Røntved), Assauer, Kontny – Kamp, Hasebrink, Neuberger – Laumen (62. Tippelt), Weist, Görts
Trainer: Piontek
Tore: 1:0 Hasebrink (4.), 1:1 Rupp (5.)
Zuschauer: 35.000

09.12.1972
DFB-Pokal, 1. Runde-Hinspiel
Wacker 04 Berlin – W. Bremen 1:5 (0:3)
Aufstellung: Bernard (70. Burdenski) – Kontny, Røntved (58. Laumen), Assauer, Zembski – Kamp, Hasebrink, Neuberger – Görts, Weist, Tippelt
Trainer: Piontek
Tore: 0:1 Hasebrink (16.), 0:2 Hasebrink (38.), 0:3 Kamp (40.), 0:4 Weist (57.), 0:5 Weist (61.), 1:5 Sprenger (75.)
Zuschauer: 2.923

15.12.1972
Bundesliga, 17. Spieltag
VfL Bochum – W. Bremen 2:0 (1:0)
Aufstellung: Bernard – Kontny (30. Dietrich), Höttges, Assauer, Zembski – Kamp, Neuberger, Laumen (66. Røntved), Hasebrink – Weist, Görts
Trainer: Piontek
Tore: 1:0 Krämer (13.), 2:0 Lameck (90.)
Zuschauer: 10.000

20.12.1972
DFB-Pokal, 1. Runde-Rückspiel
W. Bremen – Wacker 04 Berlin 4:0 (1:0)
Aufstellung: Burdenski – Kontny, Assauer, Røntved, Höttges – Kamp, Neuberger, Bracht, Hasebrink – Weist, Görts
Trainer: Piontek
Tore: 1:0 Neuberger (44.), 2:0 Hasebrink (69. Elfm), 3:0 Hasebrink (83. Elfm), 4:0 Höttges (86.)
Zuschauer: 3.000

14.01.1973
Freundschaftsspiel
Blau-Weiß 90 Berlin – W. Bremen 0:1 (0:0)
Aufstellung: Bernard (46. Burdenski) – Kontny, Røntved, Kamp, Zembski – Laumen, Neuberger (46. Assauer), Dietrich – Görts (46. Hasebrink), Weist, Tippelt
Trainer: Piontek
Tor: 0:1 Hasebrink (57.)
Zuschauer: 445

16.01.1973
Freundschaftsspiel
TuS Syke – W. Bremen 2:8 (0:3)
Aufstellung: Bernard (46. Burdenski) – Kontny, Zembski, Höttges (46. Laumen), Assauer – Kamp (46. Røntved), Neuberger, Dietrich – Weist, Hasebrink, Tippelt
Trainer: Piontek
Torschützen für Werder: Weist (3), Røntved (2), Laumen, Neuberger, Kamp
Besonderheit: Gegner TuS Syke wurde von »Pico« Schütz trainiert.
Zuschauer: 1.500

20.01.1973
Bundesliga, 18. Spieltag
Kickers Offenbach – W. Bremen 2:1 (1:0)
Aufstellung: Bernard – Zembski, Höttges, Assauer, Kamp – Neuberger, Dietrich, Hasebrink, Røntved (46. Laumen) – Görts, Weist
Trainer: Piontek
Tore: 1:0 Schäfer (29.), 1:1 Laumen (63.), 2:1 Kostedde (89.)
Zuschauer: 15.000

27.01.1973
Bundesliga, 19. Spieltag
W. Bremen – FC Bayern München 1:0 (0:0)
Aufstellung: Bernard – Kontny, Höttges, Assauer, Zembski – Neuberger, Dietrich, Hasebrink, Laumen (71. Røntved) – Weist, Görts
Trainer: Piontek
Tor: 1:0 Hasebrink (49.)
Zuschauer: 30.500

03.02.1973
Bundesliga, 20. Spieltag
Rot-Weiß Oberhausen – W. B. 2:3 (1:2)
Aufstellung: Bernard – Kontny (31. Røntved), Höttges, Assauer, Zembski – Dietrich, Neuberger, Laumen, Hasebrink – Weist, Görts
Trainer: Piontek
Tore: 1:0 Jakobs (6.), 1:1 Laumen (17.), 1:2 Laumen (39.), 1:3 Laumen (49.), 2:3 Artmann (79.)
Zuschauer: 8.800

17.02.1973
Bundesliga, 22. Spieltag
W. Bremen – Eintr. Braunschweig 4:2 (2:0)
Aufstellung: Bernard – Zembski, Assauer, Höttges, Kamp – Dietrich, Hasebrink, Røntved, Laumen – Weist, Neuberger
Trainer: Piontek
Tore: 1:0 Røntved (1.), 2:0 Weist (42.), 3:0 Neuberger (53.), 3:1 Erler (82.), 3:2 Erler (89.), 4:2 Dietrich (90.)
Zuschauer: 11.000

21.02.1973
Freundschaftsspiel
W. B. – Landesausw. Bremen 9:1 (7:0)
Aufstellung: Allhorn (46. Rosenberger) – Kamp, Kontny, Höttges (46. Assauer), Erkenbrecher (46. Zembski) – Dietrich (46. Hasebrink), Neuberger (46. Görts), Geils (46. Ohling), Røntved (46. Ripke) – Weist (38. Laumen), Tippelt
Trainer: Piontek
Torschützen für Werder: Weist (3), Höttges (2), Neuberger, Røntved, Assauer, Ohling
Zuschauer: 700

24.02.1973
Bundesliga, 23. Spieltag
Hertha BSC Berlin – W. Bremen 2:1 (0:0)
Aufstellung: Bernard – Zembski, Höttges, Assauer, Kamp – Hasebrink (74. Görts), Dietrich, Røntved, Laumen – Weist, Neuberger
Trainer: Piontek
Tore: 1:0 Horr (49.), 2:0 Beer (73.), 2:1 Laumen (74.)
Zuschauer: 12.000

02.03.1973
DFB-Pokal, Achtelfinale-Hinspiel
VfL Bochum – W. Bremen 4:4 (2:1)
Aufstellung: Bernard – Zembski, Höttges, Assauer, Kamp – Dietrich, Laumen, Hasebrink, Røntved – Neuberger, Görts
Trainer: Piontek
Tore: 0:1 Neuberger (22.), 1:1 Walitza (28.), 2:1 Balte (38.), 2:2 Laumen (47.), 3:2 Galeski (62.), 3:3 Neuberger (70.), 3:4 Görts (75.), 4:4 Balte (82. FE)
Zuschauer: 7.000

10.03.1973
Bundesliga, 24. Spieltag
W. Bremen – Wuppertaler SV 0:1 (0:0)
Aufstellung: Bernard – Kontny, Assauer, Höttges, Zembski – Laumen, Kamp, Hasebrink, Røntved – Neuberger, Görts
Trainer: Piontek
Tor: 0:1 Homann (86.)
Zuschauer: 16.500

14.03.1973
DFB-Pokal, Achtelfinale-Rückspiel
W. Bremen – VfL Bochum 2:1 (1:1)
Aufstellung: Bernard – Kontny, Höttges, Assauer, Zembski – Kamp, Laumen, Røntved, Hasebrink – Neuberger, Görts
Trainer: Piontek
Tore: 0:1 Wosab (6.), 1:1 Höttges (29.), 2:1 Kamp (74.)
Zuschauer: 8.000

17.03.1973
Bundesliga, 25. Spieltag
FC Schalke 04 – W. Bremen 1:2 (0:0)
Aufstellung: Bernard – Zembski, Erkenbrecher, Assauer, Kontny – Kamp, Laumen, Dietrich, Hasebrink, Røntved – Görts
Trainer: Piontek
Tore: 0:1 Røntved (64.), 1:1 H. Kremers (75.), 1:2 Hasebrink (90.+2)
Besonderes Vorkommnis: Bernard (W. B.) hält Elfmeter von Scheer (77.)
Zuschauer: 12.000

20.03.1973
Bundesliga, 21. Spieltag (Nachholspiel)
W. Bremen – 1. FC Köln 2:1 (2:1)
Aufstellung: Bernard – Zembski, Røntved, Assauer, Höttges (69. Erkenbrecher) – Kamp, Neuberger, Dietrich (8. Kontny), Hasebrink – Laumen, Görts
Trainer: Piontek
Tore: 1:0 Zembski (8.), 2:0 Höttges (13.), 2:1 Hein (27.)
Zuschauer: 21.000

24.03.1973
Bundesliga, 26. Spieltag
W. Bremen – Eintracht Frankfurt 2:0 (1:0)
Aufstellung: Bernard – Zembski, Assauer, Höttges (22. Kontny), Røntved – Kamp (71. Erkenbrecher), Laumen, Neuberger, Hasebrink – Weist, Görts
Trainer: Piontek
Tore: 1:0 Røntved (31.), 2:0 Weist (63.)
Zuschauer: 14.000

31.03.1973
Bundesliga, 27. Spieltag
Bor. M'gladbach – W. Bremen 3:1 (2:0)
Aufstellung: Bernard – Zembski, Røntved, Assauer, Kontny – Kamp, Neuberger, Laumen, Hasebrink – Weist, Görts
Trainer: Piontek
Tore: 1:0 Kulik (7.), 2:0 Heynckes (28.), 3:0 Heynckes (58.), 3:1 Weist (77.)
Besonderes Vorkommnis: Bernard (W. B.) hält HE von Heynckes (37.)
Zuschauer: 14.000

03.04.1973
Abschiedsspiel Arnold »Pico« Schütz
W. Bremen – Bundesliga-Auswahl 2:4 (0:2)
Aufstellung: Bernard (74. Rosenberger) – Zembski, Røntved (46. Erkenbrecher), Assauer, Schmidt – Kamp, Neuberger, Laumen (75. Weist) – Schütz, Hasebrink, Görts
Trainer: Piontek
Tore: 0:1 Löhr (26.), 0:2 Löhr (40.), 0:3 Löhr (64.), 1:3 Schütz (75.), 1:4 Beckenbauer (82.), 2:4 Schütz (84. HE)
Zuschauer: 17.000

07.04.1973
Bundesliga, 28. Spieltag
W. Bremen – VfB Stuttgart 0:2 (0:1)
Aufstellung: Rosenberger – Kontny, Zembski, Assauer, Schmidt – Kamp, Laumen, Røntved, Neuberger – Weist, Görts (68. Hasebrink)
Trainer: Piontek
Tore: 0:1 Köppel (31.), 0:2 Schwemmle (71.)
Zuschauer: 6.000

08.04.1973
Freundschaftsspiel
FC St. Pauli – W. Bremen 2:0 (1:0)
Aufstellung: Allhorn – Kontny (46. Geils), Erkenbrecher, Assauer, Zembski – Kamp, Neuberger, Laumen (46. Bracht), Røntved – Weist, Görts
Trainer: Piontek
Tore: 1:0 Hußner (17.), 2:0 Gerber (87.)
Zuschauer: 1.500

14.04.1973
DFB-Pokal, Viertelfinale-Hinspiel
W. Bremen – Hertha BSC Berlin 2:0 (2:0)
Aufstellung: Bernard – Zembski, Assauer, Höttges (46. Laumen), Schmidt – Kamp, Røntved, Hasebrink (82. Bracht) – Neuberger, Weist, Görts
Trainer: Piontek
Tore: 1:0 Buchberger (18. ET), 2:0 Weist (39.)
Zuschauer: 9.500

17.07.1973
DFB-Pokal, Viertelfinale-Rückspiel
Hertha BSC Berlin – W. Bremen 2:2 (1:1)
Aufstellung: Bernard – Zembski, Höttges, Assauer, Schmidt – Kamp, Hasebrink, Røntved – Neuberger, Weist, Görts
Trainer: Piontek
Tore: 0:1 Neuberger (2.), 1:1 Beer (30.), 1:2 Görts (66.), 2:2 Beer (86.)
Zuschauer: 12.000

27.04.1973
Bundesliga, 29. Spieltag
MSV Duisburg – W. Bremen 1:2 (1:1)
Aufstellung: Bernard – Zembski, Höttges, Assauer, Schmidt – Kamp, Laumen, Hasebrink – Neuberger, Weist, Görts
Trainer: Piontek
Tore: 0:1 Weist (8.), 1:1 Seliger (38.), 1:2 Weist (77.)
Zuschauer: 8.500

02.05.1973
DFB-Pokal, Halbfinale-Hinspiel
W. Bremen – Bor. M'gladbach 1:3 (1:2)
Aufstellung: Bernard – Zembski, Höttges, Assauer, Schmidt – Kamp, Laumen (62. Røntved), Hasebrink – Neuberger (82. Kontny), Weist, Görts
Trainer: Piontek
Tore: 0:1 Jensen (6.), 0:2 Rupp (8.), 1:2 Laumen (10.), 1:3 Rupp (75.)
Zuschauer: 32.000

05.05.1973
Bundesliga, 30. Spieltag
W. Bremen – Hamburger SV 1:4 (1:3)
Aufstellung: Rosenberger – Zembski, Røntved, Assauer, Schmidt – Kamp, Höttges, Laumen (14. Tippelt) – Hasebrink (67. Erkenbrecher), Weist, Görts
Trainer: Piontek
Tore: 0:1 Heese (4.), 0:2 Heese (7.), 0:3 Memering (12.), 1:3 Görts (27.), 1:4 Nogly (84.)
Zuschauer: 16.000

15.05.1973
DFB-Pokal, Halbfinale-Rückspiel
Bor. M'gladbach – W. Bremen 4:2 (1:0)
Aufstellung: Burdenski – Kontny (46. Schmidt), Assauer, Höttges, Zembski – Kamp, Laumen, Røntved – Neuberger, Weist (82. Hasebrink), Görts
Trainer: Piontek
Tore: 1:0 Heynckes (14.), 2:0 Bonhof (47.), 2:1 Laumen (55.), 3:1 Heynckes (66.), 4:1 Rupp (81.), 4:2 Laumen (87.)
Zuschauer: 15.000

19.05.1973
Bundesliga, 31. Spieltag
Hannover 96 – W. Bremen 2:2 (1:1)
Aufstellung: Burdenski – Zembski, Höttges, Assauer, Schmidt – Kamp, Røntved, Hasebrink – Neuberger, Laumen, Görts
Trainer: Piontek
Tore: 0:1 Røntved (26.), 1:1 Siemensmeyer (30.), 1:2 Kamp (49.), 2:2 Blau (63.)
Zuschauer: 14.726

26.05.1973
Bundesliga, 32. Spieltag
W. Bremen – 1. FC Kaiserslautern 5:1 (2:0)
Aufstellung: Burdenski – Zembski, Höttges (73. Kontny), Assauer, Schmidt – Kamp, Erkenbrecher, Røntved – Hasebrink, Laumen, Görts (76. Tippelt)
Trainer: Piontek
Tore: 1:0 Kamp (13.), 2:0 Røntved (34.), 3:0 Hasebrink (56.), 4:0 Görts (64.), 5:0 Höttges (68.), 5:1 Hosic (89.)
Zuschauer: 7.000

31.05.1973
Freundschaftsspiel
Lüssumer TV – W. Bremen 1:4 (0:2)
Aufstellung: Burdenski – Kontny, Höttges, Assauer, Schmidt (46. Zembski) – Kamp, Laumen, Røntved – Hasebrink, Weist, Görts (46. Tippelt)
Trainer: Piontek
Tore: 0:1 Laumen (13.), 0:2 Weist (16.), 0:3 Hasebrink (65.), 0:4 Hasebrink (74. Elfmeter), 1:4 Kruschinski (85. Elfmeter)
Zuschauer: 1.200

02.06.1973
Bundesliga, 33. Spieltag
Fortuna Düsseldorf – W. Bremen 2:1 (1:1)
Aufstellung: Burdenski – Zembski, Höttges, Assauer, Schmidt – Kamp, Røntved (79. Kontny), Laumen – Hasebrink, Weist, Görts
Trainer: Piontek
Tore: 0:1 Weist (31.), 1:1 Zewe (45.), 2:1 Geye (54.)
Zuschauer: 10.000

09.06.1973
Bundesliga, 34. Spieltag
W. Bremen – VfL Bochum 5:2 (3:1)
Aufstellung: Burdenski – Zembski, Höttges, Assauer, Schmidt – Kamp, Hasebrink, Røntved – Neuberger, Weist, Görts (52. Laumen)
Trainer: Piontek
Tore: 1:0 Weist (10.), 2:0 Hasebrink (16.), 2:1 Eggert (21.), 3:1 Weist (29.), 3:2 Etterich (54.), 4:2 Höttges (74. FE), 5:2 Weist (89.)
Zuschauer: 7.500

11.06.1973
Freundschaftsspiel
SV Wallinghausen – W. Bremen 1:11 (0:4)
Aufstellung: Burdenski – Kontny, Höttges, Assauer, Schmidt (46. Zembski) – Kamp, Røntved (46. Bracht), Laumen – Hasebrink, Weist, Neuberger
Trainer: Piontek
Torschützen für Werder: Weist (4), Neuberger (2), Hasebrink (2), Laumen, Assauer, Bracht
Zuschauer: 1.500

14.06.1973
Freundschaftsspiel
VSK Osterholz-Scharmb. – W. B. 0:9 (0:6)
Aufstellung: Burdenski – Zembski, Kontny, Assauer, Schmidt – Kamp, Røntved, Laumen – Hasebrink, Weist, Görts (Bracht)
Trainer: Piontek
Tore: Weist (3), Laumen (2), Hasebrink, Røntved, Kontny, Assauer
Zuschauer: 1.500

15.06.1973
Freundschaftsspiel
SV Nordenham – W. Bremen 1:3 (0:2)
Aufstellung: Burdenski – Zembski, Kontny, Assauer (46. Conrad), Schmidt – Kamp, Hasebrink, Laumen – Røntved, Weist, Bracht
Trainer: Piontek
Torschützen für Werder: Weist, Hasebrink, Røntved
Zuschauer: 1.500

17.06.1973
Freundschaftsspiel
Amisia Papenburg – W. Bremen 2:10 (0:6)
Aufstellung: Burdenski – Kontny, Höttges, Assauer, Zembski – Kamp (46. Schmidt), Bracht, Røntved (46. Laumen) – Hasebrink, Weist, Neuberger
Trainer: Piontek
Torschützen für Werder: Weist (3), Neuberger (2), Hasebrink (2), Bracht (2), Laumen
Zuschauer: 1.600

19.06.1973
Freundschaftsspiel
TV Loxstedt – W. Bremen 1:11 (0:6)
Aufstellung: Burdenski – Zembski, Kontny, Assauer, Höttges (46. Erkenbrecher), Schmidt, Neuberger, Laumen – Hasebrink, Weist, Bracht
Trainer: Piontek
Torschützen für Werder: Laumen (5), Assauer (2), Bracht (2), Weist (2)
Zuschauer: 2.000

21.06.1973
Freundschaftsspiel
TuS Arsten – W. Bremen 0:6 (0:4)
Aufstellung: Burdenski – Zembski, Kontny, Höttges (80. Steinmann), Assauer – Kamp, Laumen (20. Ohling), Hasebrink, Weist, Schmidt, Bracht
Trainer: Piontek
Tore: Hasebrink (2), Ohling (2), Laumen, Weist
Zuschauer: 1.200

22.06.1973
Freundschaftsspiel
VfL Stade – W. Bremen 1:8 (0:1)
Aufstellung: Burdenski – Zembski, Kontny, Assauer, Erkenbrecher – Kamp, Schmidt (Ohling), Røntved (Hasebrink), Weist, Görts, Bracht
Trainer: Piontek
Torschützen für Werder: Weist (3), Hasebrink (2), Görts, Ohling, Erkenbrecher
Zuschauer: 2.000

24.06.1973
Freundschaftsspiel
SV Wittmund – W. Bremen 1:9 (0:4)
Aufstellung: Burdenski – Schmidt (Zembski), Erkenbrecher, Assauer, Kontny – Røntved, Kamp, Bracht – Hasebrink (Höttges), Weist, Görts
Trainer: Piontek
Torschützen für Werder: Hasebrink (3), Røntved, Bracht, Weist, Assauer, Görts, Kamp
Besonderes Vorkommnis: Zembski (W. B.) schießt FE an die Latte (87.)
Zuschauer: 1.800

Verzögerter Durchbruch wegen einer schweren Verletzung: Dieter Burdenski zu Beginn seiner grandiosen Werder-Ära

Bundesliga-Abschlusstabelle 1972/1973

Platz	Verein	Spiele	S	U	N	Tore	Diff.	Punkte
1.	Bayern München (M)	34	25	4	5	93:29	+64	54-14
2.	1. FC Köln	34	16	11	7	66:51	+15	43-25
3.	Fortuna Düsseldorf	34	15	12	7	62:45	+17	42-26
4.	Wuppertaler SV (N)	34	15	10	9	62:49	+13	40-28
5.	Borussia M'gladbach	34	17	5	12	82:61	+21	39-29
6.	VfB Stuttgart	34	17	3	14	71:65	+6	37-31
7.	Kickers Offenbach (N)	34	14	7	13	61:60	+1	35-33
8.	Eintracht Frankfurt	34	15	4	15	58:54	+4	34-34
9.	1. FC K'lautern	34	12	10	12	58:68	-10	34-34
10.	MSV Duisburg	34	12	9	13	53:54	-1	33-35
11.	**Werder Bremen**	**34**	**12**	**7**	**15**	**50:52**	**-2**	**31-37**
12.	VfL Bochum	34	11	9	14	50:68	-18	31-37
13.	Hertha BSC Berlin	34	11	8	15	53:64	-11	30-38
14.	Hamburger SV	34	10	8	16	53:59	-6	28-40
15.	Schalke 04 (P)	34	10	8	16	46:61	-15	28-40
16.	Hannover 96	34	9	8	17	49:65	-16	26-42
17.	Eintracht Braunschweig	34	9	7	18	33:56	-23	25-43
18.	Rot-Weiß Oberhausen	34	9	4	21	45:84	-39	22-46

Fieberkurve der Bundesliga-Saison 1972/1973

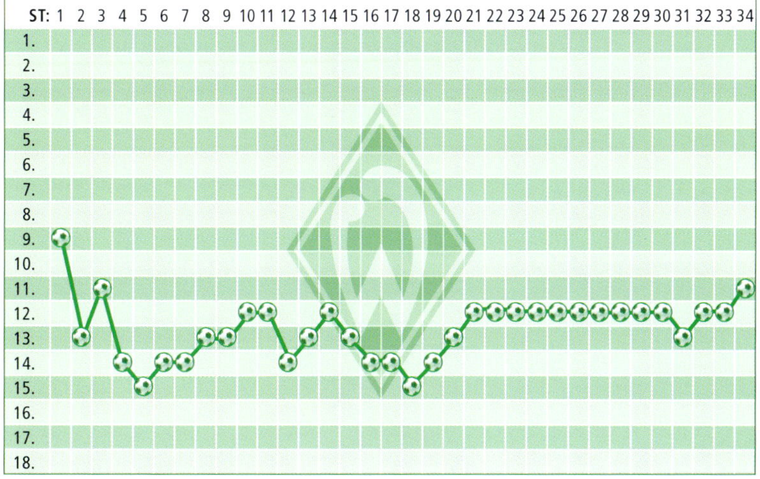

1973/74: Kinderstunde

Oben v.l.:
Trainer Piontek, Ohling, Assauer, Zembski, Schmidt, Burdenski, Laumen, Bracht, Røntved, Erkenbrecher, Brexendorf, Höttges
Unten v.l.:
Schwän, Dreyer, Kontny, Schildt, Bernard, Kaiser, Weist, Kamp, Dietrich, Görts

Das erste Jahrzehnt der deutschen Fußball-Eliteklasse war überstanden. Werder gehörte nonstop dazu. Alleine das war schon ein Erfolg. Werder hatte die erste Bundesliga-Dekade ohne Skandale überstanden, hatte einen Titel gewonnen und eine Reihe von Persönlichkeiten hervorgebracht. Im Sommer 1973 sah es dennoch sehr düster aus um Werders Bundesliga-Zukunft. Zuletzt wurde eine mit viel Geld aufgepumpte Mannschaft in vier Jahren dreimal Elfter und einmal Zehnter. Nachdem die Millionenelf zwei Jahre in Folge versagt hatte, hatten Vorstand und Trainer alle Illusionen verloren und waren sich im Klaren, dass der Verein ganz schweren Zeiten entgegensehen würde.

Werder kehrte innerhalb der Saison schleichend zu den alten grünweißen Farben zurück. Die rotweißen »Unglückstrikots« wurden immer häufiger in der Klamottenkiste gelassen und gegen die alten grünen Trikots ausgetauscht. Auf Anfragen neugieriger Fans und Journalisten teilte der Verein mit, die »Speckflaggentrikots« seien mit der Zeit schlicht und einfach eingelaufen, und da es sich um teure Spezialanfertigungen (60 DM!) handelte, habe man sich entschlossen, zeitweilig zu den simpleren Traditionstrikots zurückzukehren

»Der Traum von einer deutschen Spitzenmannschaft aus Bremen ist ausgeträumt!«, zog Trainer Piontek schon vor Saisonbeginn ein ganz bitteres Fazit der jüngeren Bundesligageschichte: »Wir kämpfen ums Überleben, und zwar mit ganz bescheidenen Mitteln.«

Wie ein Ausrufungszeichen zu dieser Aussage wirkte der Verkauf des verhinderten Stars Herbert Laumen eine Woche vor dem ersten Spiel zum Ligakonkurrenten 1. FC Kaiserslautern. Der Verkauf von Laumen, der an der Weser zu keiner Zeit seinen guten Namen aus Gladbacher Tagen rechtfertigen konnte, war wie ein letzter Schlussstrich unter dem gescheiterten Experiment mit der »Meistermannschaft aus dem Geldsack«. Nur zwei der 1971 eingekauften Stars waren nun noch übrig: Mittelfeldmann Peter Dietrich, der allerdings unter einer fast schon unheimlichen Verletzungsserie litt und bei Werder ähnlich wie Kollege Laumen nie beweisen konnte, welche Fähigkeiten ihn in Mönchengladbach zum Nationalspieler hatten werden lassen. Und dann war da immer noch Sturmtank Werner »Acker« Weist, der als Knipser geholt wurde und diesem Ruf nie konstant gerecht werden konnte.

Der gesamten Bundesliga ging es wirtschaftlich schlecht. Zu klar war die Dominanz der Bayern in den Jahren zuvor, zu langweilig der Saisonverlauf, zu groß immer noch die Enttäuschung über den Bundesligaskandal. Und Werder ging es noch schlechter als einem Großteil der anderen Clubs, wenngleich die Erlöse der verkauften Spieler am Ende die Investitionen in die Möchtegern-Millionenelf praktisch wieder aufwogen: Für Laumen und Neuberger kamen noch einmal 650.000 DM in die klamme Werder-Kasse, die dringend benötigt wurden, um das Schlimmste zu verhindern.

Nach diesen beiden Abgängen ohne adäquaten, gestandenen Ersatz war jedem Fan klar: Diese Mannschaft kann in der Liga keine große Rolle mehr spielen. Zusammen mit Hasebrink waren wieder drei »fertige« Spieler abgegeben worden. Geholt wurden »viele Talente für wenig Geld«, wie es im Verein formuliert wurde. Im Nachhinein belegen die Namen Brexendorf, Schildt, Dreyer, Erkenbrecher, Ripke, Ohling, Kaiser und Schwän, dass bei den Neuen kein »Kracher« zu erwarten war. Werders neue Hoffnungsträger kamen nun nicht mehr aus Mönchengladbach oder Kaiserslautern, sondern aus Bremerhaven und Stade. Nur die beiden Amateure Geils und Bracht wuchsen zu überdurchschnittlichen Bundesligaprofis heran. Vor allem das erst 20-jährige Küken Uwe Bracht zeigte sich erstaunlich konstant, brillierte zeitweise mit langen Pässen und toller Technik in Werders Mittelfeld, durch Schnelligkeit und Dribbelstärke. Bracht machte als ganz junger Mann schon 30 Ligaspiele mit. Geils brauchte noch drei weitere Jahre bis zum endgültigen Sprung in die Stammelf. Die vielen Talente aus dem eigenen Nachwuchs waren erste Früchte des aus der Not heraus geborenen Nachwuchskonzeptes. Werder hatte den späteren Bundesligatrainer Jürgen Wähling (u.a. Hannover 96) als Koordinator für den Nachwuchsbereich eingestellt. Vor allem Klaus-Dieter Fischer, damals 3. Vorsitzender und zuständig für die Amateur-Abteilung, wies immer wieder engelszüngig darauf hin, dass gerade ein finanziell so gehandicapter Verein wie Werder es sich nicht erlauben könne, die Nachwuchsarbeit nach dem Zufallsprinzip vor sich hinlaufen zu lassen. In den nächsten Jahren wurde die Mannschaft gezielt durch vielversprechende Talente aufgefüllt, die sich entweder mittelfristig in die Bundesligamannschaft einbauen ließen, oder für nicht zu verachtende Summen an unterklassige Clubs weitertransferiert wurden.

Personell war ansonsten alles wie immer: Hinten stand der traditionelle, solide Defensivbeton. Dieter Burdenski rechtfertigte in seiner ersten kompletten Saison bei Werder seinen Ruf als größtes Torwarttalent in ganz Deutschland. Höttges und Assauer wechselten sich als Libero ab, und davor spielten Zembski, Kamp und Røntved eine gute Saison. Vorne allerdings passierte wenig: »Acker« Weist traf die Bude ab und zu, aber längst nicht so oft wie erhofft. Werner Görts hatte sich vom Torjäger zum klassischen, reinen Flügelstürmer entwickelt, auf dem anderen Flügel probierte es der junge Einkauf Schildt. Die meisten der Neuzugänge erwiesen sich naturgemäß als zu grün, um im Abstiegskampf eine große Hilfe zu sein.

In der Kölner Radrennbahn grätscht hier Werders Eisenfuß gegen ein aufstrebendes Kölner Talent, das vier Jahre später auch kurzzeitig das Werder-Trikot trug: Jürgen Glowacz

Auch der Saisonverlauf war eigentlich wie immer in jenen bewegten Jahren: holpriger Start mit sieben sieglosen Spielen gleich zu Beginn, davon allerdings gleich vier Unentschieden. Dann einer der bewährten grünweißen Zwischenspurts, und am Ende ein relativ sicherer Platz im Mittelfeld. Trainer Seppl Piontek hatte vor der Saison angekündigt: »Alles, was in der kommenden Saison oberhalb des 11. Platzes liegt, wäre ein Erfolg.« Der Mann hatte Ahnung: Werder wurde zum dritten Mal in Folge Elfter …

Endgültig Abschied zu nehmen galt es am Saisonende von Günter Bernard, Werders erster Torwartlegende der Bundesligageschichte. Der Begründer der sprichwörtlichen »grünweißen Torwarttradition« sagte »Tschüß!«, weil der überragende Burdenski auf viele Jahre die Nummer 1 zu werden versprach (und dieses Versprechen auch einlöste). Bernard hatte sich ein Jahr klaglos hinter »Budde« auf die Bank gesetzt und verabschiedete sich im Mai mit einem Abschiedsspiel gegen eine internationale Auswahl von seinen Fans, die ihn zehn Jahre lang als Rückhalt im Werder-Kasten schätzen gelernt hatten.

Einen Lichtblick gab es noch zu feiern: Werders Rekordnationalspieler Horst-Dieter Höttges durfte sich als erster Werderaner überhaupt »Weltmeister« nennen. Der »Eisenfuß« kam zwar während der WM nur zu einem Kurzeinsatz, aber der hatte es in sich: Die 0:1-Niederlage im »Bruderkampf« gegen die DDR war das 66. und letzte Länderspiel in der an Erfolgen nicht armen Karriere des Defensivkünstlers. Höttges beendete seine internationale Karriere nach fast einem Jahrzehnt als einer der besten Abwehrspieler Europas. Für Werder hielt er noch weitere vier Jahre die Knochen hin, in denen sich seine zum geflügelten Wort gewordene Prophezeiung erfüllen sollte: »Solange ich für Werder spiele, steigt der Verein nicht ab!«

WERDER BREMEN 1973/74

Trainer

Piontek, Josef »Seppl«
Verantwortlicher Trainer in allen 34 Spielen der Saison

Tor

Burdenski, Dieter »Budde«
34 Spiele; 0 Tore

Bernard, Günter
0 Spiele; 0 Tore

Abwehr

Assauer, Rudolf »Rudi«
34 Spiele; 2 Tore

Zembski, Dieter
34 Spiele; 0 Tore

Höttges, Horst-Dieter »Eisenfuß«
31 Spiele; 6 Tore

Mittelfeld

Kamp, Karl-Heinz »Kalli«
34 Spiele; 1 Tor

Dietrich, Peter
32 Spiele; 1 Tor

Bracht, Uwe
30 Spiele; 4 Tore

Angriff

Görts, Werner »Anneliese«
34 Spiele; 5 Tore

Weist, Werner »Acker«
32 Spiele; 9 Tore

Schildt, Hans-Gerd
20 Spiele; 3 Tore
Amateur

Erweiterter Kader

Ohling, Volker
2 Spiele; 2 Tore
Amateur

Ripke, Franz-Josef
1 Spiel; 0 Tore
Amateur

Kaiser, Detlef
0 Spiele; 0 Tore
Amateur

Werders Neuzugänge im Sommer 1973

Auf kaum einem anderen Bild können die Spätfolgen der bereits gescheiterten »Millionenelf« so nachhaltig in Augenschein genommen werden: Im Sommer 1973, zwei Jahre nach dem finanziellen Kraftakt von 1971, darf Trainer Piontek ausschließlich talentierte Nachwuchskräfte neu im Kader begrüßen. Obere Reihe v.l.: Erkenbrecher, Ohling, Kaiser, Bracht und Schildt. Untere Reihe v.l.: Dreyer, Brexendorf, Schwän

Wer kam?

Bracht (eig. Amateure)
Brexendorf (Bremerhaven 93)
Dreyer (VfL Stade)
Erkenbrecher (eig. Amateure)
Ohling (eig. Amateure)
Schildt (Bremerhaven 93)
Thygesen (BK 03 Kopenhagen, w.d.S.)

Wer ging?

Hasebrink (Spielertrainer TuS Vahr)
Laumen (1. FC Kaiserslautern, w.d.S.)
Mohrmann (TuS Vahr)
Neuberger (Wuppertaler SV)
Rischker (Polizei SV Bremen)
Roggow (eig. Amateure)
Schütz (Karriereende)
Tippelt (SV Meppen)

w.d.S. = während der Saison

Der Sport-Verein »Werder« im Jahr 1973/74:

1973/74

1. Vorsitzender:	Dr. Franz Böhmert
Stellvertretende Vorsitzende:	Wilhelm Riethmöller (Finanzen, Repräsentation) und Klaus-Dieter Fischer (Amateur-Abt.)
Geschäftsführer:	Hans Wolff
Vereinsarzt:	Dr. Franz Böhmert
Masseur:	Wolfgang Binder
Mitglieder:	2.200
Kapazität Weser-Stadion:	40.000 Plätze (5.700 Sitzplätze)

Kontny, Mario
21 Spiele; 2 Tore

Schmidt, Bernd
12 Spiele; 0 Tore

Erkenbrecher, Uwe
10 Spiele; 1 Tor

Røntved, Per
29 Spiele; 7 Tore

Brexendorf, Bernd
6 Spiele; 0 Tore

Thygesen, Poul-Erik
13 Spiele; 4 Tore

Dreyer, Uwe
2 Spiele; 0 Tore

Schwän, Rainer
0 Spiele; 0 Tore
Amateur

In Freundschaftsspielen eingesetzt:

Geils, Karl-Heinz (Abwehr)
Laumen, Herbert (Angriff)
Meyer, Rolf (Tor)
Meyer, Ulrich (Mittelfeld)
Metzer, Rolf (Abwehr)

Alle Spiele 1973/74

20.07.1973
Freundschaftsspiel
TSV Westerland – W. Bremen 1:3 (0:2)
Aufstellung: Burdenski – Zembski, Höttges, Assauer, Schmidt – Kamp, Røntved (46. Laumen), Dietrich (33. Brexendorf) – Schildt (46. Dreyer), Weist (46. Ohling), Bracht
Trainer: Piontek
Tore: 0:1 Røntved (2.), 0:2 Weist (16.), 1:2 Löwenbrück (58.), 1:3 Laumen (86.)
Besonderes Vorkommnis: Mertens (TSV) hält Elfmeter von Höttges (44.)
Zuschauer: 4.000

22.07.1973
Internationales Freundschaftsspiel
Aarhus GF – W. Bremen 1:1 (0:0)
Aufstellung: Burdenski – Zembski, Geils (46. Kontny), Höttges, Schmidt – Laumen, Kamp, Røntved (46. Brexendorf) – Schildt, Weist, Görts
Trainer: Piontek
Tore: 0:1 Laumen (64.), 1:1 Stahl (88.)
Zuschauer: unbekannt

24.07.1973
Internationales Freundschaftsspiel
Aalborg BK – W. Bremen 1:4 (1:1)
Aufstellung: Burdenski – Zembski, Geils (46. Kontny), Höttges, Schmidt – Kamp (46. Bracht), Brexendorf, Røntved – Schildt, Weist, Görts (70. Ripke)
Trainer: Piontek
Torschützen für Werder: Røntved (2), Höttges/FE, Weist
Zuschauer: 2.900

26.07.1973
Internationales Freundschaftsspiel
Holstebro BK – W. Bremen 1:1 (1:0)
Aufstellung: Bernard – Zembski, Geils (46. Kaiser), Höttges, Kontny – Kamp, Bracht (46. Ohling), Røntved – Schildt (46. Ripke), Weist, Görts (46. Dreyer)
Trainer: Piontek
Tor für Werder: Weist
Besonderes Vorkommnis: Holstebro hatte sich durch fünf Nationalspieler verstärkt
Zuschauer: unbekannt

28.07.1973
Internationales Freundschaftsspiel
Aarhus GF – W. Bremen 1:7 (0:4)
Aufstellung: Burdenski – Kontny, Zembski, Höttges (46. Røntved), Schmidt – Brexendorf, (46. Laumen), Dietrich, Bracht (80. Kamp) – Ripke (46. Dreyer), Weist (46. Ohling), Schildt
Trainer: Piontek
Torschützen für Werder: Schildt (2), Brexendorf, Weist, Laumen, Ohling, Bracht (Elfmeter)
Zuschauer: 1.500 in Grena

31.07.1973
Internationales Freundschaftsspiel
Hvidovre Kopenhagen – W. Bremen 6:5
Aufstellung: Bernard – Kontny (Kamp), Zembski, Schmidt, Höttges – Dietrich, Dreyer (Laumen), Bracht – Weist, Røntved, Schildt
Trainer: Piontek
Torschützen für Werder: Røntved (2), Weist (2), Bracht
Zuschauer: unbekannt

01.08.1973
Freundschaftsspiel
Flensburg 08 – W. Bremen 1:2 (0:2)
Aufstellung: Burdenski – Kontny, Schmidt (46. Zembski), Geils, Höttges – Dietrich (32. Bracht), Kamp, Laumen – Kaiser (46. Røntved), Schildt (46. Ripke), Ohling (46. Weist)
Trainer: Piontek
Torschützen für Werder: Kamp, Laumen
Zuschauer: unbekannt

03.08.1973
Internationales Freundschaftsspiel
W. Bremen – FC Chelsea London 1:2 (1:0)
Aufstellung: Burdenski – Kontny, Zembski, Höttges (77. Geils), Schmidt – Kamp, Bracht, Røntved – Schildt, Weist (46. Ohling), Görts
Trainer: Piontek
Tore: 1:0 Weist (13.), 1:1 Osgood (49.), 1:2 Boyle (83.)
Zuschauer: 6.000

05.08.1973
Internationales Freundschaftsspiel
NAC Breda – W. Bremen 1:0 (0:0)
Aufstellung: Burdenski – Kontny, Zembski, Røntved, Schmidt – Kamp, Brexendorf, Bracht (46. Geils) – Schildt, Weist (46. Dreyer), Görts
Trainer: Piontek
Tor: 1:0 unbekannt (75.)
Zuschauer: 5.000

11.08.1973
Bundesliga, 1. Spieltag
1. FC Kaiserslautern – W. Bremen 2:2 (1:1)
Aufstellung: Burdenski – Zembski, Höttges, Assauer, Schmidt – Kamp, Dietrich, Røntved – Schildt, Weist, Görts
Trainer: Piontek
Tore: 0:1 Schildt (30.), 1:1 Pirrung (37.), 1:2 Røntved (78.), 2:2 Schwager (81.)
Zuschauer: 20.000

17.08.1973
Bundesliga, 2. Spieltag
W. Bremen – VfB Stuttgart 1:1 (0:0)
Aufstellung: Burdenski – Zembski, Höttges, Assauer (78. Schmidt), Erkenbrecher – Kamp, Dietrich, Røntved (65. Bracht) – Schildt, Weist, Görts
Trainer: Piontek
Tore: 0:1 Ettmayer (71.), 1:1 Höttges (74.)
Zuschauer: 24.000

22.08.1973
Bundesliga, 3. Spieltag
VfL Bochum – W. Bremen 0:0
Aufstellung: Burdenski – Zembski, Höttges, Assauer, (80. Bracht), Schmidt – Røntved, Dietrich, Kamp – Schildt, Weist, Görts
Trainer: Piontek
Tore: –
Zuschauer: 19.000

25.08.1973
Bundesliga, 4. Spieltag
W. Bremen – Hamburger SV 1:1 (0:0)
Aufstellung: Burdenski – Zembski, Assauer (46. Røntved), Höttges, Schmidt – Kamp, Dietrich, Erkenbrecher – Schildt, Weist, Görts
Trainer: Piontek
Tore: 1:0 Weist (73.), 1:1 Nogly (88.)
Zuschauer: 26.000

28.08.1973
Freundschaftsspiel
Blumenthaler SV – W. Bremen 1:4 (1:1)
Aufstellung: Bernard – Dreyer, Höttges, Røntved, Kontny – Erkenbrecher, Bracht, Brexendorf, Kamp – Schildt, Görts
Trainer: Piontek
Tore: 0:1 Erkenbrecher (7.), 1:1 Taube (13.), 1:2 Brexendorf (65.), 1:3 Røntved (79.), 1:4 Erkenbrecher (84.)
Zuschauer: 2.700

31.08.1973
Bundesliga, 5. Spieltag
Kickers Offenbach – W. Bremen 4:0 (0:0)
Aufstellung: Burdenski – Zembski, Höttges, Assauer, Schmidt – Kamp, Dietrich, Røntved (66. Erkenbrecher) – Schildt (66. Bracht), Weist, Görts
Trainer: Piontek
Tore: 1:0 H. Meyer (49.), 2:0 Blechschmidt (52.), 3:0 Semlitsch (62.), 4:0 Schäfer (83.)
Zuschauer: 14.000

08.09.1973
Bundesliga, 6. Spieltag
W. Bremen – Bor. M'gladbach 2:3 (2:0)
Aufstellung: Burdenski – Zembski, Höttges, Assauer, Schmidt – Kamp (70. Erkenbrecher), Røntved, Dietrich – Görts, Weist, Bracht (80. Brexendorf)
Trainer: Piontek
Tore: 1:0 Weist (25.), 2:0 Höttges (44.), 2:1 Heynckes (70.), 2:2 Rupp (75.), 2:3 Heynckes (86.)
Zuschauer: 30.500

11.09.1973
Freundschaftsspiel
Bremer SV – W. Bremen 1:7 (0:3)
Aufstellung: Bernard – Dreyer, Kontny, Erkenbrecher, Assauer – Brexendorf, Schildt (46. Kamp), Bracht – Weist, Røntved, Görts
Trainer: Piontek
Tore: 0:1 Schildt (2.), 0:2 Røntved (10.), 0:3 Weist (37.), 0:4 Bracht (69.), 0:5 Weist (75.), 1:5 Harjes (83.), 1:6 Weist (87.), 1:7 Dreyer (89.)
Zuschauer: 955

15.09.1973
Bundesliga, 7. Spieltag
FC Bayern München – W. Bremen 2:2 (1:1)
Aufstellung: Burdenski – Kontny, Höttges, Assauer, Schmidt – Kamp, Zembski, Dietrich, Røntved – Görts, Weist
Trainer: Piontek
Tore: 0:1 Røntved (22.), 1:1 Schwarzenbeck (27.), 1:2 Görts (49.), 2:2 G. Müller (69.)
Besonderes Vorkommnis: Burdenski (W. B.) hält FE von G. Müller (31.)
Zuschauer: 31.000

16.09.1973
Internationales Freundschaftsspiel
WSG Radentheim (A) – W. B. 4:2 (2:1)
Aufstellung: Burdenski (Bernard) – Zembski, Schmidt, Höttges, Assauer – Kamp (Brexendorf), Dreyer (Ripke), Dietrich – Weist, Røntved, Görts
Trainer: Piontek
Tore: 0:1 Røntved (10.), 1:1 Zambala (22.), 2:1 Ortner (34.), 3:1 Ortner (49.), 3:2 Erkenbrecher (59.), 4:2 Neuwirth (75.)
Zuschauer: unbekannt; in Villach

18.09.1973
Freundschaftsspiel
BSC Bremervörde – W. Bremen 2:8 (1:5)
Aufstellung: Burdenski – Kontny (45. Bracht), Zembski, Erkenbrecher, Höttges (20. Schmidt) – Brexendorf, Dietrich (60. Kamp) – Weist, Røntved, Dreyer, Görts
Trainer: Piontek
Tore: Røntved (3), Weist (2), Erkenbrecher, Görts, Dietrich
Zuschauer: 2.500

22.09.1973
Bundesliga, 8. Spieltag
W. Bremen – SC Fortuna Köln 2:0 (1:0)
Aufstellung: Burdenski – Zembski, Höttges, Assauer, Schmidt – Kamp, Dietrich, Røntved, Erkenbrecher (70. Kontny) – Görts (82. Dreyer), Weist
Trainer: Piontek
Tore: 1:0 Weist (45.), 2:0 Weist (52.)
Zuschauer: 10.000

25.09.1973
Freundschaftsspiel
Atlas Delmenhorst – W. Bremen 0:12 (0:5)
Aufstellung: Burdenski – Kontny, Schmidt, Erkenbrecher, Höttges (46. Zembski) – Brexendorf, Bracht, Røntved (46. Dietrich) – Weist, Dreyer, Görts (46. Kamp)
Trainer: Piontek
Tore: Weist (5), Brexendorf (2), Schmidt, Erkenbrecher, Bracht, Dietrich, Dreyer
Zuschauer: 1.800

28.09.1973
Bundesliga, 9. Spieltag
Rot-Weiß Essen – W. Bremen 3:1 (0:0)
Aufstellung: Burdenski – Zembski, Höttges, Assauer, Schmidt – Kamp, Dietrich, Røntved, Bracht – Görts, Weist
Trainer: Piontek
Tore: 1:0 de Vlugt (57.), 1:1 Dietrich (58.), 2:1 Lippens (71.), 3:1 Lippens (85.)
Besonderes Vorkommnis: Burdenski (W. B.) hält FE von Erlhoff (84.)
Zuschauer: 10.000

05.10. 1973
Bundesliga, 10. Spieltag
W. Bremen – Hertha BSC Berlin 4:1 (3:0)
Aufstellung: Burdenski – Zembski, Höttges, Assauer, Schmidt – Kamp, Dietrich, Bracht – Schildt (80. Røntved), Weist, Görts
Trainer: Piontek
Tore: 1:0 Schildt (8.), 2:0 Weist (32.), 3:0 Kamp (35.), 3:1 Beer (44.), 4:1 Weist (70.)
Zuschauer: 16.000

12.10.1973
Freundschaftsspiel
TuS Syke – W. Bremen 2:3 (0:2)
Aufstellung: Bernard – Kontny, Erkenbrecher, Assauer, Zembski (46. Schmidt) – Brexendorf, Dietrich, Bracht – Dreyer, Weist (33. Kamp), Schildt
Trainer: Piontek
Tore: 0:1 Assauer (17.), 0:2 Schildt (27.), 1:2 Feßke (53.), 1:3 Kamp (72.), 2:3 Schwenn (89.)
Zuschauer: 1.000

17.10.1973
Bundesliga, 11. Spieltag
Wuppertaler SV – W. Bremen 4:1 (1:0)
Aufstellung: Burdenski – Zembski, Assauer, Höttges, Kamp – Bracht, Dietrich, Røntved – Schildt, Weist, Görts
Trainer: Piontek
Tore: 1:0 Pröpper (30.), 2:0 Gu. Jung (52.), 2:1 Bracht (55. FE), 3:1 Stöckl (65.), 4:1 Pröpper (89.)
Zuschauer: 7.000

20.10.1973
Bundesliga, 12. Spieltag
W. Bremen – FC Schalke 04 2:1 (0:1)
Aufstellung: Burdenski – Zembski, Höttges, Assauer, Kamp – Dietrich, Røntved, Bracht – Schildt, Weist, Görts
Trainer: Piontek
Tore: 0:1 Fischer (40.), 1:1 Røntved (56.), 2:1 Görts (62.)
Zuschauer: 14.000

27.10.1973
Bundesliga, 13. Spieltag
W. Bremen – Fortuna Düsseldorf 0:0
Aufstellung: Burdenski – Zembski, Höttges, Assauer, Kamp – Røntved, Dietrich, Bracht – Schildt, Weist, Görts
Trainer: Piontek
Tore: –
Zuschauer: 14.000

31.10.1973
Freundschaftsspiel
Landesausw. Bremen – W. B. 0:5 (0:2)
Aufstellung: Bernard – Kontny, Zembski (46. Dreyer), Erkenbrecher, Assauer – Kamp, Schildt, Dietrich – Weist (55. Görts), Bracht (46. Røntved), Brexendorf
Trainer: Piontek
Tore: 0:1 Schildt (25.), 0:2 Weist (36.), 0:3 Røntved (47.), 0:4 Dietrich (63.), 0:5 Dreyer (83.)
Zuschauer: 500

03.11.1973
Bundesliga, 14. Spieltag
Hannover 96 – W. Bremen 0:1 (0:0)
Aufstellung: Burdenski – Zembski, Höttges, Assauer, Kamp – Røntved, Dietrich, Bracht – Schildt, Weist, Görts
Trainer: Piontek
Tor: 0:1 Schildt (64.)
Zuschauer: 15.200

04.11.1973
Freundschaftsspiel
Heider SV – W. Bremen 4:2 (2:2)
Aufstellung: Bernard (60. Burdenski) – Kontny, Höttges, Assauer, Dreyer – Erkenbrecher (59. Bracht), Dietrich, Brexendorf – Kamp, Weist (65. Bernard), Görts
Trainer: Piontek
Tore: 0:1 Weist (7.), 0:2 Weist (16.), 1:2 Ex (29.), 2:2 Schonert (33.), 3:2 Schonert (61.), 4:2 Sticken (75.)
Zuschauer: 2.000

10.11.1973
Bundesliga, 15. Spieltag
W. Bremen – Eintracht Frankfurt 1:2 (0:1)
Aufstellung: Burdenski – Kontny, Höttges, Assauer, Zembski – Kamp, Dietrich, Bracht – Schildt (80. Ripke), Weist, Görts
Trainer: Piontek
Tore: 0:1 Hölzenbein (9.), 1:1 Weist (50.), 1:2 Hölzenbein (59.)
Besonderes Vorkommnis: Wienhold (E. F.) hält FE von Höttges (53.)
Zuschauer: 19.000

17.11.1973
Bundesliga, 16. Spieltag
1. FC Köln – W. Bremen 2:0 (1:0)
Aufstellung: Burdenski – Zembski, Höttges, Assauer, Erkenbrecher – Kamp, Dietrich, Bracht – Schildt, Brexendorf, Görts
Trainer: Piontek
Tore: 1:0 Simmet (2.), 2:0 H. Neumann (53.)
Zuschauer: 13.000

01.12.1973
DFB-Pokal, 1. Runde
VfL Bochum – W. B. 2:2 (2:2, 2:0) n.Verl.
Aufstellung: Burdenski – Kontny, Assauer, Höttges, Zembski – Kamp, Dietrich, Bracht (46. Erkenbrecher) – Schildt (46. Brexendorf), Weist, Görts
Trainer: Piontek
Tore: 1:0 Versen (13.), 2:0 Laufer (16.), 2:1 Höttges (50. FE), 2:2 Höttges (89.)
Zuschauer: 4.500

05.12.1973
DFB-Pokal, 1. Runde-Wiederholungsspiel
W. Bremen – VfL Bochum 2:1 (2:1)
Aufstellung: Burdenski – Kontny, Höttges, Assauer, Zembski – Kamp, Dietrich, Erkenbrecher – Brexendorf, Weist (20. Schildt, 70. Røntved), Görts
Trainer: Piontek
Tore: 1:0 Zembski (2.), 2:0 Erkenbrecher (33.), 2:1 Walitza (38.)
Zuschauer: 13.000

15.12.1973
DFB-Pokal, Achtelfinale
W. Bremen – FC Bayern München 1:2 (0:0)
Aufstellung: Burdenski – Kontny, Höttges, Assauer, Zembski – Kamp, Dietrich, Bracht (83. Erkenbrecher), Røntved – Görts, Thygesen (60. Schildt)
Trainer: Piontek
Tore: 0:1 Schwarzenbeck (46.), 1:1 Görts (61.), 1:2 Torstensson (78.)
Zuschauer: 28.200

29.12.1973
Bundesliga, 17. Spieltag (Nachholspiel)
W. Bremen – MSV Duisburg 1:2 (0:2)
Aufstellung: Burdenski – Zembski, Höttges (67. Erkenbrecher), Assauer, Kontny – Kamp, Dietrich, Røntved – Schildt (46. Bracht), Weist, Görts
Trainer: Piontek
Tore: 0:1 Wunder (25.), 0:2 Worm (41.), 1:2 Lehmann (50. ET)
Zuschauer: 9.000

01.01.1974
Freundschaftsspiel
SV Woltmershausen – W. Bremen 1:7 (0:3)
Aufstellung: Bernard – Kontny, Zembski (Ohling), Erkenbrecher, Assauer – Kamp, Dietrich (Görts), Brexendorf – Weist, Dreyer, Schildt
Trainer: Piontek
Tore: 0:1 Weist (22.), 0:2 Weist (27.), 0:3 Dreyer (40.), 0:4 Ohling (50.), 0:5 Erkenbrecher (58.), 0:6 Weist (69.), 0:7 Schildt (82.), 1:7 Börsch (84.)
Besonderheit: Das Spiel begann um 11 Uhr vormittags am Neujahrsmorgen.
Zuschauer: 1.000

05.01.1974
Bundesliga, 18. Spieltag
W. Bremen – 1. FC Kaiserslautern 3:1 (1:0)
Aufstellung: Burdenski – Kontny, Zembski, Assauer, Kamp – Dietrich, Bracht, Røntved – Brexendorf (67. Thygesen), Weist, Görts
Trainer: Piontek
Tore: 1:0 Bracht (11. FE), 2:0 Thygesen (70.), 3:0 Kontny (80.), 3:1 Pirrung (90.)
Zuschauer: 9.000

12.01.1974
Bundesliga, 19. Spieltag
VfB Stuttgart – W. Bremen 2:2 (1:1)
Aufstellung: Burdenski – Kontny, Zembski, Assauer, Höttges – Kamp, Røntved, Dietrich, Bracht (66. Thygesen) – Weist, Görts
Trainer: Piontek
Tore: 0:1 Kontny (2.), 1:1 Handschuh (4. FE), 2:1 Stickel (58.), 2:2 Thygesen (75.)
Zuschauer: 25.000

19.01.1974
Bundesliga, 20. Spieltag
W. Bremen – VfL Bochum 1:0 (1:0)
Aufstellung: Burdenski – Kontny, Assauer, Zembski, Höttges – Kamp, Dietrich, Bracht – Thygesen, Weist (70. Røntved), Görts
Trainer: Piontek
Tor: 1:0 Höttges (36. FE)
Zuschauer: 9.800

26.01.1974
Bundesliga, 21. Spieltag
Hamburger SV – W. Bremen 3:0 (1:0)
Aufstellung: Burdenski – Höttges, Assauer, Zembski, Kontny – Kamp, Røntved (59. Schildt), Dietrich – Weist, Bracht, Görts
Trainer: Piontek
Tore: 1:0 Zaczyk (16.), 2:0 Hönig (62. FE), 3:0 Volkert (70.)
Zuschauer: 23.000

02.02.1974
Bundesliga, 22. Spieltag
W. Bremen – Kickers Offenbach 0:2 (0:2)
Aufstellung: Burdenski – Zembski, Höttges, Assauer, Kontny – Kamp, Dietrich (46. Schildt), Bracht – Thygesen (74. Brexendorf), Weist, Görts
Trainer: Piontek
Tore: 0:1 Schäfer (4.), 0:2 Schäfer (45.)
Zuschauer: 10.000

15.02.1974
Bundesliga, 23. Spieltag (Nachholspiel)
Bor. M'gladbach – W. Bremen 3:1 (0:1)
Aufstellung: Burdenski – Zembski, Höttges, Assauer, Kamp – Kontny, Røntved, Dietrich, Bracht (83. Thygesen) – Weist (83. Dreyer), Görts
Trainer: Piontek
Tore: 0:1 Görts (21.), 1:1 Jensen (78.), 2:1 Heynckes (81.), 3:1 Jensen (84.)
Zuschauer: 12.000

19.02.1974
Freundschaftsspiel
Eintr. Braunschweig – W. Bremen 1:0 (1:0)
Aufstellung: Burdenski (Bernard) – Kontny, Zembski, Höttges (Erkenbrecher), Assauer – Kamp, Bracht, Dietrich – Weist (Brexendorf), Schildt, Görts (Dreyer)
Trainer: Piontek
Tor: unbekannt
Zuschauer: 6.500

22.02.1974
Internationales Freundschaftsspiel
W. Bremen – Real Madrid 4:1 (2:1)
Aufstellung: Burdenski (46. Bernard) – Kontny, Zembski, Assauer, Kamp – Erkenbrecher (87. Schmidt), Røntved, Bracht – Schildt, Thygesen, Brexendorf (70. Dreyer)
Trainer: Piontek
Tore: 1:0 Thygesen (7.), 1:1 Netzer (32.), 2:1 Schildt (43.), 3:1 Thygesen (63.), 4:1 Røntved (64.)
Zuschauer: 18.000

02.03.1974
Bundesliga, 24. Spieltag
W. Bremen – FC Bayern München 1:1 (1:0)
Aufstellung: Burdenski – Kontny, Höttges, Assauer, Kamp – Zembski, Erkenbrecher (73. Brexendorf), Røntved, Bracht – Schildt, Görts
Trainer: Piontek
Tore: 1:0 Bracht (28.), 1:1 U. Hoeneß (73.)
Zuschauer: 30.000

09.03.1974
Bundesliga, 25. Spieltag
Fortuna Köln – W. Bremen 1:3 (0:1)
Aufstellung: Burdenski – Kontny, Zembski, Assauer, Kamp – Dietrich, Erkenbrecher, Røntved, Bracht – Schildt (68. Weist), Görts
Trainer: Piontek
Tore: 0:1 Erkenbrecher (40.), 0:2 Røntved (69.), 1:2 Glock (71.), 1:3 Assauer (85.)
Zuschauer: 5.000

16.03.1974
Bundesliga, 26. Spieltag
W. Bremen – Rot-Weiß Essen 1:1 (1:0)
Aufstellung: Burdenski – Kontny, Höttges, Assauer, Zembski – Kamp, Erkenbrecher (46. Weist), Dietrich, Bracht – Schildt (80. Thygesen), Görts
Trainer: Piontek
Tore: 1:0 Höttges (29.), 1:1 Wörmer (51.)
Zuschauer: 8.800

19.03.1974
Internationales Freundschaftsspiel
W. B. – Hvidovre Kopenhagen 1:1 (1:0)
Aufstellung: Bernard (46. R. Meyer) – Dreyer, Schmidt, Zembski, Assauer – Erkenbrecher, Schildt, Brexendorf – Weist (46. Ohling), Bracht (46. Geils), Thygesen
Trainer: Piontek
Tore: 1:0 Thygesen (35.), 1:1 Kirk (60.)
Zuschauer: 2.000

23.03.1974
Bundesliga, 27. Spieltag
Hertha BSC Berlin – W. Bremen 0:0
Aufstellung: Burdenski – Kontny, Höttges, Assauer, Kamp – Zembski, Røntved, Dietrich, Bracht – Weist, Görts
Trainer: Piontek
Tore: –
Zuschauer: 16.000

26.03.1974
Freundschaftsspiel
Bezirksausw. Fallingbostel – W. B. 2:8 (0:2)
Aufstellung: R. Meyer (65. Burdenski) – Dreyer, Schmidt, Geils, Erkenbrecher – Brexendorf, Schildt, Ulli Meyer (65. Kontny), Ohling, Bracht (28. Røntved), Thygesen
Trainer: Piontek
Tore: 0:1 Ohling (7.), 0:2 Ohling (39.), 0:3 Brexendorf (56.), 1:3 van Daag (66.), 1:4 Ohling (72.), 1:5 Ohling (76.), 1:6 Røntved (86.), 1:7 Røntved (88.), 1:8 Ohling (89.), 2:8 Geils (90. ET)
Zuschauer: unbekannt

30.03.1974
Bundesliga, 28. Spieltag
W. Bremen – Wuppertaler SV 3:0 (2:0)
Aufstellung: Burdenski – Kamp, Assauer, Höttges, Kontny (76. Thygesen) – Dietrich, Røntved, Zembski, Bracht – Weist, Görts
Trainer: Piontek
Tore: 1:0 Weist (2.), 2:0 Höttges (27. FE), 3:0 Røntved (47.)
Zuschauer: 11.000

06.04.1974
Bundesliga, 29. Spieltag
FC Schalke 04 – W. Bremen 4:2 (2:1)
Aufstellung: Burdenski – Kamp, Assauer, Höttges (46. Kontny), Zembski – Brexendorf (72. Thygesen), Dietrich, Bracht, Røntved – Weist, Görts
Trainer: Piontek
Tore: 0:1 Røntved (4.), 1:1 H. Kremers (8. FE), 2:1 H. Kremers (46.), 3:1 E. Kremers (46.), 3:2 Weist (74.), 4:2 Fischer (90.)
Zuschauer: 52.000

16.04.1974
Freundschaftsspiel
Güldenstern Stade – W. Bremen 1:2 (0:1)
Aufstellung: Burdenski (Bernard) – Kontny, Schmidt, Metzer, Assauer – Zembski, Røntved, Dietrich – Ohling, Dreyer, Thygesen (Kamp)
Trainer: Piontek
Tore: 0:1 Røntved (23.), 0:2 Ohling (59. Elfmeter), 1:2 Thorek (81.)
Zuschauer: unbekannt

20.04.1974
Bundesliga, 30. Spieltag
Fortuna Düsseldorf – W. Bremen 1:1 (1:0)
Aufstellung: Burdenski – Kontny, Zembski, Assauer, Kamp – Dietrich, Røntved, Bracht – Thygesen (64. Schildt), Weist, Görts
Trainer: Piontek
Tore: 1:0 Herzog (9.), 1:1 Assauer (78.)
Zuschauer: 12.000

27.04.1974
Bundesliga, 31. Spieltag
W. Bremen – Hannover 96 3:3 (0:3)
Aufstellung: Burdenski – Kontny (65. Thygesen), Höttges, Assauer, Kamp – Dietrich, Zembski, Bracht (65. Ohling), Røntved – Weist, Görts
Trainer: Piontek
Tore: 0:1 Kasperski (2.), 0:2 Kaemmer (23.), 0:3 Stegmayer (39.), 1:3 Thygesen (71.), 2:3 Görts (81.), 3:3 Ohling (86.)
Zuschauer: 12.000

04.05.1974
Bundesliga, 32. Spieltag
Eintracht Frankfurt – W. Bremen 1:1 (0:0)
Aufstellung: Burdenski – Kontny, Zembski, Assauer, Kamp – Höttges, Dietrich, Bracht (72. Ohling) – Thygesen, Weist, Görts
Trainer: Piontek
Tore: 1:0 Kliemann (57.), 1:1 Ohling (79.)
Zuschauer: 8.000

07.05.1974
»Günter Bernard – Abschiedsspiel«
W. B. – Internationale Auswahl 2:3 (1:1)
Aufstellung: Bernard – Zembski, Höttges (80. Kontny), Assauer, Schmidt – Kamp, Brexendorf (70. Dreyer), Bracht (46. Ohling) – Schildt, Weist (46. Thygesen), Görts (46. Erkenbrecher)
Trainer: Piontek
Tore: 0:1 U. Seeler (26.), 1:1 Schildt (35.), 1:2 Köppel (60.), 2:2 Bernard (87. HE), 2:3 M. Lorenz (90.)
Zuschauer: 11.126

11.05.1974
Bundesliga, 33. Spieltag
W. Bremen – 1. FC Köln 4:2 (2:2)
Aufstellung: Burdenski – Schmidt, Höttges (46. Bracht), Assauer, Kamp – Zembski, Dietrich, Røntved – Thygesen, Weist (72. Kontny), Görts
Trainer: Piontek
Tore: 1:0 Røntved (7.), 1:1 Löhr (21.), 2:1 Höttges (36. FE), 2:2 Cullmann (44.), 3:2 Bracht (73.), 4:2 Görts (80.)
Besonderes Vorkommnis: Rote Karte für Löhr (Köln) (37.)
Zuschauer: 11.000

13.05.1974
Freundschaftsspiel
TV Wischhafen – W. Bremen 1:14 (0:5)
Aufstellung: Burdenski (Bernard) – Kontny, Kamp, Erkenbrecher, Assauer (Thygesen) – Zembski (Schmidt), Schildt, Bracht (Weist) – Røntved, Dreyer, Görts
Trainer: Piontek
Torschützen für Werder: Kamp (3), Thygesen (3), Görts (2), Dreyer (2), Røntved, Erkenbrecher, Schildt, Assauer
Zuschauer: 2.000

14.05.1974
Freundschaftsspiel
Nordkreisausw. Lübbecke – W. B. 1:10 (1:3)
Aufstellung: Burdenski (Bernard) – Kontny, Schmidt, Dreyer (Zembski), Erkenbrecher – Kamp (Brexendorf), Schildt, Bracht – Thygesen, Røntved, Görts
Trainer: Piontek
Torschützen für Werder: Thygesen (5), Røntved (2), Kamp, Schildt, Schmidt
Zuschauer: 1.000 in Preußisch Ströhen

16.05.1974
Freundschaftsspiel
TuS Zeven – W. Bremen 0:13 (0:5)
Aufstellung: Burdenski (Bernard) – Höttges (Kontny), Schmidt (Zembski), Erkenbrecher, Assauer (Dreyer) – Kamp, Schildt, Brexendorf (Ohling) – Weist (Thygesen), Bracht, Røntved (Görts)
Trainer: Piontek
Tore: Thygesen (6), Brexendorf (2), Erkenbrecher, Schildt, Weist, Bracht, Görts
Zuschauer: 1.000

18.05.1974
Bundesliga, 34. Spieltag
MSV Duisburg – W. Bremen 3:1 (0:0)
Aufstellung: Burdenski – Höttges (46. Kontny), Zembski, Assauer, Schmidt – Kamp, Røntved, Bracht – Schildt (67. Weist), Thygesen, Görts
Trainer: Piontek
Tore: 1:0 Bücker (48.), 2:0 Seliger (83.), 2:1 Thygesen (88.), 3:1 Worm (89.)
Zuschauer: 12.000

22.05.1974
Freundschaftsspiel
Ostfrisia Moordorf – W. Bremen 1:9 (0:6)
Aufstellung: Burdenski – Höttges (Kontny), Schmidt (Bernard), Zembski (Schildt), Assauer – Bracht, Dreyer, Thygesen – Weist (Ohling), Røntved, Görts
Trainer: Piontek
Torschützen für Werder: Weist (3), Røntved (3), Thygesen (2), Ohling
Zuschauer: 1.000

23.05.1974
Freundschaftsspiel
FC Friesischwehde-Zetel – W. B. 0:5 (0:3)
Aufstellung: Burdenski – Kontny, Bracht, Höttges, Assauer – Zembski (Dreyer), Thygesen, Røntved – Weist, Schildt, Görts
Trainer: Piontek
Tore: Weist (2), Røntved, Görts, Dreyer
Besonderes Vorkommnis: Schmidt (W. B.) verschießt HE (84.).
Zuschauer: 1.200

25.05.1974
Freundschaftsspiel
VfB Lehe – W. Bremen 1:6 (1:3)
Aufstellung: Burdenski – Kontny, Höttges (46. Schmidt), Assauer, Zembski – Erkenbrecher, Brexendorf (62. Dreyer), Røntved (46. Kamp, 70. Bernard), Thygesen (46. Schildt), Weist, Görts (46. Bracht)

Trainer: Piontek
Tore: 1:0 Döscher (8.), 1:1 Røntved (19.), 1:2 Røntved (22.), 1:3 Røntved (35.), 1:4 Schildt (72.), 1:5 Weist (79.), 1:6 Weist (81.)
Zuschauer: 1.200

26.05.1974
Freundschaftsspiel
1. FC Lichtenfels – W. Bremen 2:3 (0:1)
Aufstellung: Burdenski – Kontny, Zembski, Assauer, Schmidt – Erkenbrecher, Bracht, Røntved (46. Thygesen) – Dreyer (46. Schildt), Weist, Görts (70. Metzer)
Trainer: Piontek
Torschützen für Werder: Weist (2), Dreyer
Zuschauer: 1.000

27.05.1974
Freundschaftsspiel
1. FC Herzogenaurach – W. B. 0:8 (0:3)
Aufstellung: Burdenski – Kontny, Schmidt (Metzer), Zembski, Assauer – Kamp (Thygesen), Dreyer (Schildt), Erkenbrecher (Røntved) – Weist, Bracht, Görts
Trainer: Piontek
Tore: Weist (3), Røntved (2), Kamp, Görts, Kontny
Zuschauer: 1.000

29.05.1974
Freundschaftsspiel
FV Würzburg 04 – W. Bremen 1:5 (0:1)
Aufstellung: Burdenski – Kontny, Schmidt (Røntved), Zembski, Assauer – Kamp, Thygesen (Schild / Dreyer), Erkenbrecher (Metzer) – Weist, Bracht, Görts
Trainer: Piontek
Torschützen für Werder: Røntved (3), Görts, Weist
Zuschauer: 1.100

30.05.1974
Freundschaftsspiel
VfL Marburg – W. Bremen 2:4 (0:1)
Aufstellung: Burdenski – Kontny, Schmidt (Bracht), Zembski, Assauer (Weist) – Kamp, Dreyer, Erkenbrecher – Görts, Røntved, Schildt (Thygesen)
Trainer: Piontek
Torschützen für Werder: Røntved (2), Weist, Erkenbrecher
Zuschauer: 1.000

05.06.1974
Freundschaftsspiel
Blumenthaler SV – W. Bremen 0:0
Aufstellung: Burdenski – Kontny (Schmidt), Zembski, Erkenbrecher, Assauer – Kamp, Thygesen, Bracht (Schildt) – Weist (Dreyer), Røntved, Görts
Trainer: Piontek
Tore: –
Zuschauer: 1.500

08.06.1974
Freundschaftsspiel
TuS Steyerberg – W. Bremen 1:8 (0:5)
Aufstellung: Burdenski – Kontny, Zembski, Assauer, Kamp (46. Dreyer) – Erkenbrecher, Bracht (60. Bernard), Røntved – Thygesen, Weist, Görts (46. Schildt)
Trainer: Piontek
Torschützen für Werder: Weist (3), Røntved (2), Thygesen (2), Schildt
Zuschauer: 1.000

In den kompletten Siebzigern ein Ausbund an Fleiß und Laufbereitschaft: Kalli Kamp

Bundesliga-Abschlusstabelle 1973 / 1974

Platz	Verein	Spiele	S	U	N	Tore	Diff.	Punkte
1.	Bayern München (M)	34	20	9	5	95:53	+42	49-19
2.	Borussia M'gladbach (P)	34	21	6	7	93:52	+41	48-20
3.	Fortuna Düsseldorf	34	16	9	9	61:47	+14	41-27
4.	Eintracht Frankfurt	34	15	11	8	63:50	+13	41-27
5.	1. FC Köln	34	16	7	11	69:56	+13	39-29
6.	1. FC K'lautern	34	15	8	11	80:69	+11	38-30
7.	Schalke 04	34	16	5	13	72:68	+4	37-31
8.	Hertha BSC Berlin	34	11	11	12	56:60	-4	33-35
9.	VfB Stuttgart	34	12	7	15	58:57	+1	31-37
10.	Kickers Offenbach	34	11	9	14	56:62	-6	31-37
11.	**Werder Bremen**	**34**	**9**	**13**	**12**	**48:56**	**-8**	**31-37**
12.	Hamburger SV	34	13	5	16	53:62	-9	31-37
13.	Rot-Weiß Essen (N)	34	10	11	13	56:70	-14	31-37
14.	VfL Bochum	34	9	12	13	45:57	-12	30-38
15.	MSV Duisburg	34	11	7	16	42:56	-14	29-39
16.	Wuppertaler SV	34	8	9	17	42:65	-23	25-43
17.	Fortuna Köln (N)	34	8	9	17	46:79	-33	25-43
18.	Hannover 96	34	6	10	18	50:66	-16	22-46

Fieberkurve der Bundesliga-Saison 1973 / 1974

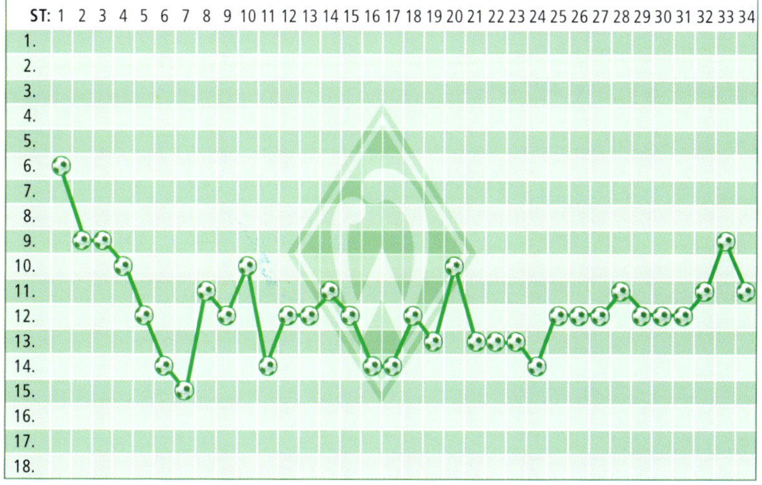

Horst-Dieter Höttges: »... bin von Sepp Piontek entführt worden ...!«

Horst-Dieter Höttges 1967 ...

Horst-Dieter »Eisenfuß« Höttges

Höttges (Jahrgang 1943) kam als junger Spieler aus Mönchengladbach 1964 zu Werder und konnte auf Anhieb entscheidend zur Meisterschaft 1965 beitragen. Er wurde schnell Nationalspieler und war bis 1978 die bekannteste Persönlichkeit auf dem Rasen des Weser-Stadions. Insgesamt bestritt Höttges für Werder 420 (55 Tore) Bundesligaspiele und 66 Länderspiele (1 Tor).

... und heute

An anderer Stelle dieses Buches klang schon an, dass der Transfer von Horst-Dieter Höttges zu Werder geradezu einem Agententhriller glich. Der damals noch nicht einmal volljährige Verteidiger stand vor einer großen Karriere, als ihn Werder 1964 um jeden Preis haben wollte. Und Geschäftsführer Hansi Wolff musste absolut alle Register ziehen, damit Höttges nicht zum HSV, sondern an die Weser grätschte. Es gelang nach endlosen Wirrungen und kann heute von Horst-Dieter Höttges entspannt rekonstruiert werden:

Werders damaliger Trainer Willi Multhaup hatte mich bei einem Juniorenländerspiel in Bielefeld beobachtet und war wohl sehr angetan von mir. Hansi Wolff kam daraufhin nach Mönchengladbach, um mir einen Wechsel zu Werder schmackhaft zu machen. Er hat mich dann eingeladen, mir mit meinem Bruder das Bundesligaspiel Werder – Preußen Münster anzuschauen. Ich war noch keine 21, also damals noch nicht volljährig. Folglich durfte ich auch keinen Vertrag unterschreiben. Aber Werder hat mich umgarnt und Hansi Wolff hat sich sehr um mich bemüht.

Ich selbst war noch sehr unsicher. Ich bekam dann meine erste Länderspieleinladung, ein Spiel gegen Schottland im Mai 1964 in Hannover. Ich saß auf der Bank und kam nicht rein, aber nach dem Spiel hat mich Uwe Seeler im Trainingslager angesprochen: ›Junge, Du kannst zu uns nach Hamburg kommen. Überleg's Dir!‹ Ich fühlte mich sehr geschmeichelt, denn Uwe war ja in diesen Jahren schon ein absolutes Idol. Aber Werder roch den Braten und griff zu besonderen Maßnahmen. Noch am späten Abend nach dem Spiel hat mich Hansi Wolff abgefangen und mehr oder weniger im Befehlston aufgefordert: ›Los, Junge – Du fährst sofort mit uns nach Bremen!‹ Ich wurde also nach Bremen gekarrt, ohne groß gefragt zu werden. Ich war völlig baff: ›Aber ich muss doch nach Mönchengladbach zurück...?‹. Hansi Wolff blieb ganz unaufgeregt und sagte mir nur: ›Nein, wir machen was ganz anderes. Ich gebe dem Seppl Piontek Reisegeld, und der fährt mit Dir für 8 Tage nach Paris!‹ – ›Aber ich habe doch gar keine Klamotten mit?‹ – ›Kein Problem, wir kaufen Dir welche.‹ Es war eine lupenreine Entführung.

Ein ungewohntes Bild: Horst-Dieter Höttges trägt eine Raute auf dem Trikot, in der kein »W«, sondern ein »B« zu erkennen ist. Hier sehen wir den »Eisenfuß« zu Beginn seiner Laufbahn als Jungstar des Regionalligisten Borussia Mönchengladbach. Links Bundestrainer Sepp Herberger, hinter Höttges steht Günther Netzer

Ich verbrachte dann also acht Tage mit Seppl Piontek in Paris, und anschließend flog Werder sofort nach New York, um dort an einem großen Turnier teilzunehmen. Auch den Flug habe ich mitgemacht, um gar nicht erst auf die Idee zu kommen, doch noch woanders zu unterschreiben. Mit dunkler Sonnenbrille getarnt setzte ich mich als Mönchengladbacher in den Flieger und kam als Werderaner aus New York zurück, denn inzwischen hatte ich einen gültigen Vertrag unterschrieben.

Mein Vater war sauer. Er wollte unbedingt, dass ich in der Nähe meines Elternhauses bleibe und hätte es viel lieber gesehen, wenn ich bei Fortuna Düsseldorf unterschreibe. Der sagte: ›Was willst Du da oben?‹ Aber ich hatte ein gutes Gefühl bei allem und wollte für Werder spielen.

Sie waren 14 Jahre Profi bei Werder, sind Ehrenspielführer und Rekordnationalspieler des Vereins und haben vor allem in den vielen, vielen Phasen endlosen Abstiegskampfs

immer vorbildlich die Knochen hingehalten. Was bedeutet Ihnen Werder?

Sehr viel. Ich habe immer die Atmosphäre hier im Verein gemocht. Werder ist wirklich immer noch beinahe wie eine Familie. Vielleicht nicht immer, aber es ist schon enorm, was der Verein für seine Leute tut und wie sehr hier alle zusammenhalten, um etwas aufzubauen.

War es denn mal dicht dran, dass Sie Werder den Rücken kehren?

Ja. Es gab mal ein sehr konkretes Angebot vom VfB Stuttgart. Meine Frau wollte gerne, und wir waren auch zwei Tage in Stuttgart, wo ich mit dem VfB-Präsidenten verhandelt habe. Aber ich hatte ein so enges Vertrauensverhältnis zu Werder, dass ich am Ende doch nicht wechseln mochte. Es gab viele Situationen, wo wir uns Zusagen mit Handschlag gegeben hatten, und Werder hat immer alles eingehalten und mich nie enttäuscht. Also wollte ich auch Vertrauen zurückzahlen und habe den Stuttgartern einen Korb gegeben. Um Werder zu verlassen, war ich wahrscheinlich zu anständig.

Eisenkopf Höttges! Die Kopfverbände sind im Laufe der Jahre auch irgendwie schicker geworden. Hier sehen wir ein Bild aus dem Jahr 1965. Die damalige Kopfverletzung war natürlich kein Grund, das Spiel zu beenden

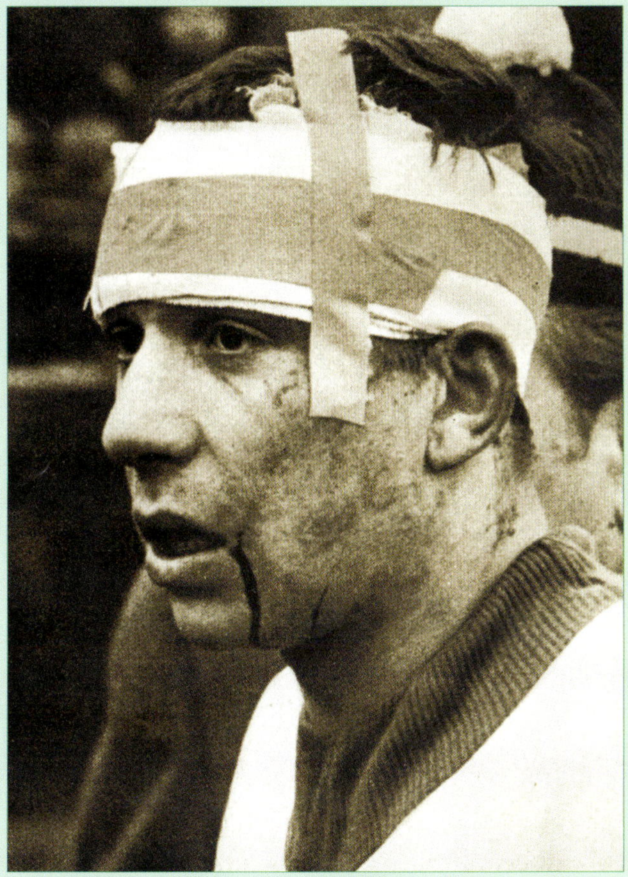

Außer Stuttgart haben sich immer mal andere Vereine für mich interessiert, auch die ganz Großen. 1966 gab es ein Angebot von Barcelona, aber ich war als Junggeselle erst kurz in Bremen und wollte nicht nach Spanien. Und am Ende meiner Karriere hätte ich mit Franz Beckenbauer nach Amerika wechseln können. Sein Manager hatte ein Angebot für mich, aber diese US-Liga war nicht meine Welt. Ich habe mich in dieser kleinen Stadt Bremen immer viel zu wohlgefühlt.

»Es ist für jeden Spieler eine Strafe, gegen diesen Mann zu spielen.« (Sepp Herberger über Horst-Dieter Höttges)

»Der Höttges, das ist ein Mörder!« (Gilbert Gress, ehemaliger Stürmer des VfB Stuttgart)

Gerd Müller nennt Sie heute noch seinen »allerhärtesten Gegenspieler«. Der Vorwurf, Sie seien ein knallharter Klopper, kam von gegnerischen Trainern während Ihrer aktiven Zeit immer mal wieder, und Ihren legendären Spitznamen »Eisenfuß« trugen Sie sicher auch nicht von ungefähr. Wie würden Sie selbst Ihre Spielweise beschreiben?
Ich war sicher immer hart und vielleicht auch manchmal an der Grenze des Erlaubten, aber nie bewusst unfair. Ich bin in meiner Karriere nur einmal vom Platz geflogen, und das war zu Unrecht: Im Dezember 1968 in Mönchengladbach hat Trainer Hennes Weisweiler bei Fans und Schiri so lange Stimmung gegen mich gemacht, bis ich nach einem Allerweltsfoul an Berti Vogts drei Minuten vor Schluss vom Platz gestellt wurde.

Man munkelt, viele Stürmer hätten vor Spielen gegen Sie regelrecht Angst gehabt. Gab es andersrum Spieler, mit denen Sie überhaupt nicht klargekommen sind?
Stan Libuda! Aber nur auswärts – zuhause habe ich ihn immer gut im Griff gehabt.

Wo lagen als Spieler Ihre Stärken und Schwächen?
Ich war schnell, robust, zweikampfstark, hatte einen ganz guten Kopfball. Schwächen …? Na gut, im Nachhinein muss man ehrlich sagen, dass meine Technik nicht die allerbeste war.

Was war Ihr Karrierehighlight?
Im Verein natürlich die Meisterschaft 1965, gleich in meinem ersten Bundesligajahr. Und international natürlich die vielen Erfolge mit der Nationalelf: die tolle WM in Mexiko 1970, die Europameisterschaft 1972. Meine Nationalmannschaftskarriere ging 1974 ziemlich unspektakulär zu Ende, als ich bei der WM im eigenen Land nur noch einmal zum Einsatz kam, und das ausgerechnet beim denkwürdigen 0:1 gegen die DDR. Das war für mich kein Problem, weil meine Zeit international wirklich vorbei war.

Werders Nationalspieler verdiente sich anfangs bei »Radio Barlage« in der Bremer Innenstadt etwas hinzu

Bitterer Schlusspunkt unter Höttges' DFB-Karriere: Entgeistert hockt der Bremer bei der WM 1974 am Boden (Nr. 6), während DDR-Sturm-Ass Jürgen Sparwasser (rechts am Boden jubelnd) sein Sensationstor gegen die BR Deutschland feiert. Berti Vogts (links hinten) scheint offenkundig der Meinung, Höttges sei an diesem Tor nicht ganz schuldlos

Bei allen drei Weltmeisterschaften, an denen Sie teilnahmen, hatten Sie im Grunde Pech. 1966 wurde ein ansonsten sehr starkes Turnier von Ihnen überschattet durch die drei Tore, die Ihr Gegenspieler Geoff Hurst im Finale gegen Deutschland erzielte. 1970 wurden Sie verletzt, und 1974 kamen Sie, wie gesagt, nur auf das eine Spiel gegen die DDR, was wiederum durch ein Tor Ihres Gegenspielers Sparwasser verloren wurde. Wie sehen Sie im Nachhinein Ihre WM-Karriere?
1966 haben wir eine große WM gespielt. Niemand hatte uns das Finale vorher zugetraut. Aber im Finale hatten wir dann auch ein bisschen Pech. Ich hatte natürlich die Mitschuld an der Niederlage. Sowas kann man nicht wegdiskutieren, wenn der eigene Gegenspieler drei Tore macht. Aber ich war auch nicht fit. Im Halbfinale gegen die Sowjetunion hatte ich noch mit einer Knöchelverletzung gefehlt. Zwei Tage vor dem Finale kam der DFB-Trainer Dettmar Cramer zu mir aufs Zimmer

und teilte mir mit, dass ich gegen England spielen muss: ›Wir helfen Dir, wir kriegen das schon hin!‹ Heute würde ich das nicht noch einmal so machen, aber damals war ich halt sehr jung und habe gesagt: ›Gut, ich spiele.‹ Abgesehen vom Finale habe ich 1966 eine souveräne WM gespielt. Und trotz der drei Hurst-Tore im Finale denke ich gerne daran zurück. Im Zuge der WM 2006 hat man ja viele alte Spielausschnitte noch einmal aus den Archiven geholt, und ich bin sehr oft auf damals angesprochen worden. Und die positiven Erinnerungen überwiegen absolut, auch wenn ich heute zugebe, dass ich im Finale einige dumme Fehler gemacht habe. Ich kann damit leben.

1970 in Mexiko habe ich mich im Viertelfinale gegen England am Knie verletzt und konnte nicht mehr spielen. Meniskusquetschung. Das Turnier hinterließ trotzdem einen tiefen Eindruck. Mal ganz abgesehen von den Turbulenzen rund um unsere Verpflegung. Uns wurde unser gesamtes Fleisch konfisziert, wir hatten praktisch nichts mehr zu essen. Und beklemmend war, dass wir in einem schönen Hotel saßen, aber ringsherum herrschte furchtbare Armut.

1974 habe ich vor der WM meinen Stammplatz verloren, weil die Bajuwaren in der Nationalelf regiert haben. Franz Beckenbauer wollte seine Spezies als Arbeiter um sich herum haben. Und so hat er dafür gesorgt, dass vor ihm, dem Libero, sein Kumpel Schwarzenbeck als Vorstopper ran durfte, und Paul Breitner rückte als Außenverteidiger in die Mannschaft. So war für mich kein Platz mehr, und ich teilte mein Schicksal während der ganzen WM mit Günter Netzer, der wie ich auch nur im DDR-Spiel für ein paar Minuten spielen durfte.

Das DDR-Spiel war am Ende nichts für mich. Ich brauchte früher immer einen gewissen ›Tourensaft‹, bis ich im Spiel angekommen war. Ohne Vorbereitung kam ich nicht richtig auf Touren. Gegen die DDR wurde ich in der 68. Minute eingewechselt, und neun Minuten danach schoss Sparwasser gegen mich das entscheidende Tor. Auch wieder so ein Fehler, den man nie vergessen kann, weil man dauernd dran erinnert wird. Aber so ist das nun mal im Leben. Sowas passiert.

Ich hatte eine so tolle Nationalelf-Karriere. Ich konnte die Elf über Jahre gemeinsam mit so großartigen Spielern wie Beckenbauer mit prägen, und nach der WM 1974 hatte ich dann das Gefühl, dass meine Zeit im Nationaltrikot vorbei ist. Und so habe ich aufgehört.

Welches war Ihr bestes Spiel überhaupt?

Das ist natürlich sehr schwer zu sagen (überlegt lange). 1965 habe ich im Maracana-Stadion von Rio de Janeiro als junger Mann gegen Brasilien sehr gut gegen den damaligen Weltklas-

Oben: Weit über ein Jahrzehnt lang hörte Werders Hintermannschaft auf sein Kommando: Horst-Dieter Höttges 1975. Unten: Höttges-Merchandise anno 1965

Oben: Was aussieht wie eine sich zart anbahnende Romanze zwischen Uli Hoeneß und Horst-Dieter Höttges ist vielmehr ein Bild von absoluter Seltenheit: Nach einem Zweikampf war ausnahmsweise einmal Höttges derjenige, dem etwas wehtat.
Unten: Noch eine Rarität. Höttges erzielt im Mai 1969 in Essen gegen Zypern sein einziges Länderspieltor

se-Rechtsaußen Garrincha gespielt. Allerdings nur eine Halbzeit. Ich kam so überraschend gut mit ihm klar – da habe ich mich in der Pause lieber auswechseln lassen. (lacht)

Ein Vorbild waren Sie unter anderem auch deshalb, weil Sie sich selbst nie geschont haben, wenn es Werder schlecht ging.

Das war wohl so. 1975 hatte ich einen entzündeten Mittelfuß, praktisch hinter dem Sprunggelenk. Eine sehr langwierige und schmerzhafte Sache. Über Monate bin ich fitgespritzt worden. Am Ende hatte Dr. Böhmert vor den entscheidenden Spielen gegen den Abstieg große Probleme, mit der Spritze diesen Spalt zu treffen, damit ich schmerzfrei spielen konnte. Drei Jahre später, in meiner letzten Profi-Saison, standen wir wieder mit dem Rücken zur Wand. Gegen Köln brach ich mir den Arm, habe aber trotzdem noch 20 Minuten bis zum Schlusspfiff zuende gespielt, bin am Tag darauf operiert worden und stand beim nächsten Spiel schon wieder mit Manschette auf dem Rasen. Ich glaube, ich kann mit Fug und Recht sagen, dass ich dem Verein oft sehr geholfen habe.

Waren Sie gerade im Abstiegskampf als 66-facher Nationalspieler eine Identifikationsfigur, vor allem für jüngere Spieler?

Ich glaube schon, dass jüngere Spieler ein bisschen zu einem aufschauen, wenn man als Spieler mit über 400 Bundesligaspielen, als dreifacher WM-Teilnehmer und Europameister mit ihnen trainiert. Mein Grundsatz war immer: Training ist für mich wie Spiel. Ich habe das genauso ernst genommen, und die jüngeren Spieler haben das sicher gemerkt. Es geht auch beim Training nicht ohne hundertprozentigen Einsatz.

Seltsam war Ihr Karriereende bei Werder: Sie spielten 1977/78 noch einmal eine bärenstarke Saison und waren der Kopf der Mannschaft, die sich nach fast aussichtslosem Rückstand im Winter 1977 in der Rückrunde unter der Leitung von Rudi Assauer noch grandios vor dem Abstieg rettete. 1978 lief Ihr Vertrag aus, und obwohl Werder Sie gerne noch eine Saison behalten hätte und Sie auch nicht abgeneigt gewesen wären, kam es nicht mehr zu einer Einigung. Wie kam das?

Eins vorweg: Es hing nicht am Geld, obwohl das damals so zu lesen war. Mein Vertrag lief aus, und ich habe ja eben schon erwähnt, dass ich in meiner letzten Saison noch einmal alles gegeben hatte. Ich habe oft mit Spritze gespielt, um der Mannschaft im Abstiegskampf helfen zu können. Dann bekam ich zu meiner Überraschung einen Kündigungsbrief von Manager Assauer zum Ende der Saison. Eigentlich war das eine reine Formalie, aber ich habe mich darüber sehr geärgert und wollte dann nicht mehr, als Werder mich bat, doch weiterzuspielen. Ich hatte für Werder vorher so viel getan und fand es unwürdig, dann solch einen Brief zu bekommen. Klaus-Dieter Fischer hat noch sehr hartnäckig versucht, mich umzustimmen, aber ich war dann dickköpfig und habe mich nicht mehr darauf eingelassen: ›Nein. Ich habe eine Kündigung bekommen, und wenn ich gekündigt werde, ist Schluss. Da habe ich meinen Stolz.‹ Normalerweise wäre mein Vertrag automatisch ein Jahr weitergelaufen, für nicht sehr viel Geld. Ich möchte aber ausdrücklich sagen, dass das ein reines Problem zwischen Rudi Assauer und mir war und keines, das ich mit dem Verein hatte. In der folgenden Saison habe ich noch meinem Freund Helmut Jagielski geholfen, der damals die Amateure trainiert hat. Die standen im Tabellenkeller, und ich habe ein halbes Jahr, übrigens an der Seite des damals 18-jährigen Thomas Schaaf, noch mal ausgeholfen.

Legendär war auch Ihr wie in Stein gemeißelter Satz »Solange ich bei Werder spiele, steigt der Verein nicht ab!«
(schmunzelt) Ja, genauso kam es dann ja auch …!

Sie haben eine 14-jährige Profilaufbahn ohne größere Skandale hinter sich gebracht, obwohl Sie in oft sehr schwierigen Phasen der Vereinsgeschichte eine der Galionsfiguren waren. Sie sind mal vorübergehend die Kapitänsbinde losgeworden, nachdem Sie vor einem Spiel gegen Eintracht Braunschweig ausgerechnet im Mannschaftshotel der Braunschweiger am Tresen gesichtet wurden. Das war aber eigentlich auch schon alles an Negativschlagzeilen.
Die Kapitänsbinde wurde mir von Hans Wolff weggenommen, und heute würde ich sagen, dass er damals völlig Recht hatte. Ich habe einen Fehler gemacht, und er musste handeln. Ansonsten war damals alles noch nicht so kompliziert wie heute: Das Geld spielte keine so große Rolle wie heute. Dadurch gab es auch weniger Neid. Heute werden ganz andere Gehälter gezahlt, und die stehen dann auch immer gleich in der Zeitung. Heute wäre es undenkbar, abends nach einem verlorenen Spiel irgendwo als Profi sein Bierchen zu trinken, weil dann sofort alle sagen würden: ›Guck mal, der hoch bezahlte Profi – erst verliert er, und dann trinkt er einen!‹ Und es würde heute auch alles sofort in der Zeitung breitgetreten werden. Früher war das etwas weniger schwierig für uns Spieler.

Es gab aber eine Phase, in der dann doch Neid innerhalb von Werders Kader festzustellen war: Als die teuren Spieler der Millionenelf geholt wurden …
Das mag stimmen. Aber der Neid war eine Nebensache. Entscheidender war, dass die Spieler damals einfach nicht gepasst haben. Wir haben sechs Spieler geholt, und das waren alles gute Fußballer. Aber entweder es passt, oder es passt nicht. Man kann nicht nur kaufen, um einen großen Kader zu haben. Jeder einzelne Spieler muss passen. Wie das laufen muss, wenn es besser laufen soll, erleben wir in der Gegenwart. Heutzutage passiert das genaue Gegenteil: Es kommen Jahr für Jahr Spieler, die sich perfekt in die Mannschaft einfügen. Nur so geht es. Damals war einfach der Wurm drin.

Wenn Sie Ihre Spielweise von damals mit der heutigen Spielweise auf Ihrer Position vergleichen – was hat sich verändert?
Nichts eigentlich. Max Lorenz hat erst vor kurzem gesagt, der Pierre Wome spielt heute genauso wie ich damals. Ich war robust, hatte einen großen Offensivdrang. Früher, in den Zeiten als es noch keine Viererkette gab, haben wir beinahe so was wie verkappte Außenstürmer gespielt. Wenn wir den Ball hatten, ging über unsere Außenverteidiger nach vorne die Post ab.

Der Stuttgarter Fotograf Volker Schrank holte die Weltmeister von 1974 dreißig Jahre nach ihrem Triumph von München noch einmal im Trikot vor die Kamera. »Gesammelte Helden«, so der Titel der Ausstellung, die auch in Buchform erschien. Einer der Helden: Werders Weltmeister Horst-Dieter Höttges

Was macht Horst-Dieter Höttges heute?
Ich trainiere die U-15 des SV Werder. Ich mache es seit sechs Jahren, und wir sind fünfmal Norddeutscher Meister geworden. Die Arbeit macht einen Riesenspaß. Wir trainieren viermal die Woche, dann am Wochenende ist das Spiel. Ich bin also nach wie vor jeden Tag hier bei Werder unterwegs. Das ist mir sehr wichtig. Und es hält mich jung.

Höttges wurde Deutscher Meister 1965, errang mit Deutschland bei drei WM-Teilnahmen einen ersten, einen zweiten und einen dritten Platz und war eine Stütze der Deutschen Nationalmannschaft, die 1972 in Belgien Europameister wurde.

Spielerkarriere Horst-Dieter Höttges:
1953–59 BW Bahl
1959/60 Rheydter SV
1960–64 Borussia Mönchengladbach
1964–78 Werder Bremen
1978/79 SC Bad Oeynhausen-Oberbecksen
1979/80 Werder Bremen Amateure

1974/75: Blaue Augen

Oben v.l.:
Trainer Piontek, Zembski, Assauer, Burdenski, Meyer, Erkenbrecher, Brexendorf, Dietrich, Thygesen, Røntved, Ohling
Unten v.l.:
Röber, Kontny, Klausmann, Bracht, Kamp, Weist, Görts, Höttges

Die Saison 1974/75 brachte es schmerzlich an den Tag: Von immer mehr »grauen Mäusen« in der deutschen Eliteklasse war Werder mittlerweile eine der grauesten. Schuld daran war indirekt auch die für Deutschland so erfolgreiche WM 1974 im eigenen Lande: Mit den neu entstandenen Riesenstadien in Frankfurt, Gelsenkirchen, München oder Düsseldorf konnte Bremen bei weitem nicht mithalten. Das marode, zugige Weser-Stadion war aber nicht der Hauptgrund für eine wieder mal nervenzerfetzende Werder-Saison am Rande des Abgrunds.

Bedingt durch die chronisch drückende Schuldenlast als Spätfolge des in die Hose gegangenen Wagnisses namens »Millionenelf« drei Jahre zuvor, konnte Werder schon zum zweiten Mal in Folge auf dem Transfermarkt nur bei den Sonderangeboten herumstöbern und hoffen, keine Mängelexemplare zu erwischen. Immerhin ging dem Verein mit dem erst 20-jährigen Hans-Jürgen Röber (der auf dem weiten Weg zwischen 1974 und 2003 seinen ersten Vornamen irgendwo liegen ließ) ein echter Volltreffer ins Netz. Über viele Vorschusslorbeeren konnte sich der auch erst 22-jährige Urban Klausmann aus Villingen freuen, ein scheinbar hoch talentierter beidfüßiger Flügelstürmer.

Röber blieb bis zum späteren Abstieg 1980 bei Werder und klopfte als schussstarker Mittelfeldmotor wiederholt an die Tür zur Nationalelf. Klausmann war davon weit entfernt: Ganze fünf Spiele trug er für 90 Minuten das nun wieder grün-weiße Trikot. Danach wurde er zum Joker, und das auch nur mangels Alternativen im Werder-Angriff, in dem Oldtimer Werner Görts das Tor ebenso wenig traf wie der aufstrebende Jungstar Volker Ohling. Einzig »Acker« Weist wusste immer mal wieder, wo die Kiste stand. Werders Angriff blieb wie immer das ganz, ganz große Problem der Elf. Im späteren Saisonverlauf kam mit Franz Hiller noch ein Mittelfeldallrounder zum Sonderpreis aus der 2. spanischen Liga, der sofort zur festen Größe wurde, ohne jemals für Werder besondere Heldentaten zu vollbringen.

Doch noch ein Wort zu den Trikots: Die »Speckflaggentrikots« wurden nach drei faden Saisons ein für alle Mal in die Mottenkiste der Werder-Historie verbannt. Im Training werden sie endgültig verschlissen. Hansi Wolff bestellte die neuen Trikotsätze für die Saison 74/75 wie selbstverständlich im guten alten Grün-Weiß und erklärte unmissverständlich, dass die Rückkehr zu den Traditionsfarben auch als stiller Protest gewertet werden darf:

»Wir haben keinen Grund mehr, für Bremen Reklame zu machen.« Bei Werder zeigte man sich verschnupft darüber, dass die Stadt Bremen zwar einerseits das »Millionending« mit anschob, den Verein in schweren Zeiten aber mit seinen Problemen im Regen stehen ließ. Die von Werder auf unzähligen Flugblättern beschworene Formel »Werder braucht Bremen, Bremen braucht Werder!« erwies sich als Wunschdenken. In schweren Tagen war Werder mit seinen Problemen alleine. Kein Trikotsponsor half gegen die größten Nöte, anders als in München (adidas), Düsseldorf (»allkauf«), Frankfurt (Remington), Hamburg (Campari) oder Braunschweig (Jägermeister), wo die Kommerzialisierung bereits die nächste Stufe erreicht hatte.

Bekannte Brauereien winkten bei Werders Sponsorensuche ebenso desinteressiert ab wie ein renommierter Bremer Kaffeeröster, der im Sommer 1974 lieber mit großem Kostenaufwand ein WM-Buch mit dem Konterfei Franz Beckenbauers auf den Markt brachte, als dem örtlichen Bundesligisten durch ein finanzielles Engagement unter die Arme zu greifen.

Nachdem Werder sich auf einer vierwöchigen (!!) USA-Reise auf die Saison vorbereitete, wurde bald klar: Die Mannschaft würde in der Saison viel zu zittern haben. Umso mehr, weil es erstmals in der Bundesligageschichte künftig drei statt wie bisher zwei Absteiger geben würde. Vor diesem nun drohend gewachsenen Abgrund namens »2. Liga« geriet die gesamte Vorrunde zum Alptraum. Werder rutschte immer wieder auf Platz 18 ab. Im brisanten Kellerduell am 13. Spieltag siegte der Vorletzte Werder gegen das Schlusslicht Wuppertal mit 2:1 durch ein Tor von Kalli Kamp in der 93. Minute. Ein Befreiungsschlag, da waren sich alle sicher. Doch dann ging die Horrorshow weiter: Zwölf Spiele mit nur zwei Siegen schlossen sich an und zogen Werder in einen schier endlosen Abstiegskampf.

An den nackten Zahlen liest sich gut ab, welch haarsträubende Saison der SV Werder in jenem Jahr hinlegte: Zwölfmal auf einem Abstiegsplatz, 69 Gegentore, nur neun Siege, nur 25 Punkte – und trotzdem gab es ein zwischenzeitlich kaum noch für möglich gehaltenes Happy End. Auch, weil Trainer Piontek am Ende Recht behielt. »Unsere Saison fängt erst an, wenn wir wieder komplett sind!« hatte er immer wieder gebetsmühlenartig betont. Ausgerechnet die Korsettstangen Røntved und Höttges waren lange verletzt und konnten ihre Knochen im Abstiegskampf nicht wie gewohnt hinhalten.

Die nicht mehr für möglich gehaltene Rettung allerdings lag weniger an der eigenen Klasse als vielmehr daran, dass mit dem VfB Stuttgart Werders Hauptkonkurrent sieben Spieltage vor Saisonende völlig die Nerven verlor. Werder hatte gerade als Tabellensechzehnter sensationell den Tabellenzweiten und Titelanwärter Hertha BSC mit 4:0 aus dem Weser-Stadion gepfeffert (zweimal Weist, zweimal Röber). Und damit wurde ausgerechnet vor dem direkten Aufeinandertreffen mit dem Kontrahenten Stuttgart im Neckarstadion der VfB auf den Abstiegsplatz 16 geschickt. Die Schwaben hätten mit einem Heimsieg im direkten Duell eine Vorentscheidung im Abstiegskampf schaffen können, aber durch eines der wichtigsten Werder-Tore der siebziger Jahre sicherte Werner »Acker« Weist den Hanseaten zwölf Minuten vor Spielende ein wertvolles 2:2, das dem Tabellennachbarn endgültig den Zahn zog. Weist war in der Nacht vor dem Spiel übermüdet von der Beerdigung seines Vaters nachgereist. An diesem nassen Aprilsamstag beerdigte er den VfB Stuttgart. Die Schwaben erholten sich nicht mehr: Sie wurden von Tabellenführer Mönchengladbach mit 5:1 zerrupft, während Werder zeitgleich mit dem 1. FC Köln die nächste Spitzenelf deklassierte: 4:1 dank Røntved, Weist und zweimal Kalli Kamp (!).

Kalli Kamp mal nicht als Wadenbeißer, sondern als Opfer: rassiges Duell mit Gladbachs Danner

Und als die Bremer dann sogar auswärts bei den schon abgeschlagenen Wuppertalern gewannen (was bemerkenswert war, weil Werder in dieser Saison auswärts zur Schießbude sondergleichen geworden war!), resignierte der angeschlagene VfB Stuttgart und schlug sich beim 3:4 zuhause gegen Frankfurt praktisch selbst. Vier Punkte und elf Tore Vorsprung hatte Werder vier Spieltage vor Saisonende. Man feierte schon die Rettung mit dem scheidenden Trainer Seppl Piontek, den es nach insgesamt 15 Jahren Werder Bremen an den Rhein zu Fortuna Düsseldorf zog. Doch Werder feierte beinahe zu früh: In den letzten vier Spielen erbte Werder nur noch ein winziges Pünktchen, und letztlich blieb der SVW nur drin, weil der VfB Stuttgart auch noch sein letztes Heimspiel gegen Kaiserslautern in den Sand setzte.

Nach drei elften Plätzen in Folge kam Werder mit einer unüberschaubaren Anzahl blauer Augen und Rang 15 davon. Die Finanzen hatten sich nicht im Geringsten verbessert. Werder war wirtschaftlich und personell im Begriff zu schrumpfen, ohne dass man wirklich von »gesundschrumpfen« hätte reden können.

WERDER BREMEN 1974/75

Trainer

Piontek, Josef »Seppl«
Verantwortlicher Trainer in allen 34 Spielen der Saison

Werders Neuzugänge im Sommer 1974

Josef Pionteks letzte Saison als Werder-Trainer beginnt wieder einmal mit vergleichsweise namenlosen Neuzugängen: Auf dem Trainingsplatz präsentieren sich Torwart Rolf Meyer, Stürmer Urban Klausmann und Mittelfeldspieler Jürgen Röber

Wer kam?

Hiller (FC Elche/Spanien, w.d.S.)
Klausmann (Villingen)
R. Meyer (eig. Amateure)
Röber (TuS Lingen)

Wer ging?

Bernard (SV Atlas Delmenhorst)
Dreyer (Barmbek-Uhlenhorst)
Schildt (Borussia Dortmund)
Schmidt (Hessen Kassel)

w.d.S. = während der Saison

Tor

Burdenski, Dieter »Budde«
34 Spiele; 0 Tore

Meyer, Rolf
0 Spiele; 0 Tore

Abwehr

Assauer, Rudolf »Rudi«
34 Spiele; 1 Tor

Höttges, Horst-Dieter »Eisenfuß«
31 Spiele; 6 Tore

Zembski, Dieter
30 Spiele; 0 Tore

Mittelfeld

Kamp, Karl-Heinz »Kalli«
34 Spiele; 6 Tore

Bracht, Uwe
30 Spiele; 2 Tore

Hiller, Franz
25 Spiele; 0 Tore

Angriff

Görts, Werner »Anneliese«
34 Spiele; 2 Tore

Weist, Werner »Acker«
29 Spiele; 11 Tore

Klausmann, Urban
19 Spiele; 1 Tor

Erweiterter Kader

Geils, Karl-Heinz »Kalle«
6 Spiele; 0 Tore
Amateur

Ripke, Franz-Josef
3 Spiele; 0 Tore
Amateur

Der Sport-Verein »Werder« im Jahr 1974/75:

Präsident:	**Dr. Franz Böhmert**
Vizepräsident:	**Klaus-Dieter Fischer (Amateur-Abt.)**
Geschäftsführer:	**Hans Wolff**
Vereinsarzt:	**Dr. Franz Böhmert**
Masseur:	**Wolfgang Binder**
Mitglieder:	**2.200**
Kapazität Weser-Stadion:	**40.000 Plätze (5.700 Sitzplätze, davon 2.464 überdacht)**

Kontny, Mario
17 Spiele; 0 Tore

Erkenbrecher, Uwe
9 Spiele; 0 Tore

Røntved, Per
23 Spiele; 7 Tore

Röber, Hans-Jürgen
21 Spiele; 5 Tore

Dietrich, Peter
12 Spiele; 0 Tore

Brexendorf, Bernd
5 Spiele; 0 Tore

Thygesen, Poul-Erik
7 Spiele; 0 Tore

Ohling, Volker
2 Spiele; 2 Tore

In Freundschaftsspielen eingesetzt:

Metzer, Rolf (Abwehr)
Snater, Harald (Angriff)
Sunday, Ibrahim (Angriff; spielte als erster »Gastspieler« ohne gültigen Profivertrag bei Werder zwei Freundschaftsspiele, obwohl er offiziell noch beim FC Kumasi (Ghana) unter Vertrag stand)
Wessel, Karl-Friedrich (Abwehr)

Josef Piontek: »… die Gegner hatten Angst vor Höttges und mir!«

Drei Phasen einer großen Karriere: Seppl Piontek 1971 als Spieler zum Ausklang seiner aktiven Karriere (oben), auf dem Höhepunkt seiner Trainerkarriere als Nationaltrainer von Dänemark (Mitte) und als Nationaltrainer der Grønlands Boldspil Union

Josef »Seppl« Piontek war eine der prägendsten Persönlichkeiten in Werders erstem Bundesligajahrzehnt. Noch als Lizenzspieler machte Piontek in Köln seine Trainerlizenz und stieg nahtlos als verantwortlicher Coach bei Werder ein. Bundesweit war er damit der erste Trainer, der zuvor bei seinem Verein auch gespielt hatte. Piontek hatte die undankbare Aufgabe, die Scherben des Millionenelf-Wagnisses beseitigen zu müssen. Er war in der denkbar schwierigsten Phase für das Wohl der Mannschaft verantwortlich: Werder hatte einen zusammengewürfelten Kader ohne große Zukunft, und, was noch schwerer wog, keine müde Mark, um daran etwas zu ändern. Doch zunächst machte er sich an der Seite von Horst-Dieter Höttges als kompromissloser, landesweit gefürchteter Verteidiger einen Namen und kam auf seiner Position zu (wenn auch zahlenmäßig überschaubaren) Länderspielehren.

Eine besonders bewegte Werder-Geschichte, an deren Anfänge sich Piontek heute so erinnert:

Ich spielte damals bei Germania Leer, und Werders Trainer Georg Knöpfle suchte gemeinsam mit Manager Hansi Wolff einen Abwehrspieler. Also beobachteten sie eines meiner Spiele. Das Dumme war: Ich spielte seinerzeit noch im Angriff, und die beiden Werder-Beobachter waren auch nicht wegen mir, sondern wegen meines Gegenspielers erschienen. Der spielte mit Wilhelmshaven gegen meine Mannschaft, und ich habe gegen ihn zwei Tore gemacht. Und da haben Knöpfle und Wolff sich wohl gesagt: ›Nun, dieser Abwehrspieler von Wilhelmshaven ist wohl doch nicht so gut. Aber dafür nehmen wie den Stürmer von Leer!‹ Also haben sie mich als Mittelstürmer für Werder eingekauft.

Stürmer Piontek schoss in seinen ersten drei Jahren bei Werder genau ein Tor. Das lag daran, dass man bei Werder schnell erkannte: Die Stärken des verteidigenden Ostfriesen liegen ganz woanders.

In Bremen angekommen verging mir erst mal Hören und Sehen, als ich plötzlich mit Supertechnikern wie Willi Schröder trainieren musste. Auf einmal musste ich Doppelpässe spielen, schneller spielen, mit Bande spielen und so weiter. Das war neu für mich. Bei Germania Leer war ich mehr so ein ›Reißer‹, der auf sich alleine gestellt war und vorne die Dinger reinhauen sollte und sonst nichts. Die Umstellung also war riesengroß, und man hat mich sehr schnell aus der vordersten Front weiter nach hinten beordert. Ich habe dann im Mittelfeld und als letzter Mann gespielt. Erst Multhaup hat mich drei Jahre nach meinem Wechsel zu Werder zum rechten Verteidiger umgeschult, und dort habe ich dann neun Jahre bis zu meinem Karriereende gespielt.

Die gegnerischen Stürmer dürften Multhaup dafür nicht übermäßig dankbar gewesen sein, denn Piontek entwickelte sich schnell zu einem der gefürchtetsten Zerstörer des Landes.

Wir sind schon heftig zur Sache gegangen, Höttges und ich. Nicht unfair, also nie von hinten oder so, aber Mann gegen Mann, der Ball dazwischen, da kannten wir kein Pardon. Höttges war dafür berühmt, weder den Gegner noch sich selbst zu schonen. Oft kam es vor, dass er sich raustragen lassen musste und schwer angeschlagen schien, aber in der Woche drauf war er wieder dabei, als wäre nichts gewesen. Die Außenstürmer, die hatten immer viel Bammel, wenn sie nach Bremen mussten. Egal, ob das der Charly Dörfel war oder Bayerns Brenninger oder wie die alle hießen, die hatten alle immer schon die ganze Woche Angst, bevor sie gegen Höttges und mich antreten mussten.

Pionteks durchweg überragende Leistungen während der Meistersaison bringen ihn 1965 in die Nationalelf und beinahe in den WM-Kader 1966. Rechts der Frankfurter Trimhold

Werbung, 1966

Der Schalker Pirkner zieht vor Piontek in den Werder-Strafraum (1969/70)

Das selten verwendete Ausweichtrikot 1965/66 (siehe Bild rechts)

Der Übergang vom Spieler zum Trainer eines Vereins war in den frühen siebziger Jahren, wie erwähnt, noch weitaus ungewöhnlicher als er es heute ist. Josef Piontek musste den Sprung ins kalte Wasser ausgerechnet zu einem Zeitpunkt wagen, da die »Millionenelf« sich gerade selbst demontierte. Sein Verdienst war es, dass sich die Lage auf Werders Trainerbank für beinahe vier Jahre beruhigte, obwohl der Verein sportlich alles andere als gut aufgestellt war.

Werder hat mir 1971 sehr geholfen. Ich hatte damals Probleme mit meinem Knie. Ich war operiert worden, ich musste erst mal wieder langsam rankommen. Und in der Zeit habe ich noch meinen Trainerschein für die A-Lizenz gemacht, nicht für die Bundesliga. Ich wollte später mal als Amateurtrainer oder Jugendtrainer irgendwo anfangen, ganz in Ruhe anfangen. Und plötzlich war der Verein in der Klemme mit den teuren, neuen Spielern. Nichts haute hin, Missgunst herrschte. Die neuen Spieler hatten alle ihre Prämien schon im Voraus bekommen, und wir Alteingesessenen mussten für unser Geld erst noch rennen. Und das passte nicht zusammen. Wie soll man unter solchen Voraussetzungen gemeinsam die Kastanien aus dem Feuer holen, wenn die Spieler argwöhnisch darauf schauen, was der andere verdient und warum der sein Geld schon in der Tasche hat?

Schließlich wurde Gebhardt entlassen – zu einem Zeitpunkt, als eigentlich kein Geld mehr für einen neuen Trainer übrig war. Und dann hieß es: ›Mensch, was machen wir jetzt? Wer kann uns jetzt helfen? Der Piontek hat doch gerade einen Trainer-Kurs gemacht. Wenn wir den nehmen und den Multhaup als alten Fuchs dazuholen – das könnte doch klappen?‹ Also haben sie mich gefragt, ob ich mir den Sprung zutrauen würde. Erst hieß es immer: Wir machen das jetzt mit Sepp Piontek, bis wir einen ›richtigen‹ neuen Trainer haben. Ich habe das Training geleitet. Das war kein Problem für mich. Multhaup seinerseits hat sich um unsere Taktik gekümmert. Nach drei, vier Wochen nahm er mich beiseite und eröffnete mir: ›Du, das wird hier nichts. Die Alten und die Neuen zusammen, das macht mich ganz krank. Ich höre wieder auf. Du packst das auch ohne mich!‹

Er hatte gut reden. Ich hatte ja immer noch keine gültige Lizenz für die Bundesliga. Also haben sie bei Werder gesagt: ›Wir lassen es drauf ankommen. Mach' Du Deine Lizenz in Köln. Das dauert ja nur drei Monate. In der Zwischenzeit leitet Pico Schütz das Training. Du kommst ja am Wochenende sowieso nach Hause. Da hast Du dann am Freitag und Samstag immer noch genug Zeit, die Mannschaft einzustellen.‹

Der DFB hat derartige Pläne damals nicht besonders spaßig gefunden. Die haben dem Verein Auflagen erteilt und wollten

Piontek flankt aus vollem Lauf. Man beachte das seltene Ausweichtrikot mit schlankmachenden Längsstreifen

uns zwingen, per sofort einen Trainer mit Lizenz zu verpflichten. Dadurch kam Werder zum ersten Mal in der Vereinsgeschichte auf die Idee, einen Strohmann zu positionieren. Der hieß Hugo Scharmann, war schon etwas älter und hatte vor einer Ewigkeit mal Werders Oberligamannschaft trainiert. Aber Scharmann hatte die Lizenz, und so konnten wir ihn offiziell vorschieben und unseren Plan doch noch durchführen, mich in Ruhe meine Trainerprüfung ablegen zu lassen.

Was damals nicht abzusehen war: Nach drei soliden Jahren bei Werder wurde aus jenem ruhigen Mann, der es bis dahin gerade mal von Leer nach Bremen geschafft hatte, ein echter Weltenbummler.

Nachdem ich Werder 1975 verließ, wurde ich für ein Jahr Trainer von Fortuna Düsseldorf. Dann war ich zwei Jahre in der Karibik, als Nationaltrainer von Haiti. Das hat mich enorm weitergebracht, denn wir hatten dort häufig südamerikanische Mannschaften zu Gast. Ich habe dadurch sehr viel gelernt. Anschließend musste ich mich erst einmal wieder in Deutschland zurechtfinden und übernahm den FC St. Pauli direkt nach seinem ersten Abstieg aus der Bundesliga. Nach der 2. Liga in Deutschland bekam ich ein Angebot von Dänemarks Fußballverband und war dann dort elf Jahre lang Nationaltrainer. Hinterher folgten vier Jahre in der Türkei, wo ich die jungen Spieler trainiert habe, die später im gestandeneren Alter WM-Dritter wurden. Danach kamen mit Aalborg und Silkeborg wieder zwei dänische Klubs. Als ich Probleme mit dem Herzen bekam, suchte ich mir einen ruhigeren Job und nahm das Amt als Nationaltrainer Grönlands an. Das war aber nur aus Spaß, um das Land und die Leute kennenzulernen. Einmal im Jahr waren wir da oben, wir hatten die Meisterschaft einmal im Jahr, und dann zweimal im Jahr kamen die Spieler runter nach Dänemark. Wir hatten als Sponsor die Grönland-Flug, die Fluggesellschaft, die nach Grönland fliegt, und dadurch konnten die Spieler zweimal im Jahr in Dänemark trainieren. Wir haben so ein paar kleine Spiele gemacht und haben dann die Inselmeisterschaften mitgemacht. Jedes dritte Jahr spielen die Grönländer mit bei den Inselmeisterschaften, Island Games heißen die, wo dann die ganzen Inseln mit Auswahlmannschaften dabei sind: Rhodos und Falkland und die Caiman-Islands und Bermuda, die Isle of Wright, die Isle of Man, Kreta und so weiter.

Seppl Piontek trug Werders Trikot als Spieler von 1960 bis 1971. Von 1971 bis 1975 übernahm er beinahe nahtlos die Verantwortung auf Werders Trainerbank. Für Deutschland lief er in 6 Länderspielen im DFB-Trikot auf. Heute kann sich Josef Piontek den Luxus erlauben, sich auf Dinge zu konzentrieren, zu denen er Lust hat. Er arbeitet sporadisch für den Fernsehkanal TV Denmark als Fußballexperte.

Weltenbummler Seppl Piontek über …

… sein Verhältnis zum Diktator von Haiti, als er dort Nationaltrainer war:

Immer wenn wir ein Länderspiel hatten, musste ich vorher in den streng bewachten Palast kommen und ihm Aufstellung und Taktik mitteilen. Und dann gab's auch Taschengeld von ihm, das sie gerade frisch im Palast unten gedruckt hatten. Die Scheine waren immer noch feucht, klebten zusammen und rochen nach Farbe. Aber ich konnte ohne Probleme damit bezahlen.

… die Tatsache, für seine Trainerarbeit in Grönland in Sachwerten entlohnt worden zu sein:

Das stimmt, ich bekomme kein Geld. Ich darf dafür aber in Grönland Seehunde und Rentiere jagen, darf mit meiner Familie, was ja sonst sehr teuer ist, jederzeit dorthin reisen. Und ich werde mit Fisch bezahlt, hin und wieder kommt ein Laster von der Firma »Royal Greenland«, liefert Lachs und Hummer und die seltenen Schneekrabben – die erhält sonst nur die dänische Königin.

… die Mentalität grönländischer Fußballer:

Sie sind durchweg unglaublich ehrgeizig, sie wollen so gerne. Sie haben aber große Probleme mit der Technik. Und dann gibt es noch ein anderes Problem: Während des Trainings oder des Spiels sehen sie plötzlich einen Wal – und dann lassen sie Ball Ball sein, dann stürmen sie zu den Booten und es geht raus aufs Meer, es geht dann nur noch um den Wal.

Alle Spiele 1974/75

14.07.1974
Freundschaftsspiel
SV Barmbek-Uhlenhorst – W. B. 0:1 (0:0)
Aufstellung: Burdenski – Kontny, Zembski, Assauer, Kamp – Brexendorf (46. Bracht), Röber (46. Erkenbrecher), Røntved – Klausmann (46. Thygesen), Weist (64. Ohling), Görts
Trainer: Piontek
Tor: 0:1 Erkenbrecher (80.)
Zuschauer: 1.200

17.07.1974
Internationales Freundschaftsspiel
Rhode Island Oceaners – W. B. 2:2 (2:0)
Aufstellung: Burdenski – Kontny, Kamp, Zembski, Assauer – Erkenbrecher (Brexendorf), Klausmann, Röber – Weist (Ohling), Bracht, Görts
Trainer: Piontek
Tore: 1:0 unbekannt (?.), 2:0 unbekannt (?.), 2:1 Röber (53.), 2:2 Röber (86.)
Zuschauer: 9.000 in Providence

18.07.1974
Internationales Freundschaftsspiel
SC Toronto Croatia City – W. B. 1:1 (0:1)
Aufstellung: Burdenski – Kontny (Ohling), Kamp, Zembski, Assauer – Erkenbrecher (Klausmann), Bracht, Röber – Weist, Thygesen, Görts
Trainer: Piontek
Tore: 1:0 Jorge Felix (28.), 1:1 Thygesen (77.)
Zuschauer: 2.000 in Toronto

22.07.1974
Internationales Freundschaftsspiel
St. Louis Stars – W. Bremen 1:0 (1:0)
Aufstellung: Burdenski – Kontny, Zembski, Assauer, Kamp – Brexendorf (Erkenbrecher), Röber (Klausmann), Bracht (Ohling) – Thygesen, Weist, Görts
Trainer: Piontek
Tor: 1:0 Seerey
Besonderheit: Im Baseballstadion von St. Louis bestand eine Spielhälfte aus Sand und die andere aus Kunstrasen.
Zuschauer: 9.000 in St. Louis

26.07.1974
Internationales Freundschaftsspiel
CD Nueva Léon – W. Bremen 1:1 (0:1)
Aufstellung: Burdenski – Kontny, Zembski, Assauer, Kamp – Erkenbrecher, Röber, Bracht – Thygesen (Brexendorf), Weist, Görts (Klausmann)
Trainer: Piontek
Tore: 0:1 Bracht (31.), 1:1 unbekannt (86.)
Zuschauer: 6.000 in Monterrey

30.07.1974
Internationales Freundschaftsspiel
CD Universidad Mexico – W. B. 1:0 (1:0)
Aufstellung: Burdenski – Kontny, Zembski, Assauer, Kamp – Erkenbrecher (Brexendorf), Röber, Bracht (Ohling) – Thygesen (Klausmann), Weist, Görts
Trainer: Piontek
Tor: unbekannt
Zuschauer: 1.000 im Olympiastadion in Mexico-City

02.08.1974
Internationales Freundschaftsspiel
CD Alajuela – W. Bremen 2:2 (2:0)
Aufstellung: Burdenski – Kontny, Zembski, Assauer, Kamp (Erkenbrecher) – Brexendorf, Röber (Thygesen), Klausmann (Weist) – Ohling, Bracht, Görts
Trainer: Piontek
Torschützen für Werder: Assauer, Görts
Zuschauer: 12.000 in San José / Costa Rica

04.08.1974
Internationales Freundschaftsspiel
CD Saprissa San José – W. B. 1:1 (0:1)
Aufstellung: Burdenski – Kontny, Zembski, Assauer, Kamp – Erkenbrecher, Klausmann (Ohling), Brexendorf – Weist, Bracht, Görts
Trainer: Piontek
Torschütze für Werder: Bracht
Zuschauer: 14.000 in San José / Costa Rica

07.08.1974
Internationales Freundschaftsspiel
SC Dallas Tornados – W. Bremen 1:3 (0:1)
Aufstellung: Burdenski (R. Meyer) – Kontny, Zembski, Assauer, Kamp – Erkenbrecher, Ripke (Thygesen), Brexendorf – Weist, Bracht, Görts
Trainer: Piontek
Tore: 0:1 Assauer (3.), 0:2 Weist (50.), 1:2 Juracy (61.), 1:3 Thygesen (73.)
Zuschauer: 8.000 in Dallas

10.08.1974
Internationales Freundschaftsspiel
SC Toronto Croatia City – W. B. 0:1 (0:0)
Aufstellung: Burdenski – Kontny, Zembski, Assauer, Kamp (Röber) – Erkenbrecher, Klausmann (Ripke), Brexendorf (Ohling) – Weist, Bracht, Görts (Thygesen)
Trainer: Piontek
Tor: 0:1 Weist (85.)
Zuschauer: 500 in New York

15.08.1974
Freundschaftsspiel
Atlas Delmenhorst – W. Bremen 2:6 (1:3)
Aufstellung: Burdenski (46. R. Meyer) – Kontny (65. Geils), Höttges, Zembski (65. Erkenbrecher), Assauer – Kamp, Klausmann, Brexendorf – Weist (65. Ohling), Bracht (65. Thygesen), Görts (65. Ripke)
Trainer: Piontek
Tore: 1:0 Sommer (18.), 1:1 Klausmann (21.), 1:2 Weist (34.), 1:3 Brexendorf (45.), 1:4 Brexendorf (54.), 2:4 Hasebrink (60.), 2:5 Klausmann (82.), 2:6 Ohling (85. Elfmeter)
Zuschauer: 2.500

17.08.1974
Freundschaftsspiel
Stadtausw. Nordenham – W. B. 1:10 (0:4)
Aufstellung: Burdenski (46. R. Meyer) – Kontny, Höttges (46 Thygesen), Assauer, Zembski (46. Erkenbrecher) – Kamp, Bracht, Brexendorf – Klausmann (46. Ripke), Weist, Görts
Trainer: Piontek
Torschützen für Werder: Weist (3), Bracht (2), Thygesen (2), Görts, Klausmann, Assauer
Zuschauer: 2.000

18.08.1974
Freundschaftsspiel
SV Bünde – W. Bremen 0:8 (0:1)
Aufstellung: Burdenski – Kontny, Höttges, Zembski (46. Erkenbrecher), Assauer – Kamp, Klausmann (46. Thygesen), Brexendorf – Weist, Bracht, Görts
Trainer: Piontek
Tore: Weist (5), Görts (2), Thygesen
Zuschauer: 1.500 in Holzhausen

20.08.1974
Freundschaftsspiel
Kreisausw. Ostfriesland – W. B. 0:8 (0:2)
Aufstellung: Burdenski (46. R. Meyer) – Kontny, Kamp, Höttges, Assauer – Erkenbrecher, Klausmann, Brexendorf (46. Ripke) – Weist (46. Ohling), Bracht, Görts (46. Snater)
Trainer: Piontek
Tore: Erkenbrecher (2), Klausmann (2), Ohling (2), Weist, Bracht
Zuschauer: 1.500 in Simonswohlde

24.08.1974
Bundesliga, 1. Spieltag
W. Bremen – Eintracht Frankfurt 0:3 (0:2)
Aufstellung: Burdenski – Kontny, Assauer, Zembski, Kamp – Brexendorf (49. Erkenbrecher), Höttges, Bracht (62. Ohling) – Klausmann, Weist, Görts
Trainer: Piontek
Tore: 0:1 Nickel (26.), 0:2 Trinklein (44.), 0:3 Rohrbach (89.)
Zuschauer: 16.000

28.08.1974
Freundschaftsspiel
SC Langenhagen – W. Bremen 1:9 (0:1)
Aufstellung: Burdenski (R. Meyer) – Kontny (Geils), Kamp, Höttges, Assauer – Erkenbrecher, Klausmann (Ripke), Röber (Görts) – Ohling, Bracht, Thygesen (Weist)
Trainer: Piontek
Torschützen für Werder: Ohling (2), Weist (2), Bracht, Erkenbrecher, Höttges (Elfmeter), Ripke, Görts
Zuschauer: 1.100

31.08.1974
Bundesliga, 2. Spieltag
Tennis Borussia Berlin – W. B. 4:0 (2:0)
Aufstellung: Burdenski – Kontny, Höttges, Assauer, Kamp – Zembski, Bracht, Erkenbrecher (71. Geils) – Ripke, Weist, Görts (71. Klausmann)
Trainer: Piontek
Tore: 1:0 Geyer (14.), 2:0 Geyer (23.), 3:0 Stolzenburg (76.), 4:0 Geyer (88.)
Zuschauer: 8.260

03.09.1974
Freundschaftsspiel
VfL Wittek. Wildeshausen – W. B. 1:8 (1:3)
Aufstellung: Burdenski (R. Meyer) – Kontny (Geils), Zembski, Höttges, Assauer – Kamp, Röber, Bracht – Thygesen (Ripke), Weist (Ohling), Görts (Klausmann)
Trainer: Piontek
Torschützen für Werder: Bracht (3), Weist (2), Kamp, Röber, Ohling
Zuschauer: 1.000

06.09.1974
DFB-Pokal, 1. Runde
W. Bremen – BSC Grünhöfe 11:1 (2:0)
Aufstellung: Burdenski (64. R. Meyer) – Geils, Zembski, Höttges, Kamp – Assauer, Erkenbrecher, Bracht – Thygesen, Ohling, Görts
Trainer: Piontek
Tore: 1:0 Erkenbrecher (1.), 2:0 Erkenbrecher (14.), 3:0 Görts (46.), 4:0 Bracht (50.), 5:0 Thygesen (51.), 6:0 Ohling (59.), 6:1 Krumpfe (63.), 7:1 Thygesen (68.), 8:1 Görts (73.), 9:1 Bracht (80.), 10:1 Thygesen (84.), 11:1 Ohling (88.)
Zuschauer: 864

07.09.1974
Freundschaftsspiel
Holstein Quickborn – W. Bremen 0:4 (0:2)
Aufstellung: Burdenski (46. R. Meyer) – Geils, Zembski, Höttges, Kamp – Assauer, Erkenbrecher (65. Metzer), Bracht – Ripke, Thygesen (46. Ohling), Görts
Trainer: Piontek
Tore: 0:1 Ripke (12.), 0:2 Bracht (44.), 0:3 Assauer (62.), 0:4 Ripke (78.)
Zuschauer: 1.100

11.09.1974
Bundesliga, 3. Spieltag
W. Bremen – 1. FC Kaiserslautern 3:1 (0:1)
Aufstellung: Burdenski – Kontny, Zembski, Höttges, Kamp – Assauer, Erkenbrecher, Bracht – Klausmann, Weist (63. Ohling), Görts
Trainer: Piontek
Tore: 0:1 Sandberg (22.), 1:1 Görts (70.), 2:1 Klausmann (76.), 3:1 Bracht (82. HE)
Zuschauer: 12.000

14.09.1974
Bundesliga, 4. Spieltag
MSV Duisburg – W. Bremen 4:0 (2:0)
Aufstellung: Burdenski – Kontny, Assauer, Höttges, Kamp – Geils, Erkenbrecher, Brexendorf (62. Ohling), Bracht – Klausmann (62. Thygesen), Görts
Trainer: Piontek
Tore: 1:0 Worm (33.), 2:0 Bücker (39.), 3:0 Dietz (68.), 4:0 Thies (80.)
Zuschauer: 15.000

21.09.1974
Bundesliga, 5. Spieltag
W. Bremen – Rot-Weiß Essen 0:0
Aufstellung: Burdenski – Kontny, Höttges, Assauer, Kamp – Geils (64. Brexendorf), Erkenbrecher, Bracht – Klausmann, Ohling (75. Ripke), Görts
Trainer: Piontek
Tore: –
Zuschauer: 10.000

28.09.1974
Bundesliga, 6. Spieltag
VfL Bochum – W. Bremen 3:1 (1:0)
Aufstellung: Burdenski – Kontny (60. Ohling), Zembski, Höttges, Kamp – Assauer, Brexendorf, Erkenbrecher, Geils – Görts, Klausmann
Trainer: Piontek
Tore: 1:0 Balte (28. FE), 2:0 Kaczor (70.), 3:0 Tenhagen (77.), 3:1 Ohling (90.)
Zuschauer: 11.000

04.10.1974
Bundesliga, 7. Spieltag
W. Bremen – Fortuna Düsseldorf 0:0
Aufstellung: Burdenski – Kontny, Zembski, Höttges, Kamp – Assauer, Hiller, Dietrich – Klausmann (72. Röber), Ohling (63. Weist), Görts
Trainer: Piontek
Tore: –
Zuschauer: 14.500

09.10.1974
Bundesliga, 8. Spieltag
FC Bayern München – W. Bremen 2:0 (1:0)
Aufstellung: Burdenski – Kontny, Kamp, Assauer, Höttges – Zembski, Röber (67. Klausmann), Dietrich, Hiller – Weist (46. Ohling), Görts
Trainer: Piontek
Tore: 1:0 U. Hoeneß (19.), 2:0 Kapellmann (64.)
Zuschauer: 14.000

12.10.1974
Bundesliga, 9. Spieltag
W. Bremen – Kickers Offenbach 3:6 (2:0)
Aufstellung: Burdenski – Kontny, Höttges (36. Geils, 69. Weist), Assauer, Zembski – Kamp, Hiller, Dietrich – Klausmann, Ohling, Görts
Trainer: Piontek
Tore: 1:0 Ohling (8.), 2:0 Assauer (39. FE), 2:1 Kostedde (47.), 2:2 Ritschel (49. FE), 2:3 Janzon (57.), 2:4 Schwemmle (62.), 2:5 Kostedde (65.), 3:5 Weist (74.), 3:6 Held (86.)
Zuschauer: 10.000

19.10.1974
Bundesliga, 10. Spieltag
Hertha BSC Berlin – W. Bremen 2:0 (0:0)
Aufstellung: Burdenski – Kamp, Zembski, Assauer, Kontny – Röber (75. Klausmann), Ohling (84. Brexendorf), Bracht, Dietrich – Weist, Görts
Trainer: Piontek
Tore: 1:0 Grau (46.), 2:0 Hermandung (89.)
Zuschauer: 16.500

26.10.1974
DFB-Pokal, 2. Runde
VfL Wolfsburg – W. Bremen 1:4 (0:1)
Aufstellung: Burdenski – Kontny (65. Röber), Zembski, Assauer, Kamp – Dietrich, Røntved, Bracht – Ohling, Weist, Görts
Trainer: Piontek
Tore: 0:1 Weist (45.), 0:2 Ohling (50.), 0:3 Weist (73.), 1:3 Borutta (78. FE), 1:4 Røntved (89.)
Zuschauer: 3.500

09.11.1974
Bundesliga, 12. Spieltag
1. FC Köln – W. Bremen 3:1 (1:0)
Aufstellung: Burdenski – Höttges, Assauer, Zembski, Kamp – Dietrich, Erkenbrecher, Røntved (74. Klausmann), Bracht – Weist, Görts
Trainer: Piontek
Tore: 1:0 Konopka (5. FE), 2:0 Simmet (73.), 3:0 Overath (75.), 3:1 Höttges (83.)
Zuschauer: 11.000

16.11.1974
Bundesliga, 13. Spieltag
W. Bremen – Wuppertaler SV 2:1 (0:1)
Aufstellung: Burdenski – Höttges, Assauer, Zembski, Kamp – Dietrich, Erkenbrecher (46. Ohling), Røntved, Bracht – Görts, Weist
Trainer: Piontek
Tore: 0:1 Nagy (39.), 1:1 Weist (74.), 2:1 Kamp (90.+2)
Besonderes Vorkommnis: Rote Karte für Nagy (WSV) (42.)
Zuschauer: 14.000

23.11.1974
Bundesliga, 14. Spieltag
FC Schalke 04 – W. Bremen 2:0 (2:0)
Aufstellung: Burdenski – Höttges (78. Ohling), Zembski, Assauer, Kamp – Dietrich, Hiller, Røntved (46. Erkenbrecher), Bracht – Weist, Görts
Trainer: Piontek
Tore: 1:0 Fischer (19.), 2:0 Lütkebohmert (43.)
Zuschauer: 25.000

26.11.1974
Bundesliga, 11. Spieltag (Nachholspiel)
W. Bremen – VfB Stuttgart 5:2 (1:1)
Aufstellung: Burdenski – Höttges, Zembski, Assauer, Kamp – Dietrich, Hiller, Røntved, Bracht – Görts, Ohling (72. Weist)
Trainer: Piontek
Tore: 1:0 Røntved (25.), 1:1 Weller (28.), 2:1 Ohling (56.), 3:1 Höttges (72. HE), 3:2 Ohlicher (75.), 4:2 Weist (79.), 5:2 Kamp (83.)
Zuschauer: 13.000

30.11.1974
Bundesliga, 15. Spieltag
Eintr. Braunschweig – W. Bremen 0:0
Aufstellung: Burdenski – Höttges, Assauer, Zembski, Kamp – Hiller, Dietrich, Røntved, Bracht – Görts, Ohling (75. Weist)
Trainer: Piontek
Tore: –
Zuschauer: 15.126

Skeptischer Blick nach vorne: Horst-Dieter Höttges fightete mit den Kollegen erfolgreich gegen den Abstieg, der beinahe schon besiegelt schien

14.12.1974
Bundesliga, 17. Spieltag
Bor. M'gladbach – W. Bremen 4:2 (3:1)
Aufstellung: Burdenski – Höttges, Zembski, Assauer, Kamp – Dietrich, Hiller (51. Röber), Røntved, Bracht – Ohling (37. Weist), Görts
Trainer: Piontek
Tore: 1:0 Heynckes (9.), 2:0 Jensen (19.), 2:1 Røntved (33.), 3:1 Köstner (34.), 4:1 Heynckes (76.), 4:2 Røntved (88.)
Zuschauer: 9.912

21.12.1974
Bundesliga, 16. Spieltag (Nachholspiel)
W. Bremen – Hamburger SV 1:0 (0:0)
Aufstellung: Burdenski – Höttges, Assauer, Zembski, Kamp – Røntved, Hiller, Dietrich, Bracht – Görts, Ohling (60. Weist)
Trainer: Piontek
Tor: 1:0 Weist (76.)
Zuschauer: 36.000

01.01.1975
Freundschaftsspiel
SV Woltmershausen – W. Bremen 1:7 (1:3)
Aufstellung: R. Meyer – Kontny, Kamp (46. Zembski), Erkenbrecher, Assauer – Hiller (46. Røntved), Röber, Brexendorf – Weist (46. Ohling), Thygesen, Klausmann
Trainer: Piontek
Tore: 0:1 Brexendorf (7.), 0:2 Weist (8.), 1:2 Hoffmann (15.), 1:3 Brexendorf (24.), 1:4 Röber (60.), 1:5 Brexendorf (64.), 1:6 Röber (66.), 1:7 Røntved (76.)
Zuschauer: 919

10.01.1975
Freundschaftsspiel
W. Bremen – Borussia Dortmund 0:1 (0:1)
Aufstellung: Burdenski – Zembski, Assauer, Kamp – Röber, Hiller, Røntved, Brexendorf (62. Ohling) – Görts, Weist, Bracht (62. Klausmann)
Trainer: Piontek
Tor: 0:1 Votava (12.)
Zuschauer: 3.000

11.01.1975
Freundschaftsspiel
Bundeswehrausw. Adelheide – W. B.1:8 (0:6)
Aufstellung: R. Meyer – Wessel (Metzer), Erkenbrecher, Assauer (Røntved), Snater (Ripke) – Brexendorf, Bracht, Kamp (Röber) – Thygesen, Ohling, Klausmann
Trainer: Piontek
Tore: 0:1 Snater (20.), 0:2 Brexendorf (22.), 0:3 Thygesen (25.), 0:4 Ohling (26.), 0:5 Wessels (39.), 0:6 Ohling (44.), 1:6 Gottschalk (61.), 1:7 Brexendorf (66.), 1:8 Thygesen (83.)
Besonderes Vorkommnis: Bracht (W. B.) schießt Elfmeter an den Pfosten (7.)
Zuschauer: 2.000

12.01.1975
Freundschaftsspiel
FC St. Pauli – W. Bremen 2:3 (1:1)
Aufstellung: Burdenski – Röber, Zembski, Assauer, Kamp (46. Erkenbrecher) – Hiller, Røntved, Bracht – Görts (46. Klausmann), Weist, Thygesen (46. Ohling)
Trainer: Piontek
Tore: 1:0 Kulka (2.), 1:1 Røntved (34.), 2:1 Schiller (49.), 2:2 Röber (69.), 2:3 Ohling (72.)
Zuschauer: 2.150

18.01.1975
Freundschaftsspiel
FC Huchting – W. Bremen 3:18 (0:6)
Aufstellung: Burdenski – Höttges, Kamp (46. Klausmann), Assauer, Zembski – Röber (46. Brexendorf), Røntved, Bracht – Hiller, Ohling (46. Weist), Görts (46. Thygesen)
Trainer: Piontek
Tore: 0:1 Røntved (1.), 0:2 Røntved (15.), 0:3 Røntved (29.), 0:4 Røntved (33.), 0:5 Röber (42.), 0:6 Ohling (44.), 0:7 Weist (46.), 0:8 Weist (48.), 0:9 Thygesen (51.), 0:10 Røntved (53.), 0:11 Bracht (59.), 0:12 Thygesen (61.), 1:12 Poczerwinski (65.), 1:13 Weist (69.), 2:13 Fleischmann (69.), 2:14 Røntved (70.), 2:15 Weist (71.), 2:16 Røntved (76.), 2:17 Assauer (78.), 2:18 Weist (80.), 3:18 Kudler (87.)
Zuschauer: 4.000

21.01.1975
Freundschaftsspiel
TuS Bremerhaven 93 – W. Bremen 1:4 (0:0)
Aufstellung: Burdenski – Höttges (46. Röber), Kamp, Zembski (46. Hiller), Assauer – Dietrich, Brexendorf, Røntved (84. Ripke) – Ohling (46. Weist), Bracht (46. Klausmann), Görts (46. Thygesen)
Trainer: Piontek
Tore: 1:0 Pigors (55.), 1:1 Röber (69.), 1:2 Klausmann (77.), 1:3 Freund (78. ET), 1:4 Dietrich (86.)
Zuschauer: 1.300

26.01.1975
Bundesliga, 18. Spieltag
Eintracht Frankfurt – W. Bremen 2:1 (1:1)
Aufstellung: Burdenski – Höttges, Zembski, Assauer, Kamp – Röber, Røntved, Hiller, Bracht (76. Klausmann) – Ohling (76. Weist), Görts
Trainer: Piontek
Tore: 1:0 Nickel (7.), 1:1 Ohling (22.), 2:1 Kraus (74.)
Zuschauer: 10.000

01.02.1975
Bundesliga, 19. Spieltag
W. B. – Tennis Borussia Berlin 1:1 (0:1)
Aufstellung: Burdenski – Höttges, Zembski, Assauer, Kamp – Röber, Hiller (60. Klausmann), Røntved, Bracht – Görts, Ohling (58. Weist)
Trainer: Piontek
Tore: 0:1 Rumor (36.), 1:1 Höttges (78. FE)
Zuschauer: 14.000

08.02.1975
DFB-Pokal, 3. Runde
W. B. – FC Augsburg 2:2 (1:1, 0:0) n.V.
Aufstellung: Burdenski – Hiller, Zembski, Höttges, Kamp – Erkenbrecher (89. Ohling), Röber, Bracht – Klausmann, Weist (103. Thygesen), Görts
Trainer: Piontek
Tore: 1:0 Röber (51.), 1:1 Klausmann (80. ET), 2:1 Ohling (96.), 2:2 Burdenski (113. ET)
Zuschauer: 11.000

15.02.1975
Bundesliga, 20. Spieltag
1. FC Kaiserslautern – W. Bremen 4:1 (4:1)
Aufstellung: Burdenski – Zembski, Höttges, Assauer, Kamp – Hiller, Røntved (72. Ohling), Röber, Dietrich – Klausmann (76. Bracht), Görts
Trainer: Piontek
Tore: 1:0 Sandberg (12.), 2:0 K. Toppmöller (20.), 2:1 Höttges (22. FE), 3:1 Sandberg (28.), 4:1 Riedl (37. FE)
Zuschauer: 10.000

19.02.1975
DFB-Pokal, 3. Runde-Wiederholungsspiel
FC Augsburg – W. Bremen 1:2 (1:0)
Aufstellung: Burdenski – Höttges, Assauer, Zembski, Kamp – Röber, Bracht, Hiller (73. Thygesen) – Weist, Brexendorf (56. Klausmann), Görts
Trainer: Piontek
Tore: 1:0 Jörg (39.), 1:1 Görts (84.), 1:2 Bracht (86.)
Zuschauer: 10.000

22.02.1975
Bundesliga, 21. Spieltag
W. Bremen – MSV Duisburg 3:1 (0:0)
Aufstellung: Burdenski – Höttges, Zembski, Assauer, Kamp – Röber, Hiller, Bracht – Klausmann (65. Ohling), Weist, Görts
Trainer: Piontek
Tore: 1:0 Kamp (59.), 1:1 W. Schneider (65.), 2:1 Görts (72.), 3:1 Weist (77.)
Besonderes Vorkommnis: Linders (MSV) hält FE von Höttges (49.)
Zuschauer: 12.000

01.03.1975
Bundesliga, 22. Spieltag
Rot-Weiß Essen – W. Bremen 1:1 (1:1)
Aufstellung: Burdenski – Höttges, Zembski, Assauer, Kamp – Röber (81. Kontny), Røntved, Hiller, Bracht – Weist, Görts
Trainer: Piontek
Tore: 0:1 Kamp (2.), 1:1 Fürhoff (34.)
Besonderes Vorkommnis: Bast (RWE) schießt FE am Tor vorbei (3.)
Zuschauer: 14.000

08.03.1975
Bundesliga, 23. Spieltag
W. Bremen – VfL Bochum 3:0 (1:0)
Aufstellung: Burdenski – Kamp, Assauer, Zembski, Höttges – Röber (77. Klausmann), Røntved, Hiller, Bracht – Görts, Weist (77. Ohling)
Trainer: Piontek
Tore: 1:0 Røntved (9.), 2:0 Weist (60.), 3:0 Bracht (67.)
Zuschauer: 14.000

11.03.1975
Freundschaftsspiel
VfB Oldenburg – W. Bremen 3:1 (3:0)
Aufstellung: R. Meyer – Kontny, Kamp, Zembski, Assauer – Hiller (46. Brexendorf), Röber, Bracht – Görts, Thygesen (46. Ohling), Klausmann (62. Erkenbrecher)
Trainer: Piontek
Tore: 1:0 Wegner (7.), 2:0 Steindor (17.), 3:0 Wegner (37. FE), 3:1 Röber (81.)
Zuschauer: 4.000

15.03.1975
DFB-Pokal, Achtelfinale
VfB Eppingen – W. Bremen 0:2 (0:2)
Aufstellung: Burdenski – Kontny, Zembski, Assauer, Kamp – Röber, Hiller, Røntved, Bracht – Görts (78. Klausmann), Weist
Trainer: Piontek
Tore: 0:1 Röber (7.), 0:2 Kamp (43.)
Zuschauer: 20.000

22.03.1975
Bundesliga, 24. Spieltag
Fortuna Düsseldorf – W. Bremen 4:1 (1:0)
Aufstellung: Burdenski – Höttges, Zembski, Assauer, Kamp – Röber (70. Ohling), Hiller, Røntved, Bracht (70. Klausmann) – Weist, Görts
Trainer: Piontek
Tore: 1:0 Zimmermann (36.), 2:0 Geye (65.), 3:0 Brei (69.), 4:0 Brei (80.), 4:1 Höttges (88. HE)
Zuschauer: 13.000

27.03.1975
Bundesliga, 25. Spieltag
W. Bremen – FC Bayern München 0:2 (0:1)
Aufstellung: Burdenski – Zembski, Assauer, Höttges, Kamp – Röber, Hiller, Røntved (46. Klausmann), Bracht – Weist (70. Ohling), Görts
Trainer: Piontek
Tore: 0:1 Roth (63.), 0:2 U. Hoeneß (90.)
Zuschauer: 40.000

01.04.1975
Bundesliga, 26. Spieltag
Kickers Offenbach – W. Bremen 5:1 (3:1)
Aufstellung: Burdenski – Höttges, Zembski, Assauer, Kamp – Röber, Hiller, Røntved, Bracht – Weist (67. Ohling), Görts
Trainer: Piontek
Tore: 1:0 Kostedde (3.), 2:0 Hickersberger (23.), 3:0 Janzon (44.), 3:1 Röber (45.), 4:1 Höttges (55. ET), 5:1 Kostedde (73.)
Zuschauer: 15.000

05.04.1975
Bundesliga, 27. Spieltag
W. Bremen – Hertha BSC Berlin 4:0 (2:0)
Aufstellung: Burdenski – Höttges, Assauer, Kamp (74. Kontny), Zembski – Röber, Røntved, Hiller, Bracht – Görts, Weist
Trainer: Piontek
Tore: 1:0 Röber (8.), 2:0 Weist (21.), 3:0 Röber (47.), 4:0 Weist (54.)
Zuschauer: 19.000

12.04.1975
DFB-Pokal, Viertelfinale
W. Bremen – MSV Duisburg 0:2 (0:0)
Aufstellung: Burdenski – Höttges, Zembski, Assauer, Kamp (69. Ohling) – Röber, Hiller, Røntved, Bracht – Görts, Weist
Trainer: Piontek
Tore: 0:1 Thies (60.), 0:2 Worm (69.)
Zuschauer: 13.500

19.04.1975
Bundesliga, 28. Spieltag
VfB Stuttgart – W. Bremen 2:2 (1:0)
Aufstellung: Burdenski – Höttges, Zembski, Assauer, Kamp – Röber (79. Kontny), Hiller, Røntved, Bracht (46. Thygesen) – Weist, Görts
Trainer: Piontek
Tore: 1:0 Ohlicher (23.), 1:1 Weist (57.), 2:1 Weidmann (67.), 2:2 Weist (77.)
Zuschauer: 52.500

20.04.1975
Freundschaftsspiel
FC Villingen 08 – W. Bremen 0:3 (0:0)
Aufstellung: Burdenski (46. R. Meyer) – Kontny, Höttges (46. Assauer), Zembski, Kamp – Røntved (46. Weist), Hiller, Bracht – Thygesen (46. Röber), Ohling, Klausmann (7. Görts)
Trainer: Piontek
Tore: Hiller, Bracht, Röber
Zuschauer: 2.000

03.05.1975
Bundesliga, 29. Spieltag
W. Bremen – 1. FC Köln 4:1 (2:1)
Aufstellung: Burdenski – Höttges, Assauer, Zembski, Kamp (84. Kontny) – Hiller, Röber, Bracht (74. Thygesen), Røntved – Görts, Weist
Trainer: Piontek
Tore: 0:1 D. Müller (19.), 1:1 Kamp (23.), 2:1 Weist (37.), 3:1 Kamp (55.), 4:1 Røntved (57.)
Zuschauer: 26.500

10.05.1975
Bundesliga, 30. Spieltag
Wuppertaler SV – W. Bremen 2:4 (0:2)
Aufstellung: Burdenski – Höttges, Zembski (84. Kontny), Assauer, Kamp – Röber, Røntved, Hiller, Bracht (46. Thygesen) – Görts, Weist
Trainer: Piontek
Tore: 0:1 Røntved (28.), 0:2 Höttges (38. FE), 0:3 Röber (47.), 1:3 Gerber (66.), 1:4 Røntved (73.), 2:4 Gerber (75.)
Besonderes Vorkommnis: Burdenski (W. B.) hält FE von Cremer (43.)
Zuschauer: 6.000

11.05.1975
Freundschaftsspiel
MTV Lütjensee – W. Bremen 0:7 (0:3)
Aufstellung: Burdenski (46. R. Meyer) – Kontny, Erkenbrecher, Zembski (46. Hiller), Höttges (46. Røntved) – Röber, Kamp (46. Weist), Brexendorf – Thygesen, Ohling, Klausmann
Trainer: Piontek
Tore: Thygesen (4), Erkenbrecher, Ohling (Elfmeter), Weist
Zuschauer: 2.000

16.05.1975
Freundschaftsspiel
Blumenthaler SV – W. Bremen 0:4 (0:2)
Aufstellung: Burdenski (R. Meyer) – Kontny, Höttges (Erkenbrecher), Zembski, Røntved – Röber, Hiller, Assauer, Kamp (Klausmann) – Ohling (Weist), Thygesen (Görts)
Trainer: Piontek
Tore: 0:1 Kontny (7.), 0:2 Röber (32.), 0:3 Weist (47.), 0:4 Weist (78.)
Zuschauer: 2.662

24.05.1975
Bundesliga, 31. Spieltag
W. Bremen – FC Schalke 04 0:1 (0:1)
Aufstellung: Burdenski – Höttges, Assauer, Zembski, Kamp – Röber (68. Thygesen), Røntved, Hiller, Bracht – Weist (68. Ohling), Görts
Trainer: Piontek
Tor: 0:1 Lütkebohmert (28.)
Zuschauer: 22.000

27.05.1975
Freundschaftsspiel
MTV Lüdingworth – W. Bremen 3:13 (0:9)
Aufstellung: R. Meyer – Kontny, Metzer (Görts), Geils (Höttges), Assauer (Røntved) – Hiller (Weist), Ripke, Brexendorf – Thygesen, Ohling, Klausmann
Trainer: Piontek
Torschützen für Werder: Ohling (4), Weist (3), Ripke (3), Røntved, Hiller, Thygesen
Zuschauer: 2.000

31.05.1975
Bundesliga, 32. Spieltag
W. Bremen – Eintr. Braunschweig 0:0
Aufstellung: Burdenski – Höttges, Zembski (73. Thygesen), Assauer, Kamp – Röber, Hiller, Røntved, Bracht – Görts, Weist
Trainer: Piontek
Tore: –
Zuschauer: 15.000

03.06.1975
Trainingsspiel
TSV Grolland – W. Bremen 1:5 (1:3)
Aufstellung: Burdenski (46. R. Meyer) – Geils, Metzer (46. Röber), Kontny, Røntved (46. Höttges) – Dietrich (10. Hiller), Ripke (46. Bracht), Brexendorf (46. Ohling) – Thygesen, Sunday, Klausmann
Trainer: Piontek
Tore: 0:1 Thygesen (7.), 0:2 Sunday (14.), 0:3 Sunday (32.), 1:3 Rickers (37.), 1:4 Bracht (68.), 1:5 Ohling (85.)
Besonderheit: Auf Wunsch der Gastgeber wurde das Spiel formell von einem Freundschaftsspiel in ein Trainingsspiel umfunktioniert, weil Werder durch diesen Kniff als Zuschauerattraktion den noch nicht verpflichteten Ghanaer Ibrahim Sunday einsetzen konnte. Eine Woche nach dieser Begegnung unterzeichnete Sunday einen Zweijahresvertrag.
Zuschauer: 1.200

07.06.1975
Bundesliga, 33. Spieltag
Hamburger SV – W. Bremen 2:0 (2:0)
Aufstellung: Burdenski – Kontny, Røntved, Assauer, Kamp – Röber, Hiller, Bracht – Thygesen, Weist (66. Ohling), Görts
Trainer: Piontek
Tore: 1:0 Björnmose (33.), 2:0 Reimann (37.)
Zuschauer: 24.000

10.06.1975
Freundschaftsspiel
TuS Arsten – W. Bremen 0:8 (0:1)
Aufstellung: R. Meyer – Kontny, Geils, Kamp (46. Hiller), Assauer – Brexendorf, Bracht, Klausmann – Ohling, Sunday (46. Röber), Thygesen (46. Ripke)
Trainer: Piontek
Tore: 0:1 Bracht (7.), 0:2 Röber (52.), 0:3 Ripke (58.), 0:4 Ohling (62.), 0:5 Ohling (66.), 0:6 Klausmann (72.), 0:7 Lüllmann (83. ET), 0:8 Bracht (88.)
Zuschauer: 2.000

14.06.1975
Bundesliga, 34. Spieltag
W. Bremen – Bor. M'gladbach 1:4 (1:2)
Aufstellung: Burdenski – Kontny, Røntved, Assauer, Kamp – Röber, Hiller (82. Geils), Bracht – Ripke (46. Klausmann), Ohling, Görts
Trainer: Piontek
Tore: 1:0 Röber (17.), 1:1 Bonhof (19.), 1:2 Heynckes (40.), 1:3 Köppel (78.), 1:4 Heynckes (87.)
Besonderes Vorkommnis: Kleff (BMG) hält FE von Bracht (83.)
Zuschauer: 30.218

Familientreffen: Anlässlich des zehnten Jubiläums ihres Erfolges traf sich im Frühling 1975 Werders Meisterelf von 1965 fast komplett wieder. Inmitten der immer noch smarten Ex-Stars erkennen wir rechts Werders ehemaligen Liga-Obmann Edu Hundt und Ex-Trainer Multhaup

Bundesliga-Abschlusstabelle 1974/1975

Platz	Verein	Spiele	S	U	N	Tore	Diff.	Punkte
1.	Borussia M'gladbach	34	21	8	5	86:40	+46	50-18
2.	Hertha BSC Berlin	34	19	6	9	61:43	+18	44-24
3.	Eintracht Frankfurt (P)	34	18	7	9	89:49	+40	43-25
4.	Hamburger SV	34	18	7	9	55:38	+17	43-25
5.	1. FC Köln	34	17	7	10	77:51	+26	41-27
6.	Fortuna Düsseldorf	34	16	9	9	66:55	+11	41-27
7.	Schalke 04	34	16	7	11	52:37	+15	39-29
8.	Kickers Offenbach	34	17	4	13	72:62	+10	38-30
9.	Eintracht Braunschweig (N)	34	14	8	12	52:42	+10	36-32
10.	Bayern München (M)	34	14	6	14	57:63	-6	34-34
11.	VfL Bochum	34	14	5	15	53:53	0	33-35
12.	Rot-Weiß Essen	34	10	12	12	56:68	-12	32-36
13.	1. FC K'lautern	34	13	5	16	56:55	+1	31-37
14.	MSV Duisburg	34	12	6	16	59:77	-18	30-38
15.	**Werder Bremen**	**34**	**9**	**7**	**18**	**45:69**	**-24**	**25-43**
16.	VfB Stuttgart	34	8	8	18	50:79	-29	24-44
17.	Tennis Borussia Berlin (N)	34	5	6	23	38:89	-51	16-52
18.	Wuppertaler SV	34	2	8	24	32:86	-54	12-56

Fieberkurve der Bundesliga-Saison 1974/1975

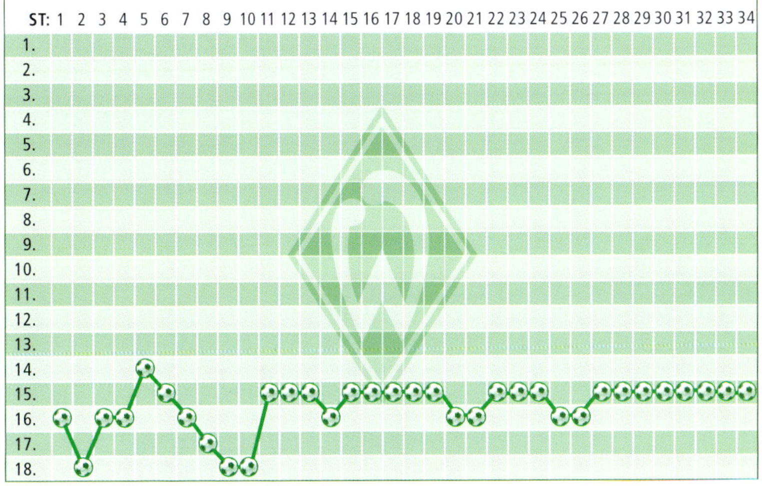

1975/76: Otto die Erste

Oben v.l.:
Trainer Burdenski, Assauer, Hiller, Røntved, Kontny, Ohling, Burdenski, Müllner
Mitte v.l.:
Kamp, Weist, Voss, Thygesen, Dietrich, Schlief
Unten v.l.:
Rütten, Klausmann, Bracht, Röber, Görts, Sunday, Höttges

Werders siebziger Jahre begannen mit Abstiegskampf, hatten sportlich nie etwas anderes zu bieten als Abstiegskampf und endeten konsequenterweise mit dem Abstieg. Nachdem die zuletzt geschilderte Saison 1974/75 zum schlechtesten Jahr der bis dahin zwölfjährigen Bundesligageschichte unseres Vereins wurde, wird auch Jahr 13 zur harten Probe für unsere Freunde: Werder landet wieder nur knapp am rettenden Ufer, und der Klassenerhalt wird erst am vorletzten Spieltag gesichert.

Zu Beginn der Saison gibt es Turbulenzen um den Trainerposten wie nie zuvor. Nachdem es Seppl Piontek, Werders Urgestein, nach 15 Jahren als Spieler und Trainer zu Fortuna Düsseldorf verschlägt, bemüht sich Werder zunächst vehement um die Dienste des bei Bayern München nicht mehr wohlgelittenen Udo Lattek. Im Mai 1975 wird verhandelt. Franz Böhmert macht seinem Männerfreund Udo L. einen Wechsel vom Süden in den Norden schmackhaft, doch Lattek befindet sich auch ganz ohne das Werder-Angebot in der Klemme. Er hat schon Rot-Weiß Essen mündlich zugesagt, bekommt aber schließlich Avancen vom Meister aus Mönchengladbach, wo man einen Weisweiler-Nachfolger suchte. Gegen eine solch glamouröse Perspektive kann Werder nicht anstinken.

Als nächsten Anwärter guckt sich Werders Chefetage den renommierten alten Fuhrmann Hermann Eppenhoff aus, der nach einer Entlassung beim VfB Stuttgart zuletzt die SpVgg. Erkenschwick in der 2. Liga Nord coachte. Eppenhoff unterschreibt einen Einjahresvertrag. Sein Konzept der intensiven Nachwuchspflege kommt bei Werder an. Doch sechs Wochen vor dem Trainingsauftakt erfährt man bei Werder, dass der neue Trainer gerade einen Herzinfarkt erlitten hat, während er sich im Fernsehen das UEFA-Cup-Finale Twente Enschede – Borussia Mönchengladbach ansah. Eppenhoff selbst will seinen Dienst unbedingt antreten, die Ärzte sind entschieden anderer Meinung. Am Ende wird sogar vor dem Arbeitsgericht prozessiert (siehe Kasten).

Werder aber bleibt nichts anderes übrig, als schnellstens einen neuen Trainer zu finden. Die eilige Suche nur wenige Tage vor Saisonbeginn wird zu einem Nervenkrieg für Werders Vorstandsetage. Vizepräsident Klaus-Dieter Fischer stöhnt auf: »Der nervenaufreibende Abstiegskampf der vergangenen Saison war nichts im Vergleich zu dem, was wir in den vergangenen zehn Tagen mitgemacht haben!« Diverse »kleinere« Lösungen (der Österreicher Rudolf Strittich, Werders Ex-Amateurtrainer Hans-Wilhelm Lossmann, der Ex-HSV-Trainer Klaus Ochs, Ex-Meistertrainer Helmuth Johannsen und Göttingens aktueller Trainer Reinhard Roder) werden eifrig in den Medien diskutiert, bleiben jedoch Nebelkerzen.

Herrmann Eppenhoff: Der Werder-Trainer, der nie auf Werders Bank saß

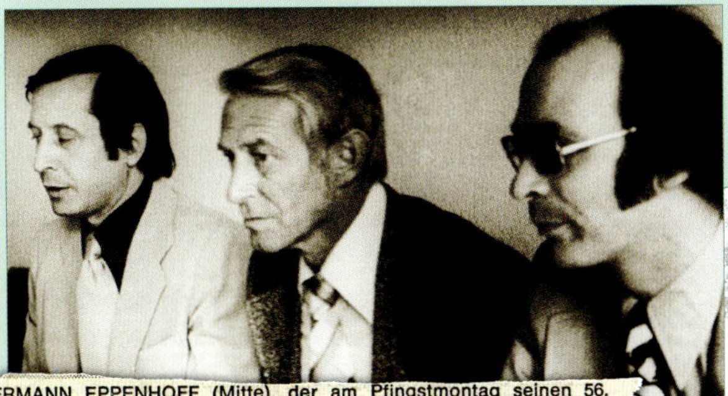

HERMANN EPPENHOFF (Mitte), der am Pfingstmontag seinen 56. Geburtstag feierte, unterschrieb in der vergangenen Woche bei Werder Bremen einen Einjahresvertrag. Stehend Werder-Präsident Dr. Böhmert, rechts Vizepräsident Klaus-Dieter Fischer unter dem Erinnerungsfoto der Bremer Meisterelf aus dem Jahre 1965.

Hängepartie um einen Trainer, dessen Engagement nicht sein sollte: Der erfahrene Hermann Eppenhoff, der zuletzt bei Werders direktem Konkurrenten im Abstiegskampf, dem VfB Stuttgart, entlassen wurde. Der Trainer wurde vorgestellt, der Vertrag wurde unterschrieben: Ab 1. Juli 1975 war Eppenhoff verantwortlich. 7000 DM sollte er im Monat verdienen, und sogar Prämien für Meisterschaft und Europapokalsieg (50.000 DM) waren kurioserweise schon ausgehandelt worden. Im Mai wurde alles festgezurrt, doch kurz darauf erlitt Eppenhoff einen Herzinfarkt. Der Vertrag wurde schließlich aufgelöst, mit dem Trainer verglich man sich, und Hermann Eppenhoff tauchte fortan nie wieder in der Bundesliga auf. Er starb 1992

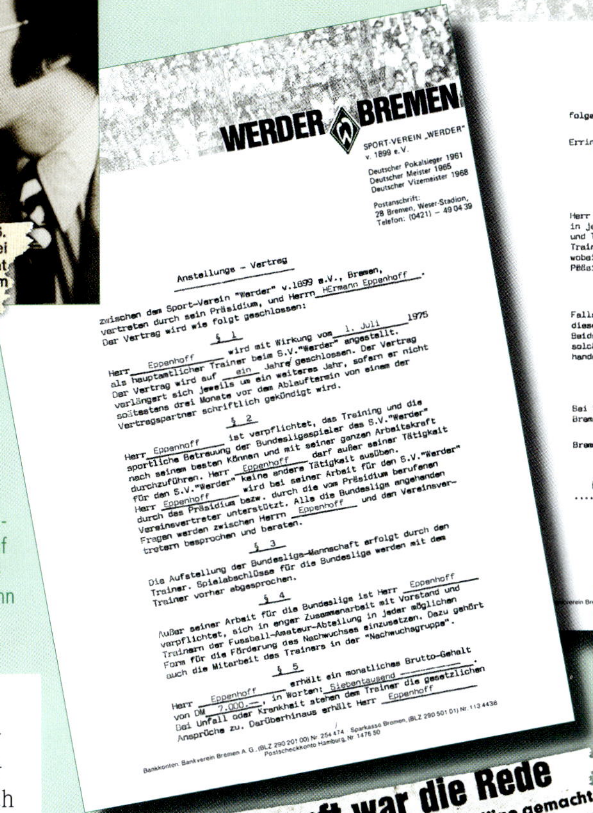

WERDER BREMEN

SPORT-VEREIN „WERDER" v. 1899 e.V.

Deutscher Pokalsieger 1961
Deutscher Meister 1965
Deutscher Vizemeister 1968

Postanschrift:
28 Bremen, Weser-Stadion,
Telefon: (0421) – 49 04 39

Anstellungs – Vertrag

zwischen dem Sport-Verein "Werder" v.1899 e.V., Bremen, vertreten durch sein Präsidium, und Herrn HErmann Eppenhoff. Der Vertrag wird wie folgt geschlossen:

§ 1

Herr Eppenhoff wird mit Wirkung vom 1. Juli 1975 als hauptamtlicher Trainer beim S.V."Werder" angestellt. Der Vertrag wird auf ein Jahre geschlossen. Der Vertrag verlängert sich jeweils um ein weiteres Jahr, sofern er nicht spätestens drei Monate vor dem Ablauftermin von einem der Vertragspartner schriftlich gekündigt wird.

§ 2

Herr Eppenhoff ist verpflichtet, das Training und die sportliche Betreuung der Bundesligaspieler des S.V."Werder" nach seinem besten Können und mit seiner ganzen Arbeitskraft durchzuführen. Herr Eppenhoff darf außer seiner Tätigkeit für den S.V."Werder" keine andere Tätigkeit ausüben. Herr Eppenhoff wird bei seiner Arbeit für den S.V."Werder" durch das Präsidium bezw. durch die vom Präsidium berufenen Vereinsvertreter unterstützt. Alle die Bundesliga angehenden Fragen werden zwischen Herrn Eppenhoff und den Vereinsvertretern besprochen und beraten.

§ 3

Die Aufstellung der Bundesliga-Mannschaft erfolgt durch den Trainer. Spielabschlüsse für die Bundesliga werden mit dem Trainer vorher abgesprochen.

§ 4

Außer seiner Arbeit für die Bundesliga ist Herr Eppenhoff verpflichtet, sich in enger Zusammenarbeit mit Vorstand und Trainern der Fussball-Amateur-Abteilung in jeder möglichen Form für die Förderung des Nachwuchses einzusetzen. Dazu gehört auch die Mitarbeit des Trainers in der "Nachwuchsgruppe".

§ 5

Herr Eppenhoff erhält ein monatliches Brutto-Gehalt von DM 7.000.--, in Worten: Siebentausend. Bei Unfall oder Krankheit stehen dem Trainer die gesetzlichen Ansprüche zu. Darüberhinaus erhält Herr Eppenhoff

Bankkonten: Bankverein Bremen A. G. (BLZ 290 201 00) Nr. 254 474 · Sparkasse Bremen (BLZ 290 501 01) Nr. 113 4436
Postscheckkonto Hamburg, Nr. 1476 50

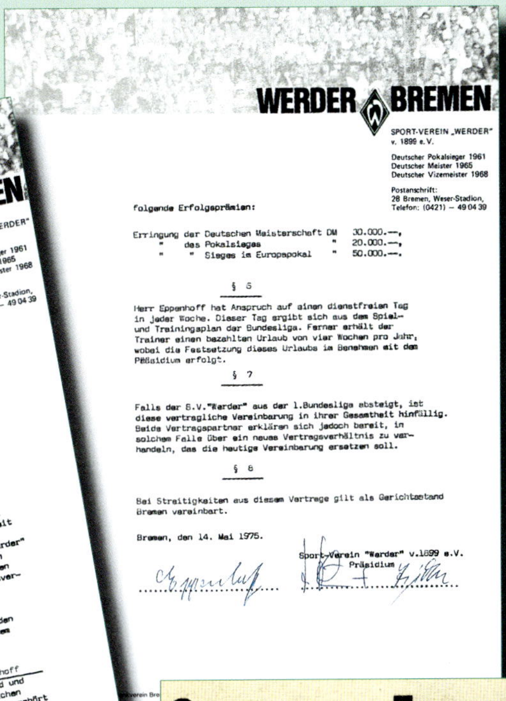

WERDER BREMEN

SPORT-VEREIN „WERDER" v. 1899 e.V.

Deutscher Pokalsieger 1961
Deutscher Meister 1965
Deutscher Vizemeister 1968

Postanschrift:
28 Bremen, Weser-Stadion,
Telefon: (0421) – 49 04 39

folgende Erfolgsprämien:

Erringung der Deutschen Meisterschaft	DM	30.000.--,
" des Pokalsieges	"	20.000.--,
" " Sieges im Europapokal	"	50.000.--.

§ 6

Herr Eppenhoff hat Anspruch auf einen dienstfreien Tag in jeder Woche. Dieser Tag ergibt sich aus dem Spiel- und Trainingsplan der Bundesliga. Ferner erhält der Trainer einen bezahlten Urlaub von vier Wochen pro Jahr, wobei die Festsetzung dieses Urlaubs im Benehmen mit dem Präsidium erfolgt.

§ 7

Falls der S.V."Werder" aus der 1.Bundesliga absteigt, ist diese vertragliche Vereinbarung in ihrer Gesamtheit hinfällig. Beide Vertragspartner erklären sich jedoch bereit, in solchem Falle über ein neues Vertragsverhältnis zu verhandeln, das die heutige Vereinbarung ersetzen soll.

§ 8

Bei Streitigkeiten aus diesem Vertrage gilt als Gerichtsstand Bremen vereinbart.

Bremen, den 14. Mai 1975.

Sport-Verein "Werder" v.1899 e.V.
Präsidium

Von der Zukunft war die Rede

Trainer Eppenhoff auf dem Wege der Besserung / Pläne gemacht

Sorgen um Eppenhoff

Wird Werders Trainer nach Herzinfarkt fit?

Offiziell wird er am 14. Juli in Bremen die Arbeit aufnehmen, doch Werders Anhänger sehen dem Amtsantritt von Hermann Eppenhoff mit einiger Besorgnis entgegen. Denn nachdem die Nachricht vom gerade überstandenen Herzinfarkt des 56jährigen bekannt wurde, fragt man sich an der Weser nicht ohne Grund: „Was wird, wenn der Gesundheitszustand Eppenhoffs ihn wieder zur Schonung zwingt?"

Auch die Bremer Vereinsführung dürfte im geheimen diese Besorgnis teilen, offiziell allerdings will man davon nichts wissen: „Er ist wieder gesund. Bei entsprechender Lebensweise besteht nicht mehr die Gefahr als bei einem anderen Gleichaltrigen", versicherte Präsident und Chefarzt Dr. Böhmert, der Eppenhoff noch während seines Krankenhausaufenthaltes besuchte.

Hermann Eppenhoff befindet sich nach einem Herzinfarkt auf dem Wege der Besserung.

Schon einmal fiel bei Werder ein Trainer aus Krankheitsgründen aus: Fritz Langner mußte sich vor einigen Jahren einer langwierigen Beinoperation unterziehen. Während seiner Abwesenheit leiteten Ehrenspielführer Richard Ackerschott und Kapitän Pico Schütz gemeinsam das Training, der Erfolg war nahezu sensationell: Werder eilte während dieser Zeit von Sieg zu Sieg.

Allerdings ist man in Bremen sachlich genug, um zu wissen, daß man im Notfall auf „Fußballwunder" dieser Art nicht unbedingt bauen kann. So versichert Vizepräsident Klausdieter Fischer: „Im Notfall könnte unser Nachwuchstrainer Karl Fischer sicherlich auch die Bundesliga betreuen, schließlich hat er auch Sepp Piontek schon oft unterstützt!"

Allerdings wird sich gerade der frühere Heilbronner in der kommenden Saison nicht über mangelnde Arbeit beklagen können. Denn Werders zweiter Nachwuchstrainer Winfried Rahm wechselte zu Arminia Bielefeld, so daß Fischer auch dessen Aufgaben erst einmal mit übernehmen muß.

Für die Zukunft allerdings schwebt seinem Namensvetter im Präsidium eine andere Lösung vor. Klausdieter Fischer: „Ich stelle mir einen hauptamtlichen Manager für die Nachwuchsarbeit vor, der alle anfallenden Aufgaben wie Sichtung, berufliche und sportliche Betreuung vornimmt. Unsere Nachwuchsarbeit ist so umfangreich geworden, daß solch ein Mann voll ausgelastet wäre!"

Dieser „Jugendmanager" könnte dann – so glaubt Fischer – auch Hermann Eppenhoff entlasten, der sich ja vertraglich verpflichtet hat, sich auch verantwortlich um Werders Nachwuchsförderung zu kümmern. **H. Wilhelm**

Mit Georg Buschner (DDR) und Rinus Michels (Holland) werden schließlich zwei sehr prominente Trainer der WM 1974 in Betracht gezogen. Abenteuerlich verläuft die Kontaktaufnahme mit Michels: Der macht im fraglichen Zeitraum Urlaub in Marbella und soll im Auftrag Werders von keinem Geringeren als seinem Landsmann, dem Showmaster und bekennenden Werder-Fan Rudi Carrell kontaktiert werden, der unweit von Michels' Urlaubsdomizil ein Haus besitzt. Fraglos ein schöner Zufall, Rudi kehrt dennoch ganz ohne großen Preis aus Spanien zurück: Michels heuert viel lieber bei Ajax Amsterdam an. Und Georg Buschner erfährt von Werders Interesse erst 18 Jahre später, als die DDR längst nicht mehr existiert.

Als beide Verpflichtungen scheitern und die Zeit immer knapper wird, wählt Werder die interne Lösung: Herbert Burdenski, Vater des Torwarts und 20 Jahre zuvor Leistungsträger der ersten Mannschaft, wird überredet, in den Trainerjob zurückzukehren, den Burdenski senior nach zuletzt eher erfolglosen Versuchen bei Borussia Dortmund und RW Essen eigentlich schon abgehakt hatte. Herbert Burdenski, der wie sein Sohn bei Werder nur »Budde« hieß, hat es von Anfang an schwer. Die chronisch leere Vereinskasse erlaubt mit Voss (VfB Oldenburg), Rütten (FC Viersen), Schlief (VfR Neuss) und Müllner (VfB Stuttgart Amateure) wieder mal nur den Einkauf von Talenten, die dann unglückseligerweise erstmalig komplett als Fehleinkäufe abgebucht werden müssen. Von Ersatztorwart Albert Voss (vom Stadionsprecher später traditionell als »unser Albert Voss« angesagt) vielleicht abgesehen, der mittelfristig ein halbes Jahrzehnt lang der perfekte zweite Mann hinter Dieter Burdenski werden sollte.

Dass Burdenski sich keinen dieser Spieler selbst aussuchen durfte, die weitestgehend in Absprache mit Hermann Eppenhoff unter Vertrag genommen wurden, kommt erschwerend hinzu. Die Neuzugänge werden komplettiert durch Afrikas größten Fußballstar Ibrahim Sunday, der vom FC Kumasi aus Ghana nach Bremen kam, nachdem Werder ihn bereits jahrelang beobachtet hatte. Und dann ist da noch der wuchtige schwedische Sturm-

Ex-Libero, Kapitän und sehr bald schon Vorgesetzer der Spieler: Rudi Assauer in seiner letzten Saison als aktiver Spieler

tank Sanny Aslund, der als Last-Minute-Neuzugang von Espanol Barcelona verpflichtet wird.

Sunday bestreitet in zwei Jahren nur ein einziges Bundesligaspiel für unseren Verein, weil sich schnell zeigt, dass afrikanische Fußballer in den Siebzigern zwar ballgewandt, aber körperlich und taktisch zu schwach waren, um sich im europäischen Fußball zu behaupten. Sanny Aslund jedoch wird zum Abstiegskampfs-Mythos: Er verschwindet am Saisonende nach nur 19 Spielen wieder in die schwedische Heimat und trifft in diesen 19 Spielen für Werder nur bescheidene vier Mal ins Netz, aber alle vier Treffer gehören zu den entscheidenden Toren dieser Saison! Für eine Weiterverpflichtung des schwedischen Nationalspielers ist, nichts Neues bei Werder, letztlich nicht genug Geld da.

Die Saison beginnt furios mit einem sensationellen 3:0-Auswärtssieg in Bochum, den besagter Aslund gemeinsam mit Werders Ex-Stürmerstar Werner Weist sicherstellt. Noch ahnt keiner: Weists ohnehin schon ramponierter Ruf als Torjäger wird, dem guten Auftakt zum Trotz, in dieser Saison endgültig verblassen. Den dritten Treffer in Bochum erzielt mit dem jungen Jürgen Röber die positivste Überraschung der Saison. Röber macht schließlich alle 34 Spiele mit, schießt zehn Tore und wird verdientermaßen B-Nationalspieler. Nicht schlecht für ein No-Name-Schnäppchen der Vorsaison.

Die Vorrunde bringt nach elf Spieltagen durch ein 3:1 über Kickers Offenbach mit Platz 6 die beste Platzierung im Laufe einer Saison, die Werder im gesamten Jahrzehnt (!!) je erleben durfte. Dann aber folgen zwei katastrophale Serien, die die Elf ins Unglück stürzen: Zunächst wird aus Platz 6 durch sechs durchweg unansehnliche, sieglose Spiele im Herbst und Winter 1975 ein wackliger Platz 14 direkt vor der Winterpause.

Im Winter 1975 zieht in Werders Führungsetage ein Unwetter auf, gegen das die kurz darauf folgende Demission von Herbert Burdenski geradezu eine Routinesache sein wird: Der Vorstand des Vereins entmachtet den bis dahin starken Mann, den charismatischen Geschäftsführer und heimlichen Boss Hansi Wolff, den man damals teils ehrfürchtig, teils liebevoll, teils spöttisch »Hansi Werder im Sportverein Wolff« nennt. Wenige Wochen nach seinem 30. Dienstjubiläum verliert der Mann, der in seiner Amtszeit 16 Vorstände überlebte, nahezu seinen kompletten Zuständigkeitsbereich. Hansi Wolff war offiziell Geschäftsführer, eigentlich aber eher Sportdirektor und Manager, obwohl er als Kaufmann bei Werder begann und sich alles Sportliche erst mit den Jahren aneignete. Der junge Vorstand des Vereins befindet, wohl zu Recht, Wolffs Arbeitsauffassung für nicht mehr zeitgemäß.

Ex-Stürmerstar Klaus Matischak hatte als offizieller »Lizenzspieler-Obmann« schon vorher die Betreuung der Lizenzspieler-Abteilung übernommen. Für den Bereich Wirtschaft und Öffentlichkeitsarbeit ist bereits der noch als Spieler aktive Rudi Assauer vorgesehen. Ein besonderer Schlag ins Gesicht für Wolff, der keinen Hehl daraus macht, Assauer als Manager für unfähig zu halten. Wolfgang Barkhausen übernimmt die verwaltungsmäßige Führung der Geschäftsstelle. Für Hansi Wolff (62), der in seinen glücklicheren Jahren als Werders Geschäftsführer im Alleingang Trainer verpflichtete und feuerte, das Vereinsvermögen einnahm und wieder ausgab und neue Spieler nach eigenem Gusto aussuchte und anheuerte, bleibt lediglich der rein geschäftliche Bereich eines Sportvereins übrig. Wolff – vom Tausendsassa zum Kassenwart in kürzester Zeit!

Rudi Assauer sorgt mit Fleiß und Engagement schließlich dafür, dass Wolff sich sein Terrain nicht wieder zurückerkämpfen kann. Doch der wankende Macher Hansi Wolff besitzt riesige Verdienste um den Sport-Verein Werder. So einen Mann sägt man nicht einfach ab. In den letzten Wochen des Jahres 1975 freilich nimmt die Entwicklung zusehends Fahrt auf, und plötzlich spricht fast alles gegen Wolff: Seine sportlichen Entscheidungen waren zuletzt anfechtbar, in Rudi Assauer steht ein junger, womöglich fachkundigerer Nachfolger bereits in den Startlöchern. Dann sickert aus der Mannschaft durch, dass Hansi Wolff im Jahr zuvor gegen den damaligen Trainer Piontek intrigiert hatte. Den Präsidenten vergrellte es zudem, dass Wolff eigenmächtig und nach Gutsherrenart eine Sonderprämie für ein Spiel in Bochum beschloss und auszahlte, ohne dies mit dem restlichen Vorstand abgesprochen zu haben. Als er schließlich öffentlich gegen den schon drohend am Managerhorizont auftauchenden Assauer stänkert, ist das Maß voll. Hansi Wolff wird seines Amtes enthoben, sein Aufgabenbereich zunächst dem noch recht neuen Lizenzspieler-Obmann Klaus Matischak übertragen, da Rudi Assauer während der Saison noch als Spieler auf dem Platz benötigt wird.

A propos »auf dem Platz«: Weil »Acker« Weist in Werders Angriff nichts mehr reißt und ein Aslund alleine nicht ausreicht, bemüht man sich bei Werder um einen neuen Knipser, um das Ruder noch herumzureißen. Resigniert muss man dieses Vorhaben jedoch wieder einstellen, nachdem man feststellt, dass selbst der anvisierte Zweitligastürmer Rainer Künkel (Darmstadt 98) schon eine halbe Million DM kosten soll. Soviel aber nimmt Werder 1976 in fünf Heimspielen zusammen ein. Der teure Künkel wechselt stattdessen zu den Bayern, und das ist auch gut so. Er bringt es in drei Jahren Bundesliga auf sechs Tore und hätte Werder vermutlich nicht sehr weitergeholfen.

Nicht allzu selten zu beobachten: Eine Geste der Resignation bei Herbert Burdenski, der als Nothelfer nach Eppenhoffs Herzinfarkt übernahm und im Februar klaglos Platz machte für Otto Rehhagel

Während der Vorbereitung auf die Rückrunde kommt es ohne Künkel, aber mit der schon erwähnten Misserfolgsserie im Nacken, zum Bruch zwischen Mannschaft und Trainer Burdenski, über den Dieter Burdenski später sagt: »Mein Vater ist auf unserer Algerienreise gescheitert. Nicht, weil wir dort auf Betonplätzen und abgestreuter Wüste spielen mussten. Nein, es gab dort statt guter Verpflegung meist nur Rotwein. Nach einigen Gläsern muss er wohl einiges zu viel gesagt haben.« Mannschaft und Trainer gehen noch zusammen in die Rückrunde, aber nach fünf weiteren Spielen ohne Sieg und ohne jedes Tor einigen sich Vorstand und Trainer, sehr zur Enttäuschung des Torhüters, auf eine Trennung.

Trainerkrise in Bremen
Burdenski setzte sich in die Nesseln

Trainerentlassung Nr. 4: Herbert Burdenski oder: Ritterlicher Rückzug (Entlassung: 28. Februar 1976)

„Hauskrach" bei Werder Bremen
Trainer Burdenski: „Die meisten Spieler haben nur Landesliga-Format
Sidi bel Abbes (eb). Die blamable 0:4 ...

Werder-Trainer Burdenski gelobt jetzt Besserung
In Bremen bleibt vorerst alles beim alten. Trainer Herbert Burdenski schwächte seine in Algerien an der Mannschaft geübte Kritik in einigen Punkten ab und bleibt weiter verantwortlich. Die Frage ist nur, ob nicht zuviel Geschirr kaputtgegangen ist.

Trainerentlassungen sind grundsätzlich nie ein Spaß für die ganze Familie. Wenn der Papa Trainer ist und der Sohn Torwart derselben Mannschaft, liegt der Fall noch etwas schwieriger. Dieter Burdenski ist durch die Entlassung seines Vaters tief getroffen. Und Werders Präsident Dr. Franz Böhmert kämpft mit den Worten, als er den Schritt begründet: »Wir haben uns die Entscheidung nicht leicht gemacht. Wir hatten alle Möglichkeiten erschöpft. Neue Impulse durch neue Spieler konnte es bei uns nicht geben, weil wir geeignete Spieler nicht bezahlen konnten. Wir konnten aber auch unmöglich weiter warten, ob die Mannschaft nicht doch noch zu überraschenden Erfolgen gelangen werde. Wir konnten nur noch den Trainer auswechseln, denn es ist ja bekannt, dass in ähnlichen Situationen – wir selbst haben ja vor einigen Jahren Erfolg damit gehabt! – ein Trainerwechsel neue Motivationen freisetzt. Wir glauben, dass wir mit Otto Rehhagel alles richtig gemacht haben. Bedauerlich ist, dass mit dieser Entscheidung Herbert Burdenski getroffen wurde. Herbert Burdenski ist ein Sportsmann, der immer das Notwendige einsah und das Mögliche schaffte. Er hat getan, was er tun konnte. Aber einen Motivationsumschwung herbeizuführen, wie er hoffentlich durch den Wechsel eintritt, dazu konnte er selbst nicht mehr beitragen. Er hätte sich sonst selbst aufgeben müssen.«

Burdenski will sich bessern
Eine letzte Chance erhält der Trainer (im Bild mit seinem Torwart-Sohn) noch bei Werder

Dass er dies insgeheim längst getan hatte, wurde zuvor auf der schon angesprochenen Algerienreise seiner Mannschaft deutlich. Dort kam es zu einem offenen Bruch zwischen Trainer und Mannschaft. Burdenski bescheinigt seinen Spielern nach einer vernichtenden 0:4-Packung gegen Algeriens Nationalelf öffentlich »Landesligaformat« (»Wie ein Spieler wie Kontny schon seit mehreren Jahren Profi in der

Anstoßen war Trumpf 1976: »Feuerwehrmann« Otto Rehhagel stößt mit seinem soeben entlassenen Vorgänger Herbert Burdenski im Restaurant »Ragusa« auf eine erfolgreichere Rückrunde an. Man beachte die Tapete!

Bundesligamannschaft von Werder Bremen sein kann, ist mir völlig unverständlich!«), nennt Werder einen »Verein ohne Zukunft« (»Spätestens am Saisonende wird man hier die Quittung erhalten!«) und verprellt Freund und Gegner, als er den in Afrika überaus populären, aber in der Bundesliga chancenlosen Ibrahim Sunday nicht einmal in den beiden Freundschaftsspielen in Algier einsetzt – als einzigen Feldspieler seines Kaders. Seinen Sohn Dieter verblüfft er durch die öffentliche Erklärung, der Torwart werde seinen Vertrag bei Werder auf gar keinen Fall verlängern.

Mit ramponiertem Image und einem immensen Autoritätsverlust kehrt Herbert Burdenski nach Bremen zurück und räumt ein, dass sowohl die harschen Äußerungen über die eigene Mannschaft als auch die Nichtnominierung Sundays eindeutige Fehler waren. Dennoch gibt er ein kämpferisches Statement ab: »Ich lasse mich nicht abschieben. Wir werden die Karre aus dem Dreck ziehen! Wir werden gemeinsam dafür sorgen, dass Werder nicht absteigt!« Herbert Burdenski gelobt Besserung, ist jedoch ab sofort nur noch ein Trainer auf Abruf.

Nach einer erneuten Negativserie im Frühjahr muss Burdenski seinen Hut nehmen, nachdem sich Werders Führung in Gestalt von Bundesliga-Chef Klaus Matischak am späten Abend des 28. Februar 1976 mit Otto Rehhagel über ein Engagement bis zum Saisonende einigt. Insofern schließt sich in den letzten Stunden des kalten Februars 1976 ein Kreis: Neun Monate zuvor war Herbert Burdenski in einem mitternächtlichen Telefonat überredet worden, Eppenhoffs Amt zu übernehmen. Nun wird Otto Rehhagel in einem mitternächtlichen Telefonat überredet, Burdenski zu beerben. Am Vormittag des folgenden Tages informiert Matischak nach dem Training den Noch-Trainer Burdenski über seine Entlassung. Der zeigt bemerkenswerte Größe: »Wenn es der Mannschaft hilft, trete ich zurück. Aber ich hänge weiterhin an Werder. Schließlich habe ich selbst hier gespielt und noch viele Freundschaften in Bremen.«

In einem Lokal begießen der alte und der neue Trainer am selben Tag öffentlich die Amtsübergabe – ein bis heute einmaliger Vorgang in der Bundesliga. Herbert Burdenski trägt die Entlassung tatsächlich äußerlich mit Fassung und akzeptiert, durch die Trennung dem Wohl des Vereins zu dienen, dem er als Trainer nicht mehr weiterhelfen kann. Er plant einen völligen Rückzug aus dem Fußballgeschäft: »Ich kehre in den Schuldienst zurück und kann mir nicht vorstellen, je wieder einen Bundesligisten zu trainieren.« »Budde« hält Wort. Werder war seine allerletzte Trainerstation.

»Budde« der Ältere und »Budde« der Jüngere im Sommer 1975. Die Zusammenarbeit zwischen Vater und Sohn Burdenski war bei Werder nur von kurzer Dauer

Schon am Tag der Entlassung übernimmt in Bremen also erstmalig der Mann das Ruder, von dem im Frühjahr 1976 niemand ahnen konnte, dass er später wie kein Zweiter Werders Bundesligageschichte prägen sollte: Dem in Offenbach geschassten Otto Rehhagel wird für nur zwölf Spiele die Verantwortung übertragen. Seine Antrittsrede lässt aufhorchen: »Bei mir gibt es keine krummen Dinger mehr und keine Streitereien unter den Spielern. Ich habe da so einiges aus der Vergangenheit gehört. Um eines mal klarzustellen: Ich werde auch in vier Monaten noch Fußballtrainer sein, aber ob einige von euch dann auch noch Fußballprofis sind, das ist zweifelhaft. Der Abstiegskampf ist für viele von euch Existenzkampf. Richtet euch darauf ein!«

Als Otto loslegt, steht Werder auf Platz 14, nur einen Punkt vor dem Schlusslicht Bayer Uerdingen. Rehhagels Sternstunde schlägt, als Werder unter ihm drei Spieltage vor Saisonende beim Titelanwärter HSV mit 2:1 siegt (Tore: Görts und Aslund). Im darauf folgenden letzten Heimspiel gegen den MSV machen Mannschaft und Rehhagel mit einem 2:0 endgültig alles klar (auch in diesem Spiel sorgt der Schwede Aslund für die Entscheidung) und stoßen in der Kabine auf den Klassenerhalt an. Nach vier Siegen, vier Unentschieden und vier Niederlagen übergibt Rehhagel seinem schon lange feststehenden Nachfolger Hans Tilkowski am Saisonende das Ruder mit einem abschließenden Platz 13, drei Punkte vor den Abstiegsrängen.

Rudi Assauer steht am 31. Spieltag noch als Spieler auf dem Rasen und sitzt am 34. Spieltag schon als Manager auf der Bank. Eigentlich hatte er noch bis 1978 einen gültigen Vertrag als Lizenzspieler, doch »der schöne Rudi« erweist sich in erstaunlich kurzer Zeit als patenter Manager und leistet bis zu seinem Abschied weitestgehend gute Arbeit. Die Ära Hansi Wolff hingegen endet endgültig im August 1976 mit dessen Kündigung.

Das bizarrste Ereignis der Saison trägt sich beim ansonsten eher ereignislosen Heimspiel gegen Hannover 96 zu. Die Spieler bieten kaum Highlights. Höhepunkt der Partie ist der legendäre Schiedsrichter Wolf-Dieter Ahlenfelder: Der verläuft sich zunächst in den damals eigentlich noch sehr übersichtlichen Katakomben des Weser-Stadions, trägt eine veritable Alkoholfahne vor sich her und fällt während des Spiels dadurch auf, dass er unmotiviert gestikuliert und auf dem Platz herumfaucht. Der absolute Höhepunkt folgt nach 30 Minuten: Ahlenfelder pfeift zur Halbzeit und muss erst darauf hingewiesen werden, dass eine Halbzeit eigentlich 45 Minuten dauern sollte. Beim Gang in die Kabine streckt er einem Fotografen die Zunge heraus. Werders Präsident Dr. Böhmert stellt im Gegensatz zum Schiri nüchtern fest: »Für diese Show hätten wir die Eintrittspreise erhöhen müssen!« Das Spiel endet vor Lachen 0:0.

1975/76

Werder im Triumphzug vom Platz

25 000 Zuschauer feierten 2:0-Erfolg über Duisburg und den Klassenerhalt

Gerettet: Werder!

BREMEN: „Mit mir steigt Werder nicht ab", Horst-Dieter Höttges (oben links mit Trainer Rehhagel) behielt recht. Wieder einmal hat Werder einen Abstiegskampf erfolgreich bestanden. Rechts oben, das war das Siegtor durch Aslund (Mitte). Von links Heinze, Bella, Aslund und Dietz.

Bilder der Rettung: Am 4. Juni feiert Rehhagel mit seiner Mannschaft die Rettung im Weser-Stadion gegen den MSV Duisburg (2:0). Man beachte das Ambiente der Werder-Kabine! Oben: Gegen den MSV Duisburg erzwingt der Schwede Aslund in seinem letzten Heimspiel für Werder die Entscheidung. Sein 2:0 acht Minuten vor dem Ende bedeutet die endgültige Rettung

Essen, Georg-Melches-Stadion, 12. Juni 1976: Otto Rehhagel erfindet den Wechselfehler

Durch einen Fehler, der kaum jemandem auffiel, sicherte sich Otto Rehhagel einen Platz in den Bundesliga-Geschichtsbüchern: Im letzten Saisonspiel wollte Werder den in Afrika vergötterten, aber für die Bundesliga ungeeigneten Ballkünstler Ibrahim Sunday einsetzen, um ihn für seine unermüdlichen, vorbildlichen Trainingsleistungen zu belohnen. Dumm nur: Als Sunday am letzten Spieltag gegen RW Essen von Rehhagel eingewechselt wurde, standen mit dem Dänen Per Røntved und dem Schweden Sanny Aslund schon zwei Ausländer für Werder auf dem Rasen. Mehr waren damals nicht erlaubt. Als Sunday hereinkam, hätte Rehhagel einen der beiden Skandinavier herausnehmen müssen. Er holte jedoch Jürgen Röber vom Platz und beging damit den ersten Wechselfehler der Ligageschichte. Werder verlor das Spiel in Essen mit 0:2, konnte also keine Punkte dafür abgezogen bekommen. Eine Geldstrafe war dennoch fällig, Sunday machte nur dieses eine Bundesligaspiel und Rehhagel verabschiedete sich mit diesem seltsamen Vermächtnis fürs Erste aus Bremen.

WERDER BREMEN 1975/76

Trainer (bis 28.2.1976)

Burdenski, Herbert »Budde«
Verantwortlicher Trainer in 21 Spielen der Saison

Trainer (ab 29.2.1976)

Rehhagel, Otto
Verantwortlicher Trainer in 13 Spielen der Saison

Tor

Burdenski, Dieter »Budde«
34 Spiele; 0 Tore

Voss, Albert
0 Spiele; 0 Tore

Abwehr

Røntved, Per
31 Spiele; 7 Tore

Höttges, Horst-Dieter »Eisenfuß«
30 Spiele; 4 Tore

Kontny, Mario
23 Spiele; 1 Tor

Mittelfeld

Röber, Hans-Jürgen
34 Spiele; 10 Tore

Bracht, Uwe
34 Spiele; 0 Tore

Hiller, Franz
32 Spiele; 0 Tore

Angriff

Görts, Werner »Anneliese«
34 Spiele; 6 Tore

Müllner, Georg
21 Spiele; 2 Tore
Amateur

Aslund, Sanny
19 Spiele; 4 Tore

Erweiterter Kader

Daras, Dimitrios »Dimi«
1 Spiel; 0 Tore
Amateur

Geils, Karl-Heinz »Kalle«
1 Spiel; 0 Tore
Amateur

Ibrahim Sunday (FC Kumasi/Ghana) war einer der schillerndsten Neueinkäufe der Siebziger, wenngleich leider auch einer der sportlich wertlosesten. Der afrikanische Superstar gewöhnte sich nie an die körperlichen Anforderungen der Bundesliga. Dabei waren ihm große technische Fähigkeiten nicht abzusprechen. Rätselhafterweise zeigen ca. 90 % aller Archivbilder Sunday dabei, einen Ball mittig auf dem Kopf zu balancieren. Scheinbar eine Art Lieblingstrick

Wer kam?

Aslund (Espanol Barcelona, w.d.S.)
Müllner (VfB Stuttgart Amateure)
Rütten (FC Viersen)
Schlief (VfR Neuss)
Sunday (FC Kumasi/Ghana)

Wer ging?

Brexendorf (Jahn Regensburg)
Erkenbrecher (Wattenscheid 09)
Klausmann (Waldhof Mannheim, w.d.S.)
Meyer (eig. Amateure)
Thygesen (FC Winterthur/Schweiz, w.d.S.)
Zembski (Eintr. Braunschweig)

w.d.S. = während der Saison

1975/76

Der Sport-Verein »Werder« im Jahr 1975/76:

Präsident:	Dr. Franz Böhmert
Vizepräsident:	Klaus-Dieter Fischer (Amateur-Abt.)
3. Präsident:	Karl-Heinz Hohnhorst (Finanzen, Werbung)
Geschäftsführer:	Hans Wolff
Vereinsarzt:	Dr. Franz Böhmert
Masseur:	Wolfgang Binder
Mitglieder:	2.100
Kapazität Weser-Stadion:	40.000 Plätze (5.700 Sitzplätze, davon 2.464 überdacht)

Assauer, Rudolf »Rudi«
23 Spiele; 0 Tore

Rütten, Klaus
3 Spiele; 0 Tore

Kamp, Karl-Heinz »Kalli«
28 Spiele; 2 Tore

Dietrich, Peter
10 Spiele; 0 Tore

Sunday, Ibrahim
1 Spiel; 0 Tore

Schlief, Wolfgang
19 Spiele; 1 Tor
Amateur

Weist, Werner »Acker«
17 Spiele; 5 Tore

Ohling, Volker
16 Spiele; 2 Tore

Klausmann, Urban
0 Spiele; 0 Tore

Thygesen, Poul-Erik
0 Spiele; 0 Tore

In Freundschaftsspielen eingesetzt:

Metzer, Rolf (Abwehr)
Ripke, Franz-Josef (Angriff)

Alle Spiele 1975/76

19.07.1975
Freundschaftsspiel
TuS Lingen – W. Bremen 0:2 (0:2)
Aufstellung: D. Burdenski (69. Voss) – Rütten, Höttges, Assauer, Kamp – Röber, Hiller (60. Müllner), Røntved (74. Ohling) – Görts (67. Klausmann), Weist (72. Sunday), Bracht (67. Thygesen)
Trainer: H. Burdenski
Tore: 0:1 Bracht (15.), 0:2 Weist (26.)
Zuschauer: 1.561

23.07.1975
Freundschaftsspiel
Blau-Weiß Lohne – W. Bremen 1:9 (1:7)
Aufstellung: D. Burdenski (46. Voss) – Rütten (46. Müllner), Höttges, Assauer, Kamp (58. Sunday) – Röber, Røntved, Bracht, Hiller – Weist, Görts (66. Ohling)
Trainer: H. Burdenski
Tore: 0:1 Hiller (3.), 0:2 Weist (6.), 1:2 Stärk (20.), 1:3 Røntved (21.), 1:4 Kamp (23.), 1:5 Kamp (25.), 1:6 Kamp (33.), 1:7 Hiller (34.), 1:8 Görts (77.), 1:9 Ohling (87.)
Zuschauer: 3.000

25.07.1975
Internationales Freundschaftsspiel
W. Bremen – Hapoel Petah Tikva 2:0 (0:0)
Aufstellung: D. Burdenski (60. Voss) – Hiller, Assauer, Höttges (42. Geils), Kamp – Röber, Bracht (83. Ripke), Røntved – Müllner, Ohling (46. Sunday), Görts
Trainer: H. Burdenski
Tore: 1:0 Røntved (52.), 2:0 Røntved (56.)
Zuschauer: 2.000 auf Platz 11

27.07.1975
Freundschaftsspiel
Hessen Kassel – W. Bremen 2:3 (1:2)
Aufstellung: D. Burdenski – Kontny (70. Ripke), Assauer, Geils, Kamp – Röber, Hiller, Røntved, Bracht (70. Sunday) – Müllner, Weist (72. Ohling)
Trainer: H. Burdenski
Tore: 1:0 Abbé (8.), 1:1 Kamp (27.), 1:2 Weist (30.), 1:3 Röber (69.), 2:3 Abbé (76. FE)
Besonderes Vorkommnis: Burose (H. K.) hält FE von Bracht (Spielstand 1:0)
Zuschauer: 6.000

02.08.1975
DFB-Pokal, 1. Runde
W. Bremen – Bor. M'gladbach 0:3 (0:2)
Aufstellung: D. Burdenski – Kontny, Höttges, Assauer, Kamp – Röber, Røntved, Hiller (46. Müllner), Bracht – Schlief, Görts
Trainer: H. Burdenski
Tore: 0:1 Jensen (8.), 0:2 Assauer (35. ET), 0:3 Wimmer (50.)
Zuschauer: 22.000

03.08.1975
Freundschaftsspiel
Flensburg 08 – W. Bremen 4:4 (0:4)
Aufstellung: D. Burdenski (46. Voss) – Kontny (72. Thygesen), Höttges, Assauer, Kamp (46. Hiller) – Röber (53. Geils), Müllner (62. Ohling), Røntved, Schlief – Weist, Bracht (46. Sunday)
Trainer: H. Burdenski
Tore: 0:1 Schlief (6.), 0:2 Weist (20.), 0:3 Røntved (43.), 0:4 Röber (44.), 1:4 Friese (52. FE), 2:4 Lockstedt (55.), 3:4 Lockstedt (66.), 4:4 Lockstedt (67.)
Zuschauer: 1.767

Zembski: „Sticken beruhigt"

BREMEN: Wenn die Kollegen im Trainingslager Knobeln oder Skat spielen, sitzt Verteidiger Zembski in einer Ecke und — stickt! Seine Devise: Handarbeiten beruhigt. Für Frau und Tochter bestickte er bereits ein Dutzend Hosen und Jacken. Foto: Metropress

09.08.1975
Bundesliga, 1. Spieltag
VfL Bochum – W. Bremen 0:3 (0:2)
Aufstellung: D. Burdenski – Kontny (65. Bracht), Höttges, Assauer, Kamp – Röber, Schlief, Hiller, Røntved – Aslund (46. Weist), Görts
Trainer: H. Burdenski
Tore: 0:1 Röber (25.), 0:2 Aslund (39.), 0:3 Weist (85.)
Zuschauer: 9.000

12.08.1975
Freundschaftsspiel
Eintracht Lüneburg – W. Bremen 0:5 (0:2)
Aufstellung: Burdenski (65. Voss) – Rütten, Kamp, Höttges, Assauer – Röber (75. Sunday), Schlief (46. Müllner), Hiller (46. Bracht) – Aslund, Røntved, Görts (22. Weist)
Trainer: H. Burdenski
Tore: 0:1 Röber (6.), 0:2 Aslund (29.), 0:3 Sunday (80.), 0:4 Aslund (82.), 0:5 Røntved (86.)
Zuschauer: 1.500

15.08.1975
Bundesliga, 2. Spieltag
W. Bremen – Eintracht Frankfurt 1:2 (0:1)
Aufstellung: D. Burdenski – Rütten, Höttges, Assauer, Kamp – Röber, Schlief, Hiller, Røntved (46. Bracht) – Aslund (67. Weist), Görts
Trainer: H. Burdenski
Tore: 0:1 Wenzel (39.), 0:2 Hölzenbein (47.), 1:2 Görts (48.)
Zuschauer: 27.000

18.08.1975
Internationales Freundschaftsspiel
FC Elche (Spanien) – W. Bremen 0:1 (0:0)
Aufstellung: Burdenski – Rütten, Kamp, Hiller, Assauer – Röber, Schlief (46. Weist), Müllner – Aslund, Bracht, Görts
Trainer: H. Burdenski
Tor: 0:1 Aslund (85.)
Zuschauer: 10.000

22.08.1975
Bundesliga, 3. Spieltag
FC Bayern München – W. Bremen 4:0 (0:0)
Aufstellung: D. Burdenski – Kontny, Höttges, Assauer, Kamp – Röber (79. Müllner), Hiller, Bracht, Schlief – Aslund (64. Weist), Görts
Trainer: H. Burdenski
Tore: 1:0 Dürnberger (51.), 2:0 Zobel (65.), 3:0 G. Müller (71.), 4:0 G. Müller (74.)
Besonderes Vorkommnis: Assauer (W. B.) schießt FE am Tor vorbei (88.)
Zuschauer: 27.000

27.08.1975
Bundesliga, 4. Spieltag
W. Bremen – Hertha BSC Berlin 3:2 (2:1)
Aufstellung: D. Burdenski – Höttges, Assauer, Røntved, Kamp – Röber, Hiller, Schlief, Bracht – Aslund (61. Weist), Görts
Trainer: H. Burdenski
Tore: 1:0 Aslund (23.), 2:0 Schlief (30.), 2:1 Szymanek (40.), 3:1 Höttges (53. FE), 3:2 Beer (59.)
Zuschauer: 18.000

30.08.1975
Bundesliga, 5. Spieltag
Eintr. Braunschweig – W. Bremen 3:2 (1:0)
Aufstellung: D. Burdenski – Höttges, Røntved, Assauer (46. Weist), Kamp – Röber, Schlief, Hiller, Bracht – Görts, Aslund
Trainer: H. Burdenski
Tore: 1:0 Handschuh (34.), 1:1 Höttges (62. FE), 2:1 Gersdorff (75. HE), 2:2 Røntved (86.), 3:2 Røntved (90.+1 ET)
Besonderes Vorkommnis: Rote Karte für Grzyb (E. B.) (63.)
Zuschauer: 23.000

31.08.1975
Freundschaftsspiel
1. SC Norderstedt – W. Bremen 3:15 (0:8)
Aufstellung: Burdenski (46. Voss) – Höttges, Hiller, Røntved, Kamp – Röber, Bracht, Aslund (74. Ohling) – Görts, Weist, Schlief (76. Sunday)
Trainer: H. Burdenski
Tore: 0:1 Røntved (6.), 0:2 Röber (11.), 0:3 Weist (15.), 0:4 Bracht (17.), 0:5 Röber (19.), 0:6 Schlief (22.), 0:7 Schlief (27.), 0:8 Röber (31.), 0:9 Schlief (50.), 0:10 Aslund (60.), 0:11 Aslund (61.), 1:11 Jacobs (?.), 2:11 Jacobs (?.), 2:12 Höttges (?. FE), 2:13 Ohling (77.), 2:14 Ohling (79.), 2:15 Bracht (84.), 3:15 Hoffmann (89.)
Zuschauer: 3.000

02.09.1975
Freundschaftsspiel
Bayer 04 Leverkusen – W. Bremen 1:2 (0:1)
Aufstellung: Burdenski – Höttges, Røntved, Hiller, Kamp – Schlief (70. Ohling), Röber, Müllner – Aslund, Weist, Görts
Trainer: H. Burdenski
Tore: 0:1 Hiller (15.), 0:2 Aslund (54.), 1:2 Rehbach (75. HE)
Zuschauer: 3.000

06.09.1975
Bundesliga, 6. Spieltag
W. Bremen – Karlsruher SC 1:0 (0:0)
Aufstellung: D. Burdenski – Höttges, Assauer, Røntved, Kamp – Röber (83. Aslund), Hiller, Bracht, Schlief – Weist, Görts
Trainer: H. Burdenski
Tor: 1:0 Røntved (73.)
Zuschauer: 18.000

09.09.1975
Freundschaftsspiel
VfB Oldenburg – W. Bremen 2:5 (0:2)
Aufstellung: Voss – Höttges (68. Rütten), Assauer (68. Ripke), Røntved, Kamp – Hiller, Müllner, Sunday – Aslund, Weist, Ohling
Trainer: H. Burdenski
Tore: 0:1 Weist (22.), 0:2 Ohling (28.), 1:2 Steindor (56.), 1:3 Weist (64), 2:3 Bülau (82.), 2:4 Müllner (87.), 2:5 Ripke (89.)
Zuschauer: 2.000

13.09.1975
Bundesliga, 7. Spieltag
W. Bremen – 1. FC Köln 3:2 (2:2)
Aufstellung: D. Burdenski – Höttges, Røntved, Assauer, Kamp – Röber, Hiller, Schlief, Bracht (81. Müllner) – Görts, Weist
Trainer: H. Burdenski
Tore: 0:1 Overath (31.), 0:2 Flohe (37.), 1:2 Höttges (39. FE), 2:2 Röber (41.), 3:2 Weist (83.)
Zuschauer: 18.000

20.09.1975
Bundesliga, 8. Spieltag
Bayer 05 Uerdingen – W. Bremen 2:1 (2:1)
Aufstellung: D. Burdenski – Kamp, Assauer, Røntved, Höttges – Röber (69. Müllner), Hiller, Schlief (77. Aslund), Bracht – Weist, Görts
Trainer: H. Burdenski
Tore: 1:0 Riege (11.), 1:1 Kamp (28.), 2:1 Hahn (43.)
Zuschauer: 12.000

21.09.1975
Freundschaftsspiel
FC Zons – W. Bremen 2:15 (2:7)
Aufstellung: Burdenski (46. Voss) – Höttges (46. Rütten), Hiller, Assauer (46. Kontny), Kamp (46. Müllner) – Schlief, Røntved, Röber – Görts (46. Aslund), Weist, Bracht
Trainer: H. Burdenski
Torschützen für Werder: Weist (4), Bracht (3), Görts, Kamp, Røntved, Aslund, Höttges (FE), Kontny, Müllner, Eigentor
Zuschauer: 1.500

27.09.1975
Bundesliga, 9. Spieltag
W. Bremen – Fortuna Düsseldorf 3:0 (1:0)
Aufstellung: D. Burdenski – Rütten, Røntved, Hiller, Höttges (82. Müllner) – Röber, Schlief, Kamp, Bracht – Görts, Weist
Trainer: H. Burdenski
Tore: 1:0 Røntved (27.), 2:0 Görts (53.), 3:0 Weist (66. FE)
Zuschauer: 17.000

04.10.1975
Bundesliga, 10. Spieltag
FC Schalke 04 – W. Bremen 4:2 (2:1)
Aufstellung: D. Burdenski – Höttges, Hiller, Røntved, Rütten – Röber, Kamp, Schlief, Bracht – Weist, Görts
Trainer: H. Burdenski
Tore: 1:0 H. Kremers (11.), 2:0 Bongartz (17.), 2:1 Weist (18.), 3:1 Bongartz (56.), 4:1 E. Kremers (70.), 4:2 Röber (85.)
Zuschauer: 25.400

10.10.1975
Freundschaftsspiel
VfL Osnabrück – W. Bremen 2:0 (1:0)
Aufstellung: D. Burdenski – Kontny, Hiller, Assauer, Rütten – Röber, Schlief, Bracht, Müllner – Weist (46. Ohling), Görts
Trainer: H. Burdenski
Tore: 1:0 Schock (45.), 2:0 Schock (56.)
Zuschauer: 5.000

12.10.1975
Freundschaftsspiel
SpVgg. Erkenschwick – W. Bremen 1:4 (0:2)
Aufstellung: D. Burdenski – Kontny, Hiller, Assauer, Rütten – Röber, Sunday (70. Ohling), Müllner, Bracht – Weist, Görts (46. Schlief)
Trainer: H. Burdenski
Tore: 0:1 Weist (4.), 0:2 Röber (34.), 1:2 Schramm (61.), 1:3 Weist (77.), 1:4 Weist (88.)
Zuschauer: 1.500

15.10.1975
Freundschaftsspiel
SV Meppen – W. Bremen 2:3 (2:2)
Aufstellung: D. Burdenski – Kontny, Rütten, Hiller, Assauer – Müllner, Röber, Bracht – Schlief, Ohling (75. Ripke), Görts
Trainer: H. Burdenski
Tore: 1:0 de Graf (5.), 1:1 Röber (32.), 2:1 Nieberg (43.), 2:2 Ohling (44.), 2:3 Schlief (82.)
Zuschauer: 1.200

18.10.1975
Freundschaftsspiel
1. FC Saarbrücken – W. Bremen 3:0 (2:0)
Aufstellung: D. Burdenski – Kontny, Hiller, Røntved, Höttges – Röber, Dietrich, Schlief, Bracht – Aslund (56. Müllner), Görts
Trainer: H. Burdenski
Tore: 1:0 Denz (13. FE), 2:0 Schmidt (44.), 3:0 Holzer (51.)
Zuschauer: 2.000

25.10.1975
Bundesliga, 11. Spieltag
W. Bremen – Kickers Offenbach 3:1 (1:1)
Aufstellung: D. Burdenski – Kontny, Hiller, Røntved, Höttges – Röber, Dietrich, Schlief (75. Müllner), Bracht – Weist, Görts
Trainer: H. Burdenski
Tore: 1:0 Höttges (31. FE), 1:1 Hickersberger (36.), 2:1 Röber (51.), 3:1 Müllner (89.)
Zuschauer: 14.000

31.10.1975
Bundesliga, 12. Spieltag
Bor. M'gladbach – W. Bremen 3:0 (1:0)
Aufstellung: D. Burdenski – Kontny, Røntved, Hiller, Höttges – Dietrich, Röber, Schlief, Bracht (80. Müllner) – Weist, Görts
Trainer: H. Burdenski
Tore: 1:0 Jensen (40.), 2:0 Heynckes (71.), 3:0 Heynckes (84. FE)
Zuschauer: 18.400

08.11.1975
Bundesliga, 13. Spieltag
W. Bremen – Hannover 96 0:0
Aufstellung: D. Burdenski – Kontny, Hiller, Røntved, Höttges – Röber, Dietrich, Schlief, Bracht – Aslund (68. Müllner), Görts
Trainer: H. Burdenski
Tore: –
Besonderes Vorkommnis: SR Ahlenfelder pfiff nach 31 Minuten zur Pause. Erst ein Gespräch mit seinem Linienrichter brachte diese Panne wieder in Ordnung.
Zuschauer: 21.000

Schwarzer Novembertag: Horst-Dieter Höttges lässt zwar hier kein Tor des Lauterers Heinz Wilhelmi zu, Werder muss sich dem FCK am 15.11. auf dem Betzenberg aber dennoch mit 0:4 beugen

15.11.1975
Bundesliga, 14. Spieltag
1. FC Kaiserslautern – W. Bremen 4:0 (1:0)
Aufstellung: D. Burdenski – Kontny, Hiller, Røntved, Höttges – Röber, Dietrich, Weist, Bracht – Aslund, Görts
Trainer: H. Burdenski
Tore: 1:0 Sandberg (13.), 2:0 Schwarz (47.), 3:0 K. Toppmöller (82.), 4:0 Sandberg (90.)
Zuschauer: 16.000

19.11.1975
Freundschaftsspiel
SC Twistringen – W. Bremen 1:2 (0:2)
Aufstellung: Burdenski (Voss) – Kontny, Höttges (Rütten), Hiller, Røntved (Assauer) – Röber, Dietrich (Müllner), Bracht – Aslund (Schlief), Weist (Ohling), Görts (Sunday)
Trainer: H. Burdenski
Tore: 0:1 Röber (3.), 0:2 Görts (13.), 1:2 unbekannt
Zuschauer: 2.000

22.11.1975
Bundesliga, 15. Spieltag
W. Bremen – Hamburger SV 1:3 (0:2)
Aufstellung: D. Burdenski – Kontny, Hiller, Røntved, Höttges – Röber, Dietrich (74. Müllner), Schlief, Bracht – Weist, Görts
Trainer: H. Burdenski
Tore: 0:1 Reimann (35.), 0:2 Bertl (39.), 0:3 Memering (68.), 1:3 Görts (87.)
Besondere Vorkommnisse: Höttges schießt FE über das Tor (42.), Bracht schießt FE über das Tor (55.)
Zuschauer: 37.000

29.11.1975
Bundesliga, 16. Spieltag
MSV Duisburg – W. Bremen 2:0 (0:0)
Aufstellung: D. Burdenski – Höttges, Hiller, Assauer, Kontny – Röber, Schlief (23. Dietrich), Bracht – Aslund, Weist, Görts
Trainer: H. Burdenski
Tore: 1:0 Büssers (6.), 2:0 Dietz (22.)
Zuschauer: 9.000

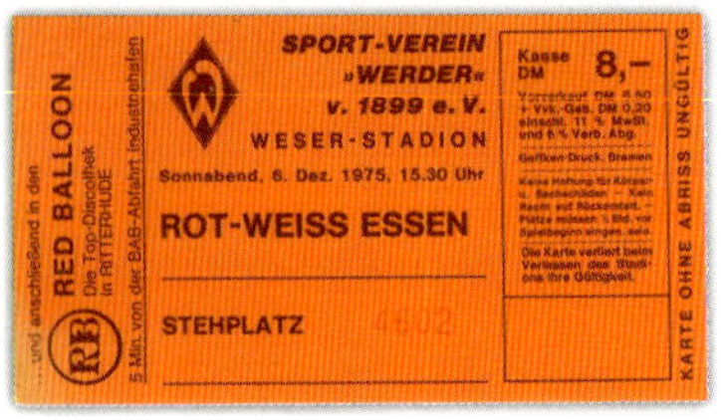

06.12.1975
Bundesliga, 17. Spieltag
W. Bremen – Rot-Weiß Essen 3:3 (2:1)
Aufstellung: D. Burdenski – Höttges, Hiller, Assauer, Kamp – Röber (89. Kontny), Dietrich (65. Ohling), Müllner, Bracht – Görts, Weist
Trainer: H. Burdenski
Tore: 0:1 Hrubesch (7.), 1:1 Röber (15. FE), 2:1 Görts (33.), 3:1 Weist (77.), 3:2 Hrubesch (80.), 3:3 Hrubesch (90.+3)
Zuschauer: 12.000

18.12.1975
Turnier in Algerien – Halbfinale
Nationalelf Algerien – W. Bremen 4:0 (2:0)
Aufstellung: Burdenski – Kontny, Kamp, Hiller, Assauer – Röber, Müllner, Bracht – Aslund, Görts, Rütten
Trainer: H. Burdenski
Tore: unbekannt
Zuschauer: 8.000 in Sidi-bel-Abbes

20.12.1975
Turnier in Algerien – Spiel um Platz drei
Servette Genf – W. Bremen
0:0, 2:4 i. Elfmeterschießen
Aufstellung: Burdenski – Kontny, Rütten, Hiller, Assauer – Röber, Dietrich, Müllner – Aslund (Ohling), Bracht, Görts
Trainer: H. Burdenski
Tore: –
Torschützen im Elfmeterschießen: Ohling, Röber, Bracht, Assauer (D. Burdenski verschießt)
Zuschauer: 8.000 in Sidi-bel-Abbes

17.01.1976
Bundesliga, 18. Spieltag
W. Bremen – VfL Bochum 4:1 (1:1)
Aufstellung: D. Burdenski – Höttges, Assauer, Røntved, Kamp – Röber, Müllner, Hiller, Bracht – Görts, Ohling (66. Aslund)
Trainer: H. Burdenski
Tore: 0:1 Lameck (30. FE), 1:1 Røntved (37.), 2:1 Müllner (49.), 3:1 Röber (65. FE), 4:1 Røntved (75.)
Zuschauer: 15.000

24.01.1976
Bundesliga, 19. Spieltag
Eintracht Frankfurt – W. Bremen 2:0 (0:0)
Aufstellung: D. Burdenski – Höttges, Assauer, Røntved, Kamp – Röber, Hiller, Müllner (74. Dietrich), Bracht – Ohling, Görts
Trainer: H. Burdenski
Tore: 1:0 Müllner (54. ET), 2:0 Kraus (71.)
Zuschauer: 10.000

31.01.1976
Freundschaftsspiel
SC Göttingen 05 – W. Bremen 1:1 (1:0)
Aufstellung: D. Burdenski – Höttges, Assauer, Røntved, Kontny (46. Metzer) – Hiller, Röber, Kamp, Bracht (46. Müllner) – Ohling (46. Aslund), Görts
Trainer: H. Burdenski
Tore: 1:0 Hayer (27.), 1:1 Röber (56.)
Zuschauer: 2.000

07.02.1976
Bundesliga, 20. Spieltag
W. Bremen – FC Bayern München 0:0
Aufstellung: D. Burdenski – Höttges, Assauer, Røntved, Kontny – Hiller, Kamp, Dietrich, Röber, Bracht – Görts
Trainer: H. Burdenski
Tore: –
Zuschauer: 25.000

21.02.1976
Bundesliga, 22. Spieltag
W. Bremen – Eintr. Braunschweig 0:1 (0:0)
Aufstellung: D. Burdenski – Höttges, Assauer, Røntved, Kamp – Röber, Dietrich, Hiller, Bracht – Weist (46. Müllner), Görts
Trainer: H. Burdenski
Tor: 0:1 Frank (79.)
Zuschauer: 18.000

29.02.1976
Freundschaftsspiel
FC Osterholz-Scharmbeck – W. B. 1:1 (0:0)
Aufstellung: D. Burdenski (46. Voss) – Kontny, Höttges, Assauer, Kamp – Röber, Schlief (60. Sunday), Hiller, Bracht – Ohling (46. Müllner), Görts (46. Aslund)
Trainer: Rehhagel
Tore: 0:1 Müllner (76.), 1:1 Neika (89.)
Zuschauer: 2.500

06.03.1976
Bundesliga, 23. Spieltag
Karlsruher SC – W. Bremen 2:0 (1:0)
Aufstellung: D. Burdenski – Kontny, Höttges, Assauer, Kamp – Röber, Hiller, Røntved, Bracht – Aslund (46. Ohling), Görts
Trainer: Rehhagel
Tore: 1:0 Struth (58. FE im Nachschuss), 2:0 Flindt (70. FE)
Zuschauer: 30.000

09.03.1976
Internationales Freundschaftsspiel
W. Bremen – Vejle BK 1:1 (1:1)
Aufstellung: Burdenski – Kamp, Røntved, Höttges, Kontny – Röber, Assauer (46. Müllner), Hiller – Bracht, Aslund (70. Schlief), Görts
Trainer: Rehhagel
Tore: 1:0 Aslund (7.), 1:1 Knudsen
Zuschauer: 900

13.03.1976
Bundesliga, 24. Spieltag
1. FC Köln – W. Bremen 1:1 (0:0)
Aufstellung: D. Burdenski – Kontny, Höttges, Røntved, Kamp – Röber, Müllner, Hiller, Bracht – Ohling, Görts
Trainer: Rehhagel
Tore: 1:0 D. Müller (85.), 1:1 Ohling (90.)
Zuschauer: 12.000

20.03.1976
Bundesliga, 25. Spieltag
W. Bremen – Bayer 05 Uerdingen 3:0 (0:0)
Aufstellung: D. Burdenski – Kontny, Höttges, Røntved, Kamp – Assauer, Müllner, Röber, Bracht – Görts, Ohling
Trainer: Rehhagel
Tore: 1:0 Görts (47.), 2:0 Röber (61.), 3:0 Ohling (72.)
Besonderes Vorkommnis: Kroke (Uerdingen) hält FE von Ohling (27.)
Zuschauer: 13.000

23.03.1976
Bundesliga, 21. Spieltag (Nachholspiel)
Hertha BSC Berlin – W. Bremen 0:0
Aufstellung: D. Burdenski – Kontny, Höttges, Røntved, Kamp – Röber, Müllner, Assauer, Bracht – Ohling, Görts
Trainer: Rehhagel
Tore: –
Zuschauer: 8.000

27.03.1976
Bundesliga, 26. Spieltag
Fortuna Düsseldorf – W. Bremen 3:0 (1:0)
Aufstellung: D. Burdenski – Kontny, Assauer, Røntved, Kamp – Hiller, Müllner (59. Aslund), Röber, Bracht – Ohling (72. Schlief), Görts
Trainer: Rehhagel
Tore: 1:0 Mattsson (45.), 2:0 Geye (53.), 3:0 Geye (55.)
Zuschauer: 10.000

04.04.1976
Freundschaftsspiel
Westfalia Herne – W. Bremen 0:2 (0:1)
Aufstellung: D. Burdenski (46. Voss) – Kontny, Assauer (46. Schlief), Røntved, Kamp – Röber, Hiller, Sunday (46. Rütten), Bracht – Aslund (46. Müllner), Ohling
Trainer: Rehhagel
Tore: 0:1 Sunday (24.), 0:2 Røntved (53.)
Zuschauer: 1.000

10.04.1976
Bundesliga, 27. Spieltag
W. Bremen – FC Schalke 04 1:1 (1:0)
Aufstellung: D. Burdenski – Kontny, Höttges, Røntved, Kamp – Assauer (72. Müllner), Hiller, Röber, Bracht – Görts, Ohling (82. Aslund)
Trainer: Rehhagel
Tore: 1:0 Röber (3.), 1:1 Fichtel (83.)
Zuschauer: 23.000

17.04.1976
Bundesliga, 28. Spieltag
Kickers Offenbach – W. Bremen 2:0 (1:0)
Aufstellung: D. Burdenski – Kamp, Höttges (23. Müllner), Røntved, Kontny – Assauer, Hiller, Bracht, Röber – Ohling, Görts
Trainer: Rehhagel
Tore: 1:0 Bastrup (45.), 2:0 Berg (60.)
Zuschauer: 15.000

24.04.1976
Freundschaftsspiel
Alemannia Aachen – W. Bremen 1:0 (0:0)
Aufstellung: D. Burdenski – Kontny, Hiller, Røntved, Kamp (46. Geils) – Röber, Dietrich, Bracht, Müllner – Ohling (62. Daras), Aslund (46. Görts)
Trainer: Rehhagel
Tor: 1:0 Klohs (68.)
Zuschauer: 500

01.05.1976
Bundesliga, 29. Spieltag
W. Bremen – Bor. M'gladbach 2:2 (2:1)
Aufstellung: D. Burdenski – Kontny, Røntved, Hiller, Kamp – Röber, Assauer (57. Aslund), Müllner, Bracht – Görts, Ohling (77. Schlief)
Trainer: Rehhagel
Tore: 1:0 Kamp (14.), 1:1 Jensen (32.), 2:1 Røntved (33.), 2:2 Bonhof (54.)
Zuschauer: 33.000

08.05.1976
Bundesliga, 30. Spieltag
Hannover 96 – W. Bremen 0:0
Aufstellung: D. Burdenski – Kontny, Hiller, Røntved, Kamp – Assauer, Röber, Schlief (74. Daras), Bracht – Ohling (83. Geils), Görts
Trainer: Rehhagel
Tore: –
Zuschauer: 22.400

15.05.1976
Bundesliga, 31. Spieltag
W. Bremen – 1. FC Kaiserslautern 3:2 (3:0)
Aufstellung: D. Burdenski – Kontny, Røntved, Höttges (77. Assauer), Kamp – Röber, Hiller, Bracht – Görts, Aslund, Ohling (77. Müllner)
Trainer: Rehhagel
Tore: 1:0 Kontny (13.), 2:0 Röber (26. FE), 3:0 Røntved (42.), 3:1 Meier (64.), 3:2 Frosch (89.)
Zuschauer: 21.000

16.05.1976
Freundschaftsspiel
TSV Ottersberg – W. Bremen 1:8 (0:5)
Aufstellung: Voss – Kontny, Assauer, Røntved, Kamp (46. Rütten) – Schlief, Bracht, Müllner, Sunday – Ohling, Aslund (46. Hiller)
Trainer: Rehhagel
Torschützen für Werder: Sunday (3), Ohling (2), Røntved, Kontny, Schlief
Zuschauer: 1.000

Freundschaftsspiel
Kreisauswahl Segeberg – W. Bremen 1:4 (1:0)
Aufstellung: D. Burdenski – Kamp, Assauer, Hiller, Kontny – Röber, Müllner, Bracht – Aslund, Ohling, Görts (46. Sunday)
Trainer: Rehhagel
Tore: 1:0 Becker (11.), 1:1 Röber (50. FE), 1:2 Röber (71. FE), 1:3 Sunday (65.), 1:4 Ohling (86.)
Zuschauer: 2.500

Bundesliga, 32. Spieltag
Hamburger SV – W. Bremen 1:2 (1:2)
Aufstellung: D. Burdenski – Kontny, Røntved, Höttges, Kamp – Röber, Hiller, Bracht, Ohling – Görts, Aslund
Trainer: Rehhagel
Tore: 0:1 Görts (22.), 0:2 Aslund (40.), 1:2 Memering (43.)
Zuschauer: 24.000

Bundesliga, 33. Spieltag
W. Bremen – MSV Duisburg 2:0 (1:0)
Aufstellung: D. Burdenski – Kontny, Røntved, Höttges, Kamp – Röber, Hiller, Bracht – Ohling, Aslund, Görts
Trainer: Rehhagel
Tore: 1:0 Röber (32.), 2:0 Aslund (82.)
Zuschauer: 33.000

Bundesliga, 34. Spieltag
Rot-Weiß Essen – W. Bremen 2:0 (1:0)
Aufstellung: D. Burdenski – Kontny, Hiller, Røntved, Kamp – Röber (46. Sunday), Müllner, Bracht, Ohling – Aslund, Görts (80. Schlief)
Trainer: Rehhagel
Tore: 1:0 Bast (28.), 2:0 Lindner (63.)
Zuschauer: 12.500

Kaum zu erkennen: Werner Görts, inzwischen ältester Feldspieler der Liga, wird für eine Extrastory des Magazins »Fußball-Woche« zum Großvater gestylt

Freundschaftsspiel
Kreisauswahl Schülern – W. Bremen 1:14 (0:8)
Aufstellung: Burdenski (46. Voss) – Kontny, Rütten, Assauer, Røntved – Röber (46. Schlief), Hiller, Bracht – Görts (46. Sunday), Ohling, Müllner
Trainer: Assauer
Torschützen für Werder: Ohling (3), Røntved (2), Assauer (2), Schlief (2), Kontny (2), Bracht, Röber, Rütten
Besonderheit: Otto Rehhagel hat Werder bereits in Richtung Dortmund verlassen, wo er den BVB in den Relegationsspielen gegen Nürnberg in die Bundesliga führen wird. Rudi Assauer betreut die Mannschaft als Interimscoach in den letzten Freundschaftsspielen der Saison.
Zuschauer: 500 in Schneverdingen

Freundschaftsspiel
TSV Lesum – W. Bremen 3:4 (2:1)
Aufstellung: Burdenski (46. Voss) – Kontny, Rütten, Hiller, Kamp – Röber, Müllner, Bracht (46. Schlief) – Görts (46. Sunday), Ohling, Aslund
Trainer: Assauer
Tore: 1:0 Pötsch (20.), 1:1 Aslund (40.), 2:1 Fege (41.), 2:2 Röber (54.), 2:3 Aslund (61.), 2:4 Kamp (68.), 3:4 Frick (75.)
Zuschauer: 2.000

Freundschaftsspiel
Viktoria Wilhelmsburg – W. B. 2:3 (2:1)
Aufstellung: Burdenski (Voss) – Kontny, Kamp (Rütten), Hiller, Assauer – Röber, Bracht (Müllner), Sunday – Görts, Ohling (Weist), Aslund (Schlief)
Trainer: Assauer
Torschützen für Werder: Ohling, Bracht, Sunday
Besonderes Vorkommnis: Röber (W. B.) verschießt einen FE
Zuschauer: 1.500

Freundschaftsspiel
Germania Walsrode – W. Bremen 3:5 (1:0)
Aufstellung: Burdenski (46. Voss) – Kontny, Rütten, Hiller, Kamp – Röber, Schlief, Bracht – Görts (46. Weist), Ohling, Müllner (46. Burdenski)
Trainer: Assauer
Torschützen für Werder: D. Burdenski (3), Görts, Bracht
Zuschauer: 2.000

Mit seinem Geschenk überraschte er Matischak.

Ibrahim brachte Papagei mit

● Mit einem unerwarteten Begleiter kehrte der dunkelhäutige Ibrahim Sunday aus seiner afrikanischen Heimat Ghana nach Bremen zurück. Werders neuer Mittelfeldspieler hatte einen farbenprächtigen Papagei dabei, vorgesehen als Gastgeschenk für seinen neuen Hausherrn Klaus Matischak. Der frühere Mittelstürmer der Bremer, der in seinem geräumigen Haus auch noch den Junggesellen Georg Müllner beherbergt, war ganz fassungslos. „Dabei hatte ich dem Ibrahim beim Abschied vor einigen Wochen nur so als Spaß gesagt, er solle meiner Frau mal einen Papagei mitbringen. Daß er es ernst nimmt, hätte ich nie gedacht." Doch im Hause Matischak macht man inzwischen gute Miene zum überraschenden Spiel: ein geräumiger Käfig wurde bereits besorgt, jetzt sucht man nur noch einen Namen für den prachtvollen afrikanischen Vogel.

Bundesliga-Abschlusstabelle 1975 / 1976

Platz	Verein	Spiele	S	U	N	Tore	Diff.	Punkte
1.	Borussia M'gladbach (M)	34	16	13	5	66:37	+29	45-23
2.	Hamburger SV	34	17	7	10	59:32	+27	41-27
3.	Bayern München	34	15	10	9	72:50	+22	40-28
4.	1. FC Köln	34	14	11	9	62:45	+17	39-29
5.	Eintracht Braunschweig	34	14	11	9	52:48	+4	39-29
6.	Schalke 04	34	13	11	10	76:55	+21	37-31
7.	1. FC K'lautern	34	15	7	12	66:60	+6	37-31
8.	Rot-Weiß Essen	34	13	11	10	61:67	-6	37-31
9.	Eintracht Frankfurt (P)	34	13	10	11	79:58	+21	36-32
10.	MSV Duisburg	34	13	7	14	55:62	-7	33-35
11.	Hertha BSC Berlin	34	11	10	13	59:61	-2	32-36
12.	Fortuna Düsseldorf	34	10	10	14	47:57	-10	30-38
13.	**Werder Bremen**	**34**	**11**	**8**	**15**	**44:55**	**-11**	**30-38**
14.	VfL Bochum	34	12	6	16	49:62	-13	30-38
15.	Karlsruher SC (N)	34	12	6	16	46:59	-13	30-38
16.	Hannover 96 (N)	34	9	9	16	48:60	-12	27-41
17.	Kickers Offenbach	34	9	9	16	40:72	-32	27-41
18.	KFC Uerdingen 05 (N)	34	6	10	18	28:69	-41	22-46

Fieberkurve der Bundesliga-Saison 1975 / 1976

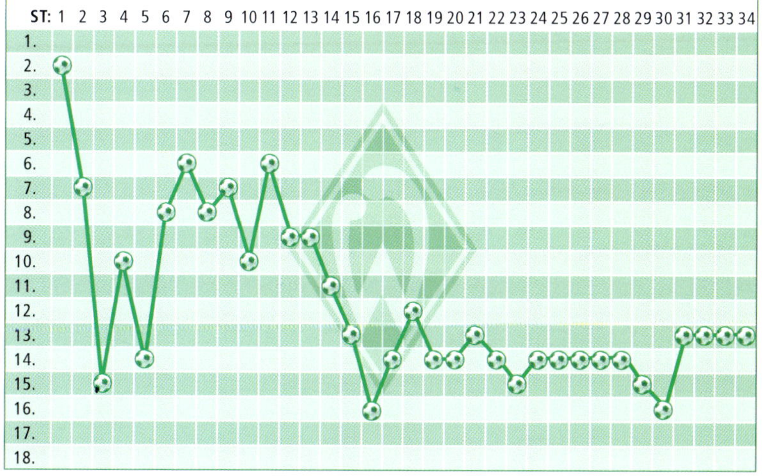

1976/77: Was ist blau und wirbt für Fisch?

Oben v.l.:
Trainer Tilkowski, Hiller, Geils, Müllner, Røntved, Ohling, Mense, Meininger, Konschal
Mitte v.l.:
Siegmann, Weist, Kontny, Rütten, Bracht, Görts, Höttges
Unten v.l.:
Schlief, Röber, Voss, Burdenski, Sunday, Kamp

Die Saison 1976/77 bringt eine Zäsur in Werders Bundesligageschichte: Erstmals leistet sich Werder nun also einen hauptamtlichen »Bundesliga-Manager«, und der hört auf den damals wie heute berühmten Namen Rudi Assauer. Dieser wechselt nahtlos vom Rasen an den Schreibtisch und erwirbt sich in Rekordzeit Respekt in der Branche, nachdem er zuvor als jüngster Manager der Liga (Assauer war erst 32!) und Ex-Kicker eher von oben herab belächelt wurde.

Dazu muss man wissen, dass die Mehrheit der Clubs den Posten eines Managers 1976 ohnehin für neumodischen Schnickschnack hielt. Nur zwei weitere Vereine beschäftigten einen Manager, wobei Robert Schwan vom FC Bayern sich »Direktor« nannte und der berühmt-berüchtigte Dr. Peter Krohn vom HSV sogar großspurig »General-Manager«.

Sport BEOBACHTER

Werder zukünftig in Königsblau

Werbung für „Norda" bringt 400 000 DM

BREMEN – Die Grün-Weißen Traditionalisten des SV Werder Bremen werden ihrem Präsidium sicherlich etwas böse sein, aber es steht seit dem 1. Juli fest, daß die

Dafür daß die Werderaner nun auf ihrem Trikot für Norda werben, erhält der Verein rund 400 000 Mark, und diese Tatsache wird es den Grün-Weißen leicht machen, auf ihre geliebten Farben zu verzichten.

Die Vertreter des Bremerhavener Unternehmens, das rund 9000 Menschen auf Schiffen, in den Fa-

Auf Rudi Assauer wartet sofort Schwerstarbeit. Bei Werder geht man finanziell traditionsgemäß auf dem Zahnfleisch. Das liegt zum einen daran, dass der Verein im Vorjahr als einer von zwölf Bundesligaclubs immer noch mit blanker Brust spielte. Das Trikotsponsoring tritt seinen Siegeszug an, und in der Saison 1976/77 haben bereits zehn Vereine ihre Brust verkauft. Auch Rudi Assauer zieht einen für damalige Zeiten erstklassigen Deal an Land: Nachdem Verhandlungen mit »Campari« scheitern (die Spirituosenfirma entschied sich schließlich für den erfolgreicheren HSV), stellt Rudi Assauer den Kontakt zum Bremerhavener Fisch-Konzern »Nordsee« her, der ab sofort zwei Jahre lang mit seiner Marke »Norda« auf Werders Brust wirbt. Der für damalige Verhältnisse großzügige Betrag von geschätzten 480.000 DM fließt in Werders leere Kasse.

Begleiterscheinung dieses Deals: Nach nur zwei Jahren in den Traditionsfarben Grün-Weiß müssen sich die Fans diesmal extrem umgewöhnen: Norda besteht auf die Verwendung der Markenfarben Blau und Weiß, und so kommt es, dass Werder inklusive der Ausweichfarben zwei Saisons lang nie in Grün-Weiß, aber dafür wechselweise in Blau, Weiß oder Rot spielt. Die Tradition hatte einen weitaus geringeren Stellenwert als heute. Kein Fan lief Sturm gegen die neuen Werder-Farben. Und die Werder-Raute war bereits vor längerer Zeit vom Trikot verschwunden.

Paradiesisch für die Fans, aber finanziell katastrophal für den Verein ist der Zustand des Weser-Stadions. Das bietet zwar wie heute ca. 40.000 Zuschauern Platz, aber darunter sind 35.000 Stehplätze. Wenn man berücksichtigt, dass die Eintrittsgelder damals einen weitaus wichtigeren Teil des Etats ausmachten als dies heute der Fall ist, dann kann man sich vorstellen, dass man bei Werder nicht ohne Sorge beobachtete, wie die ohnehin reicheren Clubs mit ihren riesigen Betonschüsseln mit einem Vielfachen an lukrativen Sitzplätzen Jahr für Jahr bessere Voraussetzungen für erfolgreichen Profifußball besaßen als der SV Werder.

Merkwürdig gestaltet sich die Bewegung auf Werders Trainerbank. Sechs Jahre zuvor hatte Hans Tilkowski als junger Trainer Werder im Husarenstreich gerettet und wäre von Werder am liebsten gehalten worden. Das ging damals nicht, weil mit »Zapf« Gebhardt schon der Nachfolger verpflichtet war. 1976 hätte Werder gerne den jungen Retter Otto Rehhagel behalten. Auch das ging nicht. Wieder stand Werder schon bei einem Nachfolger im Wort. Der hieß – Hans Tilkowski. Mit dem erst 41-jährigen Coach, dem 38-jährigen Lizenzspielerchef Matischak und Rudi Assauer besitzt Werder somit das jüngste Führungstrio der Bundesliga an den Schalthebeln seines Profibereichs.

Matischak geht Werder allerdings schon recht bald wieder verloren. Er verlangt vor einem weitergehenden Engagement, dass sein persönlicher Steuerberater Herrmann die Situation Werders durch Blick in die Bücher analysieren darf. Der Steuerberater findet traurige Zahlen, informiert Matischak darüber und dieser beendet sein Engagement in Werders Management in dem Bewusstsein, Werder habe als Verein keine große Zukunft.

Tilkowski, der neue Trainer, der aus Nürnberg an die Weser gewechselt ist, muss weiterhin mit einem unangenehm dünnen personellen Gerüst klarkommen. Neben Assauer hat Sturmtank Aslund Werder nach einem kurzen Gastspiel wieder verlassen, Millionaro Peter Dietrich beendet verletzungsgeplagt seine Profilaufbahn, und schon während der Vorsaison hatten Klausmann und Thygesen in Bremen die Segel gestrichen. Dafür kommen der Berliner Abwehrrecke Norbert Siegmann, Braunschweigs Flügelflitzer Hartmut Konschal, der junge Gütersloher Stürmer Willi Mense und ein neuer Kandidat für den traditionellen Problemposten bei Werder: den des Mittelstürmers. Karl-Heinz Meininger heißt der Mann, wird von Tilkowski aus Nürnberg mitgebracht und soll den alternden »Acker« Weist ersetzen. Das gelingt nur teilweise: Meininger erweist sich als nicht konstant genug in seinen Leistungen. Er trifft zehnmal in seiner ersten Saison als Bundesligaspieler. Das klingt aus heutiger Sicht beinahe passabel. 1976 war es für einen klassischen Mittelstürmer zu wenig. Kurz nach Saisonbeginn komplettiert der Jugoslawe Miodrag Petrovic, ein kleiner, technisch starker Mittelfeldmann, Werders Personalplanung.

Der schon erwähnte Weist, der die schillernden Vorschusslorbeeren aus seiner Dortmunder Zeit in Bremen nicht wie erwartet ernten konnte, spielt seine letzte Saison. Sein letzter Vertrag bei Werder enthält eine Kuriosität: Weist bekommt neben einem Grundgehalt von 3000 DM eine Leistungsprämie von 30.000 DM für »bis zu 10 von Herrn Weist erzielte Tore«, weitere 10.000 DM ab dem 11. Tor für »von Herrn Weist weiterhin erzielte fünf Tore« und außerdem DM 3000 für jedes weitere »von Herrn

Jung, dynamisch und zumindest nicht erfolglos: Werders frisches Dreigestirn bildete das jüngste Führungstrio der Liga. Der erst 32-jährige Manager Assauer, der 41-jährige Trainer Hans Tilkowski und der 38-jährige Lizenzspielerchef Matischak halten als Team jedoch nur wenige Monate durch. Schnell geht Matischak von der Stange, dann wirft Tilkowski hin

Weist erzielte Tor«. Das Problem dabei: Wer nach Toren extra bezahlt wird, könnte eventuell auf die Idee kommen, im entscheidenden Moment vielleicht weniger mannschaftsdienlich zu spielen, als es der Spielzug erfordern würde. Und deshalb enthält der Vertrag einen nachträglichen handschriftlichen Zusatz des Präsidiums: »Als Tor gilt auch die unmittelbare Vorlage für den Torschützen.« Ach, und unter uns: Weist schoss in seinen letzten beiden Saisons zusammen … sieben Törchen.

Abgesehen von Werders schon ein Jahrzehnt andauernder Flaute im Angriffsspiel leidet der gesamte Kader darunter, fußballerisch nicht sehr viel zu bieten zu haben. Werders Fußball ist weder modern, noch schön anzusehen. Symptomatisch und folgerichtig ist es daher, dass Torwart Dieter »Budde« Burdenski und Libero Per Røntved zu den Stars der Spielzeit avancieren. Burdenski wird am Ende einer wieder einmal überragenden Saison mit der Berufung in die Nationalelf belohnt. Per Røntved wiederum wird vom FC Bayern München geadelt: Die Bajuwaren müssen sich nach einem Libero-Nachfolger für den zu Cosmos New York geflüchteten Kaiser Franz Beckenbauer umsehen und verhandeln hartnäckig mit Werders blondem Dänen. Die damals astronomische Ablösesumme von 1,2 Mio DM steht im Raum, aber letztlich zerschlägt sich der Transfer.

Der Saisonverlauf gestaltet sich ausnahmsweise einmal eher undramatisch: Der Start wird natürlich wie meistens vergurkt (in den ersten sieben Spielen gelingt kein Sieg), aber Dank großer Kampfkraft kann Werder sich in den Monaten darauf weitestgehend aus dem Abstiegskampf heraushalten. Im Frühjahr darf man sogar kurz vom UEFA-Cup träumen, was einer Sensation gleich gekommen wäre. Nachdem die Schlussphase der Saison aber mit fünf Niederlagen in den letzten acht Spielen in den Sand gesetzt wird, springt schließlich der für Werder nicht unvertraute Platz 11 heraus. Fazit: Eine Saison ohne großen Unterhaltungswert, wenn man einmal von den Siegen gegen Meister Mönchengladbach und Titelanwärter Braunschweig (jeweils 1:0) absieht. Schon das kommende Jahr sollte wieder Werder-Nervenkitzel pur bieten.

Trainer

Tilkowski, Hans »Til«
Verantwortlicher Trainer in allen 34 Spielen der Saison

Werders Neuzugänge im Sommer 1976

Der neue Trainer Hans Tilkowski begrüßt beim Saisonauftakt keine Top-Stars, aber immerhin fünf Spieler, von denen sich schließlich keiner als Fehleinkauf erweisen wird: Geils, Meininger, Mense, Siegmann und Konschal

Wer kam?

Konschal (Eintracht Braunschweig)
Meininger (1. FC Nürnberg)
Mense (SVA Gütersloh)
Petrovic (Westfalia Herne, w.d.S.)
Siegmann (Te-Be Berlin)

Wer ging?

Aslund (AIK Solna/Schweden)
Assauer (eig. Amateure/Bundesligamanager beim SV Werder)
Dietrich (SG Westend Frankfurt)
Müllner (Eintracht Trier, w.d.S.)
Rütten (SpVgg. Fürth, w.d.S.)
Schlief (Eintracht Trier, w.d.S.)

w.d.S. = während der Saison

Tor

Burdenski, Dieter »Budde«
34 Spiele; 0 Tore

Voss, Albert
0 Spiele; 0 Tore

Abwehr

Höttges, Horst-Dieter »Eisenfuß«
32 Spiele; 2 Tore

Røntved, Per
29 Spiele; 6 Tore

Geils, Karl-Heinz »Kalle«
28 Spiele; 0 Tore, Amateur

Mittelfeld

Röber, Hans-Jürgen
34 Spiele; 8 Tore

Kamp, Karl-Heinz »Kalli«
34 Spiele; 4 Tore

Hiller, Franz
34 Spiele; 2 Tore

Angriff

Konschal, Hartmut
31 Spiele; 5 Tore

Görts, Werner »Anneliese«
29 Spiele; 3 Tore

Meininger, Karl-heinz »Charly«
28 Spiele; 10 Tore

Erweiterter Kader

Daras, Dimitrios »Dimi«
1 Spiele; 0 Tore

Knop, Jens
0 Spiele; 0 Tore
Amateur

1976/77

Der Sport-Verein »Werder« im Jahr 1976/77:

Präsident:	**Dr. Franz Böhmert**
Vizepräsident:	**Klaus-Dieter Fischer (Amateur-Abt.)**
3. Präsident:	**K.-H. Hohnhorst (Finanzen, Werbung)**
Geschäftsführer:	**Hans Wolff**
Bundesliga-Manager:	**Rudi Assauer**
Vereinsarzt:	**Dr. Rudolf Wiedenmann**
Masseur:	**Peter Kienert**
Mitglieder:	**2.300**
Kapazität Weser-Stadion:	**40.000 Plätze (5.700 Sitzplätze, davon 2.464 überdacht)**

Siegmann, Norbert »Zico«
23 Spiele; 2 Tore

Kontny, Mario
0 Spiele; 0 Tore

Rütten, Klaus
0 Spiele; 0 Tore

Bracht, Uwe
30 Spiele; 4 Tore

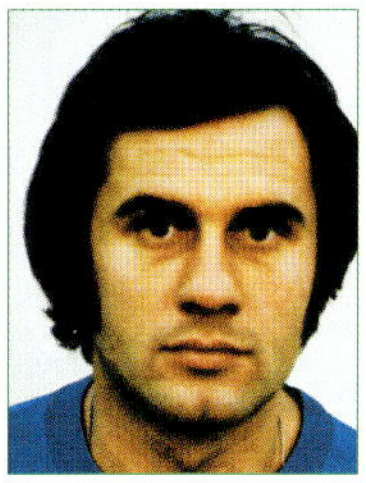

Petrovic, Miodrag
26 Spiele; 0 Tore
Amateur

Sunday, Ibrahim
0 Spiele; 0 Tore

Weist, Werner »Acker«
14 Spiele; 2 Tore

Ohling, Volker
9 Spiele; 0 Tore
Amateur

Mense, Willi
5 Spiele; 1 Tor

Müllner, Georg
2 Spiele; 0 Tore
Amateur

Schlief, Wolfgang
0 Spiele; 0 Tore
Amateur

In Freundschaftsspielen eingesetzt:

Ripke, Franz-Josef (Angriff)

Alle Spiele 1976/77

21.07.1976
Freundschaftsspiel
Phönix Lübeck – W. Bremen 1:5 (0:2)
Aufstellung: Burdenski – Kamp, Siegmann, Røntved, Höttges – Röber (75. Schlief), Hiller, Bracht (82. Müllner) – Konschal, Ohling (46. Weist), Görts
Trainer: Tilkowski
Torschützen für Werder: Røntved (2), Weist (2), Görts
Zuschauer: 610

24.07.1976
Freundschaftsspiel
Olympia Wilhelmshaven – W. B. 2:3 (0:1)
Aufstellung: Burdenski – Kamp (63. Geils), Siegmann, Røntved, Höttges – Röber, Hiller, Bracht (75. Rütten) – Konschal, Weist, Görts
Trainer: Tilkowski
Tore: 0:1 Bracht (14.), 1:1 Gummlich (52.), 1:2 Röber (57.), 1:3 Hiller (62.), 2:3 Gummlich (80.)
Zuschauer: 1.500

25.07.1976
Freundschaftsspiel
Blumenthaler SV – W. Bremen 0:6 (0:0)
Aufstellung: Burdenski – Geils, Siegmann, Røntved, Höttges – Röber (65. Kamp), Hiller, Bracht (74. Sunday) – Konschal, Weist (43. Ohling), Görts
Trainer: Tilkowski
Tore: 0:1 Ohling (49.), 0:2 Ohling (53.), 0:3 Røntved (57.), 0:4 Ohling (59.), 0:5 Konschal (67.), 0:6 Konschal (84.)
Zuschauer: 2.800

27.07.1976
Internationales Freundschaftsspiel
W. Bremen – Glasgow Rangers 3:1 (2:1)
Aufstellung: Burdenski – Geils, Höttges (18. Kamp), Siegmann, Røntved – Röber, Hiller, Bracht – Konschal, Ohling (55. Weist), Görts
Trainer: Tilkowski
Tore: 1:0 Røntved (8.), 2:0 Görts (17.), 2:1 Johnston (26.), 3:1 Weist (59.)
Besonderes Vorkommnis: Miller (Glasgow) schießt FE am Tor vorbei (51.)
Zuschauer: 12.000

29.07.1976
Freundschaftsspiel
SC Oberbecksen – W. Bremen 0:8 (0:4)
Aufstellung: Voss – Rütten, Siegmann, Røntved, Kamp – Hiller, Röber, Müllner (46. Schlief) – Konschal (60. Sunday), Weist (46. Meininger), Görts (60. Ohling)
Trainer: Tilkowski
Tore: Røntved (2), Ohling (2), Weist, Bracht, Meininger, Kamp
Zuschauer: 1.300 in Bad Oeynhausen

31.07.1976
Freundschaftsspiel
Borussia Dortmund – W. Bremen 1:1 (0:1)
Aufstellung: Burdenski – Kamp, Siegmann, Røntved, Geils – Hiller, Röber, Bracht – Konschal (84. Schlief), Meininger (26. Ohling, 74. Weist), Görts
Trainer: Tilkowski
Tore: 0:1 Röber (25. FE), 1:1 Vöge (86.)
Zuschauer: 5.600 in Minden

03.08.1976
Freundschaftsspiel
SC Herford – W. Bremen 1:0 (0:0)
Aufstellung: Burdenski – Rütten, Kamp, Siegmann, Hiller – Röber, Schlief (72. Müllner), Bracht – Konschal, Ohling (63. Weist), Görts
Trainer: Tilkowski
Tor: 1:0 Wehmeyer (56.)
Zuschauer: 1.300

07.08.1976
DFB-Pokal, 1. Runde
W. B. – Südwest Ludwigshafen 4:0 (1:0)
Aufstellung: Burdenski – Kamp, Siegmann, Røntved, Höttges – Hiller, Bracht, Röber – Konschal, Meininger (63. Ohling), Görts (72. Sunday)
Trainer: Tilkowski
Tore: 1:0 Bracht (32.), 2:0 Röber (51.), 3:0 Kamp (64.), 4:0 Langensteg (70. ET)
Zuschauer: 11.000

08.08.1976
Freundschaftsspiel
TuSG Ritterhude – W. Bremen 0:16 (0:7)
Aufstellung: Voss – Rütten, Höttges (Kamp), Siegmann (Hiller), Røntved – Röber, Knop (Schlief), Bracht (Müllner) – Konschal (Sunday), Ohling, Weist
Trainer: Tilkowski
Tore: Ohling (3), Weist (3), Røntved (3), Rütten (2), Sunday (2), Bracht, Knop, Müllner
Zuschauer: 2.500

14.08.1976
Bundesliga, 1. Spieltag
FC Schalke 04 – W. Bremen 3:2 (2:1)
Aufstellung: Burdenski – Höttges, Siegmann, Røntved, Kamp – Röber, Hiller, Bracht, Müllner (76. Mense) – Görts, Ohling (70. Weist)
Trainer: Tilkowski
Tore: 1:0 Oblak (15.), 2:0 Bongartz (25.), 2:1 Kamp (40.), 3:1 Fischer (67.), 3:2 Røntved (85.)
Zuschauer: 27.000

21.08.1976
Bundesliga, 2. Spieltag
W. Bremen – Hamburger SV 2:2 (1:1)
Aufstellung: Burdenski – Höttges, Siegmann, Røntved, Kamp – Röber, Hiller, Bracht – Konschal (61. Ohling, 75. Müllner), Meininger, Görts
Trainer: Tilkowski
Tore: 0:1 Steffenhagen (31.), 1:1 Röber (40. FE), 1:2 Steffenhagen (55.), 2:2 Konschal (60.)
Zuschauer: 36.000

28.08.1976
Bundesliga, 3. Spieltag
1. FC Saarbrücken – W. Bremen 2:0 (1:0)
Aufstellung: Burdenski – Kamp, Siegmann, Røntved, Höttges – Röber, Hiller, Petrovic (76. Mense), Bracht – Meininger (46. Weist), Görts
Trainer: Tilkowski
Tore: 1:0 Røntved (4. ET), 2:0 Røntved (86. ET)
Zuschauer: 25.000

31.08.1976
Freundschaftsspiel
TSV Grolland – W. Bremen 0:6 (0:2)
Aufstellung: Burdenski (46. Voss) – Hiller, Siegmann, Höttges, Knop – Röber, Petrovic, Bracht – Görts (46. Schlief), Weist (46. Meininger), Mense (60. Sunday)
Trainer: Tilkowski
Tore: 0:1 Röber (26.), 0:2 Röber (42. FE), 0:3 Meininger (54.), 0:4 Meininger (68.), 0:5 Röber (75. FE), 0:6 Röber (83.)
Zuschauer: 1.000

04.09.1976
Bundesliga, 4. Spieltag
W. Bremen – Karlsruher SC 1:1 (1:1)
Aufstellung: Burdenski – Kamp, Siegmann, Røntved, Höttges – Röber, Hiller, Bracht – Konschal (70. Meininger), Weist (75. Petrovic), Görts
Trainer: Tilkowski
Tore: 0:1 Janzon (15.), 1:1 Røntved (22.)
Zuschauer: 11.500

07.09.1976
Freundschaftsspiel
BBV Union Bremen – W. B. 0:10 (0:4)
Aufstellung: Burdenski (46. Voss) – Siegmann (46. Knop), Kamp (46. Bracht), Höttges, Røntved – Hiller, Röber (46. Sunday), Petrovic – Konschal, Meininger (46. Weist), Görts (46. Mense)
Trainer: Tilkowski
Tore: 0:1 Hiller (10.), 0:2 Hiller (15.), 0:3 Görts (20.), 0:4 Meininger (44.), 0:5 Mense (49.), 0:6 Mense (67.), 0:7 Knop (76.), 0:8 Hiller (84.), 0:9 Weist (86.), 0:10 Sunday (90. FE)
Zuschauer: 650

11.09.1976
Bundesliga, 5. Spieltag
Bor. Mönchengladbach – W. Bremen 3:1 (2:0)
Aufstellung: Burdenski – Siegmann, Höttges, Røntved, Kamp – Hiller, Bracht, Röber, Petrovic – Mense (71. Konschal), Görts
Trainer: Tilkowski
Tore: 1:0 Bonhof (25. FE), 2:0 Köppel (35.), 2:1 Mense (58.), 3:1 Del´ Haye (81.)
Zuschauer: 13.500

17.09.1976
Bundesliga, 6. Spieltag
W. Bremen – MSV Duisburg 2:2 (1:1)
Aufstellung: Burdenski – Kamp, Siegmann, Røntved, Höttges – Röber, Hiller, Bracht (70. Petrovic) – Konschal, Mense (59. Weist), Görts
Trainer: Tilkowski
Tore: 0:1 Worm (10.), 1:1 Seliger (41. ET), 1:2 Dietz (59.), 2:2 Hiller (74.)
Zuschauer: 15.100

21.09.1976
Bundesliga, 7. Spieltag
Hertha BSC Berlin – W. Bremen 2:1 (1:0)
Aufstellung: Burdenski – Höttges, Siegmann, Røntved, Geils – Röber, Hiller, Kamp, Petrovic (80. Bracht) – Konschal, Görts
Trainer: Tilkowski
Tore: 1:0 Granitza (17.), 1:1 Hiller (50.), 2:1 Granitza (81.)
Zuschauer: 15.700

26.09.1976
Freundschaftsspiel
Eintracht Trier – W. Bremen 2:2 (2:2)
Aufstellung: Burdenski – Geils, Siegmann, Røntved, Kamp – Hiller (46. Konschal), Knop, Petrovic – Görts, Meininger (64. Bracht), Weist
Trainer: Tilkowski
Tore: 1:0 Brinsa (19.), 1:1 Meininger (29.), 1:2 Meininger (39.), 2:2 Zimmer (40.)
Zuschauer: 2.000

01.10.1976
Bundesliga, 8. Spieltag
W. Bremen – VfL Bochum 2:0 (1:0)
Aufstellung: Burdenski – Geils, Höttges, Røntved, Kamp – Hiller, Röber, Petrovic (81. Bracht) – Konschal, Meininger (81. Weist), Görts
Trainer: Tilkowski
Tore: 1:0 Röber (40.), 2:0 Kamp (47.)
Zuschauer: 15.500

08.10.1976
Bundesliga, 9. Spieltag
Borussia Dortmund – W. Bremen 2:4 (2:2)
Aufstellung: Burdenski – Geils, Røntved, Höttges, Kamp (30. Siegmann) – Hiller, Konschal, Röber, Bracht – Meininger, Görts (50. Mense)
Trainer: Tilkowski
Tore: 1:0 Ackermann (4.), 1:1 Konschal (11.), 2:1 Vöge (34.), 2:2 Røntved (35.), 2:3 Meininger (64.), 2:4 Konschal (87.)
Zuschauer: 49.500

10.10.1976
Freundschaftsspiel
TS Woltmershausen – W. B. 0:9 (0:4)
Aufstellung: Voss – Siegmann, Höttges (23. Ohling), Røntved, Knop – Hiller, Röber, Bracht – Konschal, Weist, Meininger (46. Sunday)
Trainer: Tilkowski
Tore: 0:1 Röber (18.), 0:2 Weist (23.), 0:3 Weist (35.), 0:4 Ohling (45.), 0:5 Röber (53.), 0:6 Røntved (73.), 0:7 Sunday (77.), 0:8 Weist (86.), 0:9 Sunday (89.)
Zuschauer: 750

16.10.1976
DFB-Pokal, 2. Runde
W. Bremen – Wattenscheid 09 4:1 (2:0)
Aufstellung: Burdenski – Geils, Siegmann, Røntved, Kamp – Hiller, Röber, Bracht, Petrovic – Meininger, Konschal
Trainer: Tilkowski
Tore: 1:0 Röber (38. FE), 2:0 Petrovic (43.), 3:0 Röber (75. HE), 4:0 Röber (85. FE), 4:1 Hammes (90.)
Zuschauer: 8.500

23.10.1976
Bundesliga, 10. Spieltag
W. Bremen – FC Bayern München 2:3 (1:1)
Aufstellung: Burdenski – Geils, Höttges, Røntved, Kamp – Hiller, Röber, Bracht (78. Ohling), Petrovic – Konschal, Meininger (28. Weist)
Trainer: Tilkowski
Tore: 0:1 G. Müller (19.), 1:1 Weist (37.), 1:2 Dürnberger (67.), 1:3 Geils (73. ET), 2:3 Röber 87.)
Zuschauer: 38.856

29.10.1976
Bundesliga, 11. Spieltag
W. B. – 1. FC Kaiserslautern 2:0 (0:0)
Aufstellung: Burdenski – Geils, Höttges (46. Siegmann), Røntved, Kamp – Hiller, Röber, Bracht – Konschal, Weist, Görts (77. Petrovic)
Trainer: Tilkowski
Tore: 1:0 Bracht (53.), 2:0 Konschal (60.)
Zuschauer: 13.000

05.11.1976
Bundesliga, 12. Spieltag
Rot-Weiß Essen – W. Bremen 0:0
Aufstellung: Burdenski – Geils, Siegmann, Røntved, Kamp – Hiller, Röber, Bracht, Görts (36. Petrovic) – Konschal, Weist
Trainer: Tilkowski
Tore: –
Zuschauer: 8.000

13.11.1976
Bundesliga, 13. Spieltag
W. Bremen – Eintracht Frankfurt 2:1 (1:1)
Aufstellung: Burdenski – Geils, Røntved, Höttges, Kamp – Hiller, Röber, Bracht, Petrovic (62. Meininger) – Konschal, Weist (77. Ohling)
Trainer: Tilkowski
Tore: 1:0 Weist (5.), 1:1 Hölzenbein (20.), 2:1 Bracht (49.)
Zuschauer: 16.500

20.11.1976
Bundesliga, 14. Spieltag
Fortuna Düsseldorf – W. Bremen 3:2 (2:0)
Aufstellung: Burdenski – Kamp, Höttges, Røntved, Geils – Hiller, Röber, Bracht – Konschal (63. Petrovic), Weist (46. Görts), Meininger
Trainer: Tilkowski
Tore: 1:0 K. Allofs (2.), 2:0 Szymanek (30.), 3:0 Szymanek (59.), 3:1 Röber (70.), 3:2 Görts (86.)
Zuschauer: 18.000

27.11.1976
Bundesliga, 15. Spieltag
W. Bremen – Eintr. Braunschweig 2:2 (2:0)
Aufstellung: Burdenski – Kamp, Røntved, Höttges, Geils – Hiller, Bracht, Röber – Konschal, Meininger (77. Siegmann), Görts
Trainer: Tilkowski
Tore: 1:0 Röber (7.), 2:0 Meininger (44.), 2:1 Erler (54.), 2:2 Frank (90.)
Zuschauer: 19.700

04.12.1976
Bundesliga, 16. Spieltag
Tennis Borussia Berlin – W. B. 2:4 (2:1)
Aufstellung: Burdenski – Kamp, Geils, Höttges, Siegmann – Hiller, Röber, Bracht – Konschal, Weist (67. Meininger), Görts
Trainer: Tilkowski
Tore: 0:1 Siegmann (7.), 1:1 Subklewe (39.), 2:1 Schulz (44.), 2:2 Görts (47.), 2:3 Kamp (76.), 2:4 Siegmann (79.)
Zuschauer: 8.000

11.12.1976
Bundesliga, 17. Spieltag
W. Bremen – 1. FC Köln 2:1 (0:1)
Aufstellung: Burdenski – Geils, Höttges, Røntved, Kamp – Hiller, Röber, Bracht – Konschal, Meininger (78. Petrovic), Görts
Trainer: Tilkowski
Tore: 0:1 D. Müller (34.), 1:1 Røntved (53.), 2:1 Röber (54.)
Zuschauer: 22.800

18.12.1976
DFB-Pokal, 3. Runde
W. Bremen – Bayer Leverkusen 3:0 (0:0)
Aufstellung: Burdenski – Geils, Höttges, Røntved, Kamp – Hiller, Röber, Petrovic – Konschal, Meininger, Görts (78. Knop)
Trainer: Tilkowski
Tore: 1:0 Röber (49.), 2:0 Görts (65.), 3:0 Meininger (76.)
Zuschauer: 4.000

31.12.1976
Freundschaftsspiel
SpVgg. Herten – W. Bremen 0:6 (0:4)
Aufstellung: Burdenski (Voss) – Siegmann, Kamp, Höttges, Røntved – Hiller, Röber (Sunday), Daras (Ohling) – Konschal, Meininger, Görts (Knop)
Trainer: Tilkowski
Tore: Meininger (3), Røntved (2), Röber
Besonderheit: Kaum Nachtruhe für Werders Profis vor dem Spiel, da das Dortmunder Hallenturnier am Vorabend bis 2 Uhr morgens dauerte.
Zuschauer: 1.000

08.01.1977
DFB-Pokal, Achtelfinale
Bayer 05 Uerdingen – W. Bremen 2:0 (0:0)
Aufstellung: Burdenski – Geils, Höttges, Røntved, Kamp – Hiller, Röber, Bracht (75. Siegmann) – Konschal, Meininger (70. Ohling), Görts
Trainer: Tilkowski
Tore: 1:0 Franke (66.), 2:0 Mattsson (88.)
Besonderes Vorkommnis: Burdenski (W. B.) hält FE von Mattsson, Franke verwandelt Nachschuss (66.)
Zuschauer: 9.000

15.01.1977
Bundesliga, 18. Spieltag
W. Bremen – FC Schalke 04 1:1 (1:1)
Aufstellung: Burdenski – Kamp, Røntved, Höttges, Geils – Hiller, Röber, Petrovic – Konschal, Meininger (82. Siegmann), Görts
Trainer: Tilkowski
Tore: 0:1 Fischer (27.), 1:1 Meininger (33.)
Zuschauer: 14.696

22.01.1977
Bundesliga, 19. Spieltag
Hamburger SV – W. Bremen 5:3 (1:1)
Aufstellung: Burdenski – Geils, Røntved, Höttges (12. Siegmann), Kamp – Röber, Bracht, Hiller, Petrovic (69. Meininger) – Görts, Konschal
Trainer: Tilkowski
Tore: 1:0 Memering (19.), 1:1 Görts (45.), 2:1 Volkert (68.), 3:1 Steffenhagen (70.), 4:1 Volkert (72.), 4:2 Bracht (82.), 5:2 Reimann (88.), 5:3 Meininger (89.)
Zuschauer: 18.000

29.01.1977
Bundesliga, 20. Spieltag
W. Bremen – 1. FC Saarbrücken 1:0 (1:0)
Aufstellung: Burdenski – Geils, Höttges, Røntved, Kamp – Hiller, Röber, Bracht – Konschal, Meininger, Görts (80. Petrovic)
Trainer: Tilkowski
Tor: 1:0 Meininger (34.)
Zuschauer: 12.000

05.02.1977
Bundesliga, 21. Spieltag
Karlsruher SC – W. Bremen 3:1 (1:0)
Aufstellung: Burdenski – Geils, Røntved, Höttges, Kamp (85. Ohling) – Hiller, Röber, Bracht – Konschal (73. Weist), Meininger, Görts
Trainer: Tilkowski
Tore: 1:0 Struth (24.), 2:0 Balevski (60.), 3:0 Schäfer (78.), 3:1 Meininger (90.)
Zuschauer: 18.000

12.02.1977
Bundesliga, 22. Spieltag
W. Bremen – Bor. M'gladbach 1:0 (0:0)
Aufstellung: Burdenski – Kamp, Røntved, Höttges, Geils – Hiller, Röber, Bracht – Konschal, Meininger (82. Petrovic), Görts
Trainer: Tilkowski
Tor: 1:0 Meininger (46.)
Zuschauer: 29.474

Kampf- und schussgewaltiges Kraftpaket in Werders Mittelfeld: In Jürgen Röber kann Hans Tilkowski über einen der besten »Achter« der Bundesliga verfügen

19.02.1977
Internationales Freundschaftsspiel
W. Bremen – LKS Lodz 2:1 (2:0)
Aufstellung: Burdenski (46. Voss) – Geils, Siegmann, Røntved, Kamp – Hiller, Ohling (75. Sunday), Bracht (78. Petrovic) – Konschal, Weist, Meininger (66. Görts)
Trainer: Tilkowski
Tore: 1:0 Ohling (26.), 2:0 Røntved (36. FE), 2:1 Milczarski (68.)
Zuschauer: 5.021

26.02.1977
Bundesliga, 23. Spieltag
MSV Duisburg – W. Bremen 3:0 (2:0)
Aufstellung: Burdenski – Kamp, Höttges, Røntved, Geils – Hiller, Röber, Bracht – Konschal, Meininger (56. Ohling, 69. Weist), Görts
Trainer: Tilkowski
Tore: 1:0 Bücker (14.), 2:0 Seliger (28.), 3:0 Dietz (49.)
Besonderes Vorkommnis: Rote Karte für Røntved (W. B.) (75.)
Zuschauer: 13.000

05.03.1977
Bundesliga, 24. Spieltag
W. Bremen – Hertha BSC Berlin 1:0 (1:0)
Aufstellung: Burdenski – Geils, Siegmann, Höttges, Kamp – Hiller, Röber, Bracht, Petrovic – Konschal, Meininger
Trainer: Tilkowski
Tor: 1:0 Höttges (32. FE)
Zuschauer: 13.956

12.03.1977
Bundesliga, 25. Spieltag
VfL Bochum – W. Bremen 0:2 (0:1)
Aufstellung: Burdenski – Kamp, Siegmann, Höttges, Geils – Hiller, Röber, Bracht, Petrovic – Meininger, Konschal
Trainer: Tilkowski
Tore: 0:1 Röber (23.), 0:2 Meininger (86.)
Zuschauer: 18.000

18.03.1977
Bundesliga, 26. Spieltag
W. Bremen – Borussia Dortmund 3:0 (1:0)
Aufstellung: Burdenski – Geils, Siegmann, Höttges, Kamp – Hiller, Röber, Bracht, Petrovic – Konschal, Meininger
Trainer: Tilkowski
Tore: 1:0 Meininger (18.), 2:0 Höttges (74. FE), 3:0 Konschal (90.)
Zuschauer: 30.000

19.03.1977
Freundschaftsspiel
1. FC Wunstorf – W. Bremen 1:1 (1:1)
Aufstellung: Voss – Geils, Siegmann, Hiller, Kamp – Ohling, Bracht (46. Sunday), Röber (76. Burdenski) – Konschal (76. Mense), Weist, Meininger (35. Petrovic)
Trainer: Tilkowski
Tore: 0:1 Konschal (5.), 1:1 Weydant (25.)
Zuschauer: 1.600

20.03.1977
Freundschaftsspiel
VfB Lübeck – W. Bremen 1:1 (0:0)
Aufstellung: Burdenski (46. Voss) – Geils, Siegmann, Hiller (46. Sunday), Kamp – Ohling, Röber, Bracht, Petrovic – Meininger, Weist
Trainer: Tilkowski
Tore: 0:1 Meininger (59.), 1:1 Kruse (63.)
Zuschauer: 2.450

26.03.1977
Bundesliga, 27. Spieltag
FC Bayern München – W. Bremen 1:0 (0:0)
Aufstellung: Burdenski – Geils, Siegmann, Höttges, Kamp – Hiller, Röber, Bracht, Petrovic (72. Görts) – Konschal, Meininger
Trainer: Tilkowski
Tor: 1:0 Roth (65.)
Besonderes Vorkommnis: Burdenski (W. B.) hält FE von Beckenbauer (82.)
Zuschauer: 24.000

01.04.1977
Bundesliga, 28. Spieltag
1. FC Kaiserslautern – W. Bremen 4:2 (0:1)
Aufstellung: Burdenski – Siegmann, Höttges, Røntved, Geils – Kamp, Hiller, Röber (43. Petrovic), Bracht – Konschal, Meininger (80. Görts)
Trainer: Tilkowski
Tore: 0:1 Kamp (23.), 1:1 Pirrung (46.), 2:1 K. Toppmöller (55.), 3:1 K. Toppmöller (65.), 4:1 K. Toppmöller (75.), 4:2 Bracht (78.)
Zuschauer: 15.000

05.04.1977
Freundschaftsspiel
Holstein Kiel – W. Bremen 0:3 (0:0)
Aufstellung: Burdenski (46. Voss) – Geils, Siegmann, Røntved, Höttges – Kamp, Hiller, Ohling (60. Daras) – Konschal, Meininger, Petrovic (70. Weist)
Trainer: Tilkowski
Tore: 0:1 Meininger (68.), 0:2 Konschal (70.), 0:3 Konschal (78.)
Zuschauer: 2.600

12.04.1977
Bundesliga, 29. Spieltag
W. Bremen – Rot-Weiß Essen 3:1 (1:1)
Aufstellung: Burdenski – Geils, Siegmann, Røntved, Höttges (19. Petrovic) – Kamp, Hiller, Röber – Konschal, Meininger, Görts (80. Weist)
Trainer: Tilkowski
Tore: 1:0 Røntved (15.), 1:1 Hrubesch (38.), 2:1 Röber (57.), 3:1 Wörmer (77. ET)
Zuschauer: 12.000

16.04.1977
Bundesliga, 30. Spieltag
Eintracht Frankfurt – W. Bremen 7:1 (2:1)
Aufstellung: Burdenski – Siegmann, Røntved, Geils, Kamp – Hiller, Petrovic, Röber (78. Ohling) – Konschal, Meininger, Görts
Trainer: Tilkowski
Tore: 1:0 Kraus (4.), 2:0 Wenzel (12.), 2:1 Meininger (42.), 3:1 Kraus (52.),

4:1 Trinklein (61.), 5:1 Reichel (65.), 6:1 Hölzenbein (76.), 7:1 Wenzel (89.)
Zuschauer: 19.000

22.04.1977
Bundesliga, 31. Spieltag
W. B. – Fortuna Düsseldorf 0:2 (0:0)
Aufstellung: Burdenski – Geils, Siegmann, Höttges, Kamp – Hiller, Röber, Røntved, Petrovic (64. Daras) – Görts (64. Ohling), Meininger
Trainer: Tilkowski
Tore: 0:1 Brei (53. FE), 0:2 K. Allofs (82.)
Zuschauer: 10.000

29.04.1977
Freundschaftsspiel
VfL Osnabrück – W. Bremen 0:1 (0:1)
Aufstellung: Voss – Geils, Kamp, Siegmann, Höttges – Hiller, Ripke (70. Mense), Röber (70. Ohling), Bracht (70. Weist) – Meininger (46. Petrovic), Görts
Trainer: Tilkowski
Tor : 0:1 Bracht (2.)
Zuschauer: 1.100

07.05.1977
Bundesliga, 32. Spieltag
Eintr. Braunschweig – W. B. 0:1 (0:0)
Aufstellung: Burdenski – Geils, Røntved, Höttges, Kamp – Hiller, Röber, Bracht – Konschal, Meininger (71. Petrovic), Görts
Trainer: Tilkowski
Tor: 0:1 Røntved (49.)
Zuschauer: 16.554

10.05.1977
Freundschaftsspiel
BC Bremervörde – W. Bremen 1:9 (0:3)
Aufstellung: Burdenski (Voss) – Kontny, Kamp, Siegmann, Røntved – Hiller (Petrovic), Bracht, Ohling (Röber) – Konschal (Görts), Weist (Sunday), Mense
Trainer: Tilkowski
Torschützen für Werder: Petrovic (3), Røntved, Hiller, Görts, Ohling, Röber, Weist
Zuschauer: 500

14.05.1977
Bundesliga, 33. Spieltag
W. Bremen – Tennis Borussia 0:0
Aufstellung: Burdenski – Geils, Höttges, Røntved, Kamp – Hiller, Röber, Bracht – Konschal (75. Ohling), Meininger, Görts (46. Petrovic)
Trainer: Tilkowski
Tore: –
Zuschauer: 8.500

18.05.1977
Freundschaftsspiel
Kreisauswahl Tecklenburg – W. B. 0:2 (0:2)
Aufstellung: Burdenski (46. Voss) – Kontny, Kamp, Siegmann, Røntved (46. Höttges) – Hiller, Röber (46. Petrovic), Bracht (46. Görts) – Meininger, Ohling, Mense (80. Sunday)
Trainer: Tilkowski
Tore: 0:1 Ohling (2.), 0:2 Röber (28.)
Zuschauer: 1.500 in Recke

21.05.1977
Bundesliga, 34. Spieltag
1. FC Köln – W. Bremen 3:0 (2:0)
Aufstellung: Burdenski – Siegmann, Höttges, Røntved, Geils – Kamp, Hiller, Röber, Bracht – Konschal, Meininger (73. Görts)
Trainer: Tilkowski
Tore: 1:0 Flohe (12.), 2:0 Overath (32.), 3:0 van Gool (83.)
Zuschauer: 14.000

22.05.1977
Freundschaftsspiel
ATS Buntentor – W. Bremen 1:6 (0:3)
Aufstellung: Voss – Kontny, Siegmann, Røntved, Höttges – Hiller (60. Röber), Petrovic, Bracht (46. Ohling) – Görts (46. Konschal), Meininger, Mense (60. Sunday)
Trainer: Tilkowski
Tore: 0:1 Bracht (14.), 0:2 Meininger (19.), 0:3 Petrovic (43.), 0:4 Røntved (47.), 0:5 Røntved (72.), 0:6 Röber (83.), 1:6 Schönherr (90. Elfmeter)
Zuschauer: 900

24.05.1977
Internationales Freundschaftsspiel
W. Bremen – Ajax Amsterdam 1:1 (0:1)
Aufstellung: Burdenski – Geils, Höttges, Røntved, Kamp – Hiller, Daras (46. Siegmann), Bracht – Konschal, Meininger (46. Röber), Görts (65. Mense)
Trainer: Tilkowski
Tore: 0:1 Lerby (24.), 1:1 Konschal (59.)
Zuschauer: 8.000

26.05.1977
Freundschaftsspiel
BW Nationalmannschaft – W. B 4:1 (2:1)
Aufstellung: Burdenski (46. Voss) – Geils, Höttges, Røntved, Kamp – Hiller, Röber, Bracht – Konschal, Meininger, Görts (46. Mense)
Trainer: Tilkowski
Tore: 0:1 Meininger (22.), 1:1 Hofeditz (23.), 2:1 K. Allofs (24.), 3:1 Plügger (80.), 4:1 Schneider (88. Elfmeter)
Besonderes Vorkommnis: Höttges (W. B.) schießt Elfmeter vorbei (34.); Voss (W. B.) hält FE von K. Allofs (65.)
Zuschauer: 2.200 in Nienburg

31.05.1977
Freundschaftsspiel
SG Aumund-Vegesack – W. B. 0:9 (0:2)
Aufstellung: Voss – Hiller, Kontny (17. Kamp), Siegmann, Höttges – Ohling, Daras (46. Konschal), Petrovic (61. Sunday) – Meininger (46. Röber), Weist, Mense
Trainer: Tilkowski
Tore: 0:1 Ohling (33.), 0:2 Petrovic (39.), 0:3 Kamp (50.), 0:4 Kamp (52.), 0:5 Weist (62.), 0:6 Mense (63.), 0:7 Weist (67.), 0:8 Weist (75.), 0:9 Hiller (85.)
Zuschauer: 800

02.06.1977
Internationales Freundschaftsspiel
Kolding IF – W. Bremen 1:3 (0:1)
Aufstellung: Voss – Geils, Kamp, Höttges, Røntved (Siegmann) – Hiller, Röber, Petrovic (Ohling) – Görts (Konschal), Weist (Mense), Meininger (Daras)
Trainer: Tilkowski
Tore: Görts, Ohling, Meininger
Zuschauer: 4.500

03.06.1977
Freundschaftsspiel
VfR Neumünster – W. Bremen 0:5 (0:0)
Aufstellung: Voss – Geils, Höttges, Siegmann, Kamp – Hiller, Röber (71. Görts), Daras (55. Ohling) – Konschal, Meininger (55. Weist), Mense (40. Petrovic)
Trainer: Tilkowski
Tore: 0:1 Daras (46.), 0:2 Röber (70.), 0:3 Hiller (75.), 0:4 Görts (78.), 0:5 Ohling (85.)
Zuschauer: 879

08.06.1977
Freundschaftsspiel
TSV Friesen Hänigsen – W. B. 3:10 (1:5)
Aufstellung: Voss – Siegmann, Höttges, Røntved, Kamp – Röber, Ohling, Mense (Sunday) – Meininger, Weist (Petrovic), Görts (Konschal)
Trainer: Tilkowski
Torschützen für Werder: Meininger (3), Røntved (2), Ohling, Röber, Höttges, Weist, Eigentor
Zuschauer: 1.500

Bundesliga-Abschlusstabelle 1976/1977

Platz	Verein	Spiele	S	U	N	Tore	Diff.	Punkte
1.	Borussia M'gladbach (M)	34	17	10	7	58:34	+24	44-24
2.	Schalke 04	34	17	9	8	77:52	+25	43-25
3.	Eintracht Braunschweig	34	15	13	6	56:38	+18	43-25
4.	Eintracht Frankfurt	34	17	8	9	86:57	+29	42-26
5.	1. FC Köln	34	17	6	11	83:61	+22	40-28
6.	Hamburger SV (P)	34	14	10	10	67:56	+11	38-30
7.	Bayern München	34	14	9	11	74:65	+9	37-31
8.	Borussia Dortmund (N)	34	12	10	12	73:64	+9	34-34
9.	MSV Duisburg	34	11	12	11	60:51	+9	34-34
10.	Hertha BSC Berlin	34	13	8	13	55:54	+1	34-34
11.	**Werder Bremen**	**34**	**13**	**7**	**14**	**51:59**	**-8**	**33-35**
12.	Fortuna Düsseldorf	34	11	9	14	52:54	-2	31-37
13.	1. FC K'lautern	34	12	5	17	53:59	-6	29-39
14.	1. FC Saarbrücken (N)	34	9	11	14	43:55	-12	29-39
15.	VfL Bochum	34	11	7	16	47:62	-15	29-39
16.	Karlsruher SC	34	9	10	15	53:75	-22	28-40
17.	Tennis Borussia Berlin (N)	34	6	10	18	47:85	-38	22-46
18.	Rot-Weiß Essen	34	7	8	19	49:103	-54	22-46

Fieberkurve der Bundesliga-Saison 1976/1977

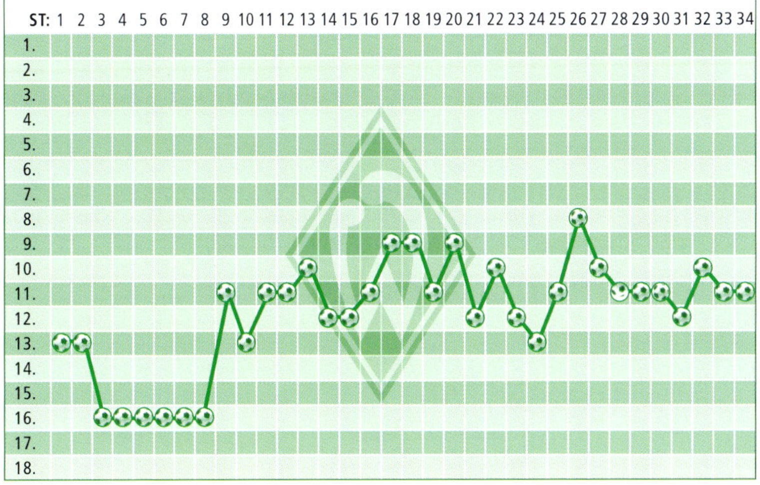

1977/78: Rudi Riese

Oben v.l.:
Trainer Tilkowski, Hiller, Siegmann, Geils, Røntved, Burdenski, Reinders, Meininger, Konschal, Höttges
Unten v.l.:
Daras, Röber, Bracht, Dressel, Voss, Mense, Kontny, Kamp, Görts

Dank des Hauptsponsors läuft Werder das zweite Jahr hintereinander in blauen Shirts auf. Und wie schon im Vorjahr bringen die neuen Farben wenig Glück. Im Gegenteil: Eine entspannte Saison sieht ganz, ganz anders aus. Los ging der Nervenkitzel schon vor der Saison: Dem damals chronisch am Rande der Pleite vorbeischrammenden Verein drohte der Absturz ins Amateurlager. Knapp zwei Millionen DM Schulden waren für den DFB Anlass, dem SV Werder die Lizenz für die Bundesligasaison 1977/78 erst einmal zu verweigern – zusammen mit dem FC St. Pauli, Tennis Borussia Berlin, Hannover 96, Chio Waldhof Mannheim, Kickers Offenbach, Union Solingen und dem Bonner SC. Alleine diese Aufzählung macht deutlich, auf welcher wirtschaftlichen Stufe sich Werder 1977 befand.

Der Senat half seinem wichtigsten Bremen-Werbeträger finanziell aus der Patsche, aber die Lizenz wurde erst im Juli erteilt, als die wichtigsten Saisonplanungen längst über die Bühne ge-

Werder fliegt aus der Bundesliga!
Keine Lizenz für Werder Bremen!

Werder bekommt Geld und einen Aufpasser ...

Neuer 400 000-Mark-Kredit ● Alte Schulden werden gestundet ● Stadion wird ausgebaut

Von DIETER LISTLE

Bremen, 28. Juni

Jetzt ist es sicher: Der Bremer Senat hilft dem mit 2,415 Millionen Mark verschuldeten SV Werder Bremen mit einem Riesenprogramm aus der Patsche!

● Zur Sicherung der Zahlungsfähigkeit erhält der Bremer Profiklub einen weiteren zinslosen Kredit über 400 000 Mark.

● Das alte Senatsdarlehen über 750 000 Mark wird noch einmal für ein Jahr gestundet.

● Tilgungsraten für andere Kredite (145 000 Mark aus 1976 und 250 000 Mark aus 1977) werden ebenfalls gestundet.

Bremens Sportsenator und Bürgermeister Dr. Walter Franke überzeugt: „Damit hat der SV Werder erst einmal die vom DFB für die Lizenzerteilung erforderliche Liquidität."

Im Jahr darauf wird der Verein dann erhebliche Mehreinnahmen aus den Bundesligaspielen kassieren können.

Denn: Der Senat beschloß gestern ebenfalls die komplette Renovierung des überalterten Weserstadions (bisher nur 5500 Sitzplätze bei 34 500 Stehplätzen). Schon Ende April 1978 soll mit dem Bau von 4000 zusätzlichen Sitzplätzen auf der bisherigen Stehtribüne in der Gegengeraden begonnen werden. Die neue Sitztribüne wird ebenso wie die verbleibenden 29 000 Stehplätze in den Kurven voll überdacht. Außerdem werden die Flutlichtanlage, die sanitären Anlagen und die Sicherheitseinrichtungen erneuert.

Die Renovierungskosten von 12,5 Millionen Mark teilen sich die Bundesanstalt für Arbeit (Arbeitsbeschaffungsprogramm), die Bundesregierung, das Land Bremen und der SV Werder. Bei ausverkauftem Stadion kann Werder dann pro Spiel 100 000 Mark mehr einnehmen.

Als Gegenleistung mußte sich der SV Werder verpflichten, einen Verwaltungsausschuß für die Bundesliga-Abteilung einzurichten. Darin werden je ein Vertreter von Sportsenator Dr. Walter Franke und Finanzsenator Karl-Heinz Jantzen bei allen finanziellen Entscheidungen mitbestimmen können. Der Vertreter des Finanzressorts erhält sogar ein Vetorecht.

gangen sein mussten. Die DFB-Auflagen waren nicht von Pappe: Der Verein durfte eine Ausfallbürgschaft von 150.000 DM nur mit DFB-Genehmigung ausgeben. Neuverschuldung wurde ebenso verboten wie die Neuverpflichtung von Spielern. Und nach jedem Spiel kontrollierte der DFB die Kassenabrechnung. Stürmische Zeiten!

Mit großem zeitlichen Abstand lässt sich sagen, dass Werder diese Turbulenzen politisch nicht unangenehm waren. Denn der Verein fühlte sich von der Stadt Bremen in den Bemühungen um ein modernisiertes und damit konkurrenzfähigeres Weser-Stadion seit Jahren im Stich gelassen. Jetzt, da die Bremer Politik um den wichtigen Werbeträger Werder zittern musste, änderte sich das. Zwei Jahre später stand die nagelneue Nordtribüne.

Bis zum Heckmeck um die Lizenz hatte Werder drei Neuzugänge verpflichtet, was nicht viel war angesichts der Abgänge von Werner Weist, Volker Ohling, Georg Müllner, Miodrag Petrovic und Ibrahim Sunday. Zumal die Neuzugänge alles andere als Hochkaräter zu sein schienen: Mit Linksaußen Werner Dressel kam ein A-Jugendlicher vom 1. FC Nürnberg, mit Dimitrios Daras wurde ein in Bremen lebender griechischer Student vorgestellt, der seine ersten Bundesliga-Erfahrungen schon in den Jahren zuvor machen durfte, und mit Uwe Reinders kam als vermeintlichem neuen Torjäger der einzige gestandene Spieler, wenngleich auch nur vom Zweitligisten Schwarz-Weiß Essen. Personell verschärfte sich die Lage noch durch das tragische Karriereende des erst 24-jährigen Defensivmannes Mario Kontny, dem viele Fachleute eine tolle Bundesligakarriere vorhergesagt hatten. Eine heute harmlose Meniskusverletzung bedeutete das Aus für den Blondschopf, der statt auf dem Rasen nur noch in Werders Geschäftsstelle am Schreibtisch wirbeln konnte.

Mit einem Mini-Kader von nur 17 Spielern sollte also der Abstieg vermieden werden. Dass dies letztlich gelang, grenzt an ein Wunder. Werders fünf Stürmer trafen in der gesamten Saison alle zusammen beschämende achtmal (!) in die gegnerischen Netze. Der erst 19-jährige Dressel wurde dabei zum Shooting Star und mit drei Treffern (…!) zu Werders treffsicherstem Stürmer. Was damals noch keiner wusste: Der rasend schnelle Dressel, der in seinem ersten Profijahr sogar für die Nationalelf in Frage zu kommen schien, lieferte nicht nur seine erste Profisaison ab, sondern gleichzeitig auch seine beste. Die großen Hoffnungen konnte er weder bei Werder, noch später beim HSV, in Nürnberg oder Dortmund erfüllen. Zur riesigen Enttäuschung wurde vorerst der bullige 350.000-Mark-Einkauf Uwe Reinders, der als Mittelstürmer kein einziges Tor zu Stande brachte. Manager Rudi Assauer kanzelte Reinders öffentlich ab (»Ich muss zugeben, dass Reinders der erste Fehleinkauf meiner Amtszeit ist! Wir haben ihm nahegelegt, den Verein wieder zu verlassen, weil er menschlich nicht zu uns passt.«), und erst Jahre später merkte man, dass der Essener schlicht und einfach auf der falschen Position spielte: Als Rechtsaußen wurde er einer der gefürchtetsten Bundesligastürmer, dazu Nationalspieler und WM-Teilnehmer.

Zurück in den düsteren Liga-Alltag 1977. Die Saison geriet vollends in Gefahr, als sich Horst-Dieter Höttges den Arm brach und Werder immer weiter in den Abstiegsstrudel rutschte. In höchster Not warf auch noch der als »menschlich schwierig« geltende Trainer Hans Tilkowski nach anderthalb Jahren die Brocken hin, nachdem er im Trainingslager durch die Indiskretion eines Spielers erfahren hatte, dass die Mannschaft mit großer Mehrheit gegen seine Weiterverpflichtung über die Saison hinaus gestimmt habe.

Engagiert, aber schwierig im Umgang mit seinen Spielern: Hans Tilkowski

Vorzeitiger Trainerwechsel Nr. 5: Hans Tilkowski oder: Pikierter Rückzug eines Dickkopfs (Letzter Arbeitstag: 19. Dezember 1977)

Anders als im Falle der Herren Brocker, Rebell, Gebhardt oder Burdenski kann im Falle von Hans Tilkowski nicht von einer Trainerentlassung die Rede sein. Werders Trainer wurde nicht gefeuert – er floh. Am Tag vor dem DFB-Pokal-Viertelfinale gegen den Meister aus Mönchengladbach packte »Til« im Achimer Mannschaftsquartier seine Koffer und verließ seine Mannschaft ganze 22 Stunden vor dem Anpfiff des Schlagerspiels bei Nacht und Nebel, nachdem er Werders aufgeschrecktem Vorstand inklusive Manager Assauer unumstößlich klarmachte: »Wer mich nächste Saison nicht mehr will, braucht mich jetzt auch nicht mehr!«

Mit 17:1 stimmten die Spieler gegen Tilkowski

BILD sprach mit Horst-Dieter Höttges
Tilkowski – das ist doch kein Mannsbild…

Verrat an der Weser – da haute Til ab!

Assauer: Nächste Woche neuer Werder-Trainer!

Spieler gegen Tilkowski
Trainer packte die Koffer
Kölner Wolfgang Weber als Nachfolger im Gespräch

DFB forderte Werder zur Trainerverpflichtung auf

Fred Schulz verpflichtet
Bis zum 30. Juni Werder-Trainer

Auf dem Weg zum Trainingsplatz: Der nominelle Cheftrainer Fred Schulz (Mitte) und Torwart Dieter Burdenski gingen nicht nur auf diesem Foto Assauers Weg mit

Schnell, preiswert und zuverlässig: Der schon 74-jährige Fred Schulz übernahm im Winter pro forma das Traineramt. Seine Trainerlizenz und Rudi Assauers Einsatz auf dem Trainingsplatz retteten Werder 1978 vor dem Abstieg

Die Mannschaft hatte zuvor Eigenverantwortung praktiziert, hinter verschlossener Tür diskutiert und dann abgestimmt, ob die mittelfristige Zukunft unverändert unter einem Trainer Hans Tilkowski angegangen werden solle. Niederschmetterndes Ergebnis: Nur eine Handvoll Spieler wollte den Coach behalten. Drei Viertel der Spieler äußerten dagegen klipp und klar: »Mit dem kommen wir nicht weiter!«

Die Abstimmung war weit davon entfernt, eine Intrige oder gar Verschwörung zu sein – so wie Tilkowski es letztendlich empfand. Denn das Abstimmungsergebnis wurde diskret dem Vorstand mitgeteilt. Man vereinbarte Stillschweigen, um die laufende Saison in Ruhe und konzentriert zu Ende spielen zu können.

Doch dann hielt ein Spieler nicht dicht, informierte den geschockten Trainer, und der handelte innerhalb kürzester Zeit: Er rief den Vorstand herbei, trat zurück (ein Entschluss, der ihn immerhin noch ausstehende Gehälter in Höhe von 60.000 DM kostete) und verschwand noch in derselben Stunde.

Tilkowski galt als Trainer ohne Kompromisse. Er verhielt sich oft dünnhäutig, duldete keinen Widerspruch und schon gar keine Kritik. Seinem unbestrittenen Fleiß und Ehrgeiz standen auf der Negativseite Dickköpfigkeit, eine manchmal unangenehme Verbissenheit und mangelndes psychologisches Geschick entgegen.

Am Tag nach seiner Entlassung nannte Tilkowski aus der abgrundtiefen Enttäuschung heraus Namen: »Das ist nicht mehr eine so tolle Truppe, wie ich sie vor sieben Jahren bei meinem ersten Engagement hier kennengelernt habe. In Hiller und Reinders gab es Unruhestifter, die gegen mich Stimmung gemacht haben. Aber der Drahtzieher der Stimmungsmache gegen mich war Horst-Dieter Höttges, der etliche Spieler auf seine Seite gebracht hat. Eine glatte Retourkutsche, weil ich mich gegen eine Weiterverpflichtung von Höttges ausgesprochen hatte. Ich wollte mit Røntved und Siegmann die Innenverteidigung der Zukunft einspielen lassen.«

Aus der Mannschaft erklang Widerspruch. Per Røntved stellte klar: »Wir sind eine sehr anständige Mannschaft mit einem fast zu braven Präsidium. Bei kaum einem anderen Verein hätte Tilkowski so lange bleiben dürfen. Er hat immer nur kritisiert, niemals um unsere Meinung gebeten, und am Ende hatten wir kein Vertrauen mehr in ihn. Ich habe mehr Respekt für einen Trainer übrig, der auch mal in der Lage ist, Fehler einzugestehen. Bei Tilkowski war das völlig unvorstellbar. Und noch entscheidender war, dass er einfach nicht das Optimale aus uns als Mannschaft herausgeholt hat.«

Beim Spiel gegen den BVB durften die ungewohnt erröteten Bremer die schnellste 2:0-Führung in Werders Bundesligageschichte bejubeln: Bracht und Dressel (beide kuschelnd am Boden) hatten in der 5. und 6. Minute zugeschlagen. Der Dortmunder Huber wendet sich links restlos bedient ab

Die Weihnachtszeit verbrachte Jung-Manager Rudi Assauer mit der Trainersuche und stand nebenbei auf dem Trainingsplatz, um die Mannschaft in Form zu halten. Der DFB machte Druck, denn er duldete damals keinen Bundesligaverein ohne gelernten Fußballtrainer. Schon drei Tage nach Tilkowskis Rücktritt forderte die DFB-Zentrale Werder ultimativ zur Verpflichtung eines neuen Trainers innerhalb von zwei Wochen auf. Die Presse spekulierte eifrig über die Herren Rudi Gutendorf, Wolfgang Solz und Friedel Rausch, mit denen Werder jedoch nicht den geringsten Kontakt hatte. Assauer hatte Zeit bis zum 5. Januar, handelte sich drei schnelle Absagen ein (von Otto Rehhagel, Diethelm Ferner und Wolfgang Weber) und musste kreativ nach einer schnellen Lösung fahnden. Und der Manager hatte eine Idee. Eine kühne Idee. Eine sehr kühne Idee sogar.

Denn der »neue« Werder-Trainer brachte unserem Verein bundesweit Hohn und Spott ein: Fred Schulz, der am Tag nach Neujahr 1978 der Öffentlichkeit präsentiert wurde, hatte eine große Vergangenheit als Spieler, Trainer und Ligaobmann in Halle und Bremen (von 1953 bis 1958 coachte er Werders Oberliga-Elf), war aber bereits gesegnete 74 Jahre alt und handelte sich von der Boulevardpresse schnell den dankbaren Spottnamen »Trainer-Opa« ein. Die etwas seriösere Presse war sich einig: Der honorige Schulz war der »Strohmann«, der dem eigentlichen Trainer Rudi Assauer mit der erforderlichen DFB-Trainerlizenz aushalf. Schulz stritt dies zwar öffentlich ab, hielt sich aber intern fast völlig aus den sportlichen Angelegenheiten heraus, wenn man von gelegentlichen Gegner-Beobachtungen und lockeren Gesprächen mit Assauer am Rande des Trainings absah. Er nahm nicht an Präsidiumssitzungen teil (ansonsten für den Trainer obligatorisch) und saß bei den Spielen zumeist auf der Tribüne, nachdem er sich nur in der Anfangsphase neben Assauer auf die Bank gesetzt hatte.

Der DFB vermutete nichts als einen schlechten Scherz hinter Werders exotischer Personalentscheidung, die man zunächst noch auszuhebeln versuchte: »Wir müssen untersuchen, ob Werders Trainer die vorgeschriebenen Fortbildungslehrgänge besucht hat!«, hoffte DFB-Pressesprecher Koltzenburg auf Schwachpunkte in Schulz' Trainer-Vita. Doch der Hallenser hatte all die Jahre hindurch fleißig alle DFB-Lehrgänge mitgemacht und erwies sich in dieser Hinsicht als unangreifbar. Der DFB gab nicht auf. Sprecher Koltzenburg: »Wahrscheinlich wird ja in einigen Wochen ein neuer Trainer von Werder genannt, der dann der endgültige ist!« Doch Assauer dachte gar nicht daran. Fred Schulz blieb nominell im Amt und machte seinen Frieden mit den hämischen Schlagzeilen: »Anfangs haben mich die Schlagzeilen vom ›Trainer-Opa‹ sehr gestört, aber was soll's? Ich bin nun einmal Großvater – wenn ich mich auch noch nicht an Stöcken fortbewege!« (Erst nachdem 1984 mit Franz Beckenbauer ein Mann ohne gültige Lizenz als Teamchef das höchste Traineramt des Landes bekleiden durfte, lockerte der DFB seine Vorgehensweise notgedrungen.)

Das ungewöhnliche Trainer-Tandem Schulz/Assauer brachte zunächst keine Trendwende. Nach einem lockeren 4:0 gegen den abgeschlagenen FC St. Pauli hagelte es vier Niederlagen in Folge. Werder nistete sich auf Abstiegsplatz 16 ein und hatte zwölf Spieltage vor Saisonende satte vier Punkte (heute etwa entsprechend sechs Punkten nach der Drei-Punkte-Regel) Rückstand auf den VfL Bochum. Davor rangierte der 1. FC Saarbrücken fünf Punkte vor Werder – pikanterweise mit dem immer noch beleidigten Hans Tilkowski als neuem Trainer.

Tilkowski aber hatte aufs falsche Pferd gesetzt: In den letzten zwölf Spieltagen errackerten seine Ex-Schützlinge von der Weser Punkt um Punkt, während seinen neuen Saarbrückern die Puste ausging. Rudi Assauer führte Werder in einem sensationellen Saisonfinish noch auf Platz 15. Aus vier Punkten Rückstand wurden innerhalb von nur zwölf Spieltagen neun Punkte Vorsprung, und das ganz ohne Drei-Punkte-Regel! Rudi Assauer leistete Unglaubliches als Manager und Retter auf dem Trainingsplatz. Werder landete in der Rückrundentabelle auf einem respektablen Platz 8 und verdankte das auch der ersten »Leihgabe« der Bremer Bundesligageschichte: Der Kölner Jürgen Glowacz, von Assauer erst verpflichtet und dann trainiert, wurde zum Dreh- und Angelpunkt in Werders Mittelfeld. Nach nur 17 Spielen für den SVW musste Glowacz zurück zum 1. FC Köln. Werder konnte sich seine Weiterverpflichtung einfach nicht leisten.

In einer überdurchschnittlichen Mannschaft wären diese beiden Blondschöpfe möglicherweise richtig groß herausgekommen: Kanonier Jürgen Röber (l.) und Filigrantechniker Uwe Bracht (r.) zählten zu den Lichtblicken einer ansonsten oft hausbackenen Werder-Elf

Bei den Vätern des erfolgreichen Klassenerhalts dürfen wir Dieter Burdenski nicht vergessen, der in dieser Saison endgültig den Durchbruch zu einem der allerbesten Torhüter Deutschlands schaffte. Der Lohn: »Budde« durfte nach Saisonende als einziger Werderaner mit zur WM nach Argentinien. Und ganz besonders würdigen müssen wir zwei der verdientesten Spieler, die jemals das Trikot mit dem »W« trugen: Horst-Dieter Höttges (»Eisenfuß«) und Werner Görts (»Anneliese«) hängten zeitgleich die Fußballschuhe an den Nagel. Beide spielten noch einmal eine ganz große Saison – Höttges vielleicht sogar eine seiner stärksten. Sie waren die Garanten für den Klassenerhalt – gemeinsam mit dem Mann, der sowohl am Schreibtisch als auch auf dem Trainingsplatz die Verantwortung für die Mannschaft übernahm: Rudi Assauer.

»Im Weser-Stadion feiert man heute ein Jubiläum: Werder bestreitet sein 500. Schicksalsspiel.« (Radio Bremen)

Der Abschied von Werner Weist hatte ein bizarres Nachspiel: Weist wechselte zu den Stuttgarter Kickers, machte dort jedoch nur noch zehn Spiele in der 2. Liga Süd (1 Tor) und beendete nach nur einer Saison bei den Stuttgartern verletzungsgeplagt seine Karriere – mit 29 Jahren. Die Kickers beschuldigten Werder, ihnen einen Invaliden angedreht zu haben und behielten einen Großteil der Ablösesumme ein. Werder klagte vor Gericht und hatte Erfolg: Die Kickers mussten 75.000 DM überweisen. Damit aber nicht genug: Um die Begleichung der Gerichtskosten mussten beide Vereine nach Europacupregeln gegeneinander antreten. Motto: Der Verlierer muss blechen. Die Stuttgarter zogen den Kürzeren.

WERDER BREMEN 1977/78

Trainer (bis 19.12.1977)

Tilkowski, Hans »Til«
Verantwortlicher Trainer in 19 Spielen der Saison

Trainer (20.12.1977–30.6.1978)

Assauer, Rudi
Verantwortlicher Trainer in 15 Spielen der Saison

Strohmann (1.1.1978–30.6.1978)

Schulz, Fred
Als Strohmann neben Assauer offiziell verantwortlicher Trainer in 15 Spielen der Saison

Tor

Burdenski, Dieter »Budde«
33 Spiele; 0 Tore

Voss, Albert
1 Spiel; 0 Tore

Abwehr

Konschal, Hartmut
34 Spiele; 4 Tore

Höttges, Horst-Dieter »Eisenfuß«
32 Spiele; 3 Tore

Geils, Karl-Heinz »Kalle«
32 Spiele; 1 Tor

Mittelfeld

Röber, Hans-Jürgen
34 Spiele; 13 Tore

Bracht, Uwe
34 Spiele; 6 Tore

Kamp, Karl-Heinz »Kalli«
23 Spiele; 1 Tor

Angriff

Dressel, Werner »Lego«
29 Spiele; 3 Tore

Reinders, Uwe
25 Spiele; 0 Tore

Meininger, Karl-heinz »Charly«
24 Spiele; 2 Tore

Erweiterter Kader

Wessel, Karl-Friedrich
2 Spiele; 0 Tore
Amateur

Wer kam?

Daras (eig. Amateure)
Dressel (1. FC Nürnberg)
Glowacz (1. FC Köln, w.d.S. ausgeliehen)
Reinders (SW Essen)

Wer ging?

Kontny (Sportinvalide, w.d.S.)
Ohling (Bremerhaven 93)
Petrovic (ASC Schöppingen)
Sunday (VSK Osterholz-Scharmbeck)
Weist (Kick. Stuttgart)

w.d.S. = während der Saison

Der Sport-Verein »Werder« im Jahr 1977/78:

1977/78

Präsident:	**Dr. Franz Böhmert**
Vizepräsident:	**Klaus-Dieter Fischer (Amateur-Abt.)**
3. Präsident:	**K.-H. Hohnhorst (Finanzen, Werbung)**
Geschäftsführer:	**Wolfgang Barkhausen**
Bundesliga-Manager:	**Rudi Assauer**
Vereinsarzt:	**Dr. Rudolf Wiedenmann**
Masseur:	**Peter Kienert**
Mitglieder:	**2.200**
Kapazität Weser-Stadion:	**40.000 Plätze (5.400 überdachte Sitz- und 7.500 überdachte Stehplätze)**

Siegmann, Norbert »Zico«
28 Spiele; 1 Tor

Røntved, Per
21 Spiele; 6 Tore

Kontny, Mario
0 Spiele; 0 Tore

Hiller, Franz
22 Spiele; 0 Tore

Glowacz, Jürgen
17 Spiele; 3 Tore

Daras, Dimitrios »Dimi«
2 Spiele; 0 Tore
Amateur

Görts, Werner »Anneliese«
21 Spiele; 1 Tor

Mense, Willi
11 Spiele; 2 Tore

In Freundschaftsspielen eingesetzt:

Bargfrede, Hans-Jürgen (Mittelfeld)
Haskamp, Helmut (Mittelfeld)
Wunder, Klaus (Angriff; als Gastspieler von Hannover 96)

Werders Neuzugänge im Sommer 1977

Trainer Tilkowski schart drei unbekannte, preisgünstige Gesichter um sich: Daras (links) bleibt weitgehend unbekannt, Dressel (2.v.l.) schafft raketengleich den Durchbruch und kratzt in seinem ersten Werder-Jahr bereits an der Tür zur Nationalelf und Uwe Reinders (rechts) wird nach langer Durststrecke später zu einem der besten Rechtsaußen, der je das Werder-Trikot trug

Rudi Assauer
Werder Bremen
Foto: Thomas Metelmann

Rudi Assauer: »Was macht man eigentlich so als Manager?«

Man verbindet Ihren Namen nach wie vor untrennbar mit Schalke 04, Sie waren aber insgesamt auch ein Jahrzehnt in Bremen und haben hier den Einstieg ins Managergeschäft geschafft. Was bedeutet Ihnen Werder Bremen heute?
Werder war für mich eine sehr, sehr schöne Zeit. Wenn es eine Möglichkeit gäbe, den Verein Schalke 04 zu transportieren in die Stadt Bremen, wäre es ideal. Aber das geht ja leider nicht.

Sie residierten damals in ziemlich maroden Räumlichkeiten in der alten Südtribüne, hatten nur einen winzigen Stab von Mitarbeitern in der Geschäftsstelle und waren mit 32 Jahren als Berufsanfänger in großem Maß auf sich alleine gestellt. Wie waren Ihre Arbeitsbedingungen zu Beginn Ihrer Managerkarriere bei Werder?
Die damalige Zeit war nun mal etwas bescheidener. Als ich 1993 auf Schalke anfing, haben dort auch nur fünf Leute außer mir gearbeitet. Das hat sich alles in den letzten Jahrzehnten hochgeschaukelt. Wenn ich mir jetzt die Nordtribüne im Weser-Stadion ansehe – es war damals meine Idee, die Tribüne über Werbung zu finanzieren. Wir haben den einzelnen Blöcken gegen Bezahlung feste Firmennamen gegeben und damit haben wir das Ding finanziert. Irgendwann wurden Logen gebaut mit allem Pipapo. Es ging immer weiter, aber diese Nordtribüne, das war damals mein erster wichtiger Schritt.

Sie haben Werder 1977/78 beinahe im Alleingang als Trainer-Manager gerettet. Erst ein riesiger Rückstand auf das rettende Ufer, dann am Ende hatte Werder sogar einen großen Vorsprung …
Tja, sie hatten eben einen guten Trainer … Moment, wir müssen das mal eben für dieses Buch festhalten! Es war ja folgendermaßen: Ich habe mich morgens früh um 8 Uhr im Trainingsanzug ins Büro gesetzt. Um 10 Uhr bin ich auf den Trainingsplatz gegangen, habe die Mannschaft trainiert, schnell geduscht und bin mittags wieder zurück an meinen Manager-Schreibtisch. Am Nachmittag dann dasselbe nochmal. Das war ein unglaublicher Stress, aber wir haben es dann alle zusammen gepackt und sind drin geblieben.

Legenden ranken sich um die Nacht-und-Nebel-Kapitulation von Trainer Hans Tilkowski. Was ist in dieser Dezembernacht wirklich passiert?
Ach, Tilkowski … Es ging zwischen ihm und Werder einfach nicht mehr. Wir haben vor kurzem bei der Beerdigung von Lothar Emmerich zum ersten Mal seit damals wieder vernünftig miteinander geredet. Er ist bis heute sicher, dass ich 1977 die Mannschaft gegen ihn aufgehetzt habe und dafür sorgte, dass die Spieler keine hohe Meinung von ihm hatten. Absoluter Quatsch. Es war einzig und alleine meine Entscheidung, Hans Tilkowski zu sagen: ›Junge, so kriegen wir das Ding nicht mehr gebacken mit dir.‹ Die Spieler hatten damit nicht das Geringste zu tun. Tilkowski passte nicht zur Mannschaft. Er war wie ein Feldwebel, hat befohlen und keine Widerworte geduldet. Gleichzeitig war er dünnhäutig und unempfänglich für Kritik oder Anregungen.

Als Spieler eilte Ihnen bei Werder der Ruf voraus, den einen oder anderen Trainer maßgeblich mit »abgeschossen« zu haben. Sie haben sich damals gegen diese Darstellung gewehrt. Heute, mit etwas Abstand: Waren Sie bei dem einen oder anderen Trainerwechsel die treibende Kraft?
Ich war Spielführer dieser Mannschaft, und ich habe manchmal erkannt, dass es mit dem einen oder anderen Trainer nicht möglich war, unser Klassenziel zu erreichen und zumindest in der Liga zu bleiben. Und dann war es meine Pflicht, den Vorstand zu informieren, wenn ich gesehen habe, dass es nicht mehr funktioniert. Da ist dann natürlich ein Zapf Gebhardt über die Wupper gegangen. Ich habe mir gesagt: Okay, es geht um Werder Bremen und um den Verbleib in der Liga! Entsprechend bin ich aufgetreten, und wir haben es dann ja auch immer geschafft, in der Liga zu bleiben. Also waren die Trainerwechsel in meiner Zeit alle nicht so verkehrt.

Butter bei die Fische: Welcher Werder-Trainer hatte welche Schwächen?
Ach Gottchen, fangen wir bei Gebhardt an. Das war ein Trainer der fünfziger und sechziger Jahre. Alte Trainingsmethodik, mit Medizinbällen um die Bahn laufen, 400-Meter-Läufe machen. Er hat uns völlig falsch trainiert! Wenn ich sehe, wie heute trainiert wird im Schnelligkeits- und Ausdauerbereich – Gebhardt hat von allem das Gegenteil gemacht. Wir haben damals alles falsch gemacht. An heißen Tagen durftest du bei Gebhardt kein Wasser trinken. Eine Katastrophe! Da hast du eine 0,2-Literflasche Wasser vor dem Spiel bekommen, und die mussten sich zwei Spieler teilen. Mehr durftest du nicht trinken. Gebhardt befahl immer: ›Trocken bleiben, trocken bleiben!‹ Völlig absurd, heute unvorstellbar! Damals gab es im Weser-Stadion noch die alte Aschenbahn um das Spielfeld. Da mussten wir zehnmal 200 Meter laufen auf Zeit, durften höchstens 30 Sekunden brauchen. Und dann noch zehnmal 400 Meter auf 60 Sekunden.

Rudi Assauer sportlich 1970 …

Rudi Assauer

Rudi Assauer (Jahrgang 1944) kam 1970 von Borussia Dortmund zu Werder Bremen. Insgesamt sechs Spielzeiten lang verlieh er Werders Hintermannschaft in ganz schwierigen Zeiten in enger Zusammenarbeit mit Horst-Dieter Höttges Stabilität. 1976 wechselte er mit 32 Jahren auf den Managersessel bei Werder Bremen und wurde nicht nur der jüngste, sondern auch der erste »richtige« Manager der Fußball-Bundesliga überhaupt.

… und schnieke 2003

Der unbestrittene sinnliche Höhepunkt dieses dicken Buches: Rudi Assauer wurde 1973 für die Serie »Die schönsten Männer der Bundesliga« in der »Hamburger Morgenpost« fotografiert. Bremens Damenwelt hyperventilierte

Und wenn einer über der Zeit lag vor Erschöpfung, musste er eine Extrarunde laufen. Da sind einige hinterher rückwärts gelaufen, weil oben im Hirn der Sauerstoff wegblieb. Ich erinnere mich an Hasebrink! Der ist plötzlich rückwärts gelaufen, und bupp, lag er in der Sandgrube drin! Es gab weitere Beispiele: Herbert Burdenski, Fritz Langner, Fritz Rebell – alles eine Trainergeneration. Zu altmodisch in ihren Methoden für die Bundesliga in den Siebzigern.

Otto Rehhagel?

Otto habe ich verpflichtet, nachdem er in Düsseldorf rausgeflogen war. Keiner wollte ihn, ich habe ihn geholt. Kuno Klötzer, unser damaliger Trainer, hatte einen Autounfall und konnte erst mal nicht mehr weitermachen. Rehhagel kam als Nothelfer und hat die Mannschaft gleich so prima im Griff gehabt, dass ich gesagt habe: ›Otto, das mit Kuno Klötzer ist meine Sache. Das regle ich!‹ Ich wollte, dass Otto bei Werder bleibt. Wir sind dann aufgestiegen und Otto hat die Mannschaft gleich in die Bundesligaspitze geführt. Fantastisch!

Eine obligatorische Frage, die viele Ihrer Kollegen von damals in diesem Buch beantworten: Weshalb hat die Millionenelf nicht funktioniert?

Weil diejenigen, die diese teuren Spieler ausgesucht haben, zu wenig Ahnung vom Fußball hatten. Es wuchs kein Kollektiv. Es hat alles nicht gepasst. Vielleicht waren die Stareinkäufe auch charakterlich alle zu ähnlich. Die Idee war gut, aber die Umsetzung hat nicht funktioniert. Wir waren keine Truppe.

Als Sie als Manager einstiegen, waren Sie erst 32 Jahre alt. Gab es keine Autoritätsprobleme mit den Spielern, mit denen Sie erst zusammenspielten, bevor Sie als Manager ihr Vorgesetzter wurden?

Nein, das war kein Problem. Ich hatte andere Schwierigkeiten. Ich war am Samstag noch als Spieler auf dem Platz, und am Montag sollte ich mich als Manager an den Schreibtisch setzen und man sagte zu mir: ›Nun mach mal!‹ Dann habe ich zum ersten Mal an meinem Schreibtisch gesessen und gegrübelt: Verdammt, was soll ich jetzt machen? (lacht)

Was war Ihr schönstes Erlebnis in Ihrer Zeit bei Werder?

Da muss ich gar nicht überlegen! Das schönste Erlebnis war in der Zweitligasaison Werders Spiel bei Hertha BSC Berlin im ausverkauften Olympiastadion. Wir haben 2:1 gewonnen und wussten: Jetzt sind wir durch! Erst lagen wir zurück durch Okudera, dann glich Reinders aus und Pasi Rautiainen machte im Nachschuss das 2:1-Siegtor. Da waren über 70.000 Zuschauer bei einem Zweitligaspiel. Hinterher gab es die schönste Feier, weil sie klein war und spontan.

Was war Ihre schwerste Entscheidung, die Sie als Werder-Manager getroffen haben?

Eindeutig die Entscheidung, Werder zu verlassen, um nach Schalke zu gehen.

Zu Beginn seiner Managerkarriere wechselte Assauer in rasanter Folge zwischen Spielfeld, Schreibtisch und Trainingsplatz hin und her

Spielerlaufbahn:

1952–63	SpVgg. Herten
1964–70	Borussia Dortmund
1970–76	Werder Bremen
1976/77	Werder Bremen (A)

Managerlaufbahn:

1976–81	Werder Bremen
1981–86	Schalke 04
1990–93	VfB Oldenburg
1993–06	Schalke 04

Fans sind nicht immer einer Meinung, wie diese doch etwas widersprüchlichen Transparente beweisen, die am selben Tag in Werders Fankurve aufgenommen wurden: Rudi Assauer hatte soeben seinen Wechsel zu Schalke 04 bekanntgegeben

Alle Spiele 1977/78

13.07.1977
Freundschaftsspiel
TuS Schwarme – W. Bremen 0:6 (0:4)
Aufstellung: Burdenski – Geils, Kamp, Höttges, Røntved (46. Siegmann) – Hiller (46. Daras), Bracht, Röber – Konschal, Meininger, Reinders (46. Mense)
Trainer: Tilkowski
Tore: 0:1 Röber (5.), 0:2 Meininger (10.), 0:3 Røntved (25.), 0:4 Höttges (26. FE), 0:5 Bracht (69.), 0:6 Meininger (84.)
Zuschauer: 1.100

16.07.1977
Freundschaftsspiel
SpVgg. Fürth – W. Bremen 1:1 (1:1)
Aufstellung: Burdenski – Siegmann, Geils, Røntved, Höttges – Hiller, Röber, Bracht – Konschal, Meininger (76. Daras), Reinders (60. Dressel)
Trainer: Tilkowski
Tore: 0:1 Meininger (12.), 1:1 Unger (14.)
Zuschauer: 2.500

17.07.1977
Freundschaftsspiel
TSV Pressath – W. Bremen 0:4 (0:1)
Aufstellung: Burdenski (Voss) – Geils, Kamp, Höttges, Røntved (Siegmann) – Konschal, Bracht (Mense), Röber – Reinders (Hiller), Meininger, Dressel (Daras)
Trainer: Tilkowski
Tore: 0:1 Meininger (20.), 0:2 Mense (64.), 0:3 Höttges (74. FE), 0:4 Daras (89.)
Zuschauer: 850

18.07.1977
Freundschaftsspiel
SV Postbauer – W. Bremen 1:10 (1:4)
Aufstellung: Voss – Geils, Kamp, Siegmann, Höttges – Hiller, Röber, Bracht – Konschal, Reinders (46. Meininger), Görts (59. Mense)
Trainer: Tilkowski
Tore: 0:1 Höttges (13. FE), 0:2 Reinders (20.), 1:2 Schmidtmaier (31.), 1:3 Röber (40.), 1:4 Reinders (41.), 1:5 Meininger (55.), 1:6 Hiller (60.), 1:7 Meininger (70.), 1:8 Bracht (78.), 1:9 Meininger (87.), 1:10 Meininger (90.)
Zuschauer: 1.500

20.07.1977
Freundschaftsspiel
VfR 07 Schweinfurt – W. Bremen 3:5 (1:2)
Aufstellung: Burdenski – Siegmann, Höttges, Røntved, Kamp – Hiller, Röber, Bracht (60. Mense) – Konschal (46. Daras), Reinders (46. Meininger), Dressel (60. Geils)
Trainer: Tilkowski
Torschützen für Werder: Konschal, Hiller, Daras (2), Røntved
Zuschauer: 2.000

22.07.1977
Freundschaftsspiel
OSC Bremerhaven – W. Bremen 3:2 (2:2)
Aufstellung: Burdenski – Geils, Siegmann, Höttges (81. Daras), Kamp – Hiller, Röber, Bracht – Konschal, Reinders, Meininger, Mense (55. Reinders)
Trainer: Tilkowski
Tore: 1:0 Amiq (2.), 2:0 Marsollek (2.), 2:1 Mense (3.), 2:2 Gräber (42. ET), 3:2 Zander (46.)
Zuschauer: 6.000

24.07.1977
Freundschaftsspiel
SV Meppen – W. Bremen 2:6 (1:1)
Aufstellung: Burdenski (46. Voss) – Hiller, Höttges, Røntved, Kamp (40. Geils) – Röber, Daras, Bracht – Konschal, Reinders, Dressel (46. Meininger)
Trainer: Tilkowski
Tore: 0:1 Reinders (29.), 1:1 Hülsmann (33.), 2:1 Tieben (50.), 2:2 Röber (52.), 2:3 Meininger (53.), 2:4 Höttges (65. FE), 2:5 Reinders (68.), 2:6 Konschal (81.)
Zuschauer: 2.000 in Dörpen

27.07.1977
Freundschaftsspiel
TuS Esens – W. Bremen 0:4 (0:2)
Aufstellung: Burdenski (46. Voss) – Geils, Höttges, Røntved, Siegmann – Hiller, Röber, Bracht – Konschal (46. Görts), Reinders, Meininger (65. Mense)
Trainer: Tilkowski
Tore: 0:1 Reinders (3.), 0:2 Meininger (30.), 0:3 Røntved (70.), 0:4 Röber (84.)
Zuschauer: 4.000

30.07.1977
DFB-Pokal, 1. Runde
Blumenthaler SV – W. Bremen 1:5 (0:4)
Aufstellung: Burdenski – Geils, Höttges, Røntved, Siegmann – Hiller, Röber, Bracht – Konschal (78. Dressel), Meininger, Reinders (64. Görts)
Trainer: Tilkowski
Tore: 0:1 Höttges (10. FE), 0:2 Røntved (26.), 0:3 Bracht (34.), 0:4 Bracht (43.), 1:4 Siegmann (49. ET), 1:5 Höttges (75.)
Zuschauer: 4.653

01.08.1977
Internationales Freundschaftsspiel
W. Bremen – Manchester United 3:2 (2:2)
Aufstellung: Burdenski – Geils, Siegmann, Røntved, Kamp (68. H. Haskamp) – Hiller (46. Daras), Röber, Bracht – Konschal, Reinders, Dressel (60. Mense)
Trainer: Tilkowski
Tore: 0:1 McIlroy (5.), 0:2 Pearson (16.), 1:2 Röber (31. FE), 2:2 Dressel (45.), 3:2 Röber (58.)
Zuschauer: 13.000

06.08.1977
Bundesliga, 1. Spieltag
FC St. Pauli – W. Bremen 3:1 (0:0)
Aufstellung: Burdenski – Geils, Røntved, Höttges, Kamp – Hiller, Röber, Bracht – Konschal, Reinders (67. Dressel), Meininger
Trainer: Tilkowski
Tore: 0:1 Røntved (72.), 1:1 Demuth (80. FE), 2:1 Demuth (87. FE), 3:1 Gerber (90.)
Zuschauer: 20.000

07.08.1977
Freundschaftsspiel
FSV Westerstede – W. Bremen 1:14 (0:6)
Aufstellung: Voss – Kamp, Siegmann, Røntved (46. Höttges), Geils – Röber (60. Hiller), Bracht (60. Konschal), Reinders (46. Meininger) – Mense, Dressel, Görts
Trainer: Tilkowski
Tore: 0:1 Reinders (7.), 0:2 Röber (15.), 0:3 Reinders (19.), 0:4 Röber (25. Elfmeter), 0:5 Bracht (34.), 0:6 Mense (44.), 0:7 Meininger (51.), 0:8 Meininger (53.), 0:9 Röber (58. Elfmeter), 0:10 Meininger (66.), 0:11 Mense (66.), 0:12 Konschal (73.), 0:13 Dressel (74.), 0:14 Höttges (85.), 1:14 E. Mol (90.)
Zuschauer: 1.200

12.08.1977
Bundesliga, 2. Spieltag
W. Bremen – Fortuna Düsseldorf 2:1 (1:0)
Aufstellung: Burdenski – Geils, Höttges, Røntved, Kamp – Hiller, Röber, Bracht – Konschal (70. Görts), Meininger, Dressel (65. Reinders)
Trainer: Tilkowski
Tore: 1:0 Røntved (26.), 2:0 Konschal (67.), 2:1 Seel (86.)
Zuschauer: 18.000

17.08.1977
Bundesliga, 3. Spieltag
1. FC Köln – W. Bremen 7:2 (3:1)
Aufstellung: Burdenski – Geils, Höttges, Røntved, Kamp – Hiller, Röber, Bracht – Konschal, Meininger, Dressel (46. Reinders)
Trainer: Tilkowski
Tore: 1:0 D. Müller (13.), 2:0 D. Müller (24.), 3:0 D. Müller (33.), 3:1 Røntved (41.), 4:1 D. Müller (51.), 5:1 D. Müller (73.), 5:2 Bracht (80.), 6:2 Flohe (85.), 7:2 D. Müller (85.)
Zuschauer: 18.000

20.08.1977
DFB-Pokal, 2. Runde
SV Völklingen – W. Bremen 0:4 (0:2)
Aufstellung: Burdenski – Geils, Hiller, Höttges, Kamp – Röber, Reinders, Bracht – Konschal, Meininger, Görts (76. Dressel)
Trainer: Tilkowski
Tore: 0:1 Reinders (9.), 0:2 Höttges (21. FE), 0:3 Reinders (65.), 0:4 Werthmüller (87. ET)
Zuschauer: 2.650

26.08.1977
Bundesliga, 4. Spieltag
W. Bremen – VfL Bochum 1:0 (0:0)
Aufstellung: Burdenski – Geils, Höttges, Røntved, Kamp – Hiller, Röber, Bracht – Konschal, Reinders, Dressel (60. Meininger)
Trainer: Tilkowski
Tor: 1:0 Røntved (47.)
Zuschauer: 16.000

31.08.1977
Bundesliga, 5. Spieltag
W. Bremen – FC Bayern München 1:1 (0:0)
Aufstellung: Burdenski – Geils, Höttges, Røntved, Kamp – Hiller, Röber, Bracht – Konschal, Reinders (73. Görts), Dressel (60. Meininger)
Trainer: Tilkowski
Tore: 1:0 Röber (62.), 1:1 Niedermayer (67.)
Zuschauer: 34.000

03.09.1977
Bundesliga, 6. Spieltag
Eintr. Braunschweig – W. Bremen 2:0 (2:0)
Aufstellung: Burdenski – Kamp, Höttges, Røntved, Geils – Hiller, Röber, Bracht (46. Siegmann) – Konschal, Meininger, Reinders (74. Görts)
Trainer: Tilkowski
Tore: 1:0 Erler (26.), 2:0 Erler (44.)
Zuschauer: 15.428

06.09.1977
Freundschaftsspiel
FC Hesedorf – W. Bremen 0:10 (0:5)
Aufstellung: Voss – Geils, Kamp, Höttges, Siegmann – Hiller, Röber Görts (Dressel) – Meininger, Reinders, Mense
Trainer: Tilkowski
Tore: Röber (3), Meininger (2), Mense, Hiller, Geils, Siegmann, Reinders
Zuschauer: 2.000

09.09.1977
Bundesliga, 7. Spieltag
W. Bremen – 1. FC Saarbrücken 1:1 (1:1)
Aufstellung: Burdenski – Geils, Höttges, Røntved, Kamp – Hiller (78. Görts), Röber, Bracht (68. Reinders) – Konschal, Meininger, Dressel
Trainer: Tilkowski
Tore: 1:0 Röber (23.), 1:1 Eickels (37.)
Zuschauer: 11.000

17.09.1977
Bundesliga, 8. Spieltag
FC Schalke 04 – W. Bremen 1:0 (1:0)
Aufstellung: Burdenski – Geils, Höttges, Siegmann, Kamp – Røntved, Hiller, Röber, Bracht – Konschal, Meininger (50. Reinders)
Trainer: Tilkowski
Tor: 1:0 E. Kremers (9.)
Zuschauer: 30.000

24.09.1977
Bundesliga, 9. Spieltag
W. Bremen – Hamburger SV 1:2 (0:1)
Aufstellung: Burdenski – Siegmann, Höttges, Røntved, Geils – Hiller, Röber, Bracht – Konschal (63. Görts), Meininger (76. Reinders), Dressel
Trainer: Tilkowski
Tore: 0:1 Keller (32.), 0:2 Keegan (48.), 1:2 Meininger (72.)
Zuschauer: 36.000

30.09.1977
Bundesliga, 10. Spieltag
Borussia Dortmund – W. Bremen 4:1 (0:0)
Aufstellung: Burdenski – Siegmann, Höttges, Røntved, Geils – Hiller, Konschal, Röber – Reinders (71. Mense), Meininger, Görts (59. Bracht)
Trainer: Tilkowski
Tore: 1:0 Burgsmüller (54.), 2:0 Burgsmüller (67.), 3:0 Segler (79.), 3:1 Mense (80.), 4:1 Theis (88.)
Zuschauer: 33.500

12.10.1977
Bundesliga, 11. Spieltag
W. Bremen – Bor. M'gladbach 3:2 (1:1)
Aufstellung: Burdenski – Siegmann, Höttges (47. Hiller), Røntved, Geils – Kamp (75. Meininger), Röber, Bracht – Konschal, Reinders, Dressel
Trainer: Tilkowski
Tore: 0:1 Simonsen (34.), 1:1 Höttges (36. FE), 1:2 Schäfer (79.), 2:2 Röber (81. FE), 3:2 Røntved (90.)
Zuschauer: 29.000

15.10.1977
DFB-Pokal, 3. Runde
DSC Wanne-Eickel – W. Bremen 0:2 (0:1)
Aufstellung: Burdenski – Geils, Siegmann, Røntved, Kamp – Reinders (43. Hiller, 67. Meininger), Röber, Bracht – Konschal, Mense, Dressel
Trainer: Tilkowski
Tore: 0:1 Dressel (4.), 0:2 Mense (63.)
Zuschauer: 7.000

22.10.1977
Bundesliga, 12. Spieltag
Hertha BSC Berlin – W. Bremen 2:0 (1:0)
Aufstellung: Burdenski – Geils, Höttges (70. Mense), Røntved, Siegmann – Kamp, Röber, Bracht – Konschal (61. Daras), Meininger, Dressel
Trainer: Tilkowski
Tore: 1:0 Granitza (38.), 2:0 Granitza (48.)
Zuschauer: 14.000

23.10.1977
Freundschaftsspiel
VSK Osterholz-Scharmb. – W. B. 1:13 (1:8)
Aufstellung: Voss – Konschal, Siegmann, Røntved, Kamp – Röber, Meininger, Bracht – Daras, Mense, Görts (20. Reinders)
Trainer: Tilkowski
Tore: 0:1 Mense (4.), 0:2 Mense (7.), 0:3 Røntved (23.), 0:4 Mense (25.), 0:5 Reinders (31.), 0:6 Bracht (34.), 0:7 Röber (35.), 0:8 Siegmann (38.), 1:8 Freese (40.), 1:9 Reinders (56.), 1:10 Mense (61.), 1:11 Mense (64.), 1:12 Daras (65.), 1:13 Røntved (80.)
Besonderheiten: Schmidtke (VSK) hält FE von Voss
Zuschauer: 300

29.10.1977
Bundesliga, 13. Spieltag
W. Bremen – MSV Duisburg 4:2 (2:0)
Aufstellung: Burdenski – Geils, Siegmann, Höttges, Kamp – Røntved, Röber, Bracht – Konschal, Reinders (79. Daras), Mense (70. Görts)
Trainer: Tilkowski
Tore: 1:0 Mense (3.), 2:0 Bracht (15.), 2:1 Seliger (47.), 3:1 Röber (54.), 3:2 Büssers (60.), 4:2 Konschal (73.)
Zuschauer: 12.000

05.11.1977
Bundesliga, 14. Spieltag
TSV 1860 München – W. Bremen 0:0
Aufstellung: Burdenski – Geils, Kamp, Røntved, Höttges – Hiller, Glowacz, Röber (73. Siegmann), Bracht – Konschal, Reinders
Trainer: Tilkowski
Tore: –
Besonderheiten: Burdenski (W. B.) hält FE von Scheller (14.)
Zuschauer: 14.000

12.11.1977
Bundesliga, 15. Spieltag
W. Bremen – Eintracht Frankfurt 3:0 (2:0)
Aufstellung: Burdenski – Geils, Höttges, Røntved, Kamp – Glowacz, Röber, Bracht (80. Mense) – Konschal, Reinders, Dressel (72. Siegmann)
Trainer: Tilkowski
Tore: 1:0 Røntved (17.), 2:0 Bracht (34.), 3:0 Röber (46. FE)
Zuschauer: 18.000

16.11.1977
Freundschaftsspiel
TuS Sulingen – W. Bremen 1:9 (0:4)
Aufstellung: Voss – Geils, Kamp, Siegmann, Røntved – Glowacz, Bracht (46. Konschal), Görts – Dressel, Reinders, Mense
Trainer: Tilkowski
Torschützen für Werder: Reinders (3), Mense (2), Glowacz, Görts, Bracht, Konschal
Zuschauer: 1.500

19.11.1977
DFB-Pokal, Achtelfinale
W. Bremen – TSV 1860 München 2:1 (0:0)
Aufstellung: Burdenski – Höttges, Geils, Røntved, Kamp – Glowacz, Röber, Reinders – Konschal, Mense (73. Görts), Dressel
Trainer: Tilkowski
Tore: 0:1 Hofeditz (48.), 1:1 Hartwig (51. ET), 2:1 Röber (90.)
Zuschauer: 10.000

26.11.1977
Bundesliga, 16. Spieltag
1. FC Kaiserslautern – W. Bremen 2:1 (2:1)
Aufstellung: Voss – Geils, Höttges (71. Dressel), Røntved (89. Mense), Kamp – Siegmann, Glowacz, Röber, Bracht – Reinders, Konschal
Trainer: Tilkowski
Tore: 0:1 Röber (4.), 1:1 K. Toppmöller (26.), 2:1 Schwarz (36.)
Zuschauer: 14.023

03.12.1977
Bundesliga, 17. Spieltag
W. Bremen – VfB Stuttgart 0:1 (0:1)
Aufstellung: Burdenski – Kamp, Siegmann (84. Meininger), Höttges, Geils – Glowacz, Röber, Bracht – Konschal, Reinders (40. Mense), Dressel
Trainer: Tilkowski
Tor: 0:1 Hadewicz (11.)
Besonderheiten: Roleder (VfB) hält FE von Höttges (68.)
Zuschauer: 16.500

10.12.1977
Bundesliga, 18. Spieltag
W. Bremen – FC St. Pauli 4:0 (3:0)
Aufstellung: Burdenski – Siegmann, Höttges, Geils, Kamp – Röber, Glowacz, Bracht – Konschal, Reinders (69. Meininger), Dressel (80. Hiller)
Trainer: Tilkowski
Tore: 1:0 Feilzer (27. ET), 2:0 Röber (37.), 3:0 Kamp (41.), 4:0 Röber (47. FE)
Zuschauer: 8.000

17.12.1977
Bundesliga, 19. Spieltag
Fortuna Düsseldorf – W. Bremen 2:0 (0:0)
Aufstellung: Burdenski – Geils, Siegmann, Höttges, Glowacz – Hiller, Röber, Bracht – Konschal, Reinders (65. Meininger), Dressel (76. Görts)
Trainer: Tilkowski
Tore: 1:0 Hickersberger (53.), 2:0 Hickersberger (67.)
Besonderheiten: Röber (W. B.) schießt FE über das Tor (10.)
Zuschauer: 10.000

20.12.1977
DFB-Pokal, Viertelfinale
W. Bremen – Bor. M'gladbach 2:1 (0:0)
Aufstellung: Burdenski – Geils, Kamp, Höttges, Siegmann – Glowacz, Röber, Bracht – Konschal, Reinders (79. Meininger), Dressel
Trainer: Assauer
Tore: 1:0 Dressel (50.), 1:1 Bonhof (62.), 2:1 Höttges (81. FE)
Zuschauer: 32.000

Der Mann konnte einfach alles: Abwehr organisieren, managen – und diesem Foto nach auch auf Maibockfesten den Schmusesänger geben: Rudi Assauer

07.01.1978
Bundesliga, 20. Spieltag
W. Bremen – 1. FC Köln 0:2 (0:0)
Aufstellung: Burdenski – Hiller, Siegmann, Höttges, Geils – Glowacz, Röber, Bracht – Konschal, Reinders (67. Røntved), Dressel (72. Meininger)
Trainer: Schulz / Assauer
Tore: 0:1 Flohe (49.), 0:2 Siegmann (58. ET)
Zuschauer: 23.000

14.01.1978
Bundesliga, 21. Spieltag
VfL Bochum – W. Bremen 2:0 (0:0)
Aufstellung: Burdenski – Geils, Siegmann, Wessel, Hiller – Glowacz, Röber, Konschal (82. Dressel), Bracht – Reinders, Görts
Trainer: Schulz / Assauer
Tore: 1:0 Abel (85.), 2:0 Lameck (88.)
Zuschauer: 15.000

21.01.1978
Bundesliga, 22. Spieltag
FC Bayern München – W. Bremen 3:1 (2:0)
Aufstellung: Burdenski – Geils, Siegmann, Wessel, Hiller – Görts, Röber, Bracht, Reinders (46. Meininger) – Konschal (83. Mense), Dressel
Trainer: Schulz / Assauer
Tore: 1:0 Rausch (16.), 2:0 K. H. Rummenigge (29.), 2:1 Bracht (57.), 3:1 G. Müller (62.)
Zuschauer: 14.327

25.01.1978
DFB-Pokal, Halbfinale
1. FC Köln – W. Bremen 1:0 (1:0)
Aufstellung: Burdenski – Konschal, Siegmann, Wessel, Geils – Hiller, Röber, Bracht – Dressel (74. Mense), Görts, Meininger (77. Reinders)
Trainer: Schulz / Assauer
Tor: 1:0 Strack (45.)
Zuschauer: 16.000

(aus der »Fußball-Woche«)

28.01.1978
Bundesliga, 23. Spieltag
W. Bremen – Eintr. Braunschweig 2:1 (1:0)
Aufstellung: Burdenski – Geils, Siegmann, Höttges, Konschal – Hiller (71. Røntved), Röber, Bracht – Görts (71. Mense), Meininger, Dressel
Trainer: Schulz / Assauer
Tore: 1:0 Meininger (8.), 1:1 Popivoda (68.), 2:1 Konschal (83.)
Zuschauer: 14.600

04.02.1978
Bundesliga, 24. Spieltag
1. FC Saarbrücken – W. Bremen 1:1 (1:0)
Aufstellung: Burdenski – Geils, Siegmann, Höttges, Konschal – Hiller, Görts, Röber, Bracht – Meininger, Dressel (76. Reinders)
Trainer: Schulz / Assauer
Tore: 1:0 Röber (33. ET), 1:1 Röber (80.)
Zuschauer: 26.000

11.02.1978
Bundesliga, 25. Spieltag
W. Bremen – FC Schalke 04 2:0 (0:0)
Aufstellung: Burdenski – Konschal, Siegmann, Höttges, Geils – Glowacz, Røntved, Bracht, Röber – Görts, Dressel
Trainer: Schulz / Assauer
Tore: 1:0 Dressel (50.), 2:0 Höttges (79. FE)
Zuschauer: 20.000

18.02.1978
Bundesliga, 26. Spieltag
Hamburger SV – W. Bremen 1:1 (1:1)
Aufstellung: Burdenski – Konschal, Siegmann, Höttges, Geils – Røntved, Glowacz, Röber, Bracht – Dressel, Görts
Trainer: Schulz / Assauer
Tore: 1:0 Bertl (14.), 1:1 Glowacz (28.)
Zuschauer: 18.800

25.02.1978
Bundesliga, 27. Spieltag
W. Bremen – Borussia Dortmund 3:1 (2:0)
Aufstellung: Burdenski – Geils (48. Hiller), Siegmann, Höttges, Konschal – Røntved, Röber, Bracht, Glowacz – Görts, Dressel
Trainer: Schulz / Assauer
Tore: 1:0 Bracht (4.), 2:0 Dressel (6.), 3:0 Höttges (74. FE), 3:1 Huber (78. FE)
Zuschauer: 25.000

04.03.1978
Bundesliga, 28. Spieltag
Bor. M'gladbach – W. Bremen 4:0 (0:0)
Aufstellung: Burdenski – Kamp, Siegmann, Höttges, Konschal – Hiller, Röber, Glowacz, Bracht – Dressel (68. Reinders), Görts
Trainer: Schulz / Assauer
Tore: 1:0 Lienen (59.), 2:0 Simonsen (61.), 3:0 Simonsen (76.), 4:0 Kulik (90.)
Zuschauer: 18.000

10.03.1978
Bundesliga, 29. Spieltag
W. Bremen – Hertha BSC Berlin 4:2 (3:0)
Aufstellung: Burdenski – Kamp, Siegmann, Höttges, Konschal – Glowacz, Röber, Bracht – Görts, Meininger (80. Mense), Dressel
Trainer: Schulz / Assauer
Tore: 1:0 Görts (7.), 2:0 Bracht (20.), 3:0 Kliemann (38. ET), 3:1 Kristensen (73.), 4:1 Röber (73.), 4:2 Weiner (75.)
Zuschauer: 21.900

18.03.1978
Bundesliga, 30. Spieltag
MSV Duisburg – W. Bremen 2:0 (1:0)
Aufstellung: Burdenski – Konschal, Siegmann, Höttges, Geils – Röber, Kamp, Bracht, Glowacz – Görts (76. Mense), Dressel (76. Meininger)
Trainer: Schulz / Assauer
Tore: 1:0 Bücker (2.), 2:0 Stolzenburg (56.)
Zuschauer: 7.000

22.03.1978
Internationales Freundschaftsspiel
W. Bremen – Vejle BK 0:1 (0:0)
Aufstellung: Voss – Kamp (46. Daras), Siegmann, Wessel, Konschal – Hiller, Glowacz (46. Görts), Bracht – Reinders, Meininger, Mense
Trainer: Schulz / Assauer
Tor: 0:1 Knudsen (47.)
Zuschauer: 3.000

01.04.1978
Bundesliga, 31. Spieltag
W. Bremen – TSV 1860 München 2:0 (1:0)
Aufstellung: Burdenski – Geils, Siegmann, Höttges, Konschal – Kamp, Röber, Bracht, Glowacz – Görts (63. Meininger), Dressel
Trainer: Schulz / Assauer
Tore: 1:0 Glowacz (33.), 2:0 Röber (50.)
Besonderheiten: Rote Karte für Haunstein (1860) (61.)
Zuschauer: 16.500

08.04.1978
Bundesliga, 32. Spieltag
Eintracht Frankfurt – W. Bremen 0:2 (0:1)
Aufstellung: Burdenski – Geils, Siegmann, Höttges, Konschal – Kamp, Röber, Bracht, Glowacz – Görts (76. Meininger), Dressel
Trainer: Schulz / Assauer
Tore: 0:1 Röber (43.), 0:2 Dressel (90.+2)
Zuschauer: 12.000

22.04.1978
Bundesliga, 33. Spieltag
W. Bremen – 1. FC Kaiserslautern 5:3 (3:1)
Aufstellung: Burdenski – Siegmann, Geils, Höttges, Konschal – Kamp, Röber, Bracht, Glowacz – Görts (73. Reinders), Dressel
Trainer: Schulz / Assauer
Tore: 0:1 Wendt (9.), 1:1 Geils (23.), 2:1 Siegmann (26.), 3:1 Röber (35.), 4:1 Konschal (60.), 4:2 K. Toppmöller (66.), 4:3 Geye (80.), 5:3 Glowacz (90.)
Zuschauer: 16.500

25.04.1978
Freundschaftsspiel
VfB Oldenburg – W. Bremen 1:4 (1:2)
Aufstellung: Voss – Geils, Kamp, Höttges (Siegmann), Wessel – Hiller, Röber (Konschal), Bracht (Glowacz) – Meininger, Daras, Reinders
Trainer: Schulz / Assauer
Tore: 0:1 Daras (6.), 0:2 Geils (24.), 1:2 unbekannt, 1:4 Reinders (59.), 1:4 Reinders (64.)
Besonderheit: Ablösespiel für Ersatztorwart Albert Voss
Zuschauer: 1.500

29.04.1978
Bundesliga, 34. Spieltag
VfB Stuttgart – W. Bremen 2:0 (1:0)
Aufstellung: Burdenski – Siegmann, Höttges, Geils (49. Meininger), Konschal (62. Mense) – Kamp, Röber, Bracht, Hiller – Reinders, Dressel
Trainer: Schulz / Assauer
Tore: 1:0 Müller (21.), 2:0 Schmider (90.)
Zuschauer: 40.000

06.05.1978
Internationale Überbrückungsrunde, 1. Spieltag
Roda JC Kerkrade – W. Bremen 0:2 (0:1)
Aufstellung: Voss – Konschal (55. Hiller), Siegmann, Røntved, Geils – Kamp, Röber, Reinders, Bracht – Meininger, Dressel
Trainer: Assauer
Tore: 0:1 Dressel (7.), 0:2 Meininger (85.)
Zuschauer: 4.000

12.05.1978
Internationale Überbrückungsrunde, 2. Spieltag
W. Bremen – RC Lens 1:2 (1:2)
Aufstellung: Voss – Siegmann, Wessel, Røntved, Kamp – Bargfrede, Daras, Röber, Bracht – Meininger, Reinders
Trainer: Assauer
Tore: 0:1 Boudsira (15.), 1:1 Daras (36.), 1:2 Francoise (41.)
Zuschauer: 1.500

16.05.1978
Internationale Überbrückungsrunde, 3. Spieltag
W. Bremen – KV Kortrijk 1:1 (0:1)
Aufstellung: Voss – Konschal (75. Wessel), Siegmann, Røntved, Kamp – Röber, Daras, Bracht – Mense (56. Bargfrede), Reinders, Dressel
Trainer: Assauer
Tore: 0:1 de Lamper (13.), 1:1 Reinders (89.)
Zuschauer: 2.500 in Emden

20.05.1978
Internationale Überbrückungsrunde, 4. Spieltag
W. Bremen – Roda JC Kerkrade 2:0 (0:0)
Aufstellung: Voss – Hiller, Siegmann, Røntved, Geils – Reinders, Röber, Kamp, Bracht – Mense (76. Meininger), Dressel
Trainer: Assauer
Tore: 1:0 Reinders (49.), 2:0 Röber (75. FE)
Zuschauer: 2.000 in Wilhelmshaven

23.05.1978
Freundschaftsspiel
SC Rinteln – W. Bremen 0:8 (0:3)
Aufstellung: Voss – Kamp (33. Daras), Konschal, Hiller, Wessel – Mense, Bracht, Röber – Reinders, Meininger, Dressel
Trainer: Assauer
Tore: Mense (3), Röber (2, Elfmeter), Bracht, Reinders, Wessel
Zuschauer: 1.600

26.05.1978
Internationale Überbrückungsrunde, 5. Spieltag
KV Kortrijk – W. Bremen 1:1 (1:0)
Aufstellung: Voss – Konschal, Wessel, Hiller, Geils – Röber, Bracht, Reinders, Wunder – Meininger (46. Mense), Dressel
Trainer: Assauer
Tore: 1:0 Pomini (21.), 1:1 Mense (65.)
Besonderheit: Klaus Wunder (Hannover 96) spielt mit einer Sondergenehmigung als Gastspieler mit
Zuschauer: 2.500

30.05.1978
Internationale Überbrückungsrunde, 6. Spieltag
RC Lens – W. Bremen 5:3 (1:0)
Aufstellung: Voss – Konschal, Wessel, Hiller, Geils – Mense, Röber (80. Daras), Bracht – Reinders, Wunder, Dressel (75. Meininger)
Trainer: Assauer
Torschützen für Werder: Bracht (2), Meininger
Besonderheit: Klaus Wunder (Hannover 96) spielt zum zweiten Mal mit einer Sondergenehmigung als Gastspieler mit
Zuschauer: unbekannt

Endstand Internationale Überbrückungsrunde, Gruppe 11:

	S U N	Tore	Pk.
1. RC Lens (F)	4 1 1	17:14	9
2. SV W. Bremen (D)	2 2 2	10:9	6
3. KV Kortrijk (B)	1 3 2	10:9	5
4. Roda JC Kerkrade (H)	1 2 3	5:10	4

Bundesliga-Abschlusstabelle 1977 / 1978

Platz	Verein	Spiele	S	U	N	Tore	Diff.	Punkte
1.	1. FC Köln (P)	34	22	4	8	86:41	+45	48-20
2.	Borussia M'gladbach (M)	34	20	8	6	86:44	+42	48-20
3.	Hertha BSC Berlin	34	15	10	9	59:48	+11	40-28
4.	VfB Stuttgart (N)	34	17	5	12	58:40	+18	39-29
5.	Fortuna Düsseldorf	34	15	9	10	49:36	+13	39-29
6.	MSV Duisburg	34	15	7	12	62:59	+3	37-31
7.	Eintracht Frankfurt	34	16	4	14	59:52	+7	36-32
8.	1. FC K'lautern	34	16	4	14	64:63	+1	36-32
9.	Schalke 04	34	14	6	14	47:52	-5	34-34
10.	Hamburger SV	34	14	6	14	61:67	-6	34-34
11.	Borussia Dortmund	34	14	5	15	57:71	-14	33-35
12.	Bayern München	34	11	10	13	62:64	-2	32-36
13.	Eintracht Braunschweig	34	14	4	16	43:53	-10	32-36
14.	VfL Bochum	34	11	9	14	49:51	-2	31-37
15.	**Werder Bremen**	**34**	**13**	**5**	**16**	**48:57**	**-9**	**31-37**
16.	1860 München (N)	34	7	8	19	41:60	-19	22-46
17.	1. FC Saarbrücken	34	6	10	18	39:70	-31	22-46
18.	FC St. Pauli (N)	34	6	6	22	44:86	-42	18-50

Fieberkurve der Bundesliga-Saison 1977 / 1978

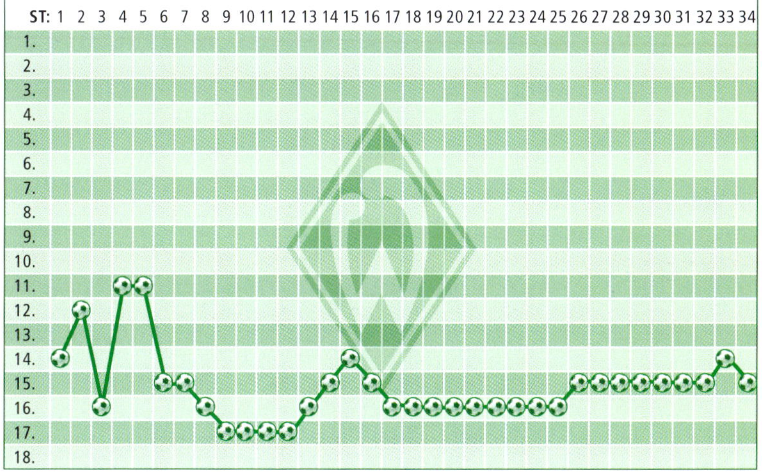

1978/79: Das »Jahr Eins nach Horst-Dieter«

Oben v.l.:
Trainer Weber, Røntved, Burdenski, Kamp, Hiller, Siegmann, Geils, Reinders, Konschal, Linz
Unten v.l.:
Daras, Bargfrede, Dressel, Voss, Möhlmann, Bracht, Wunder, Röber

Jetzt pusten wir mal durch! Die Saison 1978/79 war aus Werders Sicht zwar keineswegs sorgenfrei, aber im Vergleich zur vorigen Saison und erst recht zur nachfolgenden Saison war sie erholsam und entspannt. Werder, wieder in grünweiße Traditionsfarben gehüllt, brach auf zu neuen Ufern: Ein Stadion im neuen Gewand, ein neuer Trainer, ein neuer Kapitän, ein neuer Hauptsponsor, ein neuer Stürmerstar – und das alles in einer einzigen Saison!

Der Reihe nach: Eklig kurz vor Saisonbeginn kündigte der Trikotsponsor »Norda« den Vertrag. Werder hatte ein 400.000-DM-Loch in der ohnehin leergefegten Kasse, das erst kurz vor Saisonstart durch den japanischen Kamera-Hersteller »Pentax« gestopft wurde. Nicht zuletzt dadurch entspannte sich auch die Lage des im Jahr zuvor noch vom Lizenzentzug bedrohten Vereins. Werder konnte sogar wieder in neue, fertige Spieler investieren und tat dies höchst umstritten: Nachdem nämlich auch der blasse Charly Meininger Werders traditionelles Knipser-Problem nicht hatte lösen können, eiste Werder für 150.000 DM den Ex-Nationalstürmer Klaus Wunder vom Nordrivalen Hannover 96 los. Dort war man heilfroh, den »Querulanten« los zu werden, denn Wunder galt als Absahner. Und (obwohl erst 27 Jahre alt!) als Spieler, der seine beste Zeit bereits hinter sich hatte. Als Nationalspieler war er für damals astronomische 700.000 DM vom MSV Duisburg zum FC Bayern gewechselt, wo er sich nicht durchsetzen konnte. Hannover bekam ihn für eine halbe Million, und Werder dann geradezu zum Sparpreis.

Teurer war da schon ein weithin unbekannter Mann aus Münster: Der 24-jährige Benno Möhlmann kostete stolze 400.000 DM, aber schnell wurde deutlich, dass er jeden Pfennig wert war: Möhlmann glänzte als Stratege im Mittelfeld und tat dies letztendlich fast ein Jahrzehnt lang. Die Neuzugänge wurden komplettiert durch den Torschützenkönig der Rheinland-Pfalz-Liga, einen gewissen Paul Linz, den wir heute als Trainer von Eintracht Trier kennen. Linz kam mit der Referenz von 40 Saisontoren beim VfL Trier, konnte diese Treffsicherheit bei Werder aber nie bestätigen. Aus den eigenen Amateuren stieß noch der kleine Hansi Bargfrede dazu, blieb jedoch ohne Liga-Einsatz.

Die Saison 1978/79 wurde für Werder zu einem personellen Drahtseilakt: Nur 13 Spieler bildeten den Stamm der Mannschaft. Norbert Siegmann war einige Zeit verletzt, Paul Linz kam nur als Joker zum Einsatz – alle anderen mussten quasi durchspielen. Der enge Kader wurde durch Werders nach wie vor alarmierende Finanzlage notwendig: Das Weser-Stadion befand sich im Umbau, die neue Nordtribüne wurde erst im Winter 1978 fertig, und da der DFB Werders Wunsch nach einer Verlegung der zuschauerträchtigen Spiele in die Zeit nach der Fertigstellung des Stadions nicht nachkam, ging alleine in den Heimspielen gegen den HSV und Bayern laut Manager Rudi Assauer eine halbe Million DM flöten – damals eine für den Verein unvorstellbar große Summe.

Der Saisonstart wurde – zum wievielten Mal eigentlich? – vermasselt, aber nachdem die Vorrunde am Rande des Abgrunds einigermaßen aufrecht bewältigt wurde, biss sich Werders kleines Häuflein bundesligatauglicher Spieler in der Rückrunde durch und wurde am Ende gesicherter Elfter. Sternstunden waren die beiden Unentschieden gegen Meister HSV: Am 2. Spieltag dauerte es nur fünf Minuten, bis der umstrittene Klaus Wunder Werders erstes Heimtor erzielte. Am Ende ermauerte sich die Weber-Truppe gegen die HSV-Elf um Superstar Kevin Keegan ein 1:1. Im Rückspiel wiederum sah der HSV schon wie der sichere Sieger aus, ehe Möhlmann und Reinders mit ihren Toren in den letzten sieben Minuten noch ein sensationelles 2:2 herausholten. Saison-Highlight war die Premiere der neuen Nordtribüne im Heimspiel gegen die weltbeste Vereinsmannschaft FC Liverpool. Werders Fans staunten über die neuen Flutlichtmasten, die damals das hellste Flutlicht in ganz Europa lieferten. Und nicht nur die Zuschauer auf der nagelneuen Nordtribüne bejubelten am Ende ein gerechtes 1:1 gegen die englische Spitzenelf, nachdem Uwe Reinders per Kopf sogar die Führung erzielt hatte.

Der im Vorjahr schon als Fehleinkauf gehandelte Reinders wurde in seiner 2. Saison als wuchtiger Rechtsaußen doch noch zum Volltreffer. Klaus Wunder mühte sich, machte auch Tore (acht an der Zahl), konnte aber nie vertuschen, dass er längst nicht mehr der Spitzenmann früherer Jahre war.

Werders Problem lag erstmalig in der Bundesligageschichte ausnahmsweise in der Abwehr: Vor Torwart Burdenski, der in dieser Saison vom »Kicker« zum besten Torwart der Liga gekürt wurde, musste Werders Hintermannschaft zum ersten Mal seit 14 Jahren ohne Horst-Dieter Höttges auskommen. Bis zuletzt hatte eine weitere Vertragsverlängerung des alten Recken, der in der Vorsaison seinen x-ten Frühling erlebte und so überragend spielte wie lange nicht, nach einer reinen Formsache ausgesehen. Doch eine etwas unbedacht verschickte, formelle Kündigung des Vertrages durch Jung-Manager Assauer ließ den stolzen Abwehrchef Höttges einschnappen und verschnupft die Schuhe an den Nagel hängen. Alles Zureden half nichts. Neuer Chef in der Deckung war Werders neuer Kapitän Per Røntved, doch der Däne (»bester Libero der siebziger Jahre nach Beckenbauer«) ließ in seinem letzten Jahr bei Werder die Souveränität früherer Jahre vermissen.

Fast die komplette Saison verbrachte Werder mit der Suche nach einem passenden Nachfolger für den scheidenden Dänen. Die Besetzung dieser Schlüsselposition sollte nach Saisonende zu Werders Schicksal werden, aber das konnte 1979 noch niemand ahnen.

Oben: Uwe Reinders köpft gegen Weltklassetorwart Ray Clemence vom FC Liverpool das allererste Tor im umgebauten Weser-Stadion. Im Hintergrund ist die neu erbaute Nordtribüne zu erkennen, die am 12.12.1978 im Spiel zwischen Werder und der damals vielleicht besten Vereinself der Welt eingeweiht wurde. Werder trotzte dem FC Liverpool ein 1:1 ab
Unten: Kamp, Reinders und Siegmann zählten zu den Leistungsträgern einer intakten Mannschaft, die eine passable Saison spielte

Rechts: Das Jahr 1978 brachte zwar die Rückkehr zu grün-weißen Trikots, Traditionalisten hatten dennoch nicht viel zu lachen: Die Werder-Raute war immer noch weg, und Sponsor »Pentax« warb mit willkürlich gewählten Schrifttypen in wechselnden Farben. Dieses Bild zeigt das Auswärtstrikot 1978/79

WERDER BREMEN 1978/79

Trainer

Weber, Wolfgang »Bulle«
Verantwortlicher Trainer in allen 34 Spielen der Saison

Tor

Burdenski, Dieter »Budde«
34 Spiele; 0 Tore

Voss, Albert
0 Spiele; 0 Tore

Abwehr

Røntved, Per
33 Spiele; 2 Tore

Konschal, Hartmut
32 Spiele; 2 Tore

Geils, Karl-Heinz »Kalle«
31 Spiele; 1 Tor

Mittelfeld

Möhlmann, Benno
34 Spiele; 5 Tore

Bracht, Uwe
32 Spiele; 2 Tore

Röber, Hans-Jürgen
30 Spiele; 12 Tore

Angriff

Wunder, Klaus »Cäsar«
33 Spiele; 8 Tore

Reinders, Uwe
32 Spiele; 7 Tore

Dressel, Werner »Lego«
32 Spiele; 5 Tore

Erweiterter Kader

Feldhaus, Wilfried »Willi«
1 Spiel; 1 Tor
Amateur

Haskamp, Martin
1 Spiel; 0 Tore
Amateur

Schaaf, Thomas
1 Spiel; 0 Tore
Amateur

Werders Neuzugänge im Sommer 1978

Zwei bekannte und drei unbekannte Gesichter: Der neue Trainer Wolfgang Weber begrüßt zum Saisonauftakt beim ersten Training die Neuzugänge Paul Linz (VfL Trier), Ex-Nationalspieler Klaus Wunder (Hannover 96), Hans-Jürgen Bargfrede (Werder Amateure) und Benno Möhlmann (Preußen Münster). Möhlmann war mit einer Ablösesumme von 400.000 DM Werders bis dahin teuerster Einkauf aller Zeiten

Wer kam?

Bargfrede (eig. Amateure)
Linz (VfL Trier)
Möhlmann (Preußen Münster)
Wunder (Hannover 96)

Wer ging?

Glowacz (zurück zum 1. FC Köln, war ausgeliehen)
Görts (Karriereende)
Höttges (SC Oberbecksen)
Meininger (RW Essen)
Mense (Preußen Münster)

w.d.S. = während der Saison

Der Sport-Verein »Werder« im Jahr 1978/79:

Präsident:	**Dr. Franz Böhmert**
Vizepräsident:	**Klaus-Dieter Fischer (Amateur-Abt.)**
3. Präsident:	**K.-H. Hohnhorst (Finanzen, Werbung)**
Geschäftsführer:	**Wolfgang Barkhausen**
Bundesliga-Manager:	**Rudi Assauer**
Vereinsarzt:	**Dr. Rudolf Wiedenmann**
Masseur:	**Peter Kienert**
Mitglieder:	**2.350**
Kapazität Weser-Stadion:	**40.000 Plätze (15.000 Sitzplätze, davon 9.000 überdacht)**

Siegmann, Norbert »Zico«
20 Spiele; 0 Tore

Hiller, Franz
29 Spiele; 2 Tore

Kamp, Karl-Heinz »Kalli«
28 Spiele; 0 Tore

Bargfrede, Hans-Jürgen
0 Spiele; 0 Tore
Amateur

Daras, Dimitrios »Dimi«
0 Spiele; 0 Tore
Amateur

Linz, Paul
10 Spiele; 1 Tor

Dietrich, Stefan
0 Spiele; 0 Tore
Amateur

In Freundschaftsspielen eingesetzt:

Haskamp, Helmut (Mittelfeld)

Alle Spiele 1978/79

30.06.1978
Freundschaftsspiel
VfL Löningen – W. Bremen 1:5 (0:2)
Aufstellung: Voss – Konschal (71. H. Haskamp), Siegmann, Røntved, Kamp – Möhlmann, Röber, Bargfrede – Daras, Reinders, Dressel
Trainer: Weber
Tore: 0:1 Röber (23.), 0:2 Reinders (41.), 0:3 Dressel (48.), 1:3 Dövel (73.), 1:4 Siegmann (77.), 1:5 Reinders (82.)
Zuschauer: 1.345

02.07.1978
Freundschaftsspiel
Union Salzgitter – W. Bremen 4:3 (2:0)
Aufstellung: Voss – Kamp, Siegmann, Røntved, Konschal – Möhlmann, Reinders, Röber – Wunder (56. Daras), Linz, Dressel
Trainer: Weber
Tore: 1:0 Dudda (35.), 2:0 Thorke (40.), 3:0 Dudda (47.), 3:1 Reinders (49.), 4:1 Weykamp (71.), 4:2 Linz (79.), 4:3 Linz (86.)
Zuschauer: 2.000

07.07.1978
Freundschaftsspiel
Eutin 08 – W. Bremen 2:9 (1:5)
Aufstellung: Voss – Konschal, Siegmann, Røntved, Geils – Möhlmann, Röber, Bracht – Reinders, Wunder, Dressel
Trainer: Weber
Tore: 0:1 Röber (7.), 0:2 Möhlmann (15.), 0:3 Röber (29. FE), 0:4 Dressel (31.), 1:4 Leske (33.), 1:5 Dressel (39.), 1:6 Reinders (51.), 1:7 Bracht (75.), 1:8 Wunder (81.), 1:9 Möhlmann (85.), 2:9 Przystawik (87.)
Besonderheiten: Röber (W. B.) schießt Elfmeter an die Latte (89.).
Zuschauer: 685

08.07.1978
Freundschaftsspiel
VfL Wolfsburg – W. Bremen 1:1 (0:1)
Aufstellung: Voss – Geils, Siegmann, Røntved, Konschal – Hiller, Kamp, Röber, Bracht – Wunder, Dressel
Trainer: Weber
Tore: 0:1 Wunder (16.), 1:1 Schäfer (83.)
Zuschauer: 2.500

12.07.1978
Freundschaftsspiel
SV Todesfelde – W. Bremen 0:20 (0:8)
Aufstellung: Voss – Konschal, Siegmann, Røntved, Geils – Möhlmann, Röber, Bracht – Daras, Wunder, Dressel
Trainer: Weber
Tore: Röber (5), Wunder (5), Daras (2), Dressel (2), Möhlmann (2), Bracht (2), Røntved, Konschal
Zuschauer: 2.000

15.07.1978
Freundschaftsspiel
SV Sereetz / Ostholstein-Auswahl – W. Bremen 0:12 (0:5, 0:6, 0:1)
Aufstellung: Voss – Konschal, Siegmann (46. Geils), Røntved, Kamp – Möhlmann, Röber (46. Hiller), Bargfrede (83. Daras) – Reinders (14. Linz), Wunder, Dressel
Trainer: Weber
Tore: 0:1 Möhlmann (4.), 0:2 Wunder (5.), 0:3 Dressel (6.), 0:4 Röber (18.), 0:5 Wunder (19.), 0:6 Bargfrede (35.), 0:7 Linz (37.), 0:8 Wunder (43.), 0:9 Röber (44.), 0:10 Wunder (49.), 0:11 Wunder (55.), 0:12 Linz (77.)
Besonderheit: Das Spiel ging über 3 x 30 Minuten, die letzten 30 Minuten spielte Werder gegen eine Ostholstein Auswahl.
Anschließendes Elfmeterschießen (!): 7:7 – Konschal, Geils, Kamp, Möhlmann, Hiller, Wunder, Dressel verwandelten. Es verschossen: Røntved, Daras, Linz.
Zuschauer: 1.500

19.07.1978
Freundschaftsspiel
SV Hansa Friesoythe – W. Bremen 0:5 (0:4)
Aufstellung: Burdenski – Geils, Konschal, Siegmann, Røntved – Röber (60. Bargfrede), Möhlmann, Bracht (60. Kamp) – Reinders (60. Hiller), Wunder, Dressel (60. Daras)
Trainer: Weber
Tore: Wunder (4), Röber
Zuschauer: unbekannt

21.07.1978
Freundschaftsspiel
Preußen Münster – W. Bremen 0:2 (0:0)
Aufstellung: Burdenski – Geils, Siegmann, Røntved, Konschal – Möhlmann, Bracht, Röber, Reinders – Wunder, Dressel
Trainer: Weber
Tore: 0:1 Bracht (52.), 0:2 Wunder (73.)
Zuschauer: 2.000

23.07.1978
Freundschaftsspiel
Blau-Weiß Borssum – W. Bremen 1:7 (0:2)
Aufstellung: Burdenski – Kamp, Siegmann, Røntved, Konschal – Möhlmann (46. Bargfrede), Röber, Bracht, Reinders (46. Hiller) – Wunder, Dressel
Trainer: Weber
Tore: 0:1 Röber (3.), 0:2 Oltrop (7. ET), 0:3 Wunder (52.), 0:4 Dressel (64.), 0:5 Röber (71.), 0:6 Wunder (74.), 1:6 K. Ahrendt (77.), 1:7 Bargfrede (83.)
Zuschauer: 1.031

26.07.1978
Freundschaftsspiel
ASC Schöppingen – W. Bremen 1:7 (0:2)
Aufstellung: Burdenski – Konschal, Kamp, Siegmann (73. Geils), Røntved – Röber (73. Hiller) , Möhlmann, Bracht – Reinders, Wunder, Dressel
Trainer: Weber
Torschützen für Werder: Wunder (4), Røntved, Möhlmann, Dressel
Zuschauer: 3.000

02.08.1978
Internationales Freundschaftsspiel
W. Bremen – Dukla Prag 4:3 (3:1)
Aufstellung: Burdenski – Konschal, Geils (88. Kamp), Siegmann, Røntved – Röber, Möhlmann, Bracht – Reinders, Wunder, Dressel
Trainer: Weber

Werders neuer Werbepartner brachte nach zwei Jahren die Rückkehr zu den Farben Grün und Weiß

Tore: 0:1 Rott (23.), 1:1 Wunder (29.), 2:1 Røntved (32.), 3:1 Möhlmann (36.), 4:1 Reinders (54.), 4:2 Gajdusek (75.), 4:3 Vizek (88.)
Zuschauer: 8.000

05.08.1978
DFB-Pokal, 1. Runde
W. Bremen – SV Holzwickede 5:0 (1:0)
Aufstellung: Burdenski – Geils, Siegmann, Røntved, Konschal – Möhlmann, Röber, Bracht (58. Kamp), Reinders – Wunder, Dressel
Trainer: Weber
Tore: 1:0 Røntved (45.), 2:0 Wunder (62.), 3:0 Röber (68.), 4:0 Wunder (89.), 5:0 Wunder (90.)
Zuschauer: 2.266

12.08.1978
Bundesliga, 1. Spieltag
Fortuna Düsseldorf – W. Bremen 3:1 (0:0)
Aufstellung: Burdenski – Geils, Siegmann, Røntved, Konschal – Möhlmann, Röber, Reinders, Bracht – Wunder, Dressel
Trainer: Weber
Tore: 1:0 Zimmermann (60.), 2:0 Günther (66.), 3:0 K. Allofs (70.), 3:1 Röber (81. FE)
Zuschauer: 15.000

19.08.1978
Bundesliga, 2. Spieltag
W. Bremen – Hamburger SV 1:1 (1:0)
Aufstellung: Burdenski – Konschal, Siegmann, Røntved, Geils – Möhlmann, Reinders (74. Kamp), Röber, Bracht – Wunder, Dressel
Trainer: Weber
Tore: 1:0 Wunder (5.), 1:1 Reimann (66.)
Zuschauer: 28.000

25.08.1978
Bundesliga, 3. Spieltag
Borussia Dortmund – W. Bremen 1:0 (0:0)
Aufstellung: Burdenski – Geils, Siegmann, Røntved, Konschal – Möhlmann, Kamp

Er galt in seiner Karriere zunächst als Wunderstürmer der Zukunft, später als Absahner und Stinkstiefel. Bei Werder wollte es Klaus Wunder noch einmal wissen. Das gelang nur bedingt. Nach einer noch passablen ersten Saison (8 Tore) ging er im Jahr darauf völlig unter und beendete seine Profilaufbahn 1980 ausgebrannt mit nicht einmal 30 Jahren

(82. Hiller), Röber, Bracht – Reinders (82. Dressel), Wunder
Trainer: Weber
Tor: 1:0 Vöge (77.)
Zuschauer: 35.155

27.08.1978
Freundschaftsspiel
TuS Weener – W. Bremen 0:8 (0:3)
Aufstellung: Burdenski (46. Voss) – Geils (46. Hiller), Siegmann, Røntved, Konschal – Möhlmann (46. Linz), Kamp, Röber, Bracht – Wunder, Reinders (46. Dressel)
Trainer: Weber
Tore: 0:1 Möhlmann (20.), 0:2 Röber (23.), 0:3 Röber (25. FE), 0:4 Hiller (54.), 0:5 Konschal (60.), 0:6 Röber (70.), 0:7 Røntved (78.), 0:8 Bracht (86.)
Besonderheiten: Röber (W. B.) schießt HE an den Pfosten (42.)
Zuschauer: 1.580

29.08.1978
Freundschaftsspiel
Holstein Kiel – W. Bremen 0:4 (0:2)
Aufstellung: Burdenski – Geils, Konschal, Siegmann, Røntved – Möhlmann (46. Reinders), Röber, Kamp, Bracht (46. Hiller) – Dressel, Wunder
Trainer: Weber
Tore: 0:1 Röber (10.), 0:2 Wunder (19.), 0:3 Dressel (59.), 0:4 Reinders (88.)
Zuschauer: 2.000

02.09.1978
Bundesliga, 4. Spieltag
W. Bremen – MSV Duisburg 3:2 (1:0)
Aufstellung: Burdenski – Geils, Siegmann, Røntved, Konschal – Möhlmann, Kamp (79. Hiller), Röber, Bracht – Wunder, Dressel
Trainer: Weber
Tore: 1:0 Möhlmann (43.), 2:0 Geils (51.), 2:1 Jara (57.), 3:1 Konschal (63.), 3:2 Büssers (65.)
Zuschauer: 13.000

08.09.1978
Bundesliga, 5. Spieltag
FC Schalke 04 – W. Bremen 2:1 (1:1)
Aufstellung: Burdenski – Konschal, Siegmann, Røntved, Geils – Kamp, Röber, Möhlmann, Bracht – Wunder, Dressel (76. Reinders)
Trainer: Weber
Tore: 1:0 Abramczik (21.), 1:1 Bracht (45.), 2:1 Fichtel (70.)
Zuschauer: 33.000

09.09.1978
Freundschaftsspiel
SV Meppen – W. Bremen 2:1 (1:0)
Aufstellung: Burdenski (Voss) – Geils, Konschal, Siegmann, Røntved – Möhlmann (Hiller), Kamp, Röber, Bracht – Wunder (Reinders), Dressel
Trainer: Weber
Tore: 1:0 Höfer (4.), 1:1 Reinders (83.), 2:1 Ripke (88.)
Besonderheit: Ablösespiel für Ex-Werderaner Franz-Josef Ripke
Zuschauer: 1.000

16.09.1978
Bundesliga, 6. Spieltag
W. Bremen – Eintracht Frankfurt 0:2 (0:0)
Aufstellung: Burdenski – Geils, Siegmann, Røntved, Konschal – Möhlmann (46. Reinders), Kamp, Röber, Bracht – Wunder, Dressel
Trainer: Weber
Tore: 0:1 Lorant (85.), 0:2 Hölzenbein (87.)
Zuschauer: 13.980

23.09.1978
DFB-Pokal, 2. Runde
W. Bremen – Eintracht Frankfurt 2:3 (2:0)
Aufstellung: Burdenski – Geils, Siegmann, Røntved, Konschal (78. Kamp) – Möhlmann, Röber, Bracht, Reinders – Wunder, Dressel
Trainer: Weber
Tore: 1:0 Dressel (23.), 2:0 Wunder (32.), 2:1 Lorant (67. HE), 2:2 Grabowski (77.), 2:3 Pezzey (79.)
Zuschauer: 7.500

30.09.1978
Bundesliga, 7. Spieltag
Arminia Bielefeld – W. Bremen 1:3 (0:2)
Aufstellung: Burdenski – Hiller, Siegmann, Røntved, Kamp – Möhlmann, Röber, Bracht, Reinders – Wunder, Dressel
Trainer: Weber
Tore: 0:1 Wunder (42.), 0:2 Reinders (45.), 0:3 Dressel (77.), 1:3 Pohl (81.)
Besonderheiten: Burdenski (W. B.) hält FE von Moors (47.)
Zuschauer: 17.000

07.10.1978
Bundesliga, 8. Spieltag
W. Bremen – FC Bayern München 1:1 (1:0)
Aufstellung: Burdenski – Geils, Siegmann, Røntved, Hiller – Möhlmann, Röber, Bracht, Reinders – Wunder, Dressel (9. Konschal)
Trainer: Weber
Tore: 1:0 Hiller (18.), 1:1 Rausch (66.)
Besonderheiten: Burdenski (W. B.) hält FE von G. Müller (69.)
Zuschauer: 30.500

14.10.1978
Bundesliga, 9. Spieltag
Bor. M'gladbach – W. Bremen 4:0 (1:0)
Aufstellung: Burdenski – Konschal, Siegmann, Røntved, Geils – Hiller, Möhlmann, Röber, Bracht – Reinders, Wunder
Trainer: Weber
Tore: 1:0 Gores (12.), 2:0 Nielsen (47.), 3:0 Del`Haye (59.), 4:0 Bruns (65.)
Besonderheiten: Kneib (BMG) hält FE von Röber (80.)
Zuschauer: 15.100

Selten elegant, aber dynamisch, torgefährlich und oft explosiv am Ball: Jürgen Röber war eindeutig kein »Zehner«, was die Zeitschrift »Fußball-Woche« 1978 aber nicht davon abhielt, ihn in ihre Rubrik »Regisseure der Bundesliga« einzubeziehen

15.10.1978
Freundschaftsspiel
Lüneburger SK – W. Bremen 0:6 (0:4)
Aufstellung: Burdenski (46. Voss) – Geils, Konschal, Siegmann, Røntved – Kamp, Röber, Bracht (46. Hiller) – Reinders, Wunder, Linz
Trainer: Weber
Tore: 0:1 Kamp (12.), 0:2 Kamp (20.), 0:3 Wunder (43.), 0:4 Wunder (44.), 0:5 Röber (71. FE), 0:6 Röber (76.)
Zuschauer: 2.100

20.10.1978
Bundesliga, 10. Spieltag
W. Bremen – Eintr. Braunschweig 3:1 (1:1)
Aufstellung: Burdenski – Konschal, Siegmann, Røntved, Geils – Hiller, Röber, Bracht, Möhlmann – Wunder, Reinders
Trainer: Weber
Tore: 0:1 Nickel (29. FE), 1:1 Röber (45. FE), 2:1 Wunder (75.), 3:1 Röber (84.)
Zuschauer: 14.000

27.10.1978
Bundesliga, 11. Spieltag
W. Bremen – VfL Bochum 3:3 (2:1)
Aufstellung: Burdenski – Geils, Siegmann, Røntved, Konschal – Möhlmann, Röber, Bracht, Hiller (70. Kamp) – Reinders (86. Dressel), Wunder
Trainer: Weber
Tore: 1:0 Reinders (6.), 2:0 Möhlmann (15.), 2:1 Abel (17.), 3:1 Wunder (48.), 3:2 Blau (64.), 3:3 Abel (78.)
Zuschauer: 14.000

04.11.1978
Bundesliga, 12. Spieltag
VfB Stuttgart – W. Bremen 1:1 (0:0)
Aufstellung: Burdenski – Geils, Siegmann, Røntved, Konschal – Möhlmann, Röber, Bracht, Reinders – Wunder, Dressel (80. Hiller)
Trainer: Weber
Tore: 0:1 Dressel (66.), 1:1 Klotz (78.)
Zuschauer: 27.000

11.11.1978
Bundesliga, 13. Spieltag
W. Bremen – Hertha BSC Berlin 1:1 (1:0)
Aufstellung: Burdenski – Konschal, Siegmann, Røntved, Geils – Röber (12. Hiller), Möhlmann, Bracht – Reinders, Wunder, Dressel
Trainer: Weber
Tore: 1:0 Gersdorff (10. ET), 1:1 Milewski (79.)
Zuschauer: 13.000

Traumtor! Mit einem Fallrückzieher gegen den 1.FC Nürnberg erzielte Jürgen Röber acht Tage vor Heiligabend 1978 als allererster Werderaner überhaupt das »Tor des Monats« in der ARD-Sportschau

18.11.1978
Bundesliga, 14. Spieltag
1. FC Köln – W. Bremen 2:0 (2:0)
Aufstellung: Burdenski – Konschal, Siegmann, Røntved, Geils (75. Kamp) – Möhlmann, Röber, Bracht, Hiller (46. Dressel) – Reinders, Wunder
Trainer: Weber
Tore: 1:0 van Gool (9.), 2:0 Konschal (15. ET)
Zuschauer: 15.000

19.11.1978
Freundschaftsspiel
VfL Trier – W. Bremen 1:6 (0:1)
Aufstellung: Burdenski (46. Voss) – Kamp, Hiller, Røntved, Siegmann (46. Konschal) – Linz, Bracht, Röber (46. Geils) – Reinders, Wunder (35. Möhlmann), Dressel
Trainer: Weber
Tore: 0:1 Möhlmann (43.), 0:2 Möhlmann (64.), 0:3 Hiller (78.), 0:4 Røntved (80.), 1:4 D. Herz (81.), 1:5 Linz (82.), 1:6 Røntved (85. FE)
Zuschauer: 800

25.11.1978
Bundesliga, 15. Spieltag
W. Bremen – SV Darmstadt 98 3:0 (1:0)
Aufstellung: Burdenski – Geils, Siegmann, Røntved, Kamp – Möhlmann, Röber, Bracht – Reinders (65. Konschal), Wunder, Dressel
Trainer: Weber
Tore: 1:0 Wunder (39.), 2:0 Röber (61.), 3:0 Røntved (67.)
Zuschauer: 11.000

09.12.1978
Bundesliga, 16. Spieltag
1. FC Kaiserslautern – W. Bremen 4:0 (1:0)
Aufstellung: Burdenski – Konschal, Siegmann, Røntved, Kamp – Möhlmann (75. Hiller), Röber, Bracht – Reinders (84. Linz), Wunder, Dressel
Trainer: Weber
Tore: 1:0 K. Toppmöller (19.), 2:0 Geye (59.), 3:0 Melzer (67.), 4:0 Groh (77.)
Zuschauer: 26.523

12.12.1978
Internationales Freundschaftsspiel
W. Bremen – FC Liverpool 1:1 (1:0)
Aufstellung: Burdenski – Konschal, Siegmann, Røntved, Kamp – Hiller, Röber, Bracht – Reinders (61. Möhlmann), Wunder, Dressel
Trainer: Weber
Tore: 1:0 Reinders (27.), 1:1 A. Kennedy (80.)
Besonderheit: Einweihungsspiel für die neue Nordtribüne des Weser-Stadions.
Zuschauer: 21.000

16.12.1978
Bundesliga, 17. Spieltag
W. Bremen – 1. FC Nürnberg 3:1 (1:0)
Aufstellung: Burdenski – Konschal, Geils (77. Siegmann), Røntved, Kamp – Hiller, Röber, Bracht – Reinders (72. Möhlmann), Wunder, Dressel
Trainer: Weber
Tore: 1:0 Hiller (4.), 1:1 K. Täuber (47.), 2:1 Röber (54.), 3:1 Röber (59.)
Zuschauer: 11.000

06.01.1979
Freundschaftsspiel
Wacker 04 Berlin – W. Bremen 1:2 (0:0)
Aufstellung: Voss – Konschal, Siegmann, Røntved, Kamp – Daras, Möhlmann, Bargfrede – Reinders, Wunder, Linz
Trainer: Weber
Tore: 0:1 Daras (70.), 0:2 Reinders (74.), 1:2 Knodel 886.)
Zuschauer: 117

20.01.1979
Freundschaftsspiel
W. Bremen – FC St. Pauli 1:0 (1:0)
Aufstellung: Burdenski – Konschal, Geils, Hiller, Kamp – Möhlmann, Röber, Bracht – Reinders, Wunder, Dressel
Trainer: Weber
Tor: 1:0 Wunder (4.)
Zuschauer: 900

Bracht flankt von links. Der Ball segelt durch den Nürnberger Strafraum, Jürgen Röber liegt waagerecht in der Luft, drischt das Leder mit links ins lange Eck

(aus: »Bild«)

28.01.1979
Freundschaftsspiel
OSV Hannover – W. Bremen 1:3 (0:1)
Aufstellung: Burdenski – Konschal, Geils, Røntved, Hiller (75. Linz) – Möhlmann, Röber, Bracht – Reinders, Wunder, Dressel
Trainer: Weber
Tore: 0:1 Wunder (20.), 1:1 Krumbein (48.), 1:2 Röber (59.), 1:3 Wunder (67.)
Zuschauer: 1.000

31.01.1979
Freundschaftsspiel
VfB Oldenburg – W. Bremen 3:2 (1:1)
Aufstellung: Burdenski (46. Voss), Konschal, Kamp, Geils, Røntved – Möhlmann, Bracht, Hiller (46. Dressel), Röber – Reinders, Wunder (46. Linz)
Trainer: Weber
Tore: 0:1 Röber (28.), 1:1 Geils (38. ET), 2:1 Hagen (50.), 2:2 Linz (55.), 3:2 Specht (78.)
Zuschauer: 800

10.02.1979
Freundschaftsspiel
VfB Peine – W. Bremen 0:7 (0:3)
Aufstellung: Burdenski – Konschal, Geils, Røntved, Kamp – Hiller (46. Möhlmann), Röber, Bracht – Reinders, Wunder, Dressel
Trainer: Weber
Tore: 0:1 Reinders (2.), 0:2 Bracht (26.), 0:3 Røntved (30.), 0:4 Reinders (54.), 0:5 Bracht (61.), 0:6 Wunder (65.), 0:7 Reinders (70.)
Zuschauer: 1.200

24.02.1979
Freundschaftsspiel
Arminia Bielefeld – W. Bremen 1:1 (0:0)
Aufstellung: Voss – Konschal, Geils, Røntved (46. Möhlmann), Kamp – Hiller, Röber, Bracht – Reinders (46. Linz), Wunder, Dressel
Trainer: Weber
Tore: 0:1 Röber (55. FE), 1:1 Peitsch (58. FE)
Zuschauer: 1.500 in Alicante

10.03.1979
Bundesliga, 22. Spieltag
W. Bremen – FC Schalke 04 3:1 (2:1)
Aufstellung: Burdenski – Konschal, Geils, Røntved, Kamp – Hiller, Röber, Bracht – Reinders, Wunder (65. Möhlmann), Dressel
Trainer: Weber
Tore: 0:1 Abramczik (25.), 1:1 Röber (26.), 2:1 Röber (36. FE), 3:1 Røntved (56.)
Zuschauer: 18.000

07.03.1979
Freundschaftsspiel
VfL Brake – W. Bremen 0:7 (0:4)
Aufstellung: Burdenski – Konschal (Bargfrede), Kamp, Geils, Røntved (Röber) – Möhlmann, Hiller, Bracht (Daras) – Reinders, Wunder (Linz), Dressel
Trainer: Weber
Tore: Reinders (3), Bracht, Möhlmann, Linz, Daras
Besonderheit: Das Spiel fand auf Kunstrasen statt.
Zuschauer: 1.500

14.03.1979
Bundesliga, 19. Spieltag (Nachholspiel)
Hamburger SV – W. Bremen 2:2 (1:0)
Aufstellung: Burdenski – Konschal, Geils, Røntved, Kamp (75. Linz) – Hiller, Röber, Bracht – Reinders, Wunder (59. Möhlmann), Dressel
Trainer: Weber
Tore: 1:0 Kaltz (14. FE), 2:0 Hartwig (46.), 2:1 Möhlmann (83.), 2:2 Reinders (89.)
Zuschauer: 40.000

17.03.1979
Bundesliga, 23. Spieltag
Eintracht Frankfurt – W. Bremen 2:1 (2:0)
Aufstellung: Burdenski – Möhlmann, Geils, Røntved, Kamp – Röber (19. Siegmann), Hiller, Bracht – Reinders, Wunder (69. Linz), Dressel
Trainer: Weber
Tore: 1:0 Hölzenbein (2.), 2:0 Nachtweih (21.), 2:1 Dressel (70.)
Zuschauer: 16.000

24.03.1979
Bundesliga, 24. Spieltag
W. Bremen – Arminia Bielefeld 1:0 (1:0)
Aufstellung: Burdenski – Konschal, Geils, Røntved, Kamp – Hiller, Röber, Bracht – Reinders, Möhlmann, Dressel
Trainer: Weber
Tor: 1:0 Reinders (8.)
Zuschauer: 15.000

27.03.1979
Bundesliga, 20. Spieltag (Nachholspiel)
W. Bremen – Borussia Dortmund 4:4 (2:2)
Aufstellung: Burdenski – Konschal, Geils (70. Siegmann), Røntved, Kamp – Hiller, Röber (79. Möhlmann), Bracht – Reinders, Wunder, Dressel
Trainer: Weber
Tore: 0:1 Røntved (22. ET), 1:1 Dressel (22.), 2:1 Reinders (36.), 2:2 W. Schneider (40.), 3:2 Röber (70. FE), 3:3 Votava (79.), 4:3 Bracht (87.), 4:4 Huber (90. FE)
Zuschauer: 19.000

04.04.1979
Bundesliga, 25. Spieltag
FC Bayern München – W. Bremen 4:0 (1:0)
Aufstellung: Burdenski – Konschal (46. Wunder), Kamp, Røntved, Geils – Hiller, Bracht, Möhlmann, Siegmann (79. Linz) – Reinders, Dressel
Trainer: Weber
Tore: 1:0 Augenthaler (41.), 2:0 Dürnberger (56.), 3:0 Janzon (74.), 4:0 Breitner (89.)
Zuschauer: 18.000

07.04.1979
Bundesliga, 26. Spieltag
W. Bremen – Bor. M'gladbach 3:1 (2:0)
Aufstellung: Burdenski – Kamp, Geils, Røntved, Möhlmann – Hiller, Röber, Bracht – Reinders (81. Linz), Wunder, Dressel (67. Konschal)
Trainer: Weber
Tore: 1:0 Wunder (29.), 2:0 Röber (38. FE), 3:0 Reinders (54.), 3:1 Nielsen (56.)
Zuschauer: 21.500

12.04.1979
Bundesliga, 27. Spieltag
Eintr. Braunschweig – W. Bremen 1:1 (1:1)
Aufstellung: Burdenski – Konschal, Geils, Røntved, Kamp – Möhlmann, Bracht, Röber, Hiller – Wunder, Reinders (70. Dressel)
Trainer: Weber
Tore: 0:1 Reinders (5.), 1:1 Nickel (30.)
Zuschauer: 18.266

18.04.1979
Bundesliga, 28. Spieltag
VfL Bochum – W. Bremen 3:0 (1:0)
Aufstellung: Burdenski – Kamp (78. Linz), Geils (67. Schaaf), Røntved, Konschal – Hiller, Röber, Möhlmann – Reinders, Wunder, Dressel
Trainer: Weber
Tore: 1:0 Eggeling (16.), 2:0 Blau (73.), 3:0 Abel (89.)
Zuschauer: 14.800

21.04.1979
Bundesliga, 29. Spieltag
W. Bremen – VfB Stuttgart 0:2 (0:2)
Aufstellung: Burdenski – Konschal, Røntved, Hiller, Kamp – Möhlmann, Röber, Bracht – Reinders (60. Linz), Wunder, Dressel
Trainer: Weber
Tore: 0:1 Volkert (10. FE), 0:2 Kelsch (19.)
Zuschauer: 30.000

25.04.1979
Internationales Freundschaftsspiel
FC Carl-Zeiss Jena – W. Bremen 0:0
Aufstellung: Burdenski – Kamp, Konschal, Hiller, Røntved – Möhlmann, Bracht, Röber – Linz (46. Feldhaus), Wunder (76. Daras), Dressel
Trainer: Weber
Tore: –
Zuschauer: 15.000

05.05.1979
Bundesliga, 30. Spieltag
Hertha BSC Berlin – W. Bremen 0:2 (0:1)
Aufstellung: Burdenski – Konschal, Geils, Røntved, Kamp – Hiller, Möhlmann, Wunder, Bracht – Reinders, Dressel
Trainer: Weber
Tore: 0:1 Wunder (3.), 0:2 Dressel (69.)
Zuschauer: 11.505

08.05.1979
Bundesliga, 18. Spieltag (Nachholspiel)
W. Bremen – Fortuna Düsseldorf 1:1 (1:0)
Aufstellung: Burdenski – Konschal, Geils, Røntved, Kamp – Hiller (63. Röber), Möhlmann, Bracht – Reinders, Wunder, Dressel
Trainer: Weber
Tore: 1:0 Wunder (42.), 1:1 Schmitz (58.)
Zuschauer: 15.000

12.05.1979
Bundesliga, 31. Spieltag
W. Bremen – 1. FC Köln 1:1 (1:0)
Aufstellung: Burdenski – Konschal, Geils, Røntved, Kamp – Hiller, Möhlmann, Bracht – Reinders, Wunder, Dressel
Trainer: Weber
Tore: 1:0 Möhlmann (14.), 1:1 Schuster (73.)
Zuschauer: 15.000

19.05.1979
Bundesliga, 21. Spieltag (Nachholspiel)
MSV Duisburg – W. Bremen 2:0 (2:0)
Aufstellung: Burdenski – Kamp, Geils, Røntved, Konschal – Möhlmann, Hiller, Bracht – Reinders, Wunder, Dressel
Trainer: Weber
Tore: 1:0 Dietz (37. FE), 2:0 Fruck (39.)
Zuschauer: 10.000

26.05.1979
Bundesliga, 32. Spieltag
SV Darmstadt 98 – W. Bremen 3:0 (1:0)
Aufstellung: Burdenski – Konschal, Geils, Røntved, Kamp – Hiller, Röber, Bracht (46. Wunder) – Reinders (83. Linz), Möhlmann, Dressel
Trainer: Weber
Tore: 1:0 Cestonaro (9.), 2:0 Bechtold (69. HE), 3:0 Cestonaro (86.)
Zuschauer: 7.000

02.06.1979
Bundesliga, 33. Spieltag
W. Bremen – 1. FC Kaiserslautern 3:1 (3:0)
Aufstellung: Burdenski – Konschal, Geils, Røntved, Kamp – Möhlmann, Röber, Bracht – Reinders (73. Linz), Wunder, Dressel (69. Hiller)
Trainer: Weber
Tore: 1:0 Konschal (8.), 2:0 Röber (18. FE), 3:0 Möhlmann (21.), 3:1 Meier (68.)
Zuschauer: 16.000

09.06.1979
Bundesliga, 34. Spieltag
1. FC Nürnberg – W. Bremen 2:2 (0:0)
Aufstellung: Burdenski – Konschal, Geils, Hiller, Kamp – Möhlmann, Röber, Linz – Feldhaus, Wunder (75. M. Haskamp), Dressel
Trainer: Weber
Tore: 1:0 Schmider (60.), 1:1 Röber (67.), 1:2 Linz (72.), 2:2 K. Täuber (87.)
Zuschauer: 7.600

Einer der wenigen Werder-Stars der Siebziger sagt »Tschüß«: Per Røntved verabschiedet sich am 2.6.1979 nach einem 3:1 gegen den 1. FC Kaiserslautern von den Werder-Fans

Bundesliga-Abschlusstabelle 1978/1979

Platz	Verein	Spiele	S	U	N	Tore	Diff.	Punkte
1.	Hamburger SV	34	21	7	6	78:32	+46	49-19
2.	VfB Stuttgart	34	20	8	6	73:34	+39	48-20
3.	1. FC K'lautern	34	16	11	7	62:47	+15	43-25
4.	Bayern München	34	16	8	10	69:46	+23	40-28
5.	Eintracht Frankfurt	34	16	7	11	50:49	+1	39-29
6.	1. FC Köln (M, P)	34	13	12	9	55:47	+8	38-30
7.	Fortuna Düsseldorf	34	13	11	10	70:59	+11	37-31
8.	VfL Bochum	34	10	13	11	47:46	+1	33-35
9.	Eintracht Braunschweig	34	10	13	11	50:55	-5	33-35
10.	Borussia M'gladbach	34	12	8	14	50:53	-3	32-36
11.	**Werder Bremen**	**34**	**10**	**11**	**13**	**48:60**	**-12**	**31-37**
12.	Borussia Dortmund	34	10	11	13	54:70	-16	31-37
13.	MSV Duisburg	34	12	6	16	43:56	-13	30-38
14.	Hertha BSC Berlin	34	9	11	14	40:50	-10	29-39
15.	Schalke 04	34	9	10	15	55:61	-6	28-40
16.	Arminia Bielefeld (N)	34	9	8	17	43:56	-13	26-42
17.	1. FC Nürnberg (N)	34	8	8	18	36:67	-31	24-44
18.	Darmstadt 98 (N)	34	7	7	20	40:75	-35	21-47

Fieberkurve der Bundesliga-Saison 1978/1979

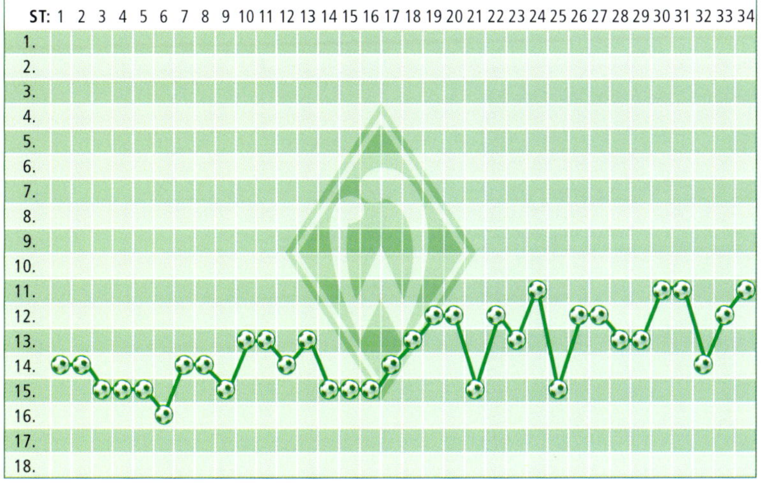

Per Røntved: »... und plötzlich war ich gar nichts mehr!« oder: Wie Werders Ex-Star seinen wichtigsten Sieg landete

Per Røntved gilt als einer der besten Defensivspieler, die Werder Bremen je unter Vertrag hatte. Er hielt dem Verein trotz bester Angebote sieben Jahre lang die Treue. Der sofortige Abstieg Werders nach seinem Abschied 1979 darf als Indiz dafür gelten, dass Røntved davor einer der entscheidenden Faktoren dafür war, eine unterdurchschnittliche Werder-Elf bis zum Ende des Jahrzehnts in der höchsten deutschen Spielklasse zu halten.

Røntved war ein kompletter Defensivkünstler: Elegant, technisch stark, ein Stratege im allerbesten Sinne des Wortes. Ein starker Charakter mit viel Übersicht und einem Mordsschuss. Neben dem alternden Helden Horst-Dieter Höttges und Torwart Dieter Burdenski war Røntved Werders einziger echter Star in der zweiten Hälfte der siebziger Jahre und zudem der erste ausländische Spieler überhaupt, der Werders Kapitänsbinde trug.

Nach seiner Rückkehr in die dänische Heimat spielte Røntved noch fünf Jahre für Randers Freja FC und Hvidovre IF, ehe ihn ein schwerer Schicksalsschlag ereilte. Doch fangen wir weiter vorne an. Per Røntved erzählt zunächst die Geschichte einer bewegten Werder-Karriere.

Per Røntved 1978: Ein großartiger Defensivkünstler

Per Røntved 2005: Schweren Schicksalsschlag gemeistert

Klaus Matischak sprach mich am Rande der Olympischen Spiele 1972 an, wo ich mit Dänemark am Olympischen Fußballturnier teilnahm. Er fragte mich ziemlich direkt, ob ich nicht Lust hätte, zu Werder Bremen zu kommen. Ich sprach damals kaum Deutsch und habe nur so rumgedruckst: ›Ja, ja ...‹, und er hat mir angekündigt, dass Werder mich nach dem Turnier in Dänemark besuchen und mit mir verhandeln werde. In Dänemark gab es damals keinen Berufsfußball, und deshalb war es immer mein Traum, Profi zu werden. Ich wusste, dass ich Talent hatte. Ich war ein guter Libero und konnte sehr hart schießen. Ich habe auch als Abwehrspieler immer gerne Tore gemacht. Und meine stärkste Waffe war mein linker Fuß. Für mich ging es nicht darum, ob es 25 oder 35 Meter bis zum Tor waren. Wenn ich den Ball gut getroffen habe, dann ging er ganz von alleine rein. Dazu habe ich einen guten Überblick gehabt, und ich stand eigentlich fast immer richtig. Wenn wir später gegen Bayern München spielten und Karl-Heinz Rummenigge über links auf mich zulief, wusste ich genau: Beim Pass von Franz Roth muss ich ganz schnell raus und vor Rummenigge am Ball sein. Wenn Kalle Rummenigge den Ball erst mal unter Kontrolle hatte, war er sofort drei Meter weg, denn er war ja viel schneller als ich. Aber ich konnte das Spiel lesen, wie man so sagt. Und deshalb war ich meistens vor Rummenigge am Ball. Darin war ich wirklich gut.

Vor meiner Unterschrift in Bremen kam wie angekündigt Werders Trainer Sepp Piontek nach Dänemark, und dann haben wir gesprochen. Und schließlich habe ich bei Werder einen Zweijahresvertrag unterschrieben. In Bremen musste ich mich aber an vieles erst gewöhnen. Ich war in Dänemark ein Star und habe vor meinem Wechsel zu Werder z.B. 16 Länderspiele in einem einzigen Jahr gemacht. Aber Werders Trainer Piontek hat nicht viel vom dänischen Fußball gehalten. Er hat immer gesagt, wir Dänen könnten überhaupt nicht Fußball spielen.

Nach meiner Ankunft ging es gleich ins Trainingslager nach Worpswede. Ich komme da an im grünen Trainingsanzug und mit meiner grünen Puma-Tasche, Piontek führt mich auf mein Zimmer, wo schon einer auf dem Bett saß. Piontek zeigt auf das andere Bett und sagt: ›Du kannst hier schlafen!‹ Und dann erst merke ich, dass er mich gleich mit Horst-Dieter Höttges auf ein Zimmer eingeteilt hat. Und Piontek sagt noch: ›Nun kannst Du sehen, wie es ist, mit einem Nationalspieler zu schlafen!‹ – und geht weg. Und da habe ich mich auf mein Bett gelegt und mir geschworen: Ich will jetzt den Deutschen mal zeigen, dass die Dänen sehr wohl Fußball spielen können!

Alleine in den sechziger Jahren verlassen 100 dänische Erstligaspieler ihre Heimat, um anderswo als Profi spielen zu können. Obwohl (oder gerade weil) die dänischen Spieler also als attraktive Exportartikel gelten, wird die dänische Liga nicht besonders geschätzt.

In Dänemark habe ich nie viel Geld verdient. Wir waren gezwungen, als gute Fußballer das Land irgendwann zu verlassen. Und es gab sehr viele Talente in Dänemark. Heutzutage wären wir alle reich geworden durch unsere Klasse, aber damals waren die Verdienstmöglichkeiten eben auch schon ganz okay. Viel besser als in Dänemark.

Und das Geld ist hier in Bremen nicht das Wichtigste gewesen. Die Menschen hier haben mich gerne gemocht. Ich hatte viele Freunde, und auch jetzt noch bin ich gerne in Bremen, weil viele Kontakte nie abgerissen sind. Ich habe hier sieben schöne Jahre gehabt, die ich immer in schöner Erinnerung behalten werde.

Røntveds Abschied aus Bremen war jedoch getrübt. Kurz vor seiner Rückkehr in die Heimat erscheint in Dänemark das Buch »Fodbold på vrangen«, zu Deutsch frei übersetzt soviel wie: »Die Kehrseite des Fußballs«. Autor ist – Per Røntved. Deutsche Zeitungen greifen Auszüge daraus dankbar auf, denn es geht darin um Brutalität in der Bundesliga, um die menschliche Kälte in Deutschland und um Doping. Gefundes Fressen in einer sehr reichhaltigen Portion.

Ich habe in meinem Buch zuviel Wahrheit gesagt, und das mögen die Bremer nicht. Aber ich denke, jetzt ist hier niemand mehr böse auf mich. Ich habe einen guten Freund, der bei der FIFA in der Schweiz arbeitet. Und der hat zu mir gesagt: ›Wollen wir nicht ein Buch zusammen schreiben?‹ Ich wusste gar nicht, warum ich das hätte tun sollen. Ich meine, ich war nie Deutscher Meister, ich habe nie etwas Nennenswertes gewonnen. Ich war ein guter Fußballer, aber das war auch schon alles. Und dann sagte mein Freund: ›Dann erzähle doch einfach, wie es ist, auf der anderen Seite zu stehen. Auf der dunkleren Seite. Erzähle ein paar Wahrheiten, von denen man als Außenstehender bisher nichts weiß!‹

Und dann war ich vielleicht ein bisschen zu offen. Ich habe in meinem Buch zum Beispiel thematisiert, dass unser damaliger Nationaltrainer eine Fehlbesetzung war. Dann war der schon mal böse auf mich. Dann habe ich geschildert, was man damals vor einem Spiel so geschluckt hat. Keine Drogen, aber davon abgesehen alles Mögliche an Medikamenten. Dann ist auch Werders ehemaliger Vereinsarzt Dr. Wiedenmann böse gewesen. Dann hat die ›BILD‹ bei mir angerufen, weil sie Auszüge aus dem Buch drucken wollte. Dadurch wurde der Inhalt dann auch hier in Deutschland bekannt. Mein Freund aus der Schweiz war natürlich clever. Der hat mir ganz genau gesagt, was in so einem Buch drinstehen sollte, damit es die Leute kaufen. Und es klappte. Im Nu waren davon 30.000 Stück verkauft, und dann wurden Bücher nachgedruckt, und die gingen dann noch mal komplett weg.

Die größten Erfolge im Fußballerleben des Per Røntved bleiben aber die auf dem Rasen. Und seine guten Leistungen über Jahre brachten ihm den schmeichelhaftesten Beinamen ein, den es im Fußball-Deutschland der Siebziger für einen Spieler geben konnte: Røntved wurde zum »besten Libero nach Beckenbauer« gekürt.

Ich war damals schon zu einer Spielerpersönlichkeit in der Bundesliga gereift. Ich habe immer meine Meinung gesagt und bin nie einem Streit aus dem Weg gegangen, wenn es um etwas Wichtiges ging. So bin ich übrigens heute noch.

Ich hatte ein sehr gutes Standing bei den jungen Spielern, weil ich mir nie besonders viel herausgenommen habe. Wenn unser Trainer sagte: ›Du brauchst keine Bälle zum Platz tragen. Das können doch die Ersatzspieler machen!‹, dann habe ich gesagt: ›Nein, ich mache das schon lieber selbst. Ich will niemanden für mich arbeiten lassen.‹ Ich habe die jungen Spieler auch verteidigt, wenn es mal Stress gab. Wenn mich ein Trainer angemacht hat, dann habe ich zurückgebrüllt. Manches Mal sollte ich eine Strafe zahlen, weil ich zu aufmüpfig war. Dann ging ich zu Hansi Wolff, dem Geschäftsführer und sagte ihm: ›Hansi, ich akzeptiere keine Strafe. Und wenn ich eine zahlen muss, dann kannst Du mich gleich verkaufen.‹ Ich musste nie bezahlen.

Das Attribut ›bester Libero nach Beckenbauer‹ hatte ich dem Otto Rehhagel zu verdanken. Otto kam ja 1976 zu Werder und sollte uns vor dem Abstieg retten. Wir kamen zum Training und er leitete seine erste Trainingseinheit mit uns. Er hat uns alle begrüßt und dann haben wir uns umgekleidet und sind auf den Platz. Nach dem Spiel bin ich nach Hause gefahren und habe zu meiner Frau gesagt: ›Ich glaube, dieser Rehhagel macht mich kaputt. So habe ich noch nie trainieren müssen!‹ Aber es ging um die Existenz, und Rehhagel hat mir geholfen, topfit zu werden. Ich war dann sein Abwehrchef, und wir sind in diesem Jahr wieder nicht abgestiegen.

Otto Rehhagel hat uns trotzdem verlassen, um zu Borussia Dortmund zu gehen. Und etwa zur selben Zeit wechselte Franz Beckenbauer von den Bayern zu Cosmos New York. Und Otto

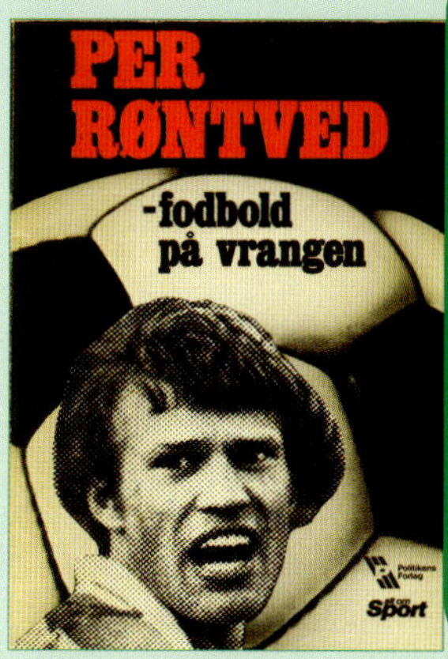

Bestseller in Dänemark: Per Røntveds Skandalbuch »Die Kehrseite des Fußballs« (1979)

»Das Bremer Flutlicht ist das Stärkste in Europa neben München und Per Røntved.« (Helmuth Poppen, Reporter von Radio Bremen, beim Spiel Werder – 1. FC Nürnberg)

Ehre: Per Røntved wurde 1978 der erste ausländische Profi, der je Werders Kapitänsbinde tragen durfte

wollte mich mit zum BVB nehmen mit der Bergündung: ›Ich will unbedingt den Per haben – das ist der beste deutsche Libero nach Beckenbauer!‹ Der Wechsel ist nie zustandegekommen, aber mit Rehhagel bin ich heute noch befreundet. Wenn Dänemark gegen Griechenland spielt, fahre ich hin, um Otto sehen zu können. Wir werden uns gegenseitig nie vergessen.

Nicht nur der Wechsel zu Borussia Dortmund klappt nicht. Der »beste Libero nach Beckenbauer« bekommt die unmittelbare Chance, diese Rolle bei Bayern München auszufüllen, denn der FCB guckt sich Røntved als Beckenbauer-Nachfolger aus.

Ich spielte 1976 eine gute Saison und habe viele Tore gemacht. Die Bayern wollten mich unbedingt, und haben sich in Person ihres Präsidenten Wilhelm Neudecker mit Dr. Böhmert, Rudi Assauer und mir am Bremer Flughafen getroffen. Ein Ober hat mich erkannt und sofort beim ›Weser-Kurier‹ angerufen. Sofort kam ein Reporter und wollte die Szene per Foto festhalten, aber ich war schneller und bin schnell verschwunden. Es gab deshalb Fotos von Neudecker mit Assauer und Böhmert, aber ich war nicht mehr mit drauf.

Roentved neuer Bayern-Libero?
Präsident Neudecker verhandelte mit dem Dänen in Bremen

Ich weiß nicht, ob ein Wechsel zu den Bayern damals das große Los gewesen wäre. Bayern hatte keine so gute Mannschaft mehr. Breitner war längst in Madrid, Beckenbauer in New York, und viele Hochkaräter waren dort nicht übrig. Ich weiß nicht, wie viel ich der Mannschaft gebracht hätte. Ich hätte ein bisschen mehr Geld verdient, aber ich wäre dort nicht zwangsläufig glücklicher gewesen. Und deshalb ist das Thema auch Geschichte.

An anderer Stelle in diesem Buch kommt Dr. Franz Böhmert zu Wort, der sich in einem Interview kurz vor seinem Tod amüsiert an ein geflügeltes Wort erinnerte, das auf Røntveds Marktwert und seinen Status als nahezu einziger attraktiver Spieler der damaligen grauen Maus Werder abzielte. Wann immer es Werder finanziell schlecht ging, hieß es …

›… jetzt müssen wir Røntved verkaufen!‹ Ja ja, ich weiß! (lacht) Werder ging es ja finanziell nie gut, und dann haben sie die Lage analysiert, und eines der Ergebnisse war: Røntved ist der einzige Spieler, der wirklich Geld bringt. Das wurde zum geflügelten Wort, und wann immer es in einer Diskussion mal heiß herging, rief garantiert irgendjemand: ›Røntved VERKAUFEN!‹ Und dann haben alle gelacht, am meisten Dr. Böhmert.

Vielleicht haben die bettelarmen Jahre Werder damals sehr geprägt. Werder war immer ein Verein, der nie mehr Geld ausgegeben hat, als er vorher einnahm. Werder wollte die Finanzen immer tipptopp in Ordnung haben. Nach meiner Unterschrift bei Werder 1972 habe ich zunächst nicht besonders viel Geld bekommen. 120.000 DM waren das damals. Zwei Jahre später wollte Werder den Vertrag verlängern und hat mir pro Jahr 60.000 DM mehr geboten, also 180.000 DM. Und ich war immer so ein Typ, der sich in seinem Verein eigentlich vor allem wohlfühlen wollte. Wenn das der Fall war, dann war es mir egal, ob ich 200.000 DM oder 400.000 DM verdienen konnte. Ich war immer zufrieden damit, wie gut ich in Bremen zurechtgekommen bin. Ich habe mir gesagt: ›Hier mögen mich die Zuschauer, und ich bringe hier gute Leistungen – weshalb soll ich weggehen?‹ Und so bin ich geblieben. Andere waren weniger emotional als ich. Die waren vielleicht etwas schlauer, sind irgendwann zurück nach Dänemark gegangen und haben sich dann für ein Heidengeld nach Spanien oder Italien verkaufen lassen. Aber so einer bin ich nicht. War ich nie. Ich bin eher der vereinstreue Typ.

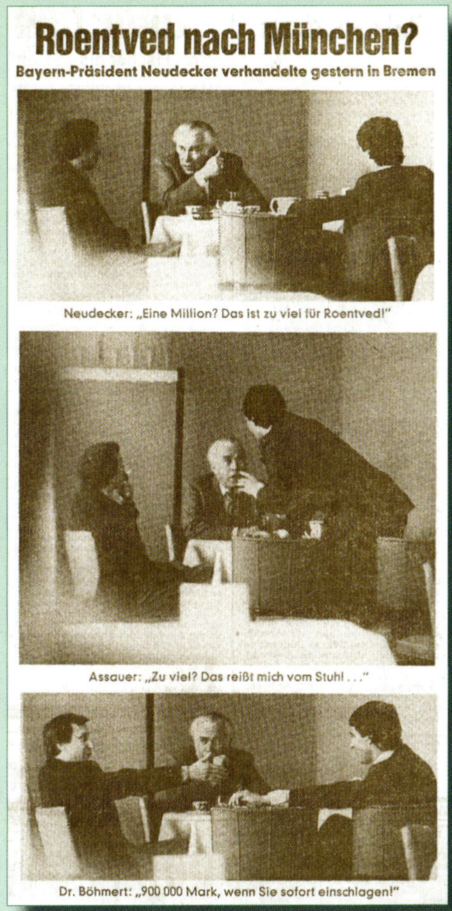
Roentved nach München?
Bayern-Präsident Neudecker verhandelte gestern in Bremen

Neudecker: „Eine Million? Das ist zu viel für Roentved!"

Assauer: „Zu viel? Das reißt mich vom Stuhl . . ."

Dr. Böhmert: „900 000 Mark, wenn Sie sofort einschlagen!"

Geheimverhandlungen am Bremer Flughafen, fotografiert vom Fotografen des »Weser Kurier«: Bayern-Präsident Neudecker feilscht mit Werder-Manager Assauer und Präsident Böhmert um Werders begehrten Libero Røntved

In Bremen habe ich einfach unheimlich liebe Menschen kennengelernt. Wolfgang Barkhausen zum Beispiel, der Geschäftsführer, der leider verstorben ist. Ein Superkerl war das. Ich rauche ganz gerne mal eine Zigarette, und nach dem Training bin ich immer nach oben in die Geschäftsstelle, bin zu Barkhausen ins Büro gestiefelt und habe ihm gesagt: ›Komm, Barki, mach mir eine Zigarette an!‹ Er hat mir also eine angemacht, wir haben geredet, und Barki hat die Zigarette immer so in seinen Aschenbecher gelegt, dass unser Trainer nicht sehen konnte, dass nicht er die geraucht hat, sondern ich. Ich habe sogar im Mannschaftsbus geraucht. Mit der Zeit hatte ich einige wirklich gute Tricks, mich nicht erwischen zu lassen. Aber als Wolfgang Weber zu uns kam, war das vorbei. Der hat wie ein Schießhund aufgepasst.

Wolfgang Weber wurde 1978 Røntveds letzter Trainer bei Werder.

Ich kam nicht zurecht mit ihm. Er hat permanent irgendwelche seltsamen Verbote ausgesprochen, die ich nicht nachvollziehen konnte. Im Flughafen durfte ich grundsätzlich keinen Koffer tragen. Das sollten die ›unwichtigeren‹ Spieler für mich tun. Er hat gesagt, ich müsse das nicht tun, weil ich Mannschaftsführer sei. Und ich habe ihm gesagt: ›Eben! Und wenn ich Mannschaftsführer bin, bin ich ein Teil der Mannschaft und muss genauso Koffer tragen wie jeder andere hier!‹

»Werders Bester und Teuerster«…! Auch die »Fußball-Woche« wusste, dass Werder möglicherweise irgendwann einmal »Røntved verkaufen« müsse

Die zweite Heimat, nur einen Flankenball vom Weser-Stadion entfernt: Familie Røntved vor ihrem gemütlichen Haus am Osterdeich

Ich habe nicht viel auf Hierarchien und Extra-Bratwürste gegeben. Deshalb habe ich mich auch so gut mit Kalli Kamp verstanden. Der war in dieser Beziehung genau wie ich. Wie gesagt: Wir sind gute Freunde. Immer schon gewesen. Wir haben uns natürlich auch gerne geärgert. Kalli hatte die Eigenart, immer mit heraushängender Zunge zu rennen. Wenn ich im Training böse auf ihn war, habe ich ihm zugezischt: ›Pass bloß auf – ich haue Dir so eine auf den Arsch, dass Du Dir die Zunge abbeißt!‹ Dann hat er nur gelacht und alles war wieder gut zwischen uns.

Kalli Kamp war ein uriger Typ auf dem Platz. Viele haben ihn ja später erst als Rehhagels Ko-Trainer kennengelernt. Kalli hat auf dem Platz irre Sachen gemacht. Einmal, bei einem Spiel auf St. Pauli, hat er nach einer umstrittenen Situation dem Schiri wütend von hinten in die Wade getreten. Als der sich umdrehte hat Kamp es geschafft, so unglaublich unschuldig auszusehen, dass ihm nichts passiert ist.

Der damalige Schatzmeister Karl-Heinz Hohnhorst war für mich wie ein Vater. Und Monika, seine Tochter, war sehr verliebt in mich. Ich hatte ja schon eine Frau, aber Monika war absolut in mich verschossen. Und zu ihrem Vater konnte ich immer kommen, wenn ich Sorgen hatte. Er war immer die Ruhe selbst, wenn er so vor einem saß mit einer kleinen Zigarre mit Mundstück zwischen den Lippen. Ich konnte mich noch so sehr aufregen: ›Dies ist ein Fehler und das klappt nicht und der Trainer ist schlecht, und und und …‹ Hohnhorst blieb immer ganz ruhig, hat zugehört und immer nur beruhigend gesagt: ›Per, das wird schon!‹ Hohnhorst ist längst tot, leider. Was Monika macht, weiß ich nicht. Die ist sicher verheiratet und hat viele Kinder oder so. Ich weiß es nicht, was aus ihr geworden sein mag.

Von Monika zurück zum Sport. Abseits von heimlichen Zigaretten, Enthüllungsbüchern und Schatzmeister-Töchtern hinterließ Røntved vor allem durch den überaus feinen Ball, den er zu spielen vermochte, einen bleibenden Eindruck. Er war auf dem Platz ein Universaltalent: Hinten hielt er den Laden dicht, nach vorne war er torgefährlich.

Ich habe immer alles über mich gesammelt, was in der Zeitung stand. Zumindest alles Positive. Ich habe nichts vergessen. Ich könnte zu jedem Bild eine Geschichte erzählen. Mein bestes Tor überhaupt habe ich tragischerweise an einem Tag erzielt, als bei einem Spiel gegen den VfL Bochum überhaupt keine Kamera im Stadion war. Das gab es damals noch. Die Zeitungen schrieben später was vom ›Tor des Jahres‹. Die Bochumer hatten eine Abseitsfalle aufgebaut, sehr weit aufgerückt. Irgendwann habe ich kapiert, dass deren Abseitsfälle immer gleich ablief. Und als sie es wieder versuchten, habe ich zwei von denen aussteigen lassen und wusste genau, dass Bochums Torwart Scholz relativ weit vor dem eigenen Tor steht. Also habe ich mir gedacht: ›Den haue ich Dir von hier aus rein!‹, habe von der Mittellinie draufgehalten. Scholz ist noch verzweifelt zurückgelaufen, um den Ball zu kriegen, aber er kam zu spät. Und so kam es, dass ich zwar das ›Tor des Jahres‹ schoss. Das richtige »Tor des Monats« schoss in derselben Woche dann statt mir Uli Hoeneß. Der hatte in einem Länderspiel getroffen, und da war dann natürlich eine Kamera im Stadion.

1977/78 haben wir im Weser-Stadion gegen den Meister aus Mönchengladbach durch einen Kopfball von mir in der letzten Spielminute sensationell mit 3:2 gewonnen. Flanke Werner Dressel, Gladbachs Torwart Kleff macht die Bewegung des Balles mit und will nach rechts, aber ich erwische ihn zwischen Wittkamp und Berti Vogts und lenke ihn in die entgegengesetzte Ecke. 3:2 für uns, aus. Danach haben wir ein Bad in der Menge genommen.

Wir hatten früher zwei Möglichkeiten nach einem Spiel. Wir konnten unten durchgehen zum Raum, wo unsere Frauen saßen, oder wir konnten oben durch das Restaurant gehen. Wenn wir verloren hatten, dann gingen wir immer kleinlaut unten durch. Wenn wir jedoch gewonnen hatten, gingen wir immer mitten durch das Restaurant. Dann sind die Leute aufgestanden und haben uns applaudiert. Auch nach dem 3:2 gegen Gladbach war der Gang durchs Restaurant fällig.

Nach vielen schönen Toren, sieben erfolgreich bestandenen Abstiegskämpfen und mit der Gewissheit, für Werder immer absolut alles gegeben zu haben, zog es Røntved 1979 zurück in seine Heimat. Dort spielte er noch fünf Jahre, ehe ein Schicksalsschlag den hünenhaften Modellathleten in die Knie zwang.

Mein jüngerer Bruder Kim spielte in den Achtzigern als Profi in den USA. Erst bei den Tulsa Roughnecks, später bei den Wichita Wings. Kim lebt in den USA, ist dort verheiratet und hat zwei Kinder. Ich habe ein Jahr mit ihm drüben gespielt. Er wollte immer besser sein als ich, und so haben wir uns dauernd miteinander gemessen. Auch privat und ohne Ball.

Wir haben z.B. jedes Jahr mit Kindern und Freunden und Hund im Urlaub so kleine Wettkämpfe veranstaltet, mit anschließendem Essen. Wir haben getanzt und gefeiert und haben Spaß gehabt. Irgendwann war mal Seilspringen dran. Wir sind gegeneinander angetreten, mein Brider und ich, wie die Besessenen. Wenn Kim 100 Umdrehungen mit dem Seil gemacht hat, habe ich 150 gemacht. Dann hat er 200 Umdrehungen gemacht und ich habe wieder versucht, das zu toppen. Immer so weiter, bis zur völligen Erschöpfung. Jeder von uns hatte fünf Versuche, am Ende der Beste zu sein, und wir waren bald beide völlig abgekämpft.

Beim dritten oder vierten Versuch mit dem Springseil konnte ich auf einmal deutlich spüren, dass irgendetwas Böses mit meinem Körper passiert. Ich bin umgefallen, und sie haben mich auf einen Stuhl gesetzt. Meine Frau Janne hat mich nur angesehen und sofort gesagt: ›Ruft schnell einen Krankenwagen – Mit Per stimmt etwas nicht!‹

Heute weiß ich, dass sie mir damals das Leben rettete. Ich wurde schnell ins größte Kopenhagener Krankenhaus eingeliefert, das Rigshospitalet, wo man eine Tomographie von meinem Schädel durchführte und sofort eine Gehirnblutung feststellen konnte. Mir waren fünf Milliliter Blut ins Gehirn gelaufen, die sie mir erst mal rausoperieren mussten. Die Blutung war operativ gut zu erreichen. Hätte ich etwas weniger Glück gehabt, dann läge ich längst unter der Erde. Aber ich hatte auch das Glück, dass ich in einer körperlich guten Verfassung war. Ich war ja immer sehr durchtrainiert. Und ich war immer stark.

Aber leider hat es meine linke Körperhälfte erwischt. Die Gehirnblutung hat mich linksseitig gelähmt. Und das ist besonders tragisch, weil ich vorher Linkshänder war. Jetzt kann ich nur noch meine rechte Körperhälfte gebrauchen. Auf einen Schlag war alles anders. Ich saß erst mal drei Monate komplett im Rollstuhl. Vier Jahre habe ich anschließend eisern trainiert, um wieder ein bisschen laufen zu können.

Ich habe mich nach und nach an meine Behinderung gewöhnt und konnte irgendwann z.B. mit einem Automatik wieder Auto fahren. Aber das hat lange gedauert, weil ich nach der Gehirnblutung auch mein Selbstvertrauen eingebüßt hatte. Ich war davor ein richtiger Kerl, ein Athlet – und plötzlich war ich gar nichts mehr. Wäre mir das nicht passiert, dann wäre ich sicher ein guter Trainer geworden. Als ich anfing, mein Schicksal zu akzeptieren, habe ich auch wieder damit begonnen, kleinere Mannschaften zu trainieren. Erst jetzt habe ich so langsam keine Lust mehr dazu. Ich bin Jahrgang 1949, und die Mentalität der jungen Spieler heute stinkt mir. Ich war damals ein anderer Typ. Ich habe beim Training geackert. Für mich hieß Fußball immer auch Arbeit und Kampf. Die jungen Leute heute, die wollen Mädchen kennen lernen, heiraten, ein Haus haben, dann werden ihre Frauen schwanger und dann wollen sie sich scheiden lassen. Diese Mentalität kann ich nicht ab. In Deutschland ist das übrigens nicht so schlimm, aber in Dänemark ist es furchtbar. Ich kann solche Leute nicht mehr trainieren. Fehlender Ehrgeiz bei meinen Spielern macht mich krank.

Angst um Per Roentved! Die Fußball-Freunde bangen, nicht nur in Deutschland, um den sympathischen Dänen, der aus heiterem Himmel plötzlich mit einer Gehirnblutung ins Hospital gebracht werden mußte. Dennoch sind die Ärzte optimistisch. Per hat einen Eingriff gut überstanden und kann in einigen Wochen voraussichtlich bereits wieder nach Hause entlassen werden. F.: Rzepka

Per Røntved ist nicht mehr krank. Er ist nach wie vor ein Baum von einem Mann. Røntved kann seinen linken Arm nicht benutzen und zieht beim Gehen das Bein nach, aber ansonsten sieht er auch mit knapp sechzig aus, wie ein ehemaliger Modellathlet nun einmal aussehen muss. Und wer ihn erlebt und feststellt, dass Røntved nicht hadert und nicht klagt, sondern ein zufriedener, ausgeglichener, starker Mann geblieben ist, der gewinnt die Überzeugung, dass Werders ehemaliger Kapitän im Leben im Grunde alles richtig gemacht hat.

Nein – Ich würde nicht sagen, ich habe alles richtig gemacht. Ich muss ein paar große Fehler gemacht haben, denn ansonsten wäre ich ja mit dem Fußballspielen reich geworden (lacht). Aber ich bin ein zufriedener Mann. Müsste ich alles noch einmal machen, würde ich es wieder alles genau so machen. Ich wünschte natürlich, ich hätte die Gehirnblutung nicht gehabt. Denn wäre ich gesund geblieben, dann würde ich auch heute noch für mein Leben gerne Fußball spielen.

Per Røntved trug 75 mal das Dänische Nationaltrikot (11 Tore), war Rekordnationalspieler und »Fußballer des Jahres« (1972) seines Heimatlandes.

Spielerlaufbahn:

1967–72	Brønshøj Boldklub
1972–79	Werder Bremen
1979–82	Randers Freja
1983	Hvidovre IF

Ex-Werder-Star Per Roentved ringt mit dem Tod

Roentved: Gehirnblutung

Ehemaliger Werder-Spieler ringt in Dänemark mit dem Tod

1979/80: Abstieg ist ein scharfes Schwert

Oben v.l.:
Burdenski, Otten, Schaaf, Reinders, Haskamp, Voss
Mitte v.l.:
Trainer Weber, Watson, Offermanns, Möhlmann, Linz, Hiller, Geils, Siegmann, Kamp
Unten v.l.:
Feldhaus, Konschal, Dressel, Bracht, Wunder, Röber, Masseur Kienert

Der Trainer und sein Schlüsselspieler: Wolfgang Weber freut sich über die Ankunft des erfahrenen neuen Werder-Liberos Dave Watson. Die Freude währte beidseitig nur kurz

Wenn jemals in einer Bundesligasaison für den SV Werder wirklich ALLES schief lief, dann in der nun genauer betrachteten Saison 1979/80. Der alte Abwehrchef Per Røntved fuhr heim nach Dänemark und brachte dort per Enthüllungsbuch den SV Werder noch vor Saisonbeginn mit unsinnigen Doping-Vorwürfen in Misskredit. Røntveds Nachfolger Dave Watson flog im zweiten Spiel für Werder vom Platz, überwarf sich mit seinen Kollegen und verabschiedete sich daraufhin auf Nimmerwiedersehen. Der neue, teure Stürmerstar Gerhard Steinkogler zog sich nach drei Spielen für Werder eine schwere Verletzung zu, konnte erst am Saisonende wieder eingreifen und kehrte nach nur sieben Spielen für Werder ins heimatliche Österreich zurück. Nationaltorwart Dieter Burdenski erlebte eine haarsträubende Saison und kassierte mit 93 Gegentoren so viele wie kein anderer Werder-Keeper vorher und nachher, was nicht ausschließlich an ihm selbst lag, sondern maßgeblich an den Abwehr-Experimenten, die nach dem Abschied von Libero Watson notwendig wurden. Und zu schlechter Letzt musste wieder ein Trainerwechsel her – erstmalig in Werders Bundesligageschichte ohne Erfolg. Am Ende der Chaos-Saison stand der Abstieg in die 2. Liga Nord im Sommer 1980.

Aber immer langsam der Reihe nach. Nur ein Jahr nach dem Abschied von Denkmal Horst-Dieter Höttges verabschiedete sich mit Per Røntved die nächste Säule der Hintermannschaft. Røntved war vielleicht der kompletteste Fußballer, den Werder in den siebziger Jahren präsentieren konnte. Er hatte nach sieben Jahren genug von Deutschland und der Bundesliga und ließ seine Karriere in der 2. dänischen Liga ausklingen. Überraschend und unvorbereitet wie ein Keulenschlag traf Werder ein Enthüllungsbuch namens »Die Kehrseite des Fußballs«, das Røntved zeitgleich mit seinem Abschied aus Deutschland in Dänemark vielbeachtet herausgab. Aus heiterem Himmel wusch er darin schmutzige Wäsche in großer Menge und per Rundumschlag: Neben vielen internen Details bezichtigte er Werder des Dopings und behauptete, vom Vereinsarzt ein Aufputschmittel namens »Inocid« bekommen zu haben. Ganz Werder fiel aus allen Wolken. Die Anschuldigungen verliefen freilich im Sande, was auch daran liegen könnte, dass es eine Substanz namens »Inocid« schlicht und einfach gar nicht gibt. Das in Dänemark sehr gefragte Buch des scheidenden Liberos war bei Werder in Rekordzeit vergessen.

Nach Røntveds Abschied musste ein neuer Abwehrchef her. Möglichst einer, der vorerst kein Enthüllungsbuch beabsichtigte. Mit Jürgen Offermanns hatte Werder zwar schon einen möglichen »Libero der Zukunft« verpflichtet, aber der junge Mann aus Lüdenscheid schien unserem Trainer Wolfgang Weber noch zu grün für Werders Abwehrzentrum. Neben Offermanns begrüßte Weber zum Trainingsstart mit dem erst

18-jährigen Hagener Jonny Otten vielleicht so etwas wie den »Spieler der Saison«. Otten erwies sich trotz seiner Jugend als absoluter Leistungsträger und absolvierte in seiner ersten Saison gleich 33 von 34 Spielen. Nicht schlecht für einen 75.000-Mark-Einkauf.

Schließlich überraschte Manager Assauer mit der Verpflichtung des englischen Nationalliberos Dave Watson von Manchester City. Sportlich eine Granate, allerdings schon 32 Jahre alt. Rund ums Weser-Stadion entfachte diese Nachricht eine wahre Watson-Mania, denn allen war nach den ersten Eindrücken sofort klar: Dieser Mann könnte zum besten Libero der Bundesliga werden und Werders Hintermannschaft zu einem Bollwerk für die Konkurrenz werden lassen.

Es kam anders. Dave Watson zog nach Kirchlinteln, um in unmittelbarer Nähe der dortigen Kaserne englisches Fernsehen empfangen zu können. Er umgab sich mit Landsleuten, vermied jeden privaten Kontakt mit seinen Mitspielern und hatte nach drei Monaten, wie sich Dieter Burdenski erinnert, »mit uns kein einziges deutsches Wort geredet«. Im Saisoneröffnungsspiel gegen Leeds United (0:0) glänzte Watson, gewann jeden Kopfball, hielt die Abwehr zusammen und traf die Latte. Im ersten Bundesligaspiel gegen Bayer Uerdingen (1:0) bekräftigte er diesen starken Eindruck. Dann jedoch brach das Unheil zunächst über Watson, und mittelfristig über die ganze Mannschaft herein.

Nach nur 36 Minuten in seinem zweiten Bundesligaspiel ließ sich Dave Watson zu einer Tätlichkeit gegen den ihn provozierenden Münchener Löwen Bitz hinreißen. Resultat: Acht Wochen Sperre für einen Schubser. Im Spiel bei Schalke 04 hätte Watson die Abwehr wieder organisieren dürfen. Hätte. Denn rätselhafterweise erschien der Brite nur kurz zur Abfahrt des Mannschaftsbusses, um mitzuteilen, er sei verletzt. Werders Arzt Dr. Wiedenmann hatte jedoch ganz im Gegensatz dazu festgestellt, Watson sei einsatzfähig. Trainer Weber redete mit Engelszungen auf seinen Libero ein – vergeblich. Watson weigerte sich, die Fahrt nach Gelsenkirchen anzutreten. Rudi Assauer konnte nicht vermittelnd eingreifen. Er war auf Stürmersuche und machte sich anschließend Vorwürfe: »Wenn ich dabei gewesen wäre, wäre das nicht passiert. Nach Schalke hätte ich Watson persönlich hingeschleppt.« Man glaubt Assauer das sofort, denn im Schleppen von Werder-Spielern nach Schalke erwies er sich viele Jahre später bekanntnlich als äußerst versiert.

Das Kapitel Watson endete so schnell, wie es ein Vierteljahr zuvor begonnen hatte. Werders Führung verhängte gegen ihn eine Disziplinarstrafe von 10.000 DM, Watson war darüber erbost und nutzte eine Länderspielberufung, um sich daheim in England mit dem FC Southampton über einen Transfer zurück

Sargnagel: Werder verliert drei Spieltage vor Saisonende trotz 2:0-Führung noch mit 2:3 in Frankfurt, weil Dieter Burdenski in der Schlussphase zwei Fehler unterlaufen. Hier setzt sich Werders Kalle Geils mit Frankfurts Ex-Bremer Willi Neuberger auseinander

auf die Insel einig zu werden. Werder erhielt umgerechnet 900.000 DM, etwa doppelt so viel, wie Watson 100 Tage zuvor gekostet hatte.

Werder hatte nun Geld, aber keinen Libero mehr. Die Suche nach einem Watson-Nachfolger gestaltete sich auch deshalb für Werder holprig, weil die Finanzierung von Transfers in jenen Jahren eng mit der so genannten Torjäger GmbH zusammenhing. Rudi Assauer hatte diesen Zusammenschluss von Werder-Gönnern angekurbelt, um auch in Zeiten harter DFB-Auflagen finanzielle Mittel für neue Spieler bereitstellen zu können. Durch Gewinnbeteiligung bei einem Weiterverkauf des zu Werder transferierten Spielers konnten die spendablen Geschäftsleute später profitieren. Wichtige Spielregel: Keiner der verpflichteten Spieler durfte älter als 26 sein. Anderweitig hätte das Finanzamt nicht mitgespielt. So kam es, dass Werder vor dem Abschluss der Transferliste im Abstiegsjahr nicht den ersehnten Libero, sondern einen jungen Stürmer verpflichtete, weil alle in die engere Wahl genommenen Abwehr-Kandidaten das »Steueralter« schon überschritten hatten.

Nach Watson probierte Wolfgang Weber mit mäßigem Erfolg nacheinander Benno Möhlmann, Franz Hiller und Hans-Jürgen Offermanns im Abwehrzentrum aus. Während Werder in der Tabelle immer weiter abrutschte und vor allem auswärts zunehmend die Hucke voll bekam, suchte Rudi Assauer in ganz Europa den neuen Werder-Libero. Das Geld war da, nur passende Spieler gab es keine. Und je länger der Libero gesucht wurde, umso klarer wurde: Ein guter Stürmer wäre eigentlich ebenso notwendig. Kurz vor Schließung der Transferliste zau-

Der Anfang vom Ende: Werder verliert das Schicksalsspiel gegen die mitbedrohten Münchner Löwen zuhause im Weser-Stadion mit sage und schreibe 4:6, nachdem es zwei Minuten vor Schluss noch 2:4 stand. Werder rutscht auf Platz 15 ab. Zwei Tage später wird Wolfgang Weber entlassen, dessen Nachfolger Assauer/Langner aus dem 15. letztendlich einen 17. Platz machen. Auf dem Bild schleichen Reinders, Burdenski und Röber geschlagen vom Platz

berte Werder deshalb mit dem erst 20-jährigen Österreicher Gerhard Steinkogler vom Grazer AK den nächsten vermeintlichen Superstar aus dem Hut. Erstaunlicherweise setzte sich Werder im Werben um den Jungstar gegen Bayern München und Inter Mailand durch.

Doch auch das Kapitel Steinkogler endete tragisch: Nach drei Spielen, in denen er die Hoffnung auf eine rosige Zukunft im Werder-Angriff wachsen ließ, riss er sich beim »Vier gegen Zwei« im Training die Bänder, pausierte monatelang und war erst wieder fit, als es fast zu spät war.

Ohne den verletzten Österreicher verlor Werder die ersten beiden Spiele der Rückrunde gegen die Neulinge Uerdingen und München 1860. Vor allem das 4:6 (!) zu Hause gegen die ebenfalls abstiegsbedrohten Sechziger war schockierend und desolat. Wieder hatte es nicht mehr zu überhörende »Weber raus!«-Sprechchöre im Weser-Stadion gegeben. Wolfgang Weber musste gehen, nachdem dem Vorstand schon Wochen zuvor das Verhältnis zwischen ihm und der Mannschaft gestört schien.

Werder feuerte Weber - jetzt führt Assauer wieder alle Geschäfte!

»Na, Budde?« – »Es wird besser! Heute habe ich nur fünf gekriegt!« (Dialog zwischen BVB-Trainer Udo Lattek und Dieter Burdenksi nach Werders 0:5 in Dortmund)

Trainerentlassung Nr. 6: Wolfgang Weber oder: Zu netter Sündenbock für verfehlte Personalpolitik (Entlassung: 28. Januar 1980)

Wolfgang Weber (Jahrgang 1944) kam mit ausgezeichneten Referenzen nach Bremen: Der 53-fache Nationalspieler und »Held von Wembley« hatte ein hervorragendes Trainerexamen abgeliefert und galt als psychologisch und fachlich geschicktes Trainertalent. In seinem ersten Jahr erreichte er einen guten 11. Platz, ehe er in der folgenden Saison 1979/80 unter den Querelen um Dave Watson zu leiden hatte. Der Verlust des Abwehrchefs riss eine Lücke, die nicht mehr reparabel war. Weber zog sich nach seiner Entlassung im Januar 1980 aus dem Trainergeschäft zurück und ward nie wieder auf einer Trainerbank gesehen. Mit 35 Jahren war die Karriere des Fußballlehrers schon wieder vorbei.

Als Wolfgang Weber an einem eiskalten Januartag des Jahres 1980 entlassen wurde, tat das weh. Den Entscheidungsträgern bei Werder tat die Entlassung weh, denn Weber kam an. Er war fachlich unantastbar, fleißig, menschlich integer und hatte aus der Mannschaft lange Zeit das Optimum herausgeholt.

Weber schmerzte die Entlassung sowieso. Ihn, der 18 Monate nach Antritt seiner allerersten Trainerstelle im Profibereich zum ersten Mal beurlaubt wurde und anschließend nie wieder einen Profiverein trainierte.

Bei Werder scheiterte er möglicherweise an den zu konservativen Strukturen innerhalb des Vereins. Mit anderen Worten: Nicht wenige spekulierten nach der gescheiterten Ära Weber, der frisch ausgebildete Rheinländer könnte auch deshalb der falsche Mann für Werder gewesen sein,

Wolfgang Weber, der in Bremen viele Sympathien genoss und trotz seines Scheiterns insgesamt einen guten Eindruck hinterließ *weil seine Vorstellungen schlicht und einfach zu modern für die Gegebenheiten innerhalb des Vereins waren.*

Was lief denn schief in diesem Abstiegsjahr 1979/80?
Nach fast 30 Jahren ist es sicherlich sehr schwer, sich noch an jedes Detail genau zu erinnern. Nachdem wir in der Saison 78/79 den 11. Platz belegen konnten, wollten wir uns natürlich verbessern, und das hieß: in den einstelligen Tabellenbereich vorstoßen. Wir hatten im Sommer 1979 mit Per Røntved einen Mann von internationaler Klasse verloren und ihn durch Dave Watson von Manchester City perfekt ersetzt. Watson war der Libero der englischen Nationalmannschaft. Mit ihm hätten wir in der Bundesliga sicherlich einen der stärksten Abwehrchefs gehabt. Dave hat zum Saisonauftakt beim 1:0-Heimsieg gegen Uerdingen eine Klassepartie geliefert, aber dann mussten wir zu 1860 München, und er hat sich nach kurzer Zeit übermotiviert ein böses Revanchefoul geleistet, für das er nach 36 Minuten vom Platz gestellt wurde. Er bekam eine achtwöchige Sperre aufgebrummt. Wir mussten auf dem Liberoposten herumexperimentieren, und als Watsons Sperre endlich beendet war, wollte er nicht mehr für Werder spielen, weil es seiner Frau in Bremen nicht gefiel. So begann die Saison für uns. Dieser Platzverweis war der Schlüssel zu unseren späteren Abwehrproblemen. Ich glaubte, dieses Problem intern lösen zu können. Das war, wie sich später zeigte, ein Trugschluss. Natürlich haben wir später auch nach anderen Lösungen gesucht. Die Verpflichtung des damals sehr starken Mönchengladbachers Hans-Günther Bruns ist zum Beispiel knapp gescheitert, und viele andere Dinge haben sich zerschlagen.

Wie wichtig wäre Dave Watson für die Mannschaft gewesen?
Wer in der englischen Nationalmannschaft Libero und Kapitän ist, muss ein Mann von europäischer Klasse sein. Damals war der Liberoposten auch eine besonders zentrale Position für die Mannschaft, mehr noch als heute. Leider konnten wir uns nicht lange daran freuen, dass Watson genau der Spieler war, der uns gefehlt hatte.

Gute Zeiten, schlechte Zeiten: Auf dem oberen Bild wird ein strahlender Wolfgang Weber von einem zufriedenen Rudi Assauer als neuer Werder-Coach präsentiert. Unten grübelt Assauer in der Pressekonferenz nach Webers letztem Spiel als Trainer (4:6 zuhause gegen 1860 München) über notwendige Rettungsmaßnahmen. Man beachte Mimik und Körpersprache beider Bilder im direkten Vergleich!

Heute erlebt man es von ausländischen Stars in der Bundesliga beinahe wöchentlich, dass sie sich nach eigener Aussage in Deutschland nicht wohlfühlen und unbedingt weg wollen. Meistens ist das ein Sturm im Wasserglas. Wäre die Lage bei Dave Watson nicht eventuell auch noch hinzubiegen gewesen?
Jeder Spieler, der im Ausland seine Brötchen verdienen will, muss wissen, was auf ihn zukommt und muss auch seine Familie in die Überlegungen mit einbeziehen. Werder hat aus meiner Sicht alles getan, um den Watsons das Einleben in Bremen so problemlos wie möglich zu machen. Auf der anderen Seite muss natürlich der Spieler als erstes bereit sein, die Sprache des Landes zu lernen, in dem er seinen Beruf ausübt. Daran mangelte es offensichtlich.

Heute fast vergessen: Bum Kun Cha, später einer der besten Bundesligaspieler, war während der Saisonvorbereitung 1979 in Werders Trainingslager, und lange sah es so aus, als sollte dieser großartige Stürmer zu Werder kommen.
Werder hatte nie eine wirkliche Chance, diesen absoluten Ausnahmestürmer zu verpflichten. Bum Kun Cha woll-

Wolfgang Weber 2006

te ich unbedingt haben. Aber der hatte nach seinem Probetraining bei uns noch eine Verabredung bei Eintracht Frankfurt, und vor allem hatte er damals schon ein cleveres Management. Als er dann Werders Trainingslager verlassen hat, um noch bei Eintracht Frankfurt vorzuspielen, war mir klar, dass er unser Angebot nicht annehmen würde. Wir hätten ihn am selben Tag verpflichten müssen, statt ihn noch mit Frankfurt verhandeln zu lassen. Werder ist bei ihm an die finanzielle Schmerzgrenze gegangen. Es war klar, dass Eintracht Frankfurt noch einmal eine Schippe drauflegen würde. Am Ende bekam er dort wohl 100.000 DM mehr, als ihm Werder bezahlt hätte. Damals eine Riesensumme.

Sie sind 1978 als Trainer-Neuling zu Werder gekommen. Sie waren bis unmittelbar vorher noch Profi beim 1. FC Köln und sind unmittelbar nach dem ausgezeichnet bestandenen Trainerexamen bei Werder eingestiegen. Nach Ihrem Rauswurf 1980 haben Sie nie wieder als Trainer gearbeitet. Wie sehen Sie heute Ihre kurze Trainerlaufbahn? Waren Sie mit 34 Jahren zu jung, um einen finanziell angeschlagenen Abstiegskandidaten zu trainieren, oder kamen einfach sehr viele unglückliche Dinge zusammen?

Zunächst einmal konnte ich ja durchaus mit meiner ersten Saison bei Werder zufrieden sein. Schon vier oder fünf Monate nach meinem Amtsantritt hat mir Werders Vorstand einen neuen Vertrag angeboten, den ich dann auch unterschrieben habe. Der Vorstand und das Management, interpretiere ich mal, waren also offensichtlich mit meiner Arbeit zufrieden. Im zweiten Jahr jedoch gab es dann einige mannschaftliche Probleme, die wir ja schon benannt haben. Bis zur Winterpause der Abstiegssaison lief es eigentlich noch gut: Nach zwei Spielen in der Rückrunde, die beide verloren gingen, glaubte die Vereinsführung, sich von mir trennen zu müssen. Fakt ist, dass ich die Mannschaft mit 15 Punkten nach 19 Spielen auf einem Nichtabstiegsplatz verlassen habe, und dass in den letzten 15 Spielen nach meiner Beurlaubung dann leider nur noch zehn Punkte erzielt werden konnten. Am Ende stand der bittere Abstieg. Selbstverständlich habe ich eine Mitverantwortung dafür zu tragen, dass es nicht so lief, wie wir uns das vor der Saison vorgestellt hatten. Vielleicht hätte ich vehement darauf bestehen müssen, dass die Mannschaft einen neuen, starken Libero braucht, nachdem Watson uns verlassen hatte. Finanziell stand Werder nicht besonders gut da, aber in einer solchen Situation hätte man dann eben trotzdem mal tiefer in die Tasche greifen müssen, um die Saison zu retten. Letzten Endes war ich zu nachgiebig, was die Stärkung meiner eigenen Position als Trainer anging. Ein zweiter Fehler war, dass ich keinen Assistenztrainer hatte und dadurch alles alleine machen musste. Ich hätte unbedingt jemanden gebraucht, der mir auf dem Trainingsplatz gewisse Dinge abnimmt, damit man sich nicht mit jeder Lappalie abgeben muss. Auch hätte ich mehr den Kontakt mit den alten Werderanern wie Pico Schütz, Max Lorenz oder Horst-Dieter Höttges suchen müssen. Da war ja jede Menge fußballerische Fachkompetenz vorhanden, die man durchaus hätte nutzen können. Aber als junger Trainer glaubt man vielleicht zu sehr, alles alleine besser zu können.

Wie lief Ihre Entlassung dann ab? Woran erinnern Sie sich?

Samstags hatten wir im Weser-Stadion mit 4:6 gegen München 1860 verloren. Letztlich war dieses Spiel typisch für den gesamten Saisonverlauf: Wir konnten vorne gar nicht so viele Tore machen, wie wir hinten reingelassen haben. Diese nicht gelösten Probleme in der Hintermannschaft waren verantwortlich dafür, dass es für mich selbst als Trainer immer enger wurde. Ich selbst habe immer geglaubt, dass ich das Ruder noch rechtzeitig herumreißen kann. Die Beurlaubung, wie man das ja so nett ausdrückt, kam nach einer langen Vorstandssitzung, an deren Ende der Vorstand mir das Misstrauen aussprach. Für mich kam diese Entlassung ziemlich überraschend. Natürlich spürt man, dass da was im Busch ist, aber dass es zu einer Trennung kommt, hätte ich an diesem Montag nicht erwartet.

Weshalb sind Sie anschließend nie wieder Trainer geworden? Hatten Sie keine Lust mehr?

Wenige Wochen nach meiner Zeit als Trainer von Werder Bremen bekam ich ein sehr interessantes Angebot von Adidas. Ich habe dieses Angebot ohne lange zu überlegen angenommen. Wahrscheinlich war das die richtige Entscheidung, denn mein Ehrgeiz im Fußball hätte mich möglicherweise über kurz oder lang ›aufgefressen‹.

Weber war weg. Rudi Assauer übernahm wieder einmal aushilfsmäßig das Traineramt. Wieder war Eile geboten, um dem DFB zuliebe schnell einen neuen Trainer präsentieren zu können. Jürgen Sundermann war ein Kandidat, doch Assauers Werben war in diesem Fall vergebens. Preußen Münster bot Werder seinen Trainer Werner Biskup an, um den eher teuren Mann von der Gehaltsliste zu bekommen, doch den wollte Werder nicht.

Nach kurzer Zeit der Ratlosigkeit fand Werder wie schon zwei Jahre vorher eine sensationelle Übergangslösung: Nach zwölf Jahren kehrte Fritz Langner, mit 67 längst im Rentenalter, auf die Trainerbank zurück. Zum dritten Mal wurde er Werder-Trainer, wenngleich diesmal nur als Strohmann für Rudi Assauer. Zum allerletzten Mal in diesem Leben.

Der alte Mann und sein Manager

Wer hat bei Werder Bremen das Sagen?

Auffälliger können die gegenwärtigen Machtverhältnisse bei Werder Bremen nach der Entlassung von Trainer Wolfgang Weber wohl nicht dargestellt werden als letzten Samstag durch das ZDF. Für Millionen wurde offensichtlich, daß nicht etwa der neu verpflichtete Trainer Fritz Langner (67) die Auswechselspieler aufforderte, sich warmzulaufen, sondern Werder-Manager Rudi Assauer. Fritz Langner, dazu befragt, ließ verlauten, das sei vorher so abgesprochen gewesen, Assauer habe gewissermaßen in seinem Auftrag gehandelt. Langner: „Denn ich kann gesundheitlich nicht mehr!"

Doch kam es nicht sofort zu solchen Antworten. Vielmehr versuchte Langner, konstant allen Fragen auszuweichen. Erst als ihn der ZDF-Reporter in die Enge trieb: „Für das ZDF werden Sie sich doch wohl zum Spiel äußern?!" erhielt Langner von Assauer einen Stoß, der ihm quasi Redeerlaubnis signalisierte.

Perfekt! Jetzt soll Fritz Langner Werder retten!

Das Tandem Langner/Assauer bescherte den Werder-Fans die seltsamste, bewegendste und torreichste Rückrunde der grünweißen Vereinsgeschichte. Zu Hause wurde jeder Gegner begeisternd weggefiedelt (4:0 gegen Braunschweig, 4:1 gegen Düsseldorf, 4:0 gegen Schalke, 4:2 gegen Gladbach), auswärts hingegen gab es Woche für Woche ein Debakel nach dem anderen (0:4 in Leverkusen, 0:5 beim HSV, 1:4 in Duisburg). Vor dem Auswärtsspiel in München versuchte Rudi Assauer vor lauter Verzweiflung einen Griff in die psychologische Trickkiste: »Bei den Bayern holen wir uns fünf Dinger ab!«, gab er das Spiel schon vorab scheinbar verloren, um seine Mannschaft zur Abwechslung mal befreit aufspielen zu sehen. Der Erfolg lag auf der Hand: Werder verlor 0:7.

Vier Spieltage vor Saisonende stand Werder am Abgrund. Das Torverhältnis war im Eimer, Auswärtsspiele bedeuteten sichere Niederlagen, und so wurde die Nervenbelastung am Saisonende zum entscheidenden Manko. Nach fünf Heimsiegen hintereinander patzte Werder ausgerechnet in den beiden letzten wichtigen Spielen zu Hause gegen Kaiserslautern (2:4, nachdem man schon ein 0:2 aufgeholt hatte) und Köln (0:5) sowie auswärts in Frankfurt, wo Werder am drittletzten Spieltag trotz einer sensationellen 2:0-Führung durch drei Tore in den Schlussminuten noch mit 2:3 verlor. Kurioserweise wurde mittlerweile aus lauter Ratlosigkeit Mittelstürmer Klaus Wunder als Liberokandidat Nr. 39 (geschätzt) getestet. Der große Durchbruch als Abwehrchef sollte auch ihm verwehrt bleiben, um es mal diplomatisch auszudrücken.

Werder war abgestiegen. Erstmals in der Bundesligageschichte musste der Traditionsverein in die Zweitklassigkeit. Ein Abstieg, der ganz Bremen erschütterte. Rudi Assauer tat ihn als Betriebsunfall ab und bastelte sogleich an einer Mannschaft, die den direkten Wiederaufstieg schaffen sollte. Und heute, viele Jahre danach, wissen wir: Langfristig wurde Werders einziger Abstieg zu einem Glücksfall. In der 2. Liga Nord wuchs eine Mannschaft zusammen, die schon wenig später für Werders goldene achtziger Jahre verantwortlich zeichnete.

Werder: Ein Begräbnis erster Klasse mit 0:5

Werder – „jeder Traum geht zu Ende"

Abstieg nach 0:5 gegen Köln besiegelt – Auch Sieg hätte nichts geholfen

Letzter Ausgang Ruhrstadion: Die soeben offiziell abgestiegenen Wunder, Hiller und Röber verlassen nach einem 2:5 in Bochum die Bundesligabühne. Alle drei trugen zum allerletzten Mal den Werder-Dress. Hiller und Wunder sah man in der Bundesliga nie wieder

WERDER BREMEN 1979/80

Trainer (bis 29.1.1980)

Weber, Wolfgang »Bulle«
Verantwortlicher Trainer in 19 Spielen der Saison

Interimstrainer (ab 29.1.1980)

Assauer, Rudolf »Rudi«
Verantwortlicher Trainer in 15 Spielen der Saison, zunächst alleine, ab 20.2.1980 gemeinsam mit Fritz Langner

Strohmann (ab 20.2.1980)

Langner, Fritz
Als Strohmann neben Assauer offiziell verantwortlicher Trainer in 14 Spielen der Saison

Tor

Burdenski, Dieter »Budde«
34 Spiele; 1 Tor

Voss, Albert
0 Spiele; 0 Tore

Abwehr

Geils, Karl-Heinz »Kalle«
34 Spiele; 0 Tore

Konschal, Hartmut
33 Spiele; 1 Tor

Otten, Jonny
33 Spiele; 0 Tore

Mittelfeld

Möhlmann, Benno
33 Spiele; 5 Tore

Bracht, Uwe
32 Spiele; 2 Tore

Röber, Hans-Jürgen
31 Spiele; 9 Tore

Angriff

Reinders, Uwe
34 Spiele; 11 Tore

Dressel, Werner »Lego«
33 Spiele; 12 Tore

Wunder, Klaus »Cäsar«
23 Spiele; 4 Tore

Erweiterter Kader

Behrens, Uwe
10 Spiele; 4 Tore
Amateur

1979/80

Der Sport-Verein »Werder« im Jahr 1979/80:

Präsident:	**Dr. Franz Böhmert**
Vizepräsident:	**Klaus-Dieter Fischer (Amateur-Abt.)**
3. Präsident:	**K.-H. Hohnhorst (Finanzen, Werbung)**
Geschäftsführer:	**Wolfgang Barkhausen**
Manager:	**Rudi Assauer**
Vereinsarzt:	**Dr. Rudolf Wiedenmann**
Masseur:	**Peter Kienert**
Mitglieder:	**2.270**
Kapazität Weser-Stadion:	**40.000 Plätze (14.700 überdachte Sitz- und 5.000 überdachte Stehplätze)**

Siegmann, Norbert »Zico«
19 Spiele; 0 Tore

Watson, Dave
2 Spiele; 0 Tore

Haskamp, Martin
0 Spiele; 0 Tore
Amateur

Schaaf, Thomas
0 Spiele; 0 Tore
Amateur

Kamp, Karl-Heinz »Kalli«
23 Spiele; 0 Tore

Offermanns, Hans-Jürgen
22 Spiele; 1 Tor

Hiller, Franz
20 Spiele; 0 Tore

Steinkogler, Gerhard »Gerd«
7 Spiele; 1 Tor

Feldhaus, Wilfried »Willi«
3 Spiele; 0 Tore; Amat.

Linz, Paul
0 Spiele; 0 Tore

In seinem Abschiedsspiel noch einmal eingesetzt:

Höttges, Horst-Dieter (Abwehr)

Werders Neuzugänge im Sommer 1979

Lorem zzriusciduip eum ipit lum iuscing ex eu facilit la conullum estrud ming eum iuscin hent vent dolobore vero odolore vullumsan ulla feu feumsan ulluptate

Wer kam?

Feldhaus (eig. Amateure)
M. Haskamp (eig. Amateure)
Offermanns (RW Lüdenscheid)
Otten (SV Hagen)
Schaaf (eig. Amateure)
Steinkogler (Grazer AK /Österreich, w.d.S.)
Watson (Manchester City/England)

Wer ging?

Bargfrede (eig. Amateure)
Daras (Atlas Delmenhorst)
Røntved (Freja Randers/Dänemark)
Watson (FC Southampton/England, w.d.S.)

w.d.S. = während der Saison

Dave Watson: »Ich hätte in Bremen bleiben sollen!«

Dave Watson

Dave Watson (Jahrgang 1946) war Nationallibero und später auch Mannschaftskapitän der englischen Nationalelf. Nach Profistationen bei Notts County, Rotherham United und Sunderland wurde er bei Manchester City zum Superstar. Als er dort mit Trainer Malcolm Allison nicht mehr zurecht kam, bat er nach vier erfolgreichen Jahren um die Freigabe. Neben englischen Clubs und Vereinen der NASL, der nordamerikanischen Profiliga, hatten Eintracht Frankfurt und Werder Bremen Interesse. Werder bekam schließlich den Zuschlag – auch weil beim Nachbarn in Hamburg zur selben Zeit ein anderer Engländer namens Kevin Keegan die Bundesliga begeisterte. Nach nur drei unglücklichen Monaten, geprägt von Heimweh, Ärger mit Werder Bremens Manager Rudi Assauer, einem Platzverweis, vom Vorstand ausgesprochenen Geldstrafen und einer Verletzung, forcierte Dave Watsons eine Heimkehr nach England. Der FC Southampton bezahlte für den beinahe 33-jährigen Libero stolze 900.000 DM an Werder – mehr als die doppelte Summe, die Werder ein Vierteljahr vorher an Manchester City überwiesen hatte.

Dave Watson (Jahrgang 1946) war Nationallibero und später auch Mannschaftskapitän der englischen Nationalelf. Nach diversen Profistationen in England wurde er Mitte der siebziger Jahre bei Manchester City zum Superstar. Als er dort mit Trainer Malcolm Allison nicht mehr zurecht kam, bat er nach vier erfolgreichen Jahren um die Freigabe.

Neben englischen Clubs und Vereinen aus der boomenden NASL, der nordamerikanischen Profiliga, hatten Eintracht Frankfurt und Werder Bremen Interesse. Frankfurt nahm wegen Watsons fortgeschrittenem Alter (er war bereits knapp 33) von einer Verpflichtung Abstand. Werder griff dankbar zu und bekam den Abwehrstrategen vielleicht auch, weil unweit des Weser-Stadions zeitgleich Watsons Nationalmannschaftskollege Kevin Keegan für wahre Hysterie sorgte.

Werders Trainer Wolfgang Weber war glücklich: Er schien den perfekten Klassemann gefunden zu haben, um die Abgänge von Horst-Dieter Höttges (1978) und Per Røntved (1979) auffangen zu können.

Doch nach nur drei unglücklichen Monaten, geprägt von Heimweh, Ärger mit Werders Manager Assauer, einem Platzverweis, vom Vorstand ausgesprochenen Geldstrafen und einer Knieverletzung forcierte Watson eine schnelle Heimkehr nach England. Der FC Southampton bezahlte für den reifen Libero stzolze 900.000 DM an Werder – mehr als die doppelte Summe, die man ein Vierteljahr vorher an Manchester City überwiesen hatte.

An was denken Sie zuerst, wenn Sie »Werder Bremen« hören?
Ich habe eigentlich, auch wenn das überraschend klingen mag, hauptsächlich gute Erinnerungen an Werder. Auch wenn die Zeit kurz war, habe ich sie irgendwie genossen. Es gab dann diesen Knackpunkt: Ich flog in München vom Platz und wurde acht Wochen gesperrt. Am Abend vorher war ich mit Wolfgang Weber essen. Und Wolfgang hatte sich entschlossen, mir einen Pressebericht zu übersetzen, der an jenem Tag in der ›BILD‹ erschienen war. Tenor war, dass einige wenige Spieler in der Mannschaft sauer auf mich waren, weil ich angeblich Extrawürste für mich reklamiert hätte. Weber sagte mir, von wem diese Meldung lanciert wurde, und das waren einzelne Spieler, die noch nicht mal zur Stammelf gehörten. Ich habe das nicht verstanden. Diese zwei oder drei Spieler schafften es nicht in die Anfangsformation, aber sie hielten es für nötig, mich über die Boulevardpresse zu kritisieren. Ich weiß gar nicht mehr, was genau sie kritisierten, aber ich hatte mir nichts vorzuwerfen. Ich begann gerade erst, mich einzugewöhnen und trainierte genauso hart wie jeder andere im Team. Als Wolfgang mir das alles so kurz vor dem Spiel in München erzählte, brodelte es in mir. Diese Stimmungsmache hinter meinem Rücken störte mich sehr, und in München lief

Dave und Penny Watson 1979 am Tag von Watsons Vertragsunterzeichnung in Bremen …

… Dave und Penny Watson im Jahr 2003

ich deshalb mit viel Wut im Bauch auf. Heute weiß ich, ich hätte diese Meldungen einfach ignorieren sollen. Mir war nicht klar, dass die ›BILD‹ so einzuschätzen ist wie bei uns in England die ›SUN‹. Es kam so viel zusammen: Meine Familie hatte Probleme mit unserem Umzug nach Bremen, ich verstand die Sprache nicht und war deshalb noch ein Außenseiter, dann diese Presseberichte. Es kam alles zusammen. Vorher war ich erst ein einziges Mal in meiner Karriere vom Platz geflogen, mehr als zehn Jahre zuvor. In München wollte ich mich eigentlich nur schützen. Es gab da diesen kleinen Spieler bei 1860, Hermann Bitz. Der ist nach einem Zusammenprall mit gesenktem Kopf direkt auf mich zugerannt. Er war ein kleiner Spieler und traf mich mit seinem Kopf am Kinn. Ich habe ihn dann mit flachen Händen weggestoßen, um mich zu schützen. Da war kein Schlag, gar nichts. Aber Bitz fiel zu Boden und machte den Anschein, als hätte ich ihn erschossen. Er stand in dem Ruf, ein Provokateur zu sein, aber niemand im Verein hatte mich vor ihm gewarnt. Der Verein hat mir sofort Hilfe zugesagt, mir bei der folgenden DFB-Verhandlung Rückendeckung zu geben, aber es nützte alles nichts.

Weshalb hat es damals nicht funktioniert zwischen Ihnen und Werder Bremen?

Das ist schwer zu sagen, weil es letztlich viele Kleinigkeiten waren, die sich irgendwann summiert hatten. Als ich nach meiner Verpflichtung in Bremen auf einer Pressekonferenz vorgestellt wurde, betonte Manager Rudi Assauer, dass seine Frau Inge, die gut englisch sprach, uns beim Einleben helfen würde. Sie sollte uns helfen, eine Wohnung zu finden. Aber als mein Vertrag begann und wir endgültig nach Bremen kamen, war Frau Assauer für fünf Wochen in Urlaub, irgendwo in Norddeutschland. Wir saßen dann wochenlang in einem Hotelzimmer, mit drei Kindern. Meine Frau hat das bald verrückt gemacht. Nachdem uns niemand half, eine Wohnung zur Miete zu finden, haben wir uns schließlich in Kirchlinteln ein Haus gekauft, nur um endlich dieses verdammte Hotel verlassen zu können. Ein Haus kaufen, das war natürlich blödsinnig. Ich hatte ja nur einen Zwei-Jahres-Vertrag und wollte irgendwann wieder nach England zurück. Anders ging es aber nicht, wenn wir nicht auf ewig in diesem Hotel festsitzen wollten. Wir fühlten uns damals ziemlich im Stich gelassen. Wissen Sie: All diese selbstverständlichen Dinge wie Teppiche kaufen, Tapeten, einen Maler beauftragen, ohne im geringsten Ihre Sprache zu sprechen – wir haben das zwar irgendwie hingekriegt, aber das war ein unglaublicher Stress für meine Familie.

Ab wann war Ihnen klar, dass Sie die Aufgabe bei Werder nicht zu Ende bringen würden?

Es gab einen Schlüsselmoment: Meine Sperre war gerade abgelaufen, und wir mussten nach Schalke. Ich hätte endlich wieder spielen dürfen, aber ich hatte mir direkt vorher im Training tragischerweise das Knie verdreht. Es schwoll stark an, und mir war klar, dass ich es schonen musste. Wolfgang Weber war informiert und er stimmte zu, mich pausieren zu lassen. Ich kannte meinen Körper sehr genau. Es war mein linkes Knie, ich wusste, dass es eine Woche später wohl wieder okay gewesen wäre. Wolfgang Weber hat das akzeptiert, nicht aber Rudi Assauer. Der sagte mir: ›Du kommst auf jeden Fall trotzdem mit!‹ Und er drängte mich auch, meine Sportsachen mitzunehmen. Von da an fühlte ich mich unter Druck gesetzt. Deshalb habe ich abgelehnt, mitzufahren. Als der Bus losfahren sollte, rief mich sogar noch Dr. Böhmert an, um mich zu überreden. Ich kann Ihnen versichern, dass es für mich sehr ungewöhnlich war, aber ich lehnte das noch einmal ab, weil es absolut nicht ging. Ich war monatelang gesperrt, und ich brannte dar-

Charaktergesicht Watson: So müssen englische Abwehr-Asse aussehen!

Die Schlüsselszene einer ganzen Saison: Watson patscht Münchens Bitz ins Gesicht, der ihn zuvor mit dem Kopf gerammt hatte. Rot für den Briten, sein Ende bei Werder. Der Anfang unlösbarer Abwehrprobleme der Bremer – Abstieg

auf, wieder zu spielen. Weshalb hätte ich kneifen sollen, wenn ich gesund gewesen wäre? Ich hatte mich die halbe Vorrunde der Saison lang danach gesehnt, in die Mannschaft zurückzukehren. Dr. Böhmert wollte mich überreden: ›Dave, Sie müssen aber mitfahren!‹ Doch mein Knie plagte mich, und ich sagte ihm: ›Doktor, wenn sie mich mitnehmen, werden sie mich auch drängen, mit der Mannschaft aufzulaufen, und das will ich nicht. Mein Knie ist nicht in Ordnung und ich weiß am besten, wann ich spielen kann und wann nicht!‹

Sie blieben also zuhause. Werder verlor ohne Sie 0:3 auf Schalke. Was geschah dann?

In der Woche danach, am Montag oder Dienstag, bekam ich ein Schreiben von Rudi Assauer. Da stand drin, dass ich eine Strafe zahlen sollte, weil ich nicht mit nach Schalke gefahren war. 5000 DM, damals sehr viel Geld, und unbegreiflicherweise sollten noch einmal 5000 DM nachträglich für die rote Karte bei München 1860 dazukommen. Das hat mir dann den Rest gegeben, und von diesem Moment an wollte ich nicht mehr. Der Verein hätte mich noch umstimmen können. Aber sie drängten mich hartnäckig dazu, diese Strafe zu zahlen. Auf der anderen Seite versicherte mir Klaus-Dieter Fischer immer wieder: ›Wir wollen, dass du bleibst. Wir wollen um dich herum eine Mannschaft aufbauen!‹ Und ich konnte nur sagen: ›Okay, wir können ja drüber reden, was nun zu tun ist, aber erst mal müsst ihr diese Strafe zurücknehmen.‹ Noch absurder wurde diese Maßnahme dadurch, dass ich sogar für den Platzverweis noch nachzahlen sollte. Auf der einen Seite versicherten sie mir: ›Wir werden dir helfen, wir unterstützen dich wo wir können! Dir wurde Unrecht getan und wir werden dafür sorgen, dass du nicht lange gesperrt wirst.‹ Und dann soll ich plötzlich blechen. Ich habe sie gefragt: ›Hey, ich dachte, ihr wolltet mich unterstützen – und jetzt soll ich Strafe zahlen? Wenn ihr sagt, ihr wollt dass ich bleibe – warum bestraft ihr mich dann?‹ Das war der Konflikt, der zum Bruch führte. Ich dachte nur: ›Mit der einen Hand klopfen sie dir auf die Schulter, und mit der anderen verpassen sie dir eine Ohrfeige!‹ Danach ist dann übrigens etwas passiert, was mich angerührt hat: Ich bekam einen sehr netten Brief von einem Bremer, der mich inständig bat, meine Wechselabsichten noch einmal zu überdenken. Er schrieb, ich solle Gras über die Sache wachsen lassen, weil die Zeit das alles wieder einrenken würde. Ich wünschte, ich hätte den Rat dieses Mannes befolgt, aber ich war zu wütend und verletzt. Mein Verhältnis zu Rudi Assauer war kaputt. Er ging mir plötzlich aus dem Weg. Es ist so viel Zeit vergangen. Sehen Sie: Ich beschuldige niemanden. Ich habe selbst viel falsch gemacht damals, und ich mache mir wirklich den Vorwurf, vor den Problemen zu schnell weggelaufen zu sein. Wären manche Dinge anders gelaufen, dann wäre ich vielleicht vier oder fünf Jahre bei Werder geblieben. Ich habe nach meiner Bremer Zeit noch sechs Jahre lang auf gutem Niveau in England gespielt.

War der im Vergleich zu heute noch eher gemütliche Verein damals vielleicht noch nicht bereit für einen internationalen Star wie Sie?

Ich muss mal ganz klar sagen: Alle im Verein waren sehr nett zu uns, besonders Dr. Böhmert, Mister Fischer, Benno Möhlmann, der mein Zimmerkumpel war. Der sprach gut englisch und half mir sehr, aber ich konnte ihn ja auch nicht dauernd um Gefälligkeiten bitten. Wir haben sofort Deutschunterricht genommen, aber ehe man sich verständigen kann, dauert es natürlich seine Zeit.

Andererseits: Könnte es vielleicht aber auch sein, dass Sie nach den ersten Problemen sehr bald nicht mehr bereit waren, sich bei Werder zu integrieren?
Nein, das stimmt nicht. Wir waren zwar gerne in Manchester, von wo aus ich zu Werder gewechselt bin. Aber wir hatten uns auf Bremen gefreut.

Welche Dinge hätte der Verein anders regeln sollen, und welche Dinge bedauern Sie nach all den Jahren?
Ich bedauere wirklich, dass ich zu schnell die Flinte ins Korn geworfen habe. Ich hätte nicht so schnell nach England zurückkehren dürfen. Es hätte sich alles irgendwann eingerenkt, wenn ich geblieben wäre. Mein Hauptproblem war der Umgang mit Rudi Assauer. Er benahm sich wie ein Alleinherrscher im Club. Er hat nie um etwas gebeten oder diskutiert, er hat immer nur Befehle erteilt. Das kannte ich aus England so nicht. Eigentlich mochte ich ihn, aber er hat mir gegenüber seine Versprechen nie gehalten. Erst kam die Sache mit der Wohnungssuche, dann noch extremer ein Erlebnis nach meinem Platzverweis: Assauer kam in München nach dem Spiel in die Kabine zu mir und sagte mir sofort zu, dass er mir jede erdenkliche Unterstützung leisten würde, um nach der roten Karte Schadensbegrenzung zu betreiben. Er versicherte mir, dass er mich nach Kräften unterstützen würde, wenn beim DFB über meine Sperre verhandelt werden würde. Er versprach mir, dass er mich davor schützen werde, ungerecht behandelt zu werden. Alles leere Versprechungen.

War es ein seltsames Gefühl, aus der Ferne mitzubekommen, dass die Mannschaft, der ich helfen sollte, ohne mich absteigen muss?
Oh, ja! Das war in der Tat hart für mich. Ich war sehr überrascht, dass Werder dann abstieg. Ich war tieftraurig, weil ich mich selbst auch mit dafür verantwortlich gemacht habe. Ohne meinen Abschied wäre manches in Bremen sicher anders gelaufen. Aber wissen Sie, man trifft Entscheidungen im Leben, und mit deren Konsequenzen muss man dann halt leben.

Sie haben hoffentlich nicht nur negative Erinnerungen an Ihre Bremer Zeit. An wen erinnern Sie sich möglicherweise gerne?
Dr. Böhmert und Mister Fischer mochte ich immer sehr … Ich finde es schön, dass sie so lange bei Werder im Amt geblieben sind. Übrigens: Ein Jahr später, 1980, fand in Italien die EM statt, und dort habe ich Dr. Böhmert dann noch mal getroffen. Ich wohnte mit der englischen Nationalmannschaft im selben Hotel wie er. Das war sehr nett. Eigentlich bin ich mit jedem in Bremen gut klargekommen. Es gab nur zwei oder drei Spieler im Kader, die mit mir ein Problem hatten und Stimmung gegen mich gemacht haben. Wahrscheinlich war es eine reine Eifersüchtelei. Davon abgesehen waren alle nett zu mir.

Was machen Sie heute?
Ich leite meine eigene Firma, Dave Watson International Ltd., in einem kleinen Vorort von Nottingham. Eine Sportmarketing-Firma. Wir betreuen Ex-Profis. Wir zählen 400 Ex-Spieler zu unserem Kundenstamm. Wir vermarkten sie, vermitteln sie an Medien oder an Veranstalter. Wir arbeiten für fast jeden namhaften Ex-Profi hier in England, weil wir die einzige Firma sind, die diesen Service anbietet. Wir arbeiten für Tony Adams von Arsenal, der vor einem Jahr aufgehört hat. Oder für Ruud Krol aus Holland, für Gianfranco Zola, bis hinunter zu Spielern aus der 3. Division. Wir arbeiten gerade daran, unsere internationalen Kontakte zu intensivieren, um nicht nur Engländer zu betreuen, sondern vielleicht auch mal Leute wie Johan Cruyff und Franz Beckenbauer. Gerade habe ich mich lange mit Emilio Butragueno unterhalten, der im Management von Real Madrid arbeitet. Wir wollen zusammen vielleicht eine ähnliche Agentur für Spanien aufbauen. Es ist ein toller Beruf, ich liebe ihn! Jeder Anruf bringt etwas anderes. Mal ruft ein Fernsehsender an, mal sucht jemand einen Spieler für einen Golf-Tag oder für einen Vortrag. Ich rede jeden Tag mit ehemaligen Mitspielern. Ray Wilkins, Bryan Robson, alle haben sie schon für mich gearbeitet. Ohne unbescheiden klingen zu wollen, aber fast jeder zurückgetretene Spieler in England hat schon mit mir zusammengearbeitet. Ich habe so viele gute Kontakte in der Fußballszene hier, dass ich den meisten Kunden mit einem oder zwei Anrufen innerhalb von fünf Minuten weiterhelfen kann. Darf ich Sie übrigens mal was fragen?

Bitte!
Glauben Sie, dass die älteren Werder-Fans mir noch böse sind?

Ich habe nicht das Gefühl. Ich glaube eher, man erinnert sich an Sie als an einen sehr guten Fußballer, mit dem Werder damals sicher nicht abgestiegen wäre. Und mit der zeitlichen Distanz muss man wahrscheinlich einfach akzeptieren, dass damals vieles zwischen Ihnen und Werder einfach ganz dumm gelaufen ist.
(Atmet durch) Es freut mich wirklich, dass Sie das so sehen! (Pause) Ich wäre sehr gerne einmal wieder bei Werder, um ›Hallo‹ zu sagen!

Spielerlaufbahn:

1967–68	Notts County (bis Januar 1968)
1968–70	Rotherham (bis Dezember 1970)
1970–75	Sunderland
1975–79	Manchester City
1979	Werder Bremen (bis Oktober 1979)
1979–82	Southampton (bis Januar 1982)
1982–83	Stoke City
1983	Vancouver Whitecaps (bis September 1983)
1983	Derby County (bis Dezember 1983)
1984	Ft. Lauderdale Sun (bis September 1984)
1984–85	Notts County (Spielertrainer)
1985–86	Kettering Town

Dave Watsons Sohn Roger alias DJ Hal ist erfolgreicher DJ und Produzent in England.

Der damals 14-jährige Autor dieses Buches ist stolz wie Oskar: Der neue Star aus England gibt ihm ein Autogramm auf den damals noch straffen Bauch. Das T-Shirt ging später nach einem turbulenten Kick auf dem Schulhof von Kirchweyhe verloren, aber das ist wieder eine andere Geschichte

Rekord-Transfer Gerhard Steinkogler: »Werder ist mir ans Herz gewachsen!«

Er kam als Hoffnungsträger: Gerhard Steinkogler wurde mitten im härtesten Abstiegskampf des Herbstes 1979 für die damalige Vereins-Rekordsumme von 800.000 DM vom Grazer AK losgeeist. Eigentlich suchte Werder viel dringender einen Abwehrchef, aber alle Anstrengungen in dieser Richtung scheiterten. Ehe man nun gar keine Verstärkung holte, wollte man es wenigstens mit diesem jungen Sturmtalent versucht haben. Das Unterfangen hätte auch glücken können, denn in etwas fortgeschrittenerem Alter wuchs Steinkogler zu einem der besten österreichischen Stürmer heran. Allerdings erst, nachdem er nach kurzem Werder-Intermezzo wieder zurück in Österreich war. In Bremen war er für die großen Schuhe eines strahlenden Retters wohl noch zu jung, vor allem aber zu selten gesund: Nach einem Bänderriss im Training fiel Steinkogler lange aus. Als er genesen war, stand Werders Abstieg so gut wie fest. Trotz bestehenden Vertrags verkaufte Werder den Jungstar nach der Saison an Austria Wien. Sein einziges Bundesligator schoss der sympathische Österreicher in seinem einzigen Spiel über 90 Minuten: Am allerletzten Spieltag

der Saison bei 2:5 in Bochum. Werder war am Wochenende zuvor bereits abgestiegen.

Welcher Gedanke kommt dir als erstes, wenn du »Werder Bremen« hörst?
Ich habe an Bremen gute Erinnerungen, weil mich diese Zeit, auch wenn sie kurz und nicht ganz glücklich war, als Fußballer geprägt hat. Dann bekam ich den Bänderriss, was damals sehr schwer für mich war. Vielleicht war ich auch noch etwas zu jung für einen Auslandstransfer. Ach, und ich erinnere mich gut an den allerersten Ratschlag, den mir Rudi Assauer nach meiner Verpflichtung mit auf den Weg gegeben hat: ›MEIDE DAS STEINTOR!‹

Wie ist dein Wechsel in die Bundesliga damals abgelaufen?
Rudi Assauer und Wolfgang Weber haben mich beobachtet. Ich habe zu der Zeit gerade mein Debüt in der Nationalelf gegeben und eine gute Saison gespielt. Es gab auch Interesse von Hertha BSC Berlin, Inter Mailand und Bayern München, aber Werders Angebot war schon sehr gut. Bei Hertha hätte ich etwas mehr verdienen können, aber Werders Manager Assauer hat auf mich von vornherein einen guten Eindruck gemacht, und dann habe ich ihm relativ schnell die Zusage gegeben.

Wie war die Situation, als du in Bremen ankamst?
Na ja, die Mannschaft steckte mitten im Abstiegskampf. Ich war erst 20, war zwar ein guter Stürmer, aber nicht routiniert genug. Ich war sehr teuer, habe den Verein 800.000 DM gekostet. Das war auch nicht ganz leicht für mich. Nach meinen ersten drei Spielen wurde dann Weber entlassen, und Assauer hat interimsmäßig das Training gemeinsam mit Fritz Langner geleitet. Meine drei ersten Spiele sind eigentlich auch gut gelaufen: Siege gegen Frankfurt und Bochum, Niederlage gegen Köln. Eigentlich war die Stimmung sogar sehr gut, bis ich mich verletzte. Ich musste dann sechs Wochen Gips tragen und tatenlos zusehen. Das war sehr deprimierend. Ohne die Verletzung hätte ich mir sicher in Deutschland einen Namen gemacht. Ich war antrittsschnell, kopfballstark, hatte einen starken linken Fuß und ein ganz gutes Spielverständnis.

An welche Kollegen erinnerst du dich besonders?
(Ohne eine Sekunde zu überlegen) Burdenski, Konschal, Otten. Mit Jonny Otten war ich gut befreundet. Klaus Wunder, Reinders, Röber, Dressel, Uwe Behrens, Kalli Kamp. Der ist ja heute noch da, gell? Grüße kannst du unbedingt ausrichten an Herrn Barkhausen, an Kalli Kamp und Thomas Schaaf!

Deine Erzählungen klingen, als sei die Bundesliga trotz des vielen Pechs für dich eine wichtige Erfahrung gewesen?
Natürlich! Das Training war viel intensiver, dann wird in Deutschland viel professioneller gearbeitet. Wenn um 10 Uhr Training ist, dann ist es um 10 Uhr und nicht um fünf nach 10. In Deutschland ist der Fußball zielstrebiger, ehrgeiziger. Die Deutschen wollen auf dem Platz immer mehr, mehr, mehr. In Österreich ist es eher so: Geht's gut, ist es gut. Geht's nicht gut, dann ist es auch schön.

Steinkogler für 5 Mill. Schilling bei Bremen
Seit gestern mittag ist Gerhard Steinkogler, beim GAK großgewordener Vollblutkicker, der teuerste steirische Fußballer! Werder Bremen zahlte gestern knapp 5 Millionen Schilling für den Mittelstürmer und wird Steinkogler bereits am Samstag im Heimspiel gegen Eintracht Frankfurt zum Einsatz bringen. Steinkogler hat sich vertraglich für zweieinhalb Jahre an den deutschen Bundesligaklub gebunden. Lesen Sie bitte im Sport die Seiten 44/45.

Weshalb bist du nach dem Abstieg wieder nach Österreich gegangen?
Austria Wien und andere Vereine hatten Interesse, und Assauer hat mich freigegeben. In Wien konnte ich einen sehr guten Vertrag unterschreiben. Wenn ich heute drüber nachdenke, denke ich trotzdem oft, dass es ein Fehler war, Werder zu verlassen. Ich hätte in der 2. Liga bleiben sollen, hätte mich dort als junger Spieler sicherlich weiterentwickeln können. Gerade auch später unter Otto Rehhagel, das wäre sicher ein guter Trainer gewesen, um mich weiter zu formen. Vielleicht hätte ich dann mehr als fünf Länderspiele gemacht.

Es fällt auf: Du hast alle Fakten, alle Gegner und Spiele von damals noch sehr präsent, obwohl du nur so kurz bei Werder warst.
Auf jeden Fall. Ich beobachte die Bundesliga sehr aufmerksam, und Werder ist mir wirklich ans Herz gewachsen. Wenn Bremen im Europacup spielt, bin ich insgeheim Werder-Fan. Ich bin ja nicht im Bösen gegangen. Ich wollte mit 20 Jahren einfach nicht in der 2. Liga spielen. Ich bedauere auch manchmal sehr, dass Werder mein einziger Versuch war, im Ausland zu spielen. Ich hatte viele Angebote, nachdem ich mit Austria Wien 1983 im Europapokal in Barcelona ein wichtiges Tor geschossen habe. Da war ich immer noch jung, erst 23, und hatte Angebote von Cagliari, Lazio Rom und Inter. Es ist dann immer irgendwie nicht zustande gekommen. So habe ich in Österreich weitergespielt: Austria Wien, Wacker Innsbruck, Grazer AK, Austria Wien, Vienna Wien, Wiener Sportclub, und dann in den Regionalligen. Mit 34 habe ich dann endgültig auf höherer Ebene aufgehört.

Was machst du heute?
Ich bin im Rathaus bei der Gemeinde Wien angestellt, in der Stadthauptkasse.

Spielerlaufbahn:
1977–80 Grazer AK
1979/80 Werder Bremen
1980–83 Austria Wien
1983/84 SSW Innsbruck
1983/84 Grazer AK
1984–86 Austria Wien
1986–91 First Vienna
1990/91 Wiener SK

Für Österreich bestritt Steinkogler 5 Länderspiele (1 Tor).

Gerhard Steinkogler 2003 als Spieler der Traditionsmannschaft des Grazer AK

Alle Spiele 1979/80

08.07.1979
Intertoto-Runde, 1. Spieltag
Maccabi Nathanya – W. Bremen 0:1 (0:1)
Aufstellung: Burdenski – Konschal, Geils, Hiller, Kamp – Möhlmann, Röber, Bracht – Linz (63. Reinders), Wunder, Dressel
Trainer: Weber
Tor: 0:1 Dressel (6.)
Zuschauer: 5.000

14.07.1979
Intertoto-Runde, 2. Spieltag
W. Bremen – Rapid Wien 2:1 (1:1)
Aufstellung: Burdenski – Konschal, Geils, Watson (46. Hiller), Kamp – Möhlmann, Röber, Bracht – Reinders, Wunder, Dressel
Trainer: Weber
Tore: 0:1 Kraus (10.), 1:1 Dressel (40.), 2:1 Wunder (67.)
Zuschauer: 5.400 in Rehburg-Loccum

18.07.1979
Freundschaftsspiel, »Weist-Gerichtskosten-Hinspiel«
Stuttgarter Kickers – W. Bremen 2:1 (0:1)
Aufstellung: Burdenski – Konschal, Kamp, Geils, Watson – Hiller, Röber, Möhlmann – Feldhaus (58. Reinders), Wunder, Dressel
Trainer: Weber
Tor: 0:1 Wunder (33.), 1:1 Heselschwerdt (48.), 2:1 Nickel (60.)
Besonderheit: Hinspiel der sogenannten »Gerichtskosten-Spiele«, in denen ermittelt werden sollte, welcher Verein die Gerichtskosten der Auseinandersetzung um den ehemaligen Werder-Stürmer Weist zu zahlen hat, den Werder den Stuttgarter Kickers angeblich als »Invaliden« verkauft haben soll
Zuschauer: 1.500 in Sindelfingen

21.07.1979
Intertoto-Runde, 3. Spieltag
W. Bremen – Maccabi Nathanya 1:0 (1:0)
Aufstellung: Burdenski – Konschal, Otten, Hiller, Geils – Möhlmann, Röber, Bracht – Reinders, Wunder, Dressel
Trainer: Weber
Tor: 1:0 Möhlmann (33.)
Zuschauer: 2.000 in Twistringen

»Reden ist gut, hingehen besser.« Werder wirbt in ganz schweren Zeiten auf Bremer Straßenbahnen

Manager Rudi Assauer präsentiert! Auf Straßenbahnschienen wird Werder Bremen künftig für sich werben. Auf zwei Triebwagen der Bremer Straßenbahn werden die Slogans ein Jahr lang zu lesen sein. Als Gegenleistung sollen die Profis von Zeit zu Zeit auf der fünfzehn Kilometer langen Strecke zwischen Osterholz und Kattenturm Autogrammstunden geben.

24.07.1979
Intertoto-Runde, 4. Spieltag
W. Bremen – Standard Lüttich 3:1 (2:0)
Aufstellung: Burdenski – Kamp, Geils, Watson, Otten – Möhlmann, Röber, Bracht – Reinders, Wunder (50. Offermanns), Dressel
Trainer: Weber
Tore: 1:0 Reinders (5.), 2:0 Otten (10.), 3:0 Offermanns (71.), 3:1 Edström (81.)
Zuschauer: 5.000 in Varel

28.07.1979
Intertoto-Runde, 5. Spieltag
Rapid Wien – W. Bremen 1:1 (1:1)
Aufstellung: Voss – Konschal, Kamp, Watson, Hiller – Offermanns, Röber, Bracht – Reinders, Linz, Dressel
Trainer: Weber
Tore: 1:0 Hoffmann (17.), 1:1 Reinders (28.)
Zuschauer: 4.300

01.08.1979
Internationales Freundschaftsspiel
W. Bremen – Leeds United 0:0
Aufstellung: Burdenski – Konschal, Otten, Watson, Geils – Kamp (46. Offermanns), Röber, Bracht, Möhlmann – Reinders, Dressel
Trainer: Weber
Tore: –
Zuschauer: 10.000

05.08.1979
Intertoto-Runde, 6. Spieltag
Standard Lüttich – W. Bremen 1:2 (0:1)
Aufstellung: Burdenski – Konschal, Geils (46. Otten), Hiller, Kamp – Möhlmann, Röber, Offermanns, Linz (75. Dressel) – Reinders, Wunder
Trainer: Weber
Tore: 0:1 Linz (14.), 0:2 Linz (47.), 1:2 de Matos (85.)
Zuschauer: 10.000

Endstand Intertoto-Runde, Gruppe 1

	S U N	Tore	Pk.
1. SV W. Bremen (D)	5 1 0	10 : 4	11
2. Standard Lüttich (B)	2 1 3	10 : 9	5
3. Maccabi Nathanya (Israel)	1 2 3	8 : 10	4
4. Rapid Wien (A)	1 2 3	8 : 13	4

08.08.1979
Freundschaftsspiel, »Weist-Gerichtskosten-Rückspiel«
W. Bremen – Stuttgarter Kickers 4:2 (2:1)
Aufstellung: Burdenski – Konschal, Kamp (46. Otten), Geils, Watson – Möhlmann, Röber, Bracht (75. Offermanns) – Reinders, Linz, Dressel (46. Wunder)
Trainer: Weber
Tore: 0:1 Saile (18.), 1:1 Röber (25.), 2:1 Konschal (41.), 3:1 Röber (53.), 4:1 Watson (62.), 4:2 Dreher (78.)
Zuschauer: 4.000

11.08.1979
Bundesliga, 1. Spieltag
W. B. – Bayer 05 Uerdingen 1:0 (0:0)
Aufstellung: Burdenski – Konschal, Geils, Watson, Otten – Möhlmann, Röber, Bracht – Reinders, Wunder (68. Hiller), Dressel
Trainer: Weber
Tor: 1:0 Wunder (46.)
Zuschauer: 15.000

14.08.1979
Freundschaftsspiel
TSV Osterholz-Tenever – W. B. 1:9 (1:3)
Aufstellung: Burdenski (46. Voss) – Kamp, Schaaf, Siegmann, Watson – Hiller, M. Haskamp, Offermanns – Feldhaus, Linz, Dressel
Trainer: Weber
Torschützen für Werder: Offermanns (3), Linz (2), Dressel (2), Hiller, Feldhaus
Besonderes Vorkommnis: Linz verschießt Elfmeter
Zuschauer: 1.500

18.08.1979
Bundesliga, 2. Spieltag
TSV 1860 München – W. Bremen 4:1 (2:1)
Aufstellung: Burdenski – Konschal, Geils (72. Kamp), Watson, Otten – Hiller, Röber, Möhlmann (63. Offermanns), Bracht – Reinders, Dressel
Trainer: Weber
Tore: 0:1 Dressel (12.), 1:1 Flohe (26. FE), 2:1 Gerber (29.), 3:1 Flohe (60.), 4:1 Hofeditz (65.)
Besonderes Vorkommnis: Rote Karte für Watson (36.)
Zuschauer: 36.500

21.08.1979
Freundschaftsspiel
Brinkumer SV – W. Bremen 0:17 (0:6)
Aufstellung: Burdenski (46. Voss) – Otten (46. Linz), Kamp, Geils (46. Siegmann), Hiller (46. Möhlmann) – Offermanns, Röber, Bracht – Konschal, Wunder, Dressel
Trainer: Weber
Tore: Linz (6), Wunder (3), Dressel (2), Bracht, Röber, Siegmann, Offermanns, Geils, Kamp
Zuschauer: 1.500

25.08.1979
DFB-Pokal, 1. Runde
Alemannia Aachen – W. Bremen 0:1 (0:1)
Aufstellung: Burdenski – Konschal, Geils, Hiller, Otten – Möhlmann, Röber (61. Linz), Bracht – Reinders, Wunder, Dressel
Trainer: Weber
Tor: 0:1 Röber (15.)
Besonderes Vorkommnis: Rote Karte für Linz (78.); Burdenski hält FE von Stradt (79.)
Zuschauer: 15.500

28.08.1979
Bundesliga, 3. Spieltag
W. Bremen – Borussia Dortmund 2:1 (1:0)
Aufstellung: Burdenski – Konschal, Geils, Hiller, Otten – Möhlmann, Offermanns (76. Kamp), Bracht – Reinders, Wunder, Dressel
Trainer: Weber
Tore: 1:0 Möhlmann (5.), 2:0 Wunder (59. FE), 2:1 Runge (75.)
Besonderes Vorkommnis: Immel hält FE von Reinders (82.)
Zuschauer: 21.000

01.09.1979
Bundesliga, 4. Spieltag
Fortuna Düsseldorf – W. Bremen 4:1 (3:1)
Aufstellung: Burdenski – Konschal, Geils, Hiller (46. Offermanns), Otten – Möhlmann, Bracht, Kamp – Reinders (78. Feldhaus), Wunder, Dressel
Trainer: Weber
Tore: 0:1 Wunder (4.), 1:1 T. Allofs (12.), 2:1 K. Allofs (21.), 3:1 K. Allofs (27. FE), 4:1 T. Allofs (66.)
Zuschauer: 12.500

08.09.1979
Bundesliga, 5. Spieltag
W. Bremen – VfB Stuttgart 2:3 (0:1)
Aufstellung: Burdenski – Konschal, Geils, Offermanns, Otten – Kamp, Möhlmann, Bracht – Reinders, Wunder, Dressel (72. Hiller)
Trainer: Weber
Tore: 0:1 Müller (45.), 0:2 Volkert (51.), 1:2 Möhlmann (52.), 2:2 Burdenski (58. FE), 2:3 Kelsch (90.)
Besonderes Vorkommnis: Roleder hält FE von Wunder (25.)
Zuschauer: 21.000

15.09.1979
Bundesliga, 6. Spieltag
Eintr. Braunschweig – W. B. 1:2 (0:0)
Aufstellung: Burdenski – Konschal, Geils, Offermanns, Otten – Möhlmann, Röber, Bracht – Reinders, Wunder, Dressel
Trainer: Weber
Tore: 1:0 Worm (61.), 1:1 Reinders (62.), 1:2 Bruns (74. ET)
Zuschauer: 9.037

17.09.1979
Freundschaftsspiel
TuS Hessisch-O'dorf – W. Bremen 0:2 (0:1)
Aufstellung: Burdenski (Voss) – Kamp, Konschal (Otten), Geils, Offermanns – Hiller, Möhlmann, Bracht (Siegmann) – Reinders (Wunder), Linz, Dressel
Trainer: Weber
Tore: Kamp, Geils
Zuschauer: unbekannt

21.09.1979
Bundesliga, 7. Spieltag
W. Bremen – Bayer 04 Leverkusen 1:1 (1:1)
Aufstellung: Burdenski – Konschal, Geils, Offermanns, Otten – Möhlmann, Röber, Bracht – Reinders, Wunder, Dressel
Trainer: Weber
Tore: 0:1 Herzog (22.), 1:1 Reinders (44.)
Zuschauer: 15.000

29.09.1979
DFB-Pokal, 2. Runde
W. Bremen – Hertha BSC Berlin 0:2 (0:1)
Aufstellung: Burdenski – Konschal, Geils, Offermanns, Otten – Kamp (66. Möhlmann), Röber, Bracht – Reinders, Wunder (46. Linz), Dressel
Trainer: Weber

Tore: 0:1 Milewski (41.), 0:2 Milewski (60.)
Besonderes Vorkommnis: Kleff hält FE von Röber (70.)
Zuschauer: 8.000

06.10.1979
Bundesliga, 8. Spieltag
FC Schalke 04 – W. Bremen 3:0 (1:0)
Aufstellung: Burdenski – Konschal, Geils, Möhlmann, Otten – Kamp (46. Wunder), Bracht, Röber, Offermanns – Reinders, Dressel
Trainer: Weber
Tore: 1:0 Berkemeier (36.), 2:0 Bittcher (61.), 3:0 Thiele (68.)
Zuschauer: 20.000

20.10.1979
Bundesliga, 9. Spieltag
W. Bremen – Hamburger SV 1:1 (0:0)
Aufstellung: Burdenski – Konschal, Möhlmann, Geils, Otten – Kamp, Röber, Bracht, Offermanns – Reinders (65. Wunder), Dressel
Trainer: Weber
Tore: 1:0 Röber (74.), 1:1 Hrubesch (88.)
Zuschauer: 40.000

27.10.1979
Bundesliga, 10. Spieltag
Bor. M'gladbach – W. B. 2:1 (1:0)
Aufstellung: Burdenski – Geils, Möhlmann, Siegmann (81. Wunder), Otten – Konschal, Röber, Kamp (29. Offermanns), Bracht – Reinders, Dressel
Trainer: Weber
Tore: 1:0 Nielsen (42.), 2:0 Nickel (86.), 2:1 Reinders (87.)
Zuschauer: 12.000

03.11.1979
Bundesliga, 11. Spieltag
W. Bremen – FC Bayern München 1:4 (0:2)
Aufstellung: Burdenski – Konschal (81. Hiller), Siegmann, Möhlmann, Geils – Röber, Bracht, Kamp (72. Offermanns), Otten – Reinders, Dressel
Trainer: Weber
Tore: 0:1 D. Hoeneß (33.), 0:2 K. H. Rummenigge (45.), 1:2 Dressel (53.), 1:3 D. Hoeneß (64.), 1:4 Niedermayer (81.)
Zuschauer: 26.000

07.11.1979
Internationales Freundschaftsspiel
Manchester City – W. Bremen 4:0 (2:0)
Eingesetzte Spieler: Burdenski – Siegmann, Otten, Schaaf (2. Halbzeit), Geils – Kamp, Hiller, Konschal, Offermanns, Röber, Möhlmann, Wunder – Dressel, Reinders, Feldhaus (46. Linz), genaue Aufstellung unbekannt
Trainer: Weber
Tore: 1:0 Henry (34.), 2:0 Lee (36.), 3:0 Palmer (48.), 4:0 Henry (58.)
Besonderheit: Ablösespiel für Dave Watson, inzwischen beim FC Southampton
Zuschauer: 7.000

Er kam, wirbelte und verließ Werder nach drei Jahren in Richtung Hamburg: Werner Dressel stieg kometengleich auf, konnte seine guten Anfangseindrücke aber weder beim HSV, noch später beim 1.FC Nürnberg oder bei Borussia Dortmund bestätigen

10.11.1979
Bundesliga, 12. Spieltag
Hertha BSC Berlin – W. Bremen 0:0
Aufstellung: Burdenski – Konschal, Geils, Möhlmann, Otten – Hiller, Kamp, Röber, Bracht – Reinders (88. Wunder), Dressel
Trainer: Weber
Tore: –
Zuschauer: 16.942

16.11.1979
Bundesliga, 13. Spieltag
W. Bremen – MSV Duisburg 2:1 (0:1)
Aufstellung: Burdenski – Kamp (46. Wunder), Geils, Möhlmann, Otten – Bracht (69. Offermanns), Konschal, Hiller, Röber – Reinders, Dressel
Trainer: Weber
Tore: 0:1 Fruck (8.), 1:1 Röber (71.), 2:1 Wunder (74.)
Zuschauer: 9.000

23.11.1979
Bundesliga, 14. Spieltag
1. FC Kaiserslautern – W. Bremen 3:1 (3:0)
Aufstellung: Burdenski – Konschal, Geils (23. Siegmann), Möhlmann, Otten – Röber, Hiller (70. Wunder), Bracht, Offermanns – Reinders, Dressel
Trainer: Weber
Tore: 1:0 Wendt (7.), 2:0 Wendt (9.), 3:0 Wendt (19.), 3:1 Offermanns (55.)
Zuschauer: 15.232

01.12.1979
Bundesliga, 15. Spieltag
W. Bremen – Eintracht Frankfurt 4:3 (2:2)
Aufstellung: Burdenski – Siegmann (46. Hiller), Geils, Möhlmann, Otten – Konschal, Röber, Bracht – Reinders, Steinkogler (75. Wunder), Dressel
Trainer: Weber
Tore: 1:0 Dressel (4.), 1:1 Karger (22.), 2:1 Dressel (38.), 2:2 Lottermann (44.), 3:2 Bracht (54.), 4:2 Reinders (58.), 4:3 Nachtweih (65.)
Zuschauer: 15.000

04.12.1979
Freundschaftsspiel
»Horst-Dieter Höttges-Abschiedsspiel«
W. B. – Intern. Auswahl 2:3 (1:3)
Aufstellung: Voss – Geils, Siegmann, Höttges (60. Hiller), Otten – Röber (46. Offermanns), Möhlmann (46. Kamp), Bracht (46. Konschal) – Reinders, Steinkogler, Dressel (71. Linz)
Trainer: Weber
Tore: 0:1 Fischer (7.), 0:2 Keegan (21.), 1:2 Höttges (37. FE), 1:3 Otten (43. ET), 2:3 Offermanns (67.)
Besonderheit: Das Spiel fand aufgrund von Stadionumbau, Terminproblemen der eingeladenen Spieler und des »Jahrhundertwinters« 1978/79 mit insgesamt 18 Monaten Verspätung statt
Zuschauer: 15.000

08.12.1979
Bundesliga, 16. Spieltag
1. FC Köln – W. Bremen 4:1 (3:0)
Aufstellung: Burdenski – Geils (72. Hiller), Siegmann, Möhlmann, Otten – Konschal, Röber, Bracht – Reinders, Steinkogler (63. Wunder), Dressel
Trainer: Weber
Tore: 1:0 Zimmermann (4.), 2:0 Schuster (21. FE), 3:0 D. Müller (34.), 3:1 Röber (66.), 4:1 Strack (85.)
Zuschauer: 16.000

14.12.1979
Bundesliga, 17. Spieltag
W. Bremen – VfL Bochum 2:0 (1:0)
Aufstellung: Burdenski – Konschal (82. Wunder), Geils, Siegmann, Otten – Hiller, Bracht, Röber – Reinders, Steinkogler (70. Offermanns), Dressel
Trainer: Weber
Tore: 1:0 Röber (9.), 2:0 Reinders (62.)
Zuschauer: 10.000

30.12.1979
Freundschaftsspiel
SC Victoria Hamburg – W. B. 1:2 (0:0)
Aufstellung: Burdenski (46. Voss) – Konschal, Otten, Geils, Siegmann – Hiller, Möhlmann, Wunder – Reinders (46. Offermanns), Steinkogler, Dressel
Trainer: Weber
Tore: 0:1 Wunder (65.), 1:1 Schiller (75.), 1:2 Wunder (76.)
Zuschauer: 1.200

12.01.1980
Freundschaftsspiel
OSC Bremerhaven – W. Bremen 0:6 (0:3)
Aufstellung: Burdenski – Konschal, Siegmann, Geils, Otten – Möhlmann, Röber, Wunder – Reinders, Steinkogler, Dressel
Trainer: Weber
Tore: 0:1 Reinders (20.), 0:2 Reinders (22.), 0:3 Röber (43.), 0:4 Reinders (63.), 0:5 Röber (74.), 0:6 Wunder (82.)
Zuschauer: 1.268

16.01.1980
Freundschaftsspiel
Kevelaer SV – W. Bremen 1:2 (0:0)
Aufstellung: Burdenski (46. Voss) – Konschal, Otten, Siegmann, Geils – Hiller, Röber, Offermanns – Reinders, Wunder (46. Möhlmann), Dressel
Trainer: Weber
Tore: 1:0 unbekannt (60.), 1:1 Reinders (61.), 1:2 Möhlmann (88.)
Zuschauer: unbekannt

19.01.1980
Bundesliga, 18. Spieltag
Bayer 05 Uerdingen – W. B. 2:0 (1:0)
Aufstellung: Burdenski – Konschal, Siegmann, Geils, Otten – Hiller, Möhlmann (46. Offermanns), Röber, Wunder – Reinders (79. Feldhaus), Dressel
Trainer: Weber
Tore: 1:0 Mattsson (40.), 2:0 F. Funkel (51.)
Besonderes Vorkommnis: Burdenski hält FE von F. Funkel (49.)
Zuschauer: 7.000

26.01.1980
Bundesliga, 19. Spieltag
W. Bremen – TSV 1860 München 4:6 (1:2)
Aufstellung: Burdenski – Konschal, Siegmann, Geils, Otten (61. Offermanns) – Möhlmann, Röber, Bracht – Reinders, Wunder (46. Feldhaus), Dressel
Trainer: Weber
Tore: 0:1 Ellbracht (14.), 1:1 Röber (20.), 1:2 Wohlers (30.), 1:3 Senzen (46.), 2:3 Möhlmann (64.), 2:4 Wohlers (78. HE), 3:4 Röber (87.), 3:5 Ellbracht (88.), 3:6 Wohlers (89.), 4:6 Möhlmann (89.)
Zuschauer: 10.000

02.02.1980
Bundesliga, 20. Spieltag
Borussia Dortmund – W. Bremen 5:0 (2:0)
Aufstellung: Burdenski – Geils (23. Kamp), Möhlmann, Siegmann, Otten – Konschal, Hiller, Röber, Bracht – Reinders, Dressel
Trainer: Assauer
Tore: 1:0 Vöge (17.), 2:0 T. Schneider (35.), 3:0 T. Schneider (60.), 4:0 Burgsmüller (65.), 5:0 Hein (78.)
Zuschauer: 18.000

16.02.1980
Freundschaftsspiel
Hannover 96 – W. Bremen 1:1 (1:0)
Aufstellung: Burdenski – Geils, Siegmann, Möhlmann, Otten – Röber, Kamp (46. Behrens), Bracht (82. Offermanns), Konschal – Reinders, Dressel
Trainer: Assauer
Tore: 1:0 Schatzschneider (16.), 1:1 Behrens (51.)
Zuschauer: 1.800

23.02.1980
Bundesliga, 22. Spieltag
VfB Stuttgart – W. Bremen 5:1 (1:1)
Aufstellung: Burdenski – Geils, Siegmann, Möhlmann, Otten – Konschal, Röber, Kamp (76. Hiller), Bracht – Reinders, Dressel
Trainer: Assauer / Langner
Tore: 1:0 Müller (6.), 1:1 Dressel (30.), 2:1 B. Förster (67.), 3:1 Volkert (76. FE), 4:1 Volkert (79. FE), 5:1 Kelsch (90.)
Zuschauer: 18.000

01.03.1980
Bundesliga, 23. Spieltag
W. B. – Eintr. Braunschweig 4:0 (3:0)
Aufstellung: Burdenski – Geils, Möhlmann, Siegmann – Konschal, Röber, Bracht, Kamp (82. Offermanns) – Reinders, Behrens (71. Otten), Dressel
Trainer: Assauer / Langner
Tore: 1:0 Reinders (8.), 2:0 Dressel (9.), 3:0 Reinders (45.), 4:0 Reinders (66.)
Zuschauer: 13.000

04.03.1980
Bundesliga, 21. Spieltag (Nachholspiel)
W. Bremen – Fortuna D'dorf 4:1 (3:0)
Aufstellung: Burdenski – Geils, Möhlmann, Otten – Konschal, Röber, Bracht, Kamp – Reinders (58. Offermanns), Behrens (79. Wunder), Dressel
Trainer: Assauer / Langner
Tore: 1:0 Dressel (3.), 2:0 Reinders (15.), 3:0 Behrens (29.), 4:0 Röber (47.), 4:1 K. Allofs (67.)
Zuschauer: 14.000

07.03.1980
Bundesliga, 24. Spieltag
Bayer 04 Leverkusen – W. B. 4:0 (1:0)
Aufstellung: Burdenski – Geils, Siegmann, Möhlmann, Otten – Konschal (73. Hiller), Röber, Bracht, Kamp (65. Behrens) – Reinders, Dressel
Trainer: Assauer / Langner
Tore: 1:0 Gelsdorf (31.), 2:0 Szech (46.), 3:0 Hörster (82.), 4:0 Posner (83.)
Zuschauer: 9.000

11.03.1980
Freundschaftsspiel
Auswahl Achim – W. Bremen 0:5 (0:2)
Aufstellung: Voss – Geils (46. Behrens), Otten (46. Kamp), Siegmann, Möhlmann (46. Schaaf) – Hiller, Offermanns, Röber – Steinkogler (46. Feldhaus), Reinders (46. Bracht), Dressel (46. Konschal)
Trainer: Assauer / Langner
Tore: 0:1 Dressel (26.), 0:2 Möhlmann (28.), 0:3 Röber (53.), 0:4 Behrens (80.), 0:5 Feldhaus (81.)
Zuschauer: 1.000 in Achim-Uphusen

Werder Bremen ist geschmacklos

Ich finde es geschmacklos von Werder, nach einem Sieg über Düsseldorf das Lied: „Wärst du doch in Düsseldorf geblieben!" zu spielen. Vielleicht steigt Werder zur Strafe dafür ab.

P. Zittel
4 Düsseldorf

Leserbrief aus der »Fußball-Woche«

14.03.1980
Bundesliga, 25. Spieltag
W. Bremen – FC Schalke 04 4:0 (3:0)
Aufstellung: Burdenski – Geils, Siegmann, Möhlmann, Otten – Konschal, Röber, Bracht – Reinders (83. Steinkogler), Behrens (74. Kamp), Dressel
Trainer: Assauer / Langner
Tore: 1:0 Dressel (24.), 2:0 Bracht (25.), 3:0 Konschal (30.), 4:0 Dressel (88.)
Zuschauer: 18.000

22.03.1980
Bundesliga, 26. Spieltag
Hamburger SV – W. Bremen 5:0 (2:0)
Aufstellung: Burdenski – Geils, Siegmann, Möhlmann, Otten – Konschal, Röber, Bracht, Kamp (46. Behrens) – Reinders, Dressel
Trainer: Assauer / Langner
Tore: 1:0 Hrubesch (16.), 2:0 Milewski (41.), 3:0 Jakobs (61.), 4:0 Hrubesch (83.), 5:0 Hrubesch (86.)
Zuschauer: 31.000

28.03.1980
Bundesliga, 27. Spieltag
W. Bremen – Bor. M'gladbach 4:2 (2:1)
Aufstellung: Burdenski – Siegmann, Möhlmann, Geils – Konschal, Kamp, Röber, Bracht (80. Otten) – Reinders, Behrens (68. Wunder), Dressel
Trainer: Assauer / Langner
Tore: 1:0 Behrens (5.), 2:0 Reinders (9.), 2:1 Matthäus (12.), 2:2 Nickel (61.), 3:2 Röber (65. FE), 4:2 Dressel (87.)
Zuschauer: 23.000

12.04.1980
Bundesliga, 28. Spieltag
FC Bayern München – W. B. 7:0 (2:0)
Aufstellung: Burdenski – Geils, Möhlmann, Otten, Kamp (46. Steinkogler) – Röber, Konschal (52. Offermanns), Hiller, Bracht – Reinders, Dressel
Trainer: Assauer / Langner
Tore: 1:0 Breitner (28. FE), 2:0 D. Hoeneß (39.), 3:0 Janzon (52.), 4:0 K. H. Rummenigge (57.), 5:0 K. H. Rummenigge (62.), 6:0 Breitner (65.), 7:0 D. Hoeneß (88.)
Zuschauer: 21.000

13.04.1980
Freundschaftsspiel
TSV Wasserberg – W. Bremen 1:12 (0:6)
Aufstellung: Burdenski (Voss) – Geils, Otten (Hiller), Siegmann, Möhlmann – Offermanns, Röber, Wunder – Reinders, Steinkogler, Dressel (Bracht)
Trainer: Assauer / Langner
Torschützen für Werder: Reinders (3), Steinkogler (2), Wunder (2), Röber (2), Otten, Offermanns, Eigentor
Zuschauer: 2.500

18.04.1980
Bundesliga, 29. Spieltag
W. Bremen – Hertha BSC Berlin 1:0 (0:0)
Aufstellung: Burdenski – Geils, Kamp, Möhlmann, Otten – Konschal, Röber, Bracht – Reinders, Behrens, Dressel
Trainer: Assauer / Langner
Tor: 1:0 Behrens (63.)
Zuschauer: 16.000

25.04.1980
Bundesliga, 30. Spieltag
MSV Duisburg – W. Bremen 4:1 (3:0)
Aufstellung: Burdenski – Geils, Möhlmann, Kamp, Otten – Konschal (74. Steinkogler), Röber, Bracht – Reinders, Behrens (72. Wunder), Dressel
Trainer: Assauer / Langner
Tore: 1:0 Grillemeier (12.), 2:0 Seliger (30.), 3:0 Büssers (44.), 4:0 Steiner (61.), 4:1 Reinders (77.)
Zuschauer: 20.000

03.05.1980
Bundesliga, 31. Spieltag
W. Bremen – 1. FC Kaiserslautern 2:4 (0:2)
Aufstellung: Burdenski – Siegmann (46. Offermanns), Möhlmann, Geils – Kamp, Röber, Hiller (46. Otten), Bracht – Konschal, Behrens, Reinders
Trainer: Assauer / Langner
Tore: 0:1 Briegel (15.), 0:2 Riedl (44.), 1:2 Möhlmann (48.), 2:2 Behrens (56.), 2:3 Riedl (84.), 2:4 Geye (87.)
Zuschauer: 17.000

17.05.1980
Bundesliga, 32. Spieltag
Eintracht Frankfurt – W. Bremen 3:2 (0:1)
Aufstellung: Burdenski – Konschal (80. Offermanns), Siegmann, Wunder, Geils – Kamp, Möhlmann, Röber, Bracht (80. Hiller) – Reinders, Dressel
Trainer: Assauer / Langner
Tore: 0:1 Röber (42. FE), 0:2 Dressel (53.), 1:2 Nachtweih (56.), 2:2 Künast (77.), 3:2 Peukert (90.)
Zuschauer: 16.000

24.05.1980
Bundesliga, 33. Spieltag
W. Bremen – 1. FC Köln 0:5 (0:1)
Aufstellung: Burdenski – Geils, Siegmann, Wunder, Otten – Möhlmann, Röber, Bracht (64. Konschal) – Reinders, Behrens (46. Steinkogler), Dressel
Trainer: Assauer / Langner
Tore: 0:1 Woodcock (18.), 0:2 D. Müller (50.), 0:3 Woodcock (66.), 0:4 Woodcock (74.), 0:5 Woodcock (87.)
Zuschauer: 17.000

31.05.1980
Bundesliga, 34. Spieltag
VfL Bochum – W. Bremen 5:2 (2:1)
Aufstellung: Burdenski – Geils, Siegmann, Wunder, Otten – Möhlmann, Röber (46. Offermanns), Hiller – Reinders, Steinkogler, Dressel
Trainer: Assauer / Langner
Tore: 0:1 Dressel (20.), 1:1 Bast (27.), 2:1 Lameck (28.), 2:2 Steinkogler (50.), 3:2 Eggert (51.), 4:2 Abel (70. FE), 5:2 Kaczor (78.)
Zuschauer: 9.000

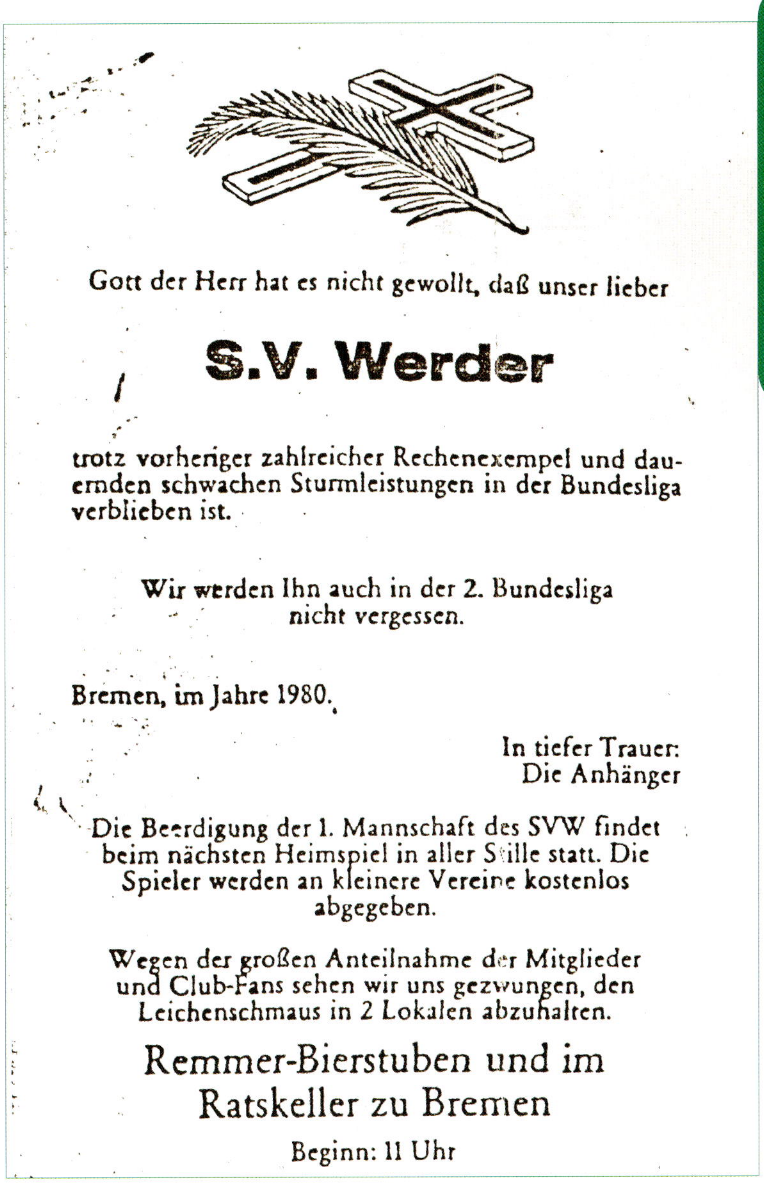
Gott der Herr hat es nicht gewollt, daß unser lieber

S.V. Werder

trotz vorheriger zahlreicher Rechenexempel und dauernden schwachen Sturmleistungen in der Bundesliga verblieben ist.

Wir werden Ihn auch in der 2. Bundesliga nicht vergessen.

Bremen, im Jahre 1980.

In tiefer Trauer:
Die Anhänger

Die Beerdigung der 1. Mannschaft des SVW findet beim nächsten Heimspiel in aller Stille statt. Die Spieler werden an kleinere Vereine kostenlos abgegeben.

Wegen der großen Anteilnahme der Mitglieder und Club-Fans sehen wir uns gezwungen, den Leichenschmaus in 2 Lokalen abzuhalten.

Remmer-Bierstuben und im Ratskeller zu Bremen

Beginn: 11 Uhr

Bundesliga-Abschlusstabelle 1979 / 1980

Platz	Verein	Spiele	S	U	N	Tore	Diff.	Punkte
1.	Bayern München	34	22	6	6	84:33	+51	50-18
2.	Hamburger SV (M)	34	20	8	6	86:35	+51	48-20
3.	1.FC K'lautern	34	18	5	11	75:53	+22	41-27
	VfB Stuttgart	34	17	7	10	75:53	+22	41-27
5.	1. FC Köln	34	14	9	11	72:55	+17	37-31
6.	Borussia Dortmund	34	14	8	12	64:56	+8	36-32
7.	Borussia M'gladbach	34	12	12	10	61:60	+1	36-32
8.	Schalke 04	34	12	9	13	40:51	-11	33-35
9.	Eintracht Frankfurt	34	15	2	17	65:61	+4	32-36
10.	VfL Bochum	34	13	6	15	41:44	-3	32-36
11.	Fortuna Düsseldorf (P)	34	13	6	15	62:72	-10	32-36
12.	Bayer Leverkusen (N)	34	12	8	14	45:61	-16	32-36
13.	1860 München (N)	34	10	10	14	42:53	-11	30-38
14.	MSV Duisburg	34	11	7	16	43:57	-14	29-39
15.	KFC Uerdingen 05 (N)	34	12	5	17	43:61	-18	29-39
16.	Hertha BSC Berlin	34	11	7	16	41:61	-20	29-39
17.	**Werder Bremen**	**34**	**11**	**3**	**20**	**52:93**	**-41**	**25-43**
18.	Eintracht Braunschweig	34	6	8	20	32:64	-32	20-48

Fieberkurve der Bundesliga-Saison 1979 / 1980

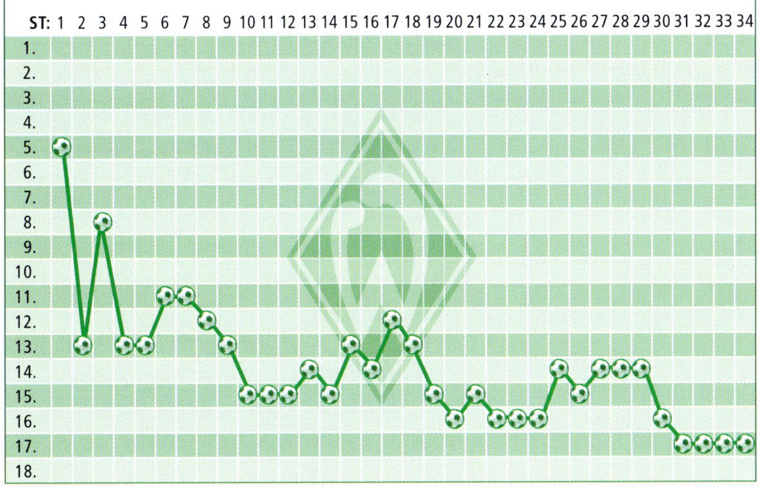

1980/81: Auferstanden aus Ruinen

Oben v.l.:
Trainer Klötzer, Bracht, Kostedde, Offermanns, Schaaf, Möhlmann, Siegmann, Otten, Behrens, Reinders, Masseur Kienert
Unten v.l.:
Fichtel, Jank, Bargfrede, Burdenski, Voss, Meier, Masztaler, Konschal, Kamp

Nun also doch. Fast 15 Jahre lang hatte sich Werder stetig gegen den Absturz in die Zweitklassigkeit gewehrt. 1980 war es soweit: Die Gegner hießen plötzlich nicht mehr Bayern, HSV oder Mönchengladbach, sondern Erkenschwick, Lüdenscheid und Solingen. Dr. Böhmert stellte düster fest: »Alles liegt wie im Koma.«

Die finanziellen und sportlichen Vorgaben für die neu formierte Mannschaft waren beinhart. Der direkte Wiederaufstieg war kein Ziel, sondern eine Lebensnotwendigkeit. »Wenn es schief geht, werden wir uns durch Spielerverkäufe entschulden und anschließend mit unseren hochveranlagten Amateuren eine neue Mannschaft aufbauen«, kündigte Manager Assauer beschwörend an. Und so wagte Werder ein schwindelerregendes Vabanque-Spiel: Ein finanziell äußerst schlecht gestellter Verein mit einem baufälligen Stadion und einer sang- und klanglos abgestiegenen, demoralisierten Elf war in einer Saison fast ohne große massenwirksame Schlagerspiele zum totalen Erfolg verdonnert, weil vor allem die Gehälter der verbliebenen Leistungsträger einen großen Teil des geplanten Etats verschlangen. Gleichzeitig musste Werder bei einem hanseatisch-vorsichtig kalkulierten Zuschauerschnitt von 7.000 Transfererlöse von 2,5 Millionen DM erzielen, um auch nur halbwegs über die Runden zu kommen. Assauer hatte außerdem beim vorhandenen Personal die Notbremse gezogen und die Spielergehälter auf maximal 200.000 DM begrenzt. Dennoch: Alleine in der Rückrunde häufte Werder weitere 700.000 DM Schulden an. Die Gesamtsumme der Verbindlichkeiten stieg auf existenzbedrohende 2 Millionen DM an.

Diejenigen Fans, die Werder auch in dieser Zweitligasaison die Treue hielten, erinnern sich an unendlich viele langweilige Spiele, und, eigentlich komisch, es hat auch fast immer geregnet. Vielleicht kam einem das aber auch nur so vor, weil die Spiele oft eher trostlos abliefen: 95 Prozent aller Werder-Gegner stellten sich vor die eigene Torlinie und mauerten, bis sie blau anliefen.

Dennoch wurde es eine erfolgreiche Saison und sicherlich eine der wichtigsten in Werders Vereinsgeschichte. Nach dem deprimierenden Abstieg im Jahr zuvor gelang es Werder erstaunlicherweise, die Mannschaft für die Zweitligasaison zu verstärken, statt unter einem Aderlass zu leiden. Natürlich gab es namhafte Abgänge: Mittelfeldmotor Röber ging zu den Bayern, Jungstar Werner Dressel zog es zum HSV, Eigengewächs Geils verstärkte die Abwehr von Arminia Bielefeld und Allrounder Franz Hiller verließ Werder in Richtung Schweiz. Aber das war es auch schon. Beim Auftakttraining waren einige Stars überraschend dabei, deren Abschied beim Abstieg beschlossene Sache schien: Dieter Burdenski fand zu seinem

Leidwesen und zum Leidwesen seines treuen Vertreters Albert Voss keinen neuen Club und wurde zu seinem Glück bei Werder gezwungen. Auch Uwe Reinders war noch dabei, Abwehr-Ass Siegmann, Flügelflitzer Konschal und Jonny Otten, eines der größten Talente, das Werder auf der linken Seite je in seinen Reihen hatte. Der immer noch eher unerfahrene Manager Rudi Assauer lieferte sein Meisterstück: Er holte für wenig Geld gleich vier ehemalige und einen kommenden Nationalspieler ins Weser-Stadion.

Da war zunächst mal Klaus Fichtel von Schalke 04. Der schien mit gut 35 Jahren seine beste Zeit hinter sich zu haben und wurde von den Schalkern nach Bremen abgeschoben. Ein Fehler, wie man in Gelsenkirchen bald feststellen musste: Fichtel wurde zum Vater des Werder-Aufstiegs, spielte wie in seinen besten Jahren und wurde später von einem gewissen Rudi Assauer, mittlerweile pikanterweise Schalke-Manager, mit 39 Jahren in den Ruhrpott zurückgelotst, wo er noch weitere erstaunliche vier Jahre kickte. Erst mit fast 44 Jahren absolvierte Fichtel sein letztes Bundesligaspiel (gegen Werder!). Nicht schlecht für einen, der demselben Club schon neun Jahre zuvor zu alt schien.

Klaus Fichtel war die eine Hälfte des Wunders. Die andere war nahezu gleichaltrig, kaffeebraun und lockenköpfig: Erwin Kostedde, bei Stade Laval französischer Torschützenkönig und viele Jahre zuvor Deutschlands erster dunkelhäutiger Nationalspieler. Er wurde zu einem Kultstürmer bei Werder, nachdem ihn Eintracht Frankfurt aus Altersgründen verschmäht hatte. Und das Tollste: Er kostete unseren Verein fast nichts! Kostedde wollte seine Karriere in Bremen ausklingen lassen und akzeptierte einen aus heutiger Sicht unfassbaren Vertrag: Er erhielt kein Grundgehalt und pro Einsatz nur ganze 3000 DM! Dass Erwin sich in Bremen dennoch eine warme Mahlzeit leisten konnte, lag an seinem unglaublichen Erfolg: Er machte als einziger Spieler neben seinem Senioren-Partner Fichtel alle 42 Punktspiele mit und erzielte dabei stolze 29 Tore. Umso erstaunlicher, als Kostedde weder schnell war, noch viel lief. Er stand immer richtig und brachte seine Gegenspieler mit explosiven, überraschenden Aktionen an den Rand des Suizids. Erwin traf per schneller Drehung mit herausgestrecktem (und nicht ganz austrainiertem) Hinterteil, per Flugkopfball, per Fallrückzieher, per Volleyschuss.

Kein anderer Werder-Stürmer vor und nach ihm schaffte es in nur zwei Jahren, sich einen derart massiven Kultstatus zu erarbeiten.

Die weiteren Neuverpflichtungen sollen nicht verschwiegen werden. Norbert Meier kam als Billig-Stürmer für 23.000 DM aus Bergedorf. Er sollte ein bisschen Zweitligaluft schnuppern, avancierte aber blitzschnell zu einem der besten Werder-Linksaußen aller Zeiten und stürmte nur schwindelerregende zwei Jahre nach seinem Abschied aus Bergedorf erstmals für Deutschland. Meier dürfte in 40 Jahren Bundesliga Werders technisch bester Linksfuß gewesen sein. Seine Stärke war das große Unglück eines Mannes, der eigentlich als Dressel-Nachfolger auf dem Linksaußenposten fest gebucht war: Klaus-Dieter Jank aus Stuttgart konnte Meier trotz großer Bundesligaerfahrung nie gefährlich werden und brachte es nur auf 25 weitestgehend farblose Spiele im Werder-Angriff.

Neu war auch Werders Trainer. Der Name Horst Heese von Kickers Offenbach wurde diskutiert, aber es kam ein anderer: Mit Kuno Klötzer von Hertha BSC kam ein alter Fuhrmann zurück nach Bremen, der sich 32 Jahre zuvor als Spieler aus Bremen verabschiedet hatte. »Ritter Kuno« legte den Grundstein zum Aufstieg, konnte seine Früchte jedoch nicht mehr selbst ernten. Zu Beginn der Rückrunde verunglückte er mit seinem Opel Kadett auf vereister Fahrbahn auf der B 214 zwischen Celle und Braunschweig schwer. Die Folgen des Unfalls (Rippenbruch, Platzwunden und eine schwere Gehirnerschütterung) kosteten ihn schließlich den Trainerjob.

Klötzers spätere Meistermannschaft der 2. Liga Nord 1980/1981 startete im Weser-Stadion mit einem Katastrophenspiel in die Saison, das die neuformierte Werder-Elf über Monate zu schocken schien: Nach einem mageren 1:1 in Oberhausen wurde der Heimauftakt des Aufstiegs-Topfavoriten in Bremen gegen den namenlosen Aufsteiger 1. FC Bocholt mit 1:2 versemmelt. Nicht alleine das Ergebnis, sondern vor allem die hilflose Vorstellung des SV Werder erschreckte Mannschaft und Fans. Kostedde und Fichtel schienen Fehlinvestitionen gewesen zu sein. Die Volksseele kochte. Nur langsam kam die Elf danach in Tritt, brauchte ein Vierteljahr bis zum Sprung auf einen Aufstiegsplatz und erklomm erst am 28. Novem-

»Burdenski und Werder waren sich nach dem Bundesligaabstieg nicht einig geworden, da »Budde« mit einem Jahresgehalt von rund 2 Mark nicht mehr in das Zweitliga-Gehaltsgefüge passe.« (Druckfehler in einer Meldung des Sportinformations-Dienstes)

Unbeschwerter Beginn: Kuno Klötzer neben Franz Böhmert bei seinem Einstand als Werder-Coach

ber nach einem problemlosen 3:0 zuhause gegen Hannover 96 (Tore: Konschal, Bracht, Otten) erstmalig Platz 1 der 2. Bundesliga Nord. Der Aufstieg geriet danach nie ernsthaft in Gefahr.

Dennoch gab es große Turbulenzen bei Werder, denn am 8. Februar 1981 griff das Schicksal in Form des schon erwähnten Autounfalls ein. Kuno Klötzer wurde wegen hartnäckiger Kopfschmerzen krank geschrieben, und nachdem Rudi Assauer zwei Spiele lang die Verantwortung übernommen hatte, und Klötzer kurzzeitig zurückkehrte, übernahm nach neuerlichen gesundheitlichen Problemen bei »Ritter Kuno« ein junger Trainer das Ruder bei Werder als Nothelfer, der schon vier Jahre zuvor eindrucksvoll auf Werders Bank ausgeholfen hatte und dabei nicht nur bei Werders Fans, sondern auch bei der Vereinsführung einen blendenden Eindruck hinterlassen hatte: Otto Rehhagel! Der zunächst nur vorübergehend als Krankheitsvertretung für Klötzer eingesprungene Rehhagel eroberte die Herzen der Werder-Fans wieder im Sturm, nachdem er den Verein schon 1976 eindrucksvoll vor dem Abstieg gerettet hatte. Anno 1981 brachte Rehhagel eine Elf mächtig in Schwung, die zwar zum Zeitpunkt seiner Amtsübernahme schon Tabellenführer war, aber nur selten begeisterte. Nach einem 4:2 in Solingen zelebrierte Werder bei Rehhagels Heimpremiere mit dem 6:0 gegen die wirklich nicht schlechte Alemannia aus Aachen (mit zwei Pracht-Toren von Kalli Kamp!) Traumfußball. Bis zum Ende der Saison wurde marschiert, und der Aufstieg wurde passenderweise mit einem 3:0 beim Derby in Oldenburg perfekt gemacht. Klötzer übergab Rehhagel das Steuer mit 3 Punkten und 9 Toren Vorsprung auf einen Nicht-Abstiegsplatz. Rehhagel hatte am Ende 12 Punkte und 25 Tore Vorsprung auf jenen Platz 4. Der Autounfall vom Februar hatte womöglich Werders Aufstieg gesichert.

In der Endphase der Saison fielen wichtige Entscheidungen für die Zukunft unseres Vereins: Rehhagel wurde vom Interims- zum Cheftrainer befördert, was Kuno Klötzer zwar nicht gefiel, aber durch Rehhagels Erfolge unumgänglich geworden war. Rudi Assauer gab seinen Abschied bekannt und schloss sich Schalke 04 an. Die wichtigste Entscheidung aber war der Aufstieg selbst. Er rettete Werders Existenz, denn nicht wenige nehmen an, dass die Mannschaft und die Voraussetzungen für »Profifußball made in Bremen« bei einem Scheitern im Kampf um den Aufstieg irreparabel zerbröselt wären. Ein Happy End der Saison also, wie es im Buche steht. Und heute wissen wir: Ohne den einjährigen Ausflug in die 2. Liga hätte es die Ära Otto Rehhagel und die Erfolge der goldenen Achtziger nie gegeben.

Trainerentlassung Nr. 7: Kuno Klötzer oder: Auf Glatteis ausgerutscht und über Erkenschwick gestolpert (Entlassung: 29. März 1981)

Ähnlich wie sein Nachfolger Otto Rehhagel oder sein Vorgänger Wolfgang Weber war auch Kuno Klötzer mehrfach bei Werder als Trainer im Gespräch. Schon nach Webers Entlassung wenige Monate vor dem Abstieg wurde Klötzer gehandelt. Er saß auch schon auf der Tribüne des Weser-Stadions, als seine spätere Mannschaft sich noch vergeblich abzappelte, um den Abstieg noch irgendwie zu vermeiden.

Doch Klötzer wurde nicht für das Himmelfahrtskommando des Frühjahrs 1980, sondern erst für den Neuaufbau in der 2. Liga geholt. Dort sollte er als erfahrener, alter Fuhrmann die blendend besetzte Werder-Elf sofort wieder auf Erstligakurs bringen.

Nach dem Autounfall vom 8. Februar durchlebte Klötzer ein Wellental. Er musste in Braunschweig und Osnabrück krankheitsbedingt passen, saß danach aber wieder auf der Bank. Vier Spiele ging es gut. Dann kehrten die gesundheitlichen Probleme zurück.

Damit einher ging der spürbare Verlust spielerischer Brillianz. Gegen TB Berlin gewann Werder glanzlos, der OSV Hannover leistete beim 4:0 kaum Gegenwehr, in Kiel wurde nur ein mageres 1:1 eingefahren, und zuhause gegen die SpVgg. Erkenschwick lieferte Werder beim 2:1-Sieg geradezu einen sportlichen Offenbarungseid ab. Ein glücklicher Sieg des Topfavoriten gegen einen sicheren Absteiger. Ein zurechtgequälter Sieg, der nur mit Hilfe des Schiedsrichters gelang, weil der Erkenschwick einen regulären Treffer aberkannte.

Sowohl Klötzers Gesundheit als auch der Zustand seiner Mannschaft also legten den Schluss nahe, dass etwas passieren musste. Da traf es sich gut, dass kurz vor dem Erkenschwick-Gestocher ein Promi-Hallenturnier in Braunschweig stattfand, bei dem Rudi Assauer Seite an Seite mit Otto Rehhagel kickte. Der kam gleich mit nach Bremen, sah sich das Erkenschwick-Spiel auf der Tribüne mit an und war wenige Stunden danach Werder-Trainer. Kuno Klötzer wurde offiziell aus rein gesundheitlichen Gründen beurlaubt. Inoffiziell war Werder sicher glücklich, nach fast fünf Jahren und etlichen vergeblichen Versuchen den verlorenen Sohn Rehhagel zurück nach Bremen locken zu können.

Rehhagel kam zunächst als Klötzer-Krankheitsvertretung. Er schlug jedoch so prima ein, dass eine Rückkehr des unglücklichen »Ritter Kuno« von Woche zu Woche undenkbarer wurde. Am Ende musste Klötzer zähneknirschend und gegen seinen Willen den Stammplatz auf der Werder-Bank räumen. Was nicht bedeutet, dass er heute negative Erinnerungen an sein Dreivierteljahr als Werder-Trainer hegt.

War Werder für Sie ein besonderer Verein, als Sie 1980 in Bremen unterschrieben? Für Sie war es ja eine »Heimkehr«, nachdem Sie 30 Jahre vorher als Spieler im Weser-Stadion aufgelaufen waren. Oder war Werder am Ende nur eine kurze Episode einer ereignisreichen Trainerlaufbahn?
Keiner meiner Vereine war eine Episode! Alles waren echte Aufgaben für mich. Rudi Assauer kam zu mir nach Norderstedt, eine Woche nachdem Werder abgestiegen war. Er sagte ›Kuno, wir brauchen jetzt einen erfahrenen Trainer, und das bist du!‹ Sehr plötzlich kam das. Mit Assauer habe ich dann prima zusammengearbeitet.

War Ihnen bei Ihrem Antritt klar, dass diese Mannschaft den Aufstieg relativ locker schaffen würde?
Klaus Fichtel kam zu mir als schon älterer Spieler, Erwin Kostedde war die andere Säule. Natürlich sind wir mit einem großen Fragezeichen in die Saison gegangen, weil keiner wissen konnte, wie es um die Moral der Truppe nach dem Abstieg bestellt ist. Deswegen hatte Assauer ja auch auf mich als schon sehr erfahrenen Mann gebaut. Er traute mir zu, diese Mischung aus Routiniers und jungen Spielern zu einer guten Mannschaft zusammenzuschweißen. Und mir wurde von Anfang an gesagt, dass die Mannschaft aus wirtschaftlichen Gründen unbedingt aufsteigen muss. Ich wusste also, um was es ging.

Wer waren außerdem für Sie als Trainer die Schlüsselspieler?
Dieter Burdenski als Torwart, Klaus Fichtel in der Abwehr, Benno Möhlmann als Spielführer und Verbindungsmann im Mittelfeld, Uwe Bracht als Regisseur, und dann der Erwin Kostedde. Eine starke Achse. Das waren meine vier [sic!] Leistungsträger.

Hätten Sie Ihr Werk nach dem Autounfall gerne zu Ende geführt?
Ich hatte am Ende gar keinen Einfluß darauf. Sicher hätte ich die Saison gerne zu Ende gemacht. Dann hätte man sich zusammensetzen können, um zu beraten, ob man zusammen weitermacht. Ich hatte mit Werder nur einen Einjahresvertrag. Über das Ende der Zusammenarbeit war ich dann also nicht sehr glücklich, aber dennoch war mein Eindruck vom Verein bis dahin ganz hervorragend. Selbst für mich als schon älteren Hasen war zum Beispiel zu Beginn meiner Amtszeit als Werder-Trainer ganz neu, dass man mich überall hinzugezogen hat. Damals tagte immer montags um 17 Uhr Werders Präsidium, und da hat man mich ausdrücklich dabeihaben wollen. Keiner der anderen Vereine war so kooperativ.

Trainerlaufbahn:

1951–53	Verbandstrainer Niederrhein
1953–57	Fortuna Düsseldorf
1957/58	Hannover 96
1958–61	Preußen Münster
1961–63	SW Essen
1963–67	Fortuna Düsseldorf
1967/68	Wuppertaler SV
1968/69	RW Essen
1969–70	1. FC Nürnberg
1970–72	Kickers Offenbach
1973–77	Hamburger SV
1977–80	Hertha BSC Berlin
1980/81	Werder Bremen
1981/82	MSV Duisburg

Kuno Klötzer 1980

Kuno Klötzer

Kuno Klötzer (Jahrgang 1922) kam mit der Empfehlung eines Europacupsieges mit dem HSV 1977 zu Werder Bremen. Er hatte zu Oberligazeiten schon das Werder-Trikot getragen. Klötzer stieg in der 2. Liga Nord bei Werder ein und führte den Verein nach holprigem Saisonstart an die Tabellenspitze. Nach einem Autounfall im Winter wurde er zunächst vertretungsweise und später dann dauerhaft durch Otto Rehhagel ersetzt. Seine Trainerkarriere endete 1982: Klötzer wurde vom abstiegsbedrohten MSV Duisburg als Retter angeheuert, endete mit seiner Mannschaft jedoch abgeschlagen auf dem letzten Tabellenplatz. Lebt seit langem als Pensionär in Norderstedt bei Hamburg.

WERDER BREMEN 1980/81

Trainer (bis 30.3.1981)

Klötzer, Kuno »Ritter Kuno«
Verantwortlicher Trainer in 28 Spielen der Saison

Interimstrainer

Assauer, Rudolf »Rudi«
Verantwortlicher Trainer in 2 Spielen der Saison (vertrat den nach einem Autounfall arbeitsunfähigen Klötzer am 27. und 29. Spieltag)

Trainer (ab 1.4.1981)

Rehhagel, Otto
Verantwortlicher Trainer in 12 Spielen der Saison

Tor

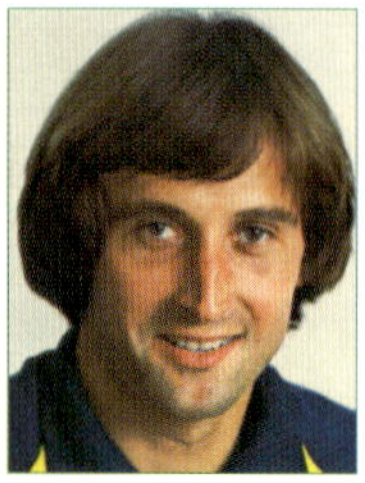

Burdenski, Dieter »Budde«
35 Spiele; 0 Tore

Voss, Albert
8 Spiele; 0 Tore

Abwehr

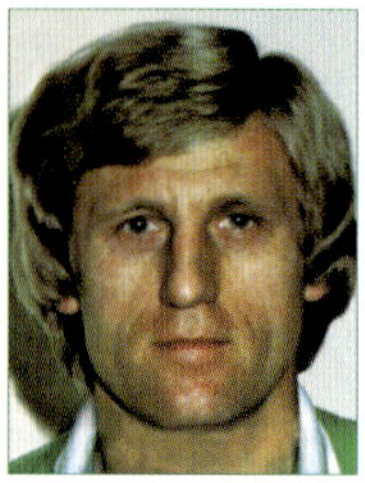

Fichtel, Klaus »Tanne«
42 Spiele; 0 Tore

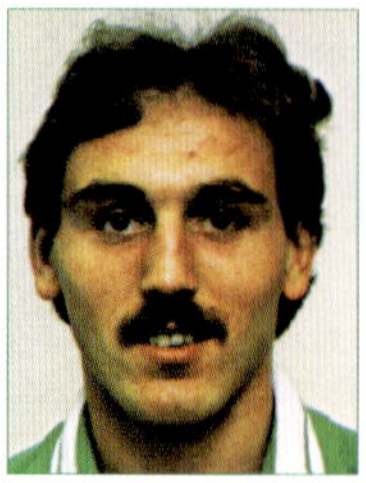

Otten, Jonny
41 Spiele; 2 Tore

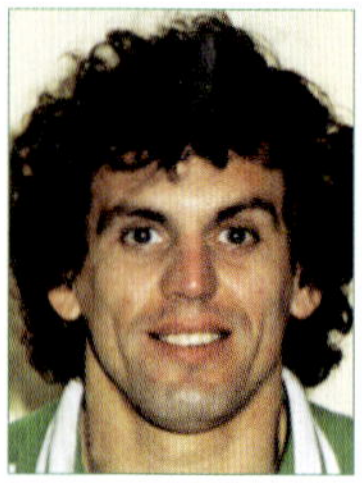

Siegmann, Norbert »Zico«
40 Spiele; 4 Tore

Mittelfeld

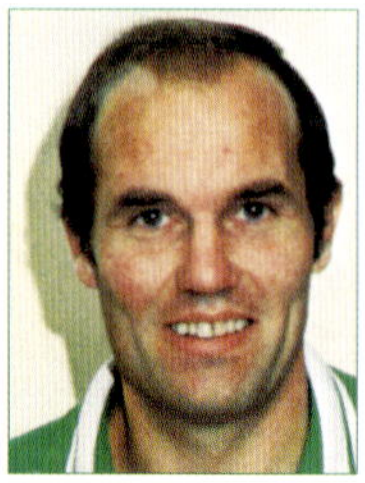

Kamp, Karl-Heinz »Kalli«
39 Spiele; 4 Tore

Möhlmann, Benno
37 Spiele; 13 Tore

Bracht, Uwe
37 Spiele; 2 Tore

Angriff

Kostedde, Erwin
42 Spiele; 29 Tore

Meier, Norbert
39 Spiele; 16 Tore

Reinders, Uwe
37 Spiele; 16 Tore

Erweiterter Kader

Haskamp, Martin
4 Spiele; 0 Tore
Amateur

Böhnke, Michael »Mike«
1 Spiel; 0 Tore
Amateur

Rülander, Hermann
0 Spiele; 0 Tore
Amateur

2. Liga Nord 1980/81

Der Sport-Verein »Werder« im Jahr 1980/81:

Präsident:	Dr. Franz Böhmert
Vizepräsident:	Klaus-Dieter Fischer (Amateur-Abt.)
3. Präsident:	K.-H. Hohnhorst (Finanzen, Werbung)
Geschäftsführer:	Wolfgang Barkhausen
Manager:	Rudi Assauer
Vereinsarzt:	Dr. Rudolf Wiedenmann
Masseur:	Peter Kienert
Mitglieder:	2.200
Kapazität Weser-Stadion:	40.000 Plätze (durch Bauschäden nur 28.000 nutzbar)

Konschal, Hartmut
25 Spiele; 4 Tore

Schaaf, Thomas
19 Spiele; 1 Tor
Amateur

Offermanns, Hans-Jürgen
15 Spiele; 3 Tore

Rautiainen, Pasi
15 Spiele; 1 Tor

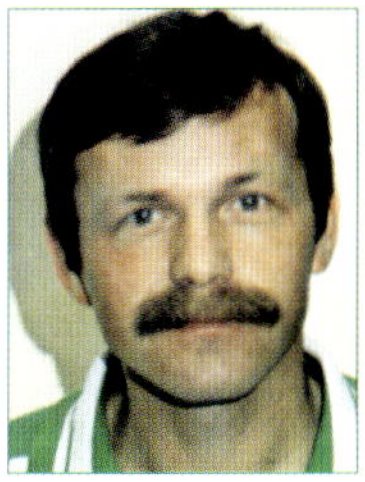

Masztaler, Bogdan
3 Spiele; 0 Tore

Jank, Klaus-Dieter
25 Spiele; 0 Tore

Behrens, Uwe
6 Spiele; 1 Tor

In Freundschaftsspielen eingesetzt:

Bargfrede, Hans-Jürgen (Mittelfeld)
Feldhaus, Wilfried (Mittelfeld)

Werders Neuzugänge im Sommer 1980

Jede Menge Erfahrung und Potenzial zu Saisonstart in der 2. Liga: Mit Kostedde und Fichtel (oben), sowie Masztaler, Meier und Jank kann Trainer Klötzer hochkarätige Neueinkäufe präsentieren, die zu Garanten für den Wiederaufstieg werden

Wer kam?

Behrens (eig. Amateure)
Fichtel (Schalke 04)
Jank (VfB Stuttgart)
Kostedde (Stade Laval)
Masztaler (SFL Bremerhaven)
Meier (Bergedorf 85)
Rautiainen (Bayern München, w.d.S. ausgeliehen)

Wer ging?

Dressel (HSV)
Feldhaus (eig. Amateure)
Geils (Arm. Bielefeld)
Hiller (Nordstern Basel)
Linz (Freiburger FC)
Offermanns (Viktoria Köln, w.d.S.)
Röber (Bayern München)
Steinkogler (Austria Wien / Österreich)
Wunder (Karriereende)

w.d.S. = während der Saison

Alle Spiele 1980/81

28.06.1980
Intertoto-Runde, 1. Spieltag
Lilleström SK – W. Bremen 1:1 (1:1)
Aufstellung: Burdenski – Konschal, Siegmann, Offermanns, Otten – Möhlmann, Schaaf, Kamp, Bracht – Reinders, Behrens (46. Feldhaus)
Trainer: Klötzer
Tore: 1:0 Lund (20.), 1:1 Reinders (34.)
Zuschauer: 3.000

05.07.1980
Intertoto-Runde, 2. Spieltag
Kastrup BK – W. Bremen 0:1 (0:0)
Aufstellung: Burdenski – Konschal, Siegmann, Fichtel, Otten – Möhlmann, Offermanns, Schaaf – Reinders (48. Masztaler), Behrens (54. Kamp), Jank
Trainer: Klötzer
Tore: 0:1 Behrens (54.)
Zuschauer: 1.000

08.07.1980
Freundschaftsspiel
TSV Plön – W. Bremen 2:7 (1:3)
Aufstellung: Burdenski (46. Voss) – Konschal, Otten, Siegmann, Fichtel – Kamp, Offermanns, Möhlmann, Bracht – Jank, Masztaler
Trainer: Klötzer
Torschützen für Werder: Jank (2), Offermanns (2), Möhlmann, Otten, Masztaler
Zuschauer: 1.800

12.07.1980
Intertoto-Runde, 3. Spieltag
W. Bremen – Bohemians Prag 1:1 (1:0)
Aufstellung: Burdenski – Konschal, Siegmann, Fichtel, Otten – Möhlmann, Kamp, Bracht – Reinders, Offermanns (70. Masztaler), Jank
Trainer: Klötzer
Tore: 1:0 Reinders (23.), 1:1 Otten (90. ET)
Zuschauer: 1.500 in Dörpen

13.07.1980
Freundschaftsspiel
W. Bremen – KSV Vatan Sport 6:1 (0:0)
Aufstellung: Voss – Konschal, Siegmann, Fichtel, Otten – Möhlmann, Schaaf (46. Bargfrede), Offermanns – Feldhaus, Masztaler, Jank
Trainer: Klötzer
Tore: 1:0 Offermanns (50.), 2:0 Möhlmann (56.), 3:0 Offermanns (75.), 4:0 Möhlmann (80.), 5:0 Bargfrede (81.), 6:0 Bargfrede (83.), 6:1 Beydin (86.)
Zuschauer: 1.100 auf Platz 11 des Weser-Stadions

16.07.1980
Freundschaftsspiel
BWausw. Wilstedt (*) – W. Bremen 0:18 (0:7)
Aufstellung: Burdenski (46. Voss) – Fichtel – Schaaf, Otten, Kamp – Möhlmann, Masztaler, Offermanns – Meier, Jank, Reinders (i.d. 1. HZ verletzt ausgewechselt gegen Bargfrede) Außerdem eingewechselt: Siegmann
Trainer: Klötzer
Tore: Jank (5), Offermanns (5), Meier (2), Bargfrede, Reinders, Masztaler, Schaaf, Otten, Möhlmann
Zuschauer: 800
(*) Der Gegner bestand aus einer verstärkten Mannschaft der Versorgungs-Batterie Westertimke

19.07.1980
Intertoto-Runde, 4. Spieltag
W. Bremen – Lilleström SK 2:0 (1:0)
Aufstellung: Burdenski – Konschal, Siegmann, Fichtel, Otten – Möhlmann, Schaaf, Kamp – Meier (64. Reinders), Kostedde, Jank
Trainer: Klötzer
Tore: 1:0 Meier (23.), 2:0 Schaaf (62.)
Zuschauer: 3.000 in Leeste

22.07.1980
Internationales Freundschaftsspiel
W. Bremen – Celtic Glasgow 4:0 (2:0)
Aufstellung: Burdenski – Konschal, Siegmann (61. Schaaf), Fichtel, Otten – Möhlmann, Kamp (60. Meier), Offermanns – Reinders, Kostedde, Jank (75. Masztaler)
Trainer: Klötzer
Tore: 1:0 Reinders (16.), 2:0 Kostedde (45.), 3:0 Reinders (52.), 4:0 Reinders (83. FE)
Zuschauer: 9.000

26.07.1980
Intertoto-Runde, 5. Spieltag
Bohemians Prag – W. Bremen 5:1 (2:0)
Aufstellung: Burdenski – Konschal, Siegmann, Fichtel, Otten – Offermanns (67. Bracht), Kamp, Möhlmann – Reinders, Kostedde, Jank (67. Meier)
Trainer: Klötzer
Tore: 1:0 Cermak (28.), 2:0 Panenka (44. HE), 3:0 Panenka (52.), 3:1 Möhlmann (65. FE), 4:1 Panenka (70.), 5:1 Panenka (88.)
Zuschauer: 4.000

29.07.1980
Freundschaftsspiel
SFL B'haven – W. Bremen 1:4 (1:1)
Aufstellung: Voss – Konschal, Otten, Schaaf, Fichtel – Bargfrede, Masztaler, Offermanns (46. Jank) – Reinders, Kostedde, Meier
Trainer: Klötzer
Tore: 1:0 Karpati (18.), 1:1 Reinders (35.), 1:2 Meier (60.), 1:3 Reinders (63), 1:4 Kostedde (88.)
Besonderheit: Ablösespiel für Bogdan Masztaler
Zuschauer: 1.500

02.08.1980
Intertoto-Runde, 6. Spieltag
W. Bremen – Kastrup BK 1:2 (1:1)
Aufstellung: Burdenski – Kamp, Siegmann, Fichtel, Otten – Möhlmann, Jank, Masztaler – Reinders, Kostedde, Meier (65. Offermanns)
Trainer: Klötzer
Tore: 1:0 Meier (12.), 1:1 Lagström (34.), 1:2 Nielsen (79.)
Zuschauer: 1.500 in Esens

Endstand Intertoto-Runde, Gruppe 2:

		S U N	Tore	Pk.
1.	Bohemians Prag (CSSR)	4 2 0	14 : 5	10
2.	SV W. Bremen (D)	2 2 2	7 : 9	6
3.	Kastrup BK (DK)	2 1 3	6 : 9	5
4.	Lilleström SK (N)	1 1 4	5 : 9	3

06.08.1980
2. Bundesliga Nord, 1. Spieltag
Rot-Weiß O'hausen – W. Bremen 1:1 (1:1)
Aufstellung: Burdenski – Konschal, Siegmann, Fichtel, Otten – Kamp, Möhlmann, Bracht (74. Offermanns) – Jank, Kostedde, Meier
Trainer: Klötzer
Tore: 0:1 Kostedde (8.), 1:1 Buttgereit (18.)
Zuschauer: 12.000

09.08.1980
2. Bundesliga Nord, 2. Spieltag
W. Bremen – 1. FC Bocholt 1:2 (1:1)
Aufstellung: Burdenski – Kamp, Siegmann, Fichtel, Otten – Möhlmann, Bracht, Jank (67. Offermanns) – Reinders, Kostedde (79. Behrens), Meier
Trainer: Klötzer
Tore: 0:1 Tänzer (2.), 1:1 Möhlmann (15. FE), 1:2 Müller (51.)
Zuschauer: 9.000

12.08.1980
Freundschaftsspiel
TV Lilienthal – W. Bremen 0:4 (0:2)
Aufstellung: Burdenski (Voss) – Konschal, Otten, Siegmann, Fichtel – Möhlmann, Kamp, Offermanns – Reinders, Kostedde, Jank (Meier)
Trainer: Klötzer
Tore: 0:1 Offermanns (25.), 0:2 Behrens (44.), 0:3 Offermanns (58.), 0:4 Reinders (73.)
Zuschauer: 1.500

16.08.1980
2. Bundesliga Nord, 3. Spieltag
Tennis Borussia Berlin – W. B. 0:1 (0:1)
Aufstellung: Burdenski – Konschal, Siegmann, Fichtel, Otten – Kamp, Möhlmann, Bracht (46. Jank) – Reinders, Kostedde, Meier (68. Offermanns)
Trainer: Klötzer
Tore: 0:1 Kostedde (27.)
Zuschauer: 5.108

20.08.1980
2. Bundesliga Nord, 4. Spieltag
W. Bremen – VfB Oldenburg 4:0 (0:0)
Aufstellung: Burdenski – Konschal, Siegmann, Fichtel, Kamp – Möhlmann, Offermanns, Jank (86. Meier) – Reinders, Kostedde, Behrens
Trainer: Klötzer
Tore: 1:0 Kostedde (49.), 2:0 Kostedde (61.), 3:0 Möhlmann (78. FE), 4:0 Konschal (83.)
Zuschauer: 14.000

24.08.1980
2. Bundesliga Nord, 5. Spieltag
Viktoria Köln – W. Bremen 1:2 (0:2)
Aufstellung: Burdenski – Konschal, Siegmann, Fichtel, Otten – Möhlmann, Kamp, Offermanns – Reinders, Kostedde, Meier (79. Bracht)
Trainer: Klötzer
Tore: 0:1 Kostedde (2.), 0:2 Offermanns (9.), 1:2 Ochmann (84.)
Zuschauer: 6.000

27.08.1980
2. Bundesliga Nord, 6. Spieltag
W. Bremen – Fortuna Köln 2:1 (2:0)
Aufstellung: Burdenski (79. Voss) – Konschal, Siegmann, Fichtel, Otten – Offermanns, Möhlmann (67. Bracht), Kamp – Reinders, Kostedde, Jank
Trainer: Klötzer
Tore: 1:0 Kostedde (15.), 2:0 Möhlmann (25. FE), 2:1 Rolff (86.)
Zuschauer: 12.000

30.08.1980
DFB-Pokal, 1. Runde
W. B. – Viktoria Köln 6:3 (2:2, 1:0) n.Verl.
Aufstellung: Voss – Konschal, Siegmann, Fichtel, Otten – Kamp, Möhlmann, Offermanns (46. Bracht) – Reinders, Kostedde, Jank (91. Meier)
Trainer: Klötzer
Tore: 1:0 Möhlmann (30. FE), 2:0 Kostedde (63.), 2:1 Fischer (75.), 2:2 Brücken (87.), 3:2 Meier (99.), 4:2 Reinders (107.), 4:3 Jendrossek (109.), 5:3 Meier (115.), 6:3 Möhlmann (117.)
Zuschauer: 5.000

05.09.1980
2. Bundesliga Nord, 7. Spieltag
Alem. Aachen – W. Bremen 2:0 (1:0)
Aufstellung: Voss – Konschal, Siegmann, Fichtel, Otten – Kamp, Möhlmann, Offermanns – Reinders, Kostedde, Jank (66. Bracht)
Trainer: Klötzer
Tore: 1:0 Clute-Simon (35.), 2:0 Stradt (60.)
Besonderes Vorkommnis: Runge (Aachen) schießt FE über das Tor (78.)
Zuschauer: 22.500

13.09.1980
2. Bundesliga Nord, 8. Spieltag
W. Bremen – Eintr. B'schweig 2:1 (0:0)
Aufstellung: Burdenski – Konschal, Siegmann, Fichtel, Otten – Möhlmann, Kamp, Bracht – Reinders, Kostedde, Meier
Trainer: Klötzer
Tore: 1:0 Kostedde (64.), 1:1 Grobe (69.), 2:1 Kamp (71.)
Zuschauer: 12.000

20.09.1980
2. Bundesliga Nord, 9. Spieltag
OSV Hannover – W. Bremen 1:3 (0:1)
Aufstellung: Burdenski – Konschal (50. Masztaler), Siegmann, Fichtel, Otten – Möhlmann, Kamp (80. Schaaf), Bracht – Reinders, Kostedde, N. Meier

Trainer: Klötzer
Tore: 0:1 N. Meier (27.), 0:2 Möhlmann (63. FE), 1:2 U. Meyer (68.), 1:3 Schaaf (85.)
Zuschauer: 3.200

27.09.1980
2. Bundesliga Nord, 10. Spieltag
W. Bremen – Holstein Kiel 5:1 (1:0)
Aufstellung: Burdenski – Kamp, Siegmann, Fichtel, Otten – Möhlmann, Offermanns, Bracht (78. Schaaf) – Reinders (73. Jank), Kostedde, Meier
Trainer: Klötzer
Tore: 1:0 Reinders (17.), 2:0 Kostedde (54.), 3:0 Kostedde (62.), 3:1 Brexendorf (66.), 4:1 Meier (68.), 5:1 Möhlmann (70. FE)
Zuschauer: 8.500

30.09.1980
2. Bundesliga Nord, 11. Spieltag
SpVgg. Erkenschwick – W. Bremen 1:1 (0:1)
Aufstellung: Burdenski – Kamp, Otten, Fichtel, Schaaf – Möhlmann, Offermanns, Bracht – Reinders (70. Jank), Kostedde (74. Behrens), Meier
Trainer: Klötzer
Tore: 0:1 Offermanns (37.), 1:1 Horsthemke (74.)
Zuschauer: 3.000

03.10.1980
DFB-Pokal, 2. Runde
Hannover 96 – W. B. 5:5 (2:2, 2:1) n.Verl.
Aufstellung: Burdenski – Kamp, Siegmann, Fichtel, Otten – Schaaf (91. Offermanns), Möhlmann, Bracht (115. Reinders) – Jank, Kostedde, Meier
Trainer: Klötzer
Tore: 1:0 Schatzschneider (13. FE), 2:0 Dierßen (18.), 2:1 Möhlmann (19.), 2:2 Fichtel (64.), 2:3 Kostedde (92.), 3:3 Mrosko (106.), 3:4 Otten (108.), 4:4 Schatzschneider (114.), 5:4 Dierßen (117.), 5:5 Reinders (120.)
Zuschauer: 11.200

08.10.1980
2. Bundesliga Nord, 12. Spieltag
W. Bremen – Union Solingen 3:0 (1:0)
Aufstellung: Burdenski – Konschal, Siegmann, Fichtel, Otten – Möhlmann, Schaaf, Bracht (60. Masztaler) – Jank (14. Reinders), Kostedde, Meier
Trainer: Klötzer
Tore: 1:0 Meier (37.), 2:0 Möhlmann (69.), 3:0 Möhlmann (85.)
Zuschauer: 6.500

12.10.1980
2. Bundesliga Nord, 13. Spieltag
Preußen Münster – W. Bremen 2:3 (1:1)
Aufstellung: Burdenski – Konschal, Siegmann, Fichtel, Otten – Möhlmann, Schaaf (46. Kamp), Offermanns – Reinders, Kostedde, Meier
Trainer: Klötzer
Tore: 0:1 Reinders (32.), 1:1 Leifken (45.), 1:2 Meier (49.), 2:2 Kamp (52. ET), 2:3 Offermanns (60.)
Zuschauer: 7.000

17.10.1980
2. Bundesliga Nord, 14. Spieltag
W. Bremen – Hertha BSC Berlin 1:1 (0:0)
Aufstellung: Burdenski – Konschal, Siegmann, Fichtel, Otten – Möhlmann, Kamp, Offermanns (76. Schaaf) – Reinders, Kostedde, Meier
Trainer: Klötzer
Tore: 1:0 Kostedde (58.), 1:1 Gruler (76.)
Zuschauer: 18.500

24.10.1980
2. Bundesliga Nord, 15. Spieltag
Rot-Weiß Essen – W. Bremen 1:0 (0:0)
Aufstellung: Burdenski – Konschal, Siegmann, Fichtel, Otten – Möhlmann, Kamp, Offermanns (86. Schaaf) – Reinders, Kostedde, Meier
Trainer: Klötzer
Tore: 1:0 Klinger (74.)
Zuschauer: 8.944

28.10.1980
DFB-Pokal, 2. Runde-Wiederholungsspiel
W. Bremen – Hannover 96 1:0 (0:0)
Aufstellung: Burdenski – Konschal, Otten, Fichtel, Schaaf – Kamp, Möhlmann, Offermanns – Reinders, Kostedde, Meier
Trainer: Klötzer
Tore: 1:0 Möhlmann (84.)
Zuschauer: 11.500

31.10.1980
2. Bundesliga Nord, 16. Spieltag
W. Bremen – SC Herford 3:1 (3:1)
Aufstellung: Burdenski – Konschal (44. Schaaf), Siegmann, Fichtel, Otten – Möhlmann, Kamp, Offermanns – Reinders, Kostedde (46. Jank), Meier
Trainer: Klötzer
Tore: 1:0 Koberstein (12. ET), 2:0 Kostedde (18.), 3:0 Meier (23.), 3:1 Kamp (45. ET)
Zuschauer: 6.500

07.11.1980
2. Bundesliga Nord, 17. Spieltag
W. Bremen – SC Göttingen 05 3:0 (2:0)
Aufstellung: Burdenski – Konschal, Siegmann, Fichtel, Otten – Kamp, Möhlmann, Bracht – Reinders, Kostedde, Meier
Trainer: Klötzer
Tore: 1:0 Kostedde (14.), 2:0 Möhlmann (23.), 3:0 Möhlmann (78.)
Zuschauer: 5.000

23.11.1980
Freundschaftsspiel
Gemeindeauswahl Gnarrenburg – Werder Bremen 1:14 (0:8)
Aufstellung: Burdenski (46. Voss) – Konschal, Schaaf, Fichtel (46. Siegmann), Otten – Kamp (46. Bracht), Offermanns, Masztaler – Reinders, Kostedde (46. Meier), Jank
Trainer: Klötzer
Tore: 0:1 Kostedde (2.), 0:2 Jank (6.), 0:3 Reinders (10.), 0:4 Offermanns (12.), 0:5 Kostedde (22.), 0:6 Schaaf (36.), 0:7 Kostedde (37.), 0:8 Jank (40.), 0:9 Jank (47.), 0:10 Otten (57.), 0:11 Meier (65.), 0:12 Meier (72.), 0:13 Reinders (74.), 0:14 Bracht (79.), 1:14 Heino Wellbrock (90.)
Besonderheit: Benefizspiel für die Hinterbliebenen des kurz zuvor während eines Spiels des FSV Findorff tödlich verunglückten Spielers Ernst Homburg
Zuschauer: 1.500

22.11.1980
DFB-Pokal, 3. Runde
FC Augsburg – W. Bremen 1:3 (1:0)
Aufstellung: Burdenski – Konschal, Siegmann, Fichtel, Schaaf – Meier, Kamp, Bracht – Reinders, Kostedde, Jank (78. Masztaler)
Trainer: Klötzer
Tore: 1:0 Jörg (9.), 1:1 Reinders (47.), 1:2 Kostedde (50.), 1:3 Kostedde (59.)
Zuschauer: 6.000

28.11.1980
2. Bundesliga Nord, 19. Spieltag
W. Bremen – Hannover 96 3:0 (1:0)
Aufstellung: Burdenski – Konschal, Siegmann, Fichtel, Otten – Meier, Kamp, Bracht – Reinders, Kostedde, Jank (62. Offermanns)
Trainer: Klötzer
Tore: 1:0 Konschal (20.), 2:0 Bracht (46.), 3:0 Otten (74.)
Zuschauer: 10.000

02.12.1980
2. Bundesliga Nord, 18. Spieltag (Nachholspiel)
Rot-Weiß L'scheid – W. Bremen 0:1 (0:1)
Aufstellung: Burdenski – Konschal, Siegmann, Fichtel, Otten – Meier, Kamp, Bracht – Reinders, Kostedde (73. Offermanns), Jank
Trainer: Klötzer
Tore: 0:1 Siegmann (25.)
Zuschauer: 1.000

07.12.1980
2. Bundesliga Nord, 20. Spieltag
SG Wattenscheid 09 – W. Bremen 1:1 (0:1)
Aufstellung: Burdenski – Konschal, Siegmann, Fichtel, Otten – Meier, Kamp, Bracht – Reinders, Kostedde, Jank
Trainer: Klötzer
Tore: 0:1 Kostedde (35.), 1:1 Zimmer (90.)
Zuschauer: 2.860

12.12.1980
2. Bundesliga Nord, 21. Spieltag
W. Bremen – VfL Osnabrück 3:1 (1:0)
Aufstellung: Burdenski – Konschal, Siegmann, Fichtel, Otten – Möhlmann (46. Jank), Kamp, Bracht – Reinders, Kostedde, Meier
Trainer: Klötzer
Tore: 1:0 Kostedde (23.), 2:0 Meier (50.), 3:0 Bracht (61.), 3:1 Feilzer (72.)
Zuschauer: 18.500

30.12.1980
Freundschaftsspiel
Arminia Bielefeld – W. Bremen 0:1 (0:1)
Aufstellung: Burdenski (56. Voss) – Otten (37. Kamp / 55. Masztaler), Konschal, Siegmann, Fichtel – Schaaf, Rautiainen, Bracht – Reinders, Kostedde, Jank (46. Meier)
Trainer: Klötzer
Tore: 0:1 Jank (23.)
Zuschauer: 3.000

02.01.1981
2. Bundesliga Nord, 22. Spieltag
W. Bremen – Rot-Weiß O'hausen 6:1 (2:0)
Aufstellung: Burdenski – Konschal, Siegmann, Fichtel, Otten – Schaaf, Rautiainen (72. Jank), Bracht – Reinders, Kostedde, Meier
Trainer: Klötzer
Tore: 1:0 Reinders (27.), 2:0 Reinders (29.), 3:0 Reinders (56.), 4:0 Konschal (67.), 4:1 Wolf (80. FE), 5:1 Kostedde (83.), 6:1 Meier (87.)
Zuschauer: 8.000

11.01.1981
2. Bundesliga Nord, 23. Spieltag
1. FC Bocholt – W. Bremen 0:2 (0:1)
Aufstellung: Burdenski – Konschal, Siegmann, Fichtel, Otten – Möhlmann (82. Jank), Schaaf, Bracht – Reinders, Kostedde, Meier
Trainer: Klötzer
Tore: 0:1 Reinders (17.), 0:2 Reinders (82.)
Zuschauer: 6.000

28.01.1981
Freundschaftsspiel
VfB Waltrop – W. Bremen 0:3 (0:2)
Aufstellung: Burdenski – Masztaler (2. Konschal), Otten, Schaaf, Fichtel – Möhlmann, Kamp, Bracht – Reinders (60. Jank), Kostedde (65. Behrens), Meier
Trainer: Klötzer
Tore: 0:1 Meier (1.), 0:2 Kostedde (7.), 0:3 Jank (77.)
Zuschauer: 1.600

31.01.1981
DFB-Pokal, Achtelfinale
Fortuna D'dorf – W. Bremen 2:0 (1:0)
Aufstellung: Burdenski – Konschal, Schaaf (82. Jank), Fichtel, Otten – Möhlmann, Kamp, Bracht, Meier – Reinders, Kostedde
Trainer: Klötzer
Tore: 1:0 K. Allofs (43.), 2:0 K. Allofs (47.)
Zuschauer: 12.000

06.02.1981
2. Bundesliga Nord, 26. Spieltag
W. Bremen – SG Wattenscheid 09 3:1 (2:0)
Aufstellung: Burdenski – Konschal, Siegmann, Fichtel, Otten – Kamp, Bracht, Möhlmann – Reinders, Kostedde, Meier (36. Jank)
Trainer: Klötzer
Tore: 1:0 Kostedde (10.), 2:0 Otten (24.), 3:0 Kostedde (57.), 3:1 Reiners (88.)
Zuschauer: 7.000

15.02.1981
2. Bundesliga Nord, 27. Spieltag
VfL Osnabrück – W. Bremen 1:4 (0:1)
Aufstellung: Burdenski – Konschal, Siegmann, Fichtel, Otten – Möhlmann, Kamp, Bracht – Reinders, Kostedde, Meier
Trainer: Assauer

Tore: 0:1 Meier (20.), 0:2 Meier (52.), 0:3 Möhlmann (63.), 0:4 Konschal (76.), 1:4 Lehmann (77.)
Besonderheit: Trainer Klötzer lag nach einem Verkehrsunfall im Krankenhaus und musste von Rudi Assauer vertreten werden
Zuschauer: 10.400

06.03.1981
2. Bundesliga Nord, 29. Spieltag
Eintr. B'schweig – W. Bremen 2:2 (2:1)
Aufstellung: Voss – Konschal, Siegmann, Fichtel, Otten – Möhlmann, Kamp, Bracht – Reinders, Kostedde, Meier
Trainer: Assauer
Tore: 1:0 Worm (19.), 2:0 Geiger (29.), 2:1 Meier (33.), 2:2 Siegmann (71.)
Besonderheit: Rudi Assauer musste weiterhin den an den Folgen eines Verkehrsunfalls leidenden Kuno Klötzer auf der Trainerbank vertreten
Zuschauer: 23.000

10.03.1981
2. Bundesliga Nord, 24. Spieltag (Nachholspiel)
W. Bremen – Tennis Bor. Berlin 3:0 (3:0)
Aufstellung: Voss – Konschal, Siegmann, Fichtel, Otten – Möhlmann, Kamp (83. Schaaf), Bracht – Jank (70. Rautiainen), Kostedde, Meier
Trainer: Klötzer
Tore: 1:0 Möhlmann (13.), 2:0 Kostedde (26.), 3:0 Kostedde (45.)
Zuschauer: 7.000

17.03.1981
2. Bundesliga Nord, 30. Spieltag
W. Bremen – OSV Hannover 4:0 (1:0)
Aufstellung: Voss – Konschal (61. Schaaf), Siegmann, Fichtel, Otten – Möhlmann, Kamp, Bracht (72. Rautiainen) – Reinders, Kostedde, Meier
Trainer: Klötzer
Tore: 1:0 Möhlmann (37.), 2:0 Reinders (64.), 3:0 Reinders (85.), 4:0 Meier (87.)
Zuschauer: 9.000

22.03. 1981
2. Bundesliga Nord, 31. Spieltag
Holstein Kiel – W. Bremen 1:1 (1:0)
Aufstellung: Voss – Schaaf, Siegmann, Fichtel, Otten – Möhlmann, Bracht, Kamp (63. Rautiainen) – Reinders, Kostedde, Meier
Trainer: Klötzer
Tore: 1:0 Brexendorf (5.), 1:1 Kostedde (84.)
Zuschauer: 8.350

24.03.1981
Freundschaftsspiel um den PENTAX-Cup
W. Bremen – Hamburger SV
2:2 (0:1) Im Elfmetersch. 3:1
Aufstellung: Voss – Rautiainen, Siegmann (35. Schaaf), Fichtel, Otten – Möhlmann, Kamp, Bracht – Reinders, Kostedde (46. Behrens), Meier (75. Jank)
Trainer: Klötzer
Tore: 0:1 Jakobs (26.), 1:1 Möhlmann (58.), 2:1 Behrens (84.), 2:2 Reimann (87.)
Elfmeterschießen: Reinders, Bracht, Möhlmann – Fichtel gehalten / Kaltz – Reimann, Memering gehalten, Jakobs übers Tor
Zuschauer: 17.000

29.03.1981
2. Bundesliga Nord, 32. Spieltag
W. Bremen – SpVgg. E'schwick 2:1 (1:1)
Aufstellung: Voss – Kamp, Schaaf, Fichtel, Otten – Möhlmann, Rautiainen, Bracht – Reinders, Kostedde (70. Behrens), Meier (70. Jank)
Trainer: Klötzer
Tore: 1:0 Meier (7.), 1:1 Kerkemeier (37.), 2:1 Kamp (57.)
Zuschauer: 8.500

04.04.1981
2. Bundesliga Nord, 33. Spieltag
Union Solingen – W. Bremen 2:4 (2:2)
Aufstellung: Voss – Otten, Schaaf, Fichtel, Siegmann – Möhlmann, Kamp, Bracht – Reinders, Kostedde, Meier
Trainer: Rehhagel
Tore: 0:1 Kostedde (14.), 1:1 Krumbein (28.), 1:2 Reinders (29.), 2:2 Seegler (45.), 2:3 Meier (70.), 2:4 Meier (71.)
Besonderheit: Otto Rehhagel übernahm das Traineramt offiziell als Interimstrainer für den auf Kur befindlichen Kuno Klötzer
Zuschauer: 8.000

07.04.1981
2. Bundesliga Nord, 28. Spieltag (Nachholspiel)
W. Bremen – Alem. Aachen 6:0 (2:0)
Aufstellung: Burdenski – Siegmann, Schaaf, Fichtel, Otten – Möhlmann, Kamp (75. Rautiainen), Bracht – Reinders, Kostedde, Meier (78. Jank)
Trainer: Rehhagel
Tore: 1:0 Kamp (24.), 2:0 Kamp (32.), 3:0 Reinders (68. FE), 4:0 Meier (70.), 5:0 Kostedde (79.), 6:0 Kostedde (89.)
Zuschauer: 22.000

10.04.1981
2. Bundesliga Nord, 34. Spieltag
W. Bremen – Preußen Münster 2:1 (1:0)
Aufstellung: Burdenski – Schaaf, Siegmann, Fichtel, Otten – Möhlmann, Kamp, Bracht – Reinders, Kostedde, Meier
Trainer: Rehhagel
Tore: 1:0 Kostedde (34.), 2:0 Reinders (60.), 2:1 Lander (64.)
Zuschauer: 13.000

16.04.1981
2. Bundesliga Nord, 35. Spieltag
Hertha BSC Berlin – W. Bremen 1:2 (1:0)
Aufstellung: Burdenski – Schaaf (57. Rautiainen), Siegmann, Fichtel, Otten – Kamp, Möhlmann, Bracht – Reinders, Kostedde, Meier (80. Jank)
Trainer: Rehhagel
Tore: 1:0 Okudera (26.), 1:1 Reinders (62. HE), 1:2 Rautiainen (84.)
Zuschauer: 71.488

21.04.1981
2. Bundesliga Nord, 36. Spieltag
W. Bremen – Rot-Weiß Essen 1:0 (0:0)
Aufstellung: Burdenski – Rautiainen, Siegmann, Fichtel, Jank – Möhlmann, Kamp, Bracht – Reinders, Kostedde, Meier
Trainer: Rehhagel
Tore: 1:0 Kostedde (61.)
Zuschauer: 10.000

24.04.1981
2. Bundesliga Nord, 37. Spieltag
SC Herford – W. Bremen 0:2 (0:0)
Aufstellung: Burdenski – Rautiainen (87. Jank), Siegmann, Fichtel, Otten – Möhlmann, Kamp, Bracht – Reinders, Kostedde, Meier
Trainer: Rehhagel
Tore: 0:1 Reinders (63.), 0:2 Reinders (88.)
Zuschauer: 4.000

01.05.1981
2. Bundesliga Nord, 38. Spieltag
SC Göttingen 05 – W. Bremen 1:3 (0:1)
Aufstellung: Burdenski – Schaaf (60. Jank), Siegmann, Fichtel, Otten – Möhlmann, Kamp, Bracht – Reinders (70. Rautiainen), Kostedde, Meier
Trainer: Rehhagel
Tore: 0:1 Siegmann (39.), 1:1 Wolter (73.), 1:2 Kostedde (79.), 1:3 Möhlmann (90.)
Besonderheit: Erstes Spiel von Trainer Otto Rehhagel als neuer, offizieller Cheftrainer
Zuschauer: 7.500

Berlin, Olympia-Stadion, 16.4.1981, 21:17 Uhr: Der Meilenstein

Der glücklichste Moment der Saison: Trainer Rehhagel, erst seit gut zwei Wochen im Amt, landet mit dem 2:1-Auswärtssieg beim schärfsten Konkurrenten Hertha BSC Berlin vor 71.000 Zuschauern im Berliner Olympiastadion den wichtigsten Sieg der Saison. Gemeinsam mit Klaus Fichtel verlässt er glücklich die Arena

05.05.1981
2. Bundesliga Nord, 39. Spieltag
W. Bremen– Rot-Weiß L'scheid 2:0 (1:0)
Aufstellung: Burdenski – Jank (39. Masztaler), Siegmann, Fichtel, Otten – Möhlmann, Kamp, Bracht – Rautiainen, Kostedde, Meier
Trainer: Rehhagel
Tore: 1:0 Kostedde (12.), 2:0 Kostedde (46.)
Zuschauer: 7.000

08.05.1981
2. Bundesliga Nord, 40. Spieltag
Hannover 96 – W. Bremen 0:0
Aufstellung: Burdenski – M. Haskamp, Siegmann, Fichtel, Otten – Möhlmann, Kamp, Bracht – Rautiainen, Kostedde, Meier
Trainer: Rehhagel
Tore: –
Zuschauer: 19.100

12.05.1981
2. Bundesliga Nord, 25. Spieltag (Nachholspiel)
VfB Oldenburg – W. Bremen 0:3 (0:2)
Aufstellung: Burdenski – M. Haskamp, Siegmann, Fichtel, Otten – Möhlmann, Kamp, Bracht – Rautiainen, Kostedde, Meier (63. Behrens)
Trainer: Rehhagel
Tore: 0:1 Siegmann (8.), 0:2 Meier (32.), 0:3 Behrens (76.)
Besonderheit: Werders Sieg sichert den direkten Wiederaufstieg in die Bundesliga!
Zuschauer: 18.000

15.05.1981
2. Bundesliga Nord, 41. Spieltag
W. Bremen – Viktoria Köln 0:0
Aufstellung: Burdenski – M. Haskamp, Siegmann, Fichtel, Otten – Rautiainen, Kamp, Bracht – Reinders, Kostedde, Behrens (46. Meier)
Trainer: Rehhagel
Tore: –
Besonderes Vorkommnis: Holubeck hält Elfmeter von Reinders (69.)
Zuschauer: 9.000

18.05.1981
Freundschaftsspiel
Eimsbütteler TV – W. Bremen 1:7 (0:4)
Aufstellung: Burdenski (Voss) – M. Haskamp, Kamp, Siegmann, Fichtel – Möhlmann, Rautiainen, Bracht – Reinders, Kostedde (Behrens), Meier
Trainer: Rehhagel
Torschützen für Werder: Möhlmann (2), Kostedde, Meier, Reinders, Rautiainen, Behrens
Zuschauer: 1.500

20.05.1981
Freundschaftsspiel
FC Osterholz-S'beck – W. Bremen 2:6 (0:2)
Aufstellung: Burdenski (46. Voss) – M. Haskamp, Siegmann, Fichtel, Kamp – Bracht, Möhlmann, Rautiainen – Reinders, (46. Behrens), Kostedde, Meier
Trainer: Rehhagel
Tore: 0:1 Kostedde (2.), 0:2 Möhlmann (32.), 1:2 Seedorf (46.), 1:3 Meier (58.), 1:4 Möhlmann (66.), 2:4 Jansen (79.), 2:5 Behrens (80.), 2:6 Kostedde (88.)
Besonderheit: Werder nur noch mit zehn Spielern, da Meier verletzt ausscheidet (62.)
Zuschauer: 1.200

26.05.1981
Internationales Freundschaftsspiel
W. Bremen – RSC Anderlecht 3:2 (1:2)
Aufstellung: Burdenski – M. Haskamp, Siegmann, Fichtel, Kamp – Möhlmann, Rautiainen (63. Masztaler), Bracht – Reinders, Kostedde, Behrens (65. Böhnke)
Trainer: Rehhagel
Tore: 1:0 Kostedde (10. FE), 1:1 Lozano (18.), 1:2 Vercauteren (24.), 2:2 Kostedde (?.), 3:2 Kostedde (90.)
Zuschauer: 6.000

Befreiter Jubel nach dem Meisterstück: Werders 3:0 im Lokalderby beim VfB Oldenburg sichert endgültig den direkten Wiederaufstieg. Im wunderschönen Donnerschwee-Stadion freuen sich nach getaner Arbeit die beiden Norberts: Meier und Siegmann

30.05.1981
2. Bundesliga Nord, 42. Spieltag
Fortuna Köln – W. Bremen 3:2 (2:1)
Aufstellung: Burdenski – M. Haskamp (60. Böhnke), Siegmann, Fichtel, Otten – Kamp, Möhlmann, Bracht – Reinders, Kostedde, Rautiainen (80. Behrens)
Trainer: Rehhagel
Tore: 1:0 Gudlaugsson (20.), 2:0 Mödrath (35.), 2:1 Kostedde (43.), 3:1 Linßen (56.), 3:2 Reinders (59. FE)
Zuschauer: 1.200

31.05.1981
Freundschaftsspiel
Schwarz-Weiß Lienen – Werder 1:10 (0:1)
Aufstellung: Burdenski (Voss) – M. Haskamp, Otten, Siegmann, Fichtel – Möhlmann, Kamp (Behrens), Bracht – Reinders, Kostedde, Rautiainen (Böhnke)
Trainer: Rehhagel
Torschützen für Werder: Kostedde (3), Reinders (2), Siegmann, Möhlmann, Behrens, Masztaler, Voss/FE
Zuschauer: 1.500

2. Bundesliga-Abschlusstabelle 1980 / 1981

Platz	Verein	Spiele	S	U	N	Tore	Diff.	Punkte
1.	Werder Bremen (A)	42	30	8	4	97:33	+64	68-16
2.	Eintracht Braunschweig (A)	42	29	7	6	102:44	+58	65-19
3.	Hertha BSC Berlin (A)	42	31	2	9	123:42	+81	64-20
4.	Hannover 96	42	20	16	6	88:49	+39	56-28
5.	Alemannia Aachen	42	24	7	11	80:51	+29	55-29
6.	VfL Osnabrück	42	22	8	12	76:50	+26	52-32
7.	Union Solingen	42	20	10	12	76:61	+15	50-34
8.	Rot-Weiß Essen	42	20	7	15	99:74	+25	47-37
9.	Fortuna Köln	42	18	10	14	83:67	+16	46-38
10.	SG Wattenscheid 09	42	15	12	15	62:68	-6	42-42
11.	Viktoria Köln	42	14	13	15	67:79	-12	41-43
12.	1.FC Bocholt (N)	42	14	10	18	66:70	-4	38-46
13.	Preußen Münster	42	14	8	20	48:72	-24	36-48
14.	Rot-Weiß Oberhausen	42	12	11	19	59:84	-25	35-49
15.	VfB Oldenburg (N)	42	12	10	20	64:89	-25	34-50
16.	SC Herford	42	11	10	21	48:65	-17	32-52
17.	Tennis Borussia Berlin	42	9	14	19	47:71	-24	32-52
18.	Göttingen 05 (N)	42	9	14	19	67:98	-31	32-52
19.	Holtstein Kiel	42	12	7	23	48:81	-33	31-53
20.	Rot-Weiß Lüdenscheid	42	8	11	23	43:83	-40	27-57
21.	SpVgg Erkenschwick (N)	42	7	8	27	46:91	-45	22-62
22.	OSV Hannover	42	7	5	30	41:108	-67	19-65

Fieberkurve der Bundesliga-Saison 1980 / 1981

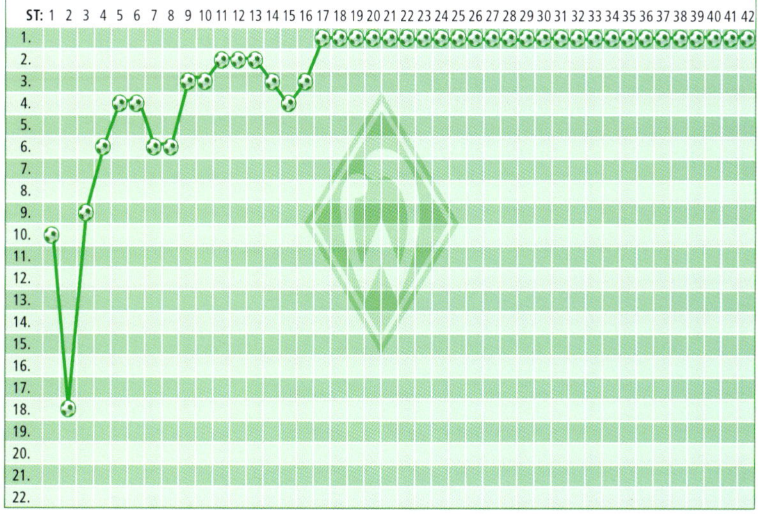

1981/82: Die grün-weiße Wiedergeburt

Oben v.l.:
Masseur Kienert, Kostedde, Okudera, Gruber, Siegmann, Behrens, Reinders, Trainer Rehhagel
Mitte v.l.:
Fichtel, Bracht, Otten, Böhnke, Schaaf, Möhlmann, Kamp
Unten v.l.:
Meier, Jank, Rülander, Burdenski, M. Haskamp, Rautiainen

Was waren Werders Fans leidgeprüft in den zwölf Jahren zwischen 1969 und 1981: Gleich siebenmal auf Platz 11 der Abschlusstabelle, meistens in großer Abstiegsgefahr, ohne eine Chance auf einen Titel oder gar einen neuen Star. Die Saison 1981/82, um die wir uns in diesem Kapitel kümmern wollen, entschädigte dagegen für viele Jahre voller Frust und markierte den Beginn eines goldenen Zeitalters.

Schon der erste Spieltag nach dem Wiederaufstieg brachte ein völlig neues Werder-Gefühl: Der Aufsteiger Werder Bremen, der in seinem letzten Bundesligajahr die grauenhafte Auswärtsbilanz von 3:31 Punkten und 13:61 Toren einfuhr, erstürmte als krasser Außenseiter mit sensationellem Offensivfußball den Bökelberg zu Mönchengladbach gleich mit 4:2 und stand als Neuling auf Platz 2 der Bundesliga. Fachleute taten diesen Start als typische Momentaufnahme ab, und selbst Otto Rehhagel redete von »zwei Punkten gegen den Abstieg«. Eine geflügeltes Bonmot, das sich fast durch die gesamte Saison ziehen sollte. Aber die kommenden Wochen sollten schnell beweisen, dass Werder anno 1981 vielleicht sogar der bis dahin stärkste Aufsteiger aller Zeiten gewesen sein könnte.

Zum Star der ersten tollen Wochen nach dem Wiederaufstieg wurde der schon in der Zweitligasaison kometengleich aufgestiegene kleine Hamburger Norbert Meier: Er traf nicht nur beim tollen Auftaktsieg in Gladbach, sondern auch beim 1:0 gegen Bielefeld und beim 1:3 in München, der ersten Saisonniederlage. Dieses Spiel geriet freilich fast zur Nebensache, denn seit Tagen hatte die Bundesliga nur noch ein Gesprächsthema: den »Fall Lienen«!

Der lief in der Woche zuvor in der Form seines Lebens für die Bielefelder Arminia im Weser-Stadion auf, wirbelte Werder 20 Minuten lang wie aufgezogen mit tollen Dribblings in Serie mächtig durcheinander und wurde schließlich von Norbert Siegmann gefoult. Mit mehr als zwei Jahrzehnten Distanz kann man sagen: Es war keines der härtesten Fouls der Bundesligageschichte, aber vermutlich eines der unglücklichsten: Siegmanns Stollen trafen Lienen am Oberschenkel, also da, wo ein Fußballschuh normalerweise kaum Schaden anrichten kann. Anders in diesem Fall: Siegmanns Stollen bohrten sich in Lienens Oberschenkel, und die Bilder der hässlichsten Wunde der deutschen Fußballgeschichte gingen um die Welt. Lienen sprang auf, und noch ehe ihn ein Sanitäter verarzten konnte, stieß er den völlig konsternierten Otto Rehhagel mit beiden Fäusten vor die Brust: »Du hast dem doch gesagt, dass er mich kaputttreten soll!!« Um diesen Vorwurf kümmerten sich fortan die Juristen. Rehhagel soll Siegmann mit den an sich nicht so ungewöhnlichen Worten »Pack ihn dir!« zum vorsätzlichen Foulspiel aufgefordert haben. Ein ziemlich haltlo-

Mit geballter Faust zurück in die Bundesliga: Reinders, Rautiainen und Gruber feiern den 4:2-Paukenschlag von Mönchengladbach am 1. Spieltag

ser Vorwurf, nicht zuletzt, weil ein Spieler im dümmsten Fall zwar seinem Gegenspieler theoretisch vorsätzlich die Knochen polieren, aber kaum absichtlich den Oberschenkel aufschlitzen kann. Rehhagel und Siegmann wurden rehabilitiert, was nichts daran änderte, dass Werders Trainer zum Rückspiel auf der Alm sicherheitshalber eine Bleiweste trug und von zahlreichen Polizisten eskortiert wurde. Zuvor hatte es von Bielefelder Seite Morddrohungen gegen ihn und Siegmann gegeben. Siegmann blieb zu Hause, der bleierne Otto hatte wenig Grund aufzuspringen: Werder gewann das Rückspiel locker mit 2:0 und setzte sich weiter oben fest. Ewald Lienen wiederum trat 28 Tage nach Siegmanns Foul wieder gegen den Ball.

Beeindruckend aus heutiger Sicht, dass diese famose Saison ohne neue Stars gelang. Der Verein schob noch Schulden-Altlasten in Höhe von 2 Millionen DM vor sich her und kalkulierte in Folge dessen mit dem kleinsten Jahresetat der Bundesliga: 2,5 Millionen DM. Und so hatte Werder sich lediglich mit dem bis dahin weitestgehend unbekannten Rigobert Gruber und dem bei Hertha BSC in der 2. Liga nicht übermäßig aufgefallenen Yasuhiko Okudera verstärkt (»Der Oku ist schnell, leider nach zehn Metern aber nicht mehr im Ballbesitz.« – Rudi Assauer). Und Otto Rehhagel hatte damit zum ersten, aber längst nicht zum letzten Mal sein Talent als Spürnase für bis dahin verkannte Spieler bewiesen. Okudera wirbelte als Allrounder vornehmlich auf den Außenbahnen, und Gruber wurde als Billigeinkauf zu einer der besten Neuerwerbungen seit langem: Er spielte eine tadellose Saison in Werders Defensivbereich, erfüllte nahezu jede Aufgabe perfekt und schoss als Verteidiger erstaunliche acht Saisontore. Gruber wäre ohne Frage in der Nationalelf gelandet, wenn ihn nicht wenig später eine verheerende Knieverletzung ereilt hätte, die seine Karriere nach unzähligen Comebackversuchen schließlich beendete.

Der schon erwähnte Skandal um Ewald Lienens Verletzung war eine von insgesamt zwei schwarzen Stunden des SV Werder in dieser ansonsten unbeschreiblich schönen Saison 1981/82. Die andere trug sich am 14. November 1981 in Frankfurt zu. Werder musste ohne den verletzten Dieter Burdenski antreten und bot im Tor den völlig unerfahrenen Hermann Rülander auf. Im Sommer hatte der SVW den altgedienten Ersatztorwart Albert Voss vergrault, der nach gescheiterten Vertragsverhandlungen wegen eines Differenzbetrages von 10.000 DM die Segel strich und nach Oldenburg zurückkehrte. Der neue zweite Mann Rülander, der in der Woche zuvor beim Training schon erahnen ließ, dass er der schweren Aufgabe womöglich nicht gewachsen sein würde, wurde von Rehhagel unbeabsichtigt unter Druck gesetzt: »Frankfurt ist für Rülander die Stunde der Wahrheit. Danach weiß ich, ob er sich im Profifußball behaupten kann!« Zwei überlieferte Sätze aus den Tagen vor dem Frankfurt-Spiel demonstrieren, wie es um Rülanders Nervenkostüm bestellt gewesen sein muss:

Einer der komplettesten Werder-Verteidiger aller Zeiten: Rigobert Gruber war in der Luft eine Klasse für sich, technisch versiert, zweikampfstark und torgefährlich

In den frühen achtziger Jahren erfreute sich unter jungen Menschen Rap-Musik großer Beliebtheit. Die dazugehörigen Bewegungen nannte man »Breakdance«, und die hier von Otto Rehhagel in Vollendung präsentierte Breakdance-Variante hieß »Electric Boogie« (in Wirklichkeit ging es allerdings lediglich um eine vergebene Torchance)

»Gut, dass die Frankfurter nicht wissen, was wir für einen Torwart haben«, soll Altstar Erwin Kostedde einem Freund vor dem Spiel anvertraut haben. Und: »Ich bin froh, wenn wir in Frankfurt nicht zehn Stück kriegen«, erklang es sogar aus dem Mund von Otto Rehhagel höchst selbst.

Otto Rehhagels Wunsch ging in Erfüllung: Werder verlor nur 2:9. Der 20-jährige Rülander flatterte sich den ersten Ball selbst ins Tor (ein zugegeben gemein getretener Eckball von Frankfurts »Dr. Hammer« Bernd Nickel), verhuschte einen Abwurf und war fortan nur noch ein Nervenbündel. Er trug dazu bei, dass die Frankfurter aus allen Lagen auf Werders Tor ballerten und damit auch meistens Erfolg hatten. Nach 78 Minuten hatte Rehhagel Mitleid und nahm den späteren guten Zweitligatorwart Rülander aus der Schusslinie, im wahrsten Sinne des Wortes. Die letzten beiden Tore zum 2:9 kassierte Amateurtorwart Robert Frese, der praktisch keinen Ball mehr zu fassen bekam.

Der »Fall Lienen« und der schwarze Novembertag von Frankfurt blieben in der Nachbetrachtung zwei unbedeutende Flecken auf einer fast weißen Werder-Weste. Das albtraumhafte 2:9 in Frankfurt hatte sogar in positiver Hinsicht etwas Denkwürdiges: Es war das erste Spiel nach der Inthronisierung des neuen Werder-Managers. Vorgänger Rudi Assauer hatte am Ende der Zweitligasaison Bremen den Rücken gekehrt, weil er über die Zuschauerresonanz in der Hansestadt enttäuscht war. Ihn zog es nach Schalke, wo er zwar mehr Zuschauer begrüßen konnte, aber postwendend dorthin musste, wo er gerade entschwunden zu sein hoffte: in die 2. Liga.

Davon unbeeindruckt marschierte Werder als Aufsteiger im Husarenritt durch die Liga, stand mehrfach sogar auf Platz 2. Am Ende wurde der UEFA-Cup-Platz durch ein spektakuläres 4:2 in Stuttgart gesichert. Die Saison endete also, wie sie begann. Die jüngeren Werder-Fans erlebten zum ersten Mal in ihrem Leben eine Bundesligasaison ganz ohne Abstiegsangst. Trainer Rehhagel bekam von Präsident Böhmert erstmals einen Blankoscheck ausgestellt: »Sie können selbst entscheiden, wie lange Sie bei uns arbeiten wollen!« Und niemand konnte ahnen, dass selbst dieser nie für möglich gehaltene Platz 5 (die beste Platzierung seit 1967!) nur ein Vorgeschmack sein sollte auf sogar noch bessere Werder-Zeiten. Sehr, sehr bald schon konnten sie beginnen.

Letztes Halleluja für einen großartigen Stürmer: Erwin Kostedde spielte seine letzte Bundesliga-Saison

Willi Lemke:
» … ich saß unter Schimmelpilzen!«

Willi Lemke 1981 bei der Vorstellung seines »Bewerbungskonzeptes« …

Werder suchte monatelang nach einem passenden Nachfolger für Rudi Assauer. Die Öffentlichkeit ging gewohnheitsbedingt von einem gewieften Ex-Profikicker als Nachfolger aus, aber zur Überraschung aller wurde Werder in der Politik fündig: SPD-Landesgeschäftsführer Willi Lemke, ein Mann, der dem Verein schon lange nahe stand, erhielt das Vertrauen des Werder-Vorstands. Lemke ließ von vornherein keinen Zweifel daran, eher ein Marketing-Stratege zu sein als jemand, dem der Stallgeruch der Bundesliga anhaftete. Das Kreativpotenzial und die Quirligkeit des schmalen Mannes mit der großen Brille sollten den SV Werder und die gesamte Bundesliga von nun an volle 18 Jahre lang in Atem halten. Beim Amtsantritt allerdings nannte das CDU-nahe Anzeigenblatt ›Weser-Report‹ die Entscheidung des Vereins pro Lemke noch »eine unverständliche Brüskierung von zigtausenden treuer, aber unpolitischer oder politisch andersdenkender Anhänger und Gönner des SV Werder Bremen.

Wie wurden Sie 1981 für Werder angeheuert?

Nach Rudi Assauers Abschied war damals der Managerposten bei Werder über einen langen Zeitraum vakant, und die hauptsächlich handelnden Personen im Club, Präsident Böhmert, Vize Fischer und Schatzmeister Hohnhorst wurden dadurch extrem strapaziert. Die mussten rund um die Uhr präsent sein, weil kein Manager da war, und das zusätzlich zu ihren ›Hauptjobs‹ im Verein. Es gab damals über 70 Bewerber für Rudi Assauers Posten, und eigentlich hatte sich der Vorstand auch schon auf einen Kandidaten geeinigt. Der hat seine Bereitschaft aber kurzfristig zurückgezogen. Als langjähriger Freund des Vereins wurde ich dann im Sommer eingeladen, zu einem Intertotorundenspiel nach Malmö mitzufahren. Auf der Fähre nach Malmö sagte dann die damalige Frau des Vizepräsidenten zu mir ›Sag mal, *Manager* – wäre das nicht was für dich?‹ Ich war schon sieben Jahre in meinem Job bei der Bremer SPD und fand den Gedanken an einen Posten bei Werder eigentlich auch sehr interessant, aber ich habe diese Frage nicht weiter ernst genommen, gelächelt und nichts weiter dazu gesagt. Aber nach ein paar Nächten, in denen ich drüber geschlafen hatte, war mir klar: Ich würde das sehr gerne machen. Daraufhin habe ich meinen Freund Franz Böhmert angerufen, alles mit ihm besprochen und mal ein Exposé erstellt, in dem drinstand, wie ich mir meine Arbeit für Werder vorstellen könnte. Er war davon spontan begeistert, war auch überrascht, dass ich mich für den Job interessiere. Mein damaliges Konzept habe ich dann nacheinander erst dem Präsidium und dann den Sponsoren und Werder-Freunden vorgetragen. Und anschließend haben sie mich dann gebeten, den Job zu übernehmen. In dem Konzept ging es um einen, wie man heute sagen würde, ›Relaunch‹ von Werder Bremen. Am 11.11.1981 habe ich dieses Konzept der Presse vorgestellt, und wenn Sie sich das heute durchlesen, dann werden Sie feststellen, dass wir gemeinsam 95 Prozent dessen auch umgesetzt haben. Das Einzige, was wir dann verworfen haben, war ein Relaunch des Werder-Emblems. Das hatte ich damals auch vorgeschlagen, aber in diesem Punkt haben mich Freunde und Werbeexperten angerufen und gesagt: ›Willi, daran darfst du überhaupt nicht denken! Davon musst du die Finger lassen!‹

Wie waren Ihre Arbeitsbedingungen damals im alten Weser-Stadion?

Ich saß damals unter Schimmelpilzen. Ein Büro mit dem Charme der dreißiger Jahre, das gleichzeitig Sitzungszimmer und mein Arbeitszimmer war. Und direkt über meinem Stuhl breitete sich hartnäckig ein großflächiger Schimmelpilz aus. Die Tageseinnahmen wurden jeweils im Schuhkarton eingesammelt, eine Kasse gab es nicht. Das Klo war so schlimm, dass es einmal eine unglaublich peinliche Situation gab, die ich nie vergessen werde. Da war die Ehefrau von Willy Brandt bei uns, sehr großer Werder-Fan. Ich musste ihr dann den Weg zu unserer unglaublichen Toilette weisen. Unsagbar peinlich! Eine Toilette unter der alten Südtribüne, direkt am Flur, durch deren Milchglasscheibe man sehr viel Einblick hatte. Jahrzehntelang mussten Besucher des Stadions, die Besatzung der Geschäftsstelle und der Manager diese Toilette benutzen. Ich habe gesagt: ›Leute, das müssen wir wirklich dringend ändern!‹ Und das ist durch den Umbau des Stadions ja glücklicherweise dann auch geschehen.

Kommen wir zu einer Konstante in Ihrer 18-jährigen Managerlaufbahn bei Werder: Der Dauerzoff mit Uli Hoeneß war und ist legendär, und manchmal ist man erstaunt, wie unversöhnlich Sie selbst viele Jahre nach Ihrem Ausscheiden aus dem Management des Vereins noch miteinander umgehen. Uli Hoeneß sagte einmal: »Dem Lemke würde ich heute noch nicht mal die Hand geben!

Uli Hoeneß glaubt, mit Geld und Macht Leute niederbügeln zu können. Es gibt viele Beispiele dafür, wie er Menschen durch ganz gezielte, harte Attacken mundtot gemacht hat. Die Art und Weise, wie er Christoph Daum damals aus der Liga gepfeffert hat, die Art und Weise, wie er sich zuletzt mit dem Präsidenten von Real Madrid sinnlos über den Beckham-Transfer angelegt hat – das sind Dinge, die mir ganz, ganz fern liegen. Ich würde

Willi Lemke

Willi Lemke (Jahrgang 1946) wurde im Herbst 1981 zum Nachfolger von Manager Rudi Assauer auserkoren. Eine Entscheidung, die damals sehr überraschte, weil man aus der Bundesliga vornehmlich ehemalige Profi-Kicker auf dem Managersessel gewohnt war. Lemke dagegen kam als Landesgeschäftsführer der Bremer SPD zu Werder. Die Entscheidung, einen Politiker zum Bundesliga-Manager zu küren, wurde anfangs von der Öffentlichkeit skeptisch bis spöttisch kommentiert. Der drahtige »Werder-Willi« konnte diese Vorbehalte in der spektakulär erfolgreichen Anfangsphase seiner Amtszeit jedoch rasend schnell zerstreuen.

… und heute als Bildungssenator in Bremen

Szenen aus einer TV-Show, die Willi Lemke gerne ungeschehen machen würde: In der Redeschlacht mit dem windigen Spielerberater Holger Klemme flogen die Fetzen

auch niemals so ein hinterlistiges Ding machen wie die Sache mit den Kirch-Geldern, als er die ganze Bundesliga um 21 Millionen Euro erleichtert hat und dann kleinlaut drei Millionen davon als Brosamen abgibt. Oder wie er sich auf St. Pauli als Retter feiern lässt – das ist alles scheinheilig und überhaupt nicht mein Ding. Ich habe ihm niemals, über die gesamten 18 Jahre, die wir in verschiedenen Gremien des DFB gearbeitet haben, klein beigegeben. Wenn er sich als ›Erfinder des Fußballs‹ aufgespielt hat und gesagt hat ›Wir sind das Maß aller Dinge, alles andere interessiert niemanden!‹ oder ›Wir Bayern brauchen die Bundesliga im Zweifel nicht!‹ oder neuerdings ›Wir brauchen die Nationalelf nicht unbedingt!‹, dann hat er von mir immer volles Rohr Gegenwind gekriegt, und das ist er nicht gewöhnt. Das tut ihm weh, und deshalb hat er so eine Abneigung gegen mich. Ich kann Ihnen übrigens versichern: Meine Abneigung gegen ihn ist vielleicht nicht ganz so öffentlich wie seine, aber ebenso emotional. Ich könnte mir überhaupt nicht vorstellen, Uli Hoeneß in meinem Freundeskreis aufzunehmen. Da sind andere Qualitäten gefragt, nicht die Ellenbogen-Qualitäten des Herrn Hoeneß.

Ein anderer schillernder, mittlerweile aber völlig vergessener Gegenspieler des Willi Lemke war in der Anfangszeit Ihrer Arbeit für Werder der berüchtigte Spielerberater Holger Klemme, der seinerzeit Rudi Völler beraten hat. Was ist aus dem geworden?

Der hatte einen großen Auftritt, und dann wurde es ruhig um ihn: Er führte einen Prozess gegen uns, den er mit Pauken und Trompeten verlor, und sein Hauptklient Rudi Völler hat anschließend gesagt ›Mit dem Klemme will ich nichts mehr zu tun haben!‹ Das war damals übrigens sehr beeindruckend für mich, Rudi Völlers charakterliche Stärke zu sehen, der als sehr junger Mann schon gut erkannt hat, wem er vertrauen sollte und wem besser nicht. Klemme ist danach völlig von der Bildfläche verschwunden. Ich erinnere mich an diese schillernde Figur noch sehr genau. Er kam dauernd mit neuen Ideen, was man alles zusammen dealen könnte, und ich bin heute sehr glücklich, darauf nie weiter eingegangen zu sein.

Der Glücksmoment schlechthin …?

Überhaupt keine Frage, natürlich das Europapokalfinale in Lissabon! Vor dem Spiel hatten wir alle nicht so recht an einen Sieg geglaubt. Wir hatten eine ganz magere Saison in der Bundesliga gespielt. Vorher sind wir durch denkwürdige Spiele bis in dieses Finale gekommen: gegen Brügge 2:0 mit einem tollen Tor von Manni Bockenfeld! Oder unser Schnee-Spiel in Istanbul, als wir in der 93. Minute nur deshalb kein Tor kassiert haben, weil der Ball bei einer brenzligen Szene vor unserem Tor in der Matschepampe liegenblieb und ein türkischer Stürmer deshalb daran vorbeirutschte. Ich sehe heute noch vor mir, wie dann Olli Reck mit dem Bauch auf diesen Ball fiel. Das Finale war dann der ganz große taktische Triumph des Otto Rehhagel. Er hatte mit Klaus Allofs einen Joker gezogen, mit dem der gegnerische Trainer Arsène Wenger nicht gerechnet hatte. Die Art und Weise, wie der Sieg dann zustande kam, dann die Nacht darauf und der Empfang in Bremen – beim Gedanken daran kriege ich heute noch eine Gänsehaut!

So fand Willi Lemke seinen Arbeitsplatz zu Beginn seiner Amtszeit vor. Sieht aus wie der Kellerbereich einer Nachkriegs-Grundschule, war aber der Eingangsbereich zu Werders Geschäftsstelle Anfang der achtziger Jahre

Welchen Fehler können Sie heute, mit etwas Distanz, eingestehen?

Da gibt es mehrere. Ich habe einen Riesenfehler gemacht, indem ich mich mit dem schon erwähnten Spielerberater Holger Klemme auf ein TV-Rededuell eingelassen habe. Das fand damals im WDR-Fernsehen statt, und ich sage mir heute noch: Wie konntest du so blöd sein und dich darauf einlassen? Ich hätte wissen müssen, dass das völlig daneben gehen musste. Auf einer seriösen Ebene konnte man mit diesem Menschen nicht kommunizieren, und ich hätte das damals gar nicht erst versuchen dürfen. Es war klar, dass am Ende eine üble Schlammschlacht dabei herauskommen würde.

Zweitens hätte ich niemals Junior Baiano verkaufen dürfen. Da war ich viel zu menschlich. Es hätte mich damals nicht interessieren dürfen, ob der zwölf Wochen gesperrt wird oder es hier kalt findet. Rudi Völler hat seinerzeit gesagt, Junior Baiano sei einer der besten Gegenspieler gewesen, gegen den er je antreten musste. Baiano war einer der genialsten Abwehrspieler, die wir je bei Werder hatten. Aber als er mich mit großen Augen anguckte und flehte: ›Meine Frau, meine Kinder … bitte habt Verständnis. Meine Familie fühlt sich in Deutschland nicht wohl!‹, da war ich zu schwach. Ich hätte hart bleiben und ihn an seinen Vertrag erinnern müssen. Nebenbei bemerkt: Ich hatte ihn vorher zu sensationellen Konditionen aus Brasilien verpflichten können. Baiano war nicht einmal teuer!

Und drittens: Beim geplanten Transfer von Stefan Effenberg zu Werder ist 1994 am Ende alles schief gelaufen. Es gab vorher verschiedene Verhandlungsstränge, die wir entwirren mussten, und die kompliziert miteinander verwoben waren. Zum einen war da der Strang zu Florenz, seinem Verein. Die wollten von Anfang an zuviel Geld haben. Später haben wir uns mit dem AC Florenz geeinigt und mit deren Seite alles klargemacht. Plötzlich tauchten wieder andere Probleme mit den Effenbergs auf. Erschwerend kam dazu, dass Effe von seiner Frau beraten wurde. Das war ein großes Problem, denn mit Spielerberatern konnte ich sonst generell auf einer weniger emotionalen Ebene verhandeln. Unser Vertrag mit Effenberg war praktisch schon so gut wie unterzeichnet, als Frau Effenberg in letzter Sekunde noch einmal mit einer neuen Forderung kam, die alles wieder zum Einstürzen brachte. Die Effenbergs wollten noch einmal für jedes Jahr der Vertragsdauer einen Extrabetrag, und ich werfe mir heute noch vor, dass ich dieser neuen Verhandlungssituation nicht anders begegnet bin. So haben wir uns entschieden, uns nicht erpressen zu lassen und haben die Sache für geplatzt erklärt. Schön und gut, aber Otto Rehhagel stand dadurch da wie ein Depp. Der hatte nämlich schon der ›Sport-Bild‹ ein Interview gegeben mit dem Tenor ›Wie ich es geschafft habe, Effenberg zu Werder zu holen!‹ Unglaublich dumm gelaufen. Heute, mit mehr Lebenserfahrung, würde ich sagen: Ich hätte mit den Effenbergs ganz alleine verhandeln sollen, und dann hätte ich verschiedene Möglichkeiten gehabt: Ich hätte rumweinen können: ›Lassen Sie mich doch bitte nicht unverrichteter Dinge nach Hause fahren! Die verprügeln mich da bei Werder!‹ Irgendwie hätte ich es hingekriegt, sie weichzukochen.

Medien und Fans fordern immer mal wieder, gerade bei solchen Transfers finanziell mehr ins Risiko zu gehen.

Wären wir damals bei Effenberg mehr ins Risiko gegangen, dann hätten wir ihn sicherlich bekommen, aber Werder wäre heute als Verein finanziell nicht gesund. Wir sind niemals bis an den Rand des Ruins gegangen, wie es bis heute einige Vereine nach wie vor machen. Sie würden in Ohnmacht fallen, wenn Sie wüssten, wer alles am Rande des Abgrunds lebt, ohne dass es an die Öffentlichkeit dringt. Werder Bremen ist heute ein gesunder Verein, und das liegt vor allem daran, dass wir nie unkalkulierbare Risiken eingegangen sind, sondern immer nur Dinge riskiert haben, die wir verantworten konnten.

Sie haben 1999 als Manager bei Werder aufgehört, um Bildungssenator zu werden. Fiel es Ihnen schwer, den Verein loszulassen?

Ich hatte mir diesen Schritt vorher ein halbes Jahr lang überlegt. Das, was wir zusammen erleben durften, wird so nie wiederkommen. Alles in diesem Verein stimmte personell perfekt, und damit meine ich nicht nur Otto Rehhagel, sondern alle handelnden Personen im Verein. Die Finanzen stimmten immer. Wir sind alle menschlich miteinander umgegangen. Dieses grünweiße Wir-Gefühl habe ich 18 Jahre lang genossen. Man sagt immer, du sollst gehen, wenn es am schönsten ist. Eigentlich hätte ich schon gemeinsam mit Rehhagel bei Werder aufhören sollen, denn es war eigentlich allen klar, dass da eine Zäsur bei Werder kommen würde, die zwangsläufig schmerzlich sein muss. Dann habe ich die schwierigen Jahre ohne Rehhagel noch mitgemacht, und mein Abschluss war absolut perfekt: In meinem allerletzten Spiel als Werder-Manager sind wir 1999 gegen Bayern München noch einmal Pokalsieger geworden. Für mich war das wie ein Geschenk des Himmels. Ich habe danach die ganze Nacht durchgefeiert mit Spielern, Sponsoren, Freunden, dem Präsidium. Das ›Loslassen‹ war nicht so schlimm. Ich bin jetzt viel unbelasteter dabei. Ich bin immer noch bei jedem Heimspiel im Stadion und schaue mir die Auswärtsspiele im Fernsehen an, aber es gibt diese tonnenschwere Last nicht mehr, die auf mir lag, als ich noch Manager war. Ich habe viel mehr Spaß im Stadion und ärgere mich viel freier. Vorher hatte ich Existenzangst, wenn bei Werder etwas schiefging: Familien, die an Werder hängen, Spielerverträge, Sponsorenverträge … Wie schwer ist es, erst mit Werder gegen Pasching zu verlieren und anschließend ein Sponsorengespräch führen zu müssen? Die Spieler haben davon gar keine Ahnung. Diese tonnenschwere Last habe ich heute nicht mehr. Ich bin entspannter und objektiver. Nach wie vor gehe ich hoch wie von der Tarantel gestochen, wenn jemand meinen geliebten SV Werder kritisiert. Aber es ist jetzt die Aufsichtsratsperspektive und nicht mehr die des unmittelbar Betroffenen. Der Abschied ist mir leichter gefallen, als ich gedacht hatte. Ich bin ja auch nicht aus der Welt. Ich werde nach wie vor zu Werder gefragt und gebe bei besonderen Events Stellungnahmen ab. Ich wurde ja nicht abgeschossen, sondern habe aufgehört. Meine Akzeptanz ist bei den Werder-Fans immer noch groß. Noch heute werde ich öfter als ›Werder-Willi‹ angesprochen und nicht als Bildungssenator. Das ist wunderbar! Ich hatte früher zeitweise auch Angst, rausgeekelt zu werden. Früher habe ich gedacht: ›Mein Gott, wenn Werder absteigt, wie stehst du dann da? Wie gehst du dann durch die Stadt?‹ Damit hätte ich nicht leben können. Nach den Spielen gegen Pasching hätte ich nicht Manager sein mögen. Aber ab und zu würde ich heute gerne noch dabei sein, gar keine Frage. Besonders an den schönen Tagen.

Oben: Das neue Tandem in der Kommandozentrale: Willi Lemke und Otto Rehhagel beraten sich in der Geschäftsstelle, irgendwann 1981
Unten: Willi Lemke lässt auch heute noch erahnen, dass aus ihm beinahe mal ein richtiger Sportlehrer geworden wäre

Hermann Rülander, Torwarttalent vor einer vermeintlich großen Karriere

Hermann Rülander: »Das Spiel in Frankfurt trage ich als Narbe mit mir herum wie Niki Lauda seine verbrannten Ohren«

Hermann Rülander hatte im Eiltempo die Karriereleiter bei Werder erklommen. Auf Vermittlung des ehemaligen Stürmers Volker Ohling absolvierte der junge Mann vom SV Burlage (im Emsland) ein Probetraining bei Werders A-Jugend, wurde für stark befunden und spielte sich in kürzester Zeit ins Tor der Werder Amateure. Als nach dem Wiederaufstieg in die Bundesliga 1981 die Ära Albert Voss endete, wurde Rülander folgerichtig neuer Kronprinz im Werder-Tor: Der Mann hinter Burdenski. Anfang November 1981 zog sich ›Budde‹ im Heimspiel gegen den 1.FC Köln einen Jochbeinbruch zu. Rülanders Feuertaufe kam plötzlich, und das Talent bestand sie glänzend: Am Tor der Kölner zum 1:1 (Klaus Fischer) traf ihn keinerlei Schuld, aber in der Nachspielzeit rettete er glänzend den Punktgewinn für Werder. Ein fast idealer Einstand in die Bundesliga. Was jedoch schien wie der perfekte Einstieg ins Profigeschäft, kehrte sich für den sensiblen Emsländer innerhalb von wenigen Tagen ins Gegenteil um. Eine Woche nach dem guten Beginn war eine hoffnungsvolle Bundesliga-Karriere schon wieder beendet. Hermann Rülander hatte bei Werders höchster Bundesliga-Niederlage aller Zeiten, dem 2:9 in Frankfurt, das Werder-Tor gehütet und war an zwei Toren nicht schuldlos. Otto Rehhagel ließ ihn daraufhin fallen. Rülander erinnert sich an die schwärzeste Stunde seines Torwartlebens:

Ein Debakel für die Mannschaft
Eine Tragödie für ihren Torwart
Werders höchste Bundesliga-Niederlage aller Zeiten und ihre Ursachen

Das Spiel in Frankfurt hatte für mich eine Vorgeschichte. Bei meinem guten Einstand gegen Tabellenführer Köln am Wochenende zuvor hatte ich überhaupt keine Zeit, über mein Bundesliga-Debüt groß nachzudenken. ›Budde‹ hatte sich bei einem Zusammenprall mit Klaus Fischer einen Jochbeinbruch zugezogen und spielte damit erst einmal weiter, als wäre nichts gewesen. Rehhagel machte mir zwar klar ›Mach Dich fertig, vielleicht musst Du gleich rein!‹, und Kalli Kamp schoss mich anschließend noch warm, aber ich war mir sicher, dass Burdenski das Spiel durchspielen würde. Der hätte auch mit gebrochenem Bein gespielt. Aber so eine Viertelstunde vor Schluss war sein Gesicht halb zugeschwollen und er konnte nur noch torkeln, und dann hieß es: ›Hermann, los! Rein mit Dir!‹ Ich konnte überhaupt nicht drüber nachdenken, was passiert. Die vielen Zuschauer habe ich gar nicht wahrgenommen, weil ich regelrecht abgeschaltet hatte. Und bewusst geworden

Bundesligakarriere beendet: Hermann Rülander nimmt wie hypnotisiert seine Auswechslung in Frankfurt zur Kenntnis. Sieben Gegentore bedeuteten für ihn eine Woche vor seinem 21. Geburtstag das Ende aller Träume bei Werder

Burdenski: Rülander tut mir unheimlich leid

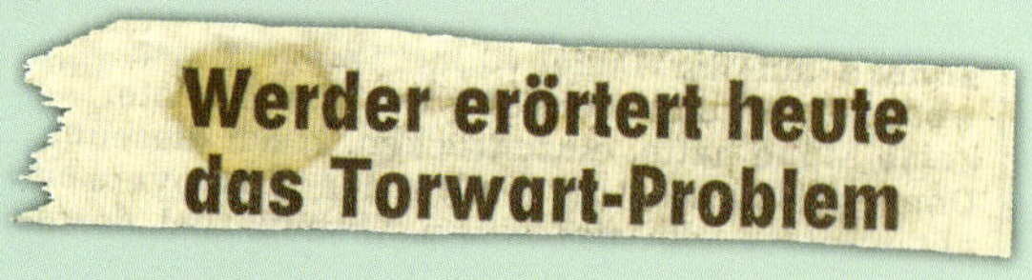

Werder erörtert heute das Torwart-Problem

ist mir mein Bundesliga-Einstand gegen einen Mitfavoriten um die Meisterschaft erst, als bei einem Eckball plötzlich der Kölner Nationalspieler Gerd Strack neben mir stand, den ich bis dahin nur aus dem Fernsehen kannte. Eine richtige Kante war das, und ich dachte nur: ›Boah, der ist aber groß!‹ Das Spiel lief ansonsten gut für mich. Ich bekam gleich einen schweren Ball zu halten und meisterte den ganz sicher – wie man es sich wünscht. Am Ausgleich kurz vor Schluss konnte ich nichts machen, weil Klaus Fischer da aus zehn Metern völlig frei zum Schuss kam und genau ins Eck traf. Und danach rettete ich noch in der Nachspielzeit gegen Fischer, als der volley frei zum Schuss kam.

Dann stürmten die Ereignisse in den Tagen vor dem Spiel in Frankfurt auf mich ein. Ich war erst zwanzig und relativ kurz davor vom Land in die große Stadt gezogen, war noch sehr unerfahren, und auf einmal schaute die ganze Stadt auf mich. Im Training wurde ich kritisch beäugt und plötzlich musste ich Interviews geben. In diesen Tagen habe ich die ›BILD‹ kennengelernt. Denen habe ich kurz vor dem Spiel ein Interview gegeben. Das Gespräch begann mit der Frage ›Was machen Sie denn gerade so?‹, und ich erwähnte in einem Nebensatz, dass ich gerade vom Friseur gekommen war. Danach haben wir über die sportlichen Dinge geredet. Und was schreiben die als Überschrift? ›RÜLANDER MACHT SICH SCHICK FÜR DAS FRANKFURT-SPIEL‹. Schließlich wurde ich zu allem Überfluss vier Tage vor dem Spiel in Frankfurt in einen Verkehrsunfall verwickelt. Weil ich keine Schuld hatte und unverletzt blieb, habe ich niemandem etwas gesagt, um keine Unruhe zu schüren. Ich selbst war durch den Unfall auch in keinster Weise beeinträchtigt, aber alles in allem war es dann eben keine ruhige Vorbereitung auf mein Bundesliga-Debüt von Beginn an.

Mehr als jeder andere Spieler ist ein junger Torwart auf ein gutes Nervenkostüm, auf sicheren Rückhalt innerhalb der Mannschaft und auf sein Glück angewiesen. Den Rückhalt genoss Rülander, aber mit den Nerven sah es nicht so gut aus, und das Glück hatte ihn an jenem kalten Abend in Frankfurt ganz im Stich gelassen.

Hätte ich in Frankfurt gleich zwei, drei Bälle gut gehalten, dann wäre das Spiel sicher besser gelaufen. Aber meine erste richtige Prüfung war gleich ein Eckball von der linken Seite, den Frankfurts Nickel mit ungeheurem Effet und seinem gefürchteten linken Fuß per Außenrist scharf aufs Tor drehte. Der Ball schoss auf mich zu, berührte noch die Latte und war dann knapp drin. Ich bekam ihn erst beim Landen wieder auf die Torlinie.

Der Anfang vom Ende einer Bundesligakarriere. Im Anschluss spielen sich die Frankfurter in einen Rausch. Von sieben Gegentoren trägt Rülander lediglich bei zwei Toren die Hauptschuld, nämlich bei Nickels schon geschildertem 1:1 und bei Borchers' 3:1. Ansonsten lassen die Frankfurter in Gestalt der überragenden Borchers und Nachtweih Sonntagsschüsse in Serie vom Stapel. Rülanders schwarzer Tag endet in der 78. Spielminute: Trainer Rehhagel tauscht ihn gegen Amateurtorwart Robert Frese aus. Eine Demütigung.

Ich habe in diesem Spiel davon geträumt, meine Chance zu nutzen. Mit meiner Auswechslung war dieser Traum vorbei. Ich habe es nicht verstanden, weshalb man den Torwart zwölf Minuten vor Schluss auswechseln muss, wenn es sowieso schon 2:7 steht – obwohl ich gestehen muss, dass ich in diesem Moment erst einmal nur froh war, dass alles vorbei war. Mit Robert Frese kam unser Amateurtorwart, der bis dahin kaum bis gar nicht mit der Mannschaft trainiert hatte. Ich war schon gestraft genug, und nun musste ich also zwölf Minuten vor Schluss vor allen Augen vom Platz traben. Das war noch einmal eine Demütigung oben drauf.

Otto Rehhagel demonstriert mit dieser Auswechslung, dass er Hermann Rülander nicht mehr zutraut, diese Situation aus eigener Kraft zu meistern. Der »Kicker« gibt Rülander die Note »5«, relativiert aber: »Die Eintracht wäre an diesem Tag wohl auch von einem Burdenski nicht zu stoppen gewesen.« Am Montag nach dem Spiel bittet der Trainer seinen jungen Torwart zum Gespräch: »Ich muss heute Abend zum Fernsehen. Ich werde Ihren Autounfall als Erklärung für die schlechte Leistung nennen.« Rülander möchte das nicht und beteuert, dass dieser Unfall keinerlei Rolle gespielt habe. Rehhagel beendet das Gespräch, steht wortlos auf und geht. Von diesem Augenblick an ist Hermann Rülanders Werder-Karriere vorbei.

Ich habe in den Tagen nach dem Frankfurt-Spiel im Training auf Veranlassung von Rehhagel plötzlich rechter Verteidiger spielen müssen. Eine demonstrative Degradierung war das. Die Mitspieler wollten mir helfen und die Situation lösen. ›Budde‹ rief mich zu sich, sagte dass ihm kalt sei und ich für ihn zwischen die Pfosten gehen solle, damit er sich als Feldspieler bewegen könne. Als Rehhagel das mitbekam, wurde Burdenski knallhart abgekanzelt: ›Wenn Ihnen kalt ist, gehen Sie in die Kabine! Hier entscheide ich, wer im Tor

Der Beginn eines traumatischen Spiels: Frankfurts Scharfschütze Bernd Nickel drischt den Eckball per Außenrist auf Werders Tor …

… der Flatterball touchiert die Latte und ist von Rülander nicht in den Griff zu kriegen …

… am Boden drückt ihn der junge Torwart auf die Linie. Pezzey jubelt mal vorsorglich …

… während Werders Spieler bedröppelt und lethargisch hinnehmen, was kommt: Tor, 1:1 durch Nickel. In den folgenden 58 Minuten kassiert Werder weitere sechs Tore, ehe Rülander ausgewechselt wird

Die Demontage: Der ohnehin schon gedemütigte Hermann Rülander wird beim Stand von 2:7, zwölf Minuten vor Schluss, gegen Werders Amateurtorwart Robert Frese ausgetauscht. Er verlässt nicht nur den Rasen, sondern auch für immer die Bundesligabühne

steht!‹ Bei Torschusstraining hatten wir vorher die Mannschaft aufgeteilt und auf zwei Tore geschossen, im einen Tor Burdenski und im anderen Tor ich. Ab diesem Zeitpunkt fand das Training nur noch mit Burdenski statt, und ich durfte als Feldspieler mitballern. Unser Kapitän Benno Möhlmann hat noch beim Trainer für mich Partei ergriffen, aber es war vergebens. Die Mannschaft hat versucht mich aufzufangen, der neue Manager Willi Lemke hat mich getröstet und super betreut, aber von Rehhagel kam nichts mehr. Kein Wort. Ich war bei Otto Rehhagel erledigt. Und er fortan auch bei mir.

Rülanders Vertrag wird mit sofortiger Wirkung aufgelöst. Er wird im Zuge des Reamateurisierungsverfahrens ein halbes Jahr lang gesperrt und schließt sich in der Nähe der Heimat dem aufstrebenden SV Meppen an. Dessen Trainer Hans-Dieter Schmidt wollte den Torwart schon vor dessen Engagement bei Werder haben und machte ihm damals das Angebot: »Hermann, wenn es für Dich bei Werder aus irgendeinem Grund nicht klappen sollte, dann komm' zu uns!«

Rückkehr in den Profi-Fußball sechs Jahre nach Frankfurt: Hermann Rülander als Stammtorwart des SV Meppen 1987/88

Ich habe anschließend beim SV Meppen noch eine tolle Zeit gehabt. Von 1982 bis 1994 habe ich dort im Tor gestanden, bin in die 2. Bundesliga aufgestiegen und war in der 2. Liga vielleicht kein Überflieger, aber doch ein guter Torwart. Mit dem schwarzen Tag von Frankfurt habe ich meinen Frieden gemacht. Klar, mir wird dieses Spiel immer anhaften. Ich trage es mit mir herum wie eine Narbe, wie Niki Lauda seine verbrannten Ohren. Heute bin ich sicher, dass das Erlebnis trotzdem für irgendetwas gut war. Wäre ich in Frankfurt besser drauf gewesen, dann hätten wir das Spiel dennoch verloren, und zwei Wochen später hätte ich wieder hinter Burdenski auf der Bank gesessen. Der hat anschließend noch fünf Jahre im Tor gestanden. Ich hätte also das klassische Ersatztorwart-Dasein geführt. Ich hätte mir meine berufliche Existenz nicht aufbauen können, hätte meine Karriere beim SV Meppen als langjähriger Stammtorwart nicht erlebt und hätte auch meinen Lieblingstrainer Horst Ehrmanntraut nie kennengelernt.

Mittlerweile spiele ich leidenschaftlich gerne Golf mit den sogenannten ›Gofus‹, den golfspielenden Fußballern. Dort bin ich nach vielen Jahren einmal Bernd Nickel begegnet. Ich habe ihn lächelnd begrüßt mit den Worten: ›Hallo Bernd, Du hast mir mal meine Karriere zerschossen!‹ Er hat mich erst nicht erkannt, dann mein Namensschild gelesen und beteuert: ›Mann, das tut mir aber leid!‹ Bei einer ähnlichen Gelegenheit kam dann sogar einmal Andy Möller auf mich zu und sagte: ›Hey, Du warst doch damals in Frankfurt der Werder-Torwart bei diesem 2:9? Ich war auch dabei!‹ Ich rechnete kurz durch und dachte, der Möller kann doch rein alterstechnisch noch gar nicht dabei gewesen sein?! Und er klärte mich auf: ›Ich war damals Balljunge, direkt hinter Deinem Tor. Ich habe das ganze Drama aus der Nähe mitangesehen!‹

Hermann Rülander leitet heute die Generalvertretung der »allianz«-Versicherung in Papenburg. Das schicksalsträchtige Frankfurt-Spiel schaut er sich regelmäßig am Jahrestag bei einem Glas Rotwein an.

Hermann Rülander 2006

14. August 1981: Der »Fall Lienen« Norbert Siegmann: » ... ich stand als Mensch auf der Kippe«

Die Werder-Welt hätte an diesem heißen August-Abend des Jahres 1981 so schön sein können. Werder war als Aufsteiger mit einem 4:2-Sieg auf dem Bökelberg zu Mönchengladbach in die Liga gestürmt, biss sich mit einem mühsamen Heimsieg gegen Arminia Bielefeld in der Spitzengruppe fest (Platz 3) und legte das Fundament für einen Durchmarsch in den UEFA-Cup, und zwar im Hurra-Stil.

Doch in der 19. Minute des Spiels gegen die Arminia spielte sich im Mittelfeld, fernab jeglicher Torgefahr, ein Zweikampf ab, der Bundesligageschichte schreiben sollte. Die Szene produzierte die hässlichsten Bilder der Liga-Historie. Sie zeigten einen um ca. 20 Zentimeter aufgeschlitzten, durchtrainierten Oberschenkel, und wer nicht gerade Mediziner war, sah in diesem Moment zum ersten Mal in seinem Leben einen freigelegten Oberschenkelmuskel.

Die Szene, der Zweikampf, das Foul und die Wunde verbanden überdies zwei Männer untrennbar miteinander, die viel unterschiedlicher nicht hätten sein können: Hier der exzentrische, filigrane Dribbelkönig und Querkopf Ewald Lienen, dort der bodenständige, solide Defensivhaudegen Norbert Siegmann.

Ein Aufschrei ohne gleichen gellte durchs Land: Nieder mit den Tretern! Unser Fußball ist zu brutal! Stellt Siegmann vor ein ordentliches Gericht! Sehr bald wurde deutlich: In diesem Fall wurde der Täter von der Öffentlichkeit per Selbstjustiz dazu verurteilt, zeitlebens ein Opfer zu sein. Während Ewald Lienen exakt einen Monat nach dem Siegmann-Foul wieder spielen konnte, war Norbert Siegmann von diesem Tag an dazu verurteilt, der »Schlitzer« zu sein. Ohne ihn gäbe es das Wort »Blutgrätsche« heute nicht. Eine respektable Profikarriere ohne Skandale oder Platzverweise war praktisch beendet. Vor Siegmann hatten zuvor die Stürmer der Bundesliga gezittert. Nicht, weil er so brutal war, sondern weil er so kompromisslos und gut war. Von einem Dutzend Bundesligajahren mit spektakulären Duellen gegen die besten Stürmer der Liga blieb nichts übrig außer diesem Foul.

Norbert Siegmann erinnert sich an die Szene, wie man sich an einen besonders beeindruckenden Kinofilm erinnert, den man schon achtmal gesehen hat:

Die Saison hatte begonnen mit dem ersten Spiel in Gladbach. Das haben wir ja 4:2 gewonnen. Mit Forechecking vom Allerfeinsten. Ich habe eines der Tore geschossen. Am Freitag drauf dann war das Spiel gegen Bielefeld. Ein Freitagabendspiel. Solche Begegnungen waren in Bremen immer schon etwas Besonderes. Da lag eine ganz andere Energie in der Luft. Volles Stadion, wir mit einem Auftaktsieg im Rücken, Flutlicht, warmer Sommerabend. Perfekt!

Norbert Siegmann, bis zum »Fall Lienen« ein allgemein respektierter Bundesliga-Abräumer, von dem ein schottischer Trainer einmal sagte: »Siegmann ist großartig! Er vereint britische Härte und spielt dabei immer fair.«

Die Bielefelder haben diese Partie selbst sehr hitzig und hart begonnen. Das Spiel war sehr zerfahren, und die Stimmung war ziemlich aufgeheizt. Aus der Bielefelder Hälfte kam nach einer guten Viertelstunde ein weiter Ball auf die linke Angriffsseite. Ich musste als Außenverteidiger ›einrücken‹.

Dann geschah der Zweikampf, der nach Ansicht des Opfers Ewald Lienen durch Otto Rehhagel provoziert worden sein soll, sinngemäß mit den Worten: »Beim nächsten Mal packst Du Dir den Lienen richtig!«

Wäre der Zusammenhang so gewesen, wie Ewald Lienen und danach auch viele Medien behauptet haben, also: Rehhagel

Norbert Siegmanns Leben ist geteilt in die Zeit vor und die Zeit nach dieser Sekunde:
Im Zweikampf rasselt er mit Ewald Lienen zusammen, der den Ball reaktionsschnell am Werder-Verteidiger vorbeilegt. Siegmanns Bein trifft stattdessen den Bielefelder am Oberschenkel …

… der geschockt aufschreit, nachdem er die Wunde an seinem Oberschenkel bemerkt hat. Schiedsrichter Luca bewertet die Szene auch aus heutiger Sicht korrekt und zeigt nur Gelb. Er hat den Zweikampf zu bewerten und nicht die furchtbar aussehende Verletzung. Das Foul geschah von vorne und wurde neben Siegmanns hartem Einsteigen auch durch Lienens abrupten Haken beeinflusst, mit dem der Stürmer den Ball im letzten Moment an Siegmanns Bein vorbeispitzelte

ruft ›Pack ihn Dir!‹, und ich trete Lienen vorsätzlich kaputt, dann wäre ich nicht eingerückt, sondern rausgerannt und hätte ihn auf die Aschenbahn gehauen. Habe ich aber nicht. Der Ball kam zu Ewald Lienen, und das war ein Stürmer, bei dem man als Verteidiger wirklich höllisch aufpassen musste, wenn der mit dem Ball am Fuß erst mal in der schnellen Vorwärtsbewegung war. Ich musste also schauen, was genau passiert. Unterwegs bin ich stehen geblieben und habe noch taktiert. Wenn einer aber ruft: ›Pack ihn Dir, mach was!‹ und Du willst das auch, dann rennst Du raus und bleibst nicht mehr stehen, so wie ich es getan habe. Dann haust Du ihn um und Schluss. Ich aber bin also stehen geblieben und habe genau auf seine Bewegungen geschaut: Was passiert jetzt? Lienen hatte damals eine gute Phase in seiner Karriere, er war blendend in Form. Und wenn der am Ball ist, in der Vorwärtsbewegung, dann musst Du blitzschnell auf seine Bewegungen reagieren. Und dann siehst Du auf einmal: Mensch, jetzt hat der den Ball ein bisschen mit dem Knie vorgespitzelt, jetzt oder nie! Und wenn Du dann reagierst und in der Luft bist, dann gibt es kein Zurück mehr.

Norbert Siegmann trifft seinen Kontrahenten mit gestrecktem Bein am Oberschenkel. Keiner der Augenzeugen kann die Folgen fassen: Lienen wälzt sich schreiend am Boden. Alle Umstehenden sind wie gelähmt, stehen wie erstarrt, schlagen entsetzt die Hände vors Gesicht: Der Oberschenkel ist auf einer Länge von 20 – 25 Zentimetern aufgeschlitzt. Man erkennt in der Wunde die weißliche Hülle des Oberschenkelmuskels. Doch Medien und Öffentlichkeit vergessen in der allgemeinen Aufregung, dass Schiedsrichter Luca nicht den Anblick einer Wunde, sondern das begangene Foul ahnden muss. Luca zieht Gelb für einen Angriff von vorne, der schreckliche Folgen hatte. Ein Angriff, der aber auch in dieser Form nicht geplant gewesen sein konnte.

Die daraus resultierende Wunde ist ein Thema für sich. So etwas hätte ich als Verteidiger nie im Leben planen können, nach dem Motto: ›Ich trete dem jetzt ein Loch in den Oberschenkel!‹. Das ist für mich der große Unterschied gewesen: Hätte ich Ewald blind vor Wut verletzen wollen, dann wäre ich vom Strafraum aus losgerannt und hätte ihn umgemäht. Das Entscheidende für mich war aber mein Abstoppen, noch mal gucken wie ich das mit dem Ball regeln kann. Dann ist es halt passiert. Das Seltsame ist ja: Die Verletzung sah scheußlich aus, aber sie war nicht wirklich schwerwiegend. Lienen hat damit nur drei Spiele gefehlt. In der selben Partie bei uns ist zum Beispiel Lienens Kollege Gerd-Volker Schock mit einer Knieverletzung ausgeschieden und ist danach nie wieder der Alte geworden. Davon hat keiner geredet. Andere Spieler haben sich das Schienbein gebrochen, wie in jenen Jahren zum Beispiel Braunschweigs Schwede Hasse Borg. Eine ungleich schwerere Verletzung. Da hat man klar sehen können: Der Gegenspieler setzt an, aus was weiß ich wie vielen Metern, und haut dem die Knochen kaputt. Im Vergleich mit solchen Szenen konnte ich nie nachvollziehen, dass die Leute ernsthaft angenommen haben, ich hätte Lienen womöglich absichtlich verletzt. Mein Foul war doch etwas komplett anderes. Ich bin mir aber auch sehr sicher: Ich selbst hätte mit dieser Verletzung nicht mehr weitergespielt. Ich hätte sofort aufgehört. Ich hätte das nicht ausgehalten, wenn ich so eine Wunde am eigenen Körper gehabt hätte. Ich fand das schon brutal, ja.

Lienen wird am Spielfeldrand notdürftig verbunden, nachdem er vorher ungeachtet der klaffenden Wunde auf Otto Rehhagel zuhumpelte, den wie paralysiert dastehenden Werder-Trainer vor die Brust stieß und beschuldigte: »Du hast dem doch gesagt, dass er mich kaputt treten soll!« Das Weser-Stadion bebt. Norbert Siegmann spielt wie in Trance weiter.

Die Situation eskaliert: Der unter Schock stehende Lienen stürmt auf den ebenfalls konsternierten Werder-Trainer Rehhagel zu und schubst ihn wütend: »Du hast dem doch gesagt, dass er mich kaputt treten soll!«

Ich stand danach unter Schock. In dem Moment, als ich die gelbe Karte bekam und Ewald mit dieser klaffenden Wunde aufsprang und herumschrie, wusste ich überhaupt nicht, was da alles losging. Wirklich, ein regelrechter Schock. Ich habe direkt danach gar nicht so viel mitbekommen. Erst in der Halbzeit in der Kabine, als Otto Rehhagel mich fragte, ob ich ausgewechselt werden möchte. Ich sagte: Nee, weiter! Aber am nächsten Tag war mir klar, dass ich in diesem Moment gar nicht ganz bei mir war.

Norbert Siegmann spielt die Partie zu Ende. Trotz der Ausnahmesituation spielt er gut. Der ›Kicker‹ gibt ihm die Note 2. Werder siegt 1:0 und verteidigt den für einen Aufsteiger sensationellen Platz 3. Aber schon sehr bald wird deutlich, dass es nicht für den Verein, aber noch viel weniger für Norbert Siegmann einen schnellen Rückweg in die Normalität gibt.

An diesem ›Tag danach‹ ist wirklich alles über mich hereingebrochen. Das Telefon stand nicht mehr still, das Sport-Studio vom ZDF wollte was, Ernst Huberty rief an. Halb Europa hat auf einen Schlag verrückt gespielt, so kam es mir vor. Diese Wunde war überall zu sehen, die BILD-Zeitung hat es riesig ausgebreitet. Weil es ein Freitagsspiel war, habe ich die Szene erst einen ganzen Tag später sehen können. Ich habe mich mehr oder weniger zwingen müssen, mir die Szene im Fernsehen anzugucken. Eigentlich wollte ich meine Ruhe haben und Abstand gewinnen, aber ich habe es mir dann doch angesehen. Ich wollte wissen: Was war da denn überhaupt genau? Also, war ich jetzt wirklich ein brutaler Täter?

Ihre persönliche Antwort auf diese Frage gaben Fanatiker aus ganz Deutschland:

Ich bekam Polizeischutz. Unser Bus wurde bespuckt, mir wurden Galgen vor die Nase gehalten, es gab anonyme Drohungen: ›Dich machen wir fertig, noch vor Weihnachten!‹ Die Morddrohungen setzten praktisch noch am selben Abend ein und hörten über Monate nicht auf. Die kamen aus ganz Deutschland. Der Polizeischutz war notwendig, weil plötzlich abends vor meinem Haus irgendwelche Gestalten rumrannten, die einen seltsamen Eindruck machten.

Der akute Schockzustand war einschneidend genug. Was Siegmann damals noch nicht ahnte: Die unmittelbare Bedrohung war nur der Anfang eines lang anhaltenden Leidensweges.

Es ging immer weiter. Wir hatten bei Werder damals noch nicht die Fülle an Nationalspielern und Attraktionen. Das bedeutete: Der einzige, der in der Folgezeit beachtet wurde in Freundschaftsspielen, natürlich auch bespuckt und beschimpft und bedroht, war nur noch ich. Für mich ging es dann erst

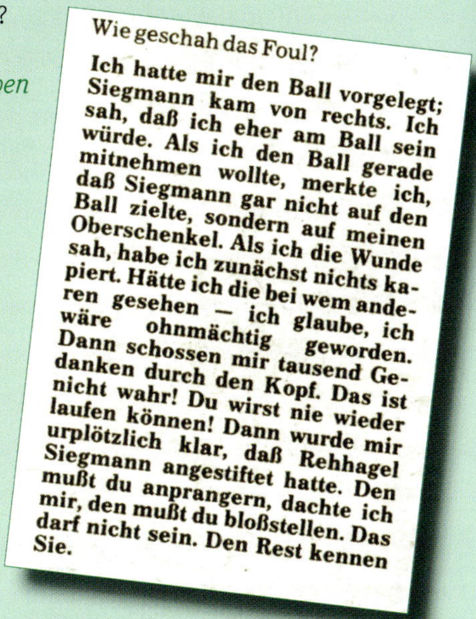

Wie geschah das Foul?

Ich hatte mir den Ball vorgelegt; Siegmann kam von rechts. Ich sah, daß ich eher am Ball sein würde. Als ich den Ball gerade mitnehmen wollte, merkte ich, daß Siegmann gar nicht auf den Ball zielte, sondern auf meinen Oberschenkel. Als ich die Wunde sah, habe ich zunächst nichts kapiert. Hätte ich die bei wem anderen gesehen – ich glaube, ich wäre ohnmächtig geworden. Dann schossen mir tausend Gedanken durch den Kopf. Das ist nicht wahr! Du wirst nie wieder laufen können! Dann wurde mir urplötzlich klar, daß Rehhagel Siegmann angestiftet hatte. Den mußt du anprangern, dachte ich mir, den mußt du bloßstellen. Das darf nicht sein. Den Rest kennen Sie.

Im »Kicker« schildert Ewald Lienen unmittelbar nach dem Eklat seine Sicht des Fouls: »Siegmann zielte auf meinen Oberschenkel«

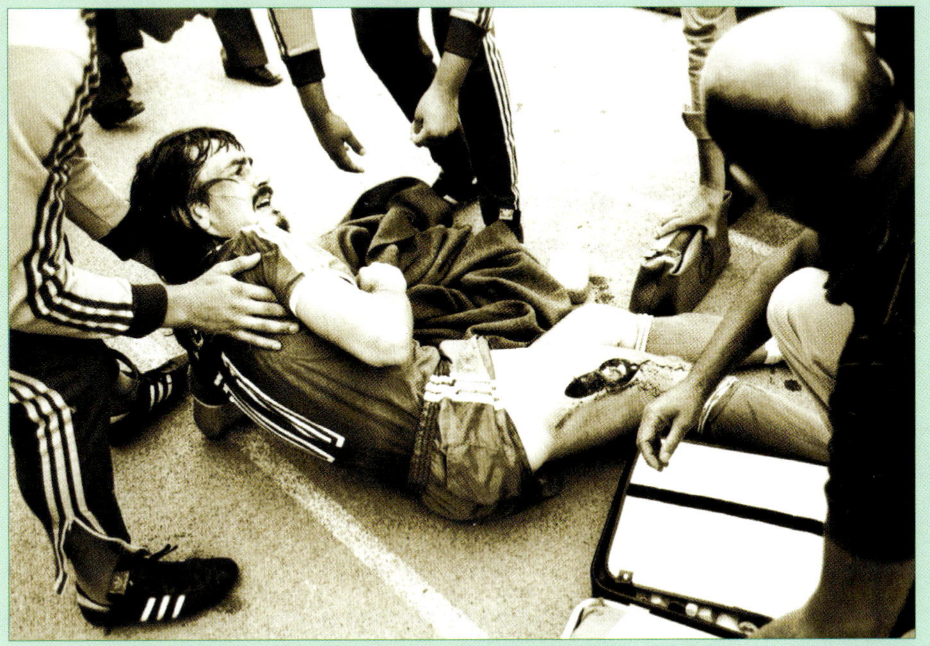

Anschließend wird er auf der Tartanbahn versorgt

Ernster Blick vor dem Anpfiff: Vier Wochen nach dem Lienen-Foul kehrt Siegmann in Werders Elf zurück – am selben Tag, an dem auch Lienen sein Bundesliga-Comeback feiert

mal um reinen Selbstschutz. Ich musste mir erst einmal klar werden: Worum geht's hier überhaupt, was ist hier los? Wenn man Morddrohungen kriegt und von zu Hause ausziehen muss, wenn man Polizeischutz braucht – Das muss man erst einmal sacken lassen.

Diejenigen, die mich bedroht haben, haben keinerlei Einblick gehabt. Die wurden vom Fernsehen und von den Zeitungen aufgehetzt, und ich bekam irgendwann das Gefühl, es ginge um Sein oder Nichtsein. Ich musste erst einmal zusehen, dass ich die Situation für mich selbst regle. Es ist schon traumatisch, wenn fremde Leute über Dich herfallen, ohne groß drüber nachzudenken. Oder Ewald Lienen, bei dem ich auch einfach in der Täter-Schublade abgelegt war, ohne dass er mal nachgefragt hätte, wie's mir eigentlich geht. Er muss ja mitbekommen haben, welche Hetzjagd da auf mich stattfand. Mir ist bald klargeworden: Hier geht es jetzt ausschließlich um mich. Ich muss gucken, dass ich daran nicht zerbreche. Das hat mich alles sehr geprägt.

Im Angesicht dieser traumatischen Ereignisse mutet es umso banaler an, dass Lienens Verletzung durch eine unglückselige Nachlässigkeit mitverursacht wurde.

Es war ein warmer Monat August im Jahr 1981. Am Abend des Bielefeld-Spiels war es trocken, und die Platzverhältnisse sahen exakt genauso aus wie in Mönchengladbach die Woche zuvor. Ich hatte also keinen Grund, meine Stollen zu wechseln. Wir trugen Nylonstollen, die immer irgendwann abgelaufen waren. Und ich weiß heute, dass ich meine Stollen hätte wechseln sollen. Die Schiedsrichter haben das damals nicht besonders kontrolliert. Alle Spieler haben gespielt mit Stollen, wie sie wollten. Das wurde nicht so eng gesehen. Und dass bei meinen Stollen eine Kante entstanden war, das konnte man auf den ersten Blick auch gar nicht so sehen. Und das war das Tückische, denn die Stollen waren bei genauerer Betrachtung messerscharf und spitz. Sonst hätte das alles niemals so passieren können. Zu allem Überfluss haben wir die ›Spielschuhe‹ nie im Training getragen. Die wurden erst zum Spiel wieder ausgepackt. Man hatte es also auch nicht vorher im Training feststellen können.

Der Fall war schnell klar. Das Foul an Ewald Lienen war unbestritten hart, aber in der Entstehung nicht außergewöhnlich – einzig im Resultat. Alleine schon die Art der Verletzung schloss aus, dass es sich um Vorsatz gehandelt haben könnte. Wer seinen Gegner verletzen möchte, tritt nicht seitlich gegen den angespannten Oberschenkel. Alles zusammen konnte nur durch die denkbar ungünstigste Verkettung von Zufällen entstehen. Auch deshalb tat Werder Bremen alles, um Norbert Siegmann aus der Schusslinie zu nehmen.

Im Verein und im direkten Umfeld haben anschließend alle zu mir gestanden. Das tat wirklich gut und war sehr wichtig für mich. Sagen wir, wie es ist: Ich stand ja schon mehr oder weniger auf der Kippe, so als Mensch. Aber ich hatte alle Unterstützung, diese Situation zu meistern, und zumindest hier in Bremen drehte sich die Stimmung nach einer Woche.

Der Trainer wird in einer wahren Kampagne als neues Feindbild an den Pranger gestellt, weil er seine Spieler zu besonders brutaler Spielweise aufgefordert haben soll. Und Siegmann wird als Spieler hingestellt, der klaglos die Aufträge seines Trainers auf dem Spielfeld ausführt und dabei ohne mit der Wimper zu zucken gegnerische Stürmer wunschgemäß ins Krankenhaus tritt. Siegmann und Rehhagel sind fortan Schicksalsgenossen.

Aber es musste ja weitergehen. Auch für den Trainer, und das heißt, nähergekommen sind wir uns in dem Sinne nicht, obwohl wir diese Phase gemeinsam auszustehen hatten. Es haben ja alle darüber diskutiert, ob Otto Rehhagel etwas ins Spiel gerufen hat oder nicht, um mich ›aufzuhetzen‹. Es ist so, dass er dauernd Dinge ins Spiel gebrüllt hat, aber da war absolut nichts dabei, was den Rahmen des Üblichen sprengen würde. Otto war immer korrekt zu mir, aber nicht mehr. Nach dem Vorfall konnte er mich auswärts nicht aufstellen, weil die gegnerischen Fans dann immer durchgedreht sind. Ein halbes

Jahr nach dem Zweikampf hat Rehhagel in Bielefeld mit Bleiweste auf der Bank sitzen müssen. Da haben sie mich sicherheitshalber ganz zu Hause gelassen. Das hat sich erst ganz langsam wieder entwickelt. Als Werder auswärts ein paar Mal Probleme in der Abwehr bekam, haben sie mich dann immer öfter mal wieder eingebaut.

Siegmann hatte das große Bedürfnis, den Vorfall mit Lienen persönlich zu klären. Es zeigte sich jedoch bald, dass die Situation schwer zu lösen sein würde.

Zunächst einmal hat Werder in meinem Namen eine Karte geschrieben, ganz formell. Ich selbst habe ein bisschen Zeit vergehen lassen und ihn sechs Wochen später angerufen. Aber das Gespräch war sehr distanziert. Ich habe ihm klargemacht, dass mir die Sache Leid tut und dass keinerlei Absicht vorlag, aber das Gespräch ist nicht so recht in Gang gekommen. Wahrscheinlich war es einfach noch zu früh. Ewalds ganzes Verhalten in den Wochen nach dem Foul hat mich gestört. Ich meine, er war Sozialpädagoge und arbeitete verständnisvoll mit Behinderten, er war normalerweise ein intelligenter, einfühlsamer Mensch, aber in unserem Fall hat er dauernd irgendwo öffentlich über mich geredet. Er hat massenweise Interviews gegeben, in denen er genau erklären konnte, warum ich ihn da so schwer verletzt habe. Er hat Interviews gegeben, in denen er gesagt hat, er habe schon im Zweikampf sehen können, wie ich gar nicht auf den Ball, sondern auf seinen Oberschenkel gezielt habe. Mit seiner Haltung hat er insgesamt eine Annäherung zwischen uns verzögert. Das dauerte ein halbes Jahr, und am Ende wollte er einen Prozess vor einem ordentlichen Gericht. Ewald hat uns beiden erschwert, die Sache mal direkt miteinander zu klären. Im Prinzip hat er die mediale Aufregung erstmal noch weitergeköchelt, auch von sich aus. Er hat keine Ruhe gegeben und das fand ich schon ein bisschen schade.

Erst als ich Jahre später noch einmal mit ihm telefoniert habe, war die Sache ausgestanden. Da konnten wir mal länger miteinander reden. Wir haben sogar überlegt, zusammen ein Buch über unsere Erfahrungen zu schreiben. Er hat sehr viel darüber gesammelt und ich auch. Aber er war ja immer irgendwo Trainer und hatte keine Zeit für so etwas. Das habe ich auch verstanden. Ewald sieht den Vorfall heute auch etwas sachlicher und distanzierter. Wir sind beide als Menschen gereift. Und er ist ein sehr guter Trainer, denke ich.

Langfristig zeigt sich, dass Norbert Siegmann neben persönlichen Narben auch fußballerisch eine Zäsur erlebt. Der vorher als knallhart, aber fair geltende Verteidiger muss seine Spielweise umstellen.

Vorher galt ich als hart und unangenehm. Gerd Müller hat lieber ein Spiel ausgesetzt, als gegen mich spielen zu müssen. Oder nehmen wir Bernd Hölzenbein. Der hat mir während des Spiels irgendwann klargemacht, dass er lieber hinter der Mittellinie bleibt. Und dieser Respekt hat mir natürlich vieles erleichtert. Die Szene mit Lienen bedeutete nicht das Ende meiner Karriere. Aber ich musste danach umdenken. Sonst hätte ich ja überhaupt keine Chance mehr gehabt, anschließend unbehelligt weiterzuspielen.

Aber es war ein weiter Weg für mich bis dahin. In der Zeit nach dem ›Fall Lienen‹ haben die Leute bei jedem verdammten Zweikampf darauf geachtet, wie genau ich zu Werke gehe. In Düsseldorf habe ich mit langem Bein versucht, einen Flugkopfball abzublocken, treffe den Stürmer, und am anderen Tag steht natürlich in der Zeitung: ›Der Siegmann, seht ihr, da ist er wieder!‹ Aber wie gesagt: Ich habe mich nach und nach umgestellt und zwangsläufig auf meine alten Tage noch fußballerisch verbessert. Und anschließend hatte ich dann noch ein paar richtig gute Jahre. Ich wurde Vizemeister, durfte mit Leuten wie Rudi Völler zusammenspielen. Ich bin am Schluss bei Werder noch ein richtiger Fußballer geworden. (lacht)

Norbert Siegmann hat insgesamt 14 Jahre als Profi gespielt, fast ausnahmslos in der 1. Liga. Wie sehr nervt es, trotz einer so langen und erfolgreichen Bundesligakarriere immer und immer wieder nur mit einer Sekunde assoziiert zu werden: Dem Foul an Ewald Lienen?

Das nervt mich überhaupt nicht. Es ärgert mich manchmal, wenn irgendwelche Proleten ›Hallo Schlitzer!‹ rufen oder

Ein vorbildlicher Fighter in mehr als 150 Bundesligaspielen. Hier wirft Siegmann sich Lauterns Reiner Geye entgegen

Beginn der Bundesligakarriere: Norbert Siegmann 1972 beim VfB Stuttgart

dumme Sprüche in dieser Richtung machen. Das kommt auch heute immer noch häufig vor. Über das Ereignis an sich reden 90 Prozent der Leute vernünftig mit mir. Das ist dann auch okay, denn diese Lienen-Sache ist ja nun einmal ein Teil meines Lebens. Ich kann damit inzwischen gut umgehen, weil ich über die Jahre begriffen habe, dass das Foul und die Verletzung im Grunde ein Unfall war. Ich habe ja auch nur die gelbe Karte bekommen, obwohl der Schiedsrichter die Szene gut sehen konnte. Ich weiß nicht, was anders gelaufen wäre in meinem Leben, wenn ich damals vom Platz gestellt worden wäre. Ich habe das alles aufgeschrieben, meine Erfahrungen mit diesem Vorfall und seinen Folgen. Ein kleines Buch ist das mittlerweile. Das Thema ist ja immer aktuell: Gewalt im Fußball, das Geld dahinter, ausgebrannt sein, ewig Leistung zeigen müssen. Ich denke, das alles hängt zusammen. Man kann über dieses Thema endlos viel diskutieren.

Das Traurige ist ja, wie schon gesagt: Ich bin fast 15 Jahre gerannt, habe ein paar wichtige Tore geschossen, und hängen blieb scheinbar nur diese eine Sekunde mit Ewald Lienen. Schau mal, nur ein Beispiel: Immer wieder wird gerne Uwe Reinders' Einwurftor gegen Jean-Marie Pfaff 1982 gewürdigt. Ich sage dann immer: Jungs, guckt mal genau hin. Wenn ich nicht hochgesprungen wäre vor dem Pfaff, wäre das Ding gar nicht reingegangen! Das sieht kein Mensch, obwohl ich auf jedem Foto dieses Tores mit drauf bin. Bei mir wird in all den Bundesliga-Rückblicken immer nur dieses Foul gezeigt.

Fußballerschicksal. Die Jahre sind ins Land gezogen. Norbert Siegmann absolvierte sein letztes Profispiel im Oktober 1985. Je mehr Zeit vergeht, umso mehr verblassen die Erinnerungen an seine Großtaten auf dem Rasen. Wer im Internet nach Norbert Siegmann recherchiert, findet nur ein Zerrbild seiner wirklichen Karriere wieder. Vom »übelsten Treter der Bundesligageschichte« kann man dort lesen, der für das ›brutalste Foul aller Zeiten‹ verantwortlich zeichnete und in seiner Laufbahn permanent »durch besonders rohes Spiel aufgefallen« sein soll. Nichts davon stimmt.

Ich bin in meiner ganzen Laufbahn in Punktspielen nie vom Platz geflogen! Nicht einmal in fast 15 Jahren! Ich habe meine einzige rote Karte ausgerechnet in einem meiner letzten Spiele für Werder gesehen. In einem Freundschaftsspiel beim Itzehoer SV. Da habe ich mich mit meinen 31 Jahren noch mal kurz wie ein Zwanzigjähriger benommen und etwas überdreht. Fünf Minuten vor der Halbzeit. Ich habe mich topfit gefühlt, und aus reinem Übermut bin ich am Mittelkreis noch mal etwas hart zur Sache gegangen. Sofort schrieen die Leute los: ›Guck an, wieder mal Siegmann, der alte Treter!‹ Und davon beeinflusst hat der Schiri mich runtergeschmissen, obwohl das Foul nicht so außergewöhnlich hart war. Norbert Meier hat sich dann beschwert und ist gleich mit vom Platz geflogen.

Zwei Monate später wurde Siegmann im UEFA-Cup ein letztes Mal eingewechselt. Für eine Minute. Einer der besten Werder-Verteidiger der späten Siebziger und frühen Achtziger trat still und ungeplant ab.

Nach dem Platzverweis beim Itzehoer SV war meine Werder-Zeit praktisch vorbei. Ich bekam drei Tage später im Trainingslager Achillessehnenprobleme, und kurz darauf hat Werder dann Michael Kutzop als Nachfolger gekauft. Klar war, dass ich erst mal nicht mehr würde spielen können. Zum einen wussten sie nicht, wie lange ich für die rote Karte gesperrt werden würde, denn obwohl die Lienen-Sache drei Jahre vergangen war, hatte ich ja weiterhin mein schlechtes Image weg. Hätten also auch acht Wochen werden können Und dann kam eben die fehlende Fitness dazu. Mir wurde also wie erwähnt Kutzop vor die Nase gesetzt, und dann habe ich etwas resigniert. Als im Oktober schließlich noch ein Knorpelschaden im Knie dazukam, war es ganz vorbei. Ich habe mich noch zehn Monate lang gequält und versucht, wieder heranzukommen, aber es ging einfach nicht mehr. Fußball war bis dahin mein Leben, und ich habe für Werder immer 100 Prozent gegeben.

Um Siegmanns Leben nach dem Fußball kursierten schillernde Gerüchte. Manche Leute wussten was von Indien, andere hatten mal was von einem Tennislehrerjob bei Bhagwan gehört. Alles ein bisschen richtig, aber auch ein bisschen falsch.

Wenn Kalli Kamp nach mir gefragt worden ist, hat er aus Spaß immer gesagt: ›Der Norbert Siegmann ist in Mexiko und fährt da immer mit dem Motorrad rum. Der ist verrückt geworden.‹ (lacht) Ich habe für Werder immer Gas gegeben. Danach bin ich erst mal in ein Loch gefallen als klar war, Fußball ist zu Ende. Da musste ich ja erst mal gucken, was ich überhaupt am Samstagnachmittag mache. Mein ganzes Leben bestand vorher aus Fußball. Und ich habe immer für den Fußball gelebt: Bin abends nie weggegangen, habe immer im Training Gas gegeben. Ich habe alles für den Fußball gegeben, und dann war dieses Ziel irgendwann plötzlich nicht mehr da. Da war nur noch ein Loch. In der ersten Zeit nach meiner Karriere habe ich fast jeden Tag bis nachmittags im ›Ambiente‹ gesessen. Außerdem gehörte mir die Gaststätte ›Taubenschlag.

Nach meinem Karriereende war ich noch fünf Jahre in Bremen, ehe ich mich entschlossen habe zu sagen: Jetzt muss ich langsam mal was anderes machen. Finanziell war ich abgesichert.

Ich hatte die Kneipe und ein Versicherungsbüro. Geld war da, in meinem Rahmen. Ich habe immer genügsam gelebt. Aber Bremen ist eine kleine Stadt und hat im Grunde nur drei Straßen (lacht), und ich musste einfach mal raus. Wie gesagt: Ich saß jeden Tag im ›Ambiente‹ rum, zum Frühstück. Zwei, drei Sekt dabei, und das immer bis 14 Uhr, jeden Tag. Irgendwann habe ich gesagt: Das kann es nicht sein! Und dann habe ich hier alles aufgegeben. Und habe eine Weltreise gemacht. Ich bin immer mal wieder zurückgekommen, um hier ein paar Dinge zu regeln, und dann bin ich wieder los. Ich habe mich einfach ausgeruht. Ich habe sozusagen meine Rente zehn Jahre früher eingereicht.

Ich habe zehn Jahre lang kein Geld mehr verdient. Dafür war ich lange in Indien, wo man ja mit 500 Mark im Monat gut auskommen kann. Für so eine Summe lebt man da wie ein Fürst. Am Anfang wollte ich eigentlich nur mit einer Freundin verreisen. Auf dem Flughafen rannte einer mit einem Goa-T-Shirt rum. Heute weiß jeder, wo das liegt, aber damals fragte ich den: ›Was is'n das?‹ Dann hat er erzählt: ›Sonne, Palmen, Strand, Wasser …!‹ und hat erklärt, dass das unheimlich günstig ist. Und dann sind wir spontan nach Goa gefahren. Dort haben wir uns erst mal ausgiebig umgesehen, haben Indien kennengelernt. Das Land hat mich total fasziniert. Ich mag indische Musik, ich gehe jeden zweiten Tag indisch essen. Indien hat etwas sehr Beruhigendes. Dort habe ich zu mir gefunden, und jetzt suche ich nicht mehr.

Ich suche mir deshalb sehr genau aus, mit wem ich mich umgebe. Und ich achte darauf, dass das Leute sind, die mir positive Energie geben. Ich mag nicht mehr kämpfen. Mehr als ein Vierteljahrhundert danach sind so viele Sachen passiert, es ist so viel Zeit vergangen. In der Zwischenzeit konnte ich loslassen, ist das vergessen. Es ist irgendwann einfach endgültig vorbei gewesen. Vergangenheit. Ich wäre ohne diese harte Zeit heute nicht der Mensch, der ich jetzt bin.

Ich weiß auch nicht, ob ich heutzutage noch soviel Spaß an der Bundesliga hätte. Heute sind die Spieler ja praktisch gläsern, und Deine Leistung wird mehr oder weniger systematisch überwacht. Oder nimm das Geld. Die meisten Menschen haben nichts dagegen einzuwenden, viel Geld zu verdienen, aber ich würde mir nicht wünschen, in so jungen Jahren so viel Geld zu haben. Ich würde dann wahrscheinlich richtig durchbrennen. Das ist doch wie bei Pop-Stars. Bei uns war es früher im übertragenen Sinn schon so: Am Anfang kamen die jungen Spieler vom Land, ruhig und bescheiden. Haben sich mit Kernseife gewaschen. Und nach vier Wochen kamen sie mit Douglas-Tüten an. Dann kamen teurere Autos, Häuser und so weiter. Wir haben auch sehr gut verdient, aber alles noch in einem gesunden Rahmen. Aber heute denke ich mir, wenn man so unglaublich viel Geld verdient, ist das nicht mehr gesund. Nein, also ich möchte nicht tauschen.

Norbert Siegmann hat seine Odyssee fürs Erste beendet. Der Berliner, Wahlbremer, Weltreisende, Teilzeit-Inder und Wieder-Berliner hat zurückgefunden. Er lebt neuerdings wieder in Bremen.

Spielerlaufbahn:

1971/72 Wacker 04 Berlin
1972–74 VfB Stuttgart
1974–76 Tennis Borussia Berlin
1976–85 Werder Bremen
1985/86 Fortuna Köln

Heute mit dem Stress von damals im Reinen: Norbert Siegmann 2004

WERDER BREMEN 1981/82

Trainer

Rehhagel, Otto
Verantwortlicher Trainer in allen 34 Spielen der Saison

Tor

Burdenski, Dieter »Budde«
33 Spiele; 0 Tore

Rülander, Hermann
2 Spiele; 0 Tore

Funk, Klaus
0 Spiele; 0 Tore

Abwehr

Gruber, Rigobert »Rigo«
34 Spiele; 8 Tore

Fichtel, Klaus »Tanne«
34 Spiele; 0 Tore

Otten, Jonny
34 Spiele; 0 Tore

Mittelfeld

Möhlmann, Benno
34 Spiele; 3 Tore

Kamp, Karl-Heinz »Kalli«
31 Spiele; 0 Tore

Okudera, Yasuhiko »Oku«
30 Spiele; 2 Tore

Angriff

Reinders, Uwe
34 Spiele; 18 Tore

Meier, Norbert
33 Spiele; 15 Tore

Kostedde, Erwin
33 Spiele; 9 Tore

Erweiterter Kader

Frese, Robert
1 Spiel; 0 Tore
Amateur

Wer kam?

Böhnke (eig. Amateure)
Funk (Eintr. Frankfurt, w.d.S.)
Gruber (Eintr. Frankfurt)
Okudera (Hertha BSC Berlin)
Rülander (eig. Amateure)

Wer ging?

Bargfrede (FC St. Pauli)
Konschal (Freiburger FC, w.d.S.)
Masztaler (Wiener SK/Österreich)
Voss (VfB Oldenburg)

w.d.S. = während der Saison

Der Sport-Verein »Werder« im Jahr 1981/82:

Präsident:	Dr. Franz Böhmert
Vizepräsident:	Klaus-Dieter Fischer (Amateur-Abt.)
3. Präsident:	K.-H. Hohnhorst (Finanzen, Werbung)
Geschäftsführer:	Wolfgang Barkhausen
Manager:	Willi Lemke (ab 1.1.1982)
Vereinsarzt:	Dr. Rudolf Wiedenmann
Masseur:	Peter Kienert
Mitglieder:	2.200
Kapazität Weser-Stadion:	40.000 Plätze (15.000 überdachte Sitz- und 5.000 überdachte Stehplätze)

Siegmann, Norbert »Zico«
25 Spiele; 3 Tore

Haskamp, Martin
4 Spiele; 0 Tore

Konschal, Hartmut
3 Spiele; 0 Tore

Schaaf, Thomas
1 Spiel; 0 Tore

Rautiainen, Pasi
26 Spiele; 1 Tor

Bracht, Uwe
19 Spiele; 2 Tore

Behrens, Uwe
6 Spiele; 0 Tore

Böhnke, Michael »Mike«
0 Spiele; 0 Tore; Amat.

Jank, Klaus-Dieter
0 Spiele; 0 Tore

In Freundschaftsspielen eingesetzt:

Feldhaus, Wilfried (Mittelfeld)
Meyer, Herbert (Mittelfeld; trug elf Jahre nach seinem Abschied von Werder und rund zwei Jahre nach Ende seiner Profikarriere als Gastspieler in allen vier Begegnungen des »Kirin Cups« in Japan noch einmal das Werder-Trikot)
Mohr, Rüdiger (Mittelfeld)
Neubarth, Frank (Angriff; als Gastspieler vom SC Concordia Hamburg)
Noruschat, Axel (Abwehr)

Alle Spiele 1981/82

27.06.1981
Intertoto-Runde, 1. Spieltag
W. Bremen – Spartak Pleven 1:0 (1:0)
Aufstellung: Burdenski – Fichtel – Schaaf, Noruschat, M. Haskamp – Kamp, Möhlmann, Böhnke, Bracht – Behrens, Meier
Trainer: Rehhagel
Tor: 1:0 Behrens (13.)
Zuschauer: 1.800 auf Platz 11 des Weser-Stadions

04.07.1981
Intertoto-Runde, 2. Spieltag
W. Bremen – FC Zürich 3:1 (3:1)
Aufstellung: Burdenski – Fichtel – Okudera, Gruber, Otten – Kamp, Möhlmann, Bracht – Reinders, Kostedde (88. Jank), Meier (80. Rautiainen)
Trainer: Rehhagel
Tore: 0:1 Erba (6.), 1:1 Reinders (12.), 2:1 Kostedde (35.), 3:1 Reinders (40.)
Besonderes Vorkommnis: Zurbuchen hält FE von Reinders (2. Halbzeit)
Zuschauer: 3.500 in Wilhelmshaven

08.07.1981
Freundschaftsspiel
Eutin 08 – W. Bremen 0:9 (0:5)
Aufstellung: Burdenski (60. Rülander) – Fichtel (46. Siegmann) – Okudera, Gruber, Otten – Möhlmann, Kamp (46. Schaaf), Bracht – Reinders (63. Böhnke), Kostedde, Meier (63. Jank)
Trainer: Rehhagel
Tore: 0:1 Gruber (27.), 0:2 Okudera (30.), 0:3 Kostedde (33.), 0:4 Gruber (34.), 0:5 Gruber (38.), 0:6 Reinders (61.), 0:7 Kostedde (63.), 0:8 Gruber (65.), 0:9 Möhlmann (82.)
Zuschauer: 1.822

11.07.1981
Intertoto-Runde, 3. Spieltag
Malmö FF – W. Bremen 2:2 (1:1)
Aufstellung: Burdenski – Fichtel – Okudera, Gruber, Otten – Kamp (82. Rautiainen), Möhlmann, Bracht – Reinders, Kostedde, Meier
Trainer: Rehhagel
Tore: 0:1 Reinders (17.), 1:1 Arvidsson (24.), 1:2 Meier (51.), 2:2 Parkin (78.)
Zuschauer: 3.500 in Ystad

14.07.1981
Freundschaftsspiel
SG Loxstedt-Nesse – W. Bremen 2:16 (0:13)
Aufstellung: Burdenski (46. Rülander) – Fichtel (46. Böhnke) – Konschal, Gruber (46. Siegmann), Otten – Möhlmann, Kamp (46. Jank), Bracht (46. Meier) – Reinders, Kostedde (46. Behrens), Okudera (46. Rautiainen)
Trainer: Rehhagel
Torschützen für Werder: Kostedde (5), Möhlmann (4), Reinders (4), Otten, Behrens, Böhnke / R. Diesing (2)
Zuschauer: 2.900

18.07.1981
Intertoto-Runde, 4. Spieltag
Spartak Pleven – W. Bremen 2:3 (1:2)
Aufstellung: Burdenski – Fichtel – Konschal, Gruber, Otten – Möhlmann, Kamp, Bracht – Reinders, Kostedde, Okudera (46. Meier / 61. Rautiainen)
Trainer: Rehhagel
Tore: 1:0 Getov (12.), 1:1 Kostedde (24.), 1:2 Möhlmann (28.), 2:2 Bentschews (82. FE), 2:3 Rautiainen (86..)
Besonderes Vorkommnis: Rote Karte für Fichtel (82.)
Zuschauer: 7.000

22.07.1981
Freundschaftsspiel
Schleswig 06 – W. Bremen 0:6 (0:5)
Aufstellung: Burdenski (46. Rülander) – Konschal, Gruber (46. Schaaf), Siegmann, Otten – Möhlmann, Kamp (46. Rautiainen), Bracht – Reinders (46. Böhnke), Kostedde (46. Behrens), Meier
Trainer: Rehhagel
Tore: Meier (2), Kostedde (2), Gruber, Konschal
Zuschauer: 3.000

25.07.1981
Intertoto-Runde, 5. Spieltag
W. Bremen – Malmö FF 1:0 (0:0)
Aufstellung: Burdenski – Gruber – Konschal, Siegmann, Otten – Möhlmann, Kamp (83. Behrens), Bracht – Reinders, Kostedde (72. Rautiainen), Meier
Trainer: Rehhagel
Tor: 1:0 Reinders (84.)
Zuschauer: 3.800 in Cuxhaven

26.07.1981
Freundschaftsspiel
VfB Rheine – W. Bremen 1:6 (0:1)
Aufstellung: Burdenski (80. Rülander) – Fichtel – Otten (70. Schaaf), Gruber (80. Siegmann), Konschal – Möhlmann, Bracht (80. Böhnke), Rautiainen – Reinders (80. Behrens), Kostedde, Jank (46. Meier)
Trainer: Rehhagel
Torschützen für Werder: Möhlmann (2), Kostedde (2), Meier, Reinders
Zuschauer: 2.000

29.07.1981
Freundschaftsspiel
SV Wilhelmshaven – W. Bremen 1:2 (0:1)
Aufstellung: Burdenski – Fichtel – Konschal, Gruber, Otten – Möhlmann, Kamp (60. Rautiainen), Bracht (74. Jank) – Reinders, Kostedde, Meier
Trainer: Rehhagel
Tore: 0:1 Reinders (31.), 0:2 Reinders (60.), 1:2 unbekannt (85.)
Zuschauer: 2.500

02.08.1981
Intertoto-Runde, 6. Spieltag
FC Zürich – W. Bremen 1:5 (1:2)
Aufstellung: Burdenski – Fichtel – Gruber, Konschal (81. Schaaf), Otten – Möhlmann, Kamp, Bracht – Reinders, Kostedde, Meier (76. Rautiainen)
Trainer: Rehhagel
Tore: 1:0 Zappa (12.), 1:1 Reinders (20. FE), 1:2 Meier (37.), 1:3 Reinders (66.), 1:4 Otten (71.), 1:5 Rautiainen (80.)
Zuschauer: 1.500

Endstand Intertoto-Runde, Gruppe 3:

	S U N	Tore	Pk.
1. SV W. Bremen (D)	5 1 0	15 : 6	11
2. Malmö FF (S)	2 2 2	7 : 7	6
3. Spartak Pleven (B)	2 0 4	9 :11	4
4. FC Zürich (CH)	1 1 4	7 :14	3

05.08.1981
Internationales Freundschaftsspiel
W. Bremen – Manchester City 8:0 (3:0)
Aufstellung: Burdenski – Fichtel – Konschal (46. Siegmann), Gruber, Otten – Kamp (69. Jank), Möhlmann, Bracht – Reinders, Kostedde (77. Behrens), Meier (46. Rautiainen)
Trainer: Rehhagel
Tore: 1:0 Kostedde (10.), 2:0 Möhlmann (33.), 3:0 Meier (34.), 4:0 Reinders (55.), 5:0 Bracht (73.), 6:0 Gruber (79.), 7:0 Behrens (83.), 8:0 Jank (88.)
Zuschauer: 10.000

08.08.1981
Bundesliga, 1. Spieltag
Bor. M'gladbach – W. Bremen 2:4 (2:3)
Aufstellung: Burdenski – Fichtel – Siegmann, Gruber, Otten – Kamp, Möhlmann, Bracht – Reinders, Kostedde, Meier (72. Rautiainen)
Trainer: Rehhagel
Tore: 1:0 Matthäus (9.), 1:1 Möhlmann (13. FE), 2:1 Hannes (15. FE), 2:2 Siegmann (31.), 2:3 Meier (44.), 2:4 Möhlmann (64.)
Besonderes Vorkommnis: Hannes (BMG) verschießt FE (84.)
Zuschauer: 21.800

11.08.1981
Freundschaftsspiel
Germania Walsrode – W. Bremen 1:8 (0:7)
Aufstellung: Burdenski (46. Rülander) – Fichtel – Otten (46. M. Haskamp), Gruber (46. Schaaf), Siegmann – Möhlmann, Bracht, Kamp (46. Rautiainen) – Reinders (46.Böhnke), Kostedde (46. Behrens), Meier (46. Jank)
Trainer: Rehhagel
Torschützen für Werder: Reinders (3), Siegmann, Bracht, Möhlmann, Kostedde, Behrens
Zuschauer: 2.500

14.08.1981
Bundesliga, 2. Spieltag
W. Bremen – Arminia Bielefeld 1:0 (0:0)
Aufstellung: Burdenski – Fichtel – Siegmann, Gruber, Otten – Möhlmann, Kamp, Bracht – Reinders, Kostedde, Meier (75. Rautiainen)
Trainer: Rehhagel
Tor: 1:0 Meier (54.)
Zuschauer: 34.000

16.08.1981
Freundschaftsspiel
Kickers Emden – W. Bremen 1:8 (1:5)
Aufstellung: Burdenski (46. Rülander) – Siegmann (46. Schaaf), Otten (46. M. Haskamp), Gruber, Fichtel (46. Konschal) – Okudera, Möhlmann (46. Jank), Bracht – Kostedde (46. Behrens), Rautiainen, Reinders
Trainer: Rehhagel
Torschützen für Werder: Reinders (3), Kostedde (2), Gruber, Jank, Rautiainen
Zuschauer: 2.500

18.08.1981
Freundschaftsspiel
Auswahl Weyhe – W. Bremen 1:15 (0:9)
Aufstellung: Burdenski – Fichtel (46. Böhnke) – Konschal, Gruber, Siegmann (46. Schaaf) – Kamp, Möhlmann (46. M. Haskamp), Bracht (46. Jank) – Kostedde (46. Rautiainen), Reinders (46. Behrens), Meier
Trainer: Rehhagel
Torschützen für Werder: Reinders (3), Bracht (2), Kostedde (2), Rautiainen (2), Behrens (2), Schaaf, Jank, Möhlmann, Gruber
Zuschauer: 2.300

22.08.1981
Bundesliga, 3. Spieltag
FC Bayern München – W. Bremen 3:1 (1:1)
Aufstellung: Burdenski – Fichtel – Konschal (80. Rautiainen), Gruber, Otten – Möhlmann, Kamp, Bracht, Meier – Reinders, Kostedde
Trainer: Rehhagel
Tore: 0:1 Meier (15.), 1:1 D. Hoeneß (27.), 2:1 K. H. Rummenigge (76.), 3:1 D. Hoeneß (79.)
Zuschauer: 42.000

25.08.1981
Bundesliga, 4. Spieltag
W. Bremen – Bayer 04 Leverkusen 0:0
Aufstellung: Burdenski – Fichtel – Konschal (76. Rautiainen), Gruber, Otten – Möhlmann, Kamp, Bracht – Reinders, Kostedde, Meier
Trainer: Rehhagel
Tore: –
Zuschauer: 20.000

29.08.1981
DFB-Pokal, 1. Runde
W. Bremen – 1. FC Kaiserslautern 1:0 (1:0)
Aufstellung: Burdenski – Fichtel – Konschal (46. Siegmann), Gruber, Otten – Möhlmann, Kamp, Bracht – Reinders, Rautiainen, Meier
Trainer: Rehhagel
Tor: 1:0 Reinders (44. FE)
Zuschauer: 11.500

05.09.1981
Bundesliga, 5. Spieltag
SV Darmstadt 98 – W. Bremen 1:1 (0:0)
Aufstellung: Burdenski – Fichtel – Okudera, Gruber, Otten – Möhlmann, Kamp, Bracht – Reinders, Kostedde (85. Behrens), Meier (70. Rautiainen)
Trainer: Rehhagel
Tore: 1:0 Stetter (53.), 1:1 Kostedde (54.)
Zuschauer: 18.000

06.09.1981
Freundschaftsspiel
TSV Eintracht Nauenburg – W. Bremen 2:22 (1:10)
Aufstellung: Burdenski (Rülander) – Otten, Okudera (M. Haskamp), Siegmann, Fichtel – Möhlmann, Gruber, Bracht – Reinders, Behrens, Meier
Trainer: Rehhagel
Torschützen für Werder: Behrens (7), Reinders (5), Möhlmann (3), Bracht (2), Meier (2), Siegmann, Otten, Gruber
Zuschauer: unbekannt

11.09.1981
Bundesliga, 6. Spieltag
W. Bremen – VfL Bochum 3:1 (2:0)
Aufstellung: Burdenski – Fichtel – Okudera, Gruber, Otten – Möhlmann, Kamp (71. Siegmann), Bracht – Reinders, Kostedde, Meier (75. Böhnke)
Trainer: Rehhagel
Tore: 1:0 Kostedde (8.), 2:0 Reinders (11.), 3:0 Meier (72.), 3:1 Schreier (80.)
Zuschauer: 24.000

18.09.1981
Bundesliga, 7. Spieltag
W. Bremen – Fortuna Düsseldorf 4:1 (2:0)
Aufstellung: Burdenski – Fichtel – Okudera, Gruber, Otten – Möhlmann, Kamp, Bracht (84. Siegmann) – Reinders, Kostedde, Meier (74. Rautiainen)
Trainer: Rehhagel
Tore: 1:0 Gruber (12.), 2:0 Kostedde (34.), 2:1 T. Allofs (57.), 3:1 Bracht (58.), 4:1 Gruber (69.)
Besonderheite: Bücher hält FE von Möhlmann (?)
Zuschauer: 24.000

20.09.1981
Freundschaftsspiel
VfB Lübeck – W. Bremen 0:3 (0:3)
Aufstellung: Burdenski (43. Rülander) – Fichtel – Okudera, Siegmann, Gruber – Möhlmann, Kamp (46. Konschal), Bracht – Reinders, Behrens, Jank
Trainer: Rehhagel
Tore: 0:1 Bracht (19.), 0:2 Behrens (41,), 0:3 Möhlmann (44.)
Zuschauer: 3.000

25.09.1981
Bundesliga, 8. Spieltag
Karlsruher SC – W. Bremen 3:0 (3:0)
Aufstellung: Burdenski – Fichtel – Okudera, Gruber, Otten – Kamp, Möhlmann, Bracht – Reinders, Kostedde, Meier
Trainer: Rehhagel
Tore: 1:0 Günther (19.), 2:0 Günther (24.), 3:0 Wiesner (38.)
Zuschauer: 24.000

03.10.1981
Bundesliga, 9. Spieltag
W. Bremen – Eintr. Braunschweig 2:0 (0:0)
Aufstellung: Burdenski – Fichtel – Okudera (72. Siegmann), Gruber, Otten – Möhlmann, Kamp (85. Konschal), Bracht – Reinders, Kostedde, Meier
Trainer: Rehhagel
Tore: 1:0 Gruber (58.), 2:0 Reinders (83.)
Zuschauer: 21.000

10.10.1981
DFB-Pokal, 2. Runde
FSV Salmrohr – W. Bremen 0:3 (0:1)
Aufstellung: Burdenski – Fichtel – Okudera (68. Konschal), Gruber, Otten – Kamp, Möhlmann, Bracht – Reinders, Kostedde, Meier (63. Jank)
Trainer: Rehhagel
Tore: 0:1 Gruber (3.), 0:2 Gruber (47.), 0:3 Kostedde (63.)
Zuschauer: 5.000

17.10.1981
Bundesliga, 10. Spieltag
1. FC Kaiserslautern – W. Bremen 1:1 (0:0)
Aufstellung: Burdenski – Fichtel – Okudera, Gruber, Otten – Möhlmann, Siegmann, Kamp, Bracht – Kostedde (79. Meier), Reinders
Trainer: Rehhagel
Tore: 0:1 Gruber (50.), 1:1 Briegel (75.)
Zuschauer: 17.240

24.10.1981
Bundesliga, 11. Spieltag
W. Bremen – Borussia Dortmund 2:0 (1:0)
Aufstellung: Burdenski – Fichtel – Okudera, Gruber, Otten – Möhlmann, Siegmann, Bracht (79. Kamp), Meier – Reinders, Kostedde
Trainer: Rehhagel
Tore: 1:0 Kostedde (18.), 2:0 Gruber (47.)
Zuschauer: 27.000

31.10.1981
Bundesliga, 12. Spieltag
1. FC Nürnberg – W. Bremen 2:1 (1:0)
Aufstellung: Burdenski – Fichtel – Okudera, Gruber, Otten – Siegmann (64. Behrens), Möhlmann, Kamp (58. Rautiainen), Meier – Reinders, Kostedde
Trainer: Rehhagel
Tore: 1:0 Hlntermaier (27.), 2:0 Heck (52.), 2:1 Meier (85.)
Zuschauer: 17.000

07.11.1981
Bundesliga, 13. Spieltag
W. Bremen – 1. FC Köln 1:1 (1:0)
Aufstellung: Burdenski (75. Rülander) – Fichtel – Gruber, Siegmann, Otten – Okudera, Möhlmann, Bracht – Reinders, Kostedde, Meier
Trainer: Rehhagel
Tore: 1:0 Siegmann (20.), 1:1 Fischer (89.)
Zuschauer: 35.000

Gibt es etwas schöneres als ein »Tor des Monats« gegen den HSV im ausverkauften Weser-Stadion? Uwe Reinders gelingt dieses denkwürdige Ereignis an einem kalten Novemberabend: Sprint aus der eigenen Hälfte, und dann nacheinander Stein und Hidien genarrt

14.11.1981
Bundesliga, 14. Spieltag
Eintracht Frankfurt – W. Bremen 9:2 (4:1)
Aufstellung: Rülander (77. Frese) – Fichtel – Okudera, Gruber, Otten – Möhlmann, Siegmann, Bracht (46. Rautiainen) – Reinders, Kostedde, Meier
Trainer: Rehhagel
Tore: 0:1 Meier (8.), 1:1 Nickel (19.), 2:1 Borchers (24.), 3:1 Borchers (39.), 4:1 Borchers (44.), 4:2 Reinders (64.), 5:2 Nachtweih (71.), 6:2 Nachtweih (74.), 7:2 Cha (77.), 8:2 Nickel (80.), 9:2 Cha (89.)
Zuschauer: 23.000

18.11.1981
Freundschaftsspiel
Rot-Weiß Essen – W. Bremen 3:0 (0:0)
Aufstellung: Frese – Fichtel, Konschal, Siegmann, Otten (59. Böhnke) – Möhlmann, Gruber (16. Rautiainen), Okudera – Reinders (64. Behrens), Kostedde (64. Jank), Meier
Trainer: Rehhagel
Tore: 1:0 Grillemeier (60.), 2:0 Ulitzka (70.), 3:0 Herget (84.)
Besonderheit: Ablösespiel für Karl-Heinz Meininger
Zuschauer: 1.100

22.11.1981
Freundschaftsspiel
Atlas Delmenhorst – W. Bremen 0:2 (0:2)
Aufstellung: Rülander – Fichtel – Okudera, Siegmann, Konschal (78. M. Haskamp) – Kamp (78. Schaaf), Möhlmann, Rautiainen – Reinders, Kostedde, Meier (78. Jank)
Trainer: Rehhagel
Tore: 0:1 Rautiainen (31.), 0:2 Kostedde (37.)
Zuschauer: 2.500

28.11.1981
Bundesliga, 15. Spieltag
W. Bremen – Hamburger SV 3:2 (2:1)
Aufstellung: Burdenski – Fichtel – Siegmann, Gruber, Otten – Okudera, Möhlmann, Bracht (84. Kamp) – Reinders, Kostedde (73. Rautiainen), Meier
Trainer: Rehhagel
Tore: 1:0 Reinders (6.), 2:0 Reinders (9.), 2:1 Bastrup (25.), 3:1 Kostedde (67.), 3:2 Magath (87.)
Zuschauer: 40.173

05.12.1981
DFB-Pokal, 3. Runde
SV Darmstadt 98 – W. Bremen 1:3 (0:0)
Aufstellung: Burdenski – Fichtel (84. M. Haskamp) – Siegmann, Gruber, Otten – Okudera, Möhlmann, Kamp (73. Rautiainen) – Reinders, Kostedde, Meier
Trainer: Rehhagel
Tore: 1:0 Beginski (68.), 1:1 Gruber (76.), 1:2 Reinders (85. FE), 1:3 Gruber (89.)
Zuschauer: 5.000

15.12.1981
Bundesliga, 16. Spieltag (Nachholspiel)
MSV Duisburg – W. Bremen 0:1 (0:1)
Aufstellung: Burdenski – Fichtel – Okudera, Siegmann, Otten – Gruber, Kamp, Möhlmann, Meier (82. Böhnke) – Kostedde (69. Rautiainen), Reinders
Trainer: Rehhagel
Tor: 0:1 Reinders (17.)
Zuschauer: 7.500

19.12.1981
Bundesliga, 17. Spieltag
W. Bremen – VfB Stuttgart 2:2 (1:0)
Aufstellung: Burdenski – Fichtel – Okudera, Gruber, Otten – Möhlmann (63. Böhnke), Kamp, Siegmann – Reinders, Kostedde, Meier (46. Rautiainen)
Trainer: Rehhagel
Tore: 1:0 Kostedde (11.), 2:0 Gruber (62.), 2:1 Reichert (78.), 2:2 K. H. Förster (82.)
Zuschauer: 20.000

03.01.1982
Freundschaftsspiel
FC Osterholz-Scharmbeck – W. Bremen 0:6 (0:3)
Aufstellung: Burdenski (46. Funk) – Fichtel (46. Rautiainen), Okudera (63. Schaaf), Otten, Siegmann – Gruber, Möhlmann, Kamp (63. M. Haskamp) – Kostedde, Reinders, Meier (46. Behrens)
Trainer: Rehhagel
Tore: 0:1 Möhlmann (3.), 0:2 Reinders (30. FE), 0:3 Reinders (39. FE), 0:4 Behrens (60.), 0:5 Reinders (63.), 0:6 Reinders (88. FE)
Zuschauer: 2.500

09.01.1982
DFB-Pokal, Achtelfinale
W. Bremen – SpVgg. Bayreuth 2:0 (2:0)
Aufstellung: Burdenski – Fichtel – Okudera, Gruber, Otten – Möhlmann, Kamp, Siegmann – Reinders, Kostedde, Meier (70. Rautiainen)
Trainer: Rehhagel
Tore: 1:0 Kostedde (17.), 2:0 Kostedde (19.)
Zuschauer: 4.200

16.01.1982
Bundesliga, 18. Spieltag
W. Bremen – Bor. M'gladbach 0:1 (0:1)
Aufstellung: Burdenski – Fichtel – Okudera, Siegmann, Otten – Gruber, Möhlmann, Kamp (70. Rautiainen) – Reinders, Kostedde, Meier (83. Behrens)
Trainer: Rehhagel
Tor: 0:1 Pinkall (45.)
Zuschauer: 29.000

23.01.1982
Bundesliga, 19. Spieltag
Arminia Bielefeld – W. Bremen 0:2 (0:1)
Aufstellung: Burdenski – Fichtel – Okudera, Gruber, Otten – Möhlmann, Kamp, Rautiainen, Meier – Reinders, Kostedde (88. Böhnke)
Trainer: Rehhagel
Tore: 0:1 Meier (20.), 0:2 Meier (89.)
Zuschauer: 22.000

24.01.1982
Freundschaftsspiel
TB Uphusen – W. Bremen 1:15 (1:5)
Aufstellung: Funk – Okudera, Gruber, M. Haskamp (46. Schaaf), Otten – Möhlmann, Siegmann, Rautiainen – Reinders, Kostedde (46. Behrens), Meier
Trainer: Rehhagel
Tore: 0:1 Meier (1.), 0:2 Siegmann (12.), 0:3 Meier (19.), 0:4 Rautiainen (23.), 0:5 Möhlmann (26.), 1:5 M. Stein (31.), 1:6 Rautiainen (47.), 1:7 Möhlmann (55.), 1:8 Reinders (55.), 1:9 Möhlmann (67.), 1:10 Möhlmann (75.), 1:11 Behrens (77.), 1:12 Reinders (81.), 1:13 Otten (82. FE), 1:14 Gruber (87.), 1:15 Behrens (90.)
Zuschauer: 1.000

13.02.1982
Bundesliga, 22. Spieltag
W. Bremen – SV Darmstadt 98 4:4 (2:1)
Aufstellung: Burdenski – Fichtel – Okudera, Gruber, Otten – Möhlmann, Siegmann (85. Behrens), Rautiainen (67. Kamp) – Reinders, Kostedde, Meier
Trainer: Rehhagel
Tore: 1:0 Kostedde (1.), 2:0 Meier (27.), 2:1 Cestonaro (44.), 2:2 Bernecker (54.), 3:2 Reinders (59.), 3:3 Cestonaro (77.), 3:4 Cestonaro (82.), 4:4 Gruber (84.)
Zuschauer: 15.000

20.02.1982
DFB-Pokal, Viertelfinale
W. Bremen – FC Bayern München 1:2 (1:1, 1:0) n.Verl.
Aufstellung: Burdenski – Fichtel – Kamp (107. Rautiainen), Siegmann, Otten – Gruber, Möhlmann, Okudera – Reinders, Kostedde, Meier (105. Böhnke)
Trainer: Rehhagel
Tore: 1:0 Reinders (25. FE), 1:1 Breitner (78.), 1:2 Breitner (94.)
Zuschauer: 28.000

27.02.1982
Bundesliga, 23. Spieltag
VfL Bochum – W. Bremen 0:2 (0:0)
Aufstellung: Burdenski – Fichtel – Siegmann, Gruber, Otten – Okudera, Kamp, Möhlmann – Reinders, Kostedde, Rautiainen
Trainer: Rehhagel
Tore: 0:1 Kostedde (75.), 0:2 Reinders (86.)
Zuschauer: 15.000

06.03.1982
Bundesliga, 24. Spieltag
Fortuna Düsseldorf – W. Bremen 0:0
Aufstellung: Burdenski – Fichtel – Okudera, Gruber, Otten – Möhlmann, Kamp, Siegmann, Meier (64. Rautiainen) – Kostedde (82. Böhnke), Reinders
Trainer: Rehhagel
Tore: –
Zuschauer: 11.500

13.03.1982
Bundesliga, 25. Spieltag
W. Bremen – Karlsruher SC 2:1 (2:0)
Aufstellung: Burdenski – Fichtel – Okudera, Gruber, Otten – Siegmann, Kamp, Möhlmann – Reinders, Kostedde, Meier (76. Rautiainen)
Trainer: Rehhagel
Tore: 1:0 Möhlmann (11.), 2:0 Meier (27.), 2:1 Bold (64.)
Zuschauer: 15.000

20.03.1982
Freundschaftsspiel
Rot-Weiß Visbeck – W. Bremen 0:16 (0:7)
Aufstellung: Burdenski – Okudera, Gruber, Fichtel, M. Haskamp – Möhlmann, Schaaf, Siegmann – Reinders, Kostedde (46. Behrens), Meier
Trainer: Rehhagel
Tore: Reinders (4), Möhlmann (3), Okudera (2), Gruber (2), Schaaf (2), Meier (2), Siegmann
Zuschauer: 2.500

21.03.1982
Freundschaftsspiel
SV Nordenham – W. Bremen 1:12 (0:6)
Aufstellung: Burdenski – Okudera, Gruber, Fichtel, Kamp – Möhlmann, Schaaf (46. M. Haskamp), Siegmann – Reinders, Behrens, Meier
Trainer: Rehhagel
Tore: Reinders (3), Möhlmann (3), Gruber (2), Behrens (2), Meier (2) / Lüttmann Elfmeter zum 1:6
Zuschauer: 2.500

24.03.1982
Freundschaftsspiel
Auswahl Ostfriesland – W. B. 0:7 (0:3)
Aufstellung: Burdenski – Schaaf, Gruber, Fichtel, Otten – Rautiainen (46. M. Haskamp), Kamp, Siegmann – Reinders, Kostedde, Meier (46. Behrens)
Trainer: Rehhagel
Tore: 0:1 Kostedde (6.), 0:2 Kostedde (29.), 0:3 Kostedde (40.), 0:4 Reinders, 0:5 M. Haskamp (63.), 0:6 M. Haskamp (66.), 0:7 Siegmann (80.)
Zuschauer: 3.000 in Emden

30.03.1982
Bundesliga, 26. Spieltag
Eintr. Braunschweig – W. Bremen 1:1 (1:0)
Aufstellung: Burdenski – Fichtel – Okudera, Kamp, Otten – Siegmann, Möhlmann, Gruber – Reinders, Kostedde, Meier (73. Rautiainen)
Trainer: Rehhagel
Tore: 1:0 Worm (14.), 1:1 Reinders (79.)
Zuschauer: 30.000

03.04.1982
Bundesliga, 27. Spieltag
W. Bremen – 1. FC Kaiserslautern 0:1 (0:1)
Aufstellung: Burdenski – Fichtel – Okudera, Gruber, Otten – Siegmann (78. Behrens), Kamp, Möhlmann – Reinders, Kostedde, Meier (76. Rautiainen)
Trainer: Rehhagel
Tor: 0:1 Bongartz (4.)
Zuschauer: 22.500

10.04.1982
Bundesliga, 21. Spieltag (Nachholspiel)
Bayer 04 Leverkusen – W. Bremen 1:3 (0:0)
Aufstellung: Burdenski – Fichtel – Kamp, Siegmann, Otten – Okudera (77. M. Haskamp), Gruber, Möhlmann, Meier (81. Rautiainen) – Reinders, Kostedde
Trainer: Rehhagel
Tore: 1:0 Økland (48.), 1:1 Meier (49.), 1:2 Kostedde (63.), 1:3 Meier (78.)
Zuschauer: 6.000

16.04.1982
Bundesliga, 28. Spieltag
Borussia Dortmund – W. Bremen 1:0 (0:0)
Aufstellung: Burdenski – Fichtel – Okudera, Gruber, Otten – Möhlmann, Kamp, Siegmann, Meier (87. Rautiainen) – Kostedde, Reinders
Trainer: Rehhagel
Tor: 1:0 Burgsmüller (88.)
Zuschauer: 40.000

23.04.1982
Bundesliga, 29. Spieltag
W. Bremen – 1. FC Nürnberg 3:1 (1:1)
Aufstellung: Burdenski – Fichtel – Okudera, Gruber, Otten – Kamp (74. M. Haskamp), Möhlmann, Siegmann – Reinders, Kostedde (85. Rautiainen), Meier
Trainer: Rehhagel
Tore: 0:1 Eder (33.), 1:1 Reinders (37.), 2:1 Reinders (64. FE), 3:1 Reinders (66.)
Zuschauer: 14.000

28.04.1982
Bundesliga, 30. Spieltag
1. FC Köln – W. Bremen 4:2 (3:1)
Aufstellung: Burdenski – Fichtel – Okudera, Gruber, Otten – Kamp (64. M. Haskamp), Siegmann, Möhlmann, Meier – Kostedde (78. Böhnke), Reinders
Trainer: Rehhagel
Tore: 0:1 Reinders (25. FE), 1:1 Fischer (29.), 2:1 Woodcock (40.), 3:1 Konopka (44.), 4:1 Steiner (53.), 4:2 Meier (88.)
Zuschauer: 18.000

01.05.1982
Freundschaftsspiel
TSG Nordholz – W. Bremen 0:10 (0:4)
Aufstellung: Burdenski (Funk) – Schaaf (Böhnke), Noruschat, M. Haskamp, Siegmann – Möhlmann, Rautiainen, Bracht – Meier (Böhnke), Kostedde (Mohr), Behrens
Trainer: Rehhagel
Tore: Meier (2), Böhnke (2), Möhlmann (2), Rautiainen, Behrens, Kostedde, Noruschat
Zuschauer: 1.500

08.05.1982
Bundesliga, 31. Spieltag
W. Bremen – Eintracht Frankfurt 2:1 (0:0)
Aufstellung: Burdenski – Fichtel – Okudera, Siegmann, Otten – Gruber, Möhlmann, Bracht – Reinders, Kostedde, Meier (72. Rautiainen)
Trainer: Rehhagel
Tore: 0:1 Cha (48.), 1:1 Siegmann (51.), 2:1 Rautiainen (82.)
Zuschauer: 20.000

11.05.1982
Freundschaftsspiel
VfL 07 Bremen – W. Bremen 2:14 (0:7)
Aufstellung: Burdenski (Funk) – Okudera, Otten, Gruber, Fichtel – Kamp, Bracht, Möhlmann – Kostedde (M. Haskamp), Rautiainen, Meier (Böhnke)
Trainer: Rehhagel
Torschützen für Werder: Möhlmann (5), Gruber(2), Okudera, Kamp, Meier, M. Haskamp, Bracht, Otten, Funk (Elfmeter)
Zuschauer: 1.500

15.05.1982
Bundesliga, 32. Spieltag
Hamburger SV – W. Bremen 5:0 (1:0)
Aufstellung: Burdenski – Fichtel – Okudera, Gruber, Kamp – Möhlmann, Otten, Rautiainen, Bracht (67. Böhnke) – Reinders, Meier (76. M. Haskamp)
Trainer: Rehhagel
Tore: 1:0 Hrubesch (40.), 2:0 Magath (49.), 3:0 Hrubesch (52.), 4:0 Hrubesch (67.), 5:0 Bastrup (74.)
Zuschauer: 53.400

18.05.1982
Bundesliga, 20. Spieltag (Nachholspiel)
W. Bremen – FC Bayern München 2:0 (1:0)
Aufstellung: Burdenski – Fichtel – Okudera, Gruber, Otten – Möhlmann, Kamp, Bracht – Reinders, Kostedde (85. Böhnke), Meier (85. Rautiainen)
Trainer: Rehhagel
Tore: 1:0 Reinders (6. FE), 2:0 Gruber (64.)
Zuschauer: 40.000

22.05.1982
Bundesliga, 33. Spieltag
W. Bremen – MSV Duisburg 5:1 (2:1)
Aufstellung: Burdenski – Fichtel (75. Schaaf) – Okudera, Gruber, Otten – Möhlmann, Kamp, Bracht – Reinders, Kostedde, Meier
Trainer: Rehhagel
Tore: 1:0 Bracht (24.), 2:0 Okudera (29.), 2:1 Helmes (30.), 3:1 Reinders (69. FE), 4:1 Okudera (75.), 5:1 Reinders (80.)
Besonderes Vorkommnis: Rote Karte für Szesni (68.)
Zuschauer: 12.000

23.05.1982
Freundschaftsspiel
Kreisauswahl Büsum – W. B. 3:11 (1:6)
Aufstellung: Burdenski (46. Funk) – Schaaf, Okudera, Otten, Möhlmann – M. Haskamp, Rautiainen, Bracht – Reinders, Meier (46. Böhnke), Behrens
Trainer: Rehhagel
Torschützen für Werder: Reinders (4), Rautiainen (2), Behrens (2), Meier, Otten, Bracht
Zuschauer: 1.200

25.05.1982
Freundschaftsspiel
TSV Asendorf – W. Bremen 1:14 (0:7)
Eingesetzte Spieler: Burdenski, Funk – Schaaf, Gruber, Fichtel, Otten – Bracht, Kamp, Okudera, Rautiainen, Möhlmann – Reinders, Böhnke, Behrens, Feldhaus, Meier, Kostedde
Trainer: Rehhagel
Torschützen für Werder: Reinders (3), Kostedde (3), Bracht (3), Schaaf (2), Gruber, Meier, Böhnke
Zuschauer: 1.550

29.05.1982
Bundesliga, 34. Spieltag
VfB Stuttgart – W. Bremen 2:4 (1:2)
Aufstellung: Burdenski – Fichtel – Okudera, Gruber, Otten – Möhlmann, Kamp, Bracht – Reinders, Kostedde (80. Böhnke), Meier (50. Rautiainen)
Trainer: Rehhagel
Tore: 0:1 Meier (6.), 0:2 Meier (12.), 1:2 Beck (25.), 2:2 Kelsch (65.), 2:3 Reinders (82. FE), 2:4 Reinders (86.)
Zuschauer: 17.500

02.06.1982
Kirin-Cup (»Japan-Cup«)
NKK Nippon Kokan – W. Bremen 0:6 (0:4)
Aufstellung: Burdenski – Schaaf, Gruber, Fichtel, Otten – Okudera, Möhlmann, Bracht – Neubarth, Behrens, Meier (H. Meyer)
Trainer: Rehhagel
Tore: 0:1 Neubarth (3.), 0:2 Neubarth (5.), 0:3 Otten (10.), 0:4 Neubarth (40.), 0:5 Neubarth (52.), 0:6 Möhlmann (70.)
Besonderheiten: Bei Werder wirkt mit einer Sondergenehmigung Frank Neubarth mit, der erst ab 1. Juli 1982 unter Vertrag steht. Außerdem als Gastspieler dabei: Ex-Profi Herbert Meyer, der Werder 11 Jahre zuvor verließ und 2 Jahre vor diesem Spiel seine Profilaufbahn beendete
Zuschauer: 12.000 in Yokohama

04.06.1982
Kirin-Cup (»Japan-Cup«)
Nationalelf Singapur – W. B. 1:6 (0:3)
Aufstellung: Funk – Okudera, Schaaf, Fichtel, Otten (77. H. Meyer) – Gruber, Möhlmann, Bracht – Meier, Behrens, Neubarth
Trainer: Rehhagel
Tore: 0:1 Neubarth (11.), 0:2 Otten (13.), 0:3 Neubarth (40.), 0:4 Otten (47.), 1:4 Ahmad (54.), 1:5 Okudera (67. HE), 1:6 Möhlmann
Besonderheiten: Erneut tritt Werder mit Neubarth (Sondergenehmigung) und Herbert Meyer (Gastspieler) an
Zuschauer: 5.000 in Tokio

06.06.1982
Kirin-Cup (»Japan-Cup«)
Nationalelf Japan – W. Bremen 1:2 (0:1)
Aufstellung: Burdenski – Fichtel – Schaaf, Gruber, Otten – Möhlmann, Bracht, H. Meyer, Okudera – Neubarth, Meier
Trainer: Rehhagel
Tore: 0:1 Möhlmann (24.), 1:1 Kimura (67.), 1:2 Meier
Besonderheiten: Erneut tritt Werder mit Neubarth (Sondergenehmigung) und Herbert Meyer (Gastspieler) an
Zuschauer: 45.000 in Tokio

09.06.1982
Kirin-Cup (»Japan-Cup«)
Feyenoord Rotterdam – W. B. 1:1 (1:1)
Aufstellung: Burdenski – Fichtel – Schaaf, Gruber, Otten – Okudera, Möhlmann, Bracht (2. Siegmann), H. Meyer – Meier, Neubarth
Trainer: Rehhagel
Tore: 1:0 Bouwens (26.), 1:1 Schaaf (37.)
Besonderheiten: Erneut tritt Werder mit Neubarth (Sondergenehmigung) und Herbert Meyer (Gastspieler) an
Zuschauer: 35.000 in Tokio

Endstand:

	S U N	Tore	Pk.
1. SV W. Bremen (D)	3 1 0	15 : 3	7
2. Nationalelf Japan	3 0 1	13 : 4	6
3. Feyenoord Rotterdam (NL)	2 1 1	10 : 7	5
4. Nationalelf Singapur	0 1 3	3 :14	1
5. Nippon Kokon (JP)	0 1 3	1 :14	1

Bundesliga-Abschlusstabelle 1981 / 1982

Platz	Verein	Spiele	S	U	N	Tore	Diff.	Punkte
1.	Hamburger SV	34	18	12	4	95:45	+50	48-20
2.	1. FC Köln	34	18	9	7	72:38	+34	45-23
3.	Bayern München (M)	34	20	3	11	77:56	+21	43-25
4.	1. FC K'lautern	34	16	10	8	70:61	+9	42-26
5.	**Werder Bremen (N)**	**34**	**17**	**8**	**9**	**61:52**	**+9**	**42-26**
6.	Borussia Dortmund	34	18	5	11	59:40	+19	41-27
7.	Borussia M'gladbach	34	15	10	9	61:51	+10	40-28
8.	Eintracht Frankfurt (P)	34	17	3	14	83:72	+11	37-31
9.	VfB Stuttgart	34	13	9	12	62:55	+7	35-33
10.	VfL Bochum	34	12	8	14	52:51	+1	32-36
11.	Eintracht Braunschweig (N)	34	14	4	16	61:66	-5	32-36
12.	Arminia Bielefeld	34	12	6	16	46:50	-4	30-38
13.	1. FC Nürnberg	34	11	6	17	53:72	-19	28-40
14.	Karlsruher SC	34	9	9	16	50:68	-18	27-41
15.	Fortuna Düsseldorf	34	6	13	15	48:73	-25	25-43
16.	Bayer Leverkusen	34	9	7	18	45:72	-27	25-43
17.	Darmstadt 98 (N)	34	5	11	18	46:82	-36	21-47
18.	MSV Duisburg	34	8	3	23	40:77	-37	19-49

Fieberkurve der Bundesliga-Saison 1981 / 1982

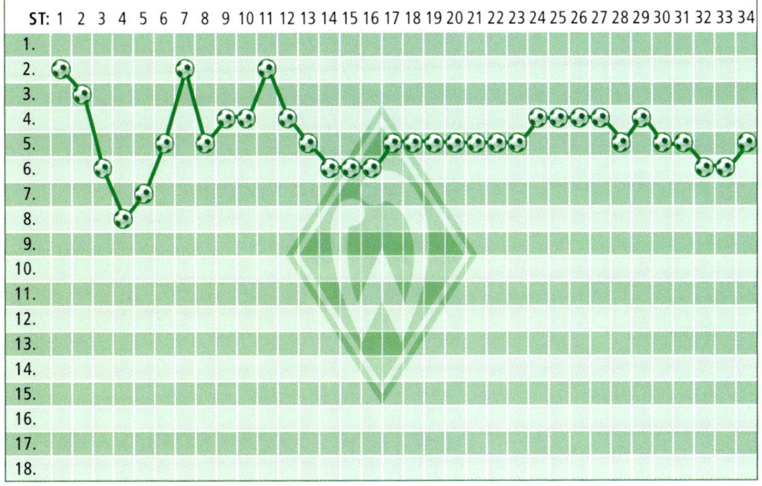

1982/83: »Attack, Attack«

Oben v.l.:
Neubarth, Gruber, Sidka, Reinders, Siegmann, Völler, Schaaf
Mitte v.l.:
Trainer Rehhagel, Bracht, Okudera, Burdenski, Funk, M. Haskamp, Böhnke, Masseur Kienert, Physiotherapeut Andrae
Unten v.l.:
Fichtel, Otten, Möhlmann, Meier, Kamp

Das Hochgefühl der Vorsaison wollte einfach nicht verfliegen, und das war auch gut so: Als die Saison 1982/83 begann, hatten sich Werders Fans immer noch nicht so recht daran gewöhnt, dass ihr Lieblingsclub nach unzähligen Jahren des Dahinvegetierens im trüben Bundesliga-Abstiegskampfgewässer nun plötzlich einer der wenigen Vereine war, der seinen Platz an der Sonne der Tabelle mit einer Europapokal-Teilnahme veredeln durfte. Werder war im UEFA-Cup! Zum ersten Mal in der Geschichte des Vereins gab es Werder-Spiele live im Fernsehen. Werder Bremen war plötzlich ein richtig guter Bundesligist, spielte wunderbaren Fußball, hatte einen tollen Trainer, verpflichtete fantastische Spieler – alles war wie ein grün-weißer Traum.

Mit Toren von Rudi Völler (links) und Frank Neubarth (rechts) bezwingt Werder in einem ausverkauften Hexenkessel den HSV nach 36 Spielen ohne Niederlage. Ein rassiges 3:2, in dem Benno Möhlmann noch den dritten Werder-Treffer beisteuert

Personell hatte sich der Tabellenfünfte des Vorjahres eindeutig verstärkt. Vom Stamm der Elf waren nur Pasi Rautiainen (nach Bielefeld) und Kult-Stürmer Erwin Kostedde gegangen. Kostedde hatte sich mit neun Toren ordentlich aus der Bundesliga verabschiedet. Aber es wurde schließlich doch deutlich, dass der beinahe zirkustaugliche Ballartist (und das ist durchaus liebevoll gemeint!) den Ansprüchen eines Vereins nicht mehr genügte, der fortan international mitmischen wollte. Kostedde, der in Bremen passabel verdiente, aber nicht übermäßig reich wurde, verpasste den richtigen Zeitpunkt zum Aufhören und tat sich noch eine wenig rühmliche Zweitligasaison beim VfL Osnabrück an. Jahre später geriet er noch einmal böse in die Schlagzeilen, als er im westfälischen Coesfeld die Spielhalle »Joy« maskiert überfallen haben soll. Er saß sogar hinter Git-

»In fourteen days we come back. Attack, attack!« (Aufforderung von Otto Rehhagel an seine Spieler beim UEFA-Cup-Klassiker in Dundee)

Uwe Reinders sorgt dafür, dass Bayern-Torwart Jean-Marie Pfaff seine erstes Bundesligaspiel nicht so leicht vergisst. Mit diesem Einwurf semmelt der Werder-Rechtsaußen den Ball aufs Bayern-Tor. Pfaffs Fingerspitzen erledigen den Rest. Werder besiegt die Bayern am ersten Spieltag durch dieses Tor mit 1:0

tern, ehe sich seine Unschuld herausstellte. Verbittert zog sich der »braune Bomber« seither aus der Öffentlichkeit zurück. In Bremen behielten ihn die Fans jedoch als großartigen Instinktfußballer in Erinnerung, der in seinen zwei Jahren bei Werder knapp 40 meist herrlich anzusehende Tore zu Aufstieg und UEFA-Cup-Qualifikation beisteuerte.

Werders Neueinkäufe schlugen zu 100 Prozent ein und waren damit ein weiteres Kapitel in Otto Rehhagels beeindruckender Transfer-Bilanz. Allerdings kam Werder (und Otto) ein Zufall zu Hilfe. Als Nachfolger für Erwin Kostedde war nämlich eigentlich Hannovers Stürmerstar Dieter Schatzschneider fest eingeplant. Der hatte in der vorigen Saison die meiste Zeit die Torschützenliste der 2. Liga angeführt und galt als Wunschstürmer in Hamburg, Schalke – und Bremen. Werder baggerte heftig und verschmähte dadurch beinahe einen gewissen Rudolf Völler, der von seinem Berater Holger Klemme, einem wenig sympathischen, dafür aber sehr dauergewellten Bundesliga-Dauergast der frühen achtziger Jahre beinahe schon penetrant bei Otto Rehhagel angeboten wurde. Rudi Assauer wollte Völler sogar schon 1980 für Werder gewinnen, hatte aber nach dem Abstieg keine Chance mehr auf den Offenbacher Außenstürmer. Völler ging stattdessen lieber zu 1860 München. Und jetzt kommt das Komische: Auch die wollten eigentlich lieber Schatzschneider haben, bekamen ihn aber nicht.

Die Legende besagt, dass Rehhagel dem Völler-Berater Klemme sogar fast schon abgesagt hatte: »Tut mir leid, aber wir holen wohl lieber den Schatzschneider!« Dann aber fügte sich das Schicksal auf für Werder wundersame Weise: Schatzschneider entschied sich doch lieber für den HSV, Werder griff sich als Ersatz diesen Völler, und der ballerte sich am letzten Spieltag der 2. Liga mit vier Toren für seinen Verein 1860 München noch zum Torschützenkönig-Titel – vor Schatzschneider, der diesen Ehrentitel schon sicher zu haben schien. Schatzschneider wiederum vermasselte in den folgenden Jahren seine Karriere in bester Basler-Manier und kam in seiner gesamten Bundesliga-Laufbahn lediglich auf 28 Tore für drei verschiedene Vereine. Rudi Völler traf alleine in seinem ersten Werder-Jahr stolze 23-mal und wurde damit nicht nur Bundesliga-Torjäger Nr. 1, sondern auch »Fußballer des Jahres«.

Zusätzlich zu Supereinkauf Völler entschied sich Rehhagel für den Mittelfeld-Arbeiter Wolfgang Sidka, der günstig mit der späteren »Tante Käthe« aus München zu Werder stieß. Außerdem kam damals ein noch milchgesichtiger Schlacks aus Hamburg: Frank Neubarth vom Oberligisten Concordia wurde zuvor zum »Oberligaspieler des Jahres« gewählt. Vor seiner Haustür, beim HSV, fiel er dennoch durch. Der große Ernst Happel persönlich urteilte vernichtend: »Der ist zu lang und zu langsam.« Ein weiterer glücklicher Zufall für den SV Werder, der auf diese Weise einen tollen Stürmer für wenig Geld bekam, weil ihn der Nordrivale nicht wollte. Sowas macht Freude.

Die Saison 1982/83 brachte für Werder eine nach dem Vorjahr kaum für möglich gehaltene weitere Steigerung. Nachdem die ersten drei Monate der Saison etwas holprig anliefen (13:11 Punkte, Platz 7), steigerte sich Werder im weiteren Saisonverlauf in einen absoluten Rausch hinein. Die junge Mannschaft spielte unbekümmert, frech, geradezu verboten offensiv. Am Ende trieb die Mannschaft den hohen Favoriten HSV vor sich her und griff nur um Fingernagelbreite an der Meisterschale vorbei: In der Abschlusstabelle fehlten dem SVW ganze acht

Im Jahr zuvor schon bester Aufsteiger, erobert Werder 1982/83 die Herzen der Fans im Sturm. Mit unbekümmertem Fußball stürmt eine junge Mannschaft an die Ligaspitze und wird nur knapp vom HSV ausgebremst. Rigobert Gruber und Thomas Schaaf (oben) bilden 50 % einer hervorragenden Hintermannschaft, Rudi Völler (unten) wird auf Anhieb Nationalspieler, Torschützenkönig und »Fußballer des Jahres«

Törchen zum Titelgewinn. Fußball-Deutschland zeigte sich fasziniert von Rehhagels Rasselbande und ihrem explosiven Offensivfußball, und alle neutralen Fans drückten dem Underdog beim Zweikampf mit dem scheinbar übermächtigen HSV die Daumen. Hätte es die Formulierung 1983 schon gegeben, dann wäre Werder seinerzeit der allererste »Meister der Herzen« gewesen. So wurden die Bremer ein Jahr nach dem »besten Aufsteiger aller Zeiten« gleich auch noch »der beste Vizemeister aller Zeiten«. Grandiose 52 Pluspunkte (Zwei-Punkte-Regel) hätten in fast allen anderen Saisons zum Titel gereicht – nur eben 1983 nicht.

Die Sternstunde erlebten Völler und Co. an einem klirrend kalten Januarnachmittag 1983, als der HSV nach über einem Jahr oder 36 Spielen ohne Niederlage im Weser-Stadion beide Punkte abliefern musste. Völler, Neubarth und Kapitän Benno Möhlmann schickten den Nordrivalen geschlagen nach Hause und verkürzten den eigenen Rückstand auf den Spitzenreiter von vier auf zwei Punkte. Der Titelkandidat Werder war geboren, und Otto Rehhagel hörte sogar auf, von »zwei Punkten gegen den Abstieg« zu reden. Rudi Völler machte sich mit jedem seiner vielen Tore immer interessanter und zog schon in seiner ersten Saison bei Werder die Aufmerksamkeit der üblichen Verdächtigen auf sich. Im Frühling 1983 buhlte der damals noch etwas glanzvollere AC Turin um Werders Superstar. Werder gründete eigens die so genannte »Werder-Werbe-GmbH«, um den Torjäger vermarkten und so an der Weser halten zu können. Dass dem SV Werder dieses Unterfangen volle fünf Jahre gelang, grenzt im Nachhinein an ein Wunder.

Ein Rückblick auf die Saison 1982/83 wäre nicht komplett, ohne an zwei Tore zu erinnern, die zum Seltsamsten gehören, was es in der Bundesliga je zu sehen gab. Beide fielen innerhalb weniger Monate im Weser-Stadion, beide bedeuteten das wichtige 1:0, und beide brannten sich unauslöschlich in den Fußball-Lebenslauf des jeweils beteiligten Torwarts ein. Da war zunächst der unsterbliche Moment an jenem 21. August 1982, 16.24 Uhr: Werder empfing Bayern München und dessen neuen Weltklassetorwart Jean-Marie Pfaff. Dieser erlebte im Weser-Stadion sein allererstes Bundesligaspiel, und er verließ es als Depp. Fast eine gesamte Halbzeit lang hatten sich die Bayern vorher mit Werder gefetzt, ohne dass irgendetwas Entscheidendes vor den Toren passiert wäre. Fast mit dem Halbzeitpfiff schleuderte Uwe Reinders einen Einwurf mit dem Drive einer Kanonenkugel in Richtung Bayern-Tor. Die meisten Bundesligaspieler kannten diese Einwürfe, Pfaff (noch) nicht. Er brachte das Kunststück fertig, in Bedrängnis den Ball so virtuos zu berühren, dass a) der Tatbestand der Berührung erfüllt wurde (per Einwurf darf bekanntlich nicht direkt ein Tor erzielt werden), b) die Richtung des Balles um genau die Zentimeter verändert wurde, die ihn über die Torlinie eiern ließen und zwar c) Letzteres exakt so, dass die zahlreich anwesenden Bayern-Verteidiger nicht eingreifen konnten und der beinahe einschussbereite Rudi Völler nicht eingreifen musste. Ein Tor, das man so nicht hätte ausdenken können. Pure Magie!

Das andere Tor fiel aus Werder-Sicht weniger gekonnt, erhielt aber die bis heute unerreichte Höchstpunktzahl auf der Bundesliga-Slapstick-Skala. Unser Mitgefühl gilt in diesem Fall Frankfurts ehemaligem Schlussmann Jürgen Pahl, der an einem schnatterkalten Dezembertag noch nicht so ganz anwesend war und den Ball schon nach drei Minuten mit einem Bewegungsablauf, den man sonst entfernt von Diskuswerfern oder von Charlie Chaplin kennt, praktischerweise gleich über die eigene Linie schleuderte. Kein weiterer Reinders-Einwurf war nötig, kein böser Werder-Stürmer war in der Nähe, keine Fernsehkamera war auf Pahl gerichtet. Ein Jammer. Der bedauernswerte Schlussmann fing sich entnervt noch eine gelbe Karte ein, ließ sich zur Halbzeit auswechseln und lehnte nach dem Spiel jede Bitte ab, das Tor noch einmal fürs Fernsehen nachzustellen (siehe S. 276).

Selten zuvor wurde eine Vizemeisterschaft so emphatisch gefeiert. Es gab Jubel und Freudentänze en masse. Hier freuen sich Möhlmann, Gruber, Bracht, Otten und Sidka über eines der vielen Werder-Tore

Nicht für Pahl, auch nicht für Pfaff, aber sehr wohl für Werder endete die Saison mit einem Happy End, obwohl der Meistertitel verpasst wurde. In einer Nervenschlacht hatte die Mannschaft am letzten Spieltag den sich tapfer wehrenden VfL Bochum mit 3:2 niedergerungen. An einem unvorstellbar heißen Junitag hatten alle Werder-Fans Transistorradios dabei, die am Ohr festgewachsen schienen. Alles hoffte auf einen Punktverlust des HSV auf Schalke. Damit alles nicht zu einfach aussah, erlaubte sich Werder selbst ein haarsträubendes Match gegen die Bochumer, die unbedingt geschlagen werden mussten: Der VfL ging sogar in Führung und entnervte Werder nochmals durch den Ausgleich, nachdem Völler und Reinders den Rückstand gerade mühselig umgebogen hatten. Von 16.35 Uhr bis 16.37 Uhr war Werder dann zwei irre Minuten lang Deutscher Meister. Dann traf in Gelsenkirchen Wolfgang Rolff zum 2:1 für den HSV, wenig später war es sogar ganz zappenduster um Werder, als der Bochumer Krella wie erwähnt das vollends ernüchternde 2:2 reinmogelte. Erst 16 Minuten vor dem Ende, um 16.58 Uhr im brütend heißen Weser-Stadion, erlöste Verteidiger Norbert Siegmann die Bremer mit dem Tor, das zum Meistertor hätte werden können. Die Fans in Bremen beteten für den Ausgleich auf Schalke. Kurzzeitig sorgte der WDR-Reporter Jochen Hageleit für Jubelstimmung, weil er in seiner Übertragung aus Gelsenkirchen einen Satz unvorsichtigerweise mit den Worten »Stellen Sie sich vor, es steht hier 2:2 …« begann. Ein Orkan der Meisterfreude brach los im Weser-Stadion, und kaum einer bekam mit, dass Herr Hageleit wirklich nur ganz unverbindlich vorschlagen wollte, es sich einmal vorzustellen. Der HSV gewann 2:1, Werder musste noch fünf Jahre länger auf den ersehnten Meistertitel warten. Damals, 1983, wusste das natürlich niemand. Ganz Bremen war dankbar für Werders Rückkehr in die Ligaspitze und feierte auf dem Marktplatz die Vizemeisterschaft.

Eigentlich war bis auf die Schale schon alles wie bei einer richtigen Meisterfeier. Zehntausende feierten enthusiastisch eine gerührte Vizemeistermannschaft und deren Trainer. Alle gemeinsam waren sie gespannt auf das, was noch kommen würde.

Der Steinwurf von Hamburg: Adrian Maleika, † 17. Oktober 1982

Der 16. Oktober 1982 war ein grauer Herbsttag in Norddeutschland. In Hamburg sollte dennoch ein farbiges Fußballfest steigen, denn im DFB-Pokal stand das Traditionsderby HSV-Werder ins Haus. Werder, der sensationelle Emporkömmling, musste zum Deutschen Meister in die andere Hansestadt. Erstmals seit endlos scheinenden acht Jahren wieder ein Duell auf Augenhöhe. Zündstoff ist im Spiel.

Adrian Maleika, 22. November 1965 – 17. Oktober 1982

Die mitreisenden Werder-Fans werden rund um das Volksparkstadion von einer spürbar aufgeheizten Atmosphäre empfangen. Der zu Beginn der achtziger Jahre gewohnte Mix aus Gleichgültigkeit, Feindseligkeit und einer Dosis obligatorischer, häufig auch rechtsradikal angehauchter Gewalt (in den frühen achtziger Jahren nimmt der Anteil von Skinheads und Neonazis unter Fußballfans sprunghaft zu) ist an diesem Nachmittag vor dem Stadion deutlich explosiver zusammengesetzt, als sonst üblich.

Schuld daran sind z.B. Menschen wie einige Mitglieder des HSV-Fanclubs »Die Löwen«. Die haben ein paar Stunden Alkohol-Vorsprung und dadurch weit und breit die kleinste Hemmschwelle, als die Gruppe um den begeisterten Werder-Fan Adrian Maleika am Volksparkstadion eintrifft. Maleika ist zu diesem Zeitpunkt ganze 16 Jahre alt, absolviert eine Glaserlehre und lebt sein Leben in grün-weiß. Er ist Mitglied des Werder-Fanclubs »Die Treuen«.

Flugblatt des Bremer Fan-Projektes, 1982

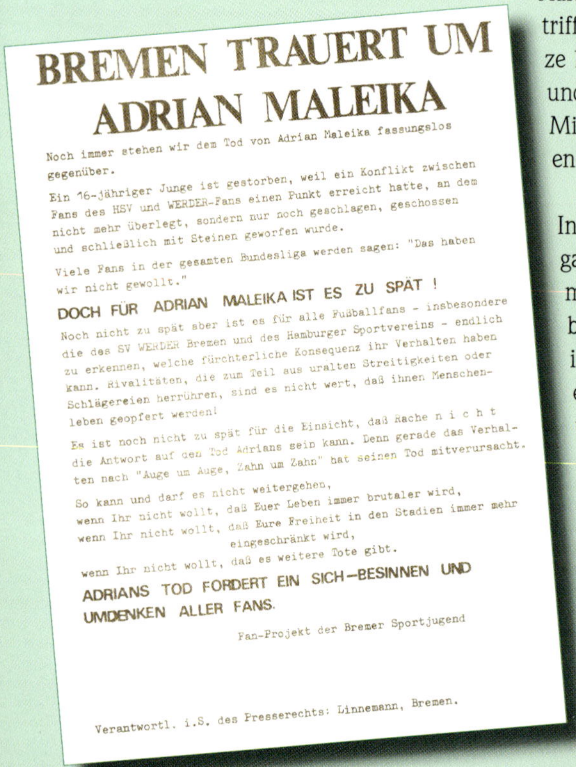

BREMEN TRAUERT UM ADRIAN MALEIKA

Noch immer stehen wir dem Tod von Adrian Maleika fassungslos gegenüber.

Ein 16-jähriger Junge ist gestorben, weil ein Konflikt zwischen Fans des HSV und WERDER-Fans einen Punkt erreicht hatte, an dem nicht mehr überlegt, sondern nur noch geschlagen, geschossen und schließlich mit Steinen geworfen wurde.

Viele Fans in der gesamten Bundesliga werden sagen: "Das haben wir nicht gewollt."

DOCH FÜR ADRIAN MALEIKA IST ES ZU SPÄT !

Noch nicht zu spät aber ist es für alle Fußballfans – insbesondere die des SV WERDER Bremen und des Hamburger Sportvereins – endlich zu erkennen, welche fürchterliche Konsequenz ihr Verhalten haben kann. Rivalitäten, die zum Teil aus uralten Streitigkeiten oder Schlägereien herrühren, sind es nicht wert, daß ihnen Menschenleben geopfert werden!

Es ist noch nicht zu spät für die Einsicht, daß Rache n i c h t die Antwort auf den Tod Adrians sein kann. Denn gerade das Verhalten nach "Auge um Auge, Zahn um Zahn" hat seinen Tod mitverursacht.

So kann und darf es nicht weitergehen,
wenn Ihr nicht wollt, daß Euer Leben immer brutaler wird,
wenn Ihr nicht wollt, daß Eure Freiheit in den Stadien immer mehr eingeschränkt wird,
wenn Ihr nicht wollt, daß es weitere Tote gibt.

ADRIANS TOD FORDERT EIN SICH–BESINNEN UND UMDENKEN ALLER FANS.

Fan-Projekt der Bremer Sportjugend

Verantwortl. i.S. des Presserechts: Linnemann, Bremen.

In der Umgebung des Volksparkstadions gab es immer schon dunkle Ecken, die man sogar als ganz neutrale Person nicht besonders gerne passiert. Als Werder-Fan ist der Weg vom S-Bahnhof zum Stadion ein nervös machender Spießrutenlauf, um es harmlos auszudrücken.

Die schon erwähnten »Löwen« rekrutieren sich zu einem guten Teil aus der in diesen Jahren sprunghaft stärker werdenden Fraktion der rechtsorientierten Fans, manche sind Skinheads. Fast alle Mitglieder sind der Polizei längst wohlbekannt. Das hindert sie nicht, an diesem 16. Oktober 1982 auf die Jagd zu gehen. Zielscheibe ihrer Aggression ist die Gruppe, in der Adrian Maleika mitläuft. Die besteht möglicherweise auch nicht nur aus Waisenknaben, aber zwei Dinge stehen fest: Über handelsübliche Raufereien gingen die Erfahrungen der seinerzeit anwesenden Werder-Fans nie hinaus. Maleika war niemals an Ausschreitungen beteiligt, er galt als eher ängstlich. Und im Gegensatz zu vielen seiner Fan-Kumpel trank er kaum Alkohol.

Die Gruppe der grün-weißen Kuttenträger begeht einen verhängnisvollen Fehler: Sie läuft den Hamburger »Löwen« über den Weg. Es wird provoziert, geschubst, zugeschlagen und dies in sekundenschneller Folge. Auf der einen Seite Werder-Anhänger, vermischt mit einem Häuflein Lübeckern, die den HSV genauso wenig riechen können. Auf der anderen Seite die HSV-Fans, verstärkt durch zahlreiche Skinheads. Mehr gewaltbereite Schläger stoßen dazu, und irgendwann steht das Bremer Grüppchen zwischen zwei auf sie einstürmenden Fronten. Die Hamburger »Löwen« ziehen alle Register dessen, was sie schon vorher häufig verabscheuungswürdig gemacht haben: Sie schießen mit Gaspistolen, sie zünden Leuchtspurmunition in Richtung ihrer »Feinde«… und sie werfen Steine. Keine kleinen Kieselsteine, sondern kiloschwere Ziegelsteine, die in der Umgebung des Stadions leicht zu beschaffen sind.

Adrian Maleika bekommt einen Stein an den Hinterkopf. Vermutlich, weil er zum Zeitpunkt der Tat schon flüchten wollte. Die restlos enthemmten Täter treten anschließend vermutlich zusätzlich auf den hilflos am Boden liegenden Jungen ein. Er gibt keinerlei Lebenszeichen mehr von sich. Die Tatsache, dass der Schwerverletzte erst 20 Minuten nach dem Vorfall von einem Polizisten alleine in einem Gebüsch gefunden wird, lässt vermuten, dass die Gruppe der Werder-Fans zum Tatzeitpunkt panisch vor den Hamburgern fliehen wollte und in alle Himmelsrichtungen zerstoben war. Alles schaffen es – bis auf Adrian Maleika. Im Krankenhaus wird um sein Leben gekämpft, doch die Bemühungen bleiben vergeblich. Der Werder-Fan verstirbt am Tag nach dem Spiel an den Folgen eines Schädelbasisbruchs und schwerer Gehirnblutungen.

Maleika wird wenige Tage später in seiner Werder-Kutte beerdigt. Auch HSV-Manager Günther Netzer erweist ihm die letzte Ehre. In Werders Fanblock kann man fortan ein neues Transparent sehen: »Fußball ist Kampf um den Ball – und nicht Kampf zwischen den Fans!« lautet die Botschaft, die der betroffene Fan-Club »Die Treuen« zu seiner Maxime erhebt.

Im Dezember 1982 schließen 200 Fanclub-Mitglieder beider Klubs auf halber Strecke zwischen den Städten den »Frieden von Scheeßel«, eine Art »Stillhalteabkommen« im Beisein der Manager Günther Netzer und Willi Lemke.

Mehr als ein Jahr später kommt es zur Verhandlung vor dem Landgericht Hamburg. Acht Mitglieder verschiedener HSV-Fanclubs, darunter der berüchtigten »Löwen«, werden angeklagt. Einer der mutmaßlichen Täter wird wegen eines nachgewiesenen Steinwurfs zu zwei Jahren und sechs Monaten Freiheitsstrafe verurteilt. Ob er Haupttäter ist, lässt sich nicht ermitteln. Ein weiterer Angeklagter erhält zwölf Monate auf Bewährung. Den weiteren sechs Angeklagten kann nichts nachgewiesen werden. Adrian Maleikas früher Tod bleibt bis heute weitgehend ungeklärt.

Willi Lemke äußerte einst auf die Frage nach dem traurigsten Moment seiner Amtszeit beim SV Werder: »Der Tag an dem Adrian Maleika starb. Ein netter Junge, ich kannte ihn gut. Er wohnte sogar bei uns in der Nachbarschaft.« Der junge Maleika erlangte tragische Berühmtheit: Er war der erste gewaltsam zu Tode gekommene Fan eines Bundesligisten. Sein Tod erschüttert noch heute. In Hamburg und Bremen wird sein Name immer ein mahnendes Beispiel dafür sein, dass selbst die allergrößte Rivalität zwischen Fan-Gruppierungen Spielregeln und Grenzen kennen muss.

Oben: Verpestete Atmosphäre am Tatort: Polizei zwischen den Fronten
Unten: Das Heimspiel danach: Werders Ostkurve trauert

WERDER BREMEN 1982/83

Trainer

Rehhagel, Otto
Verantwortlicher Trainer in allen 34 Spielen der Saison

Werders Neuzugänge im Sommer 1982

Wie gut Werder diesmal eingekauft hatte, konnte zum Zeitpunkt dieses Bildes noch nicht einmal Otto Rehhagel wissen. Der Werder-Trainer präsentiert stolz seine drei Volltreffer Völler, Sidka und Neubarth

Wer kam?

Neubarth (Conc. Hamburg)
Sidka (München 1860)
Völler (München 1860)

Wer ging?

Behrens (Arm. Hannover)
Jank (South China Athletic/Hongkong)
Kostedde (VfL Osnabrück)
Rülander (SV Meppen)
Rautiainen (Arm. Bielefeld)

w.d.S. = während der Saison

Tor

Burdenski, Dieter »Budde«
34 Spiele; 0 Tore

Funk, Klaus
0 Spiele; 0 Tore

Abwehr

Otten, Jonny
34 Spiele; 0 Tore

Fichtel, Klaus »Tanne«
33 Spiele; 0 Tore

Gruber, Rigobert »Rigo«
28 Spiele; 3 Tore

Mittelfeld

Okudera, Yasuhiko »Oku«
34 Spiele; 4 Tore

Möhlmann, Benno
32 Spiele; 6 Tore

Sidka, Wolfgang
31 Spiele; 7 Tore

Angriff

Reinders, Uwe
20 Spiele; 8 Tore

Meier, Norbert
31 Spiele; 11 Tore

Neubarth, Frank »Socrates«
18 Spiele; 6 Tore

Erweiterter Kader

Hermann, Günter »Jimmy«
1 Spiel; 0 Tore
Amateur

Der Sport-Verein »Werder« im Jahr 1982/83:

Präsident:	**Dr. Franz Böhmert**
Vizepräsident:	**Klaus-Dieter Fischer (Amateur-Abt.)**
3. Präsident:	**K.-H. Hohnhorst (Finanzen, Werbung)**
Geschäftsführer:	**Wolfgang Barkhausen**
Manager:	**Willi Lemke**
Vereinsarzt:	**Dr. Rudolf Wiedenmann**
Masseur:	**Peter Kienert**
Mitglieder:	**2.260**
Kapazität Weser-Stadion:	**40.000 Plätze (15.000 überdachte Sitz- und 5.000 überdachte Stehplätze)**

Siegmann, Norbert »Zico«
27 Spiele; 4 Tore

Schaaf, Thomas
21 Spiele; 1 Tor

Haskamp, Martin
4 Spiele; 0 Tore

Bracht, Uwe
21 Spiele; 1 Tor

Kamp, Karl-Heinz »Kalli«
18 Spiele; 0 Tore

Völler, Rudi
31 Spiele; 23 Tore

Böhnke, Michael »Mike«
13 Spiele; 0 Tore; Amateur

In Freundschaftsspielen eingesetzt:

Eickhoff, Thorsten (Tor)
Fehrmann, Ralf (Abwehr)
Lellek, Dirk (Abwehr)
Noruschat, Axel (Abwehr)

Dieter Burdenski 1975

Dieter Burdenski: »Werder und ich – das ist eine enge und intakte Beziehung!«

Werders langjährigster Stammtorhüter überhaupt spielte 1986/87 seine letzte Saison zwischen Werders Pfosten. Im Jahr darauf war er zwar offiziell noch im Kader, machte aber dem 15 Jahre jüngeren Oliver Reck den Platz im Werder-Tor frei. »Budde« kam 1972 von Arminia Bielefeld zu Werder, wo er als Randfigur in den Bundesligaskandal verwickelt war, was seinem ausgezeichneten Ruf als »Kronprinz Sepp Maiers« keinen Abbruch tat. Bei Werder wurde er anderthalb Jahrzehnte lang zum Synonym für einen Keeper, der auch hinter einer unter Dauerdruck stehenden Abwehr im Abstiegskampf kühlen Kopf behält. Obwohl im Stil alles andere als nüchtern, war Burdenski (abgesehen von der Abstiegssaison 1979/80) ein Muster an Beständigkeit und schaffte verdientermaßen auch den Sprung zum Nationaltorwart. Ende der Neunziger kehrte der Vorzeigeprofi für acht Jahre als Torwarttrainer zu Werder zurück.

Fünfzehn Jahre Werder als Profi – war diese Vereinstreue Zufall, oder war Werder immer der richtige Verein für Sie?
Ich habe mich sowohl in Bremen als auch hier im Verein vom Umfeld her immer sehr wohl gefühlt. Bei Werder habe ich mich immer optimal weiterentwickeln können. Sicher, es gab mal Situationen, wo es theoretisch auch zu einer Trennung hätte kommen können – vor allem natürlich nach unserem Abstieg 1980. Da war ich von der Tendenz her eigentlich schon so gut wie weg, aber trotz prominenter Interessenten war dann doch nie der richtige Verein dabei. Im Nachhinein war es gut so, denn nach dem Wiederaufstieg durften wir alle zusammen fußballerisch eine ganz tolle Zeit erleben. Wir waren erfolgreich, spielten attraktiven Fußball und spielten international. Es war die richtige Entscheidung, hier in Bremen zu bleiben. Auch wenn ich das damals, nach dem Abstieg, natürlich noch nicht wissen konnte.

Torwarttrainer: »Budde« im Jahr 2003

Stimmt es, dass Ihr Vater 1972 wollte, dass Sie zu Werder wechseln?
Nicht nur. Ich war nach meinem Wechsel von Schalke zu Bielefeld in hervorragender Form. Ich zählte hinter Sepp Maier zu den besten Torhütern der Bundesliga. Ich hatte so viele Angebote, dass ich mir meinen Verein quasi aussuchen konnte. Danach wurde alles durch den Bundesligaskandal sehr kompliziert. Ich habe in Bielefeld verlängert, dann wurde dem Verein die Lizenz entzogen. Dann wollte ich den Verein natürlich verlassen, und Bremen war erste Wahl, weil Werder eine sehr gut besetzte Mannschaft hatte. Es passte alles zusammen, auch weil Werders Stammtorwart Günter Bernard schon etwas älter war.

Man redet immer wieder gerne von Werders großer Torwarttradition. Mit Bernard, Burdenski, Reck und Rost kam der Verein mit vier Torhütern durch die ersten vier Jahrzehnte Bundesliga. War das Zufall, oder hat Werder ein goldenes Händchen für gute Torleute?
Dass einige wenige Torleute über Jahrzehnte die Torwartposition bei Werder beherrschen, konnte man so nicht planen. Da spielte sehr viel Glück eine Rolle. Dieses Phänomen wird es so wahrscheinlich auch nie wieder geben, weil Vereinstreue heute viel seltener geworden ist.

Sie genießen einen großartigen Ruf, gelten als Torwart-Denkmal Werders. Einzig im Abstiegsjahr sahen Sie nicht gut aus. Wie kam das?
Das ist richtig. In den Siebzigern war die Frage immer nur: Sind wir am letzten Spieltag oder schon am vorletzten Spieltag vor dem Abstieg gerettet? Wir haben uns in diesen Jahren als Mannschaft nicht weiterentwickelt. Es ging ja immer nur ums Überleben. Dass wir nach unzähligen Jahren in Abstiegsgefahr irgendwann mal absteigen mussten, war eigentlich klar. Ich habe in meiner Zeit bei Werder fast jedes Spiel bestritten. Am Ende waren es fast 1000 Spiele im Werder-Dress. Diese Zahl hat vor mir niemand erreicht, und die wird auch nach mir keiner schaffen. Dass dann irgendwann mal ein Jahr dabei

Der Über-Torwart und sein Kronprinz: Dieter Burdenski galt lange als bester Torwart hinter Sepp Maier, obwohl auf dem Foto der Sepp eindeutig hinter »Budde« steht

ist, in dem sich der Körper schlicht und einfach eine Auszeit nimmt, ist mehr oder weniger folgerichtig. Für mich war das tragisch, denn eigentlich war ich in diesem einen schwächeren Jahr die unbestrittene Nummer 1 in Deutschland. Ich habe alle EM-Qualifikationsspiele mitgemacht, nachdem Sepp Maier durch seinen Autounfall außer Gefecht war. Gerade in diesem Jahr, als ich den dauerhaften Durchbruch hätte schaffen können, habe ich in der Bundesliga sehr schlecht gespielt. Mein schlechtestes Jahr in 15 Jahren Werder! Ich verlor dadurch meinen Platz im Tor der Nationalelf, und als ich mich zwei Jahre später wieder herangekämpft hatte, stand inzwischen Toni Schumacher in der Kiste. Der hat seine Chance konsequent genutzt. Letztendlich ist so was immer auch Schicksal. Ich hadere nicht. Ich konnte über einen sehr langen Zeitraum sehr gute Leistungen bringen, und das ist im Nachhinein auch etwas Schönes.

Eine Extremsituation entstand für Sie 1975, als Ihr Vater Werder-Trainer wurde. Wie schwierig war das für Sie?
Das war ein sehr schwieriges Jahr für mich! Wenn der Vater den Sohn trainiert, ist man plötzlich sehr isoliert innerhalb der eigenen Mannschaft, weil natürlich alle Kollegen annehmen, dass man dem Vater alles weitererzählt. Von der Leistung her war ich weiter unantastbar, aber menschlich gab es eine Kluft zwischen den anderen Spielern und mir. Dann ist mein Vater entlassen worden. Das wurde dann zusätzlich noch einmal problematisch. Da musste ich trennen zwischen der familiären Lage auf der einen Seite und meinem Job als Profi auf der anderen. Auf dem Platz habe ich zwar weiter meine Leistung gezeigt, aber es hat schon sehr wehgetan. Wenn der eigene Vater mit einer solchen Aufgabe scheitert, dann muss man schon sehr professionell weiterarbeiten, um so etwas wegzustecken.

Wie sehr hat es Sie genervt, dass die großen Erfolge der Rehhagel-Ära unmittelbar nach Ihrer Zeit stattfanden?
Das war absolut ein Problem für mich, da bin ich ehrlich. Ich habe immer gut gehalten. Wir hatten in den letzten Jahren meiner Karriere immer schon eine gute Mannschaft, aber waren nicht erfolgsorientiert genug. Wir haben zwei Jahre kein Heimspiel verloren, wahnsinnig viele Tore geschossen, fantastischen Fußball gespielt, aber es hat immer eine Winzigkeit gefehlt, um ganz oben zu stehen. Und als wir endlich die optimale Mannschaft zusammenhatten, war es für mich zu spät. Als ich 1988 aufhörte, wurden wir zwar Deutscher Meister, aber ich habe in der Saison nur noch drei Spiele absolviert. Für die Mannschaft war es natürlich großartig, aber ich selbst habe mich nicht als Deutscher Meister gefühlt. In den Jahren davor wäre ich wahnsinnig gerne einmal Meister geworden.

Was war in Ihren Augen Rehhagels Erfolgsrezept?
Er hatte in den erfolgreichen Jahren eine unglaublich intakte Mannschaft. Er besaß einen wahnsinnigen Siegeswillen und

In rauhen Zeiten Verantwortung übernommen: Burdenski als Kapitän 1978

ließ uns sehr offensiv spielen. So etwas kannten wir vor ihm gar nicht. Vor ihm wollten wir uns auswärts immer irgendwie einen Punkt ermogeln oder, wenn's schlimmer kam, nicht zu hoch verlieren. Unter Rehhagel wollten wir überall gewinnen. Wir sind ganz anders in die Spiele gegangen. Rehhagel hat uns gezeigt, dass man keine Angst haben muss vor großen Gegnern, großen Spielen, großen Stadien. Unsere Mannschaft war über Jahre zu einer Einheit gewachsen – alles passte einfach perfekt zusammen.

Ihr bestes Spiel …?
Das ist sehr schwer zu sagen, weil es so unendlich viele Spiele waren. Einer der Höhepunkte war sicherlich mein erstes Länderspiel 1977 in Montevideo gegen Uruguay. Wir haben 2:0 gewonnen. Es war sehr schwer, damals in diese Mannschaft hineinzukommen, und für mich war es der Auftakt zu meiner Nationalmannschaftskarriere.

Spielerlaufbahn:

1970/71	Schalke 04
1971/72	Arminia Bielefeld
1972–88	Werder Bremen
1988	AIK Solna / Schweden
1990/91	Vitesse Arnheim
2001/02	Werder Bremen (A)

1978 flog, hechtete und faustete sich »Budde« in den WM-Kader des DFB. So sah ihn der Bremer Karikaturist Volker Ernsting für eine Serie in der »HörZu«

Alle Spiele 1982/83

03.07.1982
Intertoto-Runde, 1. Spieltag
W. Bremen – Sturm Graz 7:2 (3:2)
Aufstellung: Burdenski – Fichtel – Okudera, Gruber (46. Schaaf), Otten – Siegmann, Möhlmann (60. Kamp), Sidka, Bracht – Neubarth, Meier
Trainer: Rehhagel
Tore: 1:0 Neubarth (3.), 2:0 Siegmann (24.), 2:1 Breber (33.), 2:2 Niederbacher (34.), 3:2 Gruber (41.), 4:2 Steiner (56. ET), 5:2 Schaaf (77.), 6:2 Meier (83.), 7:2 Meier (89.)
Zuschauer: 1.500 in Nienburg

06.07.1982
Freundschaftsspiel
SpVgg. Einbeck 05 – W. Bremen 0:11 (0:2)
Aufstellung: Burdenski (46. Funk) – Schaaf, Otten (46. Kamp), Siegmann, Fichtel – Möhlmann, Sidka, Okudera (46. Haskamp) – Neubarth, Völler, Meier
Trainer: Rehhagel
Tore: 0:1 Meier (27.), 0:2 Möhlmann (34.), 0:3 Meier (49.), 0:4 Neubarth (51.), 0:5 Völler (59.), 0:6 Neubarth (64.), 0:7 Meier (74.), 0:8 Neubarth (76.) 0:9 M. Haskamp (83.), 0:10 Völler (83.), 0:11 Meier (89. FE)
Zuschauer: 1.100

10.07.1982
Intertoto-Runde, 2. Spieltag
Plastika Nitra – W. Bremen 3:5 (0:3)
Aufstellung: Burdenski – Fichtel – Okudera, Siegmann, Otten – Kamp (63. Neubarth), Sidka, Möhlmann, Gruber (69. Schaaf) – Völler, Meier
Trainer: Rehhagel
Tore: 0:1 Völler (32.), 0:2 Völler (36.), 0:3 Meier (43.), 0:4 Völler (56.), 0:5 Völler (62.), 1:5 Ancic (70.), 2:5 Ancic (78.), 3:5 Jezik (80.)
Zuschauer: 1.500

13.07.1982
Freundschaftsspiel
Eutin 08 – W. Bremen 1:9 (0:6)
Aufstellung: Burdenski (46. Funk) – Gruber (46. Neubarth) – Kamp (46. Schaaf), Siegmann, Otten – Möhlmann, Okudera, Sidka, Bracht – Völler (58. M. Haskamp), Meier (46. Böhnke)
Trainer: Rehhagel
Tore: 0:1 Völler (18.), 0:2 Okudera (24.), 0:3 Völler (31.), 0:4 Gruber (33.), 0:5 Siegmann (35.), 0:6 Sidka (38.), 0:7 Völler (58.), 0:8 Böhnke (59.), 0:9 Neubarth (70.), 1:9 Burchard (81.)
Zuschauer: 1.500

15.07.1982
Freundschaftsspiel
TSV Lensahn – W. Bremen 0:16 (0:8)
Aufstellung: Funk – Gruber – Siegmann, Kamp, Otten – Okudera, Sidka, Möhlmann – Böhnke, Völler (10. M. Haskamp), Meier
Trainer: Rehhagel
Tore: Meier (3), Möhlmann (3), Sidka (3), Völler, Schaaf, Siegmann, Otten, Okudera, Böhnke, Kamp
Zuschauer: 1.800 in Grömitz

17.07.1982
Intertoto-Runde, 3. Spieltag
W. Bremen – Aarhus GF 4:1 (1:1)
Aufstellung: Funk – Fichtel – Kamp (65. M. Haskamp), Siegmann, Otten – Okudera, Gruber, Sidka (65. Schaaf), Möhlmann – Böhnke, Meier
Trainer: Rehhagel
Tore: 1:0 Meier (31.), 1:1 Andersen (41.), 2:1 Otten (74.), 3:1 Okudera (86.), 4:1 Böhnke (90.)
Zuschauer: 3.000 in Westerland/Sylt

20.07.1982
Freundschaftsspiel
Kombination SV Veldhausen 07/ Eintr.Nordhorn – W. Bremen 1:8 (0:6)
Aufstellung: Burdenski (46. Funk) – Fichtel (46. Haskamp) – Kamp (46. Schaaf), Gruber, Otten – Okudera, Sidka, Siegmann, Möhlmann – Böhnke, Meier
Trainer: Rehhagel
Torschützen für Werder: Meier (3), Kamp (2), Gruber, Möhlmann, Böhnke
Zuschauer: 1.500

24.07.1982
Intertoto-Runde, 4. Spieltag
Sturm Graz – W. Bremen 2:1 (0:0)
Aufstellung: Burdenski – Fichtel – Otten, Siegmann (75. Neubarth), Kamp – Gruber, Okudera, Möhlmann, Sidka – Meier (46. Böhnke), Völler
Trainer: Rehhagel
Tore: 1:0 Bakota (52.), 2:0 Breber (65.), 2:1 Völler (82.)
Zuschauer: 2.500

26.07.1982
Freundschaftsspiel
TuSG Ritterhude – W. Bremen 1:14 (1:5)
Aufstellung: Burdenski (46. Funk) – Fichtel – Okudera, Gruber (67. M. Haskamp), Otten – Möhlmann (Böhnke), Sidka (46. Kamp), Siegmann (46. Schaaf), Bracht – Reinders, Völler
Trainer: Rehhagel
Tore: 0:1 Möhlmann (16.), 0:2 Reinders (22. HE), 0:3 Sidka (33.), 0:4 Reinders (41.), 0:5 Möhlmann (43.), 1:5 Lütjen (45.), 1:6 Möhlmann (51.), 1:7 Völler (53.), 1:8 Völler (61.), 1:9 Reinders (66.), 1:10 Möhlmann (67.), 1:11 Schaaf (68.), 1:12 Okudera (71.), 1:13 Schaaf (85.), 1:14 Böhnke (88.)
Zuschauer: 2.600

28.07.1982
Intertoto-Runde, 5. Spieltag
Aarhus GF – W. Bremen 2:1 (0:1)
Aufstellung: Funk – Fichtel – Kamp (46. Sidka), Siegmann (46. Schaaf), Otten – Gruber, Möhlmann, Bracht, Okudera – Völler, Meier
Trainer: Rehhagel
Tore: 0:1 Völler (40.), 1:1 Doedahl (70.), 2:1 Christensen (74.)
Zuschauer: 4.000

31.07.1982
Intertoto-Runde, 6. Spieltag
W. Bremen – Plastika Nitra 3:3 (3:0)
Aufstellung: Burdenski – Fichtel (59. Sidka) – Kamp, Gruber (46. Möhlmann), Otten – Okudera, Siegmann, Bracht – Reinders, Völler, Meier
Trainer: Rehhagel
Tore: 1:0 Meier (25.), 2:0 Reinders (28.), 3:0 Bracht (33.), 3:1 Mischholcy (51.), 3:2 Borko (80.), 3:3 Borko (84.)
Zuschauer: 2.600 in Bremervörde

Endstand Intertoto-Runde, Gruppe 3:

	S U N	Tore	Pk.
1. Aarhus GF (DK)	4 0 2	14 :12	8
2. SV W. Bremen (D)	3 1 2	21 :13	7
3. Plastika Nitra (CSSR)	2 1 3	16 :16	5
4. Sturm Graz (A)	2 0 4	11 :21	4

01.08.1982
Freundschaftsspiel
Rot-Weiß Lüdenscheid – W. B. 1:1 (0:1)
Aufstellung: Burdenski (46. Funk) – Gruber – Schaaf, Siegmann, Otten (59. M. Haskamp) – Sidka, Bracht, Möhlmann – Reinders (34. Böhnke), Völler, Meier (46. Kamp)
Trainer: Rehhagel
Tore: 0:1 Meier (35.), 1:1 Alfes (82.)
Zuschauer: 2.000

03.08.1982
Freundschaftsspiel
Wolfenbütteler SV – W. Bremen 1:5 (1:2)
Aufstellung: Burdenski (46. Funk) – Schaaf (46. Sidka), Otten, Gruber, Fichtel – Möhlmann (80. M. Haskamp), Okudera, Siegmann (46. Neubarth) – Bracht, Meier
Trainer: Rehhagel
Tore: 0:1 Plischke (15. ET), 1:1 Siebert (37.), 1:2 Möhlmann (43.), 1:3 Bracht (64.), 1:4 Möhlmann (72.), 1:5 Neubarth (84.)
Zuschauer: 1.500

05.08.1982
Freundschaftsspiel
VfB Oldenburg – W. Bremen 0:2 (0:1)
Aufstellung: Burdenski (46. Funk) – Fichtel – Kamp (46. M. Haskamp), Gruber, Otten (46. Schaaf) – Möhlmann, Sidka (46. Neubarth), Siegmann, Bracht – Völler, Meier (70. Böhnke)
Trainer: Rehhagel
Tore: 0:1 Meier (13.), 0:2 Völler (59.)
Besonderes Vorkommnis: Völler verschießt FE (75.)
Zuschauer: 1.200

07.08.1982
Freundschaftsspiel
FC Ebstorf – W. Bremen 1:15 (0:8)
Aufstellung: Burdenski (46.Funk) – Fichtel, Gruber, Kamp (46. M. Haskamp), Otten, Siegmann – Bracht, Möhlmann, Sidka – Meier (46. Schaaf), Völler
Trainer: Rehhagel
Tore: 0:1 Meier (4.), 0:2 Möhlmann (16.), 0:3 Völler (21.), 0:4 Völler (33.), 0:5 Meier (36.), 0:6 Völler (38.), 0:7 Sidka (47.), 0:8 Siegmann (51.), 0:9 Sidka (53.), 0:10 Völler (60.), 0:11 Bracht (66.), 0:12 Sidka (82.), 1:12 Röpe (83.), 1:13 Völler (85.), 1:14 Sidka (89.), 1:15 Völler (90.)
Zuschauer: 1.500

08.08.1982
Freundschaftsspiel
SV Moringen – W. Bremen 1:8 (1:4)
Aufstellung: Burdenski (46. Funk) – Fichtel, Otten, Schaaf (57. M. Haskamp), Siegmann – Gruber, Bracht, Kamp, Möhlmann – Meier, Völler
Trainer: Rehhagel
Tore: 0:1 Gruber (12.), 1:1 Stier (27.), 1:2 Möhlmann (31.), 1:3 Schaaf (35.), 1:4 Siegmann (40.), 1:5 Möhlmann (46.), 1:6 Völler (76.), 1:7 Völler (74.), 1:8 Meier (77. FE)
Zuschauer: 1.800

10.08.1982
Freundschaftsspiel
TuS Lingen – W. Bremen 0:6 (0:2)
Aufstellung: Burdenski (46. Funk) – Fichtel – Kamp (46. Schaaf), Gruber, Otten – Möhlmann, Okudera, Siegmann, Bracht (7. Sidka / 75. M. Haskamp) – Völler (46. Neubarth), Meier
Trainer: Rehhagel
Tore: 0:1 Sidka (17.), 0:2 Meier (29. FE), 0:3 Neubarth (58.), 0:4 Möhlmann (68.), 0:5 Meier (75.), 0:6 Meier (83.)
Zuschauer: 2.500

13.08.1982
Internationales Freundschaftsspiel
W. Bremen – Aston Villa 2:0 (0:0)
Aufstellung: Burdenski – Fichtel – Kamp (46. Schaaf), Siegmann, Otten – Okudera (74. Sidka), Bracht, Gruber – Völler, Neubarth (70. Böhnke), Meier (46. Möhlmann)
Trainer: Rehhagel
Tore: 1:0 Neubarth (67.), 2:0 Völler (83.)
Besonderes Vorkommnis: Rote Karte für Williams (44.)
Zuschauer: 12.000

17.08.1982
Freundschaftsspiel
VfL Wittekind Wildeshausen – W. B. 0:15 (0:9)
Aufstellung: Burdenski (46. Funk) – Fichtel – Kamp, Gruber (46. Schaaf), Otten – Okudera (46. Sidka), Siegmann, Bracht – Reinders, Völler, Böhnke (46. Möhlmann)
Trainer: Rehhagel
Tore: Völler (5), Reinders (4, davon 1 FE), Kamp, Otten, Okudera, Bracht, Böhnke, Möhlmann
Besonderheit: Vor Spielbeginn wurde Norbert Meier beim Schuhanziehen von einer Wespe in den Fuß gestochen und konnte nicht eingesetzt werden
Zuschauer: 1.600

21.08.1982
Bundesliga, 1. Spieltag
W. Bremen – FC Bayern München 1:0 (1:0)
Aufstellung: Burdenski – Fichtel – Kamp, Siegmann, Otten – Okudera, Gruber, Bracht – Reinders, Völler (88. Böhnke), Meier (88. Schaaf)
Trainer: Rehhagel
Tor: 1:0 Pfaff (43. ET)
Besonderes Vorkommnis: Bayerns Torhüter Pfaff lässt einen Einwurf von Reinders zum 1:0 durch seine Arme ins Tor rutschen
Zuschauer: 35.000

25.08.1982
Bundesliga, 2. Spieltag
Hamburger SV – W. Bremen 1:1 (1:1)
Aufstellung: Burdenski – Fichtel – Okudera, Siegmann, Otten – Kamp, Gruber, Möhlmann, Bracht (78. Sidka) – Reinders, Völler
Trainer: Rehhagel
Tore: 0:1 Völler (5.), 1:1 Jakobs (22.)
Zuschauer: 25.000

28.08.1982
DFB-Pokal, 1. Runde
Offenburger FV – W. Bremen 1:4 (0:1)
Aufstellung: Burdenski – Fichtel – Okudera, Siegmann (46. Sidka), Otten – Gruber, Möhlmann, Bracht – Reinders, Völler, Meier (70. Neubarth)
Trainer: Rehhagel
Tore: 0:1 Völler (25.), 0:2 Völler (56.), 0:3 Reinders (69.), 1:3 Anderer (79.), 1:4 Möhlmann (82.)
Zuschauer: 4.500

31.08.1982
Bundesliga, 3. Spieltag
W. B. – Bor. M'gladbach 2:0 (1:0)
Aufstellung: Burdenski – Fichtel – Siegmann, Otten, Okudera – Gruber, Möhlmann, Sidka, Meier – Reinders, Völler
Trainer: Rehhagel
Tore: 1:0 Völler (11.), 2:0 Völler (61.)
Zuschauer: 29.300

04.09.1982
Bundesliga, 4. Spieltag
VfB Stuttgart – W. Bremen 4:1 (2:0)
Aufstellung: Burdenski – Fichtel – Okudera, Gruber, Otten – Möhlmann, Siegmann, Sidka (43. Kamp) – Reinders, Völler, Meier
Trainer: Rehhagel
Tore: 1:0 Six (5.), 2:0 Sigurvinsson (31.), 3:0 Six (54.), 3:1 Reinders (74. FE), 4:1 Ohlicher (88.)
Zuschauer: 26.000

10.09.1982
Bundesliga, 5. Spieltag
W. Bremen – Hertha BSC Berlin 3:1 (3:0)
Aufstellung: Burdenski – Fichtel – Kamp, Gruber – Sidka (46. Schaaf), Otten, Möhlmann, Okudera – Reinders, Völler, Meier (79. Böhnke)
Trainer: Rehhagel
Tore: 1:0 Völler (13.), 2:0 Völler (34.), 3:0 Meier (41.), 3:1 Mohr (87.)
Zuschauer: 17.500

15.09.1982
UEFA-Pokal, 1. Runde-Hinspiel
Vorwärts Frankfurt/Oder – W. B. 1:3 (0:1)
Aufstellung: Burdenski – Fichtel – Kamp, Gruber (71. Siegmann), Otten – Schaaf, Möhlmann, Okudera – Reinders, Völler, Meier (77. Böhnke)
Trainer: Rehhagel
Tore: 0:1 Meier (36.), 0:2 Reinders (55.), 0:3 Völler (62.), 1:3 Krautzig (90.)
Zuschauer: 18.000

18.09.1982
Bundesliga, 6. Spieltag
1. FC Köln – W. Bremen 2:1 (2:1)
Aufstellung: Burdenski – Fichtel – Siegmann, Otten – Schaaf, Kamp (74. Neubarth), Möhlmann, Okudera – Reinders (34. Böhnke), Völler, Meier
Trainer: Rehhagel
Tore: 1:0 Littbarski (2.), 1:1 Meier (8.), 2:1 K. Allofs (12.)
Zuschauer: 13.900

25.09.1982
Bundesliga, 7. Spieltag
W. Bremen – 1. FC Kaiserslautern 3:0 (2:0)
Aufstellung: Burdenski – Fichtel – Otten, Siegmann – Schaaf, Sidka, Möhlmann, Okudera – Neubarth, Völler (72. Böhnke), Meier (83. M. Haskamp)
Trainer: Rehhagel
Tore: 1:0 Sidka (3.), 2:0 Neubarth (36.), 3:0 Meier (77.)
Zuschauer: 16.000

29.09.1982
UEFA-Cup, 1. Runde-Rückspiel
W. B. – Vorwärts Frankfurt/Oder 0:2 (0:0)
Aufstellung: Burdenski – Fichtel – Schaaf (61. M. Haskamp), Siegmann, Otten – Sidka, Möhlmann, Okudera – Böhnke (57. Bracht), Neubarth, Meier
Trainer: Rehhagel
Tore: 0:1 Conrad (70.), 0:2 Andrich (85. FE)
Besonderes Vorkommnis: Rote Karte für Geyer (88.)
Zuschauer: 21.000

02.10.1982
Bundesliga, 8. Spieltag
Borussia Dortmund – W. Bremen 0:0
Aufstellung: Burdenski – Fichtel – Kamp, Siegmann, Otten – Möhlmann, Sidka, Okudera, Böhnke (73. Schaaf), Meier – Neubarth (77. M. Haskamp)
Trainer: Rehhagel
Tore: –
Zuschauer: 22.200

08.10.1982
Bundesliga, 9. Spieltag
W. Bremen – FC Schalke 04 4:0 (0:0)
Aufstellung: Burdenski – Fichtel – Kamp (53. Böhnke), Siegmann, Gruber – Otten, Möhlmann, Sidka, Okudera – Neubarth, Meier (84. Schaaf)
Trainer: Rehhagel
Tore: 1:0 Siegmann (65.), 2:0 Neubarth (75.), 3:0 Okudera (80.), 4:0 Möhlmann (85.)
Zuschauer: 20.200

Werders Rückkehr auf die große europäische Bühne 17 Jahre nach dem Skandalspiel gegen Belgrad: lockerer Aufgalopp in Frankfurt (Oder)

15.10.1982
DFB-Pokal, 2. Runde
Hamburger SV – W. Bremen 3:2 (1:1)
Aufstellung: Burdenski – Fichtel – Gruber, Siegmann – Kamp, Möhlmann, Otten, Sidka, Okudera, Schaaf – Neubarth (6. Böhnke)
Trainer: Rehhagel
Tore: 0:1 Schaaf (15.), 1:1 Hrubesch (23.), 2:1 Bastrup (49.), 3:1 Bastrup (52.), 3:2 Otten (85.)
Zuschauer: 20.000

20.10.1982
UEFA-Cup, 2. Runde-Hinspiel
W. Bremen – Brage IK Borlänge 2:0 (1:0)
Aufstellung: Burdenski – Fichtel – Schaaf, Siegmann, Otten – Sidka, Möhlmann, Gruber, Okudera – Böhnke, Meier
Trainer: Rehhagel
Tore: 1:0 Meier (45.), 2:0 Okudera (63.)
Zuschauer: 12.000

23.10.1982
Bundesliga, 10. Spieltag
1. FC Nürnberg – W. Bremen 2:0 (0:0)
Aufstellung: Burdenski – Fichtel – Kamp (82. Böhnke), Siegmann, Otten – Schaaf, Gruber, Sidka, Möhlmann – Okudera, Meier
Trainer: Rehhagel
Tore: 1:0 Botteron (72.). 2:0 Weyerich (76. FE)
Zuschauer: 20.700

30.10.1982
Bundesliga, 11. Spieltag
Eintr. Braunschweig – W. Bremen 3:1 (0:0)
Aufstellung: Burdenski – Fichtel – Schaaf (68. Böhnke), Otten, Siegmann – Gruber, Möhlmann, Sidka, Okudera – Völler, Meier
Trainer: Rehhagel
Tore: 0:1 Meier (47.), 1:1 Zavisic (50.), 2:1 Keute (62.), 3:1 Keute (66.)
Zuschauer: 16.000

03.11.1982
UEFA-Cup, 2. Runde-Rückspiel
Brage IK Borlänge – W. Bremen 2:6 (0:3)
Aufstellung: Burdenski – Fichtel – Schaaf, Siegmann, Otten – Sidka, Möhlmann (35. Kamp), Gruber, Okudera – Völler, Meier
Trainer: Rehhagel
Tore: 0:1 Völler (13.), 0:2 Meier (20.), 0:3 Gruber (23.), 0:4 Völler (47.), 0:5 Völler (60.), 1:5 Wahlström (72.), 1:6 Meier (88.), 2:6 Arnberg (90.)
Zuschauer: 3.452

06.11.1982
Bundesliga, 12. Spieltag
W. Bremen – Fortuna Düsseldorf 2:2 (1:1)
Aufstellung: Burdenski – Fichtel – Siegmann, Gruber (22. Bracht) – Schaaf, Sidka, Möhlmann, Okudera, Otten – Völler, Meier
Trainer: Rehhagel
Tore: 0:1 Wenzel (17.), 1:1 Völler (40.), 2:1 Siegmann (89.), 2:2 Edvaldsson (90.)
Zuschauer: 15.202

13.11.1982
Bundesliga, 13. Spieltag
Karlsruher SC – W. Bremen 1:2 (0:2)
Aufstellung: Burdenski – Fichtel – Otten, Gruber, Schaaf (79. Kamp) – Siegmann, Sidka, Okudera, Möhlmann – Völler, Meier (86. Bracht)
Trainer: Rehhagel
Tore: 0:1 Sidka (30.), 0:2 Gruber (43.), 1:2 Günther (59.)
Zuschauer: 10.000

20.11.1982
Bundesliga, 14. Spieltag
W. Bremen – Bayer 04 Leverkusen 3:1 (2:1)
Aufstellung: Burdenski – Fichtel – Okudera, Siegmann, Otten – Gruber (34. Böhnke), Möhlmann, Sidka, Bracht (82. Kamp) – Völler, Meier
Trainer: Rehhagel
Tore: 1:0 Möhlmann (6.), 1:1 Waas (27.), 2:1 Siegmann (39.), 3:1 Völler (75.)
Zuschauer: 13.500

24.11.1982
UEFA-Cup, Achtelfinale-Hinspiel
Dundee United – W. Bremen 2:1 (1:0)
Aufstellung: Burdenski – Fichtel – Kamp, Siegmann, Otten – Sidka, Gruber, Möhlmann, Okudera – Völler, Meier (79. Bracht)
Trainer: Rehhagel
Tore: 1:0 Milne (15.), 1:1 Meier (65.), 2:1 Narey (83.)
Zuschauer: 15.000

27.11.1982
Bundesliga, 15. Spieltag
Arminia Bielefeld – W. Bremen 1:2 (1:1)
Aufstellung: Burdenski – Fichtel – Kamp, Okudera, Otten – Möhlmann, Sidka, Gruber, Bracht (89. M. Haskamp) – Völler, Meier (89. Schaaf)
Trainer: Rehhagel
Tore: 1:0 Rautiainen (5.), 1:1 Völler (25.), 1:2 Okudera (57.)

Exakt 75 Tage nach Jean-Marie Pfaffs Fehlgriff im Weser-Stadion legt Frankfurts Keeper Pahl nach und erzielt ein noch kurioseres Eigentor. Schon nach drei Spielminuten wirft der ehemalige DDR-Juniorenauswahltorhüter sich das Leder im Stil eines Diskuswerfers ins eigene Netz, ohne dass weit und breit ein Werderaner in der Nähe gewesen wäre. Unsere Bilder zeigen Pahls verzweifelten Rettungsversuch, den entgeisterten Blick von Werders Meier und einen fassungslosen Frankfurter Abwehrspieler. Pahls anschließender Blick sagt alles. Der bemitleidenswerte Schlussmann wurde zur Pause ausgewechselt, Werder siegte 3:0

Besonderes Vorkommnis: Isoaho hält FE von Meier (71.)
Zuschauer: 22.000

04.12.1982
Bundesliga, 16. Spieltag
W. Bremen – Eintracht Frankfurt 3:0 (2:0)
Aufstellung: Burdenski – Fichtel – Okudera, Siegmann, Otten – Gruber, Möhlmann (79. Böhnke), Sidka, Bracht (16. Kamp) – Völler, Meier
Trainer: Rehhagel
Tore: 1:0 Pahl (2. ET), 2:0 Völler (32.), 3:0 Sidka (79.)
Zuschauer: 16.000

08.12.1982
UEFA-Cup, Achtelfinale-Rückspiel
W. Bremen – Dundee United 1:1 (0:1)
Aufstellung: Burdenski – Fichtel – Kamp (11. Böhnke), Siegmann, Otten – Sidka, Gruber (46. Schaaf), Möhlmann, Okudera – Völler, Meier
Trainer: Rehhagel
Tore: 0:1 Hagerty (2.), 1:1 Völler (49.)
Zuschauer: 37.500

11.12.1982
Bundesliga, 17. Spieltag
VfL Bochum – W. Bremen 1:2 (1:0)
Aufstellung: Burdenski – Fichtel – Kamp, Siegmann, Otten – Böhnke (78. Hermann), Möhlmann (46. M. Haskamp), Sidka, Okudera – Völler, Meier
Trainer: Rehhagel
Tore: 1:0 Lameck (26.), 1:1 Okudera (64.), 1:2 Völler (73.)
Zuschauer: 8.000

15.01.1983
Freundschaftsspiel
TSV Reinbek – W. Bremen 0:2 (0:2)
Aufstellung: Burdenski (46. Funk) – Fichtel – Schaaf, Siegmann, Otten – Gruber, Okudera, Sidka (62. M. Haskamp), Bracht – Völler, Meier
Trainer: Rehhagel
Tore: 0:1 Völler (6.), 0:2 Sidka (35.)
Zuschauer: 2.300

16.01.1983
Freundschaftsspiel
Holstein Kiel – W. Bremen 3:1 (1:0)
Aufstellung: Burdenski – Fichtel (76. M. Haskamp) – Siegmann (21. Böhnke), Gruber, Otten – Schaaf, Okudera, Sidka, Bracht – Völler, Meier (69. Kamp)
Trainer: Rehhagel
Tore: 1:0 Schwierzke (15.), 2:0 Wendland (71.), 2:1 Okudera (85.), 3:1 Jordt (89.)
Besonderes Vorkommnis: Stelzer schießt FE am Tor vorbei (23.)
Zuschauer: 2.500

22.01.1983
Bundesliga, 18. Spieltag
FC Bayern München – W. Bremen 1:1 (1:0)
Aufstellung: Burdenski – Fichtel (68. Neubarth) – Kamp (78. Schaaf), Gruber, Otten – Okudera, Sidka, Siegmann, Bracht – Völler, Meier
Trainer: Rehhagel
Tore: 1:0 D. Hoeneß (24.), 1:1 Völler (84.)
Zuschauer: 18.000

29.01.1983
Bundesliga, 19. Spieltag
W. Bremen – Hamburger SV 3:2 (2:0)
Aufstellung: Burdenski – Fichtel – Kamp, Siegmann – Okudera, Otten, Sidka, Möhlmann, Bracht (72. Schaaf) – Völler, Neubarth
Trainer: Rehhagel
Tore: 1:0 Völler (42.), 2:0 Neubarth (45.), 2:1 Bastrup (49.), 3:1 Möhlmann (65.), 3:2 Jakobs (87.)
Zuschauer: 40.100

12.02.1983
Freundschaftsspiel
VfL Ockenhausen – W. Bremen 2:5 (1:3)
Aufstellung: Burdenski (46. Funk) – Sidka – Schaaf, Siegmann, Otten (60. M. Haskamp) – Möhlmann, Bracht, Meier – Reinders, Neubarth, Völler
Trainer: Kamp
Tore: 1:0 Skrowny (2.), 1:1 Neubarth (7.), 1:2 Völler (29.), 1:3 Möhlmann (38.), 1:4 Möhlmann (53.), 2:4 Bösch (63.) 2:5 Bracht (64.)
Zuschauer: 2.000

19.02.1983
Freundschaftsspiel
VfL Stade – W. Bremen 0:5 (0:3)
Aufstellung: Burdenski – Gruber – Okudera (46. Kamp), Siegmann (35. Schaaf), Otten – Möhlmann, Neubarth, Bracht – Reinders, Völler (72. M. Haskamp), Meier
Trainer: Rehhagel
Tore: 0:1 Völler (13.), 0:2 Meier (27.), 0:3 Reinders (43.), 0:4 Neubarth (75.), 0:5 Meier (90.)
Zuschauer: 1.500

01.03.1983
Bundesliga, 20. Spieltag (Nachholspiel)
Bor. M'gladbach – W. Bremen 1:2 (0:0)
Aufstellung: Burdenski – Gruber – Kamp, Schaaf – Okudera, Möhlmann, Bracht, Otten, Meier – Neubarth (83. Reinders), Völler
Trainer: Rehhagel
Tore: 1:0 Reich (61.), 1:1 Völler (66.), 1:2 Neubarth (68.)
Zuschauer: 8.000

05.03.1983
Bundesliga, 23. Spieltag
W. Bremen – 1. FC Köln 1:1 (0:1)
Aufstellung: Burdenski – Fichtel (46. Meier) – Okudera, Siegmann, Otten – Gruber, Möhlmann, Sidka (87. Schaaf), Bracht – Völler, Neubarth
Trainer: Rehhagel
Tore: 0:1 Fischer (43.), 1:1 Sidka (w53. FE)
Zuschauer: 34.000

12.03.1983
Bundesliga, 24. Spieltag
1. FC Kaiserslautern – W. Bremen 2:1 (2:1)
Aufstellung: Burdenski – Fichtel (32. Meier) – Kamp (72. Neubarth), Gruber, Otten – Möhlmann, Sidka, Bracht, Okudera – Reinders, Völler
Trainer: Rehhagel
Tore: 1:0 Wolf (15.), 2:0 Nilsson (18.), 2:1 Meier (42.)
Zuschauer: 22.202

18.03.1983
Bundesliga, 25. Spieltag
W. Bremen – Borussia Dortmund 4:2 (2:1)
Aufstellung: Burdenski – Fichtel – Okudera, Gruber, Otten – Möhlmann, Sidka, Bracht (18. Schaaf), Neubarth (63. Reinders) – Völler, Meier
Trainer: Rehhagel
Tore: 1:0 Völler (13.), 2:0 Okudera (32.), 2:1 Rüßmann (44. FE), 3:1 Meier (53.), 4:1 Meier (72.), 4:2 Burgsmüller (82.)
Besonderes Vorkommnis: Rote Karte für Klotz (42.)
Zuschauer: 33.000

22.03.1983
Bundesliga, 21. Spieltag (Nachholspiel)
W. Bremen – VfB Stuttgart 3:2 (2:0)
Aufstellung: Burdenski – Fichtel – Kamp, Gruber, Otten – Möhlmann, Sidka, Okudera, Meier (76. Siegmann) – Neubarth (70. Reinders), Völler
Trainer: Rehhagel
Tore: 1:0 Sidka (10. FE), 2:0 Meier (15.), 2:1 Reichert (59.), 2:2 Reichert (61.), 3:2 Neubarth (63.)
Zuschauer: 33.100

26.03.1983
Bundesliga, 26. Spieltag
FC Schalke 04 – W. Bremen 0:2 (0:2)
Aufstellung: Burdenski – Fichtel – Otten, Okudera, Siegmann – Gruber, Möhlmann, Sidka, Meier (80. Schaaf) – Neubarth (78. Reinders), Völler
Trainer: Rehhagel
Tore: 0:1 Gruber (12.), 0:2 Völler (37.)
Zuschauer: 15.000

02.04.1983
Bundesliga, 22. Spieltag (Nachholspiel)
Hertha BSC Berlin – W. Bremen 0:1 (0:1)
Aufstellung: Burdenski – Fichtel – Okudera, Gruber, Otten – Möhlmann (68. Reinders), Sidka, Siegmann – Völler, Neubarth, Meier (62. Bracht)
Trainer: Rehhagel
Tor: 0:1 Meier (1.)
Zuschauer: 23.445

08.04.1983
Bundesliga, 27. Spieltag
W. Bremen – 1. FC Nürnberg 3:2 (3:0)
Aufstellung: Burdenski – Fichtel (30. Bracht) – Okudera, Siegmann, Otten – Möhlmann, Gruber, Sidka, Meier – Völler (46. Böhnke), Reinders
Trainer: Rehhagel
Tore: 1:0 Völler (31.), 2:0 Reinders (32. FE), 3:0 Meier (45.), 3:1 Dressel (72.), 3:2 Weyerich (76.)
Zuschauer: 26.000

16.04.1983
Bundesliga, 28. Spieltag
W. Bremen – Eintr. Braunschweig 6:0 (3:0)
Aufstellung: Burdenski – Fichtel – Schaaf, Siegmann, Otten – Okudera, Sidka, Möhlmann, Bracht (75. Böhnke) – Völler, Reinders
Trainer: Rehhagel
Tore: 1:0 Reinders (15.), 2:0 Schaaf (21.), 3:0 Reinders (28. HE), 4:0 Sidka (57.), 5:0 Völler (74.), 6:0 Völler (79.)
Zuschauer: 29.000

19.04.1983
Internationales Freundschaftsspiel
W. Bremen – FC Rot-Weiß Erfurt 1:1 (1:0)
Aufstellung: Funk – Fichtel – Schaaf, Siegmann, Otten (46. Hermann) – Sidka (12. Kamp), Möhlmann, Bracht, Okudera – Völler (64. Böhnke), Reinders
Trainer: Rehhagel
Tore: 1:0 Siegmann (42.), 1:1 Romstedt (52.)
Zuschauer: 20.480

23.04.1983
Freundschaftsspiel
Rotenburger SV – W. Bremen 1:14 (1:7)
Aufstellung: Funk (46. Eickhoff) – Fichtel – Schaaf (46. Fehrmann), Siegmann, Kamp (46. Lellek) – Möhlmann, Okudera (46. Noruschat), Bracht – Reinders, Böhnke, Hermann
Trainer: Rehhagel
Torschützen für Werder: Reinders (5), Hermann (5), Möhlmann, Böhnke, Schaaf, Lellek
Zuschauer: 1.200

30.04.1983
Bundesliga, 29. Spieltag
Fortuna Düsseldorf – W. Bremen 2:5 (0:3)
Aufstellung: Burdenski – Fichtel – Okudera (80. Schaaf), Siegmann (15. Bracht), Otten – Sidka, Gruber, Meier, Möhlmann – Reinders, Völler
Trainer: Rehhagel
Tore: 0:1 Völler (12.), 0:2 Völler (42.), 0:3 Gruber (45.), 1:3 Fach (50.), 1:4 Völler (63.), 2:4 Fach (79.), 2:5 Bracht (83.)
Zuschauer: 22.000

07.05.1983
Bundesliga, 30. Spieltag
W. Bremen – Karlsruher SC 3:0 (1:0)
Aufstellung: Burdenski – Fichtel – Okudera, Gruber, Otten – Möhlmann, Sidka, Bracht (46. Neubarth) – Reinders, Völler, Meier
Trainer: Rehhagel
Tore: 1:0 Reinders (13.), 2:0 Möhlmann (66.), 3:0 Sidka (85.)
Zuschauer: 21.500

08.05.1983
Freundschaftsspiel
MTV Freiburg/Elbe – W. Bremen 2:15 (1:7)
Aufstellung: Burdenski – Siegmann, Otten, Gruber, Fichtel – Möhlmann (60. Funk), Sidka, Bracht, Okudera – Völler, Neubarth
Trainer: Rehhagel
Torschützen für Werder: Völler (3), Sidka (2), Otten (2), Funk (2), Neubarth, Möhlmann, Siegmann, Gruber, Bracht, Okudera
Besonderheit: Ersatztorwart Funk wurde nach einer Stunde im Mittelfeld eingesetzt und erzielte aus dem Spiel heraus zwei Tore
Zuschauer: 2.000

13.05.1983
Bundesliga, 31. Spieltag
Bayer 04 Leverkusen – W. Bremen 1:1 (1:0)
Aufstellung: Burdenski – Fichtel (46. Neubarth) – Okudera, Siegmann (61. Bracht), Otten – Sidka, Möhlmann, Gruber, Meier – Reinders, Völler
Trainer: Rehhagel
Tore: 1:0 Vöge (27.), 1:1 Möhlmann (84.)
Zuschauer: 18.000

14.05.1983
Freundschaftsspiel
VfL Brake – W. Bremen 3:11 (3:8)
Aufstellung: Burdenski (46. Funk) – Fichtel – Okudera, Kamp, Otten – Bracht, Möhlmann (46. Sidka), Schaaf – Reinders, Neubarth, Völler (46. Meier)
Trainer: Kamp
Torschützen für Werder: Neubarth (5), Otten (2), Reinders (2), Bracht, Möhlmann
Zuschauer: 3.000

21.05.1983
Bundesliga, 32. Spieltag
W. Bremen – Arminia Bielefeld 5:1 (2:0)
Aufstellung: Burdenski – Fichtel – Okudera, Gruber, Otten – Möhlmann, Sidka, Bracht (71. Schaaf), Meier – Völler, Reinders
Trainer: Rehhagel
Tore: 1:0 Möhlmann (4.), 2:0 Völler (32.), 3:0 Reinders (52. FE), 3:1 Geils (65.), 4:1 Neubarth (76.), 5:1 Meier (88.)
Zuschauer: 28.000

22.05.1983
Freundschaftsspiel
FC Schiffdorf – W. Bremen 1:22 (0:11)
Aufstellung: Burdenski (46. Funk) – Schaaf, Siegmann, Fichtel, Otten – Möhlmann (46. Okudera), Kamp, Sidka – Neubarth, Völler, Reinders
Trainer: Rehhagel
Tore: 0:1 Reinders (8.), 0:2 Reinders (12.), 0:3 Völler (15.), 0:4 Reinders (21.), 0:5 Neubarth (26.), 0:6 Völler (31.), 0:7 Völler (32.), 0:8 Sidka (33.), 0:9 Neubarth (37.), 0:10 Sidka (38.), 0:11 Neubarth (39.), 0:12 Okudera (48.), 0:13 Otten (49.), 0:14 Reinders (53.), 0:15 Okudera (54.), 0:16 Neubarth (55.), 0:17 Otten (57.), 1:17 Fröhlich (62.), 1:18 Reinders (74.), 1:19 Schaaf (75.), 1:20 Schaaf (76.), 1:21 Siegmann (82.), 1:22 Völler (84.)
Zuschauer: 4.000

23.05.1983
Freundschaftsspiel
VfB Fallersleben – W. Bremen 0:18 (0:4)
Eingesetzte Spieler: Burdenski (46. Funk) – Schaaf, Siegmann, Fichtel (46. Okudera), Otten – Möhlmann, Sidka (46. Gruber), Bracht – Neubarth, Reinders (46. Kamp), Meier (46. Völler)
Trainer: Rehhagel
Tore: Völler (4), Möhlmann (4), Bracht (4), Schaaf (3), Otten (2), Siegmann
Zuschauer: 4.000

28.05.1983
Bundesliga, 33. Spieltag
Eintracht Frankfurt – W. Bremen 0:1 (0:1)
Aufstellung: Burdenski – Fichtel – Gruber, Siegmann, Otten – Sidka, Möhlmann, Okudera – Reinders (87. Schaaf), Völler, Meier (12. Neubarth)
Trainer: Rehhagel
Tor: 0:1 Reinders (30.)
Zuschauer: 48.000

31.05.1983
Freundschaftsspiel
AGSV Bremen – W. Bremen 1:15 (0:8)
Eingesetzt: Burdenski, Funk – Gruber, Schaaf, Siegmann – Hermann, Kamp, Okudera, Sidka, Bracht – Völler, Reinders, Böhnke, Neubarth
Trainer: Rehhagel
Torschützen für Werder: Völler (6), Reinders (4), Sidka (2), Schaaf, Bracht, Böhnke
Zuschauer: 2.000

04.06.1983
Bundesliga, 34. Spieltag
W. Bremen – VfL Bochum 3:2 (1:1)
Aufstellung: Burdenski – Fichtel (46. Bracht) – Okudera, Siegmann, Otten – Gruber, Sidka, Möhlmann, Meier (63. Neubarth) – Völler, Reinders
Trainer: Rehhagel
Tore: 0:1 Schreier (13.), 1:1 Völler (17.), 2:1 Reinders (49.), 2:2 Krella (63.), 3:2 Siegmann (74.)
Zuschauer: 40.000

Bundesliga-Abschlusstabelle 1982 / 1983

Platz	Verein	Spiele	S	U	N	Tore	Diff.	Punkte
1.	Hamburger SV (M)	34	20	12	2	79:33	+46	52-16
2.	**Werder Bremen**	**34**	**23**	**6**	**5**	**76:38**	**+38**	**52-16**
3.	VfB Stuttgart	34	20	8	6	80:47	+33	48-20
4.	Bayern München (P)	34	17	10	7	74:33	+41	44-24
5.	1. FC Köln	34	17	9	8	69:42	+27	43-25
6.	1. FC K'lautern	34	14	13	7	57:44	+13	41-27
7.	Borussia Dortmund	34	16	7	11	78:62	+16	39-29
8.	Arminia Bielefeld	34	12	7	15	46:71	-25	31-37
9.	Fortuna Düsseldorf	34	11	8	15	63:75	-12	30-38
10.	Eintracht Frankfurt	34	12	5	17	48:57	-9	29-39
11.	Bayer Leverkusen	34	10	9	15	43:66	-23	29-39
12.	Borussia M'gladbach	34	12	4	18	64:63	+1	28-40
13.	VfL Bochum	34	8	12	14	43:49	-6	28-40
14.	1. FC Nürnberg	34	11	6	17	44:70	-26	28-40
15.	Eintracht Braunschweig	34	8	11	15	42:65	-23	27-41
16.	Schalke 04 (N)	34	8	6	20	48:68	-20	22-46
17.	Karlsruher SV	34	7	7	20	39:86	-47	21-47
18.	Hertha BSC Berlin (N)	34	5	10	19	43:67	-24	20-48

Fieberkurve der Bundesliga-Saison 1982 / 1983

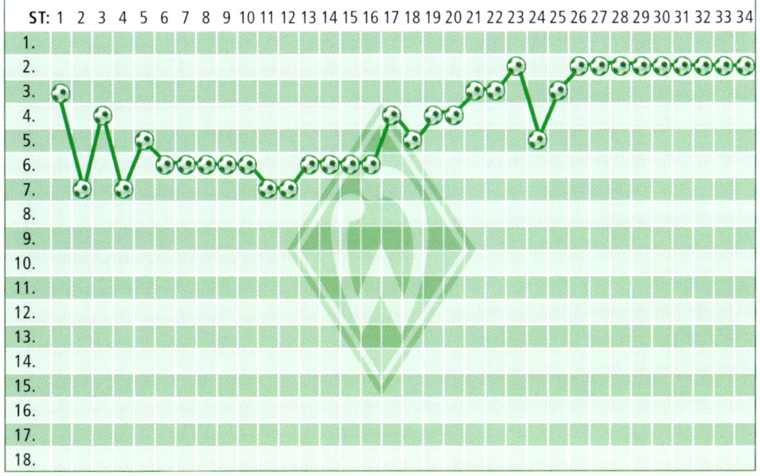

1983/84: ... und noch ein Superstar

Oben v.l.:
Physiotherapeut Andrae, Gruber, Reinders, Neubarth, Sidka, Ruländer, Möhlmann, Siegmann, Böhnke, Schaaf, Masseur Kienert, Trainer Rehhagel
Unten v.l.:
Kamp, Bracht, Fichtel, Meier, Burdenski, Funk, Hermann, Okudera, Völler

Nun aber! Wenn man im ersten Jahr nach einem Aufstieg gleich Fünfter wird und im Jahr darauf nur durch unglaubliches Pech nicht Deutscher Meister, dann muss im folgenden Jahr der zählbare Erfolg her, um die Kundschaft zu befriedigen. Das dachte man wohl auch bei Werder und verpflichtete im Sommer 1983 den nächsten Superstar: Der Österreicher Bruno Pezzey wurde dem ebenfalls ins Auge gefassten Schweden Glenn Hysén vorgezogen. Pezzey war durch viele großartige Länderspiele und durch fünf starke Jahre im Trikot von Eintracht Frankfurt schon ein Star. Die Eintracht aber geriet schon damals ganz gerne einmal in finanzielle Schwierigkeiten, was den Wechsel des Abwehrkönners für Werder machbar werden ließ. Folgerichtig sollte der Vizemeister in der neuen Saison nach den Sternen greifen können.

Doch so einfach funktioniert Fußball leider nicht. Werders umformierte und vermeintlich verstärkte Abwehr stand mit dem neuen Weltstar zunächst wackliger als vorher mit dem betagten Klaus Fichtel, der für Pezzey ins zweite Glied zurückrückte. Dieser Umstand für sich wäre wiederum nicht so schlimm gewesen, hätte der Titelkandidat Werder durch diese Turbulenzen in der Hintermannschaft nicht den euphorisch erwarteten Saisonstart in den Sand gesetzt. Beim Neuling SV Waldhof Mannheim setze es eine nie für möglich gehaltene und dennoch völlig verdiente 0:2-Pleite.

Die Werder-Fans waren kurz beunruhigt, hofften aber auf eine möglichst rasante Wende zum Guten. Sie hatten Werder nicht zuletzt Dank der Personalie Bruno Pezzey einen großen Vertrauensvorschuss gewährt und mit 6000 verkauften Dauerkarten (Vorjahr 4800) für einen neuen Rekord gesorgt. Doch die Kundschaft wurde auf eine Geduldsprobe gestellt. Werder erwies sich als zu launisch, um ernsthaft in den Kampf um die Meisterschaft eingreifen zu können. Nach dem Auftaktflop gegen Mannheim folgte zuhause ein müheloses 5:2 gegen den VfL Bochum und der Sprung auf Platz 7. Bei den noch sieglosen Mönchengladbachern waren die Grünweißen anschließend völlig chancenlos und hätten sogar höher verlieren können als 1:3. Einem neuerlichen Heimsieg gegen Köln (Siegtor durch Thomas Schaaf!) folgten zwei torlose Unentschieden auf fremden Plätzen, die durch ein farbloses 2:0 daheim gegen Nürnberg unterbrochen wurden. Werder war zwar mühselig wieder auf Platz 6 und damit ins obere Tabellendrittel geklettert, aber spielte merkwürdig drögen Fußball. Als gegen den HSV zuhause schon das nächste 0:0 wartete, wurde der Titelkandidat sehr zum Unbehagen von Otto Rehhagel und dem Vorstand erstmals zum Medienthema: Die Mannschaft, die in den Jahren zuvor knalligen Offensivfußball zelebriert hatte, wurschtelte sich durch die Bundesliga-Hinrunde. Bei den in Abstiegsgefahr geratenen Lauterern mussten Pezzey und Co. drei Minuten vor dem Ende das bittere 3:3 hinnehmen. Wieder nur ein Unentschieden! Und vor allem: Immer noch kein Auswärtssieg!

Psychologe Fritz Stemme befasste sich mit der seltsam gehemmt wirkenden Werder-Truppe, was Rehhagel erzürnte, denn der sah den Saisonverlauf durchaus nicht so negativ und wehrte sich gegen jegliche hohe Erwartungshaltung. Stemme seinerseits stellte fest, dass vor allem Werders Stürmer offenbar gegen eine psychische Barriere ankämpften: »Sie denken zuviel!« verriet der Experte dem »Weser-Kurier«. Für Otto Rehhagel war das leerer Hokuspokus. Der Mann, der sich nach der Torflaute der letzten Wochen erstmalig leise in Frage gestellt sah, fühlte sich bestätigt, als Werder nicht nur die Dortmunder Borussia um zwei Punkte erleichterte, sondern auch den Skalp der stark in die Saison gestarteten Uerdinger forderte. Das 3:0 in der Grotenburg-Kampfbahn ging locker von der Hand (oder vom Fuß) und bedeutete den ersten Auswärtssieg. Spätestens nach dem denkwürdigen 8:1 gegen Kickers Offenbach am 26. November 1983 schien Werder wieder bereit für einen erneuten Titelkampf. Der Kantersieg gegen die wehrlosen Hessen war dabei aus mehreren Gründen äußerst denkwürdig: nicht, weil Dieter Burdenski an diesem Abend seinen 33. Geburtstag feierte, sondern weil Jonny Otten mit einem 22-Meter-Gewaltschuss sein einziges Bundesligator in die Statistik hämmerte. Und ferner, weil in Offenbachs Team mit dem kantigen Michael Kutzop im Abwehrzentrum und dem Torwart-Frischling Oliver Reck auf der Ersatzbank zwei Cracks im Aufgebot standen, die im Weser-Stadion deutlich schönere Stunden erleben sollten als dieses 1:8.

Werder wiederum erlebte deutlich schönere Stunden als das 0:4 beim Erzrivalen HSV, das Mitte März die wohl letzte Titelhoffnung in die Elbe sickern ließ. Eines von vielen unschönen Auswärts-Erlebnissen einer am Ende dennoch halbwegs geretteten Saison, denn schließlich und endlich landeten die Bremer sicher auf Platz 5 und waren wieder international dabei. Das war insofern ein feiner Zug des Fußball-Gottes, als sich unsere Helden im UEFA-Cup sehr gerne für das etwas peinliche Ausscheiden gegen Lokomotive Leipzig rehabilitieren wollten.

Ein besonderes Highlight der Saison 1983/84 war Werders nie da gewesene Präsenz in der Nationalelf. Zeitweilig trugen mit Dieter Burdenski, Jonny Otten, Norbert Meier und dem frischgebackenen »Fußballer des Jahres« Rudi Völler gleich vier Werderaner den Adler auf der Brust.

Am 33. Spieltag schaffte Werder es doch noch, dem HSV die Meisterschaft zu entreißen. Allerdings nicht durch einen Sieg, sondern durch eine Heimniederlage gegen den VfB Stuttgart, die die Schwaben vorab den Meistersekt öffnen ließ. Es war das etwas ernüchternde Ende einer schließlich wenig aufregenden Saison. Das gilt zumindest für die Bundesliga. Im DFB-Pokal schrieben die Bremer dagegen Geschichte: Im Halbfinale gab es in Mönchengladbach mit dem 4:5 nach Verlängerung eines der spannendsten Werder-Spiele aller Zeiten. Die Mannschaft lag schon mit 1:3 hinten, drehte das Spiel in der Schlussphase innerhalb von wenigen Minuten in eine 4:3-Führung um und musste erst in der Nachspielzeit den Ausgleich durch den eingewechselten Hans-Jörg Criens hinnehmen. Criens schoss später das Siegtor gegen Werder in einem Spiel, das zeitweise nach einer Tränengasattacke aus dem Fanblock vor dem Abbruch stand und sich im nachhinein für Werder doppelt tragisch auswirkte, weil Abwehrmann Rigobert Gruber bei einem Zusammenprall eine schwere Knieverletzung erlitt, die ihn Jahre später zum Aufhören zwang.

Das finanzielle Schmankerl der Saison gelang wiederum Werders Manager Willi Lemke, wem sonst. Der kassierte für den auch im zweiten Jahr glänzenden Rudi Völler gutes Geld vom AC Mailand. Allerdings nicht, um Völler zu verschachern, sondern lediglich als Gegenleistung für einen Vorvertrag, den so wohl nur Vereine aushandeln, die nicht wissen, was sie sonst mit ihrem vielen Geld anstellen sollen: Werder bekam von den spendablen Mailändern stattliche 80.000 DM einzig für die Zusicherung, dass Rudi Völler im Falle des Falles keine Freigabe für einen anderen italienischen Club erhalten hätte. Da freilich eh zu keiner Sekunde daran gedacht wurde, Rudi Völler auch nur den Hauch einer Freigabe zu erteilen, konnte Willi Lemke dem AC Milan dieses Versprechen guten Gewissens mit auf den Heimweg geben.

Er wurde ab 1983 zum i-Tüpfelchen in Werders Hintermannschaft und löste den alternden Klaus Fichtel auf dem Liberoposten ab: Mit Bruno Pezzey holte Werder nach langer Zeit wieder einmal einen »fertigen« Superstar an die Weser

Flankenläufe auf Bestellung oder: Wie der Fotograf »Pico« Wilm einmal höchstpersönlich für ein ganz frühes Werder-Tor sorgte

Der Bremer Fotograf Rolf »Pico« Wilm war ab 1974 für mehr als ein Jahrzehnt Dauergast an der Seitenlinie des Weser-Stadions, um die wichtigsten Bremer Zeitungen mit frischem Bildmaterial von Werders Heimspielen zu versorgen. Das war freilich gar nicht so einfach, denn Lichtjahre vor dem Einzug der digitalen Fotografie mussten Pressefotografen früher noch richtig hart (und vor allem: schnell!) arbeiten. Eine charmante Geschichte aus dem goldenen Zeitalter der analogen Pressefotografie. Wilm erinnert sich:

Damals wurde alles noch in schwarz-weiß fotografiert und musste ganz normal entwickelt werden. Das fertige Bildmaterial wurde anschließend auf Walzen gespannt und dann nach Hamburg gefunkt. Dabei gab es jede Menge Stolpersteine. Bei Schwerpunktspielen war die Zeit immer ein wichtiger Faktor. Samstags wurde es immer eng, wenn z.B. Werder gegen den HSV gespielt hat oder gegen die Bayern. Die Bilder mussten immer weitergeschickt werden zu den Druckhäusern nach Aachen, nach Berlin oder nach München, und wenn irgendwo ein Gewitter unterwegs war, denn kamen die Bilder gar nicht an.

»Pico« Wilm: Einziger Sportfotograf mit Scorerpunkt

Vor Wilms Nase: Uwe Reinders knallt verabredungsgemäß eine scharfe Flanke nach innen …

Freitagabendspiele waren das Allerschlimmste. Wir mussten immer spätestens um 20.45 Uhr die fertigen Bilder auf der Walze haben, um sie rüberzufunken. Wohlgemerkt die Bilder eines Spiels, das erst um 20 Uhr begonnen hatte. Bilder aus der 2. Halbzeit gab es eben nicht. Wir hatten maximal die erste Viertelstunde lang Zeit zum Fotografieren. Wir hatten einen Sonderparkplatz in der Nähe des alten Marathontors, nur für die ganz eiligen Fotografen. In der ersten Viertelstunde kann

… was in der Saison 1981/82 sogar einmal zu einem Werder-Treffer führte: Reinders lieferte die Flanke auf Bestellung, Erwin Kostedde traf schon in der 1. Minute des Spiels gegen Darmstadt 98. »Pico« Wilm hatte sein Foto im Kasten

manchmal verdammt wenig passieren. Und so waren wir gezwungen, erfinderisch zu sein.

Und dann kamen wir auf eine sehr schräge Idee. Ich wohnte damals in meiner Junggesellenbude im Schnoor, und dort gingen in den Achtzigern auch viele Werder-Profis ein und aus, mit denen ich sehr gut bekannt war. Wir haben also manches mal bei mir ein Bier getrunken, ein bisschen gefeiert und über dies und das geredet. Wir hatten sehr persönlichen Kontakt untereinander: Jürgen Röber, Uwe Bracht, Benno Möhlmann … Uwe Reinders sowieso. Irgendwann habe ich denen mein Leid geklagt, wie schwer das alles ist mit den Fotos, wie schnell ich ein gutes Motiv im Kasten haben muss, und dann kamen wir auf die Idee, uns abzusprechen: ›Am besten wäre es, wenn Jürgen den Ball schnell rechts rausspielt zu Uwe Reinders, der geht die Linie lang und flankt schön in den Strafraum. Ich brauche eine ganz schnelle Strafraumszene!‹

Und was passiert? Die halten sich exakt an meinen Wunsch! Ball rechts raus, Reinders läuft in meine Richtung und flankt ihn rein, wie abgesprochen. Klick. Ich hatte mein Foto und konnte los. Wir haben das öfter so gemacht, jedes Mal nach dem gleichen Schema: Jürgen Röber gibt rechts raus, Uwe Reinders rast die Linie entlang wie ein Verrückter, zieht den Ball schön in die Mitte und ich drücke auf den Auslöser. Irgendwann einmal ist aus einer solchen Bierlaune heraus sogar ein Tor für Werder entstanden, weil innen jemand stand, der Uwes ›Auftragsflanke‹ verwertet hat. Aber selbst wenn kein Tor fiel, hatte ich wenigstens ein gutes Bild im Kasten.

Das durfte der Trainer natürlich damals um Gottes Willen nie erfahren, soviel ist klar!

Bis Ende der achtziger Jahre habe ich den Job gemacht. Heute ist sicher vieles einfacher geworden, aber früher hat es viel mehr Spaß gemacht. Da durften wir direkt hinter dem Tor sitzen, konnten durch die damals noch nicht so engen Tornetze hindurchfotografieren und haben damit viel packendere Strafraumszenen einfangen können. Heute geht das gar nicht mehr, weil die Pressefotos heutzutage von der Seitenlinie aus gemacht werden, mit einem ganz langen Tele. Da ist der Winkel zum Motiv sehr spitz, und deshalb sieht man heute oft nur noch Zweikämpfe, keine Torszenen mehr.

Pico Wilm ist seit vielen Jahren Inhaber eines Fotostudios im Bremer »Viertel«. Ein Werder-Tor hat er leider nie wieder auf den Weg gebracht.

WERDER BREMEN 1983/84

Trainer

Rehhagel, Otto
Verantwortlicher Trainer in allen 34 Spielen der Saison

Prominentester Neuzugang im Sommer 1983

In den Achtzigern musste man sich an der Weser erst vorsichtig daran gewöhnen, echte Stars zu Werder locken zu können. Bruno Pezzey war einer der ersten Hochkaräter, die Rehhagel zu Eckpfeilern seiner Mannschaft auserkor

Wer kam?

Hermann (eig. Amateure)
Pezzey (Eintr. Frankfurt)
Ruländer (VfL Wolfsburg)

Wer ging?

Haskamp (VfB Oldenburg)

Tor

Burdenski, Dieter »Budde«
34 Spiele; 0 Tore

Funk, Klaus
0 Spiele; 0 Tore

Abwehr

Pezzey, Bruno
33 Spiele; 5 Tore

Schaaf, Thomas
29 Spiele; 1 Tor

Gruber, Rigobert »Rigo«
27 Spiele; 1 Tor

Mittelfeld

Möhlmann, Benno
33 Spiele; 4 Tore

Sidka, Wolfgang
30 Spiele; 4 Tore

Okudera, Yasuhiko »Oku«
29 Spiele; 1 Tor

Angriff

Meier, Norbert
33 Spiele; 14 Tore

Reinders, Uwe
33 Spiele; 11 Tore

Völler, Rudi
31 Spiele; 18 Tore

Erweiterter Kader

Ordenewitz, Frank »Otze«
5 Spiele; 0 Tore
Amateur

Lellek, Dirk
3 Spiele; 1 Tor
Amateur

Böhm, Lothar
1 Spiel; 0 Tore
Amateur

w.d.S. = während der Saison

Der Sport-Verein »Werder« im Jahr 1983/84:

Präsident:	**Dr. Franz Böhmert**
Vizepräsident:	**Klaus-Dieter Fischer (Amateur-Abt.)**
3. Präsident:	**K.-H. Hohnhorst (Finanzen, Werbung)**
Geschäftsführer:	**Wolfgang Barkhausen**
Manager:	**Willi Lemke**
Vereinsarzt:	**Dr. Rudolf Wiedenmann**
Masseure:	**Peter Kienert, Peter Andrae**
Mitglieder:	**2.281**
Kapazität Weser-Stadion:	**40.000 Plätze (15.000 überdachte Sitz- und 5.000 überdachte Stehplätze)**

Otten, Jonny
27 Spiele; 1 Tor

Siegmann, Norbert »Zico«
11 Spiele; 0 Tore

Fichtel, Klaus »Tanne«
8 Spiele; 0 Tore

Ruländer, Matthias
0 Spiele; 0 Tore

Bracht, Uwe
9 Spiele; 1 Tor

Kamp, Karl-Heinz »Kalli«
8 Spiele; 0 Tore

Hermann, Günter »Jimmy«
1 Spiel; 0 Tore
Amateur

Neubarth, Frank »Socrates«
31 Spiele; 13 Tore

Böhnke, Michael »Mike«
4 Spiele; 1 Tor; Amateur

In Freundschaftsspielen eingesetzt:

Eickhoff, Thorsten (Tor)
Hanses, Christoph (Mittelfeld)
Mindermann, Andreas (Angriff)
Mohr, Rüdiger (Mittelfeld)
Sauer, Gunnar (Abwehr)
Wolter, Thomas (Mittelfeld; als Gastspieler vom HEBC Hamburg)

Alle Spiele 1983/84

02.07.1983
Intertoto-Runde, 1. Spieltag
W. Bremen – Pogon Stettin 4:0 (1:0)
Aufstellung: Burdenski – Okudera, Fichtel, Siegmann, Otten – Gruber (46. Bracht), Möhlmann, Sidka, Meier (76. Neubarth) – Reinders, Völler
Trainer: Rehhagel
Tore: 1:0 Völler (28.), 2:0 Reinders (58. Elfmeter), 3:0 Völler (69.), 4:0 Reinders (88.)
Besonderes Vorkommnis: Reinders verschießt FE
Zuschauer: 5.200 in Twistringen

06.07.1983
Freundschaftsspiel
TuS Schwachhausen – W. Bremen 0:9 (0:4)
Aufstellung: Burdenski (46. Funk) – Otten, Fichtel (46. Gruber), Ruländer, Kamp – Möhlmann (46. Bracht), Sidka, Meier – Reinders (63. Böhnke), Völler (63. Hermann), Neubarth
Trainer: Rehhagel
Tore: 0:1 Neubarth (9.), 0:2 Völler (19. FE), 0:3 Vehrmann (25. ET), 0:4 Sidka (44.), 0:5 Völler (50.), 0:6 Meier (63.), 0:7 Hermann (66.), 0:8 Neubarth (67.), 0:9 Sidka (81.)
Zuschauer: 2.500

10.07.1983
Intertoto-Runde, 2. Spieltag
Malmö FF – W. Bremen 2:1 (1:1)
Aufstellung: Burdenski – Kamp, Fichtel (55. Böhnke), Gruber, Otten (41. Ruländer) – Möhlmann, Sidka, Siegmann – Reinders, Völler, Meier
Trainer: Rehhagel
Tore: 0:1 Möhlmann (20.), 1:1 Olsson (42.), 2:1 Larsson (52.)
Zuschauer: 2.000

12.07.1983
Freundschaftsspiel
SC Göttingen 05 – W. Bremen 0:3 (0:0)
Aufstellung: Burdenski (46. Funk) – Schaaf, Gruber, Siegmann (46. Kamp), Okudera (70. Ruländer) – Sidka, Möhlmann (16. Bracht), Meier – Reinders (46. Hermann), Neubarth, Völler (61. Böhnke)
Trainer: Rehhagel
Tore: 0:1 Neubarth (50.), 0:2 Sidka (75.), 0:3 Sidka (90.)
Besonderes Vorkommnis: Meyn hält FE von Reinders
Zuschauer: 3.300

14.07.1983
Freundschaftsspiel
VfV Hildesheim – W. Bremen 0:15 (0:7)
Aufstellung: Burdenski (46. Funk) – Kamp, Gruber, Siegmann, Ruländer – Sidka (46. Hermann), Neubarth, Meier (82. Okudera), Böhnke – Reinders, Völler
Trainer: Rehhagel
Tore: Völler (3), Reinders (3), Meier (3), Neubarth (2), Hermann, Kamp, Sidka, Ruländer
Zuschauer: 8.000

17.07.1983
Intertoto-Runde, 3. Spieltag
Pogon Stettin – W. Bremen 2:1 (1:0)
Aufstellung: Burdenski – Kamp, Schaaf, Gruber, Ruländer – Hermann, Okudera (28. Funk), Böhnke (15. Siegmann), Meier, Reinders, Neubarth
Trainer: Rehhagel
Tore: 1:0 Urbanowicz (37.), 1:1 Neubarth (76.), 2:1 Lesniak (87.)
Besonderheit: Torwart Funk musste aus Personalnot Mittelstürmer spielen, trug dabei das Trikot des beim Warmlaufen mit einer Zerrung ausgefallenen Rudi Völler und wurde deshalb in den Nachberichten der polnischen Medien konsequent »Völler« genannt
Zuschauer: 18.000

20.07.1983
Intertoto-Runde, 4. Spieltag
W. Bremen – FC St. Gallen 3:2 (3:1)
Aufstellung: Funk – Kamp, Pezzey, Gruber, Ruländer (14. Noruschat) – Möhlmann, Schaaf, Bracht – Reinders, Völler, Meier (72. Neubarth)
Trainer: Rehhagel
Tore: 1:0 Meier (7.), 2:0 Reinders (19.), 3:0 Reinders (42.), 3:1 Bamert (44.), 3:2 Braschler (81.)
Zuschauer: 7.100 in Cuxhaven

23.07.1983
Intertoto-Runde, 5. Spieltag
W. Bremen – Malmö FF 1:1 (1:0)
Aufstellung: Burdenski – Kamp, Fichtel, Pezzey, Noruschat (75. Neubarth) – Schaaf (31. Gruber), Möhlmann, Bracht – Reinders, Völler, Meier
Trainer: Rehhagel
Tore: 1:0 Meier (27.), 1:1 Andersson (59.)
Zuschauer: 3.800 in Stockelsdorf

24.07.1983
Freundschaftsspiel
Schwarz-Weiß Oldenburg – W. Bremen 1:21 (1:8)
Aufstellung: Burdenski (46. Funk) – Kamp, Fichtel, Pezzey, Gruber – Möhlmann, Hermann, Bracht – Reinders, Völler, Meier (46. Neubarth)
Trainer: Rehhagel
Torschützen für Werder: Völler (8), Neubarth (3), Reinders (3), Meier (2), Gruber (2), Hermann, Pezzey, Möhlmann
Zuschauer: 7.000

27.07.1983
Freundschaftsspiel
TSV Friesen Hänigsen – W. B. 0:7 (0:2)
Aufstellung: Burdenski (46. Funk) – Kamp, Fichtel, Pezzey, Gruber – Sidka, Möhlmann, Bracht (46. Neubarth) – Reinders (73. Hermann), Völler, Meier
Trainer: Rehhagel
Tore: 0:1 Reinders (31. FE), 0:2 Möhlmann (45.), 0:3 Völler (52.), 0:4 Pezzey (60.), 0:5 Neubarth (65.), 0:6 Völler (68.), 0:7 Sidka (88.)
Zuschauer: 5.000

30.07.1983
Intertoto-Runde, 6. Spieltag
FC St. Gallen – W. Bremen 1:2 (0:1)
Aufstellung: Burdenski – Kamp, Fichtel (65. Neubarth), Pezzey, Gruber – Sidka, Möhlmann, Bracht – Reinders, Völler, Meier
Trainer: Rehhagel
Tore: 0:1 Reinders (21.), 1:1 Giesinger (48.), 1:2 Reinders (69.)
Zuschauer: 5.000

Klassemann links hinten und Klassemann rechts vorne: Jonny Otten und Uwe Reinders standen maßgeblich für Werders goldene Jahre nach dem Wiederaufstieg

02.08.1983
Freundschaftsspiel
SV Strand 08 – W. Bremen 3:6 (3:2)
Aufstellung: Burdenski (46. Funk) – Sauer, Fichtel, Gruber, Kamp – Möhlmann, Sidka, Bracht – Reinders (46. Hermann), Völler (46. Meier), Neubarth
Trainer: Rehhagel
Tore: 0:1 Völler (8.), 1:1 Jonasson (13.), 2:1 Jonasson (16.), 2:2 Völler (17.), 3:2 Starke (39.), 3:3 Meier (55.), 3:4 Gruber (57.), 3:5 Bracht (67.), 3:6 Neubarth (83.)
Besonderes Vorkommnis: Böttcher (Strand 08) verschießt FE (69.)
Zuschauer: 2.500

05.08.1983
Internationales Freundschaftsspiel
FC Volendam – W. Bremen 3:1 (0:1)
Aufstellung: Burdenski – Kamp, Fichtel (46. Bracht), Pezzey, Siegmann – Sidka, Möhlmann, Gruber, Meier – Reinders (83. Neubarth), Völler
Trainer: Rehhagel
Tore: 0:1 Sidka (23.), 1:1 Blanker (52.), 2:1 Tyrus (80.), 3:1 Jong (87.)
Zuschauer: 6.000

09.08.1983
Internationales Freundschaftsspiel
W. Bremen – Arsenal London 2:0 (0:0)
Aufstellung: Burdenski – Kamp, Fichtel, Pezzey, Gruber (46. Bracht) – Okudera (46. Schaaf), Möhlmann, Sidka – Völler, Neubarth, Meier
Trainer: Rehhagel
Tore: 1:0 Neubarth (53.), 2:0 Pezzey (83.)
Zuschauer: 13.000

13.08.1983
Bundesliga, 1. Spieltag
SV Waldhof Mannheim – W. B. 2:0 (2:0)
Aufstellung: Burdenski – Kamp, Fichtel (46. Gruber), Pezzey, Schaaf – Möhlmann, Sidka, Bracht (46. Reinders) – Neubarth, Völler, Meier
Trainer: Rehhagel
Tore: 1:0 Schön (8.), 2:0 Walter (23.)
Zuschauer: 41.000 in Ludwigshafen

20.08.1983
Bundesliga, 2. Spieltag
W. Bremen – VfL Bochum 5:2 (1:1)
Aufstellung: Burdenski – Schaaf, Fichtel (46. Neubarth), Pezzey, Gruber – Möhlmann, Sidka, Bracht, Meier (75. Okudera) – Reinders, Völler
Trainer: Rehhagel
Tore: 1:0 Meier (13.), 1:1 Kuntz (40.), 2:1 Neubarth (47.), 3:1 Völler (52.), 4:1 Meier (57.), 4:2 Pater (75.), 5:2 Völler (78.)
Zuschauer: 18.000

24.08.1983
Bundesliga, 3. Spieltag
Bor. M'gladbach – W. Bremen 3:1 (1:0)
Aufstellung: Burdenski – Kamp, Pezzey, Gruber, Schaaf – Möhlmann, Sidka, Bracht, Meier (46. Neubarth) – Reinders, Völler
Trainer: Rehhagel
Tore: 1:0 Lienen (16.), 2:0 Mill (54.), 3:0 Frontzeck (76.), 3:1 Völler (86.)
Zuschauer: 21.600

27.08.1983
DFB-Pokal, 1. Runde
W. Bremen – SV Darmstadt 98 5:0 (2:0)
Aufstellung: Burdenski – Schaaf, Pezzey, Gruber, Okudera – Möhlmann, Sidka, Bracht, Meier – Neubarth, Völler
Trainer: Rehhagel
Tore: 1:0 Neubarth (30.), 2:0 Neubarth (37.), 3:0 Sidka (56. FE), 4:0 Völler (84.), 5:0 Meier (90.)
Zuschauer: 8.000

30.08.1983
Bundesliga, 4. Spieltag
W. Bremen – 1. FC Köln 1:0 (1:0)
Aufstellung: Burdenski – Schaaf, Pezzey, Gruber, Okudera – Sidka, Möhlmann, Meier (83. Bracht) – Reinders, Neubarth, Völler
Trainer: Rehhagel
Tor: 1:0 Schaaf (20.)
Zuschauer: 26.400

03.09.1983
Bundesliga, 5. Spieltag
FC Bayern München – W. Bremen 0:0
Aufstellung: Burdenski – Schaaf, Pezzey, Gruber, Okudera – Möhlmann, Meier (70. Bracht), Sidka – Reinders, Neubarth (70. Siegmann), Völler
Trainer: Rehhagel
Tore: –
Zuschauer: 32.000

06.09.1983
Freundschaftsspiel
Germania Walsrode – W. Bremen 1:11 (0:6)
Aufstellung: Funk (46. Eickhoff) – Schaaf, Fichtel, Siegmann, Okudera (46. Kamp) – Möhlmann, Sidka (46. Hermann), Bracht, Gruber – Reinders, Pezzey
Trainer: Rehhagel
Torschützen für Werder: Pezzey (4), Reinders (3), Möhlmann (2), Sidka, Kamp
Zuschauer: 2.600

10.09.1983
Bundesliga, 6. Spieltag
W. Bremen – 1. FC Nürnberg 2:0 (0:0)
Aufstellung: Burdenski – Schaaf, Pezzey, Gruber, Okudera (46. Bracht) – Möhlmann, Sidka, Meier – Reinders (78. Kamp), Neubarth, Völler
Trainer: Rehhagel
Tore: 1:0 Pezzey (52.), 2:0 Völler (54.)
Zuschauer: 17.500

14.09.1983
UEFA-Cup, 1. Runde-Hinspiel
W. Bremen – Malmö FF 1:1 (0:0)
Aufstellung: Burdenski – Schaaf, Pezzey, Gruber, Okudera (28. Bracht) – Sidka, Möhlmann, Meier – Reinders, Neubarth, Völler
Trainer: Rehhagel
Tore: 1:0 Reinders (68. FE), 1:1 Sunesson (76.)
Zuschauer: 19.500

Ein Stolperstein, der gewaltig nervte: Lokomotive Leipzig erwies sich im UEFA-Cup 1983/84 als zu clever für Werder

17.09.1983
Bundesliga, 7. Spieltag
Eintracht Frankfurt – W. Bremen 0:0
Aufstellung: Burdenski – Okudera, Pezzey, Gruber, Otten – Schaaf, Möhlmann, Sidka, Meier – Völler, Reinders (29. Neubarth)
Trainer: Rehhagel
Tore: –
Zuschauer: 19.000

23.09.1983
Bundesliga, 8. Spieltag
W. Bremen – Hamburger SV 0:0
Aufstellung: Burdenski – Okudera, Pezzey, Gruber, Otten – Sidka, Möhlmann, Bracht – Reinders, Völler, Meier
Trainer: Rehhagel
Tore: –
Zuschauer: 40.800

28.09.1983
UEFA-Cup, 1. Runde-Rückspiel
Malmö FF – W. Bremen 1:2 (1:0)
Aufstellung: Burdenski – Schaaf, Pezzey, Gruber, Otten (46. Meier) – Sidka, Möhlmann, Okudera, Bracht – Reinders, Völler
Trainer: Rehhagel
Tore: 1:0 Rönnberg (37. FE), 1:1 Pezzey (47.), 1:2 Sidka (57.)
Zuschauer: 16.950

01.10.1983
Bundesliga, 9. Spieltag
1. FC Kaiserslautern – W. Bremen 3:3 (1:2)
Aufstellung: Burdenski – Schaaf, Pezzey, Gruber, Otten – Möhlmann, Bracht (76. Okudera), Sidka – Reinders, Völler, Meier (78. Neubarth)
Trainer: Rehhagel
Tore: 0:1 Völler (6.), 1:1 Geye (7.), 1:2 Reinders (25.), 2:2 Hoos (52.), 2:3 Völler (68.), 3:3 Eilenfeldt (87.)
Zuschauer: 17.246

08.10.1983
DFB-Pokal, 2. Runde
ASV Burglengenfeld – W. Bremen 0:3 (0:3)
Aufstellung: Burdenski – Schaaf, Fichtel, Gruber, Otten (75. Hermann) – Möhlmann, Sidka, Okudera – Reinders, Völler, Böhnke
Trainer: Rehhagel
Tore: 0:1 Reinders (1. FE), 0:2 Reinders (18. HE), 0:3 Möhlmann (24.)
Zuschauer: 12.000 in Regensburg

14.10.1983
Bundesliga, 10. Spieltag
W. Bremen – Borussia Dortmund 2:1 (1:0)
Aufstellung: Burdenski – Okudera, Pezzey, Gruber, Otten – Möhlmann, Sidka, Bracht, Meier (80. Schaaf) – Reinders (66. Neubarth), Völler
Trainer: Rehhagel
Tore: 1:0 Bracht (18.), 1:1 Koch (53.), 2:1 Reinders (65. FE)
Besonderes Vorkommnis: Rote Karte für Zorc (83.)
Zuschauer: 23.500

19.10.1983
UEFA-Cup, 2. Runde-Hinspiel
Lokomotive Leipzig – W. Bremen 1:0 (1:0)
Aufstellung: Burdenski – Schaaf, Pezzey, Gruber, Otten – Sidka, Möhlmann, Okudera, Meier – Reinders (75. Neubarth), Völler
Trainer: Rehhagel
Tor: 1:0 Richter (35.)
Zuschauer: 25.500

22.10.1983
Bundesliga, 11. Spieltag
Bayer 05 Uerdingen – W. Bremen 0:3 (0:1)
Aufstellung: Burdenski – Schaaf, Pezzey, Gruber, Okudera – Otten, Möhlmann, Sidka, Meier (87. Böhnke) – Völler, Reinders (74. Neubarth)
Trainer: Rehhagel
Tore: 0:1 Meier (20.), 0:2 Sidka (88.), 0:3 Völler (90.+1)
Besonderes Vorkommnis: Rote Karte für Brinkmann (24.)
Zuschauer: 16.000

29.10.1983
Bundesliga, 12. Spieltag
W. Bremen – Bayer 04 Leverkusen 3:0 (1:0)
Aufstellung: Burdenski – Okudera, Pezzey, Gruber, Otten – Möhlmann (18. Schaaf), Sidka, Meier, Reinders (60. Böhnke) – Neubarth, Völler
Trainer: Rehhagel
Tore: 1:0 Meier (18.), 2:0 Meier (53.), 3:0 Neubarth (80.)
Zuschauer: 19.000

02.11.1983
UEFA-Cup, 2. Runde-Rückspiel
W. Bremen – Lokomotive Leipzig 1:1 (0:1)
Aufstellung: Burdenski – Okudera, Pezzey, Gruber, Otten – Sidka, Möhlmann (37. Schaaf), Meier – Reinders, Neubarth, Völler
Trainer: Rehhagel
Tore: 0:1 Schöne (17.), 1:1 Kreer (72. ET)
Zuschauer: 40.000

05.11.1983
Bundesliga, 13. Spieltag
Arminia Bielefeld – W. Bremen 2:0 (1:0)
Aufstellung: Burdenski – Kamp (70. Neubarth), Pezzey, Gruber, Otten – Schaaf, Sidka, Meier, Okudera – Reinders, Völler
Trainer: Rehhagel
Tore: 1:0 Pagelsdorf (4.), 2:0 Wohlers (56.)
Zuschauer: 18.000

11.11.1983
Bundesliga, 14. Spieltag
W. Bremen – Fortuna Düsseldorf 2:0 (1:0)
Aufstellung: Burdenski – Schaaf, Pezzey, Gruber, Otten – Möhlmann (46. Siegmann), Sidka, Okudera, Meier – Reinders, Neubarth
Trainer: Rehhagel
Tore: 1:0 Pezzey (31.), 2:0 Neubarth (55.)
Zuschauer: 26.000

26.11.1983
Bundesliga, 15. Spieltag
W. Bremen – Kickers Offenbach 8:1 (4:1)
Aufstellung: Burdenski – Schaaf, Pezzey, Gruber (46. Fichtel), Otten – Möhlmann, Sidka, Okudera, Meier (75. Neubarth) – Völler, Reinders
Trainer: Rehhagel
Tore: 0:1 Kutzop (30. FE), 1:1 Sidka (31.), 2:1 Reinders (34. FE), 3:1 Pezzey (39.), 4:1 Reinders (44.), 5:1 Völler (46.), 6:1 Pezzey (65.), 7:1 Otten (79.), 8:1 Völler (81.)
Zuschauer: 13.800

03.12.1983
Bundesliga, 16. Spieltag
VfB Stuttgart – W. Bremen 3:0 (0:0)
Aufstellung: Burdenski – Schaaf, Pezzey, Gruber, Otten – Sidka, Möhlmann, Okudera, Meier – Völler, Reinders
Trainer: Rehhagel
Tore: 1:0 Kelsch (62.), 2:0 Allgöwer (69.), 3:0 Reichert (78.)
Zuschauer: 34.700

10.12.1983
Bundesliga, 17. Spieltag
W. Bremen – Eintr. Braunschweig 4:0 (3:0)
Aufstellung: Burdenski – Schaaf, Pezzey, Siegmann, Otten – Möhlmann, Sidka, Okudera, Meier – Völler, Reinders
Trainer: Rehhagel
Tore: 1:0 Reinders (20.), 2:0 Okudera (32.), 3:0 Meier (38.), 4:0 Meier (80.)
Zuschauer: 15.000

21.01.1984
Bundesliga, 18. Spieltag
W. B. – SV Waldhof Mannheim 5:0 (1:0)
Aufstellung: Burdenski – Schaaf, Pezzey, Gruber, Otten – Möhlmann, Sidka (73. Neubarth), Okudera, Meier – Reinders, Völler
Trainer: Rehhagel
Tore: 1:0 Reinders (41.), 2:0 Gruber (48.), 3:0 Meier (70.), 4:0 Neubarth (74.), 5:0 Quaisser (90. ET)
Besonderes Vorkommnis: Zimmermann hält Elfmeter von Reinders (Spielstand 4:0)
Zuschauer: 15.000

28.01.1984
Bundesliga, 19. Spieltag
VfL Bochum – W. Bremen 3:3 (2:0)
Aufstellung: Burdenski – Schaaf, Pezzey, Gruber, Otten – Möhlmann, Meier, Okudera, Neubarth – Reinders, Völler
Trainer: Rehhagel
Tore: 1:0 Kuntz (18,), 2:0 Schreier (35.), 3:0 Schreier (58.), 3:1 Zugcic (75. ET), 3:2 Neubarth (76.), 3:3 Völler (87.)
Zuschauer: 19.000

01.02.1984
DFB-Pokal, Achtelfinale
Alemannia Aachen – W. Bremen 0:1 (0:0, 0:0) n.Verl.
Aufstellung: Burdenski – Schaaf (91. Siegmann), Pezzey, Gruber, Otten – Möhlmann, Okudera, Reinders, Meier – Neubarth, Völler
Trainer: Rehhagel
Tor: 0:1 Meier (96.)
Zuschauer: 19.000

04.02.1984
Bundesliga, 20. Spieltag
W. Bremen – Bor. M'gladbach 2:0 (0:0)
Aufstellung: Burdenski – Schaaf, Pezzey, Gruber, Otten – Okudera (46. Neubarth), Möhlmann, Sidka, Meier – Völler, Reinders
Trainer: Rehhagel
Tore: 1:0 Neubarth (70.), 2:0 Völler (80.)
Zuschauer: 32.000

11.02.1984
Bundesliga, 21. Spieltag
1. FC Köln – W. Bremen 1:4 (0:1)
Aufstellung: Burdenski – Siegmann, Pezzey, Gruber, Otten – Okudera, Möhlmann, Meier, Sidka – Völler, Neubarth (75. Ordenewitz)
Trainer: Rehhagel
Tore: 0:1 Möhlmann (41.), 0:2 Meier (50.), 0:3 Meier (63.), 0:4 Völler (72.), 1:4 Prestin (80.)
Besonderes Vorkommnis: Rote Karte für Engels (15.)
Zuschauer: 15.000

18.02.1984
Freundschaftsspiel
Atlas Delmenhorst – W. Bremen 1:8 (1:4)
Aufstellung: Funk – Schaaf, Gruber, Otten – Pezzey, Möhlmann, Sidka, Siegmann – Okudera, Neubarth (42. Fichtel), Reinders
Trainer: Rehhagel
Torschützen für Werder: Pezzey (3), Reinders (2), Schaaf, Otten, Sidka
Zuschauer: 1.300

25.02.1984
Bundesliga, 22. Spieltag
1. FC Nürnberg – W. Bremen 2:0 (1:0)
Aufstellung: Burdenski – Siegmann (23. Reinders), Pezzey, Gruber, Otten – Okudera, Sidka, Möhlmann, Meier – Neubarth, Völler
Trainer: Rehhagel
Tore: 1:0 Trunk (9.), 2:0 Burgsmüller (55.)
Besonderes Vorkommnis: Rote Karte für Gruber (51.)
Zuschauer: 16.000

09.03.1984
Bundesliga, 23. Spieltag
W. Bremen – Eintracht Frankfurt 2:3 (1:2)
Aufstellung: Burdenski – Schaaf, Fichtel (35. Neubarth), Pezzey, Otten – Möhlmann, Sidka, Okudera, Meier – Reinders, Völler
Trainer: Rehhagel
Tore: 0:1 Falkenmayer (18.), 0:2 Tobollik (31.), 1:2 Reinders (35. FE), 2:2 Reinders (64.), 2:3 Falkenmayer (80.)
Zuschauer: 16.200

13.03.1984
DFB-Pokal, Viertelfinale
W. Bremen – VfB Stuttgart 1:0 (0:0)
Aufstellung: Burdenski – Otten, Pezzey, Siegmann, Okudera – Schaaf, Sidka, Meier, Möhlmann – Reinders, Völler
Trainer: Rehhagel
Tor: 1:0 Sidka (90.)
Besonderes Vorkommnis: Roleder hält FE von Reinders (29.)
Zuschauer: 34.500

17.03.1984
Bundesliga, 24. Spieltag
Hamburger SV – W. Bremen 4:0 (2:0)
Aufstellung: Burdenski – Schaaf (46. Reinders), Pezzey, Siegmann, Otten – Möhlmann, Sidka, Okudera, Meier (53. Kamp) – Völler, Neubarth
Trainer: Rehhagel
Tore: 1:0 Wuttke (9.), 2:0 Rolff (14.), 3:0 Hartwig (54.), 4:0 Magath (90.)
Zuschauer: 46.000

23.03.1984
Bundesliga, 25. Spieltag
W. Bremen – 1. FC Kaiserslautern 1:1 (1:1)
Aufstellung: Burdenski – Siegmann (46. Neubarth), Pezzey, Gruber, Otten – Sidka, Okudera, Möhlmann, Meier – Reinders, Völler
Trainer: Rehhagel
Tore: 0:1 Hübner (6.), 1:1 Meier (25.)
Zuschauer: 16.500

31.03.1984
Bundesliga, 26. Spieltag
Borussia Dortmund – W. Bremen 2:3 (2:1)
Aufstellung: Burdenski – Schaaf, Pezzey, Gruber, Otten (44. Neubarth) – Möhlmann, Sidka, Okudera, Meier – Völler, Reinders
Trainer: Rehhagel
Tore: 1:0 Klotz (19.), 1:1 Meier (20.), 2:1 Loose (38.), 2:2 Sidka (55.), 2:3 Völler (65.)
Zuschauer: 23.000

07.04.1984
Bundesliga, 27. Spieltag
W. Bremen – Bayer 05 Uerdingen 5:2 (0:2)
Aufstellung: Burdenski – Schaaf, Pezzey, Gruber, Otten – Möhlmann, Sidka, Meier – Reinders (79. Okudera), Neubarth, Völler
Trainer: Rehhagel
Tore: 0:1 Funkel (35.), 0:2 Gruber (44. ET), 1:2 Reinders (61. HE), 2:2 Pezzey (66.), 3:2 Völler (72.), 4:2 Reinders (78.), 5:2 Völler (80.)
Zuschauer: 15.000

14.04.1984
Bundesliga, 28. Spieltag
Bayer 04 Leverkusen – W. Bremen 0:0
Aufstellung: Burdenski – Gruber, Pezzey, Sidka – Schaaf, Möhlmann (86. Ordenewitz), Meier (60. Siegmann), Neubarth, Okudera – Völler, Reinders
Trainer: Rehhagel
Tore: –
Zuschauer: 12.000

21.04.1984
Bundesliga, 29. Spieltag
W. Bremen – FC Bayern München 3:2 (2:0)
Aufstellung: Burdenski – Schaaf, Pezzey, Gruber, Otten – Möhlmann, Sidka, Okudera, Meier (84. Siegmann) – Völler (52. Neubarth), Reinders
Trainer: Rehhagel
Tore: 1:0 Völler (26.), 2:0 Sidka (29.), 2:1 M. Rummenigge (50.), 2:2 K. H. Rummenigge (53.), 3:2 Neubarth (77.)
Zuschauer: 40.000

27.04.1984
Bundesliga, 30. Spieltag
W. Bremen – Arminia Bielefeld 3:0 (1:0)
Aufstellung: Burdenski – Schaaf, Pezzey, Gruber, Otten – Möhlmann, Sidka, Okudera, Meier – Völler (68. Siegmann), Reinders (46. Neubarth)
Trainer: Rehhagel
Tore: 1:0 Meier (29.), 2:0 Völler (46.), 3:0 Neubarth (82.)
Zuschauer: 17.800

01.05.1984
DFB-Pokal, Halbfinale
Bor. M'gladbach – W. Bremen 5:4 (4:4, 2:1) n.Verl.
Aufstellung: Burdenski – Schaaf, Fichtel, Siegmann, Otten – Gruber (17. Kamp, 77. Ordenewitz), Sidka, Möhlmann, Meier – Reinders, Neubarth
Trainer: Rehhagel
Tore: 1:0 Matthäus (40.), 1:1 Meier (42.), 2:1 Ringels (44.), 3:1 Rahn (76.), 3:2 Möhlmann (77.), 3:3 Sidka (80.), 3:4 Reinders (82.), 4:4 Criens (90.), 5:4 Criens (107.)
Zuschauer: 34.500

05.05.1984
Bundesliga, 31. Spieltag
Fortuna Düsseldorf – W. Bremen 3:4 (1:1)
Aufstellung: Burdenski – Siegmann (67. Lellek), Fichtel, Sidka – Schaaf,

Meier, Möhlmann, Otten, Böhnke (46. Ordenewitz) – Reinders, Neubarth
Trainer: Rehhagel
Tore: 1:0 Edvaldsson (26. FE), 1:1 Neubarth (41.), 1:2 Neubarth (51.), 2:2 Fach (63.), 2:3 Meier (74.), 2:4 Lellek (84.), 3:4 Fach (90.)
Besonderes Vorkommnis: Kurth hält FE von Reinders (38.)
Zuschauer: 10.000

11.05.1984
Bundesliga, 32. Spieltag
Kickers Offenbach – W. Bremen 3:7 (1:2)
Aufstellung: Burdenski – Kamp, Fichtel, Lellek, Otten – Pezzey, Möhlmann, Neubarth, Meier (64. Hermann) – Reinders (81. Ordenewitz), Völler
Trainer: Rehhagel
Tore: 1:0 Bein (16.), 1:1 Völler (30.), 1:2 Neubarth (36.), 2:2 Bein (48.), 3:2 Bein (49.), 3:3 Kutzop (58. ET), 3:4 Neubarth (66.), 3:5 Reinders (70.), 3:6 Neubarth (82.), 3:7 Möhlmann (87.)
Besonderes Vorkommnis: Reck hält FE von Reinders (24.)
Zuschauer: 15.000

19.05.1984
Bundesliga, 33. Spieltag
W. Bremen – VfB Stuttgart 1:2 (0:0)
Aufstellung: Burdenski – Schaaf, Fichtel, Lellek, Otten – Pezzey, Möhlmann, Neubarth (46. Ordenewitz), Meier (48. Kamp) – Völler, Reinders
Trainer: Rehhagel
Tore: 0:1 Sigurvinsson (62.), 1:1 Möhlmann (72.), 1:2 Ohlicher (82.)
Zuschauer: 38.500

26.05.1984
Bundesliga, 34. Spieltag
Eintr. Braunschweig – W. Bremen 1:2 (1:1)
Aufstellung: Burdenski – Schaaf, Fichtel, Okudera, Otten – Reinders, Kamp, Pezzey, Möhlmann – Neubarth, Böhnke (87. L. Böhm)
Trainer: Rehhagel
Tore: 0:1 Böhnke (7.), 1:1 Ellmerich (14.), 1:2 Möhlmann (54.)
Zuschauer: 18.154

30.05.1984
Freundschaftsspiel
VfL Stade – W. Bremen 0:15 (0:5)
Aufstellung: Funk – Schaaf, Fichtel (46. Böhnke / 71.Kamp), Pezzey, Otten – Wolter, Möhlmann, Okudera, Sidka – Reinders, Neubarth
Trainer: Rehhagel
Tore: Pezzey (5), Neubarth (4), Reinders (3), Möhlmann (2), Wolter
Besonderheit: Der Schiedsrichter beendete das Spiel aufgrund von akuter Erschöpfung der Amateure schon nach 81 Minuten
Zuschauer: 750

02.06.1984
Freundschaftsspiel
Arminia Bielefeld – W. Bremen 3:1 (1:1)
Aufstellung: Funk – Schaaf, Fichtel, Pezzey, Otten – Möhlmann, Sidka, Okudera – Wolter (77. Hansen), Reinders, Neubarth (46.Kamp)
Trainer: Rehhagel
Tore: 1:0 Rautiainen (26.), 1:1 Neubarth (30.), 2:1 Ozaki (63.), 3:1 Butz (84.)
Besonderheit: Ablösespiel für Dieter Burdenski – 13 Jahre (!!) nach seinem Wechsel zu Werder. Die entsprechende Vereinbarung war zwischenzeitlich vergessen worden
Zuschauer: 1.500 in Steinhagen

03.06.1984
Freundschaftsspiel
SW Elmschenhagen – W. B. 0:11 (0:3)
Aufstellung: Funk – Otten, Pezzey, Fichtel, Schaaf – Sidka (78. Kamp), Möhlmann, Okudera – Wolter, Neubarth, Reinders
Trainer: Rehhagel
Tore: Pezzey (3), Reinders (2), Neubarth (2), Otten, Sidka, Schaaf, Wolter
Zuschauer: 2.500

Klaus Fichtel verabschiedete sich am Saisonende nach tollen Jahren aus Bremen als einer der Garanten für den Wiederaufstieg 1981 und den sensationellen Aufschwung der Jahre danach. Unglaublich: Der Vorzeigeprofi kam erst mit fast 36 Jahren zu Werder, blieb vier Jahre lang an der Weser und spielte nach seinem Abschied noch weitere vier Jahre für Schalke 04, ehe er 1988 mit fast 44 Jahren (!) endgültig die Schuhe an den Nagel hängte

06.06.1984
Freundschaftsspiel
TuS Lehmden – W. Bremen 0:10 (0:4)
Aufstellung: Funk – Pezzey – Böhm, Otten – Okudera (60. Mindermann), Schaaf, Siegmann, Möhlmann, Sidka – Neubarth, Reinders (46. Wolter)
Trainer: Rehhagel
Tore: Sidka (6), Reinders (2), Pezzey (2)
Zuschauer: 1.500

08.06.1984
Freundschaftsspiel
Tura Bremen – W. Bremen 1:8 (0:2)
Aufstellung: Funk – Schaaf, Fichtel, Okudera, Otten (55. Mindermann) – Möhlmann, Sidka, Pezzey (46. Mohr) – Neubarth, Reinders, L. Böhm
Trainer: Rehhagel
Tore: 0:1 Neubarth (33.), 0:2 Pezzey (35.), 1:2 Wawzyniak (49.), 1:3 Neubarth (56.), 1:4 Mindermann (69.), 1:5 Möhlmann (71.), 1:6 Reinders (74.), 1:7 Mindermann (75.), 1:8 L. Böhm (84.)
Zuschauer: 1.000

Bundesliga-Abschlusstabelle 1983 / 1984

Platz	Verein	Spiele	S	U	N	Tore	Diff.	Punkte
1.	VfB Stuttgart	34	19	10	5	79:33	+46	48-20
2.	Hamburger SV (M)	34	21	6	7	75:36	+39	48-20
3.	Borussia M'gladbach	34	21	6	7	81:48	+33	48-20
4.	Bayern München	34	20	7	7	84:81	+43	47-21
5.	**Werder Bremen**	**34**	**19**	**7**	**8**	**79:46**	**+33**	**45-23**
6.	1. FC Köln (P)	34	16	6	12	70:57	+13	38-30
7.	Bayer Leverkusen	34	13	8	13	50:50	0	34-34
8.	Arminia Bielefeld	34	12	9	13	40:49	-9	33-35
9.	Eintracht Braunschweig	34	13	6	15	54:69	-15	32-36
10.	KFC Uerdingen 05 (N)	34	12	7	15	66:79	-13	31-37
11.	SV Waldhof Mannheim (N)	34	10	11	13	45:58	-13	31-37
12.	1. FC K'lautern	34	12	6	16	68:69	-1	30-38
13.	Borussia Dortmund	34	11	8	15	54:65	-11	30-38
14.	Fortuna Düsseldorf	34	11	7	16	63:75	-12	29-39
15.	VfL Bochum	34	10	8	16	58:70	-12	28-40
16.	Eintracht Frankfurt	34	7	13	14	45:61	-16	27-41
17.	Kickers Offenbach (N)	34	7	5	22	48:106	-58	19-49
18.	1. FC Nürnberg	34	6	2	26	38:85	-47	14-54

Fieberkurve der Bundesliga-Saison 1983 / 1984

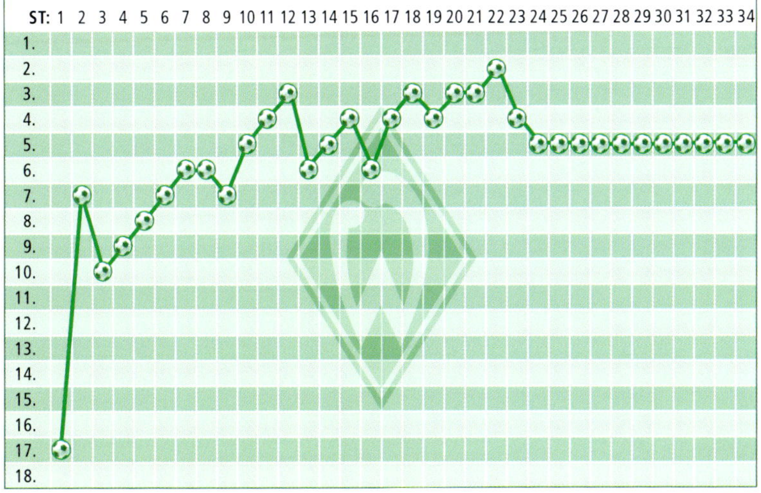

Das Weser-Stadion

oder: Der ziemlich weite Weg von der zugigen, kargen Schüssel zum stolzen Komfort-Fußballtempel am Fluss

Ein Bild von einem Stadion: Das Wohnzimmer der Werder-Fans in frischem Grün und Weiß, aufgenommen im Sommer 2006

Das Verhältnis der Werder-Fans zu ihrem 1926 erbauten »Wohnzimmer« Weser-Stadion war nicht immer einfach. Wer die siebziger Jahre schon als Werder-Fan im Stadion miterlebt hat, kann das bestätigen. Man wurde nassgeregnet, die Akustik war mies, der Abstand zum Spielfeld betrug in der Kurve gefühlte 150 Meter und irgendwann mussten die Tribünen sogar zur Hälfte gesperrt werden, weil sie einzustürzen drohten.

Das Weser-Stadion wurde seit Beginn der Bundesliga 1963 mehrfach runderneuert. Es bekam eine Flutlichtanlage, neue Kurven, ein Dach über der Gegengeraden im Norden, dann mehr Sitzplätze, eine neue Flutlichtanlage, schließlich auch Dächer über den Kurven, den Ostkurvensaal, Kurven-Sitzplätze, Anzeigetafeln, Logen, Videowände, noch bessere Logen … und wenn die faszinierenden Pläne des Jahres 2006 in die Tat umgesetzt werden können, werden wir noch in diesem Jahrzehnt ein beinahe perfektes Weser-Stadion geniessen dürfen: Ein reines Fußballstadion, komplett überdacht, mit einem Fassungsvermögen für 50.000 Fans.

Natürlich birgt eine solche Entwicklung auch Anlass für mögliche Kritik in sich. Wird Fußball zu schick? Entfernt er sich von den Fans, wenn das Stadion immer komfortabler wird? War früher alles besser? Wer jegliche Kampfbahn-Verklärung und Betonschüssel-Romantik beiseite zu legen bereit ist, der wird sicher zugeben: Nein! Früher war nicht alles besser – Früher war alles früher. Und heute ist heute.

In den sechziger Jahren trug der typische Stadionbesucher Hut und Mantel oder war halbstark. In den Siebzigern trug er Parka oder Kutte und war alkoholisiert. In den Achtzigern trug er Pepita-Hut und Sweatshirt, gröhlte »Sieben Fässer Wein« mit, wenn es aus den Lautsprechern kam und hatte einen »Nicht hupen, Fahrer träumt von Werder Bremen!«-Sticker auf dem Heck seines Autos. Wenn er etwas älter war oder einfach von Natur aus bequemer, setzte er sich mit Bommelmütze und Herren-Handtäschchen auf die Haupttribüne. Frauen und Mädchen kamen erst in den Achtzigern in nennenswerter Menge ins Stadion, und erst seit den Neunzigern werden sie nicht mehr als geduldete Fußball-Dummchen belächelt. Menschen mit akademischem Abschluss haben es oft erst Ende der achtziger Jahre geschafft, sich zu ihrer Fußball-Leidenschaft zu bekennen. Und erst Mitte der Neunziger merkte dann auch der taz-Abonnent, dass es im Fußballstadion schön ist und man sich so gar nicht schämen muss, sich wie ein Kind auf einen Besuch im Weser-Stadion zu freuen. Die an der Fan-Basis oft verfluchten Logen sorgen schließlich dafür, dass im Stadion nun auch diejenigen anzutreffen sind, die aus den unterschiedlichsten Gründen früher nie hingegangen wären. Kurzum: Der Mix der Stadionbesucher ist mit den Jahren bunter und bunter geworden, und daran kann man beim besten Willen erst einmal nichts Negatives finden, wenn man das nicht unbedingt möchte.

Solange auch weiterhin jeder Fan die Möglichkeit hat, sich das Spiel aus der für sich bevorzugten Perspektive anzusehen, gibt es jede Menge Gründe, sich massiv auf ein möglicherweise im Jahr 2008 fertig gebautes neues Weser-Stadion zu freuen. Wenn dort der erste Anpfiff ertönt, werden nicht wenige der anwesenden Werder-Fans verklärt in sich hineinmurmeln: »Dass ich das noch erleben darf – ein echtes Fußballstadion … hier … am Weserbogen!«

In einem voll besetzten Weser-Stadion feiern die Fans am 15. August 1963 die Einweihung der neuen Flutlichtanlage, die eigens für die Bundesliga installiert wurde. Werder gewann 2:1 gegen die international renommierte Elf von Honved Budapest. Links die damals neu erbaute Nordtribüne, im Hintergrund kann man die damals noch sehr kleine Ostkurve sehen

Die alte Südtribüne, wie sie zwischen 1963 und 1973 aussah. Die Spieler kommen noch aus dem alten Kabinengang, der sich am Rand der Südtribüne in Nähe der Westkurve befand

Der Autor dieses Buches hat lange und hartnäckig behauptet, 1965 unter dem Weserstadion in einem Bastkörbchen gefunden worden zu sein. Vielleicht ist es jetzt mal Zeit für die ganze Wahrheit, denn die war etwas weniger poetisch: In Wirklichkeit war sein »erstes Mal Weser-Stadion« der 7. Februar 1976. Ein grottenlangweiliges 0:0 gegen die damals angenehm erfolglosen Bayern. Die bleibendsten Eindrücke des Spiels waren eine Riesenchance von Werner Görts, damals schon geschätzte 47, und die Tatsache, dass es Sepp Maier wirklich gibt, und dass er anders als zuhause im Fernseher sogar farbig war.

Das Weserstadion war keine Schönheit. Ein altes Dach, die Ränge relativ weit vom Spielfeld entfernt. Was macht den Charme des Stadions aus? Das ist rational schwer zu erklären. Die Lage direkt am Fluss vielleicht? Ungeschlagen: Bei Abendspielen im Sommer der Sonnenuntergang über der Westkurve! Die familiäre Atmosphäre? Sagen wir mal so: Das Stadion war immer ein ehrlicher Mittelweg. Traditionsreicher als die BayArena in Leverkusen, gemütlicher als das Westfalenstadion, luftiger als die Arena Auf Schalke, lebendiger als beide Olympiastadien und weniger protzig als die »Allianz-Arena«. Zweckmäßiges Understatement, wie so vieles in Bremen. Nicht zu bezahlen ist natürlich die direkte Umgebung des Stadions: Der Spaziergang am Weserufer, das Picknick am Hang des Osterdeiches, der Kneipenbummel durch »Taubenschlag« und »Wirtshaus«, das Steh-Bier vor der »Brommy-Kneipe« oder das obligatorische Nach-dem-Heimspiel-Essen im vorzüglichen griechischen Restaurant »Metaxa«.

Ein Stadion lebt von seinen Legenden, und die werden immer noch auf dem grünen Rasen hergestellt. Die beiden Werder-Wunder gegen Dynamo Berlin (5:0) und Spartak Moskau (6:2) haben dem Weser-Stadion eine Seele verliehen. Oder einen Teil davon. Den Rest der Seele machen wir, die Fans aus. Bremer gelten dem Klischee nach als mindestens so zurückhaltend wie Ostwestfalen und Sauerländer zusammen. Das gilt allerdings nur für die »Bremer vor 2004«. Seit dem Doublegewinn ist der typische Werder-Fan bei Heimspielen automatisch dauer-stoned. Selbst in den goldenen Jahren unter Rehhagel gab es dieses Gefühl nur sehr selten. Der Ball will einfach dauernd ins gegnerische Tor, und läuft das Spiel auch noch so komisch. Mit jedem der permanent fallenden Werder-Tore im Weser-Stadion hat man als Fan das Gefühl, dankenswerterweise vom Fußball-Gott erhört worden zu sein, denn jedes Werder-Tor ist immer auch ein erhörtes Gebet. Wobei es zwar unbedingt Fußball-Gebete unterschiedlicher Eindringlichkeit gibt. Aber eins ist mal klar: Erhörte Gebete sind toll.

Norddeutsche sind nicht lahm, sie halten sich vornehm zurück. Das ist ein feiner Unterschied. Sehr fein, zugegebenermaßen. Aber wenn der Bremer dann schon einmal aus sich herausgeht, muss etwas ganz besonderes passiert sein. So wie seit Jahren bei fast jedem Werder-Heimspiel.

Das Weser-Stadion, wie es sich in den Jahren unmittelbar vor dem Start der Bundesliga präsentierte: Links ein herrlicher Blick über die östliche Vorstadt. Man erkennt die noch vergleichsweise winzige Nordgerade, die erst 1963 ein Dach bekommt. Die Ostkurve ist nur eine halbe Kurve.
Rechts: Massenandrang auf der alten Südtribüne

Seltene Bilddokumente aus der ersten Meistersaison, aufgenommen am alles entscheidenden 8. Mai 1965. Werder hat soeben gegen Borussia Dortmund gewonnen und den Titel unter Dach und Fach gebracht. Das Jubelbild rechts außen des Fotografen-Urgesteins Walter Schumann ist den meisten Werder-Fans vertraut. Interessant ist im direkten Vergleich das obere linke Foto, das im selben Moment von der Gegengeraden aus entstand. In der Mitte der Nordtribüne (Bild oben rechts) befand sich 1965 der »Fan-Block«. Hier wehten die Fahnen, hier war es am lautesten, und aus jenem Fanblock heraus wurde auch das obige Foto aufgenommen. Soeben hat Stadionsprecher Richard Ossenkop (»Achtung Achtung!«) die erlösende Information vom Punktverlust des direkten Konkurrenten 1. FC Köln durchgegeben. Der sich augenblicklich entfesselnde Jubelorkan lässt sich erahnen

Business-Logen anno 1965: Werders Anhängern war im Meisterjahr kein Sitzplatz zu wackelig

Unten: Als Belohnung für die Meisterschaft bekam Werder von der Stadt eine neue Ostkurve spendiert. Links sehen wir den Zustand im Jahr 1963, rechts nach dem Umbau 1966

Oben und großes Bild rechts: Das Weser-Stadion zeigte sich im Jahr 1973 nach dem Umbau der alten Südtribüne als erstmalig runderneuerte Betonschüssel. Westkurve, Nordgerade und Ostkurve stellen sich als durchgängiger, nicht voneinander getrennter Ring dar (siehe Grafik). Direkt an der Weser erkennt man die alte Kiesbaggerei

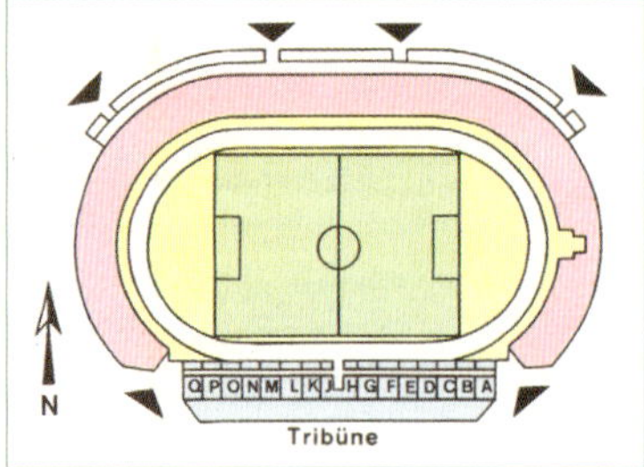

Unten: Blick aus der Ostkurve ins Stadion anno 1974 und 1994: Nur am Standort des Fotografen ist alles unverändert, die übrigen drei Tribünen wurden komplett erneuert. Man beachte auch den gewissen Unterschied zwischen beiden Flutlichtmastenmodellen

Nach der Überdachung und Modernisierung der Südtribüne 1973 waren 1978 Finanzierung und Bau der neuen Nordtribüne ein Kraftakt für den Verein. Für den Fan änderte sich einiges: Anders als vorher gab es nun keine reine Stehplatzgerade mehr, und auch der direkte Durchgang zwischen Ost- und Westkurve war nicht mehr möglich (siehe Grafik). Durch die neu entstandenen Werbeflächen (damals noch ungewöhnlich in den Stadien der Bundesliga) konnte ein beträchtlicher Teil der Baukosten schnell wieder hereingeholt werden

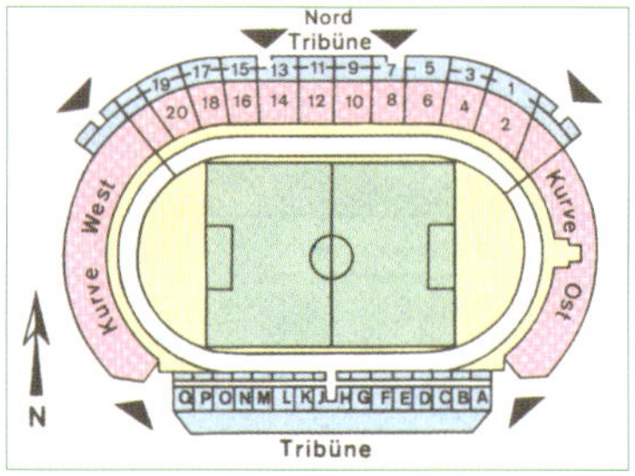

Das Stadion in den Jahren zwischen 1979 und 1988. Im Jahr der Deutschen Meisterschaft 1988 gewöhnten sich die Fans dann kurzzeitig an den freien Blick auf die Weser: Die Westkurve wurde abgerissen und neu erbaut

Links erkennen wir die Baumaßnahmen an der rechten Hälfte der Südtribüne 1992, während deren linke Hälfte schon fertig gestellt ist. Die Ostkurvenfans standen fortan als Einzige im Regen

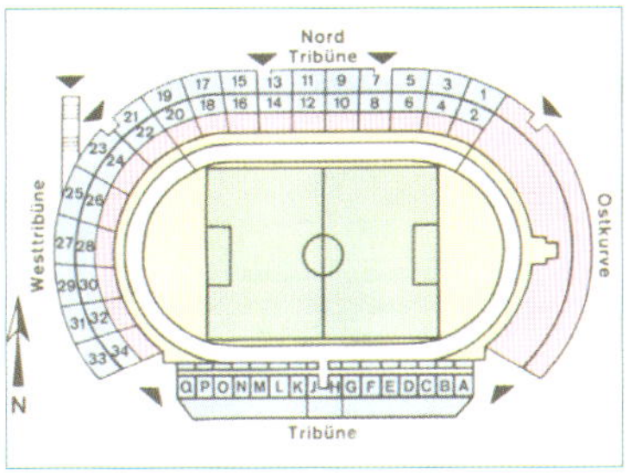

1992 wird die Südtribüne umfangreich neu gebaut. Die rechte Hälfte der zuletzt 1973 modernisierten alten Tribüne ist bereits abgetragen. Wir sehen noch die alte Sprecherkabine und in der Bildmitte dahinter die bereits halb abgerissenen Räume der ehemaligen Stadiongaststätte

Nach der Meisterschaft 1988 bekam das Weser-Stadion seine erste »richtige« Anzeigentafel in der Ostkurve. Die alte, von Hand bediente Nummerntafel oberhalb des alten Marathontors hatte ausgedient

Nachdem das Stadion im Jahr 1997 eine neue Ostkurve mit einem fünfgeschossigen Mantelbau mit neuen Umkleidekabinen, Räumen für Fan-Projekt und Fan-Shop, neuer Werder-Geschäftsstelle und Werder-Jugendinternat sowie den ersten Großraumlogen der Bundesliga bekam, wurde im Jahr 2002 die Kapazität wieder um knapp 10.000 Plätze erhöht, indem das Spielfeld abgesenkt und die Laufbahn beseitigt wurde. Die Bilder ganz oben und links zeigen das Weser-Stadion nach Beendigung dieser Baumaßnahmen. Rechts sehen wir einen Blick von der Nordtribüne nach dem letzten Umbau 2004

2008 – Die Zukunft?

So könnte das Weser-Stadion im Jahr 2008 aussehen: Kapazität 55.000 Plätze, rundum überdacht, ein reines Fußballstadion in wunderschöner Lage. Die Form der alten Kurven wird beibehalten und in einen Multifunktionsbereich umgestaltet, der u.a. Gastronomie enthalten könnte. Unmittelbar hinter die Tore werden neue, gerade Tribünen gebaut. Äußerlich werden Bausünden der Vergangenheit bereinigt, indem durch eine neue Stadionfassade die in der Vergangenheit optisch nicht immer aufeinander abgestimmten baulichen Veränderungen des Stadions harmonisiert werden. Sollte es zu diesem Stadion nach Entwürfen des renommierten Bremer Architekten Thomas Klumpp kommen, so hätte Werder ein Juwel als Spielstätte, an dem man dann kaum noch etwas verbessern könnte: Eine hochmoderne, stimmungsvolle Arena mit einem für Bremen perfekten Fassungsvermögen

1984/85: Die Geburt Ottos II.

Oben v.l.:
Masseur Kienert, Physiotherapeut Andrae, D. Lellek, Neubarth, Pezzey, Siegmann, Gruber, Wolter, Ruländer, Ordenewitz, Völler, Schaaf, Trainer Rehhagel
Unten v.l.:
Okudera, Reinders, Meier, Funk, Möhlmann, Burdenski, Sidka, Hermann, Otten, Trainerassistent Kamp

Ein Jahr nach der kostspieligen Verpflichtung des in seinem ersten Werder-Jahr eher blass gebliebenen Bruno Pezzey verhielt sich Werder auf dem Transfermarkt zurückhaltend. Das frühe Aus im UEFA-Cup und das letztlich eher etwas ernüchternde Abschneiden im Kampf um die Meisterschaft verhinderten ein nennenswertes Auffüllen der Vereinsschatulle. Beim traditionellen Fototermin gab es keine neuen Völlers oder Pezzeys zu bewundern. Genau genommen begrüßten die Werder-Profis nur Kollegen aus der eigenen Amateurabteilung, einen jungen Flitzer aus Hamburgs Verbandsliga und einen fast 30-jährigen Abwehrrecken vom Absteiger Kickers Offenbach, und der ließ sich sogar vorerst noch entschuldigen. Dennoch gelang allen Beteiligten eine Saison, die rundum als Erfolg zu werten war: Werder gelang die Rückkehr in die Ligaspitze.

Schon unmittelbar vor Saisonbeginn glückte Werder ein Kraftakt, der als einer der größten Erfolge der achtziger Jahre zu werten ist, obwohl er sich nicht im Weser-Stadion, sondern im Szene-Café »Casablanca« zutrug: Der mittlerweile von praktisch allen großen europäischen Vereinen gejagte Rudi Völler verlängerte seinen Vertrag beim SV Werder bis 1987. Niemand hatte damit ernsthaft gerechnet, weil Vereine wie Barcelona und der AC Mailand schon allzu penetrant mit allzu dicken Geldbündeln allzu selbstsicher gewedelt hatten. Und auch Bayern München war sich eigentlich schon sehr sicher, Rudi Völler

Rechts: Ein kompletter Abwehrspieler: Bruno Pezzey gefiel durch Übersicht, Spielintelligenz, Robustheit und Torgefahr. Der Abwehrchef erzielte 1984/85 beachtliche sechs Tore

in absehbarer Zeit an der Isar begrüßen zu können, woraufhin der Superstar sympathischerweise später kundtat: »Also, zu den Bayern werde ich mit großer Sicherheit nie gehen.«

Möglich gemacht hatte diese aufsehenerregende Vertragsverlängerung eine Einrichtung, die an die Stelle der schon erwähnten »Torjäger GmbH« trat: Die »Werder-Werbe-GmbH« war ebenso ein Zusammenschluss potenter Werder-Sponsoren, der sich um den Verbleib des SVW in der Spitzengruppe der Bundesliga verdient machen wollte. Meyerhoff, Beck's und einige wenige andere Werder-Freunde stellten zu einem wesentlichen Teil die Gelder bereit, die Rudi Völler zur Vertragsverlängerung bewegen konnten. Werder musste also nur einen Teil der geschätzten 600.000 DM Jahresgehalt berappen.

Weitaus preisgünstiger kamen die schon kurz erwähnten Neuverpflichtungen. Die Amateure Günter Hermann, Dirk Lellek und Frank Ordenewitz wurden der Presse als neue Gesichter vorgestellt, obwohl alle drei ihre Bundesligapremiere schon lange hinter sich hatten. Der einzig wirklich Neue war zunächst ein athletischer blonder Hamburger Junge, der eine Tradition fortsetzte, die Fans und Verein manch schadenfrohen Blick gen Hamburg schweifen ließ, denn der besagte Blonde hieß Thomas Wolter und war nach Norbert Meier und Frank Neubarth schon das dritte Hamburger Supertalent innerhalb weniger Jahre, das erst vom HSV verkannt, dann von Werder geangelt und später sogar in die Nationalelf berufen wurde. Und kurz vor dem Saisonauftakt gelang Werder noch die Verpflichtung des 29-jährigen Michael Kutzop, der nach dem Abstieg der Offenbacher Kickers fast schon bei Bayer Uerdingen angeheuert hatte. Seltsame Kapriolen des Transfermarktes: Offenbach wollte für den Freistoßspezialisten 600.000 DM haben, Uerdingen jedoch nur 350.000 DM zahlen. Nachdem beide sich nicht geeinigt hatten, bekam Werder den Hünen komischerweise für 220.000 DM. Für Gesprächsstoff hatte der gute Kumpel von Rudi Völler in der Vorsaison gesorgt, weil er bei der 3:7-Heimniederlage der Hessen gegen Werder aus freundschaftlicher Verbundenheit die Deckungsarbeit weitestgehend unterlassen hatte. Rudi Völler zauberte und traf, Kutzop auch – ins eigene Tor, das damals der bedauernswerte Oliver Reck hütete.

Michael Kutzop blieb der einzige namhafte Zugang einer Saison, die trotz einer dünneren Personaldecke (die langjährigen Leistungsträger Kamp und Bracht hatten sich ebenso verabschiedet wie die lebende Legende Klaus Fichtel) zu einer runden Sache mit lediglich winzigen Schönheitsfehlern wurde.

Seine Ablösesumme zahlte Kutzop in seinem ersten Bundesligaspiel beinahe schon komplett zurück: Nach einem zähen Fight traf er kurz vor Schluss zum goldenen 1:0 im Auftaktspiel gegen Bayer Uerdingen, seinen Beinahe-Club. Das 2:4 in der darauffolgenden Woche bei den wiedererstarkten Bayern rief Werders zeitweilige Auswärtsschwäche der Vorsaison schmerzlich in Erinnerung, aber diese bösen Ahnungen waren nun von denkbar kurzer Dauer. Am 3. und 4. Spieltag lieferte Werder gleich zwei Galavorstellungen ab, die die Mannschaft auf Platz 3 hievten und an die Glanzleistungen der Vizemeistersaison 1983 erinnerten: Erst wurde der 1. FC Köln mit 6:2 aus dem Weser-Stadion geprügelt (drei Tore von Norbert Meier!), ehe der amtierende Meister VfB Stuttgart sogar auswärts mit 3:1 gedemütigt wurde. Vor allem der hohe Heimsieg gegen die Kölner wurde kennzeichnend für die Saison. Werder gelangen Kantersiege gleich als Massenanfertigung – ein nie gekanntes Hochgefühl für Verein und Fans: 5:2 gegen den HSV, 7:1 gegen Karlsruhe, 6:0 gegen Borussia Dortmund, 6:1 gegen Kaiserslautern. Der SVW schien sich unaufhaltsam in Richtung Meisterschaft zu siegen. Je weiter die Saison fortschritt, um so klarer schieden Meister Stuttgart und Mitfavorit HSV aus dem Meisterschaftsrennen aus. Werder und die Bayern lieferten sich zum allerersten Mal einen reinen Titelzweikampf. Im Frühling 1985 trieben Völler und Co. die Münchner Bayern monatelang vor sich her. Fast die gesamte Rückrunde hindurch hatten die Bayern zwei Punkte Vorsprung vor Werder. Selten mehr, selten weniger. Werder marschierte vor allem, weil Rudi Völler seine ohnehin schon beeindruckende Treffsicherheit noch einmal steigerte und grandiose 25 Mal traf. Und der im Vorjahr schon als teurer Mitläufer gescholtene Libero Bruno Pezzey fand den Weg zurück zu alter Weltklasse. Frank Neubarth entwickelte sich zum ligaweit ge-

Eine Sternstunde: Am 20. Oktober 1984 walzt Werder den HSV im Weser-Stadion nach 0:1-Rückstand noch mit 5:2 nieder. Otto Rehhagel bejubelt mit Rudi Völler dessen Führungstor zum 2:1

Aus Werders Abwehrchef Klaus Fichtel (linkes Bild) wurde im hohen Fußballeralter noch einmal ein Gegner: Uwe Reinders hätte bei Fichtels Abschied aus Bremen nicht unbedingt damit gerechnet, den 41-jährigen noch mal als Gegenspieler im Weser-Stadion begrüßen zu dürfen. Am 30. März 1985 verließ »Tanne« den Platz jedoch als Verlierer: Werder behielt mit 2:1 die Oberhand

fürchteten Kopfball-Ungeheuer. Und selbst der gute alte Uwe Reinders als der am wenigsten effektive Stürmer traf noch 12 Mal ins Schwarze.

Die Meisterschaft entschied sich am allerletzten Spieltag. Werder hatte das beste Torverhältnis aller Teams, musste aber mit zwei Punkten Rückstand auf die Bayern nach Dortmund reisen, während Matthäus und Co. sich zur leichteren Aufgabe auf den Weg nach Braunschweig machten. Das Herzschlagfinale blieb dummerweise aus: Bei Halbzeit stand es auf beiden Plätzen noch 0:0, aber als die Bayern in Braunschweig durch Dieter Hoeneß in Führung gingen, war Werder geschlagen. Nach Dortmunds Toren durch Schüler und Egli sogar doppelt. Die Bayern holten sich verdientermaßen die Meisterschale. Werder wurde zum zweiten Mal in drei Jahren Vizemeister, und Udo Lattek ersann fix den Schmähnamen »Otto der II.« für seinen angehenden Intimfeind Rehhagel.

Zum Problem für die zweitbeste Mannschaft Deutschlands wurden kurioserweise die eigenen Fans. Deren Erwartungshaltung stieß dem Beinahe-Meistertrainer Otto Rehhagel sauer auf. Rehhagel bremste und bremste und bremste. Natürlich ersehnten sie den ersten Meistertitel seit 1965 – alle bei Werder taten das! Aber die Ungeduld wuchs, weil die Tabellenspitze permanent wie eine Mohrrübe vor der Nase baumelte, und Werder strampelte sich ab wie der Esel, der nie zum Zubeißen kommt.

Werders Anhänger hätten schon mächtig Appetit auf diese leckere Meister-Mohrrübe gehabt. Und wenn man so sehr hungert, dann mag man die Dinge nicht mehr hören, die Otto die gesamte Rückrunde über öffentlich herunterbetete: »Wir sind zwar gut, aber nicht gut genug für die Meisterschaft!« Die Fans wollten das nicht wahrhaben: Sie standen mit ihrer Lieblingself auf Platz zwei, ready to take off. Die Bayern schienen oft fällig, doch immer wenn die Euphorie so richtig durch die Hansestadt schwappte, ver(reh)hagelte der Erfolgstrainer die Meisterlaune: »Deutscher Meister wird man nicht mit dem Mund!«, pflegte der sture Westfale zu mahnen. Im Heimspiel gegen Bayer Leverkusen am 29. Spieltag kulminierte die Diskrepanz zwischen Erwartungshaltung und Realität auf schmerzhafte Weise: Ganze sechs Spieltage vor Schluss waren enttäuschende 18.000 Fans ins Weser-Stadion gekommen und hofften zum x-ten Male auf die Eroberung der Tabellenspitze. Als aus dem 2:0 gegen die Werkself ein 2:1 wurde, wuchs der Unmut. Werder wurde von den eigenen Fans ausgepfiffen und mit »Aufhören!«-Rufen bedacht. Das wankende Team musste noch das 2:2 hinnehmen und verlor einen weiteren wichtigen Punkt im Titelkampf.

Dass es nichts werden kann mit dem Titelgewinn, hätte allen aber viel früher klar sein müssen. Schon im Frühjahr hatte BILD-Kolumnist Max Merkel Werder die Meisterschaft vorausgesagt. Klar, dass damit die tatsächlichen Aussichten auf den Triumph gegen Null sanken.

Wenn sie aufeinandertrafen, brannte die Luft: Der beste Abwehrspieler seiner Zeit gegen den besten Stürmer des Landes! Die Nationalelf-Kollegen Rudi Völler und Karl-Heinz Förster schenkten sich nichts und bereiteten sich gegenseitig auf dem Spielfeld jede Menge Kopfzerbrechen

WERDER BREMEN 1984/85

Trainer

Rehhagel, Otto
Verantwortlicher Trainer in allen 34 Spielen der Saison

Tor

Burdenski, Dieter »Budde«
34 Spiele; 0 Tore

Funk, Klaus
0 Spiele; 0 Tore

Abwehr

Pezzey, Bruno
33 Spiele; 6 Tore

Okudera, Yasuhiko »Oku«
33 Spiele; 3 Tore

Schaaf, Thomas
32 Spiele; 1 Tor

Mittelfeld

Möhlmann, Benno
34 Spiele; 7 Tore

Sidka, Wolfgang
32 Spiele; 4 Tore

Hermann, Günter »Jimmy«
31 Spiele; 2 Tore

Angriff

Völler, Rudi
32 Spiele; 25 Tore

Neubarth, Frank »Socrates«
31 Spiele; 14 Tore

Reinders, Uwe
28 Spiele; 12 Tore

Erweiterter Kader

Sauer, Gunnar
1 Spiel; 0 Tore
Amateur

Werders Neuzugänge im Sommer 1984

Orgelpfeifen: Vor Saisonbeginn begrüßte Otto Rehhagel lediglich drei Eigengewächse und ein Hamburger Amateurtalent: Die Neuen Dirk Lellek, Thomas Wolter und Frank Ordenewitz wurden später noch durch Michael Kutzop (Kickers Offenbach) ergänzt. Günter Hermann (rechts) stieß eigentlich schon in der Vorsaison zum Kader

Wer kam?

Kutzop (Kickers Offenbach)
Lellek (eig. Amateure)
Ordenewitz (eig. Amateure)
Wolter (HEBC Hamburg)

Wer ging?

Böhnke (1. FC Bocholt)
Bracht (Sportinvalide)
Fichtel (Schalke 04)
Kamp (Karriereende, Trainerassistent bei Werder)
Ruländer (an FC St. Pauli ausgeliehen, w.d.S.)

w.d.S. = während der Saison

1984/85

Der Sport-Verein »Werder« im Jahr 1984/85:

Präsident:	**Dr. Franz Böhmert**
Vizepräsident:	**Klaus-Dieter Fischer (Amateur-Abt.)**
3. Präsident:	**K.-H. Hohnhorst (Finanzen, Werbung)**
Geschäftsführer:	**Wolfgang Barkhausen**
Manager:	**Willi Lemke**
Vereinsarzt:	**Dr. Rudolf Wiedenmann**
Masseure:	**Peter Kienert, Peter Andrae**
Mitglieder:	**2.355**
Kapazität Weser-Stadion:	**40.000 Plätze (15.000 überdachte Sitz- und 5.000 überdachte Stehplätze)**

Otten, Jonny
32 Spiele; 0 Tore

Kutzop, Michael »Kutzi«
24 Spiele; 2 Tore

Lellek, Dirk
3 Spiele; 0 Tore
Amateur

Gruber, Rigobert »Rigo«
0 Spiele; 0 Tore

Ruländer, Matthias
0 Spiele; 0 Tore

Siegmann, Norbert »Zico«
0 Spiele; 0 Tore

Meier, Norbert
30 Spiele; 7 Tore

Wolter, Thomas »Stonie«
3 Spiele; 0 Tore

Ordenewitz, Frank »Otze«
9 Spiele; 1 Tor; Amateur

In Freundschaftsspielen eingesetzt:

Düsseldorf, Oliver (Abwehr)
Hanses, Christoph (Mittelfeld)
Klüver, Ralf (Mittelfeld)
Kröger, Fred (Tor)
Noruschat, Axel (Abwehr)
Tettenborn, Andrè (Mittelfeld)

Nationalspieler: Uwe Reinders im WM-Aufgebot 1982

Uwe Reinders: » … den Fußballer kritisieren, aber nicht den Menschen!«

An Rudi Völlers Seite wurde ein Spieler zum Idol, der zu Beginn seines Werder-Engagements fürchterlich enttäuschte und schon so gut wie verkauft war. Auf seiner Parade-Position des Rechtsaußen wurde der bullige, kopfballstarke Riese bald jedoch zu einem der torgefährlichsten Spieler der Bundesliga. Er schaffte zwischenzeitlich den Sprung in Jupp Derwalls Nationalmannschaft und nahm an der WM 1982 teil. Immer schon bediente Reinders jedoch auch das Image des lockeren Vogels, der sein Geld verzockt, mal eine mitraucht und mal einen mittrinkt. Ein Kumpel halt.

Rudi Assauer hatte Uwe Reinders 1977 als Sturmhoffnung verpflichtet. Der Essener versagte zunächst auf der ganzen Linie und galt bereits als aussortiert, bevor er sich doch noch durchsetzte.

Ich habe vorher bei Schwarz-Weiß Essen in der zweiten Liga gespielt und erst einmal mit Borussia Dortmund verhandelt. Die wollten mich auch haben. Der damalige Trainer beim BVB war übrigens Otto Rehhagel. Ich habe auch mit dem VfL Bochum verhandelt, und dann kam die Anfrage aus Bremen. Dortmund und Bochum wären zwar nahe der Heimat gewesen, aber bei Werder habe ich die größten Möglichkeiten gesehen, auch zu spielen. Man hatte mich als Nachfolger für Werner Görts ausgeguckt, der seine letzte Saison spielen wollte. Deshalb habe ich mich damals für Werder entschieden.

Weshalb waren Sie bei Werder schon nach einem Jahr so gut wie erledigt?

Wenn man als junger, neuer Spieler in einen Verein kommt, wo sowieso schon Unruhe herrscht und wo es nicht sehr harmonisch läuft, dann ist das eine ganz schlechte Voraussetzung, sich zu behaupten. Unser Trainer haute in der Winterpause aus dem Trainingslager ab, das reinste Chaos. Und ich musste mich ja auch erst mal etablieren und an die erste Liga gewöhnen. Assauer hat mich in dieser ersten Saison sehr hart kritisiert. Gut, er hatte sich natürlich mehr erhofft, und das habe ich eben nicht gebracht. Aus welchen Gründen auch immer. Assauer war damals schon nicht mein Freund und ist es auch heute nicht. Den Mann mag ich nicht.

Reinders' erster Tag bei Werder: Trainingsauftakt 1977. Neben dem Sturmtank (v.l.) Dimitrios Daras und Werner Dressel

Sie blühten mit 16 Toren erst in Werders Zweitligasaison so richtig auf, in der ja die spätere große Mannschaft der achtziger Jahre geboren wurde. Wie ist es zu erklären, dass diese Mannschaft sich so entwickeln konnte?

Da hat natürlich nach der ersten Halbserie Otto Rehhagel einen Riesenanteil, der die Mannschaft so geformt hat, dass sie zu diesen Leistungen fähig war. Man hat bei ihm sofort gemerkt, dass er ein Trainer vom Fach war. Und er war menschlich und hat sich um jeden von uns gekümmert. Mit Problemen konnte man immer zu ihm kommen. Als die Mannschaft dann endlich reif für die Meisterschaft war, war ich schon weg. Ich wäre gerne etwas jünger gewesen und hätte in Bremen noch einen Titel gewonnen. Andererseits habe ich auch in Frankreich bei Girondins Bordeaux gespielt und hatte auch dort eine sensationelle Zeit, und bei zwei Vereinen zugleich kann man ja nun mal nicht spielen. Ich stand bei Girondins in einer Mannschaft mit Giresse, Tigana, Battiston … eine herrliche Zeit!

Auf Ihrem Konto stehen nur vier Länderspiele. War da nicht mehr möglich?

Doch, sicher! Es war damals einfach schwieriger, in den Kreis der Nationalmannschaft zu kommen als heute. Früher gab es ungleich mehr gute deutsche Fußballer in der Bundesliga. Heute bist Du ratzfatz Nationalspieler, wenn du gut bist. Wobei ich es nicht für gut und gesund halte, dass Spieler schon nach fünf Bundesligaspielen Nationalspieler werden. Ich selbst hatte viel Pech. Ich habe mich ja bei der WM 1982 verletzt und konnte danach sechs Monate nicht spielen, und in dieser Zeit ist eben eine neue Nationalmannschaft aufgebaut worden.

Sie wurden stets geliebt als Lieferant besonderer Tore …

Stimmt. Zuerst wird natürlich immer über mein Einwurftor gegen Jean-Marie Pfaff 1982 geredet. Für mich war es schon das zweite Tor dieser Art. Ich hatte bei Schwarz-Weiß Essen auch schon mal einen Ball ins Tor geworfen. Weil das Einwurf-Tor gegen die Bayern aber offiziell ein Eigentor des Torwartes war, durfte es nicht zum »Tor des Monats« gewählt werden. Das habe ich dann später nachgeholt mit einem Tor gegen den HSV. Ein Alleingang von der Mittellinie. Langgezogener Sprint, dann habe ich zwei oder drei Leute ausgespielt, den Torwart Uli Stein auch noch, und dann habe ich den Ball ins leere Tor geschoben.

Lange nach Ihrer aktiven Karriere wurde im Weser-Stadion noch einmal lautstark Ihr Name gerufen: 1991, im März. Werder verlor zu Hause sang- und klanglos mit 1:3 gegen die Stuttgarter Kickers, und Tausende forderten Sie als neuen Werder-Trainer, weil Otto Rehhagel in diesem Jahr in der Bundesliga nicht viel Glück hatte.

Es hat mich einerseits gefreut, in Bremen immer noch so beliebt gewesen zu sein. Ich habe damals Riesenerfolge in Braunschweig und in Rostock gehabt. Ich habe aber an jenem Freitagabend, da kann ich mich noch gut daran erinnern, mit Otto Rehhagel abgesprochen, dass ich auf gar keinen Fall ins Stadion gehen werde. Ich wollte diese Stimmung gegen ihn nicht noch forcieren. Wenn ich da erschienen wäre, dann wäre es mit Sicherheit noch etwas lauter geworden und genau das wollte ich ihm nicht antun. Ich bin also zuhause geblieben an diesem Wochenende. Ich habe Rehhagel viel zuviel zu verdanken. Deshalb habe ich großen Respekt vor ihm. Ich war auch der erste seiner Spieler, dem er später das ›Du‹ angeboten hat. Aus unserem zunächst beruflichen Verhältnis ist eine Freundschaft geworden. Wir sind beide Essener, und nach anfänglichen Schwierigkeiten hatte ich damals als Spieler begriffen, was er von mir wollte und was ich tun muss, um mein Potential auszuschöpfen. Dafür bin ich ihm ewig sehr dankbar.

Sie selbst sind Trainer geworden und haben u.a. Hansa Rostock zum letzten DDR-Meistertitel geführt. Was haben Sie von Otto Rehhagel gelernt?

In erster Linie, dass man zwar einen Fußballer kritisieren darf, aber niemals den Menschen. Man muss einfach den Respekt vor dem Menschen behalten, auch wenn er mal schlecht Fußball gespielt hat.

Das verrückteste von 18718 Bundesliga-Toren
Echte Handarbeit von Reinders

Deutschland lacht und staunt:
Reinders warf Jahrhundert-Tor

Reinders grinst über sein „Schlitzohr-Tor" (rechts). Für BILD zeigt er noch mal, wie er's gemacht hat. Mit der rechten Hand (Spannweite vom kleinen Finger bis Daumen 24 Zentimeter) schnappt er sich den Ball: „Dann der Einwurf, Pfaff und Tor"

Das kurioseste Tor zum Bundesliga-Auftakt:
Pfaff lenkte Reinders-Einwurf ins Netz

Das unmöglichste Tor der Bundesliga

Spielerlaufbahn:

1974–77	SW Essen
1977–85	Werder Bremen
1985–86/87	Girondins Bordeaux
1986/87	Stade Rennes
1987/88	Eintr. Braunschweig (Spielertrainer)

Trainerlaufbahn:

1987–90	Eintr. Braunschweig (Spielertrainer)
1990–91/92	Hansa Rostock
1991/92–93	MSV Duisburg
1993/94	Hertha BSC Berlin
1996/97	Sachsen Leipzig
2002–04	Eintracht Braunschweig
2004/05	1. FC Pforzheim
2005/06	Brinkumer SV

Zwei Sternstunden in der Karriere des Uwe Reinders: Links erzielte er mit Hilfe von Bayern-Keeper Jean-Marie Pfaff sein berühmtestes Tor. Wenige Wochen zuvor hatte er bei der WM in Spanien sein einziges Länderspieltor erzielt: Kurz nach seiner Einwechslung traf der Werderaner beim 4:1 gegen Chile

Alle Spiele 1984/85

17.07.1984
Freundschaftsspiel
SV Strand 08 – W. Bremen 1:8 (0:4)
Aufstellung: Burdenski (46. Funk) – Hermann (46. Völler) – Schaaf, Siegmann, Otten – Wolter (46. D. Lellek), Sidka, Okudera – Reinders, Neubarth, Meier
Trainer: Rehhagel
Tore: 0:1 Wolter (5.), 0:2 Reinders (8.), 0:3 Flemming (11. ET), 0:4 Hermann (42.), 1:4 Dahmke (60.), 1:5 Völler (67.), 1:6 Sidka (83.), 1:7 Völler (86.), 1:8 Meier (88.)
Besonderheit: Das 0:3 entspringt zum zweiten Mal nach 1982 einem »Einwurf-Tor« von Uwe Reinders.
Zuschauer: 2.200

19.07.1984
Freundschaftsspiel
Itzehoer SV – W. Bremen 1:2 (1:0)
Aufstellung: Burdenski – Schaaf, Sidka, Siegmann, Otten (22. Hermann) – D. Lellek, Meier, Okudera – Reinders, Völler (43. Ordenewitz), Neubarth
Trainer: Rehhagel
Tore: 1:0 Sobottka (2.), 1:1 Reinders (62.), 1:2 Reinders (89.)
Besondere Vorkommnisse: Rote Karten für Siegmann und Meier (43.); Reinders schießt FE am Tor vorbei (67.)
Zuschauer: 3.600

22.07.1984
Freundschaftsspiel
Olympia Wilhelmshaven – W. B. 0:4 (0:2)
Aufstellung: Burdenski – Schaaf, Sidka, D. Lellek, Noruschat – Sauer, Hermann, Okudera, Reinders – Neubarth, Ordenewitz
Trainer: Rehhagel
Tore: 0:1 Reinders (34.), 0:2 Hermann (35.), 0:3 Schaaf (55.), 0:4 Neubarth (87.)
Zuschauer: 2.500

25.07.1984
Internationales Freundschaftsspiel
W. Bremen – AEK Athen 5:3 (1:1)
Aufstellung: Burdenski – Sauer, Sidka, D. Lellek, Otten – Schaaf, Hermann, Okudera (87. Tettenborn) – Reinders, Neubarth, Ordenewitz
Trainer: Rehhagel
Tore: 0:1 Navros (18.), 1:1 Neubarth (44.), 2:1 Neubarth (54.), 3:1 Sidka (57.), 4:1 Neubarth (60.), 4:2 Dintsicos (74.), 5:2 Ordenewitz (81.), 5:3 Dintsicos (89.)
Zuschauer: 1.600 in Hänigsen

28.07.1984
Internationales Freundschaftsspiel
FC 02 Aarau – W. Bremen 0:0
Aufstellung: Funk – Sidka, Noruschat, D. Lellek (70. Hanses), Otten – Schaaf, Okudera, Sauer, Hermann – Reinders, Neubarth
Trainer: Rehhagel
Tore: –
Zuschauer: 1.500 in Olten

03.08.1984
Internationales Freundschaftsspiel
W. Bremen – Honved Budapest 1:4 (0:3)
Aufstellung: Kröger – Schaaf, Sidka, Kutzop, Otten – Hermann (73. Sauer), Okudera, Noruschat (46. Ordenewitz) – Reinders, Neubarth, Völler
Trainer: Rehhagel
Tore: 0:1 Dajka (11.), 0:2 Bodonyi (19.), 0:3 Esterhazy (30.), 1:3 Völler (51.), 1:4 Varga (52. FE)
Zuschauer: 2.000 in Hildesheim

05.08.1984
Internationales Freundschaftsspiel
W. Bremen – Dynamo Bukarest 2:4 (0:2)
Aufstellung: Funk – Sauer (39. Neubarth), Kutzop, Sidka, Otten – Schaaf, Hermann, Okudera, Noruschat – Völler, Reinders (80. Ordenewitz)
Trainer: Rehhagel
Tore: 0:1 Orat (6.), 0:2 Tulka (41.), 0:3 Maltescu (58.), 0:4 Augustin (76.), 1:4 Völler (82.), 2:4 Völler (89.)
Zuschauer: 4.000 in Varel

10.08.1984
Internationales Freundschaftsspiel
Austria Wien – W. Bremen 3:0 (1:0)
Aufstellung: Funk – Schaaf, Pezzey, Kutzop, Otten – Hermann (46. D. Lellek), Sidka, Okudera – Reinders (46. Ordenewitz), Neubarth, Völler
Trainer: Rehhagel
Tore: 1:0 Mustedanagic (37.), 2:0 Prohaska (77. FE), 3:0 Drabits (80.)
Zuschauer: 5.500

12.08.1984
Freundschaftsspiel
FC Schüttorf 09 – W. Bremen 1:13 (1:7)
Aufstellung: Funk – Schaaf, Pezzey, Kutzop, Otten – Sidka, Hermann, Okudera – Reinders, Völler, Neubarth (70. Klüver)
Trainer: Rehhagel
Torschützen für Werder: Völler (7), Reinders (3), Pezzey, Neubarth, Hermann
Zuschauer: 2.500

14.08.1984
Internationales Freundschaftsspiel
W. Bremen – West Ham United 2:1 (2:1)
Aufstellung: Funk – Schaaf, Pezzey, D. Lellek (46. Kutzop), Otten – Sidka, Meier, Okudera – Reinders (86. Ordenewitz), Neubarth (46. Hermann), Völler
Trainer: Rehhagel
Tore: 0:1 Whitton (9.), 1:1 Meier (20.), 2:1 Sidka (37.)
Zuschauer: 9.500

19.08.1984
Freundschaftsspiel
VfR Wilsche-Neubokel – W. B. 1:11 (0:5)
Aufstellung: Burdenski – Schaaf (60. Ruländer), Pezzey, Kutzop, Otten (30. Hermann) – Möhlmann, Sidka, Okudera – Meier, Völler, Reinders (83. Funk)
Trainer: Rehhagel
Torschützen für Werder: Hermann (2), Sidka (2), Reinders (2), Völler (2), Pezzey, Möhlmann, Meier
Besonderheit: Ersatztorwart Klaus Funk musste für den angeschlagenen Uwe Reinders als Stürmer eingewechselt werden, da Werder keine weiteren Feldspieler mehr zur Verfügung hatte
Zuschauer: 2.200

24.08.1984
Bundesliga, 1. Spieltag
W. Bremen – Bayer 05 Uerdingen 1:0 (0:0)
Aufstellung: Burdenski – Schaaf, Pezzey, Kutzop, Otten (52. Hermann) – Möhlmann (75. Neubarth), Sidka, Okudera, Meier – Reinders, Völler
Trainer: Rehhagel
Tor: 1:0 Kutzop (86.)
Zuschauer: 18.000

29.08.1984
Bundesliga, 2. Spieltag
FC Bayern München – W. Bremen 4:2 (2:1)
Aufstellung: Burdenski – Schaaf, Pezzey, Kutzop, Otten (70. Hermann) – Möhlmann, Sidka, Okudera, Meier (47. Neubarth) – Reinders, Völler
Trainer: Rehhagel
Tore: 1:0 M. Rummenigge (15.), 2:0 Lerby (39.), 2:1 Pezzey (43.), 3:1 Lerby (53.), 3:2 Neubarth (61.), 4:2 Lerby (87.)
Zuschauer: 40.000

02.09.1984
DFB-Pokal, 1. Runde
OSC Bremerhaven – W. Bremen 0:4 (0:2)
Aufstellung: Burdenski – Schaaf, Pezzey (30. Hermann), Kutzop, Otten – Möhlmann, Sidka, Okudera, Meier – Reinders, Völler (49. Neubarth)
Trainer: Rehhagel
Tore: 0:1 Möhlmann (22.), 0:2 Möhlmann (37.), 0:3 Reinders (54. FE), 0:4 Otten (87.)
Zuschauer: 5.500

08.09.1984
Bundesliga, 3. Spieltag
W. Bremen – 1. FC Köln 6:2 (1:1)
Aufstellung: Burdenski – Schaaf, Pezzey, Otten, Okudera – Möhlmann, Sidka (30. Hermann), Meier (73. Kutzop) – Reinders, Neubarth, Völler
Trainer: Rehhagel
Tore: 1:0 Meier (20.), 1:1 K. Allofs (44.), 2:1 Reinders (47. FE), 3:1 Völler (48.), 4:1 Neubarth (52.), 5:1 Meier (64.), 6:1 Meier (65.), 6:2 Hartwig (76.)
Zuschauer: 22.000

15.09.1984
Bundesliga, 4. Spieltag
VfB Stuttgart – W. Bremen 1:3 (1:1)
Aufstellung: Burdenski – Schaaf, Pezzey, Kutzop, Otten – Sidka, Möhlmann, Okudera, Meier (84. D. Lellek) – Neubarth, Ordenewitz (72. Hermann)
Trainer: Rehhagel
Tore: 1:0 Claesen (5. FE), 1:1 Sidka (35. FE), 1:2 Meier (72.), 1:3 Kutzop (90.+4)
Zuschauer: 25.000

19.09.1984
UEFA-Cup, 1. Runde-Hinspiel
RSC Anderlecht – W. Bremen 1:0 (0:0)
Aufstellung: Burdenski – Schaaf (82. Hermann), Pezzey, Kutzop, Otten – Sidka, Möhlmann, Meier, Okudera – Neubarth (89. Siegmann), Völler
Trainer: Rehhagel
Tor: 1:0 Czerniatinski (87.)
Zuschauer: 36.000

22.09.1984
Bundesliga, 5. Spieltag
W. B. – SV Waldhof Mannheim 1:1 (0:1)
Aufstellung: Burdenski – Schaaf, Pezzey, Kutzop, Otten (46. Hermann) – Möhlmann, Sidka, Okudera, Meier (80. Ordenewitz) – Völler, Neubarth
Trainer: Rehhagel
Tore: 0:1 Schlindwein (3.), 1:1 Ordenewitz (83.)
Zuschauer: 18.000

29.09.1984
Bundesliga, 6. Spieltag
Fortuna Düsseldorf – W. Bremen 3:2 (2:0)
Aufstellung: Burdenski – Sidka, Pezzey, D. Lellek – Schaaf, Hermann, Möhlmann, Otten, Ordenewitz – Neubarth (79. Kutzop), Völler
Trainer: Rehhagel
Tore: 1:0 Thiele (28.), 2:0 Fach (40.), 2:1 Edvaldsson (48. ET), 3:1 Thiele (68.), 3:2 Möhlmann (77.)
Besonderes Vorkommnis: Burdenski hält FE von Zewe (52.)
Zuschauer: 15.000

03.10.1984
UEFA-Cup, 1. Runde-Rückspiel
W. Bremen – RSC Anderlecht 2:1 (0:0)
Aufstellung: Burdenski – Kutzop (46. Neubarth), Pezzey, Otten, Okudera – Schaaf, Sidka, Möhlmann, Meier – Reinders (57. Hermann), Völler
Trainer: Rehhagel
Tore: 1:0 Sidka (48. HE), 2:0 Sidka (61.), 2:1 Sidka (63. ET)
Zuschauer: 38.000

06.10.1984
Bundesliga, 7. Spieltag
W. Bremen – Eintracht Frankfurt 3:3 (2:1)
Aufstellung: Burdenski – Schaaf (63. Hermann), Pezzey, Kutzop, Otten – Möhlmann, Sidka, Okudera, Meier – Völler, Neubarth
Trainer: Rehhagel
Tore: 1:0 Pezzey (24.), 2:0 Möhlmann (43.), 2:1 Trieb (45.), 2:2 Berthold (59.), 2:3 Krämer (77.), 3:3 Pezzey (90.)
Zuschauer: 15.000

Ein Zweikampf zwischen Werder-Trainer Rehhagel und seinem ehemaligen Wunschstürmer Dieter Schatzschneider. »Schatz« hatte zwei Jahre vorher ein Angebot Werders abgelehnt und war über Umwege bei Schalke 04 gelandet

10.10.1984
Bundesliga, 8. Spieltag
FC Schalke 04 – W. Bremen 2:2 (1:1)
Aufstellung: Burdenski – Schaaf, Pezzey, Kutzop – Sidka, Möhlmann, Meier (70. Hermann), Okudera, Otten – Völler, Neubarth
Trainer: Rehhagel
Tore: 1:0 Thon (35.), 1:1 Neubarth (44.), 2:1 Täuber (56. FE), 2:2 Völler (57.)
Zuschauer: 20.500

20.10.1984
Bundesliga, 9. Spieltag
W. Bremen – Hamburger SV 5:2 (1:1)
Aufstellung: Burdenski – Okudera, Pezzey, Kutzop (64. D. Lellek), Otten – Möhlmann, Sidka, Meier – Reinders (46. Hermann), Neubarth, Völler
Trainer: Rehhagel
Tore: 0:1 von Heesen (42.), 1:1 Reinders (43.), 2:1 Völler (54.), 3:1 Neubarth (64.), 4:1 Meier (64.), 5:1 Völler (81.), 5:2 Kaltz (87.)
Zuschauer: 35.000

27.10.1984
Bundesliga, 10. Spieltag
Bor. M'gladbach – W. Bremen 1:1 (0:0)
Aufstellung: Burdenski – Schaaf, Pezzey, Otten – Hermann, Möhlmann, Sidka, Meier (65. Ordenewitz), Okudera – Völler (79. Kutzop), Neubarth
Trainer: Rehhagel
Tore: 1:0 Mill (47.), 1:1 Hannes (67. ET)
Zuschauer: 26.900

03.11.1984
Bundesliga, 11. Spieltag
W. Bremen – VfL Bochum 2:2 (1:0)
Aufstellung: Burdenski – Schaaf, Pezzey, Otten – Okudera, Möhlmann, Sidka, Meier, Hermann (59. Reinders) – Völler (73. Kutzop), Neubarth
Trainer: Rehhagel
Tore: 1:0 Völler (28.), 1:1 Knüwe (52.), 2:1 Schaaf (65.), 2:2 Schreier (80.)
Zuschauer: 23.800

10.11.1984
Bundesliga, 12. Spieltag
Bayer 04 Leverkusen – W. Bremen 0:0
Aufstellung: Burdenski – Otten, Pezzey, Okudera – Schaaf, Sidka, Möhlmann, Hermann, Meier – Reinders (73. Neubarth), Völler
Trainer: Rehhagel
Tore: –
Zuschauer: 10.000

14.11.1984
Bundesliga, 13. Spieltag
W. Bremen – Karlsruher SC 7:1 (4:1)
Aufstellung: Burdenski – Schaaf, Kutzop, Sidka, Otten – Möhlmann (78. Hermann), Meier (84. Ordenewitz), Okudera – Reinders, Völler, Neubarth
Trainer: Rehhagel
Tore: 0:1 Künast (12.), 1:1 Neubarth (28.), 2:1 Völler (36.), 3:1 Neubarth (40.), 4:1 Reinders (45.), 5:1 Völler (48.), 6:1 Neubarth (51.), 7:1 Reinders (88. FE)
Zuschauer: 14.500

17.11.1984
Bundesliga, 14. Spieltag
1. FC Kaiserslautern – W. Bremen 2:2 (0:1)
Aufstellung: Burdenski – Schaaf (72. Neubarth), Pezzey, Kutzop, Otten – Möhlmann, Hermann, Okudera, Meier – Reinders, Völler
Trainer: Rehhagel
Tore: 0:1 Reinders (33.), 0:2 Hermann (65.), 1:2 T. Allofs (80.), 2:2 Bold (84.)
Zuschauer: 18.850

21.11.1984
DFB-Pokal, 2. Runde
W. Bremen – SV Darmstadt 98 5:0 (5:0)
Aufstellung: Burdenski – Schaaf, Pezzey (45. Hermann), Kutzop, Otten – Möhlmann, Okudera, Meier – Neubarth, Völler, Reinders (72. Wolter)
Trainer: Rehhagel
Tore: 1:0 Neubarth (24.), 2:0 Reinders (27.), 3:0 Pezzey (37.), 4:0 Neubarth (42.), 5:0 Völler (43.)
Zuschauer: 4.500

24.11.1984
Bundesliga, 15. Spieltag
W. Bremen – Eintr. Braunschweig 4:1 (3:1)
Aufstellung: Burdenski – Schaaf, Pezzey, Kutzop, Otten – Möhlmann, Meier (73. Hermann), Okudera – Reinders (82. Wolter), Neubarth, Völler
Trainer: Rehhagel
Tore: 1:0 Neubarth (21.), 2:0 Neubarth (27.), 3:0 Völler (29.), 3:1 Kindermann (39.), 4:1 Völler (63.)
Zuschauer: 15.000

01.12.1984
Bundesliga, 16. Spieltag
Arminia Bielefeld – W. Bremen 3:4 (2:2)
Aufstellung: Burdenski – Sidka (76. Wolter), Pezzey, Otten – Schaaf, Möhlmann, Okudera, Meier – Reinders, Neubarth (23. Hermann), Völler
Trainer: Rehhagel
Tore: 0:1 Möhlmann (1.), 1:1 Reich (6.), 1:2 Neubarth (14.), 2:2 Reich (28. FE), 3:2 Reich (73.), 3:3 Reinders (81.), 3:4 Möhlmann (90.)
Zuschauer: 15.000

07.12.1984
Bundesliga, 17. Spieltag
W. Bremen – Borussia Dortmund 6:0 (3:0)
Aufstellung: Burdenski – Schaaf, Pezzey, Sidka, Otten – Okudera, Möhlmann (65. Hermann), Meier – Reinders (79. Wolter), Neubarth, Völler
Trainer: Rehhagel
Tore: 1:0 Neubarth (27.), 2:0 Reinders (35.), 3:0 Völler (40.), 4:0 Völler (50.), 5:0 Völler (64.), 6:0 Völler (67.)
Zuschauer: 19.000

12.12.1984
DFB-Pokal, Achtelfinale
SC Jülich 1910 – W. Bremen 2:4 (1:3)
Aufstellung: Burdenski – Schaaf, Pezzey, Otten – Okudera, Möhlmann (11. Wolter), Sidka, Hermann, Meier (84. Ordenewitz) – Völler, Reinders
Trainer: Rehhagel
Tore: 0:1 Reinders (7.), 0:2 Sidka (13.), 1:2 Nehl (21.), 1:3 Pezzey (43.), 2:3 Bertrams (61.), 2:4 Meier (74.)
Zuschauer: 5.000

19.01.1985
Freundschaftsspiel
FC St. Pauli – W. Bremen 2:3 (1:3)
Aufstellung: Burdenski – Schaaf, Pezzey, D. Lellek, Otten – Möhlmann, Sidka, Meier – Neubarth (17. Hermann, 78. Ordenewitz), Völler, Reinders (69. Wolter)
Trainer: Rehhagel
Tore: 0:1 Reinders (5.), 0:2 Völler (10.), 0:3 Sidka (16.), 1:3 Wenzel (27. HE), 2:3 Beermann (48.)
Zuschauer: 2.100

27.01.1985
Freundschaftsspiel
TuS Hessisch Oldendorf – W. B. 0:9 (0:3)
Aufstellung: Burdenski – Schaaf, Pezzey, Okudera, Otten – Möhlmann, Ordenewitz, Reinders – Hermann, Völler (46. D. Lellek), Meier
Trainer: Rehhagel
Tore: 0:1 Meier (29.), 0:2 Ordenewitz (32.), 0:3 Schaaf (44.), 0:4 Otten (59.), 0:5 Okudera (66.), 0:6 Reinders (81. FE), 0:7 Spieck (86. ET), 0:8 Pezzey (87.), 0:9 Reinders (89.)
Zuschauer: 750

30.01.1985
Freundschaftsspiel
1. FC Viersen – W. Bremen 2:2 (0:1)
Aufstellung: Burdenski – Schaaf, Okudera, Pezzey, Otten – Sidka (60. D. Lellek), Möhlmann, Hermann (72. Ordenewitz) – Meier, Neubarth, Reinders
Trainer: Rehhagel
Tore: 0:1 Möhlmann (4.), 1:1 Heym (57.), 1:2 Meier (80.), 2:2 Bergfeld (82.)
Zuschauer: 400

02.02.1985
Bundesliga, 18. Spieltag
Bayer 05 Uerdingen – W. Bremen 3:1 (1:0)
Aufstellung: Burdenski – Hermann, Pezzey, Otten, Okudera – Sidka, Möhlmann, Meier – Reinders, Neubarth, Völler
Trainer: Rehhagel
Tore: 1:0 Schäfer (13.), 2:0 Schäfer (67.), 2:1 Pezzey (70.), 3:1 Schäfer (76.)
Zuschauer: 13.000

1984/85 schon wieder 25 Tore in 32 Spielen – Rudi Völler bastelte bei Werder Bremen weiterhin fleißig an seinem Denkmal

09.02.1985
Bundesliga, 19. Spieltag
W. Bremen – FC Bayern München 4:2 (2:1)
Aufstellung: Burdenski – Schaaf, Pezzey, Otten, Okudera – Möhlmann, Sidka, Hermann, Meier – Völler, Reinders
Trainer: Rehhagel
Tore: 1:0 Völler (8.), 2:0 Reinders (12. FE), 2:1 Nachtweih (44.), 3:1 Hermann (48.), 3:2 Wohlfarth (61.), 4:2 Völler (71.)
Zuschauer: 40.500

24.02.1985
Freundschaftsspiel
Amisia Papenburg – W. Bremen 0:6 (0:3)
Aufstellung: Burdenski – Schaaf, Pezzey, Kutzop, Otten – Möhlmann, Hermann, Wolter, Okudera – Neubarth, Reinders
Trainer: Rehhagel
Tore: Neubarth (3), Pezzey, Schaaf, Reinders
Zuschauer: 2.500

02.03.1985
Bundesliga, 21. Spieltag
W. Bremen – VfB Stuttgart 3:1 (3:0)
Aufstellung: Burdenski – Schaaf, Pezzey, Kutzop, Otten – Möhlmann, Sidka (60. Hermann), Okudera, Meier (68. Neubarth) – Reinders, Völler
Trainer: Rehhagel
Tore: 1:0 Reinders (13.), 2:0 Sidka (26.), 3:0 Völler (40.), 3:1 Kempe (88.)
Zuschauer: 21.000

09.03.1985
Bundesliga, 22. Spieltag
SV Waldhof Mannheim – W. B. 1:1 (0:0)
Aufstellung: Burdenski – Otten, Pezzey, Okudera – Schaaf, Möhlmann, Sidka, Kutzop, Reinders – Völler, Hermann
Trainer: Rehhagel
Tore: 0:1 Völler (70.), 1:1 Schön (71.)
Zuschauer: 23.000 in Ludwigshafen

12.03.1985
DFB-Pokal, Viertelfinale
Bayer 05 Uerdingen – W. Bremen 2:1 (0:1)
Aufstellung: Burdenski – Schaaf, Pezzey, Otten, Kutzop (62. Meier) – Sidka, Möhlmann, Okudera, Hermann (78. Neubarth) – Völler, Reinders
Trainer: Rehhagel
Tore: 0:1 Reinders (43.), 1:1 Herget (47.), 2:1 Gudmundsson (53.)
Zuschauer: 15.000

16.03.1985
Bundesliga, 23. Spieltag
W. Bremen – Fortuna Düsseldorf 2:1 (2:0)
Aufstellung: Burdenski – Schaaf, Pezzey, Kutzop, Otten – Möhlmann, Sidka, Okudera, Meier (41. Hermann) – Völler, Reinders (63. Neubarth)
Trainer: Rehhagel
Tore: 1:0 Okudera (3.), 2:0 Pezzey (33.), 2:1 Thiele (61.)
Zuschauer: 15.000

23.03.1985
Bundesliga, 24. Spieltag
Eintracht Frankfurt – W. Bremen 1:3 (1:1)
Aufstellung: Burdenski – Schaaf, Pezzey, Kutzop – Sidka, Möhlmann, Meier (83. Reinders), Otten, Okudera (66. Hermann) – Neubarth, Völler
Trainer: Rehhagel
Tore: 1:0 Müller (14.), 1:1 Meier (44.), 1:2 Okudera (47.), 1:3 Völler (84.)
Besonderes Vorkommnis: Gundelach hält FE von Sidka (82.)
Zuschauer: 30.000

30.03.1985
Bundesliga, 25. Spieltag
W. Bremen – FC Schalke 04 2:1 (1:0)
Aufstellung: Burdenski – Schaaf, Pezzey, Otten – Okudera, Möhlmann, Sidka, Meier – Reinders, Völler, Neubarth
Trainer: Rehhagel
Tore: 1:0 Möhlmann (30.), 2:0 Sidka (46.), 2:1 Hartmann (83.)
Zuschauer: 24.000

03.04.1985
Bundesliga, 26. Spieltag
Hamburger SV – W. Bremen 2:0 (1:0)
Aufstellung: Burdenski – Schaaf, Pezzey, Sidka, Okudera – Möhlmann, Meier, Otten – Reinders, Neubarth, Völler
Trainer: Rehhagel
Tore: 1:0 Magath (32.), 2:0 von Heesen (53.)
Zuschauer: 50.000

13.04.1985
Bundesliga, 27. Spieltag
W. Bremen – Bor. M'gladbach 2:0 (1:0)
Aufstellung: Burdenski – Otten, Pezzey, Sidka – Schaaf, Okudera, Möhlmann, Hermann, Meier – Reinders, Völler
Trainer: Rehhagel
Tore: 1:0 Völler (44.), 2:0 Meier (62. FE im Nachschuss)
Besondere Vorkommnisse: Sude hält HE von Reinders (52.); Sude hält FE von Meier (62.)
Zuschauer: 40.800

20.04.1985
Bundesliga, 28. Spieltag
VfL Bochum – W. Bremen 1:3 (1:2)
Aufstellung: Burdenski – Schaaf, Kutzop, Pezzey – Otten, Möhlmann, Sidka, Okudera, Meier (81. Hermann) – Völler, Neubarth (78. Reinders)
Trainer: Rehhagel
Tore: 1:0 Benatelli (3.), 1:1 Oswald (24. ET), 1:2 Völler (37.), 1:3 Möhlmann (78.)
Zuschauer: 28.000

25.04.1985
Bundesliga, 20. Spieltag (Nachholspiel)
1. FC Köln – W. Bremen 3:2 (1:0)
Aufstellung: Burdenski – Schaaf, Pezzey, Okudera (86. Ordenewitz), Sidka – Hermann (30. Reinders), Möhlmann, Meier, Otten – Völler, Neubarth
Trainer: Rehhagel
Tore: 1:0 K. Allofs (12.), 2:0 K. Allofs (55.), 2:1 Neubarth (59.), 3:1 Littbarski (71.), 3:2 Pezzey (86.)
Zuschauer: 26.000

28.04.1985
Freundschaftsspiel
SC Victoria Hamburg – W. Bremen 1:6 (0:2)
Aufstellung: Burdenski (46. Funk) – Kutzop, Sidka (46. Klüver), Otten – Schaaf, Wolter, Möhlmann (58. Düsseldorf), Hermann, Meier – Reinders, Neubarth
Trainer: Rehhagel
Tore: 0:1 Hermann (25.), 0:2 Neubarth (41.), 0:3 Neubarth (68.), 1:3 Müller (80.), 1:4 Meier (81.), 1:5 Schaaf (86.), 1:6 Meier (90.)
Zuschauer: 538

04.05.1985
Bundesliga, 29. Spieltag
W. Bremen – Bayer 04 Leverkusen 2:2 (2:0)
Aufstellung: Burdenski – Schaaf, Pezzey, Okudera – Otten, Möhlmann, Sidka, Meier (83. Kutzop) – Reinders, Völler, Neubarth (73. Hermann)
Trainer: Rehhagel
Tore: 1:0 Okudera (12.), 2:0 Völler (15.), 2:1 Götz (57.), 2:2 Reinhardt (79.)
Zuschauer: 18.000

11.05.1985
Bundesliga, 30. Spieltag
Karlsruher SC – W. Bremen 1:1 (0:0)
Aufstellung: Burdenski – Schaaf, Pezzey, Kutzop (75. Reinders) – Sidka (89. Ordenewitz), Okudera, Möhlmann, Meier, Otten – Neubarth, Völler
Trainer: Rehhagel
Tore: 0:1 Völler (86.), 1:1 Harforth (88. FE)
Zuschauer: 11.000

17.05.1985
Bundesliga, 31. Spieltag
W. Bremen – 1. FC Kaiserslautern 6:1 (1:1)
Aufstellung: Burdenski – Sidka, Pezzey, Otten – Schaaf, Okudera, Möhlmann, Hermann – Reinders, Völler, Neubarth
Trainer: Rehhagel
Tore: 1:0 Neubarth (25.), 1:1 Brehme (33.), 2:1 Völler (50.), 3:1 Völler (63.), 4:1 Reinders (67.), 5:1 Sidka (83.), 6:1 Neubarth (90.)
Zuschauer: 17.000

25.05.1985
Bundesliga, 32. Spieltag
Eintr. Braunschweig – W. Bremen 0:2 (0:1)
Aufstellung: Burdenski – Schaaf, Pezzey, Okudera, Otten – Sidka, Möhlmann, Hermann – Reinders, Völler (66. Kutzop), Neubarth
Trainer: Rehhagel
Tore: 0:1 Völler (6.), 0:2 Reinders (84.)
Besonderes Vorkommnis: Rote Karte für Otten (76.)
Zuschauer: 11.000

01.06.1985
Bundesliga, 33. Spieltag
W. Bremen – Arminia Bielefeld 2:1 (1:0)
Aufstellung: Burdenski – Okudera, Pezzey, Kutzop – Schaaf, Möhlmann, Sidka, Hermann (73. Ordenewitz) – Reinders, Völler (38. Meier), Neubarth
Trainer: Rehhagel
Tore: 1:0 Möhlmann (19.), 1:1 Ozaki (60.), 2:1 Reinders (89.)
Zuschauer: 16.500

08.06.1985
Bundesliga, 34. Spieltag
Borussia Dortmund – W. Bremen 2:0 (0:0)
Aufstellung: Burdenski – Schaaf, Pezzey, Kutzop, Okudera – Möhlmann (82. Sauer), Sidka, Hermann, Meier (17. Ordenewitz) – Reinders, Neubarth
Trainer: Rehhagel
Tore: 1:0 Schüler (67.), 2:0 Egli (74.)
Zuschauer: 32.000

Bundesliga-Abschlusstabelle 1984/1985

Platz	Verein	Spiele	S	U	N	Tore	Diff.	Punkte
1.	Bayern München (P)	34	21	8	5	79:38	+41	50-18
2.	**Werder Bremen**	**34**	**18**	**10**	**6**	**87:51**	**+36**	**46-22**
3.	1. FC Köln	34	18	4	12	69:66	+3	40-28
4.	Borussia M'gladbach	34	15	9	10	77:53	+24	39-29
5.	Hamburger SV	34	14	9	11	58:49	+9	37-31
6.	SV Waldhof Mannheim	34	13	11	10	47:50	-3	37-31
7.	KFC Uerdingen 05	34	14	8	12	57:52	+5	36-32
8.	Schalke 04 (N)	34	13	8	13	63:62	+1	34-34
9.	VfL Bochum	34	12	10	12	52:54	-2	34-34
10.	VfB Stuttgart (M)	34	14	5	15	79:59	+20	33-35
11.	1. FC K'lautern	34	11	11	12	56:60	-4	33-35
12.	Eintracht Frankfurt	34	10	12	12	62:67	-5	32-36
13.	Bayer Leverkusen	34	9	13	12	52:54	-2	31-37
14.	Borussia Dortmund	34	13	4	17	51:65	-14	30-38
15.	Fortuna Düsseldorf	34	10	9	15	53:66	-13	29-39
16.	Arminia Bielefeld	34	8	13	13	46:61	-15	29-39
17.	Karlsruher SC (N)	34	5	12	17	47:88	-41	22-46
18.	Eintracht Braunschweig	34	9	2	13	39:79	-10	28-48

Fieberkurve der Bundesliga-Saison 1984/1985

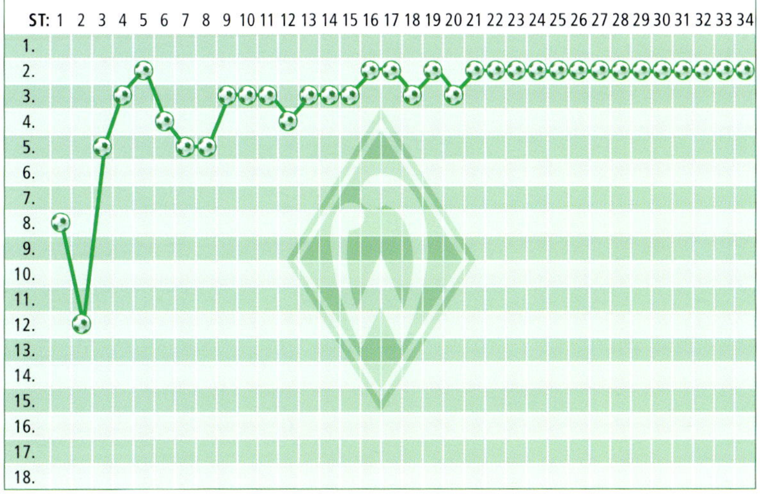

1985/86: Klong

Oben v.l.:
Sidka, Pezzey, Gruber, Ruländer, Wolter, Völler, Siegmann, Ordenewitz
Mitte v.l.:
Masseur Kienert, Masseur Berger, Kutzop, Neubarth, Klobke, Möhlmann, Eilts, Sauer, Votava, Otten, Co-Trainer Kamp, Trainer Rehhagel
Unten v.l.:
Okudera, Funk, Hermann, Burdenski, Meier, Noruschat, Schaaf

In diesem Buch gibt es längere und kürzere Kapitel. Denn in Werders Bundesligageschichte gab es bei genauerer Betrachtung ereignisreichere und auch ereignisärmere Jahre. Die Spielzeit 1985/86 wird darin auf ewig eine Sonderstellung einnehmen, denn nie zuvor erlebte Werder Bremen eine so aufwühlende Saison mit derart nervenzehrender Dramaturgie, flirrenden Triumphen, Tragödien, traurigen Helden und einem Showdown, der in der Bundesliga seinesgleichen suchte.

Nach zwei Vizemeisterschaften in drei Jahren, in denen Werder jeweils der Jäger war, wurde die Mannschaft in dieser Saison zum ersten Mal zum dauerhaft Gejagten. Schlüssel dazu war der erste rundum geglückte Start seit Ewigkeiten: Einem Auswärtssieg auf Schalke am 1. Spieltag folgte ein 8:2-Feuerwerk gegen Hannover 96 und der Sprung an die Tabellenspitze, die auch durch ein maues 1:1 in Saarbrücken nicht verspielt wurde. Der strauchelnde Nordrivale HSV konnte durch ein brillantes Jokertor des eingewechselten Werder-Hamburgers Thomas Wolter mit 2:0 relativ entspannt zurück an die Elbe geschickt werden. Und nachdem die Grünweißen selbst nach zehn Spieltagen noch nicht verloren hatten und die Konkurrenz atemlos hinter sich herjapsen ließen, glaubte ganz Bremen allmählich: Diesmal packen wir es endlich! Selbst der Fußballgott schien auf Bremer Seite zu sein: Als am 11. Spieltag mit einem glatten 0:3 in Lautern der erste kleine Fleck auf der weißen Weste erschien, war Haupt-Widersacher Bayern so freundlich, sich in Bochum mit demselben Ergebnis schlagen zu lassen. Werder blieb oben.

Der eindeutig benennbare Wendepunkt einer bis dahin traumhaft schönen Saison ereilte die Bremer am 23. November im Münchner Olympiastadion. Die Bayern lagen drei Punkte hinter Werder und hatten erstmals in ihrer Historie die bedrohliche Aussicht, von Rehhagels Emporkömmlingen als erste Kraft im Lande abgelöst zu werden. Bis aufs Blut gereizt gingen sie an diesem eisigen Novembertag zu Werke, und ausgerechnet der erst eine Woche zuvor von einem bösen Tritt des Bochumers Benatelli nach zwei Monaten Verletzungspause genesene Rudi Völler war das auserkorene Opfer. Schon nach einer knappen halben Stunde wurde er von Klaus Augenthaler mit einem der meistdiskutierten Fouls der Bundesligageschichte auf selten gesehene Weise umgenietet. Die Bilder des Fouls zeigen, dass der Ball zum Zeitpunkt des Tritts schon meterweit weg war. Der Nationalmittelstürmer wurde von seinem Berufskollegen für fünf Monate aufs Krankenlager getreten. Werder verlor geschockt mit 1:3, und die Bayern hatten ihr Ziel erreicht: Ihr Rückstand war auf einen einzigen Punkt zusammengeschrumpft. Werder schien nicht nur personell, sondern auch moralisch angeknockt.

Fast schlimmer noch als der nur mit einer gelben Karte geahndete Tritt des Klaus Augenthaler war das Ballyhoo der Bayern in den Tagen und Wochen nach dieser schlimmen Szene. Udo Lattek gefiel sich darin, die Bremer zu erinnern, man spiele ja hier schließlich nicht Tischtennis und solche unglücklichen Fouls seien völlig normal. Uli Hoeneß ergänzte, der Völler sei einfach nur zu schnell, und deshalb sind halt bei ihm manchmal unvorhergesehen die Knochen dort, wo einen Wimpernschlag vorher noch der Ball war. BR-Reporter Eberhard Stanjek verstieg sich im Kommentar des Spiels zu der unglaublichen Formulierung, Völler sei »dumm gefallen« und habe sich nicht durch das Foul, sondern durch den Aufprall auf den Boden verletzt. Eine bemerkenswerte Verballeistung, die Uli Hoeneß übrigens auch nach vielen Jahren noch für eine korrekte Beschreibung des damaligen Sachverhalts hält. Highlight der Schlammschlacht war die Aussage des Bayern-Medizinmannes Müller-Wohlfahrt, der nach einer Untersuchung des Werder-Stürmerstars diagnostizierte, Völlers Hauptproblem sei in Wahrheit eine so genannte »weiche Leiste«, an der Augenthalers Foul natürlich nach Ansicht der in diesen Tagen erstmals in der Bundesliga tätigen »Abteilung Attacke« der Münchner völlig unschuldig war. Auf einer Pressekonferenz machte sich später Udo Lattek, unwürdiger Höhepunkt einer hässlichen Affäre, über Werders Verletzungspech lustig: »Die Bremer heulen da immer rum, dass ihre Spieler sich verletzen wie die Fliegen, und damit es schlimmer klingt, zählen sie sogar noch diesen Gruber dazu, der seit zig Jahren sowieso nicht mehr Fußball spielt!« Rigobert Gruber kämpfte zu dieser Zeit seit fast zwei Jahren gegen das drohende Schicksal Sportinvalidität.

Der Siegeszug der Bremer bis zur Winterpause ist aus heutiger Sicht umso sensationeller, weil die Mannschaft vom ersten Spieltag an in der Tat mit einer Häufung von Verletzungen kämpfen musste, wie man sie so noch nicht oft erlebt hatte. Die Misere begann schon nach vier Spielminuten am allerersten Spieltag, als Olaf Thon Werders Kapitän Benno Möhlmann mit einem bösen Foul auf den Rasen schickte. Bänderriss, ebenso wie im selben Spiel bei Günter Hermann, der für Möhlmann eingewechselt worden war. Jonny Otten verletzte sich im Sommer schwer, und dann waren da noch die Langzeitpatienten Norbert Siegmann und Gruber. Fünf Leistungsträger fielen alleine in der Vorrunde über Monate aus. Siegmann und Gruber schafften die Rückkehr in Werders Elf nicht mehr. Siegmann gab noch ein kurzes und erfolgloses Intermezzo beim Zweitligisten Fortuna Köln, Gruber musste seine Comebackträume ganz begraben. Mit ihm verlor Werder einen der talentiertesten Abwehrspieler, die je das grünweiße Trikot trugen. Und all diese Verletzungen wurden noch schlimmer durch den Abgang von Idol Uwe Reinders, den es zu Saisonbeginn nach Frankreich zog.

Gekommen war im Gegenzug ein Mann, der als einer der typischen Rehhagel-Einkäufe gelten kann: Miroslav Votava, Ex-Nationalspieler der Dortmunder Borussen, wollte nach wenig spektakulären Jahren in Diensten von Atletico Madrid unbedingt zurück in die Bundesliga. Otto rief, Mirko kam, und die Fachwelt wunderte sich: Votava war schon im gesegneten Fußballalter von 29 Jahren und galt zwar als solider Arbeiter, aber auch als jemand, der keine große Zukunft in der Bundesliga mehr vor sich haben würde. Selten zuvor hatte man sich so sehr geirrt: Der »alte« Votava spielte noch beinahe zwölf Jahre für Werder und half als Kapitän maßgeblich mit, zwei Meistertitel, zwei Pokalsiege und den Europacuptriumph zu stemmen. Erst mit 40 Jahren endete seine goldene Zeit beim SV Werder.

Die Rückrunde der Saison 1985/86 wurde leider nicht ganz so golden, wie sich das alle Werder-Fans und der Großteil der neutralen Fußballanhänger im Lande erhofft hatten. Ohne Völler fiel der tüchtigen Mannschaft vieles deutlich schwerer als in den rauschhaften Erfolgsmonaten der Hinserie. Sie gewann ihre Spiele weiterhin, aber alles sah ungleich angestrengter aus. Der Hoffnungsfunke, der Woche für Woche mehr und mehr zu einer veritablen Hoffnungsfackel anwuchs, wurde in den Wintermonaten vor allem entfacht durch den sensationell direkt vom Oberhausener Altenteil verpflichteten Oldie Manni Burgsmüller. Die Medien sagten: »Jetzt ist er endgültig durchgedreht!« – und meinten Rehhagel. Der wiederum sagte: »Wir haben einen der besten deutschen Fußballer nach dem Kriege verpflichtet!« – und meinte Burgsmüller.

»Der alte Mann und der Ball« hieß es in Werders Reihen fortan, und der alte Mann betrat einen Monat vor seinem 36. Geburtstag die Bundesligabühne mit einer Galavorstellung: Sein unnachahmlich angeschnittener Schlenzer auf dem Bökelberg brachte Werder einen Auswärtssieg beim direkten Kontrahenten im Kampf um die Tabellenspitze und Manni Burgsmüller die Medaille für den »Torschützen des Monats« der ARD-Sportschau. Burgsmüller traf Spiel um Spiel und sorgte dafür, dass der eigentlich unersetzliche Rudi Völler nicht ganz so sehr fehlte. In der Endabrechnung kam das Schlitzohr Burgsmüller auf 13 zumeist spektakuläre Tore in nur 20 Spielen. Werders Titelhoffnungen hielt maßgeblich er am Leben. Es gab sogar nicht wenige, die ihn gerne

Wie nahe die Meisterschaft schon schien, wird an diesem Cover deutlich: Die Stadtillustrierte »Bremer Blatt« (heute: »Bremer«) hievte Otto Rehhagel auf das Titelblatt und prophezeite: »Der Meistermacher«. Wochenlang versetzte dieses Heft in Kiosken, auf Litfasssäulen und Plakatwänden jedem Werder-Fan nach der verpassten Meisterschaft einen Stich ins Herz

»Das Tor war plötzlich so klein wie eine Streichholzschachtel.« (Michael Kutzop nach seinem legendären Elfer-Fehlschuss gegen die Bayern)

bei der WM in Mexiko als Sturm-Alternative dabeigehabt hätten.

Einen Bruch bekam die Werder-Herrlichkeit Mitte der Rückrunde, als der Titelgewinn immer wahrscheinlicher schien. Rehhagel wurde in gleichem Maße langsam unruhiger wie die Öffentlichkeit euphorischer wurde. Die Bayern redeten viel, handelten jedoch wenig: Selbst zwei blasse Unentschieden der Bremer in Mannheim und gegen Bochum reichten Werder, um den Vorsprung auf die Bayern sogar noch auszubauen. Vier Spieltage vor Ende der Saison schienen Lattek die Giftpfeile auszugehen: Werder knallte Bayer Leverkusen mit 5:0 aus dem Stadion, hielt vier Punkte Vorsprung auf den FCB und hatte Latteks Truppe nun sogar im Torverhältnis überholt. Werder musste noch nach Uerdingen und Stuttgart, konnte dazwischen aber in zwei aufeinander folgenden Heimspielen gegen Mönchengladbach und die Bayern aus eigener Kraft alles klarmachen. Das schien nur noch eine Formsache, denn die Münchner hatten mit Auswärtsspielen in Dortmund und bei Werder und einem Heimprogramm mit Bayer Leverkusen und Mönchengladbach ein ebenso schweres Programm.

Bremen schwelgte in Titelträumen. Bei einem Sieg in Uerdingen wäre fast schon alles geritzt gewesen, doch Werder spielte schwach und verlor 0:1. Bayers Siegtorschütze Franz Raschid ließ nach Abpfiff vernehmen, ihm tue es Leid, mit seinem Tor gegen Werder ausgerechnet den Bayern genützt zu haben, weil er die wirklich nicht möge, aber er sei nun einmal Profi und müsse so einen Ball reinmachen, wenn er könne. Die Bayern ihrerseits fiedelten Dortmund auswärts mit 3:0 weg und waren nun wieder bis auf zwei Punkte an Werder dran. Das Torverhältnis hatten sie schon in der Woche davor durch ein 5:0 gegen Kaiserslautern wieder auf ihre Seite gebracht. Bremen fieberte nun zwei Meisterschaftsendspielen entgegen, die innerhalb von fünf Tagen 81.000 Fans ins Weser-Stadion lockten. Bei einem Sieg gegen Gladbach wäre fast schon alles klar gewesen. In diesem Fall hätte am folgenden Dienstag möglicherweise schon ein Unentschieden gegen die Bayern gereicht. Aber Gladbach wehrte sich erbittert und glich 17 Minuten vor dem Ende durch Hochstätter das Tor aus, mit dem Frank Neubarth Werder fast schon zum Titel geschossen hätte. Meier und Pezzey vergaben unfassbare Chancen, und der eigentlich nicht als Überflieger geltende Gladbacher Keeper Thorstvedt machte das Spiel seines Lebens. Zwei Tage nach diesem Donnerstagsspiel zeigten auch die Bayern Nerven und krampften sich zu einem torlosen Unentschieden gegen Bayer Leverkusen.

Dann folgte der große Showdown gegen Verfolger Bayern. Ein regnerischer, ungemütlicher April-Dienstag, der Bremen und alle Werder-Fans auf Jahre traumatisieren sollte (siehe Extra-Story rechts).

In der Nachbetrachtung gelten Augenthaler-Foul und Kutzop-Elfer als die Schlüsselszenen einer bewegenden Saison. Vom letzten Spiel in Stuttgart redet man dabei kaum, obwohl erst der vermasselte Showdown am 34. Spieltag die Entscheidung brachte. Fans und Mannschaft gingen das Saisonfinale merkwürdig mutlos an – als wüssten alle, dass am Ende sowieso wieder das Böse siegt. Im Neckarstadion hätte ein Unentschieden zur Meisterschaft gereicht, aber die auf dem Zahnfleisch angereiste Werder-Elf, die zudem durch das Ballyhoo nach dem Kutzop-Fehlschuss vier Tage zuvor restlos entnervt schien, war dafür einfach nicht mehr gut genug. Durch krasse Abwehrfehler gelangen Werder-Schreck Karl Allgöwer zwei tödliche Tore, und obwohl Manni Burgsmüller noch den Anschluss herstellte, hielt der VfB, für den es um nichts mehr ging, ein für die Stuttgarter wertloses 2:1 gegen am Boden zerstörte Bremer, die nur mühsam die Fassung wahrten, als der GAU wirklich geschehen war.

Intern gab es nach dieser Niederlage Unstimmigkeiten. Spieler wie der scheidende Ersatztorwart Klaus Funk äußerten vor TV-Kameras Unverständnis darüber, dass Rehhagel in diesem entscheidenden Spiel auf die erfahrenen Sidka und Möhlmann verzichtete und stattdessen mit Wolter und Ordenewitz junge Leute in dieses Endspiel warf. Und der Einsatz Rudi Völlers von Beginn an schien ebenfalls keine glückliche Entscheidung: Der Nationalmittelstürmer war längst noch nicht im Vollbesitz seiner Kräfte und rieb sich in den Duellen mit Deutschlands bestem Vorstopper Karl-Heinz Förster frühzeitig auf.

Der »Meister der Herzen« war auch 1986 noch nicht erfunden (siehe Saison 1982/83), und weil seinerzeit Platz zwei auch noch nicht zur Teilnahme an einem verwässerten Landesmeister-Cup berechtigte, mussten die Bremer nach dem entscheidenden 1:2 beim VfB Stuttgart eine an und für sich grandiose Saison als ganz schwere Niederlage empfinden. Zu unvergesslichen und ergreifenden Szenen kam es bei der Ankunft der Verlierer am Bremer Flughafen: Der frischgebackene Wieder-nur-Vizemeister wurde von hunderten Fans umjubelt und geherzt, die Spieler bekamen Blumen überreicht und wurden in Sprechchören gefeiert. Alles endete in einem Autokorso, der im Falle der gewonnenen Meisterschaft kaum anders ausgesehen hätte. Den größten Beifall von allen bekam – Michael Kutzop.

Bremen, Weser-Stadion, 22.4.1986, 21:48 Uhr: Michael Kutzop wird unsterblich

Am 22. April kam es zu einem der denkwürdigsten Spiele im Bremer Weser-Stadion. Rudi Völler saß fast genau fünf Monate nach dem Augenthaler-Tritt erstmals wieder auf der Bank, die Medien überschlugen sich mit Superlativen, und es kam zu einer Fußball-Schlacht, in der es auf Biegen und Brechen um alles ging. Beide Mannschaften hatten vom ersten Ball an das Messer zwischen den Zähnen, und selbst Augenthaler war mutig genug, sich den orkanartigen Pfiffen im Weser-Stadion zu stellen. Die erste Halbzeit endete wie durch ein Wunder mit 0:0, was vor allem an einer Weltklasseleistung von Bayern-Keeper Pfaff lag. Werder vergab bis Mitte der 2. Hälfte gute bis beste Tormöglichkeiten. In der Schlussphase schlugen plötzlich die Bayern zurück und sorgten mit einigen furiosen Kontern für Herzflimmern bei den Werder-Fans.

Rudi Völlers Einwechslung 13 Minuten vor Schluss sollte den verzweifelt fightenden Bremern noch einmal einen moralischen Kick geben, und das Szenario dieser Auswechslung war eine der Szenen der Saison: Ein dröhnend aufkreischendes Bremer Publikum in der erzitternden Betonschüssel des Weser-Stadions schob Völler akustisch aufs Feld. Eine Umarmung mit Rehhagel, der dem Torjäger noch irgendetwas ins Ohr flüsterte, während beide von 50 oder 60 Fotoreportern eingekesselt wurden – dann musste es weitergehen. Der Torjäger, der sich im Hinspiel schwer verletzt hatte, sollte gegen denselben Gegner im Rückspiel das Unrecht an sich selbst rächen, und er war verdammt dicht dran, genau das zu tun. Ein verbissen geführter Zweikampf mit Sören Lerby im Strafraum sorgte für einen der umstrittensten Handelfmeter aller Zeiten. Völler spitzelte den Ball an Lerby vorbei, und dessen Arm bewegte sich abwehrend in die Flugbahn. Allerdings konnten selbst Dutzende von Wiederholungen nicht exakt beweisen, welchen Lerby-Teilbereich die Kugel wirklich traf. Am wahrscheinlichsten scheint, dass der Ball exakt den Punkt traf, an dem der Arm in die Schulter übergeht, und von da aus ins Gesicht abrutschte. Kaum einer würde den Elfmeter heute noch für gerechtfertigt halten.

Das konnte Michael Kutzop aber völlig egal sein. Er hatte bis dahin nie einen Elfer versemmelt, und dieser Meister-Elfmeter sollte dann doch wohl auch drin sein.

War er aber nicht.

Auch wenn man sich den Elfmeter heute auf Video anschaut, geht der Ball immer an dieselbe Stelle. Es gibt auch mit vielen Jahren Abstand keinen vernünftigen Grund für Kutzops Fehlschuss. Sicher: Die Bayern haben natürlich alle Register gezogen, um Werders Abwehrrecken zu verunsichern. Er wurde auf dem Weg zum Punkt gezupft, gestoßen, angespuckt, am Ohr gezogen. Der Ball war plötzlich verschwunden, und so dauerte es vom Elfmeterpfiff bis zur Ausführung mehr als zwei Minuten. Anlauf wie immer. Außenpfosten. Vorbei. Hände vors Gesicht schlagen. Abhaken.

Michael Kutzop wird binnen Sekundenbruchteilen landesweit berühmt, hätte auf diese Aufmerksamkeit aber sicherlich gerne verzichtet. Auf dem Bild oben könnte man kurz die Illusion gewinnen, der Ball gehe nach all den Jahren vielleicht irgendwie doch noch rein. Im Bild unten nimmt das Drama seinen Lauf: Die Bayern können ihr Glück nicht fassen, Michael Kutzop wäre gerne ganz weit weg, und Rudi Völler bricht zusammen

Die Tragödie nimmt ihren Lauf: Rudi Völler spitzelt den Ball um Sören Lerby herum und trifft dessen Schulter und Gesicht. Schiedsrichter Volker Roth entscheidet zur allgemeinen Überraschung auf Strafstoß

Rudi Völler wittert die Meisterschaft und freut sich eindeutig zu früh. Über das pure Verhängen eines Strafstoßes hat er anschließend nie wieder so demonstrativ gejubelt

Nach endlos scheinenden Mätzchen und Verzögerungsmanövern der Bayern läuft der vermeintlich unfehlbare Elfmeterspezialist Michael Kutzop an …

… und muss mitansehen, wie die Lederkugel halbhoch an den rechten Pfosten klatscht. Man beachte die stattliche Anzahl von Menschen hinter dem Bayern-Tor

Michael Kutzop hat soeben eine Meisterschale verschenkt. Möglicherweise ahnt er schon, dass ihn dieser Augenblick für immer verfolgen wird

WERDER BREMEN 1985/86

Trainer

Rehhagel, Otto
Verantwortlicher Trainer in allen 34 Spielen der Saison

Werders Neuzugänge im Sommer 1985

Ein ganz alter Hase und eine Hand voll großer Talente: Otto Rehhagel freut sich auf die Zusammenarbeit mit Dieter Eilts, Mirko Votava, Frank Ordenewitz, Matthias Ruländer (oben) sowie Axel Noruschat, Gunnar Sauer und Frank Klobke (unten)

Wer kam?

Burgsmüller (RW Oberhausen, w.d.S.)
Klobke (eig. Amateure)
Noruschat (eig. Amateure)
Reck (Kickers Offenbach, w.d.S.)
Ruländer (zurück vom FC St. Pauli, war ausgeliehen)
Sauer (eig. Amateure)
Votava (Atletico Madrid)

Wer ging?

Lellek (an Hertha BSC Berlin ausgeliehen)
Reinders (Girondins Bordeaux)
Siegmann (Fortuna Köln, w.d.S.)

w.d.S. = während der Saison

Tor

Burdenski, Dieter »Budde«
31 Spiele; 0 Tore

Funk, Klaus
3 Spiele; 0 Tore

Reck, Oliver »Olli«
0 Spiele; 0 Tore

Abwehr

Kutzop, Michael »Kutzi«
34 Spiele; 10 Tore

Pezzey, Bruno
33 Spiele; 6 Tore

Okudera, Yasuhiko »Oku«
33 Spiele; 1 Tor

Mittelfeld

Votava, Miroslav »Mirko«
32 Spiele; 1 Tor

Meier, Norbert
31 Spiele; 4 Tore

Wolter, Thomas »Stonie«
29 Spiele; 4 Tore

Angriff

Neubarth, Frank »Socrates«
32 Spiele; 20 Tore

Ordenewitz, Frank »Otze«
24 Spiele; 7 Tore

Burgsmüller, Manfred »Manni«
20 Spiele; 13 Tore

Erweiterter Kader

Eilts, Dieter »Ostfriesen-Alemao«
0 Spiele; 0 Tore
Amateur

Der Sport-Verein »Werder« im Jahr 1985/86:

1985/86

Präsident:	**Dr. Franz Böhmert**
Vizepräsident:	**Klaus-Dieter Fischer (Amateur-Abt.)**
3. Präsident:	**K.-H. Hohnhorst (Finanzen, Werbung)**
Geschäftsführer:	**Wolfgang Barkhausen**
Manager:	**Willi Lemke**
Vereinsarzt:	**Dr. Rudolf Wiedenmann**
Masseure:	**Peter Kienert, Holger Berger**
Mitglieder:	**2.260**
Kapazität Weser-Stadion:	**40.000 Plätze (15.000 überdachte Sitz- und 5.000 überdachte Stehplätze)**

Schaaf, Thomas
30 Spiele; 3 Tore

Otten, Jonny
12 Spiele; 0 Tore

Ruländer, Matthias
12 Spiele; 0 Tore

Noruschat, Axel
1 Spiel; 0 Tore

Sauer, Gunnar
1 Spiel; 0 Tore
Amateur

Gruber, Rigobert »Rigo«
0 Spiele; 0 Tore

Siegmann, Norbert »Zico«
0 Spiele; 0 Tore

Hermann, Günter »Jimmy«
23 Spiele; 3 Tore

Sidka, Wolfgang
22 Spiele; 2 Tore

Möhlmann, Benno
9 Spiele; 0 Tore

Klobke, Frank
0 Spiele; 0 Tore
Amateur

Völler, Rudi
13 Spiele; 9 Tore

In Freundschaftsspielen eingesetzt:

Wachaczewsky, Claus (Angriff)

Rudi Völler: »Werder war für mich der richtige Verein zur richtigen Zeit!«

Im Nachhinein war es eine Sensation, in einem Jahrzehnt wie den achtziger Jahren einen Weltklassespieler wie Rudi Völler insgesamt fünf Jahre in Bremen gehalten zu haben. Werder war längst noch kein in Europa ernst genommener Spitzenklub, sondern weiterhin in der Rolle des sympathischen, aber etwas unfertigen Underdogs, der immer mal wieder mit geringen Mitteln die Großen ärgern konnte. Werder war das kleine gallische Dorf, und die Bayern waren die Römer. Und Rudi Völler, soviel war sehr bald jedem klar, könnte in jeder Mannschaft der Welt spielen. Auch bei dem Römern. Den richtigen Römern.

Erfolgstandem: Otto Rehhagel und sein Star Rudi Völler verzückten Bremen in nie gekanntem Ausmaß, wurden aber nie gemeinsam Meister

Bei jungen, aufstrebenden Spielern redet man immer mal wieder gerne darüber, wann ein Wechsel wohin für den Spieler XY wie gut wäre. Völler kam als junger Torschützenkönig aus der 2. Liga zu Werder und wechselte mit 27 Jahren ins Ausland.
Ich weiß nicht, ob alle meine Vereinswechsel nun unbedingt immer richtig waren, aber zumindest mit meinem Wechsel zu Werder habe ich 1982 alles genau richtig gemacht. Ich war 22, also in einem Alter, in dem man noch nicht jede Woche Spiel für Spiel Topleistungen bringen kann. Ich wusste aber genau: Von Otto Rehhagel werde ich auch nach einem schwächeren Spiel wieder gebraucht, und das war für mich das wichtigste. Fünf Jahre später, mit 27, war ich dann wiederum reif genug fürs Ausland, und der Wechsel zum AS Rom war für meine Entwicklung dann wiederum der nächste wichtige Schritt.

Besser kann man nicht einschlagen: Rudi Völler holte in seiner ersten Saison bei Werder die Torjägerkanone und wurde anschließend »Fußballer des Jahres«

Die Anfänge: Rudi Völler als Spieler von Kickers Offenbach als Werbeträger für Duschgel

Werder spielte zu Ihrer Zeit in Bremen einen erfrischenden, unglaublich offensiven, aber eigentlich sehr einfachen Fußball: Starke Leute auf den Flügeln links und rechts, kopfballstarke Spieler innen, die mit einem Flankenfeuerwerk gefüttert wurden und die meisten Kontrahenten mit 3, 4 oder 5 Toren nach Hause schickten. Was hat Ihr System damals ausgezeichnet?
Wir waren immer offensiv eingestellt. Mit mindestens zwei, oft auch mit drei Spitzen. In meinem ersten Jahr war Klaus Fichtel noch hier, und es kam in den etwas mühsameren Spielen vor, dass Otto Rehhagel irgendwann für Fichtel noch einen weiteren Stürmer gebracht hat, um den Gegner zu knacken. Wir hatten beinahe jedes Jahr zwischen 1982 und 1987 die meisten Tore geschossen, sind aber nie Meister geworden. Im Jahr nach meinem Abschied ist Werder dann mit 20 Toren weniger gleich Meister geworden, weil die Abwehr dann viel kompakter stand.

Verglichen mit Ihrer aktiven Zeit bei Werder hat sich nicht nur das Gesicht des Stadions geändert. Die handelnden Personen haben größtenteils gewechselt. Ist Werder sich dennoch durch die Jahre treu geblieben?
Absolut! Egal, wer bei Werder die wichtigen Ämter ausfüllt, das Credo ist immer dasselbe geblieben: Auch im Erfolg bescheiden zu bleiben, seriös zu wirtschaften. Diese eigene Identität macht den Verein auch so sympathisch. Und das muss man auch beibehalten.

Sie haben es mit Werder nie auf den Rathausbalkon geschafft – abgesehen von der Feier Ihrer Vizemeisterschaft 1983, bei der die Fans trotzig auf dem Marktplatz feierten. Michael Kutzop konnte zwei Jahre nach seinem legendären Elfer-Fehlschuss als Entschädigung doch noch die Meisterschaft feiern. Nagt es etwas, dass Sie mit Werder trotz aller Klasse der Mannschaft nie einen Titel gewinnen konnten?
Nein, überhaupt nicht! Ich könnte ja theoretisch überheblich sagen: Die richtig wichtigen Titel habe ich später alle noch gewonnen (schmunzelt). Ich war Weltmeister und Champions League-Sieger. Aber ich wäre natürlich auch gerne mal Deutscher Meister geworden, zumal es mit Werder wirklich sehr gut möglich gewesen wäre, das zu schaffen. Im Nachhinein macht das nichts. Ich habe meine Karriere gemacht und bin sehr zufrieden damit. Zu Michael Kutzop, der heute in meiner Fußballschule auf Mallorca arbeitet, habe ich damals 1986 gesagt: ›Dieser verschossene Elfmeter wird Dich unvergesslich machen! Hättest Du ihn reingemacht, würde Dich dagegen heute keiner mehr kennen!‹ Und so ist es ja auch gekommen. Durch den Fehlschuss wurde die Situation erst so dramatisch, weil es diese Konstellation wie damals nicht wieder geben wird.

War er denn nun eigentlich berechtigt, der unsterbliche Kutzop-Elfer?
Ach, bei Elfmetern kann man ja immer darüber spekulieren. Der Ball ging Sören Lerby so ziemlich überall hin, Gesicht, Brust, Arm, Schulter, Hals … Das alles ist nicht entscheidend. Entscheidend ist einzig, dass er nicht drin war. Wir hätten damals den Titel verdient gehabt, unabhängig von der Berechtigung dieses Elfmeters. Wir waren immer Erster, bis wir den Titel am 34. Spieltag in Stuttgart verspielten. Niemand hätte uns das abgesprochen, wenn der Ball drin gewesen wäre.

Gibt es »DAS« schönste Werder-Erlebnis für Sie? Oder »DAS« beste Spiel?
Boah, schwer zu sagen. Ich hatte hier durchweg so eine schöne Zeit… Vor allem das erste Jahr war fabelhaft. Ich war neu in Bremen, kam aus der 2. Liga und wurde direkt Vizemeister und Torschützenkönig. Unser 2. Platz war eine Sensation, aber leider war der HSV noch ein bisschen besser. Mit dem »besten Spiel« ist es auch nicht so einfach. Ich habe ein paar Mal vier Tore in einem Spiel geschossen, gegen Dortmund vier hintereinander. Es war einfach eine tolle Zeit, für Werder und für mich.

Ihnen war es vorbehalten, Werder nach dem letzten Heimspiel der Saison 2003/04 die Meisterschale zu überreichen, im Weser-Stadion, an der Stätte Ihrer ersten ganz großen Triumphe. Wie war dieser Augenblick für Sie?
Es war ein sehr schöner Moment! Ich hatte fünf tolle Jahre bei Werder: Meine fußballerische Sturm- und Drang-Zeit! Und hier in Bremen bin ich zu einem großen Spieler gereift. Das alles werde ich nie vergessen.

Rudi Völler, wie ihn die Werder-Fans lieben lernten: leichtfüßig, schnell, brandgefährlich

Sie waren als damaliger Teamchef der Nationalelf 2004 einer der deutlichen Befürworter des Klose-Wechsels zu Werder. Warum?
Miro ist schnell, ein toller Strafraumspieler mit sensationeller Kopfballstärke, der vor dem Tor schlitzohrig agiert. Er ist ein ganz anderer Typ als Ailton, aber er macht auch in Bremen seine Tore, weil die Mannschaft qualitativ so stark ist. Miro selbst ist jemand, der sich für die Mannschaft aufopfert. Er wartet nicht nur vorne auf seine Chancen. Er hilft hinten aus, wenn's schwierig wird. Er macht die Räume eng. Er legt anderen Spielern Tore auf. Deshalb war ich sicher: Das wird passen!

Was ist in Ihren Augen Werders Erfolgsrezept in den letzten Jahren?
Werder Bremen muss naturgemäß finanziell anders haushalten als ein halbes Dutzend anderer Klubs. Wer weniger Geld hat, muss mit bescheideneren Mitteln praktisch immer Volltreffer landen, um seine Ziele zu erreichen. Und was hier in Bremen in dieser Hinsicht schon seit Jahren gelingt, ist geradezu sensationell. Es kamen Spieler, die fast keiner kannte, und die hier absolut eingeschlagen sind. Das war toll, und die Quote großartiger Einkäufe steht der Erfolgsquote von Otto Rehhagel mittlerweile um nichts nach.

Mit Thomas Schaaf haben Sie damals sehr gut auf dem Platz harmoniert. Er hat durch Flanken von rechts etliche Ihrer 97 Tore für Werder vorbereitet. Wie sehen Sie seine Entwicklung als Trainer?
Thomas Schaaf, den ich nun seit weit über 20 Jahren kenne, hat sich enorm entwickelt. Er war schon immer fußballverrückt im positiven Sinne. Zu seiner aktiven Zeit hat er im Verein paral-lel zum Job als Profi nebenbei Jugendmannschaften trainiert. Das war eigentlich schon nicht normal. Ich persönlich hätte das damals nicht beides zusammen gekonnt – mir wäre das zuviel gewesen! Dadurch hat man schon gemerkt: Er wollte unbedingt Trainer werden, und es ist beeindruckend wenn man sieht, was jetzt dabei herausgekommen ist.

Spielerlaufbahn:

1977–80	Kickers Offenbach
1980–82	SV München 1860
1982–87	Werder Bremen
1987–92	AS Rom
1992–94	Olympique Marseille
1994–96	Bayer 04 Leverkusen

Trainerlaufbahn:

2000–04	Teamchef DFB
2004	Teamchef AS Rom

Teamchef-Fuchs: Rudi Völler als Chef der Nationalelf vor der desaströs verlaufenen EM 2004

Alle Spiele 1985/86

06.07.1985
Intertoto-Runde, 1. Spieltag
W. Bremen – RFC Antwerpen 5:1 (3:0)
Aufstellung: Burdenski – Schaaf, Pezzey, Kutzop, Otten (16. Noruschat) – Okudera, Meier, Sidka, Hermann (59. Eilts) – Neubarth, Wolter
Trainer: Rehhagel
Tore: 1:0 Meier (7.), 2:0 Wolter (25.), 3:0 Neubarth (44.), 3:1 Wabra (58.), 4:1 Neubarth (61.), 5:1 Eilts (70.)
Besonderes Vorkommnis: Rote Karte für Pezzey (34.)
Zuschauer: 2.000 in Cuxhaven

09.07.1985
Freundschaftsspiel
SSV Werne – W. Bremen 1:7 (0:2)
Aufstellung: Burdenski (46. Funk) – Schaaf, Okudera, Kutzop, Pezzey – Möhlmann (46. Klobke), Sidka, Hermann (65. Noruschat), Neubarth, Wolter (65. Wachaczewsky), Meier
Trainer: Rehhagel
Tore: 0:1 Möhlmann (1.), 0:2 Neubarth (42.), 0:3 Schaaf (52.), 0:4 Sidka (53.), 0:5 Neubarth (58.), 1:5 Jasper (68.), 1:6 Klobke (78.), 1:7 Meier (80.)
Zuschauer: 1.300

11.07.1985
Freundschaftsspiel
Lüssumer TV – W. Bremen 1:12 (1:7)
Aufstellung: Burdenski (46. Funk) – Schaaf, Pezzey, Kutzop, Okudera (46. Klobke) – Möhlmann (76. Eilts), Sidka, Hermann – Wolter (46. Noruschat), Neubarth, Meier
Trainer: Rehhagel
Tore: 0:1 Wolter (5.), 1:1 Block (20.), 1:2 Kutzop (21. FE), 1:3 Neubarth (26.), 1:4 Meier (36.), 1:5 Wolter (40.), 1:6 Sidka (41.), 1:7 Sidka (44.), 1:8 Pezzey (49.), 1:9 Meier (68.), 1:10 Hermann (79.), 1:11 Neubarth (83.), 1:12 Neubarth (89.)
Zuschauer: 1.500

13.07.1985
Intertoto-Runde, 2. Spieltag
RFC Antwerpen – W. Bremen 0:6 (0:1)
Aufstellung: Burdenski – Sidka, Schaaf, Kutzop, Okudera – Hermann, Möhlmann, Meier – Wolter, Völler, Neubarth
Trainer: Rehhagel
Tore: 0:1 Neubarth (43.), 0:2 Völler (52.), 0:3 Neubarth (61.), 0:4 Wolter (72.), 0:5 Meier (78.), 0:6 Schaaf (81.)
Zuschauer: 3.000

16.07.1985
Freundschaftsspiel
FC Lehrte – W. Bremen 0:11 (0:6)
Aufstellung: Burdenski (46. Funk) – Schaaf (46. Ruländer), Pezzey, Kutzop (60. Sauer) – Sidka (46. Wolter), Möhlmann, Votava, Meier, Okudera (46. Hermann) – Völler, Neubarth (46. Ordenewitz)
Trainer: Rehhagel
Tore: 0:1 Völler (15.), 0:2 Kutzop (27.), 0:3 Eigentor (29.), 0:4 Neubarth (35.), 0:5 Völler (39.), 0:6 Neubarth (42.), 0:7 Völler (50.), 0:8 Eigentor (53.), 0:9 Völler (75.), 0:10 Meier (85.), 0:11 Sauer (87.)
Zuschauer: 2.500

18.07.1985
Freundschaftsspiel
TSV Wolfsburg – W. Bremen 0:8 (0:3)
Aufstellung: Burdenski (46. Funk) – Schaaf, Okudera (46. Hermann), Kutzop (60. Sauer), Pezzey (60. Ruländer) – Votava (46. Wolter), Möhlmann, Sidka (46. Ordenewitz) – Völler, Neubarth, Meier
Trainer: Rehhagel
Tore: Neubarth (2), Meier (2), Votava , Völler, Möhlmann, Hermann
Zuschauer: 3.000

20.07.1985
Intertoto-Runde, 3. Spieltag
Malmö FF – W. Bremen 5:1 (1:1)
Aufstellung: Burdenski – Schaaf, Pezzey, Okudera – Kutzop (70. Hermann), Sidka, Möhlmann, Meier, Votava – Völler (46. Ordenewitz), Neubarth
Trainer: Rehhagel
Tore: 0:1 Völler (20.), 1:1 Borg (35.), 2:1 Erlandsson (57.), 3:1 Palmer (65.), 4:1 Larsson (68.), 5:1 Magnusson (79.)
Zuschauer: 2.100

23.07.1985
Freundschaftsspiel
Rot-Weiß Niebüll – W. Bremen 1:8 (0:4)
Aufstellung: Burdenski (46. Funk) – Schaaf, Pezzey (70. Sauer), Kutzop (70. Ruländer), Okudera – Sidka (60. Hermann), Möhlmann, Meier (60. Wolter), Votava – Völler, Ordenewitz
Trainer: Rehhagel
Torschützen für Werder: Völler (5), Kutzop, Sidka, Meier
Zuschauer: 2.500

25.07.1985
Freundschaftsspiel
TuS Lingen – W. Bremen 2:3 (1:2)
Aufstellung: Burdenski (46. Funk) – Schaaf (62. Wolter), Kutzop, Pezzey, Okudera – Möhlmann, Sidka (62. Ruländer), Votava, Neubarth (62. Sauer) – Völler (50. Ordenewitz), Meier (50. Hermann)
Trainer: Rehhagel
Tore: 0:1 Möhlmann (30.), 0:2 Möhlmann (35.), 1:2 Schilling (43.), 2:2 Hubelitz (61.), 2:3 Hermann (72.)
Zuschauer: 3.500

28.07.1985
Intertoto-Runde, 4. Spieltag
W. Bremen – Malmö FF 2:1 (1:0)
Aufstellung: Burdenski – Schaaf, Pezzey, Kutzop, Okudera – Möhlmann, Votava, Sidka, Meier – Hermann (46. Ordenewitz), Völler
Trainer: Rehhagel
Tore: 1:0 Möhlmann (17.), 1:1 Magnusson (75.), 2:1 Völler (80.)
Zuschauer: 5.500 in Twistringen

30.07.1985
Intertoto-Runde, 5. Spieltag
W. Bremen – FC Carl Zeiss Jena 3:0 (2:0)
Aufstellung: Burdenski – Schaaf, Kutzop, Ruländer, Votava – Sidka, Möhlmann, Meier (73. Hermann), Okudera – Völler (73. Wolter), Neubarth
Trainer: Rehhagel
Tore: 1:0 Sidka (44.), 2:0 Ruländer (45.), 3:0 Meier (53.)
Zuschauer: 5.600

03.08.1985
Intertoto-Runde, 6. Spieltag
FC Carl Zeiss Jena – W. Bremen 2:2 (1:1)
Aufstellung: Burdenski – Schaaf, Pezzey, Kutzop (69. Ordenewitz), Okudera – Sidka, Möhlmann, Votava, Meier – Neubarth, Völler
Trainer: Rehhagel
Tore: 1:0 Burow (18.), 1:1 Völler (22.), 2:1 Böger (61.), 2:2 Pezzey (90.)
Zuschauer: 16.000

Endstand Intertoto-Runde, Gruppe 1:

	S U N	Tore	Pk.
1. SV W. Bremen (D)	4 1 1	19 : 9	9
2. Malmö FF (S)	3 0 3	13 : 5	6
3. FC Carl Zeiss Jena (DDR)	2 2 2	6 : 8	6
4. RFC Antwerpen (B)	1 1 4	3 :19	3

06.08.1985
Freundschaftsspiel
Sportfreunde Siegen – W. Bremen 1:8 (1:3)
Aufstellung: Burdenski (46. Funk) – Ruländer (46. Hermann), Pezzey, Kutzop, Okudera – Möhlmann, Sidka (40. Schaaf), Votava – Völler (60. Neubarth), Ordenewitz, Meier (46. Wolter)
Trainer: Rehhagel
Tore: 1:0 Jakob (3.), 1:1 Völler (16.), 1:2 Völler (30.), 1:3 Ordenewitz (44.), 1:4 Pezzey (71.), 1:5 Votava (75.), 1:6 Kutzop (76.), 1:7 Pezzey (78.), 1:8 Neubarth (83.)
Zuschauer: 3.000

10.08.1985
Bundesliga, 1. Spieltag
FC Schalke 04 – W. Bremen 0:1 (0:1)
Aufstellung: Burdenski – Kutzop – Schaaf, Pezzey, Okudera – Möhlmann (5. Hermann, 59. Wolter), Sidka, Votava, Meier – Völler, Neubarth
Trainer: Rehhagel
Tor: 0:1 Völler (32.)
Zuschauer: 31.000

16.08.1985
Bundesliga, 2. Spieltag
W. Bremen – Hannover 96 8:2 (4:2)
Aufstellung: Burdenski – Pezzey – Schaaf, Ruländer, Kutzop – Sidka (20. Wolter), Votava, Meier (76. Ordenewitz), Okudera – Völler, Neubarth
Trainer: Rehhagel
Tore: 1:0 Völler (2.), 1:1 Reich (6.), 2:1 Meier (7.), 3:1 Meier (15.), 3:2 Giesel (29. FE), 4:2 Kutzop (31. FE), 5:2 Völler (48.), 6:2 Völler (71.), 7:2 Neubarth (84.), 8:2 Neubarth (86.)
Zuschauer: 31.500

20.08.1985
Bundesliga, 3. Spieltag
1. FC Saarbrücken – W. Bremen 1:1 (0:1)
Aufstellung: Burdenski – Pezzey – Schaaf, Kutzop, Okudera – Ruländer, Votava, Wolter (79. Ordenewitz), Meier – Neubarth, Völler
Trainer: Rehhagel
Tore: 0:1 Neubarth (38.), 1:1 Muntubila (62.)
Zuschauer: 30.000

25.08.1985
DFB-Pokal, 1. Runde
SV Weil – W. Bremen 0:7 (0:4)
Aufstellung: Burdenski – Pezzey (53. Sidka) – Schaaf, Kutzop, Okudera – Ruländer, Meier (69. Sauer), Votava, Ordenewitz – Völler, Neubarth
Trainer: Rehhagel
Tore: 0:1 Meier (4.), 0:2 Neubarth (12.), 0:3 Bieler (23. ET), 0:4 Meier (32.), 0:5 Ordenewitz (48.), 0:6 Ordenewitz (66.), 0:7 Völler (89.)
Zuschauer: 6.000

31.08.1985
Bundesliga, 4. Spieltag
W. Bremen – Hamburger SV 2:0 (1:0)
Aufstellung: Burdenski – Pezzey – Schaaf, Kutzop, Ruländer – Okudera, Sidka (88. Ordenewitz), Votava, Meier – Neubarth (76. Wolter), Völler
Trainer: Rehhagel
Tore: 1:0 Neubarth (13.), 2:0 Wolter (79.)
Zuschauer: 35.180

04.09.1985
Bundesliga, 5. Spieltag
1. FC Köln – W. Bremen 3:3 (2:1)
Aufstellung: Burdenski – Pezzey – Kutzop, Ruländer (76. Wolter) – Schaaf, Okudera, Sidka, Votava, Meier – Völler, Neubarth
Trainer: Rehhagel
Tore: 1:0 Dickel (1.), 2:0 Steiner (3.), 2:1 Völler (13.), 3:1 Geils (47.), 3:2 Pezzey (53.), 3:3 Völler (54.)
Zuschauer: 20.000

07.09.1985
Bundesliga, 6. Spieltag
W. Bremen – 1. FC Nürnberg 2:1 (1:0)
Aufstellung: Burdenski – Pezzey – Schaaf, Kutzop, Ruländer – Okudera, Votava, Sidka, Meier – Völler (46. Ordenewitz), Neubarth
Trainer: Rehhagel
Tore: 1:0 Völler (10.), 1:1 Güttler (61.), 2:1 Pezzey (81.)
Zuschauer: 20.700

13.09.1985
Bundesliga, 7. Spieltag
Fortuna Düsseldorf – W. Bremen 1:4 (1:2)
Aufstellung: Burdenski – Pezzey – Ruländer, Kutzop – Schaaf, Votava, Sidka, Meier, Okudera – Neubarth (82. Wolter), Völler (75. Ordenewitz)
Trainer: Rehhagel
Tore: 1:0 Thiele (23.), 1:1 Sidka (33.), 1:2 Kutzop (35.), 1:3 Neubarth (59.), 1:4 Völler (72.)
Zuschauer: 13.500

18.09.1985
UEFA-Cup, 1. Runde-Hinspiel
Tschernomoretz Odessa – W. B. 2:1 (2:0)
Aufstellung: Burdenski – Pezzey – Kutzop, Ruländer – Schaaf, Sidka, Votava, Meier, Okudera – Neubarth, Völler
Trainer: Rehhagel
Tore: 1:0 Jurtschenko (13.), 2:0 Tscherbakow (42.), 2:1 Meier (47.)
Zuschauer: 42.000

21.09.1985
Bundesliga, 8. Spieltag
W. B. – SV Waldhof Mannheim 2:2 (1:1)
Aufstellung: Burdenski – Pezzey – Ruländer, Kutzop (69. Wolter) – Schaaf, Sidka, Votava, Meier, Okudera – Völler, Ordenewitz
Trainer: Rehhagel
Tore: 0:1 Remark (2.), 1:1 Kutzop (23. FE), 2:1 Meier (72.), 2:2 Walter (89.)
Zuschauer: 19.300

28.09.1985
Bundesliga, 9. Spieltag
VfL Bochum – W. Bremen 2:3 (0:1)
Aufstellung: Burdenski – Pezzey – Kutzop, Schaaf – Okudera, Wolter, Sidka, Votava, Meier – Völler (38. Ordenewitz), Neubarth (73. Sauer)
Trainer: Rehhagel
Tore: 0:1 Meier (4.), 1:1 Kühn (47.), 1:2 Neubarth (58.), 1:3 Sidka (78.), 2:3 Benatelli (86.)
Zuschauer: 23.000

02.10.1985
UEFA-Cup, 1. Runde-Rückspiel
W. B. – Tschernomoretz Odessa 3:2 (1:1)
Aufstellung: Burdenski – Pezzey – Kutzop, Schaaf (74. Noruschat) – Wolter, Sidka, Votava, Meier, Okudera – Ordenewitz, Neubarth
Trainer: Rehhagel
Tore: 1:0 Kutzop (9.), 1:1 Passulko (22.), 1:2 Morosow (47.), 2:2 Pezzey (53.), 3:2 Neubarth (73.)
Besonderes Vorkommnis: Rote Karte für Sawel-jew (48.)
Zuschauer: 30.100

05.10.1985
Bundesliga, 10. Spieltag
W. Bremen – Eintracht Frankfurt 4:0 (2:0)
Aufstellung: Burdenski – Pezzey – Kutzop, Votava – Sidka, Wolter, Möhlmann, Meier (78. Hermann), Okudera – Neubarth, Ordenewitz
Trainer: Rehhagel
Tore: 1:0 Kutzop (21. FE), 2:0 Pezzey (46.), 3:0 Ordenewitz (71.), 4:0 Ordenewitz (83.)
Zuschauer: 21.200

11.10.1985
Bundesliga, 11. Spieltag
1. FC Kaiserslautern – W. Bremen 3:0 (1:0)
Aufstellung: Burdenski – Pezzey – Votava, Kutzop – Wolter (46. Noruschat), Sidka, Möhlmann, Meier, Okudera – Ordenewitz, Neubarth (17. Hermann)
Trainer: Rehhagel
Tore: 1:0 Brehme (7. FE), 2:0 Brehme (60.), 3:0 T. Allofs (67.)
Zuschauer: 25.902

19.10.1985
DFB-Pokal, 2. Runde
DSC Wanne-Eickel – W. Bremen 0:4 (0:2)
Aufstellung: Burdenski – Pezzey – Wolter, Okudera, Kutzop – Möhlmann (80. Ruländer), Sidka, Votava, Meier (66. Hermann) – Ordenewitz, Neubarth
Trainer: Rehhagel
Tore: 0:1 Sidka (17.), 0:2 Möhlmann (39.), 0:3 Neubarth (52.), 0:4 Neubarth (65.)
Zuschauer: 11.000

26.10.1985
Bundesliga, 12. Spieltag
W. Bremen – Borussia Dortmund 4:2 (2:1)
Aufstellung: Burdenski – Pezzey – Wolter (81. Hermann), Kutzop, Okudera – Möhl-mann, Sidka, Votava, Meier – Ordenewitz, Neubarth
Trainer: Rehhagel
Tore: 1:0 Neubarth (22.), 2:0 Ordenewitz (32.), 2:1 Pagelsdorf (45.), 2:2 Wegmann (50.), 3:2 Neubarth (52.), 4:2 Ordenewitz (79.)
Zuschauer: 18.000

01.11.1985
Bundesliga, 13. Spieltag
Bayer 04 Leverkusen – W. Bremen 5:1 (3:0)
Aufstellung: Burdenski – Pezzey – Ruländer (26. Wolter), Kutzop, Okudera – Sidka, Votava, Möhlmann, Meier – Neubarth, Ordenewitz (63. Hermann)
Trainer: Rehhagel
Tore: 1:0 Cha (4.), 2:0 Cha (16.), 3:0 Schreier (28.), 4:0 Votava (57. ET), 4:1 Kutzop (62.), 5:1 Schlegel (82.)
Zuschauer: 15.000

09.11.1985
Bundesliga, 14. Spieltag
W. Bremen – Bayer 05 Uerdingen 6:1 (3:0)
Aufstellung: Burdenski – Pezzey – Schaaf (78. Wolter), Kutzop, Okudera – Möhlmann, Sid-ka, Votava, Meier – Neubarth, Ordenewitz (58. Hermann)
Trainer: Rehhagel
Tore: 1:0 Kutzop (30. FE), 2:0 Kutzop (36. FE), 3.0 Neubarth (45.), 4:0 Neubarth (57.), 5:0 Pezzey (62.), 5:1 Dämgen (70.), 6:1 Hermann (77.)
Zuschauer: 16.500

12.11.1985
DFB-Pokal, Achtelfinale
VfB Stuttgart – W. Bremen 2:0 (2:0)
Aufstellung: Burdenski – Pezzey – Okudera, Kutzop – Schaaf, Möhlmann, Sidka, Votava, Hermann, Meier (64. Ordenewitz) – Neubarth (69. Wolter)
Trainer: Rehhagel
Tore: 1:0 Allgöwer (14.), 2:0 Allgöwer (23.)
Zuschauer: 23.000

19.11.1985
Bundesliga, 15. Spieltag
Bor. M'gladbach – W. Bremen 1:2 (0:0)
Aufstellung: Burdenski – Pezzey – Votava, Kutzop – Schaaf, Möhlmann, Sidka, Meier, Okudera – Burgsmüller, Völler (80. Hermann)
Trainer: Rehhagel
Tore: 0:1 Völler (61.), 0:2 Burgsmüller (66.), 1:2 Hannes (84. FE)
Zuschauer: 28.000

23.11.1985
Bundesliga, 16. Spieltag
FC Bayern München – W. Bremen 3:1 (1:1)
Aufstellung: Burdenski – Pezzey – Schaaf, Kutzop (71. Ordenewitz), Okudera – Sidka, Möhlmann, Votava, Meier – Völler (28. Neubarth), Burgsmüller
Trainer: Rehhagel
Tore: 1:0 Nachtweih (11.), 1:1 Schaaf (42.), 2:1 D. Hoeneß (64.), 3:1 D. Hoeneß (66.)
Besondere Vorkommnisse: Rote Karte für Matt-häus (44.), Burdenski hält FE von Lerby (Hoeneß verwandelt den Nachschuss) (64.)
Zuschauer: 37.000

… und schon wieder ein »Tor des Monats«, made in Bremen: Manni Burgsmüller trifft in seinem allerersten Spiel für Werder an einem bitterkalten Novemberabend auf dem Bökelberg mit einem unfassbaren Volley-Schnibbel-Lupfer. Torwart Sude hat keine Chance

München, Olympia-Stadion, 23.11.1985, 15:56 Uhr: Klaus Augenthaler wechselt Rudi Völler aus – für fünf Monate

Eine der meistgezeigten Sequenzen aus Werders Bundesligageschichte: Klaus Augenthaler raspelt Rudi Völler ohne Rücksicht auf Verluste von den Beinen. Auffällig: Der Ball scheint wirklich nur Nebensache zu sein

Auf den Screenshots unten kann man die Wucht erahnen, mit der Rudi Völler von Augenthaler (fliegt rechts ins Bild) voll erwischt wird. Den Ball verfehlt der Bayern-Abwehspieler in der Tat nicht besonders knapp

29.11.1985
Bundesliga, 17. Spieltag
W. Bremen – VfB Stuttgart 6:0 (3:0)
Aufstellung: Burdenski – Pezzey – Kutzop, Ruländer – Schaaf, Okudera, Hermann, Votava, Meier – Neubarth (46. Ordenewitz), Burgsmüller
Trainer: Rehhagel
Tore: 1:0 Burgsmüller (17.), 2:0 Kutzop (34.), 3:0 Kutzop (43. FE), 4:0 Ordenewitz (56.), 5:0 Ordenewitz (74.), 6:0 Burgsmüller (87.)
Zuschauer: 21.000

07.12.1985
Bundesliga, 18. Spieltag
W. Bremen – FC Schalke 04 3:1 (1:1)
Aufstellung: Burdenski – Kutzop – Ruländer, Pezzey, Okudera – Schaaf, Hermann, Wolter, Votava – Neubarth (60. Ordenewitz), Burgsmüller
Trainer: Rehhagel
Tore: 0:1 Täuber (20.), 1:1 Neubarth (32.), 2:1 Neubarth (51.), 3:1 Neubarth (59.)
Zuschauer: 24.000

14.12.1985
Bundesliga, 19. Spieltag
Hannover 96 – W. Bremen 2:4 (2:1)
Aufstellung: Burdenski – Pezzey, Ruländer, Kutzop – Schaaf, Möhlmann (13. Hermann), Votava, Okudera, Meier (28. Ordenewitz) – Neubarth, Burgsmüller
Trainer: Rehhagel
Tore: 1:0 Gue (4.), 1:1 Pezzey (17.), 2:1 Vjetrovic (27.), 2:2 Votava (70.), 2:3 Burgsmüller (75.), 2:4 Ordenewitz (84.)
Besonderes Vorkommnis: Rote Karte für Kutzop (80.)
Zuschauer: 49.000

13.01.1986
Internationales Freundschaftsspiel
Nationalelf Ägypten – W. Bremen 1:1 (1:0)
Aufstellung: Burdenski – Pezzey – Schaaf, Kutzop, Otten – Wolter (36. Hermann), Votava, Okudera (46. Ordenewitz), Meier – Burgsmüller, Neubarth
Trainer: Rehhagel
Tore: 1:0 Kahib (33. Elfmeter), 1:1 Kutzop (55. Elfmeter)
Zuschauer: 12.000 in Kairo

16.01.1986
Internationales Freundschaftsspiel
Nationalelf Ägypten – W. Bremen 0:0
Aufstellung: Reck – Pezzey – Kutzop, Otten (46. Hermann) – Schaaf, Okudera, Wolter, Votava, Meier – Neubarth, Burgsmüller
Trainer: Rehhagel
Tore: –
Zuschauer: 15.000 in Al Mehalla

25.01.1986
Bundesliga, 20. Spieltag
W. Bremen – 1. FC Saarbrücken 1:0 (0:0)
Aufstellung: Burdenski – Pezzey – Otten, Kutzop – Schaaf, Okudera (72. Hermann), Votava, Meier, Burgsmüller – Neubarth, Ordenewitz (46. Wolter)
Trainer: Rehhagel
Tor: 1:0 Kutzop (78. FE)
Zuschauer: 19.500

01.02.1986
Bundesliga, 21. Spieltag
Hamburger SV – W. Bremen 0:1 (0:0)
Aufstellung: Burdenski – Pezzey, Otten, Kutzop – Schaaf, Hermann, Votava, Burgsmüller, Meier (66. Okudera) – Wolter, Neubarth (77. Ordenewitz)
Trainer: Rehhagel
Tor: 0:1 Burgsmüller (56.)
Zuschauer: 44.000

08.02.1986
Bundesliga, 22. Spieltag
W. Bremen – 1. FC Köln 2:0 (1:0)
Aufstellung: Burdenski – Pezzey – Kutzop, Otten – Schaaf, Wolter, Hermann, Okudera, Meier – Neubarth, Burgsmüller
Trainer: Rehhagel
Tore: 1:0 Neubarth (21.), 2:0 Schaaf (72.)
Zuschauer: 21.600

15.02.1986
Bundesliga, 23. Spieltag
1. FC Nürnberg – W. Bremen 2:2 (0:1)
Aufstellung: Burdenski – Pezzey – Otten (83. Ruländer), Kutzop – Schaaf, Hermann (76. Sidka), Burgsmüller, Meier, Okudera – Wolter, Neubarth
Trainer: Rehhagel
Tore: 0:1 Wolter (45.), 0:2 Wolter (60.), 1:2 Geyer (76.), 2:2 Eckstein (84.)
Besonderes Vorkommnis: Rote Karte für Pezzey (73.)
Zuschauer: 31.000

22.02.1986
Bundesliga, 24. Spieltag
W. Bremen – Fortuna Düsseldorf 7:3 (3:0)
Aufstellung: Burdenski – Pezzey – Schaaf, Kutzop, Okudera – Hermann, Sidka, Wolter (78. Ordenewitz), Meier (46. Votava) – Neubarth, Burgsmüller
Trainer: Rehhagel
Tore: 1:0 Burgsmüller (3.), 2:0 Burgsmüller (10.), 3:0 Neubarth (18.), 3:1 Bockenfeld (65.), 4:1 Neubarth (70.), 4:2 Dusend (70.), 5:2 Neubarth (71.), 6:2 Burgsmüller (77.), 7:2 Neubarth (81.), 7:3 Demandt (90.)
Zuschauer: 14.500

01.03.1986
Bundesliga, 25. Spieltag
SV Waldhof Mannheim – W. B. 1:1 (1:0)
Aufstellung: Burdenski – Pezzey – Votava, Kutzop, Okudera (46. Ordenewitz) – Hermann, Sidka, Wolter, Schaaf – Neubarth, Burgsmüller
Trainer: Rehhagel
Tore: 1:0 Walter (26.), 1:1 Burgsmüller (69.)
Zuschauer: 16.000

08.03.1986
Bundesliga, 26. Spieltag
W. Bremen – VfL Bochum 0:0
Aufstellung: Burdenski – Pezzey – Votava, Kutzop, Okudera (54. Ordenewitz)

– Schaaf, Hermann, Sidka, Wolter – Neubarth, Burgsmüller
Trainer: Rehhagel
Tore: –
Zuschauer: 21.000

15.03.1986
Bundesliga, 27. Spieltag
Eintracht Frankfurt – W. Bremen 0:2 (0:0)
Aufstellung: Burdenski – Pezzey – Kutzop, Otten – Schaaf, Sidka, Votava, Hermann, Meier (76. Okudera) – Neubarth (85. Wolter), Burgsmüller
Trainer: Rehhagel
Tore: 0:1 Hermann (71.), 0:2 Okudera (90.+2)
Zuschauer: 27.000

21.03.1986
Bundesliga, 28. Spieltag
W. Bremen – 1. FC Kaiserslautern 2:0 (0:0)
Aufstellung: Burdenski – Pezzey – Kutzop, Otten – Schaaf, Sidka (46. Wolter), Votava, Meier, Hermann (11. Okudera) – Burgsmüller, Neubarth
Trainer: Rehhagel
Tore: 1:0 Burgsmüller (55.), 2:0 Schaaf (82.)
Zuschauer: 25.559

31.03.1986
Bundesliga, 29. Spieltag
Borussia Dortmund – W. Bremen 1:1 (1:1)
Aufstellung: Funk – Pezzey – Kutzop, Otten – Schaaf, Hermann, Wolter, Votava, Meier – Burgsmüller, Neubarth
Trainer: Rehhagel
Tore: 0:1 Wolter (4.), 1:1 Zorc (19. FE)
Zuschauer: 41.000

04.04.1986
Bundesliga, 30. Spieltag
W. Bremen – Bayer 04 Leverkusen 5:0 (2:0)
Aufstellung: Funk – Pezzey – Otten, Kutzop – Schaaf, Wolter (46. Hermann), Votava, Okudera, Meier (79. Sidka) – Neubarth, Burgsmüller
Trainer: Rehhagel
Tore: 1:0 Pezzey (23.), 2:0 Burgsmüller (29.), 3:0 Hermann (56.), 4:0 Burgsmüller (64.), 5:0 Neubarth (88.)
Zuschauer: 30.400

11.04.1986
Bundesliga, 31. Spieltag
Bayer 05 Uerdingen – W. Bremen 1:0 (0:0)
Aufstellung: Funk – Kutzop – Schaaf, Okudera – Meier, Votava, Hermann (65. Ordenewitz), Wolter, Otten – Neubarth, Burgsmüller
Trainer: Rehhagel
Tor: 1:0 Raschid (56.)
Zuschauer: 18.000

17.04.1986
Bundesliga, 32. Spieltag
W. Bremen – Bor. M'gladbach 1:1 (0:0)
Aufstellung: Burdenski – Pezzey – Otten, Kutzop, Okudera (58. Hermann) – Wolter (76. Ordenewitz), Votava, Meier, Schaaf – Neubarth, Burgsmüller
Trainer: Rehhagel
Tore: 1:0 Neubarth (63.), 1:1 Hochstätter (73.)
Zuschauer: 40.200

22.04.1985
Bundesliga, 33. Spieltag
W. Bremen – FC Bayern München 0:0
Aufstellung: Burdenski– Pezzey – Schaaf, Kutzop, Otten – Wolter, Votava, Meier (77. Völler), Okudera – Neubarth, Burgsmüller
Trainer: Rehhagel
Tore: –
Besonderes Vorkommnis: Kutzop schießt HE an den Pfosten (89.)
Zuschauer: 40.800

26.04.1986
Bundesliga, 34. Spieltag
VfB Stuttgart – W. Bremen 2:1 (1:0)
Aufstellung: Burdenski – Pezzey – Schaaf, Kutzop, Otten – Votava, Okudera, Burgsmüller (46. Meier) – Wolter, Völler (46. Neubarth)
Trainer: Rehhagel
Tore: 1:0 Allgöwer (22.), 2:0 Allgöwer (52.), 2:1 Burgsmüller (79.)
Zuschauer: 62.000

29.04.1986
Freundschaftsspiel
OSC Bremerhaven – W. Bremen 0:10 (0:3)
Aufstellung: Burdenski (46. Reck) – Pezzey – Schaaf, Kutzop, Rulánder (46. Möhlmann) – Okudera, Votava (9. Ordenewitz), Wolter, Hermann – Völler, Burgsmüller (46. Neubarth)
Trainer: Rehhagel
Tore: Völler (2), Neubarth (2), Kutzop (HE), Pezzey, Ruländer, Ordenewitz, Hermann, Möhlmann
Zuschauer: 1.500

06.05.1986
Internationales Freundschaftsspiel
Dalian Pearl – W. Bremen 1:1 (0:1)
Aufstellung: Reck – Schaaf, Sauer, Pezzey, Noruschat (46. Hermann) – Kutzop, Votava, Burgsmüller, Meier – Wolter (40. Möhlmann), Neubarth
Trainer: Rehhagel
Tore: 0:1 Burgsmüller (23.), 1:1 Yian (49.)
Zuschauer: 40.000

08.05.1986
Kirin-Cup in Japan
Palmeiras Sao Paulo – W. Bremen 4:0 (3:0)
Aufstellung: Reck – Schaaf, Kutzop, Pezezy, Okudera (70. Wolter) – Möhlmann, Hermann (70. Otten), Votava, Meier (46. Ordenewitz) – Burgsmüller, Neubarth
Trainer: Rehhagel
Tore: 1:0 Mirandinha (16.), 2:0 Mirandinha (17.), 3:0 Mirandinha (27.), 4:0 Jorginho (60.)
Zuschauer: 10.000 in Tokio

11.05.1986
Kirin-Cup in Japan
Nationalelf Japan – W. Bremen 0:2 (0:2)
Aufstellung: Reck – Schaaf, Kutzop, Pezzey (Ruländer), Otten – Okudera, Möhlmann, Votava, Meier (Ordenewitz) – Neubarth, Burgsmüller
Trainer: Rehhagel
Tore: 0:1 Burgsmüller (10.), 0:2 Neubarth (27.)
Zuschauer: 20.000 in Tokio

16.05.1986
Kirin-Cup in Japan
Nationalelf Algerien – W. B. 1:1 (1:1)
Aufstellung: Reck – Schaaf, Ruländer (46. Ordenewitz), Kutzop (60. Sauer), Otten – Okudera, Möhlmann (46. Wolter), Votava, Meier (60. Hermann) – Burgsmüller, Neubarth
Trainer: Rehhagel
Tore: 0:1 Meier (8.), 1:1 Dyahmoune (16.)
Besonderheiten: Der Algerische Torwart hält FE von Kutzop; SR entscheidet auf Wiederholung, die Mannschaft von Algerien verlässt sauer den Platz. Erst nach 15 Minuten Unterbrechung spielen die Algerier weiter. Erneut hält der TW den Elfmeter von Kutzop (13.)
Zuschauer: 20.000 in Nagoya

18.05.1986
Kirin-Cup, Endspiel
Palmeiras Sao Paulo – W. Bremen 2:4 (1:1, 1:0) n.Verl.
Aufstellung: Reck – Schaaf, Sauer (85. Hermann), Kutzop, Otten – Okudera, Möhlmann, Votava, Meier (46. Wolter) – Neubarth (85. Ordenewitz), Burgsmüller
Trainer: Rehhagel
Tore: 1:0 Jorginho (27.), 1:1 Neubarth (56.), 1:2 Möhlmann (91.), 1:3 Ordenewitz (100.), 1:4 Ordenewitz (102), 2:4 Mirandinho (106. FE)
Zuschauer: 40.000 in Tokio

Bundesliga-Abschlusstabelle 1985/1986

Platz	Verein	Spiele	S	U	N	Tore	Diff.	Punkte
1.	Bayern München (M)	34	21	7	6	82:31	+51	49-19
2.	**Werder Bremen**	**34**	**20**	**9**	**5**	**83:41**	**+42**	**49-19**
3.	KFC Uerdingen 05 (P)	34	19	7	8	63:60	+3	45-23
4.	Borussia M'gladbach	34	15	12	7	65:51	+14	42-26
5.	VfB Stuttgart	34	17	7	10	69:45	+24	41-27
6.	Bayer Leverkusen	34	15	10	9	63:51	+12	40-28
7.	Hamburger SV	34	17	5	12	52:35	+17	39-29
8.	SV Waldhof Mannheim	34	11	11	12	41:44	-3	33-35
9.	VfL Bochum	34	14	4	16	55:57	-2	32-36
10.	Schalke 04	34	11	8	15	53:58	-5	30-38
11.	1. FC K'lautern	34	10	10	14	49:54	-5	30-38
12.	1. FC Nürnberg (N)	34	12	5	17	51:54	-3	29-39
13.	1. FC Köln	34	9	11	14	46:59	-13	29-39
14.	Fortuna Düsseldorf	34	11	7	16	54:78	-24	29-39
15.	Eintracht Frankfurt	34	7	14	13	35:49	-14	28-40
16.	Borussia Dortmund	34	10	8	16	49:65	-16	28-40
17.	1. FC Saarbrücken (N)	34	6	9	19	39:68	-29	21-47
18.	Hannover 96 (N)	34	5	8	21	43:92	-49	18-50

Fieberkurve der Bundesliga-Saison 1985/1986

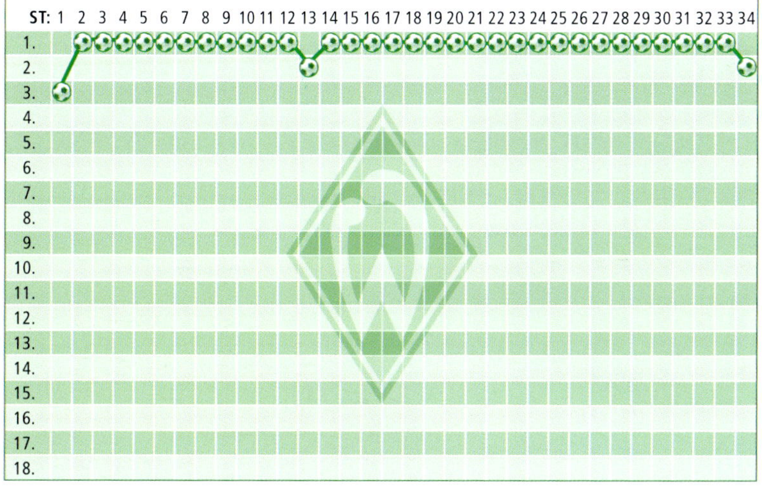

1986/87: Das Ende der Völlerei

Oben v.l.:
Kutzop, Schlindwein, Neubarth, Pezzey, Votava, Sauer, Wolter, Ordenewitz, Co-Trainer Kamp
Mitte v.l.:
Masseur Berger, Völler, Möhlmann, Noruschat, Sidka, Klobke, Meier, Otten, Burgsmüller, Trainer Rehhagel
Unten v.l.:
Zeugwart Ehrke, Ruländer, Eilts, Reck, Hermann, Burdenski, Hanses, Schaaf

Manni-Burgsmüller-Actionfigur aus Plastik

Widmen wir uns nun der vielleicht problematischsten Saison der achtziger Jahre. Rudi Völler erfreute die Vereinsoberen zwar frühzeitig mit einer Vertragsverlängerung bis 1990, doch es war sehr bald klar, dass Werder dem Werben reicher italienischer Vereine nicht mehr lange würde standhalten können. Eine ganze Stadt bangte und hoffte, ehe sie sich schließlich mit dem Abschied von ihrem Idol abfinden musste. Zusätzlich zu den Turbulenzen um Völler sorgten hartnäckige Verletzungen von Bruno Pezzey und Frank Neubarth für viel Verdruss. Als Pezzey-Ersatz sollte der Frankfurter Thomas Berthold dingfest gemacht werden. Sein Wechsel vom Main an die Weser scheiterte knapp. So viel Pech und Unruhe gepaart mit einer riesigen Erwartungshaltung von Fans und Medien – das konnte nicht gut gehen. Ging es dann auch nicht.

Um nicht zu sehr zu unken: Werder missriet diese Saison nicht. Sie endete mit einem nach wie vor als Erfolg zu wertenden Platz 5 und dem erneuten Einzug ins internationale Geschäft. Für die Mannschaft, die noch in der Vorsaison nur durch eine Verkettung diverser unvorstellbarer Katastrophen nicht überlegen den Meistertitel holte, war ein am Ende mühsam erkämpfter UEFA-Cup-Platz aber auch kein Grund für einen weiteren Autokorso. Werder in der Spitzengruppe – das war normal geworden. Werder war nicht mehr der große Außenseiter, und Otto Rehhagel fiel es immer schwerer, die Sehnsüchte der Fans zu dämpfen.

Die gesamte Saison lief aus Werder-Sicht seltsam. Wann immer die Mannschaft andeutete, dass sie nach wie vor zu den stärksten Teams in Deutschland gehörte, folgte ein Rückschlag. Werder leistete vom 1. bis zum 34. Spieltag genug, um dauerhaft im oberen Drittel Sonne zu tanken, aber dann im entscheidenden Moment eben doch wieder nicht genug, um endlich nach den Sternen zu greifen. Der gute Saisonstart mit Platz 3 nach fünf Spieltagen half bei der Grundsteinlegung neuer Meisterschaftsluftschlösser, aber vor allem in fremden Stadien lauerten plötzlich die versammelten Luftschloss-Abrissbagger. Nachdem von den ersten drei Auswärtsspielen zwei gewonnen wurden, kamen in den restlichen 14 Spielen in der Fremde nur noch weitere zwei Siege dazu. Viel zu wenig für einen Titelaspiranten. 54 Gegentore wiederum waren viel zu viel für gehobene Liga-Ansprüche.

Die wacklige Abwehrbilanz erstaunt im Nachhinein etwas, denn während der Saison hatte Werder mit dem anfangs etwas staksig wirkenden Norweger Rune Bratseth, wie sich später erweisen sollte, für kleines Geld einen absoluten Weltklassemann bekommen, dessen Verpflichtung höchst rätselhaft ablief. Bratseth kam im Doppelpack mit einem anderen Norweger zum Probetraining. Der andere hieß Vegard Skogheim, hinterließ im Gegensatz zu Bratseth auch bei den Werder-Profis einen glänzenden Eindruck und wurde dennoch wieder heimgeschickt. Und obwohl der SVW eigentlich vornehmlich einen Stürmer suchte, wurde der im Probetraining blasse Defensivmann Bratseth verpflichtet.

Schon ein halbes Jahr vor dem sich schnell steigernden Bratseth versuchte ein anderer Abwehrmann in Bremen sein Bestes, dem wenig später die zweifelhafte Ehre zuteil wurde, bis heute als Otto Rehhagels einziger »echter Fehleinkauf« überhaupt zu gelten: Dieter Schlindwein kam aus Mannheim mit der Referenz, in den zurückliegenden Jahren regelmäßig Rudi Völlers unangenehmster Gegenspieler gewesen zu sein. »Besser, der spielt für uns als gegen uns!«, schien sich Rehhagel zu sagen. Doch Schlindwein enttäuschte auf der ganzen Linie, verbockte in den ersten beiden Saisonspielen gleich mehrere Gegentore und verschwand nach nur drei durchweg schwachen Spielen wieder in der Versenkung. Bei diesen drei Spielen im Werder-Trikot blieb es. Am Saisonende ließ er sich frustriert nach Frankfurt verkaufen und versuchte dort einen Neuanfang.

Werders vergeblicher Kampf um die Rückkehr in den Kreis der heißesten Titelanwärter geriet am Ende etwas in den Hintergrund. Mehr Aufsehen erregte der rasante Umbruch einer großartigen Werder-Elf, die in den vergangenen fünf Jahren Deutschland mit zauberhaftem Fußball verzückt hatte. Rudi Völler zog in seinem letzten Jahr bei Werder noch einmal groß auf und machte den Fans und Kollegen seinen Abschied aus Bremen mit 22 Saisontoren besonders schwer. Mit Bruno Pezzey kehrte ein zweiter Superstar Werder den Rücken. Dieter Burdenski machten nach 15 Jahren als unangefochtene Nummer 1 zwischen den Werder-Pfosten dem Emporkömmling Oliver Reck Platz. Wolfgang Sidka war zuletzt mehr verletzt als gesund und ließ seine aktive Bundesligakarriere ausklingen, und auch Kapitän Benno Möhlmann verlor bei Rehhagel weitgehend seine Bedeutung als verlängerter Arm auf dem Spielfeld. Nicht klar war auch, ob Sturmtank Frank Neubarth, auf den es nach Völlers Abschied natürlich verstärkt angekommen wäre, nach seinem zweiten Schienbeinbruch innerhalb eines Jahres je wieder auf die Beine kommen würde.

Das Werder-Schiff schien schlingernd in eine nebulöse Zukunft zu tuckern. Der »Stern« nahm diese Tatsache als Anlass für einen Artikel, der am Ende der Saison erschien und auf gleich sieben Seiten (!) einer wahren Hinrichtung der vermeintlich auseinander brechenden Werder-Familie glich. Erst wurde Werders kompletter Kader inklusive Vorstand und Trainerstab dazu bewegt, auf einem alten Segelschiff für ein Gruppenfoto zu posieren. Das ursprünglich vielleicht nett gemeinte Bild verwendete die Illustrierte dann für einen bitterbösen Artikel unter der Überschrift »Antreten zum Abtakeln«. Tenor: der dilettantisch gelenkte Provinzverein SV Werder und seine abgehalfterte Mannschaft vor dem Totalabsturz in die Bedeutungslosigkeit. Der Autor unterstellte Rehhagel, künftig mangels spielerischer Klasse nur noch mauern zu wollen und schloss mit den Worten »Das grün-weiße Fußball-Wunder geht mit einer Bankrotterklärung seines Messias zu Ende.« Selten zuvor hat ein Sportjournalist mit einer Analyse so sehr danebengelegen.

Oben: Nach Fichtel und Kostedde der dritte betagte Volltreffer im Hause Werder innerhalb weniger Jahre. Manni Burgsmüller übertraf auch in seiner zweiten Saison alle Erwartungen

Links: Der Herr rechts genießt die zweifelhafte Ehre, nicht ganz zu Recht als Otto Rehhagels einziger Fehleinkauf zu gelten: Dieter Schlindwein aus Mannheim kam mit großen Hoffnungen und verschwand nach ganzen drei Spielen im Werder-Dress. Die eher betretenen Gesichter auf diesem Foto können dennoch nicht als Vorahnungen gewertet werden

Action-Hampelmann aus Holz

Benno Möhlmann
»Uns wollte kaum einer sehen!«

Benno Möhlmanns Hauptverdienst um den SV Werder Bremen ist, dass er in besonders unruhigem Fahrwasser als Kapitän ohne Fehl und Tadel das Ruder fest in der Hand behielt. Er stieg mit Werder ab und wieder auf, und in der ersten Hälfte der achtziger Jahre war er eine Spielerpersönlichkeit, wie man sie sich wünscht: Fleißig, intelligent, verlässlich auf dem Spielfeld und loyal neben dem Spielfeld.

Für ihn persönlich tragisch: Nach Querelen mit Otto Rehhagel hängte Möhlmann 1987 die Kapitänsbinde an den eigens dafür vorgesehenen Kapitänsbinden-Nagel und verabschiedete sich nach Hamburg. Die reiche Ernte der kommenden Jahre durfte ausgerechnet er nicht mehr mit genießen. Er, der Werder durch die unsicheren Zeiten lenkte.

Als Möhlmann 1978 verpflichtet wurde, war er mit einer Ablösesumme von 400.000 DM einer der bis dahin teuersten Einkäufe der Vereinsgeschichte.

Ich spielte davor sechs Jahre bei Preußen Münster, und die haben ein paar wirtschaftliche Probleme gehabt. Sie mussten eine größere Summe ans Finanzamt bezahlen und deshalb eine ganze Reihe von Spielern verkaufen. Meine Ablösesumme ist überall mit 400.000 DM angegeben worden, aber in Wirklichkeit waren es effektiv knapp über 300.000 DM. Preußen Münster war sich im Grunde schon mit Schalke 04 einig, und die hätten 550.000 DM für mich bezahlt. Aber das ist dann intern noch gescheitert. Werder wollte und konnte nicht mehr als 300.000 DM bezahlen, also hat man sich mit Preußen Münster auf einen Deal geeinigt: Werders Stürmer Willi Mense ging im Tausch mit mir nach Münster, wurde mit gut 100.000 DM Ablöse eingestuft, und Werder hat dann noch einmal 300.000 DM draufgelegt, um mich zu bekommen.

Sieben Jahre lang Werder-Kapitän ohne Fehl und Tadel: Benno Möhlmann

Benno Möhlmann ist bereits ein gestandener Zweitligaspieler, als er sich Werder anschließt. In den ersten beiden, von nackter Abstiegsangst geprägten Jahren in Bremen schafft er erstaunlich schnell den Sprung zum Leistungsträger.

Mit Preußen Münster hatte ich zuvor eigentlich, wenn auch eine Liga tiefer, immer nur oben mitgespielt. Das letzte Jahr 1977/78 auch um den Aufstieg in die Bundesliga. Bei Werder bin ich sofort mitten in den Abstiegskampf geraten. Und ich habe noch in Erinnerung, dass ich während meiner ersten Saison unter Wolfgang Weber jede Woche sehr kämpfen musste um meinen Platz in der ersten Elf, aber letztlich war ich dann der einzige Feldspieler, der alle 34 Spiele mitgemacht hat. Als Neuzugang aus der 2. Liga war das nicht schlecht.

Mit der heilen Fußballwelt ist es in Möhlmanns zweitem Jahr bei Werder schlagartig vorbei. Aus einem bisschen Abstiegskampf wird brachialer Existenzkampf. Mit einer Mannschaft, in der fast nichts mehr stimmt.

Per Røntved war weg, Dave Watson kam. Der flog im zweiten Spiel vom Platz, und so fing alles schon sehr chaotisch an. Von da an hat alles nicht mehr so recht passen wollen. Für mich war es eine ganz neue Erfahrung, so unter Druck zu stehen. Wir gerieten immer mehr in Bedrängnis, spielten oft schlecht und hatten immer zu wenig Punkte, um wenigstens mal kurz durchpusten zu können. Ich kann mich erinnern, dass wir irgendwann als PR-Maßnahme zur Strafe Eintrittskarten verkaufen mussten. Angeblich auch als erzieherische Maßnahme für uns Spieler. Wir sollten uns dem Unmut der Fans stellen. Ich saß zwei Stunden im Hellweg-Lager und habe in dieser Zeit eine Karte verkauft. Uns wollte kaum einer sehen.

In den ersten Saisonwochen kommt Möhlmann eine Schlüsselrolle zu. Er ist innerhalb der Mannschaft so ziemlich der einzige, der sich auf Englisch mit dem unglücklichen Neuzugang Dave Watson verständigen kann.

Ich lag mit ihm bei den Spielen und im Trainingslager auf einem Zimmer, und ich habe dann auch privat mit ihm Kontakt gehabt. Ich war zwei, drei Mal mit meiner Frau bei den Watsons zuhause in Kirchlinteln. Als dann der Dave ein paar Wochen bei

PENTAX

1978: Der Neuzugang von Preußen Münster. So sah Benno Möhlmann in seinem ersten Werder-Jahr aus

Werder war, wollte die Bild-Zeitung eine Story über ihn machen. Ich habe auch so ein bisschen erzählt … dass ich Dave teilweise die Anweisungen des Trainers übersetzen musste und dadurch auf dem Platz immer der erste Ansprechpartner war. Am anderen Tag kam die Geschichte, das vergesse ich nie, mit der Schlagzeile: ›Möhlmann: Stammplatz, weil er englisch kann!‹ Das war meine allererste Erfahrung mit der Boulevardpresse.

Nach dem bitteren Abstieg 1980 scheint Möhlmanns Zeit im grünen Trikot schon wieder abgelaufen. Er möchte wechseln, aber andere waren schneller.

Ich wäre schon gerne in der ersten Liga geblieben, aber nachdem der Abstieg feststand, hatten Kalle Geils und Jürgen Röber relativ schnell neue Vereine gefunden. Werner Dressels Wechsel stand schon länger fest. Und durch die Ablösesummen hatte Werder seinen Etat praktisch gesichert und musste niemanden mehr verkaufen. Burdenski und ich haben also keine Freigabe mehr bekommen.

Benno Möhlmann sammelte zahlreiche Erfahrungen bei Werder. Er wurde nach dem Abstieg Kapitän der Mannschaft, die mit allen Mitteln zurücksollte in die Eliteklasse. Und er glänzte in den Jahren darauf, nach dem geglückten Unternehmen Wiederaufstieg, auch in der Bundesliga. Normalerweise hätte er ein Kandidat für die Nationalelf sein müssen.

Die ersten zwei oder drei Jahre nach dem Wiederaufstieg 1981 waren meine besten Jahre. Vorher war ich zuverlässig und einigermaßen stabil in meinen Leistungen, aber erst in diesen Jahren habe ich dann noch einmal einen echten Sprung gemacht. Aber ich hatte auf meiner Position leider immer eine riesengroße Konkurrenz. Rein von der Leistung her hätte ich damals vielleicht eine Chance gehabt. Aber das waren ja noch die Zeiten von Breitner, Magath, Matthäus und so weiter, und das Mittelfeld der Nationalelf war einfach immer gut besetzt. Ich habe das auch so akzeptiert.

Mit Otto Rehhagel verbindet Möhlmann eine sehr wechselhafte Beziehung. Zunächst einmal ist die Ankunft des späteren Trainer-Gurus 1981 für den Mannschaftskapitän ein Schlüsselmoment in Werders Bundesligageschichte.

Wir wären vielleicht auch ohne Otto Rehhagel damals wieder aufgestiegen. Wir hatten ja zwei oder drei erfahrene Leute, die innerhalb der Mannschaft das Kommando hatten. Wir spielten aber selten souverän. Was später passierte, hatten wir ausschließlich Otto Rehhagel zu verdanken. Sein erstes Spiel war ein Auswärtsspiel bei Union Solingen, zwei Tage nach seinem Amtsantritt. Wir hatten große Mühe, lagen zurück und gingen mit einem 2:2 in die Halbzeit. Wir hatten vorsichtig und eher defensiv gespielt, hinten kompakt gestanden und auf Konter gelauert. Das funktionierte halbwegs, aber in der Pause hat Rehhagel uns angestachelt: ›Leute, wie spielt ihr denn? Ihr seid doch so erfahrene Leute! Ihr könnt doch hier in Solingen nicht so abwartend spielen. Ihr müsst das Kommando übernehmen!‹

Ab diesem Moment haben wir wie auf Knopfdruck damit begonnen, wirklich viel aggressiver und selbstbewusster zu spielen. Das Spiel in Solingen gewannen wir noch mit 4:2, und danach ging es so weiter. Von einem Moment auf den anderen hatten wir eine ganz andere Spiel-Philosophie, so schien es fast. Wir haben nicht mehr abgewartet und reagiert, sondern an unsere Stärken geglaubt und agiert. Und das war im Grunde schon der Ansatz für unsere späteren Erfolge.

Otto Rehhagel war nicht unbedingt in Sachen Taktik oder Strategie der beste Trainer weit und breit. Er war gut, aber er hat in dieser Hinsicht nichts Besonderes gemacht. Aber er hatte die Gabe, aus uns das Allerbeste herauszuholen. Das konnte er wie kein Zweiter. Wir sind unter seiner Regie mit einer großartigen Einstellung in die Spiele gegangen. Manchmal hat er mit Dir tagelang über Deinen nächsten Gegenspieler geredet: Wie toll der ist, was der alles kann, dass er den schon immer mal in seiner Mannschaft haben wollte … bis man einfach so verdammt heiß darauf war, Rehhagel zu zeigen, dass wir den Spieler gar nicht brauchen. Das hat den Unterschied ausgemacht zwischen Rehhagel und anderen Trainern. Er konnte einem etwas hundertmal erzählen und hat trotzdem eine solche absolute Überzeugungskraft gehabt, dass man ihm auch beim 101. Mal noch genauso zuhörte.

Das war später bei mir zum Beispiel ein großes Problem, ganz ehrlich. Wenn ich etwas zum dritten Mal erklärt habe, habe ich gedacht: ›Du bist schon doof!‹ Mittlerweile kann ich das besser. Aber Otto verstand diese Art der Ansprache an uns Spieler mit einer Hingabe – das war schon toll.

Das Verhältnis zwischen dem Kapitän Möhlmann und seinem Trainer Rehhagel bleibt nicht so gut, wie es bis hierher scheint. Möhlmann erlebt 1985/86 ein Seuchenjahr: Erst ein Bänderriss im ersten Saisonspiel, nach der Genesung dann eine Meniskusoperation. Es kommt zu einem Schlüsselerlebnis für beide Seiten.

In der Saison 1985/86, dem ›Kutzop‹-Jahr, bröckelte unsere gute Beziehung. Ich war in dieser Saison mehrmals verletzt, habe mich aber immer wieder herangekämpft. Ich konnte nur neun Spiele bestreiten und war eigentlich schon wieder ziemlich gut drauf. Zum Saisonende hin war ich wieder fit, wurde aber nicht mehr aufgestellt. Wolfgang Sidka saß plötzlich auch nur noch auf der Bank. Wir haben dann die schon sicher geglaubte Meisterschaft noch am letzten Spieltag in Stuttgart verspielt, und da haben ein paar Spieler etwas unbedacht ihren Frust in Interviews rausgelassen. So gab es zum Beispiel ein Interview mit unserem Ersatztorwart Klaus Funk, in dem er die Aufstellung des entscheidenden Spiels in Stuttgart bemängelte. Das Interview wurde in einer Sendung zugespielt, in der ich Studiogast war. Und ich kommentierte die Einspielung damit, dass der Klaus im Grunde schon recht hatte und dass Otto Rehhagel sich vielleicht nicht vorstellen könnte, dass erfahrene Spieler wie Sidka und ich in einem solch schweren Spiel vielleicht noch etwas hätten bewirken können. Von diesem Moment an war unser Verhältnis merklich kühler. So etwas verzeiht einem Otto nicht.

In der darauffolgenden Saison wollte er mir eigentlich das Kapitänsamt entziehen und Bruno Pezzey zum Spielführer machen. Aber Bruno wollte nicht. Er hat mit mir darüber geredet, und dann hat die Mannschaft wieder mich zum Kapitän gewählt. Gegen Rehhagels Willen. Ideal war das natürlich nicht, wenn das Verhältnis zwischen Trainer und Kapitän nicht so berauschend ist. Ich war noch einmal verletzt, habe dann noch zwanzig Spiele gemacht und war bis zum Schluss Kapitän. Aber das Vertrauen zwischen Rehhagel und mir war nicht mehr vorhanden.

Benno Möhlmann spielte in der Saison 1987/88 nur noch ganze 37 Minuten für Werder in der Bundesliga. Anfang Oktober wurde er beim Spiel in Homburg eingewechselt, wenige Tage später wechselte er überraschend zum Hamburger SV, wo er noch zwei Jahre spielte. Werder wurde im Sommer 1988 ohne ihn Deutscher Meister.

Im Nachhinein muss ich sagen, dass es für einen Abschied aus Bremen ein guter Zeitpunkt war. Es rückten viele gute junge Spieler nach: Hermann, Eilts und wie sie alle hießen. Die hatten auch alle jahrelang auf ihre Chance gewartet. Ich wäre sicher gerne einmal Deutscher Meister geworden, aber ich habe ja nur die paar Minuten in Homburg gespielt. Deshalb sage ich für mich auch ganz klar: Ich fühle mich nicht als Meister. Ich habe später noch eine Meisterschale als Präsent bekommen und werde in Statistiken als Meister geführt, aber ich bin nicht wirklich Meister gewesen.

Dafür ist er überraschenderweise immer Bremer geblieben. Trotz seiner Trainerstation in Fürth hat Benno Möhlmann der Hansestadt Bremen nie wirklich den Rücken gekehrt.

Nach meinem Wechsel zu Werder habe ich mir anderthalb Jahre später noch ein Haus in Münster gekauft, weil ich eigentlich später wieder zurück wollte. Das Haus habe ich dann zehn oder zwölf Jahre später wieder verkauft, als mir klar wurde: Ich bleibe ja doch in Bremen. Mitte der achtziger Jahre habe ich in Bremen gebaut, dann haben wir unser drittes und viertes Kind bekommen und sind einfach sesshaft geworden. Ich habe immer gerne in Bremen gewohnt und tue dies noch heute. Und wir wollten Bremen als Fixpunkt behalten. Wenn Du Trainer bist, weißt Du nie, wohin es Dich mal verschlägt. Und wir wollten dann nicht dauernd umziehen und immer wieder überall von vorne beginnen.

Bei Werder wurde Benno Möhlmann in den unruhigeren Zeiten nach Otto Rehhagels Abschied immer mal wieder als potenzieller Trainer gehandelt. Ein naheliegender Gedanke war das zuweilen, wenngleich nie besonders konkret.

Ich habe von meiner Seite aus, unabhängig von der Werder-Seite, nicht den Wunsch gehabt, für Werder zu arbeiten, solange meine Kinder in Bremen zur Schule gingen. Jedenfalls nicht in vorderster Front, also als Trainer oder Manager. Ausschlaggebend ist für mich eigentlich eine Szene gewesen, als wir mit Werder abgestiegen sind. Da war es selbst in einer friedlichen Stadt wie Bremen so, dass z.B. der Sohn vom Kalli Kamp aufgehört hat, Fußball zu spielen, weil er a) in der Schule aber b) vor allen Dingen auch im Fußballverein nur noch dumm angemacht worden ist. ›Dein Vater ist ein Absteiger!‹, nach dem Motto. Da hatte er zwei, drei Jahre dran zu knapsen. Man hat immer ein paar Vorteile, wenn man bekannt ist und in der Öffentlichkeit steht, aber eben auch solche Nachteile.

Benno Möhlmann bleibt bei Werder also bis auf weiteres ausschließlich als Spieler in Erinnerung. Als aufrechter Kapitän und Antreiber im Mittelfeld, der sich zu seiner Glanzzeit auch mit den Allerbesten messen konnte.

Das Spiel, welches ich eigentlich noch am besten in Erinnerung habe, ist eigentlich schon auch das erste Spiel nach dem Wiederaufstieg, als wir in Gladbach gespielt haben. Wir haben als Aufsteiger in Gladbach mit 4:2 gewonnen. Wir waren mit diesem Rehhagel-Selbstbewusstsein hingefahren und waren uns vorher einig, dass wir mit allen Mitteln versuchen wollen, da was zu holen. Ich habe an diesem Nachmittag gegen Lothar Matthäus gespielt, im direkten Duell. Ich habe zwei Tore gemacht, einen Elfmeter allerdings. Und dieses Spiel war im Grunde der Startpunkt dafür, dass wir anschließend den direkten Durchmarsch als Aufsteiger auf einen UEFA-Cup-Platz schaffen konnten. Dieser Erfolg war sozusagen mein kleiner Ersatz für entgangene Meisterfeiern: Dass wir als Neuling am letzten Spieltag in Stuttgart 1982 den Einzug in den UEFA-Cup sicherstellten, war damals ein unheimlich großer Erfolg für uns alle.

Spielerlaufbahn:

1964–72 Blau-Weiß Lohne
1972–78 Preußen Münster
1978–87 Werder Bremen
1987–89 Hamburger SV

Trainerlaufbahn:

1992–95 Hamburger SV
1997–00 SpVgg. Greuther Fürth
2000–04 Arminia Bielefeld
2004– SpVgg. Greuther Fürth

Weiterhin Bremer – trotz eines Langzeitengagements in Fürth: Trainer Benno Möhlmann 2006

WERDER BREMEN 1986/87

Trainer

Rehhagel, Otto
Verantwortlicher Trainer in allen 34 Spielen der Saison

Tor

Burdenski, Dieter »Budde«
34 Spiele; 0 Tore

Reck, Oliver »Olli«
0 Spiele; 0 Tore

Abwehr

Schaaf, Thomas
29 Spiele; 4 Tore

Otten, Jonny
29 Spiele; 0 Tore

Sauer, Gunnar
25 Spiele; 1 Tor

Ein Neuzugang der Extraklasse

Er kam zur Rückrunde aus Trondheim, war anfangs ein »No-Name-Einkauf« und wurde zu einem der besten Werder-Profis aller Zeiten: Rune Bratseth

Mittelfeld

Votava, Miroslav »Mirko«
34 Spiele; 3 Tore

Meier, Norbert
30 Spiele; 4 Tore

Wolter, Thomas »Stonie«
29 Spiele; 3 Tore

Angriff

Völler, Rudi
30 Spiele; 22 Tore

Burgsmüller, Manfred »Manni«
30 Spiele; 8 Tore

Ordenewitz, Frank »Otze«
30 Spiele; 8 Tore

Wer kam?

Bratseth (Rosenborg Trondheim, w.d.S.)
Hanses (eig. Amateure)
Lellek (zurück, war an Hertha BSC Berlin und anschließend an Viktoria Aschaffenburg ausgeliehen)
Schlindwein (Waldhof Mannheim)

Wer ging?

Funk (Hertha BSC)
Gruber (eig. Amateure)
Okudera (Furukawa Denko/Japan)

w.d.S. = während der Saison

Erweiterter Kader

Eilts, Dieter »Ostfriesen-Alemao«
1 Spiel; 0 Tore
Amateur

Lellek, Dirk
0 Spiele; 0 Tore

1986/87

Der Sport-Verein »Werder« im Jahr 1986/87:

Präsident:	**Dr. Franz Böhmert**
Vizepräsident:	**Klaus-Dieter Fischer (Amateur-Abt.)**
3. Präsident:	**K.-H. Hohnhorst (Finanzen, Werbung)**
Geschäftsführer:	**Wolfgang Barkhausen**
Manager:	**Willi Lemke**
Vereinsarzt:	**Dr. Karl Meschede**
Masseur:	**Holger Berger**
Mitglieder:	**2.285**
Kapazität Weser-Stadion:	**40.000 Plätze (15.000 überdachte Sitz- und 5.000 überdachte Stehplätze)**

Kutzop, Michael »Kutzi«
24 Spiele; 7 Tore

Bratseth, Rune
17 Spiele; 1 Tor

Pezzey, Bruno
15 Spiele; 1 Tor

Ruländer, Matthias
10 Spiele; 0 Tore

Schlindwein, Dieter
3 Spiele; 0 Tore

Noruschat, Axel
1 Spiel; 0 Tore

Hermann, Günter »Jimmy«
25 Spiele; 0 Tore

Möhlmann, Benno
20 Spiele; 3 Tore

Hanses, Christoph
3 Spiele; 0 Tore

Klobke, Frank
0 Spiele; 0 Tore

Sidka, Wolfgang
0 Spiele; 0 Tore

Neubarth, Frank »Socrates«
5 Spiele; 0 Tore

Alle Spiele 1986/87

02.07.1986
Freundschaftsspiel
TSV Wietze – W. Bremen 0:6 (0:2)
Aufstellung: Burdenski (60. Reck) – Schaaf (46. Ruländer), Otten (46. Sauer), Kutzop, Pezzey – Möhlmann, Wolter (46. Hermann), Votava – Neubarth (15. Ordenewitz), Burgsmüller, Meier (46. Noruschat)
Trainer: Rehhagel
Tore: 0:1 Meier (29.), 0:2 Möhlmann (44.), 0:3 Ordenewitz (59.), 0:4 Ordenewitz (61.), 0:5 Ordenewitz (68.), 0:6 Hermann (72.)
Zuschauer: 3.500

05.07.1986
Freundschaftsspiel
SV Grohn – W. Bremen 0:14 (0:8)
Aufstellung: Burdenski (46. Reck) – Pezzey – Schaaf (46. Klobke), Kutzop, Otten (46. Noruschat) – Wolter (60. Hermann), Votava (46. Möhlmann), Meier (46. Sauer) – Neubarth, Burgsmüller, Ordenewitz
Trainer: Rehhagel
Tore: Ordenewitz (5), Burgsmüller (2), Kutzop (2), Möhlmann (2), Wolter, Pezzey, Zureck/Eigentor
Zuschauer: 2.000

08.07.1986
Freundschaftsspiel
W. Bremen – TSV Lesum 9:0 (4:0)
Aufstellung: Burdenski (46. Reck) – Schaaf (46. Sauer), Kutzop (46. Ruländer), Pezzey, Otten (46. Hermann) – Möhlmann, Votava (74. Noruschat), Meier (46. Wolter) – Ordenewitz, Neubarth, Burgsmüller
Trainer: Rehhagel
Tore: 1:0 Ordenewitz (8.), 2:0 Neubarth (33.), 3:0 Neubarth (40.), 4:0 Neubarth (44.), 5:0 Burgsmüller (63.), 6:0 Ordenewitz (65.), 7:0 Ruländer (69.), 8:0 Burgsmüller (82.), 9:0 Möhlmann (84.)
Zuschauer: 3.988

10.07.1986
Freundschaftsspiel
SV Dedensen – W. Bremen 0:15 (0:7)
Eingesetzt: Burdenski – Kutzop, Pezzey, Ruländer, Schaaf – Wolter, Votava, Möhlmann, Meier – Burgsmüller, Neubarth / Eingewechselt: Hermann, Reck, Sauer, Otten, Noruschat, Ordenewitz
Trainer: Rehhagel
Tore: Burgsmüller (6), Meier (3), Kutzop (2), Neubarth (2), Hermann, Pezzey
Zuschauer: 1.000 in Letter

12.07.1986
Freundschaftsspiel
Rot-Weiß Oberhausen – W. B. 0:3 (0:2)
Aufstellung: Reck – Pezzey – Schaaf, Noruschat (46. Hermann), Kutzop (57. Sauer) – Möhlmann, Ordenewitz (73. Ruländer), Votava, Meier (57. Wolter) – Burgsmüller, Neubarth
Trainer: Rehhagel
Tore: 0:1 Neubarth (15.), 0:2 Gorka (45. ET), 0:3 Burgsmüller (64.)
Zuschauer: 3.000

15.07.1986
Freundschaftsspiel
SV Börnsen – W. Bremen 0:8 (0:2)
Aufstellung: Reck – Pezzey – Noruschat (46. Wolter), Kutzop (46. Ordenewitz) – Schaaf, Möhlmann, Votava (74. Ruländer), Burgsmüller, Meier (60. Hermann) – Neubarth, Völler
Trainer: Rehhagel
Tore: Völler (2), Neubarth, Schaaf, Wolter, Ordenewitz, Burgsmüller, Strunz/Eigentor
Zuschauer: 2.500

17.07.1986
Freundschaftsspiel
Kreisauswahl Fritzlar – W. Bremen 0:7 (0:3)
Aufstellung: Reck – Pezzey – Schaaf (46. Ruländer), Kutzop – Hermann, Möhlmann, Votava, Meier (46. Ordenewitz) – Neubarth (15. Wolter), Völler, Burgsmüller
Trainer: Rehhagel
Tore: 0:1 Köbberling (18. ET), 0:2 Völler (24.), 0:3 Otto (33. ET), 0:4 Völler (55.), 0:5 Ruländer (60.), 0:6 Ruländer (70.), 0:7 Völler (86.)
Zuschauer: 2.000 in Gudenberg

19.07.1986
Freundschaftsspiel
Hessen Kassel – W. Bremen 3:5 (1:4)
Aufstellung: Reck – Pezzey – Schaaf (46. Ruländer), Kutzop, Hermann – Möhlmann, Votava, Burgsmüller – Wolter (46. Neubarth), Völler, Meier (65. Ordenewitz)
Trainer: Rehhagel
Tore: 0:1 Meier (3.), 1:1 Deuerling (10.), 1:2 Völler (17.), 1:3 Pezzey (26.), 1:4 Burgsmüller (35.), 2:4 U. Schmidt (69.), 3:4 Bönisch (75.), 3:5 Völler (77.)
Zuschauer: 4.000

20.07.1986
Freundschaftsspiel
SC Birkenfeld – W. Bremen 0:5 (0:3)
Aufstellung: Reck – Pezzey (46. Möhlmann) – Schaaf, Kutzop, Hermann – Wolter, Votava, Burgsmüller, Meier (8. Ordenewitz) – Neubarth (46. Noruschat), Völler (46. Ruländer)
Trainer: Rehhagel
Tore: 0:1 Burgsmüller (15.), 0:2 Völler (33.), 0:3 Burgsmüller (37.), 0:4 Ordenewitz (51.), 0:5 Votava (52.)
Zuschauer: 8.000

23.07.1986
Freundschaftsspiel
SpVgg. Aurich – W. Bremen 4:9 (2:4)
Aufstellung: Reck – Schaaf, Kutzop, Pezzey, Otten (60. Eilts) – Möhlmann, Votava, Neubarth (46. Hermann) – Völler (34. Hanses), Burgsmüller, Ordenewitz
Trainer: Rehhagel
Tore: 1:0 Harms (4.), 1:1 Möhlmann (6.), 1:2 Möhlmann (11.), 2:2 Bollmeyer (23.), 2:3 Möhlmann (37.), 2:4 Kutzop (40. FE), 2:5 Hanses (46.), 2:6 Votava (48.), 2:7 Ordenewitz (49.), 2:8 Haberts (59. ET), 2:9 Burgsmüller (69.), 3:9 Marsollek (89.), 4:9 Harms (90.)
Zuschauer: 6.000

26.07.1986
Casio-Cup, Halbfinale
Hamburger SV – W. Bremen 0:4 (0:1)
Aufstellung: Reck – Pezzey – Ruländer, Otten (78. Noruschat) – Schaaf, Wolter (46. Ordenewitz), Möhlmann, Votava, Hermann (87. Hanses) – Völler, Burgsmüller
Trainer: Rehhagel
Tore: 0:1 Völler (17.), 0:2 Burgsmüller (47.), 0:3 Völler (54.), 0:4 Völler (59.)
Zuschauer: 7.000 in Mönchengladbach

27.07.1986
Casio-Cup, Endspiel
FC Bayern München – W. B.
2:2 (0:1) Elfmeterschießen: 4:3
Aufstellung: Reck – Pezzey (11. Eilts) – Ruländer, Otten – Schaaf, Hermann, Möhlmann, Votava, Burgsmüller – Völler, Ordenewitz
Trainer: Rehhagel
Tore: 0:1 Ordenewitz (34. FE), 0:2 Burgsmüller (71.), 1:2 Mathy (77.), 2:2 Matthäus (79.)
Elfmeterschießen: Brehme, Matthäus, Wohlfarth, Eder (M. Rummenigge verschossen) – Burgsmüller, Völler, Ordenewitz (Votava, Ruländer verschossen)
Zuschauer: 7.000 in Mönchengladbach

30.07.1986
Freundschaftsspiel
VfL Wolfsburg – W. Bremen 0:0
Aufstellung: Reck – Schaaf, Ruländer (36. Hermann), Sauer, Otten (46. Noruschat) – Votava, Möhlmann, Wolter (46. Ordenewitz) – Burgsmüller, Völler (61. Eilts), Meier (46. Hanses)
Trainer: Rehhagel
Tore: –
Zuschauer: 4.730

01.08.1986
Internationales Turnier, Halbfinale
FC Everton – W. Bremen
0:0 Elfmeterschießen: 6:7
Aufstellung: Reck – Votava – Ruländer (38. Sauer), Schlindwein – Schaaf, Wolter (81. Hermann), Möhlmann, Meier, Otten – Burgsmüller, Völler (20. Ordenewitz)
Trainer: Rehhagel
Tore: –
Elfmeterschießen: Burgsmüller, Hermann, Möhlmann, Meier, Ordenewitz, Schaaf, Otten
Zuschauer: 23.000 in Rotterdam

03.08.1986
Internationales Turnier, Endspiel
Feyenoord Rotterdam – W. B. 1:3 (0:3)
Aufstellung: Burdenski – Sauer – Otten, Schlindwein – Schaaf, Wolter, Möhlmann, Votava, Meier (60. Hermann) – Burgsmüller, Ordenewitz
Trainer: Rehhagel
Tore: 0:1 van Heeten (10. ET), 0:2 Ordenewitz (38.), 0:3 Burgsmüller (43.), 1:3 Hoffmann (51.)
Zuschauer: 27.000 in Rotterdam

09.08.1986
Bundesliga, 1. Spieltag
W. Bremen – 1. FC Nürnberg 5:3 (0:2)
Aufstellung: Burdenski – Kutzop (46. Wolter) – Schaaf, Schlindwein – Otten, Möhlmann, Votava, Burgsmüller, Meier – Neubarth, Völler (62. Ordenewitz)
Trainer: Rehhagel
Tore: 0:1 Lieberwirth (20.), 0:2 Andersen (34.), 1:2 Burgsmüller (47.), 2:2 Burgsmüller (59.), 3:2 Burgsmüller (82.), 4:2 Ordenewitz (84.), 4:3 Grahammer (88. FE), 5:3 Ordenewitz (90.)
Besonderes Vorkommnis: Rote Karte für T. Brunner (73.)
Zuschauer: 25.000

16.08.1986
Bundesliga, 2. Spieltag
Hamburger SV – W. Bremen 3:0 (2:0)
Aufstellung: Burdenski – Kutzop (61. Ordenewitz) – Otten, Schlindwein (46. Sauer) – Schaaf, Hermann, Wolter, Votava, Meier – Völler, Burgsmüller
Trainer: Rehhagel
Tore: 1:0 Gründel (5.), 2:0 Gründel (28.), 3:0 Kaltz (71. FE)
Zuschauer: 46.000

22.08.1986
Bundesliga, 3. Spieltag
W. Bremen – 1. FC Kaiserslautern 1:0 (1:0)
Aufstellung: Burdenski – Kutzop – Schaaf, Ruländer (76. Sauer), Schlindwein, Otten – Votava, Wolter, Meier (63. Hermann) – Völler, Burgsmüller
Trainer: Rehhagel
Tor: 1:0 Völler (14.)
Zuschauer: 21.000

29.08.1986
DFB-Pokal, 1. Runde
W. B. – Alemannia Aachen 0:0 n.Verl.
Aufstellung: Reck – Sauer – Schlindwein (46. Schaaf), Otten – Ruländer (64. Hermann), Votava, Meier, Wolter – Völler, Burgsmüller, Ordenewitz
Trainer: Rehhagel
Tore: –
Zuschauer: 5.989

02.09.1986
Bundesliga, 4. Spieltag
Bor. M'gladbach – W. Bremen 1:2 (1:1)
Aufstellung: Burdenski – Sauer – Kutzop, Hermann – Schaaf, Möhlmann, Votava, Burgsmüller, Wolter (46. Ruländer), Meier – Völler (87. Neubarth)
Trainer: Rehhagel
Tore: 0:1 Kutzop (6. FE), 1:1 Thiele (40.), 1:2 Kutzop (81. FE)
Zuschauer: 22.000

06.09.1986
Bundesliga, 5. Spieltag
Blau-Weiß 90 Berlin – W. Bremen 1:4 (1:2)
Aufstellung: Burdenski – Sauer – Kutzop, Hermann – Schaaf, Möhlmann, Votava, Ruländer, Meier – Völler (79. Ordenewitz), Burgsmüller (51. Neubarth)

Trainer: Rehhagel
Tore: 0:1 Völler (7.), 0:2 Kutzop (25. FE), 1:2 Brefort (27. FE), 1:3 Völler (76.), 1:4 Schaaf (82.)
Zuschauer: 47.096

12.09.1986
Bundesliga, 6. Spieltag
W. Bremen – VfL Bochum 0:0
Aufstellung: Burdenski – Sauer – Ruländer, Kutzop (46. Wolter) – Schaaf, Möhlmann, Votava, Meier, Burgsmüller – Neubarth, Völler
Trainer: Rehhagel
Tore: –
Zuschauer: 22.800

17.09.1986
UEFA-Cup, 1. Runde
Atlético Madrid – W. Bremen 2:0 (0:0)
Aufstellung: Burdenski – Sauer – Schaaf, Kutzop (65. Schlindwein), Ruländer – Otten, Möhlmann, Votava, Meier – Neubarth (81. Burgsmüller), Völler
Trainer: Rehhagel
Tore: 1:0 Uralde (49.), 2:0 Arteche (71.)
Zuschauer: 43.000

20.09.1986
Bundesliga, 7. Spieltag
Eintracht Frankfurt – W. Bremen 2:2 (0:1)
Aufstellung: Burdenski – Sauer – Schaaf, Kutzop (72. Neubarth) – Wolter, Möhlmann, Votava, Meier (66. Hermann), Otten – Völler, Burgsmüller
Trainer: Rehhagel
Tore: 0:1 Meier (35.), 1:1 Schaaf (56. ET), 2:1 Smolarek (59.), 2:2 Möhlmann (77.)
Zuschauer: 26.000

27.09.1986
Bundesliga, 8. Spieltag
W. Bremen – FC Bayern München 1:1 (1:0)
Aufstellung: Burdenski – Sauer – Schaaf, Kutzop, Otten – Möhlmann, Wolter, Votava, Meier – Völler (27. Ordenewitz), Burgsmüller
Trainer: Rehhagel
Tore: 1:0 Völler (27.), 1:1 Pflügler (75.)
Besonderes Vorkommnis: Rote Karte für Eder (61.)
Zuschauer: 37.800

01.10.1986
UEFA-Cup, 1. Runde-Rückspiel
W. Bremen – Atlético Madrid
2:1 (2:0, 0:0) n.Verl.
Aufstellung: Burdenski – Sauer – Kutzop (61. Ordenewitz), Votava – Wolter, Schaaf, Möhlmann (69. Hermann), Meier, Otten – Burgsmüller, Neubarth
Trainer: Rehhagel
Tore: 1:0 Neubarth (65.), 2:0 Meier (83.), 2:1 Salinas (113.)
Zuschauer: 33.000

Der ohne Frage bizarrste Schnappschuss dieses Buches: Werders Profis im Musical-Outfit. Wir erkennen mit allergrößter Mühe von links: Michael Kutzop, Dieter Schlindwein, Manni Burgsmüller, Bruno Pezzey und Rudi Völler

04.10.1986
Bundesliga, 9. Spieltag
Bayer 04 Leverkusen – W. B. 4:1 (2:1)
Aufstellung: Burdenski – Sauer – Votava, Otten – Schaaf, Wolter (78. Hanses), Ruländer, Meier, Hermann – Burgsmüller, Ordenewitz
Trainer: Rehhagel
Tore: 1:0 Cha (32.), 2:0 Schreier (38.), 2:1 Ordenewitz (44.), 3:1 Waas (63. FE), 4:1 Waas (72.)
Zuschauer: 18.000

07.10.1986
DFB-Pokal, 1. Runde – Wiederholungsspiel
Alemannia Aachen – W. Bremen
0:0 n.Verl. Elfmeterschießen: 7:6
Aufstellung: Burdenski – Sauer – Kutzop, Ruländer (96. Hermann) – Schaaf, Wolter, Votava, Meier, Otten – Burgsmüller, Ordenewitz
Trainer: Rehhagel
Tore: –
Elfmeterschießen: 1:0 Gries, 1:1 Kutzop, Kahlhofen gehalten, Burgsmüller gehalten, 2:1 Ruof, 2:2 Schaaf, 3:2 Olck, 3:3 Meier, 4:3 Buschlinger, 4:4 Ordenewitz, 5:4 Kau, 5:5 Hermann, Ritter gehalten, Votava gehalten, 6:5 Hach, 6:6 Sauer, 7:6 Notthoff, Burdenski am Tor vorbei
Zuschauer: 21.000

10.10.1986
Bundesliga, 10. Spieltag
W. B. – SV Waldhof Mannheim 4:2 (2:2)
Aufstellung: Burdenski – Sauer – Kutzop, Ruländer – Schaaf, Wolter, Otten (73. Hanses), Votava, Meier (46. Hermann) – Ordenewitz, Burgsmüller
Trainer: Rehhagel
Tore: 1:0 Burgsmüller (2.), 1:1 Bührer (14.), 1:2 Neun (40.), 2:2 Schaaf (43.), 3:2 Votava (74.), 4:2 Kutzop (86. FE)
Besonderes Vorkommnis: Rote Karte für Ruländer (62.)
Zuschauer: 16.000

18.10.1986
Bundesliga, 11. Spieltag
FC 08 Homburg – W. Bremen 0:1 (0:1)
Aufstellung: Burdenski – Sauer – Schaaf, Kutzop, Otten – Wolter, Votava, Burgsmüller, Hermann – Völler, Ordenewitz
Trainer: Rehhagel
Tor: 0:1 Kutzop (45. FE)
Zuschauer: 8.000

26.10.1986
Freundschaftsspiel
VfL Witten 07 – W. Bremen 1:6 (0:3)
Aufstellung: Burdenski (46. Reck) – Sauer – Kutzop, Schaaf (20. Hermann) – Otten (46. Noruschat), Wolter, Votava, Burgsmüller, Meier – Ordenewitz, Völler
Trainer: Rehhagel
Tore: 0:1 Votava (24.), 0:2 Völler (29.), 0:3 Ordenewitz (31.), 1:3 Kortwinkel (46. FE), 1:4 Meier (57.), 1:5 Hermann (63.), 1:6 Kutzop (74. FE)
Zuschauer: 2.400

01.11.1986
Bundesliga, 12. Spieltag
W. Bremen – Bayer 05 Uerdingen 5:1 (2:1)
Aufstellung: Burdenski – Sauer – Kutzop, Votava – Schaaf, Hermann, Wolter (84. Hanses), Otten, Meier (73. Noruschat) – Völler, Ordenewitz
Trainer: Rehhagel
Tore: 1:0 Völler (8.), 1:1 W. Funkel (27.), 2:1 Völler (28.), 3:1 Völler (52.), 4:1 Votava (66.), 5:1 Votava (80.)
Zuschauer: 20.000

08.11.1986
Bundesliga, 13. Spieltag
VfB Stuttgart – W. Bremen 4:0 (3:0)
Aufstellung: Burdenski – Sauer – Schaaf, Kutzop, Otten – Hermann, Ruländer, Votava, Meier – Völler (46. Ordenewitz), Burgsmüller
Trainer: Rehhagel
Tore: 1:0 Merkle (29.), 2:0 Klinsmann (31.), 3:0 Klinsmann (38.), 4:0 Pasic (79. FE)
Zuschauer: 19.000

14.11.1986
Bundesliga, 14. Spieltag
W. Bremen – FC Schalke 04 0:0
Aufstellung: Burdenski – Sauer – Ruländer, Otten – Burgsmüller, Schaaf, Hermann, Votava, Meier – Ordenewitz, Völler
Trainer: Rehhagel
Tore: –
Zuschauer: 26.000

22.11.1986
Bundesliga, 15. Spieltag
Borussia Dortmund – W. Bremen 2:1 (0:1)
Aufstellung: Burdenski – Sauer – Kutzop, Votava – Schaaf, Wolter, Meier (70. Ordenewitz), Hermann, Otten – Völler, Burgsmüller
Trainer: Rehhagel
Tore: 0:1 Völler (9.), 1:1 Mill (66.), 2:1 Dickel (81.)
Zuschauer: 37.269

29.11.1986
Bundesliga, 16. Spieltag
W. Bremen – Fortuna Düsseldorf 5:2 (3:0)
Aufstellung: Burdenski – Kutzop – Ruländer, Votava – Schaaf, Otten, Wolter, Meier (58. Hermann) – Völler, Burgsmüller, Ordenewitz
Trainer: Rehhagel
Tore: 1:0 Völler (3.), 2:0 Burgsmüller (22.), 3:0 Völler (42.), 4:0 Schaaf (50.), 4:1 Thomas (60.), 5:1 Kutzop (86. FE), 5:2 Krümpelmann (88.)
Zuschauer: 18.000

05.12.1986
Bundesliga, 17. Spieltag
1. FC Köln – W. Bremen 3:0 (2:0)
Aufstellung: Burdenski – Kutzop – Schaaf, Ruländer – Wolter, Votava, Hermann, Otten, Burgsmüller – Völler (79. Eilts), Ordenewitz
Trainer: Rehhagel
Tore: 1:0 Geils (7.), 2:0 K. Allofs (15.), 3:0 Woodcock (89.)
Zuschauer: 12.000

17.01.1987
Freundschaftsspiel
TSV Bunde – W. Bremen 0:8 (0:5)
Aufstellung: Burdenski (46. Reck) – Schaaf (D. Lellek), Otten (46. Schlindwein), Bratseth, Pezzey, Sauer (46. Noruschat) – Wolter (46. Kutzop), Votava (46. Hermann) – Völler, Burgsmüller (46. Möhlmann), Meier (46. Ordenewitz)
Trainer: Rehhagel
Tore: 0:1 Völler (9.), 0:2 Völler (39.), 0:3 Völler (40.), 0:4 Meier (43.), 0:5 Sauer (44.), 0:6 Pezzey (57.), 0:7 Völler (78.), 0:8 Völler (88.)
Zuschauer: 1.800

18.01.1987
Freundschaftsspiel
TuS Zeven – W. Bremen 0:12 (0:5)
Aufstellung: Burdenski (46. Reck) – Schaaf (46. Schlindwein), Bratseth, Sauer (46. Kutzop), Otten (46. D. Lellek) – Wolter (46. Noruschat), Votava (46. Möhlmann), Pezzey – Burgsmüller (46. Hermann), Völler, Meier (46. Ordenewitz)
Trainer: Rehhagel
Tore: Meier (2), Völler (2), Burgsmüller (2), Hermann (2), Ordenewitz, D. Lellek, Kutzop, Schlindwein
Zuschauer: 1.450

01.02.1987
Freundschaftsspiel
Amisia Papenburg – W. Bremen 0:4 (0:2)
Aufstellung: Burdenski (46. Reck) – Otten (46. Hermann), Bratseth, Sauer (58. D. Lellek), Kutzop – Schaaf, Wolter (15. Ordenewitz), Votava (58. Schlindwein) – Völler, Burgsmüller, Meier (46. Möhlmann)
Trainer: Rehhagel
Tore: 0:1 Völler (32.), 0:2 Burgsmüller (40.), 0:3 Kutzop (46.), 0:4 Ordenewitz (85.)
Zuschauer: 2.200

15.02.1986
Freundschaftsspiel
W. Bremen – FC Bayern München 0:1 (0:1)
Aufstellung: Burdenski – Schaaf, Bratseth, Pezzey, Otten – Wolter, Möhlmann, Votava, Meier – Burgsmüller (46. Ordenewitz), Völler
Trainer: Rehhagel
Tor: 0:1 M. Rummenigge (29.)
Zuschauer: 11.000 in Hildesheim

21.02.1987
Bundesliga, 18. Spieltag
1. FC Nürnberg – W. Bremen 5:1 (0:0)
Aufstellung: Burdenski – Pezzey – Bratseth, Kutzop – Votava, Möhlmann, Wolter (69. Ordenewitz), Meier, Otten – Burgsmüller, Völler
Trainer: Rehhagel
Tore: 1:0 Eckstein (49.), 2:0 Reuter (55.), 3:0 Andersen (69.), 4:0 Reuter (74. FE), 5:0 Andersen (77.), 5:1 Kutzop (85.)
Zuschauer: 23.000

28.02.1987
Bundesliga, 19. Spieltag
W. Bremen – Hamburger SV 2:1 (1:0)
Aufstellung: Burdenski – Pezzey – Otten, Bratseth, Kutzop (77. Sauer) – Schaaf, Möhlmann, Votava, Meier (73. Hermann) – Ordenewitz, Völler
Trainer: Rehhagel
Tore: 1:0 Völler (13.), 2:0 Völler (46.), 2:1 Kastl (70.)
Zuschauer: 32.000

08.03.1987
Freundschaftsspiel
VfB Oldenburg – W. Bremen 0:2 (0:1)
Aufstellung: Burdenski (46. Reck) – Pezzey (46. Sauer) – Schaaf, Bratseth (46. Schlindwein), Otten (46. Hermann) – Wolter, Möhlmann, Votava (46. Kutzop), Meier – Burgsmüller, Völler (46. Ordenewitz)
Trainer: Rehhagel
Tore: 0:1 Burgsmüller (12.), 0:2 Möhlmann (58.)
Zuschauer: 3.000

13.03.1987
Bundesliga, 20. Spieltag
1. FC Kaiserslautern – W. Bremen 1:3 (1:1)
Aufstellung: Burdenski – Pezzey – Wolter, Bratseth, Otten – Schaaf, Möhlmann, Votava, Meier (74. Hermann) – Völler, Ordenewitz (87. Burgsmüller)
Trainer: Rehhagel
Tore: 1:0 Wuttke (24. FE), 1:1 Ordenewitz (42.), 1:2 Völler (57.), 1:3 Völler (90.)
Zuschauer: 37.714

21.03.1987
Bundesliga, 21. Spieltag
W. Bremen – Bor. M'gladbach 1:7 (0:1)
Aufstellung: Burdenski – Pezzey – Bratseth (46. Burgsmüller), Votava – Schaaf, Wolter, Möhlmann, Meier, Otten – Völler, Ordenewitz
Trainer: Rehhagel
Tore: 0:1 Dreßen (40.), 0:2 Rahn (48.), 0:3 Hochstätter (50.), 0:4 Criens (57.), 1:4 Pezzey (65.), 1:5 Bakalorz (66.), 1:6 Criens (74.), 1:7 Krauss (82.)
Zuschauer: 28.960

27.03.1986
Bundesliga, 22. Spieltag
W. Bremen – Blau-Weiß 90 Berlin 2:0 (0:0)
Aufstellung: Burdenski – Pezzey – Bratseth, Otten – Schaaf, Möhlmann (67. Sauer), Votava, Wolter, Meier (67. Hermann) – Ordenewitz, Burgsmüller
Trainer: Rehhagel
Tore: 1:0 Burgsmüller (50.), 2:0 Wolter (90.)
Zuschauer: 14.500

04.04.1987
Bundesliga, 23. Spieltag
VfL Bochum – W. Bremen 1:1 (0:0)
Aufstellung: Burdenski – Pezzey – Bratseth, Kutzop – Sauer, Möhlmann, Wolter, Votava, Meier – Völler, Ordenewitz (77. Burgsmüller)
Trainer: Rehhagel
Tore: 0:1 Völler (53.), 1:1 Kempe (61.)
Zuschauer: 18.000

10.04.1987
Bundesliga, 24. Spieltag
W. Bremen – Eintracht Frankfurt 4:1 (2:1)
Aufstellung: Burdenski – Pezzey – Kutzop (82. Otten), Bratseth – Möhlmann, Wolter, Votava, Meier (50. Burgsmüller), Sauer – Völler, Ordenewitz
Trainer: Rehhagel
Tore: 1:0 Meier (5.), 2:0 Wolter (13.), 2:1 Turowski (21.), 3:1 Völler (48.), 4:1 Sauer (90.)
Zuschauer: 17.000

15.04.1987
Bundesliga, 25. Spieltag
FC Bayern München – W. Bremen 3:2 (1:2)
Aufstellung: Burdenski – Sauer – Kutzop (82. Hermann), Bratseth, Otten – Schaaf, Wolter, Votava, Meier – Völler (72. Burgsmüller), Ordenewitz
Trainer: Rehhagel
Tore: 0:1 Völler (14.), 1:1 M. Rummenigge (34.), 1:2 Wolter (43.), 2:2 Pflügler (49.), 3:2 Matthäus (56.)
Zuschauer: 37.000

21.04.1987
Freundschaftsspiel
Bremer SV – W. Bremen 1:3 (0:1)
Aufstellung: Burdenski (46. Reck) – Bratseth (46. Schlindwein), Pezzey (46. Sauer), Otten (46. Hermann), Schaaf, Votava (46. Kutzop), Möhlmann, Wolter, Völler (46. Ordenewitz), Burgsmüller, Meier
Trainer: Kamp (Otto Rehhagel schaut sich zeitgleich das Bundesligaspiel Schalke 04 – Bayer Leverkusen in Gelsenkirchen an).
Tore: 0:1 Pezzey (34.), 0:2 Bratseth (80.), 0:3 Votava (86.), 1:3 Böe (89.)
Zuschauer: 900

25.04.1987
Bundesliga, 26. Spieltag
W. Bremen – Bayer 04 Leverkusen 1:0 (0:0)
Aufstellung: Burdenski – Pezzey – Sauer, Bratseth – Möhlmann, Wolter, Votava, Otten, Kutzop (55. Schaaf) – Burgsmüller (64. Ordenewitz), Völler
Trainer: Rehhagel
Tor: 1:0 Bratseth (68.)
Zuschauer: 20.000

02.05.1987
Bundesliga, 27. Spieltag
SV Waldhof Mannheim – W. B. 1:0 (1:0)
Aufstellung: Burdenski – Pezzey – Bratseth, Otten – Kutzop (46. Burgsmüller), Möhlmann, Sauer, Votava, Wolter (54. Hermann) – Völler, Ordenewitz
Trainer: Rehhagel
Tor: 1:0 Walter (12.)
Zuschauer: 12.000

08.08.1987
Bundesliga, 28. Spieltag
W. Bremen – FC Homburg 6:0 (2:0)
Aufstellung: Burdenski – Pezzey – Bratseth, Votava – Schaaf, Otten, Möhlmann, Wolter (38. Hermann), Meier – Völler, Ordenewitz (75. Burgsmüller)
Trainer: Rehhagel
Tore: 1:0 Meier (23.), 2:0 Völler (43.), 3:0 Völler (47.), 4:0 Ordenewitz (69.), 5:0 Meier (72.), 6:0 Möhlmann (85.)
Zuschauer: 15.000

15.05.1987
Bundesliga, 29. Spieltag
Bayer 05 Uerdingen – W. Bremen 1:1 (0:1)
Aufstellung: Burdenski – Pezzey (46. Sauer) – Schaaf, Bratseth – Otten, Möhlmann, Wolter, Votava, Meier – Ordenewitz, Völler
Trainer: Rehhagel
Tore: 0:1 Ordenewitz (16.), 1:1 W. Funkel (57.)
Besonderes Vorkommnis: Völler schießt FE am Tor vorbei (17.)
Zuschauer: 6.500

22.05.1987
Bundesliga, 30. Spieltag
W. Bremen – VfB Stuttgart 1:0 (1:0)
Aufstellung: Burdenski – Pezzey – Bratseth, Kutzop (69. Wolter) – Schaaf, Hermann, Sauer, Votava, Meier – Völler, Ordenewitz
Trainer: Rehhagel
Tor: 1:0 Völler (17.)
Zuschauer: 20.500

29.05.1987
Bundesliga, 31. Spieltag
FC Schalke 04 – W. Bremen 1:0 (1:0)
Aufstellung: Burdenski – Sauer – Schaaf (62. Burgsmüller), Bratseth – Hermann, Wolter, Votava, Meier, Otten – Völler, Ordenewitz
Trainer: Rehhagel
Tor: 1:0 Marquardt (16.)
Zuschauer: 18.300

06.06.1987
Bundesliga, 32. Spieltag
W. Bremen – Borussia Dortmund 5:0 (2:0)
Aufstellung: Burdenski – Pezzey – Otten, Bratseth – Sauer (61. Hermann), Möhlmann (74. Schaaf), Wolter, Votava, Meier – Burgsmüller, Ordenewitz
Trainer: Rehhagel
Tore: 1:0 Burgsmüller (7.), 2:0 Möhlmann (30.), 3:0 Burgsmüller (71.), 4:0 Ordenewitz (75. FE), 5:0 Schaaf (86.)
Zuschauer: 22.993

13.06.1987
Bundesliga, 33. Spieltag
Fortuna Düsseldorf – W. Bremen 2:1 (2:0)
Aufstellung: Burdenski – Pezzey – Kutzop (46. Burgsmüller), Bratseth – Wolter, Votava, Möhlmann, Meier, Otten (67. Hermann) – Völler, Ordenewitz
Trainer: Rehhagel
Tore: 1:0 Dusend (5.), 2:0 Thomas (35.), 2:1 Völler (71.)
Zuschauer: 8.500

17.06.1987
Bundesliga, 34. Spieltag
W. Bremen – 1. FC Köln 2:1 (2:1)
Aufstellung: Burdenski – Pezzey – Bratseth, Votava – Schaaf (62. Hermann), Möhlmann, Meier, Otten – Völler, Burgsmüller, Ordenewitz
Trainer: Rehhagel
Tore: 1:0 Ordenewitz (12.), 1:1 K. Allofs (37.), 2:1 Völler (40.)
Zuschauer: 31.073

Jahrelang warben italienische Spitzenklubs um ihn, Ende der Saison 1986/87 wurde er schwach: Rudi Völler sagte »Ciao Bremen« und wechselte zum AS Rom

Bundesliga-Abschlusstabelle 1986 / 1987

Platz	Verein	Spiele	S	U	N	Tore	Diff.	Punkte
1.	Bayern München (M, P)	34	20	13	1	67:31	+36	53-15
2.	Hamburger SV	34	19	9	6	69:37	+32	47-21
3.	Borussia M'gladbach	34	18	7	9	74:44	+30	43-25
4.	Borussia Dortmund	34	15	10	9	70:50	+20	40-28
5.	**Werder Bremen**	**34**	**17**	**6**	**11**	**65:54**	**+11**	**40-28**
6.	Bayer Leverkusen	34	16	7	11	56:38	+18	39-29
7.	1. FC K'lautern	34	15	7	12	64:51	+13	37-31
8.	KFC Uerdingen 05	34	12	11	11	51:49	+2	35-33
9.	1. FC Nürnberg	34	12	11	11	62:62	0	35-33
10.	1. FC Köln	34	13	9	12	50:53	-3	35-33
11.	VfL Bochum	34	9	14	11	52:44	+8	32-36
12.	VfB Stuttgart	34	13	6	15	55:49	+6	32-36
13.	Schalke 04	34	12	8	14	50:58	-8	32-36
14.	SV Waldhof Mannheim	34	10	8	16	52:71	-19	28-40
15.	Eintracht Frankfurt	34	8	9	17	42:53	-11	25-43
16.	FC Homburg (N)	34	6	9	19	33:79	-46	21-47
17.	Fortuna Düsseldorf	34	7	6	21	42:91	-49	20-48
18.	Blau-Weiß 90 Berlin (N)	34	3	2	19	36:76	-40	18-50

Fieberkurve der Bundesliga-Saison 1986 / 1987

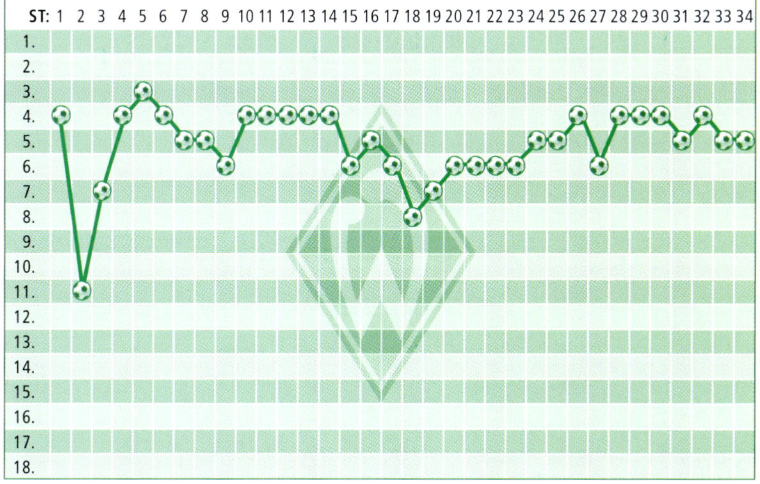

1987/88: Der Triumphmarsch

Oben v.l.:
Pezzey, Kutzop, Bratseth, Votava, Wolter, Sauer, Borowka, Riedle, Ordenewitz
Mitte v.l.:
Masseur Berger, Neubarth, Burgsmüller, Eilts, Rose, Otten, Möhlmann, Co-Trainer Kamp, Trainer Rehhagel
Unten v.l.:
Zeugwart Ehrke, Ruländer, Meier, Burdenski, Hermann, Reck, Hanses, Schaaf

Im Sommer 1987 stand der SV Werder an einem Scheideweg. Mit Völler und Pezzey verlor der Verein zwei Weltklassespieler, mit Burdenski eine Torwartlegende. Wolfgang Sidka kapitulierte vor zermürbenden Verletzungsproblemen und ließ die Spielerkarriere beim TB Berlin ausklingen, und Kapitän Benno Möhlmann flüchtete vor der immer bedrohlicher scheinenden Werder-Ersatzbank. Er ließ sich nach Saisonbeginn zum HSV transferieren. Fünf Leistungsträger der letzten Vizemeisterelf von 1986 verschwanden auf einen Schlag. Die Medien hatten sich wie die Aasgeier auf Werders Image vom vermeintlich ewigen Loser eingeschossen und lagen mit der Vereinsführung seit Jahren im Dauerclinch. Unvergessen war die eisige Atmosphäre im »Swutsch«-Studio von Radio Bremen, als Moderator Christian Berg 1986 nach dem niederschmetternd verspielten Meistertitel der Bremer im »Kutzop-Elfer-Jahr« eine Delegation des Vereins, die unmittelbar nach dem finalen K.o. in Stuttgart pflichtbewusst, aber sichtlich getroffen in die Live-Sendung eilte, mit den feixenden Worten empfing: »Bei Werder sind sie bestimmt alle glücklich darüber, dass Willi Lemke nun die Meisterprämie nicht auszahlen muss!«

Aus dem Heidschnuckenbock »Pico« war 1988 ein Ziegenbock namens »Meier« geworden. Das neue Werder-Maskottchen blieb nur kurz, brachte aber Glück: Neben Rehhagel, Riedle und Co. war Glücksbringer »Meier« einer der Väter der Meisterschaft 1988

Und wieder ein Transfer-Volltreffer: Karl-Heinz Riedle von Absteiger Blau-Weiß 90 Berlin wurde nach kurzer Anlaufzeit zu einem der gefürchtetsten Bundesliga-Angreifer

Bisweilen trug die Fehde zwischen Radio Bremen und dem SVW also bizarre Züge, zumindest aus heutiger Sicht. Da wurde im Sommer 1987 zum Beispiel gegen den teuren Einkauf eines gewissen Karl-Heinz Riedle gewettert, den Rehhagel sich bei Absteiger Blau-Weiß 90 Berlin ausgeguckt hatte. Die medialen Fußballexperten hielten Riedle für überteuert und propagierten hartnäckig, dass Werder mit einem gewissen Dirk Kurtenbach von den Stuttgarter Kickers einen besseren und billigeren Stürmer hätte bekommen können. Kurtenbach kickte nach diesem verbalen Ritterschlag noch wenige Jahre blass in der 2. Liga und beendete mit 27 Jahren seine Profilaufbahn. Kalle Riedle wurde bei Werder zu einem der besten Stürmer Europas, und die Ablösesumme, die der Verein drei Jahre später für ihn kassierte, sanierte den Verein finanziell. Ein bisschen Sachverstand schien bei diesem Rehhagel also durchaus vorhanden gewesen zu sein.

In einem Punkt hatte sich Otto vor dieser Saison freilich gewaltig geirrt: Es kündigte an, »die Mannschaft der neunziger Jahre« formen zu wollen, und es klang ein bisschen so, als wolle er sich im Voraus dafür entschuldigen, ohne Völler, Burdenski und Pezzey mit den Titelanwärtern nicht mehr mithalten zu können. Zitieren wir ihn jedoch mit ausreichend zeitlicher Distanz selbst: »Alles Kokolores!« Rehhagel baute nicht die Mannschaft des kommenden Jahrzehnts auf, sondern in Rekordzeit die eindeutig beste Elf Deutschlands in der Saison 1987/88. Eine Mannschaft, die so überlegen durch die Liga marschierte, dass der Meisterschaft schon Wochen vor Saisonende jegliche Spannung ausging. Bei Werder hielt sich die Enttäuschung darüber verständlicherweise in Grenzen: Für den neben allen Sternstunden doch Kummer gewohnten Club, der es vermeintlich nie nach ganz oben schaffen würde, war die Saison 1987/88 die reinste Therapie. Die zwei Jahre zuvor noch seelisch angeknacksten Kutzop, Burgsmüller und Co. konnten die bösen Geister von 1986 verscheuchen. Das verstörende Geräusch eines an den Außenpfosten ploppenden Balles verhallte endlich.

Das Elfmeter-Trauma wurde erfolgreich und nachhaltig ersetzt durch einen beinahe rauschhaften Abend im Frankfurter Waldstadion. Werder siegte 1:0 durch einen Kopfball von Riedle, und weil freundlicherweise zeitgleich der 1. FC Köln zwei fest eingeplante Zähler in Hamburg ließ, mussten die Vereinsoberen völlig unvorhergesehen eine spontane Meisterfeier improvisieren, was sie sichtlich gerne taten. Die Fernsehbilder trugen Bilder von enthemmt jauchzenden Werder-Funktionären in die Wohnzimmer, die sich Zeit ihres Vereinslebens nichts sehnlicher gewünscht hatten als diesen Augenblick: Mit Werder wieder die Nummer 1 in ganz Deutschland zu sein!

Die in all den Jahren zuvor einerseits so kreative und brillante, aber andererseits oft auch so labil und zerbrechlich scheinende Mannschaft bewies vom ersten Spieltag der Saison an eine Killermentalität, die den Rest der Liga kalt erwischte. Nach vier Spieltagen war Werder noch ohne Gegentor, nach acht Spieltagen immer noch ungeschlagen. Die Kölner konnten phasenweise ein kleines bisschen mithalten, was vor allem dem legendären blauen Glückspullover ihres Kurzzeit-Sportdirektors Udo Lattek zugeschrieben wurde. Die Bayern hechelten hinterher, aber wann immer sie den Hauch einer Chance sahen, legte Werder nach Belieben eine weitere Glanzleistung hin. Das eigentliche Meisterstück lieferte Rehhagels Mannschaft schon acht Spieltage vor Schluss, als im Weser-Stadion die wutschnaubenden Bayern kalt lächelnd und scheinbar problemlos mit 3:1 heimgeschickt wurden. Kalle Riedle, der vermeintliche Fehleinkauf der ersten Saisonwochen, erledigte das in seinem vielleicht besten Spiel für Werder zu weiten Teilen im Alleingang. Der junge Allgäuer erlebte eine bewegte Saison. Seine ersten Tore für Werder gelangen Riedle in Uerdingen per Doppelpack, nachdem er in den ersten vier Saisonspielen leer ausging. Nach 16 Spielen waren Mitte November nur zwei weitere Törchen hinzugekommen, und mancher Journalist höhnte über das Millionen-Missverständnis Riedle. Dann kam die Wende: Nach besagten vier Toren in den ersten 16 Spielen traf das Kopfball-Ungeheuer in den nächsten 17 Spielen (einmal

Kapitän Votava im defensiven Mittelfeld und Abwehr-Abräumer Uli Borowka, der erst vor der Saison aus Mönchengladbach gekommen war, waren zwei der Garanten für die bis heute beste Abwehr der Bundesligageschichte. Werder ließ nur 22 Gegentore in 34 Spielen zu!

»Jetzt fahren wir selbstbewusst an die Ostseeküste!« (Die Stadionzeitung »Bayern-Echo« vor dem Auswärtsspiel der Bayern bei Werder Bremen)

Das vorentscheidende Spiel der Saison! In einem brodelnden Weser-Stadion besiegt Werder den Verfolger Bayern mit 3:1. Die Seitenwahl zwischen Votava und Augenthaler bleibt der letzte friedliche Moment für 90 Minuten

musste er pausieren) bis Saisonende gleich 14 Mal ins Netz und wurde zu einem der Garanten für Werders Triumphzug durch die Liga.

Der zweite Garant hieß hinten Borowka und vorne Uli, und das Seltsame an seinem Vornamen war, dass er mit jedem Jahr seiner Werder-Karriere an Schlussvokalen gewann, ehe der Blondschopf knapp neun Jahre später als Kultfigur »Uliiiiiiiiii« abdankte. Uli Borowka wurde zum gnadenlosen Abräumer in Werders Hintermannschaft, und seine viel beachtete Krawattennadel in Axtform trug er später völlig zu Recht. Borowka hätte 1987 auch zu den Bayern, dem HSV oder Dortmund gehen können, ehe er sich für Werder entschied. Unter anderem sah der beinharte Mönchengladbacher jedoch in Bremen beste Entwicklungschancen und hoffte inständig, eines Tages, irgendwann einmal, vielleicht auch das Trikot der Nationalelf überstreifen zu dürfen. Dieses Ziel hatte er als Stammspieler bei Gladbach fünf Jahre lang vergeblich verfolgt. Nach seinem ersten Spiel für Werder dauerte es dagegen nur genau acht Monate und einen Tag, ehe Borowka von Teamchef Franz Beckenbauer gerufen wurde, um für Deutschland zu spielen. Leider war die internationale Karriere des unermüdlichen Fighters nur von kurzer Dauer: Bei der EM 1988 in Deutschland durfte er noch ein bisschen herumgrätschen, aber bald schon wurde ihm von Beckenbauer der feinmotorisch ähnlich begabte Guido Buchwald vom VfB Stuttgart vorgezogen, und dabei blieb es dann. Zur EM wurde Borowka von seinem Werder-Kollegen Gunnar Sauer begleitet, der oft dicht dran war, ohne es jemals bis in die Nationalelf zu schaffen.

Ein Trikot, das Werder nur ein einziges Mal überstreifte: In diesem Dress wurde das letzte Heimspiel gegen den HSV ausgetragen, vor dem Werders Profis die Meisterschale in Empfang nehmen durften

Links: Bei der triumphalen Rückkehr vom entscheidenden Sieg in Frankfurt freuen sich neue Meister mit einem alten Meister. Mannschaftsarzt Dr. Meschede wird eingerahmt von Thomas Wolter, Thomas Schaaf und ihrem Vorgänger Horst-Dieter Höttges

Sauer war neben dem unantastbaren Rune Bratseth und dem zwar nicht mehr ganz taufrischen, aber dennoch verlässlichen Michael Kutzop der personifizierte Abwehr-Beton. Und alle gemeinsam bildeten das »Bollwerk vor dem Bollwerk«: Oliver Reck, der junge Burdenski-Nachfolger, wuchs in seiner ersten Saison als Stammtorwart über sich hinaus und stellte mehrere Rekorde für die Ewigkeit auf. Nur 22 Gegentore in der ganzen Saison (drei davon kassierte Dieter Burdenski vertretungsweise), nur ganze zehn Gegentore in 17 Auswärtsspielen. (Schalkes Torwart Toni Schumacher fing sich in derselben Zeit beinahe die sechsfache Menge!)

Bei manchen Sportlern sagt man, sie hätten erst spät die Bestätigung und Genugtuung für durchlittene Medienkampagnen erfahren. Bei Olli Reck war es umgekehrt: Erst kam die Bestätigung, dann die Kampagnen. Dieser Mann wurde ein Phänomen, weil er nahezu unbemerkt von der breiten Öffentlichkeit zu einem der besten deutschen Torhüter der neunziger Jahre wurde. Zudem verkörpert er bis heute ein sympathisches Stück Werder Bremen.

Späte Genugtuung für die Elfmeter-Schmach: Mit zwei Jahren Verzögerung darf Michael Kutzop die »Salatschüssel« in den Himmel stemmen

Meister
Bremen im Freudentaumel
● 5000 Werder-Fans holten Meister-Elf am Flughafen ab
● Triumph-Fahrt in die City ● Rauschende Siegesfeiern
Donnerstag, 5. Mai 1988 - 50 Pf
Bild
BREMEN
UNABHÄNGIG ÜBERPARTEILICH

Werder 1:0! Jaaa, wir sind Meister

Köln	0:3
Bayern	5:0
Schalke	1:1
Homburg	1:0
Gladbach	1:1
Dortmund	4:2
Lautern	2:0
Hannover	3:1

23 lange Jahre musste Werder auf diesen schönen Tag warten: Otto Rehhagel und seine Mannen holen zum zweiten Mal nach 1965 die Meisterschale nach Bremen

WERDER BREMEN 1987/88

Trainer

Rehhagel, Otto
Verantwortlicher Trainer in allen 34 Spielen der Saison

Wieder ein Neuzugang der Extraklasse

Kalle Riedle kam als vermeintlich überteuertes Talent, belehrte aber bald alle Zweifler eines Besseren

Wer kam?

Borowka (Bor. Mönchengladbach)
Riedle (Blau Weiß 90 Berlin)

Wer ging?

Klobke (VfB Oldenburg)
Lellek (VfB Oldenburg)
Möhlmann (HSV, w.d.S.)
Noruschat (RW Essen)
Pezzey (FC Tirol/Österreich, w.d.S.)
Schlindwein (Eintracht Frankfurt)
Sidka (TB Berlin)
Völler (AS Rom/Italien)

w.d.S. = während der Saison

Tor

Reck, Oliver »Olli«
32 Spiele; 0 Tore

Burdenski, Dieter »Budde«
3 Spiele; 0 Tore

Abwehr

Sauer, Gunnar
33 Spiele; 2 Tore

Borowka, Ulrich »Ulli«
31 Spiele; 1 Tor

Bratseth, Rune
31 Spiele; 0 Tore

Mittelfeld

Votava, Miroslav »Mirko«
32 Spiele; 2 Tore

Hermann, Günter »Jimmy«
30 Spiele; 0 Tore

Meier, Norbert
26 Spiele; 7 Tore

Angriff

Riedle, Karl-Heinz »Kalle«
33 Spiele; 18 Tore

Ordenewitz, Frank »Otze«
30 Spiele; 15 Tore

Burgsmüller, Manfred »Manni«
26 Spiele; 6 Tore

Erweiterter Kader

Eilts, Dieter »Ostfriesen-Alemao«
2 Spiele; 0 Tore
Amateur

Hanses, Christoph
0 Spiele; 0 Tore
Amateur

Rose, Olaf
0 Spiele; 0 Tore
Amateur

1987/88

Der Sport-Verein »Werder« im Jahr 1987/88:

Präsident:	**Dr. Franz Böhmert**
Vizepräsident:	**Klaus-Dieter Fischer (Amateur-Abt.)**
3. Präsident:	**K.-H. Hohnhorst (Finanzen, Werbung)**
Geschäftsführer:	**Wolfgang Barkhausen**
Manager:	**Willi Lemke**
Vereinsarzt:	**Dr. Karl Meschede**
Masseur:	**Holger Berger**
Mitglieder:	**2.430**
Kapazität Weser-Stadion:	**31.000 Plätze (davon 15.000 überdachte Sitzplätze); ab 2.3.1988 40.000 / 21.100**

Otten, Jonny
30 Spiele; 0 Tore

Schaaf, Thomas
29 Spiele; 1 Tor

Kutzop, Michael »Kutzi«
17 Spiele; 1 Tor

Ruländer, Matthias
2 Spiele; 0 Tore

Pezzey, Bruno
0 Spiele; 0 Tore

Wolter, Thomas »Stonie«
16 Spiele; 0 Tore

Möhlmann, Benno
1 Spiel; 0 Tore

Neubarth, Frank »Socrates«
22 Spiele; 6 Tore

In Freundschaftsspielen eingesetzt:

Huning, Carsten (Tor)

Olli Reck zu Beginn seiner Werder-Karriere 1985 …

Oliver Reck: »… immer alles zurückgezahlt!«

Oliver Reck (Jahrgang 1965) zog es 1985 zunächst als Ersatztorwart hinter Dieter Burdenski von Zweitligist Kickers Offenbach nach Bremen. Erst in seiner dritten Saison bei Werder stand er zwischen den Pfosten, wurde als Entschädigung aber umgehend unbestrittener Stammkeeper. Schon in seiner ersten kompletten Saison 1987/88 wurde Reck Deutscher Meister und stellte mit nur 22 Gegentoren in einer Spielzeit einen bis heute unerreichten Rekord auf – und drei davon kassierte sogar nicht einmal Reck, sondern der mittlerweile zum Ersatzmann gewordene Dieter Burdenski, der seine Karriere in jener Saison ausklingen ließ. In den ersten Jahren seiner Bundesligakarriere erlangte Oliver Reck allen Erfolgen zum Trotz von der Boulevardpresse den Schmähnamen »Pannen-Olli«.

Was verbindest du heute noch mit Bremen als Stadt und mit Werder als Verein?
Wahnsinnig viel. Ich habe 13 Jahre in diesem Club gespielt. Meine Kinder sind in Bremen geboren und leben noch hier. Ich bin immer noch alle 14 Tage in Bremen. Meine Jungs spielen in Bremen Fußball, der Kleine bei Werder und der Größere beim FC Oberneuland. Und es gibt auch noch regen, engen Kontakt zum Verein und zur Mannschaft.

Die angenehmsten Persönlichkeiten deiner 13 Werder-Jahre waren …?
Puh, also da möchte ich niemandem zu nahe treten und niemandem unrecht tun: Ich kann da niemanden hervorheben. Es waren so viele, und wir haben auch immer noch viel Kontakt untereinander. Otto Rehhagel hat zu meiner Anfangszeit so um 1986 eine neue, junge Mannschaft zusammengestellt, und wir hatten viele talentierte, erfolgshungrige Spieler: Günter Hermann, Gunnar Sauer, Kalle Riedle, Uli Borowka – und meine Wenigkeit. Diese junge Mannschaft ist 1988 auf Anhieb Deutscher Meister geworden. Das war damals eine Riesenüberraschung und hat uns alle zusammengeschweißt. Es haben sich sehr viele Freundschaften entwickelt. Später dann auch mit Thomas Schaaf und Klaus Allofs, und es ist schön für mich, mit ehemaligen Mitspielern befreundet zu sein, die heute noch im Verein sind und die man auf diese Weise regelmäßig wiedertrifft.

… und zwölf Jahre später vor seiner letzten Saison in Bremen

Wie bewertest du aus der Distanz die Arbeit deiner Freunde Klaus Allofs und Thomas Schaaf?
Man hat im Verein etwas sehr Richtiges getan, indem Klaus Allofs und Thomas Schaaf die Zeit bekommen haben, hier eine junge Mannschaft behutsam aufzubauen. Man sieht, wie vielversprechend die Werder-Elf in den vergangenen Jahren gewachsen ist. Thomas Schaaf zieht dieses Konzept knallhart durch. Thomas hat eine gute Philosophie was Fußball angeht, ist hier in Bremen sehr verwurzelt und kennt jeden Pflasterstein in der Stadt. Und diese Nähe zu seiner Stadt ist wiederum auch wichtig für den Verein. Thomas Schaaf und Werder, Klaus Allofs und Werder – das passt einfach.

Eine Persönlichkeit wirst du sicherlich dennoch hervorheben können: Otto Rehhagel. Auch mit ihm gab es Misserfolge und Jahre, in denen es hieß, er sei schon zu lange bei Werder. Die Öffentlichkeit hat zuletzt oft nur seine störrische, bockige Seite mitbekommen. Wie war er wirklich?
Entscheidend war letztendlich, dass wir unter ihm immer zur rechten Zeit einen Titel gewonnen haben. Wir haben fast durchgehend oben mitgespielt, und wenn nicht, dann sind wir eben Pokalsieger geworden – oder Europapokalsieger. Hätten wir diese Titel nicht gewonnen, dann hätte vielleicht sogar Rehhagel irgendwann gewackelt. So aber gab es kaum jemals etwas zu kratzen an diesem Denkmal Otto Rehhagel. Wir als Mannschaft haben uns nie verschlissen, weil er es perfekt verstanden hat, die Mannschaft optimal zu ergänzen und zu ver-

Jung, dynamisch, erfolgreich: Der damals noch sehr behaarte Reck grapscht sich in seinem ersten Jahr als Stammtorwart die Salatschüssel!

stärken. Dann hat er es großartig hinbekommen, diese neuen Spieler auch zu integrieren. Und was hat er nicht für hervorragende Leute zu uns geholt: Wynton Rufer, Dietmar Beiersdorfer, Klaus Allofs – das waren immer wieder neue Leute, die einfach gepasst haben. Rehhagel konnte dieses Puzzle zusammenfügen wie kein Zweiter. Ich habe jetzt noch viel Kontakt zu ihm. Er wohnt wieder in meiner Nähe, in Essen. Wir telefonieren häufig und treffen uns. Und dann wird immer über schöne, alte Zeiten gefachsimpelt.

Man hatte auch von außen immer den Eindruck, als hättest du mit Otto Rehhagel immer und gerade in deinen schweren Zeiten ein ganz besonderes Verhältnis gehabt?
Natürlich war das etwas ganz besonderes. Aber die Basis dafür war immer, dass ich ihm in den nächsten Spielen mit meiner Leistung etwas zurückgegeben habe. Natürlich habe ich mir ein paar Schnitzer geleistet, aber auf der anderen Seite sind Rehhagel und Werder dann auch dafür belohnt worden, an mir festzuhalten, weil Werder mit mir als jungem Torwart die erfolgreichste Phase der Vereinsgeschichte erleben durfte.

Nicht zuletzt deshalb wird den Fans hier deine erfolgreiche Zeit weitaus mehr in Erinnerung bleiben als das Image des »Pannen-Olli«. Hat dieser Spitzname damals wehgetan?
Ich habe das zur Kenntnis genommen, aber mich eigentlich immer auf das Wesentliche konzentriert. Man muss sich immer auf das konzentrieren können, was auf dem Platz passiert. Das ist mir zum Glück meistens gelungen. Ich hatte in meinen unglücklicheren Zeiten immer wichtige Leute im Verein hinter mir. Nicht nur Otto Rehhagel, sondern auch Dr. Böhmert hat mich unglaublich unterstützt, und zusammen haben wir letztlich diese Phasen überstanden. Die beiden waren immens wichtig für mich.

Was war das Besondere an der Meistersaison 1987/88?
Unser verschworener Haufen bestand aus ganz vielen Spielern, die unbedingt und endlich mal ganz oben stehen wollten, weil sie vorher so oft knapp an der Meisterschaft vorbeigeschrammt waren. Norbert Meier, Jonny Otten, Michael Kutzop, Dieter Burdenski zum Ausklang seiner Karriere – für all diese Spieler war die Meisterschaft 1988 das I-Tüpfelchen auf ihrer Profilaufbahn. Sensationell war die Meisterschaft, weil wir viele junge Spieler einbauen mussten, die auf Anhieb zu großartigen Verstärkungen wurden. Unser großes Plus war die Defensivarbeit: Wir haben in der ganzen Saison nur 22 Gegentore bekommen, heute noch Bundesligarekord. Wir haben hinten bombastisch gut gestanden. Ein weiterer Mosaikstein war unsere Harmonie: Wir haben sehr viel miteinander unternommen, auch außerhalb des Platzes. Wir verstehen uns heute noch fantastisch, wenn wir uns sehen. Und unser tolles Verhältnis innerhalb der Mannschaft wurde dann auch zu unserer ganz großen Stärke auf dem Spielfeld.

Eine von Hunderten toller Reck-Paraden in zwölf Jahren bei Werder: Diesen Ball von Bayerns Roland Wohlfahrt kann er unfassbarerweise noch abwehren!

Das beste Spiel deiner Karriere war …?
Mein persönlich bestes Spiel war zuhause gegen Brügge, Halbfinale im Europapokal 1992. Für uns als Mannschaft das beste Spiel war sicher das 5:1 gegen Neapel mit Diego Maradona. Das war ein außergewöhnlicher Fußballabend. Wir haben unfassbar gezaubert – toll!

Otto Rehhagel hat oft und gerne betont, wer 14 Jahre in Bremen gelebt hat, werde »diese Stadt immer in seinem Herzen tragen«. Du warst fast genauso lange in Bremen. Was fühlst du in Bezug auf deine ehemalige Heimatstadt?
Genauso. Ich hänge an Bremen und werde das immer tun.

Spielerlaufbahn:
1973–79 SG Harheim
1979–82 FSV Frankfurt
1982–85 Kickers Offenbach
1985–98 Werder Bremen
1998–03 FC Schalke 04

Erfolge:
Europameister 1996
Bronzemedaillengewinner Olympische Spiele 1988 (Seoul)
Deutscher Meister 1988, 2001
Pokalsieger 1991, 1994, 2001, 2002
Europapokalsieger der Pokalsieger 1992

Olli Reck bejubelte in Bremen zwei Meistertitel, zwei Pokalsiege und einen Europapokalsieg

Alle Spiele 1987/88

08.07.1987
Freundschaftsspiel
SpVgg. Aurich – W. Bremen 0:2 (0:1)
Eingesetzte Spieler: Reck (74. Burdenski) – Borowka (80. Kutzop), Otten (46. Schaaf), Bratseth (80. Ruländer), Pezzey (68. Eilts) – Möhlmann, Wolter (56. Hanses), Votava (46. Sauer) – Riedle, Ordenewitz (46. Burgsmüller), Meier (46. Hermann)
Trainer: Rehhagel
Tore: 0:1 Janssen (26. ET), 0:2 Riedle (55.)
Zuschauer: 3.500

11.07.1987
Freundschaftsspiel
TuS Ebstorf – W. Bremen 0:21 (0:14)
Aufstellung: Reck (46. Burdenski) – Pezzey (75. Kutzop) – Otten (46. Schaaf), Sauer (46. Ruländer) – Borowka, Möhlmann (46. Rose), Votava (46. Hermann), Meier – Riedle (46. Wolter), Ordenewitz, Burgsmüller
Trainer: Rehhagel
Tore: Meier (5), Burgsmüller (4), Riedle (3), Ordenewitz (3), Sauer (2), Rose (2), Otten, Klingenberg/Eigentor
Zuschauer: 2.337

12.07.1987
Freundschaftsspiel
SV Union Lohne – W. Bremen 0:6 (0:2)
Aufstellung: Reck – Pezzey (70. Ruländer) – Otten (60. Hermann), Borowka (70. Kutzop), Sauer (46. Schaaf) – Möhlmann (46. Wolter), Votava, Meier – Ordenewitz, Burgsmüller, Riedle
Trainer: Rehhagel
Tore: 0:1 Ordenewitz (19. HE), 0:2 Burgsmüller (41.), 0:3 Riedle (68.), 0:4 Kutzop (72.), 0:5 Ordenewitz (86.), 0:6 Meier (87.)
Zuschauer: 1.600

14.07.1987
Freundschaftsspiel
TSV Lehnerz – W. Bremen 1:11 (1:3)
Aufstellung: Reck – Pezzey (46. Sauer) – Otten (46. Schaaf), Borowka – Wolter (74. Ruländer), Möhlmann (74. Kutzop), Votava, Meier – Ordenewitz, Riedle, Burgsmüller (46. Hermann)
Trainer: Rehhagel
Tore für Werder: Ordenewitz (5), Meier (3), Schaaf, Hermann, Giese/Eigentor
Zuschauer: 1.500

16.07.1987
Freundschaftsspiel
Bezirksauswahl Gießen – W. B. 0:4 (0:2)
Aufstellung: Reck – Sauer, Pezzey, Borowka (30. Hermann), Otten (46. Schaaf) – Wolter (72. Ruländer), Möhlmann (65. Kutzop), Votava, Meier – Riedle (36. Burgsmüller), Ordenewitz
Trainer: Rehhagel
Tore: 0:1 Ordenewitz (6.), 0:2 Ordenewitz (44.), 0:3 Ordenewitz (52.), 0:4 Meier (87.)
Zuschauer: 1.200 in Watzenborn

18.07.1987
Internationales Freundschaftsspiel
DOS `37 Vriezenveen – W. B. 0:12 (0:5)
Aufstellung: Reck (Burdenski) – Pezzey (Schaaf) – Sauer, Bratseth, Otten (Kutzop) – Wolter (Hermann), Votava (Ruländer), Möhlmann (Burgsmüller), Meier – Riedle, Ordenewitz
Trainer: Rehhagel
Tore: Ordenewitz (2), Wolter (2), Meier (2), Votava, Burgsmüller, Riedle, Hermann, Kutzop, Eigentor
Zuschauer: 2.000

21.07.1987
Freundschaftsspiel
TSV Lesum – W. Bremen 0:14 (0:5)
Aufstellung: Reck – Wolter, Bratseth, Sauer (68. Ruländer), Otten – Möhlmann (10. Hermann), Votava (46. Burgsmüller), Neubarth, Meier (46. Schaaf) – Riedle, Ordenewitz
Trainer: Rehhagel
Tore: 0:1 Ordenewitz (4.), 0:2 Riedle (12.), 0:3 Ordenewitz (39.), 0:4 Ordenewitz (42. FE), 0:5 Neubarth (45.), 0:6 Riedle (52.), 0:7 Ordenewitz (58.), 0:8 Riedle (65.), 0:9 Ordenewitz (66.), 0:10 Ruländer (80.), 0:11 Ordenewitz (83.), 0:12 Riedle (84.), 0:13 Hermann (85.), 0:14 Neubarth (90.)
Zuschauer: 3.000

24.07.1987
Internationales Turnier, Halbfinale
Cambuur Leeuwarden – W. B. 0:5 (0:2)
Aufstellung: Reck – Sauer – Bratseth, Borowka – Wolter, Schaaf (69. Hermann), Votava, Meier, Otten – Riedle (46. Burgsmüller), Ordenewitz
Trainer: Rehhagel
Tore: 0:1 Ordenewitz (10.), 0:2 Riedle (28.), 0:3 Ordenewitz (62.), 0:4 Ordenewitz (77.), 0:5 Meier (89.)
Zuschauer: 2.800 in Groningen

25.07.1987
Internationales Turnier, Endspiel
FC Groningen – W. Bremen 1:3 (0:2)
Aufstellung: Reck – Sauer – Bratseth, Borowka – Wolter, Schaaf, Votava (46. Kutzop), Meier (78. Hermann), Otten – Riedle, Ordenewitz
Trainer: Rehhagel
Tore: 0:1 Riedle (27.), 0:2 Otten (38.), 0:3 Schaaf (52.), 1:3 Riekerink (67.)
Zuschauer: 5.500 in Groningen

01.08.1987
Bundesliga, 1. Spieltag
Hannover 96 – W. Bremen 0:1 (0:1)
Aufstellung: Reck – Sauer – Bratseth, Borowka – Schaaf, Wolter, Votava, Hermann (77. Kutzop), Otten – Riedle, Ordenewitz (75. Burgsmüller)
Trainer: Rehhagel
Tor: 0:1 Schaaf (17.)
Zuschauer: 45.000

08.08.1987
Bundesliga, 2. Spieltag
W. Bremen – Karlsruher SC 2:0 (1:0)
Aufstellung: Reck – Sauer – Bratseth, Borowka – Otten (77. Hermann), Wolter, Votava, Schaaf, Meier – Riedle, Ordenewitz
Trainer: Rehhagel
Tore: 1:0 Ordenewitz (36.), 2:0 Meier (85.)
Zuschauer: 18.500

15.08.1987
Bundesliga, 3. Spieltag
1. FC Kaiserslautern – W. Bremen 0:0
Aufstellung: Reck – Sauer – Bratseth (19. Kutzop) – Schaaf, Wolter, Votava, Meier (59. Hermann), Borowka, Otten – Riedle, Ordenewitz
Trainer: Rehhagel
Tore: –
Zuschauer: 18.255

18.08.1987
Internationales Freundschaftsspiel
AS Rom – W. Bremen 2:1 (0:0)
Aufstellung: Reck (46. Burdenski) – Sauer – Kutzop, Ruländer (46. Schaaf), Borowka (46. Hermann) – Wolter, Votava, Neubarth (46. Meier), Otten – Riedle (46. Burgsmüller), Ordenewitz
Trainer: Rehhagel
Tore: 1:0 Völler (60.), 1:1 Sauer (68.), 2:1 Di Carlo (70.)
Zuschauer: 35.000

22.08.1987
Bundesliga, 4. Spieltag
W. Bremen – VfL Bochum 0:0
Aufstellung: Reck – Sauer – Bratseth, Borowka – Schaaf, Wolter (33. Neubarth), Votava, Meier, Otten – Riedle, Ordenewitz
Trainer: Rehhagel
Tore: –
Zuschauer: 16.000

25.08.1987
Bundesliga, 5. Spieltag
Bayer 05 Uerdingen – W. Bremen 1:2 (0:0)
Aufstellung: Reck – Sauer – Bratseth, Borowka – Kutzop (80. Schaaf), Otten (74. Meier), Hermann, Votava, Neubarth – Riedle, Ordenewitz
Trainer: Rehhagel
Tore: 1:0 Kuntz (69.), 1:1 Riedle (74.), 1:2 Riedle (80.)
Besonderes Vorkommnis: Vollack hält FE von Ordenewitz (88.)
Zuschauer: 11.000

28.08.1987
DFB-Pokal, 1. Runde
TSV Verden – W. Bremen 0:4 (0:1)
Aufstellung: Reck – Sauer – Bratseth, Borowka – Kutzop (59. Schaaf), Votava, Meier, Otten (46. Hermann) – Riedle, Neubarth, Ordenewitz
Trainer: Rehhagel
Tore: 0:1 Meier (34.), 0:2 Neubarth (60.), 0:3 Ordenewitz (72.), 0:4 Meier (77.)
Zuschauer: 12.000

02.09.1987
Bundesliga, 6. Spieltag
W. Bremen – VfB Stuttgart 5:1 (2:0)
Aufstellung: Reck – Sauer – Bratseth, Borowka – Schaaf, Votava, Meier, Hermann – Riedle, Neubarth (80. Burgsmüller), Ordenewitz
Trainer: Rehhagel
Tore: 1:0 Meier (11.), 2:0 Ordenewitz (45.), 3:0 Buchwald (51. ET), 4:0 Ordenewitz (61.), 4:1 Allgöwer (83. FE), 5:1 Ordenewitz (85. FE)
Zuschauer: 27.100

05.09.1987
Bundesliga, 7. Spieltag
Bayer 04 Leverkusen – W. Bremen 1:3 (1:0)
Aufstellung: Reck – Sauer – Borowka, Bratseth – Schaaf, Votava, Neubarth (46. Burgsmüller), Hermann, Otten (46. Meier) – Riedle, Ordenewitz
Trainer: Rehhagel
Tore: 1:0 Schreier (25.), 1:1 Ordenewitz (53.), 1:2 Burgsmüller (67.), 1:3 Ordenewitz (90.)
Zuschauer: 10.000

11.09.1987
Bundesliga, 8. Spieltag
W. Bremen – Borussia Dortmund 4:0 (3:0)
Aufstellung: Reck – Sauer – Bratseth, Borowka – Schaaf (46. Wolter), Votava, Hermann, Meier (80. Otten) – Ordenewitz, Burgsmüller, Riedle
Trainer: Rehhagel
Tore: 1:0 Burgsmüller (18.), 2:0 Burgsmüller (25.), 3:0 Riedle (33.), 4:0 Ordenewitz (52.)
Zuschauer: 27.000

15.09.1987
UEFA-Cup, 1. Runde-Hinspiel
Mjöndalen IF – W. Bremen 0:5 (0:1)
Aufstellung: Reck – Sauer – Bratseth, Borowka – Wolter, Schaaf, Votava, Meier (70. Burgsmüller), Hermann (70. Otten) – Riedle, Ordenewitz
Trainer: Rehhagel
Tore: 0:1 Riedle (6.), 0:2 Ordenewitz (52.), 0:3 Sauer (55.), 0:4 Wolter (64.), 0:5 Riedle (87.)
Zuschauer: 2.108

19.09.1987
Bundesliga, 9. Spieltag
FC Bayern München – W. Bremen 2:1 (0:0)
Aufstellung: Reck – Sauer – Schaaf, Bratseth, Otten – Ruländer (78. Meier), Borowka, Votava, Hermann – Riedle (35. Burgsmüller), Ordenewitz
Trainer: Rehhagel
Tore: 1:0 Pflügler (75.), 2:0 M. Rummenigge (82.), 2:1 Meier (88.)
Zuschauer: 62.000

25.09.1987
Bundesliga, 10. Spieltag
W. B. – SV Waldhof Mannheim 3:1 (1:1)
Aufstellung: Reck – Sauer – Bratseth, Borowka – Burgsmüller, Schaaf, Votava, Meier, Hermann – Riedle, Ordenewitz
Trainer: Rehhagel

Tore: 0:1 Bührer (18.), 1:1 Riedle (25.), 2:1 Meier (66.), 3:1 Burgsmüller (69.)
Zuschauer: 19.700

30.09.1987
UEFA-Cup, 1. Runde-Rückspiel
W. Bremen – Mjöndalen IF 0:1 (0:0)
Aufstellung: Reck – Sauer– Bratseth, Borowka – Ruländer (46. Schaaf), Votava, Meier, Hermann, Otten (46. Burgsmüller) – Riedle, Ordenewitz
Trainer: Rehhagel
Tor: 0:1 Markussen (78.)
Zuschauer: 9.000

03.10.1987
Bundesliga, 11. Spieltag
FC 08 Homburg – W. Bremen 1:1 (1:0)
Aufstellung: Reck – Sauer – Bratseth, Borowka (66. Burgsmüller), Otten (53. Möhlmann) – Schaaf, Votava, Hermann – Meier, Riedle, Ordenewitz
Trainer: Rehhagel
Tore: 1:0 Freiler (41.), 1:1 Burgsmüller (80.)
Zuschauer: 8.000

10.10.1987
Bundesliga, 12. Spieltag
W. Bremen – 1. FC Nürnberg 1:0 (0:0)
Aufstellung: Reck – Sauer – Ruländer (46. Burgsmüller) – Bratseth, Schaaf, Votava, Borowka, Meier, Hermann – Riedle, Ordenewitz
Trainer: Rehhagel
Tor: 1:0 Ordenewitz (54.)
Besonderes Vorkommnis: Köpke hält FE von Ordenewitz (42.)
Zuschauer: 20.000

17.10.1987
Bundesliga, 13. Spieltag
Bor. M'gladbach – W. Bremen 1:2 (1:1)
Aufstellung: Reck – Sauer – Kutzop, Bratseth – Hermann, Schaaf, Neubarth (70. Burgsmüller), Borowka, Otten – Riedle, Ordenewitz
Trainer: Rehhagel
Tore: 1:0 Bakalorz (11.), 1:1 Ordenewitz (17.), 1:2 Sauer (48.)
Zuschauer: 19.000

24.10.1987
UEFA-Cup, 2. Runde-Hinspiel
Spartak Moskau – W. Bremen 4:1 (2:0)
Aufstellung: Reck – Sauer – Bratseth, Borowka – Schaaf, Votava, Neubarth, Hermann, Otten (39. Meier) – Riedle, Ordenewitz (46. Burgsmüller)
Trainer: Rehhagel
Tore: 1:0 Mostowoi (10.), 2:0 Rodionow (35.), 3:0 Rodionow (55.), 3:1 Burgsmüller (80.), 4:1 Passulko (90.+1)
Zuschauer: 70.000

30.10.1987
Bundesliga, 14. Spieltag
W. Bremen – Eintracht Frankfurt 2:0 (2:0)
Aufstellung: Reck – Sauer – Bratseth, Borowka – Kutzop (15. Otten), Hermann, Votava, Meier (69. Burgsmüller), Neubarth – Riedle, Ordenewitz
Trainer: Rehhagel
Tore: 1:0 Votava (44.), 2:0 Schlindwein (45. ET)
Besonderes Vorkommnis: Rote Karte für Sauer (75.)
Zuschauer: 18.000

03.11.1987
UEFA-Cup, 2. Runde-Rückspiel
W. B. – Sp. Moskau 6:2 (4:1, 3:0) n.Verl.
Aufstellung: Reck – Sauer – Bratseth, Borowka – Schaaf, Votava, Meier, Hermann (73. Burgsmüller) – Ordenewitz (66. Otten), Neubarth, Riedle
Trainer: Rehhagel
Tore: 1:0 Neubarth (2.), 2:0 Neubarth (10.), 3:0 Ordenewitz (25.), 3:1 Tscherenkow (71.), 4:1 Sauer (79.), 5:1 Riedle (100.), 6:1 Burgsmüller (108.), 6:2 Passulko (109.)
Zuschauer: 16.000

07.11.1987
Bundesliga, 15. Spieltag
W. Bremen – 1. FC Köln 2:1 (1:1)
Aufstellung: Reck – Kutzop – Borowka, Bratseth – Schaaf, Hermann, Votava, Neubarth, Meier (86. Otten) – Riedle, Burgsmüller (86. Wolter)
Trainer: Rehhagel
Tore: 0:1 Kohler (5.), 1:1 Neubarth (15.), 2:1 Votava (71.)
Besonderes Vorkommnis: Rote Karte für Engels (83.)
Zuschauer: 30.000

1987/88

Bremen, Weser-Stadion, 4.11.1987, 21:50 Uhr: Das erste »Wunder von der Weser« ist perfekt!

Bilddokumente des allerersten »Wunders von der Weser«: Nach einem 1:4 in der damals noch sowjetischen Hauptstadt war Werder praktisch draußen, aber in einem Nebelspiel vor nur 16.000 Fans im Weser-Stadion spielte sich Werder in einen Rausch und siegte mit 6:2. Das Bild ganz oben zeigt das erste Tor schon nach drei Minuten, das Werders Sturmwirbel einleitete. Frank Neubarth begründete mit diesem Kopfball seinen Ruf als »Mr. Europacup«. Die Partie stand wegen der schlechten Sicht phasenweise vor dem Abbruch. Wohl keiner der Zuschauer konnte sich damals vorstellen, dass Werder in den kommenden Jahren noch ganz ähnliche Kunststücke gelingen würden

Plakat des Hinspiels zwischen Spartak und Werder

Abwehrbollwerk! Trotz des Abgangs von Bruno Pezzey hatte Werder mit Recken wie Bratseth (rechts), Schaaf (daneben) oder Borowka (ganz links) eine fantastische Hintermannschaft aufzubieten

14.11.1987
Bundesliga, 16. Spieltag
Hamburger SV – W. Bremen 0:0
Aufstellung: Reck – Sauer – Bratseth, Borowka – Hermann, Otten, Votava, Burgsmüller, Meier (10. Schaaf) – Wolter, Riedle
Trainer: Rehhagel
Tore: –
Zuschauer: 34.600

21.11.1987
DFB-Pokal, 2. Runde
VfL Wolfsburg – W. Bremen 4:5 (4:4, 0:1) n. Verl.
Aufstellung: Reck – Kutzop – Bratseth (76. Ruländer), Borowka – Schaaf, Votava, Neubarth (73. Burgsmüller), Meier, Hermann – Riedle, Ordenewitz
Trainer: Rehhagel
Tore: 0:1 Neubarth (40.), 0:2 Ansorge (53. ET), 0:3 Kutzop (70. FE), 1:3 Plagge (79. FE), 1:4 Riedle (84.), 2:4 Ansorge (89.), 3:4 Otto (90.), 4:4 Fiebich (90.), 4:5 Ordenewitz (101.)
Besonderes Vorkommnis: Rote Karte für Kutzop (104.)
Zuschauer: 10.000

25.11.1987
UEFA-Cup, Achtelfinale-Hinspiel
W. Bremen – Dynamo Tiflis 2:1 (2:1)
Aufstellung: Reck – Sauer – Bratseth, Borowka – Schaaf, Votava, Meier, Hermann – Riedle, Neubarth, Ordenewitz (76. Burgsmüller)
Trainer: Rehhagel
Tore: 1:0 Neubarth (3.), 2:0 Riedle (18.), 2:1 Schengelija (20.)
Zuschauer: 28.000

28.11.1987
Bundesliga, 18. Spieltag
W. Bremen – Hannover 96 1:0 (0:0)
Aufstellung: Reck – Sauer – Bratseth, Borowka – Schaaf, Votava, Meier (35. Hermann), Otten (76. Burgsmüller) – Riedle, Neubarth, Ordenewitz
Trainer: Rehhagel
Tor: 1:0 Riedle (84.)
Besonderes Vorkommnis: Rote Karte für Knüwe (38.)
Zuschauer: 16.500

05.12.1987
Bundesliga, 19. Spieltag
Karlsruher SC – W. Bremen 0:2 (0:1)
Aufstellung: Reck – Sauer (13. Otten) – Bratseth, Borowka – Schaaf, Hermann, Wolter, Votava (73. Burgsmüller), Neubarth – Riedle, Ordenewitz
Trainer: Rehhagel
Tore: 0:1 Neubarth (17.), 0:2 Neubarth (84.)
Zuschauer: 18.400

09.12.1987
UEFA-Cup, Achtelfinale-Rückspiel
Dynamo Tiflis – W. Bremen 1:1 (1:0)
Aufstellung: Reck – Bratseth – Kutzop, Otten (53. Burgsmüller), Borowka – Schaaf, Votava, Wolter, Hermann – Riedle (89. Ruländer), Ordenewitz
Trainer: Rehhagel
Tore: 1:0 Sulakwelidse (31.), 1:1 Schaaf (61.)
Zuschauer: 80.000

07.02.1988
Freundschaftsspiel
VfL Osnabrück – W. Bremen 3:4 (0:1)
Aufstellung: Reck – Sauer – Otten (46. Burgsmüller), Bratseth – Schaaf, Borowka (4. Wolter, 46. Kutzop), Hermann, Votava, Meier – Riedle, Ordenewitz
Trainer: Rehhagel
Tore: 0:1 Schaaf (35.), 0:2 Burgsmüller (46.), 1:2 Glöde (58.), 1:3 Riedle (60.), 2:3 Linz (64.), 3:3 Jursch (79.), 3:4 Votava (87.)
Zuschauer: 3.500

13.02.1988
DFB-Pokal, Achtelfinale-Hinspiel
1. FC Pforzheim – W. Bremen 1:1 (1:1, 0:1) n. Verl.
Aufstellung: Reck – Sauer – Bratseth, Otten – Schaaf, Wolter (102. Burgsmüller), Votava, Hermann, Meier – Riedle, Ordenewitz
Trainer: Rehhagel
Tore: 0:1 Bratseth (7.), 1:1 Pfirrmann (69.)
Zuschauer: 11.500

16.02.1988
Bundesliga, 17. Spieltag (Nachholspiel)
W. Bremen – FC Schalke 04 5:0 (1:0)
Aufstellung: Reck – Sauer – Otten, Bratseth – Schaaf, Hermann, Meier, Neubarth, Votava – Riedle, Ordenewitz
Trainer: Rehhagel
Tore: 1:0 Riedle (18.), 2:0 Ordenewitz (52. HE), 3:0 Meier (55.), 4:0 Riedle (69.), 5:0 Ordenewitz (89. HE)
Zuschauer: 17.500

20.02.1988
Bundesliga, 20. Spieltag
W. Bremen – 1. FC Kaiserslautern 0:0
Aufstellung: Reck – Sauer – Bratseth, Wolter – Otten (72. Burgsmüller), Hermann, Votava, Meier – Riedle, Neubarth, Ordenewitz
Trainer: Rehhagel
Tore: –
Zuschauer: 17.500

24.02.1988
DFB-Pokal, Achtelfinale-Wiederholungsspiel
W. Bremen – 1. FC Pforzheim 3:1 (3:1)
Aufstellung: Reck – Kutzop – Bratseth (72. Ruländer), Otten – Wolter, Hermann, Votava, Meier – Riedle (46. Burgsmüller), Neubarth, Ordenewitz
Trainer: Rehhagel
Tore: 1:0 Neubarth (19.), 1:1 Mähler (30.), 2:1 Ordenewitz (37.), 3:1 Riedle (43.)
Zuschauer: 5.000

27.02.1988
Bundesliga, 21. Spieltag
VfL Bochum – W. Bremen 0:1 (0:1)
Aufstellung: Reck – Sauer – Bratseth, Borowka – Schaaf, Wolter, Neubarth (70. Meier), Votava, Otten – Riedle (58. Burgsmüller), Ordenewitz
Trainer: Rehhagel
Tor: 0:1 Ordenewitz (1.)
Besonderes Vorkommnis: Rote Karte für Sauer (90.)
Zuschauer: 17.000

02.03.1988
UEFA-Cup, Viertelfinale-Hinspiel
Hellas Verona – W. Bremen 0:1 (0:0)
Aufstellung: Reck – Sauer– Bratseth, Borowka, Otten – Schaaf, Wolter, Votava, Neubarth (88. Kutzop) – Riedle, Ordenewitz (82. Burgsmüller)
Trainer: Rehhagel
Tor: 0:1 Neubarth (49.)
Zuschauer: 42.000

05.03.1988
Bundesliga, 22. Spieltag
W. Bremen – Bayer 05 Uerdingen 5:1 (1:1)
Aufstellung: Reck – Sauer – Bratseth, Borowka – Schaaf (58. Wolter), Votava, Meier, Otten – Riedle, Neubarth, Ordenewitz (65. Burgsmüller)
Trainer: Rehhagel
Tore: 0:1 Kuntz (16.), 1:1 Riedle (34.), 2:1 Neubarth (64.), 3:1 Neubarth (68.), 4:1 Meier (87.), 5:1 Riedle (90.)
Zuschauer: 15.000

09.03.1988
DFB-Pokal, Viertelfinale
Viktoria Aschaffenburg – W. B. 1:3 (0:2)
Aufstellung: Reck – Sauer – Borowka, Bratseth – Wolter, Schaaf, Votava, Neubarth (56. Meier), Otten – Riedle, Ordenewitz (78. Hermann)
Trainer: Rehhagel
Tore: 0:1 Neubarth (7.), 0:2 Votava (31.), 0:3 Schaaf (55.), 1:3 Lindenau (87.)
Zuschauer: 13.000

12.03.1988
Bundesliga, 23. Spieltag
VfB Stuttgart – W. Bremen 1:0 (0:0)
Aufstellung: Reck – Sauer – Bratseth, Borowka – Wolter (75. Burgsmüller), Schaaf (75. Burdenski), Votava, Neubarth, Otten – Riedle, Ordenewitz
Trainer: Rehhagel
Tor: 1:0 Walter (73.)
Besonderes Vorkommnis: Rote Karte für Reck (74.)
Zuschauer: 23.300

16.03.1988
UEFA-Cup, Viertelfinale-Rückspiel
W. Bremen – Hellas Verona 1:1 (1:0)
Aufstellung: Reck – Sauer – Kutzop, Bratseth – Schaaf, Votava, Neubarth, Meier (88. Hermann), Otten – Riedle, Ordenewitz
Trainer: Rehhagel
Tore: 1:0 Sauer (33.), 1:1 Pacione (53.)
Besonderes Vorkommnis: Rote Karte für di Gennaro (78.)
Zuschauer: 39.000

19.03.1988
Bundesliga, 24. Spieltag
W. Bremen – Bayer 04 Leverkusen 3:3 (0:2)
Aufstellung: Burdenski – Sauer – Bratseth, Borowka (37. Hermann) – Kutzop, Votava, Meier, Otten – Riedle, Neubarth (46. Burgsmüller), Ordenewitz
Trainer: Rehhagel
Tore: 0:1 Schreier (30.), 0:2 Schreier (37.), 1:2 Riedle (62.), 2:2 Burgsmüller (86.), 3:2 Riedle (89.), 3:3 Tita (90.)
Zuschauer: 15.400

22.03.1988
Bundesliga, 25. Spieltag
Borussia Dortmund – W. Bremen 0:0
Aufstellung: Burdenski – Sauer – Bratseth, Kutzop (67. Otten) – Schaaf, Wolter, Votava, Neubarth, Hermann – Riedle, Burgsmüller
Trainer: Rehhagel
Tore: –
Zuschauer: 40.000

26.03.1988
Bundesliga, 26. Spieltag
W. Bremen – FC Bayern München 3:1 (2:1)
Aufstellung: Reck – Sauer – Bratseth, Borowka – Kutzop, Votava, Neubarth, Meier (82. Wolter), Otten (38. Hermann) – Ordenewitz, Riedle
Trainer: Rehhagel
Tore: 0:1 Matthäus (25. HE), 1:1 Ordenewitz (26. FE), 2:1 Riedle (40.), 3:1 Riedle (85.)
Zuschauer: 39.500

06.04.1988
UEFA-Cup, Halbfinale-Hinspiel
Bayer 04 Leverkusen – W. Bremen 1:0 (0:0)
Aufstellung: Reck – Sauer – Bratseth, Borowka – Wolter, Neubarth, Votava, Hermann, Otten – Riedle, Ordenewitz (67. Meier)
Trainer: Rehhagel
Tor: 1:0 Reinhardt (61.)
Zuschauer: 15.000

09.04.1988
Bundesliga, 27. Spieltag
SV Waldhof Mannheim – W. B. 0:1 (0:0)
Aufstellung: Reck – Sauer – Kutzop, Bratseth – Wolter, Votava, Hermann, Borowka, Otten – Neubarth, Ordenewitz (57. Burgsmüller)
Trainer: Rehhagel
Tor: 0:1 Borowka (46.)
Zuschauer: 15.000

13.04.1988
DFB-Pokal, Halbfinale
W. Bremen – Eintracht Frankfurt 0:1 (0:1)
Aufstellung: Reck – Sauer – Bratseth, Borowka – Wolter, Votava, Meier, Hermann – Riedle, Neubarth, Ordenewitz (46. Burgsmüller)
Trainer: Rehhagel
Tor: 0:1 Schulz (45.)
Zuschauer: 20.000

16.04.1988
Bundesliga, 28. Spieltag
W. Bremen – FC Homburg 3:0 (1:0)
Aufstellung: Reck – Sauer – Kutzop, Borowka – Schaaf, Hermann (78. Ordenewitz), Wolter, Votava, Meier (62. Burgsmüller) – Riedle, Neubarth
Trainer: Rehhagel
Tore: 1:0 Neubarth (36.), 2:0 Sauer (60.), 3:0 Riedle (76.)
Zuschauer: 16.000

20.04.1988
UEFA-Cup, Halbfinale-Rückspiel
W. Bremen – Bayer 04 Leverkusen 0:0
Aufstellung: Reck – Sauer – Kutzop, Bratseth (59. Schaaf) – Wolter (46. Ordenewitz), Votava, Meier, Hermann, Otten – Riedle, Burgsmüller
Trainer: Rehhagel
Tore: –
Zuschauer: 33.000

23.04.1988
Bundesliga, 29. Spieltag
1. FC Nürnberg – W. Bremen 0:0
Aufstellung: Reck – Sauer – Bratseth (46. Meier), Kutzop – Schaaf, Votava, Neubarth (80. Burgsmüller), Hermann, Borowka, Otten – Riedle
Trainer: Rehhagel
Tore: –
Zuschauer: 39.000

30.04.1988
Bundesliga, 30. Spieltag
W. Bremen – Bor. M'gladbach 2:0 (0:0)
Aufstellung: Reck – Sauer – Kutzop, Borowka – Schaaf, Hermann, Otten, Meier – Neubarth, Riedle (81. Ordenewitz), Burgsmüller
Trainer: Rehhagel
Tore: 1:0 Kutzop (76.), 2:0 Riedle (81.)
Zuschauer: 26.000

03.05.1988
Bundesliga, 31. Spieltag
Eintracht Frankfurt – W. Bremen 0:1 (0:0)
Aufstellung: Reck – Sauer – Kutzop, Borowka – Schaaf, Votava, Neubarth, Hermann, Otten – Riedle, Ordenewitz
Trainer: Rehhagel
Tor: 0:1 Riedle (70.)
Besonderes Vorkommnis: Rote Karte für Neubarth (69.)
Zuschauer: 27.000

07.05.1988
Bundesliga, 32. Spieltag
1. FC Köln – W. Bremen 2:0 (1:0)
Aufstellung: Reck – Sauer – Bratseth (72. Kutzop), Borowka – Schaaf (74. Eilts), Votava, Meier, Hermann, Otten – Riedle, Ordenewitz
Trainer: Rehhagel
Tore: 1:0 Poulsen (3.), 2:0 Littbarski (50. HE)
Zuschauer: 35.000

14.05.1988
Bundesliga, 33. Spieltag
W. Bremen – Hamburger SV 1:4 (1:1)
Aufstellung: Reck – Sauer – Bratseth, Borowka – Kutzop, Otten (62. Burgsmüller), Hermann, Votava, Meier (80. Schaaf) – Riedle, Ordenewitz
Trainer: Rehhagel
Tore: 1:0 Meier (37.), 1:1 Möhlmann (39.), 1:2 Bein (70.), 1:3 Labbadia (77.), 1:4 Labbadia (87.)
Zuschauer: 38.000

21.05.1988
Bundesliga, 34. Spieltag
FC Schalke 04 – W. Bremen 1:4 (0:4)
Aufstellung: Reck – Kutzop – Bratseth, Borowka – Schaaf, Sauer, Votava, Hermann (80. Eilts), Otten (46. Burgsmüller) – Riedle, Ordenewitz
Trainer: Rehhagel
Tore: 0:1 Riedle (6.), 0:2 Riedle (17.), 0:3 Ordenewitz (26.), 0:4 Ordenewitz (44.), 1:4 Tschiskale (59.)
Zuschauer: 11.300

Bundesliga-Abschlusstabelle 1987/1988

Platz	Verein	Spiele	S	U	N	Tore	Diff.	Punkte
1.	Werder Bremen	34	22	8	4	61:22	+39	52-16
2.	Bayern München (M)	34	22	4	8	83:45	+38	48-20
3.	1. FC Köln	34	18	12	4	57:28	+29	48-20
4.	VfB Stuttgart	34	16	8	10	69:49	+20	40-28
5.	1. FC Nürnberg	34	13	11	10	44:40	+4	37-31
6.	Hamburger SV (P)	34	13	11	10	63:68	-5	37-31
7.	Borussia M'gladbach	34	14	5	15	55:53	+2	33-35
8.	Bayer Leverkusen	34	10	12	12	53:60	-7	32-36
9.	Eintracht Frankfurt	34	10	11	13	51:50	+1	31-37
10.	Hannover 96 (N)	34	12	7	15	59:60	-1	31-37
11.	KFC Uerdingen 05	34	11	9	14	59:61	-2	31-37
12.	VfL Bochum	34	10	10	14	47:51	-4	30-38
13.	Borussia Dortmund	34	9	11	14	51:54	-3	29-39
14.	1. FC K'lautern	34	11	7	16	53:62	-9	29-39
15.	Karlsruher SC (N)	34	9	11	14	37:55	-18	29-39
16.	SV Waldhof Mannheim	34	7	14	13	35:50	-15	28-40
17.	FC Homburg	34	7	10	17	37:70	-33	24-44
18.	Schalke 04	34	8	7	19	48:84	-36	23-45

Fieberkurve der Bundesliga-Saison 1987/1988

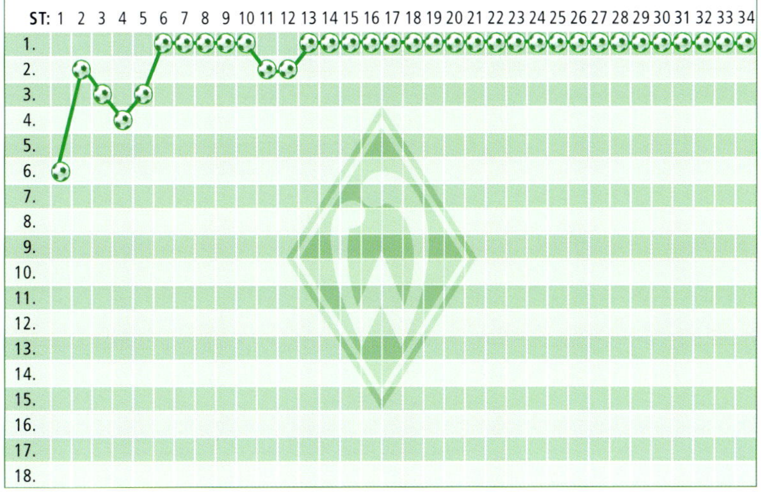

1988/89: Große, weite Fußballwelt

Oben v.l.:
Kutzop, Neubarth, Bratseth, Wolter, Votava, Borowka
Mitte v.l.:
Masseur Berger, Zeugwart Ehrke, Burgsmüller, Harttgen, Riedle, Eilts, Sauer, Ordenewitz, Co-Trainer Kamp, Trainer Rehhagel
Unten v.l.:
Hermann, Meier, Reck, Otten, Rollmann, Hanses, Schaaf

Beinahe einer entspannten Saison sahen die Bremer im Sommer 1988 entgegen. Die erste Meisterschaft seit 23 Jahren vibrierte noch angenehm nach, der größte Druck hatte sich erst einmal verflüchtigt – ebenso wie der garstige Schmähname »Otto II.«. Die scheinbar als Siegertypen ungeeigneten Werder-Profis hatten es nicht nur den Bayern, sondern praktischerweise zeitgleich auch Udo Lattek gezeigt, der bekanntlich während einer kurzen Episode als Sportdirektor für die Erfolge des 1. FC Köln mitverantwortlich zeichnete. Nebenkriegsschauplätze gab es nicht: Anders als im Jahr zuvor mit Rudi Völler galt es diesmal keinen Star zu ersetzen. Im Gegenteil: Die brachial umworbenen Rune Bratseth und Karl-Heinz Riedle verlängerten ihre Verträge bei Werder bis 1993 bzw. 1992. Riedle gab dabei den großen Bayern einen Korb, was ein Jahr zuvor auch schon Frank Neubarth getan hatte. Der wiederum stand nach zwei Schienbeinbrüchen in Folge endlich mal wieder eine Saison ohne Blessuren durch und machte ebenso wie Riedle gleich 13 Buden.

Auch die Transferpolitik sorgte nicht für übermäßige Unruhe. Kein Stammspieler war gegangen, kein neuer Star gekommen. Die junge Meistermannschaft sollte sich weiter festigen. Und sie bekam eine Blutauffrischung durch gleich drei technisch beschlagene Supertalente, die den Kader verstärkten: Mit Uwe Harttgen stieß ein eleganter, intelligenter Mittelfeldakteur zur Mannschaft, dem vom Talent her nicht viele Mittelfeldspieler in Deutschland das Wasser reichen konnten. Um einen Spruch auszuborgen, der eigentlich auf den Frankfurter Uwe Bein gemünzt war: Bei ihm bekam der Ball Augen! Von Oliver Freund erzählte man sich Ähnliches. Beide gemeinsam waren mit den schon etablierten »Otze« Ordenewitz, Günter Hermann, Gunnar Sauer und Thomas Schaaf sowie dem im Frühjahr kometengleich aufstrebenden Dieter Eilts ein Zeugnis für Werders herausragende Nachwuchsarbeit. Zeitweilig standen in Werders erster Elf mit Schaaf, Sauer, Ordenewitz und Eilts sowie Wolter, Neubarth, Meier, Reck und Otten gleich neun Spieler auf dem Platz, die entweder aus den eigenen Amateuren hervorgegangen waren oder für einen Spottpreis schon in jungen Jahren gezielt in die Bundesliga-Elf eingearbeitet worden waren.

Komplettiert wurden die Neuzugänge durch den Norweger Vegard Skogheim, der schon knapp anderthalb Jahre zuvor beim Probetraining zusammen mit Rune Bratseth überzeugt hatte, aber zunächst überraschend unverrichteter Dinge in seine Heimat zurückgeschickt worden war. Skogheim erwies sich einerseits zwar als geschickter, wuseliger Ballverteiler im rechten Mittelfeld, aber mittelfristig auch als nicht robust genug für die Bundesliga. Und für den endgültig scheidenden Dieter Burdenski setzte sich fortan der forsche Jürgen Rollmann als Ersatztorwart auf die Bremer Bank. Rollmann beharkte sich zeitweilig mit Rehhagel und Olli Reck, erwies sich als überaus selbstbewusst und stand einmal sogar ganz kurz davor, Reck dauerhaft im Tor abzulösen. Nachdem das nicht klappte, machte Rollmann noch beim MSV Duisburg Karriere, verabschiedete sich aber nach einem Intermezzo beim FC Augsburg frühzeitig vom Leistungssport und wagte sich danach als Pressesprecher der bayerischen SPD an einen Job, der ungefähr ähnlich stürmisch sein konnte wie der als Duisburger Keeper im Tabellenkeller.

Wie erwähnt: Werders Saison 1988/89 verlief bemerkenswert harmonisch und unstürmisch. Es gab keine Krisen, keine längeren Durststrecken, keine Skandale und keine Blamagen. Wenn man denn nach Enttäuschungen suchen möchte, dann hat an der Weser die verspielte Titelverteidigung schon sechs Spieltage vor Schluss niemandem so recht gemundet. Bis zum 28. Spieltag saß Werder dem FC Bayern im Nacken, der auf die meilenweit gegen Werder verlorene Meisterschaft der Vorsaison mit den Stareinkäufen Grahammer, Reuter, Thon und Ekström reagiert hatte. Aber Werder zeigte im Mai hintereinander gegen zwei rheinische Ligakonkurrenten Nerven und verlor nicht nur zuhause gegen den 1. FC Köln, sondern anschließend gleich auch noch in Uerdingen. Die Saison war gelaufen. In der Liga verzeichnete der SVW schließlich einen höchst respektablen 3. Rang.

Ereignisse der Saison waren sicherlich zwei Paarungen im Europacup. Im Herbst ging es gegen Dynamo Berlin um die »wahre Deutsche Meisterschaft«, und im desaströsen Hinspiel enttäuschte Werder beim chancenlosen 0:3 nicht nur sich, die Medien und die Bremer Fans, sondern auch die fast geschlossen mit den Grün-Weißen fiebernden DDR-Fußballanhänger, die dem eigentlichen Klassenfeind aus der BRD alles Gute im Duell mit dem verhassten DDR-Meister wünschten, bei dem sich der gefürchtete Stasi-Boss Erich Mielke in seiner Loge die Hände rieb. Pikanterie am Rande: Das Spiel wäre auch bei weniger miesem Verlauf für Werder verloren gewesen, weil der nur selten eingesetzte Skogheim überraschend von Beginn an auflief, ohne auf dem Spielberichtsbogen zu stehen.

Im Rückspiel im Weser-Stadion kam es vierzehn Tage später zum vielleicht wunderbarsten aller Werder-Wunder. Die DDR-Elf um die Stars Thom, Rohde, Pastor und Ernst wurde schon vor dem Spiel mit starken Sprüchen zermürbt. Die Werder-Spieler trommelten vor dem Anpfiff an die Kabinentür der Gäste und riefen: »Kommt raus, ihr Feiglinge!!« Günter Hermann sagte seinem Kontrahenten schon vor dem Anpfiff auf den Kopf zu: »Ihr bekommt hier heute fünf Stück!« Hermann bewies an jenem schönen Abend nicht nur seine Qualitäten als Ergebnis-Orakel, sondern auch die als Fußballer: Sein unglaublicher Volleyschuss zum 2:0 stellte die Weichen auf Wunder und zählte zu den schönsten Werder-Toren der achtziger Jahre. Spätestens das 5:0 von Thomas Schaaf in der Schlussminute ließ alle Dämme brechen: Das Weser-Stadion erlebte einen seiner stolzesten Fußballmomente überhaupt.

Where the Stars come out at night: Das Weser-Stadion erlebte im Frühjahr 1989 den nächsten Aufmarsch internationaler Superstars. Und damit ist nicht nur Rune Bratseth (rechts) gemeint, sondern natürlich auch die Herren van Basten und Gullit, die mit 0:0 und 1:0 gegen Werder knapp die Oberhand im Cup der Landesmeister behielten

Ähnlich stolz hätte es wenige Monate später werden können: Im Frühjahr 1989 bescherte der Fußballgott Werder mit dem AC Milan im Cup der Landesmeister das Traumlos schlechthin: Die damals weltbeste Vereinsmannschaft mit ihren Superstars Baresi, Maldini, Gullit, van Basten und Rijkaard kam zum Kräftemessen an die Weser! In einem Hinspiel auf Biegen und Brechen erkämpfte sich Werder ein etwas glückliches 0:0. Im Auswärtsspiel im Giuseppe-Meazza-Stadion zu San Siro tat sich dann Unerhörtes: Eine brav fightende Werder-Elf erspielte sich gegen drückend überlegene Mailänder zwar kaum eigene Torchancen, aber verlor letztlich nur durch eine der groteskesten Elfmeter-Fehlentscheidungen der Vereinsgeschichte. Als Gunnar Sauer nach einer guten halben Stunde von Marco van Basten im eigenen Strafraum ungelenk von hinten umgetreten wurde, entschied der schottische Schiedsrichter George Smith skandalös auf Strafstoß. Was im Weltfußball äußerst selten vorkommt: Der Foulende durfte selbst schießen, und van Basten ließ sich die Chance zum Siegtor nicht nehmen. Beim Rückflug schnappte sich Präsident Franz Böhmert das Bordmikrofon des Charterfliegers, um die demoralisierte Werder-Delegation aufzurichten. Kernaussage: »Sollte mir so ein Fehler unterlaufen wie diesem Schiedsrichter, könnte ich mir sofort einen neuen Beruf suchen!«

Die insgesamt gesehen gute Saison endete mit einem Missklang im Berliner Olympiastadion: Werder traf im Pokalfinale auf den Außenseiter Borussia Dortmund. Planmäßig schafften die Bremer durch Riedle die frühe Führung, aber der von einer Verletzung kaum genesene Dortmunder Goalgetter Norbert Dickel, der heute als Stadionsprecher beim BVB bekannt ist, machte Werder schwer zu schaffen – und ruinierte sich in diesem Spiel seine Karriere, wie sich später herausstellen sollte. Nach seinem Ausgleichstor gestalteten die Dortmunder das Spiel offen, und Trainer-Guru Rehhagel beging einen seiner ganz seltenen nachweisbaren taktischen Fehler: Er nahm Linksverteidiger Jonny Otten nach 55 Minuten gegen Stürmer Frank Ordenewitz aus dem Team, um für die Entscheidung zu sorgen. Das gelang: Nur drei Minuten brauchten die Dortmunder, um über die nun verwaiste linke Abwehrseite der Bremer das 2:1 einzuleiten. Am Ende hieß es sogar 1:4 aus Werder-Sicht. Alle der drei Tore nach Ottens Auswechslung fielen über Dortmunds rechte Angriffsseite.

WERDER BREMEN 1988/89

Trainer

Rehhagel, Otto
Verantwortlicher Trainer in allen 34 Spielen der Saison

Ein Neuer, der es nicht schaffte

Der Norweger Vegard Skogheim hinterließ bei Werder keinen bleibenden Eindruck. Er wurde im Jahr zuvor gemeinsam mit Rune Bratseth im Probetraining getestet und machte komischerweise einen viel besseren Eindruck als der spätere Abwehr-Elch. Als dann erst einmal nur Bratseth verpflichtet wurde, herrschte unter Beobachtern des Trainings Überraschung: »Wieso Bratseth, dieser Skogheim war doch viel besser?« Mit Verzögerung wurde auch dieser Transfer umgesetzt – allerdings ohne jeden Ertrag. Vegard Skogheim brachte es bis zu seiner Rückkehr nach Norwegen auf ganze drei Bundesligaspiele

Tor

Reck, Oliver »Olli«
34 Spiele; 0 Tore

Rollmann, Jürgen
0 Spiele; 0 Tore

Abwehr

Bratseth, Rune
32 Spiele; 5 Tore

Otten, Jonny
31 Spiele; 0 Tore

Borowka, Ulrich »Ulli«
28 Spiele; 1 Tor

Mittelfeld

Hermann, Günter »Jimmy«
34 Spiele; 0 Tore

Votava, Miroslav »Mirko«
33 Spiele; 1 Tor

Wolter, Thomas »Stonie«
33 Spiele; 1 Tor

Angriff

Riedle, Karl-Heinz »Kalle«
33 Spiele; 13 Tore

Burgsmüller, Manfred »Manni«
28 Spiele; 6 Tore

Neubarth, Frank »Socrates«
27 Spiele; 13 Tore

Erweiterter Kader

1988/89

Der Sport-Verein »Werder« im Jahr 1988/89:

Präsident:	**Dr. Franz Böhmert**
Vizepräsident:	**Klaus-Dieter Fischer (Amateur-Abt.)**
3. Präsident:	**K.-H. Hohnhorst (Finanzen, Werbung)**
Geschäftsführer:	**Wolfgang Barkhausen**
Manager:	**Willi Lemke**
Vereinsarzt:	**Dr. Karl Meschede**
Masseur:	**Holger Berger**
Mitglieder:	**2.330**
Kapazität Weser-Stadion:	**39.800 Plätze (21.100 überdachte Sitz- und 8.000 überdachte Stehplätze)**

Schaaf, Thomas
23 Spiele; 2 Tore

Sauer, Gunnar
19 Spiele; 2 Tore

Kutzop, Michael »Kutzi«
10 Spiele; 2 Tore

Meier, Norbert
21 Spiele; 3 Tore

Eilts, Dieter »Ostfriesen-Alemao«
13 Spiele; 0 Tore

Skogheim, Vegard
3 Spiele; 0 Tore

Hanses, Christoph
1 Spiel; 0 Tore

Ordenewitz, Frank »Otze«
27 Spiele; 6 Tore

In Freundschaftsspielen eingesetzt:

Harttgen, Uwe (Mittelfeld)

In seinem Abschiedspiel zum letzten Mal im Werder-Trikot eingesetzt:

Burdenski, Dieter (Tor)

Wer kam?

Eilts (eig. Amateure)
Hanses (eig. Amateure)
Rollmann (FSV Frankfurt)
Skogheim (Hamarkameratene/Norwegen)

Wer ging?

Burdenski (Karriereende)
Rose (an Eintracht Braunschweig ausgeliehen)
Ruländer (Borussia Dortmund)

Manfred Müller

Manfred Müller: »Wir haben Ziele, aber wir hauen nicht auf die Pauke!«

Im Herbst 1988 verstarb Werders langjähriger Schatzmeister Karl-Heinz Hohnhorst. Zum Nachfolger wurde Manfred »Manni« Müller (Jahrgang 1944), der Vorstandsvorsitzende der AOK Bremen/Bremerhaven, gekürt. Seit der Umstrukturierung des Vereins heißt sein Wirkungsfeld offiziell »Geschäftsführer Marketing und Management«. Zu den wichtigsten Missionen von »Money-Manni« zählte – und zählt – die logistische Planung des Stadionumbaus.

Obwohl er erst mit über vierzig Jahren Werder-Mitglied wurde, ist Müller alles andere als ein Seiteneinsteiger in den Verein. Im Gegenteil: Schon 1958 verkaufte er als 14-jähriger Buttjer Cola im Weser-Stadion, um die Oberligaspiele der 1. Mannschaft sehen und dabei etwas Taschengeld verdienen zu können. Manfred Müller hatte also schon in frühester Jugend Berührungspunkte mit Themen wie Catering, Sponsoring und Einnahmen. Welch angemessener Einstieg für einen späteren Schatzmeister!

Wie bedeutsam waren die beiden Titelgewinne 2004 und die daran anschließende Jahre in der Champions League für die Wirtschaftlichkeit von Werder Bremen?
Wir haben vor einigen Jahren das Projekt ›Champions League‹ gestartet. Das haben wir aber nicht öffentlich gesagt, sondern es intern gehandhabt. Unsere Freunde vom HSV sagen so etwas immer öffentlich, wir lieber nicht. Das Ziel lautete im Jahr 2002: Wir wollen innerhalb der nächsten fünf Jahre in die Champions League. Das haben wir aber dann schon nach zwei Jahren erreicht.

Wir halten 50 % Anteile an der Stadiongesellschaft und 50 % Anteile an der Betreibergesellschaft. Das hat zur Folge, dass wir bei der Stadionplanung alles maßgeblich mitsteuern können. Der zweite wichtige Schritt war anschließend, dass wir zusammen mit der Stadt die Kapazität des Stadions erhöht haben. Wir sind 2,10 Meter nach unten gegangen, haben das Spielfeld abgesenkt und dadurch mehr Zuschauerränge unterbringen können: 42.000 statt 35.700. Wir waren damals so naiv zu glauben, dass eine Kapazität von 42.000 Zuschauern bis auf weiteres ausreichen würde. Früher mag eine solche Größe zweckmäßig gewesen sein. Wir hatten ja nur zwei Spiele im Jahr ausverkauft – Bayern und HSV. Wenn überhaupt.

In der erfolgreichen Saison 2003/04 begann es, dass wir plötzlich in über 90 % der Spiele vor ausverkauftem Haus gespielt haben. Wir hätten auch beinahe 100 % erreicht, aber es sind immer ein paar Gästekarten zurückgekommen. An unseren Fans lag das nicht.

Wichtig war auch, dass wir etwas für die Qualität des Stadions gemacht haben. Das richtige Geld kann man nur verdienen mit besonderen Business-Plätzen, die bei uns ›Platin-Plätze‹ heißen. Wir haben 33 Logen dazugekriegt. Als ich anfing, sie zu vermarkten, habe ich gedacht, wir haben schon 37 Logen, dazu 33 Logen, die doppelt so teuer sind wie die schon vorhandenen – vielleicht kriegen wir die gar nicht alle verkauft? Aber wir hatten ja auch das Glück, dass der sportliche Erfolg parallel kam, 2004, so dass wir alle Logen problemlos verkauft haben. Wir haben heute den Stand, dass wir 70 Logen haben und zehn Firmen auf der Warteliste stehen. Wir verkaufen 25.000 Dauerkarten, haben 5.000 weitere Interessenten dafür auf der Warteliste. Wir können aber im Moment gar nicht mehr Dauerkarten verkaufen, weil immer eine ausreichende Anzahl für die Gäste reserviert werden muss. Wir haben bei den Platin-Plätzen eine Warteliste von 300 Interessenten, die einen solchen Platz bei uns kaufen möchten. Mit anderen Worten: Wir haben eine ungeheure Nachfrage, aber nicht ausreichend Ware. So ungefähr mit das schlimmste, was einem passieren kann.

Die Fans in der Kurve mögen Logen mehrheitlich nicht. Sie empfinden solche Einrichtungen als Schickimicki-Schnickschnack, den ein Fußballverein nicht braucht und von dem sie nichts haben.
Doch, die Fans haben sehr wohl was davon. Wir müssten die Eintrittspreise beträchtlich erhöhen, wenn wir diese Logen- und Platin-Plätze nicht hätten. Die Logenkunden subventionieren mit ihrem Geld die Plätze in der Kurve. Wir haben in sieben Jahren einmal leicht die Preise erhöht im Ostkurvenbereich, und alle Vergleiche zeigen, dass wir mit unseren Eintrittspreisen in der unteren Hälfte der Preistabelle liegen.

Das nächste, was wir vielleicht immer noch lernen mussten bei Werder Bremen,a ist: Wir müssen eine Marke sein! Marke, Marke, Marke! Es gibt einen bekannten Bremer, der das gesagt hat: Josef Hattig, der auch aus ›Beck's‹ eine Marke gemacht hat. Und er hat Recht. Marken ziehen Marken, und nur wenn man selbst eine Marke ist, dann ist man auch innerhalb der Bundesliga in der Lage, weiteres Geld zu generieren.

Früher dachte man, sportlicher Erfolg sei schon völlig ausreichend, um zu »ziehen« – und jetzt weiß man es besser?
Es war so ungefähr 1998, dass wir gesagt haben: Wir müssen Mittel aufwenden, um aus Werder eine echte Marke zu machen. Dafür ist es aber auch erforderlich zu sagen, was genau sind wir überhaupt für eine Marke? Was macht uns aus? Wir können nicht wie Bayern München sagen, dass wir Branchenführer sind. Diese Position ist vergeben. Auch Schalke ist auf eine andere Art eine Marke. Die leben immer noch von einem Mythos, der in den dreißiger Jahren schon existierte. Und sie feiern im Jahr 2008 ›50 Jahre ohne Deutsche Meisterschaft‹, aber sie können damit leben.

Nein, wir sind einfach anders. Bei uns herrscht Ruhe, bei uns herrscht Kontinuität, bei uns gibt es keine Skandale, bei uns wird nicht in der Öffentlichkeit über wichtige Fragen diskutiert. Wir sind ruhig in der Führung, wir sind bescheiden im Auftreten, wir haben eine gute Mannschaft, aber wir haben dafür keine Schulden gemacht. Und das unterscheidet uns von vielen Bundesligisten, weil wir, wie wir immer sagen, einnahmeorientiert denken. Das heißt: Wir nehmen erst ein und überlegen dann, was wir ausgeben können. Die meisten geben erst aus und überlegen dann, wie sie das Geld wieder einnehmen können – entweder durch Sponsoren oder durch sportliche Erfolge, und wenn die sportlichen Erfolge ausbleiben, dann haben sie ein großes Problem. Ich nenne keine Namen, aber derartige Entwicklungen gab es ja zuletzt öfter.

Uns ist es gelungen, Werder so zur Marke zu machen. Unser Trikot-Verkauf schnellt jährlich in die Höhe, und liegt jetzt bei etwa 50.000 verkauften Werder-Trikots. Ende der neunziger Jahre waren es vielleicht 10.000 oder 12.000. Das ist einmal aufgrund des sportlichen Erfolgs von selbst gekommen, aber zum anderen auch, weil es in Bremen eben langsam schick geworden ist, sich mit der Marke Werder zu zeigen. Und dafür haben wir auch eine ganze Menge getan.

Auch die Stimmung im Stadion haben wir sanft beeinflusst. Wir haben unsere Dauerkarten zum Teil auch gezielt in der Westtribüne verkauft, einfach um da ein festes Publikum zu bekommen. Früher saß in der Westkurve ein ständig wechselndes Publikum, und jetzt haben wir dort ein festes Publikum, was auch die Mannschaft klasse anfeuert. Wir hatten früher eigentlich nur in der Ostkurve Stimmung. Das war furchtbar! Tote Hose in der Westkurve, und die Nörgler auf der Südtribüne.

Früher ist es so gewesen, dass ein Bremer mit dem Werder-Schal bei zehn Grad unter Null gewunken hat. Heute trägt er den auch im Sommer. Das hatten die Vereine im Westen uns lange voraus, Schalke und auch Dortmund. Da haben der Bankdirektor oder der Dreher an der Werkbank sich immer

Neues Tandem 1988: Der frischgebackene Werder-Geschäftsführer Manni Müller mit Manager Willi Lemke

schon eng identifiziert mit ihrem jeweiligen Verein, mit Schal, Mütze und Trikot. Wir sind in dieser Hinsicht jetzt auch auf einem guten Weg.

Zu diesem Weg gehört dann aber auch ein bisschen Erfolg.
Natürlich! Es ist sehr schwer, eine Marke zu werden, ohne den sportlichen Erfolg zu haben. Wir haben es in den letzten Jahren geschafft, unsere Mannschaft kontinuierlich zu verbessern. Wir spielen 2006 das dritte Mal nacheinander in der

Thomas Schaaf und Manfred Müller sind nach wie vor im Geschäft. Aus der ersten Reihe der Vereinsarbeit zurückgezogen haben sich dagegen Willi Lemke und Manni Müllers Krawatte (Bildmitte)

Champions League, wobei wir 1993 ja überhaupt die erste deutsche Mannschaft waren, die das geschafft hat.

Wir können natürlich mit der Champions League bestimmte Dinge verwirklichen, die zur Infrastruktur gehören und für den ganzen Verein wichtig sind. Da ist einmal die Verbesserung des ›Platz 11‹. Da sind die Verbesserungen der Trainingsplätze, mit den jeweiligen Umzäunungen, mit den Rasen-Drainagen, eine Rasen-Heizung ist angelegt, eine Zuschauer-Tribüne am Trainingsplatz wurde errichtet. Das alles brauchen wir dringend. Wir haben zur Zeit ja oft 1500 Zuschauer beim Training. Die Spieler müssen teilweise mit Bodyguards zum Platz gehen. Das ist natürlich auch alles eine Auswirkung des sportlichen Erfolges, und insofern nehmen wir auch diese Änderungen ganz gerne in Kauf.

Wir sind dabei, uns eine Stellung im deutschen Fußball zu erarbeiten. Dass wir zu den ersten drei, vier Mannschaften in Deutschland gehören, das darf keine Eintagsfliege werden. Wir sind 2004 souverän Meister geworden und waren Pokalsieger. Wir haben dann in den nächsten beiden Jahren gezeigt, dass das kein Zufall war. Und das ist für die Marke Werder, für die Anerkennung in Deutschland und in Europa ganz wichtig. Ein einmaliger Erfolg, ja, hmm, das nimmt man zur Kenntnis. Aber wenn eine gewisse Linie erkennbar wird, eine gewisse Kontinuität, dann ist das schon eine respektable Erfolgsgeschichte, die sich hier aufgetan hat.

Viele Dinge haben sich in den vergangenen Jahren wunderbar ineinander gefügt. Manches schien sogar glücklicher Zufall, vieles schien perfekt geplant, oft war scheinbar die typisch hanseatische Gelassenheit und Unaufgeregtheit der Schlüssel zum Erfolg.

Manches, was vielleicht als Zufall scheint, wurde bei uns vorher lange diskutiert. Ich sage mal das Beispiel Klose. Wir haben ein Vierteljahr gebraucht, um zu einer Entscheidung zu kommen, ob wir ihn uns leisten wollen. Das war für uns ein großer, aber ein entscheidender Transfer. Und damals stellte sich uns die Frage: Behalten wir vielleicht Ailton noch? Aus meiner Sicht wäre das rechtlich noch möglich gewesen, und Ailton selbst wollte ja sehr bald nach seiner Unterschrift auf Schalke auch viel lieber bei Werder bleiben. Aber wir haben dann gesagt: Nein, wir entscheiden uns jetzt für eine neue Ära, nämlich für die Ära Klose. Dann kam alles zusammen. Der Erfolg, die Stimmung nach dem Double – wir haben diese Atmosphäre rund um Werder herüberretten können in die Gegenwart. Die Euphorie hat uns fast ein bisschen Angst gemacht, weil die Erwartungshaltung plötzlich so immens hoch war.

Erfolg ist an unterschiedlichen Dingen sichtbar. An einer mit Nationalspielern gespickten Mannschaft einerseits. Aber auch an einem perfekten Stadion, das bei Werder anno 2006 in Arbeit ist.

Wir werden uns auf der Einnahmenseite weiterhin nicht mit Bayern München, Schalke, Dortmund, Hertha oder Leverkusen messen können. Denn wir haben kein Werk, so wie Leverkusen oder Wolfsburg, und eine problematische Infrastruktur, in der wir uns bewegen. Bei uns kann man in einer Stunde 1,8 Millionen Werder-Fans erreichen, im Westen kann man in einer Stunde 18 Millionen Fans erreichen. Da sieht man allein den Unterschied, und u.a. deshalb kann man dort mit anderen Preisen agieren.

Aber dann muss man eben andere Wege finden, die Situation zu verbessern, und wir hatten den Mut, gemeinsam mit der Bremer Weserstadion GmbH darüber nachzudenken, das Stadion auszubauen. Wir planen, das Stadion insgesamt um 5,5 Meter zu erhöhen, einen dritten Rang reinzubauen und eine höhere Zuschauerkapazität zu erschließen. Wir könnten theoretisch 12.000 Zuschauer mehr haben, wenn wir die jetzige Grundform des Stadions beibehielten, aber wenn wir uns auf 8000 zusätzliche Plätze beschränken, hätten wir den Vorteil, dass wir die Tribünen direkt hinter den Toren beginnen lassen können. Dann hätten wir direkt an der Weser ein reines Fußballstadion. In der Saison 2005/06 hatten von 18 Bundesligisten 14 ein reines Fußballstadion. Nur Berlin, Nürnberg, Stuttgart und Bremen nicht.

Wenn der jetzt geplante Stadionumbau realisiert werden kann – ist dann ein Ende der Fahnenstange erreicht? Haben wir in Bremen dann bald ein Stadion, von dem man sagen wird: Erstens wollen wir nicht mehr größer, zweitens geht's auch nicht

mehr besser, also haben wir ein annähernd perfektes Stadion für Bremen erreicht?
Ein Stadion mit einer Kapazität von 50.000 Plätzen für eine Stadt wie Bremen mit 530.000 Einwohnern ist dann auch absolut ausreichend. Wir dürfen auch nicht in eine Situation kommen, in der ein Stadion öfter mal nur halb gefüllt ist, wenn nicht gerade ein Knallerspiel ansteht. Dann fördert das Stadion keine Stimmung mehr sondern killt sie. Wir glauben, wenn wir noch diese angestrebten 8.000 Plätze mehr hätten, würden wir immer noch eine tolle Stimmung haben

Und es wird dazukommen: Von der Baukapazität her wird man nach diesem Umbau nicht mehr nach oben können, auch nicht mehr nach unten. Man kann auch nicht mehr zur Seite, also sind alle Richtungen dann quasi belegt, so dass die Kapazität anschließend nicht mehr erweiterbar wäre. Nach diesem Umbau ginge es nur noch um Erhaltungsaufwand, also Sanierung, kleine Verbesserungen. Das neue Stadion müsste dann für eine Generation halten.

Ist das Stadion dann eine Metapher für den Gesamtzustand von Werder Bremen? Man hat jetzt schon oft das Gefühl, dass vieles kaum, oder nur mit allergrößtem Aufwand noch zu verbessern wäre.
Ich sehe das schon noch anders. Wenn wir sportlich einigermaßen erfolgreich bleiben, würden wir im Bereich der Sponsoren die eine oder andere neue Möglichkeit haben. Man kriegt lukrative Verträge nicht, weil man einmal Deutscher Meister geworden ist, oder weil man zweimal gut gespielt hat. Die Attraktivität steigt, wenn die Sponsoren sehen, dass es über einen längeren Zeitraum stabil nach oben geht. Erst dann kommen die richtig großen Sponsoren. Bayern München ist da schon in einer ganz anderen Lage. Die Firmen wissen: Wenn wir zu Bayern München gehen, haben wir eine gewisse Gewähr dafür, dass sie immer unter den ersten Dreien sind. Wenn wir den Ruf erst mal haben, dann kommen wir in eine andere Klasse der Sponsoren. Dann, sag ich mal, dann wäre es wie schon erwähnt: Dann ziehen Marken Marken. Und wenn man sich das erarbeitet hat, dass man vielleicht einer der beiden Marktführer ist, dann hat man noch gewisse Einnahmequellen, die neue Möglichkeiten schaffen könnten.

Man muss sich auf diese Weise sehr hartnäckig hocharbeiten. Nehmen wir ein Beispiel: Wenn man irgendwann mal einen Sponsorenvertrag über drei Millionen Euro abschließen konnte und sich anschließend sportlich verbessert, bietet einem die gleiche Firma bei den nächsten Verhandlungen nicht gleich sieben Millionen Euro an. Sie bietet vielleicht erst einmal vier. Und wenn Sie erfolgreich bleiben, dann beim nächsten Mal vielleicht fünf oder sechs Millionen. Diese Attraktivität für Geldgeber muss man sich langwierig erarbeiten. In allen Bereichen. Das funktioniert in etwa wie die Notenvergabe beim Eiskunstlauf. Da muss man sich die Traumnoten auch erst über lange Zeit erarbeiten, bis die Kampfrichter wissen, dass man wirklich gut ist.

Es wäre nicht Werder-like, wenn Sie nun sagen würden, dass Werder dann und dann unbedingt das Halbfinale der Champions League schaffen muss. Aber man hat sicher dennoch Ziele. Wie formulieren Sie die?
Beides ist richtig: Wir haben Ziele, aber wir hauen damit nicht auf die Pauke. Selbst Bayern München hat seine Ansagen in Richtung Champions League zurückgeschraubt, weil man z.B. mit den Fernsehgeldern, die in Spanien gezahlt werden einfach nicht mehr mithalten kann. Der FC Barcelona hat ungefähr noch mal 90 Millionen mehr zur Verfügung als die Bayern. Und wenn die Spanier 90 Millionen Euro mehr haben als Bayern, dann haben sie 190 Millionen mehr als wir, denn Bayern hat einen Umsatz von fast 200 Millionen Euro, und wir hatten im letzten Jahr einen Umsatz von 76,2 Millionen Euro.

Soll heißen: Erstmal muss man im eigenen Lande gucken und versuchen, sich nach Möglichkeit unter den ersten Drei zu platzieren, um dann mit viel Geduld und guter, kontinuierlicher Arbeit die Mittel zu bekommen, um Werder Bremen insgesamt weiter aufzubauen. Ein wichtiger Schritt dafür wären erhöhte Zuschauereinnahmen durch ein verbessertes Stadion.

Abschließend: Haben Sie ein geschäftliches Motto?
Mein Motto lautet: Niemals über Geld sprechen! Über Geld reden bringt nur Unglück. Wenn Sie kein Geld haben, sind Sie ein Versager. Haben Sie aber Geld und lassen das durchblicken, dann haben Sie nur Neider und alle wollen ihr Geld haben. Diese Regel gilt übrigens auch im Privatleben.

Stuttgart 1993: Es müllert. Erster Meistertitel für Werders damaligen Schatzmeister, Vize Fischer und Willi Lemke kennen das Gefühl schon

Alle Spiele 1988/89

02.07.1988
Freundschaftsspiel
FSC Eisbergen – W. Bremen 0:8 (0:4)
Aufstellung: Reck (46. Rollmann) – Schaaf (46. Burgsmüller), Bratseth, Kutzop, Otten (46. Hermann) – Wolter (48. Hanses), Votava (62. Eilts), Meier, Neubarth – Ordenewitz, Riedle
Trainer: Rehhagel
Tore: 0:1 Eigentor (4.), 0:2 Riedle (8.), 0:3 Ordenewitz (10.), 0:4 Riedle (20.), 0:5 Ordenewitz (57.), 0:6 Meier (69.), 0:7 Neubarth (81.), 0:8 Burgsmüller (86.)
Zuschauer: 1.780

05.07.1988
Freundschaftsspiel
TuS Wagenfeld – W. Bremen 1:6 (1:3)
Aufstellung: Reck (46. Rollmann) – Kutzop, Bratseth (46. Eilts) – Otten (46. Burgsmüller), Schaaf, Votava, Wolter (46. Hanses), Hermann, Meier – Neubarth, Riedle
Trainer: Rehhagel
Tore: 0:1 Riedle (17.), 0:2 Votava (22.), 1:2 Suchalla (29.), 1:3 Neubarth (43.), 1:4 Riedle (46.), 1:5 Hermann (51.), 1:6 Eilts (85.)
Zuschauer: 2.200

07.07.1988
Freundschaftsspiel
Kreisauswahl Bremerhaven/ Cuxhaven – W. B. 1:7 (0:3)
Aufstellung: Reck (46. Rollmann) – Schaaf, Kutzop, Otten – Eilts (58. Harttgen), Hermann, Wolter (46. Burgsmüller), Meier, Votava – Riedle, Ordenewitz (58. Hanses)
Trainer: Rehhagel
Tore: 0:1 Riedle (22.), 0:2 Eilts (25.), 0:3 Sager (41. ET), 0:4 Meier (53.), 0:5 Burgsmüller (61.), 0:6 Harttgen (83.), 0:7 Hermann (85.), 1:7 Fricke (87.)
Zuschauer: 2.700 in Bremerhaven

10.07.1988
Freundschaftsspiel
TuS Celle – W. Bremen 0:3 (0:1)
Aufstellung: Reck (46. Rollmann) – Sauer – Schaaf (46. Wolter), Kutzop (46. Ordenewitz) – Hermann (60. Hanses), Bratseth, Borowka, Votava (58. Burgsmüller) – Riedle (58. Eilts), Neubarth, Meier
Trainer: Rehhagel
Tore: 0:1 Riedle (39.), 0:2 Neubarth (85.), 0:3 Hanses (90.)
Zuschauer: 5.500

13.07.1988
Fuji-Cup, Halbfinale
Bor. M'gladbach – W. Bremen
2:2 (0:1) Elfmeterschießen: 5:4
Aufstellung: Reck – Hermann, Sauer, Bratseth, Borowka – Wolter (81. Schaaf), Kutzop, Votava, Meier – Riedle, Neubarth (9. Ordenewitz, 81. Burgsmüller)
Trainer: Rehhagel
Tore: 0:1 Straka (45. ET), 1:1 Hochstätter (62.), 1:2 Borowka (72.), 2:2 Effenberg (75.)
Elfmeterschießen: 0:1 Kutzop, 1:1 Rahn, 1:2 Burgsmüller, 2:2 Criens, 2:3 Bratseth, 3:3 Frontzeck, Meier gehalten, 4:3 Effenberg, 4:4 Borowka, 5:4 Bruns
Zuschauer: 7.000 in Würzburg

14.07.1988
Fuji-Cup, Um Platz drei
1. FC Nürnberg – W. Bremen
1:1 (0:0) Elfmeterschießen: 4:2
Aufstellung: Reck (46. Rollmann) – Bratseth (56. Eilts) – Borowka, Kutzop, Sauer – Hermann, Wolter, Votava – Riedle (16. Schaaf), Ordenewitz (63. Hanses), Burgsmüller
Trainer: Rehhagel
Tore: 1:0 Borowka (51. ET), 1:1 Burgsmüller (61.)
Elfmeterschießen: 1:0 Eckstein; 1:1 Kutzop; 2:1 Dittwar; 2:2 Burgsmüller; 3:2 Philipkowski; Hermann an die Latte; 4:2 Kuhn; Wolter übers Tor
Zuschauer: 5.000 in Fürth

17.07.1988
Freundschaftsspiel
Blau-Weiß 90 Berlin – W. B. 3:1 (1:0)
Aufstellung: Reck – Sauer – Wolter (21. Schaaf), Hermann, Kutzop (21. Hanses) – Borowka (36. Eilts), Votava, Meier – Ordenewitz (46. Burgsmüller), Riedle, Neubarth
Trainer: Rehhagel
Tore: 1:0 Gartmann (16.), 2:0 Schlumberger (46.), 3:0 Dinauer (73.), 3:1 Burgsmüller (82.)
Zuschauer: 3.258

20.07.1988
DFB-SuperCup
Eintracht Frankfurt – W. Bremen 0:2 (0:1)
Aufstellung: Reck – Sauer– Borowka, Kutzop – Schaaf, Votava, Neubarth, Hermann, Otten (46. Meier) – Riedle, Ordenewitz (46. Burgsmüller)
Trainer: Rehhagel
Tore: 0:1 Riedle (24.), 0:2 Burgsmüller (90.)
Zuschauer: 20.000 in Frankfurt

23.07.1988
Bundesliga, 1. Spieltag
W. Bremen – Hamburger SV 2:1 (0:1)
Aufstellung: Reck – Sauer – Kutzop (46. Wolter), Bratseth, Borowka – Schaaf, Votava, Meier (28. Ordenewitz), Hermann – Riedle, Burgsmüller
Trainer: Rehhagel
Tore: 0:1 Spörl (14.), 1:1 Riedle (73.), 2:1 Burgsmüller (86.)
Zuschauer: 24.594

26.07.1988
Freundschaftsspiel
»Dieter Burdenski-Abschiedsspiel«
W. Bremen – Europa-Auswahl 7:2 (3:1)
Aufstellung: Burdenski (60. Rollmann) – Sauer – Schaaf (68. Hanses), Kutzop (46. Wolter), Borowka – Skogheim (46. Hermann), Votava (61. Eilts), Meier, Otten – Neubarth, Burgsmüller (46. Ordenewitz)
Trainer: Rehhagel
Tore: 0:1 Thon (13.), 1:1 Votava (29.), 2:1 Burgsmüller (39.), 3:1 Meier (45.), 4:1 Meier (55.), 5:1 Neubarth (60.), 5:2 Detari (61.), 6:2 Ordenewitz (69.), 7:2 Meier (88.)
Zuschauer: 8.120

30.07.1988
Bundesliga, 2. Spieltag
1. FC Kaiserslautern – W. Bremen 0:0
Aufstellung: Reck – Sauer – Bratseth, Borowka – Schaaf, Wolter, Votava, Hermann, Otten – Riedle, Neubarth
Trainer: Rehhagel
Tore: –
Zuschauer: 21.239

02.08.1988
Internationales Freundschaftsspiel
FC Swarovski Tirol – W. Bremen 0:2 (0:1)
Aufstellung: Reck (46. Rollmann) – Sauer – Kutzop (68. Wolter), Bratseth (46. Otten), Borowka – Schaaf, Votava, Neubarth, Hermann – Riedle (46. Burgsmüller), Ordenewitz (59. Skogheim)
Trainer: Rehhagel
Tore: 0:1 Riedle (34.), 0:2 Neubarth (58.)
Zuschauer: 5.000

06.08.1988
DFB-Pokal, 1. Runde
W. Bremen – Hannover 96 4:1 (2:0)
Aufstellung: Reck – Sauer – Bratseth, Borowka (80. Otten) – Schaaf, Votava, Meier (70. Ordenewitz), Hermann – Riedle, Neubarth, Burgsmüller
Trainer: Rehhagel
Tore: 1:0 Neubarth (16.), 2:0 Burgsmüller (28.), 3:0 Burgsmüller (52.), 3:1 Kohn (74.), 4:1 Neubarth (88.)
Zuschauer: 12.500

13.08.1988
Bundesliga, 3. Spieltag
W. Bremen – Bayer 04 Leverkusen 3:1 (1:0)
Aufstellung: Reck – Sauer – Bratseth, Borowka – Schaaf, Votava, Hermann, Meier (81. Wolter), Otten – Neubarth (81. Burgsmüller), Riedle
Trainer: Rehhagel
Tore: 1:0 Sauer (23.), 2:0 Riedle (55.), 3:0 Riedle (57.), 3:1 Schreier (77.)
Zuschauer: 18.800

20.08.1988
Bundesliga, 4. Spieltag
Bor. M'gladbach – W. Bremen 4:1 (1:0)
Aufstellung: Reck – Sauer – Bratseth – Borowka, Wolter (46. Burgsmüller), Votava, Schaaf, Hermann, Otten (24. Meier) – Riedle, Ordenewitz
Trainer: Rehhagel
Tore: 1:0 Hochstätter (21.), 2:0 Criens (53.), 3:0 Criens (61.), 3:1 Burgsmüller (75.), 4:1 Criens (87. FE)
Zuschauer: 12.000

27.08.1988
Bundesliga, 5. Spieltag
SV Waldhof Mannheim – W. B. 1:1 (1:0)
Aufstellung: Reck – Sauer – Bratseth, Borowka – Kutzop (79. Eilts), Wolter (90. Ordenewitz), Votava, Hermann, Otten – Burgsmüller, Riedle
Trainer: Rehhagel
Tore: 1:0 Bührer (26.), 1:1 Votava (53.)
Zuschauer: 14.000

31.08.1988
Internationales Freundschaftsspiel
Atlético Madrid – W. Bremen 0:1 (0:0)
Eingesetzt: Rollmann – Kutzop – Bratseth, Otten – Schaaf, Meier, Eilts, Votava, Wolter (46. Hanses) – Skogheim, Burgsmüller
Trainer: Rehhagel
Tor: 0:1 Garcia (74. ET)
Zuschauer: 40.000

06.09.1988
Europapokal der Landesmeister, 1. Runde-Hinspiel
FC Dynamo Berlin – W. Bremen 3:0 (1:0)
Aufstellung: Reck – Kutzop – Bratseth, Sauer, Otten – Wolter, Votava, Meier, Borowka (46. Hermann) – Skogheim (57. Burgsmüller), Riedle
Trainer: Rehhagel
Tore: 1:0 Doll (16.), 2:0 Thom (62.), 3:0 Pastor (77.)
Zuschauer: 21.000

10.09.1988
Bundesliga, 7. Spieltag
Hannover 96 – W. Bremen 2:2 (0:1)
Aufstellung: Reck – Sauer – Kutzop (67. Wolter), Bratseth – Schaaf, Votava, Meier, Hermann (78. Otten) – Riedle, Burgsmüller, Ordenewitz
Trainer: Rehhagel
Tore: 0:1 Kutzop (12.), 1:1 Drews (66.), 1:2 Bratseth (81.), 2:2 Kohn (90. FE)
Zuschauer: 20.000

13.09.1988
Bundesliga, 8. Spieltag
W. Bremen – FC Bayern München 2:2 (1:0)
Aufstellung: Reck – Sauer (67. Schaaf) – Borowka, Otten – Kutzop, Votava, Meier, Hermann, Ordenewitz – Riedle, Burgsmüller
Trainer: Rehhagel
Tore: 1:0 Meier (15.), 2:0 Burgsmüller (47.), 2:1 Wohlfarth (52.), 2:2 Wegmann (64.)
Zuschauer: 35.000

17.09.1988
Freundschaftsspiel
Vorwärts Billstedt – W. Bremen 0:9 (0:3)
Aufstellung: Rollmann – Kutzop – Schaaf, Bratseth – Wolter, Eilts, Votava, Meier (59.Hanses), Hermann (46. Skogheim) – Burgsmüller, Ordenewitz
Trainer: Rehhagel
Tore: Burgsmüller (3), Bratseth (2), Wolter, Ordenewitz, Hermann, Kutzop
Zuschauer: 2.000

20.09.1988
Freundschaftsspiel
TSV Detmold – W. Bremen 3:11 (2:4)
Aufstellung: Rollmann – Schaaf, Bratseth, Kutzop, Borowka – Eilts (46. Skogheim),

Wolter (46. Hanses), Votava – Ordenewitz (75. Wolter), Burgsmüller, Meier
Trainer: Rehhagel
Torschützen für Werder: Burgsmüller (3), Ordenewitz (2), Schaaf, Eilts, Meier, Borowka, Skogheim, Kutzop (FE)
Zuschauer: 2.500

27.09.1988
Freundschaftsspiel
Germania Leer – W. Bremen 1:7 (1:2)
Aufstellung: Rollmann – Schaaf, Otten (46. Wolter), Borowka, Kutzop – Hermann, Hanses (46. Eilts), Votava – Ordenewitz, Burgsmüller, Meier (37. Skogheim)
Trainer: Rehhagel
Tore: 1:0 Cassens (1.), 1:1 Kutzop (11.), 1:2 Burgsmüller (23.), 1:3 Ordenewitz (50.), 1:4 Ordenewitz (55.), 1:4 Ordenewitz (64.) 1:6 Burgsmüller (69.), 1:7 Burgsmüller (78.)
Zuschauer: 5.500

29.09.1988
Freundschaftsspiel
SV Börnsen – W. Bremen 1:9 (0:5)
Aufstellung: Rollmann – Kutzop – Bratseth, Otten (58. Hanses) – Schaaf, Borowka, Votava, Wolter (58. Skogheim), Hermann – Ordenewitz (76. Eilts), Burgsmüller
Trainer: Rehhagel
Tore: 0:1 Kutzop (7. FE), 0:2 Schaaf (21.), 0:3 Hermann (24.), 0:4 Ordenewitz (29.), 0:5 Ordenewitz (40.), 1:5 Czybulski (50.), 1:6 Ordenewitz (65.), 1:7 Burgsmüller (67.), 1:8 Ordenewitz (73.), 1:9 Burgsmüller (83.)
Zuschauer: 800

05.10.1988
DFB-Pokal, 2. Runde (Nachholspiel)
W. Bremen – Spvgg. Bayreuth 6:1 (3:0)
Aufstellung: Reck – Kutzop – Borowka, Bratseth – Schaaf, Wolter (46. Hanses), Votava, Hermann – Riedle, Burgsmüller, Ordenewitz (64. Skogheim)
Trainer: Rehhagel
Tore: 1:0 Burgsmüller (29.), 2:0 Riedle (37.), 3:0 Riedle (43.), 4:0 Votava (51.), 5:0 Riedle (62.), 6:0 Hermann (73.), 6:1 Hanses (90. ET)
Zuschauer: 2.988

08.10.1988
Bundesliga, 9. Spieltag
W. Bremen – FC St. Pauli 0:0
Aufstellung: Reck – Kutzop (71. Hanses), Bratseth, Borowka – Schaaf, Votava, Hermann, Otten (46. Wolter) – Riedle, Burgsmüller, Ordenewitz
Trainer: Rehhagel
Tore: –
Zuschauer: 17.727

11.10.1988
Europapokal der Landesmeister, 1. Runde-Rückspiel
W. Bremen – FC Dynamo Berlin 5:0 (1:0)
Aufstellung: Reck – Kutzop – Otten, Bratseth, Borowka – Schaaf, Votava, Meier (74. Wolter), Hermann – Riedle, Burgsmüller
Trainer: Rehhagel

Bremen, Weser-Stadion, 11.10.1988, 21:48 Uhr: Werder-Wunder, die Zweite

Mehr als vier Wochen musste Werder auf die Rehabilitation für das 0:3-Desaster in Ost-Berlin warten. Bei Dynamo Berlin war man während dieses Monats sicher, es dem Klassenfeind aber so richtig besorgt zu haben. Bei Werder entlud sich die Wut schließlich an einem – wie immer – regnerischen Europapokal-Abend. Nachdem, wie die wahre Legende besagt, die Werder-Spieler vor dem Rückspiel ungeduldig an die Kabinentür der Berliner hämmerten (»Los, kommt raus, ihr Feiglinge!«), brach das Spiel nach anfänglicher Flaute wie ein Tornado über den DDR-Meister herein. Nach einem Elfer von Kutzop zum 1:0-Pausenstand erzielte Hermann per grandiosem Distanz-Volley-Drehschuss das 2:0 und anschließend Riedle (rechts oben), Burgsmüller (rechts Mitte und rechts unten) sowie Schaaf ein nie für möglich gehaltenes 5:0. Dynamo Berlin zerfiel hernach, und die DDR bekanntlich auch. Werder aber hatte wieder einmal Europacup-Geschichte geschrieben. Nicht zum letzten Mal

Tore: 1:0 Kutzop (22. FE), 2:0 Hermann (55.), 3:0 Riedle (62.), 4:0 Burgsmüller (80.), 5:0 Schaaf (90.)
Zuschauer: 23.500

16.10.1988
Freundschaftsspiel
OSC Bremerhaven – W. Bremen 0:11 (0:4)
Aufstellung: Rollmann – Kutzop – Schaaf, Bratseth, Borowka – Skogheim, Votava (46. Eilts), Meier – Ordenewitz, Burgsmüller (46. Hanses), Neubarth
Trainer: Rehhagel
Tore: Skogheim (3), Hanses (2), Meier (2), Neubarth (2), Borowka, Ordenewitz
Zuschauer: 1.000

22.10.1988
Bundesliga, 10. Spieltag
1. FC Köln – W. Bremen 2:0 (0:0)
Aufstellung: Reck – Kutzop – Bratseth, Otten – Schaaf, Votava, Wolter, Hermann (50. Skogheim), Borowka – Riedle, Neubarth (61. Burgsmüller)
Trainer: Rehhagel
Tore: 1:0 K. Allofs (66.), 2:0 Götz (70.)
Zuschauer: 24.000

26.10.1988
Europapokal der Landesmeister, Achtelfinale-Hinspiel
Celtic Glasgow – W. Bremen 0:1 (0:0)
Aufstellung: Reck – Kutzop – Bratseth, Borowka, Hermann – Schaaf, Wolter, Votava, Neubarth (80. Otten) – Riedle, Ordenewitz
Trainer: Rehhagel
Tor: 0:1 Wolter (57.)
Zuschauer: 62.000

29.10.1988
Bundesliga, 11. Spieltag
W. Bremen – Bayer 05 Uerdingen 3:1 (1:1)
Aufstellung: Reck – Kutzop – Bratseth, Borowka – Schaaf, Votava, Meier, Hermann – Riedle, Neubarth (79. Ordenewitz), Burgsmüller (74. Wolter)
Trainer: Rehhagel
Tore: 1:0 Kutzop (9. HE), 1:1 Reck (15. ET), 2:1 Neubarth (66.), 3:1 Riedle (85.)
Zuschauer: 14.500

05.11.1988
Bundesliga, 12. Spieltag
1. FC Nürnberg – W. Bremen 0:1 (0:1)
Aufstellung: Reck – Bratseth, Borowka – Schaaf, Wolter, Neubarth (83. Skogheim), Votava, Hermann, Otten (37. Meier) – Riedle, Ordenewitz
Trainer: Rehhagel
Tor: 0:1 Neubarth (23.)
Zuschauer: 14.500

08.11.1988
Europapokal der Landesmeister, Achtelfinale-Rückspiel
W. Bremen – Celtic Glasgow 0:0
Aufstellung: Reck – Bratseth – Otten, Borowka – Schaaf, Wolter, Votava, Neubarth (67. Burgsmüller), Hermann – Riedle, Ordenewitz
Trainer: Rehhagel
Tore: –
Zuschauer: 40.000

12.11.1988
Bundesliga, 13. Spieltag
W. Bremen – VfL Bochum 2:0 (0:0)
Aufstellung: Reck – Bratseth – Otten (46. Burgsmüller), Borowka – Schaaf, Wolter, Votava, Meier, Hermann – Riedle, Neubarth (63. Ordenewitz)
Trainer: Rehhagel
Tore: 1:0 Ordenewitz (63.), 2:0 Ordenewitz (77. FE)
Zuschauer: 14.100

16.11.1988
Bundesliga, 14. Spieltag
Stuttgarter Kickers – W. Bremen 0:6 (0:2)
Aufstellung: Reck – Bratseth – Schaaf, Otten (75. Eilts) – Wolter (67. Burgsmüller), Votava, Neubarth, Meier, Hermann – Riedle, Ordenewitz
Trainer: Rehhagel
Tore: 0:1 Ordenewitz (14.), 0:2 Neubarth (28.), 0:3 Riedle (53.), 0:4 Riedle (63.), 0:5 Neubarth (72.), 0:6 Neubarth (87.)
Zuschauer: 11.000

19.11.1988
Bundesliga, 15. Spieltag
Eintracht Frankfurt – W. Bremen 0:0
Aufstellung: Reck – Bratseth – Otten (26. Wolter), Borowka – Schaaf, Votava, Neubarth, Meier, Hermann – Riedle, Ordenewitz
Trainer: Rehhagel
Tore: –
Zuschauer: 16.254

25.11.1988
Bundesliga, 16. Spieltag
W. Bremen – Karlsruher SC 3:1 (1:0)
Aufstellung: Reck – Bratseth – Otten – Schaaf, Wolter, Votava, Meier (46. Burgsmüller), Borowka (70. Ordenewitz), Hermann – Riedle, Neubarth
Trainer: Rehhagel
Tore: 1:0 Neubarth (9.), 2:0 Neubarth (57.), 3:0 Neubarth (64.), 3:1 Kastner (83.)
Zuschauer: 18.100

29.11.1988
Bundesliga, 6. Spieltag (Nachholspiel)
W. Bremen – Borussia Dortmund 2:0 (1:0)
Aufstellung: Reck – Bratseth – Otten, Borowka (46. Wolter) – Schaaf, Votava, Meier, Burgsmüller, Hermann – Riedle (81. Ordenewitz), Neubarth
Trainer: Rehhagel
Tore: 1:0 Neubarth (2.), 2:0 Riedle (53.)
Zuschauer: 18.300

03.12.1988
Bundesliga, 17. Spieltag
VfB Stuttgart – W. Bremen 3:3 (2:2)
Aufstellung: Reck – Bratseth – Otten, Borowka – Wolter, Schaaf, Votava, Hermann, Neubarth – Riedle (83. Burgsmüller), Ordenewitz
Trainer: Rehhagel
Tore: 1:0 Sigurvinsson (3.), 1:1 Bratseth (17.), 2:1 Buchwald (27.), 2:2 Schaaf (29.), 2:3 Bratseth (60.), 3:3 Walter (75.)
Zuschauer: 31.700

09.12.1988
DFB-Pokal, Achtelfinale
W. B. – Fortuna Köln 3:1 (1:1, 1:1) n.Verl.
Aufstellung: Reck – Bratseth – Otten, Borowka – Schaaf, Wolter, Votava, Meier (112. Ordenewitz), Hermann – Riedle (30. Burgsmüller), Neubarth
Trainer: Rehhagel
Tore: 0:1 Baffoe (4. FE), 1:1 Neubarth (30.), 2:1 Neubarth (95.), 3:1 Burgsmüller (116.)
Zuschauer: 5.454

10.01.1989
Internationales Freundschaftsspiel
Dynamo Tiflis – W. Bremen 0:0
Aufstellung: Reck (46. Rollmann) – Bratseth – Borowka, Kutzop – Schaaf, Votava, Burgsmüller (46. Skogheim), Wolter, Hermann (22. Otten, 66. Eilts) – Neubarth, Ordenewitz
Trainer: Rehhagel
Tore: –
Zuschauer: 60.000

14.01.1989
Freundschaftsspiel
Arminia Bielefeld – W. Bremen 1:1 (0:1)
Aufstellung: Reck (61. Rollmann) – Schaaf, Borowka (46. Otten), Bratseth (46. Kutzop), Sauer – Hermann, Wolter (46. Skogheim), Votava (65. Eilts) – Ordenewitz (46. Burgsmüller), Neubarth, Meier
Trainer: Rehhagel
Tore: 0:1 Votava (30.), 1:1 Westerwinter (60.)
Zuschauer: 2.500

04.02.1989
Freundschaftsspiel
FC Wacker Neustadt – W. Bremen 1:9 (0:4)
Aufstellung: Reck (46. Rollmann) – Sauer – Bratseth, Borowka – Schaaf (46. Kutzop), Wolter (46. Eilts), Votava, Neubarth, Hermann (28. Otten) – Ordenewitz, Riedle (46. Burgsmüller)
Trainer: Rehhagel
Torschützen für Werder: Neubarth (3), Ordenewitz (2), Riedle, Sauer, Burgsmüller, Votava
Zuschauer: 2.750

05.02.1989
Freundschaftsspiel
ASC Nienburg – W. Bremen 1:6 (0:3)
Aufstellung: Reck (46. Rollmann) – Sauer, Schaaf (46. Otten), Bratseth, Borowka – Wolter (46. Hanses), Votava, Meier, Ordenewitz (46. Kutzop) – Neubarth (46. Burgsmüller), Riedle
Trainer: Rehhagel
Tore: 0:1 Ordenewitz (10.), 0:2 Neubarth (11.), 0:3 Neubarth (24.), 0:4 Burgsmüller (51.), 0:5 Kutzop (56. FE), 1:5 Rinne (64.), 1:6 Burgsmüller (69.)
Zuschauer: 3.000

08.02.1989
Internationales Turnier, Halbfinale
Nationalelf UdSSR – W. Bremen 1:1 (1:1) Elfmeterschießen: 3:4
Aufstellung: Reck – Sauer – Bratseth, Borowka – Schaaf, Wolter, Votava, Meier (79. Burgsmüller), Otten (60. Ordenewitz) – Neubarth, Riedle
Trainer: Rehhagel
Tore: 1:0 Jaremtschuk (2.), 1:1 Bratseth (29.)
Elfmeterschießen: Tore: Burgsmüller, Wolter, Bratseth, Borowka; verschossen: Ordenewitz
Zuschauer: 1.000 in Rom

09.02.1989
Internationales Turnier, Endspiel
AS Rom – W. Bremen 5:2 (2:1)
Aufstellung: Reck – Sauer – Bratseth, Schaaf (60. Kutzop), Borowka – Ordenewitz, Wolter, Votava, Meier (60. Burgsmüller) – Neubarth, Riedle
Trainer: Rehhagel
Tore: 1:0 Rizzitelli (22.), 2:0 Völler (33.), 2:1 Bratseth (38.), 3:1 Renato (55.), 4:1 Massaro (57.), 5:1 Massaro (80.), 5:2 Bratseth (90.)
Zuschauer: 4.000

11.02.1989
Freundschaftsspiel
SV Waldhof Mannheim – W. B. 0:1 (0:1)
Aufstellung: Reck (46. Rollmann) – Sauer – Kutzop, Bratseth, Borowka (46. Eilts) – Wolter (60. Skogheim), Schaaf, Votava, Neubarth – Riedle (64. Hanses), Ordenewitz (64. Burgsmüller)
Trainer: Rehhagel
Tor: 0:1 Neubarth (26.)
Zuschauer: 2.600

18.02.1989
Bundesliga, 18. Spieltag
Hamburger SV – W. Bremen 2:0 (0:0)
Aufstellung: Reck – Sauer (13. Kutzop) – Bratseth – Schaaf, Wolter, Votava, Borowka, Hermann – Riedle, Neubarth, Ordenewitz (54. Burgsmüller)
Trainer: Rehhagel
Tore: 1:0 Bein (47.), 2:0 von Heesen (62.)
Zuschauer: 21.000

25.02.1989
Bundesliga, 19. Spieltag
W. B. – 1. FC Kaiserslautern 1:0 (1:0)
Aufstellung: Reck – Kutzop – Bratseth – Schaaf, Wolter, Votava, Meier, Hermann, Otten – Neubarth (64. Burgsmüller), Riedle (81. Ordenewitz)
Trainer: Rehhagel
Tor: 1:0 Meier (23.)
Zuschauer: 14.950

01.03.1989
Europapokal der Landesmeister, Viertelfinale-Hinspiel
W. Bremen – AC Mailand 0:0
Aufstellung: Reck – Kutzop – Bratseth, Otten – Schaaf, Votava, Meier, Hermann – Riedle, Neubarth, Ordenewitz
Trainer: Rehhagel
Tore: –
Zuschauer: 39.500

04.03.1989
Bundesliga, 20. Spieltag
Bayer 04 Leverkusen – W. Bremen 1:0 (1:0)
Aufstellung: Reck – Kutzop – Bratseth, Borowka– Wolter, Hermann, Votava, Otten – Riedle (44. Burgsmüller), Neubarth, Ordenewitz (46. Meier)
Trainer: Rehhagel
Tor: 1:0 Schreier (6.)
Zuschauer: 14.000

10.03.1989
Bundesliga, 21. Spieltag
W. Bremen – Bor. M'gladbach 2:0 (2:0)
Aufstellung: Reck – Bratseth – Otten, Borowka (46. Sauer) – Wolter, Votava, Meier, Hermann – Riedle, Burgsmüller (71. Ordenewitz), Neubarth
Trainer: Rehhagel
Tore: 1:0 Burgsmüller (33.), 2:0 Riedle (35.)
Zuschauer: 20.500

15.03.1989
Europapokal der Landesmeister, Viertelfinale-Rückspiel
AC Mailand – W. Bremen 1:0 (1:0)
Aufstellung: Reck – Sauer – Borowka (72. Hanses), Bratseth, Otten – Wolter, Votava, Hermann, Meier – Neubarth, Ordenewitz (65. Burgsmüller)
Trainer: Rehhagel
Tor: 1:0 van Basten (33. FE)
Zuschauer: 71.207

18.03.1989
Bundesliga, 22. Spieltag
W. B. – SV Waldhof Mannheim 2:1 (1:0)
Aufstellung: Reck – Sauer – Bratseth, Otten – Wolter, Votava, Hermann, Meier – Burgsmüller, Neubarth, Riedle
Trainer: Rehhagel
Tore: 1:0 Burgsmüller (28. FE), 1:1 Bührer (63.), 2:1 Riedle (90.+2)
Zuschauer: 37.204

25.03.1989
Bundesliga, 23. Spieltag
Borussia Dortmund – W. Bremen 3:1 (1:1)
Aufstellung: Reck – Sauer – Otten, Bratseth – Borowka, Wolter (75. Burgsmüller), Votava, Meier (46. Ordenewitz), Hermann – Riedle, Neubarth
Trainer: Rehhagel
Tore: 1:0 Mill (20.), 1:1 Borowka (40.), 2:1 Helmer (63.), 3:1 Möller (86.)
Besonderes Vorkommnis: Reck hält FE von Zorc (2.)
Zuschauer: 45.731

29.03.1989
DFB-Pokal, Viertelfinale
Hamburger SV – W. Bremen 0:1 (0:1)
Aufstellung: Reck – Bratseth – Otten, Borowka – Wolter, Votava, Neubarth, Eilts, Hermann – Riedle, Ordenewitz
Trainer: Rehhagel
Tor: 0:1 Riedle (37.)
Zuschauer: 30.000

01.04.1989
Bundesliga, 24. Spieltag
W. Bremen – Hannover 96 1:0 (0:0)
Aufstellung: Reck – Bratseth – Borowka, Otten – Wolter (71. Schaaf), Votava, Eilts, Hermann – Riedle, Neubarth, Ordenewitz (61. Burgsmüller)
Trainer: Rehhagel
Tor: 1:0 Riedle (88.)
Zuschauer: 16.892

08.04.1989
Bundesliga, 25. Spieltag
FC Bayern München – W. Bremen 0:0
Aufstellung: Reck – Bratseth – Borowka, Otten – Wolter, Votava, Neubarth, Eilts, Hermann – Riedle, Ordenewitz (46. Schaaf)
Trainer: Rehhagel
Tore: –
Zuschauer: 51.000

15.04.1989
Bundesliga, 26. Spieltag
W. Bremen – Stuttgarter Kickers 4:0 (2:0)
Aufstellung: Reck – Bratseth – Borowka, Otten – Schaaf (71. Sauer), Wolter, Votava, Eilts, Hermann – Riedle, Neubarth (46. Burgsmüller)
Trainer: Rehhagel
Tore: 1:0 Neubarth (16.), 2:0 Bratseth (42. FE), 3:0 Riedle (71.), 4:0 Wolter (83.)
Besonderes Vorkommnis: Rote Karte für Schlotterbeck (75.)
Zuschauer: 15.900

22.04.1989
Freundschaftsspiel
FC Groß Döhren – W. Bremen 1:5 (1:2)
Aufstellung: Rollmann – Bratseth (46. Kutzop) – Borowka, Otten – Schaaf, Votava (46. Wolter), Sauer, Eilts, Meier – Skogheim, Burgsmüller
Trainer: Rehhagel
Tore: 1:0 Seidel (9.), 1:1 Bratseth (31.), 1:2 Skogheim (43.), 1:3 Otten (53.), 1:4 Borowka (72.), 1:5 Schaaf (81.)
Zuschauer: 2.500

29.04.1989
Bundesliga, 27. Spieltag
FC St. Pauli – W. Bremen 1:3 (1:2)
Aufstellung: Reck – Bratseth – Borowka, Otten – Eilts, Wolter, Votava, Hermann, Neubarth – Riedle, Ordenewitz
Trainer: Rehhagel
Tore: 0:1 Neubarth (9.), 1:1 Flad (34. FE), 1:2 Ordenewitz (45.), 1:3 Bratseth (68.)
Zuschauer: 20.551

06.05.1989
Bundesliga, 28. Spieltag
W. Bremen – 1. FC Köln 1:2 (1:1)
Aufstellung: Reck – Bratseth – Otten (46. Sauer), Borowka – Wolter, Votava, Eilts, Meier (64. Burgsmüller), Hermann – Ordenewitz, Riedle
Trainer: Rehhagel
Tore: 1:0 Ordenewitz (5.), 1:1 Littbarski (24.), 1:2 Povlsen (58.)
Zuschauer: 32.700

10.05.1989
DFB-Pokal, Halbfinale
Bayer 04 Leverkusen – W. Bremen 1:2 (0:1)
Aufstellung: Reck – Bratseth – Borowka, Otten – Wolter, Votava, Eilts, Hermann – Riedle, Neubarth, Ordenewitz
Trainer: Rehhagel
Tore: 0:1 Bratseth (21.), 1:1 Buncol (54.), 1:2 Eilts (87.)
Zuschauer: 20.000

13.05.1989
Bundesliga, 29. Spieltag
Bayer 05 Uerdingen – W. Bremen 2:1 (1:0)
Aufstellung: Reck – Bratseth – Borowka, Otten (46. Meier) – Wolter, Sauer, Votava, Neubarth, Eilts, Hermann – Ordenewitz
Trainer: Rehhagel
Tore: 1:0 Mathy (28.), 1:1 Meier (51.), 2:1 Witeczek (80.)
Zuschauer: 8.000

19.05.1989
Bundesliga, 30. Spieltag
W. Bremen – 1. FC Nürnberg 2:1 (0:1)
Aufstellung: Reck – Sauer – Otten (46. Burgsmüller), Borowka – Wolter, Votava, Eilts, Meier, Hermann – Riedle (80. Skogheim), Neubarth
Trainer: Rehhagel
Tore: 0:1 Kristl (32.), 1:1 Sauer (47.), 2:1 Riedle (59.)
Zuschauer: 13.631

25.05.1989
Bundesliga, 31. Spieltag
VfL Bochum – W. Bremen 0:1 (0:1)
Aufstellung: Reck – Bratseth (48. Borowka) – Otten, Sauer – Eilts, Votava, Neubarth, Wolter, Hermann – Riedle, Ordenewitz (73. Burgsmüller)
Trainer: Rehhagel
Tor: 0:1 Riedle (13.)
Zuschauer: 8.000

28.05.1989
Freundschaftsspiel
Barnstorfer SV – W. Bremen 3:7 (0:4)
Aufstellung: Rollmann – Schaaf, Otten, Kutzop, Sauer, Borowka, Wolter, Eilts, Neubarth, Burgsmüller, Ordenewitz (46. Votava)
Trainer: Rehhagel
Torschützen für Werder: 0:1 Sauer (12.), 0:2 Schaaf (37.), 0:3 Neubarth (38.), 0:4 Schaaf (42.), 0:5 Eilts (46.), 1:5 Gehrke (60.), 1:6 Votava (61.), 1:7 Burgsmüller (62.), 2:7 Dilling (75.), 3:7 Gehrke (87.)
Zuschauer: 2.500

03.06.1989
Bundesliga, 32. Spieltag
W. Bremen – Eintracht Frankfurt 2:0 (1:0)
Aufstellung: Reck – Sauer – Wolter, Bratseth – Schaaf, Votava, Eilts, Otten, Hermann – Riedle (78. Ordenewitz), Neubarth (72. Burgsmüller)
Trainer: Rehhagel
Tore: 1:0 Neubarth (27.), 2:0 Ordenewitz (83.)
Zuschauer: 21.531

10.06.1989
Bundesliga, 33. Spieltag
Karlsruher SC – W. Bremen 1:0 (1:0)
Aufstellung: Reck – Sauer – Bratseth, Otten – Wolter (74. Burgsmüller), Votava, Eilts, Hermann (67. Meier) – Riedle, Neubarth, Ordenewitz
Trainer: Rehhagel
Tor: 1:0 Trapp (13. FE)
Zuschauer: 15.000

17.06.1989
Bundesliga, 34. Spieltag
W. Bremen – VfB Stuttgart 3:0 (0:0)
Aufstellung: Reck – Sauer – Bratseth, Borowka – Wolter, Schaaf, Eilts, Hermann, Otten (46. Burgsmüller) – Riedle, Neubarth
Trainer: Rehhagel
Tore: 1:0 Schaaf (57.), 2:0 Neubarth (65.), 3:0 Burgsmüller (67.)
Besonderes Vorkommnis: Rote Karte für Gaudino (19.)
Zuschauer: 16.117

24.06.1989
DFB-Pokal, Endspiel
Borussia Dortmund – W. Bremen 4:1 (1:1)
Aufstellung: Reck – Sauer (77. Burgsmüller) – Wolter, Bratseth – Schaaf, Eilts, Votava, Hermann, Otten (55. Ordenewitz) – Neubarth, Riedle
Trainer: Rehhagel
Tore: 0:1 Riedle (14.), 1:1 Dickel (21.), 2:1 Mill (58.), 3:1 Dickel (71.), 4:1 Lusch (74.)
Zuschauer: 76.431 in Berlin

Der grün-weiße Ausgehanzug für stimmungsvolle Europacup-Galas: Werders Event-Trikot der späten achtziger Jahre

Bundesliga-Abschlusstabelle 1988/1989

Platz	Verein	Spiele	S	U	N	Tore	Diff.	Punkte
1.	Bayern München	34	19	12	3	67:26	+41	50-18
2.	1. FC Köln	34	18	9	7	58:30	+28	45-23
3.	**Werder Bremen (M)**	**34**	**18**	**8**	**8**	**55:32**	**+23**	**44-24**
4.	Hamburger SV	34	17	9	8	60:36	+24	43-25
5.	VfB Stuttgart	34	16	7	11	58:49	+9	39-29
6.	Borussia M'gladbach	34	12	14	8	44:43	+1	38-30
7.	Borussia Dortmund	34	12	13	9	56:40	+16	37-31
8.	Bayer Leverkusen	34	10	14	10	45:44	+1	34-34
9.	1. FC K'lautern	34	10	13	11	47:44	+3	33-35
10.	FC St. Pauli (N)	34	9	14	11	41:42	-1	32-36
11.	Karlsruher SC	34	12	8	14	48:51	-3	32-36
12.	SV Waldhof Mannheim	34	10	11	13	43:52	-9	31-37
13.	KFC Uerdingen	34	10	11	13	50:60	-10	31-37
14.	1. FC Nürnberg	34	8	10	16	36:54	-18	26-42
15.	VfL Bochum	34	9	8	17	37:57	-20	26-42
16.	Eintracht Frankfurt (P)	34	8	10	16	30:53	-23	26-42
17.	Stuttgarter Kickers (N)	34	10	6	18	41:68	-27	26-42
18.	Hannover 96	34	4	11	19	36:71	-35	19-49

Fieberkurve der Bundesliga-Saison 1988/1989

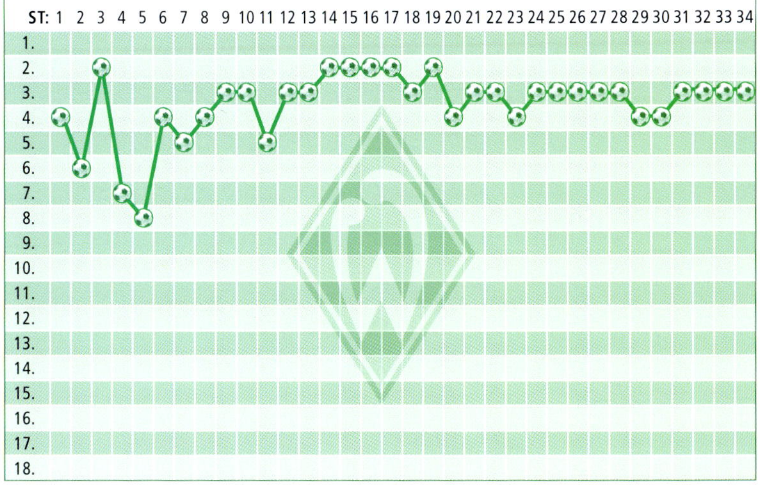

1989/90: Wer war noch gleich dieser »Maradona«?

Oben v.l.:
Rufer, Kutzop, Bode, Eilts, Wolter, Sauer, Otten, Borowka
Mitte v.l.:
Masseur Berger, Zeugwart Ehrke, Neubarth, Bratseth, Harttgen, Freund, Bockenfeld, Votava, Burgsmüller, Co-Trainer Kamp, Trainer Rehhagel
Unten v.l.:
Hermann, Riedle, Reck, Wiedener, Rollmann, Hanses, Schaaf

Durchwachsen ging es weiter in der Bundesliga-Historie des SV Werder. Das Schöne an diesem zuweilen etwas unberechenbaren Verein war inzwischen, dass in den national mäßigen Jahren international geglänzt wurde, und manchmal auch umgekehrt. In der Bundesligasaison 1989/90 erlitt Werder Negativserien, die man seit dem Wiederaufstieg vor acht Jahren nicht kannte. Und erstmals wurde hinter vorgehaltener Hand ein Spruch geraunt, der in diesen Jahren in bestimmten Fan-Kreisen immer mal wieder zu hören war, ohne sich jemals als besonders clever herauszustellen: »Der Rehhagel muss weg! Der ist zu lange da und kann die Mannschaft nicht mehr motivieren!«

Gemessen an den nackten Ergebnissen der Bundesligasaison ist diese Unkerei sogar ansatzweise verständlich. Werder begann die Saison mit sieben Spielen ohne Niederlage, leistete sich aber zu viele Unentschieden für einen Satz nach ganz oben. Und ein völlig missratener September machte die ganze Saison kaputt: In den Spielen gegen Köln, Mannheim, den HSV, Frankfurt und Bochum holperten sich die Rehhagel-Mannen zu lediglich einem einzigen kümmerlichen Punkt, und der resultierte mit einem 0:0 gegen Bochum auch nicht gerade aus einer Heldentat. Aus Platz 3 war in Nullkommanix Platz 12 geworden. Der Meister des Jahres 1988 schien im Herbst 1989 in einer tiefen Krise.

Und das, obwohl Werder im Vergleich zur Vorsaison personell zugelangt hatte. Während mit Frank Ordenewitz (nach Köln) nur ein Stammspieler den Verein verließ, wurden mit dem zuletzt überragenden Außenverteidiger Manni Bockenfeld aus Mannheim und dem Neuseeländer Wynton Rufer in Diensten von Grashoppers Zürich zwei erklärte Wunschspieler von Otto Rehhagel verpflichtet. Rufer konnte zunächst nur ausgeliehen werden, weil sich sein Schweizer Verein als immens harte Verhandlungsnuss erwies. Am Ende forcierte der schrullige Ozeanier den Wechsel, indem er einen nicht geringen Teil der Wechselsumme aus eigener Tasche zahlte.

Auch die Neueinkäufe konnten den Unmut der Fans über den mauen Saisonverlauf zunächst nicht entscheidend dämpfen. Im Gegenteil: Vor allem Rufer schien den meisten Werder-Anhängern nicht ganz geheuer: Ein Neuseeländer? Aus der Schweiz? Für viel Geld? Was fällt dem Rehhagel denn noch alles ein?

Auch hier hätte man sich ruhig einfach mal auf den Sachverstand des »Alten« verlassen sollen. Mit Wynton Rufer kam nicht nur einer der coolsten Kicker der Welt nach Bremen, sondern auch noch einer der Besten. Zuletzt hatte er in der Schweiz 19 Mal eingenetzt, und Werder setzte sich in seinem Werben gegen so prominente Konkurrenz wie Nottingham Forest oder den AS Monaco durch.

Bei Licht betrachtet konnte Wynton Rufer fast alles, was er wollte – wenn er wollte. Zu seiner persönlichen Note gehörte allerdings auch der Umstand, nicht immer unbedingt zu wollen. Zuweilen sahen seine Bemühungen auf dem Platz lässig aus, wenn nicht gar lustlos. Aber Werder-Fans liebten diese ganz besonderen Augenblicke, in denen der komische Vogel scheinbar aus dem Nichts einen Galamoment aus der Schublade holte und Dinge mit dem Ball tat, die sonst keiner in der Bundesliga konnte. Rufer absolvierte in seiner ersten Bundesligasaison alle 34 Spiele. Das war für einen Stürmer schon mal selten, und für einen Stürmer mit Konkurrenten namens Riedle und Neubarth umso mehr.

In der Bundesliga traf Rufer in seiner ersten Saison zehnmal ins Schwarze und half mit, die Wolken des »schwarzen Septembers« langsam zu vertreiben. Werder fing sich mit einer Serie von sieben Spielen ohne Niederlage und erreichte mit Platz 7 sogar wieder UEFA-Cup-verdächtige Platzierungen. Aber das große Glück täuschte nur kurz an, sagte schnell »Kuckuck!« und schlich sich knapp an Bremen vorbei. Werder gewann ein halbes Jahr lang kein Auswärtsspiel mehr und landete am Ende mit ausgeglichenem Punktekonto auf einem etwas ernüchternden 7. Tabellenplatz, gediegene 15 Punkte hinter Meister Bayern. Die Fans hätten mehr verdient gehabt: Sie hatten mit dem Kauf von 8000 Dauerkarten einen neuen Vereinsrekord aufgestellt.

So weit, so mau. Wäre der UEFA-Cup-Wettbewerb nicht gewesen, dann wäre dieses Kapitel nun schon vorbei. In diesem Fall könnte man die Saison unter dem zweifelhaften Gütesiegel »Schnell vergessen« abhaken. Aber es gab einen Namen, der Bremen im Herbst 1989 in Atem hielt wie niemals ein anderer zuvor: Diego Armando Maradona! Der wurde Werder mit seinem italienischen Club SSC Neapel, dessen weitere Weltstars wie Alemao, Carnevale oder Careca man vor lauter Maradona beinahe übersah, im UEFA-Cup zugelost. In Rekordzeit waren alle Tickets verkauft, was am Tag des Vorverkaufsbeginns zu einem nie gekannten Verkehrschaos am Osterdeich führte.

Schon das Hinspiel im ungemütlichen Kessel des San Paolo-Stadions wurde zu einem Highlight. Der in der Bundesliga im Mittelmaß versinkende SV Werder erstürmte die Festung der Neapolitaner sensationell mit 3:2 durch ein für die Italiener schockierendes Kontertor von Wynton Rufer in der Schlussminute. Maradona wurde von Mirko Votava abgemeldet, dem Rehhagel »das beste Spiel seiner Karriere« bescheinigte. Rehhagel selbst lobte das Hinspiel als »mein schönster Tag als Trainer« – er konnte noch nicht wissen, was im Rückspiel passieren sollte … (siehe »Alle Spiele 1989/90«).

Was geschah noch 1989/90? Norbert Meier, der von Otto Rehhagel in seinen letzten Jahren bei Werder wegen mutmaßlicher Deckungsschwächen vor allem in Auswärtsspielen zum ersten Heimarbeiter der Bundesliga degradiert wurde (»Heimspiel-Meier«), suchte im Winter bei Borussia Mönchengladbach eine neue Chance. Der Abschied vom beliebten Mittelfeldmann während des Hallenturniers in der Stadthalle fiel schwer.

Dann: Das Fachblatt »Kicker« wählte wie jedes Jahr die beliebtesten Spieler der Bundesliga. Die Wahl 1989 geriet zum Triumph ohnegleichen für Werder, und zwar nicht alleine, weil Kalle Riedle diese Wahl in der Kategorie »Stürmer« meilenweit gewann. Fast noch beeindruckender war die Tatsache, dass mit Riedle, Wynton Rufer, Manni Burgsmüller und Frank Neubarth insgesamt vier (!) Werder-Angreifer unter Deutschlands beliebtesten elf Offensivkönnern landeten. DFB-Teamchef Beckenbauer attestierte Werder den »besten Angriff der Bundesliga«, und Kalle Riedle wurde folgerichtig von der halben italienischen »Serie A« gejagt. Im Gegensatz zu Rufer und Rune Bratseth, die ebenfalls auf dem Wunschzettel vieler Clubs aus dem Liraparadies standen, entschied sich die Kopfball-Koryphäe für den Sprung über die Alpen. Von ihm hieß es also Abschied nehmen.

Das war einerseits betrüblich, aber andererseits halb so schlimm, weil mit dem 20-jährigen Wuschelkopf Marco Bode aus einem kleinen Örtchen namens Schwiegershausen bei Osterode im Harz schon der nächste Stürmerstar bereitstand. »Gewehr bei Fuß«, hätte man auch sagen können, aber Bode war zu jener Zeit Zivildienstleistender. Obwohl erst kurz in Diensten der Werder-Amateure, wurde der junge Mann von Otto Rehhagel schnell ins kalte Wasser geworfen, als Kalle Riedle an einer Leistenverletzung laborierte. Der lange Nachwuchsstürmer zeigte keinerlei Respekt vor der Bundesliga und fand sich sofort zurecht.

Im Falle von Rune Bratseth kam, was kommen musste: Seine konstant überragenden Leistungen riefen finanzstarke italienische Klubs auf den Plan. Bratseth aber lehnte alle Angebote ab und hielt Werder bis zu seiner Rückkehr nach Norwegen die Treue

Trainer

Rehhagel, Otto
Verantwortlicher Trainer in allen 34 Spielen der Saison

Die Neuzugänge: Werder-Frisurentrends Sommer 1989

Vor der Saison präsentierte sich Werders langhaarige Zukunft der Öffentlichkeit. Marco Bode, Oliver Freund und Uwe Harttgen hatten glücklicherweise nicht nur Frisuren zu bieten

Tor

Reck, Oliver »Olli«
32 Spiele; 0 Tore

Rollmann, Jürgen
2 Spiele; 0 Tore

Abwehr

Bockenfeld, Manfred »Manni«
30 Spiele; 2 Tore

Bratseth, Rune
29 Spiele; 2 Tore

Borowka, Ulrich »Ulli«
28 Spiele; 2 Tore

Mittelfeld

Eilts, Dieter »Ostfriesen-Alemao«
31 Spiele; 1 Tor

Votava, Miroslav »Mirko«
30 Spiele; 3 Tore

Hermann, Günter »Jimmy«
28 Spiele; 1 Tor

Angriff

Rufer, Wynton »Kiwi«
34 Spiele; 10 Tore

Riedle, Karl-Heinz »Kalle«
20 Spiele; 7 Tore

Bode, Marco
20 Spiele; 4 Tore

Erweiterter Kader

Der Sport-Verein »Werder« im Jahr 1989/90:

1989/90

Präsident:	**Dr. Franz Böhmert**
Vizepräsident:	**Klaus-Dieter Fischer (Amateur-Abt.)**
Geschäftsführer:	**Wolfgang Barkhausen**
Manager:	**Willi Lemke**
Vereinsarzt:	**Dr. Karl Meschede**
Masseur:	**Holger Berger**
Mitglieder:	**2.330**
Kapazität Weser-Stadion:	**40.000 Plätze (21.400 überdachte Sitz- und 8.000 überdachte Stehplätze)**

Otten, Jonny
27 Spiele; 0 Tore

Kutzop, Michael »Kutzi«
21 Spiele; 1 Tor

Schaaf, Thomas
19 Spiele; 0 Tore

Sauer, Gunnar
18 Spiele; 2 Tore

Wiedener, Andree
0 Spiele; 0 Tore

Wolter, Thomas »Stonie«
21 Spiele; 0 Tore

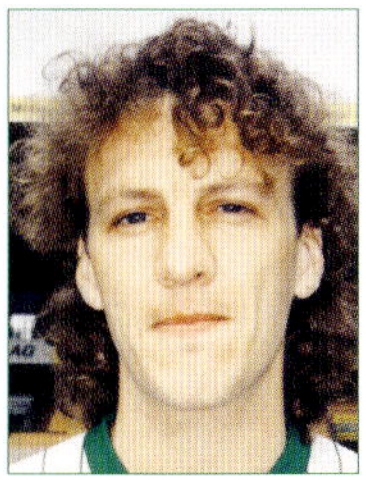

Harttgen, Uwe
13 Spiele; 5 Tore

Meier, Norbert
7 Spiele; 1 Tor

Freund, Oliver
0 Spiele; 0 Tore

Hanses, Christoph
0 Spiele; 0 Tore

Skogheim, Vegard
0 Spiele; 0 Tore

Neubarth, Frank »Socrates«
19 Spiele; 5 Tore

Burgsmüller, Manfred »Manni«
11 Spiele; 1 Tor

Wer kam?

Bockenfeld (SVW Mannheim)
Bode (eig. Amateure)
Freund (eig. Amateure)
Harttgen (eig. Amateure)
Rufer (Grashoppers Zürich/Schweiz)
Wiedener (eig. Amateure)

Wer ging?

Meier (Bor. Mönchengladbach, w.d.S.)
Ordenewitz (1. FC Köln)
Skogheim (Viking Stavanger/Norwegen, w.d.S.)

w.d.S. = während der Saison

Alle Spiele 1989/90

13.07.1989
Internationales Turnier, Halbfinale
FC Aarau – W. Bremen 2:1 (1:1)
Aufstellung: Reck (46. Rollmann) – Bratseth, Schaaf, Borowka, Otten (65. Sauer) – Bockenfeld, Votava (46. Harttgen), Eilts, Hermann – Burgsmüller (46. Bode), Neubarth
Trainer: Rehhagel
Tore: 0:1 Burgsmüller (21.), 1:1 Sforza (31.), 2:1 Studer (88.)
Zuschauer: 3.600

14.07.1989
Internationales Freundschaftsspiel
FC Stäfa – W. Bremen 1:11 (0:4)
Aufstellung: Rollmann (46. Reck) – Kutzop, Borowka, Sauer, Bockenfeld – Votava (46. Otten), Hermann (46. Bode), Wolter, Harttgen – Neubarth (46. Eilts), Burgsmüller
Trainer: Rehhagel
Torschützen für Werder: Burgsmüller (4), Harttgen (2), Sauer (2), Neubarth, Hermann, Kutzop (FE)
Zuschauer: 1.300

15.07.1989
Internationales Turnier, Spiel um Platz drei
Hajduk Split – W. Bremen 0:2 (0:1)
Aufstellung: Reck – Sauer – Bratseth, Borowka, Votava – Eilts, Hermann, Otten (46. Schaaf) – Burgsmüller, Neubarth, Bode
Trainer: Rehhagel
Tore: 0:1 Bode (44.), 0:2 Neubarth (77.)
Zuschauer: 3.600

19.07.1989
Fuji-Cup, Halbfinale
1. FC Köln – W. Bremen 1:3 (1:0)
Aufstellung: Reck (46. Rollmann) – Sauer – Bratseth, Otten (52. Harttgen) – Bockenfeld, Eilts, Borowka, Votava, Hermann – Rufer, Neubarth (51. Burgsmüller)
Trainer: Rehhagel
Tore: 1:0 Rahn (45.), 1:1 Burgsmüller (52.), 1:2 Rufer (78.), 1:3 Rufer (90.)
Zuschauer: 13.000 in Koblenz

21.07.1989
Fuji-Cup, Endspiel
VfB Stuttgart – W. Bremen
1:1 (0:1) Elfmeterschießen: 3:1
Aufstellung: Reck (46. Rollmann) – Sauer (27. Otten) – Borowka, Bratseth – Bockenfeld, Harttgen (46. Wolter), Votava, Eilts, Hermann – Bode (46. Burgsmüller), Rufer
Trainer: Rehhagel
Tore: 0:1 Rufer (31.), 1:1 Walter (61. FE)
Besonderheiten: Rote Karte für Borowka (43.); Sigurvinsson schießt FE an den Pfosten (43.)
Elfmeterschießen: Bratseth verwandelt; Burgsmüller, Wolter, Rufer verschießen
Zuschauer: 7.000 in Würzburg

24.07.1989
Freundschaftsspiel
SV Hemelingen/SG Stern – W. B. 2:10 (1:4)
Aufstellung: Reck (46. Rollmann) – Kutzop, Bratseth (49. Harttgen), Otten, Bockenfeld (46. Schaaf) – Wolter (66. Bode), Votava, Eilts, Hermann – Rufer, Burgsmüller
Trainer: Rehhagel
Tore: 0:1 Rufer (4.), 0:2 Bratseth (25.), 0:3 Bockenfeld (28.), 1:3 Ebers (40.), 1:4 Burgsmüller (44.), 1:5 Burgsmüller (46.), 1:6 Rufer (47.), 1:7 Kutzop (60.), 1:8 Kutzop (67.), 2:8 Jungemann (75.), 2:9 Kutzop (78.), 2:10 Burgsmüller (82.)
Zuschauer: 2.800

29.07.1989
Bundesliga, 1. Spieltag
FC St. Pauli – W. Bremen 0:0
Aufstellung: Reck – Bratseth – Borowka, Otten – Bockenfeld, Wolter, Votava, Hermann (46. Kutzop), Eilts – Rufer, Burgsmüller (90. Schaaf)
Trainer: Rehhagel
Tore: –
Zuschauer: 20.551

01.08.1989
Freundschaftsspiel
TuS Helene Essen/BV Altenessen – W. B. 0:16 (0:9)
Aufstellung: Reck (46. Rollmann) – Bockenfeld (68. Wolter), Otten, Bratseth, Kutzop – Borowka, Schaaf, Votava (46. Wiedener), Eilts (62. Eilts) – Burgsmüller, Rufer
Trainer: Rehhagel
Tore: Rufer (6), Burgsmüller (5), Harttgen (2), Bockenfeld, Votava, Schaaf
Zuschauer: 2.000

05.08.1989
Bundesliga, 2. Spieltag
W. Bremen – Fortuna Düsseldorf 2:2 (1:1)
Aufstellung: Reck – Bratseth – Borowka (46. Kutzop), Otten – Bockenfeld, Schaaf, Votava, Eilts, Hermann (83. Bode) – Burgsmüller, Rufer
Trainer: Rehhagel
Tore: 1:0 Burgsmüller (5.), 1:1 Chaloupka (41.), 2:1 Rufer (61.), 2:2 Schütz (82.)
Zuschauer: 18.100

07.08.1989
Internationales Freundschaftsspiel
Rapid Wien – W. Bremen 2:3 (1:2)
Aufstellung: Rollmann – Bratseth, Borowka, Kutzop (52. Schaaf) – Bockenfeld, Wolter, Hermann, Eilts, Votava (46. Harttgen) – Bode (40. Burgsmüller), Rufer
Trainer: Rehhagel
Tore: 0:1 Bode (2.), 1:1 Pfeifenberger (3.), 1:2 Bockenfeld (24.), 2:2 Herzog (49.), 2:3 Rufer (70.)
Besonderheit: Das Spiel fand anlässlich des 90. Geburtstages von Rapid Wien statt. Kurios: Die beiden Rapid-Tore schießen die späteren Bremer Heimo Pfeifenberger und Andy Herzog!
Zuschauer: 3.500

12.08.1989
Bundesliga, 3. Spieltag
W. Bremen – Borussia Dortmund 2:0 (2:0)
Aufstellung: Reck – Borowka, Bratseth – Schaaf, Bockenfeld, Votava, Eilts, Hermann (85. Kutzop), Otten – Burgsmüller (64. Wolter), Rufer
Trainer: Rehhagel
Tore: 1:0 Rufer (10.), 2:0 Helmer (32. ET)
Zuschauer: 24.974

15.08.1989
Bundesliga, 4. Spieltag
1. FC Nürnberg – W. Bremen 1:1 (1:1)
Aufstellung: Reck – Borowka, Bratseth, Otten – Schaaf, Bockenfeld, Votava, Wolter, Eilts, Hermann – Rufer
Trainer: Rehhagel
Tore: 1:0 Wirsching (13.), 1:1 Borowka (41.)
Zuschauer: 36.000

18.08.1989
DFB-Pokal, 1. Runde
FC St. Pauli – W. Bremen 1:2 (0:0)
Aufstellung: Reck – Borowka, Bratseth, Otten – Bockenfeld, Wolter, Votava, Eilts, Hermann – Burgsmüller, Rufer
Trainer: Rehhagel
Tore: 0:1 Burgsmüller (49.), 1:1 Golke (58.), 1:2 Rufer (85.)
Zuschauer: 16.100

22.08.1989
Bundesliga, 5. Spieltag
W. Bremen – Bor. M'gladbach 0:0
Aufstellung: Reck – Kutzop, Bratseth, Otten – Bockenfeld, Schaaf, Votava, Eilts, Hermann – Burgsmüller (78. Bode), Rufer
Trainer: Rehhagel
Tore: –
Zuschauer: 21.149

26.08.1989
Bundesliga, 6. Spieltag
FC 08 Homburg – W. Bremen 1:1 (1:0)
Aufstellung: Reck – Bratseth – Sauer, Otten (46. Bode) – Bockenfeld, Schaaf, Votava, Harttgen, Hermann – Rufer, Burgsmüller (85. Wolter)
Trainer: Rehhagel
Tore: 1:0 Theiss (4. FE), 1:1 Harttgen (72.)
Zuschauer: 8.500

01.09.1989
Bundesliga, 7. Spieltag
W. Bremen – Karlsruher SC 4:0 (2:0)
Aufstellung: Reck – Wolter, Bratseth, Votava, Otten (63. Sauer) – Bockenfeld, Schaaf, Harttgen, Hermann – Bode (74. Burgsmüller), Rufer
Trainer: Rehhagel
Tore: 1:0 Schmidt (34. ET), 2:0 Bockenfeld (35.), 3:0 Rufer (46.), 4:0 Rufer (48.)
Besonderes Vorkommnis: Bratseth schießt FE an die Latte (15.)
Zuschauer: 15.140

09.09.1989
Bundesliga, 8. Spieltag
1. FC Köln – W. Bremen 4:2 (2:0)
Aufstellung: Rollmann – Bratseth – Otten (46. Schaaf), Votava – Bockenfeld, Wolter, Harttgen, Eilts, Hermann – Bode, Rufer
Trainer: Rehhagel
Tore: 1:0 Littbarski (8.), 2:0 Rahn (14.), 3:0 Littbarski (69.), 3:1 Bode (78.), 4:1 Sturm (84.), 4:2 Bode (86.)
Zuschauer: 21.000

13.09.1989
UEFA-Cup, 1. Runde-Hinspiel
Lilleström SK – W. Bremen 1:3 (0:2)
Aufstellung: Rollmann – Kutzop, Bratseth, Borowka – Bockenfeld (85. Wolter), Votava, Eilts, Harttgen (75. Schaaf), Hermann – Rufer, Bode
Trainer: Rehhagel
Tore: 0:1 Eilts (11.), 0:2 Bode (16.), 0:3 Bode (70.), 1:3 Pedersen (86.)
Zuschauer: 8.000

16.09.1989
Bundesliga, 9. Spieltag
W. B. – SV Waldhof Mannheim 0:1 (0:0)
Aufstellung: Reck – Bratseth – Borowka (46. Sauer), Otten (63. Burgsmüller) – Bockenfeld, Votava, Harttgen, Eilts, Hermann – Bode, Rufer
Trainer: Rehhagel
Tor: 0:1 Freiler (61.)
Zuschauer: 14.100

20.09.1989
Bundesliga, 10. Spieltag
Hamburger SV – W. Bremen 4:0 (2:0)
Aufstellung: Reck – Bratseth – Kutzop (46. Burgsmüller), Otten – Bockenfeld, Schaaf, Votava, Eilts, Hermann – M. Bode, Rufer
Trainer: Rehhagel
Tore: 1:0 Eck (37.), 2:0 Ballwanz (40.), 3:0 von Heesen (67.), 4:0 J. Bode (85.)
Zuschauer: 14.000

23.09.1989
DFB-Pokal, 2. Runde
Stuttgarter Kickers – W. Bremen 2:3 (0:1)
Aufstellung: Reck – Bratseth – Votava, Borowka – Bockenfeld, Schaaf, Eilts, Meier (76. Otten), Hermann – Neubarth (55. Bode), Rufer
Trainer: Rehhagel
Tore: 0:1 Rufer (14.), 1:1 Grillemeier (46.), 1:2 Rufer (54.), 1:3 Rufer (86.), 2:3 Vollmer (87.)
Besonderes Vorkommnis: Rote Karte für Eilts (73.)
Zuschauer: 6.400

27.09.1989
UEFA-Cup, 1. Runde-Rückspiel
W. Bremen – Lilleström SK 2:0 (0:0)
Aufstellung: Rollmann – Borowka, Bratseth, Otten (46. Eilts) – Bockenfeld, Schaaf, Votava, Meier (81. Sauer), Hermann – Neubarth, Rufer
Trainer: Rehhagel
Tore: 1:0 Neubarth (66.), 2:0 Sauer (90.)
Zuschauer: 9.873

30.09.1989
Bundesliga, 11. Spieltag
W. Bremen – Eintracht Frankfurt 1:2 (0:1)
Aufstellung: Reck – Bratseth – Borowka, Otten – Bockenfeld, Votava, Rufer, Meier

(46. Harttgen), Hermann – Neubarth (31. Bode), Riedle
Trainer: Rehhagel
Tore: 0:1 Bein (27.), 0:2 Studer (64.), 1:2 Hermann (82.)
Besondere Vorkommnisse: Stein hält FE von Rufer (9.); Rote Karte für Bratseth (88.)
Zuschauer: 16.015

07.10.1989
Bundesliga, 12. Spieltag
VfL Bochum – W. Bremen 0:0
Aufstellung: Reck – Kutzop – Borowka, Otten – Bockenfeld, Schaaf, Eilts, Hermann – Riedle, Neubarth, Rufer
Trainer: Rehhagel
Tore: –
Besonderes Vorkommnis: Rote Karte für Eilts (88.)
Zuschauer: 10.500

13.10.1989
Bundesliga, 13. Spieltag
W. Bremen – VfB Stuttgart 6:1 (2:1)
Aufstellung: Reck – Bratseth – Kutzop, Borowka – Bockenfeld, Eilts, Meier (68. Otten), Hermann – Riedle (77. Sauer), Neubarth, Rufer
Trainer: Rehhagel
Tore: 1:0 Meier (25.), 2:0 Rufer (33.), 2:1 Basualdo (36.), 3:1 Neubarth (68.), 4:1 Neubarth (83.), 5:1 Kutzop (86. FE), 6:1 Rufer (89.)
Zuschauer: 18.854

18.10.1989
UEFA-Cup, 2. Runde-Hinspiel
W. Bremen – Austria Wien 5:0 (2:0)
Aufstellung: Reck – Kutzop – Bratseth, Otten – Bockenfeld, Eilts, Meier (46. Borowka), Hermann (75. Votava) – Riedle, Rufer, vNeubarth
Trainer: Rehhagel
Tore: 1:0 Neubarth (13.), 2:0 Hermann (23.), 3:0 Riedle (58.), 4:0 Rufer (72.), 5:0 Kutzop (76. FE)
Zuschauer: 15.179

21.10.1989
Bundesliga, 14. Spieltag
Bayer 05 Uerdingen – W. Bremen 0:1 (0:0)
Aufstellung: Reck – Bratseth – Borowka, Otten – Bockenfeld, Eilts, Neubarth (82. Sauer), Votava, Hermann – Riedle (83. Schaaf), Rufer
Trainer: Rehhagel
Tor: 0:1 Riedle (48.)
Zuschauer: 10.000

27.10.1989
Bundesliga, 15. Spieltag
W. Bremen – 1. FC Kaiserslautern 4:0 (1:0)
Aufstellung: Reck – Bratseth – Votava, Borowka – Bockenfeld (81. Schaaf), Eilts, Meier, Hermann – Bode (79. Sauer), Riedle, Rufer
Trainer: Rehhagel
Tore: 1:0 Bode (30.), 2:0 Bode (55.), 3:0 Sauer (80.), 4:0 Sauer (86.)
Zuschauer: 18.700

31.10.1989
UEFA-Cup, 2. Runde-Rückspiel
Austria Wien – W. Bremen 2:0 (1:0)
Aufstellung: Reck – Bratseth – Schaaf, Sauer, Otten – Bockenfeld (78. Wolter), Votava, Eilts, Borowka – Rufer, Riedle (54. Bode)
Trainer: Rehhagel
Tore: 1:0 Hasenhüttl (9.), 2:0 Hasenhüttl (79.)
Zuschauer: 2.500

04.11.1989
Bundesliga, 16. Spieltag
FC Bayern München – W. Bremen 1:1 (0:0)
Aufstellung: Reck – Bratseth – Borowka, Otten (74. Meier) – Bockenfeld (77. Sauer), Wolter, Eilts, Hermann – Riedle, Bode, Rufer
Trainer: Rehhagel
Tore: 1:0 Kögl (68. FE), 1:1 Riedle (83.)
Zuschauer: 32.000

08.11.1989
DFB-Pokal, Achtelfinale
TSV 1860 München – W. Bremen 1:2 (1:1)
Aufstellung: Reck – Bratseth – Borowka, Otten (46. Votava, 88. Sauer) – Bockenfeld, Wolter, Eilts, Hermann – Riedle, Bode, Rufer
Trainer: Rehhagel
Tore: 1:0 Störzenhofecker (12.), 1:1 Bode (13.), 1:2 Riedle (53.)
Zuschauer: 28.000

18.11.1989
Bundesliga, 17. Spieltag
W. Bremen – Bayer 04 Leverkusen 0:0
Aufstellung: Reck – Bratseth – Votava, Borowka – Bockenfeld (30. Wolter), Eilts, Meier, Hermann – Riedle, Neubarth (68. Bode), Rufer
Trainer: Rehhagel
Tore: –
Zuschauer: 23.800

22.11.1989
UEFA-Cup, Achtelfinale-Hinspiel
SSC Neapel – W. Bremen 2:3 (0:1)
Aufstellung: Reck – Bratseth – Borowka, Otten – Bockenfeld, Eilts, Votava, Neubarth (69. Wolter), Hermann – Riedle, Rufer
Trainer: Rehhagel
Tore: 0:1 Neubarth (42.), 0:2 Riedle (46.), 1:2 Alemao (52.), 2:2 Careca (65.), 2:3 Rufer (90.)
Zuschauer: 50.000

Bremen, Weser-Stadion, 6.12.1989, 22:05 Uhr: Werder macht Diego Maradona noch kürzer als ohnehin schon

Am Nikolausabend 1989 erlebten 40.000 Fans im aus allen Nähten platzenden Weser-Stadion ein wahres Werder-Happening. Bis zuletzt war nicht klar, ob der vermeintlich angeschlagene Maradona auflaufen würde. Er tat es. Das war ein Fehler. Denn diesmal bekam er nicht – wie im Hinspiel – einen bärenstarken Mirko Votava auf die Füße, sondern Uli Borowka. Vergnüglich wurde für den sich damals auf der Höhe seines Könnens befindenden Argentinier auch dieses Tête-à-tête nicht: Borowka zermürbte den kleinen Mann aus dem Land der Gauchos vom ersten Ballkontakt an.
Und auch die Weltstars an seiner Seite, angetreten mit dem festen Willen, ihre Ehre wieder herzustellen, erlebten keinen schöneren Abend als ihr kleiner Chef. Bei Werder wiederum mochte noch keiner so recht glauben, dass das Rückspiel nach dem Sieg in Neapel nur noch eine Formsache sei. War es aber: Riedle traf nach 25 Minuten per Volleyschuss, und die ungeduldig und immer verzweifelter scheinenden Neapolitaner wurden in der 2. Halbzeit durch Traumtore von Rufer, Riedle, Sauer und Eilts vollends abgeschossen. Otto Rehhagel erkannte nach dem Spiel diesmal »das schönste Spiel meiner Laufbahn«. Als die Partie um 22.05 Uhr leider schon zu Ende war, hatten sich 13 Werder-Profis ihre stolzen 21.500 DM Siegprämie redlich verdient.

25.11.1989
Bundesliga, 18. Spieltag
W. Bremen – FC St. Pauli 2:1 (1:1)
Aufstellung: Reck – Bratseth – Borowka, Otten – Bockenfeld (75. Wolter), Votava, Eilts, Hermann – Riedle, Neubarth (46. Meier), Rufer
Trainer: Rehhagel
Tore: 1:0 Neubarth (13.), 1:1 Golke (39.), 2:1 Riedle (53.)
Zuschauer: 20.288

02.12.1989
Bundesliga, 19. Spieltag
Fortuna Düsseldorf – W. Bremen 2:1 (1:0)
Aufstellung: Reck – Bratseth – Borowka, Otten (38. Meier) – Bockenfeld (76. Burgsmüller), Votava, Eilts, Hermann – Riedle, Neubarth, Rufer
Trainer: Rehhagel
Tore: 1:0 Fuchs (26.), 2:0 Chaloupka (85.), 2:1 Borowka (88.)
Besonderes Vorkommnis: Hermann schießt FE am Tor vorbei (35.)
Zuschauer: 13.000

06.12.1989
UEFA-Cup, Achtelfinale-Rückspiel
W. Bremen – SSC Neapel 5:1 (1:0)
Aufstellung: Reck – Bratseth (77. Sauer) – Borowka, Otten – Bockenfeld (84. Wolter), Votava, Neubarth, Eilts, Hermann – Riedle, Rufer
Trainer: Rehhagel
Tore: 1:0 Riedle (25.), 2:0 Rufer (55.), 3:0 Riedle (62.), 3:1 Careca (71.), 4:1 Sauer (88.), 5:1 Eilts (90.)
Zuschauer: 38.500

09.12.1989
Bundesliga, 20. Spieltag
Borussia Dortmund – W. Bremen 4:1 (3:0)
Aufstellung: Reck – Sauer – Borowka, Kutzop (22. Wolter) – Bockenfeld (63. Neubarth), Otten, Votava, Eilts, Hermann – Riedle, Rufer
Trainer: Rehhagel
Tore: 1:0 Mill (14.), 2:0 Dickel (15.), 3:0 Lusch (31.), 3:1 Rufer (47.), 4:1 Möller (81.)
Zuschauer: 31.077

12.12.1989
DFB-Pokal, Viertelfinale
W. Bremen – VfB Stuttgart 3:0 (3:0)
Aufstellung: Reck – Bratseth – Schaaf, Borowka – Bockenfeld, Votava, Eilts, Hermann (56. Otten, 79. Sauer) – Riedle, Neubarth, Rufer
Trainer: Rehhagel
Tore: 1:0 Neubarth (2.), 2:0 Neubarth (27.), 3:0 Rufer (45.)
Zuschauer: 22.678

16.12.1989
Bundesliga, 21. Spieltag
W. Bremen – 1. FC Nürnberg 4:0 (2:0)
Aufstellung: Reck – Bratseth – Borowka, Otten – Schaaf, Bockenfeld, Votava, Eilts (77. Sauer) – Riedle, Neubarth, Rufer
Trainer: Rehhagel
Tore: 1:0 Bratseth (40.), 2:0 Neubarth (43.), 3:0 Votava (72.), 4:0 Rufer (87.)
Besondere Vorkomnisse: Reck hält FE von T. Brunner (13.); Rote Karte für Philipkowski (81.)
Zuschauer: 12.235

14.01.1990
Internationales Turnier
Al-Ahli FC Ittihad Djidda – W. B. 1:1 (1:0)
Aufstellung: Reck – Bratseth, Otten, Borowka, Bockenfeld – Schaaf, Eilts, Votava, Harttgen – Burgsmüller, Riedle
Trainer: Rehhagel
Tore: 1:0 Abdullah Al Harbi (30.), 1:1 Eilts (75.)
Zuschauer: 15.000

16.01.1990
Internationales Turnier
Al Quadasiya FC Amman – W. B. 0:5 (0:3)
Aufstellung: Reck (45. Rollmann) – Bockenfeld, Otten, Bratseth, Schaaf, Borowka (45. Kutzop), Eilts, Votava (70. Wolter), Sauer – Riedle, Burgsmüller (45. Hanses)
Trainer: Rehhagel
Tore: 0:1 Votava (16.), 0:2 Riedle (19.), 0:3 Sauer (43.), 0:4 Kutzop (62. FE), 0:5 Hanses (65.)
Zuschauer: 5.000

18.01.1990
Internationales Turnier-Endspiel
Al Ittihad Djidda – W. Bremen 0:2 (0:1)
Aufstellung: Reck (46. Rollmann) – Bratseth – Otten, Borowka, Bockenfeld – Hanses, Schaaf, Eilts, Votava (46. Sauer), Riedle (66. Wolter), Burgsmüller (85. Kutzop)
Trainer: Rehhagel
Tore: 0:1 Riedle (24.), 0:2 Riedle (62.)
Besonderes Vorkommnis: Platzverweis für Dieter Eilts wegen Tätlichkeit (90.)
Zuschauer: 18.000 in Mehalla

04.02.1990
Freundschaftsspiel
VfR Osterode – W. Bremen 2:6 (0:4)
Aufstellung: Reck (46. Rollmann) – Sauer – Kutzop (46. Harttgen), Borowka – Schaaf (46. Hanses), Bockenfeld, Votava (60. Burgsmüller), Eilts, Otten – Riedle, Rufer
Trainer: Rehhagel
Tore: 0:1 Riedle (13.), 0:2 Votava (21.), 0:3 Rufer (28.), 0:4 Riedle (43.), 0:5 Riedle (47.), 1:5 Motz (65.), 2:5 Motz (69.), 2:6 Riedle (75.)
Zuschauer: 6.500

10.02.1990
Internationales Freundschaftsspiel
FC Dynamo Berlin – W. Bremen 0:2 (0:0)
Aufstellung: Reck (63. Rollmann) – Kutzop – Votava, Borowka – Bockenfeld (70. Wolter), Schaaf (76. Burgsmüller), Sauer (46. Harttgen), Eilts, Otten – Riedle, Rufer
Trainer: Rehhagel
Tore: 0:1 Riedle (55.), 0:2 Borowka (75.)
Besonderes Vorkommnis: Kutzop verschießt FE (50.)
Zuschauer: 3.000 in Rühen

17.02.1990
Internationales Freundschaftsspiel
FC Hansa Rostock – W. Bremen 2:6 (1:2)
Aufstellung: Reck – Sauer – Schaaf (66. Hanses), Borowka, Otten (75. Kutzop) – Bockenfeld (75. Burgsmüller), Votava, Harttgen, Eilts – Rufer, Riedle
Trainer: Rehhagel
Tore: 0:1 Alms (18. ET), 0:2 Harttgen (29.), 1:2 Jarohs (42.), 1:3 Borowka (59. FE), 2:3 Wahl (62.), 2:4 Borowka (66. FE), 2:5 Riedle (73.), 2:6 Eilts (75.)
Zuschauer: 27.000

24.02.1990
Bundesliga, 22. Spieltag
Bor. M'gladbach – W. Bremen 4:0 (3:0)
Aufstellung: Reck – Sauer – Borowka, Otten – Bockenfeld, Votava, Harttgen (52. Bode), Eilts, Hermann (34. Wolter) – Riedle, Rufer
Trainer: Rehhagel
Tore: 1:0 Belanow (7.), 2:0 Belanow (16.), 3:0 Hochstätter (29.), 4:0 Criens (75.)
Zuschauer: 25.000

02.03.1990
Bundesliga, 23. Spieltag
W. Bremen – FC 08 Homburg 0:0
Aufstellung: Reck – Kutzop (46. Neubarth) – Borowka – Bockenfeld, Schaaf, Votava, Eilts, Harttgen, Otten – Bode (78. Burgsmüller), Rufer
Trainer: Rehhagel
Tore: –
Zuschauer: 12.122

07.03.1990
UEFA-Cup, Viertelfinale-Hinspiel
RFC Lüttich – W. Bremen 1:4 (1:3)
Aufstellung: Reck – Bratseth – Borowka (80. Wolter), Sauer, Otten – Bockenfeld, Votava, Eilts – Riedle, Neubarth (80. Bode), Rufer
Trainer: Rehhagel
Tore: 0:1 Bockenfeld (33.), 0:2 Riedle (35.), 0:3 Rufer (40.), 1:3 Varga (41.), 1:4 Riedle (68.)
Zuschauer: 14.000

10.03.1990
Bundesliga, 24. Spieltag
Karlsruher SC – W. Bremen 2:1 (1:0)
Aufstellung: Rollmann – Bratseth – Borowka (75. Bode), Otten – Bockenfeld, Votava, Eilts, Neubarth, Sauer – Riedle, Rufer
Trainer: Rehhagel
Tore: 1:0 Hermann (36.), 2:0 Bogdan (55.), 2:1 Bratseth (77.)
Zuschauer: 20.000

16.03.1990
Bundesliga, 25. Spieltag
W. Bremen – 1. FC Köln 4:0 (3:0)
Aufstellung: Reck – Bratseth – Sauer, Borowka – Wolter, Eilts (87. Schaaf), Votava, Otten – Riedle, Neubarth (77. Bode), Rufer
Trainer: Rehhagel
Tore: 1:0 Riedle (25.), 2:0 Votava (31.), 3:0 Neubarth (37.), 4:0 Riedle (73.)
Zuschauer: 25.761

21.03.1990
UEFA-Cup, Viertelfinale-Rückspiel
W. Bremen – RFC Lüttich 0:2 (0:1)
Aufstellung: Reck – Bratseth – Borowka, Sauer – Bockenfeld (71. Schaaf), Wolter, Votava, Otten – Riedle, Neubarth, Rufer
Trainer: Rehhagel
Tore: 0:1 de Sart (24.), 0:2 Milosevic (82. FE im Nachschuss)
Zuschauer: 25.760

Spielberichtsbogen eines hitzigen Freundschaftsspiels: Werder besiegt Al Ittihad Djidda zwar mit 2:0, die üble Knüppelei vor 18.000 fanatischen Zuschauern endet jedoch mit einem Platzverweis für Dieter Eilts

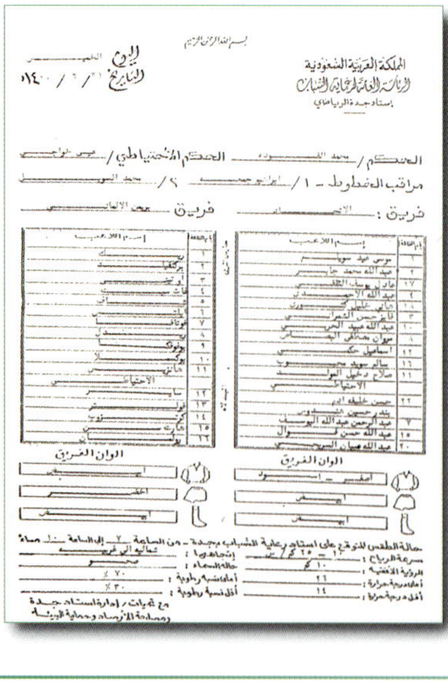

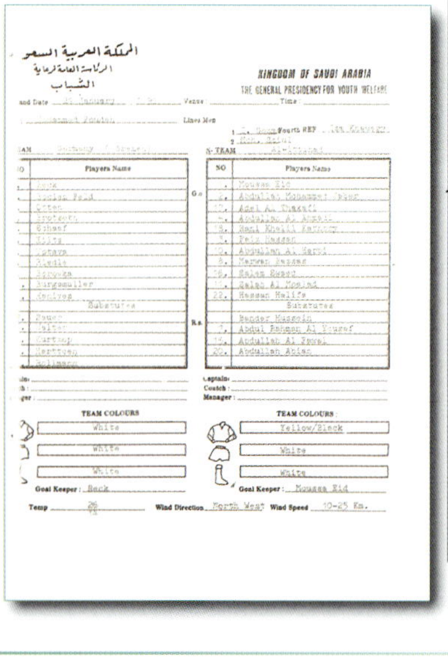
KINGDOM OF SAUDI ARABIA
THE GENERAL PRESIDENCY FOR YOUTH WELFARE
Players Name
TEAM COLOURS

24.03.1990
Bundesliga, 26. Spieltag
SV Waldhof Mannheim – W. Bremen 0:0
Aufstellung: Reck – Votava – Bratseth, Borowka – Wolter, Eilts, Harttgen, Neubarth (46. Sauer), Otten – Riedle (54. Bode), Rufer
Trainer: Rehhagel
Tore: –
Zuschauer: 11.000

27.03.1990
DFB-Pokal, Halbfinale
W. Bremen – Eintr. Braunschweig 2:0 (1:0)
Aufstellung: Reck – Bratseth – Sauer, Borowka – Bockenfeld (71. Wolter), Votava, Eilts, Otten – Riedle, Neubarth, Rufer
Trainer: Rehhagel
Tore: 1:0 Eilts (12.), 2:0 Riedle (89.)
Zuschauer: 17.666

31.03.1990
Bundesliga, 27. Spieltag
W. Bremen – Hamburger SV 2:1 (2:1)
Aufstellung: Reck – Votava – Borowka, Kutzop – Bockenfeld (87. Schaaf), Wolter, Eilts, Harttgen, Otten – Neubarth (70. Bode), Rufer
Trainer: Rehhagel
Tore: 0:1 Furtok (11.), 1:1 Bockenfeld (34.), 2:1 Eilts (43.)
Zuschauer: 21.679

03.04.1990
UEFA-Cup, Halbfinale-Hinspiel
W. Bremen – AC Florenz 1:1 (0:0)
Aufstellung: Reck – Bratseth – Borowka, Otten – Wolter, Bockenfeld (46. Hermann), Votava, Eilts – Riedle, Neubarth, Rufer
Trainer: Rehhagel
Tore: 0:1 Nappi (78.), 1:1 Landucci (90.+2 ET)
Zuschauer: 24.465

07.04.1990
Bundesliga, 28. Spieltag
Eintracht Frankfurt – W. Bremen 1:0 (0:0)
Aufstellung: Reck – Bratseth – Kutzop, Otten – Wolter, Eilts, Votava, Neubarth (39. Bode), Hermann (85. Borowka) – Riedle, Rufer
Trainer: Rehhagel
Tor: 1:0 Andersen (57.)
Besonderes Vorkommnis: Rote Karte für Otten (49.)
Zuschauer: 25.000

12.04.1990
Bundesliga, 29. Spieltag
W. Bremen – VfL Bochum 1:1 (0:1)
Aufstellung: Reck – Bratseth – Sauer, Borowka – Bockenfeld (46. Wolter), Eilts, Harttgen, Hermann (77. Schaaf) – Riedle, Neubarth, Rufer
Trainer: Rehhagel
Tore: 0:1 Ridder (30.), 1:1 Riedle (83.)
Zuschauer: 14.056

17.04.1990
UEFA-Cup, Halbfinale-Rückspiel
AC Florenz – W. Bremen 0:0
Aufstellung: Reck – Bratseth – Schaaf (70. Hermann), Borowka (77. Bode) – Wolter, Votava, Neubarth, Eilts, Otten – Riedle, Rufer
Trainer: Rehhagel
Tore: –
Zuschauer: 28.000 in Perugia

21.04.1990
Bundesliga, 30. Spieltag
VfB Stuttgart – W. Bremen 3:1 (2:0)
Aufstellung: Reck – Bratseth – Kutzop (46. Bockenfeld), Sauer (35. Schaaf) – Wolter, Votava, Eilts, Hermann, Neubarth – Riedle, Rufer
Trainer: Rehhagel
Tore: 1:0 Rasmussen (9.), 2:0 Frontzeck (34. FE), 3:0 O. Schmäler (55.), 3:1 Votava (66.)
Zuschauer: 24.700

28.04.1990
Bundesliga, 31. Spieltag
W. Bremen – Bayer 05 Uerdingen 0:0
Aufstellung: Reck – Bratseth – Sauer, Borowka – Schaaf (46. Neubarth), Wolter, Votava, Eilts, Hermann – Riedle, Rufer
Trainer: Rehhagel
Tore: –
Zuschauer: 20.406

01.05.1990
Bundesliga, 32. Spieltag
1. FC Kaiserslautern – W. Bremen 2:2 (1:1)
Aufstellung: Reck – Bratseth – Votava, Borowka – Bockenfeld, Sauer (46. Wolter), Harttgen, Eilts, Hermann – Rufer, Bode (60. Neubarth)
Trainer: Rehhagel
Tore: 1:0 Bockenfeld (11. ET), 1:1 Rufer (15.), 2:1 Schupp (54.), 2:2 Rufer (85.)
Zuschauer: 34.740

05.05.1990
Bundesliga, 33. Spieltag
W. Bremen – FC Bayern München 2:2 (2:0)
Aufstellung: Reck – Bratseth – Sauer, Borowka – Bockenfeld (80. Wolter), Votava, Harttgen, Eilts, Hermann – Bode, Rufer
Trainer: Rehhagel
Tore: 1:0 Harttgen (28.), 2:0 Harttgen (38.), 2:1 Kohler (48.), 2:2 Mihajlovic (71.)
Zuschauer: 30.100

12.05.1990
Bundesliga, 34. Spieltag
Bayer 04 Leverkusen – W. Bremen 1:3 (0:1)
Aufstellung: Reck – Bratseth – Borowka, Otten – Bockenfeld (89. Wolter), Votava, Harttgen, Eilts, Hermann – Rufer (75. Burgsmüller), Riedle
Trainer: Rehhagel
Tore: 0:1 Harttgen (17.), 0:2 Harttgen (56.), 0:3 Riedle (59.), 1:3 Fischer (75.)
Zuschauer: 6.500

19.05.1990
DFB-Pokal, Endspiel
1. FC Kaiserslautern – W. Bremen 3:2 (3:0)
Aufstellung: Reck – Bratseth – Borowka (52. Burgsmüller), Otten – Wolter (35. Neubarth), Votava, Harttgen, Eilts, Hermann – Riedle, Rufer
Trainer: Rehhagel
Tore: 1:0 Labbadia (19.), 2:0 Labbadia (26.), 3:0 Kuntz (30.), 3:1 Neubarth (54.), 3:2 Burgsmüller (72.)
Zuschauer: 76.391 in Berlin

28.05.1990
Internationales Freundschaftsspiel
Cosmopolitan Soccer League All Stars (USA-Ostküstenauswahl) – W. B. 2:4 (1:3)
Eingesetzt: Sauer – Borowka, Otten, Bockenfeld – Harttgen – Bode (Rest unbekannt) / Zunächst Bank: Wolter, Burgsmüller, Freund
Trainer: Rehhagel
Tore für Werder: Harttgen (2), Bode (2)
Zuschauer: 1.000 in Hempstead

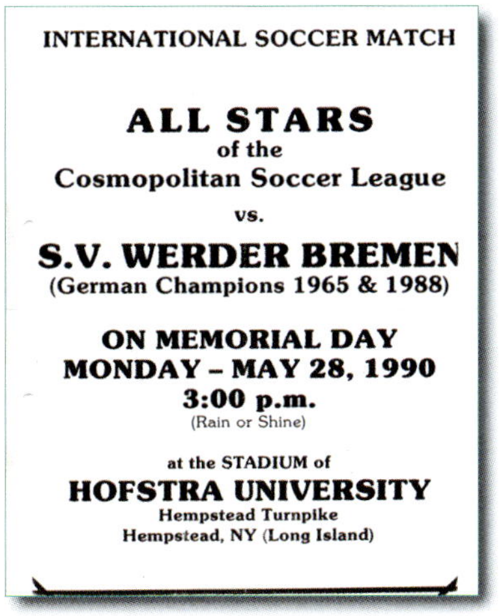
INTERNATIONAL SOCCER MATCH

ALL STARS
of the
Cosmopolitan Soccer League
vs.
S.V. WERDER BREMEN
(German Champions 1965 & 1988)

ON MEMORIAL DAY
MONDAY – MAY 28, 1990
3:00 p.m.
(Rain or Shine)

at the STADIUM of
HOFSTRA UNIVERSITY
Hempstead Turnpike
Hempstead, NY (Long Island)

Flyer für eines der weniger wichtigen Spiele der Saison: Werder tritt bei einer US-Ostküstenauswahl an. Die genaue Aufstellung ist nicht mehr rekonstruierbar

Bundesliga-Abschlusstabelle 1989/1990

Platz	Verein	Spiele	S	U	N	Tore	Diff.	Punkte
1.	Bayern München (M)	34	19	11	4	64:28	+36	49-19
2.	1. FC Köln	34	17	9	8	54:44	+10	43-25
3.	Eintracht Frankfurt	34	15	11	8	61:40	+21	41-27
4.	Borussia Dortmund (P)	34	15	11	8	51:35	+16	41-27
5.	Bayer Leverkusen	34	12	15	7	40:32	+8	39-29
6.	VfB Stuttgart	34	15	6	13	53:47	+6	36-32
7.	**Werder Bremen**	**34**	**10**	**14**	**10**	**49:41**	**+8**	**34-34**
8.	1. FC Nürnberg	34	11	11	12	42:46	-4	33-35
9.	Fortuna Düsseldorf (N)	34	10	12	12	41:41	0	32-36
10.	Karlsruher SC	34	10	12	12	32:39	-7	32-36
11.	Hamburger SV	34	13	5	16	39:46	-7	31-37
12.	1. FC K'lautern	34	10	11	13	42:55	-13	31-37
13.	FC St. Pauli	34	9	13	12	31:46	-15	31-37
14.	KFC Uerdingen	34	10	10	14	41:48	-7	30-38
15.	Borussia M'gladbach	34	11	8	15	37:45	-8	30-38
16.	VfL Bochum	34	11	7	16	44:53	-9	29-39
17.	SV Waldhof Mannheim	34	10	6	18	36:53	-17	26-42
18.	FC Homburg (N)	34	8	8	18	33:51	-18	24-44

Fieberkurve der Bundesliga-Saison 1989/1990

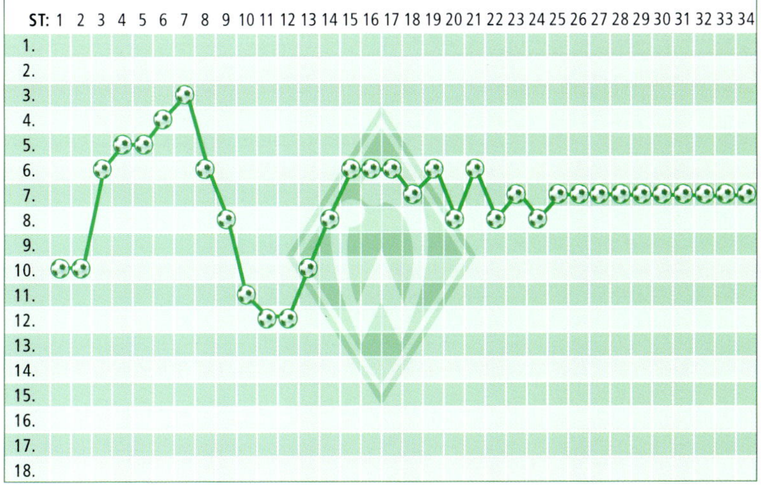

1990/91: Aller guten Dinge ...

Oben v.l.:
Bratseth, Harttgen, Bode, Borowka, Sauer, Wolter, Otten
Mitte v.l.:
Masseur Berger, Zeugwart Ehrke (davor), Bester, Votava, Freund, Malchow, Eilts, Neubarth, Rufer, Co-Trainer Kamp, Trainer Rehhagel
Unten v.l.:
Hermann, Bockenfeld, Reck, Wiedener, Rollmann, van Lent, Schaaf

Die Saison 1990/91 war, wie wir aus heutiger Sicht wissen, ein historisches Kapitel: Nie zuvor und nie wieder nachher verpasste Werder unter der Ägide Otto Rehhagels das internationale Geschäft. Im Sommer 1990 war es soweit: Erstmals seit 1982 sah Werder einer Saison ganz ohne Europacupspiele (und -einnahmen!) entgegen. Willi Lemke gab die Parole aus: »Europa wird ein Jahr ohne uns auskommen müssen.« Schuld daran war das aus Werder-Sicht kaum erträgliche letzte Spiel der Vorsaison: Zum zweiten Mal in Folge durfte Werder als Favorit das Pokalfinale in Berlin bestreiten, und zum zweiten Mal in Folge gab es eine nie erwartete Abreibung. Diesmal tat sie noch mehr weh als im Vorjahr: Nach dem 2:3 gegen Beinahe-Absteiger Kaiserslautern dachte Rehhagel zermürbt an Rücktritt. Und Manni Burgsmüller beendete seine unvergleichliche Karriere, indem er eine Minute vor Schluss dieses Endspiels einen schon als sicheres Ausgleichstor verbuchten Ball aus acht Metern in den Berliner Abendhimmel drosch.

Auch für Karl-Heinz Riedle war das traumatische 2:3 an diesem heißen Maitag in Berlin das letzte Spiel im Werder-Dress. Sein Abschied tat weh, aber war auch nötig, denn mit den Ablösemillionen (geschätzte elf Millionen DM) stopfte Werder die viel zu großen Löcher im Europacup-Einnahmen-Eimer, finanzierte einen Teil des Stadions und lotste einen absoluten Fußball-Promi nach Norddeutschland.

Neben Riedle und Burgsmüller sagte auch Oldtimer Michael Kutzop »Tschüß«. Drei maßgebliche Spieler der Meistermannschaft von 1988 gingen also zeitgleich. Sie wurden ersetzt durch drei Talente aus dem eigenen Nachwuchs und einen Mann, der im deutschen Fußball immer noch einen fantastischen Namen besaß: Klaus Allofs! Der schon 33-Jährige wurde von Rehhagel und Lemke in einer Nacht- und Nebelaktion aus Bordeaux an die Weser gelotst. Wieder so ein komischer Transfer! Immer dieser Rehhagel!

Klaus Allofs spielte insgesamt nur drei Jahre für den SV Werder, aber er half maßgeblich mit, in diesem Zeitraum gleich drei verschiedene Titel zu gewinnen und tat dies u. a. mit insgesamt 18 größtenteils wunderschönen Toren in der Bundesliga. Viele davon hatten unbestritten »Tor des Monats«-Qualität, weil der Altstar immer noch viele Dinge konnte, die in Deutschland damals wie heute nicht viele Spieler beherrschten.

Ebenso interessant wie die Neuverpflichtung Klaus Allofs war anno 1990 die Liste der Spieler, die bei Werder fest eingeplant waren, aber dann doch nicht den Weg an die Weser fanden. Da war zum einen der heutige Trainer Falko Götz, den Werder schon an der Angel hatte. Götz wollte, durfte aber nicht kommen. Ebenso prominent wie Falko Götz waren auch Mittelfeld-Ass Rico Steinmann und Stürmer Uwe Rösler. Beide waren ebenso umworben, wurden aber mit zunehmend konkreteren Verhandlungen auch sprunghaft teurer. Am Ende winkte Werder in beiden Fällen ab. Ebenso nicht in Frage kam die Verpflichtung von Ulf Kirsten. Werders Interesse war groß, aber die Ablöseforderung für den Vollblutstürmer lag am Ende bei damals völlig illusorischen vier Millionen DM. Vervollständigt wird die Liste der Beinahe-Werderaner durch einen gewissen Carsten Jancker aus dem Nachwuchs von Hansa Rostock. Anders als andere Interessenten hielten sich Werders Unterhändler an die Regeln des Fairplay und bekundeten artig offiziell Interesse, stellten sich bei Janckers Eltern vor und redeten mit den Vertretern Rostocks. Der 1. FC Köln baggerte dagegen im Verborgenen – und bekam die begehrte Unterschrift.

Der Saisonverlauf 1990/91 legt die Vermutung nahe, dass Werder auch ohne die Herren Götz, Steinmann und Co. ganz gut zurecht kam. Die personellen Lücken in der Stammelf wurden prima durch die zu Leistungsträgern reifenden Bode und Harttgen gestopft. Klaus Allofs wurde der erhoffte Leistungsträger, und Wynton Rufer entwickelte sich endgültig zu einem absoluten Star der Bundesliga. In seinem Fall war das etwas überraschend, denn der Neuseeländer erlebte mit seinem Ex-Verein Grashoppers Zürich eine unglaubliche Hängepartie, ehe er überhaupt weiterhin für Werder zaubern durfte.

Rufer war in der vergangenen Saison nur ausgeliehen worden. Klar, dass Werder nach »Kiwis« phänomenalem Einstand nicht im Traum daran dachte, nach Ablauf des Leihvertrags auf die Dienste des Stürmers zu verzichten. Eine mit Zürich ausgehandelte Kaufoption gab es jedoch nicht, und so war Werder dem etwas fragwürdigen kaufmännischen Geschick des Schweizer Nationalligisten ausgeliefert. Grashoppers-Manager Vogel forderte für Rufer zunächst weltfremde sieben Millionen DM Ablöse. (Nähere Hintergründe dazu aus dem Munde von Wynton Rufer selbst, einige Seiten weiter!) Werder war nicht bereit, diese Summe zu zahlen und rief die UEFA als Schiedsgericht auf den Plan. Die wiederum legte die Ablösesumme auf 3,1 Millionen DM fest, wobei Wynton Rufer davon ein Anteil von 1,1 Millionen DM zustand. Das Unglaubliche: Der Neuseeländer unterzeichnete eine Absichtserklärung, auf dieses Vermögen zu verzichten, nur um weiter unter Otto Rehhagel spielen zu dürfen! Letztlich kostete der komische Vogel aus Ozeanien Werder also nur ca. zwei Millionen DM. Ein Klacks für einen Spieler, der zum Besten gehört, was Werder fußballerisch je zu bieten hatte!

Nach dem Verpassen des Klassenziels in der Spielzeit zuvor waren natürlich mediale Argusaugen auf Werder gerichtet: Mal wieder wurden bei Boulevardpresse und Fernsehen die Messer gewetzt und mit großem Eifer klitzekleinste Anzeichen für eine Talfahrt des Rehhagel-Vereins gesucht. In der Vorrunde der Saison geschah dies jedoch vergeblich: Werder marschierte wie in besten Zeiten, nachdem ein stotternder Saisonstart mit 7:7 Punkten mühelos aus den grünweißen Kleidern geschüttelt werden konnte. Die Wende zum Guten für die Bremer lässt sich nicht nur an einem einzigen Spiel festmachen, sondern sogar an einem einzigen Schuss: Uli Borowka holte ihn ganz tief aus seiner gefürchteten »Wumms«-Schublade und pfefferte den Ball gegen die Bayern aus 35 Metern via Innenpfosten ins Gehäuse eines bemitleidenswert chancenlosen Bayern-Keepers Aumann. An diesem 28. September 1990 um 21:06 Uhr war Werder wieder da!

Zwei Stürmergenerationen trafen sich 1990 bei Werder und verstanden sich auf dem Spielfeld glänzend: Klaus Allofs spielte am Ende seiner Karriere Seite an Seite mit Marco Bode, bei dem gerade erst alles begann

Es folgten zwölf Spiele, in denen Werder sich nur dem 1. FC Kaiserslautern geschlagen geben musste. Plötzlich war der SVW Tabellenführer, wurde Herbstmeister und schien auch Anfang der neunziger Jahre anknüpfen zu können an die goldenen Achtziger. Leider war die Mannschaft nicht reif, den Fans den großen Traum von der Rückkehr auf den Thron zu erfüllen. Mit einer Misserfolgsserie, die exakt dem Spiegelbild der Erfolge aus dem Herbst und Winter zu entsprechen schien, ritt sich Werder wieder in eine kritische Situation: Zwölf Spiele mit nur einem Sieg (6:0 gegen Hertha BSC) rissen Werder nicht nur aus den Titelträumen, sondern ließen den Verein sogar um die UEFA-Cup-Teilnahme bangen. Erst in den letzten beiden Saisonspielen fing sich die Elf wieder, fuhr gegen Düsseldorf und Bochum zwei Siege ein und beendete die Spielzeit 1990/91 auf einem guten Platz 3.

Die beiden Siege zum Abschluss der Saison kamen gerade recht, um im dritten Pokalfinale nacheinander wieder einmal Favorit zu sein. Gegen den 1. FC Köln spielte Werder Bremen Schicksal für dessen Trainer Erich »Mach et, Otze!« Rutemöller. Das Endspiel geriet weniger spektakulär als im Vorjahr, aber dafür wurde es endlich mal gewonnen, wenn auch erst im Elferschießen. Vorstand, Trainer und Spieler hätten eine dritte Schlappe in drei aufeinander folgenden Pokalfinals wohl seelisch auch kaum noch wegstecken können. Uli Borowka wurde im Elfmeterschießen zum Finalhelden, seine grünweiße Schiebermütze zum modischen Werder-Accessoire der Saison, und der Satz »Dreimal ist Bremer Recht!« zur Werder-Fußballweisheit des Sommers 1991.

Anlässlich des Pokalfinales brachte ein großes Möbelhaus 1991 dieses neue Werder-Maskottchen unter's Fußballvolk. Die Werder-Stadtmusikanten sollten innerhalb des Fanblocks ähnlich populär werden wie die zeitgleich bei Borussia Dortmund in Mode geratenen aufblasbaren Bananen. Das Vorhaben scheiterte

WERDER BREMEN 1990/91

Trainer

Rehhagel, Otto
Verantwortlicher Trainer in allen 34 Spielen der Saison

Juli 1990: Ein europäischer Superstar in Bremen

Beim Trainingsbeginn hatte es noch Gemurre unter der Anhängerschaft gegeben, weil Otto Rehhagel ausschließlich Nachwuchskräfte als Neuzugänge präsentieren konnte. Wenig später jedoch stellte Willi Lemke stolz einen echten Superstar vor: Klaus Allofs von Girondins Bordeaux stand das Werder-Trikot drei Jahre lang ausgezeichnet

Tor

Reck, Oliver »Olli«
34 Spiele; 0 Tore

Rollmann, Jürgen
0 Spiele; 0 Tore

Abwehr

Bockenfeld, Manfred »Manni«
14 Spiele; 0 Tore

Bratseth, Rune
31 Spiele; 1 Tor

Borowka, Ulrich »Ulli«
32 Spiele; 1 Tor

Mittelfeld

Eilts, Dieter »Ostfriesen-Alemao«
32 Spiele; 0 Tore

Harttgen, Uwe
31 Spiele; 7 Tore

Votava, Miroslav »Mirko«
31 Spiele; 2 Tore

Angriff

Rufer, Wynton »Kiwi«
33 Spiele; 15 Tore

Allofs, Klaus
30 Spiele; 10 Tore

Bode, Marco
25 Spiele; 3 Tore

Erweiterter Kader

Wer kam?

Allofs (Girondins Bordeaux/Frankreich)
Bester (FC Süderelbe Hamburg)
Malchow (eig. Amateure)
van Lent (eig. Amateure)

Wer ging?

Burgsmüller (Karriereende)
Hanses (SV Meppen)
Kutzop (Karriereende)
Riedle (Lazio Rom/Italien)

w.d.S. = während der Saison

Der Sport-Verein »Werder« im Jahr 1990/91:

1990/91

Präsident:	Dr. Franz Böhmert
Vizepräsident:	Klaus-Dieter Fischer (Amateur-Abt.)
3. Präsident:	Manfred Müller (Finanzen)
Geschäftsführer:	Wolfgang Barkhausen
Manager:	Willi Lemke
Vereinsarzt:	Dr. Karl Meschede
Masseur:	Holger Berger
Mitglieder:	2.420
Kapazität Weser-Stadion:	40.000 Plätze (21.400 überdachte Sitz- und 8.000 überdachte Stehplätze)

Otten, Jonny
6 Spiele; 0 Tore

Malchow, Alexander »Sascha«
0 Spiele; 0 Tore

Schaaf, Thomas
13 Spiele; 0 Tore

Sauer, Gunnar
22 Spiele; 0 Tore

Wiedener, Andree
0 Spiele; 0 Tore

Hermann, Günter »Jimmy«
29 Spiele; 1 Tor

Wolter, Thomas »Stonie«
29 Spiele; 0 Tore

Freund, Oliver
1 Spiel; 0 Tore

Neubarth, Frank »Socrates«
23 Spiele; 5 Tore

Bester, Marinus
1 Spiel; 0 Tore

van Lent, Arie
0 Spiele; 0 Tore

In Freundschaftsspielen eingesetzt:

Fischer, Andreas (Abwehr)
Przondziono, Martin (Mittelfeld)

Alle Spiele 1990/91

11.07.1990

Internationales Freundschaftsspiel
VÖEST Linz – W. Bremen 1:4 (1:4)
Aufstellung: Reck (46. Rollmann) – Bratseth – Borowka, Sauer, Otten (46. Freund) – Bockenfeld (46. Schaaf), Eilts, Votava (46. Wolter), Harttgen – Rufer, Neubarth (46. Bode)
Trainer: Rehhagel
Tore: 0:1 Neubarth (11.), 1:1 Knaller (18.), 1:2 Neubarth (22.), 1:3 Eilts (33.), 1:4 Harttgen (33.)
Zuschauer: 1.500

13.07.1990
Internationales Freundschaftsspiel
SV Gabor Spittal – W. Bremen 1:2 (1:2)
Aufstellung: Rollmann – Bratseth (26. Sauer) – Otten, Borowka – Bockenfeld (75. Wolter), Eilts, Votava, Harttgen, – Neubarth, Bode (46. Schaaf), Rufer
Trainer: Rehhagel
Tore: 0:1 Harttgen (18.), 0:2 Neubarth (25.), 1:2 Dzeko (43.)
Zuschauer: 2.000

14.07.1990
Internationales Freundschaftsspiel
FC WInterthur – W. Bremen 1:5 (0:3)
Aufstellung: Reck – Borowka – Bockenfeld, Otten – Schaaf, Freund (46. Wolter), Eilts, Votava, Harttgen – Bode (46. Sauer), Rufer (46. Neubarth)
Trainer: Rehhagel
Tore: 0:1 Schaaf (25.), 0:2 Rufer (29.), 0:3 Rufer (35.), 0:4 Neubarth (60.), 1:4 Ataulin (75. FE), 1:5 Bode (84.)
Zuschauer: 2.000

16.07.1990
Freundschaftsspiel
Bezirksauswahl Hirrlingen – W. B. 1:5 (0:2)
Aufstellung: Reck (46. Rollmann) – Bratseth – Bockenfeld, Otten – Schaaf (18. Neubarth), Borowka (46. Sauer), Eilts, Votava, Harttgen – Bode (46. Freund), Rufer
Trainer: Rehhagel
Tore: 0:1 Harttgen (23.), 0:2 Neubarth (30.), 0:3 Neubarth (66.), 1:3 Tissors (71.), 1:4 Neubarth (76.), 1:5 Rufer (82.)
Zuschauer: 2.200

20.07.1990
Freundschaftsspiel
Kickers Offenbach – W. Bremen 2:0 (1:0)
Aufstellung: Reck (46. Rollmann) – Bratseth – Borowka (76. Bode), Votava – Eilts, Bockenfeld (46. Schaaf), Hermann, Harttgen, Otten (46. Sauer) – Rufer, Neubarth
Trainer: Rehhagel
Tore: 1:0 Kostner (45. FE), 2:0 Reichert (75.)
Zuschauer: 2.000

23.07.1990
Fuji-Cup, Halbfinale
W. Bremen – 1. FC Köln 2:0 (1:0)
Aufstellung: Reck (46. Rollmann) – Bratseth – Bockenfeld (46. Schaaf), Borowka, Otten – Hermann (58. Sauer), Eilts, Votava, Harttgen – Neubarth, Rufer (62. Bode)
Trainer: Rehhagel
Tore: 1:0 Bockenfeld (44.), 2:0 Neubarth (59.)
Zuschauer: 3.500 in Oldenburg

26.07.1990
Fuji-Cup, Endspiel
Borussia Dortmund – W. Bremen
1:1 (0:1) Elfmeterschießen: 4:5
Aufstellung: Reck (46. Rollmann) – Bratseth – Borowka, Votava – Bockenfeld, Sauer, Eilts, Hermann, Harttgen – Neubarth (46. Bode), Rufer (72. van Lent)
Trainer: Rehhagel
Tore: 0:1 Neubarth (15.), 1:1 Zorc (64.)
Elfmeterschießen: Hermann, Bratseth, Harttgen, Borowka, Sauer verwandeln; Eilts verschießt
Zuschauer: 6.000 in Lüdenscheid

29.07.1990
Freundschaftsspiel
Kreisauswahl Rosendahl – W. B. 1:10 (1:7)
Aufstellung: Reck – Borowka, Otten, Bratseth, Bockenfeld – Eilts, Hermann, Votava, Harttgen – Bode, Neubarth / Eingewechselt: Sauer, Schaaf, Wolter
Trainer: Rehhagel
Torschützen für Werder: Hermann, Bode (2), Neubarth, Eilts, Borowka (3, davon 1 FE und 1 FE im Nachschuss), Otten, Harttgen
Zuschauer: 1.000 in Osterwick

01.08.1990
Freundschaftsspiel
W. Bremen – Chemnitzer FC 3:2 (1:2)
Aufstellung: Reck (46. Rollmann) – Bockenfeld (46. Schaaf), Otten, Bratseth, Borowka – Votava, Eilts, Hermann (22. Allofs), Harttgen – Rufer (46. Sauer), Neubarth (ab 67. Bode)
Trainer: Rehhagel
Tore: 0:1 Heidrich (8.), 1:1 Bratseth (23.), 1:2 Krämer (44.), 2:2 Bode (76.), 3:2 Bode (88.)
Zuschauer: 6.500

04.08.1990
DFB-Pokal, 1. Runde
SpVgg. Weiden – W. Bremen 1:2 (1:2)
Aufstellung: Reck – Bratseth – Borowka, Otten – Bockenfeld, Votava, Eilts, Harttgen, Hermann – Neubarth (88. Bode), Allofs
Trainer: Rehhagel
Tore: 1:0 Asbeck (17.), 1:1 Neubarth (30.), 1:2 Allofs (40.)
Zuschauer: 6.000

11.08.1990
Bundesliga, 1. Spieltag
Wattenscheid 09 – W. Bremen 2:0 (1:0)
Aufstellung: Reck – Bratseth – Bockenfeld (68. Bode), Votava, Otten (46. Hermann) – Harttgen, Eilts, Neubarth, Borowka – Allofs, Rufer
Trainer: Rehhagel
Tore: 1:0 Fink (38.), 2:0 Sane (84.)
Zuschauer: 12.000

17.08.1990
Bundesliga, 2. Spieltag
W. Bremen – Bor. M'gladbach 3:0 (2:0)
Aufstellung: Reck – Bratseth – Borowka, Otten – Schaaf (68. Sauer), Votava, Eilts, Hermann – Rufer, Neubarth (75. Bode), Allofs
Trainer: Rehhagel
Tore: 1:0 Rufer (15.), 2:0 Rufer (21.), 3:0 Neubarth (64.)
Zuschauer: 19.255

19.08.1990
Freundschaftsspiel
Lazio Rom – W. Bremen 2:2 (1:1)
Aufstellung: Rollmann – Sauer – Wolter (69. Neubarth), Borowka – Schaaf, Harttgen (46. Bode), Votava, Eilts, Otten – Rufer, Allofs
Trainer: Rehhagel
Tore: 1:0 Riedle (11.), 1:1 Allofs (34.), 2:1 Madonna (47.), 2:2 Neubarth (75.)
Besonderheit: Ablösespiel für Karl-Heinz Riedle
Zuschauer: 20.000

25.08.1990
Bundesliga, 3. Spieltag
1. FC Köln – W. Bremen 1:0 (1:0)
Aufstellung: Reck – Bratseth – Borowka, Otten – Bockenfeld (63. Bode), Eilts, Votava, Hermann – Rufer, Neubarth (46. Harttgen), Allofs
Trainer: Rehhagel
Tor: 1:0 Sturm (13.)
Zuschauer: 15.000

01.09.1990
Bundesliga, 4. Spieltag
W. Bremen – Hamburger SV 3:1 (1:1)
Aufstellung: Reck – Sauer – Borowka (69. Wolter), Otten – Schaaf, Eilts, Votava, Hermann – Rufer, Neubarth (62. Bode), Allofs
Trainer: Rehhagel
Tore: 1:0 Allofs (13.), 1:1 Eck (45.), 2:1 Hermann (50.), 3:1 Rufer (83.)
Zuschauer: 20.441

Vor dem Freundschaftsspiel gegen den Chemnitzer FC (1. August) schnürt Klaus Allofs zum allerersten Mal die Stiefel für Werder Bremen

08.09.1990
Bundesliga, 5. Spieltag
Eintracht Frankfurt – W. Bremen 0:0
Aufstellung: Reck – Sauer – Bratseth, Otten – Wolter (83. Borowka), Schaaf, Votava, Eilts, Hermann – Rufer, Allofs (84. Harttgen)
Trainer: Rehhagel
Tore: –
Besonderes Vorkommnis: Reck hält FE von Bein (10.)
Zuschauer: 25.000

15.09.1990
Bundesliga, 6. Spieltag
W. Bremen – Borussia Dortmund 1:1 (1:1)
Aufstellung: Reck – Sauer – Borowka, Bratseth – Schaaf, Votava, Harttgen, Hermann, Otten (5. Neubarth) – Rufer, Allofs
Trainer: Rehhagel
Tore: 0:1 Mill (32.), 1:1 Neubarth (39.)
Zuschauer: 18.660

18.09.1990
Freundschaftsspiel
TuS Eintracht Bremen – W. B. 0:3 (0:2)
Aufstellung: Reck (46. Rollmann) – Sauer – Borowka (46. Schaaf), Bratseth (46. Wiedener), Bockenfeld – Votava, Wolter, Harttgen, Hermann (46. Freund) – Rufer (46. Bode), Allofs (46. van Lent)
Trainer: Rehhagel
Tore: 0:1 Harttgen (23.), 0:2 Harttgen (25.), 0:3 Harttgen (54.)
Besonderheit: Das Spiel dauerte wegen schlechten Wetters nur 70 Minuten
Zuschauer: 500

22.09.1990
Bundesliga, 7. Spieltag
Hertha BSC Berlin – W. Bremen 0:0
Aufstellung: Reck – Bratseth – Sauer, Borowka – Schaaf, Votava, Harttgen, Wolter – Rufer, Neubarth (73. Bode), Allofs
Trainer: Rehhagel
Tore: –
Zuschauer: 17.182

28.09.1990
Bundesliga, 8. Spieltag
W. Bremen – FC Bayern München 1:0 (0:0)
Aufstellung: Reck – Sauer – Borowka, Bratseth – Wolter, Votava, Harttgen, Eilts, Hermann – Rufer, Allofs (87. Bode)
Trainer: Rehhagel
Tor: 1:0 Borowka (52.)
Zuschauer: 32.875

02.10.1990
Freundschaftsspiel
Inselauswahl Poel – W. Bremen 1:14 (0:6)
Eingesetzt: Rollmann – Sauer – Borowka, Wiedener, Bockenfeld, Schaaf – Wolter, Eilts, Harttgen, Freund, Votava – Rufer, Bode, Allofs
Trainer: Rehhagel
Torschützen für Werder: Bode (5), Harttgen (4), Wolter, Bockenfeld, Borowka, Wiedener, Eilts
Zuschauer: 1.500

06.10.1990
Bundesliga, 9. Spieltag
1. FC Nürnberg – W. Bremen 2:3 (1:1)
Aufstellung: Reck – Sauer – Bratseth, Borowka – Wolter, Votava, Harttgen, Eilts, Bode – Rufer, Allofs
Trainer: Rehhagel
Tore: 0:1 Allofs (15.), 1:1 Weidemann (43.), 1:2 Bode (72.), 1:3 Allofs (78.), 2:3 Wagner (84.)
Besonderes Vorkommnis: Köpke hält FE von Borowka (26.)
Zuschauer: 20.500

13.10.1990
Bundesliga, 10. Spieltag
W. Bremen – Bayer 05 Uerdingen 4:3 (2:1)
Aufstellung: Reck – Sauer – Bratseth, Borowka – Wolter, Votava, Harttgen, Eilts, Bode – Allofs, Rufer
Trainer: Rehhagel
Tore: 0:1 Bartram (1.), 1:1 Votava (5.), 2:1 Harttgen (41.), 3:1 Allofs (57.), 3:2 Zietsch (59.), 4:2 Harttgen (71.), 4:3 Zietsch (83.)
Zuschauer: 18.426

19.10.1990
Bundesliga, 11. Spieltag
Bayer 04 Leverkusen – W. Bremen 0:0
Aufstellung: Reck – Sauer – Bratseth (43. Schaaf), Borowka – Wolter, Bockenfeld, Harttgen, Votava, Eilts, Bode – Rufer
Trainer: Rehhagel
Tore: –
Zuschauer: 14.500

26.10.1990
Bundesliga, 12. Spieltag
W. Bremen – FC St. Pauli 1:0 (0:0)
Aufstellung: Reck – Sauer – Bratseth, Borowka – Wolter, Votava, Harttgen, Eilts, Hermann (77. Neubarth) – Bode, Rufer
Trainer: Rehhagel
Tor: 1:0 Harttgen (65.)
Zuschauer: 23.192

02.11.1990
DFB-Pokal, 2. Runde
W. Bremen – FC St. Pauli 2:0 (2:0)
Aufstellung: Reck – Sauer (73. Neubarth) – Bratseth, Borowka – Wolter, Votava, Harttgen, Eilts, Hermann – Rufer, Allofs (85. Bode)
Trainer: Rehhagel
Tore: 1:0 Harttgen (17.), 2:0 Hermann (28.)
Zuschauer: 14.077

10.11.1990
Bundesliga, 13. Spieltag
VfB Stuttgart – W. Bremen 0:1 (0:1)
Aufstellung: Reck – Sauer – Bratseth, Borowka – Wolter, Votava, Harttgen (76. Neubarth), Eilts, Hermann – Allofs, Rufer
Trainer: Rehhagel
Tor: 0:1 Rufer (8.)
Zuschauer: 24.000

17.11.1990
Bundesliga, 14. Spieltag
W. Bremen – Karlsruher SC 2:0 (1:0)
Aufstellung: Reck – Bratseth – Sauer, Borowka (74. Neubarth) – Wolter, Votava, Harttgen, Eilts, Hermann (85. Bockenfeld) – Allofs, Rufer
Trainer: Rehhagel
Tore: 1:0 Allofs (25.), 2:0 Rufer (60.)
Zuschauer: 19.000

24.11.1990
Bundesliga, 15. Spieltag
1. FC Kaiserslautern – W. Bremen 1:0 (1:0)
Aufstellung: Reck – Bratseth – Votava, Sauer – Wolter, Bockenfeld (63. Neubarth), Harttgen, Eilts, Hermann – Rufer, Allofs
Trainer: Rehhagel
Tor: 1:0 Hoffmann (8.)
Zuschauer: 33.704

30.11.1990
DFB-Pokal, Achtelfinale
W. Bremen – FC Schalke 04 3:1 (1:0)
Aufstellung: Reck – Sauer – Borowka, Bratseth – Wolter, Votava, Harttgen, Eilts, Hermann – Allofs, Rufer
Trainer: Rehhagel
Tore: 1:0 Allofs (30.), 1:1 Luginger (55.), 2:1 Borowka (64.), 3:1 Rufer (89.)
Zuschauer: 26.500

08.12.1990
Bundesliga, 16. Spieltag
W. Bremen – Fortuna Düsseldorf 3:1 (0:0)
Aufstellung: Reck – Bratseth – Sauer, Borowka – Wolter, Eilts, Harttgen, Hermann, Bode (46. Neubarth) – Rufer, Allofs
Trainer: Rehhagel
Tore: 1:0 Allofs (51.), 2:0 Rufer (63.), 2:1 Demandt (82.), 3:1 Rufer (84.)
Zuschauer: 17.742

14.12.1990
Bundesliga, 17. Spieltag
VfL Bochum – W. Bremen 1:2 (0:1)
Aufstellung: Reck – Bratseth – Sauer, Borowka – Wolter, Harttgen, Votava, Eilts, Hermann – Allofs, Rufer
Trainer: Rehhagel
Tore: 0:1 Rufer (23.), 0:2 Rufer (57.), 1:2 Legat (80.)
Zuschauer: 13.500

02.02.1991
Freundschaftsspiel
TSV Kropp – W. Bremen 2:10 (1:5)
Aufstellung: Reck (46. Rollmann) – Sauer – Wolter (46. Bockenfeld), Bratseth, Borowka – Hermann (46. Bode), Eilts, Votava, Harttgen – Allofs (46. Neubarth), Rufer
Trainer: Rehhagel
Tore: 0:1 Rufer (5.), 0:2 Rufer (12.), 0:3 Ehrlich (19. ET), 1:3 Jastrzembski (28.), 1:4 Votava (32.), 1:5 Rufer (41.), 1:6 Neubarth (47.), 1:7 Sauer (48.), 1:8 Rufer (53.), 1:9 Bockenfeld (64.), 1:10 Bode (79.), 2:10 Lohmann (80.)
Zuschauer: 3.300

09.02.1991
Freundschaftsspiel
TV Langen – W. Bremen 1:17 (0:10)
Aufstellung: Reck (46. Rollmann) – Sauer – Wolter (46. Bockenfeld), Borowka, – Hermann, Eilts, Harttgen, Votava (46. Schaaf) – Allofs (46. Bode), Rufer, Neubarth
Trainer: Rehhagel
Torschützen für Werder: Harttgen (4), Rufer (3), Allofs (2), Bockenfeld (2), Bode (2), Neubarth (2), Hermann, Sauer
Zuschauer: 3.400

16.02.1991
Freundschaftsspiel
W. Bremen – W. Bremen Amat. 4:2 (0:0)
Aufstellung: Reck – Sauer – Bratseth, Borowka (62. Schaaf) – Wolter (46. Bockenfeld), Hermann, Eilts, Votava, Harttgen (37. Neubarth) – Rufer, Allofs (46. Bode)
Trainer: Rehhagel
Tore: 0:1 Stammermann (53.), 1:1 Neubarth (59.), 2:1 Eilts (62.), 3:1 Rufer (68.), 4:1 Bockenfeld (89.), 4:2 Bester (90.)
Zuschauer: 500

26.02.1991
Bundesliga, 18. Spieltag
W. Bremen – Wattenscheid 09 1:1 (1:1)
Aufstellung: Reck – Bratseth – Sauer (86. Bockenfeld), Borowka – Wolter (58. Neubarth), Votava, Harttgen, Eilts, Hermann – Rufer, Allofs
Trainer: Rehhagel
Tore: 0:1 Kontny (17.), 1:1 Harttgen (34.)
Zuschauer: 18.000

03.03.1991
Bundesliga, 19. Spieltag
Bor. M'gladbach – W. Bremen 1:1 (1:0)
Aufstellung: Reck – Neubarth – Borowka, Sauer – Bockenfeld (46. Wolter), Schaaf, Allofs, Eilts, Hermann – Bester (87. Freund), Bode
Trainer: Rehhagel
Tore: 1:0 Pflipsen (34.), 1:1 Bode (59.)
Zuschauer: 26.559

08.03.1991
Bundesliga, 20. Spieltag
W. Bremen – 1. FC Köln 2:1 (0:0)
Aufstellung: Reck – Neubarth – Sauer, Borowka (60. Bode) – Wolter, Harttgen, Votava (66. Schaaf), Eilts, Hermann – Rufer, Allofs
Trainer: Rehhagel
Tore: 0:1 Ordenewitz (53.), 1:1 Harttgen (61.), 2:1 Neubarth (86.)
Zuschauer: 24.128

15.03.1991
Bundesliga, 21. Spieltag
Hamburger SV – W. Bremen 3:2 (2:0)
Aufstellung: Reck – Neubarth – Borowka (62. Schaaf), Bratseth, Wolter – Hermann, Eilts, Bode (62. Bockenfeld), Harttgen – Rufer, Allofs
Trainer: Rehhagel
Tore: 1:0 Beiersdorfer (8.), 2:0 Furtok (25.), 2:1 Bratseth (80.), 3:1 Stratos (89.), 3:2 Rufer (90.)
Zuschauer: 43.000

18.03.1991
Internationales Freundschaftsspiel
W. Bremen – IFK Norrköping 2:1 (1:0)
Aufstellung: Rollmann – Malchow – Bockenfeld, Fischer, Wiedener – Wolter, Sauer, Schaaf, Freund – Bode, Bester
Trainer: Rehhagel
Tore: 1:0 Bester (40.), 2:0 Bester (47.), 2:1 Kindvall (59.)
Zuschauer: 200 auf Platz 11 des Weser-Stadions

22.03.1991
Bundesliga, 22. Spieltag
W. Bremen – Eintracht Frankfurt 1:1 (0:0)
Aufstellung: Reck – Bratseth – Borowka (73. Bode) – Sauer, Eilts, Votava, Neubarth, Harttgen, Hermann – Rufer, Allofs
Trainer: Rehhagel
Tore: 0:1 Möller (67.), 1:1 Neubarth (77.)
Zuschauer: 23.700

30.03.1991
DFB-Pokal, Viertelfinale
Hessen Kassel – W. Bremen 0:2 (0:2)
Aufstellung: Reck – Bratseth – Votava, Borowka – Wolter, Bockenfeld (84. Schaaf), Neubarth, Harttgen, Hermann – Rufer, Allofs (87. Bode)
Trainer: Rehhagel
Tore: 0:1 Harttgen (31.), 0:2 Neubarth (35.)
Besonderes Vorkommnis: Zeljiko hält FE von Borowka (71.)
Zuschauer: 22.000

02.04.1991
Bundesliga, 23. Spieltag
Borussia Dortmund – W. Bremen 1:1 (1:1)
Aufstellung: Reck – Neubarth – Bratseth, Borowka – Wolter, Votava, Harttgen, Eilts (69. Bode), Hermann (89. Schaaf) – Rufer, Allofs
Trainer: Rehhagel
Tore: 1:0 Helmer (15.), 1:1 Rufer (20.)
Zuschauer: 42.096

05.04.1991
Bundesliga, 24. Spieltag
W. Bremen – Hertha BSC Berlin 6:0 (2:0)
Aufstellung: Reck – Bratseth – Wolter, Borowka – Bockenfeld (37. Schaaf), Votava, Harttgen, Eilts, Hermann – Neubarth (46. Bode), Rufer
Trainer: Rehhagel
Tore: 1:0 Zernicke (28. ET), 2:0 Neubarth (35.), 3:0 Rufer (50.), 4:0 Rufer (63.), 5:0 Harttgen (80. HE), 6:0 Rufer (84.)
Zuschauer: 18.000

13.04.1991
Bundesliga, 25. Spieltag
FC Bayern München – W. Bremen 1:1 (1:0)
Aufstellung: Reck – Neubarth – Bratseth, Borowka – Wolter, Votava, Harttgen (52. Allofs), Eilts, Hermann – Rufer, Bode
Trainer: Rehhagel
Tore: 1:0 Wohlfarth (15.), 1:1 Rufer (55. FE)
Zuschauer: 50.000

17.04.1991
Bundesliga, 26. Spieltag
W. Bremen – 1. FC Nürnberg 0:0
Aufstellung: Reck – Bratseth – Wolter, Borowka – Votava, Harttgen, Eilts, Hermann – Rufer, Neubarth (82. Bode), Allofs
Trainer: Rehhagel
Tore: –
Zuschauer: 16.100

20.04.1991
Bundesliga, 27. Spieltag
Bayer 05 Uerdingen – W. Bremen 0:0
Aufstellung: Reck – Bratseth – Sauer, Borowka – Wolter, Votava, Harttgen, Eilts, Hermann – Rufer, Allofs
Trainer: Rehhagel
Tore: –
Zuschauer: 9.200

25.04.1991
DFB-Pokal, Halbfinale
Eintracht F'furt – W. B. 2:2 (2:2, 2:1) n.Verl.
Aufstellung: Reck – Bratseth – Sauer (46. Allofs), Borowka – Wolter, Votava, Neubarth (32. Harttgen), Eilts, Hermann – Rufer, Bode
Trainer: Rehhagel
Tore: 0:1 Gründel (2. ET), 1:1 Klein (22.), 2:1 Binz (28.), 2:2 Bode (61.)
Besonderes Vorkommnis: Rote Karte für Yeboah (37.)
Zuschauer: 32.200

27.04.1991
Freundschaftsspiel
SV Großefehn – W. Bremen 0:7 (0:3)
Eingesetzt: Reck (17. Rollmann) – Sauer – Wolter, Malchow (46. Wiedener) – Hermann, Przondziono (46. van Lent), Votava, Harttgen, Freund (46. Bester) – Bode, Rufer
Trainer: Rehhagel
Tore: 0:1 Meyer (2. ET), 0:2 Votava (16.), 0:3 Przondziono (43.), 0:4 Harttgen (60.), 0:5 Bode (65.), 0:6 Rufer 70.), 0:7 Bode (70.)
Zuschauer: 3.500

04.05.1991
Bundesliga, 28. Spieltag
W. Bremen – Bayer 04 Leverkusen 1:1 (0:1)
Aufstellung: Reck – Bratseth – Wolter, Borowka – Bockenfeld (46. Neubarth), Votava, Harttgen, Eilts, Hermann (72. Bode) – Rufer, Allofs
Trainer: Rehhagel
Tore: 0:1 Schreier (33.), 1:1 Allofs (85.)
Zuschauer: 14.600

08.05.1991
DFB-Pokal, Halbfinale-Wiederholungsspiel
W. Bremen – Eintracht Frankfurt 6:3 (4:1)
Aufstellung: Reck – Bratseth – Sauer – Votava, Harttgen, Borowka, Eilts, Hermann – Rufer (81. Schaaf), Neubarth (84. Bode), Allofs
Trainer: Rehhagel
Tore: 1:0 Rufer (8.), 1:1 Sippel (15.), 2:1 Bratseth (29.), 3:1 Rufer (30.), 4:1 Neubarth (37.), 4:2 Sippel (67.), 4:3 Binz (72. FE), 5:3 Rufer (75.), 6:3 Allofs (80.)
Zuschauer: 21.160

11.05.1991
Bundesliga, 29. Spieltag
FC St. Pauli – W. Bremen 0:0
Aufstellung: Reck – Bratseth – Sauer, Borowka – Votava, Eilts, Harttgen, Hermann, Neubarth – Rufer, Allofs (75. Wolter)
Trainer: Rehhagel
Tore: –
Besonderes Vorkommnis: Rote Karte für Neubarth (55.)
Zuschauer: 19.600

17.05.1991
Bundesliga, 30. Spieltag
W. Bremen – VfB Stuttgart 0:1 (0:1)
Aufstellung: Reck – Bratseth – Sauer, Borowka (46. Bode) – Wolter, Votava, Harttgen, Eilts, Hermann – Rufer, Allofs
Trainer: Rehhagel
Tor: 0:1 Votava (22. ET)
Zuschauer: 17.023

25.05.1991
Bundesliga, 31. Spieltag
Karlsruher SC – W. Bremen 1:1 (0:0)
Aufstellung: Reck – Wolter, Bratseth, Bode – Bockenfeld, Harttgen, Votava, Eilts, Borowka – Rufer, Allofs
Trainer: Rehhagel
Tore: 0:1 Bode (53.), 1:1 Scholl (81.)
Zuschauer: 17.000

01.06.1991
Bundesliga, 32. Spieltag
W. Bremen – 1. FC Kaiserslautern 1:2 (1:1)
Aufstellung: Reck – Bratseth – Votava, Borowka – Wolter, Harttgen, Eilts, Hermann (82. Bockenfeld) – Allofs, Rufer, Bode
Trainer: Rehhagel
Tore: 1:0 Allofs (16.), 1:1 Hoffmann (26.), 1:2 Schupp (63.)
Zuschauer: 31.500

08.06.1991
Bundesliga, 33. Spieltag
F'una D'dorf – W. B. 1:2 (1:1)
Aufstellung: Reck – Bratseth – Wolter, Votava – Bockenfeld, Harttgen (46. Schaaf), Eilts, Hermann, Bode – Rufer, Allofs
Trainer: Rehhagel
Tore: 0:1 Allofs (12.), 1:1 Schütz (25.), 1:2 Allofs (62.)
Zuschauer: 8.000

15.06.1991
Bundesliga, 34. Spieltag
W. Bremen – VfL Bochum 2:1 (2:0)
Aufstellung: Reck – Bratseth – Borowka (74. Bockenfeld) – Wolter, Schaaf, Votava, Harttgen, Eilts, Hermann (65. Bode) – Rufer, Neubarth
Trainer: Rehhagel
Tore: 1:0 Votava (40.), 2:0 Harttgen (44.), 2:1 Epp (70.)
Zuschauer: 14.492

22.06.1991
DFB-Pokal, Endspiel
1. FC Köln – W. Bremen
1:1 (1:1, 0:0) n.Verl. Elfmeterschießen: 3:4
Aufstellung: Reck – Bratseth – Votava, Borowka – Wolter, Hermann (75. Sauer), Eilts, Neubarth (70. Harttgen), Bode – Rufer, Allofs
Trainer: Rehhagel
Tore: 0:1 Eilts (48.), 1:1 Banach (62.)
Elfmeterschießen: Rudy vorbei, Allofs gehalten, 1:0 Higl, 1:1 Rufer, Littbarski gehalten, 1:2 Bratseth, 2:2 Banach, 2:3 Harttgen, 3:3 Götz, 3:4 Borowka
Zuschauer: 73.000 in Berlin

Tore schoss er nur zu sehr ausgesuchten Anlässen: Dieter Eilts jubelt über sein 1:0 im Pokalfinale gegen den 1. FC Köln

Werder wurde nach 30 Jahren endlich wieder Pokalsieger. Nach dem Sieg über den 1. FC Köln freuen sich Trainer Rehhagel, Bratseth, Herttgen, Schaaf, Wolter, Neubarth, Bockenfeld, Sauer, Bode (halb verdeckt), Otten, Ko-Trainer Kamp und Eilts (oben v.l.) sowie Votava, Hermann, Reck, Allofs, Borowka und Rollmann (unten v.l.)

Bundesliga-Abschlusstabelle 1990/1991

Platz	Verein	Spiele	S	U	N	Tore	Diff.	Punkte
1.	1. FC K'lautern (P)	34	19	10	5	72:45	+27	48-20
2.	Bayern München (M)	34	18	9	7	74:41	+33	45-23
3.	**Werder Bremen**	**34**	**14**	**14**	**6**	**46:29**	**+17**	**42-26**
4.	Eintracht Frankfurt	34	15	10	9	63:40	+23	42-26
5.	Hamburger SV	34	16	8	10	60:38	+22	40-28
6.	VfB Stuttgart	34	14	10	10	57:44	+13	38-30
7.	1. FC Köln	34	13	11	10	50:43	+7	37-31
8.	Bayer Leverkusen	34	11	13	10	47:46	+1	35-33
9.	Borussia M'gladbach	34	9	17	8	49:54	-5	35-33
10.	Borussia Dortmund	34	10	14	10	46:57	-11	34-34
11.	SG Wattenscheid 09 (N)	34	9	15	10	42:51	-9	33-35
12.	Fortuna Düsseldorf	34	11	10	13	40:49	-9	32-36
13.	Karlsruher SC	34	8	15	11	46:52	-6	31-37
14.	VfL Bochum	34	9	11	14	50:52	-2	29-39
15.	1. FC Nürnberg	34	10	9	15	40:54	-14	29-39
16.	FC St. Pauli	34	6	15	13	33:53	-20	27-41
17.	KFC Uerdingen 05	34	5	13	16	34:54	-20	23-45
18.	Hertha BSC Berlin (N)	34	3	8	23	37:84	-47	14-54

Fieberkurve der Bundesliga-Saison 1990/1991

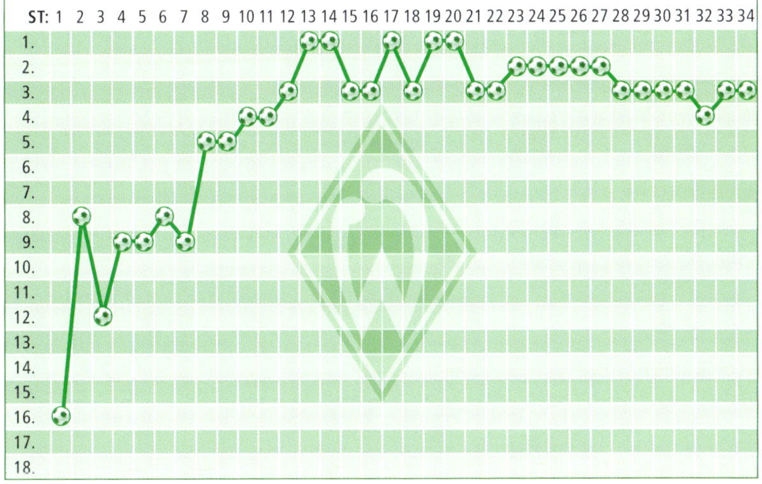

1991/92: Die Krönung

Oben v.l.:
Eilts, Bester, Kolbuch, Przondziono, Unger, Votava, Sauer, Wolter, Otten, Legat, Rufer
Mitte v.l.:
Masseur Berger, Trainer Rehhagel, Bratseth, Neubarth, Bode, Harttgen, Malchow, Witossek, Deering, Kohn, Wenschlag, Zeugwart Ehrke, Co-Trainer Kamp
Unten v.l.: Bockenfeld, Borowka, Hermann, Rollmann, Wiedener, Reck, van Lent, Allofs, Schaaf

Wenn es einen Fußballgott gibt, dann hatte der in Sachen Werder 1991/92 gut zu tun und hat seine Aufgabe am Ende einer ganz eigenartigen Saison großartig gelöst. Das schlechteste Jahr in der Bundesliga seit dem Beginn der Regentschaft Otto Rehhagels wurde ausgeglichen durch den wohl stolzesten Tag der Vereinsgeschichte: Den Sieg im Europapokal der Pokalsieger!

Am Anfang der Saison stand die Freude über die Rückkehr ins internationale Geschäft. Die Fleischtöpfe waren wieder näher gerückt, und das war in der Sommerpause 1991 besonders wichtig, weil Werder vor der vielleicht längsten Saison überhaupt stand. Denn die Bundesliga wurde einmalig durch die Integration der Ex-DDR-Vereine aus Rostock, Dresden und Leipzig auf 20 Clubs aufgestockt und dauerte nun 38 statt 34 Spieltage. Rehhagel reagierte, indem er den bis dahin größten Kader der Bundesligageschichte um sich scharte: Dem einzigen Abgang Oliver Freund standen gleich neun neue Spieler gegenüber, von denen allerdings nur drei auch Geld kosteten. Im Doppelpack kamen die beiden Leistungsträger des VfL Bochum, Torsten Legat und Stefan Kohn. Und als Dreingabe mit Kay Wenschlag ein Talent aus dem Osten, der allerdings seine Bundesligatauglichkeit in zwei Jahren bei Werder nie unter Beweis stellen konnte und anschließend eine Odyssee durch die norddeutsche Amateurfußballszene begann.

Die Bundesligasaison lässt sich diesmal denkbar kurz zusammenfassen: Werder blieb vom ersten Spieltag an weit hinter den Erwartungen zurück und leistete sich eine nie für möglich gehaltene Zahl von Pleiten gegen vermeintlich schlagbare Kon-

Otto Rehhagels Karriere hatte viele besondere Momente. Dies war einer der besondersten: in sich gekehrt mit dem Europapokal beim Heimflug nach Bremen

trahenten. Werder verlor gegen Neulinge, Werder verlor gegen Abstiegskandidaten, Werder verlor auswärts und Werder verlor zu Hause. Alleine in der Vorrunde trugen die Werder-Bezwinger KSC, Kickers Stuttgart, Dynamo Dresden, 1. FC Köln, Kaiserslautern und 1. FC Nürnberg wahrlich keine furchterregenden Namen. In der Rückrunde lieferten die Grünweißen die Punkte dann noch einmal brav und gewissenhaft gegen beinahe exakt dieselben Mannschaften ab – gegen die Kickers und Nürnberg sogar zu Hause. Am Ende stand ein 9. Platz im Gesamtklassement, der durch weitere Fakten eindeutig als Misserfolg entlarvt werden konnte: Werder leistete sich gleich fünf Heimniederlagen (nur Platz 13 der Heimtabelle), schoss nur 44 Tore in 38 Spielen und erlebte am Ende das lange nicht gekannte Gefühl eines negativen Torverhältnisses. Die Kundschaft auf der Tribüne registrierte das Abschneiden des amtierenden Pokalsiegers bisweilen verschnupft bis bitterböse und zahlte es dem enttäuschenden Bundesligaensemble wieder einmal heim, indem sie dem vermeintlich Hauptschuldigen ans Bein pinkelte: Otto Rehhagel war bei beängstigend vielen Anhängern unten durch, was sich an einem regnerischen Märzfreitag in einem unerhörten Ausbruch entlud. Bei der in der Tat restlos deprimierenden Heimniederlage gegen den späteren Absteiger Stuttgarter Kickers (1:3) erschall es im Weser-Stadion laut und deutlich: »Uwe-Uwe-Uwe!!!« Gemeint war diesmal eindeutig nicht Seeler, sondern Reinders, und gefeiert wurde nicht der Rechtsaußen, sondern der erfolgreiche Trainer Uwe Reinders, der genau eine Woche vorher praktischerweise bei Hansa Rostock gefeuert worden war.

Werder wäre nicht Werder, wenn der Verein ernsthaft über eine Entlassung des Trainer-Denkmals sinniert hätte. Trotzig arbeitete Rehhagel weiter mit seinen Jungs, bekam die demonstrative Rückendeckung seines Vorstands (wie immer in solch unruhigen Phasen), und simultan trat nun auch der eingangs schon kurz gelobte Fußballgott auf den Plan. Der sorgte nämlich dafür, dass sowohl Fans als auch Mannschaft reich entschädigt wurden für das Trübsal des Bundesligageschehens. Denn in zwei wahren Thrillern gelang gegen Galatasaray Istanbul und den FC Brügge der Einzug ins Finale des Europapokals der Cupsieger. In der Türkei bedurfte es in einem heute legendären Schneespiel einer unglaublichen Portion Glück, um nicht noch in letzter Minute im Schneegestöber unterzugehen. Und gegen Brügge wurden Werders Kicker von allen Seiten mit allen Mitteln gepiesackt, getreten, von den Zuschauern mit Gegenständen beworfen und übel beschimpft. Im Rückspiel war es eines der seltenen Tore von Manni Bockenfeld, das die Finalreise nach Lissabon sicherte.

Europacup-Meilensteine: Oben bejubelt »Mr. Europacup« Frank Neubarth eines seiner vielen Tore. Unten ein weniger glamouröser Augenblick: Im Schneegestöber von Istanbul behält Werder klaren Kopf und setzt sich im Viertelfinale gegen Galatasaray durch

1:0!

Oben: So fing es an! Klaus Allofs, überraschend in der Startformation, bringt Werder per Volleyschuss auf die Siegerstraße und dreht jubelnd ab

Lissabon, Stadion des Lichts, 6. Mai 1992, 20:47 Uhr: Werder erobert Europa

Es gibt einen Fußballgott. Wie sonst könnte man eine hinreichend verkorkste Bundesligasaison eindrucksvoller reparieren als mit einem Europapokalsieg zum Saisonende? Werder reiste an diesem 6. Mai 1992 als klarer Außenseiter nach Lissabon, um sich im »Stadion des Lichtes«, das offiziell »Sport Lisboa e Benfica-Stadion« hieß, dem AS Monaco zu stellen.

Monaco bot unter der Regie von Trainer Arsène Wenger ein millionenschweres Starensemble auf, das alleine schon durch das Weltklasse-Mittelfeld mit den Herren Rui Barros, Marcel Dib, Emmanuel Petit und Gérald Passi Respekt einflößte. Dazu kamen Nationaltorwart Ettori und der Paradesturm Weah / Fofana. Die damals noch blutjungen Könner Youri Djorkaeff und Lilian Thuram fanden sich sogar nur auf der Ersatzbank wieder.

Doch Werder stellte der geballten Klasse der Monegassen an diesem Abend vor nur 16.000 Besuchern in Lissabon schlicht und einfach Besseres gegenüber. Uli Borowka und Rune Bratseth hatten die brandgefährlichen Stürmer der Franzosen jederzeit im Griff, Ersatztorwart Jürgen Rollmann bekam kaum etwas zu tun, und Werders Mittelfeld mit Dieter Eilts und Mirko Votava stach die gegnerischen Asse aus. Im Sturm sollte zur allgemeinen Überraschung der seit sechs Wochen nicht mehr berücksichtigte Oldie Klaus Allofs die Kastanien aus dem Feuer holen. Und das tat er dann auch.

Nicht die Kastanien, sondern vor allem der ersehnte Europacup fand den Weg in die Vitrine des Vereins, weil Allofs und Rufer glänzten und alle Profis auf dem Lissaboner Rasen über sich hinauswuchsen. Monaco hatte nach Allofs' Führungstor kurz vor der Pause nach Vorlage von Wynton Rufer das Nachsehen, und in der zweiten Hälfte schaukelte Werder das Ding durch einen Gänsehautgeniestreich derselben beiden Spieler entspannt nach Hause: Allofs spielte einen sensationellen Steilpass, der Monacos Hintermannschaft wie ein Messer zerschnitt, und der Kiwi hatte fast 50 Meter lang Zeit, sich zu überlegen, wie er den Ball reinmachen möchte. Er entschied sich für die frechste Lösung und narrte Torwart Ettori, indem er den Ball aus vollem Lauf auf einer Seite am Schlussmann entlang spielte, auf der anderen Seite vorbeisprintete und schließlich vehement einlochte. Werder und ganz Bremen lagen im Freudentaumel, und das nach einer insgesamt so mageren Bundesligasaison!

Wynton Rufer hat für Werder schließlich insgesamt genau 100 Tore in Pflichtspielen erzielt. Viele davon waren wunderschön, doch keines wird so unauslöschbar in der Erinnerung hängen bleiben wie der Treffer von Lissabon, der dem »perfekten Fußballmoment« für einen Werder-Fan schon verdammt nahe kam.

Anschließend wurden übermütig Glatzen geschoren (zum Fürchten: der Anblick des kahlköpfigen Uli Borowka!), die uninteressante Bundesligasaison als

»Otto Rehhagel betritt deutschen Boden!« (ZDF-Reporter Rolf Töpperwien). Zum ersten und bislang einzigen Mal in der Geschichte der Hansestadt landet ein Europapokal in Bremen

Schaulaufen zu Ende gespielt, und Otto Rehhagel genoss den größten Erfolg seiner Trainerlaufbahn, der erst 12 Jahre später getoppt wurde, als er mit Griechenland die Europameisterschaft einfuhr – an selber Stelle, im »Stadion des Lichts« zu Lissabon.

	AS Monaco		SV Werder Bremen
1	ETTORI Jean-Luc (C)	1	ROLLMANN Jürgen
2	VALERY Patrick	2	BOCKENFELD Manfred
3	SONOR Luc	3	WOLTER Thomas
4	PETIT Emmanuel	4	BRATSETH Rune
5	MENDY Roger	5	BODE Marco
6	DIB Marcel	6	BOROWKA Ulrich
7	GNAKO Jerôme	7	EILTS Dieter
8	BARROS Rui Gil Soares	8	VOTAVA Miroslav (C)
9	WEAH George	9	NEUBARTH Frank
10	PASSI Gérald	10	RUFER Wynton
11	FOFANA Youssouf	11	ALLOFS Klaus
Ersatzbank:			
12	BLONDEAU Patrick	12	KLUGMANN Florian
13	CLEMENT Benjamin	13	KOHN Stefan
14	DJORKAEFF Youri	14	LEGAT Thorsten
15	THURAM Lilian	15	SCHAAF Thomas
16	HUGUES Angelo	16	BESTER Marinus
Trainer:			
	WENGER Arsène		REHHAGEL Otto

2:0!

Oben: Wynton Rufers größter Moment! Er erzielt nach einem 50-Meter-Sprint das entscheidende 2:0 gegen den AS Monaco. Verteidiger Valéry kommt einen Wimpernschlag zu spät, Nationaltorwart Ettori kann nur noch hinterherhecheln
Unten: Befreiter Jubel, der Weg zum totalen Triumph ist frei. Rechts eilt Manni Bockenfeld zum Gratulieren herbei. Torwart Ettori ist geknickt

Werders unsterbliche Europacup-Helden des 6. Mai 1992: Eilts, Bockenfeld, Bode, Wolter, Neubarth, Bratseth (oben v.l.) sowie Votava, Allofs, Rufer, Rollmann und Borowka. Die Mannschaft trägt einen Trauerflor anläßlich der Stadionkatastrophe von Bastia, bei der am Abend zuvor durch den Einsturz einer Hilfstribüne 15 Menschen ums Leben gekommen waren

uhlsport
pro team

Marco Bode 1989 …

Marco Bode: »Komisch, bisschen früh aufgehört!«

Marco Bode (Jahrgang 1969) stieß vom VfR Osterode zu den Amateuren des SV Werder, von wo aus er im Eiltempo schon 1989, als 20-Jähriger, für die Bundesliga entdeckt wurde. Otto Rehhagel hielt frühzeitig große Stücke auf den ursprünglich klassischen Linksaußen, der über Sturmspitze, Außenbahn, offensives Mittelfeld bis hin zum linken Verteidiger in der Viererkette bei Werder letztlich so gut wie alles spielte. 1995 feierte er in Südafrika sein Länderspieldebüt. Der lange als fairster Profi Deutschlands geltende Bode krönte seine internationale Karriere mit dem Europameistertitel 1996 und der Vizeweltmeisterschaft 2002, nach deren Erringung er seine aktive Laufbahn etwas überraschend beendete.

Wann hast du für dich gemerkt, dass du es als Profi in der Bundesliga packen wirst?
Ich hatte als Kind gar nicht den Wunsch, Profi zu werden. Ich habe auch immer vermutet, nicht gut genug für eine Profikarriere zu sein und habe mich deshalb um Einsätze in den Auswahlmannschaften im Jugendbereich immer gedrückt. Dann war ich überrascht, dass mir der Sprung von der Verbandsliga Niedersachsen, wo ich mit dem VfR Osterode gespielt habe, bis zur Oberliga und den Werder-Amateuren relativ leicht gefallen ist. Und auch beim Training der Profis war ich zwar vor Nervosität anfangs etwas übereifrig und bin zuviel gelaufen, so dass ich dann vor dem Tor schnell müde war (lacht), aber vom ersten Bundesligaspiel an habe ich gemerkt, dass ich es packen kann. Otto Rehhagel bezeichnet immer ein Spiel in Nürnberg als meinen Durchbruch, weil ich da mit rechts ins Tor getroffen habe und er erkennen konnte, dass ich auch aus dem Mittelfeld heraus torgefährlich sein kann. Von da an habe ich dann auch im linken Mittelfeld gespielt.

… und im Jahr 2006

Erst nach zwei Jahren Profidasein habe ich so richtig realisiert, was ich da eigentlich gemacht habe. Und dann hatte ich kurzzeitig sogar ein Problem damit, weil plötzlich klar war, dass ich den Job als Berufsfußballer nun erst einmal die nächsten zehn Jahre machen würde. Ich wusste gar nicht so recht, ob ich das überhaupt will. Im ersten Jahr hatte ich schon 20 Einsätze, aber von meinem Gefühl her war ich noch kein Stammspieler. Erst im Mittelfeld fühlte ich mich dann besser aufgehoben, weil ich eben doch nicht wirklich ein Torjäger war.

… aber dafür immerhin Rekordtorschütze des Vereins!
Schon, ja. Weil ich so lange geblieben bin. (lacht) Aber ich hatte gerade erst ein nettes Gespräch mit einem Taxifahrer, der mir gesagt hat, er könne mir für jedes meiner Tore mindestens zwei Riesenchancen nennen, die ich vermasselt habe. Und wahrscheinlich hat der Mann recht. (lacht)

Ich lege dir mal in den Mund: »Werder war ein ganz besonderer Verein für mich und ich bin letztlich froh, nie gewechselt zu haben!« Wahr oder falsch?
Dem ersten Teil der Frage kann ich ohne wenn und aber zustimmen. Ich habe Werder von Anfang an immer als besonders familiären und angenehmen Verein empfunden – Werder und die Stadt Bremen, das gehörte für mich immer zusammen. Die Mediensituation hier war etwas zurückhaltender als z. B. in Berlin, München oder Hamburg. Und meistens hatten wir auch eine wunderbare Mannschaft, hatten Freundschaften innerhalb der Mannschaft, haben privat viel zusammen unternommen, und ich glaube, dass dies in anderen Mannschaften in dem Maß nicht der Fall war. Deshalb wollte ich auch nie innerhalb Deutschlands wechseln. Fußball stand zwar immer an erster Stelle, aber ich habe mich auch immer für so viele andere Dinge interessiert, dass es mir wichtig war, ein normales Leben führen zu können, und das ging in Bremen fast immer. Und selbst in den turbulenteren Phasen habe ich mich im Verein und in der Stadt immer wohlgefühlt. Deshalb hat es mich nie irgendwo anders hingezogen. Ich habe mir natürlich schon angehört, was die anderen Vereine zu bieten haben – wäre ja auch dumm gewesen, wenn nicht. Aber mir war eigentlich immer klar, dass ein Wechsel für mich nur ins Ausland in Frage gekommen wäre.

Wie konkret war denn jemals ein Wechsel bei dir?
Am Anfang habe ich da überhaupt nicht drüber nachgedacht, weil ich in den ersten sechs Jahren jedes Jahr immer wieder neue Erfolge hatte. Meine Verträge wurden auch nach und nach immer besser, ich habe regelmäßig gespielt und deshalb habe ich an einen Wechsel keinen Gedanken verschwendet. Ende 1995 habe ich mein erstes Länderspiel gemacht, und als Nationalspieler wird man dann langsam interessanter für andere Vereine. Ich habe nie geplant, erst mal hier sechs Jahre zu spielen, dann nach dort zu wechseln und irgendwann nach Italien. Ich habe das immer alles auf mich zukommen lassen und mich dann damit beschäftigt, wenn ein konkretes Angebot kam. Irgendwann hatte ich mal die Möglichkeit, zum FC Liverpool zu gehen. Aber damals war Trainer Houllier gerade neu, und die Mannschaft war lange noch nicht so gut wie heute. Manchmal denke ich, es wäre schön gewesen, das damals

Das schönste von über 100 Bode-Toren für Werder: Fallrückzieher gegen Olli Kahn 1996. Zählte nicht, weil Bodes linker Fuß (Bildmitte) angeblich Bayerns Oliver Kreuzer (2. v.l.) gefährdet haben soll. Welch ein Unsinn, und was für ein Jammer um dieses Tor

auszuprobieren, aber andererseits kann ich auch ohne den Fußball irgendwann mal ins Ausland gehen.

Wirst du später auf deine Profilaufbahn zurückblicken wie auf einen Abschnitt im Berufsleben, oder wirst du dankbar sein, in der Bundesliga-Geschichte über so viele Jahre gut dabei gewesen sein zu können?

Es war ein großes Glück, diesen Job auf dem Niveau machen zu können. Ich selbst definiere mein Selbstwertgefühl nicht aus dem Fußballerdasein, aber Profi zu sein war für mich immer ein Traumberuf, und dann auch noch in einer solchen Mannschaft so viele Erfolge zu feiern und viele Freundschaften dabei zu gewinnen, sehe ich heute schon als großes Glück.

Dein bestes Spiel war …?

Wirklich alles gelungen ist mir in meinem 300. Bundesligaspiel. Auswärts beim VfL Wolfsburg habe ich drei Tore geschossen, Pizarro auch drei, und wir haben 7:2 gewonnen. Lieber noch erinnere ich mich aber an viele Europacupspiele, die für mich gut gelaufen sind. Als wir 1993/94 zum Beispiel in der Champions League nach Anderlecht mussten. Ich meine nicht das legendäre 5:3, sondern das dann schon bedeutungslose Rückspiel, wo Anderlecht und wir praktisch schon ausgeschieden waren. Wir haben 2:1 in Belgien gewonnen, ich habe zwei Tore gemacht, und es hat alles geklappt. Oder beim Länderspiel gegen England, als ich gegen Beckham gespielt habe, und ich gemerkt habe: ›Hey, heute geht alles!‹ Und gleich in meiner ersten Saison hatte ich auch so ein Spiel, an das ich mich gerne erinnere: Heimspiel gegen Kaiserslautern, und ich hatte zwei Tore zum 2:0 geschossen. Da ist mir auch alles gelungen, und es war ein Gänsehauterlebnis. Als Rehhagel mich ausgewechselt hat, sind die Leute aufgestanden und haben applaudiert. Witzigerweise ist dann für mich Gunnar Sauer reingekommen, und der hat dann auch noch mal zwei Tore zum 4:0-Endstand geschossen.

Schönstes Tor …?

Mein schönstes Tor war wahrscheinlich der Fallrückzieher gegen Oliver Kahn. Das Tor wurde zu Unrecht aberkannt. Oliver Kreuzer stand zwei Meter entfernt, und mein Fallrückzieher war angeblich »am Mann«. Das nervt schon ein klein wenig, so ein Tor zu machen, ohne dass es zählt. Es gab in diesem Jahr merkwürdigerweise eine Phase, in der ich viele Fallrückzieher gemacht habe. (lacht) Da habe ich bei einem Freundschaftsspiel im Winter auf gefrorenem Boden auch ein Fallrückziehertor gemacht. Das war sogar noch etwas schöner, weil ich den Ball erst mit der Brust gestoppt und dann per Fallrückzieher ins Tor geschossen habe. Das Tor hat sogar gezählt, aber leider war keine Kamera im Stadion. (lacht)

Fußballer mit Köpfchen: Marco Bode-Ebenbild aus dem Jahr 1997

Einer der schönsten Momente im Fußball-Leben des Marco Bode: Soeben hat er bei der WM 2002 das Führungstor gegen Kamerun markiert. Der Treffer, in Klassemanier von Miro Klose vorbereitet, wurde zum »Tor des Monats« Juni 2002 gewählt

Kannst du erklären, was Otto Rehhagel ausgemacht hat?

Seine wichtigsten Fähigkeiten waren sicherlich zum einen, dass er ein Fußball-Verrückter war und den ganzen Tag an nichts anderes gedacht hat. Das tun andere Trainer sicherlich auch, aber bei ihm kam noch dazu, dass er ein Supergespür dafür hatte, wie eine Mannschaft funktioniert, und welcher Spieler ihm in dieser komplizierten Konstruktion einer Mannschaft am besten weiterhelfen kann. Er hatte ein besonderes Auge, die speziellen Fähigkeiten jedes Spielers optimal zu erkennen, und er hat mehr auf diese speziellen Fähigkeiten geachtet und sich quasi ›Spezialisten‹ für die einzelnen Positionen gesucht, als bei einem Spieler davon auszugehen, dass der alles gleichermaßen können muss. Rune Bratseth zum Beispiel war so einer. Der war mit seiner Größe und seiner Schnelligkeit so ungeheuer wertvoll für die Mannschaft, dass man auf der anderen Seite akzeptieren konnte, dass er technisch kein Pelé war. Andere Spieler konnten besonders gut Zweikämpfe im Mittelfeld gewinnen. Und so weiter und so fort. Und so hat er eine Gruppe zusammengebaut, die nur als Einheit so gut funktionieren konnte. Oder um es anders auszudrücken: Die Mannschaft zusammen war viel größer als die Summe ihrer Teile! (lacht) Gestalttheorie!

Marco Bode hat es nicht geschafft, für einen hohen Geldbetrag das Negativ dieses Fotos zu kaufen. Und so dürfen wir mit etwa zwei Jahrzehnten Abstand in Ruhe vergleichen, ob uns Marcos Naturlocken besser gefallen als die damals wahrscheinlich megaangesagte Dauerwelle des Karlsruhers Thomas Süss, der wiederum seinem Namen unbestritten alle Ehre macht.

Otto konnte sehr gut mit seinen Stars umgehen. Er hatte eine sehr gute Mischung aus Gleichbehandlung einerseits und Sonderbehandlung andererseits. Er hat den wichtigen Spielern gewisse Freiheiten gewährt, aber gleichzeitig hat er auch immer dafür gesorgt, dass diese Extrawürste innerhalb der Mannschaft akzeptiert wurden. Beispiel: Wenn Mario Basler um kurz nach 10 Uhr mit seinem Wagen am Trainingsplatz vorbeigefahren kam, während wir schon trainiert haben, dann hat er da keine große Aktion draus gemacht. Aber Otto hat es in der Mannschaft gleich angesprochen, einen Witz drüber gemacht und sich in netter Form über Basler lustig gemacht. Aber er hat ihn dann nicht so bestraft, dass man wochenlang in der Presse darüber diskutiert hat. Er hatte ein gutes Gespür, wie man mit solchen Leuten umgehen muss. Und er hat auch der Mannschaft zu jeder Zeit deutlich gemacht, wie wichtig Stars wie Basler oder Herzog für die Mannschaft sind und dass sie zum Erfolg des Kollektivs entscheidend beitragen. Andererseits hat er sicherlich den Stars auch klargemacht, dass sie ohne die Mannschaft auch nichts wert gewesen wären.

Weshalb hatten es alle Trainer nach Otto Rehhagel so schwer bei euch?

Das ist kein Werder-spezifisches Problem: Dortmund hatte nach der Ära Hitzfeld ganz ähnliche Probleme. Immer wenn ein Trainer so lange und so erfolgreich bei einem Verein arbeiten konnte, hat es der nächste und vielleicht auch der übernächste Trainer nach ihm erst einmal sehr schwer. Sicherlich hatte Werder aber bei dem einen oder anderen Trainer einfach Pech bei der Auswahl. Es gibt in dem Sinne gar keine schlechten und guten Trainer, es muss einfach passen zwischen Verein und Trainer und auch der Atmosphäre in der Stadt, und das hat in manchen Fällen eben nicht geklappt. Werder hat eigentlich erst mit Thomas Schaaf jemanden gefunden, bei dem das alles passt. Aad de Mos zum Beispiel war im Grunde ein guter Trainer mit guten Ideen. Sein Training war interessant und abwechslungsreich, aber darüber hinaus hat menschlich zwischen ihm und uns vieles nicht hingehauen.

Spektakulärer noch war das Kapitel Felix Magath. Was ist da schief gelaufen?

Schwer zu sagen. Man kann die Qualität eines Trainers nicht absolut messen. Durch seine Erfolge mit Stuttgart und den Bayern hat er gezeigt, dass er ein guter Trainer sein muss. Wahrscheinlich haben die Bedingungen hier nicht zu ihm gepasst, und inzwischen hat er sich wohl auch verändert. Von allem etwas. In den ersten Monaten hatten wir kurz Erfolg mit ihm, aber schon da war für mich erkennbar, dass er bei Werder keine langfristige Zukunft haben würde. Und ich glaube, das hat er insgeheim auch selbst gespürt. Dieses Frühjahr mit Magath war die bitterste Phase meiner Karriere. Wir waren mit ihm anfangs auf Platz 7 geklettert, und als wir sogar kurz vom UEFA-Cup träumten, ging es wieder bergab, und zwar unaufhaltsam. Die Stimmung wurde immer schlechter, das Training wurde immer härter, und da bekam ich erstmals in meiner Karriere konkret Angst, abzusteigen. Und darauf hatte ich nun überhaupt keinen Nerv. Einerseits konnte ich mir nicht vorstellen, in der 2. Liga zu spielen. Andererseits konnte ich mir aber auch nicht vorstellen, den Verein zu verlassen, obwohl das sicherlich gegangen wäre. Ich bin noch heute froh und dankbar, dass wir den Abstieg damals noch vermeiden konnten.

Gegen wen hast du besonders gerne gespielt und gegen wen eher ungern?
Ich habe im klassischen 3-5-2 immer auf der Außenbahn lieber gegen die gespielt, die von der Statur her so waren wie ich, weil ich dann meistens im direkten Duell beweglicher und schneller war. Nicht so sehr mochte ich diese 1,65-Dribbler, die mit Turbo auf dich zukamen, und wo du nicht genau wusstest, was passiert. Gegen solche Leute sieht man als 1,90-Mann dann schon mal leicht ein bisschen hüftsteif aus. In der Anfangsphase meiner Karriere gab es noch mehr als heute diese fiesen Vorstopper. Didi Beiersdorfer war so einer. Das waren so Typen, die dich vor dem Zweikampf eigentlich hätten warnen müssen, dass du hinterher möglicherweise deine Karriere beenden musst. Sowas habe ich auch nicht so gemocht. Ich habe dann später lieber gegen moderne Viererketten gespielt, wo einem nicht jemand den ganzen Tag hinterherlief. Und dann war da noch mein Freund Salihamidzic, mit dem ich mir immer herrliche Duelle geliefert habe. Das ist ja auch eher so'n kleinerer, sehr unangenehmer Spieler. Dazu ein raffinierter Typ, der auch immer mal gerne eine Schwalbe eingebaut hat. Im Spiel fand ich ihn dann auch eher immer ziemlich unsympathisch, aber dadurch hat er mich auch zu einem Ehrgeiz herausgefordert, den ich an mir gar nicht kannte und der mir vielleicht auch sonst oft in meiner Karriere gefehlt hat. Aber Salihamidzic konnte ihn wecken. (lacht)

Welcher deiner Mitspieler hat dir im Laufe deiner Karriere besonders imponiert?
Fußballerisch sicher Wynton Rufer, mit dem ich auch etwa zeitgleich bei Werder angefangen habe. Von ihm habe ich sehr viel gelernt – bis auf die Grundtechnik, die ja mehr oder weniger auch durch Talent bedingt ist. In guter Form war er der kompletteste Spieler, den ich je kennen gelernt habe. Sehr bewundert habe ich auch Rune Bratseth, an dem ich mich auch sehr orientiert habe. Rune war wie ich auch sehr ehrgeizig, wollte immer gewinnen und wollte auch Erfolg haben. Und er hat immer vorgelebt: Fußball ist zwar wichtig, aber nicht alles im Leben.

Wie hast du deine späte Nationalmannschaftskarriere empfunden, die ja ziemlich überraschend kam?
Absolut, sehr überraschend. Ich habe das letzte Jahr in der Nationalelf unter Rudi Völler sehr genossen. In den Jahren davor habe ich mich nie als Stammspieler gefühlt und hatte dadurch auch manchmal keine Lust, zur Nationalelf zu fahren. Wenn du aber richtig dazugehörst, ist es toll: Du hast sehr gute Mitspieler auf gutem Niveau, und es ist anders als in der Bundesliga. Der Gegner ist einem nicht so vertraut und man ist neugieriger. Da bin ich in meinem letzten Jahr sehr gerne hingefahren.

Man behauptet allgemein, du hättest deine Karriere zu früh beendet. Wonach hast du entschieden, dass Schluss sein soll?
Die Idee ist langsam gewachsen. Es wäre falsch zu sagen, ich hätte keine Lust mehr gehabt. Aber ich wollte im richtigen Moment aufhören und nicht abwarten, bis ich auf die Bank muss, verletzungsanfällig werde, mit dem Trainer nicht klarkomme oder bis die Zuschauer im Stadion mich nicht mehr auf dem Spielfeld sehen wollen. Das alles hätte theoretisch ja passieren können, und deshalb habe ich mir aus dem Bauch heraus gesagt: ›Jetzt hast du es 13 oder 14 Jahre gemacht, und das ist nun ein guter Zeitpunkt.‹ Interessanterweise habe ich meinem Freund Rune Bratseth schon mit Anfang 20 gesagt, dass ich mal mit 30 aufhöre, damit ich hinterher noch studieren kann. Okay, mit 30 habe ich es nicht ganz geschafft, aber ich habe immer noch so aufgehört, dass die Leute sagen: ›Komisch, bisschen früh!‹

Wie ist heute deine Nähe oder Distanz zu Werder?
Ich habe versucht, etwas auf Distanz zu gehen, aber das gelingt noch nicht so richtig. Es ist immer noch so, dass es mich nicht kalt lässt, wenn ich ins Stadion gehe. Ich bin nervös, fast wie früher, wenn ich verletzt war. Ganz entspannt kann ich mir ein Werder-Spiel noch nicht ansehen, und oft beschäftigt es mich sogar noch am nächsten Tag. Du fieberst mit, findest es irgendwie blöd, dass du nicht selbst auf dem Platz dabei bist. Und weil es mich so nervös macht, gehe ich auch nicht jedes Mal ins Stadion.

Das Leben als Fußballspieler und der wöchentliche Rhythmus fehlen mir manchmal schon, aber es gibt auch sehr viele Momente, in denen ich meine Unabhängigkeit dann auch wiederum sehr genieße.

»You look just like Steffi Graf!« (Nelson Mandela zu Marco Bode vor dessen erstem Länderspiel in Südafrika im Dezember 1995)

Werders Rekordtorschütze umarmt den Mann, der durch seinen unbedachten Wechsel zu Schalke 04 die Chance vergab, Bode in dieser Rangliste einmal abzulösen: Marco mit Ailton

WERDER BREMEN 1991/92

Trainer

Rehhagel, Otto
Verantwortlicher Trainer in allen 38 Spielen der Saison

Werders Neuzugänge im Sommer 1991

Ein bunter Haufen junger Talente, von denen am Ende jedoch nur wenige den Durchbruch schafften: Witossek, Przondziono, Deering, Lars Unger und Kolbuch

Wer kam?

Deering (eig. Amateure)
Kohn (VfL Bochum)
Kolbuch (Hertha Zehlendorf)
Legat (VfL Bochum)
Przondziono (eig. Amateure)
Unger (eig. Amateure)
Wenschlag (Rotation Berlin)
Witossek (eig. Amateure)

Wer ging?

Freund (Hannover 96, ausgeliehen)

Tor

Reck, Oliver »Olli«
32 Spiele; 0 Tore

Rollmann, Jürgen
7 Spiele; 0 Tore

Abwehr

Borowka, Ulrich »Ulli«
36 Spiele; 1 Tor

Bratseth, Rune
34 Spiele; 0 Tore

Bockenfeld, Manfred »Manni«
25 Spiele; 0 Tore

Mittelfeld

Eilts, Dieter »Ostfriesen-Alemao«
37 Spiele; 1 Tor

Votava, Miroslav »Mirko«
32 Spiele; 0 Tore

Wolter, Thomas »Stonie«
26 Spiele; 1 Tor

Angriff

Bode, Marco
32 Spiele; 12 Tore

Allofs, Klaus
32 Spiele; 8 Tore

Neubarth, Frank »Socrates«
30 Spiele; 5 Tore

Erweiterter Kader

Klugmann, Florian
0 Spiele; 0 Tore

1991/92

Der Sport-Verein »Werder« im Jahr 1991/92:

Präsident:	**Dr. Franz Böhmert**
Vizepräsident:	**Klaus-Dieter Fischer (Amateur-Abt.)**
3. Präsident:	**Manfred Müller (Finanzen)**
Geschäftsführer:	**Wolfgang Barkhausen**
Manager:	**Willi Lemke**
Vereinsarzt:	**Dr. Karl Meschede**
Masseur:	**Holger Berger**
Mitglieder:	**2.627**
Kapazität Weser-Stadion:	**41.000 Plätze (23.500 überdachte Sitz- und 8.500 überdachte Stehplätze)**

Schaaf, Thomas
18 Spiele; 0 Tore

Otten, Jonny
13 Spiele; 0 Tore

Kolbuch, Markus
0 Spiele; 0 Tore

Malchow, Alexander »Sascha«
0 Spiele; 0 Tore

Sauer, Gunnar
0 Spiele; 0 Tore

Wenschlag, Kay
0 Spiele; 0 Tore

Wiedener, Andree
0 Spiele; 0 Tore

Witossek, Markus
0 Spiele; 0 Tore

Legat, Thorsten
25 Spiele; 2 Tore

Hermann, Günter »Jimmy«
24 Spiele; 1 Tor

Harttgen, Uwe
20 Spiele; 1 Tor

Deering, Chad
0 Spiele; 0 Tore

Przondziono, Martin
0 Spiele; 0 Tore

Unger, Lars
0 Spiele; 0 Tore

Rufer, Wynton »Kiwi«
29 Spiele; 5 Tore

Kohn, Stefan
27 Spiele; 6 Tore

Bester, Marinus
3 Spiele; 0 Tore

van Lent, Arie
1 Spiel; 0 Tore

Alle Spiele 1991/92

17.07.1991
Freundschaftsspiel
TuS Bersenbrück – W. Bremen 1:6 (0:4)
Aufstellung: Reck (46. Rollmann) – Bratseth – Wolter (46. Schaaf), Borowka (46. Otten) – Eilts (46. Bode), Legat (46. Bockenfeld), Harttgen, Votava (46. Hermann), Bockenfeld – Allofs (46. Wenschlag), Kohn (46. Neubarth), Rufer
Trainer: Kamp (in Vertretung des privat in Salzburg weilenden Otto Rehhagel)
Tore: 0:1 Kohn (14.), 0:2 Rufer (26.), 0:3 Harttgen (34.), 0:4 Niemeyer (40. ET), 0:5 Bode (60.), 1:5 Sander (76.), 1:6 Bode (89.)
Zuschauer: 3.200

20.07.1991
Freundschaftsspiel
TV Badenstedt – W. Bremen 1:15 (1:6)
Aufstellung: Reck – Bratseth – Borowka, Legat, Wolter – Votava, Harttgen, Eilts – Rufer, Kohn, Allofs / Eingewechselt: Rollmann, Hermann, Bode, Bockenfeld, Schaaf, Wenschlag, Otten
Trainer: Rehhagel
Torschützen für Werder: Kohn (4), Rufer (2), Harttgen (2), Legat (2), Hermann, Bode, Bockenfeld, Wenschlag, Schaaf
Zuschauer: 2.000

23.07.1991
Fuji-Cup, Halbfinale
1. FC Kaiserslautern – W. Bremen 1:2 (0:1)
Aufstellung: Rollmann – Bratseth – Votava, Borowka (59. Otten) – Wolter, Harttgen (61. Hermann), Eilts, Allofs (46. Bode), Legat – Kohn (88. Schaaf), Rufer
Trainer: Rehhagel
Tore: 0:1 Kohn (26.), 0:2 Kohn (80.), 1:2 Haber (87.)
Zuschauer: 7.500 in Hof

25.07.1991
Fuji-Cup, Endspiel
Borussia Dortmund – W. Bremen 4:1 (2:1)
Aufstellung: Rollmann – Bratseth – Votava, Borowka – Wolter (83. Bockenfeld), Otten (43. Bode), Eilts, Allofs, Legat (43. Hermann) – Kohn (46. Harttgen), Rufer
Trainer: Rehhagel
Tore: 1:0 Mill (23.), 1:1 Bratseth (28.), 2:1 Povlsen (29.), 3:1 Chapuisat (53.), 4:1 M. Rummenigge (58.)
Zuschauer: 9.000 in Passau

31.07.1991
DFB-SuperCup, Halbfinale
W. B. – FC Stahl Eisenhüttenstadt 1:0 (0:0)
Aufstellung: Reck – Bratseth – Votava, Borowka (46. Allofs) – Wolter (40. Bockenfeld), Harttgen, Neubarth, Eilts, Legat – Kohn, Rufer
Trainer: Rehhagel
Tor: 1:0 Rufer (89.)
Zuschauer: 3.500 in Osnabrück

03.08.1991
Bundesliga, 1. Spieltag
W. Bremen – FC Bayern München 1:1 (0:1)
Aufstellung: Reck – Bratseth – Votava, Borowka – Bockenfeld (56. Kohn), Harttgen (46. Schaaf), Eilts, Legat, Bode – Rufer, Allofs
Trainer: Rehhagel
Tore: 0:1 Laudrup (25.), 1:1 Rufer (77.)
Zuschauer: 33.000

06.08.1991
DFB-SuperCup, Endspiel
W. Bremen – 1. FC Kaiserslautern 1:3 (0:1)
Aufstellung: Reck – Votava – Schaaf, Borowka – Hermann, Wenschlag (46. Harttgen), Eilts, Bode, Legat – Kohn (46. Rufer), Allofs
Trainer: Rehhagel
Tore: 0:1 Degen (27.), 0:2 Degen (65.), 1:2 Rufer (88.), 1:3 Winkler (89.)
Zuschauer: 9.500 in Hannover

10.08.1991
Bundesliga, 2. Spieltag
Borussia Dortmund – W. Bremen 2:1 (0:0)
Aufstellung: Reck – Bratseth – Votava (79. Harttgen), Borowka – Schaaf, Hermann, Eilts, Bode, Legat (46. Allofs) – Rufer, Kohn
Trainer: Rehhagel
Tore: 1:0 Mill (68.), 2:0 Mill (72.), 2:1 Allofs (79.)
Zuschauer: 44.023

14.08.1991
Bundesliga, 3. Spieltag
W. Bremen – VfB Stuttgart 1:1 (0:0)
Aufstellung: Reck – Neubarth – Bratseth – Schaaf, Harttgen (83. Wolter), Eilts, Borowka, Hermann (37. Bode) – Rufer, Kohn, Allofs
Trainer: Rehhagel
Tore: 1:0 Bode (49.), 1:1 Buchwald (54.)
Zuschauer: 18.500

17.08.1991
DFB-Pokal, 2. Runde
W. Bremen – Hamburger SV 3:1 (3:1)
Aufstellung: Reck – Neubarth – Bratseth, Borowka – Wolter, Eilts, Harttgen, Hermann – Kohn (83. Schaaf), Rufer, Bode
Trainer: Rehhagel
Tore: 1:0 Rufer (3.), 1:1 Furtok (7.), 2:1 Kohn (28.), 3:1 Kohn (30.)
Zuschauer: 19.400

20.08.1991
Bundesliga, 4. Spieltag
Bor. M'gladbach – W. Bremen 0:2 (0:0)
Aufstellung: Reck – Neubarth – Bratseth, Borowka – Wolter, Hermann, Eilts, Harttgen, Bode – Kohn (76. Legat), Rufer
Trainer: Rehhagel
Tore: 0:1 Bode (48.), 0:2 Neubarth (76.)
Zuschauer: 20.000

24.08.1991
Bundesliga, 5. Spieltag
W. Bremen – Wattenscheid 09 2:2 (1:0)
Aufstellung: Reck – Neubarth – Borowka, Bratseth – Wolter, Eilts, Harttgen (56. Legat), Hermann – Kohn (46. Allofs), Rufer, Bode
Trainer: Rehhagel
Tore: 1:0 Harttgen (4.), 1:1 Schupp (46. FE), 2:1 Bode (53.), 2:2 Fink (75.)
Besonderes Vorkommnis: Rote Karte für Ibrahim (64.)
Zuschauer: 13.160

27.08.1991
Bundesliga, 6. Spieltag
Bayer 04 Leverkusen – W. Bremen 0:0
Aufstellung: Reck – Neubarth (63. Hermann) – Wolter, Borowka – Schaaf, Votava, Harttgen, Eilts, Bode – Kohn (82. Allofs), Rufer
Trainer: Rehhagel
Tore: –
Zuschauer: 12.000

30.08.1991
Bundesliga, 7. Spieltag
W. Bremen – MSV Duisburg 5:1 (2:1)
Aufstellung: Reck – Neubarth – Bratseth, Borowka – Wolter (22. Schaaf), Votava, Eilts, Legat – Kohn (78. Allofs), Rufer, Bode
Trainer: Rehhagel
Tore: 1:0 Bode (10.), 1:1 Ljuty (15.), 2:1 Kohn (17.), 3:1 Gielchen (48. ET), 4:1 Bode (76.), 5:1 Allofs (86.)
Zuschauer: 18.300

03.09.1991
DFB-Pokal, 3. Runde
Fortuna Düsseldorf – W. Bremen 1:3 (0:1)
Aufstellung: Reck – Bratseth – Votava – Bockenfeld (84. Legat), Schaaf, Eilts, Borowka, Bode – Kohn, Allofs, Rufer (81. Wenschlag)
Trainer: Rehhagel
Tore: 0:1 Kohn (28.), 0:2 Allofs (51.), 0:3 Bockenfeld (59.), 1:3 Schütz (77.)
Zuschauer: 9.000

07.09.1991
Bundesliga, 8. Spieltag
Karlsruher SC – W. Bremen 2:1 (1:1)
Aufstellung: Reck – Neubarth – Bratseth, Borowka – Bockenfeld, Votava, Eilts, Legat – Kohn (70. Schaaf), Allofs, Rufer
Trainer: Rehhagel
Tore: 1:0 Schmidt (45.), 1:1 Rufer (45.), 2:1 Schütterle (57.)
Zuschauer: 15.000

14.09.1991
Bundesliga, 9. Spieltag
Stuttgarter Kickers – W. Bremen 2:1 (0:1)
Aufstellung: Reck – Neubarth – Bratseth, Borowka (80. Schaaf) – Bockenfeld, Votava, Eilts, Legat – Kohn (39. Hermann), Allofs, Rufer
Trainer: Rehhagel
Tore: 0:1 Allofs (17.), 1:1 Tattermusch (47.), 2:1 Vollmer (78.)
Zuschauer: 8.000

18.09.1991
Europapokal der Pokalsieger, 1. Runde-Hinspiel
FC Bacau – W. Bremen 0:6 (0:3)
Aufstellung: Reck – Bratseth – Votava, Eilts – Bockenfeld, Schaaf, Neubarth, Legat – Kohn, Rufer (62. Bode), Allofs (64. Hermann)
Trainer: Rehhagel
Tore: 0:1 Rufer (8.), 0:2 Rufer (12.), 0:3 Rufer (30.), 0:4 Bratseth (63.), 0:5 Votava (79.), 0:6 Neubarth (81.)
Zuschauer: 10.000

21.09.1991
Bundesliga, 10. Spieltag
W. Bremen – FC Hansa Rostock 1:0 (1:0)
Aufstellung: Reck – Bratseth – Votava, Borowka – Bockenfeld, Schaaf, Eilts, Legat – Rufer, Neubarth (46. Hermann), Bode (71. Allofs)
Trainer: Rehhagel
Tor: 1:0 Bode (8.)
Zuschauer: 24.938

24.09.1991
DFB-Pokal, Achtelfinale
W. Bremen – Dynamo Dresden 4:1 (2:1)
Aufstellung: Reck – Bratseth – Votava, Borowka – Bockenfeld, Eilts, Neubarth, Legat (46. Hermann) – Kohn, Allofs (65. Harttgen), Bode
Trainer: Rehhagel
Tore: 0:1 Maucksch (5.), 1:1 Neubarth (14.), 2:1 Neubarth (37.), 3:1 Kohn (86.), 4:1 Kohn (88.)
Zuschauer: 11.228

28.09.1991
Bundesliga, 11. Spieltag
Fortuna Düsseldorf – W. Bremen 0:0
Aufstellung: Reck – Bratseth – Votava, Borowka – Bockenfeld, Schaaf, Harttgen, Eilts, Bode – Rufer, Allofs
Trainer: Rehhagel
Tore: –
Besonderes Vorkommnis: Rote Karte für Harttgen (39.)
Zuschauer: 13.000

01.10.1991
Europapokal der Pokalsieger, 1. Runde-Rückspiel
W. Bremen – FC Bacau 5:0 (3:0)
Aufstellung: Reck – Bratseth – Votava, Borowka (46. Hermann) – Bockenfeld, Schaaf, Eilts, Legat – Kohn (46. Bode), Rufer, Allofs
Trainer: Rehhagel
Tore: 1:0 Kohn (8.), 2:0 Eilts (9.), 3:0 Kohn (17.), 4:0 Bratseth (66.), 5:0 Bode (71.)
Zuschauer: 3.021

05.10.1991
Bundesliga, 12. Spieltag
W. Bremen – FC Schalke 04 2:1 (1:0)
Aufstellung: Reck – Bratseth – Votava, Borowka (70. Wolter) – Bockenfeld, Eilts, Neubarth, Bode, Legat – Rufer, Allofs (79. Kohn)

Trainer: Rehhagel
Tore: 1:0 Neubarth (36.), 2:0 Legat (50.), 2:1 Borodjuk (68.)
Zuschauer: 25.350

12.10.1991
Bundesliga, 13. Spieltag
Dynamo Dresden – W. Bremen 2:1 (2:0)
Aufstellung: Reck – Bratseth – Votava, Borowka – Bockenfeld, Wolter, Neubarth, Hermann, Legat (68. Otten) – Kohn (68. Allofs), Bode
Trainer: Rehhagel
Tore: 1:0 Scholz (13.), 2:0 Gütschow (15.), 2:1 Neubarth (57.)
Zuschauer: 15.000

18.10.1991
Bundesliga, 14. Spieltag
W. Bremen – VfL Bochum 3:0 (2:0)
Aufstellung: Reck – Bratseth – Wolter, Borowka – Bockenfeld, Votava, Eilts, Bode – Rufer (80. Kohn), Neubarth (65. Otten), Allofs
Trainer: Rehhagel
Tore: 1:0 Neubarth (19.), 2:0 Allofs (21.), 3:0 Bode (75.)
Zuschauer: 12.415

23.10.1991
Europapokal der Pokalsieger, Achtelfinale-Hinspiel
W. B. – Ferencvaros Budapest 3:2 (3:1)
Aufstellung: Reck – Bratseth – Votava, Borowka (52. Bockenfeld) – Wolter, Eilts, Bode, Legat – Rufer, Neubarth, Allofs
Trainer: Rehhagel
Tore: 1:0 Neubarth (28.), 2:0 Allofs (33.), 2:1 Lipcsei (35.), 3:1 Neubarth (40.), 3:2 Lipcsei (73.)
Zuschauer: 7.502

26.10.1991
Bundesliga, 15. Spieltag
1. FC Köln – W. Bremen 5:0 (3:0)
Aufstellung: Reck – Votava – Bratseth, Otten – Wolter, Hermann (64. Legat), Eilts, Bode – Rufer, Neubarth, Allofs (64. Bockenfeld)
Trainer: Rehhagel
Tore: 1:0 Fuchs (7.), 2:0 Heldt (41.), 3:0 Banach (43.), 4:0 Heldt (81.), 5:0 Sturm (87.)
Zuschauer: 19.000

01.11.1991
Bundesliga, 16. Spieltag
W. Bremen – 1. FC Kaiserslautern 0:2 (00)
Aufstellung: Reck – Bratseth – Votava, Borowka (72. Legat) – Wolter, Harttgen, Eilts, Bode – Rufer, Neubarth, Allofs (72. Kohn)
Trainer: Rehhagel
Tore: 0:1 Hotic (60.), 0:2 Kuntz (62. FE)
Zuschauer: 17.750

06.11.1991
Europapokal der Pokalsieger, Achtelfinale-Rückspiel
Ferencvaros Budapest – W. B. 0:1 (0:0)
Aufstellung: Reck – Bratseth – Votava, Borowka – Wolter, Harttgen (49. Legat), Neubarth, Eilts, Hermann – Rufer, Bode
Trainer: Rehhagel
Tor: 0:1 Bode (48.)
Zuschauer: 25.000

11.11.1991
Bundesliga, 17. Spieltag
Hamburger SV – W. Bremen 0:1 (0:1)
Aufstellung: Reck – Bratseth – Otten – Wolter, Votava, Eilts, Neubarth, Borowka, Hermann (89. Legat) – Rufer, Bode
Trainer: Rehhagel
Tor: 0:1 Hermann (22.)
Besonderes Vorkommnis: Gelb-Rote Karte für Matysik (74.)
Zuschauer: 20.600

15.11.1991
Bundesliga, 18. Spieltag
W. Bremen – Eintracht Frankfurt 1:0 (0:0)
Aufstellung: Reck – Bratseth – Otten, Borowka – Wolter, Votava, Neubarth (46. Allofs), Eilts, Hermann – Rufer, Bode
Trainer: Rehhagel
Tor: 1:0 Allofs (82.)
Zuschauer: 21.000

23.11.1991
Bundesliga, 19. Spieltag
1. FC Nürnberg – W. Bremen 1:0 (1:0)
Aufstellung: Reck – Bratseth – Otten (62. Bockenfeld), Borowka – Wolter, Votava, Neubarth, Harttgen, Eilts – Rufer, Bode (78. Allofs)
Trainer: Rehhagel
Tor: 1:0 Weidemann (30.)
Zuschauer: 36.500

30.11.1991
Bundesliga, 20. Spieltag
FC Bayern München – W. Bremen 3:4 (0:2)
Aufstellung: Reck – Bratseth – Votava, Borowka – Wolter (42. Bockenfeld), Schaaf, Harttgen, Eilts, Hermann – Rufer, Bode (40. Kohn)
Trainer: Rehhagel
Tore: 0:1 Rufer (7.), 0:2 Bode (30.), 0:3 Kohn (52.), 1:3 Mazinho (53.), 2:3 Reck (67. ET), 2:4 Borowka (85.), 3:4 Mazinho (89.)
Zuschauer: 18.000

03.12.1991
DFB-Pokal, Viertelfinale
W. Bremen – 1. FC Kaiserslautern 2:0 (1:0)
Aufstellung: Reck – Bratseth – Votava, Borowka – Bockenfeld, Eilts, Harttgen, Hermann, Otten – Rufer, Kohn (82. Legat)
Trainer: Rehhagel
Tore: 1:0 Harttgen (17.), 2:0 Kohn (66. FE)
Zuschauer: 20.000

06.12.1991
Bundesliga, 21. Spieltag
W. Bremen – Borussia Dortmund 0:1 (0:1)
Aufstellung: Reck – Bratseth – Otten (46. Bester), Borowka – Bockenfeld, Votava, Harttgen, Eilts, Hermann – Rufer, Kohn (71. van Lent)
Trainer: Rehhagel
Tor: 0:1 Lusch (34.)
Zuschauer: 17.000

14.12.1991
Bundesliga, 22. Spieltag
VfB Stuttgart – W. Bremen 1:1 (0:0)
Aufstellung: Reck – Bratseth – Borowka, Hermann – Bockenfeld, Votava, Eilts, Harttgen, Otten – Neubarth (13. Kohn, 81. Schaaf), Allofs
Trainer: Rehhagel
Tore: 0:1 Allofs (65.), 1:1 Frontzeck (77.)
Zuschauer: 18.000

01.02.1992
Freundschaftsspiel
Auswahl Papenburg – W. Bremen 0:7 (0:2)
Aufstellung: Reck – Bratseth – Votava (46. Hermann), Borowka (65. Otten) – Wolter, Bockenfeld (46. Schaaf), Harttgen (65. Wenschlag), Eilts, Legat – Neubarth (46. Bode), Allofs (46. Kohn)
Trainer: Rehhagel
Tore: 0:1 Eilts (25.), 0:2 Votava (44.), 0:3 Bode (57.), 0:4 Bode (62.), 0:5 Kohn (70.), 0:6 Wolter (84.), 0:7 Kohn (88.)
Zuschauer: 2.200

08.02.1992
Bundesliga, 23. Spieltag
W. Bremen – Bor. M'gladbach 0:0
Aufstellung: Reck – Bratseth – Votava, Borowka (84. Hermann) – Wolter, Harttgen, Eilts, Legat – Kohn (46. Bode), Neubarth, Allofs
Trainer: Rehhagel
Tore: –
Besonderes Vorkommnis: Gelb-Rote Karte für Fach (84.)
Zuschauer: 15.710

14.02.1992
Bundesliga, 24. Spieltag
Wattenscheid 09 – W. Bremen 0:1 (0:0)
Aufstellung: Reck – Bratseth – Votava, Borowka – Bockenfeld, Wolter, Harttgen, Eilts, Hermann – Neubarth, Allofs
Trainer: Rehhagel
Tor: 0:1 Neubarth (68.)
Besonderes Vorkommnis: Rote Karte für Fink (71.)
Zuschauer: 6.800

21.02.1992
Bundesliga, 25. Spieltag
W. Bremen – Bayer 04 Leverkusen 1:1 (1:1)
Aufstellung: Reck – Bratseth – Wolter, Borowka – Bockenfeld, Votava (80. Harttgen), Eilts, Legat – Rufer (76. Kohn), Neubarth, Allofs
Trainer: Rehhagel
Tore: 1:0 Legat (11.), 1:1 Kirsten (18.)
Zuschauer: 13.800

28.02.1992
Bundesliga, 26. Spieltag
MSV Duisburg – W. Bremen 0:0
Aufstellung: Reck – Bratseth – Neubarth, Borowka – Wolter, Votava, Harttgen, Eilts, Hermann – Rufer (90. Bode), Allofs
Trainer: Rehhagel
Tore: –
Zuschauer: 15.500

04.03.1992
Europapokal der Pokalsieger, Viertelfinale-Hinspiel
W. Bremen – Galatasaray Istanbul 2:1 (0:1)
Aufstellung: Reck – Neubarth – Votava, Borowka – Bockenfeld, Harttgen, Eilts, Hermann (54. Bester) – Allofs, Rufer (31. Kohn), Bode
Trainer: Rehhagel
Tore: 0:1 Kosecki (33.), 1:1 Kohn (79.), 2:1 Bester (85.)
Zuschauer: 30.002

07.03.1992
Bundesliga, 27. Spieltag
W. Bremen – Karlsruher SC 0:0
Aufstellung: Reck – Votava – Wolter, Borowka, Otten – Bockenfeld (46. Schaaf), Harttgen, Eilts, Legat – Bode, Allofs (46. Bester)
Trainer: Rehhagel
Tore: –
Zuschauer: 12.100

13.03.1992
Bundesliga, 28. Spieltag
W. Bremen – Stuttgarter Kickers 1:3 (0:2)
Aufstellung: Reck – Neubarth – Votava (48. Wolter), Borowka – Bockenfeld, Harttgen, Eilts, Legat (46. Hermann) – Kohn, Allofs, Bode
Trainer: Rehhagel
Tore: 0:1 Schwartz (18.), 0:2 Moutas (43.), 1:2 Kohn (78.), 1:3 Marin (83.)
Zuschauer: 10.210

18.03.1992
Europapokal der Pokalsieger, Viertelfinale-Rückspiel
Galatasaray Istanbul – W. Bremen 0:0
Aufstellung: Reck – Bratseth – Borowka, Otten – Bockenfeld (77. Bester), Wolter, Schaaf, Eilts, Hermann (83. Legat) – Neubarth, Bode
Trainer: Rehhagel
Tore: –
Besonderes Vorkommnis: Rote Karte für Eilts (90.)
Zuschauer: 35.000

21.03.1992
Bundesliga, 29. Spieltag
FC Hansa Rostock – W. Bremen 0:0
Aufstellung: Reck – Bratseth – Otten, Borowka – Bockenfeld, Schaaf (39. Allofs), Wolter, Eilts, Hermann – Neubarth, Bode
Trainer: Rehhagel
Tore: –
Zuschauer: 12.000

27.03.1992
Bundesliga, 30. Spieltag
W. Bremen – Fortuna Düsseldorf 2:1 (1:0)
Aufstellung: Reck – Bratseth – Wolter, Borowka – Bockenfeld, Harttgen (3. Schaaf), Hermann (60. Rufer), Eilts, Bode – Kohn, Allofs
Trainer: Rehhagel
Tore: 1:0 Bode (42.), 1:1 Schuberth (82.), 2:1 Bode (84.)
Zuschauer: 9.000

01.04.1992
Europapokal der Pokalsieger, Halbfinale-Hinspiel
FC Brügge – W. Bremen 1:0 (1:0)
Aufstellung: Reck (69. Rollmann) – Bratseth – Otten, Borowka – Bockenfeld, Wolter, Votava (76. Schaaf), Neubarth, Legat – Rufer, Bode
Trainer: Rehhagel
Tor: 1:0 Amokachi (5.)
Zuschauer: 21.000

04.04.1992
Bundesliga, 31. Spieltag
FC Schalke 04 – W. Bremen 0:0
Aufstellung: Rollmann – Bratseth – Borowka, Otten – Wolter, Eilts, Votava (46. Rufer), Hermann, Legat – Kohn (78. Neubarth), Bode
Trainer: Rehhagel
Tore: –
Zuschauer: 40.100

08.04.1992
DFB-Pokal, Halbfinale
Hannover 96 – W. Bremen
1:1 (0:0) n.Verl. Elfmeterschießen: 6:5
Aufstellung: Rollmann – Bratseth – Wolter, Borowka – Bockenfeld (91. Allofs), Schaaf, Eilts, Hermann (60. Kohn), Legat – Rufer, Bode
Trainer: Rehhagel
Tore: 1:0 Koch (95.), 1:1 Bratseth (97.)
Elfmeterschießen: 1:0 Djelmas, 1:1 Kohn, Surmann gehalten, 1:2 Rufer, 2:2 Wojcicki, Bratseth am Tor vorbei, 3:2 Sirocks, 3:3 Legat, 4:3 Freund, 4:4 Borowka, 5:4 Schönberg, 5:5 Wolter, 6:5 Sievers, Bode gehalten
Zuschauer: 57.000

11.04.1992
Bundesliga, 32. Spieltag
W. Bremen – Dynamo Dresden 2:0 (1:0)
Aufstellung: Rollmann (56. Reck) – Bratseth – Wolter, Otten – Bockenfeld, Schaaf, Eilts, Bode, Legat – Rufer, Allofs (72. Kohn)
Trainer: Rehhagel
Tore: 1:0 Bode (42.), 2:0 Eilts (82.)
Zuschauer: 11.000

15.04.1992
Europapokal der Pokalsieger, Halbfinale-Rückspiel
W. Bremen – FC Brügge 2:0 (1:0)
Aufstellung: Reck – Bratseth – Wolter, Borowka – Bockenfeld (87. Schaaf), Votava, Rufer, Hermann (70. Allofs), Legat – Kohn, Bode
Trainer: Rehhagel
Tore: 1:0 Bode (31.), 2:0 Bockenfeld (59.)
Besonderes Vorkommnis: Rote Karte für Amokachi (76.)
Zuschauer: 35.000

18.04.1992
Bundesliga, 33. Spieltag
VfL Bochum – W. Bremen 2:2 (0:0)
Aufstellung: Reck – Bratseth – Wolter, Borowka – Schaaf (46. Hermann), Votava, Eilts, Rufer, Legat – Kohn (70. Neubarth), Bode
Trainer: Rehhagel
Tore: 0:1 Bode (48.), 1:1 Dressel (54.), 1:2 Rufer (69.), 2:2 Heinemann (90. FE)
Besonderes Vorkommnis: Rote Karte für Zumdick (78.)
Zuschauer: 13.500

25.04.1992
Bundesliga, 34. Spieltag
W. Bremen – 1. FC Köln 1:3 (0:1)
Aufstellung: Rollmann – Bratseth – Borowka (65. Allofs), Otten (46. Hermann) – Bockenfeld, Votava, Eilts, Legat – Kohn, Neubarth, Bode
Trainer: Rehhagel
Tore: 0:1 Fuchs (28.), 0:2 Sturm (55.), 0:3 Ordenewitz (64.), 1:3 Kohn (73.)
Zuschauer: 16.000

28.04.1992
Bundesliga, 36. Spieltag (Vorholspiel)
W. Bremen – Hamburger SV 1:1 (1:0)
Aufstellung: Rollmann – Neubarth – Votava, Borowka – Bockenfeld (81. Bester), Eilts, Rufer (73. Allofs), Legat, Hermann – Kohn, Bode
Trainer: Rehhagel
Tore: 1:0 Kohn (21.), 1:1 Eck (58.)
Zuschauer: 20.000

01.05.1992
Bundesliga, 35. Spieltag
1. FC Kaiserslautern – W. Bremen 2:2 (1:1)
Aufstellung: Rollmann – Bratseth – Votava, Borowka – Bockenfeld, Wolter, Neubarth, Eilts, Legat – Kohn (46. Allofs), Bode
Trainer: Rehhagel
Tore: 1:0 W. Funkel (39.), 1:1 Wolter (44.), 1:2 Allofs (71.), 2:2 Scherr (83.)
Besondere Vorkommnisse: Gelb-Rote Karte für Haber (34.); Gelb-Rote Karte für Wolter (60.)
Zuschauer: 38.500

06.05.1992
Europapokal der Pokalsieger, Endspiel
AS Monaco – W. Bremen 0:2 (0:1)
Aufstellung: Rollmann – Bratseth – Wolter (34. Schaaf), Borowka – Bockenfeld, Votava, Eilts, Neubarth (75. Kohn), Bode – Rufer, Allofs
Trainer: Rehhagel
Tore: 0:1 Allofs (41.), 0:2 Rufer (55.)
Zuschauer: 15.000 in Lissabon

09.05.1992
Bundesliga, 37. Spieltag
Eintracht Frankfurt – W. Bremen 2:2 (1:0)
Aufstellung: Rollmann – Bratseth (46. Neubarth) – Borowka, Eilts – Bockenfeld, Harttgen, Votava, Schaaf, Bode (73. Legat) – Rufer, Allofs
Trainer: Rehhagel
Tore: 1:0 Möller (20.), 1:1 Rufer (77.), 1:2 Allofs (79.), 2:2 Yeboah (82.)
Zuschauer: 46.000

16.05.1992
Bundesliga, 38. Spieltag
W. Bremen – 1. FC Nürnberg 1:3 (1:0)
Aufstellung: Rollmann – Neubarth – Bratseth (55. Schaaf), Borowka – Bockenfeld, Votava, Rufer (46. Bode), Eilts, Legat – Kohn, Allofs
Trainer: Rehhagel
Tore: 1:0 Kohn (38.), 1:1 Golke (59.), 1:2 Golke (70.), 1:3 Golke (75.)
Zuschauer: 20.776

20.05.1992
Freundschaftsspiel
Kombination Itzehoer SV/Spfr. Itzehoe – W. Bremen 2:7 (1:4)
Aufstellung: Reck – Votava, Borowka, Otten, Bockenfeld – Schaaf, Legat, Eilts, Wenschlag – Kohn, Bode / Eingewechselt: Rollmann, Deering, Wiedener, van Lent
Trainer: Rehhagel
Tore: 1:0 Hinz (3.), 1:1 Wenschlag (17.), 1:2 Bockenfeld (20.), 1:3 Eilts (25.), 1:4 Schaaf (37.), 1:5 Legat (82.), 1:6 Eilts (85.), 2:6 Belgard (88. FE), 2:7 van Lent (90.)
Zuschauer: 2.000

Bremer Nachrichten
WESER-ZEITUNG · DIE NORDDEUTSCHE
Bremen steht kopf und Deutschland feiert: Werder holt Europa-Pokal

kicker sportmagazin
Allofs, Rufer – zwei Treffer von Otto im Europacup-Toto
Europacup-Finale
2:0
6 Millionen für Mehmet Scholl
22 000 DM für jeden Kölner
Zwei Millionen für Klinsmann?
Eishockey: So packen wir die Schweiz

30.05.1992
Internationales Freundschaftsspiel
Nationalelf Neuseeland – W. B. 0:2 (0:2)
Aufstellung: Reck – Neubarth – Borowka, Schaaf – Bockenfeld, Votava (46. Wenschlag), Eilts, Allofs, Legat – Kohn, Bode (67. Hermann)
Trainer: Rehhagel
Tore: 0:1 Kohn (37.), 0:2 Allofs (39.)
Besonderheit: Wynton Rufer lief für Neuseeland auf.
Zuschauer: 8.000 im Mt. Smart Stadium von Auckland

01.06.1992
Internationales Freundschaftsspiel
Nationalelf Neuseeland – W. B. 2:1 (1:0)
Aufstellung: Rollmann – Votava – Otten, Schaaf, Wolter – Legat, Bockenfeld (46. Kohn), Eilts, Allofs – Harttgen, Bode
Trainer: Rehhagel
Tore: 1:0 Gray (19.), 2:0 Rufer (54.), 2:1 Bode (88.)
Besonderes Vorkommnis: Rollmann hält FE (89.)
Besonderheit: Wynton Rufer lief für Neuseeland auf.
Zuschauer: 7.000 im Basin Reserve Stadium, Wellington

03.06.1992
Internationales Freundschaftsspiel
Nationalelf Neuseeland – W. B. 1:1 (0:1)
Aufstellung: Reck – Votava – Schaaf, Borowka – Legat, Bockenfeld, Wolter, Hermann – Kohn, Harttgen, Bode
Trainer: Rehhagel
Tore: 0:1 Bode (23.), 1:1 Side (70.)
Zuschauer: 8.000 im English Park, Christchurch

06.06.1992
Internationales Freundschaftsspiel
Auswahl West-Australien – W. B. 3:2 (1:1)
Aufstellung: Rollmann – Bockenfeld, Legat, Neubarth, Borowka – Harttgen, Eilts, Votava – Bode, Rufer, Allofs – Zunächst auf der Bank: Kohn, Wenschlag, Schaaf, Otten, Hermann, Reck (genaue Einwechslungen unbekannt)
Trainer: Rehhagel
Tore: 1:0 Lazaridis (27.), 1:1 Bockenfeld (42.), 2:1 Carbone (54.), 2:2 Neubarth (89.), 3:2 McDarby (90.)
Zuschauer: 13.000 in Perth

Werders Europacuphelden stellen sich zu einem Mannschaftsfoto für die Ewigkeit auf. Oben v.l.: Reck (im Finale gesperrt), Sauer, Rufer, Bratseth, Ersatztorhüter Klugmann, Harttgen, Schaaf, Wolter, Legat, Wenschlag, Trainer Rehhagel, Co-Trainer Kamp. Unten v.l.: Bode, Borowka, Allofs, Bockenfeld, Kohn, Rollmann, Eilts, Hermann, Neubarth, Votava. Nicht im Bild Otten und Bester

Bundesliga-Abschlusstabelle 1991 / 1992

Platz	Verein	Spiele	S	U	N	Tore	Diff.	Punkte
1.	VfB Stuttgart	38	21	10	7	62:32	+30	52-24
2.	Borussia Dortmund	38	20	12	6	66:47	+19	51-24
3.	Eintracht Frankfurt	38	18	14	6	76:41	+35	50-26
4.	1. FC Köln	38	13	18	7	58:41	+17	44-32
5.	1. FC K'lautern (M)	38	17	10	11	58:42	+16	44-32
6.	Bayer Leverkusen	38	15	13	10	53:39	+14	43-33
7.	1. FC Nürnberg	38	18	7	13	54:51	+3	43-33
8.	Karlsruher SC	38	16	9	13	48:50	-2	41-35
9.	**Werder Bremen (P)**	**38**	**11**	**16**	**11**	**44:45**	**-1**	**38-38**
10.	Bayern München	38	13	10	15	59:61	-2	36-40
11.	Schalke 04 (N)	38	11	12	15	45:45	0	34-42
12.	Hamburger SV	38	9	16	13	32:43	-11	34-42
13.	Borussia M'gladbach	38	10	14	14	37:49	-12	34-42
14.	Dynamo Dresden (N)	38	12	10	16	34:50	-16	34-42
15.	VfL Bochum	38	10	13	15	38:55	-17	33-43
16.	SG Wattenscheid 09	38	9	14	15	50:60	-10	32-44
17.	Stuttgarter Kickers (N)	38	10	11	17	53:64	-11	31-45
18.	Hansa Rostock (N)	38	10	11	17	43:55	-12	31-45
19.	MSV Duisburg (N)	38	7	16	15	43:55	-12	30-46
20.	Fortuna Düsseldorf	38	6	12	20	41:69	-28	24-52

Fieberkurve der Bundesliga-Saison 1991 / 1992

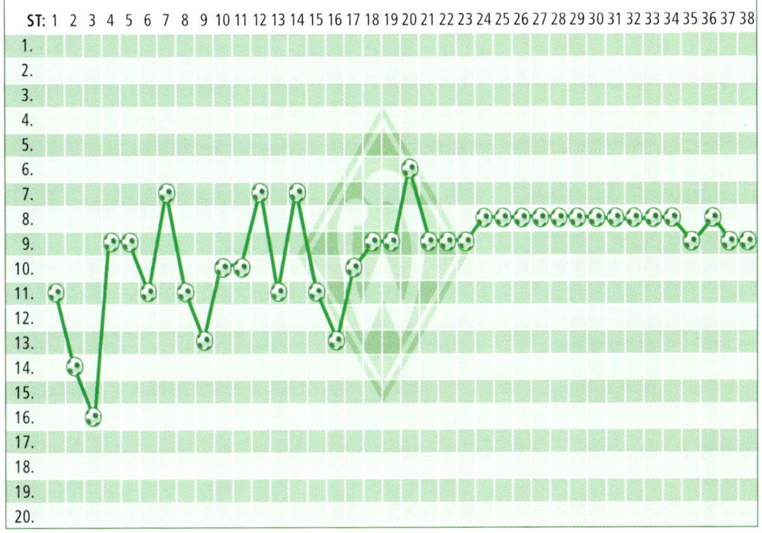

1992/93: Pitsch und Patsch

Oben v.l.:
Eilts, Wolter, Harttgen, Przondziono, Votava, Otten, Bode, Sauer, Herzog, Legat
Mitte v.l.:
Trainer Rehhagel, Bratseth, Beiersdorfer, van Lent, Unger, Neubarth, Kohn, Deering, Wenschlag, Rufer, Zeugwart Ehrke
Unten v.l.:
Hermann, Borowka, Wiedener, Gundelach, Reck, Rost, Bockenfeld, Allofs, Schaaf

Robe für einmalige Anlässe: Werders Meistertrikot 1993, getragen nur beim alles entscheidenden Spiel in Stuttgart

Der SV Werder machte es seinen Fans in diesen Tagen nicht einfach, verbohrt auf einer festgefahrenen Meinung zu beharren. Gemein – wo doch der Bremer an sich genau das so gerne tut, und der Bremer Fußballfan noch in verstärktem Maß. Vor einem halben Jahr war vielen Werder-Fans klar, dass es mit Otto als Trainer nun wirklich nicht mehr weitergeht. Dummerweise wurde dann der Europacup gewonnen, was die Unkerei natürlich etwas erschwert hat. Jetzt aber, im Herbst 1992, waren sich die Skeptiker sicher: Nun hatte sich die Sache mit Otto wirklich erledigt! Der Europacupsieger stand nach acht Spieltagen auf Platz 9 der Bundesliga. Die ersehnte Rückkehr an die Ligaspitze war schon das zweite Jahr in Folge vermasselt worden, und der Werder-Motor stotterte wieder so wie in der national so ernüchternden Vorsaison.

Vor allem das Auswärtsspiel in Karlsuhe am 3. Spieltag war für den schlechten Saisonstart verantwortlich. Rehhagel hatte es riskiert, mit Uwe Harttgen und Andy Herzog gleich zwei Mittelfeld-Asse Seite an Seite aufzustellen, die ihre offensichtlichen Stärken im Offensivbereich hatten und vor allem von Technik und Auge lebten. Das Duo Harttgen/Herzog sorgte dafür, dass nach einer guten halben Stunde die Fans im Wildparkstadion missmutig anerkennen mussten, einen Titelanwärter zu sehen. Mit Fußball wie aus dem Lehrbuch stürzten Herzog und Harttgen die KSC-Hintermannschaft im Minutentakt in neue Verlegenheiten, und die schon nach 15 Minuten bestehende Führung durch Rufer und Harttgen selbst war eher noch zu niedrig. Dann aber fing sich der Gegner aus dem Badischen und legte den vorher vergeblich gesuchten Hebel um: Werder wurde noch 5:2 überrollt, Sergej Kirjakow traf gleich dreimal, und Otto betrachtete das Tandem Harttgen/Herzog wohl als gescheitert – zumindest auswärts. Schade um den Zauberfußball, und schade um einen großartigen Mittelfeldvirtuosen wie Harttgen, der es im weiteren Verlauf der Saison nur auf insgesamt zwölf Einsätze brachte.

Herzog seinerseits kristallisierte sich frühzeitig als erneuter Geniestreich des Transfer-Orakels Rehhagel heraus. Für einen »ungeschliffenen Rohdiamanten« hatte der Andy zwar das richtige Alter (beim Sprung in die Bundesliga war er erst 23), war aber im Grunde für seine Jugend schon viel zu erfolgreich: In Österreich genoss der »Alpen-Maradona« nach bereits 32 Länderspielen den Ruf, ein Fußball-Wunderkind zu sein. Diesen Ruf rechtfertigte Herzog in Bremen allerdings erst Mitte der Vorrunde. Davor war er von Ziehvater Rehhagel regelmäßig ausgewechselt worden. Ein Tor gelang ihm nicht, und über schön anzusehende Ansätze kam der Ösi selten hinaus. Das änderte sich schlagartig, als Werder den unangenehmen Gang nach Dresden antreten musste. Nach nur acht Minuten schoss Herzog sein erstes Bundesligator und spielte hernach wie befreit auf. Er zog die Fäden im Werder-Mittelfeld, war mit dem Ball am Fuß unwiderstehlich dynamisch und zeigte all das, wofür ihn Rehhagel ausgespäht hatte. In den Wochen darauf wurde er seltener ausgewechselt, machte nun regelmäßig seine Tore und spielte sich in die Herzen der Werder-Fans.

Herzogs Aufschwung war der des SV Werder. Mit dem Spiel in Dresden begann eine rasante Erfolgsserie, die erst auf Platz 2 stehend gestoppt wurde, als Werder ausgerechnet beim sonstigen Lieblingsgegner in Bochum versagte. Bis dahin hatte es in zwölf Spielen ohne Niederlage schnuckelige 20:4 Punkte gegeben. Wieder hatte sich Werder am eigenen grünweißen Schopf aus der Bredouille gezogen und die Kritiker verstummen lassen. Nach dem Pleitespiel von Bochum schüttelten sich Ottos Mannen kurz und siegten leise weiter vor sich hin. Ende April kam es schließlich zum vorweggenommenen Endspiel: Im Weser-Stadion gab sich Tabellenführer Bayern die Ehre, den Werder in der Hinserie schon in München unter der Federführung eines sensationell aufspielenden Duos Herzog/Rufer mit 3:1 zerpflückt hatte. Ein schillernder 4:1-Sieg über die vorher lauthals tönenden Rivalen aus dem Süden gab die Parole für die letzten sechs Spieltage aus: Nun konnte, wollte und musste Werder um den Titel mitreden!

Beim Kantersieg gegen den Spitzenreiter lieferte einmal mehr ein Mann seine Duftmarke ab, der erst im Winter geholt wurde und am Ende den entscheidenden Unterschied zur Elf der Vorrunde ausmachte: Bernd Hobsch aus Leipzig war der Spieler, der Herzogs geniale Pässe vorne humorlos zu Zählbarem konvertieren sollte, und das tat Hobsch vom ersten Spiel an: Er traf zum Einstand beim 3:0 gegen den »Club« aus Nürnberg und wurde direkt danach mit Standing Ovations vom Spielfeld geleitet. Für den Rest der Saison wurde der Sachse zum Mann für die wichtigen Tore und harmonierte so seligmachend mit dem Fußball-Mozart aus Wien, dass die Boulevardpresse für das Duo die Spitznamen »Pitsch und Patsch« ersann.

Es wäre unfair, den dritten namhaften Neuzugang an dieser Stelle zu verschweigen. Denn Didi Beiersdorfer vom HSV wurde nicht nur menschlich zum Gewinn für Werders Elf, sondern vor allem sportlich zum Stabilisator der Hintermannschaft. Werder hatte in der Geschichte nicht selten unter Beiersdorfers kantiger Kompromisslosigkeit leiden müssen, denn der Stern des Franken ging vor allem in den Duellen mit Rudi Völler auf, den Beiersdorfer besser im Griff hatte als jeder Abwehrspieler des Landes sonst.

Das Saisonfinish geriet filmreif. Die Bayern, die spätestens nach der Demontage im direkten Vergleich wankten und allzu auffällig im dunklen Wald pfiffen, gaben nach und nach alle Trümpfe aus der Hand. Drei Spieltage vor Saisonende lagen die Münchener zwei Punkte und acht Tore vor Werder. Werder siegte 4:0 beim potenziellen Absteiger 1. FC Saarbrücken und brachte sich nachhaltig ins Gespräch. Zeitgleich verloren die Bayern in Karlsruhe mit 2:4. Sie blieben vorne, hatten nun aber einen nur noch mikroskopisch feststellbaren Vorsprung von drei Törchen. Der wurde von Werder am vorletzten Spieltag kurz- und kleingespielt: Während die Bayern nach einer 3:0-Pausenführung gegen Bochum wieder Meisterschaftsluft witterten, führte Werder nur mit 2:0 gegen den HSV und hatte nun wieder vier Tore Rückstand. Die folgende 2. Halbzeit entschied vielleicht schon die Meisterschaft. Die Bayern bekamen schwere Beine und siegten am Ende nur mit 3:1, während Werder sich in einen Rausch zauberte und den Nordrivalen mit 5:0 niederwalzte. Herzogs 5:0 in der letzten Spielminute brachte Werder 90 Minuten vor Ende dieser spektakulären Saison erstmals auf den Platz an der Sonne: Ein Tor Vorsprung! Im letzten Spiel ging es für Werder zum VfB Stuttgart, der noch eine Restchance auf den UEFA-Cup hatte und Werder exakt sieben Jahre zuvor (Kutzop!) den Titel vermieste. Die Bayern reisten zum Tabellenzehnten nach Schalke, für den es um nichts mehr ging. Bayern-Trainer Ribbeck schwafelte sich selbst Mut zu und bemühte sich, den Schalkern einzureden, sie seien nicht mehr im Stande, sich noch einmal wirklich anzustrengen. Ingo Anderbrügge sah das etwas anders: Der königsblaue Blonde kanonierte schon nach vier Minuten einen absolut waffenscheinpflichtigen 30-Meter-Schuss ins Herz der bayerischen Titelhoffnungen. Der Anfang vom Ende für Matthäus und Co., die in Gelsenkirchen erst in Führung gingen, als Werder schon das Glück in beide Hände genommen und den VfB Stuttgart in die Knie gezwungen hatte: Zweimal Hobsch und Thomas Wolter sorgten für die nachgeholte, große Jubelfeier in Stuttgart, die sieben Jahre zuvor noch so gnadenlos verhindert worden war.

6. Juni 1993

1,00 DM

Bild am Sonntag

Mutter rettete fünf Kinder aus den Flammen

Wieder Feuerterror gegen Türken

Stuttgart – Bremen 0:3

Schalke – München 3:3

Werder jubelt!

- 2 Tore! Hobsch machte alles klar
- Ein Russe stoppte die Bayern
- Karlsruhe (fast) im UEFA-Cup
- Bochum ist abgestiegen

Ein Werder-Feiertag wie gemalt! Olli Reck hat diese Jubeleinlage erstaunlicherweise unbeschadet überlebt. Und obwohl es so aussieht: Nein, Torsten Legat beißt hier nicht gleich zu!

DBV
wäsche
IMO
SV
WERDER
MEISTER
reusch

Werders dritte Meistermannschaft: Neubarth, Harttgen, Hobsch, Schaaf, Allofs, Beiersdorfer, Bratseth, Eilts, Borowka, Gundelach (oben v.l.), sowie Reck, Bode, Herzog, Wolter (gebeugt), Kohn, Votava, Rufer, Bockenfeld, Rost (v.l.)

Klaus Allofs 1990 …

Klaus Allofs
»… unsere Spieler sollen Spaß am Fußball haben«

Der heutige Sportdirektor und Geschäftsführer (Jahrgang 1956) gilt als einer der technisch beschlagendsten, torgefährlichsten deutschen Offensivspieler aller Zeiten. Meister wurde er mit Werder und Olympique Marseille. Dazu dreimal Bundesliga-Torschützenkönig, Europacupsieger, Europameister 1980, Torschützenkönig der EM 1980, Vizeweltmeister 1986. Seit Herbst 1999 setzt Allofs diese Erfolgsbilanz als Sportdirektor und damit Architekt des Werder-Kaders fort. In seiner Amtszeit wurden Klassespieler wie Cesar, Pizarro, Krstajic, Micoud, Ismaël, Klose, Frings oder Mertesacker verpflichtet. Seit dem Amtsantritt gelang es ihm gemeinsam mit Thomas Schaaf, neben großem sportlichen Erfolg den Marktwert der Mannschaft zu verfielfachen.

Ihr Wechsel als Spieler zu Werder glich 1990 einer Nacht- und Nebelaktion. Wie kam er zustande?
Ich hatte in Bordeaux einen Vierjahresvertrag unterschrieben, den ich aber nicht erfüllen konnte, weil der Verein in finanzielle Schwierigkeiten geraten war. Otto Rehhagel erfuhr davon und bemühte sich im Sommer 1990 um mich, nachdem ich sogar noch das erste Meisterschaftsspiel in Frankreich absolviert hatte. Er versuchte, mich zu einer Rückkehr zu überreden, aber eigentlich wollte ich nicht. Ich war kurz davor, ihm abzusagen, aber nachdem die Probleme in Frankreich größer wurden, haben wir uns dann doch zu Verhandlungen getroffen. Ich war mir vorher fast sicher, dass das ein sinnloses Unterfangen sei, weil ich in Frankreich einen extrem guten Vertrag hatte und mir nicht vorstellen konnte, dass Werder und ich uns finanziell einigen würden. Ich war 33 Jahre alt, hatte drei gute Spielzeiten in Frankreich hinter mir. Ich will mich jetzt nicht mit Micoud vergleichen, aber eigentlich gab es Ähnlichkeiten bei beiden Transfers: Auch bei mir war eine Einigung im Grunde unmöglich, aber durch die besonderen finanziellen Umstände des abgebenden Vereins konnte man das dann doch stemmen. Bordeaux hat Werder signalisiert: Wir wollen keine Ablösesumme, wir geben sogar noch was dazu, wir müssen von unseren Gehältern runterkommen! Zu jener Zeit haben alle Leistungsträger in Frankreich sehr gut verdient. Mit Willi Lemke bin ich mir dann komischerweise doch sehr schnell einig geworden, und auch Werder und Girondins waren sehr schnell miteinander klar, weil Bordeaux wirklich in einer Notsituation war. Lemke hat einmal in Frankreich übernachtet, und am nächsten Tag sind wir mit einer Privatmaschine nach Bremen gedüst. Rehhagel hatte gut aufgepasst. Er kannte mich schon aus seiner Zeit bei Düsseldorf und hat mir gesagt: ›Klaus, wir haben bei Werder jetzt eine gute Mannschaft, aber irgendwas fehlt. Wir sind immer dicht dran, aber wir brauchen eine Persönlichkeit wie dich. Ich glaube, dass du gut zu uns passen würdest.‹ Damit hatte er Recht: Wir haben dann bei Werder gemeinsam jedes Jahr einen Titel geholt.

Der große Allofs zu Werder

Bremen – Es ist perfekt! Klaus Allofs (33) kehrt nach drei Jahren in die Bundesliga zurück. Der Torjäger (früher Düsseldorf, Köln) wechselt von Girondins Bordeaux zu Werder Bremen, spielt bereits heute im Bundesliga-Test gegen Chemnitz. ✱ Was er bei Werder verdient: **im Sport.**

Diese Titel müssen Sie als tollen Bonus am Ende Ihrer ereignisreichen Karriere empfunden haben?
Ich war vorher gedanklich darauf fixiert, in Frankreich zu bleiben. Mit der Bundesliga hatte ich innerlich abgeschlossen. Ich bin bei Werder mit offenen Armen aufgenommen worden. Mannschaft und Öffentlichkeit haben mir gleich signalisiert, dass ich hier willkommen sei. Ich war ja der einzige richtige Neuzugang im Sommer 1990. Und dann habe ich schnell erkannt: mit Werder, das passt. Wir können zusammen etwas erreichen! Aber dass es dann so erfolgreich werden würde, mit Pokalsieg, Europapokalsieg und Meisterschaft hintereinander, das war natürlich nicht zu erwarten.

Welches war Ihr schönster Moment als Werder-Profi zum Abschluss Ihrer großen Karriere?
Ich müsste eigentlich den Europapokalsieg nennen: selbst ein Tor gemacht, eins vorbereitet. Das war schon sehr schön, aber dann im Jahr darauf zum Abschluss noch einmal Meister zu werden, mit dem letzten Spiel meiner Karriere – das war auch sensationell für mich.

Gab es trotz der Erfolgsserie eine Enttäuschung in ihrer Zeit als Spieler bei Werder?
(überlegt sorgfältig) Nun, es war in meiner letzten Saison so, wie es auch in vielen anderen Karrieren ist: Ich war 36 Jahre alt, mein Knie war nicht mehr in Ordnung, und deshalb konnte ich nicht mehr voll trainieren. Jüngere Spieler rückten nach,

… und 2005. Optisch eindeutig gewonnen!

und ich spielte seltener. Alle Spieler erreichen diesen Punkt irgendwann. Bei Werder hatten wir immer ein gutes Klima, und ich bin hier fair behandelt worden. Deshalb habe ich auch keinen großen Grund zur Klage. Diese Endphase der Karriere schmeckt natürlich niemandem so recht, aber die Zeit bei Werder war so schön, dass sie auch durch die Problemchen zum Schluss nicht groß getrübt werden konnte.

Kommen wir zu Ihrer »zweiten Karriere« bei Werder. Wie war es, 1999 hierher zurückzukehren?

Ich hatte als Spieler aufgehört, war nach Düsseldorf zurückgekehrt und bin dort Trainer bei der Fortuna geworden. Als Werder einen Sportdirektor gesucht hat, war die Verbindung zwischen dem Verein und mir sehr schnell wieder hergestellt. Für mich waren dann zwei Dinge entscheidend. Ich habe mir gesagt: Wenn du diese Aufgabe nach deinen Wünschen erledigen kannst, also mit voller sportlicher Kompetenz nach dem Abschied von Willi Lemke, dann musst du das machen! Zweitens wusste ich, dass man in Bremen gut leben kann. Ich wusste, dass meine Familie sich hier wohlfühlen würde und dass ich mit dem Vorstand klarkomme. Wenn man eine solche Anfrage bekommt, kann man eigentlich nicht nein sagen. Es war sehr schön, dass der Verein sich dann letztlich für mich entschieden hat.

Sie sind nach Ihrer aktiven Laufbahn erst Trainer geworden und unmittelbar anschließend dann »Schreibtischtäter«. Haben Sie gemerkt, dass Ihnen der Trainerjob weniger Spaß gemacht hat?

Nein, überhaupt nicht! Das ist bei mir nicht so klar getrennt. Wenn das Angebot von Werder nicht gekommen wäre, würde ich wahrscheinlich jetzt noch als Trainer arbeiten. Beides liegt mir. Bei der Fortuna wurde ich auch erst als Sportdirektor geholt und habe den Trainerjob dann später übernommen. Die Arbeit auf dem Platz hat mir Spaß gemacht, aber ich habe dann eben auch gemerkt, dass es mir gut liegt, eine Mannschaft aufzubauen, Spieler zu verpflichten, Spieler auszusuchen und so weiter. Ein richtiger Büromensch bin ich dennoch nicht geworden. Das ist eigentlich das einzig Negative an meinem Beruf hier. Deshalb breche ich auch manchmal aus und trainiere mit der Mannschaft mit.

Als Sie zu Werder kamen, bestand die Mannschaft aus einem Sammelsurium von Spielern, die nicht von Ihnen, sondern von den zahlreichen Trainern der Jahre zuvor zusammengestellt wurde. Ab wann hatten Sie das Gefühl, dass die Mannschaft Ihre Handschrift trägt?

Man erreicht eigentlich nie den Punkt, an dem man sagt: So, das ist jetzt deine Mannschaft. Ich fing in einer sehr schwierigen Phase an: Werder war fast abgestiegen, aber Pokalsieger geworden. Frank Baumann war verpflichtet worden, aber sonst geschah gar nichts, und das ausgerechnet in der Phase, wo man normalerweise die Personalplanungen auf Hochtouren abwickelt. Hätten wir diese Phase weiter verschlafen, dann hätte ich ein Jahr lang mit der Mannschaft zufrieden sein müssen, die schon da war. So aber haben wir gleich zu Beginn meiner Zeit als Sportdirektor zwei wichtige Transfers einfädeln können: der eine war Julio Cesar und der andere war Claudio Pizarro. Das waren für mich wichtige Erlebnisse. Bei zwei erfolgreichen Einkäufen hatte ich auf Anhieb das Gefühl, Einfluss genommen zu haben. Danach ging es dann sehr schnell, bis ich mich eingearbeitet hatte.

Charmantes Wortspiel: »Klaus« spricht der Franzose ganz ähnlich aus wie das Wörtchen »Koloss«. Sowohl in Marseille (siehe Cover) als auch in Bordeaux spielte der »Riese« Allofs insgesamt drei Jahre auf allerhöchstem Niveau

War es ein glücklicher Zufall, dass Thomas Schaaf und Sie beinahe zeitgleich Ihre Aufgaben bei Werder begonnen haben?

Ich will mal so sagen: Wenn ein Trainer schon jahrelang bei einem Verein arbeitet, dann fällt es ihm natürlich schwerer, einen Teil seiner Kompetenz an einen neuen Sportdirektor abzugeben. Gut war hier, dass es meinen Aufgabenbereich so nicht gab. Ich werde zwar oft als Nachfolger von Willi Lemke bezeichnet, aber in der Realität war ich das ja gar nicht. Willis Nachfolge wurde eher von Manfred Müller übernommen, während das sportliche Management vorher gar nicht abgedeckt war. Auch Thomas Schaaf hatte diesen Aufgabenbereich noch nicht für sich besetzt. Es wäre schwieriger gewesen, plötzlich als neuer Sportdirektor mit Felix Magath zusammenarbeiten zu müssen. So aber konnten wir bei Null beginnen.

Eines der absoluten Highlights in der Karriere des Spielers Klaus Allofs! Durch drei Tore im Spiel gegen die Niederlande wird Werders heutiger Sportdirektor Torschützenkönig der EM 1980

Sieht aus wie Breakdance, ist aber eine ganz simple Aufwärmzeremonie. Klaus Allofs mit dem jungen Andy Herzog

Mein Tätigkeitsbereich lag im Grunde brach, seit Otto Rehhagel weg war. Bei Thomas und mir war von vornherein klar, dass wir uns nicht in die Quere kommen und er meine Mitarbeit ausdrücklich wünscht.

Wie lange hat es gedauert, sich die jetzige gute Reputation zu erarbeiten? Anfangs hat eine Boulevardzeitung Sie ja noch als »Deutschlands faulsten Bundesligamanager« verhöhnt.
Wenn man eine neue Sache beginnt, dann stößt man naturgemäß erst einmal auf Vorbehalte. Diese Sache in der besagten Zeitung war eine Kampagne, die ein Journalist gegen mich geführt hat, der ein Problem mit mir hatte. Das hat etwas gestört, aber entscheidend war, dass der Verein zur selben Zeit nie einen Zweifel daran gelassen hat, dass er von meiner Arbeit überzeugt ist. Das war sehr hilfreich, und die Reputation kommt irgendwann ganz von selbst, wenn man Erfolge hat. Bei Werder weiß man um meinen Arbeitsumfang, und alle im Verein wissen, dass ich Tag und Nacht für die Belange des Clubs zur Verfügung stehe. Ich glaube nicht, dass mich heute noch jemand für »faul« hält.

Hatte auch als Spielzeugfigur einen extrem starken linken Fuss: Klaus Allofs 1989 im Trikot von Girondins Bordeaux

Es fällt auf, dass Sie mit Thomas Schaaf bei der Wahl der Neueinkäufe eine ähnlich großartige Trefferquote erreichen wie Otto Rehhagel, während in den Jahren zwischen der Ära Rehhagel und der Ära Schaaf/Allofs eine Vielzahl von Spielern geholt wurde, die dem Verein nicht im geringsten weiterhelfen konnten. Steckt dahinter viel Glück, viel Zufall, oder gibt es eine Philosophie, die Sie verraten können?
Man kann immer falsch liegen, und auch uns ist das passiert. Bei Stefan Blank und Jakub Wierzchowski haben wir uns schlichtweg geirrt. Hinter jedem Einkauf muss eine sportliche Idee stehen. Es reicht nicht, einen Spieler zu holen, weil ihn ein Berater als guten Spieler anpreist. Wir machen das alles sehr systematisch und überlegen uns früh im Jahr, auf welcher Position wir was machen müssen. Für jede Position haben wir drei, vier oder fünf Kandidaten, manchmal auch mehr. Der Trainer muss immer einverstanden sein, aber in letzter Konsequenz muss ich den Kopf dafür hinhalten.

Auf der anderen Seite der Medaille: Gibt es Dinge, auf die Sie heute stolz sind, weil Sie sie trotz großer Schwierigkeiten gestemmt haben? Welcher Vertrag war Ihr schwierigster?
Ganz schwierig war unser Vertragsabschluss mit Claudio Pizarro. Sein sportlicher Wert für den Verein war ja gar nicht absehbar. Den Vertrag mit Claudio haben wir auf dem Lufthansa-Abfertigungsschalter des Flughafens von Lima unterschrieben. Unser Flieger war kurz vorm Abheben, wir wurden schon zum zweiten Mal aufgerufen und Claudio hatte noch nicht unterschrieben. Es gab den Mitbewerber Betis Sevilla, und wir haben Claudio damals, auf dem Flughafen von Lima, dann gedrängt: So, jetzt unterschreiben – oder eben nicht! Wir haben die Unterschrift gottseidank noch bekommen.

Wie müssen wir uns denn Werders Finanzlage vorstellen? Mit welcher Ausgangslage gehen Sie heutzutage in Verhandlungen mit möglichen neuen Spielern?
Also, prinzipiell: Eigentlich haben wir nie Geld! Innerhalb des Vereins spielt jeder seine Rolle. Ich bin derjenige, der das Geld ausgibt, und andere müssen naturgemäß bremsen. Ich komme natürlich nicht mit Vorschlägen wie Morientes oder so, aber ich muss eine sportliche Vision haben, eine Begeisterung. Man muss Fantasie haben und sich einen Spieler innerhalb unserer Mannschaft vorstellen können. Man muss sich euphorisch auf einen neuen Spieler freuen, Vorfreude haben.

Apropos Vision: Welche Entwicklung ist für Werder denkbar? Was ist realistisch, was ist Utopie?
In den vorangegangenen Jahren war es so, dass uns Clubs wie Wolfsburg, Hertha und Schalke die Spieler wegholen konnten. Wenn diese Vereine das jetzt in dem Maße nicht mehr können, dann haben wir nun die Chance unsere Mannschaft vielleicht zusammenzuhalten. Und dann können wir auch längerfristig nach oben schauen. Früher haben wir immer die Aufbauarbeit für andere Vereine übernommen. Nehmen wir Pizarro: Der war bei uns ohne Frage gut, aber ein Weltklassespieler wie jetzt bei Bayern wurde er erst in seinem letzten halben Jahr bei uns. Solche Spieler haben uns früher immer

verlassen. Wenn wir dahin kommen, solche Spieler künftig dauerhaft bei uns halten zu können, oder wenn wir weiter so einkaufen können wie in den letzten Jahren, dann können wir auch weiterhin nach oben schauen. Wir haben uns zuletzt kontinuierlich weiterentwickelt. Alleine schon durch die Tatsache, dass wir im Jahr 2006 das dritte Mal hintereinander für die Champions League qualifiziert sind, haben wir vom sportlichen her jetzt einen anderen Status erreicht.

Das heißt auch, dass wir inzwischen auf der einen Seite für Spieler interessant geworden sind, die neben einem finanziell guten Angebot auch die sportliche Entwicklung sehen und sich dann für uns entscheiden. Das haben wir schon mal erreicht. Wir stehen aber auch finanziell auf einer viel solideren Basis. Und das ermöglicht uns, uns mit sehr viel besseren Chancen um Spieler zu bemühen, die wir für Verstärkungen halten. Und es gibt uns die Möglichkeit, auch Spieler bei uns zu halten und Verträge zu verlängern. Früher hätten uns diese Spieler vielleicht nach drei Jahren verlassen, um den nächsten sportlichen Schritt nach vorne zu machen. Und jetzt ist es anders und sie sind auch nach sportlichen Gesichtspunkten bei uns gut aufgehoben.

Man hat immer das Gefühl, dass in der Vergangenheit Vereine wie Bayern München und Werder Bremen ganz grundsätzlich verschiedenes Kaufverhalten an den Tag legen. Die Bayern warten, bis ein Spieler sich in einer der großen Ligen bewiesen, und dann kaufen sie ihn notfalls für das Vierfache, anstatt ihn mühselig irgendwo anders zu entdecken, ehe er teuer geworden ist. Werder dagegen hat sich traditionell mehr Mühe geben müssen, notgedrungen, weil nicht genug Geld da war, um bei einem interessanten Spieler darauf zu warten, dass der 15 Länderspiele gemacht hat, ehe man sich um ihn bemüht. Ist diese Diskrepanz zwischen den großen Vereinen seit dem Doublegewinn 2004 etwas verblasst?

Ja, das wird weniger. Wir sind jetzt in der Lage, angefangen mit Miro Klose, auch namhafte Spieler zu holen. Miro war für Bremer Verhältnisse dann auch sehr teuer, über fünf Millionen Euro bekanntlich. Das war vielleicht ein erstes Signal. Dann konnten wir jemanden wie Diego für uns verpflichten. Und kurz darauf Per Mertesacker. Ein derartiger Transfer wäre in der Vergangenheit so in Bremen nicht möglich gewesen. Wir können inzwischen also einen vielversprechenden, jungen Nationalspieler holen, der eben nicht zu Bayern München oder zu einem anderen Verein geht. Wir haben uns das für solche Transfers notwendige Geld erspielt, um eine hohe Ablösesumme bezahlen zu können für jemanden, den wir unbedingt für unsere Mannschaft haben möchten. In der Vergangenheit hätten wir, um beim Beispiel Mertesacker zu bleiben, bis zur darauf folgenden Saison gewartet, weil wir ihn anders nicht hätten finanzieren können. Das zeigt, dass wir einen entscheidenden Schritt nach vorne gemacht haben. Wir haben aber

Abschluss einer einzigartigen Karriere: Klaus Allofs sagt 1993 »adieu« und gewinnt zum Abschied noch einen Meistertitel mit Werder

auch grundsätzlich eine etwas andere Philosophie, was das Aussuchen unserer Spieler angeht. Wir mussten immer etwas mehr Phantasie haben, und die haben wir uns bewahrt.

Durch Transfers wie die von Klose, Diego oder Mertesacker wachsen unsere Chancen, uns auch in der Champions League langsam immer besser behaupten zu können. In dieser Hinsicht nähern wir uns den Bayern schon an, obwohl man ziemlich sicher sagen kann, dass wir nie zu den Bayern aufschließen werden.

Wir haben uns irgendwann einmal zusammen gesetzt und unsere Ziele definiert. Dazu gehörte auch, dass wir gesagt haben, wir wollen einen Stamm an deutschen Spielern in unserer Gruppe haben, und nach Möglichkeit sollten das Spieler sein, die dann auch in der deutschen Nationalmannschaft spielen können. Wenn wir uns neue Spieler aussuchen, dann sind das zuerst deutsche Spieler, danach schaut man in den Nachbarstaaten, die deutschsprachig sind und dann erst geht man weiter und schaut in die Ferne. Wir gehen nicht zwangsläufig gleich direkt nach Brasilien und suchen dort nach Verstärkungen, sondern wir schauen erst einmal, ob wir in Deutschland fündig werden. Wir denken, dass es für unsere Fans, unsere Gruppe, unser Image ein wichtiger Fakt ist, deutsche Spieler präsentieren zu können. Miro Klose haben wir bekommen, Torsten Frings konnten wir wieder zurück holen, Tim Borowski hat sich zum Nationalspieler entwickelt, Owomoyela war schon einer, Christian Schulz ist auf dem Sprung, ebenso Tim Wiese. Auch Clemens Fritz ist für die deutsche Nationalelf interessant geworden, und dann kam schließlich Per Mertesacker. Sein Beispiel zeigt, dass die beschriebene Entwicklung auch eine positive Eigendynamik entwickelt, denn Per hat den Schritt zu uns sicher auch gemacht, weil unsere Nationalspie-

So waren die Achtziger! Der Schnäuzer, die Frisur, das Design des PUMA-Trainingsanzugs, das alles musste damals so aussehen! Einziger Fehler: 1980 wird Klaus Allofs nicht wirklich viele Chips gegessen haben

Schon immer ganz eng miteinander: Klaus Allofs im trauten Zwiegespräch am Tag der Meisterfeier 2004 (oben) und Seite an Seite in Werders Spielerkader 1992 (unten)

ler ihn ein bisschen bearbeitet haben. Und das ist ja durchaus auch ein wichtiger Punkt, wenn man in der Nationalmannschaft mit vielen Mannschaftskollegen zusammen spielen kann.

Also gibt es genaugenommen immer weniger Gründe, bei einem anderen Klub spielen zu wollen?
Stimmt. Vor fünf Jahren noch hörten wir immer wieder das Argument von Spielerseite, ›Ich möchte zu 100 Prozent international spielen – deshalb muss ich Werder verlassen!‹ Damals waren wir auf der Kippe. Mal haben wir uns qualifiziert, mal nicht. Damals ging es aber immer nur um den UEFA-Cup. Und wenn jemand für sich den Wunsch hatte, unbedingt einmal Champions League zu spielen, dann war das ein Argument, dem man sich von Werders Seite aus nicht verschließen konnte.

Aber dieses Argument ist jetzt schon einmal nicht mehr da. Das heißt nicht, dass es nicht dennoch Gründe geben kann, sich verändern zu wollen. Nach dem Motto: ›Mensch, jetzt war ich drei oder vier Jahre bei Werder, jetzt möchte ich mal etwas anderes machen!‹ So hat es z.B. Fabian Ernst für sich gesagt. Und Valérien Ismaël hat uns wissen lassen, dass ein Wechsel zu den Bayern für ihn ein Traum war, von den finanziellen Möglichkeiten mal ganz zu schweigen. Man kann es keinem Spieler verdenken, wenn er zu Bayern München geht, wo er das Dreifache verdienen kann von dem, was er vorher bei Werder Bremen bekommen hat. Dieser Grund wird weiterhin bestehen bleiben. Man sieht jetzt schon, dass – sicher auch bedingt durch die Weltmeisterschaft – doch jetzt wieder verstärkt in Richtung Deutschland geschaut wird, wenn große europäische Vereine gute Spieler brauchen. Ballack war der erste, dann kam Hinkel, Lahm, Odonkor, und auch andere Spieler werden die Bundesliga in Richtung Ausland verlassen. Und in solchen Fällen wird das Argument Geld auch weiterhin ziehen. Deshalb wäre es vermessen, sich jetzt hinzustellen und zu sagen: ›Bei uns geht keiner mehr weg – Es ist so schön hier und sportlich läuft's auch, Geld ist zwar nicht so viel da wie bei einigen anderen Vereinen, aber …!‹ Diesen Punkt werden wir nicht erreichen können. Und deshalb entspricht es ist auch unserer grundsätzlichen Einstellung, der Einstellung von Thomas Schaaf und mir, dass ein Wechsel und damit eine gewisse Fluktuation im Kader auch absolut sein muss.

Noch vor wenigen Jahren wäre es ein völlig absurder Gedanke gewesen, dass Werder einmal das Double holen kann, anschließend dreimal hintereinander in der Champions League landet, parallel dazu dann bei der Weltmeisterschaft einige der besten Spieler stellt, dazu den Torschützenkönig. Was ist denn überhaupt noch denkbar? Wo ist noch Luft nach oben?
Eines steht jedenfalls fest: Wenn man sein Niveau nur konservieren will, dann ist das immer das erste Signal zum Rückschritt. Man muss immer bemüht sein, eine Mannschaft noch weiter zu verbessern, die Anforderungen an die Spieler noch zu verstärken, auch die an das gesamte Umfeld. Wir müssen uns als Klub einfach auch immer weiter entwickeln, bis wir vielleicht irgendwann angekommen sind und einen Punkt erreicht haben, wo man sich eingestehen muss, dass unser Standort und alles drum herum einfach nicht mehr hergibt. Es kann sein, dass man einmal an diesen Punkt kommt, aber bis dahin haben wir noch ein bisschen, was wir noch herauskitzeln können.

Klar ist es außergewöhnlich, dass man mit unseren Mitteln so konstant ganz oben mitspielt. Aber genau da müssen wir weiter machen. Wir müssen deswegen auch vor der Saison die ganz klare Ansage ausgeben, Meister werden zu wollen. Es reicht nicht mehr aus wenn man sagt, wir wollen international wieder dabei sein. Wir haben jetzt innerhalb unserer Mannschaft ein Gehaltsniveau erreicht, das für uns bedeutet, sich nicht dauerhaft nur UEFA-Cup erlauben zu können.

Ich glaube schon, dass wir – wenn nichts außergewöhnliches passiert – auch in den nächsten Jahren ganz oben mit dabei sind. Allerdings investieren andere Vereine wie der HSV und Dortmund auch eine Menge, und damit wird signalisiert, dass man dort gewillt ist, uns die zweite Position hinter den Bayern nicht kampflos überlassen zu wollen. Die stellen vielleicht für sich fest: ›Mensch, das was Bremen kann, müssen wir doch auch können!‹

Bei soviel positiven Aspekten – gibt es Fehler, die man heute zugeben kann?
Ja, es gibt immer Dinge. Vor allen Dingen natürlich bei den Verpflichtungen. Ich nenne mal einen Spieler wie Jelle van Damme. Letztlich waren wir von seinen Leistungen bei uns enttäuscht. Wir konnten ihn auf Leihbasis holen und hatten eine Kaufoption, die Konditionen waren insgesamt vernünftig. Man geht einfach großes Risiko und kann nicht immer davon ausgehen, dass alles funktioniert. Man hofft immer, wenn man einen solchen Spieler holt. Man sagt sich: ›Mensch, der ist groß, der ist schnell, der spielt in der belgischen Nationalmannschaft, der müsste das eigentlich packen!‹, und dann stellt sich hinterher raus: ›Mensch, das ist ein Grund, warum er das dort vorher schon nicht gepackt hat und das ist ein Grund, warum er es nicht gepackt hat!‹ So etwas stellt man

aber erst mit der Zeit fest. Vielleicht aber kam er auch deshalb nicht zum Zuge, weil die anderen Spieler im Kader sich im Gegensatz zu ihm eben außergewöhnlich gut entwickelt haben.

Und so gibt es immer ein paar Dinge, wo man im Nachhinein gerne anders reagiert oder entschieden hätte. Ich sage auch ganz ehrlich, dass ich gerne Mladen Kristajic behalten hätte, doch zu den geforderten Konditionen wollten wir das nicht. Und so ist es doch wieder vernünftig gewesen, ihn nicht um diesen hohen Preis zu halten, weil das dann auch wieder ein Signal für die anderen Spieler war.

Wir mussten immer mal wieder Dinge tun, die unpopulär waren. Das Verabschieden von Frank Verlaat oder auch der Abschied von Andy Herzog, all diese Geschichten. Das sind ja nicht immer einfache Dinge, die man entscheiden muss. Auch Ailtons Abschied war nicht leicht. Und der von Johan Micoud natürlich auch nicht. Aber bei fast allen Entwicklungen zeigt die Zeit, dass unsere Entscheidung dennoch immer zum Wohle des Vereins war.

Ich weiß nicht, ob wir Johan Micoud in diesem Jahr schon eins zu eins ersetzen können. Das war so ein spielbestimmender Spieler, der nicht nur auf dem Platz, sondern auch drum herum so großen Einfluss hatte. Ich weiß zum jetzigen Zeitpunkt noch nicht, ob man seinen Abschied mal eben kurz wegstecken kann. Aber dieses Problem wäre sonst spätestens im nächsten Jahr auf uns zugekommen, und dann ist es auf eine Art von Vorteil, wenn man diese Personalentscheidung in einer Phase trifft, wo unsere Mannschaft gefestigt ist. Unter dieser Voraussetzung kann man das eher wagen, und deswegen glaube ich, war es auch das die richtige Entscheidung Johan jetzt gehen zu lassen.

Generell scheint Werder nicht nur bei Neueinkäufen, sondern auch bei Abgängen wenig Fehler gemacht zu haben. Wenn man sich heute ein Mannschaftsfoto aus dem Jahr 2000 anschaut, dann sind da nicht viele Spieler drauf, die man unheimlich gerne zurückholen würde, weil sie Werder weiterbringen könnten.

Ich würde Claudio Pizarro schon gerne wieder zurücknehmen, und Frank Rost eventuell auch. Aber jeder Abgang hat uns immer die Chance gegeben, diese Position neu zu besetzen mit Spielern, die ich dann auch nicht missen möchte. Ein Abgang wie der von Micoud ermöglicht völlig neue Perspektiven für Spieler wie Torsten Frings, Tim Borowski oder natürlich Diego.

Vor einigen Jahren war es für Werder eine Notwendigkeit, Spieler auch deshalb zu verpflichten, um sie später mit oft großem Gewinn weiterverkaufen zu können. Denkt Werder anno 2006 mehr sportlich und nicht so sehr kaufmännisch, weil Spieler jetzt gehalten werden können, die den Verein früher schneller verlassen hätten?

Wir müssen immer wirtschaftlich denken. Daran hat sich nicht viel geändert. Auf der einen Seite ist man bemüht, dass uns Spieler nicht ablösefrei verlassen, was aber auch immer eine nicht ganz einfache Abwägung der Zahlen ist. Die Frage lautet also, ob ich einen Spieler für eine lange Zeit binde, mit einem sehr hoch dotierten Vertrag und dafür dann als Faustpfand habe, dass er nicht ablösefrei gehen wird. Oder ob ich andererseits einen Spieler zu vernünftigen Konditionen an uns binde, der dann aber eventuell irgendwann einmal ablösefrei gehen wird.

Bei jeder Verpflichtung muss also der wirtschaftliche Aspekt berücksichtigt werden. Der steht zwar nicht am Anfang der Überlegung, denn am Anfang muss man vor allem sportlich von dem Spieler überzeugt sein. Er soll uns auf dem Rasen weiterhelfen und sich bei uns weiterentwickeln. Aber ein Nebenaspekt ist auch, dass man gegebenenfalls einen Spieler später mal wieder verkaufen kann. Deswegen nimmt man von der Tendenz her Spieler, die nicht am Ende ihrer Karriere stehen. Bei einem, der 32 oder 33 Jahre alt ist, ist die Wahrscheinlichkeit für eine gute Ablöse wesentlich geringer. Wir schauen schon genau hin, dass wir Spieler verpflichten, die noch einen großen Teil ihrer Karriere vor sich haben.

Aber eine wichtige Sache ist dabei immer, dass wir hier sehr gute Voraussetzungen schaffen, damit unsere Spieler sich weiter entwickeln können. Darauf muss man auch weiterhin Wert legen. Man muss hier bei Werder das Umfeld schaffen, in dem sich Spieler wohl fühlen. Sie sollen bei uns Spaß am Fußball haben. Das ist eine enorm wichtige Sache. Wir wiederum müssen grundsätzlich sehr von dem Transfer überzeugt sein, den wir umsetzen wollen.

Spielerlaufbahn:

1964–72	TuS Gerresheim
1972–81	Fortuna Düsseldorf
1981–87	1. FC. Köln
1987–89	Olympique Marseille
1989/90	Girondins Bordeaux
1990–93	Werder Bremen

WERDER BREMEN 1992/93

Trainer

Rehhagel, Otto
Verantwortlicher Trainer in allen 34 Spielen der Saison

Werders Neuzugänge im Sommer 1992

Bilderbuch-Bundesliga-Start für den prominentesten Neuen: Andy Herzog verdiente sich durch seine überragende Premieren-Saison völlig zu Recht den Beinamen »Alpen-Maradona«

Wer kam?

Beiersdorfer (Hamburger SV)
Gundelach (FC Homburg)
Herzog (Rapid Wien)
Hobsch (VfB Leipzig, w.d.S.)
Rost (eig. Amateure)

Wer ging?

Bester (an den HSV ausgeliehen)
Hermann (SG Wattenscheid 09, w.d.S.)
Klugmann (TSV Pansdorf)
Kolbuch (Hertha Zehlendorf)
Malchow (VfB Oldenburg)
Otten (VfB Oldenburg)
Rollmann (MSV Duisburg)
van Lent (VfB Oldenburg, w.d.S. ausgeliehen)
Witossek (eig. Amateure)

w.d.S. = während der Saison

Tor

Reck, Oliver »Olli«
32 Spiele; 0 Tore

Gundelach, Hans-Jürgen
2 Spiele; 0 Tore

Rost, Frank »Fäustel«
0 Spiele; 0 Tore

Abwehr

Beiersdorfer, Dietmar »Didi«
29 Spiele; 4 Tore

Bratseth, Rune
29 Spiele; 2 Tore

Borowka, Ulrich »Ulli«
28 Spiele; 1 Tor

Mittelfeld

Herzog, Andreas »Andy«
33 Spiele; 10 Tore

Votava, Miroslav »Mirko«
33 Spiele; 3 Tore

Wolter, Thomas »Stonie«
31 Spiele; 2 Tore

Angriff

Rufer, Wynton »Kiwi«
32 Spiele; 17 Tore

Bode, Marco
29 Spiele; 4 Tore

Neubarth, Frank »Socrates«
19 Spiele; 3 Tore

Erweiterter Kader

Der Sport-Verein »Werder« im Jahr 1992/93:

1992/93

Präsident:	Dr. Franz Böhmert
Vizepräsident:	Klaus-Dieter Fischer (Amateur-Abt.)
3. Präsident:	Manfred Müller (Finanzen)
Geschäftsführer:	Wolfgang Barkhausen
Manager:	Willi Lemke
Vereinsarzt:	Dr. Karl Meschede
Masseur:	Holger Berger
Mitglieder:	2.627
Kapazität Weser-Stadion:	40.640 Plätze (22.378 überdachte Sitz- und 8.427 überdachte Stehplätze; 350 Logenplätze)

Bockenfeld, Manfred »Manni«
17 Spiele; 0 Tore

Schaaf, Thomas
5 Spiele; 0 Tore

Sauer, Gunnar
0 Spiele; 0 Tore

Wenschlag, Kay
0 Spiele; 0 Tore

Wiedener, Andree
0 Spiele; 0 Tore
Amateur

Eilts, Dieter »Ostfriesen-Alemao«
24 Spiele; 1 Tor

Legat, Thorsten
23 Spiele; 1 Tor

Harttgen, Uwe
12 Spiele; 2 Tore

Hermann, Günter »Jimmy«
5 Spiele; 0 Tore

Deering, Chad
0 Spiele; 0 Tore
Amateur

Przondziono, Martin
0 Spiele; 0 Tore
Amateur

Unger, Lars
0 Spiele; 0 Tore
Amateur

Hobsch, Bernd »Hobscher«
17 Spiele; 7 Tore

Kohn, Stefan
17 Spiele; 4 Tore

Allofs, Klaus
16 Spiele; 0 Tore

van Lent, Arie
2 Spiele; 0 Tore
Amateur

In Freundschaftsspielen eingesetzt:

Otten, Jonny (Abwehr)

Alle Spiele 1992/93

04.07.1992
Freundschaftsspiel
FC Wacker Neustadt – W. B. 1:7 (0:2)
Aufstellung: Reck (46. Gundelach) – Bratseth (46. Votava) – Borowka (46. Wenschlag), Beiersdorfer (46. Otten) – Bockenfeld (46. Wolter), Legat (46. Hermann), Eilts (46. Schaaf), Herzog (46. Harttgen) – Neubarth (46. Kohn), Allofs (46. van Lent), Rufer (46. Bode)
Trainer: Rehhagel
Tore: 0:1 Bockenfeld (16.), 0:2 Legat (22.), 0:3 van Lent (58.), 1:3 Lübeck (62.) 1:4 van Lent (67.), 1:5 van Lent (72.), 1:6 Bode (78.), 1:7 Schaaf (85.)
Besonderheit: Otto Rehhagel wechselte zur Pause die komplette Mannschaft aus
Zuschauer: 2.000

11.07.1992
Freundschaftsspiel
Germania Halberstadt – W. B. 0:6 (0:5)
Aufstellung: Gundelach – Bratseth – Votava (46. Borowka), Beiersdorfer – Wolter (46. Bockenfeld), Eilts, Herzog, Neubarth (46. Harttgen), Legat – Rufer (46. Kohn), Allofs (46. Bode)
Trainer: Rehhagel
Tore: 0:1 Allofs (4.), 0:2 Rufer (6.), 0:3 Neubarth (23.), 0:4 Allofs (37.), 0:5 Legat (45.), 0:6 Borowka (72.)
Zuschauer: 5.000

15.07.1992
Freundschaftsspiel
Rot-Weiß Essen – W. Bremen 1:3 (0:1)
Aufstellung: Reck – Bratseth – Bockenfeld, Beiersdorfer – Legat, Votava (46. Harttgen), Eilts, Wolter (70. Schaaf), Herzog – Allofs (46. Bode), Rufer (46. Kohn)
Trainer: Rehhagel
Tore: 0:1 Allofs (44.), 0:2 Harttgen (52.), 0:3 Bode (57.), 1:3 Pick (71.)
Zuschauer: 3.200

18.07.1992
Freundschaftsspiel
VfL Salder – W. Bremen 2:10 (0:8)
Aufstellung: Reck (46. Gundelach) – Bratseth – Bockenfeld, Legat – Wolter, Votava, Harttgen (46. Kohn), Eilts (30. Schaaf), Herzog – Rufer, Allofs (46. Bode)
Trainer: Rehhagel
Tore: 0:1 Rufer (3.), 0:2 Harttgen, 0:3 Allofs, 0:4 Rufer, 0:5 Rufer, 0:6 Klapproth (ET), 0:7 Harttgen, 0:8 Allofs, 0:9 Rufer, 1:9 unbekannt, 1:10 Votava, 2:10 unbekannt
Zuschauer: 2.500

21.07.1992
Internationales Freundschaftsspiel
W. Bremen – Trabzonspor 1:1 (1:0)
Aufstellung: Gundelach – Bratseth – Wolter, Beiersdorfer (46. Borowka) – Bockenfeld, Votava, Herzog, Legat, Neubarth (46. Harttgen) – Allofs (46. Bode), Rufer (46. Kohn)
Trainer: Rehhagel
Tore: 1:0 Neubarth (6.), 1:1 Cikirikci (81.)
Zuschauer: 4.000 in Delmenhorst

25.07.1992
Freundschaftsspiel
BSV Stahl Brandenburg – W. B. 0:2 (0:1)
Aufstellung: Reck (46. Gundelach) – Bratseth – Bockenfeld, Legat (46. Harttgen) – Wolter, Votava, Eilts (55. Allofs), Herzog (46. Hermann), Beiersdorfer (46. Borowka) – Neubarth, Rufer
Trainer: Rehhagel
Tore: 0:1 Neubarth (15.), 0:2 Bratseth (61.)
Zuschauer: 3.000

29.07.1992
Freundschaftsspiel
TSV Neustadt – W. Bremen 0:13 (0:9)
Aufstellung: Reck – Bratseth – Beiersdorfer, Borowka – Votava, Neubarth, Herzog, Eilts, Legat – Rufer, Allofs / Eingewechselt: Kohn, Bode, Bockenfeld, Harttgen, Hermann, Unger
Trainer: Rehhagel
Tore: Neubarth (3), Rufer (3), Herzog, Borowka, Bratseth, Harttgen, Bode, Kohn, Bockenfeld
Zuschauer: 2.500

03.08.1992
Freundschaftsspiel
TSV Kropp – W. Bremen 0:13 (0:6)
Aufstellung: Reck (46. Gundelach) – Neubarth – Bratseth (46. Harttgen), Beiersdorfer, Bockenfeld (46. Wolter), Legat – Herzog (46. Herzog), Eilts, Votava (46. Hermann) – Rufer (46. Bode), Allofs (46. Kohn)
Trainer: Rehhagel
Tore: Rufer (4), Bode (3), Beiersdorfer, Herzog, Legat, Wolter, Kohn, Neubarth
Zuschauer: 3.000

05.08.1992
Internationales Freundschaftsspiel
Rosenborg Trondheim – W. B. 2:1 (1:1)
Aufstellung: Reck (46. Gundelach) – Bratseth – Beiersdorfer, Borowka (46. Allofs) – Eilts, Votava, Herzog (59. Harttgen), Legat (46. Hermann), Wolter (46. Bockenfeld) – Rufer (78. Kohn), Bode (46. Neubarth)
Trainer: Rehhagel
Tore: 0:1 Rufer (18.), 1:1 Sørloth (36.), 2:1 Ingebrigtsen (75.)
Zuschauer: 5.581

08.08.1992
Internationales Freundschaftsspiel
W. Bremen – Bohemians Prag 4:2 (1:1)
Aufstellung: Reck (46. Gundelach) – Bratseth (46. Hermann) – Beiersdorfer (39. Bockenfeld), Borowka – Wolter, Eilts, Votava, Herzog (46. Neubarth), Legat (46. Harttgen) – Rufer (61. Kohn), Bode (46. Allofs)
Trainer: Rehhagel
Tore: 1:0 Legat (22.), 1:1 Koci (43.), 2:1 Sadilek (51. ET), 3:1 Rufer (60.), 4:1 Eilts (65.), 4:2 Lang (71.)
Zuschauer: 1.200 in Wiesbaden

14.08.1992
Bundesliga, 1. Spieltag
1. FC Nürnberg – W. Bremen 0:0
Aufstellung: Reck – Bratseth – Wolter, Borowka – Bockenfeld, Votava (87. Neubarth), Herzog (78. Harttgen), Eilts, Legat – Rufer, Bode
Trainer: Rehhagel
Tore: –
Besonderes Vorkommnis: Gelb-Rote Karte für Rösler (63.)
Zuschauer: 35.000

19.08.1992
DFB-Pokal, 1. Runde
SC Jülich 1910 – W. B. 1:5 (1:1, 0:0) n.Verl.
Aufstellung: Reck – Bratseth – Wolter, Borowka – Eilts, Votava, Neubarth (46. Allofs), Harttgen, Legat – Rufer, Bode (67. Kohn)
Trainer: Rehhagel
Tore: 1:0 Perschke (65.), 1:1 Rufer (76.), 1:2 Kohn (95.), 1:3 Allofs (103.), 1:4 Rufer (108.), 1:5 Kohn (119.)
Zuschauer: 6.000

22.08.1992
Bundesliga, 2. Spieltag
W. B. – Bayer 04 Leverkusen 1:1 (1:1)
Aufstellung: Reck – Bratseth – Wolter, Borowka – Bockenfeld (52. Hermann), Votava, Herzog, Eilts, Legat – Rufer, Allofs (46. Kohn)
Trainer: Rehhagel
Tore: 1:0 Borowka (20.), 1:1 Thom (27.)
Zuschauer: 15.249

26.08.1992
Bundesliga, 3. Spieltag
Karlsruher SC – W. Bremen 5:2 (2:2)
Aufstellung: Reck – Bratseth – Votava, Borowka (72. Neubarth) – Wolter, Eilts, Harttgen, Herzog, Legat (57. Allofs) – Rufer, Bode
Trainer: Rehhagel
Tore: 0:1 Rufer (7.), 0:2 Harttgen (14.), 1:2 Kirjakow (37.), 2:2 Bender (39. FE), 3:2 Krieg (53.), 4:2 Kirjakow (64.), 5:2 Kirjakow (67.)
Zuschauer: 18.000

29.08.1992
Bundesliga, 4. Spieltag
W. Bremen – VfL Bochum 3:1 (3:1)
Aufstellung: Reck – Bratseth – Votava, Beiersdorfer – Wolter, Harttgen, Herzog (68. Borowka), Eilts, Legat – Rufer, Neubarth (70. Kohn)
Trainer: Rehhagel
Tore: 1:0 Schwanke (15. ET), 2:0 Votava (18.), 3:0 Bratseth (39), 3:1 Herrmann (44.)
Zuschauer: 12.100

01.09.1992
Bundesliga, 5. Spieltag
FC Schalke 04 – W. Bremen 0:0
Aufstellung: Reck – Bratseth – Beiersdorfer, Borowka – Wolter (80. Bockenfeld), Herzog, Votava, Eilts, Bode – Neubarth, Kohn (66. Allofs)
Trainer: Rehhagel
Tore: –
Zuschauer: 35.000

05.09.1992
Bundesliga, 6. Spieltag
W. B. – Bayer 05 Uerdingen 2:1 (1:0)
Aufstellung: Reck – Bratseth – Votava, Beiersdorfer – Bockenfeld, Harttgen, Herzog (46. Hermann), Eilts, Bode – Kohn (71. van Lent), Allofs
Trainer: Rehhagel
Tore: 1:0 Harttgen (20.), 1:1 Sassen (50.), 2:1 Votava (87.)
Zuschauer: 10.959

12.09.1992
DFB-Pokal, 2. Runde
SpVgg. Beckum – W. Bremen 0:7 (0:4)
Aufstellung: Reck – Bratseth – Beiersdorfer, Votava – Bockenfeld, Harttgen, Herzog, Eilts, Legat (43. K. Allofs) – Rufer (60. Kohn), Bode
Trainer: Rehhagel
Tore: 0:1 Legat (21.), 0:2 Bode (26.), 0:3 Bode (38.), 0:4 Beiersdorfer (44.), 0:5 Allofs (50.), 0:6 Kohn (73.), 0:7 Herzog (86.)
Zuschauer: 6.100

15.09.1992
Europapokal der Pokalsieger, 1. Runde-Hinspiel
W. Bremen – Hannover 96 3:1 (3:1)
Aufstellung: Reck – Bratseth – Votava, Beiersdorfer (30. Hermann) – Bockenfeld, Harttgen, Herzog, Eilts, Bode – Rufer (69. Wolter), Allofs
Trainer: Rehhagel
Tore: 1:0 Rufer (19.), 1:1 Wojcicki (26. FE), 2:1 Rufer (28.), 3:1 Bratseth (45.)
Besonderes Vorkommnis: Gelb-Rote Karte für Schönberg (63.)
Zuschauer: 17.500

19.09.1992
Bundesliga, 7. Spieltag
1. FC Kaiserslautern – W. B. 3:1 (2:0)
Aufstellung: Reck – Bratseth – Wolter, Beiersdorfer – Bockenfeld, Votava, Eilts, Herzog (46. Allofs), Hermann (46. Harttgen) – Rufer, Bode
Trainer: Rehhagel
Tore: 1:0 Wagner (29.), 2:0 Witeczek (30.), 3:0 Kuntz (58.), 3:1 Rufer (71.)
Zuschauer: 29.300

26.09.1992
Bundesliga, 8. Spieltag
W. Bremen – Eintracht Frankfurt 0:0
Aufstellung: Reck – Bratseth (46. Bockenfeld) – Votava, Beiersdorfer – Wolter, Harttgen, Herzog, Eilts (46. Hermann), Bode – Rufer, Allofs
Trainer: Rehhagel
Tore: –
Zuschauer: 20.800

Tolle Typen und fantastische Fußballer: Rune Bratseth und Wynton Rufer harmonierten privat und auf dem Platz perfekt und haben einen festen Platz im Herzen jedes Werder-Fans, der sie noch als Spieler erleben durfte

30.09.1992
Europapokal der Pokalsieger,
1. Runde-Rückspiel
Hannover 96 – W. Bremen 2:1 (2:1)
Aufstellung: Reck – Bratseth – Votava, Beiersdorfer (28. Harttgen) – Wolter, Bockenfeld, Herzog (58. Hermann), Eilts, Bode – Rufer, Allofs
Trainer: Rehhagel
Tore: 0:1 Rufer (18. HE), 1:1 Daschner (29.), 2:1 Daschner (33.)
Zuschauer: 27.436

03.10.1992
Bundesliga, 9. Spieltag
Dynamo Dresden – W. Bremen 2:3 (0:2)
Aufstellung: Reck – Bratseth – Votava, Beiersdorfer – Bockenfeld, Wolter, Herzog (87. Harttgen), Eilts, Hermann – Rufer, Bode
Trainer: Rehhagel
Tore: 0:1 Herzog (8.), 0:2 Beiersdorfer (12.), 1:2 Gütschow (48.), 1:3 Bode (83.), 2:3 Schößler (87.)
Zuschauer: 14.300

10.10.1992
DFB-Pokal, 3. Runde
W. Bremen – FSV Mainz 05 3:1 (2:0)
Aufstellung: Reck – Bratseth (25. Harttgen) – Beiersdorfer, Borowka – Wolter, Votava, Rufer, Eilts, Bode – Kohn, Allofs (83. van Lent)
Trainer: Rehhagel
Tore: 1:0 Bode (21.), 2:0 Rufer (43. FE), 3:0 Kohn (60.), 3:1 Klopp (73.)
Zuschauer: 4.864

17.10.1992
Bundesliga, 10. Spieltag
W. Bremen – 1. FC Köln 2:0 (1:0)
Aufstellung: Reck – Bratseth – Beiersdorfer, Borowka – Wolter, Eilts, Votava, Herzog, Bode – Rufer, Allofs (81. van Lent)
Trainer: Rehhagel
Tore: 1:0 Beiersdorfer (18.), 2:0 Beiersdorfer (69.)
Zuschauer: 18.100

21.10.1992
Europapokal der Pokalsieger,
Achtelfinale-Hinspiel
W. Bremen – Sparta Prag 2:3 (0:2)
Aufstellung: Reck – Bratseth – Beiersdorfer (46. Neubarth), Borowka – Wolter, Votava, Eilts, Herzog, Legat (46. Allofs) – Rufer, Bode
Trainer: Rehhagel
Tore: 0:1 Sopko (25.), 0:2 Dvirnik (35.), 1:2 Neubarth (56.), 2:2 Rufer (79.), 2:3 Vonasek (90.)
Besonderes Vorkommnis: Rote Karte für Chovanec (45.)
Zuschauer: 10.747

24.10.1992
Bundesliga, 11. Spieltag
FC Bayern München – W. B. 1:3 (0:1)
Aufstellung: Gundelach – Neubarth – Beiersdorfer, Borowka – Wolter, Votava, Eilts, Legat, Bode – Herzog (82. Harttgen), Rufer
Trainer: Rehhagel
Tore: 0:1 Rufer (43. HE), 0:2 Rufer (65.), 0:3 Herzog (69.), 1:3 Thon (84. FE)
Zuschauer: 33.000

30.10.1992
Bundesliga, 12. Spieltag
W. Bremen – Wattenscheid 09 3:0 (2:0)
Aufstellung: Reck – Bratseth – Beiersdorfer, Borowka – Bockenfeld (79. Wolter), Votava, Herzog (63. Legat), Eilts, Bode – Neubarth, Rufer
Trainer: Rehhagel
Tore: 1:0 Rufer (25. FE), 2:0 Bratseth (35.), 3:0 Rufer (87.)
Zuschauer: 14.079

04.11.1992
Europapokal der Pokalsieger,
Achtelfinale-Rückspiel
Sparta Prag – W. Bremen 1:0 (1:0)
Aufstellung: Reck – Bratseth – Votava, Borowka (46. Allofs) – Wolter, Eilts, Legat – Bockenfeld, Rufer, Neubarth, Bode (80. Kohn)
Trainer: Rehhagel
Tor: 1:0 Siegl (7.)
Besonderes Vorkommnis: Gelb-Rote Karte für Rufer (89.)
Zuschauer: 29.704

07.11.1992
DFB-Pokal, Achtelfinale
W. Bremen – Borussia Dortmund 2:0 (1:0)
Aufstellung: Reck – Bratseth – Borowka, Beiersdorfer – Wolter, Votava, Herzog, Eilts, Legat – Rufer, Neubarth (46. Bode)
Trainer: Rehhagel
Tore: 1:0 Rufer (14.), 2:0 Rufer (85. FE)
Zuschauer: 33.059

13.11.1992
Bundesliga, 13. Spieltag
Borussia Dortmund – W. Bremen 2:2 (2:1)
Aufstellung: Reck – Bratseth – Borowka, Beiersdorfer – Wolter, Votava, Eilts, Bode, Legat – Rufer, Herzog
Trainer: Rehhagel
Tore: 0:1 Herzog (15.), 1:1 Zorc (28.), 2:1 Zorc (30.), 2:2 Bode (72.)
Zuschauer: 42.275

21.11.1992
Bundesliga, 14. Spieltag
W. Bremen – Bor. M'gladbach 2:0 (0:0)
Aufstellung: Reck – Bratseth – Beiersdorfer (46. Neubarth), Borowka – Wolter, Votava, Herzog (77. Kohn), Eilts, Legat – Rufer, Bode
Trainer: Rehhagel
Tore: 1:0 Bode (62.), 2:0 Herzog (64.)
Besonderes Vorkommnis: Rote Karte für Salou (43.)
Zuschauer: 17.903

27.11.1992
Bundesliga, 15. Spieltag
W. Bremen – 1. FC Saarbrücken 2:0 (0:0)
Aufstellung: Gundelach – Bratseth – Beiersdorfer (46. Bockenfeld), Borowka – Wolter, Votava (75. Kohn), Herzog, Eilts, Legat – Rufer, Bode
Trainer: Rehhagel
Tore: 1:0 Rufer (61. FE), 2:0 Kohn (86.)
Besondere Vorkommnisse: Gelb-Rote Karte für Wuttke (63.); Rote Karte für Beckenbauer (87.)
Zuschauer: 18.081

01.12.1992
DFB-Pokal, Viertelfinale
Chemnitzer FC – W. B. 2:1 (0:0) n.Verl.
Aufstellung: Reck – Bratseth – Wolter, Borowka – Bockenfeld, Votava, Herzog, Eilts, Legat (68. Allofs) – Rufer, Bode
Trainer: Rehhagel
Tore: 1:0 Renn (91.), 2:0 Heidrich (95.), 2:1 Allofs (120.)
Besondere Vorkommnisse: Gelb-Rote Karte für Herzog (85.); Rote Karte für Bratseth (96.)
Zuschauer: 15.600

04.12.1992
Bundesliga, 16. Spieltag
Hamburger SV – W. Bremen 0:0
Aufstellung: Reck – Neubarth – Beiersdorfer, Borowka – Wolter, Votava, Eilts, Bode, Legat (46. Allofs) – Rufer, Herzog (80. Kohn)
Trainer: Rehhagel
Tore: –
Zuschauer: 46.000

12.12.1992
Bundesliga, 17. Spieltag
W. Bremen – VfB Stuttgart 1:1 (1:0)
Aufstellung: Reck – Neubarth – Beiersdorfer, Borowka – Wolter, Bockenfeld, Votava, Eilts, Bode – Herzog (76. Kohn), Rufer (88. Harttgen)
Trainer: Rehhagel
Tore: 1:0 Rufer (9. HE), 1:1 Walter (89. FE)
Besonderes Vorkommnis: Gelb-Rote Karte für Buchwald (71.)
Zuschauer: 18.921

12.01.1993
Beck's-Cup, Halbfinale
FC Groningen – W. B. 5:3 n.E. (1:1, 0:0)
Aufstellung: Reck (46. Gundelach) – Bratseth – Beiersdorfer, Borowka (46. Kohn) – Wolter, Legat (46. Bockenfeld), Votava, Eilts, Herzog (46. Neubarth) – Hobsch (25. Kohn), Rufer
Trainer: Rehhagel
Tore: 0:1 Bratseth (68.), 1:1 von Dueren (74.)
Elfmeterschießen: Fehlschüsse für Werder durch Kohn und Wolter, Rufer und Bockenfeld trafen
Zuschauer: 3.500 in Groningen

20.01.1993
Beck's-Cup, Spiel um Platz drei
FC St. Pauli – W. Bremen 3:2 (1:0)
Aufstellung: Reck – Bratseth – Beiersdorfer (17. Harttgen), Borowka – Wolter, Eilts, Legat, Herzog, Bode (46. Neubarth) – Hobsch, Rufer
Trainer: Rehhagel
Tore: 1:0 Hjelm (24.), 1:1 Thomforde (50. ET), 1:2 Rufer (62.), 2:2 Järvinen (78.), 3:2 Ottens (89.)
Zuschauer: 1.510 in Hamburg

31.01.1993
Internationales Freundschaftsspiel
W. Bremen – Odense BK 4:3 (1:0)
Aufstellung: Reck – Bratseth – Borowka, Votava – Legat, Bode (66. Wolter), Eilts, Herzog (73. Harttgen), Bockenfeld – Rufer (46. Kohn), Hobsch (46. Neubarth)
Trainer: Rehhagel
Tore: 1:0 Bockenfeld (8.), 2:0 Kohn (49.), 3:0 Kohn (59.), 4:0 Neubarth (65.), 4:1 Petersen (71. HE), 4:2 Nielsen (74.), 4:3 Madsen (77.)
Zuschauer: 1.500

06.02.1993
Freundschaftsspiel
MTV Gifhorn – W. Bremen 1:7 (0:5)
Aufstellung: Reck – Bratseth – Borowka, Eilts – Bockenfeld (64. Wolter), Neubarth (46. Harttgen), Herzog, Bode, Legat – Kohn (46. Rufer), Hobsch (46. Allofs)
Trainer: Rehhagel
Tore: 0:1 Bode (10.), 0:2 Kohn (17.), 0:3 Bode (28.), 0:4 Eilts (38.), 0:5 Legat (44.), 0:6 Rufer (54.), 1:6 Blödorn (73.), 1:7 Allofs (85.)
Zuschauer: 1.700

10.02.1993
UEFA-SuperCup-Hinspiel
W. Bremen – FC Barcelona 1:1 (0:1)
Aufstellung: Reck – Bratseth – Borowka, Legat – Bockenfeld, Neubarth, Votava, Herzog, Eilts, Bode (69. Kohn) – Hobsch (77. Allofs)
Trainer: Rehhagel
Tore: 0:1 Salinas (38.), 1:1 Allofs (88.)
Zuschauer: 22.098

19.02.1993
Bundesliga, 18. Spieltag
W. Bremen – 1. FC Nürnberg 3:0 (0:0)
Aufstellung: Reck – Bratseth – Votava, Borowka – Wolter, Eilts, Herzog, Legat – Neubarth, Hobsch (85. Allofs), Rufer (90. Kohn)
Trainer: Rehhagel
Tore: 1:0 Rufer (65. FE), 2:0 Herzog (69.), 3:0 Hobsch (83.)
Zuschauer: 15.111

27.02.1993
Bundesliga, 19. Spieltag
Bayer 04 Leverkusen – W. Bremen 2:2 (0:1)
Aufstellung: Reck – Bratseth – Borowka, Beiersdorfer (78. Allofs) – Votava, Rufer, Neubarth (62. Wolter), Herzog, Bode, Eilts – Hobsch
Trainer: Rehhagel
Tore: 0:1 Bode (22.), 1:1 Kirsten (57.), 2:1 Lupescu (61.), 2:2 Hobsch (90.)
Zuschauer: 13.700

05.03.1993
Bundesliga, 20. Spieltag
W. Bremen – Karlsruher SC 3:0 (2:0)
Aufstellung: Reck – Bratseth – Beiersdorfer, Borowka – Schaaf (79. Bockenfeld), Eilts, Herzog, Legat – Rufer, Hobsch, Bode (79. Kohn)
Trainer: Rehhagel
Tore: 1:0 Hobsch (24.), 2:0 Herzog (33.), 3:0 Rufer (64.)
Besonderes Vorkommnis: Rote Karte für Metz (23.)
Zuschauer: 20.757

10.03.1993
UEFA-SuperCup, Rückspiel
FC Barcelona – W. Bremen 2:1 (1:1)
Aufstellung: Reck – Bratseth – Wolter, Borowka – Schaaf (32. Gundelach), Rufer, Eilts, Herzog, Bode, Legat (77. Allofs) – Hobsch
Trainer: Rehhagel
Tore: 1:0 Stoitschkow (33.), 1:1 Rufer (41. FE), 2:1 Goicoechea (48.)
Besonderes Vorkommnis: Rote Karte für Reck (31.)
Zuschauer: 50.000

13.03.1993
Bundesliga, 21. Spieltag
VfL Bochum – W. Bremen 2:0 (2:0)
Aufstellung: Reck – Votava – Beiersdorfer, Borowka – Wolter, Schaaf (46. Allofs), Eilts, Herzog, Bode – Rufer (76. Kohn), Hobsch
Trainer: Rehhagel
Tore: 1:0 Heinemann (9. HE), 2:0 Christians (44.)
Zuschauer: 20.500

20.03.1993
Bundesliga, 22. Spieltag
W. Bremen – FC Schalke 04 2:0 (2:0)
Aufstellung: Reck – Bratseth – Beiersdorfer, Borowka – Wolter, Eilts (86. Bockenfeld), Votava, A. Herzog, Bode – Rufer (89. Kohn), Hobsch
Trainer: Rehhagel
Tore: 1:0 H. Herzog (11. ET), 2:0 Eilts (36.)
Zuschauer: 24.154

26.03.1993
Bundesliga, 23. Spieltag
Bayer 05 Uerdingen – W. Bremen 0:2 (0:1)
Aufstellung: Reck – Bratseth – Beiersdorfer, Borowka – Wolter, Votava, Harttgen (83. Schaaf), Eilts (12. Bockenfeld), Bode – Hobsch, Rufer
Trainer: Rehhagel
Tore: 0:1 Rufer (35.), 0:2 Rufer (87.)
Besonderes Vorkommnis: Gelb-Rote Karte für Beiersdorfer (62.)
Zuschauer: 10.100

03.04.1993
Bundesliga, 24. Spieltag
W. Bremen – 1. FC Kaiserslautern 1:0 (1:0)
Aufstellung: Reck – Bratseth – Wolter, Borowka – Bockenfeld, Votava, Herzog (81. Schaaf), Legat, Bode – Hobsch, Rufer (37. Allofs)
Trainer: Rehhagel
Tor: 1:0 Votava (45.)
Zuschauer: 26.388

10.04.1993
Bundesliga, 25. Spieltag
Eintracht Frankfurt – W. Bremen 3:0 (1:0)
Aufstellung: Reck – Bratseth – Beiersdorfer (46. Bockenfeld), Borowka – Wolter, Harttgen, Votava, Legat, Bode (54. Rufer) – Hobsch, Herzog
Trainer: Rehhagel
Tore: 1:0 Schmitt (45.), 2:0 Yeboah (76.), 3:0 Bommer (90.)
Zuschauer: 36.000

16.04.1993
Bundesliga, 26. Spieltag
W. Bremen – Dynamo Dresden 3:0 (2:0)
Aufstellung: Reck – Bratseth – Beiersdorfer – Wolter, Bockenfeld, Votava, Herzog (88. Kohn), Bode (64. Neubarth), Legat – Hobsch, Rufer
Trainer: Rehhagel
Tore: 1:0 Legat (21.), 2:0 Wolter (25.), 3:0 Beiersdorfer (87.)
Zuschauer: 19.116

23.04.1993
Bundesliga, 27. Spieltag
1. FC Köln – W. Bremen 0:0
Aufstellung: Reck – Bratseth – Beiersdorfer, Legat – Wolter, Rufer, Votava, Neubarth (46. Borowka), Herzog (51. Allofs), Bode – Hobsch
Trainer: Rehhagel
Tore: –
Zuschauer: 38.000

26.04.1993
Bundesliga, 28. Spieltag
W. Bremen – FC Bayern München 4:1 (1:1)
Aufstellung: Reck – Neubarth – Beiersdorfer, Borowka – Wolter, Votava, Herzog, Legat, Bode (86. Kohn) – Hobsch, Rufer (82. Schaaf)
Trainer: Rehhagel
Tore: 0:1 Ziege (29.), 1:1 Rufer (45. FE), 2:1 Rufer (52. FE), 3:1 Herzog (68.), 4:1 Hobsch (79.)
Zuschauer: 40.800

01.05.1993
Bundesliga, 29. Spieltag
Wattenscheid 09 – W. Bremen 2:2 (1:1)
Aufstellung: Reck – Neubarth – Beiersdorfer (58. Allofs), Bratseth – Wolter, Votava, Herzog, Bode, Legat – Rufer, Hobsch
Trainer: Rehhagel
Tore: 0:1 Hobsch (12.), 1:1 Neuhaus (43.), 2:1 Fink (52.), 2:2 Rufer (67.)
Zuschauer: 12.000

09.05.1993
Bundesliga, 30. Spieltag
W. Bremen – Borussia Dortmund 1:0 (1:0)
Aufstellung: Reck – Bratseth – Borowka – Wolter, Votava, Neubarth (71. Beiersdorfer), Herzog, Legat, Bode – Hobsch, Rufer
Trainer: Rehhagel
Tor: 1:0 Neubarth (36.)
Zuschauer: 40.800

14.05.1993
Bundesliga, 31. Spieltag
Bor. M'gladbach – W. Bremen 3:1 (1:0)
Aufstellung: Reck – Bratseth – Beiersdorfer (58. Allofs), Borowka – Rufer, Votava, Neubarth, Legat, Bode – Hobsch, Herzog (31. Harttgen)
Trainer: Rehhagel
Tore: 1:0 Pflipsen (31.), 2:0 Fach (65.), 3:0 Nielsen (68.), 3:1 Neubarth (76.)
Zuschauer: 31.000

16.05.1993
Freundschaftsspiel
TSV Eystrup – W. Bremen 0:14 (0:3)
Eingesetzte Spieler: Gundelach – Neubarth – Beiersdorfer, Borowka – Eilts, Harttgen, Votava, Legat – Bode, Kohn, Rufer – Eingewechselt: Bockenfeld, Allofs, Schaaf, Hobsch
Trainer: Rehhagel
Tore: Allofs (3), Harttgen (3), Legat (2), Bode (2), Kohn (2), Hobsch, Lange (ET)
Zuschauer: 3.000

21.05.1993
Bundesliga, 32. Spieltag
1. FC Saarbrücken – W. Bremen 0:4 (0:2)
Aufstellung: Reck – Bratseth – Beiersdorfer, Borowka – Wolter, Votava, Rufer, Legat, Bode – Kohn (86. Hobsch), Neubarth (83. Herzog)
Trainer: Rehhagel
Tore: 0:1 Neubarth (10.), 0:2 Kohn (32.), 0:3 Kohn (59.), 0:4 Herzog (89.)
Zuschauer: 16.000

29.05.1993
Bundesliga, 33. Spieltag
W. Bremen – Hamburger SV 5:0 (2:0)
Aufstellung: Reck – Bratseth – Beiersdorfer, Borowka – Bockenfeld (61. Wolter), Rufer, Votava, Herzog, Legat – Neubarth, Kohn (81. Hobsch)
Trainer: Rehhagel
Tore: 1:0 Herzog (31.), 2:0 Rufer (36. FE), 3:0 Kohn (70.), 4:0 Rufer (87.), 5:0 Herzog (90.+1)
Zuschauer: 38.395

05.06.1993
Bundesliga, 34. Spieltag
VfB Stuttgart – W. Bremen 0:3 (0:0)
Aufstellung: Reck – Bratseth – Beiersdorfer, Borowka – Wolter, Votava, Herzog (82. Allofs), Eilts, Legat – Kohn (38. Hobsch), Rufer
Trainer: Rehhagel
Tore: 0:1 Hobsch (46.), 0:2 Wolter (50.), 0:3 Hobsch (74.)
Zuschauer: 52.000

Einer der sonnigsten Tage der Werder-Historie: Am 5. Juni 1993 wird in Stuttgart die Meisterschaft eingefahren. Der obligatorische Auftritt im ZDF-»Sportstudio« (oben) wird ebenso souverän absolviert wie der spontane Meisterwalzer zwischen Andy Herzog und Manfred Bockenfeld (rechts). Thorsten Legat, dessen Lieblingsverein VfL Bochum zeitgleich absteigt, wird unterdessen von seinen Gefühlen übermannt und feiert erst einmal still mit Vizepräsident Klaus-Dieter Fischer (unten)

Bundesliga-Abschlusstabelle 1992/1993

Platz	Verein	Spiele	S	U	N	Tore	Diff.	Punkte
1.	**Werder Bremen**	34	19	10	5	63:30	+33	48-20
2.	Bayern München	34	18	11	5	74:45	+29	47-21
3.	Eintracht Frankfurt	34	15	12	7	56:39	+17	42-26
4.	Borussia Dortmund	34	18	5	11	61:43	+18	41-27
5.	Bayer Leverkusen	34	14	12	8	64:45	+19	40-28
6.	Karlsruher SC	34	14	11	9	60:54	+6	39-29
7.	VfB Stuttgart (M)	34	12	12	10	56:50	+6	36-32
8.	1. FC K'lautern	34	13	9	12	50:40	+10	35-33
9.	Borussia M'gladbach	34	13	9	12	59:59	0	35-33
10.	Schalke 04	34	11	12	11	42:43	-1	34-34
11.	Hamburger SV	34	8	15	11	42:44	-2	31-37
12.	1. FC Köln	34	12	4	18	41:51	-10	28-40
13.	1. FC Nürnberg	34	10	8	16	30:47	-17	28-40
14.	SG Wattenscheid 09	34	10	8	16	46:67	-21	28-40
15.	Dynamo Dresden	34	7	13	14	32 49	-17	27-41
16.	VfL Bochum	34	8	10	16	45:52	-7	26-42
17.	KFC Uerdingen 05 (N)	34	7	10	17	35:64	-29	24-44
18.	1. FC Saarbrücken (N)	34	5	13	16	37:71	-34	23-45

Fieberkurve der Bundesliga-Saison 1992/1993

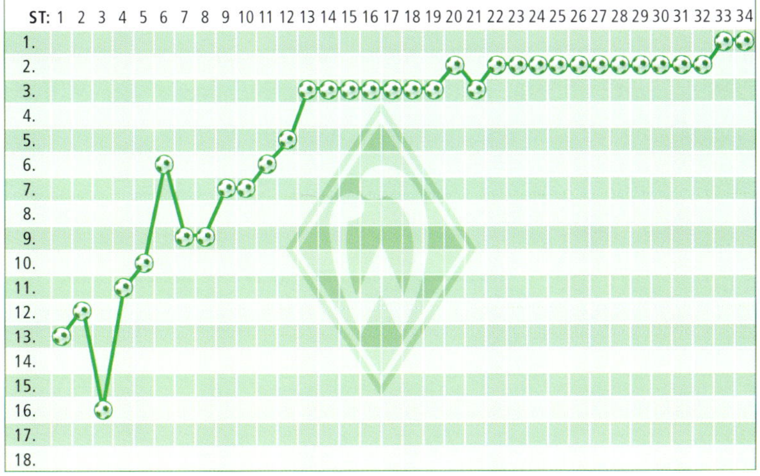

Wynton Rufer mit 18 als Jungnationalspieler Neuseelands …

Wynton Rufer: »… Dresdner Banditen!«

»Kiwi« (Jahrgang 1962) bereicherte Werders Profikader insgesamt fünfeinhalb Jahre lang mit einer an der Weser vorher selten gesehenen Fußball-Feingeistigkeit. Er war ein Ästhet am Ball, ein Schlitzohr (eines seiner ersten Tore im Werdertrikot erzielte er wie selbstverständlich mit der Hand!) und ein Sympathieträger ohne gleichen. Zeitweilig schien er das sprichwörtliche »schlamperte Genie« zu sein, ließ aber im entscheidenden Moment immer sein Können sprechen. Ein Fußballer, dem man gerne zusah, ehe er sich im Winter 1994 von Werder und vor allem seinem verehrten Trainer Otto Rehhagel verabschiedete, um in Japan sein Glück zu versuchen. Auf seiner letzten Pressekonferenz als Werderaner wurde Rufer vor Ergriffenheit von einem Weinkrampf geschüttelt. Unvergessen die damaligen Worte des traurigen Trainers: »Wynton geht, und ich bleibe traurig zurück.« Rufer lebt heute in Auckland, Neuseeland.

Dein Wechsel zu Werder war für alle Beteiligten eine Nervenprobe, weil es zwischen Werder und den Grashoppers lange und zäh hin und her ging. Wie ist der Transfer aus deiner Perspektive abgelaufen?

Otto Rehhagel hatte einen Freund in der Schweiz. Der muss ihm von mir vorgeschwärmt haben, als ich bei Aarau spielte. Otto hat mich dann auch beobachtet und wollte mich danach unbedingt verpflichten. Also bekam ich eine Offerte von Werder und hätte sogar schon 1988, direkt nach dem Gewinn der Meisterschaft, in Bremen unterschreiben können. Ich war schon in Bremen und habe verhandelt. Aber mein Trainer bei Aarau, der übrigens damals Ottmar Hitzfeld hieß, hat mich dazu überredet, noch mit ihm gemeinsam von Aarau zu den Grashoppers nach Zürich zu wechseln. Also habe ich Werder abgesagt, obwohl mir eigentlich klar war, dass das möglicherweise ein Fehler sein würde. Ich habe viele Tore für Zürich geschossen, aber es war ein verlorenes Jahr. Die Schweizer Liga kannst du doch vergessen. Wäre ich 1988 zu Werder gewechselt, dann hätte ich im Landesmeister-Cup gegen den AC Milan mitspielen dürfen. Ein Jahr später hat mir Werder dann noch einmal ein Angebot gemacht, obwohl ich ihnen schon einmal abgesagt hatte. Der AS Monaco und Nottingham Forest wollten mich auch haben, aber Otto Rehhagel hat mich absolut begeistert. Er wirkte sehr interessiert und von mir überzeugt. Nottingham hat nur den Chief Scout vorbeigeschickt und von Monaco bekam ich auch nur den Manager zu sehen. Otto Rehhagel kam persönlich und wollte mich unbedingt haben. Das war es! Ich hätte in England oder Frankreich das Dreifache verdienen können, aber es ging mir nicht ums Geld. Geld war bei mir immer zweitrangig.

… und 2003

Nach dem tränenreichen Abschied von Werder schoss Wynton Rufer zwei Jahre lang bei FEF United in Japan Tore am sprichwörtlichen Fließband

Deshalb hast du bei deinem endgültigen Wechsel dann auch auf deinen Anteil an der Ablösesumme verzichtet?

Das war eine Wahnsinnsgeschichte. Der damalige Vereinsmanager Erich Vogel wollte mich unbedingt nach Monaco oder Nottingham verkaufen, weil Zürich von denen 5 oder 6 Millionen DM Ablöse erhalten hätte. Ich selbst wiederum hatte in meinem Vertrag, dass ich ein Anrecht auf die Hälfte der erzielten Ablösesumme habe. Und Vogel war ganz fest davon überzeugt, dass ich da unterschreibe, wo ich das meiste Geld geboten bekomme. Aber da hat er sich sehr verschätzt, weil es mir wie gesagt nie in erster Linie ums Geld ging. Jedesmal, wenn ich von meinen Gesprächen mit Werder berichtete, tönte er: ›Vergiss doch Werder! Das ist nichts für dich!‹ In meinem Kopf war ich aber längst sicher: Ich will nur zu Werder! Ich war schon in Bremen an dem Samstag nach Werders historischem Sieg in Frankfurt, als Kalle Riedle das entscheidende Tor zur Meisterschaft 1988 geköpft hat. Da saß ich im Park-Hotel und wollte unbedingt bei Werder unterschreiben. Es passte für mich alles: Ich habe mich in Bremen gleich wohl gefühlt, der Vorstand war seriös und nett, Otto Rehhagel kannte ich ja sowieso schon, die Mannschaft war gerade Meister geworden – und mein Hotelzimmer war schön. Zürichs Manager hat mich bearbeitet: ›Okay, dann rede halt mit Werder, aber unterschreibe auf gar keinen Fall! Wir werden dich bei einem viel besseren Club unterbringen, Juventus Turin oder so! Aber erst mal wechselst du mit Hitzfeld und mir von Aarau nach Zürich!‹ Damals hat mich Vogel noch mal weichgekocht, und ich habe klein beigegeben. Ich war halt noch sehr jung.

Wenn du sagst, dass du nur wegen Otto Rehhagel zu Werder gekommen bist – was war es, was dich an ihm so sehr überzeugt hat?

Ich wollte zu Werder, ohne ein einziges Wort über mein Gehalt geredet zu haben. Es war mir egal, weil ich zu Rehhagel wollte. Rehhagel war damals schon ein sehr bekannter Trainer. Er war ein ganz normaler, netter Mensch. Offen, ehrlich, geradeaus. Er hat eine ganz besondere Atmosphäre innerhalb des Teams geschaffen. Unser Verhältnis untereinander war sensationell. Als wir uns 2002 zum 10. Jubiläum des Europacupsieges wiedergetroffen haben war es, als sei ich nur eine Woche weggewesen. Er hat uns gelehrt, was es bedeutet, eine Mannschaft zu sein. Andere Trainer holen Superstars und bauen sich daraus eine Mannschaft. Bei Otto war es umgekehrt: Er hat eine Mannschaft gebaut, und innerhalb dieser funktionierenden Mannschaft sind wir dann Stars geworden. Otto hat uns als Nobodys geholt, aber schau, was aus uns geworden ist: Marco Bode wird Europameister und Vizeweltmeister! Dieter Eilts ist Europameister geworden, ich bin zu Ozeaniens »Fußballer des Jahrhunderts« gewählt worden. Sehr viel davon haben wir Otto Rehhagel zu verdanken. Das, was wir zusammen in Bremen hatten, werden wir nie wieder erleben.

»Der gehört erst mal mir!« Wynton Rufer mit »seinem« Europacup auf dem Weg in die Katakomben des Estadio da Luz in Lissabon

Gläubig: Wynton Rufer als Laienprediger in Bremen

Was war dein schönster Augenblick bei Werder?

Der hatte nichts mit Fußball zu tun. Wir hatten eine Aktion in einem katholischen Kinderheim in Erfurt. Erst haben wir dort ein Benefizspiel gespielt, und später sind die Kinder aus diesem Waisenhaus zu uns nach Bremen gekommen, um uns zu besuchen. Die meisten Spieler haben also ein Waisenkind bei sich zuhause aufgenommen, fast die ganze Mannschaft! Ich habe damals mitgeholfen, dass diese Sache zustande kam. Am Samstag hatten wir ein Bundesligaspiel, bei dem die Kinder zu Gast waren. Die ganze Woche über haben wir uns mit diesen Kindern beschäftigt, und am Sonntag nach diesem Spiel hieß es Abschied nehmen. Und soll ich dir was sagen? Viele unserer Spieler haben am Bus geweint! Das war für mich ein sehr bewegender

Moment. Ich als Christ wusste vorher schon, dass es Wichtigeres gibt als Fußball. Aber bei diesem Ereignis hatte die ganze Mannschaft mitgeholfen, und das war ein großer Tag für uns.

Und sportlich? Dein bestes Spiel für Werder?
Ich denke, das entscheidende Spiel um die Meisterschaft 1993 in Stuttgart, als wir dort 3:0 gewannen. Die älteren Spieler waren immer noch angefressen durch die verlorene Meisterschaft dort sieben Jahre zuvor. Das steckte in einigen ganz tief drin. Am Abend vorher hatte Otto eine seiner einmaligen Mannschaftssitzungen abgehalten. Auch darin war er einmalig. Sensationell waren seine Einzelgespräche: Wenn du danach auf den Platz gegangen bist, wusstest du, dass du nicht verlieren kannst. Er hat die Einstellung jedes einzelnen Spielers optimal vorgenommen. Damals in Stuttgart habe ich kein Tor geschossen, aber ich habe meine taktische Aufgabe hinter den Spitzen Stefan Kohn und Bernd Hobsch perfekt erfüllt, glaube ich.

Und dein tollstes Tor?
Es gab viele schöne Tore, aber am schönsten war sicher das in Lissabon gegen Monaco. Damit sind wir Europacupsieger geworden, und für mich war das besonders anrührend, weil mein Vater aus Neuseeland extra angereist war. Ein einmaliger Moment, und das Tor selbst war auch außergewöhnlich: Mirko Votava hat durch ein Super-Pressing den Ball gewonnen, Klaus Allofs hat mit einem Weltklassepass die Abseitsfalle ausgehebelt, und ich selbst habe dann Frankreichs Nationaltorwart Ettori ausgespielt. Am Ende wurde ich fast noch von einem Abwehrspieler eingeholt, und es ging um eine Hundertstelsekunde. Ein unglaublicher Moment!

Mit welchem Gegenspieler hattest du die meisten Probleme?
Vor allem Dynamo Dresden hatte ein paar Banditen hinten drin. Der Schlimmste von ihnen war Melzig. Oder Schößler, so ein Giftzwerg mit Schnäuzer. Aber es gab so viele, auch bei anderen Clubs. Es gab viele Tiere. Auch Jürgen Kohler hat mich oft von hinten umgenietet. Das war einfach immer ungerecht: Du wolltest als Stürmer kreativ spielen und mit dem Ball besondere Dinge tun, und die Verteidiger mussten dir immer nur hinten reinspringen.

Familientreffen: Wynton Rufer mit Vater, Ehefrau und Trophäe

Marco Bode und Dieter Eilts haben mir gesagt, Wynton Rufer sei ihr fußballerisch bester Mitspieler überhaupt gewesen – wenn er Lust gehabt hat.
Da bin ich in guter Gesellschaft. Ich hatte gerade Besuch von Brasiliens Carlos Dunga. Der hat mit mir auch über dieses Thema geredet und gesagt, seiner Meinung nach seien die besten Fußballer aller Zeiten Pelé, Maradona und Ronaldo. Aber Ronaldo auch nur, wenn er Lust dazu hat.

An was denkst du zuerst, wenn du »Werder« hörst?
Ich war immer schon ein sehr emotionsgeladener Mensch. Wenn ich Werder höre, steigen mir fast die Tränen in die Augen. Werder, das war so ein unglaublicher Teil meines Lebens … ! Mein erster Sohn Caleb ist in Bremen geboren. Werder wird immer ein großer Teil von mir sein. Und ein Stück von mir wird immer in Bremen bleiben.

Was macht Wynton Rufer heute?
Ich betreibe eine christliche Fußballschule namens ›WYNRS‹. Das steht für meinen Namen, aber auch für ›WINNERS‹. ›WYNRS‹ ist eine Stiftung, die ich 1997 gegründet habe, als ich endgültig zurück nach Neuseeland zurückkehrte. Vorher, als ich in Japan spielte, hatte ich einen Traum. Darin hat mir Gott gesagt, ich solle nach Neuseeland gehen und dort etwas aufbauen, was mit Fußball und Glauben zu tun hat.

Unser Missionsmotto lautet: ›To develop world class soccer players, and to develop world class community citizens‹. Also auf Deutsch: Wir wollen einerseits Weltklasse-Fußballer ausbilden, aber andererseits auch Weltklasse-Menschen. Bei keinem Fußballer können wir garantieren, dass er tatsächlich ein Weltklassefußballer wird. Aber wir können zu 80 oder 90 Prozent garantieren, dass Kinder bei uns gute Menschen werden. Im Moment haben wir hier ein Fußball-Camp mit 50 Kindern. Einige davon bezahlen nichts, weil ihre Eltern arm sind und es sich nicht leisten können, das Camp zu bezahlen. Mit Kindern zu arbeiten, macht einen Riesenspaß. Ich möchte keine andere Arbeit mehr machen!

Informationen über Wynton Rufers Arbeit gibt es im Internet unter: http://www.wynrs.co.nz

Spielerlaufbahn:

1980	Stop Out SC
1981	Wellington Diamond United
1981/82	Norwich City
1982	Miramar Rangers AFC
1982–86	FC Zürich
1986–88	FC Aarau
1988/89	Grashoppers Zürich
1989–95	Werder Bremen
1995/96	JEF United
1996	1. FC Kaiserslautern
1997	Central United FC
1997/98	North Shore United AFC
1999–02	Football Kingz FC

Einer der großartigsten Werder-Profis aller Zeiten an seinem größten Tag: Wynton Rufer hat auf der Tribüne seinen Vater entdeckt und zeigt ihm stolz den Pott, den er durch sein Solo zum 2:0 gesichert hat

1993/94: Bühne frei für Mario

Oben v.l.:
Eilts, Wolter, Neubarth, Votava, Sauer, Hobsch, Bode, Harttgen, Basler
Mitte v.l.:
Trainer Rehhagel, Bratseth, Beiersdorfer, Wiedener, Herzog, Przondziono, Unger, Goldschmidt, Co-Trainer Schaaf, Co-Trainer Kamp
Unten v.l.:
Rufer, Borowka, Bockenfeld, Reck, Gundelach, Rost, van Lent, Legat

Die Meisterfeierlichkeiten im Sommer 1993 zählen zu den schönsten Erlebnissen im Leben eines Werder-Fans überhaupt. Zum bislang einzigen Mal wurde eine Meisterschaft erst am letzten Spieltag in einem packenden Finish unter Dach und Fach gebracht, nachdem 1988 ja schon Wochen vorher angestoßen werden konnte. Jetzt, im heißen Sommer 1993, genoss Bremen das wohlige Gefühl, es den Bayern endlich Mal andersherum gezeigt zu haben. Der glanzvolle Sieg am letzten Spieltag in Stuttgart tat ein Übriges. Die Fans im Neckarstadion waren vor Freude benebelt, der Osterdeich in Bremen bebte unter einem Open-Air-Happening der Daheimgebliebenen, und bis zur völligen Stimmbandlähmung grölte ganz Bremen den Hit des Sommers: »SCHADE, BAYERN, ALLES IST VORBEI!« Aber nach dem »Schade Bayern« ist vor dem »Schade Bayern«, wie schon Sepp Herberger sinngemäß formulierte. Wieder einmal ging man im Verein die schwere Mission »Titelverteidigung« an.

Anders als die Konkurrenz ließ Werder es auf dem Transfermarkt wieder mal nicht so recht krachen. Die Dortmunder hatten sich Kalle Riedle gegönnt, und die Bayern holten einen grobschlächtigen Kolumbianer namens Adolpho Valencia, den man ob seiner Durchschlagskraft nur »El Tren« (Der Zug) nannte, aber der in der Bundesliga vor allem durch die unverwechselbare Eleganz eines Vorort-Güterzugs auffiel. Er zählte zu der langen, langen Liste von Bayern-Stürmern, die vom Rekordmeister trotz einer passablen Trefferquote schnell wieder abserviert wurden.

Bei Werder gab es nur einen namhafteren Neuen, aber auch der kam nur aus der zweiten Etage: Mit einem gewissen Mario Basler verpflichtete Werder den herausragenden Spieler der vorigen Zweitligasaison, von dem allerdings gemunkelt wurde, er sei »irgendwie schwierig«. Baslers Ex-Trainer Jürgen Röber, in Bremen ja auch kein Unbekannter, orakelte sogar: »Entweder der wird Weltklasse, oder er landet in der Gosse.« Bis heute lässt sich nicht abschließend über das Endergebnis dieser Weissagung urteilen.

Basler brauchte bei Werder einige Zeit, um in der Mannschaft Fuß zu fassen. Er kam als schüchterner, fast verklemmter Zweitligaspieler in Bremen an, stammelte in Interviews leise und gehemmt, und begeisterte in einer TV-Sendung von Radio Bremen mit der ernstgemeinten Vermutung, Bremen habe drei Millionen Einwohner. Ungefragt tat er kund, niemals nach Italien zu wollen, weil ihm da »zu viele Ehen kaputtgehen«. Eine Sichtweise, die sich aus unterschiedlichen Motiven einige Jahre später massiv ändern sollte. Es begann harmlos mit Mario, wurde aber später in rasendem Tempo immer interessanter.

Souvenir des letzten Titelgewinns unter Otto Rehhagel: Pokalsieger-Shirt 1994

Interessant war auch der Saisonauftakt des Meisters: Werder empfing im Weser-Stadion den letzten Gegner der vorigen Saison, doch diesmal mit weniger versöhnlichem Ende für die Schwaben, die sich wenige Wochen zuvor noch als ausgesprochen gute Verlierer gegen den frisch gebackenen Meister Werder zeigten. Jetzt, am 1. Spieltag 1993/94, sah das alles etwas anders aus: Thomas Berthold flog etwas umstritten vom Platz, und die Stuttgarter zeterten von Betrug, was aus ihrer Sicht sogar verständlich war. Denn das Auftakttor zum abschließenden Torreigen von 5:1 schoss Andreas Herzog auf höchst merkwürdige Weise. Ein Zusammenprall knapp außerhalb des Stuttgarter Strafraums wertete Schiedsrichter Führer als Foul an Bernd Hobsch. So weit, so gut. Als die Schwaben noch das Für und Wider der Bildung einer Abwehrmauer diskutierten, schnappte sich Andy Herzog den Ball und schob ihn lässig ins Tor der unkonzentrierten Stuttgarter, was nur deshalb möglich war, weil der Ball mittlerweile ca. 20 Meter vom eigentlichen Ort des Geschehens entfernt lag. Das ist nicht direkt regelkonform, aber es verhalf Werder zur Führung, entnervte die Stuttgarter und brachte Herzog den Spitznamen »Schla-Wiener« ein. Der putzige Schiedsrichter Führer seinerseits verblüffte mit der wenig geschickten Interview-Aussage, es sei »ein sehr schönes Tor gewesen, im Gegensatz zu den Stuttgartern habe ich ja hingeschaut!« und verfeinerte dies noch mit: »Ich konnte deutlich das Schnarchen der Stuttgarter Abwehrspieler hören!« Führer pfiff seine letzte Bundesligasaison.

Weitere Aufregung gab es wie eigentlich immer nach dem Gastspiel der Bayern in Bremen. Bernd Hobsch hatte zum etwas glücklichen 1:0-Sieg getroffen, der durch die Auswechslung des Werder-Stars Andy Herzog überschattet worden war. Herzog sah nur noch Sterne, nachdem ihm Bayern-Raubein Jan Wouters den Ellbogen an die Stirn gerammt hatte. Eine Schädelprellung und ein Krankenhausaufenthalt waren die Folge, und Herzog fehlte sogar noch im darauf folgenden Spiel bei Kickers Offenbach. Das hielt Bayern-Manager Hoeneß nicht davon ab, Herzog als »Burgschauspieler« zu verhöhnen und dem SV Werder vorzuwerfen, durch diese »Schauspielerei« den bis dahin guten Schiedsrichter Merk auf die Seite der Heimmannschaft zu ziehen. Die Atmosphäre zwischen Spitzenfußball Nord und Spitzenfußball Süd war wieder mal im Eimer.

Werder spielte eine letztlich zufrieden stellende Saison, in der es zum mittlerweile obligatorischen Durchhänger in der Rückserie kam. Nach 21 Spieltagen stand Werder mit nur einem Punkt Rückstand auf Tabellenführer Frankfurt auf Rang 3, noch vor den Bayern. Dann folgten sieben Spiele ohne Sieg, und als die Saison in die letzten sechs Runden ging, lag Werder abgeschlagen auf Platz 12, volle zehn Zähler hinter dem Tabellenführer, der inzwischen natürlich längst wieder Bayern München hieß. Ein beherzter Schlussspurt brachte Werder noch einmal auf einen einstelligen Tabellenplatz, aber mehr war nicht drin. Zumindest nicht in der Bundesliga.

Ein Jahr vor Ottos Abschied gruppieren sich zum letzten Mal unter seiner Regie jubelnde Werder-Profis um eine goldene Trophäe: Die Pokalsieger von 1994 mit (oben v.l.) Reck, Basler (schmollend), Beiersdorfer, Wolter, Neubarth, Gundelach, Eilts, Bockenfeld, Co-Trainer Kamp und Thomas Schaaf sowie (unten v.l.) Wiedener, Bode, Bratseth, Rufer, Herzog, Hobsch, Borowka, Votava

Doch Werder verfolgte weiter das bewährte Erfolgsrezept: Wenn es in der Liga nicht so läuft, muss man halt einen Pokal gewinnen. Und das wurde auch getan. Der Gegner hieß am 14. Mai Rot-Weiß Essen. Das war nicht nur eine auf dem Papier klare Sache, weil Essen Zweitligist war, sondern umso brisanter, weil die Mannschaft aus dem Pott wegen Verstößen gegen die DFB-Lizensierungsauflagen sogar in die Oberliga zurückgestuft wurde. Werder reiste also als klarer Favorit in die Hauptstadt und hatte erstmals die neutralen Fans komplett gegen sich. Der Mitleidsbonus half nicht: Werder gewann am Ende glanzlos mit 3:1, was für weniger Schlagzeilen sorgte als die Auswechslungen der beiden Stars Herzog und Basler. Während Herzog ein Tor erzielt hatte und die Herausnahme verkraftete, lief ein sichtlich bedienter Basler vom Spielfeld direkt in die Kabine, ignorierte die Bemühungen seiner Kameraden, den DFB-Pokal zu gewinnen, was man ja eigentlich nicht alle Tage tut, und musste nach Spielende mühsam dazu überredet werden, sich zur Siegerehrung aus der Kabine zu bemühen. Die Fotos von damals zeigen eine jubelnde Werderelf und einen versteinert dreinblickenden Basler – in Freizeitkleidung und Badelatschen.

Und nicht unterschlagen werden sollte auch, dass Werder auf internationalem Terrain Geschichte schrieb: Als erste deutsche Mannschaft überhaupt gelang den Bremern der Sprung in die Champions League, nachdem der 1.FC Kaiserslautern im Jahr ihrer vieldiskutierten Einführung noch knapp an Barcelona und der VfB Stuttgart im zweiten Jahr an Christoph Daums Wechselfehler im Rückspiel gegen Leeds United gescheitert waren. Werder also war nach Siegen über Dynamo Minsk und Levski Sofia der deutsche Premierengast in der neuen Eliteliga, und trotz des Ausscheidens in der Gruppenphase überwogen die positiven Eindrücke: Mit dem AC Mailand brachten die Grünweißen den späteren Sieger des Wettbewerbs in Bedrängnis, und gegen den RSC Anderlecht gelang wieder mal ein »Wunder von der Weser«: Nach einem schockierenden 0:3-Rückstand im Weser-Stadion, der bis zur 66. Minute Bestand hatte, zauberten Rufer, Bratseth, Hobsch und Bode noch fünf blitzsaubere Tore auf den vom Dauerregen durchtränkten Rasen. Europa zeigte sich hochentzückt vom Unterhaltungswert im Stadion des Deutschen Meisters. Wieder einmal.

»Die Bayern vertragen keine Härte, und ich bin der Erste, der anfängt damit.« (Thorsten Legat)

WERDER BREMEN 1993/94

Trainer

Rehhagel, Otto
Verantwortlicher Trainer in allen 34 Spielen der Saison

Der prominenteste Neuzugang 1993

Mit Mario Basler vom Zweitligisten Hertha BSC Berlin angelte sich Werder im Sommer 1993 für vergleichsweise wenig Geld einen echten Paradiesvogel. Das Bild zeigt Schatzmeister Müller und Vizepräsident Fischer als Autogrammjäger

Wer kam?

Basler (Hertha BSC Berlin)
Bester (w.d.S. zurück von Schalke 04, war ausgeliehen)
Goldschmidt (eig. Amateure)
van Lent (zurück vom VfB Oldenburg, war ausgeliehen)

Wer ging?

Allofs (Karriereende)
Deering (Schalke 04)
Kohn (1. FC Köln)
Wenschlag (Hansa Rostock)

w.d.S. = während der Saison

Tor

Reck, Oliver »Olli«
30 Spiele; 0 Tore

Gundelach, Hans-Jürgen
4 Spiele; 0 Tore

Rost, Frank »Fäustel«
0 Spiele; 0 Tore

Abwehr

Beiersdorfer, Dietmar »Didi«
32 Spiele; 2 Tore

Bratseth, Rune
26 Spiele; 1 Tor

Borowka, Ulrich »Ulli«
24 Spiele; 1 Tor

Mittelfeld

Votava, Miroslav »Mirko«
33 Spiele; 1 Tor

Herzog, Andreas »Andy«
30 Spiele; 6 Tore

Basler, Mario »Super-Mario«
29 Spiele; 5 Tore

Angriff

Rufer, Wynton »Kiwi«
33 Spiele; 10 Tore

Bode, Marco
32 Spiele; 7 Tore

Hobsch, Bernd »Hobscher«
23 Spiele; 8 Tore

Erweiterter Kader

Der Sport-Verein »Werder« im Jahr 1993/94:

1993/94

Präsident:	**Dr. Franz Böhmert**
Vizepräsident:	**Klaus-Dieter Fischer (Amateur-Abt.)**
3. Präsident:	**Manfred Müller (Finanzen)**
Geschäftsführer:	**Wolfgang Barkhausen (Verwaltung), Manfred Blöhm (Marketing)**
Manager:	**Willi Lemke**
Vereinsarzt:	**Dr. Karl Meschede**
Masseur:	**Holger Berger**
Mitglieder:	**2.627**
Kapazität Weser-Stadion:	**40.640 Plätze (22.378 überdachte Sitz- und 8.427 überdachte Stehplätze; 350 Logenplätze)**

Wiedener, Andree
21 Spiele; 2 Tore

Schaaf, Thomas
9 Spiele; 0 Tore

Bockenfeld, Manfred »Manni«
8 Spiele; 0 Tore

Sauer, Gunnar
1 Spiel; 0 Tore
Amateur

Goldschmidt, Bernd
0 Spiele; 0 Tore; Amat.

Wolter, Thomas »Stonie«
27 Spiele; 1 Tor

Eilts, Dieter »Ostfriesen-Alemao«
26 Spiele; 1 Tor

Legat, Thorsten
22 Spiele; 1 Tor

Harttgen, Uwe
1 Spiel; 0 Tore

Unger, Lars
1 Spiel; 0 Tore

Przondziono, Martin
0 Spiele; 0 Tore
Amateur

Neubarth, Frank »Socrates«
17 Spiele; 4 Tore

Bester, Marinus
1 Spiel; 0 Tore

van Lent, Arie
0 Spiele; 0 Tore

In Freundschaftsspielen eingesetzt:

Krampe, Christoph (Mittelfeld)
Ossmann, Hans (Mittelfeld)
Rauh, Torsten (Abwehr)
Rehhagel, Jens (Mittelfeld)
Simonsen, Sven (Angriff)

Alle Spiele 1993/94

07.07.1993
Freundschaftsspiel
Kreissauswahl Helmstedt – W. B. 1:8 (0:4)
Aufstellung: Reck – Wolter, Legat, Beiersdorfer, Borowka – Eilts, Basler, Herzog, Votava – Hobsch, Rufer / Eingewechselt: Gundelach, Wiedener, Neubarth, Bockenfeld, Harttgen, Unger, Bode
Trainer: Rehhagel
Tore: 0:1 Basler (9.), 0:2 Herzog (18.), 0:3 Borowka (31.), 0:4 Hobsch (42.), 0:5 Hobsch (46.), 0:6 Bode (55.), 0:7 Votava (57.), 0:8 Borowka (70.), 1:8 Evers (81.)
Besonderes Vorkommnis: Wynton Rufer vergibt HE (19.)
Zuschauer: 5.800 in Offleben

10.07.1993
Freundschaftsspiel
FC Varnhorn – W. Bremen 0:11 (0:6)
Aufstellung: Reck (46. Gundelach) – Neubarth – Beiersdorfer (46. Unger), Borowka – Legat (60. Wiedener), Eilts, Basler (46. Bockenfeld), Herzog – Hobsch (46. Bode), Rufer
Trainer: Rehhagel
Tore: Herzog (4), Rufer (2), Legat (2), Beiersdorfer, Bockenfeld, Borowka
Zuschauer: 4.500

13.07.1993
Freundschaftsspiel
Flensburger SV 08 – W. Bremen 2:6 (0:4)
Aufstellung: Reck (46. Gundelach) – Neubarth (46. Beiersdorfer) – Borowka, Wolter (46. Bockenfeld) – Votava, Legat (60. Schaaf), Eilts, Basler, Herzog (67. Wiedener) – Hobsch (46. Bode), Rufer (70. Unger)
Trainer: Rehhagel
Tore: 0:1 Rufer (15. FE), 0:2 Hobsch (17.), 0:3 Rufer (23.), 0:4 Hobsch (25.), 0:5 Eilts (50.), 1:5 Kucic (52.), 1:6 Votava (54.), 2:6 Jensen (76.)
Zuschauer: 6.000

17.07.1993
Freundschaftsspiel
SpVgg. Thale 04 – W. Bremen 0:5 (0:2)
Aufstellung: Reck (46. Gundelach) – Neubarth, Wolter, Legat (46. Eilts), Beiersdorfer (46. Unger) – Borowka (46. Bode), Basler, Votava (69. Wiedener), Herzog – Hobsch (69. Bockenfeld), Rufer
Trainer: Rehhagel
Tore: 0:1 Legat (16.), 0:2 Basler (41.), 0:3 Rufer (51.), 0:4 Bode (82.), 0:5 Rufer (89.)
Zuschauer: 7.000

20.07.1993
Fuji-Cup, Halbfinale
FC Bayern München – W. Bremen 2:1 (2:0)
Aufstellung: Reck – Neubarth – Beiersdorfer, Borowka – Wolter, Basler (46. Hobsch), Votava, Eilts, Bode – Rufer, Herzog
Trainer: Rehhagel
Tore: 1:0 Wohlfarth (16.), 2:0 Wohlfarth (24.), 2:1 Neubarth (65.)
Zuschauer: 12.000 in Augsburg

21.07.1993
Fuji-Cup, Spiel um Platz drei
Eintracht Frankfurt – W. Bremen 1:3 (1:2)
Aufstellung: Gundelach – Neubarth (46. Borowka) – Beiersdorfer – Wolter (46. Bockenfeld), Bode (61. Unger), Votava, Herzog, Basler, Eilts – Hobsch, Rufer (46. Wiedener)
Trainer: Rehhagel
Tore: 0:1 Herzog (12.), 0:2 Rufer (34.), 1:2 Votava (45. ET), 1:3 Hobsch (49.)
Zuschauer: 8.000 in Marburg

25.07.1993
Freundschaftsspiel
Kreisauswahl Ostfriesland – W. B. 0:4 (0:2)
Aufstellung: Reck (46. Gundelach) – Neubarth (46. Bockenfeld) – Borowka, Beiersdorfer (46. Votava) – Wiedener, Wolter, Eilts, Basler (46. Schaaf), Herzog – Rufer (46. Hobsch), Bode
Trainer: Rehhagel
Tore: 0:1 Beiersdorfer (24.), 0:2 Herzog (43.), 0:3 Bode (72.), 0:4 Bode (85.)
Zuschauer: 4.000 in Firrel

29.07.1993
Freundschaftsspiel
W. B. 1993 – W. B. 1988 5:4 (1:1)
Aufstellung 1993: Reck (46. Gundelach) – Neubarth – Bockenfeld (60. Beiersdorfer), Bode – Basler, Borowka, Eilts, Votava, Herzog (41. Unger) – Hobsch, Rufer
Aufstellung 1988: unbekannt
Trainer: Rehhagel
Tore: 1:0 Votava (38.), 1:1 Burgsmüller (45.), 1:2 Hanses (51.), 2:2 Neubarth (54.), 3:2 Basler (61.), 3:3 Allofs (63.), 3:4 Otten (68.), 4:4 Rufer (76.), 5:4 Bode (81.)
Zuschauer: 5.000 in Oldenburg

01.08.1993
DFB-SuperCup
Bayer 04 Leverkusen – W. Bremen
2:2 (1:1, 0:0) n.Verl. Elfmeterschießen: 6:7
Aufstellung: Reck – Neubarth – Beiersdorfer (46. Basler), Borowka – Wolter, Votava, Herzog, Eilts, Bode (106. Wiedener) – Hobsch, Rufer
Trainer: Rehhagel
Tore: 1:0 Fischer (60.), 1:1 Hobsch (90.), 1:2 Rufer (92. FE), 2:2 Kirsten (96.)
Elfmeterschießen: 0:1 Herzog; 1:1 Hapal; 1:2 Votava; 2:2 Kirsten; 2:3 Rufer; 3:3 Lupescu; 3:4 Basler; 4:4 Foda; 4:5 Borowka; 5:5 Schuster; 5:6 Wiedener; 6:6 Becker; 6:7 Wolter; Happe gehalten
Zuschauer: 14.000

08.08.1993
Bundesliga, 1. Spieltag
W. Bremen – VfB Stuttgart 5:1 (2:0)
Aufstellung: Reck – Neubarth (83. Basler) – Beiersdorfer (89. Bockenfeld), Borowka – Wolter, Votava, Herzog, Eilts, Bode – Hobsch, Rufer
Trainer: Rehhagel
Tore: 1:0 Herzog (16.), 2:0 Herzog (36.), 3:0 Hobsch (47.), 3:1 Walter (60.), 4:1 Rufer (75.), 5:1 Rufer (85.)

Besonderes Vorkommnis: Rote Karte für Berthold (70.)
Zuschauer: 24.600

14.08.1993
Bundesliga, 2. Spieltag
Eintracht Frankfurt – W. Bremen 2:2 (1:1)
Aufstellung: Reck – Neubarth – Borowka (86. Basler), Beiersdorfer – Wolter, Votava, Eilts, Herzog (81. Bockenfeld), Bode – Hobsch, Rufer
Trainer: Rehhagel
Tore: 0:1 Beiersdorfer (11.), 1:1 Yeboah (22.), 1:2 Bode (54.), 2:2 Furtok (72.)
Zuschauer: 43.000

17.08.1993
Bundesliga, 3. Spieltag (Vorholspiel)
W. Bremen – VfB Leipzig 3:1 (1:1)
Aufstellung: Gundelach – Neubarth – Votava, Beiersdorfer – Wolter, Basler, Herzog, Eilts (88. Borowka), Bode – Hobsch, Rufer
Trainer: Rehhagel
Tore: 0:1 Rische (15.), 1:1 Hobsch (16.), 2:1 Beiersdorfer (54.), 3:1 Basler (85.)
Zuschauer: 20.855

19.08.1993
Internationales Turnier »Trofeo de Naranja«, Halbfinale
Feyenoord Rotterdam – W. Bremen 1:5 (1:1)
Aufstellung: Reck – Neubarth (24. Basler) – Beiersdorfer, Borowka – Bockenfeld (46. Wiedener), Legat (46. Votava), Eilts, Herzog, Bode (46. Wolter) – Hobsch, Rufer
Trainer: Rehhagel
Tore: 1:0 Maas (21.), 1:1 Hobsch (28.), 1:2 Rufer (49. HE), 1:3 Rufer (71.), 1:4 Herzog (83.), 1:5 Eilts (88.)
Zuschauer: 10.000 in Valencia

20.08.1993
Internationales Turnier, Endspiel
CF Valencia – W. Bremen 0:0
Elfmeterschießen: 3:1
Aufstellung: Gundelach – Basler – Beiersdorfer, Wolter – Bockenfeld (46. Unger), Votava, Legat, Eilts, Herzog (17. Schaaf) – Hobsch, Rufer
Trainer: Rehhagel
Tore: –
Elfmeterschießen: Tor durch Legat / Verschossen: Rufer, Votava, Unger
Zuschauer: 12.000 in Valencia

25.08.1993
DFB-Pokal, 2. Runde
W. Bremen – Stuttgarter Kickers
2:1 (0:0; 0:0) n.Verl.
Aufstellung: Reck – Basler – Beiersdorfer, Borowka (73. Wolter) – Bockenfeld, Votava, Rufer, Eilts, Legat (84. Schaaf) – Hobsch, Bode
Trainer: Rehhagel
Tore: 1:0 Herzberger (93. ET), 2:0 Bockenfeld (96.), 2:1 Koch (104.)
Zuschauer: 4.758

28.08.1993
Bundesliga, 4. Spieltag
1. FC Kaiserslautern – W. Bremen 2:3 (0:1)
Aufstellung: Reck – Votava – Beiersdorfer, Borowka – Wolter, Rufer, Eilts, Legat, Bode – Hobsch, Herzog (89. Wiedener)
Trainer: Rehhagel
Tore: 0:1 Borowka (42.), 1:1 Eriksson (72.), 1:2 Herzog (75.), 1:3 Wolter (84.), 2:3 Kadlec (88.)
Besonderheit: W. Funkel schießt FE an den Pfosten (36.)
Zuschauer: 32.173

31.08.1993
Bundesliga, 5. Spieltag
W. Bremen – MSV Duisburg 1:5 (0:0)
Aufstellung: Reck – Votava – Beiersdorfer (46. Bockenfeld), Borowka – Wolter, Eilts, Herzog, Legat, Bode – Hobsch, Rufer
Trainer: Rehhagel
Tore: 0:1 Schmidt (52.), 0:2 Schmidt (61.), 0:3 Westerbeek (66.), 1:3 Hobsch (68.), 1:4 Weidemann (72.), 1:5 Böger (73.)
Zuschauer: 22.000

03.09.1993
Bundesliga, 6. Spieltag
1. FC Nürnberg – W. Bremen 0:1 (0:0)
Aufstellung: Reck – Basler – Borowka, Beiersdorfer – Wolter, Votava, Eilts, Legat, Bode – Rufer (85. Wiedener), Herzog
Trainer: Rehhagel
Tor: 0:1 Rufer (84.)
Zuschauer: 38.000

09.09.1993
Bundesliga, 7. Spieltag
W. Bremen – FC Bayern München 1:0 (0:0)
Aufstellung: Reck – Bratseth – Beiersdorfer, Borowka – Wolter, Votava, Herzog (27. Basler), Eilts, Bode (88. Legat) – Hobsch, Rufer
Trainer: Rehhagel
Tor: 1:0 Hobsch (52.)
Besonderes Vorkommnis: Gelb-Rote Karte für Wouters (90.)
Zuschauer: 40.800

12.09.1993
DFB-Pokal, 3. Runde
Kickers Offenbach – W. Bremen
1:1 (0:0; 0:0) n.Verl. Elfmeterschießen: 3:5
Aufstellung: Reck – Bratseth (46. Legat) – Beiersdorfer, Borowka – Wolter (91. Wiedener), Votava, Basler, Eilts, Bode – Hobsch, Rufer
Trainer: Rehhagel
Tore: 0:1 Rufer (100.), 1:1 Biehrer (102.)
Elfmeterschießen: 0:1 Rufer; 1:1 Hartmann; 1:2 Votava; 2:2 Krapp; 2:3 Legat; 3:3 Aleksic; 3:4 Basler; Schäfer übers Tor; 3:5 Borowka
Zuschauer: 17.000

16.09.1993
Champions League, 1. Runde-Hinspiel
W. Bremen – Dynamo Minsk 5:2 (2:0)
Aufstellung: Gundelach – Bratseth – Beiersdorfer, Borowka – Basler (82. Wolter), Votava, Herzog, Eilts, Bode (61. Legat) – Hobsch, Rufer

Trainer: Rehhagel
Tore: 1:0 Hobsch (26.), 2:0 Hobsch (32.), 2:1 Gerassimez (51.), 3:1 Rufer (55.), 4:1 Hobsch (60.), 4:2 Welitschko (76.), 5:2 Rufer (90.)
Zuschauer: 10.274

19.09.1993
Bundesliga, 8. Spieltag
Karlsruher SC – W. Bremen 0:3 (0:1)
Aufstellung: Reck – Basler – Beiersdorfer, Borowka – Wolter, Votava, Eilts, Rufer, Bode – Hobsch (86. Wiedener), Herzog (88. Schaaf)
Trainer: Rehhagel
Tore: 0:1 Wittwer (11. ET), 0:2 Wiedener (88.), 0:3 Wiedener (89.)
Zuschauer: 24.000

25.09.1993
Bundesliga, 9. Spieltag
W. Bremen – Wattenscheid 09 0:0
Aufstellung: Reck – Bratseth – Beiersdorfer, Borowka – Basler, Votava, Herzog, Eilts, Bode (83. Legat) – Hobsch, Rufer
Trainer: Rehhagel
Tore: –
Zuschauer: 17.598

29.09.1993
Champions League, 1. Runde-Rückspiel
Dynamo Minsk – W. Bremen 1:1 (1:0)
Aufstellung: Reck – Bratseth – Beiersdorfer, Legat – Basler (65. Wiedener), Votava, Herzog (83. Schaaf), Eilts, Bode – Hobsch, Rufer
Trainer: Rehhagel
Tore: 1:0 Bjalkewitsch (41.), 1:1 Rufer (81. FE)
Zuschauer: 7.000

02.10.1993
Bundesliga, 10. Spieltag
FC Schalke 04 – W. Bremen 1:1 (0:0)
Aufstellung: Reck – Bratseth – Borowka, Beiersdorfer (85. Bockenfeld) – Schaaf, Votava, Eilts, Herzog, Bode (79. Basler) – Hobsch, Rufer
Trainer: Rehhagel
Tore: 1:0 Luginger (75.), 1:1 Hobsch (86.)
Zuschauer: 24.830

08.10.1993
Bundesliga, 11. Spieltag
W. Bremen – Borussia Dortmund 4:0 (0:0)
Aufstellung: Reck – Bratseth – Beiersdorfer, Borowka – Basler, Votava, Herzog, Eilts, Bode (69. Legat) – Hobsch (75. Wiedener), Rufer
Trainer: Rehhagel
Tore: 1:0 Votava (52.), 2:0 Hobsch (70.), 3:0 Eilts (71.), 4:0 Herzog (72.)
Zuschauer: 36.060

10.10.1993
Freundschaftsspiel
SV Pritzwalk – W. Bremen 1:17 (1:7)
Aufstellung: Reck (46. Gundelach) – Wiedener, Legat, Basler – Votava, Borowka, Eilts, Bockenfeld – Bode, Simonsen, Goldschmidt (Außerdem eingewechselt: Rauh, Ossmann, J. Rehhagel, Krampe)
Trainer: Rehhagel
Torschützen für Werder: Simonsen (7), Borowka (5), Eilts (2), Wiedener, Ossmann, J. Rehhagel
Zuschauer: 5.500

16.10.1993
Bundesliga, 12. Spieltag
SC Freiburg – W. Bremen 0:0
Aufstellung: Reck – Bratseth – Beiersdorfer, Borowka – Schaaf (87. Wiedener), Rufer, Votava, Herzog (46. Basler), Eilts, Bode – Hobsch
Trainer: Rehhagel
Tore: –
Besonderes Vorkommnis: Rote Karte für Beiersdorfer (63.)
Zuschauer: 15.000

20.10.1993
Champions League, 2. Runde-Hinspiel
Levski Sofia – W. Bremen 2:2 (0:0)
Aufstellung: Reck – Bratseth – Beiersdorfer, Borowka – Schaaf, Votava, Rufer, Eilts, Bode – Hobsch, Herzog
Trainer: Rehhagel
Tore: 0:1 Bode (50.), 0:2 Rufer (52.), 1:2 Jankov (75.), 2:2 Gintschev (90.)
Zuschauer: 45.000

24.10.1993
Bundesliga, 13. Spieltag
W. Bremen – Hamburger SV 0:2 (0:2)
Aufstellung: Reck – Bratseth – Legat (46. Bockenfeld), Borowka – Basler, Votava, Herzog, Eilts, Bode (63. Neubarth) – Hobsch, Rufer
Trainer: Rehhagel
Tore: 0:1 Bäron (32.), 0:2 Bäron (44.)
Zuschauer: 37.000

27.10.1993
DFB-Pokal, Achtelfinale
W. Bremen – Hamburger SV 4:2 (1:0)
Aufstellung: Reck (88. Gundelach) – Bratseth – Beiersdorfer, Borowka – Basler (72. Neubarth), Votava, Rufer, Eilts, Bode – Hobsch, Herzog
Trainer: Rehhagel
Tore: 1:0 Herzog (13.), 1:1 von Heesen (49.), 1:2 Ivanauskas (64.), 2:2 Hobsch (74.), 3:2 Neubarth (86.), 4:2 Rufer (90.+2)
Besonderes Vorkommnis: Rote Karte für Sassen (84.)
Zuschauer: 34.400

30.10.1993
Bundesliga, 14. Spieltag
Bayer 04 Leverkusen – W. Bremen 2:2 (1:2)
Aufstellung: Gundelach – Bratseth (64. Wolter) – Borowka, Beiersdorfer – Basler (53. Wiedener), Votava, Rufer, Eilts, Bode – Hobsch, Herzog
Trainer: Rehhagel
Tore: 0:1 Bode (7.), 0:2 Rufer (40.), 1:2 Thom (43.), 2:2 Becker (64.)
Zuschauer: 18.700

03.11.1993
Champions League, 2. Runde-Rückspiel
W. Bremen – Levski Sofia 1:0 (0:0)
Aufstellung: Gundelach – Votava – Beiersdorfer, Borowka – Basler, Wolter, Rufer, Eilts, Bode – Hobsch, Herzog
Trainer: Rehhagel
Tor: 1:0 Basler (73.)
Besonderes Vorkommnis: Gelb-Rote Karte für Gintschev (57.)
Zuschauer: 26.953

06.11.1993
Bundesliga, 15. Spieltag
1. FC Köln – W. Bremen 2:0 (1:0)
Aufstellung: Gundelach – Bratseth – Beiersdorfer (70. Schaaf), Borowka – Wolter (70. Bockenfeld), Votava, Herzog, Eilts, Bode – Hobsch, Rufer
Trainer: Rehhagel
Tore: 1:0 Polster (4.), 2:0 Polster (67.)
Zuschauer: 33.000

12.11.1993
Bundesliga, 16. Spieltag
W. Bremen – Dynamo Dresden 0:1 (0:1)
Aufstellung: Gundelach – Bratseth – Beiersdorfer, Borowka (43. Neubarth) – Wolter, Votava, Basler, Eilts, Bode (60. Legat) – Rufer, Herzog
Trainer: Rehhagel
Tor: 0:1 Penksa (32.)
Zuschauer: 18.047

19.11.1993
Bundesliga, 17. Spieltag
Bor. M'gladbach – W. Bremen 3:2 (1:2)
Aufstellung: Reck – Bratseth – Beiersdorfer, Borowka – Wolter, Votava, Herzog (84. Basler), Legat, Bode – Hobsch (86. Neubarth), Rufer
Trainer: Rehhagel
Tore: 1:0 Nielsen (13.), 1:1 Rufer (31.), 1:2 Rufer (37.), 2:2 Hochstätter (77.), 3:2 Max (90.)
Zuschauer: 27.000

24.11.1993
Champions League, Endrunde-1. Spieltag
FC Porto – W. Bremen 3:2 (2:0)
Aufstellung: Reck – Bratseth – Beiersdorfer (46. Wolter), Legat – Basler, Votava, Rufer, Eilts, Bode (67. Neubarth) – Hobsch, Herzog
Trainer: Rehhagel
Tore: 1:0 Domingos (7.), 2:0 Jorge (34.), 3:0 Carlos (83.), 3:1 Hobsch (85.), 3:2 Rufer (86.)
Besonderheit: Wegen Stromausfalls musste das Spiel für 18 Minuten unterbrochen werden (10.)
Zuschauer: 35.000

27.11.1993
Bundesliga, 18. Spieltag
VfB Stuttgart – W. Bremen 0:0
Aufstellung: Reck – Bratseth – Beiersdorfer, Borowka – Wolter, Basler, Votava, Eilts, Bode – Hobsch (10. Neubarth, 51. Wiedener), Rufer
Trainer: Rehhagel
Tore: –
Zuschauer: 17.000

04.12.1993
Bundesliga, 19. Spieltag
W. Bremen – Eintracht Frankfurt 1:0 (0:0)
Aufstellung: Reck – Bratseth – Beiersdorfer, Borowka – Wolter, Basler (90. Legat), Votava, Eilts, Bode – Hobsch (76. Wiedener), Rufer
Trainer: Rehhagel
Tor: 1:0 Rufer (49.)
Zuschauer: 25.381

08.12.1993
Champions League, Endrunde-2. Spieltag
W. Bremen – RSC Anderlecht 5:3 (0:3)
Aufstellung: Reck – Bratseth – Beiersdorfer, Borowka – Basler (87. Wiedener), Votava, Herzog (46. Wolter), Eilts, Bode – Hobsch, Rufer
Trainer: Rehhagel
Tore: 0:1 Albert (16.), 0:2 Boffin (18.), 0:3 Boffin (33.), 1:3 Rufer (66.), 2:3 Bratseth (72.), 3:3 Hobsch (80.), 4:3 Bode (83.), 5:3 Rufer (89.)
Zuschauer: 29.000

11.12.1993
Bundesliga, 20. Spieltag
VfB Leipzig – W. Bremen 1:1 (1:0)
Aufstellung: Reck – Bratseth – Beiersdorfer (46. Votava), Borowka – Wolter, Basler, Eilts, Legat (56. Herzog), Bode – Hobsch, Rufer
Trainer: Rehhagel
Tore: 1:0 Bredow (35.), 1:1 Hobsch (51.)
Besonderes Vorkommnis: Rote Karte für Basler (73.)
Zuschauer: 10.800

23.01.1994
Freundschaftsspiel
Rot-Weiß Erfurt – W. Bremen 2:5 (1:3)
Aufstellung: Reck (46. Gundelach) – Bockenfeld (46. Wiedener), Bratseth, Bode, Beiersdorfer – Wolter, Basler (46. Schaaf), Votava, Herzog – Hobsch, Rufer (46. Bester)
Trainer: Rehhagel
Tore: 0:1 Beiersdorfer (22.), 0:2 Bode (29.), 0:3 Hobsch (31.), 1:3 Heider (41.), 1:4 Hobsch (53.), 2:4 Weißhaupt (55.), 2:5 Hobsch (64.)
Zuschauer: 10.813

04.02.1994
DBV-Turnier, Halbfinale
W. Bremen – Hamburger SV 2:1 (2:1)
Aufstellung: Reck – Bratseth – Beiersdorfer, Legat – Basler (46. Wolter), Votava, Herzog, Eilts, Bode (79. Wiedener) – Hobsch, Rufer
Trainer: Rehhagel
Tore: 1:0 Hobsch (1.), 1:1 von Heesen (16.), 2:1 Hobsch (37.)
Zuschauer: 4.500 in Lohne

Bremen, Weser-Stadion, 8. Dezember 1993, 22:14 Uhr: Der RSC Anderlecht erlebt sein grün-weißes Wunder

Alleine schon mit dem Einzug in die damals noch aus nur acht Teams bestehende Gruppenphase der Champions League hatte Werder 1993 Geschichte geschrieben. Kein deutscher Vertreter hatte vorher den Sprung in die neu geschaffene europäische Eliteklasse hinbekommen. Das Abenteuer hatte jedoch etwas ernüchternd begonnen: Am 1. Spieltag lagen die Grün-Weißen beim FC Porto schnell zurück und drohten ein Debakel zu erleben, ehe Bernd Hobsch und Wynton Rufer in den letzten fünf Spielminuten aus einem schlimmen 0:3 noch ein ergebniskosmetisch höherwertiges 2:3 formten.

Gegen den belgischen Vertreter aus Anderlecht rechneten sich die Rehhagel-Schützlinge eine gute Chance zur Rehabilitation aus, doch es kam zunächst noch viel schlimmer als in Porto: Die flinken Belgier schossen Werder erneut mit 3:0 sturmreif, diesmal jedoch im heimischen Weser-Stadion. Nun ja – und es war November, es regnete natürlich, es war kalt und zuhause gab's Grog. Soll heißen: Das Stadion leerte sich zusehends, als Wynton Rufer 24 Minuten vor Schluss wenigstens noch den vermeintlichen Ehrentreffer erzielte. Weitere sechs Minuten später verkürzte Rune Bratseth auf 2:3, und spätestens mit dem Ausgleich durch Bernd Hobsch glich die nur noch halbvolle Betonschüssel einem Tollhaus. Früh aufgebrochene Schönwetterfans lauschten verunsichert den immer lauter werdenden »Werder-Werder!«-Sprechchören aus dem eben noch totenstillen Weser-Stadion, und die Mannschaft ließ sich nicht lumpen: Marco Bode schoss Werder in Front, und Wynton Rufer machte den Sack in der vorletzten Minute zu: 5:3!

Wahnsinn! Irre! Unglaublich! – Nach 0:3 noch 5:3

Der SV Werder erkämpfte gegen den RSC Anderlecht in der Champions League eine sensationelle Wende

Nach Spartak Moskau, Dynamo Berlin und dem SSC Neapel musste die vierte europäische Spitzenelf innerhalb weniger Jahre erfahren, dass Werder ein besonderer Gegner sein kann, wenn die Mannschaft sich aus der Umklammerung befreien und in einen Rausch spielen kann.

Das Schlussbild vor dem großen Vorhang lieferte »Kiwi« Rufer: Unter Szenenapplaus überquerte er klatschnass und verschlammt das Spielfeld. Im Handstand

Die Ekstase nimmt ihren Lauf: Marco Bode schießt Werder nach 0:3 mit 4:3 in Führung

06.02.1994
DBV-Turnier, Endspiel
W. Bremen – FC Schalke 04 0:5 (0:3)
Aufstellung: Reck – Bratseth (46. Wolter) – Beiersdorfer (46. Wiedener), Legat – Basler, Votava, Eilts, Herzog (62. Bockenfeld), Bode – Hobsch (62. Bester), Rufer
Trainer: Rehhagel
Tore: 0:1 Linke (10.), 0:2 Mulder (31.), 0:3 Sendscheid (42.), 0:4 Anderbrügge (55.), 0:5 Eckstein (72.)
Zuschauer: 5.500 in Lohne

09.02.1994
DFB-Pokal, Viertelfinale
W. Bremen – 1. FC Kaiserslautern
2:2 (1:1, 1:1) n.Verl. Elfmeterschießen: 4:3
Aufstellung: Reck – Bratseth (46. Schaaf) – Beiersdorfer, Legat – Basler, Votava, Herzog, Eilts, Bode – Hobsch (46. Wiedener), Rufer
Trainer: Rehhagel
Tore: 0:1 Sforza (27.), 1:1 Rufer (30.), 2:1 Bode (110.), 2:2 Roos (115.)
Elfmeterschießen: Brehme übers Tor, 1:0 Rufer, 1:1 Sforza, 2:1 Schaaf, 2:2 Kadlec, Legat gehalten, 2:3 W. Funkel, 3:3 Votava, Ritter gehalten, 4:3 Basler
Besonderes Vorkommnis: Rote Karte für Ehrmann (73.)
Zuschauer: 13.383

12.02.1994
Bundesliga, 21. Spieltag
W. Bremen – 1. FC Kaiserslautern 2:0 (2:0)
Aufstellung: Reck – Bratseth (46. Wiedener) – Beiersdorfer, Legat – Wolter, Votava, Basler, Eilts, Bode – Herzog, Rufer
Trainer: Rehhagel
Tore: 1:0 Bratseth (1.), 2:0 Bode (18.)
Zuschauer: 19.526

18.02.1994
Bundesliga, 22. Spieltag
MSV Duisburg – W. Bremen 1:0 (0:0)
Aufstellung: Reck – Bratseth (84. Schaaf) – Beiersdorfer, Wiedener – Wolter (79. Bester), Basler, Votava, Eilts, Bode – Rufer, Herzog
Trainer: Rehhagel
Tor: 1:0 Közle (75.)
Zuschauer: 21.000

25.02.1994
Bundesliga, 23. Spieltag
W. Bremen – 1. FC Nürnberg 2:2 (1:1)
Aufstellung: Reck – Bratseth – Wiedener – Wolter, Beiersdorfer (68. Neubarth), Eilts, Legat, Basler, Bode – Rufer, Herzog
Trainer: Rehhagel
Tore: 0:1 Zarate (26. FE), 1:1 Herzog (39.), 2:1 Basler (74.), 2:2 Zarate (78.)
Zuschauer: 15.363

02.03.1994
Champions League, Endrunde-3. Spieltag
AC Mailand – W. Bremen 2:1 (0:0)
Aufstellung: Reck – Neubarth – Beiersdorfer, Votava – Wolter, Basler, Eilts, Bode (77. Hobsch), Legat – Rufer, Herzog
Trainer: Rehhagel
Tore: 1:0 Maldini (48.), 1:1 Basler (54.), 2:1 Savicevic (68.)
Zuschauer: 41.239

05.03.1994
Bundesliga, 24. Spieltag
FC Bayern München – W. Bremen 2:0 (0:0)
Aufstellung: Reck – Bratseth – Beiersdorfer, Votava – Wolter, Basler, Wiedener, Eilts (4. Hobsch), Legat – Rufer, Herzog
Trainer: Rehhagel
Tore: 1:0 Nerlinger (47.), 2:0 Valencia (66.)
Besonderes Vorkommnis: Rote Karte für Basler (28.)
Zuschauer: 63.000

09.03.1994
DFB-Pokal, Halbfinale
Dynamo Dresden – W. Bremen 0:2 (0:2)
Aufstellung: Reck – Bratseth – Wiedener, Beiersdorfer – Wolter, Votava, Neubarth, Herzog (68. Schaaf), Legat – Hobsch, Rufer (90. Harttgen)
Trainer: Rehhagel
Tore: 0:1 Rufer (18.), 0:2 Neubarth (37.)
Zuschauer: 29.000

12.03.1994
Bundesliga, 25. Spieltag
W. Bremen – Karlsruher SC 0:2 (0:0)
Aufstellung: Reck – Bratseth – Beiersdorfer (53. Hobsch), Wiedener – Bockenfeld, Wolter, Votava, Herzog, Legat – Neubarth, Rufer
Trainer: Rehhagel
Tore: 0:1 Bender (51.), 0:2 Bender (63. FE)
Zuschauer: 20.356

16.03.1994
Champions League, Endrunde-4. Spieltag
W. Bremen – AC Mailand 1:1 (0:0)
Aufstellung: Reck – Bratseth – Beiersdorfer, Wiedener – Votava, Basler, Neubarth, Bode (88. Unger), Legat – Rufer, Hobsch
Trainer: Rehhagel
Tore: 1:0 Rufer (52. FE), 1:1 Savicevic (75.)
Zuschauer: 31.000

22.03.1994
Bundesliga, 26. Spieltag
Wattenscheid 09 – W. Bremen 2:2 (1:1)
Aufstellung: Reck – Bratseth – Beiersdorfer, Wiedener – Wolter, Votava, Harttgen (64. Schaaf), Bode, Legat – Neubarth (85. Unger), Rufer
Trainer: Rehhagel
Tore: 0:1 Bode (34.), 1:1 Fink (42.), 1:2 Bode (62.), 2:2 Ridder (89.)
Zuschauer: 5.500

25.03.1994
Bundesliga, 27. Spieltag
W. Bremen – FC Schalke 04 0:1 (0:1)
Aufstellung: Reck – Bratseth – Beiersdorfer, Wolter – Basler, Votava, A. Herzog, Legat, Bode – Rufer, Neubarth
Trainer: Rehhagel
Tor: 0:1 H. Herzog (27.)
Zuschauer: 22.874

30.03.1994
Champions League, Endrunde-5. Spieltag
W. Bremen – FC Porto 0:5 (0:2)
Aufstellung: Reck – Bratseth – Votava, Wiedener – Wolter, Harttgen (46. Neubarth), Legat, Basler, Herzog – Bode, Rufer (78. Bockenfeld)
Trainer: Rehhagel
Tore: 0:1 Rui Felipe (11.), 0:2 Kostadinov (35.), 0:3 Secretario (70.), 0:4 Domingos (74.), 0:5 Timofte (89. HE)
Besonderes Vorkommnis: Rote Karte für Herzog (89.)
Zuschauer: 32.000

02.04.1994
Bundesliga, 28. Spieltag
Borussia Dortmund – W. Bremen 3:2 (0:1)
Aufstellung: Reck – Bratseth – Wiedener (71. Sauer), Beiersdorfer – Schaaf, Basler, Neubarth, Votava, Legat, Bode – Herzog
Trainer: Rehhagel
Tore: 0:1 Basler (30.), 1:1 Chapuisat (56.), 2:1 Chapuisat (67.), 3:1 Chapuisat (72.), 3 :2 Bode (81.)
Zuschauer: 42.800

06.04.1994
Bundesliga, 29. Spieltag
W. Bremen – SC Freiburg 3:2 (2:1)
Aufstellung: Reck – Bratseth – Beiersdorfer, Wiedener – Wolter (58. Schaaf), Basler, Votava, Herzog, Bode (83. Bockenfeld) – Neubarth, Rufer
Trainer: Rehhagel
Tore: 1:0 Neubarth (7.), 2:0 Neubarth (11.), 2:1 Spies (44.), 3:1 Neubarth (65.), 3:2 Borodjuk (90.)
Besondere Vorkommnisse: Rote Karte für Raklli (36.); Gelb-Rote Karte für Spanring (58.)
Zuschauer: 19.057

09.04.1994
Bundesliga, 30. Spieltag
Hamburger SV – W. Bremen 1:1 (1:1)
Aufstellung: Reck – Neubarth – Votava, Bratseth – Wolter, Borowka (69. Wiedener), Bode, Legat, Rufer – Basler (83. Schaaf), Herzog
Trainer: Rehhagel
Tore: 0:1 Herzog (6.), 1:1 Bäron (41.)
Zuschauer: 36.950

13.04.1994
Champions League, Endrunde-6. Spieltag
RSC Anderlecht – W. Bremen 1:2 (1:1)
Aufstellung: Reck – Neubarth – Bratseth, Beiersdorfer – Schaaf, Votava, Borowka, Bode, Legat – Basler, Rufer
Trainer: Rehhagel
Tore: 0:1 Bode (33.), 1:1 Bosman (45.), 1:2 Bode (65.)
Zuschauer: 15.000
Endstand:

	S U N	Tore	Pk.
1. AC Mailand (I)	2 4 0	6 : 2	8
2. FC Porto (P)	3 1 2	10 : 6	7
3. SV W. Bremen (D)	2 1 3	11 :15	5
4. RSC Anderlecht (B)	1 2 3	5 : 9	4

16.04.1994
Bundesliga, 31. Spieltag
W. B. – Bayer 04 Leverkusen 2:1 (1:0)
Aufstellung: Reck – Bratseth – Beiersdorfer, Borowka (51. Wiedener) – Wolter, Basler, Votava (75. Eilts), Bode, Legat – Rufer, Herzog
Trainer: Rehhagel
Tore: 1:0 Basler (34.), 2:0 Basler (80.), 2:1 Kirsten (89.)
Zuschauer: 22.526

22.04.1994
Bundesliga, 32. Spieltag
W. Bremen – 1. FC Köln 3:1 (2:1)
Aufstellung: Reck – Bratseth – Borowka (16. Neubarth), Beiersdorfer – Wolter, Basler, Votava, Herzog (68. Wiedener), Bode – Hobsch, Rufer
Trainer: Rehhagel
Tore: 1:0 Neubarth (21.), 2:0 Rufer (33.), 2:1 Steinmann (45.), 3:1 Rufer (90.)
Besondere Vorkommnisse: Rote Karte für Rudy (58.); Gelb-Rote Karte für Wolter (63.)
Zuschauer: 25.555

30.04.1994
Bundesliga, 33. Spieltag
Dynamo Dresden – W. Bremen 1:0 (0:0)
Aufstellung: Reck – Bratseth (67. Neubarth) – Beiersdorfer, Wiedener – Eilts, Votava, Basler, Legat (54. Herzog), Bode – Hobsch, Rufer
Trainer: Rehhagel
Tor: 1:0 Marschall (66.)
Zuschauer: 25.900

07.05.1994
Bundesliga, 34. Spieltag
W. Bremen – Bor. M'gladbach 4:2 (1:1)
Aufstellung: Reck – Neubarth – Votava, Beiersdorfer (40. Borowka) – Wolter, Eilts, Basler, Bode, Legat – Hobsch, Rufer (46. Wiedener)
Trainer: Rehhagel
Tore: 0:1 Herrlich (36.), 1:1 Rufer (40. FE), 2:1 Hobsch (56.), 3:1 Legat (66.), 3:2 Dahlin (71.), 4:2 Bode (78.)
Zuschauer: 27.309

14.05.1994
DFB-Pokal, Endspiel
Rot-Weiß Essen – W. Bremen 1:3 (0:2)
Aufstellung: Reck – Bratseth – Votava, Beiersdorfer – Wolter, Basler (76. Wiedener), Herzog (85. Borowka), Eilts, Bode – Hobsch, Rufer
Trainer: Rehhagel
Tore: 0:1 Beiersdorfer (17.), 0:2 Herzog (38.), 1:2 Bangoura (50.), 1:3 Rufer (88. HE)
Zuschauer: 76.391 in Berlin

17.05.1994
Freundschaftsspiel
Kreisauswahl W'haven – W. B. 1:14 (1:6)
Aufstellung: Gundelach – Sauer – Bockenfeld (46. Wiedener), Legat, Beiersdorfer (46. Schaaf) – Wolter (46. Unger), Eilts, Votava (46. Bester), Herzog – Hobsch, Bode (46. Harttgen)
Trainer: Rehhagel
Torschützen für Werder: Herzog (4), Bester (3), Legat (2), Harttgen (2), Bockenfeld, Eilts, Bode
Zuschauer: 2.400

19.05.1994
Freundschaftsspiel
Oberliga-Auswahl Nordhessen – W. Bremen 4:7 (2:1)
Aufstellung: Reck (46. Gundelach) – Neubarth (46. Unger) – Bockenfeld, Sauer – Votava, Herzog (46. Harttgen), Eilts, Wolter, Legat (46. Wiedener) – Hobsch (70. Bester), Bode (46. Rufer)
Trainer: Rehhagel
Tore: 0:1 Bode (2.), 1:1 Michael Mason (35.), 2:1 Marco Mason (44.), 2:2 Rufer (49.), 2:3 Harttgen (54.), 2:4 Harttgen (65.), 3:4 Becker (68.), 3:5 Wiedener (75.), 3:6 Bester (77.), 4:6 J. Müller (82.), 4:7 Rufer (84.)
Zuschauer: 2.700 in Lohfelden

21.05.1994
Freundschaftsspiel
Tura Bremen – W. Bremen 2:10 (1:5)
Aufstellung: Reck – Neubarth – Bockenfeld, Sauer, Legat – Wolter, Eilts, Votava, Herzog – Hobsch, Bode / Eingewechselt: Harttgen, Wiedener, Rufer, Bester, Gundelach
Trainer: Rehhagel
Torschützen für Werder: Hobsch (3), Herzog, Bode, Bockenfeld, Votava, Legat, Wolter, Bester
Zuschauer: 1.800

27.05.1994
Freundschaftsspiel
SSC Neapel – W. Bremen 3:3 (1:1)
Aufstellung: unbekannt
Trainer: Rehhagel
Torschützen für Werder: Hobsch (32.), Herzog (52.), Legat (83.)
Zuschauer: 18.000

Bundesliga-Abschlusstabelle 1993 / 1994

Platz	Verein	Spiele	S	U	N	Tore	Diff.	Punkte
1.	Bayern München	34	17	10	7	68 : 37	+ 31	44-24
2.	1. FC K'lautern	34	18	7	9	64 : 36	+ 28	43-25
3.	Bayer Leverkusen (P)	34	14	11	9	60 : 47	+ 13	39-29
4.	Borussia Dortmund	34	15	9	10	49 45	+ 4	39-29
5.	Eintracht Frankfurt	34	15	8	11	57 : 41	+ 16	38-30
6.	Karlsruher SC	34	14	10	10	46 : 43	+ 3	38-30
7.	VfB Stuttgart	34	13	11	10	51 : 43	+ 8	37-31
8.	**Werder Bremen (M)**	**34**	**13**	**10**	**11**	**51 : 44**	**+ 7**	**36-32**
9.	MSV Duisburg (N)	34	14	8	12	41 : 52	- 11	36-32
10.	Borussia M'gladbach	34	14	7	13	65 : 59	+ 6	35-33
11.	1. FC Köln	34	14	6	14	49 : 51	- 2	34-34
12.	Hamburger SV	34	13	8	13	48 : 52	- 4	34-34
13.	Dynamo Dresden	34	10	14	10	33 : 44	- 11	30-38
14.	Schalke 04	34	10	9	15	38 : 50	- 12	29-39
15.	SC Freiburg (N)	34	10	8	16	54 : 57	- 3	28-40
16.	1. FC Nürnberg	34	10	8	16	41 : 55	- 14	28-40
17.	SG Wattenscheid 09	34	6	11	17	48 : 70	- 22	23-45
18.	VfB Leipzig (N)	34	3	11	20	32 : 69	- 37	17-51

Fieberkurve der Bundesliga-Saison 1993 / 1994

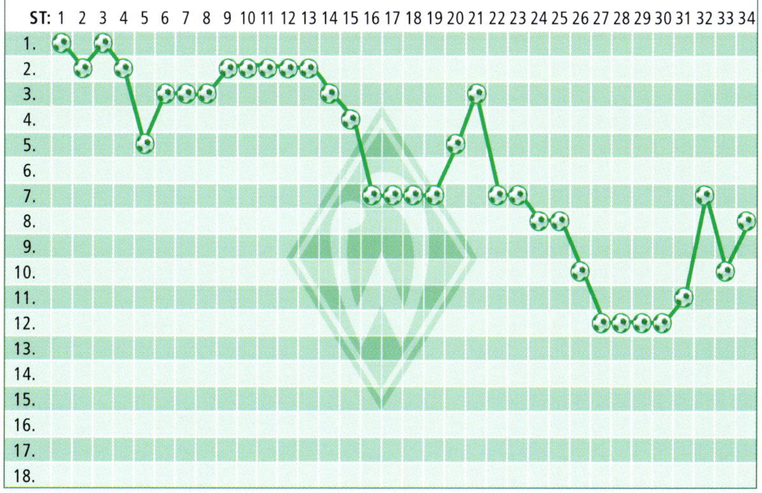

1994/95: »Otto? Fand ich gut!«

Oben v.l.:
Eilts, Wolter, Wiedener, Votava, Sauer, Hobsch, Unger, Rufer
Mitte v.l.:
Trainer Rehhagel, Beiersdorfer, Bestchastnykh, Bode, Simonsen, Neubarth, M. Schulz, Bester, Co-Trainer Schaaf, Co-Trainer Kamp
Unten v.l.:
Borowka, Herzog, Rost, Gundelach, Reck, Ramzy, J. Lellek, Goldschmidt

Ein T-Shirt, das ungetragen in die Mottenkiste wanderte: Das vorsorglich gedruckte Hemd »SV Werder Bremen Deutscher Meister 1995« wurde leider nicht benötigt

Es gibt auffälligere und unauffälligere Phasen innerhalb der Geschichte eines Fußballvereins. Es gibt Wendepunkte, Comebacks, Abstürze und Zäsuren. Und es gibt den Abschied von Otto Rehhagel.

Otto hatte immer wieder betont, dass die vielen Interessenten in all den Jahren zuvor sich immer zum falschen Zeitpunkt gemeldet hätten. Nach einer überaus erfolgreichen Vorrunde der Saison 1994/95 probieren es die Bayern am 14. Januar 1995 am Rande des Hallenturniers in Berlin zaghaft noch einmal, und treffen zu ihrer eigenen Überraschung auf offene Ohren bei Werders Trainer. Gerüchte werden laut, und die »Sport Bild« wird am lautesten: »OTTO – DER RICHTIGE FÜR BAYERN!« titelt sie. Etwas richtig, aber nicht ganz. Denn Rehhagel geht zwar in der Tat zum Erzrivalen, aber »der Richtige« wird er nicht.

In Bremen sorgt die Nachricht des Rehhagel-Wechsels naturgemäß für eine Art Erdbeben. »Ich bin wahnsinnig enttäuscht! Überall hätte er hingehen dürfen – aber nicht zu den Bayern!«, lautete in etwa die repräsentative Fanmeinung. Werder musste sich nach einem neuen Trainer umsehen! Unvorstellbar! Vierzehn Jahre lang existierte die Bundesligaabteilung des Vereins gemütlich vor sich hin, und alles funktionierte immer irgendwie, denn Rehhagel war ja da. Nun sollte das alles anders werden. Jahre voller Frust ereilten den SV Werder, aber das konnte 1995 zum Glück noch keiner ahnen.

Der Rehhagel-Wechsel wurde insgesamt noch etwas schmerzlicher durch die Tatsache, dass der Trainer nicht alleine zu den Bayern wechselte, sondern Andy Herzog gleich huckepack mitnahm. Das verwunderte etwas, denn in den Monaten zuvor hatte es immer mal wieder intern zwischen dem Trainer und seinem Regisseur geknistert. Nun suchten beide dieselbe neue Herausforderung und erlitten letztlich auch beinahe dasselbe Schicksal bei den Bayern.

Während Herzogs Wechsel zu den Bayern im Weser-Stadion anfangs zu Pfiffen gegen das Ex-Idol führte, wurde ein sichtlich unsicherer Rehhagel beim ersten Heimspiel nach der Bekanntgabe seines Bayern-Engagements von den Werder-Fans mit warmem Beifall empfangen, was Otto gerührt mit mehreren tiefen Verbeugungen in Richtung des Fanblocks quittierte.

Sein Abschied aus Werder-Town hätte zu einer verdammt runden Sache werden können. Denn Rehhagels Jungs spielten Fußball wie einst im Mai, und zwar im Mai 1993, als es die Meisterschale das letzte Mal nach Bremen zog. Schon nach vier Spieltagen steht Werder ganz oben in der Tabelle, was auch an den Neuen Hany Ramzy und Michael Schulz liegt, die

Werders Hintermannschaft wie geplant entscheidend verstärken. Vorne wirbelt ein strohblonder Russe durch die gegnerischen Abwehrreihen, den Werder schon ein Jahr vor seinem Dienstantritt an der Weser von Spartak Moskau verpflichtet hatte, und für dessen Nachnamen es etliche verschiedene Schreibweise zu geben schien. Die richtigste war (und ist) »Bestchastnykh«, aber genannt wurde er eh nur »Wladi«. Der technisch saustarke Mann aus dem Osten begeisterte die Fans auf Anhieb, obwohl er erst 20 Jahre alt war. Charakteristisch für Bestchastnykh war aber auch, dass immer irgendetwas zum wirklichen Durchbruch fehlte. Ein wirklicher Star wurde er bei Werder nie. Und das, obwohl er sein erstes Pflichtspieltor für Werder in seinem allerersten Spiel schon nach 32 Sekunden erzielen konnte: Wladi brachte seine neue Mannschaft zum Saisonauftakt beim Supercupspiel im Münchener Olympiastadion auf die Siegerstraße und sorgte maßgeblich dafür, dass Werder diesen Pokal beim dritten Anlauf auch schon zum dritten Mal gewann, und das erstaunt umso mehr, weil Werder alle drei Supercupspiele auf des Gegners Platz austragen musste: in Frankfurt, Leverkusen und nun in München.

Leider blieb der Supercup der einzige Titel der Saison. Unnötigerweise, denn Werder hatte definitiv das Zeug zum Meister. Obwohl die Tabellenspitze im Herbst durch ein bitteres 1:4 zu Hause ausgerechnet gegen den HSV verspielt wurde, gelangen Geniestreiche im Dutzend: 4:0 gegen Stuttgart, 2:1 in Leverkusen (sensationelles Slalom-Tor von Basler!), 5:1 gegen Freiburg und Duisburg, 3:1 gegen Dortmund, 4:1 in Stuttgart. Basler traf, wie er wollte, und obwohl er und Herzog nicht die allerbesten Freunde waren, harmonierten sie auf dem Spielfeld großartig. Ihrer Dynamik konnten nur wenige Gegner etwas entgegensetzen.

Auch aus neutraler Sicht hätten es nach landläufiger Meinung die Bremer eher verdient gehabt, nach 34 Spieltagen auf dem Thron zu sitzen als der neue Meister Borussia Dortmund. Die Elf aus dem Ruhrpott mit den textmarkerfarbigen Trikots verdankte ihre finale Punktzahl auch der berüchtigten »Möller-Schwalbe«, mit der Mittelfeldrenner Andy Möller auf infame Weise einen Sieg gegen den KSC ergaunerte (wofür er nachträglich gesperrt wurde). Zudem zeigte sich der BVB als schlechter Verlierer: Nach der scheinbar vorentscheidenden Niederlage in Bremen vergiftete BVB-Coach Hitzfeld das Klima mit dem Vorwurf, Werder sei auf dem Platz Amok gelaufen. Eine bizarre Feststellung, wenn man bedenkt, dass es an diesem Tag drei gelbe Karten und eine rote Karte gab – und zwar jeweils für beide Mannschaften.

Werders mittlerweile aus sage und schreibe 14 Nationalspielern bestehender Kader konnte aus seiner überaus günstigen Ausgangslage nach 29 Spieltagen nichts machen. Mit Schalke 04 schenkte ausgerechnet der Erzrivale den Dortmundern den entscheidenden Kick im Titelrennen. Werder Bremen war an diesem letzten Maisamstag 1995 von allen guten Geistern verlassen und hätte im Parkstadion auch höher verlieren können als 2:4. Dass mit Ex-Stürmer Stefan Kohn ein ehemaliger Werderaner zwei der vier Schalker Buden machte, hat da auch schon nicht mehr besonders gestört.

Einer der emotionalsten Momente in Werders Bundesliga-Ära: Otto Rehhagel nimmt nach 14 Jahren Abschied vom Weser-Stadion. Basler und Borowka lassen ihren Chef hochleben

Werder hätte auch nach dem Debakel von Schalke noch den Titel gewinnen können, aber hätte dafür am letzten Spieltag ausgerechnet bei den Bayern siegen müssen – also beim neuen Arbeitgeber von Otto und Andy. Während zeitgleich der BVB locker gegen den HSV siegte, zeigte Werder Nerven und verlor ersatzgeschwächt mit 1:3 gegen eine entfesselt aufspielende Bayernelf, für die es um nichts mehr ging. Otto Rehhagel warf wütend mit Wasserflaschen um sich, Hany Ramzy erlitt noch auf dem Spielfeld einen Weinkrampf, und der Rest der Mannschaft schlich am Boden zerstört in die Katakomben des Olympiastadions. Nach einer großen Saison wurde Werder »nur« Vizemeister. Otto nahm seinen Hut (obwohl er in Wahrheit nie einen trug), und jeder der Beteiligten musste für diese unendlich nervenaufreibende Saison erst einmal verdauen.

»Ich bin da, aber ich bin auch nicht da.« (Aad de Mos stellt sich mit diesen Worten im Frühjahr 1995 seiner neuen Mannschaft vor)

Otto Rehhagel bei einer seiner ersten Trainerstationen in der Bundesliga: Offenbach 1974 …

Otto Rehhagel: »Bremen ist etwas Bleibendes …«

Wie ist die für beide Seiten sehr schicksalsträchtige Bindung zwischen Ihnen und Werder entstanden?

Beim ersten Mal hat mich Klaus Matischak angerufen, der damals kurzzeitig Manager bei Werder war und den ich noch aus meiner Jugendzeit kannte, als wir zusammen in der Niederrhein-Auswahl spielten. Werder war in eine schwierige Situation geraten, obwohl in der Mannschaft damals mit Höttges, Görts, Røntved durchaus gute Fußballer standen. Matischak bat mich: »Otto, du musst uns retten!«, und das ist mir glücklicherweise gelungen. In diesen wenigen Wochen, die wir in jener Saison zusammengearbeitet haben, ist dann die Liebe zwischen Otto Rehhagel und Werder gewachsen. Kurz vorher hatte ich Dr. Böhmert beim DFB kennen gelernt, wo ich wieder mal wegen einer Strafe vorsprechen musste, die mir aufgebrummt werden sollte. Wir haben uns unterhalten, hatten ein nettes Gespräch und haben eine gegenseitige Sympathie entwickelt, die später die Basis für unsere tolle Zusammenarbeit war.

Höchst eigenartig war Ihr Dienstantritt beim ersten Werder-Engagement: Sie stießen im Bremer Restaurant »Ragusa« auf die Amtsübernahme als neuer Werder-Trainer gemeinsam mit ihrem gefeuerten Vorgänger Herbert Burdenski an.

Das war ein ganz außergewöhnlicher Augenblick für mich! Das kann man sich heute gar nicht mehr vorstellen: Ein Trainer wird entlassen und sitzt dann mit seinem Nachfolger in einem Restaurant und wünscht ihm bei einem Glas Wein viel Glück. Herbert Burdenskis Verhalten war damals sehr beeindruckend. Schwierig war für mich allerdings, mit Dieter Burdenski zu arbeiten, der noch sehr jung war und damit leben musste, dass ich den Job seines Vaters weitergemacht habe. Durch den Erfolg haben wir diese Aufgabe dann aber zusammen gut gelöst.

… und 1995 im Jahr seines Abschieds aus Bremen

… 1993 mit der Meisterschale auf dem Marktplatz …

Ich habe für dieses Buch viele alte Werderaner nach ihrem persönlichen »herausragenden Werder-Moment« gefragt. Bei Ihnen dürfte die Beantwortung anhand des langen Zeitraums sehr schwer fallen.

Das ist richtig, weil es ja einen ganzen Haufen solcher Momente gab. Jede Meisterschaft, jeder Pokalsieg und natürlich der Europapokalsieg waren etwas ganz Besonderes, aber es gab auch andere Augenblicke, die sehr schön waren. Als Werder

Otto Rehhagel als powervoller Erfolgstrainer bei Werder Mitte der achtziger Jahre

mich 1981 zurückholte, standen wir in der 2. Bundesliga gemeinsam mit Eintracht Braunschweig und Hertha BSC Berlin an der Spitze der Liga. Unser Manager Rudi Assauer sagte mir zum Dienstantritt: »Otto, von den restlichen elf Spielen musst du zehn gewinnen!« Wir mussten dann nach Berlin und haben dort vor 72.000 Zuschauern mit 2:1 gewonnen. Manchmal hatte ich so komische Einfälle: Vor diesem entscheidenden Spiel habe ich zum Beispiel am Nachmittag zu unserem damaligen Schatzmeister Karl-Heinz Hohnhorst gesagt: »Herr Hohnhorst, wenn es heute Abend nicht so richtig läuft, werde ich unseren kleinen Finnen Pasi Rautiainen ins kalte Wasser werfen!« Rautiainen habe ich dann am Abend eingewechselt, und er schoss unser Siegtor zum wichtigen 2:1 bei Hertha BSC. Unglaublich!

Bei Ihrem Abschied aus Bremen haben sie den mittlerweile legendären Satz gesagt: »Wer 14 Jahre in Bremen lebt, wird diese Stadt immer in seinem Herzen tragen.« Nun liegt Ihr Abschied aus Bremen mehr als acht Jahre zurück. Hat sich an diesem Gefühl etwas geändert?

Nichts geändert! Während dieser Zeit zwischen 1981 bis 1995 war ich ja noch ein etwas jüngerer Mann. Ich stand mitten im Leben, und da schaut man nicht zurück und nicht nach vorne. Man lebt im Hier und Jetzt, wir hatten Erfolg, und ich habe diese Zeit unheimlich genossen. Ich denke sehr gerne daran zurück. Wann immer ich Gelegenheit habe, komme ich nach Bremen und besuche Werder-Spiele. Ich treffe mich mit meinen ehemaligen Spielern Thomas Schaaf und Klaus Allofs, und wir reden von früher. Und wenn ich nur durch die Stadt gehe,

(aus dem »Sport-Magazin«, 1966)

Bock auf Werder: Rehhagel 1982

meine alten Straßen im Viertel sehe, mich ins Café setze und an die schönen Zeiten von damals denke – wunderbar. Das ist etwas Bleibendes.

Und an was denken Sie zuerst, wenn Sie in Griechenland sitzen und das Wort »Werder« hören?
Dann denke ich immer an die Leute, die ich noch kenne: An den Vorstand, Klaus Allofs, Thomas Schaaf. Wenn ich Werder im Fernsehen sehe, dann achte ich immer besonders drauf: Wo sitzen Manni Müller und Klaus-Dieter Fischer? Was machen die für ein Gesicht?

Als Sie Werder verließen wurde sehr schnell klar, dass die Mannschaft ohne Sie Probleme bekommen würde und nicht an die Erfolge Ihrer Ära würde anknüpfen können. Hat Sie das bedrückt?
Ich will mal so sagen: Die Erfolge zu meiner Zeit waren keine Normalität, sondern eine Sensation, weil sie mit sehr bescheidenen finanziellen Mitteln erarbeitet wurden. Ich hatte aus der Distanz Verständnis für die Probleme, die dann auftauchten, weil es eben nicht permanent gelingen kann, mit wenig Geld immer wieder spätere Weltstars in die Mannschaft einzubauen, wie es zu meiner Zeit mit Völler, Riedle oder Rune Bratseth geklappt hatte. Erst jetzt, in den letzten Jahren unter Thomas Schaaf und Klaus Allofs, ist es Werder wieder gelungen, mit verhältnismäßig wenig Geld eine wirklich starke Mannschaft aufzubauen, die ganz oben mitspielen kann.

Dauerkontrahenten: Schiedsrichter Eschweiler und Trainer Rehhagel fochten so manches Sträußchen aus. Nachdem Otto den Schiri 1975 aus der Erregung heraus mit den Worten »Sie sind doch bestochen!« anmachte, wurde er zunächst für ein Vierteljahr gesperrt und anschließend von seinem Verein Kickers Offenbach entlassen. Werder griff dankend zu, holte ihn umgehend als Retter, und die Geschichte nahm ihren Lauf

Sie kennen Thomas Schaaf sehr gut, bei dem man nun erstmals das Gefühl hat, dass da ein Trainer am Werk ist, der wirklich wie die Faust aufs Auge zu Werder passt. Welchen Eindruck haben Sie vom Trainer Thomas Schaaf?
Thomas Schaaf hat einen tollen Einstieg ins Trainergeschäft geschafft. Werder ist ja seine erste Station als Bundesligatrainer, und normalerweise braucht man als junger Trainer seine Zeit, um sich in dem Geschäft zurechtzufinden. Aber Thomas hat mittlerweile schon relativ viel Erfahrung gesammelt. Er wird sicherlich auch noch einmal Deutscher Meister mit Werder Bremen werden, hoffe ich. Thomas hat sich Schritt für Schritt in dieses Trainerleben hineingearbeitet. Er hat mit Klaus Allofs einen loyalen Mann an seiner Seite, der sehr viel vom Geschäft versteht. Ich denke, er hat mit seiner ruhigen und cleveren Art auch die richtige Ansprache bei den Spielern gefunden. Er ist auch in Extremsituationen souverän, und ich hoffe, dass er einiges aus unserer Zeit mitbekommen hat. Er muss natürlich auch seine eigene Linie finden und verfolgen, aber da ist er auf einem tollen Weg.

Ihre ehemaligen Spieler führen es unisono als die vielleicht wichtigste »Rehhagel-Stärke« an, dass Sie es verstanden hätten, trotz teils schwieriger Stars wie z. B. Mario Basler einen gerechten Umgang innerhalb des Kaders zu pflegen.

Nach vielen Werder-Erfolgen die Krönung einer beispielhaften Trainerlaufbahn: Otto Rehhagel errang mit Griechenland sensationell die Europameisterschaft 2004. Werder-Stürmer Angelos Charisteas half mit wichtigen Toren entscheidend mit

Das handhabe ich auch heute in Griechenland noch so. Meine Spieler sagen: ›Der Trainer ist fair, er ist gerecht.‹ Eigentlich ist das eine menschliche Selbstverständlichkeit. Ich habe immer gesagt: ›Ich kritisiere eure Leistung, aber als Menschen seid ihr mir heilig!‹ Mein größter Erfolg ist eigentlich, dass alle meine ehemaligen Spieler heute meine Freunde sind. Dieser Umgang mit meinen Spielern ist immer eine der Grundlagen meiner Arbeit gewesen. Ich sitze heutzutage häufig in meinem Lieblingscafé »Dionysos«, 600 Meter Luftlinie von der Akropolis entfernt. Ich weiß, was Zeit bedeutet und dass wir alle nur zu Besuch hier sind. Um es mal etwas philosophisch auszudrücken, wie es zu meiner griechischen Wahlheimat passt: Wenn wir eines Tages zum lieben Gott kommen und der uns fragt ›Was habt ihr gemacht mit den 70 Jahren, die ich euch gegeben habe?‹, dann müssen wir zusehen, dass wir nicht antworten müssen: ›Wir haben uns immer nur gestritten!‹

Trauriges Finish am Ende einer großartigen Saison: Otto weg, Titel weg

Spielerlaufbahn:

1952–60 TuS Helene Essen
1960–63 RW Essem
1963–66 Hertha BSC Berlin
1966–72 1. FC Kaiserslautern

Trainerlaufbahn:

1971/72 FV Rockenhausen
1972/73 1. FC Saarbrücken
1974–75 Kickers Offenbach
1975/76 Werder Bremen
1976–78 Borussia Dortmund
1978/79 Arminia Bielefeld
1979–80 Fortuna Düsseldorf
1981–95 Werder Bremen
1995/96 Bayern München
1996–00 1. FC Kaiserslautern
2001– Nationaltrainer Griechenland

Sieht schwer und steinern aus, war aber aus Pappmaché: Die Sportredaktion des Radio Bremen-Fernsehens fertigte für eine abschließende Würdigung des Meistertrainers dieses Denkmal an

WERDER BREMEN 1994/95

Trainer

Rehhagel, Otto
Verantwortlicher Trainer in allen 34 Spielen der Saison

Blutauffrischung für Werders Angriff 1994

Vor seinem Nachnamen zitterte Stadionsprecher Christian Günther: »Wladi« Bestchastnykh kam mit großen Vorschusslorbeeren aus Moskau, blieb jedoch ein »ewiges Talent«

Wer kam?

Bestchastnykh (Spartak Moskau)
Lellek (eig. Amateuere)
Ramzy (Xamax Neuchatel)
M. Schulz (Borussia Dortmund)
Simonsen (eig. Amateure)

Wer ging?

Bockenfeld (1. FC Bocholt)
Bratseth (Karriereende, Manager bei Rosenborg Trondheim/Norwegen, »Stand By-Profi« bei Werder)
Harttgen (Hannover 96)
Legat (Eintracht Frankfurt)
Przondziono (1. FC Nürnberg)
Rufer (JEF United Ichihara/Japan, w.d.S.)
Schaaf (Karriereende, »Stand By-Profi« bei Werder)
van Lent (eig. Amateure)

w.d.S. = während der Saison

Tor

Reck, Oliver »Olli«
32 Spiele; 0 Tore

Gundelach, Hans-Jürgen
3 Spiele; 0 Tore

Rost, Frank »Fäustel«
0 Spiele; 0 Tore; Amat.

Abwehr

Ramzy, Hany
27 Spiele; 2 Tore

Schulz, Michael »Du Sau«
27 Spiele; 0 Tore

Wiedener, Andree
23 Spiele; 0 Tore

Mittelfeld

Eilts, Dieter »Ostfriesen-Alemao«
34 Spiele; 1 Tor

Basler, Mario »Super-Mario«
33 Spiele; 20 Tore

Votava, Miroslav »Mirko«
33 Spiele; 1 Tor

Angriff

Bode, Marco
33 Spiele; 14 Tore

Bestchastnykh, Wladimir »Wladi«
29 Spiele; 10 Tore

Neubarth, Frank »Socrates«
28 Spiele; 2 Tore

Erweiterter Kader

Schaaf, Thomas
3 Spiele; 0 Tore

Bratseth, Rune
1 Spiel; 0 Tore

1994/95

Der Sport-Verein »Werder« im Jahr 1994/95:

Präsident:	**Dr. Franz Böhmert**
Vizepräsident:	**Klaus-Dieter Fischer (Amateur-Abt.)**
3. Präsident:	**Manfred Müller (Finanzen)**
Geschäftsführer:	**Wolfgang Barkhausen (Verwaltung), Manfred Blöhm (Marketing)**
Manager:	**Willi Lemke**
Vereinsarzt:	**Dr. Karl Meschede**
Masseur:	**Holger Berger**
Mitglieder:	**2.750**
Kapazität Weser-Stadion:	**40.640 Plätze (22.378 überdachte Sitz- und 8.427 überdachte Stehplätze; 350 Logenplätze)**

Borowka, Ulrich »Ulli«
22 Spiele; 0 Tore

Sauer, Gunnar
11 Spiele; 0 Tore

Beiersdorfer, Dietmar »Didi«
0 Spiele; 0 Tore

Goldschmidt, Bernd
0 Spiele; 0 Tore
Amateur

Lellek, Jens
0 Spiele; 0 Tore
Amateur

Herzog, Andreas »Andy«
31 Spiele; 10 Tore

Wolter, Thomas »Stonie«
23 Spiele; 0 Tore

Unger, Lars
2 Spiele; 0 Tore

Hobsch, Bernd »Hobscher«
20 Spiele; 7 Tore

Rufer, Wynton »Kiwi«
13 Spiele; 2 Tore; Amat.

Bester, Marinus
10 Spiele; 0 Tore

Simonsen, Sven
0 Spiele; 0 Tore
Amateur

In Freundschaftsspielen eingesetzt:

Burton, Mark (Angriff)
Rauh, Torsten (Abwehr)
Rehhagel, Jens (Mittelfeld)
Schulz, Christian (Angriff)
van Lent, Arie (Angriff)
Völzke, Hendrik (Mittelfeld)

Alle Spiele 1994/95

09.07.1994
Freundschaftsspiel
TSV Lesum – W. Bremen 2:6 (0:1)
Aufstellung: Reck (46. Gundelach) – Neubarth – Wolter, M. Schulz – Bode (62. Wiedener), Borowka (46. Sauer), Eilts, Ramzy (69. Unger), Herzog – Hobsch, Bestchastnykh (46. Rufer)
Trainer: Rehhagel
Tore: 0:1 Bestchastnykh (25.), 0:2 Rufer (49.), 0:3 Neubarth (51.), 1:3 Klausmann (64.), 1:4 Rufer (71.), 1:5 Herzog (82.), 2:5 Klausmann (87.), 2:6 M. Schulz (90.)
Zuschauer: 2.200

10.07.1994
Freundschaftsspiel
Stadtauswahl Cuxhaven – W. B. 2:10 (0:2)
Aufstellung: Reck – Neubarth – Schulz, Ramzy, Borowka – Wiedener, Herzog, Eilts, Bode – Hobsch, Bestchastnykh/Eingewechselt: Gundelach, Rufer, Unger, Sauer, Wolter
Trainer: Rehhagel
Torschützen für Werder: Unger (3), Bestchastnykh (2), Bode, Rufer, Sauer, Neubarth, Borowka
Zuschauer: 4.500

13.07.1994
Freundschaftsspiel
Rot-Weiß Essen – W. Bremen 1:1 (0:1)
Aufstellung: Reck – M. Schulz – Wiedener (60. Sauer), Ramzy (45. Rufer) – Bode, Borowka, Eilts, Votava, Neubarth (46. Unger) – Herzog, Bestchastnykh
Trainer: Rehhagel
Tore: 0:1 Bestchastnykh (8.), 1:1 Wegmann (83.)
Besonderheit: Benefizspiel zugunsten der Familie des auf der Fahrt zum Pokalfinale 1994 tödlich verunglückten RWE-Fans Mathias Gerkens
Zuschauer: 3.500

16.07.1994
Freundschaftsspiel
VfB Bottrop – W. Bremen 0:6 (0:1)
Aufstellung: Reck (46. Gundelach) – M. Schulz – Wiedener, Borowka (46. Ramzy) – Sauer (38. Goldschmidt, 57. Bester), Eilts, Votava, Herzog – Rufer (46. Simonsen), Bestchastnykh
Trainer: Rehhagel
Tore: 0:1 Bestchastnykh (28.), 0:2 Votava (57.), 0:3 Herzog (60.), 0:4 Eilts (66.), 0:5 Herzog (73. FE), 0:6 Bester (89.)
Zuschauer: 2.000

20.07.1994
Freundschaftsspiel
FC Hansa Wittstock – W. B. 0:18 (0:6)
Aufstellung: Reck (46. Gundelach) – M. Schulz (56. Wiedener) – Wolter (62. J. Rehhagel), Beiersdorfer (46. Unger), Bode, Borowka, Eilts, Votava, Herzog – Rufer (55. Simonsen), Bestchastnykh
Trainer: Rehhagel
Tore: Bestchastnykh (4), Herzog (3), Bode (3), Borowka (2), Simonsen (2), Rufer, Votava, Beiersdorfer, Gundelach/Elfmeter
Zuschauer: 2.550

23.07.1994
Freundschaftsspiel
Kreisauswahl Rotenburg – W. B. 0:14 (0:8)
Aufstellung: Reck – Borowka, Votava, M. Schulz (64. J. Rehhagel) – Wolter, Unger, Eilts, Herzog, Bode – Rufer, Bestchastnykh – Außerdem eingewechselt: Gundelach, Ramzy, Hobsch, Wiedener
Trainer: Rehhagel
Tore: Rufer (3), Bestchastnykh (2), Bode (2), Hobsch (2), Unger, M. Schulz, Borowka, J. Rehhagel, Votava
Zuschauer: 3.100 in Rotenburg

28.07.1994
Fiat-Cup, Halbfinale
W. Bremen – Fenerbahce Istanbul 2:1 (2:0)
Aufstellung: Reck – Borowka – Beiersdorfer (46. Ramzy), M. Schulz – Basler, Votava, Herzog, Eilts, Bode – Bestchastnykh (46. Rufer), Hobsch
Trainer: Rehhagel
Tore: 1:0 Hobsch (27.), 2:0 Basler (30. FE), 2:1 Golak (66.)
Zuschauer: 3.000 in Halle

29.07.1994
Fiat-Cup, Endspiel
W. Bremen – Eintracht Frankfurt 0:2 (0:2)
Aufstellung: Gundelach – Borowka – Beiersdorfer (46. Ramzy), M. Schulz – Votava (60. Unger), Eilts, Herzog, Rufer, Bode (46. Wiedener) – Hobsch, Bestchastnykh (46. Sauer)
Trainer: Rehhagel
Tore: 0:1 Yeboah (24.), 0:2 Yeboah (34.)
Zuschauer: 10.000 in Aue

07.08.1994
DFB-SuperCup
FC B. München – W. B. 1:3 (1:1, 0:1) n.Verl.
Aufstellung: Reck – Ramzy – Beiersdorfer, M. Schulz – Votava, Borowka (67. Wolter), Eilts, Basler, Herzog, Bode – Bestchastnykh (46. Rufer)
Trainer: Rehhagel
Tore: 0:1 Bestchastnykh (2.), 1:1 Nerlinger (57.), 1:2 M. Schulz (104.), 1:3 Rufer (116.)
Besonderes Vorkommnis: Rote Karte für Kreuzer (21.)
Zuschauer: 22.000

13.08.1994
DFB-Pokal, 1. Runde
FC B. München Amat. – W. B. 2:1 (1:0)
Aufstellung: Reck – Ramzy (35. Rufer) – Votava, M. Schulz – Wolter, Basler, Eilts, Borowka, Herzog, Bode (66. Bester) – Bestchastnykh
Trainer: Rehhagel
Tore: 1:0 Radlspeck (31.), 2:0 Borowka (62. ET), 2:1 Bestchastnykh (90.)
Zuschauer: 2.200

20.08.1994
Bundesliga, 1. Spieltag
Dynamo Dresden – W. Bremen 1:1 (1:1)
Aufstellung: Reck – Ramzy – Wolter, M. Schulz – Basler, Votava, Herzog, Eilts, Borowka – Bestchastnykh (46. Rufer), Bode
Trainer: Rehhagel
Tore: 1:0 Ekström (3.), 1:1 Bode (35.)
Zuschauer: 22.200

24.08.1994
Bundesliga, 2. Spieltag
W. B. – Bayer 04 Leverkusen 3:2 (3:1)
Aufstellung: Reck – Ramzy – Wiedener, Wolter – Basler (80. Neubarth), Votava, Herzog (75. Bestchastnykh), Eilts, Borowka – Rufer, Bode
Trainer: Rehhagel
Tore: 0:1 Dooley (16.), 1:1 Bode (18.), 2:1 Rufer (33.), 3:1 Bode (43.), 3:2 Sergio (52. FE)
Zuschauer: 27.108

27.08.1994
Bundesliga, 3. Spieltag
W. Bremen – VfL Bochum 3:0 (0:0)
Aufstellung: Reck – Ramzy – Wiedener (61. Neubarth), M. Schulz – Basler, Eilts, Votava, Herzog, Borowka – Rufer (85. Sauer), Bode
Trainer: Rehhagel
Tore: 1:0 Basler (69.), 2:0 Basler (82.), 3:0 Basler (88.)
Besonderes Vorkommnis: Gelb-Rote Karte für M. Schulz (72.)
Zuschauer: 22.400

02.09.1994
Bundesliga, 4. Spieltag
SC Freiburg – W. Bremen 1:3 (1:2)
Aufstellung: Reck – Neubarth – Votava, Borowka – Basler, Eilts, Herzog, Rufer (83. Wiedener), Bode – Hobsch, Bestchastnykh (85. Wolter)
Trainer: Rehhagel
Tore: 0:1 Bode (8.), 1:1 Zeyer (24.), 1:2 Basler (45.), 1:3 Hobsch (46.)
Besonderes Vorkommnis: Gelb-Rote Karte für Herzog (72.)
Zuschauer: 18.000

10.09.1994
Freundschaftsspiel
Hertha BSC Berlin – W. Bremen 3:1 (1:1)
Aufstellung: Reck (46. Gundelach) – Ramzy (46. Neubarth) – Schulz, Beiersdorfer (46. Sauer) – Wolter (46. Basler), Eilts (46. Votava), Herzog, Bode (46. Wiedener), Borowka – Hobsch, Rufer (46. Bestchastnykh)
Trainer: Kamp (Otto Rehhagel beobachtete zur selben Zeit Werders Europacup-Gegner Tel Aviv)
Tore: 1:0 Lünsmann (43.), 1:1 Eilts (4.), 2:1 Meyer (54.), 3:1 Deffke (62.)
Zuschauer: 2.903

13.09.1994
Europapokal der Pokalsieger, 1. Runde-Hinspiel
Maccabi Tel Aviv – W. Bremen 0:0
Aufstellung: Reck – Ramzy – Borowka, Votava, M. Schulz – Basler, Eilts, Rufer, Bode (46. Wolter) – Hobsch, Bestchastnykh
Trainer: Rehhagel
Tore: –
Zuschauer: 10.000

17.09.1994
Bundesliga, 5. Spieltag
W. Bremen – Bor. M'gladbach 1:0 (1:0)
Aufstellung: Reck – Neubarth – Ramzy, M. Schulz – Basler, Votava, Borowka (60. Wiedener), Eilts, Bode – Hobsch (34. Wolter), Rufer
Trainer: Rehhagel
Tor: 1:0 Hobsch (27.)
Zuschauer: 25.683

23.09.1994
Bundesliga, 6. Spieltag
MSV Duisburg – W. Bremen 0:2 (0:1)
Aufstellung: Reck – Neubarth (15. Wolter) – Ramzy, Wiedener – Eilts (29. Sauer), Basler, Votava, Herzog, M. Schulz – Rufer, Bode
Trainer: Rehhagel
Tore: 0:1 Basler (39.), 0:2 Rufer (87. FE)
Zuschauer: 20.000

29.09.1994
Europapokal der Pokalsieger, 1. Runde-Rückspiel
W. Bremen – Maccabi Tel Aviv 2:0 (0:0)
Aufstellung: Reck – Ramzy – M. Schulz – Wolter, Basler, Votava, Eilts, Herzog, Wiedener – Rufer (82. Sauer), Bode
Trainer: Rehhagel
Tore: 1:0 Bode (55.), 2:0 Basler (81.)
Zuschauer: 22.431

06.10.1994
Bundesliga, 7. Spieltag
W. Bremen – Hamburger SV 1:4 (1:3)
Aufstellung: Reck – Ramzy (66. Rufer) – Votava, M. Schulz – Wolter, Eilts, Wiedener (46. Neubarth), Herzog, Bode – Basler, Bestchastnykh
Trainer: Rehhagel
Tore: 1:0 Bestchastnykh (11.), 1:1 Letchkov (29.), 1:2 Hubtchev (38.), 1:3 Wiedener (44. ET), 1:4 Zarate (76.)
Zuschauer: 38.878

09.10.1994
Bundesliga, 8. Spieltag
TSV 1860 München – W. Bremen 1:2 (1:1)
Aufstellung: Reck – Ramzy – Neubarth – Wolter (82. Wiedener), Votava, Herzog, Eilts, M. Schulz, Bode – Basler, Bestchastnykh (72. Rufer)
Trainer: Rehhagel
Tore: 1:0 Miller (40.), 1:1 Bode (42.), 1:2 Bode (50.)
Zuschauer: 23.000

Als Mittelfeldspieler Torschützenkönig der Liga: Mario Basler kam auf erstaunliche 20 Treffer! Viele davon erzielte er mit atemberaubenden Freistößen. Ein ähnliches Niveau wie in der Saison 1994/95 erreichte er bis zu seinem Karriere-Ende nie wieder

15.10.1994
Bundesliga, 9. Spieltag
W. Bremen – 1. FC Köln 2:2 (1:0)
Aufstellung: Reck – Neubarth – Votava, M. Schulz – Wolter, Basler, Herzog, Eilts, Bode – Bestchastnykh (87. Bester), Rufer (85. Wiedener)
Trainer: Rehhagel
Tore: 1:0 Bode (20.), 2:0 Bestchastnykh (48.), 2:1 Polster (51.), 2:2 Weiser (80.)
Zuschauer: 26.867

20.10.1994
Europapokal der Pokalsieger, Achtelfinale-Hinspiel
Feyenoord Rotterdam – W. B. 1:0 (0:0)
Aufstellung: Reck – Ramzy – Wolter, M. Schulz, Wiedener – Basler, Votava, Herzog (57. Neubarth), Eilts – Rufer, Bode
Trainer: Rehhagel
Tor: 1:0 Larsson (57.)
Zuschauer: 35.000

23.10.1994
Bundesliga, 10. Spieltag
1. FC Kaiserslautern – W. Bremen 1:1 (0:0)
Aufstellung: Reck – Neubarth – Ramzy, M. Schulz – Basler, Wolter, Votava, Eilts, Wiedener (69. Bester) – Bestchastnykh, Herzog (24. Rufer)
Trainer: Rehhagel
Tore: 1:0 Kuka (60.), 1:1 Bestchastnykh (73.)
Zuschauer: 38.500

29.10.1994
Bundesliga, 11. Spieltag
W. Bremen – Eintracht Frankfurt 2:0 (1:0)
Aufstellung: Reck – Neubarth – Ramzy, M. Schulz – Wolter, Votava, Rufer (80. Basler), Eilts, Bode – Bester (73. Wiedener), Bestchastnykh
Trainer: Rehhagel
Tore: 1:0 Bestchastnykh (25.), 2:0 Bestchastnykh (75.)
Zuschauer: 30.732

03.11.1994
Europapokal der Pokalsieger, Achtelfinale-Rückspiel
W. B. – Feyenoord Rotterdam 3:4 (1:2)
Aufstellung: Reck – Neubarth – Wolter, Ramzy (78. Bester), M. Schulz – Basler, Votava, Herzog, Eilts – Bestchastnykh, Bode
Trainer: Rehhagel
Tore: 1:0 Bestchastnykh (12.), 1:1 Larsson (21.), 1:2 Larsson (34.), 1:3 Heus (55. FE), 2:3 Bestchastnykh (60.), 2:4 Larsson (67. FE), 3:4 Basler (90.)
Besonderes Vorkommnis: Gelb-Rote Karte für Scholten (71.)
Zuschauer: 31.118

06.11.1994
Bundesliga, 12. Spieltag
Borussia Dortmund – W. Bremen 2:0 (0:0)
Aufstellung: Reck – Ramzy (70. Neubarth) – Votava, M. Schulz – Wolter, Eilts, Wiedener, Herzog (27. Schaaf), Bode – Basler, Bestchastnykh
Trainer: Rehhagel
Tore: 1:0 Freund (72.), 2:0 Möller (80.)
Zuschauer: 42.800

12.11.1994
Bundesliga, 13. Spieltag
W. Bremen – VfB Stuttgart 4:0 (2:0)
Aufstellung: Reck – Neubarth – Wolter, M. Schulz – Wiedener, Votava, Eilts, Bode (79. Schaaf) – Basler, Bestchastnykh (82. Unger), Herzog
Trainer: Rehhagel
Tore: 1:0 Bestchastnykh (29.), 2:0 Basler (45.), 3:0 Eilts (63.), 4:0 Bode (76.)
Zuschauer: 24.423

19.11.1994
Bundesliga, 14. Spieltag
Bayer 05 Uerdingen – W. Bremen 1:3 (0:2)
Aufstellung: Reck – Neubarth – Ramzy, M. Schulz – Wolter, Votava, Eilts (67. Wiedener), Bode – Basler, Herzog (46. Rufer) – Bestchastnykh
Trainer: Rehhagel
Tore: 0:1 Basler (6.), 0:2 Bestchastnykh (15.), 0:3 Basler (62.), 1:3 Paßlack (65.)
Zuschauer: 12.200

25.11.1994
Bundesliga, 15. Spieltag
W. Bremen – FC Schalke 04 2:1 (0:0)
Aufstellung: Reck – Ramzy – Wolter, M. Schulz – Basler (73. Unger), Votava, Herzog, Eilts, Wiedener – Bestchastnykh (46. Hobsch), Bode
Trainer: Rehhagel
Tore: 1:0 Hobsch (49.), 2:0 Herzog (62.), 2:1 Müller (80.)
Zuschauer: 31.940

03.12.1994
Bundesliga, 16. Spieltag
Karlsruher SC – W. Bremen 3:1 (1:1)
Aufstellung: Reck – Neubarth – Ramzy, M. Schulz – Wolter, Votava, Eilts, Bode (46. Wiedener) – Basler, Herzog – Bestchastnykh (62. Hobsch)
Trainer: Rehhagel
Tore: 0:1 Herzog (24.), 1:1 Häßler (42.), 2:1 Schmitt (78.), 3:1 Bender (86.)
Zuschauer: 29.000

10.12.1994
Bundesliga, 17. Spieltag
W. Bremen – FC Bayern München 0:0
Aufstellung: Reck – Ramzy – Wolter, M. Schulz – Basler (86. Wiedener), Votava, Eilts, Herzog, Rufer, Bode – Hobsch
Trainer: Rehhagel
Tore: –
Zuschauer: 40.633

18.01.1995
Freundschaftsspiel
Kreisauswahl Osterholz – W. B. 0:9 (0:5)
Aufstellung: Reck (Gundelach) – Neubarth – Wolter, M. Schulz – Bode, Borowka, Sauer, Votava, Herzog – Bestchastnykh, Basler (Eingew.: Wiedener, Bester, J. Rehhagel)
Trainer: Rehhagel
Tore: 0:1 Herzog (3.), 0:2 Herzog (9.), 0:3 Herzog (20.), 0:4 Basler (40.), 0:5 Bestchastnykh (45.), 0:6 Neubarth (71.), 0:7 Wolter (76.), 0:8 Herzog (84.), 0:9 Herzog (86.)
Zuschauer: 1.600 in Hambergen

24.01.1995
Freundschaftsspiel
Kickers Emden – W. Bremen 2:3 (1:1)
Aufstellung: Reck (46. Gundelach) – Basler – Wolter, Borowka – Wiedener, Sauer (21. Rauh), Votava, Herzog, Bode – Bester (46. Neubarth), Bestchastnykh
Trainer: Rehhagel
Tore: 0:1 Bester (2.), 1:1 Ukrow (4.), 1:2 Basler (52.), 2:2 Ukrow (57.), 2:3 Neubarth (87.)
Zuschauer: 4.500

31.01.1995
Internationales Freundschaftsspiel
FC Barcelona – W. Bremen 2:2 (2:1)
Aufstellung: Reck – Ramzy – Wiedener, Wolter, M. Schulz – Basler, Votava, Eilts, Herzog, Borowka – Hobsch (Eingew.: Neubarth, Bestchastnykh, Sauer)
Trainer: Rehhagel
Tore: 1:0 Escaich (2.), 1:1 Eilts (19.), 2:1 Hagi (29.), 2:2 Neubarth (59.)
Zuschauer: 35.000 in Malaga

04.02.1995
Blitzturnier in Aue (»DBV-Cup«)
(Spieldauer 2 x 22,5 Minuten)
FC Erzgebirge Aue – W. Bremen 1:3 (0:1)
Aufstellung: Reck (23. Gundelach) – Ramzy – Borowka (23. Sauer), M. Schulz – Wolter, Bode, Neubarth, Votava (23. Wiedener), Herzog – Hobsch, Bestchastnykh (36. Bester)
Trainer: Rehhagel
Tore: 0:1 Bestchastnykh (7.), 0:2 Bestchastnykh (25.), 1:2 M. Schulz (29. ET), 1:3 Herzog (38. FE)
Besonderes Vorkommnis: Rote Karte für Ramzy (10.)
Besonderheit: Dieses Turnier galt als allererstes »Blitzturnier« im deutschen bezahlten Fußball. Im Anschluss an dieses Spiel fand als »Pausenfüller« noch ein Elfmeterschießen statt. Aue besiegte Werder mit 6:5
Zuschauer: 8.000

Ein Idol geht, »und ich bleibe traurig zurück« (Otto Rehhagel): Wynton Rufers Abschied am 10.12.1994 rührte Bremen. Geehrt wurde »Kiwi« auch auf der Anzeigetafel (oben) und von Kumpel Andy Herzog auf etwas persönlichere Art live auf SAT 1 (unten)

04.02.1995
Blitzturnier in Aue (»DBV-Cup«)
(Spieldauer 2 x 22,5 Minuten)
1. FC Kaiserslautern – W. Bremen 0:0
Aufstellung: Reck (23. Gundelach) – Neubarth – Borowka, M. Schulz – Wolter, Bode, Wiedener, Votava, Herzog (23. Sauer) – Hobsch, Bestchastnykh
Trainer: Rehhagel
Tore: –
Zuschauer: 8.000
Endstand:

	S U N	Tore	Pk.
1. SV W. Bremen	1 1 0	3 : 1	3
2. 1. FC Kaiserslautern	1 1 0	1 : 0	3
3. FC Erzgebirge Aue	0 0 2	1 : 4	0

07.02.1995
Internationales Freundschaftsspiel
W. Bremen – IFK Göteborg 2:0 (0:0)
Aufstellung: Reck – Ramzy – Borowka, M. Schulz (46. Sauer) – Wolter (46. Wiedener), Votava, Herzog, Neubarth, Bode – Basler (65. Bester), Hobsch (46. Bestchastnykh)
Trainer: Rehhagel
Tore: 1:0 Herzog (72.), 2:0 Bode (87.)
Zuschauer: 13.000

11.02.1995
Blitzturnier in Lohne (2 x 22,5 Minuten)
W. Bremen – FC Schalke 04
0:0 Elfmeterschießen: 5:6
Aufstellung: Reck – Ramzy – Borowka, M. Schulz – Wolter (23. Wiedener), Votava, Herzog, Eilts (23. Neubarth), Bode – Basler, Hobsch
Trainer: Rehhagel
Tore: –
Elfmeterschießen: Votava, Bode, Wiedener, Ramzy, Hobsch, Verschossen: Herzog, Basler, M. Schulz, Reck
Zuschauer: 3.500

11.02.1995
Blitzturnier in Lohne (2 x 22,5 Minuten)
W. Bremen – Hamburger SV 0:1 (0:1)
Aufstellung: Gundelach – Ramzy – Wiedener, M. Schulz – Wolter, Votava, Eilts (23. Neubarth), Bode – Bestchastnykh, Hobsch
Trainer: Rehhagel
Tor: 0:1 Kostner (18. FE)
Zuschauer: 3.500
Endstand:

	S U N	Tore	Pk.
1. Hamburger SV	1 1 0	2 : 1	3
2. FC Schalke 04	1 1 0	1 : 1	3
3. SV W. Bremen	0 0 2	0 : 1	0

18.02.1995
Bundesliga, 18. Spieltag
W. Bremen – Dynamo Dresden 1:0 (1:0)
Aufstellung: Reck – Neubarth – Ramzy, M. Schulz – Wolter, Votava, Herzog (81. Eilts), Borowka, Bode – Hobsch, Bestchastnykh
Trainer: Rehhagel
Tor: 1:0 Herzog (44. FE)
Zuschauer: 23.900

25.02.1995
Bundesliga, 19. Spieltag
Bayer 04 Leverkusen – W. B. 1:2 (1:1)
Aufstellung: Reck – Neubarth – Ramzy (77. Sauer) – Wiedener (71. Wolter), Votava, Eilts, Borowka, Bode – Herzog, Basler – Hobsch
Trainer: Rehhagel
Tore: 0:1 Basler (29.), 1:1 Sergio (40.), 1:2 Basler (82.)
Zuschauer: 24.700

03.03.1995
Bundesliga, 20. Spieltag
VfL Bochum – W. Bremen 1:3 (1:2)
Aufstellung: Reck – Neubarth – Borowka – Wolter, Votava (55. Sauer), Basler, Eilts, Herzog, Bode – Hobsch, Bestchastnykh
Trainer: Rehhagel
Tore: 1:0 Baluszynski (1.), 1:1 Bestchastnykh (33.), 1:2 Bestchastnykh (37.),1:3 Basler (83.)
Besonderes Vorkommnis: Gelb-Rote Karte für Hobsch (87.)
Zuschauer: 25.193

10.03.1995
Bundesliga, 21. Spieltag
W. Bremen – SC Freiburg 5:1 (3:0)
Aufstellung: Reck – Ramzy – M. Schulz, Borowka – Basler, Votava, Herzog, Eilts, Bode – Neubarth (46. Wolter), Bestchastnykh (81. Bratseth)
Trainer: Rehhagel
Tore: 1:0 Basler (2.), 2:0 Votava (27.), 3:0 Herzog (41. FE), 4:0 Vogel (50. ET), 5:0 Basler (52.), 5:1 Spies (57.)
Zuschauer: 37.298

17.03.1995
Bundesliga, 22. Spieltag
Bor. M'gladbach – W. Bremen 2:0 (0:0)
Aufstellung: Reck – Ramzy – Neubarth, M. Schulz – Wolter (64. Sauer), Votava, Eilts, Borowka (46. Bestchastnykh), Bode – Basler, Herzog
Trainer: Rehhagel
Tore: 1:0 Dahlin (69.), 2:0 Herrlich (84.)
Zuschauer: 30.222

24.03.1995
Bundesliga, 23. Spieltag
W. Bremen – MSV Duisburg 5:1 (3:0)
Aufstellung: Reck – Neubarth – Ramzy, Borowka – Basler, Votava, Herzog, Eilts, Bode (78. Sauer) – Hobsch (82. Bester), Bestchastnykh
Trainer: Rehhagel
Tore: 1:0 Ramzy (18.), 2:0 Basler (24.), 3:0 Hobsch (36.), 4:0 Bode (67.), 4:1 Marin (78.), 5:1 Herzog (83.)
Besonderes Vorkommnis: Rote Karte für Schalimov (28.)
Zuschauer: 30.927

02.04.1995
Bundesliga, 24. Spieltag
Hamburger SV – W. Bremen 0:0
Aufstellung: Reck – Neubarth – M. Schulz – Borowka, Votava, Ramzy, Eilts – Herzog (55. Hobsch), Bode – Basler, Bestchastnykh (87. Sauer)
Trainer: Rehhagel
Tore: –
Zuschauer: 42.000

09.04.1995
Bundesliga, 25. Spieltag
W. Bremen – TSV 1860 München 2:0 (0:0)
Aufstellung: Reck – Neubarth – Borowka, M. Schulz – Basler, Votava (26. Wolter, 39. Sauer), Herzog, Eilts, Bode – Hobsch, Bestchastnykh
Trainer: Rehhagel
Tore: 1:0 Basler (74.), 2:0 Herzog (85.)
Zuschauer: 33.850

15.04.1995
Bundesliga, 26. Spieltag
1. FC Köln – W. Bremen 1:1 (0:0)
Aufstellung: Reck – Neubarth – Ramzy (41. Sauer), M. Schulz – Votava, Eilts, Borowka, Bode – Bestchastnykh, Basler – Bester (56. Hobsch)
Trainer: Rehhagel
Tore: 0:1 Neubarth (68.), 1:1 Higl (90.)
Zuschauer: 36.000

22.04.1995
Bundesliga, 27. Spieltag
W. Bremen – 1. FC Kaiserslautern 2:2 (0:2)
Aufstellung: Reck – Neubarth – Borowka, M. Schulz (46. Hobsch), Ramzy – Votava, Herzog, Eilts, Bode – Basler, Bestchastnykh (67. Bester)
Trainer: Rehhagel
Tore: 0:1 Brehme (9.), 0:2 Marschall (18.), 1:2 Bode (50.), 2:2 Bode (60.)
Zuschauer: 39.000

30.04.1995
Bundesliga, 28. Spieltag
Eintracht Frankfurt – W. Bremen 0:0
Aufstellung: Reck – Neubarth (46. Wiedener) – Ramzy, Borowka – Basler (65. Bester), Votava, Herzog, Eilts, Bode – Hobsch, Bestchastnykh
Trainer: Rehhagel
Tore: –
Zuschauer: 34.700

07.05.1995
Bundesliga, 29. Spieltag
W. Bremen – Borussia Dortmund 3:1 (0:0)
Aufstellung: Reck – Ramzy – M. Schulz, Wiedener – Votava, Borowka, Eilts – Basler, Herzog, Bode – Hobsch (80. Bestchastnykh)
Trainer: Rehhagel
Tore: 1:0 Herzog (54.), 2:0 Basler (59.), 3:0 Basler (87.), 3:1 Möller (90. FE)
Besondere Vorkommnisse: Gelb-Rote Karte für Ramzy (72.); Rote Karte für Cesar (85.)
Zuschauer: 39.200

13.05.1995
Bundesliga, 30. Spieltag
VfB Stuttgart – W. Bremen 1:4 (0:2)
Aufstellung: Reck (88. Gundelach) – Neubarth – Votava, Borowka – Schaaf (62. Bestchastnykh), Eilts, Wiedener, Herzog, Bode – Basler (83. Bester), Hobsch
Trainer: Rehhagel
Tore: 0:1 Hobsch (38.), 0:2 Bode (45.), 0:3 Hobsch (49.), 1:3 Schneider (56.), 1:4 Basler (80.)
Zuschauer: 26.000

20.05.1995
Bundesliga, 31. Spieltag
W. Bremen – Bayer 05 Uerdingen 6:1 (2:0)
Aufstellung: Reck – Neubarth (27. Bestchastnykh) – Ramzy (49. Sauer), M. Schulz – Wiedener, Eilts, Borowka – Basler, Herzog, Bode – Hobsch
Trainer: Rehhagel
Tore: 1:0 Ramzy (6.), 2:0 Neubarth (16.), 3:0 Herzog (56. FE), 3:1 Paßlack (57.), 4:1 Bode (59.), 5:1 Hobsch (60.), 6:1 Bestchastnykh (80.)
Besonderes Vorkommnis: Rote Karte für Grauer (25.)
Zuschauer: 35.512

27.05.1995
Bundesliga, 32. Spieltag
FC Schalke 04 – W. Bremen 4:2 (2:0)
Aufstellung: Reck – Votava – Borowka (63. Sauer), M. Schulz – Bestchastnykh (46. Bester), Basler, Eilts, Herzog, Wiedener, Bode – Hobsch
Trainer: Rehhagel
Tore: 1:0 Anderbrügge (8.), 2:0 Kohn (24.), 3:0 Kohn (47.), 4:0 Nemec (61.), 4:1 Herzog (82.), 4:2 Herzog (84.)
Zuschauer: 40.870

30.05.1995
Internationales Freundschaftsspiel
Austria Salzburg – W. Bremen 2:2 (1:1)
Aufstellung: Gundelach (70.Rost) – Sauer – Schulz, Beiersdorfer (46. Wiedener) – Wolter, Votava (60. Burton), Schaaf, Herzog, Bode (46. van Lent) – Hobsch, Bester (80. Völzke)
Trainer: Rehhagel
Tore: 1:0 Hasenhüttl (4.), 1:1 Beiersdorfer (42.), 2:1 Kocijan (57.), 2:2 van Lent (75.)
Zuschauer: 6.000

03.06.1995
Freundschaftsspiel
TSG Schönberg – W. Bremen 3:9 (0:5)
Aufstellung: Gundelach – Ramzy – Beiersdorfer (46. Burton), M. Schulz – Wolter, Wiedener (46. C. Schulz I), Bode, Votava, Herzog – Hobsch (63. Simonsen), Bester
Trainer: Rehhagel
Torschützen für Werder: Bester (5), Herzog (2), Hobsch, Wiedener
Zuschauer: 5.800

10.06.1995
Bundesliga, 33. Spieltag
W. Bremen – Karlsruher SC 2:1 (2:0)
Aufstellung: Gundelach – Ramzy (65. Wolter) – Borowka, M. Schulz – Votava, Eilts, Wiedener – Basler, Herzog, Bode – Hobsch (86. Bestchastnykh)
Trainer: Rehhagel
Tore: 1:0 Basler (3.), 2:0 Bode (25.), 2:1 Schmitt (55.)
Besonderes Vorkommnis: Gelb-Rote Karte für Reich (58.)
Zuschauer: 39.200

17.06.1995
Bundesliga, 34. Spieltag
FC Bayern München – W. Bremen 3:1 (2:1)
Aufstellung: Gundelach – Neubarth – Ramzy, M. Schulz (28. Bestchastnykh) – Borowka, Eilts, Votava – Basler, Herzog, Bode – Hobsch (61. Bester)
Trainer: Rehhagel
Tore: 1:0 Ziege (13.), 1:1 Basler (37. FE), 2:1 Zickler (41.), 3:1 Zickler (78.)
Zuschauer: 63.000

Kleine und große Namen kursierten, als Werder 1995 mit Hochdruck einen Nachfolger für Otto Rehhagel suchte. Siegfried Held, Hans Meyer und Herbert Neumann wurden von der Presse gehandelt, die Verpflichtung von Startrainer Arsène Wenger (oben links, damals Japan) scheiterte schließlich nur ganz knapp

Bundesliga-Abschlusstabelle 1994/1995

Platz	Verein	Spiele	S	U	N	Tore	Diff.	Punkte
1.	Borussia Dortmund	34	20	9	5	67:33	+34	49-19
2.	**Werder Bremen (P)**	**34**	**20**	**8**	**6**	**70:39**	**+31**	**48-20**
3.	SC Freiburg	34	20	6	8	66:44	+22	46-22
4.	1. FC K'lautern	34	17	12	5	58:41	+17	46-22
5.	Borussia M'gladbach	34	17	9	8	66:41	+25	43-25
6.	Bayern München (M)	34	15	13	6	55:41	+14	43-25
7.	Bayer Leverkusen	34	13	10	11	62:51	+11	36-32
8.	Karlsruher SC	34	11	14	9	51:47	+4	36-32
9.	Eintracht Frankfurt	34	12	9	13	41:49	-8	33-35
10.	1. FC Köln	34	11	10	13	54:54	0	32-36
11.	Schalke 04	34	10	11	13	48:54	-6	31-37
12.	VfB Stuttgart	34	10	10	14	52:66	-14	30-38
13.	Hamburger SV	34	10	9	15	43:50	-7	29-39
14.	1860 München (N)	34	8	11	15	41:57	-16	27-41
15.	KFC Uerdingen 05 (N)	34	7	11	18	37:52	-15	25-43
16.	VfL Bochum (N)	34	9	4	21	43:67	-24	22-46
17.	MSV Duisburg	34	6	8	20	31:64	-33	20-48
18.	Dynamo Dresden	34	4	8	22	33:68	-35	16-52

Fieberkurve der Bundesliga-Saison 1994/1995

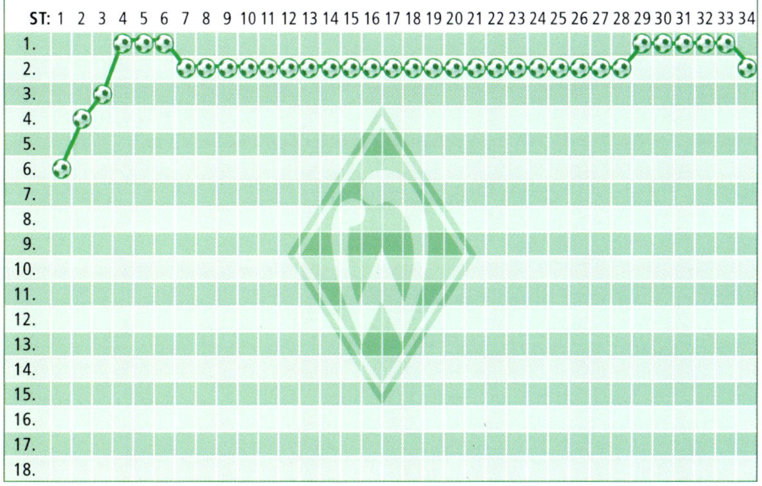

1995/96: Käse aus Holland

Oben v.l.:
Eilts, Wolter, Cardoso, Sauer, Votava, Bestchastnykh, Ramzy, Unger, Hobsch, Co-Trainer Kamp
Mitte v.l.:
Trainer de Mos, Baiano, Beiersdorfer, Schulz, Bode, van Lent, Vier, Neubarth, Basler
Unten v.l.:
Borowka, Wiedener, Rollmann, Reck, Gundelach, Rost, Barten, Scholz

Es war allen im Verein klar, dass die Zeit nach Otto Rehhagel nicht einfach werden würde. Dass sie aber so hart sein würde, hätte niemand gedacht. Die Suche nach dem Rehhagel-Nachfolger dauerte lange. Sie war anstrengend und kostete zahllose Flugkilometer. Das lag vor allem an Arsène Wenger, der mittlerweile in Japan arbeitete und Favorit auf den Posten auf Werders Bank war. Wenger jedoch mochte seinen neuen Arbeitgeber in Japan nicht nach wenigen Wochen schon durch einen überstürzten Abschied enttäuschen und sagte dankend ab. Im Herbst hätte er nach Beendigung der J-League-Saison zur Verfügung gestanden, aber so lange wollten Werders Verantwortliche nicht warten. Aus heutiger Sicht war dies sicherlich eine der unglücklichsten Personalentscheidungen der letzten Jahre. Und vielleicht auch die Folgenschwerste.

Andere Kandidaten blieben übrig. Drei an der Zahl stellten sich schließlich im Weser-Stadion vor. Der eine hieß Herbert Neumann, war früher ein Mittelfeld-Ass beim 1. FC Köln und verdiente sich Anerkennung als erfolgreicher Trainer in der niederländischen Ehrendivision. Der zweite hieß Rolf Fringer und war kein Unbekannter, weil er nicht nur in der Schweiz erfolgreich arbeitete, sondern sich auch schon in der Bundesliga kurz sehen ließ, als er den VfB Stuttgart trainierte.

Den Zuschlag bekam ein mürrisch aussehender Holländer namens Aad de Mos, der u. a. schon bei Ajax Amsterdam und dem belgischen KV Mechelen erfolgreich gearbeitet hatte. De Mos galt als überragender Theoretiker und großartiger Fachmann (aber mal ehrlich: Über welchen neuen Trainer würde man das nicht sagen …?) und bekam den Job auch aufgrund einer überzeugenden Nachwuchs-Philosophie. Rätselhaft an ihm war, dass er nach Dienstantritt das genaue Gegenteil von dem tat, was er ankündigte. Bevor er mit Riesenbeifall auf Werders Trainingsplatz zum Saisonauftakttraining begrüßt wurde, verkündete er zurückhaltend, das Bewährte größtenteils beibehalten und nur Kleinigkeiten an der Mannschaft ändern zu wollen. Und zu seinem Lieblingsthema »Viererkette« tat er kund, dass er diese modernere Abwehrformation nur spielen lassen wolle, wenn die Mannschaft sie auch perfekt umsetzen könne.

Es passierte das Entgegengesetzte: De Mos behielt nur wenig Bewährtes bei, aber die Viererkette zog er störrisch durch, auch als die Mannschaft längst bewiesen hatte, dass sie unter diesem System regelrecht litt. In der Bundesliga ging es zunächst gegen Fortuna Düsseldorf. Aus der Stammformation fehlte weiterhin der schulterverletzte Olli Reck. Die Wahl des Ersatzmannes fiel zu Ungunsten von Hansi Gundelach aus. Im Tor stand der junge Frank Rost, der allerdings keinen guten Tag erwischte: Schon in der 2. Minute der neuen Bundesliga-Ära erlebte Werder nach einem Rost-Patzer den ersten Rückschlag. Der Pole Cyron brachte Außenseiter Düsseldorf im Weser-Stadion in Führung. Bernd Hobsch schaffte nach Vorarbeit des neuen Abwehrstars Junior Baiano zwar noch den Ausgleich, aber das war es dann auch schon. Die Werder-Euphorie hatte einen ersten Kratzer, und das, obwohl die Fans vor dem Spiel noch lauthals »Ohne Otto macht es wieder Spaß!« sangen. Sambatrommler verwandelten das Stadion am Osterdeich an diesem heißen Tag in einen südamerikanischen Fußball-Tempel – alles umsonst.

Schlimmer als das Unentschieden zum Auftakt war die statische, langweilige Spielweise der neuen Werder-Elf, die es schaffte, während der gesamten Vorrunde unter de Mos niemals wirkliche Glanzlichter zu setzen. Am 2. Spieltag retteten Hobsch und Basler wenigstens ein 3:3 in Hamburg, in der Woche darauf wurde der KSC im Weser-Stadion mit 1:0 niedergewürgt. Ein Meisterschaftsfavorit war Werder nicht, stellte man schnell fest. Noch nicht, hofften die Verantwortlichen, aber diese Hoffnung schwand zusehends. Eine Packung in Uerdingen folgte, und das zwischenzeitliche Strohfeuer mit Siegen gegen 1860 und Freiburg (Platz 4) brachte nur kurz Linderung. Die de Mos-Truppe hakte weiter an allen Ecken und Enden. Die Stürmer hingen in der Luft, die Abwehr wackelte und das Werder-Spiel insgesamt wirkte unansehnlich. Hätte die Mannschaft im Herbst die Kurve noch gekriegt, dann wäre Aad de Mos vielleicht eine feste Größe in der Bundesliga geworden. Es passierte aber das extreme Gegenteil: Werder blieb anschließend elf Spiele ohne Sieg und rutschte in allergrößte Abstiegsgefahr. Platz 15 in der beschaulichen Vorweihnachtszeit wäre alleine schon schlimm genug gewesen, aber im Fall der kriselnden Ehe zwischen dem norddeutschen Traditionsverein und dem eigenwilligen Holländer kam erschwerend dazu, dass de Mos zunehmend die Kontrolle über die Situation rund um seine Mannschaft verlor. Mario Basler gönnte sich folgenlos mehr und mehr Extrawürste, mit manchen Spielern des Kaders wurde gekungelt, andere eiskalt aufs Abstellgleis geschoben. Mit Journalisten wurde schon mal gezecht, manchmal waren auch hier Spieler dabei. Und an einem jener feuchtfröhlichen Abende dann redete der große blonde Übungsleiter mit dem internationalen Flair mehr, als für ihn gut gewesen wäre. Es sickerte durch, dass de Mos sich einem Journalisten gegenüber ausgeweint hatte: »Es wird nie etwas aus diesem Verein!« und »Ich habe nichts zu suchen in diesem erstarrten Fußball-Land!« waren die Kernaussagen. Der »SPIEGEL« griff sie auf, und de Mos musste gehen. Werders Vereinsspitze hatte von ihm verlangt, eine Gegendarstellung zu erwirken. Vergebens. Die inkriminierenden Aussagen des Trainers blieben stehen – der Trainer selbst nicht.

Trainerentlassung Nr. 8: Aad de Mos oder: Der fliegende Holländer (Entlassung: 9. Januar 1996)

Der Fehlgriff Aad de Mos läutete bei Werder das größte Trainerstühlerücken in 96 Jahren Vereinsgeschichte ein: 1995 kam der Niederländer, 1996 Dixie Dörner, 1997 Wolfgang Sidka, 1998 Felix Magath und 1999 Thomas Schaaf. Jedes Jahr sollte beim nächsten Mann wieder alles anders werden.

Dabei sollte im Fall de Mos möglichst viel bleiben, wie es war, denn er kam zum Beinahe-Meister und wähnte die Elf, vor allem mit den südamerikanischen Neuzugängen Baiano und Cardoso, eher noch verstärkt. In Werders Führungsetage herrschte nach der Verpflichtung des anfangs weltmännisch auftretenden Ex-Ajax-Trainers zunächst große Zufriedenheit: »Wir haben einen guten Griff getan und einen idealen Nachfolger für Rehhagel gefunden. Aad de Mos ist allerbeste Wahl«, frohlockte Dr. Böhmert bei der Vorstellung des neuen Trainers. Sein Nachwuchskonzept überzeugte, und sein Training war erstklassig und wurde auch von den Spielern so empfunden.

Werder feuert Trainer de Mos

+++ Werder feuert Aad de Mos +++ Werder feuert Aad de Mos +++ Werder feuert Aad de Mos +++ Werder feuert Aad de Mos +++

14.16 Uhr – das Ende

Kein Abschied von der Mannschaft...

Es dauerte jedoch nur Tage, bis der anfängliche Respekt für den kommenden Trainer innerhalb der Mannschaft bröckelte. Genaugenommen begann das schon bei seinem Antrittsgespräch in der Werder-Kabine, Monate vor seinem Dienstbeginn, in dessen Verlauf er der Mannschaft großspurig ankündigte: »Ich kenne Sie sehr genau, Sie alle! Ich verfolge die Mannschaft sehr aufmerksam, und ich weiß um Ihre Stärken und Schwächen. Auch freue ich mich, mit Leuten wie Ihnen zusammenzuarbeiten, Herr Bratseth!« Dumm nur: Er redete mit Frank Neubarth. Es soll schon glücklichere Antrittsreden gegeben haben.

Das Ende eines sechsmonatigen Missverständnisses: Mit der Entlassung von Aad de Mos gab es am 9. Januar 1996 das sprichwörtliche »Ende mit Schrecken«

Trotzdem: Anfangs schien alles ganz okay. Die Mannschaft verlor von den ersten neun Saisonspielen nur eines. Der langweilige, wenig stimmige Fußball, den der neue Übungsleiter seiner Elf verordnete und die vielen Unentschieden irritierten

Co-Trainer Kalli Kamp fand offenbar schon den Trainingsauftakt des Neuen aus Holland irgendwie eigenartig

Gut drei Wochen vor Saisonstart zerschnitt der erste breite Riss das Band zwischen Trainer und Mannschaft. Auf Einladung von Rune Bratseth (dem Echten) fuhr Werders Mannschaft nach Trondheim. Was als schöner Ausflug mit Familien gedacht war, wurde zum Krampf, nachdem auf Geheiß von de Mos nur der harte Kern des Kaders mit durfte. Selbst altgediente Stars wie Frank Neubarth und Mirko Votava wurden von der Tour ausgeschlossen und sollten derweil zu Hause trainieren.

Aad de Mos wurde nicht isoliert, er isolierte sich vielmehr selbst. Die Bindung zur Mannschaft ging ebenso irreparabel verloren wie die zu seinem Vorgesetzten. Das Hotel-Lotterleben tat sein Übriges: Fernab der Familie studierte de Mos neben der fraglos geleisteten, akribischen Arbeit für den Verein auch die Details und Auffälligkeiten der verschiedenen Hotelbars, und teilweise halfen ihm bei diesen Inspektionen auch einzelne Spieler seines Kaders. Von nächtlichen Touren mit Mario Basler und Uli Borowka war die Rede, und es benötigt keine Insiderkenntnisse um nachzufühlen, dass derartiges Nacht-Amüsement bei der Mannschaft schlecht ankam.

zwar ein wenig, schienen aber nicht weiter dramatisch. Immerhin stand man zwischendurch mal auf Platz 4. Doch der Sieg in Freiburg Mitte September blieb der letzte Sieg der Vorrunde. An der Leistungsentwicklung der Werder-Elf des Herbstes 1995 war überdeutlich abzulesen: Der Trainer Aad de Mos funktionierte in Bremen nur solange, bis die Mannschaft ihm nahezu einstimmig ihr Wohlwollen und ihr Vertrauen entzog.

»Ich spiele weiterhin mit Risiko. Schließlich profitieren alle davon: wir, das Publikum und auch der Gegner.« (Aad de Mos als Trainer von Werder Bremen)

Denn de Mos, der vor seinem Intermezzo bei Werder durchaus schon internationale Erfolge errungen hatte und mit Ajax Amsterdam, Anderlecht und Eindhoven bereits große Namen trainieren durfte, zerlegte seine gute Reputation konsequent und schnell. Ungeachtet seiner fachlichen Qualitäten eckte er menschlich immer wieder an – praktisch vom ersten Tag an. Oft waren es Kleinigkeiten, die dafür sorgten, dass sich die Spieler hinter vorgehaltener Hand fragten, was sie da für einen merkwürdigen Trainer bekommen hatten. Ein Beispiel: In der Nacht vor einem Spiel musste im Mannschaftshotel auf Anordnung des Startrainers ein Zimmermädchen auf einem Stuhl vor seiner Zimmertür die ganze Nacht hindurch ausharren, falls Herr de Mos irgendwann Durst bekommen sollte. Sein Zimmertelefon war defekt, und der Niederländer weigerte sich, in ein anderes Zimmer umquartiert zu werden. Ob er schließlich Durst bekam oder nicht, ist heute nicht mehr nachprüfbar. Fest steht jedoch: Es kam nicht selten vor, dass sich Werders Spieler für den Umgang ihres Trainers mit seinen Mitmenschen schämten. Und wer auf derart herrische, geringschätzige Art und Weise mit anderen Menschen umspringt, erzeugt nicht gerade eine Aura, die dazu angetan ist, für diesen Menschen durchs Feuer zu gehen.

Das Ende kam schnell. Beim UEFA-Cup-Spiel im irischen Glenavon wechselte er den ohnehin eher labilen Russen Bestchastnykh ohne erkennbaren Grund nach 14 Minuten aus. Ähnliche Personalentscheidungen zogen sich wie ein roter Faden durch die kurze Werder-Ära des Niederländers. Marco Bode wurde ohne nähere Gründe mitten im Training in die Kabine geschickt, Mirko Votava wurde aussortiert, Spieler wurden zwei Minuten vor der Halbzeit ausgewechselt, andere wurden erst ein- und dann ausgewechselt, und in Uerdingen kamen nach einer halben Stunde zwei Stürmer für zwei Verteidiger, um aus einem 0:1 noch ein 0:3 zu machen.

De Mos' ruppiger, großmäuliger Stil und das sklavische Klammern an das augenscheinlich nicht funktionierende System mit der damals noch recht neuen Viererkette sorgte dafür, dass die Mannschaft ihn nicht mehr wollte. Am 28. November 1995 sprach sie sich auf einer Krisensitzung einstimmig gegen de Mos aus. Neun Bundesligaspiele ohne Sieg, zuletzt eine Heimniederlage gegen Rostock, waren alarmierend genug. Nach weiteren zwei Niederlagen rutschte Werder nahe an den Abgrund: Platz 15. Die Luft für de Mos war bereits hauchdünn, als er sich selbst zum Abschuss freigab, indem er in der belgischen Zeitung »Le Standard« mit folgenden Worten zitiert wurde: »Es wird nie etwas mit diesem Klub. Hundertprozentig sicher: Deutschland ist für mich vorbei. Ich habe nichts zu suchen in diesem erstarrten Land.«

Der Trainer soll die Worte an »seiner« Hotelbar zu Journalisten gesagt haben, am Abend des UEFA-Cup-Spiels gegen den PSV Eindhoven (0:0). Er dementierte umgehend, wenngleich wenig überzeugend. Als der »Spiegel« die Zitate am 18. Dezember untermauerte, indem er Zeugen benannte, die bei de Mos' Verbal-Rundumschlag anwesend waren, wurde die Krise unkontrollierbar. Vier Tage später forderte Werder seinen Trainer auf, gerichtlich gegen das Nachrichtenmagazin vorzugehen. Als de Mos' Anwalt Dr. Prinz am 8. Januar auf Werders Anfrage hin lapidar erwähnte, in Sachen »Spiegel« sei nichts weiter passiert, entschloss man sich in Bremen zum Handeln: Mit Aad de Mos wurde zum ersten Mal seit 16 Jahren ein Werder-Trainer gefeuert. Oder, um es mit seinen eigenen Worten zu sagen: Deutschland war für ihn vorbei.

De Mos gab sich nach dieser persönlichen Niederlage kämpferisch. In den Nachwehen des Rausschmisses gewann er eine Unterlassungsklage gegen den »Spiegel«, der die de Mos-Äußerungen somit nicht wiederholen durfte. Für den Verein änderte das nichts, für den Trainer schon: Er wollte seinen Trainerjob anschließend vor einem ordentlichen Gericht einklagen. Stürmer Bernd Hobsch sprach jedoch offen aus, was seine Kollegen von einer Rückkehr des ungeliebten Coaches hielten: »Dann sind hier 15 Spieler sofort weg!« Die Mannschaft blieb – das Kapitel Aad de Mos wurde endgültig geschlossen.

Noch viele Jahre später hält sich in Fankreisen die Vermutung, de Mos sei eigentlich ein guter Trainer gewesen, der lediglich zur Unzeit in Bremen ankam. Es gibt einige, wenige Indizien, die für diese Ansicht sprechen. Es gibt aber zumindest unter den Spielern, die damals dabei waren, sehr viel mehr Argumente, die den Eindruck zementieren, ein Aad de Mos bei Werder sei vermutlich zu jedem denkbaren Zeitpunkt eine Katastrophe gewesen.

Für Aad de Mos kam mit dem »Beckenbauer des Ostens« Hans-Jürgen »Dixie« Dörner ein ausgesprochen netter Kerl, der das willkommene Kontrastprogramm zum eitlen de Mos darstellte. Als Weihnachtsgeschenk bekamen Fans und neuer Trainer nachträglich Bruno Labbadia vom 1. FC Köln, der den nicht mehr sehr torgefährlichen Hobsch unterstützen sollte. Dörner konnte gar nicht viel falsch machen: Er ging fair mit den Spielern um, redete viel, war verständnisvoll und aufgeschlossen und vor allem: Er führte den Libero wieder ein. Die Viererkette kam ins Altmetall, und die Mannschaft dankte es dem neuen Trainer mit einer zwar dezenten, aber dennoch erleichternden Erfolgsserie im Frühjahr. Drei Unentschieden auswärts und zwei Siege daheim brachten den Sprung von Platz 15 auf Platz 12. Werder glänzte nicht oft und verlor auch weiterhin gegen harmlose Gegner, aber tat dies deutlich seltener als unter Aad de Mos. Es gab sogar ein Highlight zu bejubeln: Die Bayern, die sich in dieser Saison selbst zum »Dreamteam« ernannten, wurden im Weser-Stadion mit einem famos erkämpften 3:2 von Werder um jegliche Meisterschaftshoffnungen erleichtert. Das war umso schöner (und beinahe schon filmreif!), weil der FC Bayern neun Tage zuvor Otto Rehhagel auf dubiose Weise geschasst hatte – auf Platz 2 und im UEFA-Cup-Finale stehend! Zusätzlich anrührend wurde der Sieg über den Erzfeind, weil unüblicherweise einer der Gegner frenetisch gefeiert wurde: Andy Herzog, bei den Bayern zum Ersatzspieler degradiert, wurde wie ein verlorener Sohn begrüßt. Nicht zuletzt dieser Liebesbeweis seiner ehemaligen Fans sorgte wenige Wochen später für seine Rückkehr zu Werder.

Am Ende der Saison stand keine Euphorie, aber Erleichterung – und Platz 9 im »Jahr Eins nach Otto«. Neben de Mos gab es weitere Opfer in dieser schicksalsträchtigen Spielzeit. Didi Beiersdorfer und Publikumsliebling Uli Borowka flüchteten schon während der Saison nach Köln bzw. zu Tasmania 73 Berlin. Mario Basler machte sich während der kompletten Serie durch hanebüchene Italienwechsel-Räuberpistolen in den Medien lächerlich und erfand eine Millionen-Offerte nach der anderen, um schließlich zu den Bayern nach München zu wechseln – also dann doch nur beinahe nach Italien. Bei Werder war man darüber gar nicht sehr böse. »Super-Mario« glänzte in seiner letzten Werder-Saison weniger auf dem Platz als zuvor, brachte dafür aber Verantwortliche und Trainer durch geschwänztes Abschlusstraining, abfällige Gesten gegen eigene Fans und öffentliche Abrechnungen mit dem eigenen Vorstand zur Weißglut.

Viel Erfreuliches blieb wirklich nicht hängen nach dieser Saison. Die Glanzlichter mussten die wenigen Bremer setzen, die sich auf internationaler Ebene präsentieren durften. Das gelang freilich ganz prima: Marco Bode, Dieter Eilts, Olli Reck und Jens Todt wurden im Anschluss an die gerade noch hingebogene Bundesligasaison in England Europameister, wobei Todt lediglich als EM-Tourist dabei war. Marco Bode aber durfte mit Dieter Eilts tatkräftig mithelfen, und Eilts stieg in den Tagen von England sogar zum Superstar auf. Seine überragenden Defensivleistungen waren einer der Mosaiksteine für den Siegeszug der deutschen Elf und kürten das Werder-Urgestein auf einen Schlag zu einem der besten Abräumer Europas.

Der Neubeginn! Mit dem neuen Trainer Dixie Dörner und dem neuen Torjäger Bruno Labbadia rettete Werder sich doch noch und startete vom Abgrund namens Platz 15 bis auf Platz 9 in die obere Tabellenhälfte durch

»Eisen-Dieter« 1985 …

Dieter Eilts
»… habe eigentlich gespielt wie immer«

Der »Ostfriesen-Alemao« (Jahrgang 1964) gehörte Werders Profikader insgesamt 17 Jahre an – das ist unangefochtener Werder-Rekord. Seinen Durchbruch schaffte er allerdings erst nach über drei Jahren Reservistendasein. In der Bundesliga war er eine Fußballgeneration lang ein Ausbund an Kampfgeist und Zuverlässigkeit. Diese Tugenden brachten Eilts schließlich verdientermaßen in die Nationalelf, wo seine Fähigkeiten lange unterschätzt wurden. Bei der Fußball-EM 1996 in England wuchs »Eisen-Dieter« über sich hinaus und erlangte die Anerkennung, die ihm längst zustand. Im Jahr 2002 wurde er gemeinsam mit Marco Bode zum Ehrenspielführer ernannt. 2003 folgte er dem Ruf des DFB als Nachwuchstrainer. Seit August 2004 betreut er die deutsche U-21-Nationalmannschaft.

Wie bist du einst bei Werder gelandet?
Der ehemalige Trainer meines Stammvereins SV Hage, Heinz Knieper, hatte gute Kontakte zu Werders Amateurmanager Rolf Behrens und hat mir ein Probetraining vermittelt, und eigentlich war beidseitig auch sehr schnell Interesse vorhanden. Ich habe ein Probetraining bei den Amateuren gemacht und eins bei den Profis, und dann haben wir eigentlich auch schon sehr schnell den Vertrag festgemacht.

Kaum ein Spieler hat bei Werder so lange auf eine echte Chance gewartet wie du. Mehr als dreieinhalb Jahre musstest du auf Ersatzbank oder Tribüne schmoren, ehe du nach einem überragenden Pokalspiel beim HSV schlagartig Stammspieler wurdest und das auch 13 Jahre lang geblieben bist. War diese lange Wartezeit zermürbend, oder hast du sie als notwendige Lehrzeit akzeptiert?
Ich bin von Natur aus kein ungeduldiger Mensch. Im ersten Jahr bei Werder wollte ich nur mal gucken, wie es läuft. Und es ging gleich gut los: Ich wurde auf Anhieb Stammspieler bei den Amateuren, habe mein Abi nebenher gemacht. Im zweiten Jahr bin ich Vertragsamateur gewesen und habe die Bundeswehr hinter mich gebracht. Im dritten Jahr konnte ich mich dann voll auf Fußball konzentrieren und sollte eigentlich schon einen Profivertrag kriegen. Das hat aber damals noch nicht so hingehauen, und deshalb bin ich lieber noch Amateur geblieben. Während meines vierten Jahrs bei den Amateuren hatte ich dann meine ersten Kurzeinsätze in der Bundesliga, und nach meinem ersten Profivertrag im Sommer 1988 dauerte es dann noch mal ein Dreivierteljahr bis zu meinem ersten Spiel von Anfang an. Dann kam dieses Spiel in Hamburg, und von da an war ich praktisch in der Mannschaft. Es ist sehr ungewöhnlich, dass man den Start seiner Karriere an einem Spiel festmachen kann, aber bei mir ging wirklich alles so richtig mit dem Pokalspiel beim HSV los. Das war für mich der Ansatz zum Durchbruch. Der Durchbruch selbst kam dann innerhalb der nächsten zwei Jahre, in denen ich diese Leistungen dann bestätigen konnte.

… und 2003 (mit Eilts-Puppe)

Du bist bei Werder immer ein Synonym für Vereinstreue gewesen. Kam ein Wechsel für dich nie in Frage?
Doch, es gab schon interessante Angebote. Aber ich habe einfach nie die Freigabe bekommen. Ich kann nicht beurteilen, ob es gut war, dass ich immer bei Werder geblieben bin, weil ich ja nie etwas anderes kennen gelernt habe. Aber es war für meine Karriere zumindest mal nicht schlecht.

Ehrenspielführer zu sein ist eine eher abstrakte Würde, die vornehmlich auf dem Papier existiert. Aber nicht zuletzt dieses Buch macht deutlich, dass die anderen Ehrenspielführer wie Pico Schütz oder Horst Höttges in Werders Geschichte wirklich zu lebenden Legenden geworden sind. Was bedeutet dir diese Ehre?
Es ist eine tolle Anerkennung für das, was ich für diesen Verein geleistet habe. Und ich denke mal, dass es in Zukunft nicht mehr allzu viele Spieler geben wird, die diese Auszeichnung beim SV Werder bekommen werden.

Analog zu deinem Start in der Bundesliga nach dem Sprung in Werders Stammelf gab es auch international eine Initialzündung für dich: Nach der EM in England warst du plötzlich ein Star. War es nicht seltsam, nach acht Jahren durchweg guter Leistungen in der Bundesliga plötzlich diese recht späte Anerkennung der breiten Öffentlichkeit zu bekommen?
Das hing ja nicht nur mit mir zusammen. Die breite Öffentlichkeit hat ganz allgemein meine Position im defensiven Mittelfeld nicht so hoch angesehen. Aber die EM hat in dieser Hinsicht die Sichtweise der so genannten Experten geändert. Danach hat man defensive Mittelfeldspieler vielleicht et-

was intensiver wahrgenommen. Für mich war es etwas seltsam, weil ich bei der EM eigentlich nicht anders gespielt hatte als jahrelang zuvor schon im Verein.

Zu deinen schönsten Erfolgen zählt der Pokalsieg 1999 gegen die Bayern. Damals hast du erstmals vom Aufhören geredet, aber dann noch zwei Jahre weitergespielt. Wie siehst du heute den Zeitpunkt deines Karriereendes?
Für mich selbst habe ich genau zur richtigen Zeit aufgehört. Hätte ich 1999 aufgehört, dann hätte ich mich bis ans Ende meiner Tage gefragt: Mensch, hättest du nicht noch ein, zwei Jahre länger mithalten können? Ich habe in den Jahren danach ganz klar meine Grenzen erfahren und das Maximum aus meiner Karriere rausgeholt. Und als ich meine Grenzen erkannt habe, habe ich dann auch von einem Moment auf den nächsten aufgehört.

Gab es in deiner Karriere Spieler, gegen die du ungern gespielt hast, weil du mit ihnen als Spielertyp nicht klargekommen bist?
Nein, ich bin eigentlich mit allen irgendwie klargekommen. Ich habe ja meistens gegen den Spielmacher gespielt, und die Duelle gegen Leute wie Häßler, Balakov und Möller haben immer wahnsinnig viel Spaß gemacht.

Du hast deine Karriere als Spieler unter dem Trainer Thomas Schaaf beendet, der lange an deiner Seite gespielt hat. Was macht ihn als Trainer aus?
Thomas ist einer wie Otto Rehhagel. Er lebt 24 Stunden für den Fußball, arbeitet sehr akribisch und hat ganz einfach ein Werder-Herz. Er tut alles für den Verein, und hat inzwischen eine richtig tolle Mannschaft zusammen. Und für die Zukunft ist von Werder unter Thomas Schaaf einiges zu erwarten.

Verdienter Abschluss einer großen Karriere! Dieter Eilts wird gemeinsam mit Marco Bode zum Ehrenspielführer ernannt

Highlight einer Karriere: Dieter Eilts 1996 im offiziellen Panini-Album zur Euro '96, die »Eisen-Dieter« durch Weltklasse-Leistungen in Serie maßgeblich mitprägte

Spielerlaufbahn:
1985–02 Werder Bremen

Trainerlaufbahn:
2003–04 DFB U 19 Nationalmannschaft
2004– DFB U 21 Nationalmannschaft

WERDER BREMEN 1995/96

Trainer (bis 9.1.1996)

de Mos, Aad
Verantwortlicher Trainer in 17 Spielen der Saison

Trainer (ab 14.1.1996)

Dörner, Hans-Jürgen »Dixie«
Verantwortlicher Trainer in 17 Spielen der Saison

Werders Neuzugänge im Sommer 1995

Südamerika-Power beim Saisonauftakt: Der neue Trainer Aad de Mos präsentiert Junior Baiano und Rodolfo Cardoso nebst Vier, Rollmann und Scholz

Wer kam?

Albayrak (eig. A-Jugend)
Barten (eig. Amateure)
Cardoso (SC Freiburg)
Junior Baiano (FC Sao Paulo/Brasilien)
Labbadia (1. FC Köln, w.d.S.)
Rollmann (MSV Duisburg)
Scholz (Bayer Leverkusen)
van Lent (eig. Amateure)
Vier (SC Verl)

Wer ging?

Beiersdorfer (1. FC Köln, w.d.S.)
Bester (Concordia Hamburg)
Borowka (Tasmania 73 Berlin, w.d.S.)
Goldschmidt (eig. Amateure)
Herzog (Bayern München)
Lellek (eig. Amateure)
Rollmann (FC Augsburg, w.d.S.)
Simonsen (VfL Osnabrück)
Vier (Arminia Bielefeld, w.d.S.)

w.d.S. = während der Saison

Tor

Reck, Oliver »Olli«
20 Spiele; 0 Tore

Rost, Frank »Fäustel«
15 Spiele; 0 Tore; Amat.

Gundelach, Hans-Jürgen
0 Spiele; 0 Tore

Abwehr

Baiano, Junior
32 Spiele; 2 Tore
Amateur

Wiedener, Andree
25 Spiele; 0 Tore

Ramzy, Hany
22 Spiele; 0 Tore

Mittelfeld

Eilts, Dieter »Ostfriesen-Alemao«
32 Spiele; 0 Tore

Basler, Mario »Super-Mario«
30 Spiele; 11 Tore

Scholz, Heiko »Scholle«
30 Spiele; 1 Tor

Angriff

Bode, Marco
34 Spiele; 5 Tore

Hobsch, Bernd »Hobscher«
30 Spiele; 9 Tore

Bestchastnykh, Wladimir »Wladi«
24 Spiele; 1 Tor

Erweiterter Kader

Dogu, Ersan
5 Spiele; 0 Tore
Amateur

Der Sport-Verein »Werder« im Jahr 1995/96:

1995/96

Präsident:	Dr. Franz Böhmert
Vizepräsident:	Klaus-Dieter Fischer (Amateur-Abt.)
3. Präsident:	Manfred Müller (Finanzen)
Geschäftsführer:	Wolfgang Barkhausen (Verwaltung), Manfred Blöhm (Marketing)
Manager:	Willi Lemke
Vereinsarzt:	Dr. Karl Meschede
Masseur:	Holger Berger
Mitglieder:	2.900
Kapazität Weser-Stadion:	29.699 Plätze (24.299 überdachte Sitzplätze und 5.400 Stehplätze; 350 Logenplätze)

Rollmann, Jürgen
0 Spiele; 0 Tore
Amateur

Schulz, Michael »Du Sau«
13 Spiele; 0 Tore

Borowka, Ulrich »Ulli«
10 Spiele; 0 Tore

Beiersdorfer, Dietmar »Didi«
3 Spiele; 0 Tore

Sauer, Gunnar
3 Spiele; 1 Tor

Barten, Mike
0 Spiele; 0 Tore
Amateur

Votava, Miroslav »Mirko«
28 Spiele; 0 Tore

Cardoso, Rodolfo Esteban
24 Spiele; 2 Tore

Wolter, Thomas »Stonie«
23 Spiele; 0 Tore

Unger, Lars
3 Spiele; 0 Tore

Neubarth, Frank »Socrates«
15 Spiele; 1 Tor

Labbadia, Bruno
13 Spiele; 4 Tore

Vier, Angelo
11 Spiele; 1 Tor

Albayrak, Erhan
2 Spiele; 0 Tore
Amateur

van Lent, Arie
1 Spiel; 0 Tore
Amateur

In Freundschaftsspielen eingesetzt:

Dabrowski, Christoph (Mittelfeld)
Dörner, Hans-Jürgen (Abwehr)*
Kamp, Karl-Heinz (Abwehr)*
Penshorn, Thomas (Abwehr)

* Trainer Dörner und Co-Trainer Kamp zogen im Rahmen der »Good Will Tour« durch die neuen Bundesländer noch einmal das Spielertrikot über und bestritten 4 (Dörner) bzw. 3 (Kamp) Spiele für Werder.

Alle Spiele 1995/96

14.07.1995
Internationales Freundschaftsspiel
FC WInterthur – W. Bremen 0:3 (0:1)
Aufstellung: Gundelach – Wolter, Borowka, Baiano, Bode – Scholz, Wiedener, Votava, Cardoso – Hobsch (64. Vier), Bestchastnykh (64. M. Schulz)
Trainer: de Mos
Tore: 0:1 Hobsch (16.), 0:2 Bode (85.), 0:3 Vier (88.)
Zuschauer: 5.000

15.07.1995
Freundschaftsspiel
Kreisauswahl Albstadt – W. B. 1:3 (0:1)
Aufstellung: Rollmann – Neubarth, Wolter, Schulz, Beiersdorfer – Wiedener, Votava, Scholz, Bode – Hobsch, Bestchastnykh
Trainer: de Mos
Tore: 0:1 Bode (16.), 0:2 Bode (66.), 0:3 Wiedener (82.), 1:3 Oßwald (84. FE)
Zuschauer: 1.500

18.07.1995
Internationales Freundschaftsspiel
Rosenborg Trondheim – W. B. 1:1 (0:1)
Aufstellung: Rost – Wolter, Baiano, Ramzy, Borowka – Scholz, Votava, Wiedener, Cardoso – Hobsch (76. Vier), Bode (25. van Lent)
Trainer: de Mos
Tore: 0:1 Hobsch (16.), 1:1 Brattbakk (50.)
Zuschauer: 5.000

22.07.1995
Freundschaftsspiel
VfL Osnabrück – W. Bremen 0:1 (0:0)
Aufstellung: Gundelach (46. Rollmann) – Wolter (79. Beiersdorfer), Baiano (21. Neubarth), Ramzy, Borowka (65. M. Schulz) – Cardoso, Votava, Wiedener, Bode – Scholz (46. Bestchastnykh), Hobsch (55. Vier)
Trainer: de Mos
Tor: 0:1 Bode (70.)
Zuschauer: 7.500

25.07.1995
Fuji-Cup, Halbfinale
FC Bayern München – W. Bremen 1:1 (0:1) i. Elfmeterschießen: 7:6
Aufstellung: Rollmann – Wolter, Baiano, Ramzy, Bode – Scholz, Wiedener, Cardoso (70. Neubarth), Votava – Vier (70. M. Schulz), Hobsch (70. Bestchastnykh)
Trainer: de Mos
Tore: 0:1 Hobsch (37.), 1:1 Strunz (60.)
Elfmeterschießen: 1:0 Strunz, Baiano gehalten, Scholl gehalten, 1:1 Votava, 2:1 Klinsmann, 2:2 Bode, 3:2 Sutter, 3:3 Scholz, 4:3 Ziege, 4:4 Bestchastnykh, 5:4 Kreuzer, 5:5 Neubarth, 6:5 Frey, 6:6 Wiedener, 7:6 Sforza, Ramzy am Tor vorbei
Zuschauer: 22.000 in Augsburg

27.07.1995
Fuji-Cup, Spiel um Platz drei
1. FC Kaiserslautern – W. B. 2:1 (1:0)
Aufstellung: Gundelach – Scholz, Beiersdorfer, Wolter (46. Votava), Bode – Wiedener, Borowka, Cardoso (68. Albayrak) – Hobsch (76. van Lent), Neubarth, Bestchastnykh
Trainer: de Mos
Tore: 1:0 Flock (48.), 1:1 Neubarth (68.), 2:1 Ritter (72.)
Zuschauer: 10.000 in Baunatal

29.07.1995
Freundschaftsspiel
SC Concordia Ihrhove – W. B. 0:8 (0:4)
Aufstellung: Rost – Wolter, Baiano (46. Scholz), Borowka, Bode – Votava, Wiedener, Cardoso, Basler – Vier (46. Neubarth), Hobsch
Trainer: de Mos
Tore: 0:1 Vier (2.), 0:2 Vier (18.), 0:3 Bode (39.) , 0:4 Cardoso (43.), 0:5 Cardoso (49.), 0:6 Basler (58.), 0:7 Cardoso (72.), 0:8 Hobsch (74.)
Zuschauer: 6.500

31.07.1995
Turnierspiel
Eintr. Braunschweig – W. Bremen 0:1 (0:0)
Aufstellung: Gundelach – Barten, Beiersdorfer, Schulz, Neubarth – Scholz, van Lent (90. + 2 Basler), Albayrak, Bestchastnykh – Hobsch, Vier

Der Brasilianer Junior Baiano spielte nur ein Jahr für Werder. Seiner gelegentlichen Leichtsinnigkeit wegen war er beim Publikum nicht unumstritten. Technisch und athletisch gehörte er jedoch definitiv zu den stärksten Verteidigern in Werders Geschichte. Später wurde er Stammspieler der brasilianischen Nationalelf. Hier eine fantastische Schuss-Studie aus seinem ersten Bundesliga-Heimspiel gegen Düsseldorf

Trainer: de Mos
Tore: 0:1 Basler (90. + 3)
Zuschauer: 8.800

04.08.1995
Freundschaftsspiel
SV Bruchhausen-Vilsen – W. B. 1:11 (0:6)
Aufstellung: Rost (46. Gundelach) – Baiano, Basler, Bode, Eilts (60. Albayrak) – Scholz, Wiedener, Wolter (46. M. Schulz), Cardoso – Hobsch (46. Neubarth), Vier
Trainer: de Mos
Torschützen für Werder: Hobsch (3), Cardoso (3), Albayrak (2), Neubarth, Basler, Vier
Zuschauer: 4.000

07.08.1995
Internationales Freundschaftsspiel
W. Bremen – FC Sao Paulo 4:1 (2:1)
Aufstellung: Rost – Wolter, Baiano, Votava (57. Borowka), Bode – Basler (52. Scholz), Wiedener, Eilts, Cardoso (64. Albayrak) – Hobsch (57. Bestchastnykh), Vier (57. Neubarth)
Trainer: de Mos
Tore: 1:0 Basler (17.), 2:0 Cardoso (25.), 2:1 Denilson (29.), 3:1 Scholz (77.), 4:1 Neubarth (84.)
Zuschauer: 12.800

11.08.1995
Bundesliga, 1. Spieltag
W. Bremen – Fortuna Düsseldorf 1:1 (1:1)
Aufstellung: Rost – Wolter (50. Scholz), Baiano, Ramzy, Bode – Basler, Eilts, Wiedener (46. Albayrak), Cardoso – Hobsch, Vier (54. Votava)
Trainer: de Mos
Tore: 0:1 Cyron (2.), 1:1 Hobsch (22.)
Zuschauer: 28.000

18.08.1995
Bundesliga, 2. Spieltag
Hamburger SV – W. Bremen 3:3 (2:1)
Aufstellung: Rost – Wiedener (37. Bestchastnykh), Baiano, Neubarth (62. Vier), Bode – Scholz, Eilts, Cardoso, Votava – Basler, Hobsch
Trainer: de Mos
Tore: 1:0 Breitenreiter (16.), 2:0 Breitenreiter (26.), 2:1 Hobsch (32.), 3:1 Spörl (52.), 3:2 Basler (62.), 3:3 Hobsch (79.)
Zuschauer: 32.247

26.08.1995
DFB-Pokal, 1. Runde
FC Bayern München Amat. – W. B. 0:1 (0:0)
Aufstellung: Rost – Scholz, Baiano, Votava, Bode – Basler, Eilts, Cardoso, Bestchastnykh – Vier (46. Wiedener), Hobsch
Trainer: de Mos
Tor: 0:1 Bestchastnykh (88.)
Zuschauer: 2.500

29.08.1995
Bundesliga, 3. Spieltag
W. Bremen – Karlsruher SC 1:0 (0:0)
Aufstellung: Rost – Borowka, Baiano, Votava, Bode – Basler (79. Wiedener), Scholz, Eilts,

Cardoso – Hobsch (56. Neubarth), Bestchastnykh (69. M. Schulz)
Trainer: de Mos
Tor: 1:0 Bode (57.)
Zuschauer: 23.110

02.09.1995
Bundesliga, 4. Spieltag
KFC 05 Uerdingen – W. Bremen 3:0 (1:0)
Aufstellung: Rost – Scholz, Baiano, M. Schulz (36. Neubarth), Borowka (36. Bestchastnykh) – Eilts, Votava, Bode – Basler (85. Beiersdorfer), Cardoso – Hobsch
Trainer: de Mos
Tore: 1:0 Meijer (25.), 2:0 Peschke (54. HE), 3:0 Wedau (74.)
Besonderes Vorkommnis: Rote Karte für Hobsch (64.)
Zuschauer: 11.637

08.09.1995
Bundesliga, 5. Spieltag
W. Bremen – TSV 1860 München 2:0 (0:0)
Aufstellung: Rost – Scholz (74. Wiedener), Baiano (88. M. Schulz), Votava, Borowka – Basler, Cardoso, Eilts, Bode – Neubarth (82. Vier), Bestchastnykh
Trainer: de Mos
Tore: 1:0 Basler (71. HE), 2:0 Vier (84.)
Besonderes Vorkommnis: Gelb-Rote Karte für Trares (39.)
Zuschauer: 25.590

13.09.1995
UEFA-Cup, 1. Runde-Hinspiel
FC Glenavon – W. Bremen 0:2 (0:0)
Aufstellung: Rost – Scholz, Baiano, Borowka, Bode – Wiedener, Votava, Eilts, Cardoso (84. M. Schulz) – Hobsch (85. Neubarth), Bestchastnykh (14. Vier)
Trainer: de Mos
Tore: 0:1 Cardoso (59.), 0:2 Vier (88.)
Zuschauer: 4.200

16.09.1995
Bundesliga, 6. Spieltag
SC Freiburg – W. Bremen 0:1 (0:0)
Aufstellung: Rost – Scholz, Baiano, Borowka, Bode – Eilts, Wiedener, Votava, Cardoso (25. Neubarth) – Basler (76. M. Schulz), Bestchastnykh (58. Vier)
Trainer: de Mos
Tor: 0:1 Basler (56.)
Zuschauer: 22.500

20.09.1995
DFB-Pokal, 2. Runde
FSV Mainz 05 – W. Bremen 2:3 (1:2)
Aufstellung: Rost – Scholz, Baiano, Eilts, Borowka (27. Wolter) – Bestchastnykh, Wiedener, Votava (88. M. Schulz), – Basler – Hobsch (42. Neubarth), Bode
Trainer: de Mos
Tore: 1:0 Hock (16.), 1:1 Bode (32.), 1:2 Bestchastnykh (38.), 2:2 Ziemer (64.), 2:3 Bestchastnykh (82.)
Zuschauer: 8.387

23.09.1995
Bundesliga, 7. Spieltag
W. Bremen – 1. FC Kaiserslautern 1:1 (1:0)
Aufstellung: Rost – Scholz, Baiano, Borowka, Bode – Basler, Votava, Eilts, Wiedener – Hobsch (11. Neubarth, 55. Vier), Bestchastnykh (21. Wolter)
Trainer: de Mos
Tore: 1:0 Basler (7.), 1:1 Wagner (85.)
Besondere Vorkommnisse: Rote Karte für Baiano (10.); Gelb-Rote Karte für Wegmann (60.)
Zuschauer: 26.863

27.09.1995
UEFA-Cup, 1. Runde-Rückspiel
W. Bremen – FC Glenavon 5:0 (4:0)
Aufstellung: Reck – Scholz, Wolter, Borowka (67. Beiersdorfer), Bode – Basler (67. Albayrak), Wiedener, Eilts, Votava – Hobsch (67. Vier), Bestchastnykh
Trainer: de Mos
Tore: 1:0 Hobsch (26.), 2:0 Hobsch (36.), 3:0 Basler (37. FE), 4:0 Hobsch (39.), 5:0 Borowka (66.)
Zuschauer: 13.727

30.09.1995
Bundesliga, 8. Spieltag
Bayer 04 Leverkusen – W. Bremen 2:2 (1:1)
Aufstellung: Reck – Wolter – Borowka (46. Beiersdorfer), Votava, Wiedener – Scholz, Eilts, Bode – Basler (76. Albayrak), Bestchastnykh, Hobsch (61. Neubarth)
Trainer: de Mos
Tore: 1:0 Sergio (19.), 1:1 Basler (38.), 2:1 Völler (71.), 2:2 Neubarth (72.)
Zuschauer: 24.500

03.10.1995
DFB-Pokal, Achtelfinale
1. FC Nürnberg – W. Bremen 3:2 (0:2)
Aufstellung: Reck – Wolter (78. Vier) – Wiedener, Baiano (28. Beiersdorfer) – Scholz, Eilts, Votava (33. Borowka), Bode – Basler, Neubarth, Bestchastnykh
Trainer: de Mos
Tore: 0:1 Bestchastnykh (8.), 0:2 Basler (19.), 1:2 Moore (49.), 2:2 Kurth (58.), 3:2 Straube (89.)
Zuschauer: 35.000

14.10.1995
Bundesliga, 9. Spieltag
W. Bremen – Borussia Dortmund 2:2 (1:1)
Aufstellung: Reck – Wolter – Baiano, M. Schulz – Scholz (56. Neubarth), Votava, Eilts, Bode – Basler, Hobsch (84. Dogu), Bestchastnykh
Trainer: de Mos
Tore: 0:1 Möller (1.), 1:1 Bode (45.), 1:2 Berger (59.), 2:2 Hobsch (61.)
Zuschauer: 29.700

17.10.1995
UEFA-Cup, 2. Runde-Hinspiel
W. Bremen – Dynamo Minsk 5:0 (0:0)
Aufstellung: Reck – Scholz (61. Borowka), Wolter, Baiano, Bode – Wiedener, Votava, Eilts – Basler, Hobsch, Bestchastnykh
Trainer: de Mos
Tore: 1:0 Schtanjuk (52. ET), 2:0 Basler (64.), 3:0 Hobsch (72.), 4:0 Basler (83.), 5:0 Bode (88.)
Besonderes Vorkommnis: Basler schießt FE am Tor vorbei (90.)
Zuschauer: 16.500

22.10.1995
Bundesliga, 10. Spieltag
Bor. M'gladbach – W. Bremen 1:0 (0:0)
Aufstellung: Reck (13. Rost) – Wiedener, Wolter, Baiano (49. Scholz), Bode – Eilts (70. Borowka), Votava, Cardoso – Basler, Hobsch, Bestchastnykh
Trainer: de Mos
Tor: 1:0 Effenberg (78.)
Zuschauer: 34.500

28.10.1995
Bundesliga, 11. Spieltag
W. Bremen – FC St. Pauli 1:1 (1:0)
Aufstellung: Rost – Borowka, Baiano, Wolter (38. Ramzy), Bode – Wiedener, Votava, Cardoso – Basler, Hobsch, Bestchastnykh (38. Vier)
Trainer: de Mos
Tore: 1:0 Hobsch (34.), 1:1 Hanke (65.)
Besondere Vorkommnisse: Thomforde hält FE von Basler (29.); Rost hält FE von Trulsen (61.)
Zuschauer: 29.699

31.10.1995
UEFA-Cup, 2. Runde-Rückspiel
Dynamo MInsk – W. Bremen 2:1 (0:1)
Aufstellung: Rost – Ramzy – Borowka, Baiano, Wiedener, M. Schulz (86. Neubarth) – Basler, Votava (72. Unger), Cardoso, Bode – Hobsch (72. Vier)
Trainer: de Mos
Tore: 0:1 Bode (26.), 1:1 Chaskewitsch (76. FE), 2:1 Tschukanow (90.)
Zuschauer: 8.000

04.11.1995
Bundesliga, 12. Spieltag
VfB Stuttgart – W. Bremen 1:1 (0:0)
Aufstellung: Rost – Baiano, Ramzy, Bode (28. M. Schulz), Eilts (71. Wolter) – Wiedener, Votava, Cardoso – Basler, Hobsch (49. Vier), Dogu
Trainer: de Mos
Tore: 0:1 Basler (69.), 1:1 Bobic (78.)
Zuschauer: 30.000

11.11.1995
Bundesliga, 13. Spieltag
W. Bremen – Eintracht Frankfurt 1:1 (1:0)
Aufstellung: Rost – Scholz (46. Borowka), Baiano, Wolter, Bode – Basler, Votava, Eilts, Cardoso – Hobsch (79. Vier), Bestchastnykh (79. Dogu)
Trainer: de Mos
Tore: 1:0 Bode (45.), 1:1 Hagner (55.)
Zuschauer: 28.186

Rodolfo Cardoso war teuer, aber Geld schoss in seinem Fall wirklich keine Tore. Seine Bremen-Mission endete enttäuschend für Verein und Spieler

18.11.1995
Bundesliga, 14. Spieltag
FC Bayern München – W. Bremen 2:0 (1:0)
Aufstellung: Rost – Wolter, Baiano, Ramzy (46. M. Schulz), Bode – Wiedener, Votava, Eilts, Cardoso – Basler (33. Neubarth), Hobsch (46. Bestchastnykh)
Trainer: de Mos
Tore: 1:0 Klinsmann (6.), 2:0 Zickler (86.)
Zuschauer: 63.000

21.11.1995
UEFA-Cup, Achtelfinale-Hinspiel
PSV Eindhoven – W. Bremen 2:1 (1:0)
Aufstellung: Rost – Eilts – Wiedener, Baiano, Ramzy – Scholz (46. Basler), Votava, Cardoso, M. Schulz, Bode – Neubarth (68. Vier)
Trainer: de Mos
Tore: 1:0 Ronaldo (9. FE), 1:1 Bode (55.), 2:1 Nilis (84.)
Zuschauer: 25.000

25.11.1995
Bundesliga, 15. Spieltag
W. Bremen – FC Hansa Rostock 0:2 (0:1)
Aufstellung: Rost – Wiedener, Baiano, Ramzy (46. Bestchastnykh), M. Schulz – Eilts – Scholz (59. Dogu), Votava, Cardoso, Bode – Vier
Trainer: de Mos
Tore: 0:1 Beinlich (33. FE), 0:2 Weiland (54.)
Zuschauer: 29.699

01.12.1995
Bundesliga, 16. Spieltag
W. Bremen – 1. FC Köln 0:1 (0:0)
Aufstellung: Rost – Ramzy – Baiano (72. Bestchastnykh) – Wolter (33. Scholz), Wiedener, Eilts, Cardoso, Votava, Bode – Hobsch (74. Vier), Basler
Trainer: de Mos
Tor: 0:1 Kohn (88.)
Besonderes Vorkommnis: Gelb-Rote Karte für Weiser (66.)
Zuschauer: 26.373

05.12.1995
UEFA-Cup, Achtelfinale-Rückspiel
W. Bremen – PSV Eindhoven 0:0
Aufstellung: Rost – Eilts – Baiano, Ramzy (55. Beiersdorfer) – Wiedener, Votava (80. Vier), Borowka – Basler, Cardoso, Bode – Neubarth
Trainer: de Mos
Tore: –
Zuschauer: 29.000

09.12.1995
Bundesliga, 17. Spieltag
FC Schalke 04 – W. Bremen 2:1 (0:0)
Aufstellung: Rost – Wiedener, Baiano, Beiersdorfer, Borowka (77. Vier) – Eilts, Votava (73. Scholz) – Bestchastnykh, Cardoso, Bode – Neubarth (53. Hobsch)
Trainer: de Mos
Tore: 1:0 Max (49.), 1:1 Baiano (80.), 2:1 Anderbrügge (83.)
Zuschauer: 29.500

11.12.1995
Internationales Freundschaftsspiel
FC Groningen – W. Bremen 0:1 (0:1)
Aufstellung: Rost – Sauer, Baiano, Schulz, Wiedener – Scholz, Cardoso, Vier – Bestschastnych, Dogu, Hobsch
Trainer: de Mos
Tor: 0:1 Bestchastnykh (11.)
Zuschauer: 5.100

24.01.1996
Internationales Freundschaftsspiel
Panathinaikos Athen – W. Bremen 2:1 (1:1)
Aufstellung: Reck – Votava (46. Wolter) – M. Schulz, Baiano (46. Neubarth) – Basler, Scholz, Eilts, Unger, Bode – Hobsch (37. Bestchastnykh), Labbadia
Trainer: Dörner
Tore: 0:1 Basler (37.), 1:1 Hristodoyloy (41.), 2:1 Thomaidis (80.)
Besonderes Vorkommnis: Rote Karte für Basler (82.)
Zuschauer: 2.000

28.01.1996
Freundschaftsspiel
Atlas Delmenhorst – W. Bremen 2:2 (2:1)
Aufstellung: Reck (46. Rost) – Votava (5. Neubarth) – M. Schulz (85. Barten), Unger – Borowka (46. Wolter), Scholz (46. Sauer), Eilts, Basler (46. Bestchastnykh), Bode – Labbadia (46. Dogu), Hobsch
Trainer: Dörner
Tore: 1:0 Cengiz (3.), 2:0 Marischen (8.), 2:1 Bode (21.), 2:2 Hobsch (85.)
Zuschauer: 3.000

30.01.1996
Internationales Freundschaftsspiel
Sparta Prag – W. Bremen 0:0
Aufstellung: Rost – Neubarth – M. Schulz, Wolter – Scholz, Eilts, Bode, Bestchastnykh, Unger – Hobsch, Labbadia
Trainer: Dörner
Tore: –
Zuschauer: 800

03.02.1996
Freundschaftsspiel
Grün-Weiß Mühlen – W. Bremen 0:10 (0:3)
Aufstellung: Reck (46. Rost) – Neubarth – Ramzy (46. Borowka), Baiano (60. Sauer) – Scholz (60. Wiedener), Basler, Eilts, Cardoso (60. Unger), Bode (46. Wolter) – Hobsch (46. Bestchastnykh), Labbadia
Trainer: Dörner
Tore: Labbadia (3), Hobsch (2), Basler (2), Bode, Unger, Bestchastnykh
Zuschauer: 2.000

06.02.1996
Freundschaftsspiel
W. Bremen – W. Bremen Amat. 0:1 (0:0)
Aufstellung: Reck – Neubarth – Ramzy, Wolter, Baiano – Scholz, Cardoso, Basler, Bode – Hobsch, Labbadia
Trainer: Dörner
Tor: 0:1 Schierenbeck (60.)
Besonderheit: Die Spielzeit wurde wegen des schweren Bodens auf 80 Minuten verkürzt
Zuschauer: 80

10.02.1996
Freundschaftsspiel
Hannover 96 – W. Bremen 2:3 (1:3)
Aufstellung: Reck – Ramzy – Wolter, Baiano (78. M. Schulz) – Scholz (78. Sauer), Basler (63. Neubarth), Eilts, Cardoso (70. Wiedener), Borowka (70. Unger) – Hobsch (63. Dogu), Labbadia
Trainer: Dörner
Tore: 0:1 Hobsch (22.), 0:2 Labbadia (24.), 1:2 Benthin (31.), 1:3 Jasarevic (32. ET), 2:3 M. Schulz (82. ET)
Zuschauer: 5.836

24.02.1996
Bundesliga, 20. Spieltag
Karlsruher SC – W. Bremen 1:1 (1:1)
Aufstellung: Reck – Ramzy – Baiano, Wolter – Scholz, Basler, Wiedener, Cardoso, Bode – Labbadia, Hobsch
Trainer: Dörner
Tore: 1:0 Metz (15.), 1:1 Hobsch (34.)
Zuschauer: 21.600

01.03.1996
Bundesliga, 21. Spieltag
W. Bremen – KFC 05 Uerdingen 1:0 (1:0)
Aufstellung: Reck – Ramzy – Wolter, Baiano (81. Neubarth) – Scholz, Basler, Eilts, Cardoso, Bode – Hobsch, Labbadia
Trainer: Dörner
Tor: 1:0 Basler (45.)
Besonderes Vorkommnis: Gelb-Rote Karte für Meijer (45.)
Zuschauer: 23.900

06.03.1996
Bundesliga, 19. Spieltag (Nachholspiel)
W. Bremen – Hamburger SV 2:1 (2:1)
Aufstellung: Reck – Wolter – Baiano, Ramzy – Scholz, Basler, Eilts, Cardoso (85. Unger), Bode – Hobsch (75. Wiedener), Labbadia (89. Neubarth)
Trainer: Dörner
Tore: 1:0 Scholz (3.), 1:1 Spörl (18.), 2:1 Cardoso (31.)
Zuschauer: 29.000

09.03.1996
Bundesliga, 22. Spieltag
TSV 1860 München – W. Bremen 1:1 (1:0)
Aufstellung: Reck – Wolter – Baiano, Ramzy – Scholz, Basler, Eilts, Cardoso, Bode – Labbadia (63. Neubarth), Hobsch
Trainer: Dörner
Tore: 1:0 Winkler (19. FE), 1:1 Cardoso (75. FE)
Zuschauer: 33.200

12.03.1996
Bundesliga, 18. Spieltag (Nachholspiel)
Fortuna Düsseldorf – W. Bremen 1:1 (0:0)
Aufstellung: Reck – Wolter – Baiano, Ramzy – Scholz, Basler, Eilts, Cardoso, Bode – Hobsch (84. Dogu), Labbadia
Trainer: Dörner
Tore: 1:0 Cyron (57.), 1:1 Labbadia (64.)
Zuschauer: 12.000

15.03.1996
Bundesliga, 23. Spieltag
W. Bremen – SC Freiburg 0:2 (0:0)
Aufstellung: Reck – Wolter – Ramzy, Baiano – Basler, Scholz, Eilts, Cardoso, Bode – Hobsch (69. Neubarth), Labbadia
Trainer: Dörner
Tore: 0:1 Decheiver (53.), 0:2 Decheiver (90.)
Besonderes Vorkommnis: Gelb-Rote Karte für Kohl (90.)
Zuschauer: 28.441

23.03.1996
Bundesliga, 24. Spieltag
1. FC Kaiserslautern – W. Bremen 0:0
Aufstellung: Reck – Wolter – Ramzy, Baiano – Scholz, Basler, Eilts, Votava, Cardoso (86. M. Schulz), Bode – Labbadia
Trainer: Dörner
Tore: –
Zuschauer: 37.178

30.03.1996
Bundesliga, 25. Spieltag
W. Bremen – Bayer 04 Leverkusen 2:1 (1:0)
Aufstellung: Reck – Wolter – Baiano, Ramzy – Scholz, Basler (84. Wiedener), Votava, Eilts, Bode (84. M. Schulz) – Bestchastnykh (60. Hobsch), Labbadia
Trainer: Dörner
Tore: 1:0 Labbadia (4.), 1:1 Neuendorf (56.), 2:1 Labbadia (78.)
Zuschauer: 26.264

06.04.1996
Bundesliga, 26. Spieltag
Borussia Dortmund – W. Bremen 1:1 (1:1)
Aufstellung: Reck – Wolter – Ramzy, Baiano – Scholz, Eilts, Votava, Bode – Bestchastnykh, Hobsch (81. Wiedener), Labbadia
Trainer: Dörner
Tore: 1:0 Tretschok (14.), 1:1 Baiano (37.)
Zuschauer: 42.400

10.04.1996
Bundesliga, 27. Spieltag
W. Bremen – Bor. M'gladbach 2:0 (1:0)
Aufstellung: Reck – Votava – Baiano (85. Unger), M. Schulz – Wiedener, Scholz, Eilts, Bode – Hobsch (69. Basler), Labbadia, Bestchastnykh
Trainer: Dörner
Tore: 1:0 Bestchastnykh (3.), 2:0 Labbadia (80.)
Besonderes Vorkommnis: Gelb-Rote Karte für Effenberg (52.)
Zuschauer: 29.600

13.04.1996
Bundesliga, 28. Spieltag
FC St. Pauli – W. Bremen 1:2 (0:1)
Aufstellung: Reck – Votava – Ramzy, Wiedener – Scholz, Bestchastnykh, Eilts (46. Unger), Bode (90. Sauer), M. Schulz – Labbadia, Hobsch
Trainer: Dörner
Tore: 0:1 Hobsch (45.), 0:2 Trulsen (51. ET), 1:2 Gronau (90.)
Zuschauer: 20.725

20.04.1996
Bundesliga, 29. Spieltag
W. Bremen – VfB Stuttgart 2:2 (1:0)
Aufstellung: Reck – Votava – Baiano, Ramzy – Wiedener, Eilts, Scholz, Bode – Basler, Bestchastnykh (69. Hobsch) – Labbadia
Trainer: Dörner
Tore: 1:0 Basler (2.), 2:0 Basler (51.), 2:1 Gilewicz (57.), 2:2 Oelkuch (87.)
Zuschauer: 29.600

27.04.1996
Bundesliga, 30. Spieltag
Eintracht Frankfurt – W. Bremen 1:0 (0:0)
Aufstellung: Reck – Ramzy – M. Schulz (66. Bestchastnykh), Baiano – Wolter, Basler, Votava, Eilts, Bode – Hobsch, Labbadia
Trainer: Dörner
Tor: 1:0 Schupp (58.)
Zuschauer: 43.000

04.05.1996
Bundesliga, 31. Spieltag
FC Hansa Rostock – W. Bremen 2:1 (0:0)
Aufstellung: Reck – Votava – Baiano, Ramzy – Basler, Wiedener, Scholz, Eilts, Bode (73. Sauer) – Hobsch, Bestchastnykh
Trainer: Dörner
Tore: 1:0 Baumgart (53.), 2:0 Akpoborie (58.), 2:1 Sauer (77.)
Zuschauer: 24.800

07.05.1996
Bundesliga, 32. Spieltag
W. Bremen – FC Bayern München 3:2 (1:2)
Aufstellung: Reck – Wolter – Baiano, Ramzy – Scholz, Eilts, Votava, Cardoso (85. Wiedener), Bode – Basler, Hobsch (74. van Lent)
Trainer: Dörner
Tore: 0:1 Kostadinov (14.), 0:2 Kostadinov (23.), 1:2 Hobsch (42.), 2:2 Bode (50.), 3:2 Bode (65.)
Zuschauer: 29.600

11.05.1996
Bundesliga, 33. Spieltag
1. FC Köln – W. Bremen 1:2 (1:1)
Aufstellung: Reck – Wolter (46. Wiedener) – Baiano (75. Sauer), Ramzy – Scholz, Eilts, Cardoso (67. Bestchastnykh), Votava, Bode – Basler, Hobsch
Trainer: Dörner
Tore: 1:0 Baiano (30. ET), 1:1 Basler (66.), 1:2 Basler (76. FE)
Zuschauer: 40.000

18.05.1996
Bundesliga, 34. Spieltag
W. Bremen – FC Schalke 04 1:2 (1:0)
Aufstellung: Reck – Wolter – Baiano (58. Neubarth), Ramzy – Scholz, Eilts, Votava, Bode – Basler, Cardoso (65. Bestchastnykh) – Hobsch (82. Wiedener)
Trainer: Dörner
Tore: 1:0 Hobsch (37.), 1:1 Wagner (82.), 1:2 Anderbrügge (85.)
Zuschauer: 29.962

20.05.1996
Freundschaftsspiel (»DBV Goodwill Tour 96«)
SG LVB Leipzig – W. Bremen 2:5 (1:1)
Werders Aufgebot: Gundelach, Rost – Ramzy, Dörner – Wiedener, Schulz, Kamp – Wolter, Baiano, Sauer, Penshorn, Dabrowski, Neubarth – Hobsch, Albayrak
Trainer: Dörner
Tore: 0:1 Neubarth (8.), 1:1 Wernicke (20.), 1:2 Albayrak (50.), 1:3 Dabrowski (55.), 1:4 Hobsch (68.), 1:5 Hobsch (80.), 2:5 Wernicke (84.)
Zuschauer: 4.000 in Markkleeberg

21.05.1996
Freundschaftsspiel (»DBV Goodwill Tour 96«)
FC Halle-Neustadt – W. Bremen 1:5 (0:2)
Aufstellung: Gundelach – Ramzy (66. Dörner), Baiano, Schulz (46. Dabrowski), Wolter, Sauer, Wiedener (50. Rost), Neubarth, Scholz – Albayrak, Hobsch
Trainer: Dörner
Tore: 0:1 Neubarth (23.), 0:2 Hobsch (28.), 0:3 Albayrak (68.), 0:4 Albayrak (72.), 0:5 Dörner (79. FE), 1:5 Ilgner (89.)
Besonderheit: Trainer Dixie Dörner und Torwart Frank Rost wirkten als Feldspieler mit
Zuschauer: 4.100

22.05.1996
Freundschaftsspiel (»DBV Goodwill Tour 96«)
SC 03 Weimar – W. Bremen 0:5 (0:4)
Aufstellung: Rost – Neubarth (64. Dörner) – Baiano, Ramzy, Sauer (46. Penshorn) – Scholz, Wolter, Wiedener, Schulz (64. Kamp) – Hobsch (46. Dabrowski), Albayrak
Trainer: Dörner
Tore: 0:1 Albayrak (25.), 0:2 Neubarth (30.), 0:3 Albayrak (34.), 0:4 Albayrak (40.), 0:5 Wiedener (90.)
Besonderheit: Trainer Dixie Dörner und Co-Trainer Kalli Kamp wechselten sich in der 64. Minute selbst ein
Zuschauer: 5.500

Duell zwischen Junior Baiano und Ex-Werder-Idol Rudi Völler (Bayer Leverkusen), der ihn danach »meinen stärksten Gegenspieler überhaupt« nannte

23.05.1996
Freundschaftsspiel (»DBV Goodwill Tour 96«)
Eintracht Amsdorf – W. Bremen 2:10 (0:7)
u.a. eingesetzt: Rost – Dörner, Wiedener, Baiano, Kamp – Wolter, Penshorn, Scholz – Albayrak, Hobsch – Rest unbekannt
Trainer: Dörner
Tore für Werder: Albayrak (2), Scholz, Wiedener, Hobsch, Baiano, Wolter, Penshorn, Dörner, Rost/FE
Besonderheit: Trainer Dörner und Co-Trainer Kamp kamen im Spielverlauf zum Einsatz
Zuschauer: 5.113 in Eisleben

24.05.1996
Freundschaftsspiel (»DBV Goodwill Tour 96«)
Germania Halberstadt/Eintracht Gröningen – W. Bremen 2:4 (1:3)
Aufstellung: Rost – Baiano, Ramzy, Sauer, Wiedener – Schulz, Wolter, Penshorn, Albayrak – Hobsch, Neubarth
Trainer: Dörner
Tore für Werder: 0:1 Albayrak (8.), 0:2 Neubarth (24.), 1:2 Wiekert (38.), 1:3 Ramzy (42.), 2:3 Zude (55.), 2:4 Schulz (60.)
Besonderheit: Werder spielte in der 1. Halbzeit gegen SV Germania Halberstadt und in der 2. Halbzeit gegen FC Eintracht Gröningen. Gröningen, Heimatverein von Dr. Franz Böhmert, erreichte somit ein 1:1 gegen Werder!
Zuschauer: 6.000 in Halberstadt

Bundesliga-Abschlusstabelle 1995 / 1996

Platz	Verein	Spiele	S	U	N	Tore	Diff.	Punkte
1.	Borussia Dortmund (M)	34	19	11	4	76:38	+38	68
2.	Bayern München	34	19	5	10	66:46	+20	62
3.	Schalke 04	34	14	14	6	45:36	+9	56
4.	Borussia M'gladbach (P)	34	15	8	11	52:51	+1	53
5.	Hamburger SV	34	12	14	8	52:47	+5	50
6.	Hansa Rostock (N)	34	13	10	11	47:43	+4	49
7.	Karlsruher SC	34	12	12	10	53:47	+6	48
8.	1860 München	34	11	12	11	52:46	+6	45
9.	**Werder Bremen**	**34**	**10**	**14**	**10**	**39:42**	**-3**	**44**
10.	VfB Stuttgart	34	10	13	11	59:62	-3	43
11.	SC Freiburg	34	11	9	14	30:41	-11	42
12.	1. FC Köln	34	9	13	12	33:35	-2	40
13.	Fortuna Düsseldorf (N)	34	8	16	10	40:47	-7	40
14.	Bayer Leverkusen	34	8	14	12	37:38	-1	38
15.	FC St. Pauli (N)	34	9	11	14	43:51	-8	38
16.	1. FC K'lautern	34	6	18	10	31:37	-6	36
17.	Eintracht Frankfurt	34	7	11	16	43:68	-25	32
18.	KFC Uerdingen 05	34	5	11	18	23:56	-23	26

Fieberkurve der Bundesliga-Saison 1995 / 1996

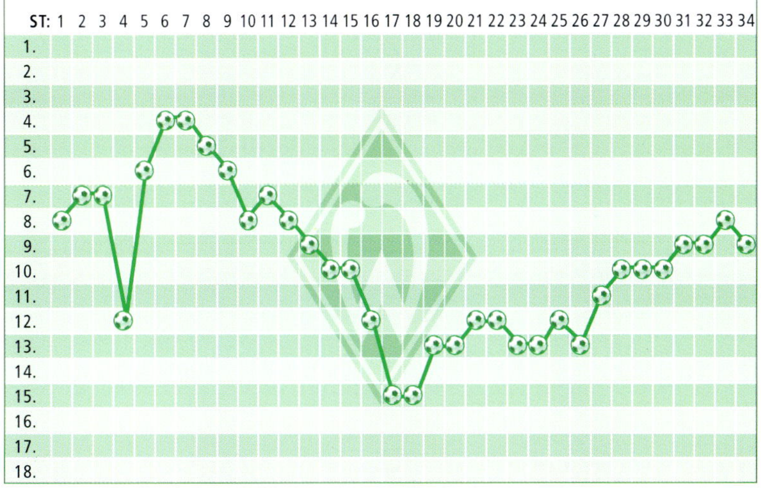

1996/97: Misstöne in der Dixie-Band

Oben v.l.:
Eilts, Wolter, Schulz, Schultz, Votava, Bode, Hobsch, Cardoso, Herzog
Mitte v.l.:
Trainer Dörner, Baiano, Penshorn, Pfeifenberger, Bestchastnykh, van Lent, Todt, Ramzy, Co-Trainer Kamp
Unten v.l.:
Wiedener, Barten, Labbadia, Reck, Gundelach, Rost, Brand, Scholz, Unger

Wenn man eines fernen Tages einmal rekapitulieren möchte, wann aus der strahlenden Erfolgself der Rehhagel-Ära schließlich eine mausgraue Durchschnittsmannschaft wurde, dann muss man auf die Saison 1996/97 verweisen. Noch vor einem Jahr herrschte Euphorie, als der neue Steuermann mit Junior Baiano und Rodolfo Cardoso gleich zwei Topleute aus Südamerika zu Werder holte. Die Vizemeisterelf des letzten Rehhagel-Jahres schien eher gestärkt denn geschwächt, was den furchtbaren Absturz unter Aad de Mos noch schwerer verdaulich machte. Dixie Dörner räumte die Trümmer beiseite, setzte spielerisch auf wenig Risiko und einen konservativen Stil, und er war richtig nett zu seinen Spielern. Das war für den Moment nach de Mos genau das Richtige. Dörners Fußballphilosophie jedoch war gleichzeitig nichts, was zu großen Visionen Anlass gab. Man konnte damit leben, aber man hörte auf zu träumen.

Das war vielleicht auch der Faktor, der Werders Fans schließlich skeptisch werden ließ. Es war ja eigentlich alles okay unter Dörner, aber es ging nicht vorwärts. Die Mannschaft war an guten Tagen zu vielem fähig, aber das immer seltener. Es gelang ein Highlight wie der traumhafte 3:0-Sieg über den FC Bayern, der seine Hollywoodtauglichkeit aus mehreren Personalien gewann: Heimkehrer Andy Herzog machte zwei Tore, der andere Ex-Bayer Labbadia eins. Und der quasi im Tausch mit Herzog an die Isar gewechselte Mario Basler wurde ausgewechselt und sah sich das Elend seiner neuen Kumpels eine Halbzeit lang bedröppelt im Spielertunnel an. Ein Sieg, von dem Werders Anhänger lange zehrten, aber auch nicht endlos leben konnten. Denn auf der anderen Seite kostete Werder seine Fans vor allem fernab des Weser-Stadions viel Kraft: Zwölf Auswärtsniederlagen standen für Werders schlechteste Bilanz auf fremden Plätzen seit dem Abstiegsjahr 1980!

Während seiner gesamten Amtszeit als Werder-Trainer folgte vierzehntäglich die Dörnersche Entschuldigung vom Umbruch, in dem seine Elf sich nun einmal befinde. Pressekonferenzen begannen in sieben von zehn Fällen mit den Worten »Ja gut, ich bin natürlich enttäuscht…«, und in den Mannschaftssitzungen lautete der stets wiederkehrende Trainersatz: »Männer, heute stoßen wir den Bock um!« In der Mannschaft war der Trainer beliebt und seiner glanzvollen aktiven Vergangenheit wegen auch geachtet. Der Öffentlichkeit war er mit der Zeit immer schwerer zu vermitteln.

Zu Dörners Entlastung sei angeführt, dass er mit der Personalpolitik einfach Pech hatte. Abwehrstar Junior Baiano ließ sich zwar noch fürs Mannschaftsfoto ablichten, verschwand dann aber überstürzt zurück nach Brasilien, weil seine Familie in Bremen unglücklich war. Mario Basler war weg, Frank Neubarth hatte aufgehört, und der Dauerverletzte Gunnar Sauer gab seine Hoffnung auf ein Comeback im Werder-Dress auf. Während der Saison drehte sich das Spielerkarussell weiter: Mirko Votava wurde von Dörner in einer Phase aussortiert, als er eigentlich in bestechender Form auftrumpfte. Der Ex-Kapitän flüchtete zum Lokalrivalen Oldenburg. Klassestürmer Bestchastnykh hatte keine Geduld mehr mit Werder, mehr noch aber umgekehrt Werder nicht mehr mit ihm. Der blonde Russe, dem der Fußballhimmel offen zu stehen schien, kam in Bremen letztlich über blendende Ansätze nicht hinaus und versuchte sein Glück während der Saison in Spanien. Und schließlich ging ein weiterer Hoffnungsträger, der Werder nie richtig weiterhelfen konnte: Rodolfo Cardoso wurde zum HSV abgeschoben. Die vielen neuen Spieler hatten fast durchweg gute Referenzen, denen sie jedoch nur sporadisch gerecht werden konnten: Jens Todt spielte bei Werder solide, aber nicht mehr so überzeugend wie beim SC Freiburg. Der Ukrainer Victor Skripnik konnte bedenkenlos eingebaut werden, ohne Glanzlichter zu setzen. Heimo Pfeifenberger aus Österreich sah gut aus, konnte am Ball auch eine ganze Menge, aber fand in Werders System nie eine Position, die ihm wirklich zu liegen schien. Zeitweilig wurde er von Dörner sogar als Basler-Nachfolger auf der rechten Außenbahn versucht, mal als hängende Spitze, dann wieder als Defensivmann. Der Norweger Håvard Flo kam für stolze 2 Millionen DM als Torschützenkönig aus Dänemarks erster Liga und galt als Kopfballungeheuer, aber er blieb nach einem schnellen Tor im ersten Testspiel nach seiner Verpflichtung (2:0 in Salzburg) im ersten Jahr in Pflichtspielen komplett torlos, was daran liegen könnte, dass ein kopfballstarker Spieler auch ab und zu mal eine Flanke durchaus zu schätzen weiß. Flügelspiel aber fand unter Dixie Dörner, mangels passenden Personals, so gut wie nicht statt. Statt dessen wurde häufig der nicht gerade pfeilschnelle Strafraumfachmann Bruno Labbadia mit Steilpässen gefüttert, was auf den Rängen auch keiner so recht kapieren mochte. Kurz: Es hakte und rumpelte an allen Ecken und Enden, und ohne die zusammen 25 Tore der beiden Leistungsträger Bode und Herzog hätte es ganz zappenduster ausgesehen. Der gegnerische Strafraum entpuppte sich dabei als das ganz große Werder-Krisengebiet der Saison: Labbadia auf dem absteigenden Ast, Hobsch im Dauertief, Bestchastnykh nach drei Saisonspielen nach Spanien verscherbelt, »Howie« Flo harm- und torlos. Daber sollte der Norweger Werder doch noch in den UEFA-Cup ballern. Er stammte aus einem Städtchen namens Stryn und damit aus einer Gegend, in der es zwölf Monate im Jahr Schnee gibt. Das hinderte ihn jedoch nicht daran, in seiner ersten Saison bei Werder unzählige Male in fremden Strafräumen fernab jeglicher verwertbarer Vorlagen vor sich hinzufrösteln. Und der später als Nachwuchstorjäger aus Aachen verpflichtete Torsten Frings schließlich beeindruckte zwar auf Anhieb spielerisch, bestach durch Mut und Frechheit, aber wurde bei Werder nie dem Ruf gerecht, ein wirklich effektiver Stürmer zu sein. Alles in allem ein Trauerspiel!

Zwischenzeitlich schien sich alles zum Guten zu wenden: Nach elf Spielen stand Werder auf einem UEFA-Cup-Platz, obwohl die Mannschaft bis dahin nicht unbedingt auffällig geglänzt hatte – wenn man das schon beschriebene 3:0 gegen die Bayern einmal ausklammert. Um oben dranzubleiben, fehlte der Mannschaft einfach die Konstanz. Auswärtsspiele bedeuteten fast immer Niederlagen, und als auch im Weser-Stadion nicht mehr so häufig gewonnen wurde, sackte die Mannschaft in die Grauzone ab, wo sie auch blieb.

Eine Negativentwicklung, die für den ganzen Verein langsam aber sicher zur Belastung wurde. Nur zwei Jahre nach Rehhagels Abschied war Werder finanziell und sportlich im Minus angekommen, was Vizepräsident Klaus-Dieter Fischer eine Kurskorrektur verkünden ließ: Er prophezeite das Ende der Millionentransfers, die Werder nun auch schon längere Zeit kein Glück mehr gebracht hatten (Victor Skripnik, Flo und Raphael Wicky hatten in den Monaten zuvor annähernd 6 Millionen DM verschlungen – sehr viel Geld für Werder, und entschieden zuviel Geld für eine graue Maus. : »Unser Konzept ›Werder 2000‹ beinhaltet ein Nachwuchskonzept, das uns mittelfristig unabhängig machen soll von der Verpflichtung teurer Spieler. Wir hatten vor zehn Jahren eine Phase, in der unsere halbe Mannschaft aus Eigengewächsen bestand. Da wollen wir wieder hin!«, gab Fischer die neue Richtung vor. Bei allem Respekt stellte sich zwei Jahre nach Ende der Ära Rehhagel heraus, dass die zuletzt mangelnde Bereitschaft des Über-Trainers am Einbau junger Spieler eine gewisse Abschreckung erzeugt hatte. Junge Spieler wussten, dass sie bei Werder einen ganz langen Atem brauchten, um jemals in die Nähe des Bundesligakaders zu kommen. So entschieden sich vielversprechende Spieler plötzlich häufig gegen Werder. Eine Entwicklung, die dringend einer Umkehr bedurfte.

Pistolero mit etwas zu enger Hose: Bruno Labbadia feiert ein Tor gegen seinen Exklub Bayern beim überraschenden 3:0-Sieg mit etwas ungewöhnlicher Pose

Die triste Saison 1996/97 kam Werder besonders ungelegen, weil das Drumherum im Stadion endlich stimmte: Die Vokabel »Schatzkästchen« als Metapher für das Weser-Stadion wurde angesichts der bundesweit einmaligen neuen Businesslogen in der Ostkurve immer häufiger bemüht. Leider stand vor den Logen ein Fanblock, der sich weder über die zahlungskräftige Klientel in seinem Rücken freute, noch über das Gekicke vorne auf dem Rasen. »Dörner raus!« tönte es zum Saisonende immer öfter durch die schmucke Arena, weil die Mannschaft nicht nur unattraktiv spielte, sondern auch durch oft schwer verständliche Wechsel des Trainers durcheinander schien. Werder bog die Saison mit einem geschmacksneutralen 8. Platz irgendwie zu Ende und hielt am bei den Fans nicht mehr sehr beliebten Trainer fest. Es war eine lobenswerte Absicht, Dörner nicht der öffentlichen Meinung zum Fraß vorzuwerfen. Ein Fehler war es dennoch, wie sich wenige Wochen später schmerzhaft zeigen sollte.

WERDER BREMEN 1996/97

Trainer

Dörner, Hans-Jürgen »Dixie«
Verantwortlicher Trainer in allen 34 Spielen der Saison

Werders Neuzugänge im Sommer 1996

Zwei Neue und ein verlorener Sohn: Dixie Dörner freut sich über Heimkehrer Andy Herzog und die beiden Neuverpflichtungen Heimo Pfeiffenberger und Jens Todt

Wer kam?

Brand (eig. Amateure)
Flo (Aarhus GF/Dänemark, w.d.S.)
Frings (Alemannia Aachen, w.d.S.)
Herzog (Bayern München)
Penshorn (eig. A-Jugend)
Pfeifenberger (Casino Salzburg/Österreich)
Schierenbeck (eig. Amateure, w.d.S.)
Schultz (eig. A-Jugend)
Skripnik (Dnjepr Dnjepropetrowsk/Ukraine)
Todt (SC Freiburg)

Wer ging?

Albayrak (Kocaelispor Külübü/Türkei)
Baiano (Flamengo Rio de Janeiro/Brasilien, w.d.S.)
Basler (Bayern München)
Bestchastnykh (Racing Santander/Spanien, w.d.S.)
Cardoso (Hamburger SV, w.d.S.)
Dogu (Galatasaray Istanbul/Türkei)
Neubarth (Karriereende)
Sauer (Hertha BSC Berlin)
Votava (VfB Oldenburg, w.d.S.)

w.d.S. = während der Saison

Tor

Reck, Oliver »Olli«
34 Spiele; 0 Tore

Rost, Frank »Fäustel«
0 Spiele; 0 Tore

Gundelach, Hans-Jürgen
0 Spiele; 0 Tore; Amat.

Abwehr

Wiedener, Andree
25 Spiele; 1 Tor

Ramzy, Hany
24 Spiele; 0 Tore

Skripnik, Victor »Skripa«
22 Spiele; 1 Tor

Mittelfeld

Eilts, Dieter »Ostfriesen-Alemao«
30 Spiele; 0 Tore

Herzog, Andreas »Andy«
29 Spiele; 15 Tore

Pfeifenberger, Heimo
25 Spiele; 3 Tore

Angriff

Bode, Marco
33 Spiele; 10 Tore

Labbadia, Bruno
23 Spiele; 8 Tore

Hobsch, Bernd »Hobscher«
16 Spiele; 2 Tore

Erweiterter Kader

Lellek, Jens
2 Spiele; 0 Tore

Völzke, Hendrik
1 Spiel; 0 Tore
Amateur

Der Sport-Verein »Werder« im Jahr 1996/97:

1996/97

Präsident:	**Dr. Franz Böhmert**
Vizepräsident:	**Klaus-Dieter Fischer (Amateur-Abt.)**
3. Präsident:	**Manfred Müller (Finanzen)**
Geschäftsführer:	**Wolfgang Barkhausen (Verwaltung), Manfred Blöhm (Marketing), Hinrich v. Hallen (Wirtschaftl. u. Controlling)**
Manager:	**Willi Lemke**
Vereinsärzte:	**Dr. Karl Meschede und Dr. Götz Dimanski**
Masseure:	**Holger Berger und Eric von Euen**
Mitglieder:	**2.900**
Kapazität Weser-Stadion:	**29.699 Plätze (24.299 überdachte Sitzplätze und 5.400 Stehplätze; 350 Logenplätze)**

Todt, Jens
21 Spiele; 1 Tor

Schulz, Michael »Du Sau«
19 Spiele; 1 Tor

Schierenbeck, Björn »Fiedel«
13 Spiele; 0 Tore; Amat.

Baiano, Junior »Junior«
0 Spiele; 0 Tore

Barten, Mike
0 Spiele; 0 Tore
Amateur

Penshorn, Thomas
0 Spiele; 0 Tore
Amateur

Brand, Christian
24 Spiele; 1 Tor
Amateur

Scholz, Heiko »Scholle«
21 Spiele; 1 Tor

Unger, Lars
18 Spiele; 1 Tor
Amateur

Wolter, Thomas »Stonie«
9 Spiele; 0 Tore

Cardoso, Rodolfo Esteban
8 Spiele; 0 Tore

Votava, Miroslav »Mirko«
6 Spiele; 1 Tor

Schultz, Timo
0 Spiele; 0 Tore
Amateur

van Lent, Arie
15 Spiele; 5 Tore
Amateur

Frings, Torsten »Lutscher«
15 Spiele; 0 Tore

Flo, Håvard »Howie«
14 Spiele; 0 Tore

Bestchastnykh, Wladimir »Wladi«
3 Spiele; 0 Tore

Kam als blutiger Rookie aus Aachen zu Werder, stieg aber im Expresstempo in die Bundesliga ein: Torsten Frings nach seiner Verpflichtung 1996

Torsten Frings: »... in Bremen macht Fußball viel mehr Spaß!«

Torsten Frings wurde im Herbst 1996 für 300.000 DM Ablöse vom damaligen Regionalligisten Alemannia Aachen losgeeist. Ursprünglich sollte er erst zur folgenden Saison 1997/98 verpflichtet werden, aber akute Offensivprobleme bewegten Trainer Dixie Dörner, den erst 20-Jährigen Frings schon im Januar 1997 ins winterlich kalte Wasser zu werfen. Obwohl er sich erst bei den Amateuren des SV Werder beweisen sollte, rutschte der Mann, den sie bald »Lutscher« nannten, schnell in die erste Elf der Profis. Für die Amateure absolvierte er schließlich nur ein einziges Spiel, in dem er prompt traf.

Das war nicht ganz typisch, denn der als quirliger Stürmer in der Regionalliga West/Südwest entdeckte, junge Rheinländer bewies zwar höchstes Geschick am Ball, erwies sich auf dem Rasen zudem als unbekümmerter, frecher Hund, aber ein Torjäger wurde er nicht mehr. Dafür wurde er als Allrounder überraschend schnell eine feste Größe in Werders damals ansonsten sehr labiler Elf. Abgesehen von sportlichen Problemen seiner neuen Mannschaft ging für Torsten Frings somit eine Rechnung auf. Die, die für ihn den Ausschlag pro Werder gab.

Dixi Dörner hat mich zu Werder geholt. Ich hatte mehrere Angebote von Bundesligisten, von den Bayern, Dortmund und Karlsruhe, aber bei Werder hatte ich immer das Gefühl, die fairsten Chancen zu bekommen. Und deswegen bin ich zu Werder gegangen. Ich wollte so schnell wie möglich bei den Profis mitspielen und habe alles dafür getan. Ich habe eine super Vorbereitung gespielt, war bei vielen Hallenturnieren dabei, und da habe ich eigentlich relativ schnell gesehen, dass ich mithalten kann. Und dann habe ich gottseidank sehr schnell meine Chance bekommen, weil wir ein paar Verletzte hatten. Und diese Chance habe ich am Schopf gepackt.

Und dabei ließ sich Frings auch nicht von einem unruhigen Saisonverlauf entmutigen. Werders Mannschaft funktionierte nicht, brachte keinen attraktiven Fußball zustande und erzeugte selten Torgefahr. In der Tabelle rangierte man jenseits von Gut und Böse, und Trainer Dörner stand permanent in der Kritik.

Ich habe davon eigentlich wenig mitbekommen, weil ich mich sehr auf meine Aufgabe konzentriert habe. Ich wollte schnell den Anschluss finden, war neu in der Stadt, mit meiner damaligen Freundin und jetzigen Frau. Da hatte ich selbst genug eigene Probleme und konnte mich nicht besonders um die Mannschaft kümmern. Außerdem wurde es auch nicht von mir erwartet, dass ich mich da großartig um irgendetwas kümmere. Ich sollte meine Unbekümmertheit in die Mannschaft bringen, und das hat ganz gut geklappt.

In seiner sehr viel später beginnenden Nationalmannschaftskarriere wird Frings schnell zu einem Klassemann, spätestens im WM-Sommer 2006 sogar zu einem Weltklassemann. Dabei kommt ihm vor allem seine Vielseitigkeit zu Gute, die er einer Verkettung von Zufällen verdankt.

Ich bin ja ursprünglich als Stürmer verpflichtet worden, aber es haben sich dann irgendwann Thomas Wolter und Heiko Scholz verletzt. Deshalb hat mich der Trainer gefragt, ob ich mir zutrauen würde, auch im Mittelfeld zu spielen. Das war für mich eine gute Gelegenheit, etwas fester in die Mannschaft zu kommen, und da habe ich natürlich ›ja‹ gesagt. Schließlich bekam ich die Chance auf der rechten Seite zu spielen, und die habe ich genutzt. Im Laufe der Zeit habe ich dann nach meinem Anfang als Stürmer praktisch alle Positionen auf der rechten Seite und im zentralen Mittelfeld gespielt, hinter den Spitzen wie auch defensiv. Eigentlich hatte ich zuvor immer nur Stürmer gespielt, die ganze Jugend hindurch, und ich musste mich schon ein bisschen umstellen. Aber wie gesagt, ich habe es als meine große Chance gesehen, in der Mannschaft Fuß zu fassen. Ich habe mich also umgestellt, habe mich konzentriert und wollte wenig Fehler machen auf der Position. Und das ist natürlich leichter, wenn man wie ich eine gute Technik hat.

Torsten Frings steigert sich von Jahr zu Jahr, wird schließlich für Werder unverzichtbar. Mitten in seiner besten Saison 2001/02 wird er mit zahlreichen großen Klubs in Verbindung gebracht. Leverkusen wähnt ihn schon sicher verpflichtet, aber am Ende hat Borussia Dortmund bessere Karten und bekommt Frings' Jawort. Sein Wechsel sorgt für Unmut bei den Werder-Fans, weil Frings nach anfänglichem Zögern seinen Wechsel verbal vorantreibt.

Ich wollte damals nach Dortmund, weil ich schon fünf Jahre in Bremen hinter mir hatte. Ich wollte mal etwas Neues sehen und mich weiter entwickeln. Und man muss auch sehen, dass Werder damals nicht so stark war, wie wir jetzt sind. Obwohl unter Thomas Schaaf eine gute Entwicklung gestartet wurde,

Zehn Jahre nach seinem Einstieg bei Werder: Torsten Frings wurde nach einer überragenden WM das Attribut »Weltklasse« attestiert

war im Jahr 2002 nicht abzusehen, dass Werder den Sprung nach ganz oben noch einmal schafft. Ich steckte also in der Zwickmühle, Bremen als Stadt zu mögen, aber auch das sichere Gefühl zu haben, dass ich mich bei Werder auf lange Sicht nicht weiter verbessern kann. Wir sind halt immer auf den Plätzen sechs oder sieben gelandet, und eine weitere Entwicklung war kaum zu erwarten. Ich wollte aber unbedingt Europapokal spielen und Champions League, und ich wollte einmal Meister werden. Deswegen habe ich dann den Schritt nach Dortmund gewagt, was mir damals sehr schwer gefallen ist.

Natürlich ist damals auch viel Blödsinn über mich geschrieben worden. Dinge, die ich so nie gesagt habe. So funktionieren die Medien nun mal. Ich steckte aber auch in einer klassischen Zwickmühle. Die Dortmunder haben mir Druck gemacht, ich solle mich öffentlich bekennen: Sag doch mal, dass Du unbedingt zu uns willst! Setz' Werder unter Zugzwang! Es gehört eben auch dazu, dass man dauernd irgendwelche Statements und Wasserstandsmeldungen abgeben soll. Dann kommt es vor, dass man auch Dinge in Mikrofone redet, die man später so nie wiederholen würde. Ich war damals immer noch ein junger Spieler, und da macht man eben Fehler.

Die Werder-Fans sehen das, wie gesagt, ganz ähnlich. Wie verschmähte, sitzengelassene Lover behandeln sie Frings zunächst, als der zurück ist. Nach dem Motto: »Wir haben ihn ja irgendwie immer noch lieb, aber er muss erst mal beweisen, dass es ihm ernst ist mit Werder!«

Die Schlagzeilen waren einfach zu negativ, als dass ich einfach so hätte wiederkommen können, nach dem Motto: ›Hallo, hier bin ich wieder!‹ Gut, klar konnte ich die Fans verstehen, aber

Ein kompletter Fußballer: Torsten Frings steht in Werders Mittelfeld für Übersicht, Spielverständnis, Kampfkraft, große technische Fertigkeiten und Aggressivität

The Kurzhaar-Years: Torsten Frings bejubelt einen eigenen Treffer in seiner restlos überragenden Saison 2001/02, die ihn für größere Klubs interessant machte. Werder hatte in diesen Jahren noch massive Probleme, sich als Spitzenverein zu positionieren, was man nicht zuletzt am fehlenden Trikotsponsor ablesen kann

ich war mir auch sicher, dass ich ein guter Spieler bin und die Fans bald wieder hinter mir habe, wenn ich gute Leistungen bringe. Außerdem wollen wir hier ja alle das gleiche, nämlich Erfolg mit Werder. Das war für mich der Hauptgrund, wiederzukommen. Und deshalb habe ich alles dafür getan, hier sportlich schnell wieder Fuß zu fassen.

Anders als ›normale‹ Spielerwechsel ist Frings' Rückkehr zu Werder ein Bekenntnis zu Stadt und Verein, beinahe ein Schwur.

Ich habe nicht vor, noch einmal wegzugehen. Ich fühle mich so wohl hier. Das sportliche stand immer im Vordergrund, denn das ist schließlich mein Beruf. Ich wäre nicht von Bayern zu Werder gegangen, wenn Werder nur Achter oder Neunter gewesen wäre. Aber jetzt stimmt die Kombination: Ich kann wieder da leben, wo ich mich am wohlsten fühle, kann dort spielen wo es mir am meisten Spaß macht und kann jetzt auch in einer Mannschaft spielen, die die Perspektive hat, nach hohen Zielen zu greifen. Werder ist halt mittlerweile eine Topadresse. Und du kannst mit Werder auf höchstem Niveau mithalten und brauchst dich nicht zu verstecken. Das birgt allerdings auch Gefahren, denn du kommst manchmal schnell nach oben, aber du musst dich da oben dann auch erst mal halten. Das ist der größere Kraftakt.

Torsten Frings kehrt also nach zwei Jahren in Dortmund und einem Jahr in München im Sommer 2005 überraschend nach Bremen zurück. Der entgegengesetzte Wechsel Valérien Ismaëls an die Isar macht es möglich. In Bremen wird er wegen der Nachwehen seines Abschieds von einigen Fans kühl empfangen. Es gelingt ihm jedoch, die Herzen der Werder-Fans im Eiltempo zurückzuerobern. Zum einen durch durchweg makellose Leistungen, zum anderen durch seine Aura. Denn aus dem aufstrebenden Jungstar ist bei seiner Rückkehr eine echte Persönlichkeit geworden. Frings wirkt offener, reifer, freier als bei seinem Abschied.

Ja, natürlich das stimmt. Man lernt mit dem Alter. Ich habe viel durch meine Wechsel gelernt, auch als ich dann zu den Bayern ging. Ich bin halt als junger Spieler gegangen und als reifer Spieler zurückgekommen. Ich habe meine Erfahrungen gesammelt und kann die jetzt hier bei Werder weitergeben.

Weder in Dortmund, noch in München habe ich Bremen je aus den Augen verloren. Die Stadt ist meine Heimat gewesen, und ich hatte auch noch ein paar Kumpels hier. Auch mit Thomas Schaaf ist der Kontakt nie abgerissen. Ich war ein bisschen traurig, als Werder 2004 das Double geholt hat und ich nicht dabei sein konnte. Schließlich hatte ich mir ja genau das gewünscht: In Bremen mal einen Titel zu holen. Aber zu meiner Zeit vorher ging es immer nur um den UI-Cup. Es war also ein bisschen Wehmut, die Jubelbilder aus Bremen zu sehen, auch wenn ich mich total für Thomas Schaaf und die Mannschaft gefreut habe.

In München wartet eine nicht ganz erwünschte Überraschung auf Frings. Nach seinem feststehenden Wechsel zu den Bayern wird dort Otmar Hitzfeld abgesägt und durch jemanden ersetzt, der frappierend einem kurzzeitigen Werder-Trainer ähnelt, mit dem Torsten Frings 1999 in Bremen große Probleme hatte.

In Bremen hat er mich einfach nicht gut behandelt. Da war ich ein junger Spieler mit 20 oder 21 Jahren und hatte noch alles vor mir. Ich habe damals auch nicht richtig verstanden, warum er so zu mir war, weil ich im Training immer Gas gegeben habe. Ich habe ihm kaum Angriffsfläche geboten, und dennoch war ich bei ihm unten durch. Als ich in München wieder unter ihm trainierte, da war ich schon ein reifer Spieler, das kann man nicht mehr vergleichen. Da hatte ich schon fast 50 Länderspiele und habe sehr viel Geld gekostet. Mit diesen Vorgaben musste er mich anders behandeln als damals in Bremen. Da hat er überhaupt nicht mit uns gesprochen. Er hat sich ein paar erfahrenere Spieler rausgepickt, und ich war eigentlich Luft für ihn.

Ähnlich vehement wie 2002 den Wechsel nach Dortmund, betreibt Frings drei Jahre später seine Rückkehr nach Bremen. Plötzlich wird ihm klar: Er kann zurück in ›seine‹ Stadt und nun dort um die Meisterschaft mitspielen. Für Frings ist Werder nun der perfekte Verein.

Ich musste nicht lange überlegen: Zumal Werder auch sportlich jetzt auch eine Topadresse ist. Mir ist es damals sehr schwer gefallen, aus Bremen weg zu gehen, und ich habe mich gefreut, dass ich wieder zurück kommen konnte. Es macht in Bremen viel mehr Spaß Fußball zu spielen, vor allem auch unter Thomas Schaaf zu spielen.

Werder ist für mich eben immer noch etwas besonderes. Hier passt einfach alles, das Klima ist gut. Man geht vernünftig mit einander um. Man hat einfach zu jedem einen Draht. Das war bei Bayern und Dortmund ganz anders.

Hier fühlt man sich einfach wohl. Werder ist ein ruhiger Verein, ohne großartige Skandale. Die Leute lassen einen hier in Ruhe, und das trägt dazu bei, dass man sich völlig auf das Fußballspielen konzentrieren kann.

Torsten Frings ist sehr schnell, wie man so schön sagt, »in Bremen angekommen«. Er spielt gut, die Mannschaft profitiert von ihm, und er profitiert von einer immer hochkarätigeren Mannschaft. Die sportlichen Ziele ergeben sich von selbst: Frings möchte den Werder-Fans auf dem Marktplatz die Meisterschale zeigen.

Auf jeden Fall. Und diesen Traum werde ich mir auch erfüllen. Unsere Mannschaft hat Klasse. Jeder will für Werder spielen, weil wir jetzt eben eine Topadresse sind. Deswegen kommen auch solche Spieler wie Mertesacker oder wie Miro Klose oder ich selbst. Deshalb kommt ein Pierre Wome von Inter Mailand, weil Werder einen tollen Namen hat – nicht mehr nur in Deutschland, sondern inzwischen in ganz Europa. Natürlich kann man sich hier nicht mit Barcelona messen. Die sind einfach besser, das muss man denen eben zugestehen. Aber wir sind auf dem Weg dahin. Wir brauchen uns vor keiner Mannschaft zu verstecken. Natürlich sind die ganz großen europäischen Mannschaften noch etwas stärker, aber auch gegen die kannst du mittlerweile gut mithalten und gut aussehen. Es gibt nicht mehr viele Mannschaften, die gegen uns eindeutig Favorit sind. Dafür sind wir mittlerweile einfach zu stark.

The Langhaar-Years: »Lutscher« bejubelt seinen Treffer im WM-Eröffnungsspiel 2006 gegen Costa Rica. Der Jubel-Finger ist immer noch derselbe wie auf dem Bild links, ansonsten ist alles anders: Torsten Frings ist nach einer dreijährigen Spitzenklub-Rundreise über Dortmund und München wieder in Bremen gelandet und wird nach seiner Rückkehr an die Weser zum »besten Frings, den es je gab«

Spielerlaufbahn:

1994–96 Alemannia Aachen
1997–02 Werder Bremen
2002–04 Borussia Dortmund
2004/05 Bayern München
2005– Werder Bremen

Alle Spiele 1996/97

22.06.1996
UI-Cup, 1. Spieltag
Apollon Limassol – W. Bremen 0:2 (0:1)
Aufstellung: Rost – Wolter– Ramzy, M. Schulz (46. Votava) – Scholz (66. Hobsch), Herzog, Todt, Cardoso, Wiedener (69. Brand) – Pfeifenberger, Labbadia
Trainer: Dörner
Tore: 0:1 Labbadia (24.), 0:2 Herzog (62.)
Zuschauer: 143

03.07.1996
Freundschaftsspiel
ESV Blau-Weiß Bremen – W. B. 0:18 (0:8)
Aufstellung: Rost (46. Gundelach) – Baiano, Wolter (46. Schulz), Ramzy – Brand (58. Wiedener), Pfeifenberger, Herzog, Cardoso – Labbadia, Hobsch
Trainer: Dörner
Tore: 0:1 Baiano (6.), 0:2 Herzog (23.), 0:3 Labbadia (21.), 0:4 Cardoso (22.), 0:5 Labbadia (29.), 0:6 Hambsch-Müller (33. ET), 0:7 Todt (35.), 0:8 Hobsch (41.), 0:9 Todt (52.), 0:10 Hobsch (58.), 0:11 M. Schulz (63.), 0:12 Baiano (70.), 0:13 Wiedener (71.), 0:14 Baiano (72.), 0:15 Pfeifenberger (74.), 0:16 Cardoso (80.), 0:17 Hobsch (82.), 0:18 Labbadia (89.)
Zuschauer: 2.500

07.07.1996
UI-Cup, 2. Spieltag
W. B. – Djurgarden Stockholm 3:2 (2:2)
Aufstellung: Rost – Wolter – Baiano, Ramzy – Pfeifenberger, Herzog, Todt, Cardoso, Brand – Hobsch, Labbadia
Trainer: Dörner
Tore: 0:1 B. Andersson (3.), 0:2 Baiano (9. ET), 1:2 Brand (17.), 2:2 Hobsch (26.), 3:2 Pfeifenberger (66.)
Zuschauer: 19.895

09.07.1996
Blitzturnier in Delmenhorst (2 x 22,5 Minuten)
W. Bremen – Nationalelf Vietnam 5:2
Aufstellung: Gundelach – Votava – Baiano, M. Schulz – Scholz, Wiedener, Todt, Herzog, Pfeifenberger – Bestchastnykh, Labbadia
Trainer: Dörner
Tore: 0:1 Thien Nhan, 0:2 Hong Hai, 1:2 Pfeifenberger, 2:2 Herzog, 3:2 Labbadia, 4:2 Bestchastnykh, 5:2 Pfeifenberger
Zuschauer: 4.000

09.07.1996
Blitzturnier in Delmenhorst (2 x 22,5 Minuten)
Atlas Delmenhorst – W. Bremen 0:1
Aufstellung: Rost – Wolter– Ramzy, Baiano (Barten) – M. Schulz, Votava, Wiedener, Brand, Cardoso – Bestchastnykh, Hobsch
Trainer: Dörner
Tor: Cardoso (FE)
Zuschauer: 4.000
Endstand:

	S U N	Tore	Pk.
1. SV W. Bremen	2 0 0	6 : 2	6
2. SV Atlas Delmenhorst	0 1 1	1 : 2	1
3. Nationalelf Vietnam	0 1 1	3 : 6	1

13.07.1996
UI-Cup, 3. Spieltag
B 68 Toftir – W. Bremen 0:2 (0:1)
Aufstellung: Rost – Wolter (15. Votava) – Baiano, Ramzy – Scholz (46. Bestchastnykh), Pfeifenberger, Todt, Herzog, Brand – Labbadia, Hobsch
Trainer: Dörner
Tore: 0:1 Pfeifenberger (33.), 0:2 Labbadia (59.)
Zuschauer: 400

17.07.1996
Internationales Freundschaftsspiel
Rapid Wien – W. Bremen 0:1 (0:1)
Aufstellung: Rost – Wolter (Brand) – Ramzy, Baiano (Votava), M. Schulz – Todt, Wiedener, Pfeifenberger (Cardoso), Herzog (Scholz) – Labbadia (Hobsch), Bestchastnykh
Trainer: Dörner
Tor: 0:1 Labbadia (18.)
Zuschauer: 17.500 in Eisenstadt

20.07.1996
UI-Cup, 4. Spieltag
W. Bremen – Linzer ASK 1:3 (0:0)
Aufstellung: Rost – Baiano, Wolter, Ramzy – Scholz (80. Wiedener), Pfeifenberger, Votava (46. Bestchastnykh), Brand (68. Hobsch) – Herzog, Cardoso – Labbadia
Trainer: Dörner
Tore: 0:1 Kauz (48.), 1:1 Herzog (56. FE), 1:2 Scharrer (85.), 1:3 Kauz (90.)
Zuschauer: 19.790
Endstand:

	S U N	Tore	Pk.
1. Linzer ASK (A)	4 0 0	11 : 1	12
2. SV W. Bremen (D)	3 0 1	8 : 5	9
3. Djurgarden Stockholm (S)	2 0 2	15 : 6	6
4. Apollon Limassol (Zypern)	1 0 3	4 :13	3
5. B 68 Toftir (Faröer)	0 0 4	2 :15	0

23.07.1996
Freundschaftsspiel
Komet Pennigbüttel – W. Bremen 0:11 (0:5)
Aufstellung: Reck – Baiano (46. Ramzy), Todt, M. Schulz – Pfeifenberger (60. Brand), Votava, Cardoso, Wiedener (60. Wolter), Herzog – Labbadia, Bestchastnykh
Trainer: Dörner
Tore: 0:1 Pfeifenberger (12.), 0:2 Labbadia (20.), 0:3 Baiano (26.), 0:4 Labbadia (37.), 0:5 Herzog (42.), 0:6 Bestchsatnykh (60.), 0:7 Cardoso (63.), 0:8 Prigge (70. ET), 0:9 Cardoso (75.), 0:10 Todt (81.), 0:11 Labbadia (84.)
Zuschauer: 2.500

26.07.1996 v
Freundschaftsspiel
Frisia Loga – W. Bremen 0:5 (0:2)
Aufstellung: Reck (46. Rost) – Scholz, Baiano (46. Schulz), Ramzy (46. Wiedener) – Herzog (46. Cardoso), Todt (46. Wolter), Pfeifenberger (46. Brand), Votava – Labbadia, Bode (46. Bestchastnykh), Hobsch
Trainer: Dörner
Tore: 0:1 Pfeifenberger (9.), 0:2 Labbadia (37.), 0:3 Labbadia (65.), 0:4 Cardoso (75.), 0:5 Bestchastnykh (85.)
Zuschauer: 2.500 in Firrel

02.08.1996
Freundschaftsspiel
FC Hansa Rostock – W. Bremen 2:2 (0:1)
Aufstellung: Reck – Wolter (46. Votava) – Ramzy, Skripnik – Todt, Pfeifenberger (77. Scholz), Cardoso, Herzog, Bode – Hobsch (46. Bestchastnykh), Labbadia
Trainer: Dörner
Tore: 0:1 Labbadia (44.), 1:1 Akpoborie (75.), 1:2 Cardoso (78.), 2:2 Akpoborie (86.)
Zuschauer: 6.000 in Schönberg

04.08.1996
Freundschaftsspiel
BV Cloppenburg – W. Bremen 3:7 (2:3)
Aufstellung: Reck (46. Rost) – Wolter – Ramzy, Votava – Scholz, Todt (46. Wiedener), Pfeifenberger, Cardoso (46. Brand), Herzog (46. Bestchastnykh) – Labbadia, Hobsch
Trainer: Dörner
Tore: 1:0 Bünger (2. HE), 1:1 Hobsch (4.), 2:1 Blancke (23.), 2:2 Cardoso (26.), 2:3 Labbadia (45.), 2:4 Labbadia (49.), 2:5 Labbadia (50.), 2:6 Pfeifenberger (63.), 2:7 Labbadia (77.), 3:7 Savickas (88.)
Zuschauer: 2.500

11.08.1996
DFB-Pokal, 1. Runde
W. Bremen – Bayer 04 Leverkusen
1:1 (0:0, 0:0) n.Verl. i. Elfmeterschießen: 5:3
Aufstellung: Reck – Ramzy, Wolter (61. Votava), Baiano – Pfeifenberger (120. Brand), Todt, Bode – Herzog, Cardoso – Labbadia, Hobsch (73. Bestchastnykh)
Trainer: Dörner
Tore: 0:1 Rydlewicz (92.), 1:1 Cardoso (103. FE)
Besondere Vorkommnisse: Rote Karte für Labbadia (40.); Meijer schießt HE an die Latte (90.)
Elfmeterschießen: 1:0 Herzog, 1:1 Sergio, 2:1 Cardoso, 2:2 Heintze, 3:2 Brand, 3:3 Happe, 4:3 Bode, Wörns gehalten, 5:3 Bestchastnykh
Zuschauer: 11.860

17.08.1996
Bundesliga, 1. Spieltag
SC Freiburg – W. Bremen 3:2 (2:0)
Aufstellung: Reck – Ramzy, Wolter, Skripnik – Scholz (70. Cardoso), Wiedener (58. Hobsch), Todt, Bode – Herzog – Pfeifenberger, Bestchastnykh (81. M. Schulz)
Trainer: Dörner
Tore: 1:0 Decheiver (24.), 2:0 Decheiver (45.), 2:1 Herzog (63.), 2:2 Herzog (72. FE), 3:2 Sutter (85. HE)
Besondere Vorkommnisse: Gelb-Rote Karte für Wolter (78.); Gelb-Rote Karte für Wassmer (89.)
Zuschauer: 22.500

20.08.1996
Bundesliga, 2. Spieltag
W. Bremen – FC Hansa Rostock 1:1 (0:1)
Aufstellung: Reck – Ramzy, Votava, Skripnik – Scholz (46. Bestchastnykh), Todt, Bode – Pfeifenberger (81. Wiedener), Herzog – Hobsch (61. Brand), Cardoso
Trainer: Dörner
Tore: 0:1 Akpoborie (40.), 1:1 Hofschneider (70. ET)
Besonderes Vorkommnis: Gelb-Rote Karte für Studer (84.)
Zuschauer: 24.300

24.08.1996
Bundesliga, 3. Spieltag
VfB Stuttgart – W. Bremen 2:1 (0:0)
Aufstellung: Reck – Ramzy, Votava, M. Schulz – Scholz (73. Brand), Todt, Eilts (80. Wiedener), Herzog, Bode – Cardoso (61. Bestchastnykh) – Hobsch
Trainer: Dörner
Tore: 1:0 Balakov (50.), 2:0 Bobic (61.), 2:1 Votava (69.)
Zuschauer: 27.000

27.08.1996
Bundesliga, 4. Spieltag
W. Bremen – Bor. M'gladbach 1:0 (1:0)
Aufstellung: Reck – Ramzy (23. Wolter), Votava, M. Schulz – Wiedener, Eilts, Todt, Brand (86. Unger) – Cardoso – Hobsch (46. Scholz), Bode
Trainer: Dörner
Tore: 1:0 M. Schulz (31.)
Besondere Vorkommnisse: Rote Karten für Kastenmaier (49.), und Andersson (81.)
Zuschauer: 24.800

07.09.1996
Bundesliga, 5. Spieltag
FC St. Pauli – W. Bremen 0:3 (0:2)
Aufstellung: Reck – M. Schulz, Votava (31. Wolter), Wiedener – Todt, Eilts, Scholz (78. Pfeifenberger), Brand – Herzog – Labbadia, Bode
Trainer: Dörner
Tore: 0:1 Herzog (26.), 0:2 Bode (42.), 0:3 Labbadia (50.)
Zuschauer: 19.928

13.09.1996
Bundesliga, 6. Spieltag
W. Bremen – VfL Bochum 5:1 (3:0)
Aufstellung: Reck – Wiedener, Wolter, M. Schulz – Scholz (78. Pfeifenberger), Todt, Eilts, Brand (71. Cardoso) – Herzog – Labbadia, Bode (68. van Lent)
Trainer: Dörner
Tore: 1:0 Bode (17.), 2:0 Herzog (32.), 3:0 Labbadia (38.), 4:0 Labbadia (56.), 5:0 Labbadia (67.), 5:1 Hutwelker (85.)
Zuschauer: 27.900

17.09.1996
DFB-Pokal, 2. Runde
VfB Oldenburg – W. Bremen 1:2 (1:0)
Aufstellung: Reck – Wiedener, Ramzy, M. Schulz – Scholz (72. Pfeifenberger), Todt, Eilts, Brand – Herzog – Bode, Labbadia
Trainer: Dörner
Tore: 1:0 Elberfeld (38.), 1:1 Brand (71.), 1:2 Labbadia (84.)
Zuschauer: 15.200

Das Trostpflaster auf einer ansonsten durch und durch mittelmäßigen Saison: Mit den Bayern wird der kommende Meister im Weser-Stadion völlig chancenlos mit 3:0 nach Hause geschickt, und zwar ausschließlich durch Treffer der Ex-Bayern Labbadia und Herzog

20.09.1996
Bundesliga, 7. Spieltag
MSV Duisburg – W. Bremen 3:2 (1:0)
Aufstellung: Reck – Ramzy, Eilts, M. Schulz – Scholz, Todt, Wiedener (81. Pfeifenberger), Brand – Herzog (65. Cardoso) – Labbadia, Bode
Trainer: Dörner
Tore: 1:0 Westerbeek (9.), 1:1 Wiedener (49.), 2:1 Salou (70.), 3:1 Salou (77.), 3:2 Pfeifenberger (88.)
Zuschauer: 13.770

28.09.1996
Bundesliga, 8. Spieltag
W. Bremen – FC Bayern München 3:0 (1:0)
Aufstellung: Reck – Pfeifenberger, Ramzy, M. Schulz – Eilts, Todt, Wiedener, Brand, Herzog (72. Cardoso) – Labbadia, Bode
Trainer: Dörner
Tore: 1:0 Herzog (23. FE), 2:0 Herzog (47.), 3:0 Labbadia (70.)
Zuschauer: 36.000

30.09.1996
Freundschaftsspiel
Landesauswahl Bremen – W. B. 0:3 (0:0)
Aufstellung: Rost – Wiedener, Völzke, Pfeifenberger (46. Schierenbeck) – T. Schultz, Cardoso, Unger, Brand, Penshorn – van Lent, Bode (46. Barten)
Trainer: Dörner
Tore: 0:1 Unger (70.), 0:2 Unger (80.), 0:3 T. Schultz (84.)
Zuschauer: 1.315 in Huchting

05.10.1996
Bundesliga, 9. Spieltag
Arminia Bielefeld – W. Bremen 3:1 (1:0)
Aufstellung: Reck – Wolter (80. van Lent) – Pfeifenberger, M. Schulz (80. Cardoso) – Brand, Eilts, Todt, Wiedener – Herzog – Labbadia, Bode
Trainer: Dörner
Tore: 1:0 Reeb (18.), 1:1 Labbadia (68.), 2:1 Fuchs (72.), 3:1 Kuntz (90.)
Zuschauer: 22.512

12.10.1996
Bundesliga, 10. Spieltag
W. Bremen – FC Schalke 04 3:0 (1:0)
Aufstellung: Reck – Pfeifenberger, Wolter, M. Schulz – Wiedener, Todt, Eilts (85. Unger), Brand – Herzog (81. Skripnik) – Labbadia, Bode
Trainer: Dörner
Tore: 1:0 Herzog (34. FE im Nachschuss), 2:0 Bode (58.), 3:0 Bode (90.)
Besonderes Vorkommnis: Gelb-Rote Karte für Mulder (73.)
Zuschauer: 34.719

13.10.1996
Freundschaftsspiel
TuS Bad Essen – W. Bremen 1:8 (0:5)
Aufstellung: Rost – Wolter – Wiedener, Eilts (46. Schulz) – Pfeifenberger, Votava, Herzog, Skripnik, Unger – Labbadia, Brand
Trainer: Dörner
Torschützen für Werder: 0:1 Labbadia (20.), 0:2 Pystav (25. ET), 0:3 Brand (28.), 0:4 Herzog (30.), 0:5 Skripnik (38.), 0:6 Pfeifenberger (65.), 0:7 Herzog (70.), 0:8 Labbadia (81.), 1:8 Willmann (83.)
Zuschauer: 3.500

15.10.1996
Internationales Freundschaftsspiel
Austria Salzburg – W. Bremen 0:2 (0:1)
Aufstellung: Reck – Wiedener, Wolter, Skripnik – Pfeifenberger, Votava, Unger, Völzke, Penshorn – Brand, Flo
Trainer: Dörner
Tore: 0:1 Pfeifenberger (35.), 0:2 Flo (84.)
Zuschauer: 5.000

19.10.1996
Bundesliga, 11. Spieltag
Karlsruher SC – W. Bremen 1:3 (1:0)
Aufstellung: Reck – Wolter – Wiedener, Pfeifenberger – Todt, Eilts, Herzog (84. M. Schulz), Bode, Skripnik – Labbadia, Flo
Trainer: Dörner

Der Jubel hielt nie lange vor: Werder verdarb sich 1996/97 eine bessere Platzierung durch unerklärliche Leistungsschwankungen, die Trainer Dörner nie in den Griff bekam

Tore: 1:0 Häßler (43.), 1:1 Pfeifenberger (63.), 1:2 Labbadia (77.), 1:3 Herzog (80.)
Zuschauer: 22.500

25.10.1996
Bundesliga, 12. Spieltag
W. Bremen – Bayer 04 Leverkusen 1:1 (1:0)
Aufstellung: Reck – Pfeifenberger, Wolter, M. Schulz – Brand (75. Unger), Todt, Herzog, Eilts, Skripnik – Labbadia (75. Wiedener), Flo
Trainer: Dörner
Tore: 1:0 Herzog (32. HE), 1:1 Feldhoff (70.)
Zuschauer: 31.115

02.11.1996
Bundesliga, 13. Spieltag
W. Bremen – Hamburger SV 0:0
Aufstellung: Reck – Pfeifenberger, Wolter, M. Schulz – Scholz (78. Wiedener), Eilts, Todt, Brand (63. van Lent) – Herzog – Flo, Bode
Trainer: Dörner
Tore: –
Zuschauer: 35.400

08.11.1996
Freundschaftsspiel
1. FC Magdeburg – W. Bremen 1:3 (1:0)
Aufstellung: Reck (46. Rost) – Ramzy – Schierenbeck, Unger – Todt, Schulz (46. Wolter), Votava (70. Völzke), Wiedener (46. Hobsch), Scholz – van Lent, Brand (62. Barten)
Trainer: Dörner
Tore: 1:0 Maltritz (10.), 1:1 Hobsch (51.), 1:2 Hobsch (52.), 1:3 Völzke (81.)
Zuschauer: 10.200

12.11.1996
DFB-Pokal, Achtelfinale
FC Bayern München – W. Bremen 3:1 (1:1)
Aufstellung: Reck – Pfeifenberger, Ramzy, M. Schulz (81. Unger) – Scholz (73. Brand), Eilts, Todt, Wiedener – Herzog (78. van Lent) – Flo, Bode
Trainer: Dörner
Tore: 0:1 Bode (13.), 1:1 Klinsmann (45.), 2:1 Ziege (85.), 3:1 Klinsmann (89.)
Zuschauer: 32.000

15.11.1996
Bundesliga, 14. Spieltag
1. FC Köln – W. Bremen 4:1 (1:0)
Aufstellung: Reck – Pfeifenberger, Ramzy, M. Schulz (66. Skripnik) – Wiedener, Eilts (52. Unger), Scholz, Todt, Bode – Labbadia, Flo
Trainer: Dörner
Tore: 1:0 Andersen (27.), 2:0 Polster (64.), 3:0 Polster (76.), 4:0 Munteanu (83.), 4:1 Bode (89.)
Zuschauer: 26.000

23.11.1996
Bundesliga, 15. Spieltag
W. Bremen – Borussia Dortmund 0:4 (0:3)
Aufstellung: Reck – Pfeifenberger, Ramzy, Skripnik – Unger (63. Brand), Eilts, Todt, Bode – Herzog – Labbadia, Hobsch
Trainer: Dörner
Tore: 0:1 Chapuisat (30.), 0:2 Herrlich (35.), 0:3 Herrlich (39.), 0:4 Pfeifenberger (63. ET)
Zuschauer: 36.200

30.11.1996
Bundesliga, 16. Spieltag
Fortuna Düsseldorf – W. Bremen 4:1 (2:0)
Aufstellung: Reck – Votava – Pfeifenberger, M. Schulz – Todt, Eilts, Skripnik, Unger (58. Hobsch) – Herzog – Labbadia, Bode
Trainer: Dörner
Tore: 1:0 Bach (9.), 2:0 Juran (27.), 2:1 Pfeifenberger (62.), 3:1 Juran (66.), 4:1 Nielsen (90.)
Besondere Vorkommnisse: Koch hält FE von Herzog (19.); Reck hält FE von Werner (51.)
Zuschauer: 9.000

06.12.1996
Bundesliga, 17. Spieltag
W. Bremen – TSV 1860 München 1:1 (0:1)
Aufstellung: Reck – Ramzy, Votava (76. Hobsch), Todt – Scholz, Eilts, Skripnik, Pfeifenberger, Brand (63. Flo) – Labbadia, Bode
Trainer: Dörner
Tore: 0:1 Borimirov (8.), 1:1 Bode (83.)
Zuschauer: 29.700

18.01.1997
Freundschaftsspiel
TSV Wulsdorf – W. B. 0:2 abgebrochen
Aufstellung: Rost – Eilts, Schierenbeck, M. Schulz – Todt, Pfeifenberger, Brand, Scholz, Skripnik – Labbadia, Bode
Trainer: Dörner
Tore: 0:1 Labbadia (5.), 0:2 Bode (20.)
Besonderheit: Das Spiel wurde in der 35. Min. abgebrochen, auf dem hartgefrorenen Boden war die Verletzungsgefahr zu groß. Der Wulsdorfer Spieler Themann musste nach einem Sturz ins Krankenhaus gebracht werden, weil er seine Zunge verschluckt hatte
Zuschauer: 4.000

29.01.1997
Internationales Freundschaftsspiel
AS Lodigiani Rom – W. Bremen 1:4 (1:3)
Aufstellung: Rost – Eilts – Ramzy, Schierenbeck – Todt, Skripnik, Bode – Flo, Hobsch
Weiterer Kader, evtl. auch eingesetzt: Wiedener, Herzog, Pfeifenberger, Scholz, Unger, van Lent
Trainer: Dörner
Torschützen für Werder: Skripnik, Bode, Flo, Hobsch
Zuschauer: unbekannt

05.02.1997
Freundschaftsspiel
1. FC Kaiserslautern – W. Bremen 1:0 (0:0)
Aufstellung: Rost – Eilts – Ramzy, Skripnik – Unger, Scholz (73. M. Schulz), Todt, Bode, Wiedener – Flo (18. Hobsch), Labbadia
Trainer: Dörner
Tor: 1:0 Rische (86.)
Zuschauer: 5.000

08.02.1997
Freundschaftsspiel
Blau-Weiß Lohne – W. Bremen 1:2 (1:2)
Aufstellung: Reck – Eilts – Ramzy, Skripnik, Todt – Unger, Schierenbeck, Herzog, Bode (46. Wiedener) – Labbadia, Frings (46. Hobsch)
Trainer: Dörner
Tore: 0:1 Labbadia (22.), 0:2 Labbadia (28.), 1:2 Arlinghaus (39.)
Zuschauer: 2.500

11.02.1997
Freundschaftsspiel (2 x 38 Minuten)
W. Bremen – W. Bremen Amat. 2:3 (1:3)
Aufstellung: Reck – Eilts – Ramzy, Skripnik – Unger, Scholz, Todt, Herzog, Bode – Labbadia, Flo / Eingewechselt: Rost, M. Schulz, Hobsch, Wiedener
Trainer: Dörner
Tore: Profis: Bode, Herzog / Amateure: Frings (2), T. Schultz
Zuschauer: 500

15.02.1997
Bundesliga, 18. Spieltag
W. Bremen – SC Freibrug 1:0 (0:0)
Aufstellung: Reck – Eilts – Ramzy, Skripnik – Scholz, Todt, Brand (78. Frings) – Unger, Herzog – Labbadia, Bode
Trainer: Dörner
Tor: 1:0 Herzog (80. FE)
Besonderes Vorkommnis: Rote Karte für Sternkopf (79.)
Zuschauer: 27.500

22.02.1997
Bundesliga, 19. Spieltag
FC Hansa Rostock – W. Bremen 0:1 (0:1)
Aufstellung: Reck – Eilts – Ramzy, Skripnik – Scholz, Unger, Todt (64. M. Schulz), Brand (89. Schierenbeck) – Herzog (60. Wiedener) – Labbadia, Bode
Trainer: Dörner
Tor: 0:1 Todt (6.)
Besonderes Vorkommnis: Gelb-Rote Karte für Eilts (26.)
Zuschauer: 20.200

01.03.1997
Bundesliga, 20. Spieltag
W. Bremen – VfB Stuttgart 2:2 (2:1)
Aufstellung: Reck – Pfeifenberger, Ramzy, M. Schulz – Scholz, Skripnik, Unger

(46. Flo), Brand (62. Schierenbeck) – Herzog (82. Völzke) – Labbadia, Bode
Trainer: Dörner
Tore: 1:0 Herzog (5. FE), 1:1 Bobic (10.), 2:1 Herzog (12.), 2:2 Schneider (86.)
Besonderes Vorkommnis: Gelb-Rote Karte für Pfeifenberger (61.)
Zuschauer: 30.792

08.03.1997
Bundesliga, 21. Spieltag
Bor. M'gladbach – W. Bremen 4:1 (1:0)
Aufstellung: Reck – Eilts – Ramzy, M. Schulz – Brand (69. Frings), Scholz, Wiedener (77. Flo), Skripnik – Herzog, Bode – Labbadia
Trainer: Dörner
Tore: 1:0 Dahlin (28.), 2:0 Juskowiak (52.), 3:0 Juskowiak (54.), 3:1 Labbadia (75.), 4:1 Pettersson (89.)
Zuschauer: 28.100

11.03.1997
Bundesliga, 22. Spieltag
W. Bremen – FC St. Pauli 2:1 (1:1)
Aufstellung: Reck – Eilts – Ramzy, Skripnik – Frings (71. Wiedener), Pfeifenberger, Bode – Herzog, Scholz – Flo (81. Schierenbeck), Labbadia (30. Brand)
Trainer: Dörner
Tore: 0:1 Scherz (18.), 1:1 Brand (37.), 2:1 Scholz (51.)
Zuschauer: 26.500

16.03.1997
Bundesliga, 23. Spieltag
VfL Bochum – W. Bremen 3:2 (1:0)
Aufstellung: Reck – Eilts – Ramzy, Skripnik – Pfeifenberger, Scholz, Bode – Wiedener, Herzog – Labbadia (65. van Lent), Frings (65. Brand)
Trainer: Dörner
Tore: 1:0 Donkov (38.), 2:0 Gülünoglu (53.), 3:0 Michalke (72.), 3:1 van Lent (75.), 3:2 Herzog (85.)
Zuschauer: 25.392

21.03.1997
Bundesliga, 24. Spieltag
W. Bremen – MSV Duisburg 0:2 (0:1)
Aufstellung: Reck – Eilts (88. Wiedener) – Ramzy, Skripnik – Frings, Scholz, Pfeifenberger, Bode – Herzog – Labbadia (46. Flo), van Lent (46. Brand)
Trainer: Dörner
Tore: 0:1 Zeyer (40.), 0:2 Salou (52.)
Zuschauer: 25.967

29.03.1997
Bundesliga, 25. Spieltag
FC Bayern München – W. Bremen 1:0 (1:0)
Aufstellung: Reck – Schierenbeck, Ramzy, J. Lellek (20. M. Schulz) – Wiedener (77. van Lent), Frings, Eilts, Unger, Bode – Herzog – Labbadia (80. Hobsch)
Trainer: Dörner
Tor: 1:0 Zickler (1.)
Zuschauer: 63.000

05.04.1997
Bundesliga, 26. Spieltag
W. Bremen – Arminia Bielefeld 2:1 (1:1)
Aufstellung: Reck – Skripnik – Schierenbeck, Wiedener – Scholz, Frings (64. Brand), Eilts, Unger, Bode – Hobsch (64. van Lent), Herzog (87. M. Schulz)
Trainer: Dörner
Tore: 0:1 Reeb (11.), 1:1 Herzog (17.), 2:1 Bode (68.)
Zuschauer: 30.100

12.04.1997
Bundesliga, 27. Spieltag
FC Schalke 04 – W. Bremen 1:1 (1:0)
Aufstellung: Reck – Ramzy – Schierenbeck, Skripnik – Scholz, Eilts, Unger (85. Wiedener), Frings (46. van Lent), Bode – Herzog – Hobsch (46. Flo)
Trainer: Dörner
Tore: 1:0 Latal (21.), 1:1 Bode (59.)
Zuschauer: 37.220

19.04.1997
Bundesliga, 28. Spieltag
W. Bremen – Karlsruher SC 1:0 (0:0)
Aufstellung: Reck – Schierenbeck, Ramzy, Skripnik – Scholz (39. Frings), Eilts, Unger, Brand – Herzog – van Lent, Bode
Trainer: Dörner
Tor: 1:0 van Lent (48.)
Besonderes Vorkommnis: Rote Karte für Hengen (89.)
Zuschauer: 30.113

25.04.1997
Bundesliga, 29. Spieltag
Bayer 04 Leverkusen – W. Bremen 2:1 (1:0)
Aufstellung: Reck – Eilts – Schierenbeck, J. Lellek – Frings (74. Hobsch), Unger (74. Flo), Pfeifenberger, Bode, Skripnik – Labbadia, van Lent
Trainer: Dörner
Tore: 1:0 Kirsten (23.), 2:0 Kirsten (54. FE), 2:1 Skripnik (77. FE)
Besonderes Vorkommnis: Rote Karte für J. Lellek (31.)
Zuschauer: 22.000

03.05.1997
Bundesliga, 30. Spieltag
Hamburger SV – W. Bremen 3:2 (2:0)
Aufstellung: Reck – Ramzy – Schierenbeck, Skripnik (59. Hobsch) – Frings, Pfeifenberger, Eilts, Brand – Herzog (76. van Lent) – Labbadia, Bode
Trainer: Dörner
Tore: 1:0 Cardoso (6.), 2:0 Spörl (18.), 3:0 Mason (62.), 3:1 Kovacevic (77. ET), 3:2 Bode (90.)
Zuschauer: 31.392

09.05.1997
Bundesliga, 31. Spieltag
W. Bremen – 1. FC Köln 3:2 (2:2)
Aufstellung: Reck – Ramzy – Wiedener (59. Hobsch), Schierenbeck – Frings, Pfeifenberger, Eilts, Skripnik (27. Unger), Bode – Labbadia, van Lent
Trainer: Dörner
Tore: 0:1 van Lent (9. ET), 1:1 van Lent (30. FE), 2:1 van Lent (34.), 2:2 Polster (43. FE), 3:2 van Lent (89.)
Zuschauer: 33.016

11.05.1997
Freundschaftsspiel
SC Comet Kiel – W. Bremen 3:12 (1:6)
Aufstellung: Reck – Ramzy – Schierenbeck, Frings – Pfeifenberger, Eilts (46. Hobsch), Unger, Herzog, Brand – van Lent, Flo
Trainer: Dörner
Torschützen für Werder: Flo (5), Herzog (2), Hobsch (2), Pfeifenberger (2), van Lent
Zuschauer: 3.500

17.05.1997
Bundesliga, 32. Spieltag
Borussia Dortmund – W. Bremen 2:1 (1:0)
Aufstellung: Reck – Todt, Ramzy (82. Frings), Schierenbeck – Pfeifenberger, Eilts, Unger, Bode – Herzog – Flo (82. Hobsch), van Lent
Trainer: Dörner
Tore: 1:0 Chapuisat (33.), 1:1 Unger (51.), 2:1 Chapuisat (75.)
Zuschauer: 55.000

24.05.1997
Bundesliga, 33. Spieltag
W. Bremen – Fortuna Düsseldorf 1:0 (0:0)
Aufstellung: Reck – Todt, Ramzy, Schierenbeck – Pfeifenberger, Eilts, Unger (61. Frings), Bode – Herzog – Flo (83. Hobsch), van Lent (73. Wiedener)
Trainer: Dörner
Tor: 1:0 Bode (56.)
Zuschauer: 35.282

31.05.1997
Bundesliga, 34. Spieltag
TSV 1860 München – W. Bremen 0:3 (0:1)
Aufstellung: Reck – Schierenbeck, Ramzy, Pfeifenberger – Wiedener, Herzog (79. Scholz), Unger, Frings, Bode – Flo (71. Hobsch), van Lent (71. Brand)
Trainer: Dörner
Tore: 0:1 Herzog (44.), 0:2 Hobsch (73.), 0:3 Hobsch (76.)
Zuschauer: 54.000

Bundesliga-Abschlusstabelle 1996/1997

Platz	Verein	Spiele	S	U	N	Tore	Diff.	Punkte
1.	Bayern München	34	20	11	3	68:34	+34	71
2.	Bayer Leverkusen	34	21	6	7	69:41	+28	69
3.	Borussia Dortmund (M)	34	19	6	9	63:41	+22	63
4.	VfB Stuttgart	34	18	7	9	78:40	+38	61
5.	VfL Bochum (N)	34	14	11	9	54:51	+3	53
6.	Karlsruher SC	34	13	10	11	55:44	+11	49
7.	1860 München	34	13	10	11	56:56	0	49
8.	**Werder Bremen**	**34**	**14**	**6**	**14**	**53:52**	**+1**	**48**
9.	MSV Duisburg (N)	34	12	9	13	44:49	-5	45
10.	1. FC Köln	34	13	15	16	62:62	0	44
11.	Borussia M'gladbach	34	12	7	15	46:48	-2	43
12.	Schalke 04	34	11	10	13	35:40	-5	43
13.	Hamburger SV	34	10	11	13	46:60	-14	41
14.	Arminia Bielefeld (N)	34	11	7	16	46:54	-8	40
15.	Hansa Rostock	34	11	7	16	35:46	-11	40
16.	Fortuna Düsseldorf	34	9	6	19	26:57	-31	33
17.	SC Freiburg	34	8	5	21	43:67	-24	29
18.	FC St. Pauli	34	7	6	21	32:69	-37	27

Fieberkurve der Bundesliga-Saison 1996/1997

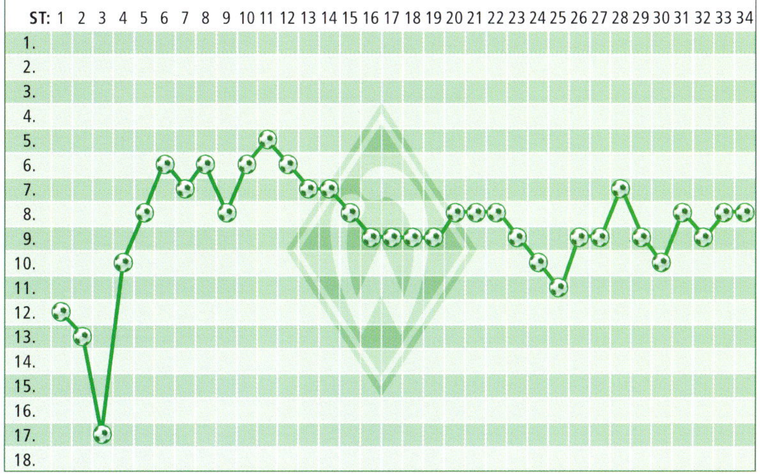

1997/98: Dixieland ist abgebrannt

Oben v.l.:
Eilts, Wolter, Frey, Plump, Bode, Schierenbeck, Todt, Ramzy, Benken, Trares
Mitte v.l.:
Trainer Dörner, Torwarttrainer Burdenski, Wicky, Skripnik, Pfeifenberger, Penshorn, Völzke, Flo, van Lent, J. Lellek, Schultz, Co-Trainer Sidka
Unten v.l.:
Wiedener, Herzog, Labbadia, Jaschob, Rost, Reck, Brand, Scholz, Frings

Trainerwechsel sind nie eine spaßige Angelegenheit. Und weil das so ist, versucht man sie zu vermeiden, wenn man kann. Mit einem wackelnden, unter schwindender Akzeptanz und Autorität leidenden Trainer in eine neue Saison zu gehen, ist allerdings auch nicht die reine Glückseligkeit. Die Saison 1997/98 begann Werder noch mit Hans-Jürgen »Dixie« Dörner, obwohl der sympathische Sachse weder bei Fans noch in der Mannschaft viel Kredit hatte. Seltsamerweise hatten alle im Umfeld des Vereins so eine diffuse Ahnung, dass der Nachfolger von »Dixie« möglicherweise schon im Werder-Boot saß: Zu Saisonbeginn war der alte Werder-Mittelfeldrecke Wolfgang Sidka zum neuen Co-Trainer gemacht worden, dem man allgemein zutraute, im nicht allzu schwer vorstellbaren Notfall zumindest als Interimstrainer für die Zeit nach Dörner seinen Mann zu stehen.

Aber wie gesagt: Dixie Dörner absolvierte noch die Saisonvorbereitung und kümmerte sich um die Personalplanung. Die Abgänge hatten den Kader qualitativ nicht verschlechtert. Allerdings hatten Dörners Neueinkäufe dem Kader auch keinen merklichen Schub gegeben: Ex-Bayer Dieter Frey erwies sich als zu verletzungsanfällig. Sven Benken aus Cottbus genügte als Verteidiger höchsten Bundesligaansprüchen nicht, obwohl er in seinen ersten Spielen wie eine etwas zahmere Reinkarnation des guten alten Uli Borowka wirkte. Mit Raphael Wicky kam ein hoch gelobtes Jungtalent aus der Schweiz, mit Bernhard Trares ein weggelobtes Alttalent von München 1860. Die Ansprüche waren überschaubar bei Werder anno 1997: Es war jedem klar, dass man mit diesem Kader nicht um den Titel mitspielen kann, aber es sollte auch nicht weniger herauskommen als der 8. Platz der Vorsaison.

Nachdem der Saisonauftakt mit einem 1:3 in Karlsruhe gründlich danebengegangen war (Platz 18!), begann die Saison vor eigenem Publikum so, wie das letzte Heimspiel der letzten Spielzeit geendet hatte: mit stimmgewaltigen »Dörner raus!«-Rufen. Die Auftaktniederlage wäre mit zwei Heimspielen in Folge gegen schlagbare Gegner wie Rostock und 1860 München reparabel gewesen. Wäre gewesen, war aber nicht: Weder das traurige 1:1 gegen Rostock, noch das ebenso dröge 3:3 vier Tage später gegen 1860 München halfen Werder auch nur einen Millimeter voran. Weiterhin behielten die Bremer die rote Laterne und fröstelten auf dem zugigen Tabellenplatz 18 vor sich hin. Dabei hätte es gegen die Löwen aus München um ein Haar einen Hoffnungsschimmer gegeben: Werder war zwar deutlich unterlegen, hätte aber durch einen sehenswerten Volleytreffer von Andy Herzog kurz vor Schluss beinahe einen Duselsieg erzwungen. Bemerkenswert der Torjubel des Österreichers, der schnurstracks auf den wankenden Trainer zueilte, um ihn demonstrativ zu herzen. Das umjubelte Führungstor drei Minuten vor dem Ende konterten die Sechziger jedoch mit dem 3:3 in der Schlussminute. Nach nur wenigen Schrecksekunden nahm das »Dörner raus!« anschließend eine bedrohliche Phonstärke an.

Trainerentlassung Nr. 9: Hans-Jürgen »Dixie« Dörner oder: In Spanien auf die Hörner genommen (Entlassung: 20. August 1997)

Als mit »Dixie« Dörner der Rekordnationalspieler der DDR nach sechs chaotischen Monaten unter Aad de Mos das Kommando auf Werders Trainerbank übernahm, gab es ein Novum zu bestaunen: Wer immer zu seinen ersten Eindrücken über den neuen Mann befragt wurde, verwendete als Charakterisierung dieselben beiden Vokabeln. Dörner wurde beinahe papageienartig und von allen Befragten im Chor als »ruhiger, sachlicher Typ« eingeordnet. Klingt erst einmal gut, heißt aber nichts anderes als: Der tut uns nicht weiter weh! Das war der augenscheinlichste, aber auf lange Sicht auch beinahe einzige Vorzug des neuen Mannes. Mit Dörner ging es 20 Monate vor der Entlassung zunächst aufwärts. Die dankbare Mannschaft war schlicht erleichtert, diesen merkwürdigen Niederländer endlich los zu sein. Die Erleichterung verblasste jedoch schnell, als deutlich war, dass Dörner die verunsicherte Mannschaft zwar beruhigen, aber nicht wirklich systematisch aufbauen konnte.

Mit Dixie Dörner scheiterte zum wiederholten Male ein ehemaliger DFB-Trainer im Haifischbecken Bundesliga. Holger Osieck, Rainer Bonhof und Berti Vogts erging es kaum besser. Schon in den Tagen vor dem Ende seiner Amtszeit waren Alarmsignale deutlich und auch für die Öffentlichkeit sichtbar: Dörner hatte seit langem Verstärkungen für den lahmenden Angriff gefordert. In der vergangenen Saison bekam der Trainer dafür zwei Millionen DM zugesagt. Für diese vergleichsweise bescheidene Summe bekam Dörner jedoch keinen seiner Wunschspieler. Jetzt, da die neue Saison begonnen hatte, wurde kolportiert, dass der SVW sieben Millionen DM für einen neuen Offensivkracher aufwenden könne. Dörner lamentierte in großen Interviews herum, dass der Markt nun aber leergefegt sei. O-Ton des Trainers, wenige Tage vor seiner Demission: »Vor einem halben Jahr hätte ich es gebraucht. Jetzt plötzlich soll so viel Geld da sein. Damit wird in der Öffentlichkeit der Eindruck erweckt, ich könne nicht einmal einen neuen Stürmer präsentieren.«

Das klang nach baldiger Scheidung der Ehe Werder – Dörner. Schwerer noch wog, dass der »Beckenbauer des Ostens« sich in den Medien beklagte, Manager Lemke und Vize Fischer würden sich ungebührlich in die sportlichen Belange einmischen. Derartige atmosphärische Störungen hat man in der Werder-Familie noch nie besonders geschätzt. Aus Dörners Mund wirkte die Kritik an den

Der einzige Trainer der Bundesligageschichte, der wegen eines Freundschaftsspielergebnisses gefeuert wurde: Dixie Dörner war nach dem 0:8 gegen Atletico Madrid nicht mehr zu retten

Werder 0:8 Die Schande

Jetzt Berger für Dörner?

Dörner gefeuert

Wer rettet jetzt Werder?

Werder Schande der Bundesliga

Heute Krisensitzung

Dörner nicht mehr zu halten – Berger Samstag auf der Bank?

Um 20.28 landete Werder gestern in Bremen. Wie geprügelte Hunde schlichen die Spieler nach den bitteren Niederlagen von Teneriffa aus der Maschine, warteten wortlos auf ihr Gepäck. Dieter Eilts griff sich als erster seine Tasche und stürmte aus dem Flughafen.

Trainer Dixie Dörner („Ich weiß nicht, was in den Köpfen der Spieler vorgeht") dagegen stellte sich: „Ich bin nicht dahin gefahren, um Geld zu verdienen, sondern um mich sportlich zu messen." Dann verschwand er durch den Nebeneingang. Torwart Rost brachte nur heraus: „Ich fühle mich in meiner Ehre als Fußballer verletzt."

Beim Turnier auf Teneriffa waren die Bremer innerhalb von 24 Stunden zweimal regelrecht auseinandergenommen worden. Dem 0:4 gegen Gastgeber CD Teneriffa folgte ein 0:8-Debakel gegen Atletico Madrid.

WERDER, DIE SCHANDE DER BUNDESLIGA!

Denn so hat sich ein deutscher Klub noch nie im Ausland blamiert. Vor einer großen Öffentlichkeit. Beide Spiele wurden live im spanischen TV übertragen. Kommentar von Atletico-Boß Jesus Gil y Gil: „So geht Bremen in die 2. Liga, wo sie nach dem 8:0 auch hingehören."

Von Werder berichten
OLIVER RICHARDT und HOLGER BIERMANN

Für Wackel-Trainer Dörner waren es wohl die letzten Auftritte als Trainer in Bremen.

„Ich kenne nur die nackten Ergebnisse. Das ist einfach nur grausam. Wir werden erst einmal mit Trainer und Mannschaft sprechen", sagt Schatzmeister Manfred Müller. Die entscheidende Krisensitzung heute in Bremen.

Wie BILD erfuhr, fühlt Werder bereits auf dem Trainer-Markt vor. Als Nachfolger ist Jörg Berger (52) im Gespräch.

In der Werder-Krise sagte Präsident Dr. Franz Böhmert sogar seine DFB-Reise zum Länderspiel nach Nordirland ab.

Vizepräsident Klaus-Dieter Fischer tauchte gestern ab. Manager Willi Lemke war angeblich in Österreich unterwegs.

Berger nach Bremen?

Vieles spricht dafür. Er hat Erfahrung im Kampf gegen den Abstieg. Schon Eintracht Frankfurt (1988 – 1991), den 1.FC Köln (1991 – 1993) und Schalke 04 (1993 – 1996) rettete er vor dem Bundesliga-Abstieg, holte anschließend Europacup-Erfolge.

Beim FC Basel ist er nach einem Fehlstart bei den Fans umstritten. Wie sagte er nach der Entlassung vor zehn Monaten auf Schalke: „Das war nicht mein Abschied aus der Bundesliga..."

Könnte Berger schon Samstag in Bielefeld auf der Bank sitzen? In der Schweiz hat er einen Zwei-Jahres-Vertrag, der erst aufgelöst werden müßte. Gut möglich, daß nach einer Dörner-Entlassung zunächst Werder-Assi Wolfgang Sidka einspringt.

Heute wird die Krisensitzung über seine Zukunft

Jörg Berger
In der Bundesliga rettete er zuletzt Schalke vorm Abstieg. Seit 1.Juli ist er beim FC Basel.

Dixie Dörner
Für das Abenteuer Werder gab er 1996 seinen „Renten-Job" als DFB-Trainer auf.

Vorgesetzten wie ein letzter Verzweiflungsakt vor dem längst unausweichlichen Scheitern.

Das »Aus« kam dann allerdings auf sehr skurrile Weise: Platz 18 in der Bundesliga hatte der DDR-Rekordnationalspieler noch knapp überlebt, aber zwei Freundschaftsspiele wurden Hans-Jürgen Dörner kurioserweise zum Verhängnis. Ausgerechnet nach verpatztem Saisonstart und mitten im Abstiegskampf musste Werder zu einem internationalen Turnier nach Teneriffa jetten. Die Mannschaft war acht Stunden unterwegs, bekam unterwegs weder Ruhe noch vernünftige Verpflegung und musste am Abend gegen den einheimischen CD Teneriffa ran. Das sang- und klanglose 0:4 war schlimm genug, aber es war Pipifax gegen das zweite Turnierspiel am darauf folgenden Abend. Dörner hatte der heimischen Presse »eine deutliche Steigerung« versprochen und ahnte dabei nicht, wie sehr er Recht behalten sollte: Das 0:4 gegen Teneriffa wurde bei der vernichtenden 0:8-Niederlage gegen Atletico Madrid gleich um 100 Prozent gesteigert. Werders Profis ließen ihren strauchelnden Coach im Regen stehen, und die spanische Presse schlug mächtig drauf auf die Grün-Weißen: »Der Abstiegskandidat hat dem deutschen Fußball großen Schaden zugefügt«, schrieb »EFE«, während »PAIS« blumig schwadronierte, Bremen sei »zur Schlachtbank geführt« worden.

Die deutschen Zeitungen sahen es nüchterner, titelten »Dörner nicht mehr zu halten!« – und hatten wohl Recht. Am Ende scheiterte das ehemalige DDR-Idol an mangelnder Durchsetzungsfähigkeit. Er strahlte durchaus Kompetenz aus, aber keine Autorität.

Der neue Chef Sidka freut sich mit dem bemerkenswert erfolglosen Kult-Stürmer Håvard Flo über dessen erstes Bundesligator in Kaiserslautern

Wie erwartet übernahm Wolfgang Sidka das Ruder. Keine beneidenswerte Mission, denn die personell heruntergewirtschaftete Mannschaft war in sich zerstritten. Labbadia und Herzog gingen sich in der Kabine an die Gurgel, ignorierten sich beim Trainingsspiel. Die anderen Spieler schienen fast lethargisch und wenig entschlossen, die Ärmel hochzukrempeln. Das erste Spiel unter Sidkas Regie endete folgerichtig 0:3 in Bielefeld. Aber Sidka bekam die Truppe langsam in den Griff: Es folgten drei Heimsiege in Folge und dazwischen ein überraschendes 3:1 in Kaiserslautern, bei dem der ob seiner fast schon rührenden Torlosigkeit zum Kult-Stürmer aufgestiegene Håvard Flo doch tatsächlich seine erstes Bundesligator erzielte – im 18. Spiel als Mittelstürmer. Wolle Sidka hatte das leckgeschlagene Werder-Schiff nicht nur geflickt, sondern zu neuen Ufern geführt: Nur sechs Wochen nach dem schwarzen Abend von Teneriffa hatte der lange Blonde Werder vom letzten Platz in Sichtweite der UEFA-Cup-Plätze geführt. Das Hoch im Norden erwies sich allerdings schnell als höchst porös: Es schlossen sich fünf torlose Werder-Trauerspiele an. Die Mannschaft steckte wieder im Schlamassel. Im Winter steuerte der Verein gegen und schenkte Sidka zwei dringend geforderte Offensivspieler. Der Schweizer Adrian Kunz war ein sehr, sehr sympathischer Kumpeltyp, aber diese Eigenschaften waren auffälliger als alles, was er je auf dem Spielfeld zustande brachte. Der schnelle Kunz war erst mit 26 Profi geworden, arbeitete zuvor bei der »Schweizer Käse-Union« und log vor dem Abflug zum Probetraining am Züricher Flughafen drei zufällig anwesende Nationalelf-Kollegen an (»Ich habe eine Freundin in Bremen, die besuche ich privat. Und in meiner Sporttasche sind nur Jeans!«), weil er nicht zugeben mochte, dass er als Schweizer Nationalspieler tatsächlich ein etwas entwürdigendes Probetraining absolvieren musste. Kunz wurde von Sidka von vornherein als Ergänzungsspieler angekündigt, und zu mehr brachte er es in seinen zweieinhalb Jahren Werder auch nicht, in denen er lediglich 16, meist eher kurze Bundesligaspiele absolvierte.

Eine bedeutendere Verstärkung war der als Superstar von Dynamo Kiew geholte Juri Maximow, dessen Fähigkeiten bei Werder für spontane Begeisterungsstürme sorgten. Allerdings ahnte auch keiner, welch geringe Halbwertzeit die Talente des Ukrainers hatten. Er schlug kometenhaft ein in einer Phase, in der Werder spielerisch sehr unter der schweren Fußverletzung von Andy Herzog litt. Maximow erwies sich als technisch brillanter Mittelfeldmann mit gutem Auge und gelegentlichem Torriecher. Der meistgehörte Halbsatz unter Werders Fans und Offiziellen beinhaltete die Hoffnung auf ein absolutes Hochkaräter-Mittelfeld: »Mensch, wenn der Herzog und der Maximow erst mal zusammen auflaufen können …!« Träume. Schäume.

Zum Duo Herzog/Maximow kam es sehr selten, weil einer von beiden eigentlich immer verletzt war. Als Andys Zehe auf dem Weg der Besserung war, zog sich Juri eine schwere Knieverletzung zu. Und wenn beide mal gemeinsam fit und einsatzfähig waren, stellte sich heraus, dass Maximow seine gute Anfangsform nicht allzu häufig bestätigen konnte.

Analog zur Wankelmütigkeit des blonden Stareinkaufs aus Kiew verlief auch die Saison für Sidkas Jungs. Werder pendelte in der Rückrunde zwischen Platz 7 und 9, also genau dort, wo Dörner im Vorjahr auch gelandet war. Ein Schlussspurt sorgte am 33. Spieltag für kollektives Augenreiben bei Werder: Nach einem 1:0 über den VfL Bochum, glücklich und erst kurz vor Schluss durch Maximow zustande gekommen, standen die Grünweißen plötzlich auf Rang 4! Erstmals seit Ottos Abschied stand Werder vor der Rückkehr in die Bundesligaspitze. Am letzten Spieltag musste (wie fast immer) in Stuttgart gespielt werden. Fredi Bobic leistete sich eine alberne Schubserei gegen Olli Reck und flog früh vom Platz. Werder durfte ein halbes Spiel lang in Überzahl versuchen, beim VfB aus eigener Kraft die ersehnte Rückkehr ins internationale Geschäft zu schaffen. Aber die Mannschaft spielte unverständlicherweise Angsthasenfußball der allerschlimmsten Sorte und unterlag dem dezimierten Gastgeber mit 0:1. Der Sprung unter die ersten Fünf war vergeigt. Wenn man ehrlich war, musste man allerdings eingestehen: Dort hätte Werder auch irgendwie nicht hingehört. Jahre voller Frust – wie viele noch?

Mit seinem späten Tor gegen die »Löwen« hätte Andy Herzog beinahe den Trainerstuhl von Dixie Dörner gerettet. Dann kam die desaströse Teneriffareise …

Leverkusen, Ulrich-Haberland-Stadion, 7. Februar 1998, 16:46 Uhr: Der Snickers-Skandal oder: Schiedsrichter am Rande des Nervenzusammenbruchs

Selten gab es so zahlreiche Merkwürdigkeiten innerhalb eines einzigen Bundesligaspiels – und alle Fehlentscheidungen gingen zu Lasten Werders: Nachdem Torwart Oliver Reck von einem Schokoriegel aus dem Bayer-Fanblock am Hals getroffen wird und behandelt werden muss (Bilder 1 und 2), verliert Schiedsrichter Fröhlich, ansonsten einer der Besten seiner Zunft, restlos die Kontrolle über das Spiel. Er schickt Werders Uwe Harttgen, der sich gerade für eine Einwechslung bereitmacht, auf die Tribüne (Bild 3), weil er ihn nicht als Spieler erkennt, sondern für eine Art Hooligan hält. Anschließend verhängt er einen Elfmeter gegen Werder für ein von Christian Brand begangenes Foul, das eindeutig vor dem Strafraum stattfindet (Bild 4), wertet einen stinknormalen Befreiungsschlag von Torwart Oliver Reck als Foul an Ulf Kirsten, weil Werders Torwart den Leverkusener Angreifer anschließend noch berührt. Daraus resultierend zeigt Schiri Fröhlich Reck die gelb-rote Karte und schickt ihn vom Feld, obwohl der Torwart noch gar keine Verwarnung erhalten hatte (Bild 5). Als Fröhlich seinen Irrtum bemerkt, wandelt er die angezeigte Strafe in einen »glatten Platzverweis« um. Als Schlusspointe dieser Szene muss Feldspieler Håvard Flo zwischen die Pfosten (Bild 6), weil Werder nicht mehr auswechseln darf. Der muss als erstes einen Freistoß von Stefan Beinlich passieren lassen, bleibt aber anschließend ohne weiteres Gegentor. Der Schokoriegel entkommt unerkannt.

WERDER BREMEN 1997/98

Trainer (bis 20.8.1997)

Dörner, Hans-Jürgen »Dixie«
Verantwortlicher Trainer in 3 Spielen der Saison

Trainer (ab 21.8.1997)

Sidka, Wolfgang
Verantwortlicher Trainer in 31 Spielen der Saison

Neues Mittelfeld-Ass aus Kiew

Im November realisierte Werder als Reaktion auf Andy Herzogs langwierige Fußverletzung einen Transfer, der die Fans euphorisierte: Mit Juri Maximow von Dynamo Kiew kam ein anerkannter Könner, der später mit Herzog gemeinsam ein Tandem der Extraklasse bilden sollte. Der Traum zerplatzte, weil Herzog und Maximow erst wechselseitig verletzt waren und der Ukrainer trotz anfänglich blendender Ansätze zusehends in der Mittelmäßigkeit versank

Wer kam?

Benken (Energie Cottbus)
Frey (SC Freiburg)
Harttgen (eig. Amateure)
Kunz (Xamax Neuchatel/Schweiz, w.d.S.)
Lellek (eig. Amateure)
Maximow (Dynamo Kiew/Ukraine, w.d.S.)
Schierenbeck (eig. Amateure)
Trares (TSV München 1860)
Völzke (eig. Amateure)
Wicky (FC Sion/Schweiz)

w.d.S. = während der Saison

Wer ging?

Gundelach (Karriereende)
Hobsch (Stade Rennes/Frankreich)
Schierenbeck (w.d.S. an SpVgg. Greuther Fürth ausgeliehen)
Scholz (Fortuna Köln, w.d.S.)
Schulz (Karriereende)
Unger (Fortuna Düsseldorf)
Völzke (VfB Oldenburg, w.d.S.)

Tor

Reck, Oliver »Olli«
33 Spiele; 0 Tore

Rost, Frank »Fäustel«
2 Spiele; 0 Tore

Abwehr

Todt, Jens
31 Spiele; 2 Tore

Wicky, Raphael »Rapha«
31 Spiele; 0 Tore

Trares, Bernhard
26 Spiele; 0 Tore

Mittelfeld

Eilts, Dieter »Ostfriesen-Alemao«
33 Spiele; 1 Tor

Brand, Christian
31 Spiele; 3 Tore

Bode, Marco
28 Spiele; 9 Tore

Angriff

Frings, Torsten »Lutscher«
28 Spiele; 2 Tore

Labbadia, Bruno
27 Spiele; 6 Tore

Flo, Håvard »Howie«
25 Spiele; 5 Tore

Erweiterter Kader

Harttgen, Uwe
5 Spiele; 0 Tore
Amateur

Seidel, Sören
1 Spiel; 0 Tore
Amateur

Jaschob, Jens
0 Spiele; 0 Tore
Amateur

Der Sport-Verein »Werder« im Jahr 1997/98:

1997/98

Präsident:	Dr. Franz Böhmert
Vizepräsident:	Klaus-Dieter Fischer (Amateur-Abt.)
3. Präsident:	Manfred Müller (Finanzen)
Geschäftsführer:	Wolfgang Barkhausen (Verwaltung), Manfred Blöhm (Marketing), Hinrich v. Hallen (Wirtschaftl. u. Controlling)
Manager:	Willi Lemke
Vereinsärzte:	Dr. Karl Meschede und Dr. Götz Dimanski
Masseure:	Holger Berger und Eric von Euen
Mitglieder:	2.900
Kapazität Weser-Stadion:	35.282 überdachte Plätze (davon 4.500 Stehplätze)

Ramzy, Hany
25 Spiele; 1 Tor

Skripnik, Victor »Skripa«
23 Spiele; 0 Tore

Wiedener, Andree
9 Spiele; 0 Tore

Benken, Sven
6 Spiele; 0 Tore

Schierenbeck, Björn »Fiedel«
1 Spiel; 0 Tore

Lellek, Jens
0 Spiele; 0 Tore
Amateur

Frey, Dieter
22 Spiele; 2 Tore

Herzog, Andreas »Andy«
18 Spiele; 4 Tore

Pfeifenberger, Heimo
18 Spiele; 2 Tore

Wolter, Thomas »Stonie«
13 Spiele; 0 Tore

Maximow, Juri
12 Spiele; 3 Tore

Scholz, Heiko »Scholle«
1 Spiel; 0 Tore

Völzke, Hendrik
0 Spiele; 0 Tore
Amateur

van Lent, Arie
13 Spiele; 1 Tor
Amateur

Kunz, Adrian »Addo«
12 Spiele; 1 Tor

Penshorn, Thomas
0 Spiele; 0 Tore

Plump, Matthias
0 Spiele; 0 Tore
Amateur

Schultz, Timo
0 Spiele; 0 Tore

In Freundschaftsspielen eingesetzt:

Babicevs, Vladimirs (Angriff, Lettland, Gastspieler von Skonto Riga)
Barten, Mike (Abwehr)
Borchardt, Stephan (Angriff)
Dabrowski, Christoph (Mittelfeld)
Frey, Dennis (Mittelfeld)
Fütterer, Danny (Mittelfeld)
Hobsch, Bernd (Angriff)
Mugeyi, Wilfred (Angriff, Simbabwe, Gastsp. v. Bush Bucks FC/Südafrika)
Pahars, Marian (Angriff, Lettland, Gastspieler von Skonto Riga)
Pekovic, Dejan (Angriff, Serbien, Gastspieler von Partizan Belgrad)
Schulz, Michael (Abwehr)
Stalteri, Paul (Mittelfeld, Kanada, Gastspieler von Toronto Lynx)

Alle Spiele 1997/98

24.06.1997
Freundschaftsspiel
SV Warsingfehn – W. Bremen 0:3 (0:1)
Aufstellung: Rost – Ramzy – Frey (65. Schulz), Wiedener, Schierenbeck – Brand, Todt (46. Scholz), Trares – Labbadia, Frings, Flo (65. van Lent)
Trainer: Dörner
Tore: 0:1 Labbadia (7. HE), 0:2 Labbadia (48.), 0:3 Brand (53.)
Zuschauer: 3.500

28.06.1997
UI-Cup, 1. Spieltag
W. Bremen – Östers IF Växjö 2:1 (2:0)
Aufstellung: Reck – Trares – Benken, Ramzy – Frey, Eilts, Herzog, Todt (66. Wicky), Brand – Hobsch (20. van Lent), Labbadia (75. Pfeifenberger)
Trainer: Dörner
Tore: 1:0 Labbadia (28.), 2:0 Herzog (35. FE), 2:1 Thordarsson (62.)
Zuschauer: 16.200

01.07.1997
Freundschaftsspiel
SV 07 Göttingen – W. Bremen 2:4 (1:1)
Aufstellung: Reck (46. Rost) – Schierenbeck – Benken, Ramzy – Wicky, Eilts, Todt, Wiedener (46. Frings), Herzog (46. Frey) – Labbadia (46. van Lent), Pfeifenberger
Trainer: Dörner
Tore: 1:0 Pfeifer (12.), 1:1 Labbadia (19.), 1:2 Frings (69.), 1:3 Schierenbeck (73.), 2:3 Graebel (76.), 2:4 Benken (83.)
Zuschauer: 3.387

05.07.1997
UI-Cup, 2. Spieltag
Universitate Riga – W. Bremen 0:3 (0:2)
Aufstellung: Rost – Trares – Benken, Ramzy – Frey (62. Frings), Pfeifenberger (75. Todt), Herzog, Eilts, Wicky (62. Wiedener) – Labbadia, van Lent
Trainer: Dörner
Tore: 0:1 Labbadia (12.), 0:2 van Lent (35.), 0:3 Herzog (79.)
Zuschauer: 1.000

08.07.1997
Freundschaftsspiel
Rot-Weiß Cuxhaven – W. B. 0:11 (0:7)
Eingesetzt: Reck – Ramzy, Scholz, Benken, Eilts, Todt, Bode, Herzog, Labbadia – Mugeyi, Flo, Schierenbeck, Wiedener, Brand, Frings, Pfeifenberger, Frey
Eingewechselt: Rost
Trainer: Dörner
Tore: Bode (3), Mugeyi (3), Herzog (2), Frey, Pfeifenberger, Frings
Besonderheit: Wilfred Mugeyi (Simbabwe / Umtata Bucks FC) wirkte als Gastspieler mit
Zuschauer: 2.000

12.07.1997
UI-Cup, 3. Spieltag
W. Bremen – Istanbulspor 0:0
Aufstellung: Reck – Ramzy – Benken, Wicky – Frey (61. Frings), Eilts, Herzog (61. Pfeifenberger), Todt (83. Schierenbeck), Brand – Labbadia, Bode
Trainer: Dörner
Tore: –
Zuschauer: 17.600

15.07.1997
Internationales Freundschaftsspiel
Kombination Lechia Gdansk/Arka Gdynia (*) – W. Bremen 1:9 (1:3)
Aufstellung: Rost (46. Jaschob) – Scholz, Wicky, Ramzy (46. Benken), Wiedener – Frey, Schierenbeck, Pfeifenberger – Mugeyi, Bode (46. Brand), Frings (46. van Lent)
Trainer: Dörner
Tore: 1:0 Banaczek (26.), 1:1 Pfeifenberger (31.), 1:2 Frings (33.), 1:3 Pfeifenberger (38.), 1:4 van Lent (59.), 1:5 Wicky (75.), 1:6 van Lent (80.), 1:7 van Lent (88.), 1:8 Scholz (89. FE), 1:9 van Lent (90.)
(*) In den polnischen Medien wurde die Mannschaft als »Küstenauswahl« geführt
Besonderheit: Wilfred Mugeyi (Simbabwe / Umtata Bucks FC) wirkte als Gastspieler mit
Zuschauer: 2.500

19.07.1997
UI-Cup, 4. Spieltag
Vasas Budapest – W. Bremen 2:0 (1:0)
Aufstellung: Reck – Frey, Ramzy (60. Pfeifenberger), Wicky – Scholz (60. Labbadia), Todt, Eilts – Frings, Herzog, Bode (46. Brand) – van Lent
Trainer: Dörner
Tore: 1:0 Vaczi (38.), 2:0 Aranyos (90.)
Zuschauer: 4.000
Endstand:

	S U N	Tore	Pkt.
1. Istanbulspor (Türkei)	3 1 0	10 : 3	10
2. Vasas Budapest (H)	3 0 1	9 : 3	9
3. SV W. Bremen (D)	2 1 1	5 : 3	7
4. Östers IF Växjö (S)	1 0 3	6 :10	3
5. Universitate Riga (LV)	0 0 4	2 :13	0

25.07.1997
Internationales Freundschaftsspiel
W. Bremen – Slavia Prag 2:1 (1:1)
Aufstellung: Reck (46. Rost) – Trares (46. Schierenbeck) – Ramzy (46. Wolter), Wicky – Frey, Eilts (46. Scholz), Todt (46. Pfeiffenberger), Herzog, Brand (46. Wiedener) – van Lent (46. Frings), Pekovic
Trainer: Dörner
Tore: 0:1 Vacha (40.), 1:1 Herzog (44.), 2:1 Pekovic (74.)
Besonderheit: Werder setzte als Gastspieler den Bosnier Dejan Pekovic (Partizan Belgrad / an Standard Lüttich ausgeliehen) ein
Zuschauer: 2.270

02.08.1997
Bundesliga, 1. Spieltag
Karlsruher SC – W. Bremen 3:1 (1:0)
Aufstellung: Reck – Trares – Benken (77. Frings), Ramzy – Frey (71. Pfeifenberger), Todt, Eilts, Bode – Herzog – van Lent (62. Brand), Labbadia
Trainer: Dörner
Tore: 1:0 Gilewicz (37.), 2:0 Wück (50.), 2:1 Bode (55.), 3:1 Schroth (90.)
Zuschauer: 26.500

05.08.1997
Bundesliga, 2. Spieltag
W. Bremen – FC Hansa Rostock 1:1 (1:0)
Aufstellung: Reck – Trares – Benken (77. Brand), Wiedener – Frey (66. Scholz), Eilts, Todt, Bode – Herzog – van Lent (77. Flo), Labbadia
Trainer: Dörner
Tore: 1:0 van Lent (23.), 1:1 Majak (67.)
Zuschauer: 26.600

09.08.1997
Bundesliga, 3. Spieltag
W. Bremen – TSV 1860 München 3:3 (2:1)
Aufstellung: Reck – Trares – Benken, Ramzy – Pfeifenberger (70. Frey), Eilts, Frings (80. Brand), Wicky, Bode – Herzog – van Lent (72. Labbadia)
Trainer: Dörner
Tore: 0:1 Bender (5.), 1:1 Herzog (26. FE), 2:1 Walker (39. ET), 2:2 Borimirov (65.), 3:2 Herzog (87.), 3:3 Bodden (89.)
Zuschauer: 24.062

15.08.1997
DFB-Pokal, 1. Runde
Rot-Weiß Oberhausen – W. B. 0:2 (0:1)
Aufstellung: Reck – Benken (80. Wiedener), Trares, Ramzy, Eilts (46. Todt) – Pfeifenberger, Wicky, Herzog (46.Labbadia), Frings – van Lent, Brand
Trainer: Dörner
Tore: 0:1 van Lent (29.), 0:2 Labbadia (63.)
Zuschauer: 8.000

17.08.1997
Internationales Turnier
CD Teneriffa – W. Bremen 4:0 (4:0)
Aufstellung: Rost – Trares (29. Scholz) – Benken (62. Wolter), Ramzy – Wiedener, Eilts, Todt, Brand – van Lent (67. Frings), Labbadia, Flo
Trainer: Dörner
Tore: 1:0 Makaay (7.), 2:0 Makaay (10.), 3:0 Makaay (12.), 4:0 Makaay (16.)
Besonderes Vorkommnis: Rost hält FE von Robaina (81.)
Zuschauer: 10.000 in Teneriffa

18.08.1997
Internationales Turnier
Atlètico Madrid – W. Bremen 8:0 (3:0)
Aufstellung: Reck – Scholz, Eilts (56. Benken), Ramzy – Wiedener, Plump, Wolter (74. Völzke), Frings, Todt – Labbadia (56. van Lent), Brand (56. Flo)
Trainer: Dörner
Tore: 1:0 Juninho (18.), 2:0 Vieri (31.), 3:0 Pantic (44.), 4:0 Mari (60.), 5:0 Futre (68.), 6:0 Roberto (80.), 7:0 Ezquerro (85.), 8:0 Juninho (89.)
Zuschauer: 4.500 in Teneriffa

23.08.1997
Bundesliga, 4. Spieltag
Arminia Bielefeld – W. Bremen 3:0 (1:0)
Aufstellung: Reck – Eilts – Ramzy, Benken (31. Frings) – Pfeifenberger, Todt, Wicky, Frey (74. Wolter) – Herzog – Labbadia (46. Brand), van Lent
Trainer: Sidka
Tore: 1:0 Maul (10.), 2:0 Daei (50.), 3:0 Kuntz (88.)
Besonderes Vorkommnis: Gelb-Rote Karte für Pfeifenberger (68.)
Zuschauer: 22.512

30.08.1997
Bundesliga, 5. Spieltag
W. Bremen – Bayer 04 Leverkusen 2:1 (1:0)
Aufstellung: Reck – Ramzy – Todt, Wicky – Wolter, Frey (50. Wiedener), Eilts, Brand (72. Flo) – Herzog – van Lent (22. Labbadia), Bode
Trainer: Sidka
Tore: 1:0 Labbadia (42.), 1:1 Kirsten (56.), 2:1 Bode (75.)
Zuschauer: 25.600

31.08.1997
Freundschaftsspiel
Vict. Frankfurt/Müllroser SV – W. B. 1:3 (1:1)
Aufstellung: Rost (46. Reck) – Ramzy – Skripnik, Penshorn (46. Labbadia), Wiedener – Todt (46. Wolter), Brand (46. Eilts), Schierenbeck, Scholz – Flo, Frings
Trainer: Sidka
Tore: 0:1 Frings (40.), 1:1 Keller (42.), 1:2 Labbadia (80.), 1:3 Flo (85.)
Besonderes Vorkommnis: Frings verschießt FE (4.)
Besonderheit: Werder spielte in der 1. Halbzeit gegen FC Victoria Frankfurt und in der 2. Halbzeit gegen den Müllroser SV
Zuschauer: 3.500

01.09.1997
Freundschaftsspiel
NSV Gelb-Weiß Görlitz – W. B. 0:5 (0:2)
Aufstellung: Reck (20. Jaschob) – Eilts (46. Barten) – Ramzy (46. Wolter), Schierenbeck, Wiedener (77. Penshorn) – Scholz (67. Harttgen), Brand (67. Schultz), Frings, Bode (46. Skripnik) – Flo (67. Seidel), Labbadia
Trainer: Sidka
Tore: 0:1 Labbadia (31.), 0:2 Labbadia (32.), 0:3 Skripnik (50.), 0:4 Labbadia (64.), 0:5 Labbadia (80.)
Besonderes Vorkommnis: Unfassbar – Victor Skripnik erzielt einen Treffer per Flugkopfball!
Zuschauer: 5.000

02.09.1997
Freundschaftsspiel
Bornaer SV – W. Bremen 0:4 (0:2)
Aufstellung: Jaschob – Ramzy, Barten, Harttgen, Scholz, Flock, Skripnik, Todt, Seidel, Flo, Schultz / Eingewechselt: Rost, Eilts, Wolter, Brand, Schierenbeck, Wiedener, Frey, Frings
Trainer: Sidka

Tore: 0:1 Seidel (2.), 0:2 Flo (22.), 0:3 Flo (67.), 0:4 Frey (90.)
Zuschauer: 3.500

03.09.1997
Freundschaftsspiel
Wacker Nordhausen – W. Bremen 0:4 (0:2)
Aufstellung: Rost – Schierenbeck (46. Skripnik) – Ramzy, Wiedener – Scholz (78. Schultz), Frey, Eilts, Bode, Brand (65. Penshorn) – Frings (46. Flo), Labbadia
Trainer: Sidka
Tore: 0:1 Bode (27.), 0:2 Scholz (41.), 0:3 Bode (54.), 0:4 Skripnik (84. FE)
Zuschauer: 2.000

13.09.1997
Bundesliga, 6. Spieltag
MSV Duisburg – W. Bremen 2:1 (2:1)
Aufstellung: Reck – Ramzy – Todt, Wicky (67. Pfeifenberger) – Wolter (46. Trares), Frey, Eilts, Brand, Bode – Herzog (56. van Lent) – Labbadia
Trainer: Sidka
Tore: 1:0 Neun (7.), 2:0 Zeyer (10. FE), 2:1 Labbadia (19.)
Zuschauer: 12.550

20.09.1997
Bundesliga, 7. Spieltag
W. Bremen – Borussia Dortmund 2:1 (2:1)
Aufstellung: Reck – Trares – Wicky, Todt – Ramzy, Pfeifenberger (74. Frey), Eilts, Herzog (57. Brand), Skripnik – Labbadia, Flo (82. van Lent)
Trainer: Sidka
Tore: 1:0 Todt (2.), 2:0 Herzog (23.), 2:1 Ricken (40.)
Zuschauer: 32.083

23.09.1997
DFB-Pokal, 2. Runde
Eintracht Frankfurt – W. Bremen 3:0 (2:0)
Aufstellung: Reck – Trares – Schierenbeck, Wicky – Ramzy, Todt, Frey, Skripnik (56. Frings) – Herzog (68. Brand) – van Lent, Flo (74. Wiedener)
Trainer: Sidka
Tore: 1:0 Sobotzik (19. FE), 2:0 Janßen (38.), 3:0 Weber (63.)
Besonderes Vorkommnis: Gelb-Rote Karte für Schierenbeck (58.)
Zuschauer: 33.000

27.09.1997
Bundesliga, 8. Spieltag
1. FC Kaiserslautern – W. Bremen 1:3 (1:0)
Aufstellung: Reck – Trares – Ramzy, Todt – Frings (82. Frey), Wicky, Eilts, Brand, Wiedener (46. Skripnik) – Labbadia, Herzog (75. Flo)
Trainer: Sidka
Tore: 1:0 Marschall (6.), 1:1 Labbadia (56.), 1:2 Flo (85.), 1:3 Frey (89.)
Zuschauer: 38.000

03.10.1997
Bundesliga, 9. Spieltag
W. Bremen – Bor. M'gladbach 1:0 (0:0)
Aufstellung: Reck – Trares – Wicky, Todt – Ramzy (69. Frey), Frings, Eilts, Pfeifenberger (61. Skripnik), Brand (73. Flo) – Herzog – Labbadia
Trainer: Sidka
Tor: 1:0 Flo (75.)
Besonderes Vorkommnis: Gelb-Rote Karte für Effenberg (82.)
Zuschauer: 35.622

14.10.1997
Bundesliga, 10. Spieltag
VfL Wolfsburg – W. Bremen 1:0 (0:0)
Aufstellung: Reck – Trares – Todt, Wicky – Frey, Frings, Eilts, Brand (55. Pfeifenberger), Bode – Flo (86. van Lent), Labbadia (73. Skripnik)
Trainer: Sidka
Tor: 1:0 Präger (90.)
Zuschauer: 14.857

17.10.1997
Bundesliga, 11. Spieltag
W. Bremen – Hamburger SV 0:0
Aufstellung: Reck – Trares – Wicky, Todt – Frey (77. Ramzy), Pfeifenberger, Eilts, Brand (70. Skripnik), Bode – Labbadia (53. Frings), Flo
Trainer: Sidka
Tore: –
Besonderes Vorkommnis: Gelb-Rote Karte für Todt (64.)
Zuschauer: 34.800

25.10.1997
Bundesliga, 12. Spieltag
FC Bayern München – W. Bremen 2:0 (1:0)
Aufstellung: Reck – Ramzy, Trares, Wicky – Frey, Pfeifenberger, Eilts (77. Wiedener), Brand (65. Harttgen), Bode – Flo (70. van Lent), Frings
Trainer: Sidka
Tore: 1:0 Jancker (33.), 2:0 Basler (70.)
Zuschauer: 63.000

01.11.1997
Bundesliga, 13. Spieltag
W. Bremen – Hertha BSC Berlin 0:2 (0:1)
Aufstellung: Reck – Wicky, Trares, Todt – Frey (72. Ramzy), Harttgen (46. Benken), Eilts, Brand (34. Flo), Skripnik – Frings, Bode
Trainer: Sidka
Tore: 0:1 Trares (11. ET), 0:2 Preetz (88.)
Zuschauer: 33.000

08.11.1997
Bundesliga, 14. Spieltag
1. FC Köln – W. Bremen 2:0 (0:0)
Aufstellung: Reck – Trares – Wicky, Todt – Frey (70. Ramzy), Eilts (76. Wiedener), Bode, Skripnik (89. Harttgen) – Frings – Labbadia, Flo
Trainer: Sidka
Tore: 1:0 Gaißmayer (86.), 2:0 Thiam (90.)
Zuschauer: 21.000

11.11.1997
Freundschaftsspiel
Rotenburger SV – W. Bremen 0:6 (0:1)
Aufstellung: Rost – Schierenbeck (46. Wiedener) – Scholz (60. Borchardt), Ramzy, Benken, Barten – Wolter, Stalteri, Pahars, Babicevs – van Lent (70. Harttgen)
Trainer: Sidka
Tore: 0:1 van Lent (43.), 0:2 Stalteri (58.), 0:3 Stalteri (60.), 0:4 Borchardt (61.), 0:5 Ramzy (73.), 0:6 Harttgen (85.)
Besonderes Vorkommnis: Rost hält Elfmeter von Gödecke (77.)
Besonderheit: Stalteri (Kanada), Babicevs und Pahars (beide Riga) wirkten als Gastspieler mit
Zuschauer: 1.100

18.11.1997
Bundesliga, 15. Spieltag
W. Bremen – FC Schalke 04 2:1 (2:1)
Aufstellung: Reck – Ramzy, Trares, Todt – Frings, Wicky, Eilts, Brand (82. Harttgen), Skripnik (72. Flo) – Labbadia (88. van Lent), Bode
Trainer: Sidka
Tore: 0:1 Eijkelkamp (34.), 1:1 Bode (36.), 2:1 Ramzy (38.)
Besonderes Vorkommnis: Gelb-Rote Karte für van Hoogdalem (57.)
Zuschauer: 26.700

21.11.1997
Bundesliga, 16. Spieltag
VfL Bochum – W. Bremen 0:1 (0:0)
Aufstellung: Reck – Trares – Ramzy, Todt – Frings, Wicky (83. Pfeifenberger), Eilts, Brand (69. Harttgen), Skripnik – Labbadia (46. van Lent), Bode
Trainer: Sidka
Tor: 0:1 Brand (66.)
Zuschauer: 22.605

25.11.1997
Freundschaftsspiel
Kickers Emden – W. Bremen 1:0 (0:0)
Aufstellung: Rost – Scholz – Benken, Schierenbeck – Wolter, Stalteri (75. Fütterer), Harttgen, Pfeifenberger (68. Barten), Wiedener – Flo, van Lent (65. Seidel)
Trainer: Sidka
Tor: 1:0 Mutlu (90.)
Zuschauer: 900

29.11.1997
Bundesliga, 17. Spieltag
W. Bremen – VfB Stuttgart 2:2 (0:0)
Aufstellung: Reck – Wicky – Ramzy, Todt – Frings, Maximow (58. Pfeifenberger), Eilts, Brand (87. Schierenbeck), Skripnik – van Lent (46. Wolter), Bode
Trainer: Sidka
Tore: 1:0 Frings (61.), 2:0 Brand (69.), 2:1 Balakov (84. FE), 2:2 Balakov (89.)
Besonderes Vorkommnis: Gelb-Rote Karte für Yakin (25.)
Zuschauer: 29.200

06.12.1997
Bundesliga, 18. Spieltag
W. Bremen – Karlsruher SC 2:4 (2:1)
Aufstellung: Rost – Wicky – Ramzy, Pfeifenberger (60. Flo) – Wolter (65. Seidel), Maximow, Eilts, Brand (88. Labbadia), Skripnik – Frings, Bode
Trainer: Sidka
Tore: 0:1 Schroth (7.), 1:1 Bode (17.), 2:1 Frings (37.), 2:2 Schroth (56.), 2:3 Schroth (85.), 2:4 Schepens (87.)
Zuschauer: 23.500

12.12.1997
Bundesliga, 19. Spieltag
FC Hansa Rostock – W. Bremen 1:2 (1:1)
Aufstellung: Reck – Wicky – Wiedener, Ramzy (49. Pfeifenberger) – Wolter, Todt, Maximow, Brand (90. Benken), Skripnik – Frings (87. Labbadia), Bode
Trainer: Sidka
Tore: 1:0 Rehmer (11.), 1:1 Bode (13.), 1:2 Bode (53.)
Zuschauer: 12.500

20.12.1997
Bundesliga, 20. Spieltag
TSV 1860 München – W. Bremen 0:1 (0:0)
Aufstellung: Reck – Wicky – Wiedener, Todt – Wolter, Maximow, Eilts, Brand (60. Pfeifenberger), Skripnik – Frings (72. Labbadia), Bode (89. Flo)
Trainer: Sidka
Tor: 0:1 Maximow (57.)
Zuschauer: 24.500

08.01.1998
Internationales Freundschaftsspiel
CD San Fernando – W. Bremen 3:2 (0:1)
Aufstellung: Reck – Wicky (46. Benken), Schierenbeck (46. Ramzy), Skripnik (46. Harttgen), Wiedener (46. Barten) – Eilts (46. Stalteri), Trares (46. Seidel), Wolter (46. Frings), Brand (46. Bode) – Labbadia (46. Flo), van Lent (46. Kunz)
Trainer: Sidka
Tore: 0:1 Skripnik (15.), 1:1 Puli (46.), 1:2 Seidel (60.), 2:2 Puli (69.), 3:2 Juanito (86.)
Zuschauer: 80 in Cadiz

11.01.1998
Internationales Freundschaftsspiel
NAC Breda – W. Bremen 1:1 (0:1)
Aufstellung: unbekannt
Trainer: Sidka
Tore: 0:1 Brand (15.), 1:1 Stewart (71.)
Zuschauer: unbekannt in Cadiz

Die »jungen Wilden« rücken nach: Christian Brand, Raphael Wicky und Torsten Frings gaben Anlass zu großen Hoffnungen

14.01.1998
Internationales Freundschaftsspiel
FC Chiclana – W. Bremen 2:3 (1:1)
Eingesetzt: Reck – Wicky (bis 45.), Benken, Schierenbeck, Ramzy (bis 45.), Skripnik, Wiedener – Harttgen, Eilts, Stalteri, Todt (bis 45.), Trares, Wolter, Frings, Brand – Seidel, Bode, Labbadia, Flo, van Lent, Kunz
Trainer: Sidka
Tore: 0:1 Flo (23.), 1:1 unbekannt, 1:2 Flo (51.), 2:2 unbekannt, 2:3 Labbadia (66.)
Zuschauer: unbekannt

21.01.1998
Internationales Freundschaftsspiel
W. Bremen – Dynamo Kiew 0:2 (0:1)
Aufstellung: Reck – Wicky (46. Trares), Todt, Wolter (46. Kunz), Wiedener (77. Benken) – Brand (46. Harttgen), Maximow, Bode, Eilts (85. Schierenbeck) – Frings (46. Labbadia), Flo (57. Skripnik)
Trainer: Sidka
Tore: 0:1 Gerasimenko (8.), 0:2 Belkevich (67.)
Besonderheit: Ablösespiel für Juri Maximow
Zuschauer: 6.024

25.01.1998
Freundschaftsspiel
Hamburger SV – W. Bremen 1:0 (1:0)
Aufstellung: Reck (46. Rost) – Todt (80. Schierenbeck), Wicky, Wiedener – Wolter (46. Kunz), Frings (69. Labbadia), Maximow, Eilts (69. Trares), Brand, Skripnik – Bode
Trainer: Sidka
Tor: 1:0 Salihamidzic (45.)
Zuschauer: 5.000 in Kropp

31.01.1998
Bundesliga, 21. Spieltag
W. Bremen – Arminia Bielefeld 2:1 (1:1)
Aufstellung: Reck – Trares – Todt, Wicky – Wolter (59. Labbadia), Eilts, Brand, Skripnik (76. Flo) – Maximow – Frings (72. Kunz), Bode
Trainer: Sidka
Tore: 0:1 Bagheri (24.), 1:1 Maximow (37.), 2:1 Flo (79.)
Zuschauer: 26.000

07.02.1998
Bundesliga, 22. Spieltag
Bayer Leverkusen – W. Bremen 4:1 (1:1)
Aufstellung: Reck – Todt, Trares, Wicky – Frings (75. Wolter), Eilts, Brand (79. Kunz), Skripnik – Maximow – Labbadia (71. Flo), Bode
Trainer: Sidka
Tore: 1:0 Kirsten (7.), 1:1 Brand (37. FE), 2:1 Kirsten (66. FE), 3:1 Meijer (71.), 4:1 Beinlich (85.)
Besonderes Vorkommnis: Rote Karte für Reck (82.), dafür ging Flo ins Tor
Zuschauer: 22.300

08.02.1998
Internationales Freundschaftsspiel
W. Bremen – FK Pelister (Mazedonien) 8:0 (3:0)
Aufstellung: Rost – Benken, Penshorn (60. Plump), Schierenbeck, Barten (46. Fütterer) – Harttgen, Borchardt, Pfeifenberger – van Lent, Stalteri (46. Frey), Seidel
Trainer: Schaaf
Tore: 1:0 van Lent (29.), 2:0 van Lent (36.), 3:0 Seidel (40.), 4:0 van Lent (48.), 5:0 Penshorn (52.), 6:0 Pfeifenberger (67.), 7:0 Borchardt (83.), 8:0 van Lent (85.)
Zuschauer: 300 in Mörsen-Scharrendorf

13.02.1998
Bundesliga, 23. Spieltag
W. Bremen – MSV Duisburg 2:2 (1:0)
Aufstellung: Reck – Trares – Wicky, Todt – Maximow (12. Wolter), Eilts, Brand (59. Herzog), Skripnik (72. Kunz) – Frings, Bode – Flo
Trainer: Sidka
Tore: 1:0 Eilts (6.), 1:1 Todt (54. ET), 1:2 Spies (80.), 2:2 Todt (82.)
Zuschauer: 23.960

18.02.1998
Freundschaftsspiel
VfL Osnabrück – W. Bremen 3:7 (1:6)
Aufstellung: Rost – Harttgen – Schierenbeck, Benken – Kunz, Dieter Frey, Barten (78. Dennis Frey). Stalteri (66. Penshorn) – Labbadia – van Lent, Seidel
Trainer: Sidka
Tore: 0:1 Kunz (9.), 0:2 Labbadia (17.), 1:2 Simonsen (22.), 1:3 Dieter Frey (26.), 1:4 Dieter Frey (29.), 1:5 Labbadia (41.), 1:6 van Lent (45.), 2:6 Przondziono (53. FE), 2:7 van Lent (63.), 3:7 Magowski (79.)
Zuschauer: 2.000

22.02.1998
Internationales Freundschaftsspiel
W. Bremen – Odense BK 0:1 (0:1)
Aufstellung: Reck (46. Rost) – Trares (58. Wolter) – Benken, Pfeifenberger – Kunz, Wicky (46. Schierenbeck), Eilts (46. Frey), Brand (46. Labbadia), Skripnik – Herzog, Flo
Trainer: Sidka
Tor: 0:1 Dethlefsen (44.)
Zuschauer: 3.000 in Twistringen

27.02.1998
Bundesliga 24. Spieltag
Borussia Dortmund – W. Bremen 2:2 (0:0)
Aufstellung: Reck – Wicky (68. Frey), Trares, Todt – Wolter (80. Kunz), Pfeifenberger, Eilts, Herzog (76. Brand), Skripnik – Frings, Flo
Trainer: Sidka
Tore: 0:1 Herzog (75.), 1:1 Heinrich (77.), 2:1 Chapuisat (80.), 2:2 Pfeifenberger (87.)
Zuschauer: 55.000

06.03.1998
Bundesliga, 25. Spieltag
W. Bremen – 1. FC Kaiserslautern 1:1 (1:1)
Aufstellung: Reck – Todt, Trares, Wicky – Kunz (67. Frey), Pfeifenberger, Eilts, Brand (56. Labbadia), Skripnik (51. Bode) – Herzog – Flo
Trainer: Sidka
Tore: 1:0 Pfeifenberger (14.), 1:1 Schjönberg (35. FE)
Besondere Vorkommnisse: Gelb-Rote Karte für Wicky (68.); Gelb-Rote Karte für Ballack (70.)
Zuschauer: 34.804

14.03.1998
Bundesliga, 26. Spieltag
Bor. M'gladbach – W. Bremen 0:0
Aufstellung: Reck – Trares – Ramzy, Todt – Pfeifenberger, Frey (46. Kunz), Eilts (75. Skripnik), Herzog (55. Brand), Bode – Frings, Flo
Trainer: Sidka
Tore: –
Besonderes Vorkommnis: Rote Karte für Andersson (24.)
Zuschauer: 28.000

21.03.1998
Bundesliga, 27. Spieltag
W. Bremen – VfL Wolfsburg 3:1 (1:0)
Aufstellung: Reck – Trares – Wicky, Todt – Kunz, Pfeifenberger, Eilts, Herzog (85. Brand), Bode – Frings (74. Labbadia), Flo
Trainer: Sidka
Tore: 1:0 Flo (45.), 2:0 Kunz (61.), 2:1 Dammeier (64. FE), 3:1 Flo (84.)
Zuschauer: 31.363

27.03.1998
Bundesliga, 28. Spieltag
Hamburger SV – W. Bremen 2:1 (0:1)
Aufstellung: Reck – Wicky – Ramzy, Todt – Kunz (79. Wolter), Frey, Eilts, Herzog (54. Brand), Bode – Frings, Flo
Trainer: Sidka
Tore: 0:1 Bode (25.), 1:1 Dembinski (78.), 2:1 Yeboah (90.)
Zuschauer: 38.261

04.04.1998
Bundesliga, 29. Spieltag
W. Bremen – FC Bayern München 0:3 (0:1)
Aufstellung: Reck – Wicky – Todt, Ramzy – Kunz, Frey, Eilts, Herzog (46. Brand), Bode – Frings (46. Labbadia), Flo (68. van Lent)
Trainer: Sidka
Tore: 0:1 Scholl (9. FE), 0:2 Scholl (61.), 0:3 Jancker (81.)
Zuschauer: 35.883

11.04.1998
Bundesliga, 30. Spieltag
Hertha BSC Berlin – W. Bremen 0:2 (0:1)
Aufstellung: Reck – Trares – Todt, Ramzy – Wolter (37. Frings), Wicky (86. Wiedener), Eilts, Brand (75. Maximow), Skripnik – Bode – Labbadia
Trainer: Sidka
Tore: 0:1 Labbadia (18.), 0:2 Bode (82.)
Zuschauer: 57.078

17.04.1998
Bundesliga, 31. Spieltag
W. Bremen – 1. FC Köln 3:0 (1:0)
Aufstellung: Reck – Trares – Ramzy, Todt – Kunz (58. Wiedener), Wicky, Eilts, Brand (55. Frey), Frings – Labbadia, Flo (79. Maximow)
Trainer: Sidka
Tore: 1:0 Labbadia (36.), 2:0 Frey (66.), 3:0 Labbadia (81. FE)
Besonderes Vorkommnis: Menger hält FE von Labbadia (85.)
Zuschauer: 34.679

25.04.1998
Bundesliga, 32. Spieltag
FC Schalke 04 – W. Bremen 0:1 (0:1)
Aufstellung: Reck – Trares – Ramzy, Todt – Kunz (66. Frings), Wicky, Frey (74. Maximow), Eilts, Skripnik – Bode – Labbadia (84. Flo)
Trainer: Sidka
Tor: 0:1 Bode (18.)
Zuschauer: 43.733

02.05.1998
Bundesliga, 33. Spieltag
W. Bremen – VfL Bochum 1:0 (0:0)
Aufstellung: Reck – Trares – Todt – Frings (60. Kunz), Wicky, Ramzy (46. Brand), Eilts, Skripnik – Herzog – Bode, Labbadia (74. Maximow)
Trainer: Sidka
Tor: 1:0 Maximow (80.)
Zuschauer: 35.769

09.05.1998
Bundesliga, 34. Spieltag
VfB Stuttgart – W. Bremen 1:0 (0:0)
Aufstellung: Reck (45. Rost) – Trares – Ramzy, Todt – Frey, Wicky, Eilts (74. Flo), Herzog (46. Maximow), Skripnik – Labbadia, Bode
Trainer: Sidka
Tor: 1:0 Djordjevic (74.)
Besonderes Vorkommnis: Rote Karte für Bobic (45.)
Zuschauer: 53.000

11.05.1998
Freundschaftsspiel
Dessauer SV 97 – W. Bremen 1:27 (1:12)
Aufstellung: Rost – Schierenbeck, Wiedener, Wolter, Frey – Maximow, Benken, Brand, Frings – Kunz, Flo
Trainer: Sidka
Torschützen für Werder: Frings (7), Kunz (6), Flo (4), Wiedener (3), Brand (2), Maximow, Schierenbeck, Benken, Wolter, Frey
Besonderes Vorkommnis: Dessaus Torwart Zschirp hält FE von Frank Rost. Weil Rost nicht schnell genug in sein Tor zurückkommt, kann Dessau den Ehrentreffer erzielen. Frank Rost muss anschließend 50 DM in die Mannschaftskasse zahlen, weil er als einziger Werder-Profi kein Tor zustande brachte
Besonderheit: 27 geschossene Tore in einem Spiel bedeuten »ewigen« Vereinsrekord für Werder
Zuschauer: 3.840

12.05.1998
Freundschaftsspiel
SV Babelsberg 03 – W. Bremen 0:2 (0:0)
Aufstellung: Rost – Trares – Todt (46. Benken), Ramzy – Kunz (46. Frings), Maximow (46. Brand), Eilts (58. Frey), Wiedener (46. Wolter), Skripnik (71. Flo) – Labbadia (65. Herzog), Bode
Trainer: Sidka
Tore: 0:1 Frings (56.), 0:2 Benken (70.)
Zuschauer: 3.266

13.05.1998
Freundschaftsspiel
FSV Lok/Altmark Stendal – W. B. 2:2 (2:1)
Aufstellung: Jaschob – Wolter, Benken (57. Bode), Schierenbeck, Wiedener (57. Trares) – Frey (75. Eilts), Frings (75. Labbadia), Brand (83. Todt), Maximow (46. Skripnik) – Kunz (24. van Lent), Flo
Trainer: Sidka
Tore: 1:0 Shubitidse (6.), 1:1 Flo (12.), 2:1 Lässig (30.), 2:2 Flo (57.)
Zuschauer: 2.100

14.05.1998
Freundschaftsspiel
MSV Pampow – W. Bremen 0:18 (0:12)
Aufstellung: Rost – Ramzy – Wiedener, Schierenbeck, Todt – Skripnik, Eilts, Frings, Maximow – Labbadia, van Lent / Eingewechselt: Bode, Frey, Brand, Trares, Rest unbekannt
Trainer: Sidka
Tore: Labbadia (6), van Lent (6), Frings (3), Bode, Frey, Brand
Zuschauer: 2.500 in Stralendorf

15.05.1998
Freundschaftsspiel
FC Anker Wismar – W. Bremen 0:3 (0:1)
Aufstellung: Rost – Todt, Trares, Ramzy, Wolter (46. Benken) – Frey (59. Schierenbeck), Eilts, Brand (71. Wiedener) – Bode, Labbadia, van Lent (46. Skripnik)
Trainer: Sidka
Tore: 0:1 van Lent (25.), 0:2 Schierenbeck (62.), 0:3 Labbadia (88.)
Zuschauer: 5.125

20.05.1998
Freundschaftsspiel
Heidmühler FC – W. Bremen 2:5 (0:2)
Eingesetzte Spieler: Rost, Jaschob – Benken, Ramzy, Schierenbeck, Skripnik, Wiedener – Trares, Eilts, Wolter, Frey, Brand, Maximow, Bode – van Lent, Labbadia
Trainer: Kamp (Wolfgang Sidka befand sich auf Spielersuche in Amsterdam)
Tore: 0:1 Bode (7.), 0:2 Labbadia (32.), 1:2 Chrissiochoidis (48.), 1:3 Brand (52.), 1:4 Labbadia (78.), 1:5 Maximow (86.), 2:5 Chrissiochoidis (87.)
Zuschauer: 2.300 in Schortens

21.05.1998
Freundschaftsspiel
SC Concordia Ihrhove – W. B. 1:4 (1:2)
Aufstellung: Rost – Ramzy – Benken, Wiedener, Skripnik – Wolter (63. Trares), Frey, Eilts (46. Schierenbeck), Brand (46. Maximow) – Labbadia (46. van Lent), Bode
Trainer: Sidka
Tore: 0:1 Labbadia (1.), 1:1 Uwelius (22.), 1:2 Labbadia (42.), 1:3 van Lent (81.), 1:4 Maximow (89. FE)
Zuschauer: 3.000 in Firrel

22.05.1998
Freundschaftsspiel
TSV Verden – W. Bremen 1:6 (0:2)
Aufstellung: Rost – Wiedener, Benken, Schierenbeck, Trares, Wolter (46. Ramzy), Maximow (46. Skripnik/56. Frey), Bode (46. Eilts), Brand, Labbadia, van Lent (65. Jaschob)
Trainer: Sidka
Tore: 0:1 Brand (9.), 0:2 Labbadia (24.), 0:3 Labbadia (52.), 0:4 Labbadia (57.), 1:4 Breces (73. FE), 1:5 Labbadia (80.), 1:6 Brand (85.)
Zuschauer: 4.000

26.05.1998
Internationales Freundschaftsspiel
Grasshopper Zürich – W. Bremen 1:0 (1:0)
Aufstellung: Rost – Trares, Benken (81. Schierenbeck), Barten, Ramzy – Dabrowski (46. Maximow), Eilts, Frey (67. Wolter), Skripnik (70. Wiedener) – Labbadia (67. van Lent), Bode
Trainer: Sidka
Tor: 1:0 Bieli (21.)
Zuschauer: 1.500 in WInterthur

27.05.1998
Freundschaftsspiel
VSK Osterholz-Scharmbeck – W. B.3:11 (1:7)
Aufstellung: Rost (Jaschob) – Trares – Schierenbeck, Wiedener – Plump, Frey, Wolter, Eilts, Harttgen – Seidel, van Lent (Eingew.: Skripnik, Barten, Dabrowski, Bode, Labbadia, Benken, Ramzy)
Trainer: Sidka
Tore: 0:1 Seidel (4.), 0:2 Frey (8.), 0:3 Harttgen (16.), 1:3 Tölle (20.), 1:4 Seidel (30.), 1:5 Harttgen (38.), 1:6 Seidel (39.), 1:7 van Lent (41.), 1:8 Seidel (47.), 1:9 van Lent (54.), 1:10 Seidel (65.), 2:10 Tölle (76.), 3:10 Heineke (80.), 3:11 Labbadia (85.)
Zuschauer: 3.500

29.05.1998
Freundschaftsspiel
TSV Arminia Vöhrum – W. Bremen 1:9 (0:5)
Aufstellung: Rost – Trares (46. Ramzy), Benken, Schierenbeck, Plump, Eilts (46. Dabrowski), Wiedener, Frey, Bode, van Lent, Labbadia (46. Jaschob)
Trainer: Sidka
Tore: 0:1 Schierenbeck (7.), 0:2 Labbadia (8.), 0:3 Bode (28.), 0:4 Frey (35.), 0:5 Trares (41.), 0:6 Bode (51.), 0:7 Jaschob (63.), 0:8 Benken (73.), 0:9 Schierenbeck (86.), 1:9 Pickert (87.)
Besonderheit: Ersatztorhüter Jaschob wurde in der 2. Halbzeit als Stürmer eingewechselt und erzielte einen Treffer
Zuschauer: 2.270

Bundesliga-Abschlusstabelle 1997/1998

Platz	Verein	Spiele	S	U	N	Tore	Diff.	Punkte
1.	1. FC K'lautern (N)	34	19	11	4	63:39	+24	68
2.	Bayern München (M)	34	19	9	6	69:37	+32	66
3.	Bayer Leverkusen	34	14	13	7	66:39	+27	55
4.	VfB Stuttgart (P)	34	14	10	10	55:49	+6	52
5.	Schalke 04	34	13	13	8	38:32	+6	52
6.	Hansa Rostock	34	14	9	11	54:46	+8	51
7.	**Werder Bremen**	**34**	**14**	**8**	**12**	**43:47**	**-4**	**50**
8.	MSV Duisburg	34	11	11	12	43:44	-1	44
9.	Hamburger SV	34	11	11	12	38:46	-8	44
10.	Borussia Dortmund	34	11	10	13	57:55	+2	43
11.	Hertha BSC Berlin (N)	34	12	7	15	41:53	-12	43
12.	VfL Bochum	34	11	8	15	41:49	-8	41
13.	1860 München	34	11	8	15	43:54	-11	41
14.	VfL Wolfsburg (N)	34	11	6	17	38:54	-16	39
15.	Borussia M'gladbach	34	9	11	14	54:59	-5	38
16.	Karlsruher SC	34	9	11	14	48:60	-12	38
17.	1. FC Köln	34	10	6	18	49:64	-15	36
18.	Arminia Bielefeld	34	8	8	18	43:56	-13	32

Fieberkurve der Bundesliga-Saison 1997/1998

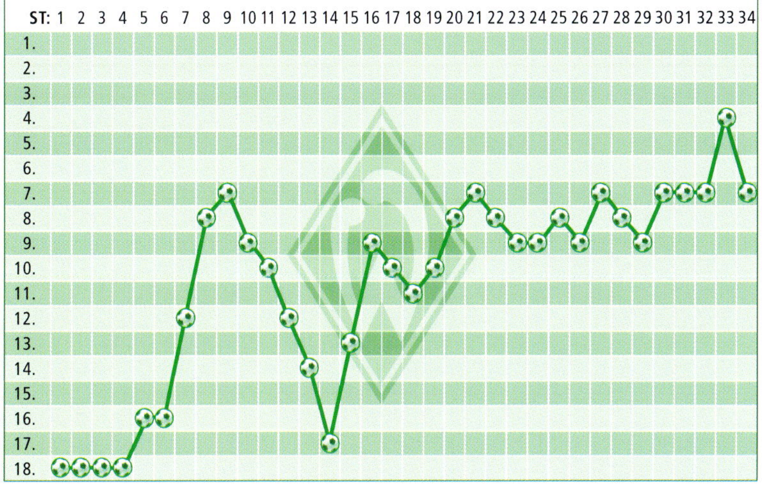

1998/99: Ende mit Schrecken – und ein Neuanfang

Oben v.l.:
Eilts, Wolter, Seidel, Plump, Flo, Dabrowski, Maximow, Bode, Frey, Herzog
Mitte v.l.:
Trainer Sidka, Nouri, Roembiak, Kunz, Skripnik, Todt, Schultz, Benken, Tjikuzu, Torwarttrainer Burdenski, Co-Trainer Kamp
Unten v.l.:
Wiedener, Wicky, Trares, Borel, Brasas, Rost, Barten, Brand, Frings

Wenn man sich mal das vermaledeite 0:8 von Teneriffa wegdenkt, dann begann die Saison 1998/99 beinahe wie die Spielzeit zuvor: Ein Trainer verspielt in Rekordzeit weite Teile seines Kredits bei der Kundschaft und muss nach einem verpatzen Saisonstart gehen. Der Trainer hieß diesmal nicht Dörner, sondern Sidka. Er wurde nicht nach drei Spieltagen entlassen, sondern durfte sich fünf Wochen länger um die Wende bemühen. Und er scheiterte nicht so sehr an der Außendarstellung seiner Person, sondern an – klar – Erfolglosigkeit. Aber auch an der angebotenen Art von Fußball, die kein Werder-Fan mehr sehen mochte: statisch, ängstlich, vorhersehbar.

Verpatzte Saisonstarts hatten in der Post-Rehhagel-Ära Tradition, und auch Wolfgang Sidka mochte sich in seiner ersten Saison da nicht lumpen lassen: 0:1 in Berlin, 2:3 zu Hause gegen den »Club« aus Nürnberg, 0:2 in Bochum – Platz 18, genau wie ein Jahr zuvor unter Hans-Jürgen Dörner. Das Spiel in Bochum lieferte dabei den Offenbarungseid: Beim Stand von 0:1 dirigierte Trainer Sidka den wuchtigen Sturmtank Håvard Flo in die Abwehr. Die eingewechselten Stürmer Kunz und Seidel kannten an diesem Abend so etwas wie »Ballkontakte« nur vom Hörensagen. Werder war bei einer eher harmlosen Mannschaft aus dem Mittelmaß der Bundesliga eine ganze Klasse unterlegen. Berühmt wurde später die Szene eines am

Rechts: Auf dem Spielfeld sahen Werders Profis 1998/99 selten so respekteinflößend aus wie hier: Roembiak, Benken, Maximow, Flock und Wiedener, direkt nach der Schicht

Spielfeldrand verzweifelt und wütend in Richtung Sidka gestikulierenden Kapitäns Dieter Eilts. Mitten im Spiel ein für alle erkennbarer Disput zwischen Trainer und Spielführer, der beinahe eine Minute dauerte (gefühlt). Das Spiel dauerte für mitgereiste Fans gefühlte sechs Stunden, und gerade als man froh war, als Werder-Supporter diesem grauenvollen Auswärtsspiel noch einmal ohne bleibende Schäden entronnen zu sein, lieferte Werder im UEFA-Cup noch einmal exakt das gleiche Spiel ab: Gegner war genau eine Woche nach dem schwarzen Abend von Bochum die noch weitaus schwächere Elf von Brann Bergen aus Norwegen. Wieder 0:2. Vom gebotenen Sport her gab es für Werderaner in den letzten zwanzig Jahren keine bitterere Phase als diese.

Um gegenzusteuern, bemühte sich Werder um den brasilianischen Stürmer Ailton, mit dessen Verein Tigres Monterrey (Mexiko) es jedoch ein endloses Wechseltheater gab. Als dieser Transfer endgültig geplatzt schien, wurde mit Rade Bogdanovic von der Ersatzbank Atletico Madrids ein klassischer Mittelstürmer ausgeliehen. Bogdanovic gefiel den männlichen Werder-Fans spontan durch seine sofort allgegenwärtige Torgefährlichkeit. Den weiblichen Werder-Fans gefiel er zusätzlich durch den nicht minder allgegenwärtigen Waschbrettbauch, den der Serbe bei jedem Torjubel präsentierte. Bogdanovic erzielte sein erstes Tor schon im ersten Spiel beim VfL Wolfsburg, wo den Werder-Fans erstaunt vor allem eines auffiel: Plötzlich hatte Werder nach langer Pause wieder einen echten Mittelstürmer. Da war endlich jemand präsent, der vorne drinstand und den Gegner kirre machen konnte – herrlich! Seit dem Abschied von Bruno Labbadia zu Saisonbeginn hatte es so etwas nicht mehr gegeben. Leider war Bogdanovics Auftakttreffer nur ein Tropfen auf dem heißen Stein. Trotz des neuen Goalgetters wurde danach wieder vergeigt was das Zeug hält.

Ernst wurde es bei der dritten Niederlage in Folge nach dem kurzen Zwischenhoch in Wolfsburg. Werder spielte daheim gegen den SC Freiburg und verlor mit 2:3. Im Mittelpunkt der Kritik stand neben Trainer Sidka auch der umstrittene Torwart Frank Rost, den die grünweiße Menge mit »Brasas, Brasas!«-Rufen aus dem Tor brüllen wollte. Der so Gescholtene zeigte Wirkung und verschuldete zwei der drei Gegentore.

Da nützte es auch nichts, dass der heftig umworbene Brasilianer Ailton aus Mexiko plötzlich doch noch losgeeist werden konnte. Wenige Tage nach seiner Ankunft in Deutschland lief er gegen Freiburg erstmals auf, machte sogar ein Tor, konnte aber aber die Niederlage und den erneuten Sturz auf Platz 18 auch nicht verhindern. Wolfgang Sidkas Tage waren gezählt.

Trainerentlassung Nr. 10: Wolfgang Sidka oder: Einmal an die Sonne und zurück Letzter Arbeitstag: 22. Oktober 1998

Es hätte durchaus klappen können: Mit Wolfgang Sidka hatte Werder schon zu Dörners Zeiten den scheinbar prädestinierten Nachfolger im Boot. Das schien beinahe peinlich klar, als Sidka just zu dem Zeitpunkt als neuer Co-Trainer verpflichtet wurde, als der Stern Dörners zu sinken begann. »Solche Fragen will ich nicht hören!«, entgegnete Sidka in der Regel eisig, wenn ein Reporter ihm das Statement entlocken wollte, ob er nicht doch bereits der absehbare Nachfolger seines Chefs sei.

Sidka wurde dennoch Dörners Nachfolger. Er hinterließ in der Endabrechnung eine sehr symmetrische Bilanz: Auf Platz

Chaos in der Elf, Kritik am Trainer
Bei Werder ist die Ratlosigkeit nach der sechsten Niederlage im achten Spiel größer als je zuvor

Keiner ist für und keiner ist gegen Sidka
Nach Werders Absturz: Viele gehen auf Distanz zum Trainer / Schonfrist bis nach dem UEFA-Pokal-Spiel?

Keiner rechnet mehr mit Sidka
Thomas Schaaf und ein Sportdirektor: Werders Zukunftsmodell?

Wenn ein Freund geht und die Chemie nicht stimmt
Das Scheitern des Aufsteigers Wolfgang Sidka / „Mischung aus Betroffenheit und Erleichterung“ bei den Spielern

18 übernahm er Werder im August 1997, auf Platz 18 hinterließ er Werder auch 14 Monate später. Dazwischen stand der kurzfristige Sprung auf einen UEFA-Cup-Platz im Frühling 1998, über den man sich bei Werder wohl so furchtbar verjagte, dass es danach wieder geradewegs abwärts ging.

Sidka hatte sich über die Monate angreifbar gemacht. Innerhalb der Mannschaft verstanden viele nicht, was das Ex-Mittelfeldass sich als Trainer so zusammenwechselte. Außerhalb stieß seine oft als arrogant und herablassend empfundene Art auf. Als der Gegenwind in den erfolglosen ersten Saisonwochen 1998/99 immer stärker wurde, erfuhr Sidka die denkbar halbherzigste Rückendeckung, die man einem Trainer zuteil werden lassen kann: »Wir haben entschieden, dass wir das UEFA-Cup-Spiel gegen Marseille noch abwarten. Danach werden wir uns am Mittwoch oder Donnerstag zusammensetzen und besprechen, was es in der Bundesliga zu tun gibt. Danach müssen gegebenenfalls die richtigen Schlüsse gezogen werden«, verlautete es düster aus Werders Präsidium.

Wenn aber eine Ikone wie Andreas Herzog öffentlich und nicht sehr versteckt an die Adresse des Trainers polterte, nahezu jeder Werderspieler bringe nur noch 70 % seines Leistungsvermögens, dann sind die »richtigen Schlüsse« ziemlich vorhersehbar.

Wolfgang Sidka war nicht mehr zu halten. In der Nachbetrachtung wurden ihm Defizite in den relevanten Bereichen Taktik, Aufstellung und Spielvorbereitung vorgehalten. Gegen den SC Freiburg bot er im Weser-Stadion sechs Offensivspieler auf, ohne dass ein Konzept dahinter erkennbar gewesen wäre. Werder wurde förmlich überrannt, und obwohl man aus dem 0:3-Rückstand noch ein optisch etwas erträglicheres 2:3 zurechtbog, musste der Trainer gehen. Werder blieb seine prominenteste Trainerstation.

»Tja Jungs, das habt ihr nun davon!« (Willi Lemke zur Mannschaft bei der Vorstellung des neuen Trainers Felix Magath)

Es kam mit Felix Magath ein umstrittener Mann, der den Profibereich des SV Werder ähnlich durcheinanderwirbeln sollte wie einst Aad de Mos. Magaths Verpflichtung wurde, da Ex-HSVer, bei den Fans skeptisch zur Kenntnis genommen, und seine Empfehlungen waren durchwachsen: Bei allen Ex-Vereinen hatte er jeweils vorübergehend beeindruckenden Erfolg, nutzte sich aber ebenso schnell wieder ab. Ein Durchlauferhitzer, der die Mannschaft für einen sehr begrenzten Zeitraum heiß machen konnte, um danach die Kontrolle über die Strömungen innerhalb des Kaders zu verlieren. Seine Mannschaften wurden nach dem immer gleichen Prinzip mit knallhartem Training körperlich auf das allerhöchste Level getrimmt, ehe der Disziplinfanatiker Magath dann den Kader massiv umkrempelte. Bei Werder waren Magaths personelle Vorlieben schon im allerersten Spiel deutlich, das pikanterweise bei seinem Ex-Verein HSV stattfand. Bogdanovic musste auf die Bank, Ailton (eine Woche nach seinem ersten Bundesligator!) gar auf die Tribüne. Leistungsträger Maximow wurde vom neuen Trainer mit der Begründung aus der Stammelf aussortiert, er solle »erst einmal richtig Deutsch lernen«.

Magath hatte allerdings auch das große Pech, eine in sich kaputte Mannschaft zu übernehmen, in der es »von vorne bis hinten nicht stimmte« (Raphael Wicky). Bitter rächte sich die defensive Einkaufspolitik des Sommers: Die Dauerverletzten Todt und Herzog fehlten an allen Ecken und Enden. Immer wieder mussten die Löcher innerhalb der Mannschaft auf abenteuerlichste Weise gestopft werden. Der durch die beiden neuen Stürmer vorne nutzlose Håvard Flo verteidigte für den dauerverletzten Todt, Roembiak und Wicky mussten mal hier und mal da ran, bei Torsten Frings wurde langwierig ermittelt, für was der quirlige Aachener Stürmer überhaupt zu gebrauchen sein könnte. Personell herrschte das ganz große Chaos, woran Magath einen großen Teil der Schuld trug. Mit Ailton schmorte ein Torjäger auf der Tribüne, den Magath nicht einsetzte, weil er in Werders prekärer Lage auf Arbeiter setzte, nicht auf Künstler. Dafür wurde auf ausdrückliche Initiative des Trainers mit Magaths Ex-HSV-Weggefährten Dirk Weetendorf ein Stürmer geholt, den »Quälix« schon beim ersten Training kurz und klein trainierte und später kaum einsetzte. In Hamburg lachten sie sich unterdessen tot und rätselten, welchen HSV-Ladenhüter Magath als nächstes zum Nordrivalen locken würde.

„Wer besser sein will, muß mehr arbeiten“

Felix Magath über sich und seine Überzeugungen

Die sportliche Entwicklung unter dem für die Spieler oft schwer einzuschätzenden Schleifer war ähnlich, wie sie Magath bei anderen Stationen auch erlebte: Am Anfang ging es bergauf, und zwar steil. Die Mannschaft hatte Respekt vor den Visionen des neuen Trainers, wurde immer fitter und zog an einem Strang. In zwei Monaten unter Magath kletterte Werder vom Schlusslicht hoch bis zu Platz 9, und leise keimten sogar Hoffnungen auf, es wieder in die UEFA-Cup-Ränge schaffen zu können. Die Träumereien wurden im Frühjahr auf brutalste Weise zerstört, nachdem das Winter-Trainingslager in Herzlake (»Schmerzlake«) eigentlich schon brutal genug gewesen war. In den nächsten

Vernunftehe: Auch zwischen Manager Lemke und Felix Magath entwickelte sich das berufliche Verhältnis nie zu einer echten Romanze

zwölf Bundesligaspielen unter Magath gab es nur einen einzigen Sieg (in Freiburg). Der Rest war Schweigen. Die Mannschaft spielte nicht mehr, sie ackerte nur noch matt vor sich hin. Anders als in der Vorrunde tat sie dies nun völlig erfolglos. Die atmosphärischen Störungen innerhalb des Teams wurden täglich schlimmer. Die jüngeren Spieler zitterten vor Gesprächen mit Magath, die älteren hatten vom eitlen, selbstverliebten Führungsstil des Feldwebels die Nase gestrichen voll.

Trainerentlassung Nr. 11: Wolfgang »Felix« Magath oder: Der Durchlauferhitzer Letzter Arbeitstag: 09. Mai 1999

Magath wirft hin – Präsidium tritt ab

Schaaf schon morgen gegen Schalke auf Trainerbank?

Sturzflug in Liga zwei

Werder scheint im Abstiegskampf die Puste auszugehen

Das Mißverständnis mit dem „Magier"

Die Ehe Magath/Werder hinterließ am Ende jede Menge verbrannter Erde. Zum Verdruss der Werder-Führungsriege ließ der Trainer kaum eine Gelegenheit aus darauf hinzuweisen, er habe Werder vor dem Abstieg gerettet. Die Fieberkurve der Saison spricht eine andere Sprache. Bei Licht betrachtet hatte Magath Werder im Herbst kurz Leben eingehaucht (nur eine Niederlage in den ersten neun Bundesligaspielen unter seiner Regie), um sie im Winter zunächst im Trainingslager in Herzlake zu malträtieren. Zitat Magath in einem TV-Interview: »Vor dem harten Trainingslager muss man keine Angst haben. Denn anschließend werden wir so fit sein, dass wir unsere Gegner in Serie vernaschen können!« Es kam anschließend genau andersrum: In den ersten zwölf Spielen der Rückrunde startete Magath das »Unternehmen Sturzflug«, fuhr nur noch einen Sieg, drei Unentschieden und acht Niederlagen ein und machte aus Platz 8 einen zittrigen Platz 15. Jeder entlassene Werder-Trainer zuvor musste nach geringfügigeren Negativ-Serien gehen.

Der sportliche Abwärtstrend war die eine Sache. Die totale Entfremdung zwischen Trainer auf der einen Seite und Präsidium plus Mannschaft auf der anderen Seite war mindestens genauso schwerwiegend. Magath wollte für die Zukunft ausgerechnet Andreas Herzog, Ailton, Frank Rost, Torsten Frings und Raphael Wicky aussortieren. Werders Vorstand lehnte ab: »Wir sind immer noch Werder Bremen, und wir werden diese Spieler nicht einfach wegschicken!«

Magath reagierte bockig, und beim Heimspiel gegen Hansa Rostock kam es fast unbemerkt zu einem internen Eklat: Magath stellte Herzog, Rost, Wicky und überraschend auch Ailton in die Startformation, ließ die Mannschaft mit drei Stürmern und praktisch ohne Absicherung spielen und wurde im Weser-Stadion gleich mit 0:3 auseinandergenommen. In der Pressekonferenz spottete er polemisch: »Tja, heute hat bei uns alles gespielt, was gut und teuer ist!« Der Satz ging deutlich in Richtung des Präsidiums.

Vernunftehe 2: Auch zwischen Kapitän Marco Bode und dem neuen Trainer Felix Magath herrschte nie große Zuneigung

Niemand mochte mehr mitziehen, weil der Ex-»Magier« Magath einfach zuviel falsch machte. Die Spieler mussten trainieren, bis sie Blasen an den Füßen hatten. Am Mittwoch vor einem Spiel wurden sie bis zur totalen Erschöpfung gescheucht, was mitten in der Saison nicht zu körperlicher Fitness, sondern lediglich zu tonnenschweren Beinen führte. Wenn die Spieler sich beklagten, bekamen sie kühl zu hören: »Tja, wenn ihr Bayern München wärt, bräuchten wir nicht so hart zu trainieren!«

Auch menschlich kehrte Magath mit eisernem Besen und traf oft unverständliche Entscheidungen. Andree Wiedener bat, zur Beerdigung seines Großvaters gehen zu dürfen, die an einem Freitag vor einem Spiel stattfand. Tags darauf war Wiedener wegen seiner 5. Gelben Karte ohnehin gesperrt und konnte nicht spielen. Magath verweigerte den Wunsch. Wiedener musste stattdessen trainieren.

Fußball in Zahlen

1. Bundesliga

SV Werder Bremen – Eintracht Frankfurt 1:2
Hansa Rostock – VfB Stuttgart 3:0

1.	FC Bayern München (1)	30	22	5	3	69:22	71
2.	Bayer 04 Leverkusen (2)	30	16	11	3	58:27	59
3.	Hertha BSC (3)	30	15	7	8	48:30	52
4.	1. FC Kaiserslautern (4)	30	15	6	9	45:41	51
5.	Borussia Dortmund (5)	30	13	9	8	42:31	48
6.	VfL Wolfsburg (6)	30	13	9	8	49:42	[illegible]
7.	MSV Duisburg (7)	30	12	9	9	41:39	45
8.	Hamburger SV (8)	30	11	10	9	38:37	43
9.	TSV München 1860 (9)	30	11	8	11	43:42	41
10.	FC Schalke 04 (10)	29	8	11	10	32:43	35
11.	Hansa kostock (14)	31	8	10	13	45:53	34
12.	SC Freiburg (12)	30	8	9	13	31:37	33
13.	VfB Stuttgart (11)	31	7	12	12	36:44	33
14.	1. FC Nürnberg (13)	30	6	14	10	35:46	32
15.	SV Werder Bremen (15)	30	7	8	15	33:44	29
16.	VfL Bochum (16)	30	7	8	15	36:54	29
17.	Eintracht Frankfurt (17)	31	6	10	15	34:51	28
18.	Bor. Mönchengladbach (18)	30	4	8	18	37:69	20

Jetzt braucht Werder ein Wunder

1:2-Niederlage im Kellerduell gegen Eintracht Frankfurt / Bodes Tor kam zu spät

Am Tag nach dem verheerenden 1:2 zu Hause gegen die ebenfalls gefährdete Frankfurter Eintracht machten sich Marco Bode, Frank Rost und Dieter Eilts auf den Weg zum Vorstand und baten händeringend um Hilfe: »Wir wollen nicht absteigen, aber so wie die Lage jetzt ist, steigen wir ab. Auf diese Art und Weise kommen wir aus dieser Kiste nicht mehr raus!« Magath wurde anschließend zum Ge-

Auch Lemke wollte abtreten

Werders Präsidium lehnte ab / Schaaf leitete erstes Training

spräch gebeten. Unbemerkt wurde er an den wartenden Journalisten vorbeigeschleust. Dort eröffnete man dem konsternierten Trainer: »Wir stellen unsere Ämter zur Verfügung. Wir haben bei Ihrer Verpflichtung angekündigt, im Falle eines erneuten Fehlgriffes in der Trainerfrage zurückzutreten. Dieser Fall ist jetzt eingetreten.« Im Verlauf der Unterredung kamen alle Details noch einmal auf den Tisch, die zur Zerrüttung des Verhältnisses zwischen Magath und Werder Bremen führten. Der Trainer musste nicht lange überlegen. Er erwiderte: »Sie brauchen nicht zurücktreten. Ich gehe freiwillig.«

Die Woche darauf begann mit einem vielbeachteten Massenrücktritt. Werders Präsidium schmiss simultan mit Felix Magath hin und öffnete damit die Tür für die überfällige Umstrukturierung des Sport-Vereins Werder Bremen. Der nicht ganz zufällige Nebeneffekt stellte sich augenblicklich ein: Vor dem Schicksalsspiel am nächsten Tag wurde der Druck von der Mannschaft genommen. Die Maßnahme trug Früchte: Das Präsidium war erst einmal das Thema, nicht die in fürchterliche Bedrängnis geratene Mannschaft. Die »Bild« druckte eine Montage: Die untergehende »Titanic«, daneben Werders Führungsriege im Rettungsboot …

Thomas Schaaf: Kann der Neue noch was retten?

Der neue Werder-Coach Thomas Schaaf (38/Foto) – er ist ein Rehhagel-Schüler!

Seit 1972 ist Schaaf bei Werder, durchlief alle Jugendmannschaften, erlebte als Profi die große Rehhagel-Zeit.

Seit vier Jahren trainiert er die Amateure (zuletzt 8 Siege in 9 Spielen).

Noch-Vize Fischer begründet die Entscheidung: „Thomas Schaaf kennt die Vereinsstrukturen, ist dicht am Team. Wir kennen seine Art, Fußball spielen zu lassen. Als Amateurtrainer hat er hervorragende Arbeit geleistet."

Gestern um 16 Uhr leitete er das erste Training, fuhr anschließend ins Trainingslager nach Verden in den „Niedersachsen Hof".

Wie will er Werder vor dem Abstieg retten?

Schaaf: „Ich muß den Spielern ihre Ängste nehmen, sie in Einzelgesprächen stark reden. Wir brauchen jetzt wieder eine positive Stimmung."

Präsident Dr. Franz Böhmert, Vize Klaus-Dieter Fischer und Schatzmeister Manni Müller zeigten also in den Tagen dieser Niederlage Größe und forderten die Vereinsmitglieder auf, im Juni eine neue Leitung zu wählen. Sie übernahmen damit die Verantwortung für fünf Trainer in vier Jahren nach Rehhagel, unzählige erfolglose Spielereinkäufe und eine Fehlentwicklung im sportlichen Management. Fischer bekannte selbstkritisch: »Wir haben nach Rehhagels Weggang so getan, als wäre nichts passiert. Der Trainer behielt die alleinige Verantwortung bei Spielereinkäufen, und das war vielleicht falsch.«

So bitter und schmerzhaft dieser Einschnitt für Werder war, so positiv muss diese Zäsur im Nachhinein gesehen werden. Der Verein reinigte sich selbst, und das lag vor allem an zwei Personalien: Nachwuchstrainer Thomas Schaaf übernahm zunächst als Übergangslösung die Bundesligaelf. Eigentlich hatte ihm das in den Medien kaum jemand zugetraut, aber Schaaf bewies in kürzester Zeit, dass er für die ins Schlingern geratene Mannschaft der richtige Mann zur richtigen Zeit gewesen war, und diese »richtige Zeit« dauert zum Erscheinungstermin dieses Buches ohne Aussicht auf ein baldiges Ende immer noch an. Schaafs beeindruckende Erfolgsstory wurde zusätzlich angeschoben durch die Inthronisierung von Klaus Allofs zum neuen Sportdirektor. Die Schaffung dieser Position war nach Rehhagels Abschied längst überfällig gewesen. Jetzt, nach dem Donnergrollen um die Magath-Entlassung, ging Werder Bremen die notwendigen Wege und stellte die Weichen auf Fortschritt.

Bremen und Thomas Schaaf wollten es gemeinsam mit der Mannschaft schaffen. Die Stadt flaggte in Gedanken grün-weiß, und das Weser-Stadion erzitterte in seinen Grundfesten, als 35.000 Zuschauer ihren SVW zum Sieg gegen Schalke 04 brüllten, wie in Bremen noch niemals zuvor eine Mannschaft zum Sieg gebrüllt worden war. Youngster Christoph Dabrowski war es, der in der 54. Minute das wohl auf ewig wichtigste Tor seiner Karriere erzielte. Der erste Schritt war getan, dem Schaaf mit seiner Magath-befreiten Elf gleich noch zwei Siege bei München 1860 und gegen Mönchengladbach folgen ließ. Innerhalb von nur elf Tagen hatte Schaaf neun Punkte geholt und Werder in sensationeller Manier gerettet. Für neun Punkte hatte Felix Magath zuvor viereinhalb Monate gebraucht.

Am Ende durfte Werders Elf als Riesen-Bonus sogar noch das Pokalfinale gewinnen – und das gegen den scheinbar unschlagbaren FC Bayern. Effenberg und Matthäus waren die großen Verlierer einer wahren Pokal-Schlacht, in der eine über sich hinauswachsende Bremer Mannschaft das Glück im Elfmeterschießen erzwang und nicht nur Torwart-Pokalheld Frank Rost es mit beiden Händen festhielt. Für viele jüngere Spieler war es der erste Titelgewinn ihrer Karriere, für viele ältere Spieler der letzte große Triumph ihrer Werder-Laufbahn. Für Thomas Schaaf war es die Belohnung für großartige Arbeit unter allerschwersten Bedingungen. Werder hatte sich in letzter Minute vor dem Absturz gerettet, um ausgelaugt, aber glücklich eine nervenzehrende Saison runderneuert auf dem Rathausbalkon ausklingen zu lassen. Die »Jahre voller Frust« waren so gut wie beendet.

Nach der langen Nacht von Berlin: Neu-Trainer Thomas Schaaf und Pokalheld Frank Rost

Bremen, Weser-Stadion, 11. Mai 1999, 21:45 Uhr: Thomas Schaafs Bilderbuch-Einstand gegen Schalke 04

Der neue Trainer – ein alter Bekannter

Urgestein Thomas Schaaf ist seit 1972 Werderaner

Freudentränen dank Joker Dabrowski

Das goldene Tor des Einwechselspielers war die Krönung eines verdienten Sieges gegen den FC Schalke 04

Wie ein Blitz – Ruckzuck ist alles anders

Werder ist kaum wiederzuerkennen, Herzog bejubelt die neue Spielfreude und im Hause Lemke schlägt es ein

Thomas Schaaf bekommt nach eigener Aussage »immer noch Gänsehaut«, wenn er an »das Spiel« denkt. »Das Spiel« war sein Erstes überhaupt als Cheftrainer: Wenige Stunden nach der Beförderung vom Amateur- zum Interimstrainer der Bundesligamannschaft hatte sich Thomas Schaaf dem Himmelfahrtskommando zu stellen, aus depressiven, verunsicherten Serienverlierern wieder Sieger zu machen. Der Gegner hieß Schalke 04 und hatte es in der Hand, Werder an diesem nassen Mai-Abend in den Abgrund zu schubsen.

Es wurde ein Spiel, das niemand vergessen kann, der dabei sein durfte. Nicht, weil es ein spielerischer Leckerbissen war, sondern weil die angeschlagene Werder-Elf um ihr Leben rannte und die Fans im Stadion besser, lauter, entschlossener waren, als man dies jemals zuvor in Bremen erlebt hatte.

Das Happy-End bahnte sich in der 46. Minute an, als Thomas Schaaf einen Joker ins Spiel war, der nicht im geringsten daran gewöhnt war, lebenswichtige Spiele zu entscheiden. Doch Christoph Dabrowski kam ins Spiel **(Bild 1)**, sprang nur neun Minuten nach seiner Einwechslung nach einer langgezogenen Herzog-Flanke höher als alle Schalker und wuchtete den Ball per Kopf an (ausgerechnet!) Olli Reck vorbei ins Schalker Tor **(Bild 2)**.

Das Weser-Stadion wurde anschließend auf links gezogen. Dabrowski wurde innerhalb einer Sekunde zum Retter einer ganzen Mannschaft, eines ganzen Vereins, einer ganzen Stadt **(Bild 3)**. Werders gramgebeugten Vorstand, der sich noch längst nicht von den sportlichen Schicksalsschlägen und personellen Fehlentscheidungen der letzten Monate erholt hatte, zerriss es fast vor Jubel **(Bild 4)**. Thomas Schaaf gab anschließend seine ersten Interviews als Werder-Trainer **(Bild 5)**, während Noch-Vizepräsident Klaus-Dieter Fischer aufgewühlt und von Emotionen übermannt über den Rasen schleicht **(Bild 6)**, um anschließend mit Tränen der Erlösung in den Augen ein Fernsehinterview zu geben.

Fußball in Bremen war sicher schon schöner als an diesem 11. Mai 1999. Aber nie war er aufwühlender und emotionaler.

Held für einen Tag: Christoph Dabrowski, Goldköpfchen

WERDER BREMEN 1998/99

Trainer (bis 19.10.1998)

Sidka, Wolfgang
Verantwortlicher Trainer in 8 Spielen der Saison

Trainer (20.10.1998–10.05.1999)

Magath, Wolfgang »Felix«
Verantwortlicher Trainer in 22 Spielen der Saison

Trainer (ab 10.05.1999)

Schaaf, Thomas »Schabba«
Verantwortlicher Trainer in 4 Spielen der Saison

Wer kam?

Ailton (Tigres Monterrey/Mexiko, w.d.S.)
Barten (eig. Amateure)
Bogdanovic (Atletico Madrid/Spanien, w.d.S.)
Borel (Waldhof Mannheim Amateure)
Brasas (SV Meppen)
Dabrowski (eigene Amateure)
Flock (FC Gütersloh, w.d.S.)
Fütterer (eig. Amateure, w.d.S.)
Nouri (eig. Amateure)
Roembiak (FC Aarau/Schweiz)
Schierenbeck (w.d.S. zurück aus Fürth, war ausgeliehen)
Thiago (Joinville EC/Brasilien)
Tjikuzu (eig. Amateure)
Weetendorf (Hamburger SV, w.d.S.)
Wojtala (Hamburger SV, w.d.S.)

Wer ging?

Flo (Wolverhampton Wanderers/England, w.d.S.)
Kunz (FC Zürich/Schweiz, w.d.S. ausgeliehen)
Labbadia (Arm. Bielefeld)
Lellek (eig. Amateure)
Pfeifenberger (Casino Salzburg/Österreich)
Ramzy (1. FC Kaiserslautern)
Reck (Schalke 04)
Seidel (Hannover 96, w.d.S. ausgeliehen)
van Lent (SpVgg. Greuther Fürth)

w.d.S. = während der Saison

Tor

Rost, Frank »Fäustel«
28 Spiele; 0 Tore

Brasas, Stefan
6 Spiele; 0 Tore

Borel, Pascal
0 Spiele; 0 Tore

Abwehr

Trares, Bernhard
31 Spiele; 3 Tore

Wicky, Raphael »Rapha«
31 Spiele; 1 Tor

Wiedener, Andree
30 Spiele; 0 Tore

Mittelfeld

Eilts, Dieter »Ostfriesen-Alemao«
32 Spiele; 0 Tore

Bode, Marco
29 Spiele; 8 Tore

Herzog, Andreas »Andy«
27 Spiele; 3 Tore

Angriff

Bogdanovic, Rade
23 Spiele; 8 Tore

Flo, Håvard »Howie«
16 Spiele; 0 Tore

»Ailton«, Gonçalves da Silva »Toni«
12 Spiele; 2 Tore

Erweiterter Kader

Harttgen, Uwe
5 Spiele; 0 Tore
Amateur

Fütterer, Danny
1 Spiel; 0 Tore
Amateur

Schierenbeck, Björn »Fiedel«
1 Spiel; 0 Tore

Der Sport-Verein »Werder« im Jahr 1998/99:

1998/99

Präsident:	**Dr. Franz Böhmert**
Vizepräsident:	**Klaus-Dieter Fischer (Amateur-Abt.)**
3. Präsident:	**Manfred Müller (Finanzen)**
Geschäftsführer:	**W. Barkhausen (Spielbetrieb, DFB), Jörg Fürst (Verwaltung), Hinrich v. Hallen (Wirtschaftl. u. Controlling)**
Manager:	**Willi Lemke**
Vereinsärzte:	**Dr. Karl Meschede und Dr. Götz Dimanski**
Masseure:	**Holger Berger und Eric von Euen**
Mitglieder:	**2.980**
Kapazität Weser-Stadion:	**35.282 überdachte Plätze (davon 4.500 Steh- und 1072 Logenplätze)**

Benken, Sven
23 Spiele; 0 Tore

Todt, Jens
20 Spiele; 3 Tore

Wojtala, Pawel
19 Spiele; 1 Tor

Skripnik, Victor »Skripa«
16 Spiele; 0 Tore

Barten, Mike
2 Spiele; 0 Tore
Amateur

Wolter, Thomas »Stonie«
0 Spiele; 0 Tore; Amat.

Frings, Torsten »Lutscher«
23 Spiele; 4 Tore

Maximow, Juri
20 Spiele; 3 Tore

Flock, Dirk
18 Spiele; 0 Tore

Roembiak, Lodewijk »Lody«
16 Spiele; 3 Tore

Dabrowski, Christoph »Barry«
15 Spiele; 1 Tor

Frey, Dieter
5 Spiele; 1 Tor

Brand, Christian
4 Spiele; 0 Tore

Nouri, Alexander
0 Spiele; 0 Tore

Weetendorf, Dirk »Weete«
7 Spiele; 0 Tore

Seidel, Sören
5 Spiele; 0 Tore
Amateur

Kunz, Adrian »Addo«
4 Spiele; 0 Tore

Plump, Matthias
0 Spiele; 0 Tore
Amateur

Schultz, Timo
0 Spiele; 0 Tore

Thiago, Traina Gama
0 Spiele; 0 Tore
Amateur

Tjikuzu, Razundara »Raschi«
0 Spiele; 0 Tore
Amateur

In Freundschaftsspielen eingesetzt:

Günes, Tolga (Mittelfeld, Türkei, Gastspieler von SD Croatia Berlin)
Rasasamba (Angriff, Gastspieler aus dem Senegal)
Sahanrasian (Mittelfeld, Gastspieler aus dem Iran)
Seo-Jung Won (Angriff, Südkorea, Gastspieler von Racing Strasbourg/Frankreich)

Thomas Schaaf
»…wenn es einer schafft, dann Du!«

Erstes Sammelbild: Thomas Schaaf 1979

Thomas Schaaf (Jahrgang 1961) ist einer der wenigen, auf die der Begriff »Werderaner durch und durch« wirklich zutrifft. Er spielte als Jugendlicher für den SVW, schaffte als hochtalentierter A-Jugendlicher den Sprung in die Amateurmannschaft und feierte mit 17 Jahren sein Debüt in der Fußballbundesliga. Bis heute ist er damit Werders Rekordhalter in der Kategorie »Jüngster Werder-Spieler der Bundesligageschichte«.

Unter Otto Rehhagel reifte Schaaf zu einem Leistungsträger auf der rechten Außenbahn. Wie viele Tore der Stars Völler, Neubarth oder Riedle durch präzise Flanken des heutigen Trainers vorbereitet wurden, lässt sich heute nur noch erahnen.

Nach Abschluss der aktiven Karriere trainierte Schaaf erfolgreich die Werder-Amateure, ehe er nach der Trennung von Felix Magath 1999 den Bundesligakader übernahm. Anfangs vielerseits unterschätzt, erarbeitete er sich in den ersten Jahren sukzessive eine glänzende Reputation. Er erreichte mit Werder nach dem 13. Platz zum Einstand 1999 hintereinander die Platzierungen 9 – 7 – 6 – 6 , ehe ihm mit dem Double 2004 sensationell der ganz große Wurf gelang. Kein Ausreißer, sondern Zeugnis einer bestechenden Erfolgskurve. Ein 3. Platz 2005 und die Vizemeisterschaft 2006 waren als beinahe ebenso große Erfolge einzustufen.

Der frühere Jungprofi ist längst der nach Otto Rehhagel dienstälteste Werder-Trainer. Schaaf ist zum Erscheinungszeitpunkt dieses Buches seit annähernd 35 Jahren Vereinsmitglied und seit 27 Jahren zunächst als Spieler und später als Trainer eine der prägendsten Persönlichkeiten in Werders Vereinsgeschichte.

Thomas Schaaf 2006

Sie werden vermutlich auf ewig einen Werder-Rekord halten: Erster Einsatz in Werders Bundesligaelf mit 17 Jahren. 1978 war das. Wie lief dieser für Sie denkwürdige Tag seinerzeit ab?

Ich war eigentlich noch A-Jugendlicher, spielte aber schon bei den Amateuren. Ab und zu habe ich auch im Profikader mittrainieren dürfen. Die Bundesligamannschaft musste in Bochum antreten, und durch einen Personalengpass wurde ich nominiert. Norbert Siegmann hatte sich verletzt. Morgens am Spieltag, einem Mittwoch, bin ich noch zur Schule gegangen und mittags mit dem Zug der Mannschaft hinterhergefahren. Im Spiel hat sich unser Kalle Geils dann auch noch verletzt, und nach 64 Minuten hat mich Trainer Weber dann aufs Feld geschickt. Ich musste gegen Bochums Jochen Abel spielen, damals

ein sehr abgezockter, erfahrener Torjäger. Wir haben leider 0:3 verloren, aber das Spiel war mein Einstand.

Sie haben in Ihrer Anfangsphase mit absoluten Legenden zusammenspielen dürfen. Erst bei Werders Amateuren mit Horst-Dieter Höttges, später dann bei den Profis mit Klaus Fichtel. Waren das Vorbilder für Sie?

Absolut! Ich habe damals als 18-Jähriger bei Werders Amateuren direkt neben Horst-Dieter Höttges gespielt. Von ihm konnte man sich in Sachen Cleverness und Zweikampfverhalten natürlich eine Menge abgucken. Mit ihm zusammenzuspielen hat unheimlich viel Spaß gemacht. Wir haben hinten den Laden dichtgehalten, er als Libero und ich als Vorstopper. Wir haben wahnsinnig gut miteinander harmoniert. Später in der Zweitligasaison haben uns die älteren Spieler wie Kostedde, Konschal und Fichtel sehr weitergebracht. Klaus Fichtel war später mein Zimmergenosse, und das war für mich sehr, sehr lehrreich. Klaus war für mich der perfekte Profi. Er kannte seinen Körper, wusste wie viel Training er brauchte, wusste über die ideale Behandlung seiner Blessuren Bescheid. Wenn ihm Spritzigkeit fehlte, dann ist er die Stadiontreppen rauf- und runtergerannt, bis er sich besser gefühlt hat. Nach dem Training hat er manchmal alleine in der Unterwassermassagewanne gesessen und hat sich selbst massiert. (lacht) Ich habe im weiteren Verlauf meiner Karriere sehr davon profitiert, so großartige Vorbilder bei Werder gehabt zu haben.

Kommen wir zum Einstieg als Trainer bei Werder. Der kam ja ähnlich abrupt wie das Debüt als Profi 21 Jahre zuvor.

Den Weg, vom Nachwuchstrainer direkt zum Profitrainer zu werden, den gab es eigentlich nie. Weder bei uns, noch bei anderen Vereinen. Ich konnte nie davon ausgehen, bei Werder Cheftrainer der Profis zu werden. Ich habe mir immer gesagt: Mach deinen Job als Nachwuchstrainer gut, dann kriegst du vielleicht irgendwann ein Angebot eines anderen Vereins aus dem Profibereich. Und dann gehst du weg und entwickelst dich weiter, und vielleicht kommst du irgendwann wieder. Ich habe bei Werder einige Jahre als Nachwuchscheftrainer gearbeitet. Werder kannte meine Arbeit und hatte das Problem, nach der Trennung von Felix Magath einen neuen Trainer finden zu müssen. Ich wurde an einem Sonntag vom Vorstand angerufen und gefragt, ob ich die Mannschaft für den Rest der Saison übernehmen würde. Ich habe gar nicht viel überlegt und erst mal gesagt: »Klar, kein Thema!« Auf der anderen Seite hat man einen Plan für sein eigenes Berufsleben. Es hätte ja auch sein können, dass man sich mit so einem Job als Interimstrainer alles verbaut. Du kannst ruckzuck verbrannt sein und danach beruflich nicht mehr weiterkommen. Aber letztlich hatte ich Werder so viel zu verdanken und sagte mir: Jetzt wirst du gebraucht und machst das einfach! Ich hatte auch selbst die Überzeugung: Wenn es einer schafft, dann du! Du musst dich in diesem Verein nicht erst mühsam zurechtfinden, sondern kennst hier jeden. Vielleicht war das ja die ideale Voraussetzung. Ich habe also zugesagt und hatte nur ganz wenig Zeit, mit der Mannschaft vor dem Schicksalsspiel gegen Schalke 04 zu arbeiten. Am Sonntagabend wurde ich gebeten, den Job zu machen. Am Dienstag war das Spiel. Und das war sensationell! Ich kriege jetzt noch jedes Mal eine Gänsehaut, wenn ich daran denke, welche Sympathie uns entgegengebracht wurde. Unfassbar! Die Bude war voll, wir waren im Prinzip schon abgestiegen. Keiner mehr hat noch etwas auf uns gegeben. Schalke war klarer Favorit. Ich habe der Mannschaft gesagt: ›Es ist mir vollkommen wurscht, ob ich nach dem Spiel jeden einzeln vom Platz tragen muss. Aber ich will sehen, dass ihr euch auskotzt bis zum Geht nicht mehr! Ich will sehen, dass ihr die Leute hier begeistert! Ich will sehen, dass ihr es den Fans rüberbringt, dass ihr euren Job liebt und mit Begeisterung macht! Und wenn der Ball ins Aus geht, will ich sehen, dass ihr noch auf der Laufbahn dem Ball hinterher grätscht! Einfach nur, um zu dokumentieren: Ihr seid euch nicht zu schade, an diesem Abend auch den letzten Weg zu gehen.‹ Das hat die Mannschaft verinnerlicht und ausgestrahlt, und die Zuschauer haben das aufgenommen. Es wurde ein Pingpong-Spiel zwischen Mannschaft und Fans: Immer wenn wir in Schwierigkeiten kamen, war sofort die Kulisse wieder da und hat uns nach vorne gepeitscht. Am Ende haben wir 1:0 gewonnen – ein unbeschreibliches Erlebnis! Dann haben wir noch die nächsten zwei Spiele gewonnen und waren schon am vorletzten Spieltag gerettet. Am letzten Spieltag mussten wir nach Stuttgart und hätten den VfB in die 2. Liga schießen können, aber da war die Mannschaft restlos alle. Die Luft war raus, weil die Wochen vorher soviel Kraft und Nerven gekostet hatten.

Die Mannschaft der 1. B-Jugend
MF-Spieler Thomas **Schaaf**, am 30. 4. wird
er 16 Jahre alt, kam vor 6 Jahren vom
Nachbarverein Union zu Werder. Seitdem
spielte er bei uns jeweils in der 1. Mann-
schaft seiner Altersklasse und auch in der
Auswahlmannschaft des BFV auf Landes-
ebene. Die nächsten Ziele für Thomas
sind die Teilnahme an der Norddeutschen
Meisterschaft, das Spielen in der NFV-
Auswahl unter Verbandstrainer Wilke und
die Grundlagen für einen erfolgreichen
Schulabschluß (Abitur in 3 Jahren) zu
schaffen.

Hallenmannschaft vom Turnier in Einswarden – 1. Platz
Vlnr.: H. Ohse, T. Lihl, T. Schaaf, R. Brunckhorst, S. Kokemüller
A. Schäfer, J. Brunckhorst, A. Goppelt

Drei Karriere-Etappen des Werder-Urgesteins Thomas Schaaf: Links als E-Jugendlicher, oben links als B-Jugendlicher mit 16, oben als A-Jugendlicher kurz vor seinem ersten Bundesliga-Einsatz und unten 1981 als Jungprofi. (PS.: Nachträglich Gratulation zum Turniersieg in Einswarden!)

Unter dem Duo Schaaf/Allofs hat sich Werders Personalpolitik schlagartig verbessert. Wie kam das?

Zunächst mal muss man sehen, dass in den Jahren vor unserem Amtsantritt sehr viel Schaden durch die vielen Trainerwechsel entstanden war. Jeder Trainer hatte das Recht, seine Wunschspieler zu verpflichten. Resultat war, dass ich zu Beginn einen wahnsinnig aufgeblähten Kader vorgefunden habe. Wir mussten erst einmal schauen, uns auf einen Stamm von Spielern zu konzentrieren. Danach haben wir zwei oder drei wichtige Positionen besser besetzt, zum Beispiel durch Frank Baumann. Dann haben wir uns entschieden, die Mannschaft zu verjüngen, weil wir auch eine sehr alte Mannschaft hatten. Insgesamt haben wir unseren Altersschnitt um vier Jahre verringert. Wir haben uns von anfänglich zehn Nationalspielern auf über zwanzig Nationalspieler verbessert. Peu à peu haben wir die meisten Positi-

Traumduo 1: Thomas Schaaf und Klaus Allofs brachten Werder als kongeniales Tandem zurück an Deutschlands Spitze

onen doppelt besetzt, und ich glaube, dass wir jetzt eine Mannschaft aufgebaut haben, mit der man sich identifizieren kann und die sich sehen lassen kann. Wir haben das Niveau des Aufgebots Jahr für Jahr gesteigert. Das äußert sich natürlich auch in der Spielweise: Als ich als Trainer bei Werder begann war es üblich, dass viele Fans beim ersten Gegentor gegangen sind, weil sie wussten, dass nichts mehr passieren wird. Das ist heute komplett anders geworden. Heute wissen die Werder-Fans auch nach einem Gegentor: ›Egal, da passiert noch was! Da kommt noch was!‹

Sie sind nun schon der Werder-Trainer, der nach Rehhagel die längste Ära vorzuweisen hat. Wann war Ihnen klar, dass Sie keine Übergangslösung sind?

Ich habe das immer auf mich zukommen lassen. Ich wusste, ich hatte einen guten Job gemacht. Ich hoffte, dass ich weitermachen und mich beweisen darf. Ich konnte meine Ideen einbringen und umsetzen, und im ersten Jahr lief es gleich sehr gut an. Als wichtige Personalie kam Klaus Allofs als Sportdirektor dazu. Unsere Zusammenarbeit hat vom ersten Moment an sehr gut funktioniert und tut das heute noch unverändert. Gemeinsam haben wir jetzt eine Mannschaft aufgebaut, die sich sehen lassen kann und mit der sich die Fans identifizieren können. Ich habe immer gesagt: Es geht so lange, wie es geht! Ich bin nicht der Typ, der einen Fünfjahresplan aufstellt. Ich will schon sehen, was man in ein oder zwei Jahren realisieren kann. Für mich ist nicht wichtig, dass man das Ziel Champions League ausgibt. Für mich ist es wichtiger, ständig an der Mannschaft weiterzuarbeiten. Es muss immer weiter vorangehen. Ich habe darauf geachtet, dass die Mannschaft sich immer weiter vorwärts bewegt, und das haben wir zusammen ganz gut umgesetzt. Ob ich am Ende ein, zwei, vier oder vierzehn Jahre hier Trainer war, ist für mich nicht wichtig.

Inwiefern haben die große Erfolge seit 2004 etwas an Ihrer Arbeitsweise geändert?

Natürlich bekommt man über die Jahre Erfahrung, man lernt täglich dazu. Und das was wir gerade an Erfahrungen im internationalen Wettbewerb gemacht haben, was beispielsweise die Champions League angeht, das gibt man dann auch weiter. Prinzipiell verändert sich die Art zu arbeiten nicht, vom Typ, vom Stil oder von der Philosophie her. Von den Gedanken her bleibt man sich immer treu. Sonst würde man sich ja von der Person her auch total drehen. Ich kann keine Änderungen an mir feststellen und ich habe auch bewusst keine Änderungen vorgenommen. Ich bemühe mich immer, das, was mich persönlich ausmacht, beizubehalten.

Was sich verändert ist, dass du am Anfang Deiner Trainerlaufbahn noch nicht so diesen zeitlichen Abstand hast. Als ich hier das Cheftraineramt übernahm, war ich sieben Jahre jünger als jetzt. Das ist ein erheblicher Zeitraum, und jetzt kommt eine Generation von jungen Spielern nach, die nicht mehr meine Brüder, sondern inzwischen meine Kinder sein könnten. Da schaut man genau zu, wie die heute leben. Es hat ja auch bei den Spielern Veränderungen gegeben. Aber die Art und Weise mit den Spielern zu arbeiten, da muss man sich treu bleiben

Während der WM 2006 wurde in einer großen Zeitung der argentinische Weltmeistertrainer von 1978, Cesar Luis Menotti, interviewt. Der alte Fuchs sollte eigentlich über die WM-Teilnehmer reden, zog aber überraschend Werder Bremen als Beispiel für besonders schönen, mutigen Fußball aus dem Hut. Waren Sie da überrascht?

Ja, so ein Lob ist schön! Es ist für den Verein unheimlich wichtig, über die Jahre zu wachsen und mitzuspielen und über die Jahre eine Entwicklung dokumentieren zu können. Es ist wichtig, dass der Verein für etwas Bestimmtes steht. Das tut dem Verein unheimlich gut. Man will ja auch einen Platz bekommen, verbunden mit Anerkennung und Wertschätzung. Man will seinen Platz finden in dieser Gemeinschaft des Fußballs. Es ist schön, dass das, was man fußballerisch rüberbringen will, von anderen auch wahrgenommen wird. Und das ist eigentlich für mich auch wichtig.

Man kann ja theoretisch als Fußballfachmann in Gespräche reingehen, und es könnte ja passieren dass Du erzählst und erzählst, und Dein Gesprächspartner denkt: ›Der hat ja möglicherweise die dollsten Gedanken, aber ich kann ihm leider gar nicht folgen…!‹ So etwas wäre schlecht. Wir aber haben es bei Werder durch unsere Arbeit geschafft, unsere Fußballphilosophie nach außen zu vermitteln. Und da

Traumduo 2: Thomas Schaaf und Otto Rehhagel lagen fachlich von Anfang an auf einer Wellenlänge

ist ein Feedback wie hier von Cesar Luis Menotti etwas unheimlich Schönes. Und diese gestiegene Achtung bemerken wir auch anderswo.

Diese gestiegenen Ansprüche erleichtern und erschweren gleichzeitig unsere Arbeit. Erleichtern insofern, als dass man auf bestimmte Erfahrungen nun einfach zurückgreifen kann, die ich vor sieben Jahren noch nicht gemacht hatte. Aber der hohe Anspruch, den man selbst an sich stellt, der erschwert das Ganze. Man legt ja die Latte selbst da oben hin. Beim Hochsprung kann man auch nicht die Latte auf zwei Meter legen, obwohl man selbst nicht höher als ein Meter fünfzig springen kann. Man muss immer zusehen, dass man über die zwei Meter auch drüberkommt.

Die vielleicht größte Errungenschaft Ihrer Arbeit bei Werder ist neben attraktivem Offensivfußball die Mentalität, niemals aufzugeben. In der Vergangenheit gab es Phasen, in denen ein Gegentor automatisch eine Niederlage einleitete. Seit Ihrem Dienstantritt scheint Werder eine ganz andere Mentalität verinnerlicht zu haben, die vereinfacht beinhalten: »Wenn wir zwei Tore kassieren, müssen wir halt drei schießen!«

Selbstvertrauen und Aktivität sind für mich Grundvoraussetzungen meiner Philosophie. Für mich ist entscheidend, dass die Mannschaft immer leben muss. Wenn man in Rückstand gerät, dann muss man sagen: ›Jetzt erst recht, da geht noch was, wir versuchen noch was!‹ Und man darf nicht sagen: ›So, das war es jetzt wohl...!‹ Man lebt von seinem Selbstvertrauen. Das ist etwas ganz Entscheidendes. Und wenn man das realisiert, dass man das einmal, zweimal, fünfmal bewerkstelligt hat, dann hilft das natürlich. Diese Gewissheit muss man den Spielern an die Hand geben, und dann merken die, dass das umsetzbar und wirksam ist. Und dann kann man unheimliche Dinge bewegen.

Ich habe meinen Spielern immer gesagt, dass wir es als Ziel hinkriegen müssen, den Zuschauern 90 Minuten etwas anzubieten. Der Zuschauer muss dasitzen und sagen: ›Hey, das was die da machen, das ist richtig gut!‹ Die müssen Spaß daran haben, uns zuzusehen. Das ist für mich wichtig, und man sieht sehr genau, ob sich eine Mannschaft wehrt. An schlechten Tagen muss sie sich sagen: ›Okay, wir spielen heute schlecht, und vielleicht kriegen wir es diesmal auch nicht hin, aber wir versuchen jetzt trotzdem noch einmal alles!‹

Wieviel Rehhagel steckt in Thomas Schaaf? Nehmen wir zum Beispiel die Art der Menschenführung, bei der es zwischen Otto und Ihnen durchaus Parallelen zu geben scheint?

Kann gut sein. Jeder Profi muss das Gefühl haben, anständig behandelt zu werden. Mag sein, dass das einer der Werte ist, die Otto Rehhagel uns vermittelt hat. Wir haben zu seiner Zeit als Mannschaft eingesehen und akzeptiert, dass Basler oder Kiwi Rufer manchmal etwas eigenartig waren. Wir haben als Mann-

Spiele, die man nie vergisst: Thomas Schaaf gegen Ruud Gullit beim Fight gegen den AC Milan 1989

Spielerlaufbahn:
1978–95 Werder Bremen

Trainerlaufbahn:
1987–95 Jugendtrainer W. B.
1995–99 Werder Bremen (A)
1999– Werder Bremen

schaft eingesehen: Okay, sollen sie sich Sonderrechte herausnehmen, aber dann sollen sie auch für uns vorne die Buden machen. So konnten wir das akzeptieren.

Spieler wie Frings oder Klose sind erst bei Werder zu Weltklassespielern gereift. Andersherum war der Abschied von Werder für Spieler wie Ailton, Fabian Ernst, Valérien Ismaël oder Angelos Charisteas sportlich fast grundsätzlich ein großer Rückschritt. Weshalb erreichen Spieler unter Ihrer Regie so auffallend häufig den »Peak« ihres Leistungsvermögens?
(lacht) Das ist schwer zu sagen. Offenbar stimmt hier bei Werder vieles, was die Leistung der Spieler begünstigt. Zweitens muss man sagen, dass wir hier natürlich ein ganz hohes Niveau anbieten. Das soll sich jetzt nicht arrogant anhören, aber es wird ja immer wieder gesagt, hier wird der schönste Fußball gespielt, hier wird der interessanteste Fußball geboten, hier wird am offensivsten gespielt.

Man liefert damit auch eine Maßeinheit. Die Spieler fragen sich dann vielleicht auch, was sie bei einem anderen Verein sollen.

Das hier ist ja gewachsen, und zwar nicht von heute auf morgen. Wenn man dann als Spieler in diese Gesellschaft hereinkommt, dann ist das für einen Fußballer phantastisch, und dadurch entsteht auch schnell eine Bindung zum Verein und zur Mannschaft. Bei anderen Vereinen funktioniert das vielleicht nicht oder passt nicht optimal, und dann kann man eben als Spieler auch nicht die gleiche Entwicklung machen. Ich weiß nicht, ob das bis zu einem gewissen Grad auch Zufall ist. Ich bin aber sicher, dass wir den Spielern ein hohes Niveau bieten, und es entsteht dann immer der Anspruch, noch etwas oben drauf zu legen. Diesen Anspruch stellen wir auch an unsere Spieler.

Nehmen wir Miro Klose als Beispiel für die gute Entwicklung der letzten Jahre. Haben Sie in ihm vorher schon Dinge erkannt, von denen Sie wussten, dass er sie hier in Bremen weiterentwickeln würde?
Ich glaube, es ist etwas ganz entscheidendes, dass wir bei der Verpflichtung eines Spielers immer die Phantasie haben, was man aus dem Spieler machen kann und was man von ihm verlangen kann. Wir stellen uns vor, in welche Richtung seine Entwicklung gehen kann. Wir gehen aber anfangs nicht davon aus, dass dieser Spieler einen vierfachen Flickflack kann. Wir sagen: Einen Flickflack kann der vielleicht, und wir bringen ihn dahin, dass er diesen Flickflack perfektioniert. Und bei Miro hatten wir die Gewissheit, dass er sehr viele gute Grundvoraussetzungen mitbringen würde.

Die haben wir gebündelt und stabilisiert, haben ihm Zuspruch gegeben und ihn motiviert und dann ist eine solche Entwicklung möglich. Unsere Phantasien helfen uns, den Spieler auf dieses Niveau zu bringen.

Natürlich muss der Spieler mitmachen. Wir können ihm das nicht abnehmen. Wir können helfen und beraten, Tipps geben und ein paar Übungen machen, damit seine Fähigkeiten zum Vorschein kommen.

Entscheidend ist aber wirklich, dass der Spieler unsere Vorstellungen versteht und mitträgt. Und dann ist unsere Phantasie auch umsetzbar. Das hört sich vielleicht alles sehr einfach an, ist aber sehr kompliziert und gelingt bei weitem nicht immer. Es gehört auch viel Glück dazu.

Aber ein maßgeblicher Teil ist, den Spielern bei der Bildung einer Persönlichkeit zu helfen?
Ja, klar. Das ist ganz entscheidend. Wir konzentrieren uns nicht nur auf das Sportliche, sondern wir sehen den Spieler als komplette Einheit. Mit den Dingen, die der Spieler auf dem Rasen erreicht, muss er auch innerlich wachsen, damit er mit den Dingen auch umgehen kann. Wenn man jemanden sportlich hoch bringt, kommt er in anderen Bereichen vielleicht in Stresssituationen, mit denen er gar nicht umgehen kann, und das darf nicht geschehen. Also muss er mitwachsen und die Dinge verarbeiten. Wir müssen zusammen erreichen, dass er nicht anfällig wird, sondern seine Leistungen auf allen Gebieten konstant zeigen kann.

Die Folgen der Double-Saison 2003/04 sind rundum positiv. Eine der wichtigsten ist, dass Werder nicht mehr der Verein ist, dem man mal eben so einfach Spieler wegnehmen kann. Verändert das die perspektivische Arbeit mit der Mannschaft?
Es ist ein großer Unterschied, dass wir den einen oder anderen Spieler jetzt halten können, der uns früher aus sportlichen Gründen vielleicht verlassen hätte. Wir schaffen es, unsere Spieler

nicht so schnell zu verlieren. Einfach, weil wir mehr Möglichkeiten haben. Aber weiterhin stoßen wir an Grenzen. Wir sind finanzstärker geworden, aber wir sind nicht in der feudalen Situation, dass wir jedes Angebot setzen und jedem fremden Werben um einen Spieler standhalten können. Wir müssen einfach dagegen halten und versuchen, was möglich ist. Wir haben unsere Möglichkeiten verbessert, klar. Das sieht man an unseren Transfers der letzten Jahre. Wir konnten Miro Klose holen, und wir haben den Spieler immer noch. Wir holen Mertesacker dazu. Wir haben nicht mehr so viele Abgänge. Also, man merkt schon, dass sich etwas verändert hat. Trotzdem steigen mit der Qualität auch die Begehrlichkeiten.

Könnte es sein, dass ein Teil Ihrer Stärke darin besteht, sich eine Begeisterungsfähigkeit bewahrt zu haben, die Sie ausstrahlen und vermitteln können? Dass es z.B. für Sie immer etwas Besonderes sein wird, sich in der Champions League mit den größten Teams Europas messen zu dürfen?

Ja, das macht auch einfach Spaß – auch wenn das verdammt anstrengend ist. Ich sage mir manchmal: Verdammt noch mal, was tust du dir da bloß an?! Aber es gibt so viele tolle Momente, die die Schlechten dann wieder aufwiegen. Ich halte es einfach für reizvoll, sich diesen Situationen immer wieder zu stellen, sich immer wieder neue Ziele zu setzen. Und vor allem nicht immer wieder primär die großen Ziele zu verfolgen, sondern erst einmal die kleinen Dinge gut zu machen. Mein Aufgabenbereich hört nicht einfach irgendwo auf. Viele reden über Details: Über neue Trainingsmethoden und Kleinigkeiten, aber es geht um etwas viel Größeres. Das alles hier (deutet auf das Stadion) …! Ich bin gerade mit unserem ehemaligen Spieler Angelo Vier über das Stadiongelände gegangen. Zu dem habe ich gesagt: ›Guck dir das hier an! Guck mal, was hier entstanden ist! Die Plätze, das Stadion, die Umgebung!‹

Ich bin zwar an diesem ganz wichtigen Teil namens Mannschaft auch direkt beteiligt, aber die anderen Sachen, die gehören genauso dazu. Das alles hier ist ein ganzheitlicher Prozess, in dessen Rahmen man immer noch so viel tun kann, und im Prinzip man kann sich auch überall einbringen.

Was gibt es denn überhaupt noch für realistische Ziele?

Es gibt zunächst einmal Titel – das ist ein Anspruch von uns. Es gibt das hohe Ziel, diese Mannschaft stark zu halten und den Einzelnen besonders zu formen. Es gibt das Ziel, Werder Bremen als Ganzes auf ganz feste Beine zu stellen. Und vieles mehr. Es gibt viele Bereiche, in denen man anfangen kann. Es ist wichtig, den Verein in der Öffentlichkeit gut zu repräsentieren.

Wir haben nicht mehr soviel Luft nach oben, dass wir die Mannschaft nun jedes Jahr endlos weiter verstärken können. Wir müssen die Qualität des Kaders sichern, aber dazu gehört es auch, die Mannschaft zu verändern. Sonst entsteht eine gewisse Sättigung. So sind wir Menschen nun einmal. Deshalb muss man immer alles in Bewegung halten. Selbst wenn personell alles gleich bleibt, muss man wieder neu mischen, damit die Masse streichfähig bleibt. Wenn ich einen Eimer Farbe einfach stehen lasse, dann sackt die Farbe ab auf den Boden. Und um damit wieder gut arbeiten zu können, muss ich sie neu umrühren.

Also ist Stagnation oder Gewöhnung in Ihrem Job gar nicht absehbar?

Das hoffe ich nicht. Es gibt ja diesen Satz: Nach oben zu kommen ist leicht, oben zu bleiben ist dagegen ganz schwer. Trotzdem konnten wir es umsetzen, nach unserem Double und personellen Änderungen oben zu bleiben. Und es ist ein ganz großer Ansporn, genau da weiter zu machen und weiter dran zu bleiben.

Erster Werderaner, der die Meisterschale sowohl als Spieler wie auch als Trainer nach Bremen holte: Thomas Schaaf 1993 (unten) und elf Jahre später

Alle Spiele 1998/99

02.07.1998
Freundschaftsspiel
Kickers Emden – W. Bremen 2:3 (1:0)
Aufstellung: Rost (46. Brasas) – Trares – Todt (46. Barten), Frey (46. Plump) – Eilts (46. Dabrowski), Bode (46. Wiedener), Brand (46. Nouri), Wicky (46. Schultz), Skripnik (46. Benken) – Roembiak (46. Kunz), Frings (46. Seidel)
Trainer: Sidka
Tore: 1:0 Cordes (34.), 1:1 Seidel (61.), 2:1 Posilek (63.), 2:2 Kunz (72. FE), 2:3 Benken (86.)
Zuschauer: 2.000

05.07.1998
UI-Cup, 2. Runde-Hinspiel
W. Bremen – FK Inkaras Kaunas 4:1 (3:0)
Aufstellung: Rost – Trares – Benken, Todt – Roembiak (49. Kunz), Eilts, Wicky, Skripnik (50. Wiedener) – Brand (15. Frey) – Frings, Bode
Trainer: Sidka
Tore: 1:0 Bode (14.), 2:0 Skripnik (36.), 3:0 Bode (43.), 3:1 Puotkalis (53.), 4:1 Frings (69.)
Zuschauer: 2.400 in Oldenburg

08.07.1998
Freundschaftsspiel
Lüssumer TV – W. Bremen 0:10 (0:7)
Aufstellung: Brasas (46. Borel) – Trares (46. Benken) – Frings (46. Wiedener), Barten – Bode, Todt (46. Skripnik), Wicky (46. Roembiak), Eilts (46. Dabrowski) – Kunz (60. Nouri), Seidel, Frey (46. Tjikuzu)
Trainer: Sidka
Tore: 0:1 Trares (15.), 0:2 Seidel (23.), 0:3 Frings (28.), 0:4 Seidel (35.), 0:5 Frings (42. FE), 0:6 Bode (43.), 0:7 Kunz (43.), 0:8 Kunz, 0:9 Kunz, 0:10 Benken
Zuschauer: 1.500

11.07.1998
UI-Cup, 2. Runde-Rückspiel
FK Inkaras Kaunas – W. Bremen 0:1 (0:0)
Aufstellung: Rost – Trares – Benken, Todt (83. Barten) – Kunz (75. Roembiak), Wicky, Frey (50. Herzog), Eilts, Bode – Seidel, Frings
Trainer: Sidka
Tor: 0:1 Herzog (89.)
Zuschauer: 1.000

14.07.1998
Freundschaftsspiel
Rot-Weiß Cuxhaven – W. Bremen 0:17 (0:8)
Aufstellung: Rost – Wiedener, Skripnik, Wicky, Roembiak – Bode, Herzog, Eilts, Trares – Flo, Kunz – Eingewechselt: Brasas, Tjikuzu, Nouri, Benken, Barten, Seidel, Plump, Frings, Frey und Dabrowski
Trainer: Sidka
Tore: Bode (3), Seidel (3), Eilts (2), Trares (2), Dabrowski (2), Flo (2), Benken, Tjikuzu, Nouri
Zuschauer: 2.000

18.07.1998
UI-Cup, 3. Runde-Hinspiel
KFC SK Lommel – W. Bremen 2:3 (1:0)
Aufstellung: Rost – Trares – Benken, Skripnik – Roembiak, Eilts, Wicky, Bode – Kunz (81. Wiedener), Frings (59. Seidel), Flo (71. Frey)
Trainer: Sidka
Tore: 1:0 Mennes (44.), 1:1 Kunz (53.), 1:2 Kunz (73.), 1:3 Bode (79.)
Zuschauer: 6.000

21.07.1998
Freundschaftsspiel
VfL Osnabrück – W. Bremen 2:0 (0:0)
Aufstellung: Brasas – Trares (46. Benken) – Barten, Skripnik – Roembiak (46. Wiedener), Eilts (46. Wicky), Frey (46. Plump), Dabrowski – Seidel (46. Flo), Bode (46. Kunz, 80. Nouri), Frings (46. Tjikuzu)
Trainer: Sidka
Tore: 1:0 Thioune (58.), 2:0 Janiak (63.)
Zuschauer: 3.500

25.07.1998
UI-Cup, 3. Runde-Rückspiel
W. Bremen – KFC SK Lommel 2:1 (1:0)
Aufstellung: Rost – Trares – Benken, Todt (67. Frey) – Roembiak, Wicky, Eilts, Bode – Flo, Frings, Kunz (46. Brand, 53. Seidel)
Trainer: Sidka
Tore: 1:0 Frings (42.), 2:0 Flo (60.), 2:1 Dekelver (72.)
Zuschauer: 2.340 in Oldenburg

29.07.1998
UI-Cup, Halbfinale-Hinspiel
W. Bremen – Samsunspor GK 3:0 (1:0)
Aufstellung: Rost – Trares – Todt, Skripnik – Roembiak, Wicky, Eilts, Bode – Herzog (48. Kunz) – Frings (53. Frey), Flo (75. Seidel)
Trainer: Sidka
Tore: 1:0 Todt (25.), 2:0 Bode (86.), 3:0 Seidel (90.)
Zuschauer: 4.000 in Oldenburg

05.08.1998
UI-Cup, Halbfinale-Rückspiel
Samsunspor GK – W. Bremen 0:3 (0:1)
Aufstellung: Rost – Trares – Todt, Skripnik – Roembiak (46. Wiedener), Wicky, Eilts, Frey, Bode – Kunz, Flo (53. Frings)
Trainer: Sidka
Tore: 0:1 Flo (45.), 0:2 Wicky (68.), 0:3 Frey (79.)
Besondere Vorkommnisse: Rote Karten für Türner und Ercan (65.)
Zuschauer: 15.000

11.08.1998
UI-Cup, Finale-Hinspiel
W. Bremen – Vojvodina Novi Sad 1:0 (0:0)
Aufstellung: Rost – Trares – Todt, Skripnik (83. Wiedener) – Roembiak, Wicky, Eilts, Bode – Kunz (60. Frey), Frings – Flo (60. Seidel)
Trainer: Sdika
Tor: 1:0 Frey (75.)
Zuschauer: 15.276

16.08.1998
Bundesliga, 1. Spieltag
Hertha BSC Berlin – W. Bremen 1:0 (0:0)
Aufstellung: Rost – Trares – Todt, Skripnik (60. Flo) – Roembiak, Wicky, Frey (71. Wiedener), Eilts, Bode – Frings – Kunz (66. Seidel)
Trainer: Sidka
Tor: 1:0 Preetz (54.)
Zuschauer: 62.982

21.08.1998
Bundesliga, 2. Spieltag
W. Bremen – 1. FC Nürnberg 2:3 (2:2)
Aufstellung: Rost – Trares (51. Benken) – Todt, Wicky – Flock (68. Kunz), Roembiak, Eilts, Frey (75. Seidel), Bode – Flo, Frings
Trainer: Sidka
Tore: 0:1 Kuka (19.), 1:1 Roembiak (22. FE), 2:1 Todt (24.), 2:2 Kuka (41.), 2:3 Ciric (62.)
Besonderes Vorkommnis: Rote Karte für Todt (79.)
Zuschauer: 26.153

26.08.1998
UI-Cup, Finale-Rückspiel
Vojvodina Novi Sad – W. Bremen 1:1 (1:0)
Aufstellung: Rost – Wicky – Wiedener, Benken – Roembiak, Frey (85. Maximow), Eilts, Todt, Bode – Flo, Frings (77. Kunz)
Trainer: Sidka
Tore: 1:0 Bratic (22.), 1:1 Frings (61.)
Zuschauer: 16.000

29.08.1998
DFB-Pokal, 1. Runde
Bayer Leverkusen Amat. – W. Bremen 1:2 (1:1, 1:1) n.Verl.
Aufstellung: Rost – Wicky – Benken (61. Maximow), Wiedener – Roembiak, Frey, Eilts, Flock (81. Kunz), Bode – Seidel, Frings (63. Flo)
Trainer: Sidka
Tore: 1:0 Demir (34.), 1:1 Frings (44.), 1:2 Maximow (114.)
Besonderes Vorkommnis: Rote Karte für van der Zander (75.)
Zuschauer: 1.500

01.09.1998
Freundschaftsspiel
Kreisauswahl Köthen – W. Bremen 1:13 (0:9)
Startaufstellung: Brasas – Eilts – Wiedener, Benken, Roembiak – Flock, Maximow, Frings – Bode, Seidel, Flo / Eingewechselt: Frey, Rest unbekannt
Trainer: Sidka
Torschützen für Werder: Bode (3), Seidel (3), Frings (3), Benken, Maximow, Roembiak, Flock
Zuschauer: 3.000

08.09.1998
Bundesliga, 3. Spieltag
VfL Bochum – W. Bremen 2:0 (1:0)
Aufstellung: Rost – Wicky (59. Kunz) – Wiedener, Skripnik – Roembiak, Maximow (70. Flock), Eilts, Frey, Bode – Flo, Frings (62. Seidel)
Trainer: Sidka
Tore: 1:0 Fahrenhorst (1.), 2:0 Toplak (69.)
Zuschauer: 20.127

12.09.1998
Bundesliga, 4. Spieltag
W. Bremen – Bayer 04 Leverkusen 2:2 (0:1)
Aufstellung: Rost – Trares – Flo, Benken – Roembiak (88. Dabrowski), Eilts, Frey, Skripnik (78. Wiedener) – Maximow – Frings (70. Flock), Bode
Trainer: Sidka
Tore: 0:1 Kirsten (43. FE), 1:1 Roembiak (53. FE), 2:1 Frings (59.), 2:2 Rink (90.)
Zuschauer: 27.379

15.09.1998
UEFA-Cup, 1. Runde-Hinspiel
SK Brann Bergen – W. Bremen 2:0 (1:0)
Aufstellung: Rost – Trares – Benken (46. Kunz), Flo – Wicky (83. Seidel), Todt, Eilts, Wiedener – Maximow – Frings (65. Flock), Bode
Trainer: Sidka
Tore: 1:0 Moen (30.), 2:0 Lövvik (50.)
Zuschauer: 5.000

19.09.1998
Bundesliga, 5. Spieltag
VfL Wolfsburg – W. Bremen 2:4 (0:3)
Aufstellung: Rost – Trares – Wiedener, Wojtala – Roembiak, Wicky, Eilts, Skripnik – Frey – Bogdanovic (52. Seidel, 74. Flock), Bode
Trainer: Sidka
Tore: 0:1 Frey (23.), 0:2 Bode (26.), 0:3 Bogdanovic (30.), 1:3 Baumgart (48.), 2:3 Akonnor (63.), 2:4 Bode (90.)
Besonderes Vorkommnis: Gelb-Rote Karte für Frey (90.)
Zuschauer: 13.154

22.09.1998
DFB-Pokal, 2. Runde
W. Bremen – FC Hansa Rostock 3:2 (0:0)
Aufstellung: Rost – Trares – Todt, Wiedener – Roembiak, Wicky, Eilts (39. Frey), Skripnik – Maximow – Frings (75.Herzog), Bode
Trainer: Sidka
Tore: 1:0 Trares (52.), 2:0 Maximow (57.), 3:0 Frey (72.), 3:1 Bicanic (81.), 3:2 Majak (90.)
Zuschauer: 9.563

26.09.1998
Bundesliga, 6. Spieltag
W. Bremen – FC Bayern München 0:1 (0:0)
Aufstellung: Rost – Trares – Wojtala, Todt – Wiedener (80. Kunz), Roembiak, Maximow (84. Flo), Wicky, Eilts – Bode, Frings (72. Herzog)
Trainer: Sidka
Tor: 0:1 Elber (87.)
Zuschauer: 36.000

29.09.1998
UEFA-Cup, 1. Runde-Rückspiel
W. B. – SK Brann Bergen 4:0 (2:0, 1:0) n.Verl.
Aufstellung: Rost – Trares – Todt – Roembiak, Maximow, Wicky, Eilts, Herzog (101. Flo), Wiedener – Frings (58. Kunz), Bode
Trainer: Sidka
Tore: 1:0 Wicky (33.), 2:0 Wiedener (70.), 3:0 Maximow (107.), 4:0 Flo (111.)
Besonderes Vorkommnis: Gunnlaugsson schießt FE über das Tor (120.)
Zuschauer: 17.174

03.10.1998
Bundesliga, 7. Spieltag
FC Hansa Rostock – W. Bremen 2:1 (1:1)
Aufstellung: Rost – Todt, Trares, Eilts – Roembiak, Maximow, Wicky, Herzog (74. Bogdanovic), Wiedener – Frings (79. Flo), Bode
Trainer: Sidka
Tore: 1:0 Neuville (31.), 1:1 Trares (36.), 2:1 Breitkreuz (88.)
Zuschauer: 15.000

11.10.1998
Freundschaftsspiel
TSV Melchiorshausen – W. B. 0:11 (0:6)
Aufstellung: Rost (16. Borel) – Benken (53. Flo), Todt (46. Wiedener), Wojtala, Eilts (46. Trares) – Roembiak (46. Frings), Flock, Kunz, Herzog – Bogdanovic, Ailton
Trainer: Sidka
Tore: Ailton (6), Kunz (2), Herzog (2), Frings
Zuschauer: 1.500

17.10.1998
Bundesliga, 8. Spieltag
W. Bremen – SC Freiburg 2:3 (1:3)
Aufstellung: Rost – Trares – Eilts, Wiedener – Roembiak, Herzog, Wicky (78. Flo), Maximow (46. Todt), Bode – Ailton (46. Frings), Bogdanovic
Trainer: Sidka
Tore: 0:1 Müller (8.), 0:2 Hoffmann (27.), 0:3 Weißhaupt (41.), 1:3 Ailton (45.), 2:3 Bogdanovic (69.)
Zuschauer: 29.980

20.10.1998
UEFA-Cup, 2. Runde-Hinspiel
W. Bremen – Olympique Marseille 1:1 (0:0)
Aufstellung: Rost – Trares – Roembiak – Flock, Wicky, Eilts, Herzog, Todt – Flo (60. Maximow), Frings (74. Kunz), Bode
Trainer: Sidka
Tore: 0:1 Maurice (67.), 1:1 Herzog (69.)
Zuschauer: 22.086

23.10.1998
Bundesliga, 9. Spieltag
Hamburger SV – W. Bremen 1:1 (0:0)
Aufstellung: Rost – Eilts – Wiedener, Todt – Roembiak (46. Benken), Wicky, Herzog (76. Maximow), Trares, Skripnik (62. Bogdanovic) – Frings, Bode
Trainer: Magath
Tore: 1:0 Yeboah (58.), 1:1 Maximow (86.)
Besonderes Vorkommnis: Geb-Rote Karte für Trares (71.)
Zuschauer: 29.052

28.10.1998
DFB-Pokal, Achtelfinale
W. Bremen – Fortuna Düsseldorf 3:2 (1:1)
Aufstellung: Rost – Wicky – Todt, Benken – Roembiak (46. Trares), Maximow, Eilts, Bode – Herzog – Bogdanovic (69. Flo), Frings (86. Skripnik)
Trainer: Magath
Tore: 1:0 Frings (17.), 1:1 Dobrowolski (30.), 2:1 Maximow (50.), 3:1 Frings (66.), 3:2 Pizarro (86.)
Zuschauer: 8.421

Sehr ungewohntes Bild: Nicht einmal ein Jahr vor seinem Engagement als Sportdirektor bei Werder war Klaus Allofs als Trainer eines Gegners im Weser-Stadion zu Gast. Seine Fortuna lieferte Werder einen echten Pokalfight und verlor unglücklich

31.10.1998
Bundesliga, 10. Spieltag
W. Bremen – MSV Duisburg 1:1 (0:1)
Aufstellung: Rost – Maximow – Benken, Roembiak – Wicky (46. Flock), Todt, Herzog, Eilts, Bode – Bogdanovic, Frings (61. Flo)
Trainer: Magath
Tore: 0:1 Neun (24.), 1:1 Bogdanovic (73.)
Zuschauer: 25.509

03.11.1998
UEFA-Cup, 2. Runde-Rückspiel
Olympique Marseille – W. Bremen 3:2 (1:0)
Aufstellung: Brasas – Trares (58. Wicky) – Benken, Roembiak, Skripnik – Maximow, Wiedener (46. Herzog), Eilts, Bode – Flo, Seidel (46. Frings)
Trainer: Magath
Tore: 1:0 Maurice (36.), 1:1 Eilts (47.), 2:1 Issa (52.), 3:1 Dugarry (78.), 3:2 Herzog (82.)
Besonderes Vorkommnis: Gelb-Rote Karte für Benken (51.)
Zuschauer: 50.000

06.11.1998
Bundesliga, 11. Spieltag
W. Bremen – Borussia Dortmund 1:1 (0:1)
Aufstellung: Brasas – Trares – Skripnik, Wicky – Flock, Todt, Eilts, Bode – Herzog (65. Flo) – Bogdanovic (87. Seidel), Frings (79. Roembiak)
Trainer: Magath
Tore: 0:1 Ricken (8.), 1:1 Bogdanovic (62.)
Zuschauer: 31.299

13.11.1998
Bundesliga, 13. Spieltag
W. Bremen – 1. FC Kaiserslautern 0:1 (0:0)
Aufstellung: Brasas – Trares (17. Flock) – Wojtala, Skripnik – Roembiak, Todt, Wicky, Wiedener (64. Frings) – Eilts – Bogdanovic, Ailton (64. Flo)
Trainer: Magath
Tor: 0:1 Ramzy (75.)
Zuschauer: 28.500

20.11.1998
Bundesliga, 14. Spieltag
Eintracht Frankfurt – W. Bremen 0:2 (0:0)
Aufstellung: Rost – Wicky – Benken, Skripnik – Todt, Eilts (46. Roembiak), Wiedener, Trares – Herzog (80. Flock) – Flo (46. Frings), Bogdanovic
Trainer: Magath
Tore: 0:1 Herzog (47.), 0:2 Bogdanovic (73.)
Zuschauer: 27.500

24.11.1998
Bundesliga, 12. Spieltag (Nachholspiel)
FC Schalke 04 – W. Bremen 1:2 (0:0)
Aufstellung: Rost – Benken, Wicky, Skripnik – Todt, Eilts, Wiedener, Trares – Herzog (86. Wojtala) – Bogdanovic (46. Flo), Bode
Trainer: Magath
Tore: 0:1 Todt (55.), 0:2 Herzog (59.), 1:2 van Kerckhoven (87.)
Zuschauer: 30.300

28.11.1998
Bundesliga, 15. Spieltag
W. Bremen – TSV 1860 München 4:1 (1:1)
Aufstellung: Rost – Benken, Wicky, Skripnik (11. Wojtala) – Wiedener (58. Roembiak), Todt, Eilts, Trares – Herzog – Bogdanovic (58. Flo), Bode
Trainer: Magath
Tore: 1:0 Bode (6.), 1:1 Ouakili (42.), 2:1 Bode (62.), 3:1 Roembiak (83.), 4:1 Herzog (88. FE)
Zuschauer: 28.632

02.12.1998
DFB-Pokal, Viertelfinale
W. Bremen – TB Berlin 2:1 (1:1, 0:1) n.Verl.
Aufstellung: Rost – Benken, Wicky (46. Kunz), Wojtala – Wiedener, Eilts, Todt, Trares (46. Flo) – Herzog – Bogdanovic, Bode
Trainer: Magath
Tore: 0:1 Kovacec (10.), 1:1 Flo (86.), 2:1 Wojtala (107.)
Zuschauer: 9.900

08.12.1998
Bundesliga, 16. Spieltag
Bor. M'gladbach – W. Bremen 0:1 (0:1)
Aufstellung: Rost – Wojtala, Wicky, Benken – Wiedener, Todt (81. Flock), Eilts, Trares – Herzog (63. Maximow) – Flo (73. Frings), Bode
Trainer: Magath
Tor: 0:1 Bode (23.)
Zuschauer: 22.000

12.12.1998
Bundesliga, 17. Spieltag
W. Bremen – VfB Stuttgart 2:2 (0:1)
Aufstellung: Rost – Maximow (46. Roembiak) – Wojtala, Benken – Flock, Wicky (37. Wiedener), Eilts, Trares – Herzog – Flo, Bode
Trainer: Magath
Tore: 0:1 Schneider (22.), 1:1 Trares (62.), 2:1 Bode (65.), 2:2 Bobic (70.)
Zuschauer: 26.377

20.12.1998
Bundesliga, 18. Spieltag
W. Bremen – Hertha BSC Berlin 2:1 (1:0)
Aufstellung: Brasas – Wojtala, Benken (56. Dabrowski) – Roembiak (46. Maximow, 90. Flo), Todt, Wiedener, Eilts, Trares – Herzog – Bogdanovic, Bode
Trainer: Magath
Tore: 1:0 Bogdanovic (45.), 1:1 Preetz (46.), 2:1 Bogdanovic (47.)
Zuschauer: 28.400

16.01.1999
Freundschaftsspiel
SV Bruchhausen-Vilsen – W. B. 0:14 (0:6)
Aufstellung: Brasas (46. Borel) – Flock (46. Benken), Wicky, Skripnik (46. Wiedener) – Eilts (46. Dabrowski), Todt (46. Roembiak), Trares (46. Frings), Bode (46. Brand) – Herzog – Ailton (46. Weetendorf), Bogdanovic (46. Kunz)
Trainer: Magath
Tore: Ailton (2), Dabrowski (2), Bogdanovic (2), Frings (2), Bode, Flock, Brand, Kunz, Herzog, Wichmann/Eigentor
Zuschauer: 1.400

17.01.1999
Freundschaftsspiel
Kickers Emden – W. Bremen 1:4 (1:1)
Aufstellung: Borel (46. Brasas) – Wicky – Benken, Skripnik (46. Wiedener) – Roembiak, Todt (46. Kunz), Herzog (46. Flock), Bode (17. Brand), Trares (46. Dabrowski) – Frings (46. Bogdanovic), Weetendorf (46. Ailton)
Trainer: Magath
Tore: 1:0 Pankow (13.), 1:1 Weetendorf (29.), 1:2 Bogdanovic (55.), 1:3 Ailton (78.), 1:4 Kunz (84.)
Zuschauer: 2.500 in Firrel

24.01.1999
Internationales Freundschaftsspiel
Cambuur Leeuwarden – W. B. 1:2 (1:1)
Aufstellung: Brasas (46. Borel) – Flock (46. Wicky), Todt (46. Wojtala), Trares (46. Wiedener), Benken (46. Eilts) – Seo Jung-Won (46. Schierenbeck), Herzog (46. Dabrowski), Skripnik (46. Brand), Frings (46. Roembiak) – Bode (46. Bogdanovic), Weetendorf (46. Ailton)
Trainer: Magath
Tore: 1:0 Usta (20.), 1:1 Herzog (40.), 1:2 Bogdanovic (87.)
Besonderheiten: Werder setzte als Gastspieler Seo Jung-Won (Racing Straßburg) ein / Felix Magath wechselte zur Halbzeit die komplette Mannschaft aus.
Zuschauer: 800

26.01.1999
Internationales Freundschaftsspiel
W. Bremen – Rotor Wolgograd 0:1 (0:1)
Aufstellung: Brasas (46. Borel) – Wojtala – Brand, Herzog (46. ?), Kunz (46. Frings) – Bogdanovic (46. ?), Weetendorf, Rest unbekannt
Trainer: Magath
Tor: 0:1 Sernow (19.)
Zuschauer: 120 auf Platz 11

06.02.1999
Internationales Freundschaftsspiel
AS Lodigiani Rom – W. Bremen 3:2 (:)
Aufstellung: Rost – Benken, Wojtala, Skripnik, Trares – Wiedener, Todt, Brand (46. Herzog), Eilts – Weetendorf (46. Bogdanovic), Frings (46. Ailton)
Trainer: Magath
Torschützen für Werder: Frings, Eilts
Besonderheit: Todt schied nach 70 Minuten verletzt aus, Werder musste mit 10 Mann weiterspielen
Zuschauer: unbekannt

10.02.1999
Freundschaftsspiel
Hannover 96 – W. Bremen 2:3 (1:2)
Aufstellung: Brasas – Benken, Wojtala, Skripnik, Trares – Flock, Eilts (73. Brand), Wiedener – Weetendorf, Bogdanovic (73. Frings)
Trainer: Magath
Tore: 0:1 Bogdanovic (19.), 0:2 Flock (43.), 1:2 Seidel (44.), 2:2 Asamoah (55.), 2:3 Skripnik (69.)
Zuschauer: 3.000 in Ilten

13.02.1999
Freundschaftsspiel
Hamburger SV – W. Bremen 0:2 (0:2)
Aufstellung: Brasas – Trares, Benken, Wicky, Skripnik – Flock (46. Kunz), Herzog (46. Frings), Eilts – Bogdanovic (5. Wiedener), Weetendorf (54. Ailton), Bode (46. Brand)
Trainer: Magath
Tore: 0:1 Bode (17.), 0:2 Bode (21.)
Besonderes Vorkommnis: Brasas hält FE von Curtianu (68.)
Zuschauer: 3.000 in Kropp

20.02.1999
Bundesliga, 19. Spieltag
1. FC Nürnberg – W. Bremen 1:1 (1:1)
Aufstellung: Brasas – Wicky, Benken, Skripnik, Trares – Flock (46. Dabrowski), Eilts, Wiedener – Herzog – Frings (90. Brand), Weetendorf (80. Schierenbeck)
Trainer: Magath
Tore: 0:1 Frings (8.), 1:1 Kuka (32.)
Zuschauer: 32.000

26.02.1999
Bundesliga, 20. Spieltag
W. Bremen – VfL Bochum 1:1 (0:1)
Aufstellung: Brasas – Wiedener, Benken, Skripnik, Trares – Dabrowski (46. Weetendorf), Wicky, Eilts – Herzog – Bode, Bogdanovic (75. Ailton)
Trainer: Magath
Tore: 0:1 Kuntz (20.), 1:1 Ailton (87.)
Zuschauer: 26.715

07.03.1999
Bundesliga, 21. Spieltag
Bayer 04 Leverkusen – W. Bremen 2:0 (0:0)
Aufstellung: Rost – Benken, Skripnik, Wojtala – Wiedener, Dabrowski, Eilts (70. Wicky), Trares – Maximow (77. Ailton), Herzog – Bode
Trainer: Magath
Tore: 1:0 Kirsten (75.), 2:0 Beinlich (90.)
Besonderes Vorkommnis: Gelb-Rote Karte für Herzog (80.)
Zuschauer: 22.500

10.03.1999
DFB-Pokal, Halbfinale
VfL Wolfsburg – W. Bremen 0:1 (0:0)
Aufstellung: Rost – Wojtala, Wicky, Skripnik – Trares (63. Benken), Todt (46. Dabrowski), Eilts, Wiedener – Maximow – Bode, Bogdanovic (79. Ailton)
Trainer: Magath
Tor: 0:1 Bode (52.)
Besonderes Vorkommnis: Rost hält FE von Dammeier (87.)
Zuschauer: 19.875

13.03.1999
Bundesliga, 22. Spieltag
W. Bremen – VfL Wolfsburg 0:1 (0:0)
Aufstellung: Brasas – Benken, Wojtala, Skripnik, Trares – Maximow, Wicky (82. Frings), Wiedener (46. Dabrowski) – Ailton, Bogdanovic (68. Weetendorf), Bode
Trainer: Magath
Tor: 0:1 Nowak (83.)
Zuschauer: 28.462

20.03.1999
Bundesliga, 23. Spieltag
FC Bayern München – W. Bremen 1:0 (0:0)
Aufstellung: Rost – Benken, Wojtala, Trares (46. Maximow), Skripnik – Wicky, Wiedener (89. Weetendorf), Eilts, Herzog – Bogdanovic (83. Ailton), Bode
Trainer: Magath
Tor: 1:0 Jancker (87.)
Zuschauer: 46.000

25.03.1999
Internationales Freundschaftsspiel
W. Bremen – Wisla Krakau 2:1 (1:0)
Aufstellung: Rost (46. Brasas) – Benken, Wojtala, Trares, Wiedener – T. Schultz (46. Fütterer), Flock, Brand – Bogdanovic, Rasasamba, Ailton (46. Weetendorf)
Trainer: Magath
Tore: 1:0 Ailton (24.), 2:0 Rasasamba (32.), 2:1 Frankowski (53.)
Besonderheit: Rasasamba (Senegal) spielte mit Sondergenehmigung
Zuschauer: 750 in Verden

03.04.1999
Bundesliga, 24. Spieltag
W. Bremen – FC Hansa Rostock 0:3 (0:2)
Aufstellung: Rost – Wicky (46. Flock), Wiedener, Wojtala, Trares – Maximow, Herzog, Eilts – Ailton, Bogdanovic, Bode
Trainer: Magath
Tore: 0:1 Agali (26.), 0:2 Lange (42.), 0:3 Neuville (50.)
Zuschauer: 28.486

09.04.1999
Bundesliga, 25. Spieltag
SC Freiburg – W. Bremen 0:2 (0:0)
Aufstellung: Rost – Benken (36. Flock), Eilts, Skripnik – Wiedener, Wicky, Dabrowski (46. Frings), Trares – Herzog (68. Brand) – Bogdanovic, Bode
Trainer: Magath
Tore: 0:1 Frings (52.), 0:2 Bogdanovic (81.)
Besondere Vorkommnisse: Gelb-Rote Karte für Kobiaschwili (25.); Weißhaupt schießt FE über das Tor (84.)
Zuschauer: 22.500

13.04.1999
Bundesliga, 26. Spieltag
W. Bremen – Hamburger SV 0:0
Aufstellung: Rost – Trares – Wojtala, Benken, Wicky – Dabrowski, Eilts, Bode (10. Wiedener) – Herzog – Bogdanovic, Frings
Trainer: Magath
Tore: –
Zuschauer: 34.486

17.04.1999
Bundesliga, 27. Spieltag
MSV Duisburg – W. Bremen 2:0 (1:0)
Aufstellung: Rost – Benken, Trares, Wicky – Wojtala (46. Flock), Dabrowski (78. Weetendorf), Eilts, Wiedener – Herzog – Bogdanovic, Frings (46. Ailton)
Trainer: Magath
Tore: 1:0 Hajto (8. FE), 2:0 Osthoff (60.)
Zuschauer: 16.176

23.04.1999
Bundesliga, 28. Spieltag
Borussia Dortmund – W. Bremen 2:1 (0:1)
Aufstellung: Rost – Benken, Wicky (89. Ailton), Wojtala – Wiedener, Todt, Eilts, Trares – Maximow, Herzog (83. Brand) – Bogdanovic (74. Weetendorf)
Trainer: Magath
Tore: 0:1 Trares (34.), 1:1 Herrlich (52.), 2:1 Möller (86.)
Besonderes Vorkommnis: Gelb-Rote Karte für Häßler (83.)
Zuschauer: 68.600

30.04.1999
Freundschaftsspiel
FC Schönberg – W. Bremen 1:3 (0:0)
Aufstellung: Rost – Eilts (46. Trares) – Benken (46. Wicky), Wojtala (46. Wiedener) – Maximow (46. Günes, 50. Sahanrasian), Herzog (46. Flock), Dabrowski (46. Frings), Todt, Sahanrasian (46. Brand) – Bode (46. Ailton), Bogdanovic (46. Weetendorf)
Trainer: Magath
Tore: 0:1 Weetendorf (59.), 1:1 D. Dogan (73.), 1:2 Brand (87.), 1:3 Weetendorf (88.)
Besonderheit: Werder setzte die Gastspieler Tolga Günes (SD Croatia Berlin) und Ali Reza Sahanrasian (Iran) ein, der aufgrund des dünnen Kaders erst aus-, und dann wieder eingewechselt wurde
Zuschauer: 2.500

04.05.1999
Bundesliga, 30. Spieltag
1. FC Kaiserslautern – W. Bremen 4:0 (1:0)
Aufstellung: Rost – Barten, Eilts (28. Flock), Benken – Trares, Dabrowski (62. Bogdanovic), Maximow, Todt, Wiedener – Herzog – Bode
Trainer: Magath
Tore: 1:0 Schjönberg (35.), 2:0 Rösler (59.), 3:0 Schjönberg (68. FE), 4:0 Rische (80.)
Zuschauer: 40.100

07.05.1999
Bundesliga, 31. Spieltag
W. Bremen – Eintracht Frankfurt 1:2 (0:0)
Aufstellung: Rost – Eilts (46. Maximow) – Wicky, Benken (72. Weetendorf) – Flock, Todt, Fütterer (39. Dabrowski), Bode – Herzog – Bogdanovic, Frings
Trainer: Magath
Tore: 0:1 Schur (55.), 0:2 Sobotzik (70.), 1:2 Bode (72.)
Zuschauer: 31.485

11.05.1999
Bundesliga, 29. Spieltag (Nachholspiel)
W. Bremen – FC Schalke 04 1:0 (0:0)
Aufstellung: Rost – Trares – Wojtala, Todt – Frings, Eilts (46. Dabrowski), Wicky (68. Barten), Wiedener – Herzog – Bogdanovic (50. Ailton), Bode
Trainer: Schaaf
Tor: 1:0 Dabrowski (54.)
Zuschauer: 32.495

15.05.1999
Bundesliga, 32. Spieltag
TSV 1860 München – W. Bremen 1:3 (1:2)
Aufstellung: Rost – Todt, Trares, Wojtala – Frings, Dabrowski, Wicky (30. Benken), Wiedener – Herzog (56. Flock) – Maximow, Bode (90. Ailton)
Trainer: Schaaf
Tore: 0:1 Wojtala (10.), 1:1 Hobsch (18.), 1:2 Bode (38.), 1:3 Maximow (86.)
Zuschauer: 25.000

22.05.1999
Bundesliga, 33. Spieltag
W. Bremen – Bor. M'gladbach 4:1 (2:0)
Aufstellung: Rost – Trares – Wojtala – Frings (88. Flock), Dabrowski (61. Eilts), Wicky, Todt, Wiedener – Maximow, Herzog (63. Brand) – Bode
Trainer: Schaaf
Tore: 1:0 Albustin (6. ET), 2:0 Todt (12.), 3:0 Wicky (50.), 3:1 Asanin (68.), 4:1 Maximow (84.)
Zuschauer: 36.000

29.05.1999
Bundesliga, 34. Spieltag
VfB Stuttgart – W. Bremen 1:0 (1:0)
Aufstellung: Rost – Trares – Wicky, Wojtala (46. Benken) – Frings, Eilts, Maximow (66. Ailton), Wiedener – Herzog, Bode – Bogdanovic (46. Dabrowski)
Trainer: Schaaf
Tor: 1:0 Bobic (6.)
Zuschauer: 38.000

05.06.1999
Freundschaftsspiel
SG Adenstedt – W. Bremen 0:14 (0:6)
Eingesetzt: Rost – Roembiak, Wiedener, Benken, Wojtala – Trares, Eilts, Todt, Brand – Ailton, Bogdanovic / Eingewechselt: Brasas, Weeten-

dorf, Flock, Frings, Dabrowski, Tjikuzu, Fütterer, Schierenbeck
Trainer: Schaaf
Tore: Ailton (3), Weetendorf (3), Bogdanovic (2), Brand, Dabrowski, Flock, Frings, Tjikuzu, Wiedener
Besonderheit: Die SG Adenstedt musste unmittelbar im Anschluss an das Freundschaftsspiel auch noch ihr Punktspiel gegen den TSV Münstedt austragen
Zuschauer: 1.000

12.06.1999
DFB-Pokal, Endspiel
FC Bayern München – W. Bremen
1:1 (1:1, 1:1) n.Verl. i. Elfmeterschießen: 4:5
Aufstellung: Rost – Trares – Wicky, Todt, Wiedener – Frings, Eilts, Dabrowski (69. Bogdanovic), Maximow – Herzog (45. Wojtala) – Bode
Trainer: Schaaf
Tore: 0:1 Maximow (4.), 1:1 Jancker (45.)
Elfmeterschießen: 0:1 Bode, 1:1 Salihamidzic, Todt gehalten, 2:1 Daei, 2:2 Bogdanovic, 3:2 Tarnat, 3:3 Wicky, 4:3 Jancker, 4:4 Eilts, Effenberg über das Tor, 4:5 Rost, Matthäus gehalten
Zuschauer: 75.841 in Berlin

Berlin, Olympia-Stadion, 12. Juni 1999, 22:22 Uhr: Werder zieht nach langer Zeit mal wieder Lederhosen aus

Ein Pokalkrimi der Super-Spitzen-Extraklasse: Mal wieder Nord gegen Süd, mal wieder arm gegen reich, mal wieder der gute alte Hoeneß-Lemke-Klassenkampf, diesmal in einer überraschenden Neuverfilmung. Seit Werder Bremen 1995 in Otto Rehhagels letztem Spiel als Werder-Trainer die Meisterschaft in München verspielt hatte, standen sich Werder und die Bayern nie wieder als unmittelbare Kontrahenten gegenüber. Die Bremer hatten einfach zu schnell zu sehr abgewirtschaftet, während Bayern weiterhin die Liga dominierte. Und auch im Pokalfinale 1999 waren die Vorzeichen so unterschiedlich wie nie zuvor im Duell dieser beiden Mannschaften um einen Titel. Hier die Bayern, die mit 15 Punkten Vorsprung Deutscher Meister geworden waren und im Champions League-Finale standen. Dort die Bremer, die sich nur ganz mühsam vor dem Abstieg gerettet hatten.

Mario Basler meinte es sicher gut, als er schon im Vorfeld tröstete: »Werder soll nicht traurig sein – Ein zweiter Platz ist auch was Schönes!« Weniger gut meinte er es, als er seinem Gegenspieler Andree Wiedener attestierte, besser mit dem Fußball aufzuhören: »Solche Leute sollten besser gar nicht Fußball spielen!«

Es kam, was der Fußballgott für solche Situationen vorsieht: Andree Wiedener brachte Basler durch ein überragendes Spiel zur Weißglut und brachte es sogar fertig, seinen Gegenpart übermütig zu Tunneln. Basler seinerseits flog nach einem dummen Foul an Wiedener entnervt und gereizt vom Platz. Werder ging früh durch Juri Maximow in Führung, die von den Bayern allerdings durch Jancker egalisiert wurde. In einer wahren Schlacht, in der sich beide Mannschaften nichts schenkten, ging es insgesamt 120 Minuten herzinfarktverdächtig hin und her. Ein Elfmeterschiessen musste die Entscheidung bringen.

Nach Jens Todts frühem Fehlschuss (in seinem letzten Spiel für Werder!) schien die Entscheidung nahe, als Stefan Effenberg anlief, der mit einem Treffer die Bayern zum Titel geschossen hätte. Doch »der Pfau, der Superpfau Effenberg« (Zitat Andy Herzog) fabrizierte den arrogantesten Luschen-Elfer der jüngeren Pokalgeschichte und schlenzte die Lederkugel in stattlicher Rücklage ungefähr zwei Meter über die Latte. Torwart Frank Rost machte den Sack zu: Er verwandelte seinen Elfer selbst und hielt den von Lothar Matthäus. Werder hatte die großen Bayern bezwungen. Das Schlusswort gehörte Torsten Frings. Der erinnerte an Baslers Worte. »Der hat ja gesagt, ein zweiter Platz sei auch was sehr Schönes. Dann kann er ihn ja jetzt schön feiern, seinen zweiten Platz!«

Bundesliga-Abschlusstabelle 1998 / 1999

Platz	Verein	Spiele	S	U	N	Tore	Diff.	Punkte
1.	Bayern München (P)	34	24	6	4	76:28	+48	78
2.	Bayer Leverkusen	34	17	12	5	61:30	+31	63
3.	Hertha BSC Berlin	34	18	8	8	59:32	+27	62
4.	Borussia Dortmund	34	16	9	9	48:34	+14	57
5.	1. FC K'lautern (M)	34	17	6	11	51:47	+4	57
6.	VfL Wolfsburg	34	15	10	9	54:49	+5	55
7.	Hamburger SV	34	13	11	10	47:46	+1	50
8.	MSV Duisburg	34	13	10	11	48:45	+3	49
9.	1860 München	34	11	8	15	49:56	-7	41
10.	Schalke 04	34	10	11	13	41:54	-13	41
11.	VfB Stuttgart	34	9	12	13	41:48	-7	39
12.	SC Freiburg (N)	34	10	9	15	39:44	-8	39
13.	**Werder Bremen**	**34**	**10**	**8**	**16**	**41:47**	**-6**	**38**
14.	Hansa Rostock	34	9	11	14	49:58	-9	38
15.	Eintracht Frankfurt (N)	34	9	10	15	44:54	-10	37
16.	1. FC Nürnberg (N)	34	7	16	11	40:50	-10	37
17.	VfL Bochum	34	7	8	19	40:65	-25	29
18.	Borussia M'gladbach	34	4	9	21	41:79	-38	21

Fieberkurve der Bundesliga-Saison 1998 / 1999

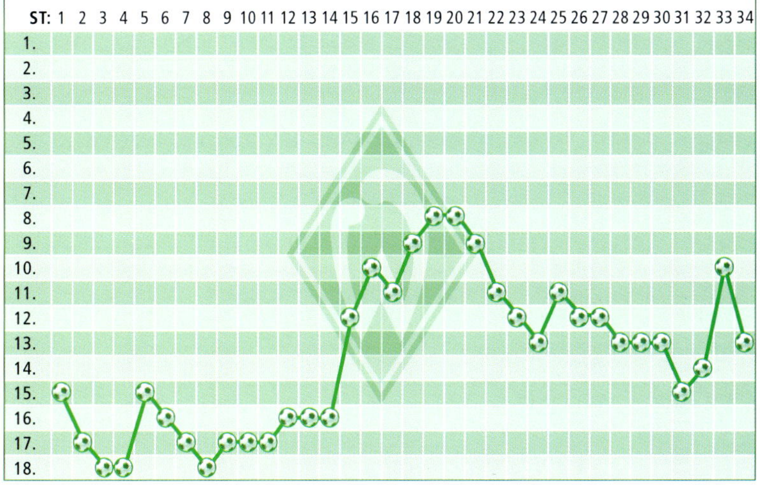

1999/00: Neu in Bremen: Pizza-Toni

Oben v.l.:
Eilts, Benken, Seidel, Flock, Plump, Bogdanovic, Wojtala, Bode, Baumann, Frey, Weetendorf, Herzog
Mitte v.l.:
Sportdirektor Allofs, Trainer Schaaf, Torwarttrainer Burdenski, Tjikuzu, Wicky, Skripnik, Dabrowski, Schierenbeck, Maximow, Schultz, Stalteri, Fütterer, Co-Trainer Fazlic, Co-Trainer Kamp
Unten v.l.:
Wiedener, Barten, Roembiak, Trares, Rost, Brasas, Borel, Chanko, Ailton, Kunz, Frings

»Chanko war nicht teuer, aber er hat viel Geld gekostet.« (Willi Lemke)

Mit der Beförderung von Thomas Schaaf zum Cheftrainer begann an der Weser eine neue Ära, was zum Ausklang des vorigen Jahrtausends freilich noch niemand ahnen konnte. Schaaf repräsentierte Werder sympathisch nach außen, hatte einen erkennbar guten Draht zur Mannschaft, erreichte auf Anhieb die Rettung aus stürmischem Abstiegsgewässer und wurde als Bonus noch Pokalsieger gegen die Bayern. Noch Fragen?

Ja. Nämlich die: War es zwischen Werder und diesem Schaaf diesmal etwas Ernstes oder wieder nur so eine kurze Liebelei wie zwischen Werder und Dörner, Werder und Sidka oder Werder und Magath? Die Antwort ließ auf sich warten, denn der SVW konnte zum Start der Spielzeit die guten Eindrücke der mit Pauken und Trompeten beendeten Vorsaison nicht bestätigen. 0:0 zum Auftakt in Stuttgart, dann eine Heimniederlage mit 0:1 gegen Schalke und schließlich ein weiteres Unentschieden in Berlin. Plötzlich stand Werder dort, wo die Mannschaft in den letzten Jahren viel zu häufig stand: Am Abgrund. Bonjour, tristesse. Willkommen zurück in Bremen. Seufz.

Aber ein paar Dinge waren anders als früher. Und diese Änderungen waren Schuld daran, dass die Tristesse diesmal keine allzu große Chance auf einen Dauerkartenplatz im Weser-Stadion hatte. Thomas Schaaf hatte Verstärkung bekommen. Erstmals in der Vereinsgeschichte leistete sich Werder einen Sportdirektor. Anders als Vorgänger Willi Lemke sollte der neue Mann auch den sportlichen Bereich abdecken. Nachdem Lemke im Zuge der Umstrukturierung in Werders Führungsriege seinen Managersessel gegen einen etwas gemütlicheren Sitz in Werders Aufsichtsrat getauscht hatte, wurden zahlreiche illustre und auch ein paar semi-illustre Namen diskutiert: Rune Bratseth, Otto Rehhagel, Benno Möhlmann, Thomas von Heesen, Max Lorenz, Hansi Müller, Rudi Assauer, Dietmar Beiersdorfer und Bernd Gersdorff wurden in den Medien als Aspiranten genannt, ebenso Jürgen Sundermann und Dieter Burdenski. Und Klaus Allofs. Strich man die romantisch-nostalgischen Spekulationen innerhalb dieses Kandidatenkreises, blieben nur wenige Namen übrig. Thomas von Heesen war einer der wirklich heißen Namen in diesem Kreis. Ein weiterer war der von Hansi Müller, der als einziger ein konkretes Angebot bekam. Mit anderen Worten: Der ehemalige Stuttgarter hätte nur noch »Ja« sagen müssen. Er sagte nach etwas Bedenkzeit überraschend »Nein«. Aus familiären Gründen, wie es hieß, wobei auch die Vermutung nicht ganz abwegig ist, Müller könne das Werder-Interesse möglicherweise nur dafür benutzt haben, mit seinem Stammverein VfB Stuttgart um einen ähnlich interessanten Posten zu pokern.

Notgedrungen musste Werder sich auf Kandidat Numero Zwo konzentrieren. Der hieß Klaus Allofs und hatte eigentlich schon eine Trainerlaufbahn eingeschlagen. Kurz vor seiner Rückkehr nach Bremen hatte er Werder mit seinem damaligen Verein Fortuna Düsseldorf im Weser-Stadion einen engen Pokalfight geliefert. Allofs hatte seine Trainerlaufbahn längst noch nicht abgeschrieben, aber man konnte es ja mal probieren, diese Sache mit dem Sportdirektorposten. Klaus Allofs griff zu, fand sich blitzschnell zurecht und wurde über die Jahre neben Uli Hoeness zum Klassenbesten seiner Zunft. Die Absage von Hansi Müller darf als einer der ganz großen Glücksfälle der Bundesligageschichte gewertet werden. Zumindest für Werder.

Doch zurück zum verpatzten Saisonstart 1999. Die Wende kam in Form von zwei Neuverpflichtungen im Spätsommer. Es wurden die beiden ersten Einkäufe der Ära Allofs. Beide Namen sorgten nicht für übermäßig viel Aufsehen und Hysterie, denn weder vom routinierten Abwehr-Opa Julio Cesar noch vom in Europa völlig unbekannten Sturmtalent Claudio Pizarro waren umgehend Wunderdinge zu erwarten. Dachte man.

Dachte man aber nur kurz. Julio Cesar erwies sich schon in seinen ersten Auftritten im Werder-Trikot als Defensivkanone der Extraklasse. Nie zuvor und nie wieder hinterher hatte Werder einen so coolen Abwehrchef. Und Claudio Pizarro brauchte nicht mehr als 51 Minuten für sein erstes Bundesligator. Damit nicht genug: In seinem dritten Bundesligaspiel gelang ihm ein Hattrick. Es war die Woche des »17-Tore-Sturms«: Am Sonntag kriegten Rehhagels Lauterer im Weser-Stadion fünf Tore, am Donnerstag die Norweger von Bodö Glimt im UEFA-Cup auswärts noch mal fünf. Und der VfL Wolfsburg schließlich bekam dank Pizarro und Bode gleich sieben Mal eingeschenkt. Ein neuer Traumsturm war geboren: »PIZANOVIC«! Claudio Pizarro und Rade Bogdanovic schienen sich gesucht und gefunden zu haben. Dachte man.

Aber auch dies dachte man nur kurz. Nachdem Bogdanovic gut in die Saison gestartet war, musste er sich mit immer neuen Wehwehchen herumschlagen. Angesichts seiner blendenden Form hätte Rade seinen Stammplatz unter normalen Umständen nicht verloren, aber alle hatten die Rechnung ohne Ailton gemacht. Das längst abgeschriebene »5,5-Millionen-DM-Missverständnis« (Kicker) wurde nach Magaths Abgang von Nachfolger Thomas Schaaf massiv gefördert und blühte auch durch die Gesellschaft des väterlichen Freundes Julio Cesar auf. In Wolfsburg durfte Ailton zum ersten Mal seit fünf Monaten in der Anfangsformation ran und dankte es der Mannschaft mit dem wichtigen Führungstor zum 3:2. Den Treffer feierte »Toni« mit einem ausgelassenen Veitstanz. Von diesem Moment an war er in der Stammelf angekommen, Kollege Bogdanovic dagegen ein für alle Mal draußen. Ein Jahr

Neue Jubelvariationen im Weser-Stadion: Rade Bogdanovic zeigte insgesamt 15 Mal den bekanntesten Waschbrettbauch der Stadt. Claudio Pizarro schoss seinerseits so zauberhafte Tore, dass sich sogar die Schiedsrichter aufrichtig mitfreuten

nach seiner Ankunft in Bremen konnte Ailton endgültig als wertvoller Neuzugang begrüßt werden. Er revanchierte sich für den zwar reichlich späten, aber nun umso herzlicheren Empfang in der Stammformation mit zwölf Toren und zehn Torvorlagen. Das Synonym »Pizanovic« hatte schnell ausgedient und wurde nahtlos ersetzt durch den neuen Spitznamen des Traumsturms Ailton-Pizarro: »Pizza-Toni liefert wieder!« fiel es der Journaille ein, als wieder einmal Ailton vorbereitet und Pizarro vollendet hatte, oder umgekehrt. Die beiden südamerikanischen Strahlemänner machten fortan alle Hintermannschaften der Liga irre und fütterten sie so lange unnachgiebig mit Tor-Pizzen, bis die Gegner groggy nach Verdauungsschnaps riefen.

Es wäre unlogisch gewesen, hätte Werder alleine durch Ailtons Auferstehung, den Trainerwechsel und ein bisschen Glück auf dem Transfermarkt gleich den Sprung zurück in die Ligaspitze geschafft. Werder in der Saison 1999/2000 – das bedeutete zwar häufig die Rückkehr zu Galavorstellungen lange vermisster Qualität. Unter Schaaf spielte die Mannschaft so offensiv wie zuletzt unter Otto Rehhagel, und durch die Personalpolitik des kongenialen Duos Allofs/Schaaf hatte man auch endlich immer öfter das Gefühl, der SV Werder habe nun auch die passenden Spieler für wirklich schönen Fußball. Doch die noch zu häufigen Rückschläge kamen, und sie nervten.

Sie konnten aber andererseits den angenehmen Eindruck nicht verwischen, dass da unter kompetenter Leitung eine gesunde Mannschaft zusammenwächst. Nicht einmal der Nacht-und-Nebel-Abschied des verehrten und liebgewonnenen Abwehrchefs Cesar konnte daran etwas ändern. Julio kapitulierte vor chronischen Knieproblemen, hakte die eigene aktive Laufbahn stillschweigend ab und blieb schließlich einfach in der brasilianischen Heimat. Trotz einer nur zwölf Spiele währenden Karriere im Werder-Trikot behielten ihn alle in allerbester Erinnerung. Cesars purer Gegenwart verdankt der Verein die nicht mehr für möglich gehaltene Integration Ailtons und einen Leistungsschub beim jungen Neuzugang Frank Baumann, der sich von Cesar so manches abschauen konnte.

Erstmals stand seit Jahren am Ende einer Saison das Gefühl, mehr Licht als Schatten gesehen zu haben. Werder war noch nicht wieder oben, aber der Absturz schien gestoppt. Die hungrigen Fans hatten wieder Träume, und sie hatten wieder echte Stars.

Der große Überraschungscoup der Saison: Für ganz wenig Geld holte Klaus Allofs den bärenstarken Julio Cesar an die Weser. Der Brasilianer trug zwar verletzungsbedingt lediglich zwölfmal das damals grünschwarze Trikot, spielte sich aber in dieser kurzen Zeit in die Herzen der Werder-Fans

»Ailton« Gonçalves da Silva

Ailton: »...wollte den Fans alles zurückgeben!«

»Toni«, geboren 1973 im brasilianischen Mogeiro, galt nahezu ein volles Jahr lang als Werders teuerster Fehleinkauf aller Zeiten. Noch von Trainer Wolfgang Sidka nach Bremen geholt, schob ihn dessen Nachfolger Felix Magath in kürzester Zeit aufs Abstellgleis und warf ihm in beinahe täglich wiederkehrenden Statements »zu schlechtes Defensivverhalten«, »Defizite in der Laufarbeit« und »taktische Unzulänglichkeiten« vor. Thomas Schaaf entschied sich dennoch frühzeitig, dem schnellen Brasilianer noch eine echte Chance zu geben.

Der »Kugelblitz« nutzte die Bewährungsprobe unter Schaaf ebenso schnell, wie ihm Magath ein Jahr zuvor das Vertrauen entzogen hatte. Mit einer rasant expandierenden Toresammlung schoss sich der Turborenner mit dem linken Zauberfuss in die Herzen der Werder-Fans und wurde zum ersten, echten Werder-Idol des gerade angebrochenen Jahrtausends. Im Oktober 2003 schockierte Ailton die Fans in Bremen mit der Bekanntgabe seines überraschenden Wechsels zu Schalke 04. Eine Entscheidung, die er innerhalb weniger Wochen bitter bereute.

Dein Wechsel zu Werder verlief 1999 turbulent und war fast schon geplatzt. Was war da los?

Mein Traum war schon immer, in Europa zu spielen. Mit Werder hatte ich sogar schon Kontakt, als ich noch für Guarani in Brasilien spielte. Es gab aber keine Einigung zwischen den Vereinen, und daraufhin bin ich erst mal ein Jahr nach Mexiko gegangen. Wolfgang Sidka und Willi Lemke haben aber nicht locker gelassen und sich weiter um mich bemüht. 1999 haben wir den Wechsel dann hinbekommen, und ich habe meine Koffer gepackt und mich in den Flieger nach Bremen gesetzt.

Ist es wahr, dass der berühmte ehemalige brasilianische Nationaltrainer Mario Jorge Zagalo dich empfohlen hatte?

Das stimmt. Zagalo hat eine sehr wichtige Rolle bei meinem Wechsel gespielt. Ich habe später erfahren, dass er bei Werders Verantwortlichen ein gutes Wort für mich eingelegt hat und Wolfgang Sidka versichert hat, dass ich ein guter Spieler und auch ein guter Mensch sei.

Spielerlaufbahn:

1993	Mogi Mirim EC
1994–95	Santa Cruz FC
1996	FC Guarani
1996	Santa Cruz FC
1997	FC Guarani
1997–98	Tigres UANL
1998–04	Werder Bremen
2004/05	Schalke 04
2005/06	Besiktas Istanbul
2006	Hamburger SV
2006/07–	R. Stern Belgrad

Hast du für dich selbst inzwischen irgendeine Erklärung dafür, dass Felix Magath dich links liegen ließ und nicht einsetzen wollte?
Ich weiß es immer noch nicht, keine Ahnung. Ich war bei Felix Magath derselbe Ailton, der ich heute bei Thomas Schaaf bin. Der einzige Unterschied ist, dass Thomas Schaaf mir die Gelegenheit gegeben hat zu spielen, Magath nicht. Und als Spieler braucht man das Vertrauen des Trainers. Ich rätsele oft, woran es lag. Ob Magath meine Hautfarbe nicht mochte, meine Spielweise oder meine Persönlichkeit – keine Ahnung. Er hat kurz nach seinem Wechsel zum VfB Stuttgart exakt dasselbe mit meinem Landsmann Adhemar gemacht. Der hat in seinem ersten Spiel drei Tore geschossen und wurde dann von Magath auf die Bank gesetzt. Ich habe mit Adhemar lange geredet, und ihm ging es genau wie mir: Er hat auch nie erfahren, was Magath gegen ihn hatte.

Wie erklärst du dir deine Rolle als Publikumsliebling? Das liegt ja nicht nur daran, dass du viele Tore schießt.
Nein, sicher nicht. Als ich nach Bremen kam, war ich der teuerste Einkauf der Vereinsgeschichte. Und auch als ich unter Magath nicht spielte, galt ich bei den Fans nicht als Fehleinkauf. Sie hätten ja denken können, dieser teure Brasilianer sitzt nur auf der Tribüne – weg mit ihm! Aber sie haben mich immer gefeiert und meinen Namen gerufen und mich unterstützt, auch als ich nur auf der Tribüne gesessen habe. Das habe ich ihnen nie vergessen, diesen Rückhalt, dieses Vertrauen und diese Zuneigung, und das wollte ich den Fans später zurückgeben, als ich dann endlich die Gelegenheit dazu hatte. Deshalb widme ich meine Tore hier in Bremen vor allem den Werder-Fans.

Als es um deine Vertragsverlängerung ging, haben alle Werder-Fans gehofft, dass dir selbst bewusst ist, welch großartiges Standing du hier in Bremen hast, wie sehr du hier geliebt wirst und dass du diesen Stellenwert vermutlich nirgendwo mehr in dieser Form erreichen kannst.
(lacht) Oh ja, das ist natürlich etwas, was mir viel bedeutet. Wir haben hier eine ganz besondere Beziehung zueinander, die Fans und ich. Hier in Bremen zu leben ist wunderbar, meine Familie und ich sind hier glücklich. Wir haben hier so viel erlebt. Bremen ist ein wichtiger Teil meines Lebens und wird es immer bleiben. Bremen ist ein fester Teil meines Herzens. Ich habe keinen Grund, anderswo hinzuwollen – egal, was ich manchmal aus schlechter Laune heraus gesagt haben mag. Natürlich bin ich Profi und würde auch anderswo das Fußballspielen nicht verlernen. Aber emotional wäre es für mich nirgendwo so schön wie hier in Bremen.

Auch vermeintlich ganz ohne Grund entschied sich Ailton nur elf Tage nach diesem Interview für einen Wechsel zum FC Schalke 04. Schnell wurde klar, dass er auch hier seinem trotzigen, fast kindlichen Temperament gehorcht hatte und eine kurzfristige Bauch-Entscheidung traf, statt auf Kopf und Herz zu horchen. Innerhalb weniger Wochen verfluchte »Toni« seine Unterschrift auf dem Schalke-Vertrag und knallte sich den Kummer mit immer mehr Toren in Werders Meistersaison einigermaßen erträglich. Den Wechsel zu Schalke verdrängte er. Beim großen Showdown in München jedoch ließ er nach der entschiedenen Meisterschaft ganz Deutschland in seine Seele blicken, als er angesichts des nahenden Abschieds hemmungslos weinte und seinen Mentoren Schaaf und Allofs untröstlich in die Arme fiel.

Sportlich wurde er nicht mehr glücklich. In Schalke traf er passabel weiter, eckte aber mit seiner Art an und verabschiedete sich schnell in Richtung Türkei. Bei Besiktas Istanbul wurde er zwar wie ein Messias empfangen, schnell aber auch wieder ausgepfiffen und davongejagt wie ein ungebetener Gast. Beim HSV suchte er sein Glück vergeblich, ehe er bei Roter Stern Belgrad eine weitere »letzte Chance« bekam. Nie hielt er es irgendwo so lange aus wie in Bremen, und nirgendwo anders wurde er auch nur halb so glücklich wie in seinen tollen fünf Jahren unter Thomas Schaaf.

Bundesliga-Torschützenkönig 2004: »Musse mache Feuer!«

»Das Geld spielte bei meinem Wechsel keine Rolle. Aber ich kann in Schalke doppelt soviel verdienen wie bei Werder. Dieses Angebot konnte ich nicht ablehnen.« (Ailton auf einer Pressekonferenz im Oktober 2003 über die Gründe seines Wechsels zu Schalke 04 zum Saisonende)

WERDER BREMEN 1999/00

Trainer

Schaaf, Thomas »Schabba«
Verantwortlicher Trainer in allen 34 Spielen der Saison

Sommer 1999: Alles neu

Neuer Trainer, neuer Sportdirektor, neue Spieler: Frank Baumann wurde zum Evergreen, Jacek Chanko zu einem der beeindruckend seltenen Flops des Tandems Schaaf/Allofs

Wer kam?

Baumann (1. FC Nürnberg)
Chanko (Stomil Olsztyn/Polen)
da Silva (Panathinaikos Athen/Griechenland)
Kunz (FC Zürich/Schweiz, war ausgeliehen)
Pizarro (Alianza Lima/Peru, w.d.S.)
Seidel (Hannover 96, war ausgeliehen)
Thioub (AS Camberene/Senegal)

Wer ging?

Benken (Hansa Rostock, w.d.S.)
Brand (VfL Wolfsburg)
Harttgen (eig. Amateure)
Kunz (FC Aarau/Schweiz, w.d.S.)
Nouri (eig. Amateure)
Plump (VfL Osnabrück, w.d.S.)
Roembiak (w.d.S. an den FC Aarau/Schweiz ausgeliehen)
Todt (VfB Stuttgart)
Weetendorf (Eintr. Braunschweig, w.d.S.)
Wojtala (Legia Warschau / Polen, w.d.S.)
Wolter (Karriereende)

w.d.S. = während der Saison

Tor

Rost, Frank »Fäustel«
34 Spiele; 0 Tore

Borel, Pascal
0 Spiele; 0 Tore

Brasas, Stefan
0 Spiele; 0 Tore

Abwehr

Baumann, Frank »Baumi«
32 Spiele; 5 Tore

Trares, Bernhard
26 Spiele; 0 Tore

Tjikuzu, Razundara »Raschi«
25 Spiele; 0 Tore

Wiedener, Andree
25 Spiele; 0 Tore

Mittelfeld

Frings, Torsten »Lutscher«
33 Spiele; 3 Tore

Maximow, Juri
29 Spiele; 3 Tore

Eilts, Dieter »Ostfriesen-Alemao«
29 Spiele; 1 Tor

Dabrowski, Christoph »Barry«
28 Spiele; 2 Tore

Angriff

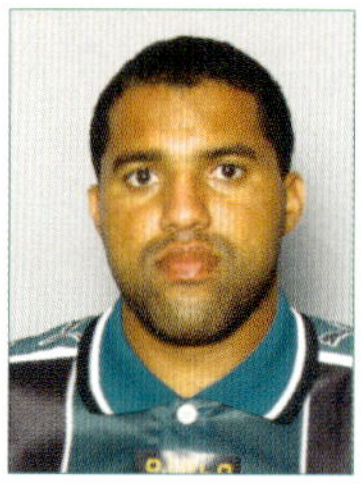

»Ailton«, Gonçalves da Silva »Toni«
29 Spiele; 12 Tore

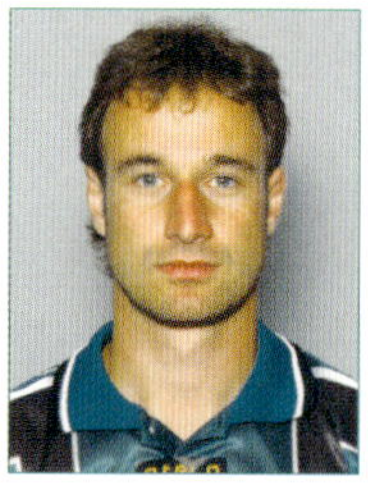

Bode, Marco
27 Spiele; 13 Tore

Pizarro Bosio, Claudio
25 Spiele; 10 Tore

Bogdanovic, Rade
22 Spiele; 4 Tore

Erweiterter Kader

Stalteri, Paul »Stally«
0 Spiele; 0 Tore
Amateur

Thiago, Traina Gama
0 Spiele; 0 Tore

Thioub, Mamadou Masseye
0 Spiele; 0 Tore

Der Sport-Verein »Werder« im Jahr 1999/00:

1999/00

Vorstand:	Jürgen L. Born (Vorsitzender), Klaus Allofs (Sportdirektor), Manfred Müller (Marketing), Klaus-Dieter Fischer (Amateure)
Aufsichtsrat:	Dr. F. Böhmert (Vors.), W. Lemke (Politik), J. Wontorra (Medien), F. Lürssen (Wirtsch.), H. Schulz (Sport), Dr. H. Hess-Grunewald (Amat.), G. Lübben-Ratjen (Amat.)
Geschäftsführer:	Wolfgang Barkhausen, J. Fürst (Verwaltung), H. v. Hallen (Controlling u. Finanzen), M. Blöhm (Fan Service GmbH), Oliver Rau (Marketing)
Pressesprecherin:	Marita Hanke
Vereinsärzte:	Dr. Karl Meschede und Dr. Götz Dimanski
Masseure:	Holger Berger und Eric von Euen
Mitglieder:	2.980
Kapazität Weser-Stadion:	35.282 überdachte Plätze (davon 4.500 Steh- und 1072 Logenplätze)

Barten, Mike
16 Spiele; 0 Tore
Amateur

Wicky, Raphael »Rapha«
15 Spiele; 0 Tore

da Silva, Julio Cesar
12 Spiele; 0 Tore; Amat.

Skripnik, Victor »Skripa«
5 Spiele; 0 Tore

Wojtala, Pawel
2 Spiele; 0 Tore

Benken, Sven
0 Spiele; 0 Tore

Plump, Matthias
0 Spiele; 0 Tore

Schierenbeck, Björn »Fiedel«
0 Spiele; 0 Tore
Amateur

Herzog, Andreas »Andy«
27 Spiele; 6 Tore

Flock, Dirk
12 Spiele; 1 Tor

Frey, Dieter
3 Spiele; 0 Tore

Roembiak, Lodewijk »Lody«
2 Spiele; 0 Tore

Chanko, Jacek
0 Spiele; 0 Tore

Fütterer, Danny
0 Spiele; 0 Tore
Amateur

Schultz, Timo
0 Spiele; 0 Tore

Seidel, Sören
6 Spiele; 1 Tor

Kunz, Adrian »Addo«
0 Spiele; 0 Tore

Weetendorf, Dirk »Weete«
0 Spiele; 0 Tore

In Freundschaftsspielen eingesetzt:

Avalos, Fernando Horacio (Abwehr, Argentinien, Gastspieler von Club Atletico Huracan)
Borowski, Tim (Mittelfeld)
Domb, Asaf (Abwehr, Israel, Gastspieler von Beitar Jerusalem/Israel)
Popovic, Anthony (Abwehr, Australien, Gastspieler von Sanfrecce Hiroshima/Japan)
Seck, Mamadou (Abwehr, Senegal, Gastspieler vom FC Toulouse/Frankreich)
Solovyew, Sergey (Angriff, Russland, Gastspieler von Skonto Riga/Lettland)

Alle Spiele 1999/00

07.07.1999
Freundschaftsspiel
Blau-Weiß Lohne – W. Bremen 1:4 (1:1)
Aufstellung: Rost (46. Brasas) – Frings (46. Benken), Baumann (46. Wojtala), Eilts, Chanko (46. Wiedener) – Maximow (46. Roembiak), Dabrowski (46. Barten), Wicky (46. Flock), Bode (46. Kunz) – Weetendorf (46. Seidel), Bogdanovic
Trainer: Schaaf
Tore: 1:0 Brägelmann (17.), 1:1 Bogdanovic (37.), 1:2 Seidel (53.), 1:3 Wojtala (58.), 1:4 Seidel (67.)
Zuschauer: 3.500 in Brockdorf

10.07.1999
Freundschaftsspiel
Rot-Weiß Cuxhaven – W. B. 0:12 (0:4)
Aufstellung: Rost, Brasas – Roembiak, Wicky, Flock, Baumann, Wiedener, Benken, Wojtala, Barten – Dabrowski, Eilts, Maximow, – Bogdanovic, Bode, Weetendorf, Frings, Seidel, Ailton, Kunz
Trainer: Schaaf
Tore: Ailton (5), Bode (3), Weetendorf (2), Seidel, Kunz
Zuschauer: 2.000

13.07.1999
DFB-Liga-Pokal, Halbfinale
Bayer 04 Leverkusen – W. Bremen 1:2 (1:1)
Aufstellung: Rost – Frings, Benken, F. Baumann, Wiedener – Maximow, Eilts, Wicky (65. Barten), Bode – Bogdanovic (60. Ailton), Seidel
Trainer: Schaaf
Tore: 1:0 Kirsten (6.), 1:1 Seidel (28.), 1:2 Bode (77.)
Zuschauer: 7.000 in Aue

17.07.1999
DFB-Liga-Pokal, Endspiel
FC Bayern München – W. Bremen 2:1 (2:0)
Aufstellung: Rost – Flock, Benken, F. Baumann, Wiedener – Frings (60. Dabrowski), Eilts (60. Bogdanovic), Wicky, Maximow – Seidel, Ailton (75. Kunz)
Trainer: Schaaf
Tore: 1:0 Sergio (34.), 2:0 Tarnat (43.), 2:1 Seidel (56.)
Zuschauer: 13.000 in Leverkusen

19.07.1999
InterTOPS-Cup, Halbfinale
SV Wüstenrot Salzburg – W. B. 1:3 (0:1)
Aufstellung: Brasas – Roembiak, Benken, Barten, Stalteri – Dabrowski (56. Wicky), Frings (64. Tjikuzu), Eilts, Maximow (72. Kunz) – Weetendorf, Ailton (58. Bogdanovic)
Trainer: Schaaf
Tore: 0:1 Weetendorf (13.), 0:2 Weetendorf (69.), 1:2 Aufhauser (80.), 1:3 Bogdanovic (83.)
Zuschauer: 2.500 in Zell am See

20.07.1999
InterTOPS-Cup, Endspiel
Hertha BSC Berlin – W. Bremen 0:2 (0:2)
Aufstellung: Rost – Tjikuzu, Eilts, Barten, Wiedener – Flock, Dabrowski (73. Frings), Wicky, Stalteri – Seidel, Bogdanovic
Trainer: Schaaf
Tore: 0:1 Seidel (20.), 0:2 Bogdanovic (22.)
Zuschauer: 2.500 in Zell am See

24.07.1999
Internationales Blitzturnier (Spielzeit 2 x 22,5 Minuten)
Rapid Wien – W. Bremen 2:0 (2:0)
Aufstellung: Rost – Tjikuzu, Wojtala, Barten, Chanko – Frings, Dabrowski, Herzog, Maximow – Weetendorf, Bogdanovic
Trainer: Schaaf
Tore: 1:0 Wimmer (15.), 2:0 Wimmer (19.)
Zuschauer: 9.000

24.07.1999
Internationales Blitzturnier (Spielzeit 2 x 22,5 Minuten)
Botafogo Rio de Janeiro – W. Bremen 0:0, i. Elfmeterschießen: 4:3
Aufstellung: Brasas – Roembiak, Benken, Wojtala, Wiedener – Flock, Kunz, Stalteri, Chanko (38. Herzog) – Bogdanovic, Ailton
Trainer: Schaaf
Tore: –
Elfmeterschießen: Herzog trifft für Werder, Roembiak und Wiedener verschießen. Rest unbekannt
Zuschauer: 9.000 in Wien

27.07.1999
Internationales Freundschaftsspiel
Wolverhampton Wanderers – W. B. 1:1 (0:0)
Aufstellung: Rost – Frings (77. Chanko), Benken, Barten (46. Dabrowski), Wiedener – Wicky, Eilts (71. Wojtala), Maximow (71. Flock), Herzog – Seidel (60. Ailton), Bode (71. Bogdanovic)
Trainer: Schaaf
Tore: 0:1 Bogdanovic (84.), 1:1 Bazeley (88.)
Besonderheit: Ablösespiel für Håvard Flo.
Zuschauer: 4.480

30.07.1999
Freundschaftsspiel
FC Rot-Weiß Erfurt – W. Bremen 0:2 (0:0)
Aufstellung: Rost – Frings, Domb, Barten, Wiedener – Eilts, Wicky, Maximow, Herzog – Weetendorf, Bode
Trainer: Schaaf
Tore: 0:1 Maximow (63.), 0:2 Bode (80.)
Besonderheit: Als Gastspieler wirkte Asi Domb (Israel) mit.
Zuschauer: 3.000

31.07.1999
Freundschaftsspiel
Motor Altenburg – W. Bremen 2:8 (0:4)
Aufstellung: Rost – Benken, Domb, Wojtala, Chanko – Roembiak, Dabrowski, Flock – Seidel, Bogdanovic, Ailton
Trainer: Schaaf
Tore: 0:1 Domb (19.), 0:2 Seidel (20.), 0:3 Bogdanovic (35.), 0:4 Seidel (43.), 1:4 Fazlijevic (58.), 2:4 Fazlijevic (74.), 2:5 Seidel (82.), 2:6 Seidel (84.), 2:7 Seidel (86.), 2:8 Chanko (87.)
Besonderheit: Als Gastspieler wirkte Asi Domb (Israel) mit
Zuschauer: 4.000

05.08.1999
Internationales Freundschaftsspiel
Real Sociedad San Sebastian – W. B. 1:0 (0:0)
Aufstellung: Rost – Tjikuzu, F. Baumann, Barten (46. Wojtala), Wiedener – Eilts, Wicky, Herzog, Flock (68. Bogdanovic), Frings (54. Dabrowski) – Seidel
Trainer: Schaaf
Tor: 1:0 Pedro (67. FE)
Zuschauer: 20.000

14.08.1999
Bundesliga, 1. Spieltag
VfB Stuttgart – W. Bremen 0:0
Aufstellung: Rost – F. Baumann, Barten – Tjikuzu (73. Dabrowski), Frings, Eilts, Wicky, Wiedener – Maximow – Seidel (72. Bogdanovic), Bode
Trainer: Schaaf
Tore: –
Besonderes Vorkommnis: Gelb-Rote Karte für Soldo (57.)
Zuschauer: 33.000

21.08.1999
Bundesliga, 2. Spieltag
W. Bremen – FC Schalke 04 0:1 (0:0)
Aufstellung: Rost – Tjikuzu, F. Baumann, Barten (71. Dabrowski), Wiedener – Frings, Eilts, Wicky, Maximow (51. Bogdanovic) – Seidel, Bode
Trainer: Schaaf
Tor: 0:1 Asamoah (48.)
Besonderes Vorkommnis: Reck hält FE von Bode (65.).
Zuschauer: 32.740

24.08.1999
Freundschaftsspiel
SC Langenhagen – W. Bremen 2:6 (0:4)
Aufstellung: Brasas – Cesar – Benken (59. Bode), Roembiak – Flock (46. Wojtala), Chanko, Dabrowski, Solovyow – Ailton, Bogdanovic, Weetendorf (46. Kunz)
Trainer: Schaaf
Tore: 0:1 Ailton (4. FE), 0:2 Weetendorf (25.), 0:3 Dabrowski (35.), 0:4 Bogdanovic (35.), 0:5 Bogdanovic (49.), 1:5 Stemke (71.), 2:5 Leiphold (75.), 2:6 Bogdanovic (89.)
Besonderheit: Bei Werder wirkte Gastspieler Sergey Solovyew (Riga) mit.
Zuschauer: 2.100

28.08.1999
Bundesliga, 3. Spieltag
Hertha BSC Berlin – W. Bremen 1:1 (1:0)
Aufstellung: Rost – Tjikuzu, F. Baumann, Cesar, Wiedener – Eilts (31. Maximow), Wicky, Flock (58. Pizarro), Frings – Bogdanovic, Bode
Trainer: Schaaf
Tore: 1:0 Aracic (10.), 1:1 Bogdanovic (75.)
Zuschauer: 52.500

04.09.1999
Freundschaftsspiel
Begatal-Auswahl – W. Bremen 1:14 (0:6)
Aufstellung: Brasas – Benken, Wojtala, Cesar, Tjikuzu – Chanko, Flock, Roembiak – Ailton, Weetendorf, Pizarro – Eingewechselt: Seidel, Bogdanovic, Tjikuzu, Barten, Baumann, Wiedener, Frings
Trainer: Schaaf
Torschützen für Werder: Ailton (3), Weetendorf (3), Pizarro (2), Seidel (2), Bogdanovic (2), Flock, Tjikuzu
Zuschauer: 2.000 in Dörentrup

12.09.1999
Bundesliga, 4. Spieltag
W. Bremen – 1. FC Kaiserslautern 5:0 (2:0)
Aufstellung: Rost – Tjikuzu (75. Roembiak), F. Baumann, Cesar (74. Dabrowski), Wiedener – Eilst, Wicky, Frings, Bode – Bogdanovic (67. Ailton), Pizarro
Trainer: Schaaf
Tore: 1:0 Pizarro (20.), 2:0 Bode (42.), 3:0 Bogdanovic (47.), 4:0 Frings (49.), 5:0 Dabrowski (89.)
Besonderes Vorkommnis: Rote Karte für Hristov (18.)
Zuschauer: 28.885

16.09.1999
UEFA-Cup, 1. Runde-Hinspiel
FK Bodö/Glimt – W. Bremen 0:5 (0:2)
Aufstellung: Rost – Tjikuzu, F. Baumann, Cesar, Wiedener – Eilts, Wicky, Frings (46. Maximow), Bode (60. Chanko) – Bogdanovic (65. Ailton), Pizarro
Trainer: Schaaf
Tore: 0:1 Pizarro (12.), 0:2 Bogdanovic (44.), 0:3 Bogdanovic (55.), 0:4 Maximow (60.), 0:5 Pizarro (76.)
Zuschauer: 1.425 in Trondheim

19.09.1999
Bundesliga, 5. Spieltag
VfL Wolfsburg – W. Bremen 2:7 (2:3)
Aufstellung: Rost – Tjikuzu, F. Baumann, Cesar, Wiedener – Eilts (67. Maximow), Wicky, Frings (80. Flock) – Bode – Pizarro, Ailton (75. Dabrowski)
Trainer: Schaaf
Tore: 1:0 Juskowiak (4.), 1:1 Bode (25.), 2:1 Akpoborie (37.), 2:2 Bode (40.), 2:3 Ailton (42.), 2:4 Pizarro (46.), 2:5 Pizarro (71.), 2:6 Pizarro (83.), 2:7 Bode (89.)
Zuschauer: 20.400

25.09.1999
Bundesliga, 6. Spieltag
W. Bremen – SSV Ulm 46 2:2 (1:0)
Aufstellung: Rost – Tjikuzu, F. Baumann, Cesar, Wiedener – Eilts, Wicky (69. Maximow), Frings, Bode – Pizarro, Ailton (62. Bogdanovic)
Trainer: Schaaf
Tore: 1:0 F. Baumann (16.), 1:1 Zdrilic (60.), 1:2 van der Haar (75. FE), 2:2 Maximow (82.)
Besonderes Vorkommnis: Rote Karte für Cesar (74.)
Zuschauer: 32.106

30.09.1999
UEFA-Cup, 1. Runde-Rückspiel
W. Bremen – FK Bodö/Glimt 1:1 (0:1)
Aufstellung: Brasas – Roembiak, F. Baumann, Cesar, Wiedener (46. Chanko) – Dabrowski, Eilts, Maximow, Bode (61. Herzog) – Bogdanovic (72. Ailton), Pizarro
Trainer: Schaaf
Tore: 0:1 Staurvik (36.), 1:1 Ailton (76.)
Zuschauer: 15.291

03.10.1999
Bundesliga, 7. Spieltag
SC Freiburg – W. Bremen 2:1 (1:0)
Aufstellung: Rost – Roembiak (46. Dabrowski), F. Baumann, Eilts, Wiedener (65. Herzog) – Maximow (78. Ailton), Wicky, Frings, Bode – Pizarro, Bogdanovic
Trainer: Schaaf
Tore: 1:0 Zeyer (33.), 1:1 Bogdanovic (59.), 2:1 Sellimi (63.)
Besonderes Vorkommnis: Sellimi verschieß FE (63.)
Zuschauer: 25.000

12.10.1999
DFB-Pokal, 3. Runde
W. Bremen – 1. FC Kaiserslautern
2:2 (1:1, 0:0) i. Elfmeterschießen: 4:3
Aufstellung: Rost – Tjikuzu, F. Baumann, Cesar (72. Maximow), Bode – Eilts, Wicky, Dabrowski (72. Ailton), Frings – Bogdanovic (60. Herzog), Pizarro
Trainer: Schaaf
Tore: 0:1 Wagner (69.), 1:1 Ailton (85.), 1:2 Wagner (100.), 2:2 Bode (103.)
Elfmeterschießen: Schjönberg an die Latte, 1:0 Ailton, 1:1 Djorkaeff, 2:1 Pizarro, 2:2 Sobotzik, Wicky gehalten, Wagner gehalten, 3:2 Frings, 3:3 Marschall, Herzog gehalten, Strasser gehalten, 4:3 Rost
Zuschauer: 15.671

16.10.1999
Bundesliga, 8. Spieltag
W. Bremen – TSV 1860 München 1:3 (0:1)
Aufstellung: Rost – Tjikuzu, F. Baumann, Cesar, Wiedener (64.Herzog) – Eilts (32. Maximow), Wicky, Frings, Bode – Pizarro, Ailton (59. Bogdanovic)
Trainer: Schaaf
Tore: 0:1 Tapalovic (9.), 0:2 Winkler (60.), 1:2 Herzog (73. FE), 1:3 Borimirov (90.)
Zuschauer: 29.936

21.10.1999
UEFA-Cup, 2. Runde-Hinspiel
W. Bremen – Viking Stavanger 0:0
Aufstellung: Rost – Tjikuzu, F. Baumann, Cesar, Wiedener (75. Bogdanovic) – Eilts (81. Ailton), Wicky, Frings (69. Maximow), Herzog – Pizarro, Bode
Trainer: Schaaf
Tore: –
Zuschauer: 5.984

24.10.1999
Bundesliga, 9. Spieltag
Borussia Dortmund – W. Bremen 1:3 (0:2)
Aufstellung: Rost – Frings, F. Baumann, Cesar, Wiedener – Dabrowski, Wicky, Maximow (88. Wojtala), Herzog (58. Flock) – Bode – Pizarro
Trainer: Schaaf
Tore: 0:1 Herzog (4.), 0:2 Bode (42.), 1:2 Ricken (57.), 1:3 Pizarro (80.)
Besonderes Vorkommnis: Rote Karte für Dede (90.)
Zuschauer: 68.600

26.10.1999
Freundschaftsspiel
Rotenburger SV – W. Bremen 0:5 (0:4)
Aufstellung: Brasas – Roembiak, Flock, Chanko, Wojtala – Thiago, Frey (46. Kunz), Skripnik – Seidel, Weetendorf, Ailton
Trainer: Schaaf
Tore: 0:1 Seidel (2.), 0:2 Weetendorf (5.), 0:3 Ailton (26.), 0:4 Frey (42.), 0:5 Weetendorf (74.)
Zuschauer: 550

29.10.1999
Bundesliga, 10. Spieltag
W. Bremen – FC Hansa Rostock 2:1 (1:0)
Aufstellung: Rost – Frings, F. Baumann, Cesar, Wiedener (76. Ailton) – Dabrowski, Wicky, Maximow, Herzog (88. Flock) – Bode – Pizarro
Trainer: Schaaf
Tore: 1:0 Pizarro (3.), 1:1 Wibran (74. FE), 2:1 Ailton (85.)
Besonderes Vorkommnis: Gelb-Rote Karte für Brand (86.)
Zuschauer: 29.467

04.11.1999
UEFA-Cup, 2. Runde-Rückspiel
Viking Stavanger – W. Bremen 2:2 (1:1)
Aufstellung: Rost – Frings, F. Baumann, Cesar, Wiedener – Dabrowski, Wicky, Maximow, Herzog (79. Seidel), Bode – Pizarro
Trainer: Schaaf
Tore: 1:0 Berland (3.), 1:1 Wiedener (43.), 1:2 Herzog (69.), 2:2 Dadason (79.)
Zuschauer: 6.300

07.11.1999
Bundesliga, 11. Spieltag
Arminia Bielefeld – W. Bremen 2:2 (1:0)
Aufstellung: Rost – Tjikuzu, F. Baumann, Wicky, Wiedener (46. Flock) – Frings, Dabrowski, Maximow (46. Ailton), Herzog (69. Seidel) – Bode – Pizarro
Trainer: Schaaf
Tore: 1:0 Weissenberger (6.), 1:1 Bode (52.), 2:1 Weissenberger (71.), 2:2 Seidel (88.)
Zuschauer: 25.000

16.11.1999
Freundschaftsspiel
TuS Lingen – W. Bremen 0:8 (0:3)
Aufstellung: Brasas – Trares, Frey, Wojtala – Herzog (46. Kunz), Barten, Roembiak, Chanko – Seidel (46. Thiago), Ailton, Weetendorf
Trainer: Schaaf
Tore: Tore: 0:1 Weetendorf (1.), 0:2 Weetendorf (7.), 0:3 Weetendorf (21.), 0:4 Chanko (54.), 0:5 Ailton (62.), 0:6 Weetendorf (82.), 0:7 Trares (84.), 0:8 Kunz (89.)
Besonderheit: Dirk Weetendorfs Führungstor nach 10 Sekunden (!) war vermutlich das schnellste Werder-Tor aller Zeiten.
Zuschauer: 1.000 in Holthausen-Biene

19.11.1999
Bundesliga, 12. Spieltag
W. Bremen – Eintracht Frankfurt 3:1 (1:1)
Aufstellung: Rost – Frings, F. Baumann, Cesar, Wiedener – Dabrowski, Wicky, Herzog, Bode – Seidel (88. Barten), Ailton
Trainer: Schaaf
Tore: 1:0 Ailton (3.), 1:1 Schur (24.), 2:1 Ailton (66.), 3:1 Bode (90.)
Zuschauer: 26.235

25.11.1999
UEFA-Cup, 3. Runde-Hinspiel
Olympique Lyon – W. Bremen 3:0 (2:0)
Aufstellung: Rost – Frings, F. Baumann, Cesar, Wiedener (65. Maximow) – Eilts (71. Dabrowski), Wicky, Herzog, Bode – Pizarro, Ailton
Trainer: Schaaf
Tore: 1:0 Anderson (13.), 2:0 Anderson (45.), 3:0 Vairelles (77.)
Zuschauer: 20.899

28.11.1999
Bundesliga, 13. Spieltag
W. Bremen – Hamburger SV 2:1 (0:0)
Aufstellung: Rost – Tjikuzu, F. Baumann, Cesar (54. Wojtala), Bode – Maximow, Eilts, Frings – Herzog (74. Dabrowski) – Pizarro, Ailton (86. Trares)
Trainer: Schaaf
Tore: 1:0 Bode (62.), 2:0 Ailton (81.), 2:1 Butt (90. FE)
Zuschauer: 35.838

01.12.1999
DFB-Pokal, Achtelfinale
W. Bremen – SSV Ulm 46 2:1 (1:1)
Aufstellung: Rost – Tjikuzu (59. Trares), F. Baumann, Cesar, Bode – Maximow (55. Dabrowski), Eilts, Frings – Herzog – Pizarro, Ailton
Trainer: Schaaf
Tore: 1:0 Pizarro (21.), 1:1 Leandro (33.), 2:1 Pizarro (88.)
Zuschauer: 7.959

04.12.1999
Bundesliga, 14. Spieltag
Bayer 04 Leverkusen – W. B. 3:2 (1:1)
Aufstellung: Rost – Tjikuzu, Eilts, F. Baumann, Bode – Wicky (55.Herzog), Dabrowski (46. Wiedener), Frings – Maximow (68. Trares) – Pizarro, Ailton
Trainer: Schaaf
Tore: 1:0 Zivkovic (5.), 1:1 Pizarro (20.), 2:1 Kirsten (47. FE), 2:2 Ailton (54.), 3:2 Emerson (66.)
Zuschauer: 22.500

07.12.1999
UEFA-Cup, 3. Runde-Rückspiel
W. Bremen – Olympique Lyon 4:0 (2:0)
Aufstellung: Rost – F. Baumann, Cesar – Tjikuzu, Eilts, Trares – Frings, Herzog (89. Wiedener) – Ailton, Pizarro, Bode
Trainer: Schaaf
Tore: 1:0 Bode (16.), 2:0 Herzog (39. FE), 3:0 F. Baumann (54.), 4:0 Pizarro (77.)
Zuschauer: 9.559

10.12.1999
Bundesliga, 15. Spieltag
W. Bremen – SpVgg Unterhaching 2:2 (2:0)
Aufstellung: Rost – Tjikuzu, F. Baumann, Cesar – Maximow (66. Eilts), Frings, Trares, Bode – Herzog – Ailton, Pizarro
Trainer: Schaaf
Tore: 1:0 Maximow (27.), 2:0 Ailton (35.), 2:1 Straube (76.), 2:2 Breitenreiter (88.)
Zuschauer: 25.404

14.12.1999
Bundesliga, 16. Spieltag
MSV Duisburg – W. Bremen 0:1 (0:1)
Aufstellung: Rost – Frings, Trares, F. Baumann, Bode – Eilts, Dabrowski, Maximow, Herzog (67. Wiedener) – Pizarro, Ailton (88. Flock)
Trainer: Schaaf
Tor: 0:1 Dabrowski (14.)
Zuschauer: 14.969

17.12.1999
Bundesliga, 17. Spieltag
W. Bremen – FC Bayern München 0:2 (0:0)
Aufstellung: Rost – Frings, Trares (76. Seidel), F. Baumann, Bode – Maximow, Eilts, Dabrowski – Herzog – Ailton, Pizarro
Trainer: Schaaf
Tore: 0:1 Jancker (71.), 0:2 Paulo Sergio (81.)
Besonderes Vorkommnis: Rote Karte für Eilts (79.)
Zuschauer: 36.000

21.12.1999
DFB-Pokal, Viertelfinale
VfL Bochum – W. Bremen 1:2 (0:0)
Aufstellung: Rost – Tjikuzu, Trares, F. Baumann, Wiedener – Dabrowski, Maximow, Bode – Herzog – Ailton, Pizarro
Trainer: Schaaf
Tore: 1:0 Weber (63.), 1:1 Ailton (79.), 1:2 Ailton (87.)
Zuschauer: 20.063

18.01.2000
Internationales Freundschaftsspiel
Elaeglat Tripolis – W. Bremen 3:1 (1:0)
Aufstellung: Rost – Frings (60. Barten), Trares, F. Baumann, Wiedener (60. Frey) – Dabrowski, Eilts (59. Thiago), Herzog, Chanko – Seidel, Ailton (30. Flock)
Trainer: Schaaf
Tore: 1:0 Kouliseh (34.), 1:1 Eilts (50.), 2:1 Adel (80.), 3:1 Kouliseh (88.)
Zuschauer: 5.000 in Ajelat City

22.01.2000
Freundschaftsspiel (Spielzeit 4 x 30 Minuten)
VfL Bochum – W. B. 7:2 (1:1, 4:1, 7:1)
Aufstellung: Rost – Frings, F. Baumann, Trares, Wiedener – Dabrowski, Frey, Eilts, Herzog, Chanko – Seidel (Eingew.: Flock, Maximow, Bogdanovic, Thioub, Barten)
Trainer: Schaaf
Tore: 0:1 Seidel (11.), 1:1 Baluszynski (23.), 2:1 Rietpietsch (36.), 3:1 Trares (43. ET), 4:1 Müller (45.), 5:1 Drincic (75.), 6:1 Reis (78.), 7:1 Peschel (88. FE), 7:2 Frings (104. HE)
Zuschauer: unbekannt in Paestum (Italien)

26.01.2000
Internationales Freundschaftsspiel
SS Cavese – W. Bremen 2:0 (:0)
Aufstellung: Rost (46. Brasas) – Tjikuzu, Frey, Trares, Wiedener – Maximow, Dabrowski, Frings, Herzog – Ailton (82. Seidel), Bode (46. Bogdanovic)
Trainer: Schaaf
Tore: 1:0 unbekannt, 2:0 unbekannt
Zuschauer: unbekannt

30.01.2000
Blitz-Turnier (Spielzeit 2 x 22,5 Minuten)
VfL Wolfsburg – W. Bremen 1:0 (0:0)
Aufstellung: Rost – Tjikuzu, Trares, Cesar, Wiedener – Maximow, F. Baumann, Eilts (23. Bogdanovic), Frings – Herzog, Ailton
Trainer: Schaaf
Tor: 1:0 Munteanu (45.)
Zuschauer: unbekannt in Kropp

30.01.2000
Blitz-Turnier (Spielzeit 2 x 22,5 Minuten)
Hamburger SV – W. Bremen 1:0 (1:0)
Aufstellung: Rost – Roembiak, F. Baumann, Trares, Skripnik – Maximow (23. Chanko), Dabrowski, Eilts – Herzog (23. Frey) – Seidel, Bogdanovic
Trainer: Schaaf
Tor: 1:0 Panadic (19.)
Zuschauer: unbekannt in Kropp
Endstand:

	S U N	Tore	Pk.
1. VfL Wolfsburg	2 0 0	3:0	6
2. Hamburger SV	1 0 1	1:2	3
3. SV W. Bremen	0 0 2	0:2	0

01.02.2000
Freundschaftsspiel
Kickers Emden – W. Bremen 2:1 (1:0)
Aufstellung: Brasas – Roembiak, Barten, Wicky (46. Thiago), Skripnik – Flock, Maximow. Chanko, Frey – Seidel, Bogdanovic
Trainer: Schaaf
Tore: 1:0 Blancke (10.), 1:1 Seidel (54.), 2:1 Misak (74.)
Zuschauer: 2.500

05.02.2000
Bundesliga, 18. Spieltag
W. Bremen – VfB Stuttgart 2:1 (2:0)
Aufstellung: Rost – Tjikuzu, F. Baumann, Cesar, Wiedener – Frings, Trares, Eilts (90. Frey) – Herzog (78. Dabrowski) – Pizarro, Ailton
Trainer: Schaaf
Tore: 1:0 Trares (6.), 2:0 Herzog (13.), 2:1 Lisztes (68.)
Zuschauer: 26.000

08.02.2000
Bundesliga, 19. Spieltag
FC Schalke 04 – W. Bremen 3:1 (1:1)
Aufstellung: Rost – Tjikuzu (77. Bogdanovic), F. Baumann, Cesar (46. Dabrowski), Wiedener – Frings, Trares, Eilts (55. Maximow) – Herzog – Ailton, Pizarro
Trainer: Schaaf
Tore: 1:0 Sand (6.), 1:1 Ailton (33.), 2:1 Mpenza (46.), 3:1 Sand (83.)
Zuschauer: 27.500

12.02.2000
Bundesliga, 20. Spieltag
W. Bremen – Hertha BSC Berlin 4:1 (3:0)
Aufstellung: Rost – Tjikuzu, Barten, F. Baumann, Wiedener (70. Skripnik) – Frings, Trares, Eilts (85. Frey) – Herzog – Ailton, Pizarro (75. Dabrowski)
Trainer: Schaaf
Tore: 1:0 Trares (8.), 2:0 F. Baumann (17.), 3:0 Eilts (20.), 3:1 Alves (50.), 4:1 Ailton (78.)
Zuschauer: 26.400

15.02.2000
DFB-Pokal, Halbfinale
W. Bremen – Stuttgarter Kickers
2:1 (1:1, 1:0) n.Verl.
Aufstellung: Rost – Tjikuzu, Barten, F. Baumann, Frings – Trares, Eilts (60. Maximow), Dabrowski – Herzog (100. Bogdanovic) – Ailton, Pizarro (68. Frey)
Trainer: Schaaf
Tore: 1:0 Dabrowski (2.), 1:1 Özkan (83.), 2:1 Maximow (103.)
Besondere Vorkommnisse: Gelb-Rote Karte für Minkwitz (84.), Gelb-Rote Karte für Maximow (104.)
Zuschauer: 18.570

19.02.2000
Bundesliga, 21. Spieltag
1. FC Kaiserslautern – W. Bremen 4:3 (1:2)
Aufstellung: Rost – Tjikuzu (61. Flock), Barten, F. Baumann, Trares (61. Skripnik) – Dabrowski, Eilts, Maximow (80. Bogdanovic), Frings – Herzog – Ailton
Trainer: Schaaf
Tore: 0:1 F. Baumann (24.), 1:1 Pettersson (26.), 1:2 F. Baumann (42.), 2:2 Djorkaeff (49. FE), 3:2 Djorkaeff (67.), 4:2 Strasser (72.), 4:3 Herzog (81.)
Zuschauer: 39.187

26.02.2000
Bundesliga, 22. Spieltag
W. Bremen – VfL Wolfsburg 2:2 (1:1)
Aufstellung: Rost – Flock (70. Tjikuzu), Barten, Skripnik, Wiedener – Frings, Eilts (66. Maximow), Trares (76. Dabrowski) – Herzog – Pizarro, Bogdanovic
Trainer: Schaaf
Tore: 0:1 Munteanu (2.), 1:1 Trares (6.), 1:2 Hengen (63.), 2:2 Pizarro (83.)
Zuschauer: 27.650

29.02.2000
UEFA-Cup, Achtelfinale-Hinspiel
AC Parma – W. Bremen 1:0 (1:0)
Aufstellung: Rost – Frings, Barten, F. Baumann, Wiedener – Maximow, Eilts (90. Tjikuzu), Trares – Herzog – Pizarro (81. Dabrowski), Ailton
Trainer: Schaaf
Tor: 1:0 Crespo (5.)
Zuschauer: 8.398

05.03.2000
Bundesliga, 23. Spieltag
SSV Ulm 46 – W. Bremen 2:1 (1:0)
Aufstellung: Rost – Tjikuzu, Barten, F. Baumann, Wiedener – Eilts (64. Bogdanovic), Frings (60. Frey), Maximow (60. Dabrowski) – Herzog – Pizarro, Ailton
Trainer: Schaaf
Tore: 1:0 van der Haar (15.), 2:0 van der Haar (51.), 2:1 Ailton (68.)
Zuschauer: 22.500

09.03.2000
UEFA-Cup, Achtelfinale-Rückspiel
W. Bremen – AC Parma 3:1 (2:1)
Aufstellung: Rost – Frings, Barten, F. Baumann, Wiedener – Dabrowski, Eilts, Bode (71. Maximow) – Herzog (82. Bogdanovic) – Ailton (90. Schierenbeck), Pizarro
Trainer: Schaaf
Tore: 1:0 Dabrowski (30.), 1:1 Stanic (32.), 2:1 Bode (45.), 3:1 F. Cannavaro (66. ET)
Zuschauer: 30.050

12.03.2000
Bundesliga, 24. Spieltag
W. Bremen – SC Freiburg 5:2 (2:1)
Aufstellung: Rost – Tjikuzu, Barten, F. Baumann, Wiedener – Dabrowski, Eilts, Bode (75. Maximow) – Herzog (55. Frings) – Ailton (77. Bogdanovic), Pizarro
Trainer: Schaaf
Tore: 1:0 Bode (4.), 1:1 Weißhaupt (16.), 2:1 Pizarro (43.), 3:1 F. Baumann (52.), 4:1 Bode (53.), 4:2 Zeyer (64. FE), 5:2 Ailton (72. FE)
Besonderheit: Werder spielte am Ende mit zehn Mann, weil sich Pizarro verletzt hatte (80.).
Zuschauer: 31.620

16.03.2000
UEFA-Cup, Viertelfinale-Hinspiel
Arsenal London – W. Bremen 2:0 (1:0)
Aufstellung: Rost – Tjikuzu, Barten, F. Baumann, Wiedener – Frings, Eilts, Dabrowski, Herzog – Bode – Ailton (83. Schierenbeck)
Trainer: Schaaf
Tore: 1:0 Henry (21.), 2:0 Ljungberg (75.)
Zuschauer: 30.800

19.03.2000
Bundesliga, 25. Spieltag
TSV 1860 München – W. Bremen 1:0 (0:0)
Aufstellung: Rost – Frings, Barten (46. Skripnik), F. Baumann, Wiedener – Eilts (57. Dabrowski), Trares, Bode (57. Maximow), Herzog – Bogdanovic, Ailton
Trainer: Schaaf
Tor: 1:0 Kurz (51.)
Zuschauer: 22.800

23.03.2000
UEFA-Cup, Viertelfinale-Rückspiel
W. Bremen – Arsenal London 2:4 (1:2)
Aufstellung: Rost – Frings, Barten, F. Baumann, Wiedener – Trares (46. Maximow), Eilts (46. Bogdanovic), Bode – Herzog – Ailton, Pizarro
Trainer: Schaaf
Tore: 0:1 Parlour (8.), 0:2 Parlour (25.), 1:2 Bode (41.), 1:3 Henry (60.), 2:3 Bogdanovic (60.), 2:4 Parlour (70.)
Besonderes Vorkommnis: Rote Karte für Henry (64.)
Zuschauer: 31.400

26.03.2000
Bundesliga, 26. Spieltag
W. Bremen – Borussia Dortmund 3:2 (2:1)
Aufstellung: Rost – Tjikuzu, Barten (76. Skripnik), F. Baumann, Wiedener – Dabrowski (76. Frings), Trares, Maximow – Herzog – Bogdanovic, Ailton
Trainer: Schaaf
Tore: 0:1 Reina (22.), 1:1 Ailton (32.), 2:1 Maximow (40.), 3:1 Bogdanovic (50.), 3:2 But (56.)
Besonderes Vorkommnis: Gelb-Rote Karte für Kapetanovic (68.)
Zuschauer: 33.245

02.04.2000
Bundesliga, 27. Spieltag
FC Hansa Rostock – W. Bremen 1:1 (1:1)
Aufstellung: Rost – Tjikuzu, Barten, F. Baumann, Wiedener – Eilts, Maximow (82. Dabrowski), Trares, Bode – Ailton, Bogdanovic
Trainer: Schaaf
Tore: 1:0 Wibran (35. FE), 1:1 Bode (36.)
Zuschauer: 15.600

09.04.2000
Bundesliga, 28. Spieltag
W. Bremen – Arminia Bielefeld 3:1 (2:0)
Aufstellung: Rost – Tjikuzu, Barten, F. Baumann, M. Bode – Eilts, Trares (82. Dabrowski), Frings (61. Flock), Herzog (76. Maximow) – Ailton, Bogdanovic
Trainer: Schaaf
Tore: 1:0 Frings (21.), 2:0 Herzog (41. FE), 3:0 Frings (54.), 3:1 J. Bode (65.)
Zuschauer: 29.400

12.04.2000
Bundesliga, 29. Spieltag
Eintracht Frankfurt – W. Bremen 1:0 (0:0)
Aufstellung: Rost – Tjikuzu (80. Bogdanovic), Barten, F. Baumann, Bode – Eilts (55. Dabrowski), Trares (55. Maximow), Frings, Herzog – Pizarro, Ailton
Trainer: Schaaf
Tor: 1:0 Heldt (70. FE)
Zuschauer: 30.500

15.04.2000
Bundesliga, 30. Spieltag
Hamburger SV – W. Bremen 0:0
Aufstellung: Rost – Frings, Barten, F. Baumann, Wiedener – Eilts, Trares (73. Dabrowski), Herzog, Bode (68. Maximow) – Pizarro, Ailton (86. Bogdanovic)
Trainer: Schaaf
Tore: –
Zuschauer: 52.800

20.04.2000
Bundesliga, 31. Spieltag
W. B. – Bayer 04 Leverkusen 1:3 (0:3)
Aufstellung: Rost – Frings (46. Flock), Barten (46. Maximow), F. Baumann, Wiedener – Eilts, Trares, Herzog, Bode – Bogdanovic, Ailton
Trainer: Schaaf
Tore: 0:1 Kirsten (29.), 0:2 Rink (35.), 0:3 Zé Roberto (41.), 1:3 Flock (86.)
Zuschauer: 31.973

30.04.2000
Bundesliga, 32. Spieltag
SpVgg Unterhaching – W. B. 1:0 (0:0)
Aufstellung: Rost – Flock, Eilts, F. Baumann, Bode – Tjikuzu (76. Seidel), Trares, Frings – Herzog (75. Maximow) – Pizarro, Ailton (57. Bogdanovic)
Trainer: Schaaf
Tor: 1:0 Breitenreiter (73.)
Besonderes Vorkommnis: Rote Karte für Maximow (86.)
Zuschauer: 10.000

06.05.2000
DFB-Pokal, Endspiel
FC Bayern München – W. B. 3:0 (0:0)
Aufstellung: Rost – Frings, Barten, F. Baumann, Wiedener (16. Skripnik) – Trares (71. Wicky), Eilts (63. Flock), Bode – Herzog – Pizarro, Ailton
Trainer: Schaaf
Tore: 1:0 Elber (57.), 2:0 Sergio (83.), 3:0 Scholl (90.)
Zuschauer: 75.841 in Berlin

13.05.2000
Bundesliga, 33. Spieltag
W. Bremen – MSV Duisburg 4:0 (2:0)
Aufstellung: Rost – Tjikuzu, Eilts, F. Baumann, Bode – Frings (77. Flock), Trares, Wicky (57. Dabrowski) – Herzog – Pizarro (64. Ailton), Bogdanovic
Trainer: Schaaf
Tore: 1:0 Pizarro (4.), 2:0 Bode (18.), 3:0 Herzog (69. HE), 4:0 Herzog (76.)
Zuschauer: 30.530

15.05.2000
Blitz-Turnier »Oddset-City-Cup«
(2 x 22,5 Minuten)
SC Weende – W. Bremen 0:7 (0:4)
Aufstellung: Brasas – Wicky, Thiago, Barten, Skripnik – Chanko, Dabrowski, Flock, Maximow – Seidel, Ailton
Trainer: Schaaf
Tore: 0:1 Maximow (8.), 0:2 Ailton (16.), 0:3 Seidel (17.), 0:4 Maximow (20.), 0:5 Ailton (28.), 0:6 Seidel (34.), 0:7 Dabrowski (36.)
Zuschauer: 4.000 in Göttingen

15.05.2000
Blitz-Turnier »Oddset-City-Cup«
(2 x 22,5 Minuten)
SC Göttingen 05 – W. Bremen 1:1 (1:1)
Aufstellung: Brasas – Wicky (23. Tjikuzu), Thiago, Barten, Skripnik – Chanko, Dabrowski, Flock, Maximow – Seidel, Ailton (23. Bogdanovic)
Trainer: Schaaf
Tore: 0:1 Seidel (12.), 1:1 Koen (17.)
Zuschauer: 4.000 in Göttingen
Endstand:

	S U N	Tore	Pk.
1. SV W. Bremen	1 1 0	8 : 1	4
2. 1. SC Göttingen 05	1 1 0	4 : 2	4
3. SC Weende	0 0 2	1 :10	0

20.05.2000
Bundesliga, 34. Spieltag
FC Bayern München – W. Bremen 3:1 (3:1)
Aufstellung: Rost – Tjikuzu, Eilts, Barten, Bode – Trares (38. Maximow), Wicky, Herzog, Frings (24. Dabrowski) – Pizarro, Ailton (69. Bogdanovic)
Trainer: Schaaf
Tore: 1:0 Jancker (2.), 2:0 Jancker (12.), 3:0 Sergio (16.), 3:1 Bode (40.)
Zuschauer: 63.000

21.05.2000
Freundschaftsspiel
FSG Bensheim – W. Bremen 2:12 (1:3)
Aufstellung: Brasas – Flock, Dabrowski (46. Tjikuzu), Skribnik, Seidel (46. Ailton), Thiago, Chanko, Frings (46. Pizarro), Trares, Maximow (23. Wicky), Bogdanovic.
Trainer: Schaaf
Torschützen für Werder: Trares (3), Pizarro (2), Ailton (2), Seidel, Bogdanovic, Maximow, Tjikuzu, Wicky
Zuschauer: 1.900

24.05.2000
Freundschaftsspiel
FC Stadthagen/VfL Bückeburg – W. B.0:5 (0:1)
Eingesetzte Spieler: Brasas – Wicky, Chanko, Skripnik, Barten, Thiago – Frings, Dabrowski, Tjikuzu, Flock, Maximow, Herzog, Seck – Ailton, Seidel, Bogdanovic, Pizarro
Trainer: Schaaf
Tore: 0:1 Pizarro (18.), 0:2 Ailton (63.), 0:3 Seck (71.), 0:4 Seidel (75.), 0:5 Seidel (86.)
Besonderheit: Mamadou Seck (Toulouse) spielte mit Sondergenehmigung.
Zuschauer: 6.500 in Stadthagen

26.05.2000
Freundschaftsspiel
Borussia Emsdetten – W. Bremen 0:7 (0:4)
Aufstellung: Brasas, Wicky (46. Dabrowski), Flock (46. Tjikuzu), Maximow (46. Borowski), Herzog (46. Frings), Skripnik, Seck, Seidel, Ailton (46. Thiago), Schierenbeck (46. Barten), Trares (46. Bogdanovic).
Trainer: Schaaf
Tore: 0:1 Ailton (22.), 0:2 Seidel (24.), 0:3 Ailton (28.), 0:4 Seidel (45.), 0:5 Frings (49.), 0:6 Seidel (56.), 0:7 Seidel (62.)
Zuschauer: 2.500

29.05.2000
Internationales Freundschaftsspiel
W. B. – Rosenborg Trondheim 4:3 (2:1)
Aufstellung: Brasas – Wicky (65. Trares), Popovic, Skripnik (65. Frings) – Dabrowski (65. Chanko), Herzog (74. Barten), Maximow (65. Schierenbeck), Avalos, Tjikuzu (46. Flock) – Bogdanovic (46. Seidel), Ailton (74. Thiago)
Trainer: Schaaf
Tore: 0:1 Høyem (24.), 1:1 Herzog (32.), 2:1 Ailton (42.), 2:2 Winsnes (66. FE), 3:2 Seidel (77.), 3:3 Knutsen (82.), 4:3 Seidel (85.)
Besonderheit: Werder setzte die Gastspieler Toni Popovic (Australien) und Fernando Avalos (Argentinien) ein.
Zuschauer: 3.000 in Minden

03.06.2000
Freundschaftsspiel
Blau-Weiß Lohne – W. Bremen 0:7 (0:2)
Aufstellung: Brasas – Tjikuzu, Barten, Schierenbeck, Skripnik – Flock, Borowski (46. Maximow), Herzog, Wicky (46. Thiago) – Bogdanovic, Ailton (46. Seidel)
Trainer: Schaaf
Tore: 0:1 Ailton (2.), 0:2 Flock (26.), 0:3 Herzog (51. FE), 0:4 Bogdanovic (61.), 0:5 Seidel (71.), 0:6 Bogdanovic (74.), 0:7 Bogdanovic (80.)
Zuschauer: 2.500 in Wetschen

Bundesliga-Abschlusstabelle 1999/2000

Platz	Verein	Spiele	S	U	N	Tore	Diff.	Punkte
1.	Bayern München (M)	34	22	7	5	73:28	+45	73
2.	Bayer Leverkusen	34	21	10	3	74:36	+38	73
3.	Hamburger SV	34	16	11	7	63:39	+24	59
4.	1860 München	34	14	11	9	55:48	+7	53
5.	1. FC K'lautern	34	15	5	14	54:59	-5	50
6.	Hertha BSC Berlin	34	13	11	10	39:46	-7	50
7.	VfL Wolfsburg	34	12	13	9	51:58	-7	49
8.	VfB Stuttgart	34	14	6	14	44:47	-3	48
9.	**Werder Bremen (P)**	**34**	**13**	**8**	**13**	**65:52**	**+13**	**47**
10.	SpVgg Unterhaching (N)	34	12	8	14	40:42	-2	44
11.	Borussia Dortmund	34	9	13	12	41:38	+3	40
12.	SC Freiburg	34	10	10	14	45:50	-5	40
13.	Eintracht Frankfurt	34	12	5	17	42:44	-2	39
	Schalke 04	34	8	15	11	42:44	-2	39
15.	Hansa Rostock	34	8	14	12	44:60	-16	38
16.	SSV Ulm 1846 (N)	34	9	8	17	36:62	-26	35
17.	Arminia Bielefeld (N)	34	7	9	18	40:61	-21	30
18.	MSV Duisburg	34	4	10	20	37:71	-34	22

Fieberkurve der Bundesliga-Saison 1999/2000

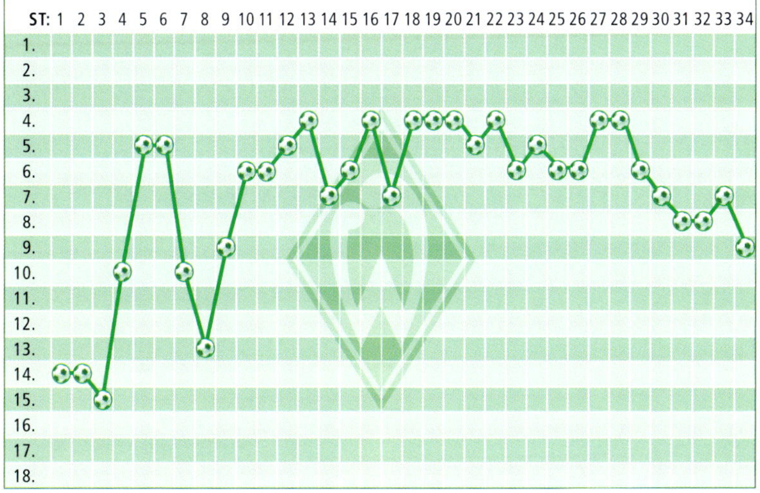

2000/01: Shopping

Oben v.l.:
Trares, Eilts, Flock, Pizarro, Dabrowski, Schierenbeck, Borowski, Bode, Baumann, Verlaat, Frey, Stalteri
Mitte v.l.:
Sportdirektor Allofs, Trainer Schaaf, Banovic, Krstajic, Maximow, Bogdanovic, Schmedes, Barten, Fütterer, Torwarttrainer Burdenski, Co-Trainer Kamp
Unten v.l.:
Wiedener, Tjikuzu, Skripnik, Herzog, Borel, Jürgen, Brasas, Rost, Ernst, Wicky, Ailton, Frings

Im Sommer 2000 tat sich Unerhörtes an der Weser: Werder gab Geld aus! Viel Geld! Mehr als je zuvor! Die Rekordsumme von umgerechnet 6,5 Millionen Euro investierte Werder in die neuen Leistungsträger Verlaat, Krstajic, Banovic und Ernst. Verlaat sollte Julio Cesar ersetzen, den einzigen abgewanderten Stammspieler. Krstajic war die neue Hoffnung für die seit langem schwächelnde linke Abwehrseite, Banovic ein Riesentalent für die Kreativzentrale im Mittelfeld, und Fabian Ernst galt als Rohdiamant, der abgesehen von Sturmspitze eigentlich fast alles spielen kann.

Diese vier Neueinkäufe waren die ersten vom Tandem Schaaf/Allofs realisierten Transfers, nachdem Werder ein gutes Jahr zuvor noch ohne hauptamtliches sportliches Management dagestanden hatte. Die Bilanz dieser Transfers wurde zum Fundament für eine Personalpolitik, wie es sie bei Werder in dieser Treffsicherheit seit Otto Rehhagel nicht mehr gegeben hatte. Bis auf Ivica Banovic wurden alle neuen Spieler zu unantastbaren Stars im Mannschaftsgefüge, und auch bei Banovic waren beeindruckende Ansätze vorhanden, die ihn langfristig zum Hoffnungsträger für die Nachfolge des alternden Andy Herzog kürten. Bei Mladen Krstajic gelang der Sprung zur eindeutigen Verstärkung erst, nachdem man sich bei Werder darüber klar wurde, dass der Jugoslawe im Abwehrzentrum um Lichtjahre effektiver war als auf der linken Außenbahn. Einziges Problem der neuen Abwehrformation: Frank Verlaat war ein klassischer Libero alter Prägung und schien für die von Thomas Schaaf favorisierte Viererkette nur bedingt tauglich.

Am ersten Spieltag der neuen Saison allerdings trat jemand hell erstrahlend in den Mittelpunkt, den überhaupt keiner auf der Werder-Rechnung hatte: Der Kanadier Paul Stalteri, den Werder-Amateuren entwachsen, machte sein erstes Bundesligaspiel, und wie: Paul wurde aus heutiger Sicht erstaunlicherweise als Sturmspitze aufgeboten, schoss gegen Energie Cottbus gleich das erste Saisontor und bekam vom »Kicker« die Note 1,5 dafür. Es war gleichzeitig Stalteris vorletzter Profieinsatz als Stürmer, und sein erstes Bundesligator im ersten Spiel war gleichzeitig das letzte für über ein Jahr. Was wie eine ernüchternde Bilanz klingt, ist in Wirklichkeit Zeugnis für die ganz besondere Fähigkeit des Kanadiers: Er kann eigentlich alles, irgendwie.

Die Saison begann mit dem mühsamen Auftaktsieg gegen den Aufsteiger aus der Lausitz glanzlos, und sie ging auch erst einmal so weiter. Die Konsolidierung des Mannschaftsgefüges unter dem fleißig weiter an der Werder-Elf der Zukunft feilenden Thomas Schaaf erlebte allerdings einen weiteren Rückschlag, den ungeduldige Geister auf der Tribüne gar schon als Scheitern des Trainers werten wollten: Nachdem aus den Spieltagen

»After Regen comes immer Sonne!« (Rade Bogdanovic über sein Ersatzspielerdasein)

zwei bis elf nur ein weiterer »Dreier« geholt werden konnte (1:0 beim SC Freiburg), gähnte der tiefe Abgrund unter Pizarro und Co.: Platz 17. Ein Zwischenspurt konnte zwar bis Mitte Dezember für etwas bessere Atemluft sorgen und ließ Schaafs Herde auf Rang 10 kurz verschnaufen, aber dieser kurze Moment der Besinnung war auch notwendig, um die vielleicht schwärzesten Tage der Ära Schaaf überhaupt verdauen zu können: Beim Auswärtsspiel in Rostock gab es nicht nur ein 2:5-Debakel, sondern auch eine Flut von Abwehrfehlern und Undiszipliniertheiten. Die Kamera entlarvte zweifelsfrei eine Tätlichkeit von Krstajic und eine Spuck-Attacke von Rade Bogdanovic. Beide wurden vom DFB zu Recht verknackt, und neben der sportlichen Bankrotterklärung und dem erneuten Fall in die Nähe der Abstiegsränge erlitt Werder Bremen schlimmen Imageschaden: Erfolglose, brutale und spuckende Spieler ließen in der Boulevardpresse das Etikett vom »SV Widerlich« entstehen, das damals wehtat und in der Erinnerung heute noch wehtut.

Das Spiel in Rostock war das Ende der Werder-Karriere des kurz kometenhaft aufgestiegenen Rade Bogdanovic – drei Tage nach einem letzten Doppelpack im Spiel gegen den 1. FC Köln. Er hatte ausgespielt und trug nie wieder das Werder-Trikot in der Bundesliga. Der Verein bestrafte die miserable Präsentation der Mannschaft mit einem verordneten Ausflug der nicht eingesetzten Spieler in den Fanblock der Unentwegten, die sich wenige Tage nach dem Rostock-Trauma auch noch das Spiel im Sportpark von Unterhaching antun mochten. Das Wort »antun« ist mit Bedacht gewählt: Das 0:0 zwischen der SpVgg. Unterhaching und Werder an einem tristen Dezemberabend zählte sicher zu den ereignislosesten Bundesligaspielen aller Zeiten. Der gesperrte Pizarro fror im Fanblock mit den wenigen mitgereisten Werder-Supportern, und niemals zuvor war ein Spiel weniger dazu geeignet, die Besucher zu wärmen.

Das Fußballjahr war um, Werder stand auf Platz 12. Schnell einen Strich unter die Vorrunde, abhaken, nach vorne schauen! Das war nicht ohne weiteres möglich, oder besser: Nicht jedem. Denn Pizarro, Maximow und Ailton schwänzten das Auftakttraining und hielten das zwischenzeitliche Image vom disziplinarmen Sauhaufen Werder aufrecht.

Das Jahr 2001 brach an, und es wurde ein sonniges, denkwürdiges Jahr in der Vereinshistorie: Der »SV Widerlich« mutierte in Rekordzeit zum »SV Wunderbar«. Die beinahe erfolglose Mannschaft mit dem hässlichen Dezembergesicht entwickelte sich zu einer Spitzenmannschaft, die einen höchst ansehnlichen Ball spielte und ein Jahr lang mehr Punkte holte als alle anderen Bundesligisten Deutschlands. Werder nahm Anlauf für die Rückrunde und rauschte durchs Jahr, an dessen Ende der eigenartige inoffizielle, aber oft bemühte Titel vom »Kalenderjahrmeister 2001« stand. Werder, wir kommen wieder!

Sie kamen als Nobodys für wenig Geld, jubelten nur diese eine Saison gemeinsam und verließen Werder nacheinander als Marktführer auf ihrer jeweiligen Position: Mladen Krstajic und Claudio Pizarro. Traurige Verluste für Werder, aber auch stolze Belege für eine prachtvolle Einkaufspolitik

In den ersten sieben Spielen des neuen Jahres wurde nicht verloren. Der Abschied von Raphael Wicky zu Atlético Madrid hatte keinen Schaden angerichtet. Werder ackerte sich aus den Niederungen der Tabelle in Regionen vor, die den UEFA-Cup-Horizont greifbar nahe scheinen ließen. Leider blieb es beim Schein: Heimniederlagen gegen Kaiserslautern und Wolfsburg sowie ein abermals extrem torloses Spiel gegen Unterhaching kosteten den Sprung auf die Sonnenseite der Liga. Selbst Claudio Pizarro konnte das nicht verhindern. Der junge Peruaner avancierte mit Traumtoren am Fließband zum Topstar der Bundesliga. Lange Zeit liebäugelte er mit einem Wechsel nach Italien, aber die Fahrkarte reichte dann nur bis München. Seine Visitenkarte enthielt in Schönschrift die Empfehlung: »15 Tore in 16 Spielen für Werder im Jahr 2001!« Selbst der ebenfalls immer gefährlichere Ailton konnte da nicht ganz mithalten.

Am Ende stand ein 7. Platz der Abschlusstabelle. In der Rückrunde holten nur die Bayern und der SC Freiburg mehr Punkte als Werder Bremen. Eine hart erarbeitete Erfolgsserie, die bitter nötig war, um den katastrophalen Eindruck der Wintermonate so schnell wie möglich zu reparieren. Fans und Verein sehnten sich gemeinsam nach einer Saison, in der die Wellentäler weniger anstrengend und nervenaufreibend verlaufen. Der Rückweg an die Bundesligaspitze war steinig, soviel war jedem klar. Aber alle Menschen mit grünweißem Herzen registrierten erfreut, dass es Thomas Schaaf seit seinem Dienstantritt stetig gelang, die Qualität des Werder-Spiels in gleichem Maße zu steigern, wie sich die Quantität der Rückschläge verringerte. Die Hoffnung auf eine sonnigere Saison war berechtigt. Vorübergehend. Bis zu dem Moment, da Claudio Pizarro Lebewohl sagte.

WERDER BREMEN 2000/01

Trainer

Schaaf, Thomas »Schabba«
Verantwortlicher Trainer in allen 34 Spielen der Saison

Werders Neuzugänge im Sommer 2000

Nicht alle Teuren waren gut, und nicht alle Guten waren teuer: Thomas Schaaf mit einer gesunden Mischung aus fertigen Spielern und großen Talenten. Tim Borowski und Mladen Krstajic (oben) sowie Schmedes, Banovic und Ernst (unten)

Wer kam?

Krstajic (Partizan Belgrad/Jugoslawien)
Verlaat (Ajax Amsterdam/Niederlande)
Ernst (Hamburger SV)
Banovic (NK Zagreb/Kroatien)
Lee (w.d.S. von Pohang Steelers/Südkorea ausgeliehen)
Borowski (eig. Amateure)
Stalteri (eig. Amateure)

Wer ging?

Julio Cesar (Karriereende)
Seidel (MSV Duisburg)
Chanko (Pogon Stettin/Polen)
Nouri (eig. Amateure)
Thioub (SV Braunau/Österreich)
Thiago (SC Recife/Brasilien)
Schultz (VfB Lübeck)
Wicky (Atletico Madrid/Spanien, w.d.S.)
Flock (Arm. Bielefeld, w.d.S.)

w.d.S. = während der Saison

Tor

Rost, Frank »Fäustel«
34 Spiele; 0 Tore

Borel, Pascal
0 Spiele; 0 Tore

Brasas, Stefan
0 Spiele; 0 Tore

Abwehr

Baumann, Frank »Baumi«
30 Spiele; 2 Tore

Krstajic, Mladen »Kris«
25 Spiele; 2 Tore

Verlaat, Frank »Ed«
19 Spiele; 1 Tor

Wicky, Raphael »Rapha«
15 Spiele; 0 Tore

Barten, Mike
9 Spiele; 0 Tore

Wiedener, Andree
6 Spiele; 0 Tore

Schierenbeck, Björn »Fiedel«
1 Spiel; 0 Tore; Amat.

Mittelfeld

Eilts, Dieter »Ostfriesen-Alemao«
32 Spiele; 2 Tore

Stalteri, Paul »Stally«
31 Spiele; 1 Tore

Frings, Torsten »Lutscher«
30 Spiele; 1 Tore

Ernst, Fabian »Fabe«
28 Spiele; 2 Tore

Angriff

Pizarro Bosio, Claudio
31 Spiele; 20 Tore

Gonçalves da Silva »Ailton«, »Toni«
31 Spiele; 14 Tore

Bode, Marco
26 Spiele; 5 Tore

Bogdanovic, Rade
11 Spiele; 3 Tore

2000/01

Der Sport-Verein »Werder« im Jahr 2001/02:

Vorstand:	Jürgen L Born (Vorsitzender)
	Klaus Allofs (Sportdirektor)
	Manfred Müller (Marketing)
	Klaus-Dieter Fischer (Amateure)
Aufsichtsrat:	Dr. Franz Böhmert (Vorsitzender)
	Willi Lemke (Politik)
	Jörg Wontorra (Medien)
	Friedrich Lürssen (Wirtschaft)
	Hans Schulz (Sport)
	Dr. Hubertus Hess-Grunewald (Amateure)
	Gunnar Lübben-Ratjen (Amateure)
Geschäftsführer:	Wolfgang Barkhausen (Spielbetrieb, DFB-Angelegenheiten)
	Jörg Fürst (Verwaltung)
	Hinrich von Hallen (Controlling und Finanzen)
	Manfred Blöhm (Fan Service GmbH)
	Oliver Rau (Marketing)
Pressesprecherin:	Marita Hanke
Vereinsärzte:	Dr. Karl Meschede und Dr. Götz Dimanski
Physiotherapeut:	Holger Berger
Masseur:	Eric von Euen
Mitglieder:	2.980
Kapazität Weser-Stadion:	35.282 Plätze (4.500 Stehplätze und 1.072 Logenplätze)

Tjikuzu, Razundara »Raschi«
13 Spiele; 0 Tore

Trares, Bernhard
12 Spiele; 0 Tore

Skripnik, Victor »Skripa«
10 Spiele; 0 Tore

Herzog, Andreas »Andy«
27 Spiele; 6 Tore

Banovic, Ivica »Izzo«
17 Spiele; 0 Tore

Maximow, Juri
8 Spiele; 0 Tore

Dabrowski, Christoph »Barry«
6 Spiele; 0 Tore

Flock, Dirk
1 Spiel; 0 Tore

Borowski, Tim »Boro«
0 Spiele; 0 Tore; Amat.

Frey, Dieter
0 Spiele; 0 Tore

Fütterer, Danny
0 Spiele; 0 Tore

Lee, Dong Gook
7 Spiele; 0 Tore

Erweiterter Kader

Jürgen, Michael »Schnapper«
0 Spiele; 0 Tore
Amateur

Schmedes, Lars
0 Spiele; 0 Tore
Amateur

In Freundschaftsspielen eingesetzt:

Kern, Enrico (Stürmer)
Diouf, Dame (Abwehrspieler)
Spasskov, Alexej (Abwehrspieler)

Alle Spiele 2000/01

05.07.2000
Freundschaftsspiel
Blumenthaler SV – W. Bremen 0:3 (0:1)
Aufstellung: Rost (46. Brasas) – Tjikuzu (46. Flock), Krstajic, Schierenbeck (46. Trares), Barten (46. Skripnik), Eilts, Ernst (46. Wicky), Banovic (46. Frings), Herzog (46. Dabrowski) – Bogdanovic (46. Maximow), Pizarro (46. Stalteri)
Trainer: Schaaf
Tore: 0:1 Herzog (33.), 0:2 Dabrowski (46.), 0:3 Krstajic (90.)
Besondere Vorkommnisse: Herzog schießt FE an den Pfosten (23.); Rost hält FE von T. Chaaban (36.)
Zuschauer: 2.500

08.07.2000
Freundschaftsspiel
VfL Borsum – W. Bremen 1:13 (0:6)
Eingesetzt: Rost – Schierenbeck, Barten, Wicky, Skripnik, Tjikuzu – Banovic, Ernst, Flock, Maximow, Trares, Borowski, Dabrowski, Stalteri, Frings – Bodganovic, Pizarro, Ailton
Trainer: Schaaf
Torschützen für Werder: Pizarro (4), Bogdanovic (3), Maximow (2), Schierenbeck, Stalteri, Borowski, Banovic
Zuschauer: 1.600

12.07.2000
Freundschaftsspiel
TuS Arsten – W. Bremen 1:13 (0:11)
Aufstellung: Rost – Flock, Eilts, Barten, Wiedener – Trares, Frings, Herzog, Wicky – Pizarro, Ailton (Eingew.: Schierenbeck, Skripnik, Ernst, Dabrowski, Banovic, Bogdanovic)
Trainer: Schaaf
Torschützen für Werder: Ailton (4), Pizarro (3), Frings (2), Herzog, Trares, Banovic, Dabrowski
Zuschauer: 3.000

Paul Stalteri kam als Stürmer, traf gleich in seinem ersten Spiel gegen Cottbus und wurde später zum unverzichtbaren Allrounder bei Werder

14.07.2000
Freundschaftsspiel
FC St. Pauli – W. Bremen 0:1 (0:1)
Aufstellung: Borel (46. Jürgen) – Frings (76. Flock), Barten (70. Borowski), Schierenbeck (76. Dabrowski), Krstajic (59. Skripnik) – Wicky, Eilts (46. Trares), Herzog (76. Maximow), Bode (46. Ernst) – Ailton, Bogdanovic (68. Banovic)
Trainer: Schaaf
Tor: 0:1 Bode (19.)
Zuschauer: 5.000

19.07.2000
Intertops-Cup, Halbfinale
Hamburger SV – W. Bremen 2:0 (0:0)
Aufstellung: Jürgen – Frings, F. Baumann, Verlaat, Skripnik – Maximow (67. Flock), Eilts (60. Dabrowski), Herzog (60. Ernst), Wicky, Bode (75. Bogdanovic) – Ailton
Trainer: Schaaf
Tore: 1:0 Heinz (78.), 2:0 Mahdavikia (84.)
Zuschauer: 1.200 in Zell am See

20.07.2000
Intertops-Cup, Spiel um Platz drei
SpVgg Unterhaching – W. Bremen
0:0 i. Elfmeterschießen: 4:2
Aufstellung: Borel – Tjikuzu, Barten, Schierenbeck, Krstajic (82. Frings) – Flock, Ernst, Trares, Dabrowski – Ailton (60. Maximow), Bogdanovic
Trainer: Schaaf
Tore: –
Elfmeterschießen: Dabrowski, Barten, verschossen: Frings, Bogdanovic
Zuschauer: 1.000 in Zell am See

22 .07.2000
Freundschaftsspiel
TSV St. Johann – W. Bremen 0:11 (0:5)
Aufstellung: Rost (46. Brasas) – Krstajic (46. Skripnik), Verlaat (46. Schierenbeck), Baumann (46. Eilts), Tjikuzu (46. Frings) – Trares (46. Ernst), Wicky (46. Dabrowski), Banovic, Herzog (46. Maximow), Bogdanovic (46. Flock), Bode (46. Ailton)
Trainer: Schaaf
Tore: Bogdanovic (3), Ailton (3), Bode, Trares, Maximow, Frings, Banovic
Zuschauer: 1.500

25.07.2000
Freundschaftsspiel
Auswahl Pinzgau – W. Bremen 1:12 (0:2)
Aufstellung: Rost (46. Brasas) – Krstajic (46. Skripnik), Verlaat, Baumann (46. Schierenbeck), Tjikuzu (46. Flock) – Ernst (46. Dabrowski), Eilts (46. Trares), Frings, Herzog (24. Maximow) – Ailton, Bogdanovic (34. Bode)
Trainer: Schaaf
Torschützen für Werder: Bode (5), Ailton (3), Maximow, Trares, Schierenbeck, Skripnik
Zuschauer: 1.500 in Saalfelden

29.07.2000
Freundschaftsspiel
Eintr. Braunschweig – W. Bremen 0:1 (0:1)
Aufstellung: Rost – Verlaat, Baumann, Wicky (46. Trares), Krstajic (64. Skripnik) – Eilts (46. Ernst), Maximow, Frings (46. Dabrowski), Tjikuzu (83. Flock) – Ailton (83. Schierenbeck), Bode (46. Stalteri)
Trainer: Schaaf
Tor: 0:1 Ailton (20.)
Zuschauer: 3.000 in Wolfenbüttel

01.08.2000
Internationales Freundschaftsspiel
FC Twente Enschede – W. Bremen 1:1 (1:1)
Aufstellung: Rost – Tjikuzu, F. Baumann, Verlaat, Skripnik – Eilts, Wicky, Herzog, Bode (46. Frings) – Pizarro, Ailton
Trainer: Schaaf
Tore: 1:0 Houwinge, 1:1 Pizarro (20.)
Zuschauer: 8.000

04.08.2000
Internationales Turnier, Halbfinale
Brescia Calcio – W. Bremen 4:0 (2:0)
Aufstellung: Brasas – F. Baumann, Verlaat, Krstajic, Flock – Ernst, Trares, Frings, Maximow (69. Bode) – Bogdanovic (46. Stalteri), Pizarro
Trainer: Schaaf
Tore: 1:0 Raducioiu (26.), 2:0 Hubner (37.); 3:0 Gonzales (69.), 4:0 Gonzales (90.)
Zuschauer: 1.500 in Athen

05.08.2000
Internationales Turnier, Spiel um Platz drei
Rapid Wien – W. Bremen 0:4 (0:3)
Aufstellung: Rost – Tjikuzu, F. Baumann (68. Barten), Verlaat (46. Schierenbeck), Skripnik – Eilts, Wicky, Herzog, Bode (59. Dabrowski) – Ailton (8. Bogdanovic), Stalteri
Trainer: Schaaf
Tore: 0:1 Bogdanovic (22.), 0:2 Bode (24.), 0:3 Stalteri (43.), 0:4 Herzog (76.)
Besonderes Vorkommnis: Herzog verschießt HE (87.)
Zuschauer: 1.500 in Athen

12.08.2000
Bundesliga, 1. Spieltag
W. Bremen – FC Energie Cottbus 3:1 (2:1)
Aufstellung: Rost – Tjikuzu, F. Baumann, Verlaat, Skripnik – Eilts (73. Frings), Wicky, Herzog, Bode (77. Trares) – Stalteri (81. Bogdanovic), Pizarro
Trainer: Schaaf
Tore: 0:1 Miriuta (16.), 1:1 Stalteri (34.), 2:1 Bode (45.), 3:1 Pizarro (70.)
Zuschauer: 30.660

15.08.2000
Freundschaftsspiel
Delmenhorster SC – W. Bremen 2:15 (1:8)
Aufstellung: Brasas – Wiedener (46. Schmedes), Barten, Skripnik (46. Diouf), Krstajic – Flock, Eilts (46. Fütterer), Maximow, Dabrowski (46. Tjikuzu), Trares – Bogdanovic
Trainer: Schaaf
Torschützen für Werder: Bogdanovic (5), Maximow (4), Trares, Tjikuzu, Diouf, Flock, Dabrowski, Krstajic
Zuschauer: 2.000

19.08.2000
Bundesliga, 2. Spieltag
TSV 1860 München – W. Bremen 2:1 (1:1)
Aufstellung: Rost – Tjikuzu, F. Baumann, Verlaat, Skripnik – Eilts (80. Trares), Wicky, Herzog (67. Flock), Frings, Bode (73. Ernst) – Stalteri
Trainer: Schaaf
Tore: 0:1 Herzog (14.), 1:1 Häßler (44.), 2:1 Agostino (81.)
Zuschauer: 28.200

26.08.2000
DFB-Pokal, 1. Runde
Tennis Borussia Berlin II – W. B. 0:2 (0:0)
Aufstellung: Rost – Frings, Verlaat, Krstajic, Skripnik – Stalteri (73. Flock), Herzog, Eilts (46. Ernst), Wicky – Bogdanovic, Bode
Trainer: Schaaf
Tore: 0:1 Herzog (70.), 0:2 Bogdanovic (90.)
Zuschauer: 1.079

31.08.2000
Internationales Freundschaftsspiel
CF Malaga – W. Bremen 2:2 (1:0) n.E. 6:5
Aufstellung: Rost – Frings, Barten, Verlaat, Wiedener – Eilts, Krstajic, Flock, Trares – Bogdanovic (89. Schierenbeck), Ailton (74. Stalteri)
Trainer: Schaaf
Tore: 0:1 Bogdanovic (37.), 0:2 Ailton (55.), 1:2 Ismaël (57.), 2:2 Ruano (90.)
Elfmeterschießen: Fehlschüsse durch Rost und Eilts
Zuschauer: 8.000

06.09.2000
Bundesliga, 3. Spieltag
Hamburger SV – W. Bremen 2:1 (1:0)
Aufstellung: Rost – Frings, F. Baumann, Verlaat, Skripnik – Stalteri (67. Pizarro), Eilts (84. Ailton), Wicky, Bode – Herzog – Bogdanovic
Trainer: Schaaf
Tore: 1:0 Barbarez (26.), 1:1 Bode (47.), 2:1 Hertzsch (82.)
Zuschauer: 37.382

09.09.2000
Bundesliga, 4. Spieltag
W. Bremen – Borussia Dortmund 1:2 (0:1)
Aufstellung: Rost – Frings (55. Tjikuzu), F. Baumann, Verlaat (68. Stalteri), Skripnik – Ernst (60. Ailton), Herzog, Wicky, Bode – Pizarro, Bogdanovic
Trainer: Schaaf
Tore: 0:1 Wörns (41.), 1:1 Bogdanovic (78.), 1:2 Addo (83.)
Zuschauer: 31.800

14.09.2000
UEFA-Cup – 1. Runde-Hinspiel
Antalyaspor Kulübü – W. Bremen 2:0 (1:0)
Aufstellung: Rost – Frings (46. Tjikuzu), F. Baumann, Krstajic, Skripnik – Ernst, Wicky (70. Trares), Bode – Herzog – Pizarro, Bogdanovic (63. Ailton)
Trainer: Schaaf
Tore: 1:0 Gaudino (43.), 2:0 Birlik (69.)
Zuschauer: 8.000

17.09.2000
Bundesliga, 5. Spieltag
FC Schalke 04 – W. Bremen 1:1 (0:0)
Aufstellung: Rost – Tjikuzu, Barten (78. Skripnik), F. Baumann, Krstajic – Stalteri, Ernst, Eilts (83. Trares), Bode – Pizarro, Ailton
Trainer: Schaaf
Tore: 0:1 Ailton (50.), 1:1 Böhme (55. FE)
Zuschauer: 45.025

19.09.2000
Freundschaftsspiel
FC Oberneuland – W. Bremen 3:6 (1:3)
Aufstellung: Brasas – Flock, Borowski, Skripnik, Wiedener – Dabrowski, Trares (76. Fütterer), Herzog, Banovic – Bogdanovic, Ailton
Trainer: Schaaf
Tore: 0:1 Skripnik (18. FE), 0:2 Bogdanovic (22.), 0:3 Banovic (38.), 1:3 Sazlog (45.), 1:4 Ailton (54.), 1:5 Herzog (64.), 2:5 Dogu (74.), 3:5 Dacic (80.), 3:6 Ailton (83.)
Zuschauer: 1.000

23.09.2000
Bundesliga, 6. Spieltag
W. Bremen – Eintracht Frankfurt 1:1 (1:1)
Aufstellung: Rost – Tjikuzu (46. Frings), Barten, F. Baumann, Krstajic (46.Herzog) – Stalteri, Eilts (68. Wicky), Ernst, Bode – Pizarro, Ailton
Trainer: Schaaf
Tore: 0:1 Heldt (8. FE), 1:1 Ernst (44.)
Besonderes Vorkommnis: Rote Karte für Hubtchev (50.)
Zuschauer: 26.517

28.09.2000
UEFA-Cup – 1. Runde-Rückspiel
W. B. – Antalyaspor Kulübü 6:0 (2:0)
Aufstellung: Rost – Frings, Eilts, Barten, Bode – Ernst (86. Skripnik), Wicky, Stalteri – Herzog – Ailton (73. Flock), Bogdanovic (80. Trares)
Trainer: Schaaf
Tore: 1:0 Wicky (8.), 2:0 Bode (41.), 3:0 Stalteri (53.), 4:0 Ailton (55.), 5:0 Ailton (57.), 6:0 Ailton (65.)
Zuschauer: 25.600

01.10.2000
Bundesliga, 7. Spieltag
SC Freiburg – W. Bremen 0:1 (0:0)
Aufstellung: Rost – Frings, Eilts (56. Barten), F. Baumann, Bode – Ernst, Wicky, Stalteri, Herzog (71. Pizarro) – Ailton (90. Krstajic), Bogdanovic
Trainer: Schaaf
Tor: 0:1 Ailton (54.)
Zuschauer: 25.000

03.10.2000
Freundschaftsspiel
VfB Oldenburg – W. Bremen 1:6 (0:3)
Aufstellung: Brasas – Flock, Verlaat, Trares, Wiedener – Tjikuzu (46. Frings), Banovic, Dabrowski, Krstajic – Ailton (55. Stalteri), Bogdanovic
Trainer: Schaaf
Tore: 0:1 Krstajic (3.), 0:2 Dabrowski (40.), 0:3 Ailton (43.), 0:4 Banovic (58.), 1:4 Stisi (68.), 1:5 Trares (82.), 1:6 Bogdanovic (86.)
Zuschauer: 1.655

08.10.2000
Freundschaftsspiel
Union Solingen – W. Bremen 0:9 (0:2)
Aufstellung: Brasas – Verlaat – Trares (46. Barten), Eilts, Wiedener – Flock, Krstajic (46. Ernst), Frings (46. Borowski), Dabrowski – Bogdanovic, Allton
Trainer: Schaaf
Tore: 0:1 Bogdanovic (13.), 0:2 Ailton (15.), 0:3 Ailton (50.), 0:4 Ailton (54.), 0:5 Borowski (56.), 0:6 Ailton (60.), 0:7 Verlaat (78.), 0:8 Verlaat (83.), 0:9 Ailton (85.)
Zuschauer: 2.500

14.10.2000
Bundesliga, 8. Spieltag
W. B. – Bayer 04 Leverkusen 3:3 (0:1)
Aufstellung: Rost – Frings, F. Baumann, Verlaat, Bode – Stalteri, Ernst (90. Wicky), Eilts (58. Banovic), Herzog – Ailton, Bogdanovic (46. Pizarro)
Trainer: Schaaf
Tore: 0:1 Neuville (20.), 0:2 Neuville (55.), 1:2 F. Baumann (70.), 1:3 Ballack (81. FE), 2:3 Bode (88.), 3:3 Ailton (90. FE)
Besondere Vorkommnisse: Zuberbühler hält HE von Herzog (88.); Rote Karte für Zuberbühler (90.)
Zuschauer: 29.053

20.10.2000
Bundesliga, 9. Spieltag
1. FC Kaiserslautern – W. Bremen 2:0 (1:0)
Aufstellung: Rost – Frings (85. Bogdanovic), F. Baumann, Verlaat, Krstajic – Wicky, Ernst (76. Banovic), Stalteri (64. Pizarro), Herzog, Bode – Ailton
Trainer: Schaaf
Tore: 1:0 Pettersson (14.), 2:0 Klose (85.)
Zuschauer: 39.229

24.10.2000
UEFA-Cup – 2. Runde-Hinspiel
W. Bremen – KRC Genk 4:1 (2:1)
Aufstellung: Rost – Frings, F. Baumann, Verlaat, Krstajic – Stalteri (90. Eilts), Wicky, Ernst, Herzog (76. Pizarro), Bode (87. Banovic) – Ailton
Trainer: Schaaf
Tore: 1:0 Ernst (16.), 2:0 Herzog (28.), 2:1 Sonck (35.), 3:1 F. Baumann (56.), 4:1 Bode (70.)
Besonderes Vorkommnis: Rote Karte für Ailton (43.)
Zuschauer: 14.150

28.10.2000
Bundesliga, 10. Spieltag
W. Bremen – FC Bayern München 1:1 (1:1)
Aufstellung: Rost – Frings, Eilts (66. Barten), F. Baumann, Krstajic – Banovic (76. Stalteri), Wicky, Herzog, Ernst, Bode – Ailton
Trainer: Schaaf
Tore: 0:1 Sergio (6.), 1:1 Ailton (11. FE)
Zuschauer: 35.282

31.10.2000
DFB-Pokal, 2. Runde
SC Freiburg – W. Bremen 1:0 (0:0)
Aufstellung: Rost – Frings, Eilts, F. Baumann, Krstajic – Stalteri, Ernst, Wicky, Bode – Pizarro, Ailton
Trainer: Schaaf
Tor: 1:0 Sellimi (90.)
Zuschauer: 10.000

04.11.2000
Bundesliga, 11. Spieltag
Hertha BSC Berlin – W. Bremen 4:1 (2:0)
Aufstellung: Rost – Tjikuzu (60. Bogdanovic), Eilts (66. Maximow), F. Baumann, Krstajic – Banovic, Ernst, Wicky, Bode – Stalteri, Ailton (46. Pizarro)
Trainer: Schaaf
Tore: 1:0 Alves (12.), 2:0 Preetz (43.), 3:0 Preetz (49.), 3:1 Pizarro (71. FE), 4:1 Beinlich (79.)
Besonderes Vorkommnis: Gelb-Rote Karte für Ernst (86.)
Zuschauer: 40.097

09.11.2000
UEFA-Cup – 2. Runde-Rückspiel
KRC Genk – W. Bremen 2:5 (1:3)
Aufstellung: Rost – Frings, Eilts, F. Baumann, Krstajic – Stalteri, Ernst, Wicky (78. Barten), Herzog (64. Maximow), Bode – Pizarro (76. Bogdanovic)
Trainer: Schaaf
Tore: 0:1 Pizarro (25.), 1:1 Thijs (26.), 1:2 Pizarro (27. FE), 1:3 Pizarro (44.), 2:3 Zokora (58.), 2:4 Stalteri (75.), 2:5 Maximow (80.)
Zuschauer: 10.000

11.11.2000
Bundesliga, 12. Spieltag
W. Bremen – VfL Bochum 2:0 (0:0)
Aufstellung: Rost – Frings, Eilts, F. Baumann, Krstajic – Stalteri (86. Maximow), Wicky, Herzog, Bode – Ailton (88. Banovic), Pizarro (90. Bogdanovic)
Trainer: Schaaf
Tore: 1:0 Ailton (46.), 2:0 Pizarro (81.)
Zuschauer: 27.525

18.11.2000
Bundesliga, 13. Spieltag
VfL Wolfsburg – W. Bremen 1:1 (0:1)
Aufstellung: Rost – Frings, Eilts, F. Baumann, Krstajic – Ernst, Wicky, Herzog (71. Stalteri), Bode – Ailton (76. Bogdanovic), Pizarro
Trainer: Schaaf
Tore: 0:1 Bode (40.), 1:1 Maric (64.)
Zuschauer: 15.860

23.11.2000
UEFA-Cup – 3. Runde-Hinspiel
Girondins Bordeaux – W. Bremen 4:1 (2:1)
Aufstellung: Rost – Frings, F. Baumann, Eilts, Krstajic – Stalteri, Ernst, Herzog, Wicky, Bode (86. Maximow) – Pizarro
Trainer: Schaaf
Tore: 0:1 Pizarro (16.), 1:1 Dugarry (23.), 2:1 Battles (39.),3:1 Wilmots (66.), 4:1 Wilmots (75.)
Zuschauer: 16.000

26.11.2000
Bundesliga, 14. Spieltag
W. Bremen – VfB Stuttgart 1:0 (0:0)
Aufstellung: Rost – Tjikuzu, Barten, F. Baumann, Wiedener (46. Krstajic) – Eilts, Wicky (75. Banovic), Herzog (80. Maximow), Bode – Pizarro, Ailton
Trainer: Schaaf
Tor: 1:0 Ailton (77.)
Besonderes Vorkommnis: Gelb-Rote Karte für Lisztes (90.)
Zuschauer: 26.189

07.12.2000
UEFA-Cup – 3. Runde-Rückspiel
W. Bremen – Girondins Bordeaux 0:0
Aufstellung: Rost – F. Baumann, Eilts (57. Maximow), Krstajic – Ernst, Stalteri (30. Banovic), Bode, Wicky (78. Skripnik), Herzog – Bogdanovic, Pizarro
Trainer: Schaaf
Tore: –
Zuschauer: 16.166

10.12.2000
Bundesliga, 16. Spieltag
W. Bremen – 1. FC Köln 2:1 (0:0)
Aufstellung: Rost – Tjikuzu, F. Baumann, Krstajic, Bode – Frings, Ernst (71. Bogdanovic), Stalteri, Herzog – Ailton (86. Skripnik), Pizarro (90. Maximow)
Trainer: Schaaf
Tore: 0:1 Arweladse (69.), 1:1 Bogdanovic (73.), 2:1 Bogdanovic (84.)
Besonderes Vorkommnis: Gelb-Rote Karte für Stalteri (39.)
Zuschauer: 29.144

13.12.2000
Bundesliga, 17. Spieltag
FC Hansa Rostock – W. Bremen 5:2 (2:1)
Aufstellung: Rost – Tjikuzu (83. Wiedener), F. Baumann, Krstajic, Bode – Eilts (58. Pizarro), Wicky (71. Maximow), Frings, Herzog – Ailton, Bogdanovic
Trainer: Schaaf
Tore: 1:0 Baumgart (8.), 1:1 Krstajic (38.), 2:1 Schröder (42.), 3:1 Wibran (54.), 3:2 Pizarro (74.), 4:2 Brand (78.), 5:2 Yasser (80.)
Zuschauer: 12.000

17.12.2000
Bundesliga, 18. Spieltag
FC Energie Cottbus – W. Bremen 3:1 (2:1)
Aufstellung: Rost – Frings, Eilts, Skripnik, Wiedener – Stalteri (60. Pizarro), Ernst (63. Maximow), Wicky, Bode – Herzog (76. Dabrowski) – Ailton
Trainer: Schaaf
Tore: 1:0 Kobykanski (4.), 1:1 Ailton (38. FE), 2:1 Helbig (44.), 3:1 Matyus (68.)
Zuschauer: 12.738

20.12.2000
Bundesliga, 15. Spieltag (Nachholspiel)
SpVgg Unterhaching – W. Bremen 0:0
Aufstellung: Rost – Tjikuzu, Schierenbeck, Ernst, Skripnik – Eilts, Herzog (69. Dabrowski), Frings, Stalteri – Maximow – Bode
Trainer: Schaaf
Tore: –
Zuschauer: 8.500

07.01.2001
Freundschaftsspiel
W. Bremen – Arminia Bielefeld 2:2 (2:2)
Aufstellung: Rost (46. Brasas) – Tjikuzu (46. Frings), F. Baumann, Verlaat (46. Schierenbeck), Wiedener (46. Skripnik) – Ernst (46. Dabrowski), Trares, Frey (56. Borowski), Herzog – Stalteri (46. Banovic), Bode
Trainer: Schaaf
Tore: 0:1 Aracic (12.), 1:1 Borges (13. ET), 2:1 Frey (18.), 2:2 Wiechniarek (28.)
Zuschauer: 4.000

16.01.2001
Antalya-Cup
Pogon Stettin – W. Bremen 0:0 i. Elfmeterschießen: 5:6
Aufstellung: Rost – Frings, Barten, Verlaat, Skripnik (62. Schierenbeck) – Eilts, Ernst (46. Trares), Herzog, Banovic (75. Frey) – Ailton (68. Lee), Pizarro
Trainer: Schaaf
Tore: –
Tore im Elfmeterschießen: Trares, Verlaat, Lee, Pizarro, Eilts, Rost
Zuschauer: 2.000 in Antalya

18.01.2001
Freundschaftsspiel
SpVgg Greuther Fürth – W. B. 2:2 (2:2)
Aufstellung: Brasas – Wiedener, Schierenbeck, Krstajic, Tjikuzu – Frey (70. Banovic), Trares, Borowski, Stalteri – Lee (67. Pizarro), Ailton
Trainer: Schaaf
Tore: 1:0 Kioyo (6.), 2:0 Kioyo (27.), 2:1 Ailton (32.), 2:2 Ailton (40.)
Zuschauer: 80 in Belek

20.01.2001
Antalya-Cup
Galatasaray Istanbul – W. Bremen 2:0 (1:0)
Aufstellung: Rost – Barten, Verlaat, F. Baumann (85. Trares) – Frings, Eilts, Ernst (62. Banovic), Herzog, Bode (46. Krstajic) – Pizarro, Ailton (69. Lee)
Trainer: Schaaf
Tore: 1:0 Jardel (42.), 2:0 Jardel (52.)
Zuschauer: 12.000 in Antalya

21.01.2001
Antalya-Cup, Endspiel
Sturm Graz – W. Bremen 3:3 (2:2) i. Elfmeterschießen: 3:4
Aufstellung: Brasas – Borowski, Trares, Krstajic (46. F. Baumann) – Tjikuzu, Frey, Maximow (46. Ernst), Wiedener, Banovic – Lee (72. Ailton), Stalteri
Trainer: Schaaf
Tore: 0:1 Trares (25.), 1:1 Neukirchner (33.), 1:2 Lee (38.), 2:2 Szabics (45.), 3:2 Szabics (71.), 3:3 Stalteri (91.)
Tore im Elfmeterschießen: Trares, Ernst, Banovic und Frey. Ailton und Baumann scheitern am Grazer Schlussmann Schicklgruber, Werder-Torwart Brasas pariert jedoch drei Elfmeter der Grazer
Besonderheit: Das Endspiel bestritten die jeweiligen Gruppenzweiten, da Galatasaray Istanbul und ZSKA Moskau bereits andere Verpflichtungen hatten.
Zuschauer: 2.500 in Antalya

27.01.2001
Bundesliga, 19. Spieltag
W. B. – TSV 1860 München 2:0 (0:0)
Aufstellung: Rost – Barten (38. F. Baumann), Verlaat, Krstajic – Frings, Eilts, Ernst (88. Banovic), Stalteri – Herzog (80. Trares) – Pizarro, Ailton
Trainer: Schaaf
Tore: 1:0 Ailton (65.), 2:0 Pizarro (71.)
Zuschauer: 24.473

03.02.2001
Bundesliga, 20. Spieltag
W. Bremen – Hamburger SV 3:1 (1:0)
Aufstellung: Rost – Verlaat – Frings (83. Stalteri), Krstajic, Bode – F. Baumann, Ernst, Eilts (37. Trares) – Herzog (81. Lee) – Pizarro, Ailton
Trainer: Schaaf
Tore: 1:0 Pizarro (45.), 1:1 Heinz (56.), 2:1 Ailton (71. FE), 3:1 Pizarro (89.)
Zuschauer: 31.526

11.02.2001
Bundesliga, 21. Spieltag
Borussia Dortmund – W. Bremen 0:0
Aufstellung: Rost – Verlaat – Frings, Krstajic, Stalteri – Ernst (59. Trares), Eilts, Herzog – Pizarro, Ailton (78. Dabrowski), Bode (47. Wiedener)
Trainer: Schaaf
Tore: –
Zuschauer: 62.000

17.02.2001
Bundesliga, 22. Spieltag
W. Bremen – FC Schalke 04 2:1 (2:0)
Aufstellung: Rost – Frings, Krstajic, Stalteri – F. Baumann, Banovic, Eilts, Ernst – Herzog – Pizarro, Ailton (79. Lee)
Trainer: Schaaf
Tore: 1:0 Pizarro (17.), 2:0 Ernst (26.), 2:1 Sand (66.)
Zuschauer: 33.065

24.02.2001
Bundesliga, 23. Spieltag
Eintracht Frankfurt – W. Bremen 1:2 (0:1)
Aufstellung: Rost – F. Baumann, Verlaat, Krstajic – Frings, Ernst, Eilts, Bode – Herzog (71. Trares) – Pizarro, Ailton (74. Stalteri)
Trainer: Schaaf
Tore: 0:1 Ailton (21.), 0:2 Pizarro (90.), 1:2 F. Baumann (90. ET)
Besonderes Vorkommnis: Heldt schießt FE an den Pfosten (52.)
Zuschauer: 21.000

03.03.2001
Bundesliga, 24. Spieltag
W. Bremen – SC Freiburg 3:1 (2:0)
Aufstellung: Rost – F. Baumann, Verlaat, Krstajic – Frings (87. Tjikuzu), Eilts, Ernst (69. Banovic), Bode – Herzog – Ailton, Pizarro (87. Lee)
Trainer: Schaaf
Tore: 1:0 Pizarro (23.), 2:0 Pizarro (45.), 3:0 Kobiaschwili (51. ET), 3:1 Kobiaschwili (68. FE)
Zuschauer: 29.650

09.03.2001
Bundesliga, 25. Spieltag
Bayer 04 Leverkusen – W. Bremen 3:0 (1:0)
Aufstellung: Rost – Stalteri, Verlaat, Krstajic – Frings, Eilts (58. Dabrowski), Ernst (62. Lee), Bode – Herzog – Pizarro, Ailton (86. Trares)
Trainer: Schaaf
Tore: 1:0 Lucio (12.), 2:0 Neuville (54.), 3:0 Brdaric (62.)
Zuschauer: 22.500

18.03.2001
Bundesliga, 26. Spieltag
W. Bremen – 1. FC Kaiserslautern 1:2 (0:2)
Aufstellung: Rost – F. Baumann, Verlaat, Barten (81. Stalteri) – Frings, Trares (57. Banovic), Ernst, Bode – Herzog – Ailton (57. Lee), Pizarro
Trainer: Schaaf
Tore: 0:1 Lokvenc (11.), 0:2 Lokvenc (39.), 1:2 Herzog (58.)
Besonderes Vorkommnis: Koch hält FE von Ailton (23.)
Zuschauer: 29.250

24.03.2001
Internationales Freundschaftsspiel
W. Bremen – Widzew Lodz 2:0 (1:0)
Aufstellung: Brasas – Wiedener, Skripnik, Eilts (72. Barten), Tjikuzu – Dabrowski, Trares (72. Kern), Frey, Maximow – Lee, Ailton (68. Stalteri)
Trainer: Schaaf
Tore: 1:0 Lee (33.), 2:0 Ailton (65.)
Zuschauer: 800 in Delmenhorst

31.03.2001
Bundesliga, 27. Spieltag
FC Bayern München – W. Bremen 2:3 (0:1)
Aufstellung: Rost – Frings, Verlaat, Krstajic (82. Barten), Bode – Banovic (90. Ailton), Eilts, F. Baumann, Stalteri – Herzog (47. Trares) – Pizarro
Trainer: Schaaf
Tore: 0:1 Pizarro (25. FE), 1:1 Elber (47.), 1:2 Bode (58.), 2:2 Jancker (65.), 2:3 Pizarro (88.)
Zuschauer: 45.000

07.04.2001
Bundesliga, 28. Spieltag
W. Bremen – Hertha BSC Berlin 3:1 (1:0)
Aufstellung: Rost – F. Baumann, Verlaat, Krstajic – Frings, Banovic (69. Ernst), Eilts, Stalteri – Herzog (76. Wiedener) – Ailton, Pizarro
Trainer: Schaaf
Tore: 1:0 Pizarro (7.), 1:1 Schmidt (49.), 2:1 Pizarro (65.), 3:1 Frings (87.)
Zuschauer: 33.120

14.04.2001
Bundesliga, 29. Spieltag
VfL Bochum – W. Bremen 1:2 (0:1)
Aufstellung: Rost – F. Baumann, Verlaat, Krstajic – Tjikuzu, Eilts, Ernst, Stalteri (84. Skripnik) – Herzog – Pizarro, Ailton (71. Banovic)
Trainer: Schaaf
Tore: 0:1 Pizarro (38.), 1:1 Reis (62.), 1:2 Verlaat (74.)
Zuschauer: 21.974

21.04.2001
Bundesliga, 30. Spieltag
W. Bremen – VfL Wolfsburg 2:3 (1:2)
Aufstellung: Rost – F. Baumann, Verlaat (61. Lee), Krstajic – Frings, Eilts, Ernst (46. Banovic), Bode (70. Stalteri) – Herzog – Ailton, Pizarro
Trainer: Schaaf
Tore: 0:1 Akpoborie (29.), 1:1 Ailton (42.), 1:2 Sebescen (44.), 1:3 Sebescen (68.), 2:3 Pizarro (84.)
Zuschauer: 32.107

24.04.2001
Freundschaftsspiel
SC Verl – W. Bremen 2:4 (0:3)
Aufstellung: Brasas – Barten, Skripnik, Trares – Tjikuzu, Frey, Dabrowski (66. Spasskov), Borowski (46. Schierenbeck), Wiedener – Ailton, Maximow
Trainer: Schaaf
Tore: 0:1 Ailton (24.), 0:2 Skripnik (32. FE), 0:3 Trares (43.), 1:3 Novakovic (47.), 2:3 Schriewersmann (61.), 2:4 Ailton (87.)
Zuschauer: 800

28.04.2001
Bundesliga, 31. Spieltag
VfB Stuttgart – W. Bremen 2:1 (1:0)
Aufstellung: Rost – Barten, Verlaat (41. Wiedener), F. Baumann – Frings, Eilts (46. Ailton), Ernst, Stalteri, Banovic – Herzog (72. Maximow) – Pizarro
Trainer: Schaaf
Tore: 1:0 Adhemar (5.), 1:1 Pizarro (48.), 2:1 Adhemar (49.)
Zuschauer: 34.000

29.04.2001
Freundschaftsspiel
TSV Lägerdorf – W. Bremen 0:6 (0:3)
Aufstellung: Brasas – Wiedener, Skripnik, Tjikuzu, Ernst – Borowski, Trares, Dabrowski, Maximow – Ailton, Pizarro (Rest unbekannt)
Trainer: Schaaf
Tore: 0:1 Borowski (15.), 0:2 Ailton (18.), 0:3 Ailton (25.), 0:4 Borowski (70.), 0:5 Maximow (77.), 0:6 Ailton (79.)
Zuschauer: 1.700

06.05.2001
Bundesliga, 32. Spieltag
W. Bremen – SpVgg Unterhaching 0:0
Aufstellung: Rost – F. Baumann (46. Skripnik), Krstajic – Frings, Banovic (77. Dabrowski), Eilts, Ernst (77. Trares), Stalteri – Herzog – Ailton, Pizarro
Trainer: Schaaf
Tore: –
Zuschauer: 29.810

12.05.2001
Bundesliga, 33. Spieltag
1. FC Köln – W. Bremen 1:3 (1:1)
Aufstellung: Rost – F. Baumann, Krstajic – Tjikuzu, Frings, Eilts (86. Dabrowski), Ernst, Stalteri – Herzog (79. Banovic) – Ailton (82. Lee), Pizarro
Trainer: Schaaf
Tore: 0:1 Pizarro (14.), 1:1 Arweladse (20.), 1:2 Ailton (70.), 1:3 Ailton (74.)
Zuschauer: 41.760

19.05.2001
Bundesliga, 34. Spieltag
W. Bremen – FC Hansa Rostock 3:0 (2:0)
Aufstellung: Rost – F. Baumann, Verlaat (52. Trares), Krstajic – Frings, Eilts, Ernst, Stalteri – Herzog – Ailton, Pizarro
Trainer: Schaaf
Tore: 1:0 Ailton (31.), 2:0 Krstajic (43.), 3:0 F. Baumann (87.)
Besondere Vorkommnisse: Gelb-Rote Karte für Pizarro (90.); Rote Karte für Benken (90.)
Zuschauer: 36.000

23.05.2001
Internationales Freundschaftsspiel
Pohang Steelers – W. Bremen 1:2 (1:0)
Aufstellung: Brasas – Wiedener, Skripnik, Barten, Tjikuzu – Ernst, Trares, Banovic, Herzog – Pizarro, Lee / Eingewechselt: Bogdanovic, restliche Details unbekannt.
Restkader: Burdenski, Eilts, Maximow, Frey, Dabrowski, Ailton, Stalteri
Trainer: Schaaf
Tore: 1:0 Jassin (2.), 1:1 Herzog (69.), 1:2 Bogdanovic (80.)
Zuschauer: 5.000

27.05.2001
Internationales Freundschaftsspiel
Jeonbuk Hyundai Motors – W. B. 1:1 (0:0)
Aufstellung: Brasas – Wiedener, Barten, Skripnik, Trares – Eilts, Dabrowski, Frey, Herzog (60. Maximow) – Ailton (60. Bogdanovic), Lee
Trainer: Schaaf
Tore: 1:0 Park (49.), 1:1 Maximow (85.)
Zuschauer: 20.000 in Jeonju

»Pizza-Toni liefert wieder« lautete eine Schlagzeile im »Weser-Kurier«. Claudio Pizarro und Ailton sorgten 2000/01 für zusammen 34 Werder-Tore

Bundesliga-Abschlusstabelle 2000/2001

Platz	Verein	Spiele	S	U	N	Tore	Diff.	Punkte
1.	Bayern München (M, P)	34	19	6	9	62:37	+25	63
2.	Schalke 04	34	18	8	8	65:35	+30	62
3.	Borussia Dortmund	34	16	10	8	62:42	+20	58
4.	Bayer Leverkusen	34	17	6	11	54:40	+14	57
5.	Hertha BSC Berlin	34	18	2	14	58:52	+6	56
6.	SC Freiburg	34	15	10	9	54:37	+17	55
7.	**Werder Bremen**	**34**	**15**	**8**	**11**	**53:48**	**+5**	**53**
8.	1. FC K'lautern	34	15	5	14	49:54	-5	50
9.	VfL Wolfsburg	34	12	11	11	60:45	+15	47
10.	1. FC Köln (N)	34	12	10	12	59:52	+7	46
11.	1860 München	34	12	8	14	43:55	-12	44
12.	Hansa Rostock	34	12	7	15	34:47	-13	43
13.	Hamburger SV	34	10	11	13	58:58	0	41
14.	FC Energie Cottbus (N)	34	12	3	19	38:52	-14	39
15.	VfB Stuttgart	34	9	11	14	42:49	-7	38
16.	SpVgg Unterhaching	34	8	11	15	35:59	-24	35
17.	Eintracht Frankfurt	34	10	5	19	41:68	-27	35
18.	VfL Bochum (N)	34	7	6	21	30:67	-37	27

Fieberkurve der Bundesliga-Saison 2000/2001

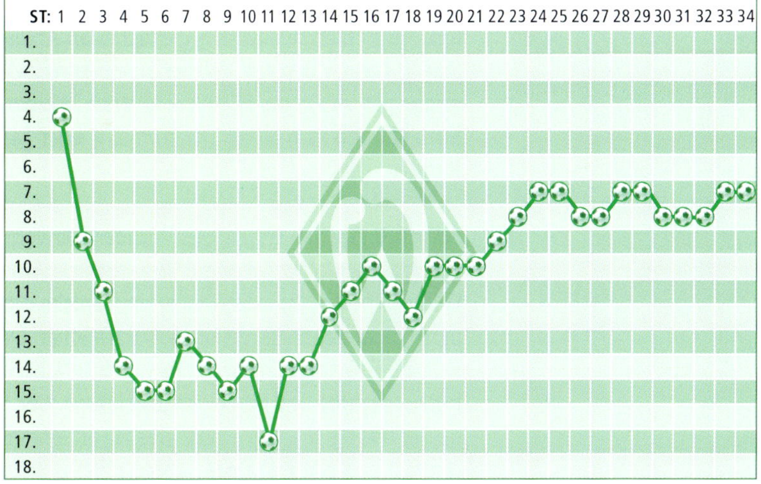

2001/02: Schlussakkord für vier Werder-Idole

Oben v.l.:
Blank, Rolfes, Krstajic, Borowski, Bode, Baumann, Verlaat, Stalteri, Eilts
Mitte v.l.:
Trainer Schaaf, Tjikuzu, Wehlage, Banovic, Bogdanovic, Kern, Ernst, Lisztes, Ailton, Torwarttrainer Burdenski, Co-Trainer Kamp
Unten v.l.:
Wiedener, Skripnik, Herzog, Wierzchowski, Borel, Walke, Rost, Klasnic, Barten, Frings

»Wir sind nun einmal ein ›abgebender Verein‹ und werden das auch immer bleiben!« Worte des Vorstandsvorsitzenden Jürgen L. Born, die jeden Werder-Anhänger zusammenzucken ließen, weil sie eine ganz unangenehme Wahrheit aussprachen: Werder Bremen würde herausragende Stars in den seltensten Fällen lange an den Verein binden können. Claudio Pizarro war das allerbeste Beispiel. Werder hatte ihn für kleines Geld aus Peru geholt und musste sich anfangs noch aus Richtung München verlachen lassen, dieser Junge sei bestenfalls ein »Santa Cruz für Arme«. Zwei Jahre später taten die Bayern das, was sie auch bei Andy Herzog und Mario Basler schon getan hatten: Sie pickten sich für ein Vielfaches an Ablöse einen Werder-Spieler heraus, den erst Werder zu einem wirklichen Klassespieler geformt hatte. Für Pizarro strich Werder ca. 8 Millionen Euro ein und kam damit erst einmal wieder ganz gut über die Runden.

Sportlich geschah ein kleines Wunder: Obwohl sich der als Pizarro-Nachfolger geholte Ersatz-Peruaner Roberto Silva als Fehlgriff in den Transfer-Topf erwies, spielte die Elf ohne Pizarro nicht nennenswert offensivschwächer. Das lag an einem Ailton, der mit 16 Treffern seinen persönlichen Rekord weiter hochschraubte und schon seit drei Jahren jede Saison stetig besser traf als sowieso schon. Das lag an einem Torsten Frings, der sich in die Form seines Lebens hineinspielte, zum vielleicht besten Spieler der ganzen Liga avancierte und folgerichtig der nächste abgegebene Spieler werden sollte. Und das lag an einem Marco Bode, der in seinem letzten Jahr zum ewigen Rekordtorschützen wurde und sich durch starke Leistungen letztlich sogar in die Nationalelf spielte, die nach der Saison sensationell Vizeweltmeister wurde.

Aber auch neue Stars wurden geboren. Krisztian Lisztes kam im Doppelpack mit Stefan Blank aus Stuttgart und wurde anfangs von den Fans mehr als skeptisch beäugt, weil er bei den Schwaben als verschenktes Talent im Schatten des großen Krassimir Balakov galt. Lisztes wurde schnell zu einem Supereinkauf, der in Werders Mittelfeld vom banalen Abgrätschen über den genialen Traumpass bis hin zum spektakulären Tor so ziemlich alles selbst erledigte. Ein Umstand, der über kurz oder lang Andy Herzog den Job kosten sollte. Die vor der Saison brennende Frage »Lisztes oder Herzog?« beantwortete der Ungar durch eine wirklich beeindruckende Saisonleistung.

Ansonsten kamen hauptsächlich Talente, die Lust machten auf mehr: Ivan Klasnic brachte es vorerst nur zum Ergänzungsstürmer, aber ließ in nahezu jedem seiner Einsätze aufblitzen, dass ihm eines Tages der Fußballhimmel offen stehen würde – oder zumindest die Strafräume des Gegners.

Das Vertrauen in die pizarrolose Werder-Elf war nicht übermäßig groß. In zahlreichen Vorschauen auf die Saison tauchte Werder sogar immer mal wieder in der Liste der möglichen Abstiegskandidaten auf. Der Saisonstart wurde von den Grün-Weißen passend dazu gestaltet, beinahe schon traditionsgemäß: Das 0:3 in Freiburg am ersten Spieltag mit einem Platzverweis für Stalteri und zwei Gegentoren in den Schlussminuten brachte Werder auf Platz 17. Energie Cottbus wurde am Wochenende darauf sehr mühselig mit 3:2 niedergerungen, danach folgte einen Monat lang Enttäuschung auf Enttäuschung: Ein tristes torloses Unentschieden in Stuttgart, ein schockierendes 1:3 zuhause gegen die Münchner Löwen, eine Niederlage in Kaiserslautern und ein ganz mageres 1:1 im Weser-Stadion gegen den harmlosen späteren Absteiger 1. FC Köln. So weit, so mittelmäßig: Platz 14.

Danach jedoch konnten die Werder-Fans die ersten von vielen Werder-Sternstunden der Saison feiern: »Ihr seid das Tor zur Welt, aber wir haben den Schlüssel!« stand auf einer gigantischen Blockfahne, die die Werder-Fans in weiser Voraussicht vor dem Auswärtsspiel beim Nordrivalen HSV gestaltet hatten. Und wie Werder den Schlüssel hatte! Ailton, Bode, Ernst und Stalteri demütigten die Hamburger in einer Weise, die den 4:0-Auswärtssieg für alle mitgereisten Werder-Fans zu einem unvergesslichen Ereignis werden ließ. Es war wieder einmal die Werder-typische Initialzündung, die eine bis dahin schlummernde Werder-Elf wach küsste. Bis Silvester gab es nur noch eine einzige Niederlage (in Berlin), dafür aber einen weiteren Kantersieg in der neuen Arena »Auf Schalke«.

Scheinbar beiläufig wurden in den folgenden Wochen jeweils ohne Gegentor die Skalps von Mönchengladbach, Nürnberg, Wolfsburg, Rostock, St. Pauli und auch Bayern München eingesammelt. Als das Fußballjahr 2001 endete, stand Werder auf einem nie für möglich gehaltenen Platz 3 und hatte, wie findige Statistiker errechneten, von allen Bundesligateams im abgelaufenen Kalenderjahr die meisten Punkte überhaupt gesammelt.

Doch es gab nicht nur Sonnenschein. Die soeben beendete Vorrunde brachte den Abschied zweier Werder-Idole, die auf sehr unterschiedliche Weise »Tschüß« sagten: Dieter Eilts erkannte, dass es für ihn nicht mehr zu allerhöchstem Niveau reichte und machte nach vier Spielen in der Startformation freiwillig Platz für einen Jüngeren. Das Heimspiel gegen 1860 München brachte am 4. Spieltag den Schlussakkord einer großen Werder-Karriere: Die beste Grätsche aller Zeiten räumte das Feld. Bei Andreas Herzog dauerte es nur wenige Wochen länger: Er, der nach seiner Zehenoperation zwei Jahre zuvor nie wieder ganz der Alte wurde, hätte gerne weiter das Werder-Trikot getragen, aber auch seine Zeit lief ab. Am selben Tag, an dem Dieter Eilts sein letztes Punktspiel absolvierte, durfte Herzog letztmalig für 90 Minuten ran. Nach dem 1:3 gegen 1860 war er seinen Stammplatz los. In den kommenden sechs Spielen wurde er fünfmal lediglich eingewechselt und blieb beim Triumph in Hamburg gar ganz draußen. Herzog litt wie ein Hund unter seinem schwindenden Einfluss, äußerte Abwanderungsgedanken und knüpfte Kontakte zu seinem Heimatverein Rapid Wien. Sein Abschied wurde begünstigt durch einen immer stärker auftrumpfenden Krisztian Lisztes, der seine ersten Tore für Werder beim 3:0 gegen Nürnberg erzielte. Zwei Wochen später verabschiedete sich Andy Herzog tränenreich und ergriffen von den Werder-Fans, die ihn beinahe ein Jahrzehnt lang ins Herz geschlossen hatten.

In der Rückrunde lernten die Freunde des SV Werder dann leider ein Trauma kennen, dass sie noch jahrelang bedrücken sollte: Ein unerklärlicher Leistungsknick nach der Winterpause kostete die kurz aufgeflackerten Titelambitionen und am Ende beinahe noch den UEFA-Cup-Platz. Nur ein Sieg aus den ersten sieben Spielen des neuen Jahres – dem Jahresmeister 2001 war sein Biss abhanden gekommen. Er fand ihn gerade noch rechtzeitig wieder: Fünf Spieltage vor Schluss der Saison war der 1. FC Kaiserslautern im Rennen um die europäischen Plätze beinahe hoffnungslos enteilt. Es drohte ein Jahr ohne internationalen Wettbewerb, aber mehrere denkwürdige Spiele am Stück bogen die Saison doch noch zu einem Erfolgsjahr. Gegen Rostock lag Werder eine Minute vor Schluss in einem mucksmäuschenstillen Weser-Stadion mit 2:3 hinten, ehe der nach vorne gepreschte Torwart Frank Rost den Ausgleich erzielte. Es war das erste Feldtor eines Bundesligatorhüters mit dem Fuß überhaupt. Gästetrainer Veh verzog sich bedient in die Kabine – und verpasste noch was: Die Nachspielzeit nutzte der glänzend aufspielende Torsten Frings zu einem zielstrebigen Dribbling in den Rostocker Strafraum, das nur durch ein Foul unterbunden werden konnte. Ailton nutzte die Chance, traf in einem Wahnsinnsspiel per Elfmeter zum nicht mehr für möglich gehaltenen 4:3 nach 92 Minuten und verkürzte damit den Abstand auf die Lauterer auf drei Punkte.

Anschließend wurde ein Punkt bei den Bayern erkämpft, Schalke beim 3:0 um die allerletzten Titelchancen gebracht und in der folgenden Woche beim 2:1 in Leverkusen (Traumtor Lisztes, Rost hält Elfer von Butt!) tatsächlich der ersehnte UEFA-Cup-Platz zurückerobert. Die Saison endete schließlich feierlich: Beim letzten Heimspiel gegen St. Pauli wurden die scheidenden Werder-Idole Marco Bode, Dieter Eilts und Frank Rost ebenso verabschiedet wie der heilige Rasen des Weser-Stadions, der nach dem Abpfiff nicht mehr benötigt wurde, weil das Stadion seinem Umbau entgegensah. Und da das Spielfeld im Zuge dieses Umbaus abgesenkt werden sollte, durfte an jenem regnerischen Aprilsamstag nicht nur jeder Werder-Fan wärmende Erinnerungen an die Herren Bode, Eilts und Rost mit nach Hause nehmen, sondern auch noch eine schmucke Tüte, gefüllt mit nicht mehr benötigtem Siegerrasen.

Werders sensationelle Torwart-Schmiede, die Vierte: Nach Bernard, Burdenski und Reck wurde auch Frank Rost zum Nationaltorhüter. Zwischen 1963 und 2002 gab es in 39 Jahren Bundesliga keinen Werder-Stammkeeper, der nicht auch irgendwann im DFB-Tor stehen durfte. Einmalig!

»Wenn meine Oma ein Bus wäre, dann könnte sie hupen!« (Dieter Eilts auf eine Hätte-wenn-und-aber-Frage eines Journalisten)

Jürgen L. Born
»...wir haben unser Tafelsilber noch im Schrank!«

Jürgen Ludger Born

Jürgen L. Born (Jahrgang 1940) übernahm im Zuge der Turbulenzen nach der Entlassung Felix Magaths das Amt des neuen Vorstandsvorsitzenden, nachdem der »alte« Vorstand seine Ämter geschlossen zur Verfügung gestellt hatte. Born, seines Zeichens langjähriger Banker in Südamerika, ließ (wie immer) für den SV Werder alles stehen und liegen und wechselte aus der Vorstandssitzung seiner Bank in Montevideo binnen Minuten auf Werders Chefsessel, zumindest innerlich. Offiziell zwar erst ab Mai 1999 Vereinsmitglied, ist er dem Verein jedoch schon von klein auf extrem eng verbunden, was sich mitunter in etwas bizarren Zuneigungsbeweisen äußerte, wie Jürgen Born hier selbst enthüllt …

… Ihr Engagement bei Werder begann genau wie?
Ja, ich saß in einer Vorstandssitzung meiner Bank in Montevideo. Meine Sekretärin hatte den ganz klaren Auftrag, mich nur zu stören, wenn es um Werder Bremen ging. Also hat sie mich aus dieser Sitzung rausgeholt, weil Dr. Böhmert am Telefon wartete, der zu dieser Zeit gerade dabei war, die Umstrukturierung des Vereins voranzutreiben. Franz begann das Gespräch mit den Worten: ›Mensch, wir ordnen hier gerade den Verein neu. Möchtest du nicht den Schiedsrichterbetreuer machen?‹ Ich musste lachen, und er konnte seinen kleinen Gag auch nicht länger durchhalten und hat sofort nachgeschoben: ›Naja, wir würden dich vielleicht sogar als Vorstandsvorsitzenden nehmen!‹ Ich habe noch in derselben Minute am Telefon zugesagt.

Gibt es eine Werder-Philosophie für Sie? Der Vereinsalltag hat sich in den letzten Jahrzehnten ja immens verändert. Es geht nicht mehr um die pure Führung eines Vereins, sondern auch um ein Wirtschaftsunternehmen, das es am Markt zu positionieren gilt.
Nicht nur Werder hat sich verändert, sondern der gesamte Profifußball. Innerhalb der letzten 20 Jahre hat sich bei den Bundesligaclubs alles umfangreich weiterentwickelt. Für Werder ist es wichtig, sich dabei immer an den Wurzeln des Vereins zu orientieren: Tradition, der familiäre Charakter, das soziale Engagement, all das hat weiter seinen Platz und einen großen Stellenwert. Was unsere Kapitalgesellschaft anbelangt, geht es aber inzwischen um die Führung eines mittelständischen Unternehmens, um Managementstrategien. Man musste den Verein als Marke begreifen und entsprechend zu lenken lernen und die Fähigkeit entwickeln, auch mit wirtschaftlichen Rückläufen umgehen zu können.

Wenn man die sportliche Entwicklung der letzten Jahre genauer betrachtet, kommt man zu dem Ergebnis, dass dieser Verein nur eine Chance hat: Er muss etwas cleverer sein als alle anderen, um oben mithalten zu können. Vor allem, was die Personalpolitik betrifft, hat man das Gefühl, genau diese Cleverness zeichnet Werder seit der Ära Schaaf/Allofs aus?
Die richtigen Spieler zum richtigen Zeitpunkt zu finden und eine Mannschaft in Ruhe zu formen, ist zweifelsfrei eine unserer Hauptstärken in Bremen. Aber Werder hat auch insofern Großartiges geleistet, als wir uns in einem infrastrukturellen und wirtschaftlichen Umfeld bewegen, in dem wir auf eine scharfe Konkurrenzsituation treffen. Schauen Sie sich nur mal als Vergleich – um gar nicht von Hamburg zu sprechen – Hannover 96 an: Die steigen auf, haben ein WM-Stadion und die weitreichende Unterstützung der Politik und Wirtschaft. Sie haben ein Super-Umfeld und wir zum Glück den Erfolg. Wir müssen sehr strampeln, um mit solchen Gegebenheiten zu konkurrieren. Entscheidend ist in diesem Zusammenhang die so genannte Budget-Effizienz: Ein Forschungsinstitut der Universität Innsbruck hat herausgearbeitet, dass Werder Bremen in Europa mit an der Spitze steht, wenn man den sportlichen Erfolg und das umgesetzte Geld in Zusammenhang setzt. So etwas erfüllt uns mit Stolz. Wir haben im sportlichen Bereich das erreicht, was mit unseren Mitteln zu erreichen ist. Niemand kann behaupten, wir hätten den Absprung verpasst, uns mit den ganz großen Vereinen zu messen. Wir werden uns nie mit Bayern München vergleichen können. Wir können unser Umfeld nicht künstlich verändern. Wir können nur unsere Marktgrenzen weiter verschieben, den Kernmarkt vergrößern und die Umgebung des Kernmarktes infiltrieren. Wir wurden früher ›graue Maus‹ genannt, aber wir waren da schon keine, im Gegenteil: In vielen Dingen sind wir bundesweit Vorreiter gewesen. Wir waren die ersten, die sich vor langer Zeit beim DFB nach den Möglichkeiten einer Umwandlung in eine Aktiengesellschaft erkundigt haben. Wir waren die ersten, die Businesslogen hatten. Wir waren die ersten, die die Nachwuchsarbeit vorbildlich organisierten. Wir waren in vielen Dingen ganz weit vorne. Wir waren lediglich manchmal zu bescheiden, um das alles herauszustellen. Wir haben uns da lieber hanseatisch zurück gehalten.

Ihr Satz »Werder ist ein abgebender Verein und wird es auch immer bleiben!« wurde in diesem Buch schon zitiert. Können die Freunde des Vereins wirklich keine Hoffnung haben, dass sich an diesem Umstand eines schönen Tages einmal etwas ändern wird?
Aufgrund der wirtschaftlichen Rahmenbedingungen am Standort Bremen hängen wir im Ertragspotenzial sehr stark von Fernsehgeldern ab. Unsere Zuschauereinnahmen sind bedeutend, aber mit Einnahmen aus Fernsehgeldern nicht zu vergleichen. Dann verkaufen wir auch noch ein paar Mützen und ein paar Schals – alles, was andere Vereine auch machen. Aber wir haben auch hochklassige Spieler, die gute Gehälter verdienen, und unsere Einnahmen reichen nur dann aus, wenn wir regelmäßig im internationalen Geschäft dabei sind. Deshalb wird es auch in Zukunft nicht auszuschließen sein, einen Spieler verkaufen zu müssen. Aber im Gegensatz zu vielen Kon-

kurrenten gibt es für Werder noch ein Potenzial an Einnahmen: Stadion umbenennen, Aktien ausgeben und dergleichen, das alles ist unter bestimmten Gegebenheiten diskussionswürdig. Im Verbund mit anhaltendem sportlichen Erfolg könnten wir so irgendwann in eine Situation kommen, in der wir konstatieren: ›So, jetzt haben wir die finanziellen Voraussetzungen, um unsere Mannschaft für einige Jahre zusammenhalten zu können!‹ Und dennoch: Es wird immer noch eine Stufe in Europa über uns geben. Wenn der Lockruf von dort an einen unserer Spieler geht, wie sollen wir ihn dann halten? Außerdem sind Veränderungen im Team durchaus auch gewollt.

Im Vergleich zur direkten Konkurrenz aus Dortmund, Berlin, Schalke oder Hamburg ist Werder wirtschaftlich immer manövrierfähig geblieben. Werder konnte sportliche Rückschritte auch vermeiden, weil man hier scheinbar nie in nennenswerte finanzielle Engpässe geraten ist. Ist das ein Schlüssel zu den Erfolgen der Schaaf/Allofs-Ära?

Die Kirch-Krise im Jahr 2001/2002 hat in irgendeiner Form schon jeden betroffen, aber sicherlich war Werder Bremen einer der Clubs, die flexibel darauf reagieren konnten. Wenn man so will, sind wir genau zum richtigen Zeitpunkt Deutscher Meister geworden. Als fast alle Vereine den Gürtel enger schnallen mussten, konnten wir durch die Champions League-Einnahmen frisch investieren. Wir sind guten Mutes, das erreichte Niveau durch unsere sportlichen Erfolge sowohl auf der Einnahmen- als auch auf der Ausgabenseite stabilisieren zu können. Und damit hätten wir weiterhin eine sehr gute mittelfristige Zukunft.

Was haben denn die Erfolge und damit verbundenen Champions League-Teilnahmen der Jahre nach 2004 an der Gesamtperspektive verändert?

Wir konnten in Steine und Beine investieren. Haben also unsere Mannschaft ebenso weiter verstärkt, wie auch die Infrastruktur verbessert. Dazu gehören die Trainingsplätze, das Amateurstadion auf Platz 11 und das Innenleben der Profikabine mit Fitnessraum und Spielerlounge. So wurde auf das Fundament des Doubles weiter aufgebaut. Wir haben mit unseren normalen Einnahmen unsere so genannte einnahmenorientierte Ausgabenpolitik fortführen können, ohne uns zu verschulden. Und wir besitzen – wie vorher erwähnt – zusätzlich Reserven in der Schublade, Stichwort Aktien. Aber wir drängen uns nicht danach, denn das ist einmal eingenommenes Geld und keine stetige Einnahmequelle.

Einnahmen, die sich wiederholen, haben wir am liebsten. Für das Namingright am Stadion würde jedes Jahr eine Summe fließen. Das ist eine Angelegenheit, die für eine mittel- und langfristige Planung natürlich interessanter ist. Gleichzeitig kann ich noch einmal betonen, dass wir keine Einnahmen im Vorwege verkauft haben, wie das manch anderer Verein getan hat. Einzelkarten, Dauerkarten, Sponsorengelder und Fernsehgelder – alles, was man theoretisch für eine Kreditaufnahme abtreten könnte, steht uns jedes Jahr voll zur Verfü-

Bläst seit Jahrzehnten eine flotte Kanne: Jürgen L. Born auf der Grün-Weißen Nacht 2004 und als Posaunist der »Jazzin' Kids« in der »Lila Eule« 1958

Werder hat den einzigen Vereinsboss mit eigener CD (links): Jürgen L. Born auf einem Tonträger made in Brasilien

Die vier Musketiere: Werders Geschäftsführung im Jahr 2006 mit Manni Müller, Jürgen L. Born, Klaus-Dieter Fischer und Klaus Allofs (v.l.)

gung. Wir haben unser Tafelsilber noch im Schrank. Und mit dieser Politik wollen wir auch weiter arbeiten.

Als wir für den Vorgänger dieses Buches miteinander sprachen, schrieben wir das Jahr 2003. War eine so explosive Erfolgsgeschichte wie die, die wir seitdem erleben durften, zu jenem Zeitpunkt schon vorstellbar?
Also, wenn ich da ehrlich sein soll, dann würde ich heute sagen: Dreimal hintereinander Champions League zu spielen, von der sportlichen Perspektive her direkt hinter Bayern zu stehen und heute die Mannschaft zu sein, die bei Auswärtsspielen mit die meisten Zuschauer in die Stadien lockt, dazu als aufstrebendster Verein in Deutschland erlebt zu werden und derart große Sympathien zu haben, das wäre damals ein Traum gewesen. Nun hat sich dieser Traum aber weitgehend erfüllt und wir müssen sehen, wie wir diesen Traum in eine dauerhafte Realität umwandeln können. Das ist ja nicht so einfach.

Und wenn man überlegt, welche Öffentlichkeitswirksamkeit Bayern München hat, und dass wir in punkto Fernsehzeiten gleich hinter Bayern München liegen, müssten wir eigentlich für Sponsoren ein noch attraktiverer Verein sein, als wir es im Moment sind. Auch da liegen noch Reserven für Werder: Wenn die großen Firmen aufwachen und sehen – ›Mein Gott, mit Werder Bremen kann man sich hervorragend auf dem deutschen, ja europäischen Markt präsentieren!‹, dann werden wir auch in dieser Hinsicht noch größere Aktivitäten entfalten können.

Werder hat weniger Fans als Bayern München, aber bessere Sympathiewerte, weil Werder Bremen von Haus aus weniger polarisiert. Muss man dieses nette Erscheinungsbild möglicherweise überdenken?
Nein. Wir haben im Laufe der Jahre gezielt an unserem Image gearbeitet. Unser Image ist das Bild eines sympathischen, aber cleveren Vereins. Wir sind präsent, aber immer fair in unseren Äußerungen. Wir bemühen uns »mit einer Stimme« zu sprechen. Bei Werder geht vornehmlich die sportliche Leitung an die Öffentlichkeit. Wir als Geschäftsführung halten uns in sportlichen Fragen zurück. Das Sportliche ist immer das Wichtigste. Der Offensivstil unserer Mannschaft ist Attraktion und Markenzeichen des Klubs. Kein Spitzenverein in Deutschland hat so viele deutsche Topspieler. Wir bieten das höchste Identifikationspotenzial für den neutralen Fußballfan in Deutschland. Dadurch, dass wir immer viele Tore schießen, sind wir automatisch auf der Seite 1.

Wird Werder möglicherweise auch vielfach als Vorbild angesehen? Seriös geführt, wirtschaftlich gesund, sportlich beachtlich aufgestiegen und an der Spitze konsolidiert …?
Na ja, Vorbild wollen wir eigentlich gar nicht sein, sondern wir verwirklichen bestmöglich unsere Werder-Philosophie. Manchmal sind wir bei Auswärtsspielen und dann sagen die Kollegen: ›Also, wir würden vieles von euch gerne bei uns nachmachen!‹ Mit relativ bescheidenen Möglichkeiten viel zu erreichen ist der Traum der meisten Bundesliga-Vereine. Vielleicht kann man es das ›Bremer Modell‹ nennen. Erfolg muss aber immer einen eigenen Stempel tragen. So gibt es eigentlich nur einen Leitsatz, den wir weiter tragen: ›Verkauft eure Zukunft nicht, denn ihr wisst nicht, was morgen ist!‹

Wieviel Luft ist denn nun noch nach oben? Ist eine weitere Verbesserung der Lage überhaupt ohne weiteres vorstellbar?
Wenn wir unsere jetzige Leistung stabilisieren können, dann ist das schon ein enormer Erfolg. Wenn man das Double holt, dann ist das normalerweise eine einmalige Leistung, von der man annimmt, dass man sie so schnell nicht wieder erleben darf. Wir sehen aber plötzlich, dass wir auch in der Stabilitätspolitik ganz große Schritte gemacht haben, und wenn wir nun international vom Leistungsvermögen unserer Mannschaft her immer theoretisch ins Achtelfinale der Champions League kommen könnten, wäre das schon enorm und entspräche unserem Umfeld und unseren Möglichkeiten normalerweise gar nicht. Wie schon angesprochen: Unsere Budgeteffizienz ist bestechend gut. Keiner holt so viel sportlichen Erfolg pro eingesetztem Euro rein. Dieses Niveau, diese Leistung aller Verantwortlichen halten zu können, das kostet erhebliche Anstrengungen. Solange wir das hinbekommen, sind wir immer ganz groß. Und wenn wir dann noch einmal irgendwann wirklich in ein Endspiel kommen, selbst wenn es nicht die Champions League sondern »nur« der UEFA-Cup

wäre, dann wäre das eine ganz große Geschichte für unsere Stadt.

Ist Werders steile Entwicklung Resultat eines zielstrebigen Konzeptes, glücklicher personeller Fügungen, Resultat vielleicht auch von Zufällen und Glück, Resultat klarer Visionen?
Sicherlich war es ein Glücksgriff, dass Thomas 1999 Trainer wurde. Wenig später kam Klaus Allofs dazu. Er wurde einer der vier neuen Geschäftsführer. Klaus-Dieter Fischer war als feste Größe des Vereins dabei, Manfred Müller hatte seinen AOK-Posten aufgegeben und ich bin ehrenamtlich dazu gekommen. Es entstand eine neue Kultur, eine neue Philosophie. Und auch eine neue Unternehmenspolitik. Offensiver, mutiger, strategischer in die Zukunft gerichtet. Wir haben die Jahrtausendwende zur Einleitung des Aufschwungs genutzt.

Dass alles so zum Tragen kam, da gebührt der Dank der sportlichen Leitung, die den Erfolg der Mannschaft verantwortet. Dadurch, dass wir 1999 von ganz unten kamen, ging es dann sehr steil aufwärts. Das ist ja das Schöne am ›Ganz-unten-stehen‹: Dass es eigentlich nur besser werden kann.

Jetzt steht Werder fast ganz oben, und viel besser kann es kaum noch werden. Welche Träume haben Sie noch?
Tja … Die Frage, die ich mir selber immer stelle, ist: Was antwortest Du, wenn der liebe Gott Dich auf dem Handy anruft und fragt: ›Möchtest du jetzt dreimal hintereinander im Endspiel der Champions League sein, oder möchtest du auch mal zwei Jahre gar nicht Champions League spielen, aber sie dafür einmal gewinnen?‹ Und ich glaube, ich würde dann antworten: ›Gib die Champions League her, einmal nur, und das andere kriegen wir dann schon wieder hin!‹

Kommen wir zum Thema »Werder-Wahnsinn«. Sie waren jahrzehntelang vor Ihrer Zeit als Vorstandsvorsitzender schon Fan des Vereins und sollen selbst strapaziöseste Langstreckenflüge auf sich genommen haben, nur um ein Werder-Spiel zu gucken und sofort danach wieder nach Südamerika zurückzujetten. Stimmt das?
Für einen Mann mit Familie war das nicht immer einfach zu lösen, aber es gab da so eine Maschine am Freitagabend, 23 Uhr ab Sao Paulo. Da bin ich dann öfter mal ›Zigaretten holen‹ nach Bremen gegangen und kam am Sonntagmorgen um 6 Uhr wieder. Das passte immer alles ganz genau. Ich kam direkt zum Spiel hier an und flog nach dem Schlusspfiff wieder zurück, allerdings nie, ohne noch bei meiner Mutter vorbeizuschauen.

Und noch ein höchst interessantes Indiz für Ihr Fan-Herz: Werder gegen Braunschweig, März 1962. Was war da los???
Wenn ich mich richtig erinnere, endete dieses Spiel mit einer völlig falschen Schiedsrichterentscheidung. Gut, ich war noch jung. Solche Sachen haben mich damals zur Weißglut gebracht, und deshalb habe ich Selbstjustiz geübt und diesem Schiedsrichter mit meinem Schirm auf den Kopf gehauen, was ich natürlich mittlerweile zutiefst bereue. Ich habe mich selbst gestellt, damit Werder keine Platzsperre bekommt. Es gab eine Verhandlung beim Norddeutschen Fußballverband in Hamburg. Da musste ich mich für meine Aktion verantworten und habe meine Banklehre aufs Spiel gesetzt. Ich musste damals drei Lehrlingsgehälter zahlen, das war für mich viel Geld. Das alles sorgte dummerweise deshalb für Aufsehen, weil ich damals bei der Bremer Bank lernte, und mein Personalchef nur vier Reihen über mir saß. Ich bin also gleich am Montagmorgen kleinlaut bei ihm angetanzt und habe schuldbewusst gesagt: ›Okay, damit ist meine Lehre nun wohl in die Binsen gegangen, das sehe ich ein. Aber so eine Schiedsrichterleistung konnte ich wirklich nicht durchgehen lassen …!‹ Und daraufhin sagte er: ›Herr Born, wenn Sie nicht gehandelt hätten, hätte ich es gemacht!‹ Und damit war die Lehre dann doch gerettet. Heutzutage gilt mein Respekt allerdings allen Unparteiischen, ohne die unser Spielbetrieb ja gar nicht möglich wäre.

Jürgen Ludger Born

»Ich werde mir wohl 'ne Flasche Bier kaufen.« (Werders Vorstandschef Jürgen L. Born im Mai 2004 auf die Reporterfrage, was er im Falle eines Titelgewinns in München tun werde)

WERDER BREMEN 2001/02

Trainer

Schaaf, Thomas »Schabba«
Verantwortlicher Trainer in allen 34 Spielen der Saison

Tor

Rost, Frank »Fäustel«
34 Spiele; 1 Tor

Walke, Alexander »Walle«
0 Spiele; 0 Tore

Abwehr

Baumann, Frank »Baumi«
34 Spiele; 1 Tor

Verlaat, Frank »Ed«
33 Spiele; 2 Tore

Skripnik, Victor »Skripa«
31 Spiele; 4 Tore

Krstajic, Mladen »Kris«
26 Spiele; 2 Tore

Blank, Stefan
1 Spiele; 0 Tore

Mittelfeld

Frings, Torsten »Lutscher«
33 Spiele; 6 Tore

Lisztes, Krisztian
29 Spiele; 5 Tore

Ernst, Fabian »Fabe«
27 Spiele; 3 Tore

Borowski, Tim »Boro«
25 Spiele; 1 Tor

Stalteri, Paul »Stally«
22 Spiele; 3 Tore; Amat.

Angriff

Gonçalves da Silva »Ailton«, »Toni«
33 Spiele; 16 Tore

Bode, Marco
31 Spiele; 7 Tore

Klasnic, Ivan »Raul«
23 Spiele; 1 Tor

Silva Pro, Roberto Enrique
6 Spiele; 0 Tore

Bogdanovic, Rade
0 Spiele; 0 Tore

Erweiterter Kader

Borel, Pascal
0 Spiele; 0 Tore

Wierzchowski, Jakub »Kuba«
0 Spiele; 0 Tore

2001/02

Der Sport-Verein »Werder« im Jahr 2001/02:

Vorstand:	Jürgen L Born (Vorsitzender) Klaus Allofs (Sportdirektor) Manfred Müller (Marketing) Klaus-Dieter Fischer (Amateure)
Aufsichtsrat:	Dr. Franz Böhmert (Vorsitzender) Willi Lemke (Politik) Jörg Wontorra (Medien) Friedrich Lürssen (Wirtschaft) Hans Schulz (Sport) Dr. Hubertus Hess-Grunewald (Amateure) Gunnar Lübben-Ratjen (Amateure)
Leiter Spielbetrieb:	Wolfgang Barkhausen
Pressesprecherin:	Marita Hanke
Vereinsärzte:	Dr. Karl Meschede und Dr. Götz Dimanski
Physiotherapeut:	Holger Berger
Mitglieder:	3.058
Kapazität Weser-Stadion:	35.800 Plätze (4.700 Stehplätze und 1.072 Logenplätze)

Barten, Mike
0 Spiele; 0 Tore

Rolfes, Simon »Simmse«
0 Spiele; 0 Tore

Wiedener, Andree
0 Spiele; 0 Tore

Tjikuzu, Razundara »Raschi«
22 Spiele; 0 Tore

Banovic, Ivica »Izzo«
17 Spiele; 1 Tor

Herzog, Andreas »Andy«
9 Spiele; 1 Tor

Wehlage, Holger
8 Spiele; 0 Tore

Eilts, Dieter »Ostfriesen-Alemao«
4 Spiele; 0 Tore

Magnin, Ludovic »Ludo«
4 Spiele; 0 Tore

Di Iorio, Joseph Antonio »Joe«
0 Spiele; 0 Tore

Kern, Enrico
0 Spiele; 0 Tore

Wer kam?

Blank (VfB Stuttgart)
Lisztes (VfB Stuttgart)
Magnin (FC Lugano/Schweiz, w.d.S.)
Wehlage (FC St. Pauli)
Klasnic (FC St. Pauli)
Silva (Sporting Cristal Lima/Peru)
Wierzchowski (Ruch Chorzow/Polen)
Walke (eig. A-Jugend)
Rolfes (eig. Amateure)
Di Iorio (eig. Amateure)
Kern (eig. Amateure)

Wer ging?

Trares (Waldhof Mannheim)
Wiedener (w.d.S. zu Eintracht Frankfurt)
Schierenbeck (eig. Amateure)
Dabrowski (Arm. Bielefeld)
Maximow (Waldhof Mannheim)
Lee (zurück zu Pohang Steelers/Südkorea, war ausgeliehen)
Pizarro (Bayern München)
Brasas (MSV Duisburg)
Frey (1. FC Nürnberg)
Fütterer (eig. Amateure)
Schmedes (Karlsruher SC)
Jürgen (Kickers Emden)
Herzog (Rapid Wien/Österreich, w.d.S.)
Di Iorio (Sunshine George Cross Soccer Club/ Australien, w.d.S.)
Scholz (Fortuna Köln, w.d.S.)

w.d.S. = während der Saison

Alle Spiele 2001/02

27.06.2001
Freundschaftsspiel
FC Osterholz-Scharmbeck – W. B. 0:8 (0:4)
Aufstellung: Rost (46. Wierzchowski) – Blank (46. Wiedener), Eilts (46. Banovic), Verlaat (46. Rolfes) – Herzog, Krstajic (46. Skripnik), Borowski, Tjikuzu, Barten – Klasnic (46. Ailton), Bogdanovic
Trainer: Schaaf
Tore: 0:1 Klasnic (6.), 0:2 Krstajic (15.), 0:3 Herzog (28.), 0:4 Verlaat (42.), 0:5 Wiedener (50.), 0:6 Bogdanovic (73.), 0:7 Tjikuzu (76.), 0:8 Tjikuzu (78.)
Zuschauer: 2.500

05.07.2001
Intertops-Cup, Halbfinale
Hertha BSC Berlin – W. Bremen 0:2 (0:1)
Aufstellung: Rost – Blank, Eilts, F. Baumann, Verlaat – Lisztes (66. Borowski), Herzog, Krstajic (80. Skripnik), Bode – Frings, Ailton (49. Klasnic)
Trainer: Schaaf
Tore: 0:1 Bode (45.), 0:2 Klasnic (75.)
Zuschauer: 1.000 in Zell am See

06.07.2001
Intertops-Cup, Finale
Hamburger SV – W. Bremen
1:1 (0:1) i. Elfmeterschießen: 4:2
Aufstellung: Wierzchowski – Tjikuzu, Barten, Skripnik, Wiedener – Ernst, Banovic, Borowski, Stalteri – Klasnic (55. Rolfes), Bogdanovic
Trainer: Schaaf
Tore: 0:1 Bogdanovic (21.), 1:1 Barbarez (71.)
Elfmeterschießen: Borowski, Banovic; verschossen: Skripnik, Ernst
Zuschauer: 1.500 in Zell am See

09.07.2001
Freundschaftsspiel
FV Ravensburg – W. Bremen 1:5 (0:3)
Aufstellung: Rost (46. Borel) – Frings (46. Tjikuzu), Krstajic (46. Skripnik), Eilts (46. Ernst), Blank (46. Wiedener) – Verlaat (46. Borowski), Herzog (46. Banovic), Rolfes, Lisztes – Bogdanovic (46. Klasnic), Ailton
Trainer: Schaaf
Tore: 0:1 Ailton (16.), 0:2 Bogdanovic (26.), 0:3 Verlaat (31.), 0:4 Banovic (56. Elfmeter), 0:5 Tjikuzu (62.), 1:5 Wittich (70.)
Zuschauer: 2.500

14.07.2001
UI-Cup, 3. Runde-Hinspiel
W. Bremen – KAA Gent 2:3 (1:0)
Aufstellung: Rost – Frings, Eilts, Krstajic, Blank – Borowski, Verlaat, Lisztes (75. Banovic), Herzog – Ailton, Bode (75. Klasnic)
Trainer: Schaaf
Tore: 1:0 Ailton (29.), 1:1 Oyawole (59.), 1:2 Oyawole (72.), 2:2 Ailton (81.), 2:3 Anic (88.)
Besonderes Vorkommnis: Gelb-Rote Karte für Eilts (64.)
Zuschauer: 5.547 in Oldenburg

17.07.2001
Internationales Freundschaftsspiel
W. Bremen – Trabzonspor Kulübü 1:1 (1:1)
Aufstellung: Borel – F. Baumann, Skripnik, Stalteri, Tjikuzu – Ernst, Klasnic, Lisztes, Banovic – Bogdanovic, Silva (65. Rolfes)
Trainer: Schaaf
Tore: 1:0 Skripnik (19.), 1:1 Gökdeniz (40.)
Zuschauer: 3.800 in Stadthagen

21.07.2001
UI-Cup, 3. Runde-Rückspiel
KAA Gent – W. Bremen 0:1 (0:0)
Aufstellung: Rost – Frings, Verlaat, Krstajic (74. Klasnic), Blank (46. Stalteri) – Borowski (62. Skripnik), Ernst, Banovic, Herzog – Ailton, Bode
Trainer: Schaaf
Tor: 0:1 Herzog (82.)
Zuschauer: 5.000

22.07.2001
Freundschaftsspiel
BSV Rehden – W. Bremen 0:9 (0:1)
Aufstellung: Borel – F. Baumann, Eilts, Skripnik – Stalteri (52. Rolfes), Lisztes, Wiedener, Tjikuzu – Klasnic, Silva, Bogdanovic
Trainer: Schaaf
Tore: Silva (3), Klasnic (2), Bogdanovic, Skripnik, Tjikuzu, Eigentor
Zuschauer: 1.000

28.07.2001
Bundesliga, 1. Spieltag
SC Freiburg – W. Bremen 3:0 (0:0)
Aufstellung: Rost – F. Baumann, Verlaat, Krstajic – Frings, Ernst (66. Klasnic), Eilts (74. Silva), Stalteri, Bode – Herzog – Ailton
Trainer: Schaaf
Tore: 1:0 Kobiaschwili (50. FE), 2:0 Tanko (87.), 3:0 Coulibaly (90.)
Besonderes Vorkommnis: Gelb-Rote Karte für Stalteri (83.)
Zuschauer: 25.000

04.08.2001
Bundesliga, 2. Spieltag
W. Bremen – FC Energie Cottbus 3:2 (1:2)
Aufstellung: Rost – F. Baumann, Verlaat – Frings, Ernst, Eilts, Bode – Banovic, Herzog – Klasnic, Ailton (88. Skripnik)
Trainer: Schaaf
Tore: 1:0 Ernst (15.), 1:1 Kaluzny (25.), 1:2 Labak (29.), 2:2 Ailton (55.), 3:2 Ailton (64.)
Zuschauer: 26.040

05.08.2001
Freundschaftsspiel
Sparta Bremerhaven – W. B. 0:16 (0:8)
Aufstellung: Wierzchowski, Blank, Stalteri, Baumann (46. Ernst), Lisztes, Bogdanovic, Wiedener, Silva, Skripnik, Borowski, Tjikuzu
Trainer: Schaaf
Tore: Silva (4), Bogdanovic (4), Stalteri (4), Lisztes (3), Tjikuzu
Zuschauer: 2.000

08.08.2001
Internationales Freundschaftsspiel
Genua 93 – W. Bremen 4:2 (1:1)
Aufstellung: Wierzchowski, Baumann (46. Wiedener), Stalteri (46. Frings), Blank, Lisztes, Bogdanovic, Herzog (46. Banovic), Skripnik, Borowski (46. Ernst), Tjikuzu, Ailton (46. Klasnic)
Trainer: Schaaf
Tore: 1:0 Carparelli (27.), 1:1 Lisztes (35.), 2:1 Francioso (55. FE), 3:1 Francioso (58.), 4:1 Caparelli (65.), 4:2 Klasnic (80.)
Zuschauer: 15.000

11.08.2001
Bundesliga, 3. Spieltag
VfB Stuttgart – W. Bremen 0:0
Aufstellung: Rost – F. Baumann, Verlaat, Skripnik – Frings, Eilts (83. Stalteri), Ernst, Bode – Lisztes, Herzog – Ailton
Trainer: Schaaf
Tore: –
Zuschauer: 22.000

18.08.2001
Bundesliga, 4. Spieltag
W. Bremen – TSV 1860 München 1:3 (1:2)
Aufstellung: Rost – F. Baumann, Verlaat – Frings, Eilts (46.Lisztes), Ernst (65. Borowski), Bode (46. Silva) – Banovic, Herzog – Ailton, Klasnic
Trainer: Schaaf
Tore: 0:1 Borimirov (30.), 1:1 Herzog (34. FE), 1:2 Agostino (39.), 1:3 Schroth (58.)
Besonderes Vorkommnis: Rote Karte für Agostino (66.)
Zuschauer: 25.968

25.08.2001
DFB-Pokal, 1. Runde
VfB Lübeck – W. Bremen 2:3 (1:2)
Aufstellung: Rost – F. Baumann, Verlaat, Krstajic – Tjikuzu, Stalteri, Eilts (67. Ernst), Skripnik – Lisztes (85. Borowski) – Klasnic, Ailton
Trainer: Schaaf
Tore: 1:0 Scharping (15.), 1:1 Ailton (20.), 1:2 Ailton (27.), 1:3 Tjikuzu (53.), 2:3 Kruppke (80.)
Zuschauer: 11.000

28.08.2001
Freundschaftsspiel
TSV Lunestedt – W. Bremen 0:20 (0:10)
Aufstellung: Rost (46. Borel) – Blank, Skripnik, Verlaat, Tjikuzu, Frings, Stalteri (55. Eilts), Silva (55. Klasnic), Kern, Ailton, Bogdanovic
Trainer: Schaaf
Tore: Bogdanovic (4), Kern (4), Silva (3), Ailton (3), Klasnic (3), Frings (2), Blank
Zuschauer: 2.000

09.09.2001
Bundesliga, 5. Spieltag
1. FC Kaiserslautern – W. Bremen 2:1 (0:1)
Aufstellung: Rost – F. Baumann, Verlaat (82. Herzog), Skripnik – Tjikuzu, Frings, Borowski (78. Klasnic), Banovic, Stalteri – Bode, Ailton
Trainer: Schaaf
Tore: 0:1 Banovic (14.), 1:1 Ramzy (64.), 2:1 Klose (70.)
Zuschauer: 36.763

11.09.2001
Freundschaftsspiel
SV Meppen – W. Bremen 0:3 (0:2)
Aufstellung: Wierzchowski – Wiedener, Blank, Ernst – Herzog, Eilts, Lisztes, Tjikuzu – Bogdanovic, Silva, Klasnic
Trainer: Schaaf
Tore: 0:1 Klasnic (16.), 0:2 Blank (36.), 0:3 Ernst (83.)
Zuschauer: 2.900

15.09.2001
Bundesliga, 6. Spieltag
W. Bremen – 1. FC Köln 1:1 (0:1)
Aufstellung: Rost – F. Baumann, Verlaat, Skripnik – Tjikuzu, Borowski, Frings, Stalteri (66. Klasnic) – Banovic (46. Herzog) – Ailton, Bode
Trainer: Schaaf
Tore: 0:1 Lottner (16.), 1:1 Ailton (68.)
Zuschauer: 26.718

Reaktion auf den 11. September 2001: Werders werbefreie Brust ziert der pazifistische Slogan »Keine Macht dem Terror!«

22.09.2001
Bundesliga, 7. Spieltag
Hamburger SV – W. Bremen 0:4 (0:2)
Aufstellung: Rost – Tjikuzu, Verlaat, Krstajic, Skripnik – Frings, F. Baumann, Borowski (67. Ernst), Lisztes – Bode (88. Klasnic), Ailton (79. Stalteri)
Trainer: Schaaf
Tore: 0:1 Ailton (13.), 0:2 Bode (34.), 0:3 Ernst (84.), 0:4 Stalteri (86.)
Zuschauer: 43.014

29.09.2001
Bundesliga, 8. Spieltag
W. Bremen – Bor. M'gladbach 1:0 (0:0)
Aufstellung: Rost – F. Baumann (77. Silva), Verlaat, Krstajic – Tjikuzu, Frings, Borowski (62. Herzog), Skripnik – Lisztes (74. Banovic) – Ailton, Bode
Trainer: Schaaf
Tor: 1:0 Verlaat (84.)
Zuschauer: 33.231

07.10.2001
Freundschaftsspiel
Arminia Bielefeld – W. Bremen 0:1 (0:0)
Aufstellung: Wierzchowski, Stalteri, Sandoval, Skripnik, Wiedener, Herzog, Eilts (46. Frings), Klasnic, Fretes, Bogdanovic, Silva
Trainer: Schaaf
Tor: 0:1 Silva (46.)
Besonderes Vorkommnis: Fretes (Werder) verschießt FE
Besonderheiten: Walter Fretes u. Rodolfo Sandoval (beide Cerro Porteno/Paraguay) spielten mit einer Sondergenehmigung als Gastspieler mit
Zuschauer: 1.000 in Lohne

14.10.2001
Bundesliga, 9. Spieltag
W. Bremen – 1. FC Nürnberg 3:0 (1:0)
Aufstellung: Rost – F. Baumann, Verlaat, Krstajic – Tjikuzu, Frings, Borowski (80. Herzog), Skripnik – Lisztes (80. Ernst) – Ailton (72. Klasnic), Bode
Trainer: Schaaf
Tore: 1:0 Lisztes (4.), 2:0 Lisztes (56.), 3:0 Ernst (90.)
Zuschauer: 26.650

20.10.2001
Bundesliga, 10. Spieltag
Hertha BSC Berlin – W. Bremen 3:1 (2:1)
Aufstellung: Rost – F. Baumann, Verlaat (75. Banovic), Krstajic – Tjikuzu (65. Stalteri), Frings, Borowski (65. Herzog), Skripnik – Lisztes – Ailton, Bode
Trainer: Schaaf
Tore: 1:0 Dardai (6.), 1:1 Ailton (7.), 2:1 Goor (32.), 3:1 Rehmer (61.)
Besonderes Vorkommnis: Gelb-Rote Karte für Krstajic (22.)
Zuschauer: 34.426

27.10.2001
Bundesliga, 11. Spieltag
W. Bremen – VfL Wolfsburg 1:0 (0:0)
Aufstellung: Rost – F. Baumann, Verlaat (62. Borowski), Skripnik – Tjikuzu (62. Banovic), Frings, Ernst (71. Klasnic), Stalteri – Lisztes – Ailton, Bode
Trainer: Schaaf
Tor: 1:0 Bode (79.)
Besonderes Vorkommnis: Reitmaier hält FE von Ailton (90.+2)
Zuschauer: 25.814

03.11.2001
Bundesliga, 12. Spieltag
FC Hansa Rostock – W. Bremen 0:1 (0:0)
Aufstellung: Rost – F. Baumann, Verlaat, Krstajic – Stalteri, Frings, Ernst, Skripnik – Lisztes – Bode, Klasnic (84. Borowski)
Trainer: Schaaf
Tor: 0:1 Klasnic (74.)
Zuschauer: 16.000

06.11.2001
Internationales Freundschaftsspiel
Widzew Lodz – W. Bremen 2:1 (1:1)
Aufstellung: Wierzchowski – Wiedener, Krstajic, Ernst – Wehlage (60. Stalteri), Borowski, Blank – Lisztes (46. Frings) – Klasnic, Silva, Ailton
Trainer: Schaaf
Tore: 0:1 Klasnic (25.), 1:1 Bogusz (44.), 2:1 Kalu (75.)
Zuschauer: 1.500

17.11.2001
Bundesliga, 13. Spieltag
W. Bremen – FC Bayern München 1:0 (1:0)
Aufstellung: Rost – F. Baumann, Verlaat, Krstajic – Tjikuzu, Frings, Ernst, Skripnik – Lisztes (88. Borowski) – Ailton, Bode (79. Stalteri)
Trainer: Schaaf
Tor: 1:0 Skripnik (40. FE)
Zuschauer: 35.800

24.11.2001
Bundesliga, 14. Spieltag
FC Schalke 04 – W. Bremen 1:4 (0:2)
Aufstellung: Rost – F. Baumann, Verlaat, Krstajic – Tjikuzu, Frings, Ernst (84. Borowski), Skripnik – Lisztes (74. Stalteri) – Ailton (88. Klasnic), Bode
Trainer: Schaaf
Tore: 0:1 Bode (20.), 0:2 Ailton (28.), 0:3 Lisztes (49.), 0:4 Skripnik (51. FE), 1:4 Sand (58.)
Zuschauer: 60.204

27.11.2001
DFB-Pokal, 2. Runde
KFC Uerdingen 05 – W. Bremen
1:1 (1:1, 0:1) n.Verl. i. Elfmeterschießen: 4:3
Aufstellung: Rost – F. Baumann, Verlaat, Krstajic – Stalteri, Frings (111. Bode), Borowski, Skripnik – Lisztes (68. Banovic) – Ailton (114. Silva), Klasnic
Trainer: Schaaf
Tore: 0:1 Borowski (17.), 1:1 Schmugge (80. FE)
Elfmeterschießen: Bode gehalten, 1:0 Schmugge, 1:1 Borowski, 2:1 Maaß, 2:2 Skripnik, Janota gehalten, 2:3 Banovic, 3:3 Rodriguez, Verlaat am Tor vorbei, 4:3 Vriesde
Zuschauer: 7.112

01.12.2001
Bundesliga, 15. Spieltag
W. Bremen – Bayer 04 Leverkusen 2:1 (1:1)
Aufstellung: Rost – F. Baumann, Verlaat (80. Stalteri), Krstajic – Tjikuzu, Lisztes, Frings, Ernst, Skripnik – Ailton, Bode
Trainer: Schaaf
Tore: 0:1 Schneider (38.), 1:1 Bode (39.), 2:1 Verlaat (58.)
Besonderes Vorkommnis: Rote Karte für Nowotny (70.)
Zuschauer: 32.100

08.12.2001
Bundesliga, 16. Spieltag
FC St. Pauli – W. Bremen 0:3 (0:1)
Aufstellung: Rost – F. Baumann, Ernst, Krstajic – Tjikuzu, Frings, Borowski (81. Banovic), Skripnik (85. Blank) – Lisztes – Ailton (76. Klasnic), Bode
Trainer: Schaaf
Tore: 0:1 Skripnik (19. HE), 0:2 Ailton (55.), 0:3 Borowski (70.)
Zuschauer: 19.617

15.12.2001
Bundesliga, 17. Spieltag
W. Bremen – Borussia Dortmund 1:1 (1:0)
Aufstellung: Rost – F. Baumann, Verlaat, Krstajic – Tjikuzu, Frings, Ernst, Skripnik – Lisztes – Ailton, Bode
Trainer: Schaaf
Tore: 1:0 Frings (40.), 1:1 Ewerthon (56.)
Zuschauer: 35.000

18.12.2001
Bundesliga, 18. Spieltag
W. Bremen – SC Freiburg 3:2 (1:1)
Aufstellung: Rost – F. Baumann, Verlaat, Krstajic – Tjikuzu, Frings, Ernst (59. Borowski), Skripnik – Lisztes – Ailton (46. Klasnic), Bode
Trainer: Schaaf
Tore: 1:0 Bode (13.), 1:1 Coulibaly (45.), 2:1 Krstajic (51.), 2:2 Zeyer (53.), 3:2 Skripnik (58. FE)
Zuschauer: 25.277

10.01.2002
Antalya-Cup
Galatasaray Istanbul – W. Bremen 2:1 (2:1)
Aufstellung: Rost – Verlaat (68. Borowski), Baumann, Krstajic – Tjikuzu, Frings, Ernst, Skripnik, Lisztes – Bode, Ailton
Trainer: Schaaf
Tore: 0:1 Bülent (4. ET), 1:1 Bülent (34.), 2:1 Sergen (35.)
Zuschauer: 2.500

12.01.2002
Antalya-Cup
Spartak Moskau – W. Bremen 2:1 (1:1)
Aufstellung: Wierzchowski – Wehlage, Eilts, Blank, Magnin (83. Skripnik) – Stalteri, Borowski, Banovic (73. Kern), Rolfes (46. Salyer) – Klasnic, Silva
Trainer: Schaaf
Tore: 1:0 Bestchastnykh (3.), 1:1 Klasnic (44.), 2:1 Titov (82.)
Zuschauer: 1.500 in Antalya

14.01.2002
Internationales Freundschaftsspiel
Levski Sofia – W. Bremen 3:3 (2:0)
Aufstellung: Borel – F. Baumann (46. Blank), Verlaat (46. Borowski), Krstajic (46. Skripnik) – Tjikuzu (46. Wehlage), Banovic, Frings (46. Rolfes), Lisztes (46. Salyer), Bode (46. Kern) – Silva, Ailton (46. Klasnic)
Trainer: Schaaf
Tore: 1:0 Angelov (38.), 2:0 Iwanow (43.), 2:1 Klasnic (51.), 3:1 Angelov (57.), 3:2 Silva (73.), 3:3 Klasnic (82.)
Zuschauer: 100 in Belek

19.01.2002
Freundschaftsspiel
W. Bremen – Eintracht Frankfurt 2:2 (2:0)
Aufstellung: Wierzchowski – Wehlage, F. Baumann, Skripnik, Blank – Borowski, Ernst, Lisztes, Rolfes, Banovic – Klasnic
Trainer: Schaaf
Tore: 1:0 Ernst (4.), 2:0 Lisztes (41.), 2:1 Skela (52.), 2:2 Kryszalowicz (88.)
Zuschauer: 1.000 in Brinkum

20.01.2002
Internationales Freundschaftsspiel
W. Bremen – PSV Eindhoven 2:0 (1:0)
Aufstellung: Rost – F. Baumann, Verlaat, Skripnik – Tjikuzu, Frings, Borowski (69. Banovic), Bode (80. Blank) – Lisztes (62. Ernst) – Klasnic, Ailton
Trainer: Schaaf
Tore: 1:0 F. Baumann (12.), 2:0 Bode (65.)
Zuschauer: 2.500 in Kropp

27.01.2002
Bundesliga, 19. Spieltag
FC Energie Cottbus – W. Bremen 2:1 (1:1)
Aufstellung: Rost – F. Baumann, Verlaat, Krstajic – Tjikuzu, Frings, Borowski, Magnin (81. Klasnic) – Lisztes – Ailton, Bode
Trainer: Schaaf
Tore: 0:1 Ailton (28.), 1:1 Matyus (41.), 2:1 Topic (79.)
Zuschauer: 14.350

02.02.2002
Bundesliga, 20. Spieltag
W. Bremen – VfB Stuttgart 1:2 (1:0)
Aufstellung: Rost – F. Baumann, Verlaat (68. Borowski), Krstajic – Tjikuzu, Ernst, Frings, Lisztes, Skripnik – Ailton, Bode
Trainer: Schaaf
Tore: 1:0 Bode (40.), 1:1 Ganea (62.), 1:2 Tiffert (84.)
Zuschauer: 26.000

05.02.2002
Bundesliga, 21. Spieltag
TSV 1860 München – W. Bremen 3:1 (1:1)
Aufstellung: Rost – F. Baumann, Verlaat (71. Banovic), Krstajic – Tjikuzu (86. Wehlage), Ernst, Lisztes, Borowski (76. Klasnic), Skripnik – Ailton, Bode
Trainer: Schaaf
Tore: 1:0 Agostino (18.), 1:1 Lisztes (24.), 2:1 Max (68.), 3:1 Häßler (74.)
Zuschauer: 17.200

09.02.2002
Bundesliga, 22. Spieltag
W. Bremen – 1. FC Kaiserslautern 1:0 (0:0)
Aufstellung: Rost – Wehlage (86. Stalteri), F. Baumann, Verlaat, Krstajic – Frings, Ernst (31. Borowski), Skripnik – Lisztes – Ailton (80. Klasnic), Bode
Trainer: Schaaf
Tor: 1:0 Ailton (51.)
Zuschauer: 27.100

17.02.2002
Bundesliga, 23. Spieltag
1. FC Köln – W. Bremen 0:0
Aufstellung: Rost – F. Baumann, Verlaat, Krstajic – Wehlage, Frings, Banovic (61. Tjikuzu), Skripnik – Lisztes (82. Borowski) – Ailton, Bode (89. Stalteri)
Trainer: Schaaf
Tore: –
Besonderes Vorkommnis: Rote Karte für Wehlage (58.)
Zuschauer: 26.000

24.02.2002
Bundesliga, 24. Spieltag
W. Bremen – Hamburger SV 0:1 (0:0)
Aufstellung: Rost – F. Baumann, Verlaat (77. Borowski), Skripnik – Banovic (61. Klasnic), Frings, Ernst, Magnin (46. Stalteri) – Lisztes – Ailton, Bode
Trainer: Schaaf
Tor: 0:1 Romeo (74.)
Zuschauer: 32.250

02.03.2002
Bundesliga, 25. Spieltag
Bor. M'gladbach – W. Bremen 1:0 (1:0)
Aufstellung: Rost – Tjikuzu (78. Silva), Verlaat, Krstajic, Skripnik – F. Baumann, Frings, Lisztes (54. Banovic), Borowski (46. Ailton) – Klasnic, Bode
Trainer: Schaaf
Tor: 1:0 van Houdt (36.)
Zuschauer: 28.600

05.03.2002
Internationales Freundschaftsspiel
W. Bremen – FC Levadia Maardu (Estland) 1:0 (0:0)
Aufstellung: Wierzchowski – Wehlage, Blank, Barten, Kern (70. Löning) – Heidenreich (46. Dennis Meyer), Stalteri, Salyer, Beckert (80. D. Votava) – Bogdanovic, Silva
Trainer: Schaaf
Tor: 1:0 Stalteri (60.)
Besonderheiten: Löning (SpVgg. Aurich), Heidenreich (Eintracht Minden) und D. Meyer (TSV OT Bremen) spielten als Gastspieler mit
Zuschauer: 250

09.03.2002
Bundesliga, 26. Spieltag
1. FC Nürnberg – W. Bremen 0:4 (0:3)
Aufstellung: Rost – F. Baumann, Verlaat, Skripnik – Tjikuzu, Lisztes (69. Borowski), Ernst, Frings (80. Magnin), Stalteri – Bode (75. Banovic) – Ailton
Trainer: Schaaf

Tore: 0:1 Frings (6.), 0:2 Ailton (21.), 0:3 Ailton (30.), 0:4 Stalteri (51.)
Besonderes Vorkommnis: Kampa hält FE von Skripnik (84.)
Zuschauer: 24.500

16.03.2002
Bundesliga, 27. Spieltag
W. Bremen – Hertha BSC Berlin 0:3 (0:0)
Aufstellung: Rost – Verlaat (71. Borowski) – F. Baumann (67. Klasnic), Skripnik, Stalteri – Tjikuzu, Frings, Ernst (84. Krstajic) – Lisztes, Bode – Ailton
Trainer: Schaaf
Tore: 0:1 Lapaczinski (62.), 0:2 Alves (66.), 0:3 Alves (85.)
Zuschauer: 31.350

24.03.2002
Bundesliga, 28. Spieltag
VfL Wolfsburg – W. Bremen 2:0 (0:0)
Aufstellung: Rost – Stalteri, Verlaat (70. Klasnic), Krstajic, Skripnik – Lisztes, Ernst (83. Silva), Frings, F. Baumann, Bode – Ailton
Trainer: Schaaf
Tore: 1:0 Klimowicz (64.), 2:0 Petrov (78.)
Zuschauer: 14.275

31.03.2002
Bundesliga, 29. Spieltag
W. Bremen – FC Hansa Rostock 4:3 (1:2)
Aufstellung: Rost – F. Baumann, Verlaat, Krstajic (30. Stalteri) – Wehlage, Lisztes, Ernst (46. Borowski), Frings, Skripnik (77. Silva) – Ailton, Klasnic
Trainer: Schaaf
Tore: 1:0 Ailton (3.), 1:1 Rydlewicz (24. FE), 1:2 di Salvo (30.), 2:2 Frings (47.), 2:3 Schröder (49.), 3:3 Rost (90.), 4:3 Ailton (90.+2,FE)
Zuschauer: 26.742

06.04.2002
Bundesliga, 30. Spieltag
FC Bayern München – W. Bremen 2:2 (1:1)
Aufstellung: Rost – Stalteri, Verlaat, Krstajic, Skripnik – Lisztes (61. Banovic), F. Baumann (72. Wehlage), Frings, Ernst – Bode (66. Klasnic) – Ailton
Trainer: Schaaf
Tore: 1:0 Pizarro (21.), 1:1 Ailton (24. FE), 2:1 Santa Cruz (55.), 2:2 Krstajic (90.+1)
Zuschauer: 52.000

13.04.2002
Bundesliga, 31. Spieltag
W. Bremen – FC Schalke 04 3:0 (1:0)
Aufstellung: Rost – F. Baumann, Verlaat, Krstajic – Wehlage (88. Tjikuzu), Ernst, Stalteri, Skripnik (86. Magnin) – Frings, Banovic (81. Borowski) – Ailton
Trainer: Schaaf
Tore: 1:0 F. Baumann (24.), 2:0 Ailton (63.), 3:0 Frings (77.)
Zuschauer: 35.600

20.04.2002
Bundesliga, 32. Spieltag
Bayer 04 Leverkusen – W. Bremen 1:2 (1:1)
Aufstellung: Rost – F. Baumann, Verlaat, Krstajic – Stalteri, Ernst, Borowski (82. Wehlage), Frings – Lisztes (87. Banovic), Skripnik – Ailton (80. Klasnic)
Trainer: Schaaf
Tore: 0:1 Lisztes (5.), 1:1 Zè Roberto (31.), 1:2 Ailton (61.)
Besonderes Vorkommnis: Rost hält FE von Butt (40.)
Zuschauer: 22.500

27.04.2002
Bundesliga, 33. Spieltag
W. Bremen – FC St. Pauli 3:2 (0:2)
Aufstellung: Rost – F. Baumann, Verlaat, Krstajic – Wehlage (46. Banovic), Ernst (76. Borowski), Skripnik (73. Klasnic) – Lisztes, Frings – Ailton, Bode
Trainer: Schaaf
Tore: 0:1 Rahn (5.), 0:2 Meggle (16.), 1:2 Frings (50.), 2:2 Bode (54.), 3:2 Frings (78.)
Besonderes Vorkommnis: Gelb-Rote Karte für Banovic (90.)
Zuschauer: 35.600

04.05.2002
Bundesliga, 34. Spieltag
Borussia Dortmund – W. Bremen 2:1 (1:1)
Aufstellung: Rost – F. Baumann, Verlaat, Krstajic – Tjikuzu, Ernst, Stalteri, Skripnik – Frings, Lisztes (89. Bode) – Ailton
Trainer: Schaaf
Tore: 0:1 Stalteri (17.), 1:1 Koller (41.), 2:1 Ewerthon (74.)
Besonderes Vorkommnis: Gelb-Rote Karte für Krstajic (77.)
Zuschauer: 68.600

07.05.2002
Freundschaftsspiel
Vorwärts Nordhorn – W. Bremen 0:10 (0:3)
Aufstellung: Borel – Wehlage, Baumann (46. Barten), Skripnik (46. Rolfes), Blank – Tjikuzu, Stalteri (46. Teinert), Banovic – Klasnic (46. Kern), Ailton (46. Bogdanovic), Silva.
Trainer: Schaaf
Tore: Bogdanovic (2), Silva (2), Kern (2), Klasnic (2), Tjikuzu, Banovic
Besonderheit: Christoph Teinert von der TSG Hoffenheim wirkte als Gastspieler mit
Zuschauer: 2.500

09.05.2002
Freundschaftsspiel
Kreisauswahl Tecklenburg – W. Bremen 0:6 (0:3)
Aufstellung: Borel – Tjikuzu, Barten, Verlaat (46. Wehlage), Blank – Baumann (46. Skripnik), Stalteri (46. Kern) – Banovic, Rolfes – Silva (46. Bogdanovic), Ailton (46. Klasnic)
Trainer: Schaaf
Tore: 0:1 Rolfes (14.), 0:2 Tjikuzu (37.), 0:3 Banovic (45.), 0:3 Rolfes (54.), 0:5 Bogdanovic (75.), 0:6 Kern (77.)
Zuschauer: 3.000 in Recke

11.05.2002
Internationales Freundschaftsspiel
Lech Posen – W. Bremen 2:1 (1:1)
Aufstellung: Borel – Barten, Verlaat, Skripnik – Wehlage, Tjikuzu, Baumann, Blank (60. Rolfes) – Banovic (73. Kern) – Ailton (67. Bogdanovic), Silva (46. Klasnic)
Trainer: Schaaf
Tore: 0:1 Ailton (21.), 1:1 Tyrayski (36.), 2:1 Przerada (68.)
Zuschauer: 6.000

12.05.2002
Freundschaftsspiel
VfL Bad Oldesloe – W. Bremen 1:9 (1:4)
Aufstellung: Borel – F. Baumann, Verlaat (Barten), Blank – Wehlage, Banovic (46. Tjikuzu), Rolfes, Klasnic – Bogdanovic, Ailton (Silva), Kern
Trainer: Schaaf
Tore: Klasnic (2), Bogdanovic (2), Rolfes (2), Tjikuzu, Blank, Silva
Zuschauer: 1.500

Bundesliga-Abschlusstabelle 2001 / 2002

Platz	Verein	Spiele	S	U	N	Tore	Diff.	Punkte
1.	Borussia Dortmund	34	21	7	6	62:33	+29	70
2.	Bayer Leverkusen	34	21	6	7	77:38	+39	69
3.	Bayern München (M, CL)	34	20	8	6	65:25	+40	68
4.	Hertha BSC Berlin	34	18	7	9	61:38	+23	61
5.	Schalke 04 (P)	34	18	7	9	52:36	+16	61
6.	**Werder Bremen**	**34**	**17**	**5**	**12**	**54:43**	**+11**	**56**
7.	1. FC K'lautern	34	17	5	12	62:53	+9	56
8.	VfB Stuttgart	34	13	11	10	47:43	+4	50
9.	1860 München	34	15	5	14	59:59	0	50
10.	VfL Wolfsburg	34	13	7	14	57:49	+8	46
11.	Hamburger SV	34	10	10	14	51:57	-6	40
12.	Borussia M'gladbach (N)	34	9	12	13	41:53	-12	39
13.	FC Energie Cottbus	34	9	8	17	36:60	-24	35
14.	Hansa Rostock	34	9	7	18	35:54	-19	34
15.	1. FC Nürnberg (N)	34	10	4	20	34:57	-23	34
16.	SC Freiburg	34	7	9	18	37:64	-27	30
17.	1. FC Köln	34	7	8	19	26:61	-35	29
18.	FC St. Pauli (N)	34	4	10	20	37:70	-33	22

Fieberkurve der Bundesliga-Saison 2001 / 2002

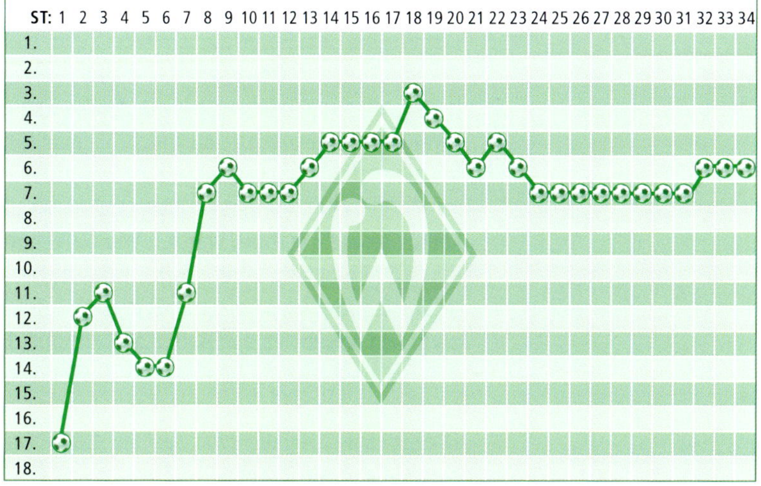

2002/03: »Allez les verts!«

Oben v.l.:
Mannschaftsarzt Dr. Dimanski, Daun, Charisteas, Rolfes, Krstajic, Blank, Borowski, Baumann, Verlaat, Micoud, Stalteri, Zeugwart Kollra
Mitte v.l.:
Trainer Schaaf, Sportdirektor Allofs, Tjikuzu, Mamoum, Banovic, Schulz, Friedrich, Lisztes, Ernst, Zeugwart Behrens, Torwarttrainer Burdenski, Co-Trainer Kamp
Unten v.l.:
Reich, Beckert, Skripnik, Magnin, Borel, Wierzchowski, Jürgen, Klasnic, Ailton, Wehlage, Barten

Thomas Schaafs Bilanz im Sommer 2002 konnte sich sehen lassen: Nacheinander hatte er die Plätze 13, 9, 7 und 6 belegt, und das trotz personellen Aderlasses und bescheidener wirtschaftlicher Möglichkeiten. Vor der Saison 2002/2003 geriet die Zäsur schlimmer als je zuvor: Torwart Frank Rost zog es zu Schalke 04, »Eisen-Dieter« Eilts beendete endgültig seine Karriere und Marco Bode überraschenderweise auch. Am schwersten schien bei alledem der Verlust von Torsten Frings zu wiegen, der künftig in Diensten von Borussia Dortmund um den Titel mitspielen wollte.

Der Wechsel von Frings hatte Werder zuvor ein knappes halbes Jahr lang in Atem gehalten. Der beste Feldspieler der Saison hatte noch zur Winterpause vor laufender Kamera erklärt, es sei zwar ganz schön, wenn sich andere Vereine für ihn interessierten, aber er habe nicht den geringsten Grund, Werder zu verlassen. Spätestens als Frings ein überraschendes »So etwas habe ich nie gesagt!« entfuhr, war den Werder-Verantwortlichen klar: Der Kampf um seine Unterschrift war für Werder beinahe aussichtslos. Umso mehr, weil der Allrounder sich am Ende zwischen Angeboten von Borussia Dortmund, Bayer Leverkusen und auch Bayern München entscheiden konnte.

Die Einkäufe machten zwar Lust auf die Saison, aber schienen allesamt nicht spektakulär genug, um den Verlust der vier

Er war das Thema der Vorrunde: Pascal Borel stand anfangs zu Recht in der Kritik, steigerte sich in der Rückrunde aber fast unbemerkt zu einem fehlerlosen Bundesligatorhüter

Stars Rost, Eilts, Bode und Frings aufzuwiegen. Den griechischen Stürmer Charisteas wollte Werder schon lange zuvor haben – nun bekam man ihn. Marco Reich kam als gescheiterter Supereinkauf des 1. FC Köln, denen offenbar vor der Verpflichtung niemand gesagt hatte, dass der Pfälzer kein Mittelstürmer ist. Mit Manuel Friedrich aus Mainz kam das größte Defensivtalent der 2. Liga, und mit Markus Daun ein entwicklungsfähiger Stürmer von Bayer-Leverkusen, dem der Ruf einer unermüdlichen Kampfameise vorauseilte.

Zur Verstärkung wurden nur Daun und Charisteas. Manuel Friedrich riss in der Saisonvorbereitung das Kreuzband (und im Winter dann gleich noch einmal!), während Marco Reich mit immensen Anlaufschwierigkeiten zu kämpfen hatte.

Zum Schlüsselproblem der Saison wurde die Besetzung des Torhüterpostens. Der eigentlich als Rost-Nachfolger verpflichtete Pole Jakub Wierzchowski hatte binnen eines Jahres das Vertrauen in seine Fähigkeiten weitgehend verspielt, so dass zum Saisonauftakt etwas überraschend Nachwuchsmann Pascal Borel zwischen den Pfosten stand, dessen Person Werder nahezu das ganze Jahr über in Atem halten sollte, ohne dass der Betroffene am Ende wirklich viel dafür konnte.

Die Saison begann wie die vorige: Eine 0:3-Auswärtspackung bei einem späteren Absteiger, garniert mit Platzverweisen. Diesmal war Arminia Bielefeld der Empfänger der milden Punkte-Gabe aus Bremen, reduziert wurden die unkonzentriert wirkenden Grün-Weißen im Spielverlauf um Fabian Ernst und Raschi Tjikuzu. Etwas glücklich, aber verdient wurde in der folgenden Woche der gute alte HSV mit 2:1 niedergerungen – wunderbarerweise durch ein Tor des St.-Pauli-Neuzugangs Holger Wehlage. Schöner noch war das erste Tor des Spiels: Ein angeschnittener Kunstschuss von Angelos Charisteas schon nach neun Minuten, mit dem der Grieche sich in seinem ersten Heimspiel für Werder in beachtlichem Tempo in die Herzen der Fans ballerte.

Grund zur Beunruhigung gab das nächste Auswärtsspiel bei 1860 München: Eine chancenlose Werder-Elf vergeigte das Spiel mit 0:3, und erstmals gab es Getuschel um Pascal Borel, der beim dritten Tor schlecht aussah. Und ab hier zeigten sich alle Sündenbock-Mechanismen der Medien von ihrer unangenehmsten Seite: Pascal Borel war fortan das personifizierte Problem des SV Werder, und bis zur Kreation des Spott-Namens »Pannen-Pascal« dauerte es nun auch nicht mehr lange. Keine Rolle spielte es dabei, dass in München Frank Baumann und Mladen Krstajic nicht die Bohne besser spielten als der junge Keeper. Ein Phänomen, das Werder und Borel in den nächsten Monaten zur Genüge kennen lernen sollten: Patzte ein Abwehrspieler, wurde dies bestenfalls mit hochgezogenen Augenbrauen zur Kenntnis genommen.

Der Glücksgriff schlechthin: Weil der AC Parma ihn nicht mehr bezahlen konnte, zauberte Klaus Allofs Werder einen Weltklassefußballer herbei. Johan Micoud verlieh Werders Spiel eine zuweilen göttliche Spielkultur

Erwischte Borel eine Flanke nicht, hieß es: »Der schon wieder!«

Zugegeben: Pascal Borel spielte keine gute Vorrunde. Viele der Spiele liefen unglücklich und boten ihm keine Chance, sich auszuzeichnen. Manchmal sah er nicht gut aus, aber derartige Phasen hatten alle in diesem Buch gewürdigten Klassetorhüter vor ihm auch zu bestehen. Werders sportliche Leitung hielt an Borel fest, was den üblichen Verdächtigen bei den Medien feinste Munition lieferte, um bei jedem Gegentor genüsslich auf Werders Torwartproblem hinzuweisen.

Eigentlich hätte es genügend Anlass für positive Werder-Schlagzeilen gegeben: Am 4. Spieltag betrat ein Spieler die Bundesliga-Bühne, der Bremen ab sofort verzaubern sollte, wie dies lange kein Spieler mehr vermocht hatte: Sportdirektor Allofs war es zur allgemeinen Überraschung gelungen, den Weltklassemann Johan Micoud vom klammen AC Parma zu verpflichten. Der Franzose, der in seiner Heimat immer im Schatten des großen Zinedine Zidane stand, riss das Werder-Spiel schon bei seinem Debüt gegen den 1. FC Nürnberg an sich. Der »Kicker« gab ihm die Note 1,5 – und das nicht nur, weil Micoud auf Anhieb traf. Der Regisseur lenkte das Spiel des SV Werder mit einer Genialität, wie sie nie ein Werder-Regisseur vor ihm ausstrahlen konnte. Als Werder-Fan hatte man bei aller Freude manchmal das klammheimliche Gefühl: »Der ist eigentlich zu gut für uns!«

Dieses Gefühl verschwand schnell, denn mit Micoud legte Werder spielerisch zwei Klassen zu und kletterte in der Tabelle beachtlich nach oben. Als »Joe« kam, stand Werder auf Platz 13. Einen Monat später war es Platz 4, und zur Winterpause gar Platz 3. Nicht wenige trauten Werder nun Champions League und Titelrennen zu, aber leider … leider zog die Elf nun wieder schmerzlich die Parallelen zur Vorsaison: Heim-Unentschieden gegen Absteiger Bielefeld, Niederlage in Hamburg, Heimschlappe gegen 1860, Niederlage bei Absteiger Nürnberg, Heimdesaster gegen Absteiger Cottbus – es war unfassbar!

Eine merkwürdige Laune des Schicksals brachte die Wende. Nach dem 1:2 gegen die Löwen, bei dem Werder über weite Strecken Traumfußball zelebrierte, um schließlich durch einen Klops von Torwart Borel auf die Verliererstraße zu geraten, reagierte Thomas Schaaf und nahm einen Torwartwechsel vor. Eine Maßnahme, die im Nachhinein anmutet, als habe Schaaf allen Borel-Kritikern mit Gewalt zeigen wollen: »Seht her, der andere Torwart ist auch nicht besser!« In der Tat begann »Kuba« Wierzchowski in Nürnberg hibbelig, unterlief Flanken und lenkte sich einen Ball ins eigene Tor. Seine Leistungen in Leverkusen und beim Pokalspiel in Kaiserslautern gehörten

»Das, was Toni macht, könnte man als bezahlten Urlaub bezeichnen. Er macht Urlaub und bezahlt dafür.« (Thomas Schaaf über den Brasilianer »Toni« Ailton, der beim Trainingsauftakt unentschuldigt fehlte)

Werders Oldtimer Frank Verlaat spielte eine starke letzte Saison in der Bundesliga. Der anfangs als »zu langsam« verspottete Niederländer verabschiedete sich nach drei ganz starken Jahren aus Bremen

zum Bedenklichsten, was ein Werder-Torwart seit Hermann Rülander (vgl. Saison 1981/82!) gezeigt hatte. Das Experiment mit dem bedauernswerten Ex-Nationaltorhüter aus Polen war spektakulär gescheitert. Wierzchowski hatte sich seine Bundesliga-Karriere in nur vier Spielen kurz und klein geflattert.

Nun war also Borel wieder dran, und das Wunder geschah: Im ersten Spiel nach seiner Rückkehr ins Tor war er gemeinsam mit Micoud und Ailton der Garant für den Sieg gegen den VfL Bochum, der die Wende einleitete. Borel hielt fortan mindestens eine Klasse besser als in der Vorrunde, strahlte Ruhe und Sicherheit aus und machte bis zum Saisonende nichts mehr falsch. Im letzten Drittel der Saison zählte er zu den besten Torhütern der Liga.

Im selben Maß, wie der zuvor so bitterböse kritisierte Torwart es nun den eigenen Fans leichter machte, machten es die Ergebnisse schwerer, den SV Werder richtig einzuordnen. Nach 26 Spieltagen war die Mannschaft mit einer 1:2-Heimniederlage gegen Hannover 96 auf dem Tiefpunkt angekommen. Keiner gab mehr einen Pfifferling für die vermeintliche »Versagertruppe, die es ja doch immer irgendwie vergeigt«. Aber die Gescholtenen zeigten es Fans und Medien: Es folgten nacheinander zwei denkwürdige Siege mit zwei denkwürdigen Toren: 2:1 beim Meister Dortmund mit Fabian Ernsts Heber beinahe von der Mittellinie, und der 1:0-Triumph bei Bayern München mit Johan Micouds Heber beinahe von der Eckfahne.

Bis zum Saisonende wechselten sich Sternstunden und unerklärliche Blackouts munter ab. Am Ende stand zum zweiten Mal nacheinander Platz 6 – UI-Cup. Werder-Fans trauerten um die verpatzten Träume von UEFA-Cup oder gar Champions League, erschauerten bei der Erinnerung an das Torhüter-Theater um Borel und Wierzchowski, freuten sich aber an einem unbezahlbaren Johan Micoud, einem gewohnt treffsicheren Ailton, Vertragsverlängerungen mit Fabian Ernst und Frank Baumann und einem zuletzt bärenstarken Pascal Borel. Die Saison endete leicht verkatert, machte aber Lust auf mehr. Mehr Micoud.

Immer eine imposante Erscheinung: Johan Micoud auf dem Spielfeld beim erhabenen Torjubel mit »Harry« Charisteas (oben) und bei seiner »Taufe« als Werderaner auf dem Bremer Freimarkt (unten). Man beachte den so genannten »Funny Hat«, den auch Blaise Mamoum hervorragend tragen konnte

Vielleicht das spektakulärste Werder-Tor der letzten Jahre: Fabian Ernst nimmt in Dortmund kurz vor Schluss beinahe von der Mittellinie Maß, BVB-Torwart Weidenfeller hechelt vergeblich hinterher – 2:1-Sieg beim Meister!

WERDER BREMEN 2002/03

Trainer

Schaaf, Thomas »Schabba«
Verantwortlicher Trainer in allen 34 Spielen der Saison

Werders Neuzugänge im Sommer 2002

Vier junge Herren mit Perspektive: Thomas Schaaf mit Angelos Charisteas, Marco Reich. Markus Daun und Manuel Friedrich (v.l.)

Wer kam?

Beckert (eig. Amateure)
Charisteas (Aris Saloniki/Griechenland)
Daun (von Bayer Leverkusen ausgeliehen)
Friedrich (FSV Mainz 05)
Jürgen (Preußen Münster)
Micoud (AC Parma/Italien, w.d.S.)
Reich (1. FC Köln)
Mamoum (eig. Amateure)
Schulz (eig. Amateure)
Stier (eig. A-Jugend)

Wer ging?

Blank (FC St. Pauli, w.d.S.)
Bode (Karriereende)
Bogdanovic (Arminia Bielefeld)
da Silva (Union Santa Fé/Argentinien)
Eilts (Karriereende, Jugendtrainer bei Werder)
Frings (Borussia Dortmund)
Kern (SV Waldhof Mannheim)
Mamoum (w.d.S. an Waldhof Mannheim ausgeliehen)
Rolfes (w.d.S. an SSV Reutlingen ausgeliehen)
Rost (Schalke 04)
Wehlage (w.d.S. an Union Berlin ausgeliehen)

w.d.S. = während der Saison

Tor

Borel, Pascal
31 Spiele; 0 Tore

Wierzchowski, Jakub »Kuba«
3 Spiele; 0 Tore

Jürgen, Michael* »Schnapper«
0 Spiele; 0 Tore

Abwehr

Krstajic, Mladen »Kris«
31 Spiele; 4 Tore

Verlaat, Frank »Ed«
29 Spiele; 2 Tore

Skripnik, Victor »Skripa«
25 Spiele; 1 Tor

Mittelfeld

Stalteri, Paul* »Stally«
33 Spiele; 0 Tore

Ernst, Fabian »Fabe«
31 Spiele; 2 Tore

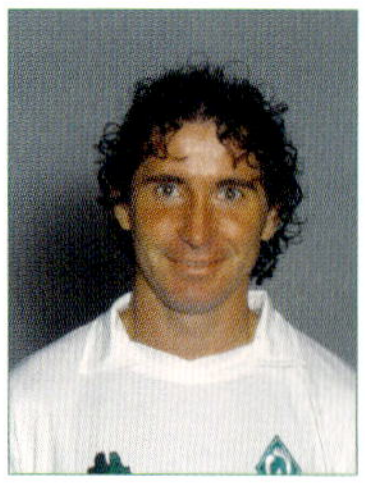

Lisztes, Krisztian
31 Spiele; 0 Tore

Angriff

»Ailton«, Gonçalves da Silva »Toni«
31 Spiele; 16 Tore

Charisteas, Angelos »Harry«
31 Spiele; 9 Tore

Daun, Markus
27 Spiele; 3 Tore

Erweiterter Kader

Haedo-Valdez, Nelson*
2 Spiele; 0 Tore

Lenze, Christian*
0 Spiele; 0 Tore

Salyer, Philip*
0 Spiele; 0 Tore

* Nicht-Amateur ohne Lizenz

Der Sport-Verein »Werder« im Jahr 2002/03:

2002/03

Vorstand:	**Jürgen L Born (Vorsitzender), Klaus Allofs (Sportdirektor), Manfred Müller (Marketing) Klaus-Dieter Fischer (Amateure)**
Aufsichtsrat:	**Dr. Franz Böhmert (Vorsitzender), Willi Lemke (Politik), Jörg Wontorra (Medien), Friedrich Lürssen (Wirtschaft), Hans Schulz (Sport) Dr. Hubertus Hess-Grunewald (Amateure) Gunnar Lübben-Ratjen (Amateure)**
Leiter Spielbetrieb:	**Wolfgang Barkhausen**
Mediendirektor:	**Tino Polster**
Pressesprecherin:	**Marita Hanke**
Vereinsärzte:	**Dr. Karl Meschede und Dr. Götz Dimanski**
Physiotherapeut:	**Holger Berger**
Mitglieder:	**3.058**
Kapazität Weser-Stadion:	**35.800 Plätze (4.700 Stehplätze und 1.072 Logenplätze)**

Walke, Alexander
0 Spiele; 0 Tore

Baumann, Frank
»Baumi«
24 Spiele; 0 Tore

Magnin, Ludovic
»Ludo«
12 Spiele; 1 Tor

Schulz, Christian
»Schulle«
11 Spiele; 0 Tore

Barten, Mike
7 Spiele; 0 Tore

Blank, Stefan
0 Spiele; 0 Tore

Friedrich, Manuel
»Manu«
0 Spiele; 0 Tore

Micoud, Johan
»Joe«
28 Spiele; 5 Tore

Borowski, Tim
»Boro«
18 Spiele; 0 Tore

Banovic, Ivica
»Izzo«
15 Spiele; 1 Tor

Reich, Marco
»Siggi«
15 Spiele; 0 Tore

Tjikuzu, Razundara
»Raschi«
8 Spiele; 0 Tore

Wehlage, Holger
2 Spiele; 1 Tor

Beckert, Stefan*
0 Spiele; 0 Tore

Rolfes, Simon
»Simmse«
0 Spiele; 0 Tore

Klasnic, Ivan
»Killer«
13 Spiele; 2 Tore

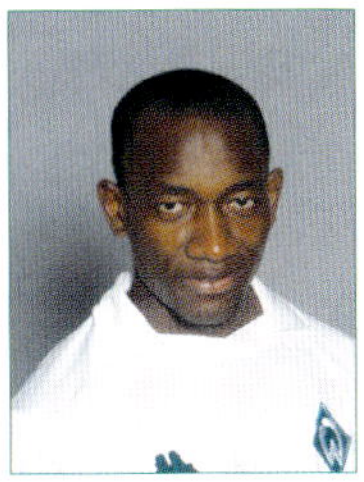

Mamoum, Blaise*
»Shaft«
0 Spiele; 0 Tore

Stier, Marco*
»Stierchen«
0 Spiele; 0 Tore

In Freundschaftsspielen eingesetzt:

Aydin, Erhan (Angriff)
Diovane (Angriff; Gastspieler, Verein unbekannt)
Jaekel, Peer (Abwehr)
Kuru, Ahmet (Angriff)
McKain, Jonathan (Abwehr; Gastspieler von den Brisbane Strikers/ Australien)
Nánánsi, Krisztián (Mittelfeld)
Neunaber, Mario (Abwehr)
Schierenbeck, Björn »Fiedel« (Abwehr)
Yilmaz, Rasim (Angriff; Gastspieler vom SV Huizen/Niederlande)

Alle Spiele 2002/03

05.07.2002
Freundschaftsspiel
TuS Norderney – W. Bremen 0:19 (0:7)
Aufstellung: Wierzchowski (46. Borel) – Friedrich (14. Barten), Verlaat (46. Wehlage), Krstajic (46. Skripnik), Tjikuzu (46. Blank) – Ernst (46. Banovic), Magnin (46. Stalteri), Borowski (46. Rolfes), Lisztes (46. Reich)– Charisteas (46. Mamoum), Klasnic (46. Daun)
Trainer: Schaaf
Tore: Banovic (3), Daun (3), Barten (2), Klasnic (2), Mamoum (2), Friedrich, Charisteas, Magnin, Ernst, Reich, Blank, Rolfes
Zuschauer: 1.500

07.07.2002
Freundschaftsspiel
FC Norden – W. Bremen 0:7 (0:4)
Aufstellung: Borel (46. Wierzchowski) – Wehlage (46. Barten), Skripnik (46. Verlaat), Blank (46. Krstajic), Rolfes (46. Tjikuzu) – Stalteri (46. Ernst), Banovic (46. Borowski), Reich (46. Magnin) – Daun (46. Lisztes), Ailton (28. Klasnic), Mamoum (46. Charisteas)
Trainer: Schaaf
Tore: 0:1 Skripnik (3.), 0:2 Daun (19.), 0:3 Wehlage (31.), 0:4 Roth (39. ET), 0:5 Borowski (50./FE), 0:6 Barten (67.), 0:7 Charisteas (75.)
Zuschauer: 2.000

10.07.2002
Internationales Freundschaftsspiel
W. Bremen – Trabzonspor Kulübü 1:2 (0:1)
Aufstellung: Wierzchowski – Barten (46. Skripnik), Verlaat, Krstajic – Tjikuzu, Lisztes, Ernst, Stalteri, Magnin – Charisteas (46. Daun), Ailton (63. Reich)
Trainer: Schaaf
Tore: 0:1 Yilmaz (15.), 1:1 Ailton (47. FE), 1:2 Ramazan (90.)
Zuschauer: 2.500 in Verden

12.07.2002
Freundschaftsspiel
TSV Süstedt – W. Bremen 0:12 (0:3)
Aufstellung: Borel (46. Wierzchowski) – Wehlage, Blank, Skripnik (46. Daun), Rolfes, – Mamoum, Borowski, Banovic, Reich, – Klasnic, Ailton (46. Charisteas).
Trainer: Schaaf
Tore: Charisteas (3), Mamoun (2), Daun (2), Banovic (2), Borowski (2), Klasnic
Zuschauer: 1.500

16.07.2002
Freundschaftsspiel
SC Ritzing – W. Bremen 3:10 (1:5)
Aufstellung: Wierzchowski (46. Jürgen) – Tjikuzu (46. Wehlage), Verlaat (46. Barten), Krstajic (46. Skripnik), Magnin (46. Blank) – Rolfes (46. Borowski), Ernst (46. Stalteri), Lisztes (46. Banovic) – Mamoum (46. Daun), Charisteas (46. Klasnic), Ailton (46. Reich)
Trainer: Schaaf
Torschützen für Werder: Rolfes (2), Krstajic (2), Stalteri (2), Charisteas, Banovic, Klasnic, Reich
Zuschauer: 1.000

19.07.2002
Internationales Freundschaftsspiel
W. Bremen – Celtic Glasgow 6:2 (1:1)
Aufstellung: Borel – F. Baumann (57. Barten), Verlaat, Krstajic – Wehlage, Banovic, Borowski, Skripnik – Reich, Daun (70. Charisteas), Klasnic
Trainer: Schaaf
Tore: 0:1 Hartson (12. HE), 1:1 Banovic (17.), 2:1 Daun (46.), 3:1 Klasnic (50.), 4:1 Charisteas (80.), 5:1 Klasnic (81.), 5:2 Fernandez (84.), 6:2 Banovic (85.)
Zuschauer: 1.500 in Bad Waltersdorf

24.07.2002
DFB-Ligapokal, Vorrunde
W. B. – Bayer 04 Leverkusen 0:1 (0:0)
Aufstellung: Borel – F. Baumann, Verlaat (85. Daun), Krstajic – Tjikuzu, Ernst, Stalteri, Magnin – Lisztes (66. Banovic) – Ailton, Charisteas
Trainer: Schaaf
Tor: 0:1 Sebescen (63.)
Zuschauer: 7.250 in Lübeck

27.07.2002
Internationales Freundschaftsspiel
W. Bremen – Malatyaspor Kulübü 1:1 (1:0)
Aufstellung: Wierzchowski – Wehlage, Barten, Skripnik, Blank – Banovic, Borowski, Rolfes – Klasnic, Daun, Reich (25. Charisteas)
Trainer: Schaaf
Tore: 1:0 Daun (25.), 1:1 Macaba (87.)
Zuschauer: 1.500 in Osterholz-Scharmbeck

30.07.2002
Internationales Freundschaftsspiel
Roda Kerkrade – W. Bremen 2:1 (1:0)
Aufstellung: Borel (46. Wierzchowski) – F. Baumann, Verlaat, Skripnik (46. Krstajic) – Tjikuzu (46. Wehlage), Ernst, Banovic, Magnin (46. Stalteri) – Daun, Charisteas (46. Klasnic), Ailton (46. Reich)
Trainer: Schaaf
Tore: 1:0 Soetaers (14.), 2:0 Berglund (54.), 2:1 Daun (75.)
Zuschauer: 3.000

04.08.2002
Internationales Freundschaftsspiel
FC Porto – W. Bremen 0:0
Aufstellung: Borel – Baumann (46. Borowski), Verlaat, Skripnik, Tjikuzu, Banovic, Ernst, Magnin (78. Krstajic), Charisteas, Daun (65. Lisztes), Ailton
Trainer: Schaaf
Tore: –
Zuschauer: 20.000

11.08.2002
Bundesliga, 1. Spieltag
Arminia Bielefeld – W. Bremen 3:0 (1:0)
Aufstellung: Borel – Stalteri (77. Lisztes), Verlaat, Skripnik – Tjikuzu, Banovic, Ernst, Magnin (84. Reich) – Charisteas, Daun (56. Borowski) – Ailton
Trainer: Schaaf
Tore: 1:0 Reinhardt (16.), 2:0 Wichniarek (90.), 3:0 Porcello (90.+4)
Besondere Vorkommnisse: Gelb-Rote Karte für Ernst (52.); Rote Karte für Tjikuzu (90.+2)
Zuschauer: 25.148

13.08.2002
Freundschaftsspiel
Nordkreisausw. Cloppenburg – W. B. 0:11 (0:5)
Aufstellung: Wierzchowski – Barten, Krstajic, C. Schulz – Wehlage, Borowski, Rolfes, Blank – Lisztes – Klasnic, Reich
Trainer: Schaaf
Tore: Reich (4), Klasnic (3), Blank (2), Borowski, Lisztes
Zuschauer: 2.800 in Sedelsberg

18.08.2002
Bundesliga, 2. Spieltag
W. Bremen – Hamburger SV 2:1 (1:1)
Aufstellung: Borel – Stalteri, Verlaat, Krstajic – Wehlage, Borowski, Banovic (68. Reich), Skripnik – Lisztes – Charisteas (88. Klasnic), Daun (76. Ailton)
Trainer: Schaaf
Tore: 1:0 Charisteas (9.), 1:1 Ujfalusi (20.), 2:1 Wehlage (50.)
Zuschauer: 33.000

24.08.2002
Bundesliga, 3. Spieltag
TSV 1860 München – W. Bremen 3:0 (1:0)
Aufstellung: Borel – F. Baumann, Verlaat, Krstajic – Stalteri, Ernst, Skripnik (60. Ailton), Borowski – Lisztes (46. Reich) – Charisteas, Daun (71. Tjikuzu)
Trainer: Schaaf
Tore: 1:0 Schroth (33.), 2:0 Cerny (63.), 3:0 Max (68.)
Besonderes Vorkommnis: Jentzsch hält FE von Borowski (55.)
Zuschauer: 24.000

27.08.2002
Blitzturnier (2 x 22,5 Minuten)
Brinkumer SV – W. Bremen 1:7
Aufstellung: Wierzchowski, Baumann, McKain, Skripnik, Wehlage, Borowski, Tjikuzu, Daun, Magnin, Ailton, Klasnic
Trainer: Schaaf
Tore: siehe unten *
Besonderheit: Als Gastspieler wirkte Jonathan McKain (Brisbane Strikers / Australien) mit
Zuschauer: 1.500 in Brinkum

27.08.2002
Blitzturnier (2 x 22,5 Minuten)
Nationalelf Bahrain – W. Bremen 1:4
Aufstellung: Wierzchowski, Baumann, McKain, Skripnik, Wehlage, Lisztes, Tjikuzu, Reich, Magnin, Ailton, Klasnic
Trainer: Schaaf
Tore: siehe unten *
Besonderheit: Als Gastspieler wirkte Jonathan McKain (Brisbane Strikers / Australien) mit
Zuschauer: 1.500 in Brinkum
* Turnier-Torschützen für Werder: Klasnic (4), Ailton (3), Reich, Magnin, Lisztes, Eigentor

Endstand:

	S U N	Tore	Pk
1. SV Werder Bremen	2 0 0	11 : 2	6
2. Nationalelf Bahrain	1 0 1	6 : 4	3
3. Brinkumer SV	0 0 2	1 : 9	0

31.08.2002
DFB-Pokal, 1. Runde
Eisenhüttenstädter FC Stahl – W. B. 0:1 (0:1)
Aufstellung: Borel – F. Baumann, Verlaat, Krstajic – Stalteri (68. Lisztes), Ernst, Skripnik, Tjikuzu, Borowski – Charisteas (87. Klasnic), Daun (58. Ailton)
Trainer: Schaaf
Tor: 0:1 Charisteas (10.)
Zuschauer: 2.450

03.09.2002
Freundschaftsspiel
Bremer SV – W. Bremen 0:8 (0:3)
Aufstellung: Wierzchowski – Verlaat – C. Schulz, Stalteri – Rolfes (46. Salyer), Beckert (75. Neunaber), Micoud – Klasnic, Mamoum (46. Valdez), Reich, Ailton
Trainer: Schaaf
Tore: 0:1 Micoud (22.), 0:2 Börnsen (37. ET), 0:3 Klasnic (40.), 0:4 Valdez (55.), 0:5 Stalteri (55.), 0:6 Reich (59.), 0:7 Stalteri (68.), 0:8 Ailton (80.)
Zuschauer: 2.000

10.09.2002
Bundesliga, 4. Spieltag
W. Bremen – 1. FC Nürnberg 4:1 (1:0)
Aufstellung: Borel – F. Baumann, Verlaat, Krstajic – Stalteri, Ernst, Skripnik, Lisztes, Micoud (73. Borowski) – Daun (60. Charisteas), Ailton (80. Klasnic)
Trainer: Schaaf
Tore: 1:0 Ailton (30. FE), 1:1 Ciric (54.), 2:1 Micoud (59.), 3:1 Ailton (63.), 4:1 Ailton (78.)
Besonderes Vorkommnis: Micoud schießt FE an den Pfosten, nachdem der erste erfolgreiche Anlauf zurückgepfiffen wurde, obwohl ein Nürnberger zuerst in den Strafraum gelaufen war (38.)
Zuschauer: 25.785

14.09.2002
Bundesliga, 5. Spieltag
FC Energie Cottbus – W. Bremen 0:1 (0:0)
Aufstellung: Borel – F. Baumann, Verlaat, Krstajic – Stalteri, Lisztes, Ernst, Micoud, Skripnik – Charisteas (84. Klasnic), Ailton
Trainer: Schaaf
Tor: 0:1 Piplica (51. ET)
Zuschauer: 12.070

19.09.2002
UEFA-Cup – 1. Runde-Hinspiel
Metalurg Donezk – W. Bremen 2:2 (1:2)
Aufstellung: Borel – F. Baumann, Verlaat, Krstajic – Skripnik, Micoud, Ernst, Lisztes, Stalteri – Ailton, Charisteas
Trainer: Schaaf
Tore: 0:1 Lisztes (10.), 0:2 Verlaat (13.), 1:2 Tschoutang (39.), 2:2 Tschoutang (54.)
Zuschauer: 25.000

21.09.2002
Bundesliga, 6. Spieltag
W. Bremen – Bayer 04 Leverkusen 3:2 (3:2)
Aufstellung: Borel – F. Baumann (39. Borowski), Verlaat, Krstajic – Stalteri, Lisztes, Ernst, Micoud, Skripnik – Ailton (89. Klasnic), Charisteas
Trainer: Schaaf
Tore: 0:1 Brdaric (11.), 1:1 Ailton (25. FE), 2:1 Charisteas (27.), 3:1 Charisteas (31.), 3:2 Stalteri (41. ET)
Besonderes Vorkommnis: Rote Karten für Micoud und Berbatov (57.)
Zuschauer: 28.160

29.09.2002
Bundesliga, 7. Spieltag
VfL Bochum – W. Bremen 1:4 (1:2)
Aufstellung: Borel – Stalteri, Verlaat, Krstajic, Skripnik – Reich (68. Daun), Ernst, Borowski, Lisztes – Charisteas (86. Klasnic), Ailton (90. Magnin)
Trainer: Schaaf
Tore: 0:1 Ailton (16.), 1:1 Freier (22.), 1:2 Charisteas (37.), 1:3 Ailton (50.), 1:4 Krstajic (87.)
Zuschauer: 26.171

03.10.2002
UEFA-Cup – 1. Runde-Rückspiel
W. Bremen – Metalurg Donezk 8:0 (3:0)
Aufstellung: Borel – Stalteri, Verlaat (55. Magnin), Krstajic, Skripnik – Lisztes (68. Rolfes), Ernst, Micoud, Borowski – Charisteas (59. Klasnic), Ailton
Trainer: Schaaf
Tore: 1:0 Verlaat (14.), 2:0 Micoud (43.), 3:0 Borowski (45.+1), 4:0 Micoud (46.), 5:0 Charisteas (51.), 6:0 Klasnic (66.), 7:0 Borowski (78.), 8:0 Klasnic (90.+3)
Zuschauer: 16.300

06.10.2002
Bundesliga, 8. Spieltag
W. Bremen – FC Hansa Rostock 0:0
Aufstellung: Borel – Stalteri, Verlaat, Krstajic, Skripnik – Ernst, Borowski, Lisztes (79. Daun), Micoud – Charisteas, Ailton (74. Klasnic)
Trainer: Schaaf
Tore: –
Zuschauer: 32.300

19.10.2002
Bundesliga, 9. Spieltag
Hannover 96 – W. Bremen 4:4 (2:1)
Aufstellung: Borel – Stalteri, Verlaat, Krstajic, Skripnik – F. Baumann, Lisztes (85. Borowski), Ernst, Micoud – Charisteas, Ailton (89. Daun)
Trainer: Schaaf
Tore: 1:0 Krupnikovic (6.), 1:1 Verlaat (10.), 2:1 Idrissou (39.), 2:2 Ailton (52.), 2:3 Charisteas (60.), 2:4 Micoud (67.), 3:4 Bobic (81.), 4:4 Bobic (83.)
Zuschauer: 45.958

26.10.2002
Bundesliga, 10. Spieltag
W. Bremen – Borussia Dortmund 1:4 (1:1)
Aufstellung: Borel – F. Baumann (83. Borowski), Verlaat, Krstajic – Ernst (77. Klasnic), Stalteri, Lisztes, Micoud, Skripnik – Charisteas, Ailton
Trainer: Schaaf
Tore: 0:1 Frings (2.), 1:1 Ernst (35.), 1:2 Dede (71.), 1:3 Ewerthon (74.), 1:4 Ewerthon (85.)
Zuschauer: 37.100

31.10.2002
UEFA-Cup – 2. Runde-Hinspiel
Vitesse Arnheim – W. Bremen 2:1 (1:1)
Aufstellung: Borel – F. Baumann, Verlaat, Krstajic – Stalteri, Micoud, Ernst, Lisztes, Skripnik – Charisteas, Ailton (60. Daun)
Trainer: Schaaf
Tore: 1:0 Amoah (37.), 1:1 Verlaat (43.), 2:1 Verlaat (63. ET)
Zuschauer: 25.000

03.11.2002
Bundesliga, 11. Spieltag
W. Bremen – FC Bayern München 2:0 (1:0)
Aufstellung: Borel – F. Baumann, Verlaat (52. Skripnik), Krstajic – Stalteri, Ernst, Lisztes, Micoud, Magnin (83. Wehlage) – Charisteas, Daun (76. Reich)
Trainer: Schaaf
Tore: 1:0 Daun (17.), 2:0 Krstajic (80.)
Zuschauer: 40.200

06.11.2002
DFB-Pokal, 2. Runde
FC St. Pauli – W. Bremen 0:3 (0:1)
Aufstellung: Borel – F. Baumann, Skripnik, Krstajic – Stalteri (70. Wehlage), Lisztes (82. Reich), Ernst, Borowski, Magnin – Klasnic, Ailton (65. Daun)
Trainer: Schaaf
Tore: 0:1 Magnin (16.), 0:2 Ailton (47.), 0:3 Daun (79.)
Zuschauer: 18.955

09.11.2002
Bundesliga, 12. Spieltag
VfL Wolfsburg – W. Bremen 3:1 (1:0)
Aufstellung: Borel – Stalteri, Skripnik, Krstajic, Magnin – Lisztes (63. Ailton), Ernst, F. Baumann, Micoud – Charisteas, Daun (79. Klasnic)
Trainer: Schaaf
Tore: 1:0 Petrov (28.), 2:0 Ponte (66.), 2:1 Micoud (70.), 3:1 Effenberg (84.)
Besonderes Vorkommnis: Rote Karte für Charisteas (45.+1)
Zuschauer: 12.613

Auf dem Weg in die Stammelf: Supertalent Tim Borowski

14.11.2002
UEFA-Cup – 2. Runde-Rückspiel
W. Bremen – Vitesse Arnheim 3:3 (1:0)
Aufstellung: Borel – F. Baumann (76. Charisteas), Verlaat, Krstajic – Stalteri, Borowski (65. Lisztes), Ernst, Micoud, Magnin (87. Klasnic) – Ailton, Daun
Trainer: Schaaf
Tore: 1:0 F. Baumann (24.), 2:0 Krstajic (49.), 2:1 Levchenko (50. FE), 2:2 Claessens (72.), 3:2 Charisteas (76.), 3:3 Mbamba (90.+3)
Besonderes Vorkommnis: Rote Karte für Rankovic (69.)
Zuschauer: 19.300

17.11.2002
Bundesliga, 13. Spieltag
W. B. – 1. FC Kaiserslautern 5:3 (1:2)
Aufstellung: Borel – F. Baumann (72. Klasnic), Verlaat, Krstajic – Stalteri, Lisztes, Ernst, Micoud, Magnin (31. Skripnik) – Daun, Ailton (90. Reich)
Trainer: Schaaf
Tore: 0:1 Lincoln (10.), 1:1 Verlaat (14.), 1:2 Koch (18. FE), 1:3 Timm (53.), 2:3 Klose (61. ET), 3:3 Ailton (77.), 4:3 Ailton (88.), 5:3 Klasnic (90.+2)
Besonderes Vorkommnis: Rote Karte für Sforza (37.)
Zuschauer: 28.300

23.11.2002
Bundesliga, 14. Spieltag
Hertha BSC Berlin – W. Bremen 0:1 (0:1)
Aufstellung: Borel – F. Baumann, Verlaat (86. Skripnik), Krstajic – Stalteri, Lisztes, Ernst, Micoud, Magnin – Ailton (81. Reich), Daun (74. Borowski)
Trainer: Schaaf
Tor: 0:1 Ailton (10.)
Zuschauer: 40.166

01.12.2002
Bundesliga, 15. Spieltag
W. Bremen – VfB Stuttgart 3:1 (1:0)
Aufstellung: Borel – F. Baumann, Verlaat (67. Skripnik), Krstajic – Stalteri, Lisztes (87. Tjikuzu), Ernst, Micoud, Magnin – Daun (22. Klasnic), Ailton
Trainer: Schaaf
Tore: 1:0 Ailton (27.), 1:1 Kuranyi (55.), 2:1 Krstajic (80.), 3:1 Ailton (90. FE)
Zuschauer: 32.437

04.12.2002
DFB-Pokal, Achtelfinale
LR Ahlen – W. Bremen 1:2 (0:1)
Aufstellung: Borel – Stalteri, F. Baumann, Krstajic (88. Tjikuzu), Magnin – Lisztes (74. Banovic), Ernst, Micoud, Borowski – Charisteas, Ailton (69. Klasnic)
Trainer: Schaaf
Tore: 0:1 Charisteas (16.), 1:1 Arnold (74.), 1:2 Klasnic (89.)
Zuschauer: 9.700

07.12.2002
Bundesliga, 16. Spieltag
FC Schalke 04 – W. Bremen 1:1 (1:1)
Aufstellung: Borel – F. Baumann, Verlaat, Krstajic – Stalteri, Lisztes (78. Banovic), Ernst, Micoud, Skripnik – Daun (74. Charisteas), Ailton
Trainer: Schaaf
Tore: 0:1 Daun (3.), 1:1 Sand (8.)
Zuschauer: 60.600

14.12.2002
Bundesliga, 17. Spieltag
W. Bremen – Bor. M'gladbach 2:0 (1:0)
Aufstellung: Borel – F. Baumann, Verlaat, Krstajic – Stalteri, Lisztes (55. Banovic), Ernst, Micoud, Skripnik – Daun (73. Klasnic), Ailton (83. Charisteas)
Trainer: Schaaf
Tore: 1:0 Daun (14.), 2:0 Ailton (58.)
Zuschauer: 32.188

11.01.2003
Efes-Pilsen-Cup
Fenerbahce Istanbul – W. Bremen 5:1 (3:0)
Aufstellung: Wierzchowski – Tjikuzu, F. Baumann, Skripnik, Stalteri – Ernst, Borowski, Lisztes (73. Lenze), Banovic – Daun, Ailton (46. Charisteas)
Trainer: Schaaf
Tore: 1:0 Günes (22.), 2:0 Sentürk (26.), 3:0 Bayraktar (36. HE), 4:0 Erif (54.), 4:1 Borowski (81.), 5:1 Sentürk (88.)
Zuschauer: 6.000 in Antalya

13.01.2003
Efes-Pilsen-Cup
PSV Eindhoven – W. Bremen
2:2 (0:1) i. Elfmeterschießen: 2:4
Aufstellung: Borel – F. Baumann (87. Lenze), Verlaat, Skripnik – Reich, Ernst, Lisztes (46. Tjikuzu), Banovic, Stalteri (64. Blank) – Ailton (76. Mamoun), Klasnic
Trainer: Schaaf
Tore: 0:1 Klasnic (31.), 0:2 Ailton (58. FE), 1:2 Robben (59.), 2:2 Bruggink (75.)
Elfmeterschießen: Skripnik, Blank, Banovic, Lenze; verschossen: Klasnic
Besonderes Vorkommnis: Rote Karte für Ooijer (57.)
Zuschauer: 1.000 in Antalya

15.01.2003
Freundschaftsspiel
Alemannia Aachen – W. Bremen 1:1 (0:0)
Aufstellung: Jürgen – Tjikuzu (46. Reich), F. Baumann (46. Skripnik), Verlaat, Lenze – Lisztes, Borowski, Micoud – Valdez, Charisteas, Mamoun
Trainer: Schaaf
Tore: 0:1 Valdez (57.), 1:1 Rosin (83.)
Zuschauer: 100 in Belek

19.01.2003
Blitzturnier (2 x 22,5 Minuten)
VfB Lübeck – W. Bremen 1:3 (0:1)
Aufstellung: Borel – Verlaat, Baumann – Tjikuzu, Ernst, Skripnik, Borowski, Banovic, Micoud – Ailton, Daun
Trainer: Schaaf
Tore: 0:1 Ailton (14.), 0:2 Ernst (25.), 1:2 Thioune (37.), 1:3 Daun (45.)
Zuschauer: 3.000 in Kropp

19.01.2003
Blitzturnier (2 x 22,5 Minuten)
Hannover 96 – W. Bremen 0:2 (0:0)
Aufstellung: Wierzchowski – Baumann, Verlaat – Skripnik, Tjikuzu, Borowski, Reich, Banovic, Micoud – Charisteas, Klasnic
Trainer: Schaaf
Tore: 0:1 Charisteas (34.), 0:2 Charisteas (43.)
Zuschauer: 3.000 in Kropp

Endstand:

	S U N	Tore	Pk
1. SV W. Bremen	2 0 0	5 : 1	6
2. VfB Lübeck	1 0 1	2 : 3	3
3. Hannover 96	0 0 2	0 : 3	0

25.01.2003
Bundesliga, 18. Spieltag
W. Bremen – Arminia Bielefeld 2:2 (2:2)
Aufstellung: Borel – Stalteri, Verlaat, F. Baumann, Skripnik – Banovic, Ernst, Micoud, Borowski (60. Lisztes) – Ailton, Daun (71. Charisteas)
Trainer: Schaaf
Tore: 1:0 Skripnik (3.), 1:1 Diabang (12.), 2:1 Ailton (36. FE), 2:2 Cha (39.)
Zuschauer: 29.604

02.02.2003
Bundesliga, 19. Spieltag
Hamburger SV – W. Bremen 1:0 (0:0)
Aufstellung: Borel – Stalteri (64. Banovic), Verlaat, Krstajic, Skripnik – Tjikuzu (73. Charisteas), Lisztes (85. Klasnic), Ernst, Micoud – Ailton, Daun
Trainer: Schaaf
Tor: 1:0 Barbarez (55.)
Zuschauer: 46.742

05.02.2003
DFB-Pokal, Viertelfinale
TSV 1860 München – W. Bremen
1:4 (1:1, 0:0) n.Verl.
Aufstellung: Borel – F. Baumann, Verlaat (84. Klasnic), Krstajic – Stalteri, Banovic, Ernst, Micoud, Skripnik – Daun (112. Reich), Ailton (84. Charisteas)
Trainer: Schaaf
Tore: 1:0 Lauth (80.), 1:1 Klasnic (85.), 1:2 Charisteas (94.), 1:3 Klasnic (105.), 1:4 Charisteas (120.)
Zuschauer: 5.000

08.02.2003
Bundesliga, 20. Spieltag
W. Bremen – TSV 1860 München 1:2 (1:0)
Aufstellung: Borel – F. Baumann, Verlaat (76. Daun), Krstajic – Stalteri, Banovic (59. Ailton), Micoud, Ernst, Skripnik – Charisteas, Klasnic (90. Lisztes)
Trainer: Schaaf
Tore: 1:0 Klasnic (45.), 1:1 Lauth (53.), 1:2 Borimirov (83.)
Zuschauer: 34.000

15.02.2003
Bundesliga, 21. Spieltag
1. FC Nürnberg – W. Bremen 1:0 (1:0)
Aufstellung: Wierzchowski – Stalteri, Verlaat (73. Lisztes), Krstajic – Tjikuzu, Banovic, Ernst, Skripnik (46. C. Schulz) – Micoud – Daun, Ailton (63. Charisteas)
Trainer: Schaaf
Tor: 1:0 Müller (41.)
Besonderes Vorkommnis: Rote Karte für Daun (57.)
Zuschauer: 17.500

22.02.2003
Bundesliga, 22. Spieltag
W. Bremen – FC Energie Cottbus 0:1 (0:1)
Aufstellung: Wierzchowski – Stalteri, Verlaat, Skripnik (73. Borowski) – Tjikuzu, Banovic (65. Reich), Ernst, Lisztes, C. Schulz (82. Valdez) – Ailton, Charisteas
Trainer: Schaaf
Tor: 0:1 Topic (5.)
Zuschauer: 29.700

01.03.2003
Bundesliga, 23. Spieltag
Bayer 04 Leverkusen – W. Bremen 3:0 (1:0)
Aufstellung: Wierzchowski – Tjikuzu (67. Banovic), Verlaat, Krstajic, Skripnik – Stalteri, Lisztes (46. Borowski), Micoud, Ernst – Ailton, Charisteas (67. Valdez)
Trainer: Schaaf
Tore: 1:0 Bierofka (11.), 2:0 Schoof (50.), 3:0 Juan (61.)
Besonderes Vorkommnis: Wierzchowski hält FE von Schneider (14.)
Zuschauer: 22.500

04.03.2003
DFB-Pokal, Halbfinale
1. FC Kaiserslautern – W. Bremen 3:0 (1:0)
Aufstellung: Wierzchowski – Stalteri, Krstajic, Verlaat, Skripnik – Reich (60. Charisteas), Borowski (71. Lisztes), Ernst, Micoud, C. Schulz (57. Ailton) – Daun
Trainer: Schaaf
Tore: 1:0 Lincoln (8.), 2:0 Klose (52.), 3:0 Timm (80.)
Besonderes Vorkommnis: Rote Karte für Grammozis (63.)
Zuschauer: 28.335

08.03.2003
Bundesliga, 24. Spieltag
W. Bremen – VfL Bochum 2:0 (0:0)
Aufstellung: Borel – Stalteri, Verlaat, Krstajic, Skripnik – Banovic, Ernst, Micoud, Lisztes (82. C. Schulz) – Charisteas, Ailton
Trainer: Schaaf
Tore: 1:0 Ailton (52.), 2:0 Banovic (56.)
Zuschauer: 29.600

15.03.2003
Bundesliga, 25. Spieltag
FC Hansa Rostock – W. Bremen 1:0 (0:0)
Aufstellung: Borel – Stalteri, Verlaat, Krstajic – Banovic (77. Reich), Ernst, Lisztes, Skripnik – Micoud – Charisteas, Ailton (60. Daun)
Trainer: Schaaf
Tor: 1:0 Hirsch (72.)
Besondere Vorkommnisse: Gelb-Rote Karte für Micoud (67.); Rote Karte für Lisztes (82.)
Zuschauer: 17.200

22.03.2003
Bundesliga, 26. Spieltag
W. Bremen – Hannover 96 1:2 (1:1)
Aufstellung: Borel – F. Baumann (83. Reich), Verlaat, Krstajic (24. Barten), Stalteri – Daun, Banovic, Borowski, C. Schulz – Ailton, Charisteas
Trainer: Schaaf
Tore: 1:0 Ailton (10.), 1:1 Bobic (45.), 1:2 Bobic (76.)
Besonderes Vorkommnis: Bobic schießt FE über das Tor (57.)
Zuschauer: 38.000

25.03.2003
Internationales Freundschaftsspiel
W. Bremen – FC Jokerit Helsinki 0:1 (0:0)
Aufstellung: Wierzchowski – Spasskov, Barten, McKain, Magnin (46. Neunaber) – Reich, Canizales (46. Aydin), Lenze, Heidenreich – Kuru (73. Nánási), Valdez
Trainer: Schaaf/Wolter
Tor: 0:1 Tarvajarvi (57.)
Besonderheiten: Es spielte eine Kombination aus Werder-Amateuren und Profis. Als Gastspieler wirkte erneut Jonathan McKain (Brisbane Strikers / Australien) mit.
Zuschauer: 400

05.04.2003
Bundesliga, 27. Spieltag
Borussia Dortmund – W. Bremen 1:2 (1:0)
Aufstellung: Borel – Stalteri, Barten, Krstajic, C. Schulz – F. Baumann, Banovic (90. Borowski), Micoud, Ernst – Charisteas, Ailton (85. Reich)
Trainer: Schaaf
Tore: 1:0 Amoroso (29.), 1:1 Charisteas (54.), 1:2 Ernst (86.)
Zuschauer: 68.600

12.04.2003
Bundesliga, 28. Spieltag
FC Bayern München – W. Bremen 0:1 (0:1)
Aufstellung: Borel – Stalteri, Barten, Krstajic, C. Schulz – Banovic, F. Baumann, Micoud, Lisztes (83. Borowski) – Charisteas (85. Daun), Ailton (90. Reich)
Trainer: Schaaf
Tor: 0:1 Micoud (13.)
Zuschauer: 63.000

19.04.2003
Bundesliga, 29. Spieltag
W. Bremen – VfL Wolfsburg 0:1 (0:0)
Aufstellung: Borel – Stalteri, Barten, Krstajic, C. Schulz – Lisztes, F. Baumann, Micoud, Ernst – Ailton, Charisteas (72. Daun)
Trainer: Schaaf
Tor: 0:1 Biliskov (86.)
Zuschauer: 33.300

27.04.2003
Bundesliga, 30. Spieltag
1. FC Kaiserslautern – W. Bremen 1:0 (0:0)
Aufstellung: Borel – Tjikuzu, Barten, Krstajic, C. Schulz (75. Magnin) – Lisztes (75. Daun), F. Baumann, Micoud, Ernst – Charisteas, Ailton
Trainer: Schaaf
Tor: 1:0 Klose (65. HE)
Zuschauer: 39.791

03.05.2003
Bundesliga, 31. Spieltag
W. Bremen – Hertha BSC Berlin 4:2 (3:1)
Aufstellung: Borel – Barten, Verlaat, Krstajic – Stalteri, F. Baumann, Ernst, Magnin (57. C. C. Schulz) – Micoud – Ailton (84. Lisztes), Charisteas (89. Daun)
Trainer: Schaaf
Tore: 0:1 Friedrich (21.), 1:1 Krstajic (23.), 2:1 Magnin (26.), 3:1 Charisteas (36.), 4:1 Charisteas (76.), 4:2 Marx (79.)
Zuschauer: 35.000

10.05.2003
Bundesliga, 32. Spieltag
VfB Stuttgart – W. Bremen 0:1 (0:0)
Aufstellung: Borel – F. Baumann, Verlaat, Krstajic – Stalteri, Lisztes (77. Borowski), Ernst, Micoud, Magnin (83. C. C. Schulz) – Charisteas, Daun (78. Reich)
Trainer: Schaaf
Tor: 0:1 Marques (51. ET)
Zuschauer: 51.000

17.05.2003
Bundesliga, 33. Spieltag
W. Bremen – FC Schalke 04 2:1 (1:1)
Aufstellung: Borel – Barten, Verlaat, Krstajic – Stalteri, F. Baumann, Ernst, Magnin – Micoud – Daun (71. Reich), Charisteas (90. Borowski)
Trainer: Schaaf
Tore: 1:0 Charisteas (21.), 1:1 Agali (36.), 2:1 Micoud (57.)
Zuschauer: 39.000

24.05.2003
Bundesliga, 34. Spieltag
Bor. M'gladbach – W. Bremen 4:1 (0:0)
Aufstellung: Borel – Stalteri, Verlaat, Krstajic, Magnin (6. C. C. Schulz) – F. Baumann, Lisztes (64. Ailton), Ernst, Micoud – Daun (34. Reich), Charisteas
Trainer: Schaaf
Tore: 1:0 Kluge (61.), 2:0 Skoubo (73.), 3:0 Skoubo (76.), 3:1 Korzynietz (84. ET), 4:1 Forssell (90.+1)
Besonderes Vorkommnis: Rote Karte für Verlaat (45.+3)
Zuschauer: 34.500

27.05.2003
Freundschaftsspiel
W. Bremen – Deutsche Polizei-Nationalelf 5:4 (2:2)
Aufstellung: Borel – Verlaat (46. Ernst), Barten (46. Baumann), Schierenbeck, Tjikuzu (60. Jaekel), Borowski, Reich, Banovic, Micoud (46. Lisztes), Stier (52. Kuru), Yilmaz (52. Nánási)
Trainer: Schaaf
Tore: 1:0 Reich (12.), 1:1 Borgmeier (18.), 1:2 Silberbach (22. FE), 2:2 Stier (32.), 3:2 Banovic (61. FE), 3:3 Wöhm (71.), 4:3 Banovic (88.), 5:3 Kuru (89.), 5:4 Schelhas (90.)
Besonderheit: Bei Werder wirkte der Niederländer Rasim Yilmaz als Gastspieler mit.
Zuschauer: 12.000

28.05.2003
Freundschaftsspiel
Hannover 96 U-23 – W. Bremen 5:4 (1:2)
Aufstellung: Borel – Tjikuzu, Barten, Ernst, Schierenbeck (46. Jaekel / 56. Nánási) – Banovic, Borowski – Diovane (46. Stier), Micoud (46. Lisztes) – Reich, Yilmaz
Trainer: Schaaf
Tore: 1:0 Berischa (12.), 1:1 Tjikuzu (20.), 1:2 Micoud (33.), 2:2 Schinner (61.), 3:2 Berischa (72.), 3:3 Tjikuzu (76.), 3:4 Lisztes (79.), 4:4 Besovic (83.), 5:4 Besovic (89.)
Besonderheit: Bei Werder wirkten der Niederländer Rasim Yilmaz und der Deutsch-Brasilianer Diovane als Gastspieler mit.
Zuschauer: 1.100 in Rodenberg

29.05.2003
Freundschaftsspiel
TSV Bassum – W. Bremen 3:14 (1:9)
Aufstellung: Walke – Tjikuzu, Ernst, Schierenbeck (46. Beckert), C. Schulz, Banovic, Borowski, Lisztes (46. Aydin), Stier, Reich, Kuru (46. Nánási)
Trainer: Schaaf
Torschützen für Werder: Kuru (4), Banovic (3), Lisztes (2), C. Schulz (2), Stier (2), Tjikuzu
Zuschauer: 2.200

Bundesliga-Abschlusstabelle 2002/2003

Platz	Verein	Spiele	S	U	N	Tore	Diff.	Punkte
1.	Bayern München	34	23	6	5	70:25	+45	75
2.	VfB Stuttgart	34	17	8	9	53:39	+14	59
3.	Borussia Dortmund (M)	34	15	13	6	51:27	+24	58
4.	Hamburger SV	34	15	11	8	46:36	+10	56
5.	Hertha BSC Berlin	34	16	6	12	52:43	+9	54
6.	**Werder Bremen**	**34**	**16**	**4**	**14**	**51:50**	**+1**	**52**
7.	Schalke 04 (P)	34	12	13	9	46:40	+6	49
8.	VfL Wolfsburg	34	13	7	14	39:42	-3	46
9.	VfL Bochum (N)	34	12	9	13	55:56	-1	45
10.	1860 München	34	12	9	13	44:52	-8	45
11.	Hannover 96 (N)	34	12	7	15	47:57	-10	43
12.	Borussia M'gladbach	34	11	9	14	43:45	-2	42
13.	Hansa Rostock	34	11	8	15	35:41	-6	41
14.	1. FC K'lautern	34	10	10	14	40:42	-2	40
15.	Bayer Leverkusen	34	11	7	16	47:56	-9	40
16.	Arminia Bielefeld (N)	34	8	12	14	35:46	-11	36
17.	1. FC Nürnberg	34	8	6	20	33:60	-27	30
18.	FC Energie Cottbus	34	7	9	18	34:64	-30	30

Fieberkurve der Bundesliga-Saison 2002/2003

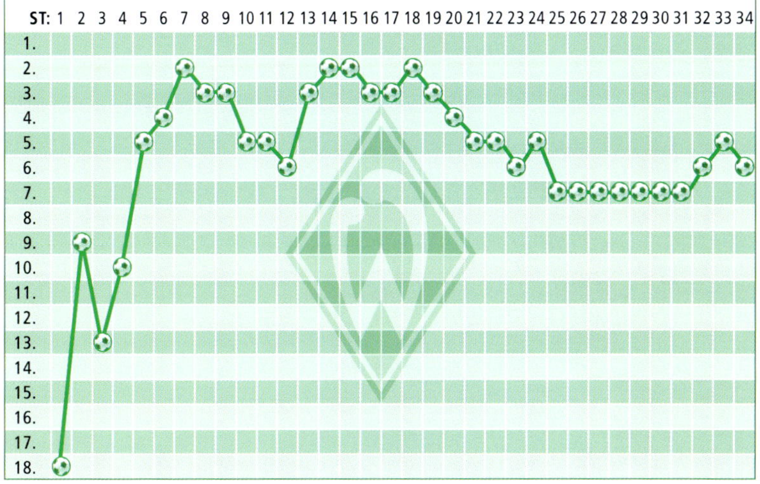

Frank Baumann: »... dann wäre ich heute noch beim TSV Grombühl«

Frank Baumann 1994: Erstes Profijahr in Nürnberg

Spielerlaufbahn:

1981–91 TSV Grombühl
1991–99 1. FC Nürnberg
1999– Werder Bremen

Deutscher Meister und Pokalsieger 2004
28 A-Länderspiele (2 Tore)
Vizeweltmeister 2002

Frank Baumann 2006: Langjähriger Werder-Kapitän

»Baumi« (geb. 1975) kam in schweren Zeiten zu Werder Bremen. Der Würzburger, der vom TSV Grombühl über Jugend und Ligamannschaft des 1. FC Nürnberg 1999 den Weg nach Bremen fand, integrierte sich rasant in eine Mannschaft, die gerade knapp dem Abstieg entronnen war. Seine menschlichen Qualitäten machten ihn schon ein Jahr nach seiner Verpflichtung mit nur 24 Jahren zum jüngsten etatmäßigen Werder-Kapitän aller Zeiten. Der intelligente Defensiv-Allrounder schaffte in Bremen den Sprung in die Nationalelf. Bei Werder gilt er trotz seiner bisweilen etwas zu stark ausgeprägten Introvertiertheit als wichtige Integrationsfigur innerhalb des Kaders. Wie unverzichtbar er für die Mannschaft ist, merkt man daher oft erst, wenn er mal fehlt. Frank Baumann besticht durch ungemein hohes taktisches Verständnis und ein hervorragendes Auge. Durch seine nüchterne Spielweise wird er in der Öffentlichkeit weitaus weniger wahrgenommen als manch einer seiner Nebenleute. Spätestens seit seiner Nichtberücksichtigung für die Nationalelf im Vorfeld der WM 2006 kann er zu den meistunterschätzten Spielern der Bundesliga gezählt werden. Am Ende der Saison 2006/07 wird er mit sieben Jahren als Werder-Kapitän zu Pico Schütz und Benno Möhlmann aufgeschlossen haben, die ebenfalls jeweils sieben Jahre lang die Spielführerbinde trugen.

Werder hat extrem lange gebaggert, bis du 1999 endlich gekommen bist. Wie lief das ab?

Wir sind mit Nürnberg in die Regionalliga abgestiegen. Ich hatte eine Reihe von Angeboten, eben auch von Werder. Ich war schon hier, habe mir die Stadt angeschaut, habe mit Werders Vorstand zusammengesessen. Werders Angebot war damals schon am interessantesten, aber ich habe mich dann nach gründlichem Überlegen dennoch entschieden, dem ›Club‹ die Treue zu halten. Ich war erst 19 und Werders Trainer Dixie Dörner war sehr an mir interessiert, aber er wackelte damals schon sehr und wurde wenig später entlassen. Ich bin anschließend mit Nürnberg zweimal aufgestiegen und dann gleich wieder abgestiegen. Werder hat sich weiterhin am hartnäckigsten um mich bemüht. Thomas Schaaf hat mich täglich mit Anrufen geradezu terrorisiert und gequält, und obwohl ich nach dem Abstieg mit Nürnberg eigentlich andere Sorgen hatte, habe ich mir das alles angehört. Und als ich mich dazu durchgerungen hatte, Nürnberg doch zu verlassen, war Werder dann schnell der heißeste Kandidat. Werder war einfach ein gut geführter Verein und die Mannschaft hatte Potenzial. Deshalb kam ich nach Bremen.

Andere Werder-Persönlichkeiten in diesem Buch haben gesagt, es sei gut gewesen, auch in schwierigen Zeiten bei Werder geblieben zu sein. Kannst du dir vorstellen, dass du dieses Resümee eines Tages auch ziehen wirst?

Also, zumindest werde ich definitiv nie sagen, dass es ein Fehler gewesen sein könnte, hier zu sein. Ich habe zum jeweiligen Zeitpunkt immer die richtige Entscheidung für mich getroffen. Ich hatte immer mal gute Angebote, aber es war für mich immer richtig, bei Werder meinen Weg weiterzugehen.

Du bist inzwischen Werders dienstältester Profi – in einer Zeit, in der viele Spieler ihr Heil in möglichst häufigen Vereinswechseln sehen. Ist für dich als Spieler der etwas altmodische Begriff »Vereinstreue« ein Wert?

Da hat natürlich jeder Spieler seine eigene Philosophie. Bei mir war es immer so, dass ich mehr oder weniger gedrängt werden musste, meinen Verein zu wechseln. Das fing in der Jugend an, als ich beim kleinen Würzburger Stadtteilverein TSV Grombühl spielte. Auch da gab es immer mal Chancen, zu den größeren Clubs FV 04 Würzburg oder Würzburger Kickers zu wechseln, aber das habe ich immer ignoriert. Erst mit 15 gab es dann das Angebot vom 1. FC Nürnberg, und da bin ich auch nur hingewechselt, weil aus der damals guten Elf von Grombühl zwei der besten Spieler zu den größeren Würzburger Vereinen gegangen sind. Wäre das nicht passiert, dann würde ich heute noch

Knapp zwei Jahrzehnte vor dem Start seiner Nationalelf-Karriere: Frank Baumann in der E-Jugend des TSV Grombühl

für den TSV Grombühl spielen. Und auch in meiner Zeit beim ›Club‹ aus Nürnberg hatte ich jedes Jahr die Chance, für mehr Geld anderswo zu spielen, aber ich bin immer geblieben, selbst in der Regionalliga. Erst 1999 nach dem erneuten Abstieg wäre es sportlich ein zu großer Rückschritt gewesen, weil ich inzwischen kurz vor der Berufung in die Nationalelf stand. Deshalb bin ich dann zu Werder gekommen. Für mich ist die Identifikation mit dem Verein sehr wichtig. Generell ist das natürlich schwieriger geworden, weil durch die Entwicklung nach dem Bosman-Urteil immer mehr ausländische Spieler in den Mannschaften stehen und immer mehr gewechselt wird. Aber ich denke schon, dass sich bei uns die meisten Spieler absolut mit Werder identifizieren.

Der furchtbarste Moment deiner Karriere war die vergebene Riesenchance in der Schlussminute des letzten Spiels der Saison 1998/99, als dein Fehlschuss den Abstieg für den 1. FC Nürnberg bedeutete. Was wäre, wenn du den Ball damals reingemacht hättest?

Dann wäre ich wie abgesprochen in Nürnberg geblieben. Ich habe ja gesagt: Vereinstreue ist mir immer wichtig gewesen, und wenn nichts Außergewöhnliches passiert wäre und ich die Chance gehabt hätte, mich beim ›Club‹ weiterzuentwickeln, dann würde ich sicher heute noch beim 1. FC Nürnberg spielen. (atmet tief durch) Wenn man es auf dem Fuß hatte, seinen Lieblingsverein in der Liga zu halten und das dann vergeigt, dann ist das im ersten Moment schon schwer. Aber letztendlich bringt es nichts, sich da jahrelang den Kopf zu zermartern. Irgendwann muss man das abhaken.

Wenn montags in den großen Zeitungen die Noten der Spiele vom Wochenende drinstehen, hast du eigentlich immer eine »3«. Du bist nicht für die Glanzlichter zuständig und wirst selten explizit gelobt, auch wenn du deinen Job perfekt erledigt hast. Nervt das?

Nein. Ich war von klein auf immer jemand, für den die Mannschaft als Ganzes im Mittelpunkt steht. In der Jugend habe ich viel weiter vorne gespielt, aber schon damals war ich nie der, der viele Tore gemacht hat, weil ich dann immer eher vor dem Tor noch mal quergespielt habe. Ich bin glücklich, wenn die Mannschaft Erfolg hat, und wenn andere Spieler gefeiert werden und Anerkennung bekommen, bin ich froh darüber.

Wenn man aus Süddeutschland nach Bremen kommt, hört man vorher oft Schauermärchen über die humorlosen Norddeutschen und das schlechte Wetter hier. Dennoch hast du es schon fünf Jahre hier ausgehalten und wirst nach Abschluss deines – hoffentlich nicht letzten – Vertrages bei Werder sieben Jahre für den Verein gespielt haben. Es ist also absehbar, dass Werder Bremen so oder so das größte Kapitel deiner Profilaufbahn sein und bleiben wird. Welchen Stellenwert hat dieses Kapitel deines Lebens für dich?

Vereinstreue wird belohnt. Frank Baumann hielt Werder immer die Treue und durfte sich dafür nach fünf Jahren als Boss der Mannschaft über das Double freuen

Es ist ein ganz wichtiger Teil meines Lebens geworden. Der 1. FC Nürnberg war als Kind immer mein Lieblingsclub, und als ich dort Profi wurde, war natürlich die Identifikation etwas schneller vorhanden als hier, da bin ich ganz ehrlich. Ist ja auch ganz normal. Mit der Zeit bin ich aber ein echter Werderaner und Bremer geworden. Wenn ich irgendwann mal auf meine Karriere zurückblicken werde, ist Werder sicherlich der wichtigste Teil.

Träume?

Ich arbeite immer darauf hin, mit der Mannschaft Erfolg zu haben. Den wichtigsten Traum haben wir uns in den letzten Jahren erfüllt: Wir haben Titel gewonnen, und ich durfte diese neue Ära mit anschieben. Aber der Traum ist noch lange nicht zu Ende.

Anfangs als »zu leise« kritisiert, später ein Werder-Kapitän vom Scheitel bis zur Sohle: Frank Baumann. Im defensiven Mittelfeld gelang ihm der Durchbruch als Nationalspieler.

2003/04: Sexy Football

Oben v.l.:
Zeugwart Behrens, Daun, Schulz, Krstajic, Borowski, Ismaël, Charisteas, Rolfes, Baumann, Physiotherapeut Fitschen, Zeugwart Kollra
Mitte v.l.:
Trainer Schaaf, Sportdirektor Allofs, Mannschaftsarzt Dr. Dimanski, Stier, Davala, Banovic, Friedrich, Micoud, Beckert, Torwarttrainer Burdenski, Co-Trainer Kamp
Unten v.l.:
Reich, Klasnic, Magnin, Skripnik, Lenze, Borel, Reinke, Walke, Weh-

Wenn es vor einer Saison sonst keinen Aufreger gibt, könnte man sich doch eigentlich mal über die Trikotfrage echauffieren. Wie wäre das? Im Sommer 2003 schockte Werder die Traditionalisten unter seiner Anhängerschaft durch einen mutigen oder vielleicht sogar etwas übermütigen Griff in die Farbkiste: Die neuen Kleider leuchteten grün und weiß, so weit so gut, aber dann auch noch – orange. Orange! Die Hälfte der Fans stöhnte angewidert auf, die andere Hälfte rannte in die Fanshops und gewandete sich in die neue Robe. Schnell war ein Name gefunden: Das »Papageien-Trikot« spaltete die Bundesliga. Werder wurde der schlimmsten Geschmacksverirrung bezichtigt, die die Bundesliga je zu verkraften hatte. Die Befürworter fanden es dagegen groovy und begrüßten es, dass ihr Verein nun zunächst einmal wenigstens optisch zu den bunten Vögeln der Liga zählte.

Das angefeindete Trikot wurde jedoch bald rehabilitiert, denn schnell zeigte sich: Werders sportliche Darbietungen konnten mit den leuchtenden Hemden Schritt halten. Die Elf, die so bunt aussah, spielte auch farbig. Und sie erfüllte schnell die Hoffnungen auf wenigstens einen kleinen Schritt nach oben.

Die wurden zum einen durch die Tatsache genährt, dass erstmals seit Jahren vor einer Saison kein Leistungsträger unfreiwillig abgegeben werden musste. Im Gegenteil: Sportdirektor Klaus Allofs bekam von der ihm nicht immer so zugetanen Boulevardpresse gar den neuen Ehrentitel »Die Supernase der Liga«, weil ihm vor der laufenden Saison nicht einer, sondern gleich drei Transfercoups gelungen waren: Mit den Herren Reinke, Ismaël und Davala kaufte Werder effektiver ein als alle anderen Vereine der Liga, denn alle drei Hochkaräter kosteten Werder nur kleines Geld.

Die Neu-Werderaner ergaben zusammen mit den bewährten Größen Micoud, Ailton und Krstajic sowie einem immer stärker werdenden Fabian Ernst und einem ebenfalls besser als je zuvor spielenden Kapitän Frank Baumann ein Kollektiv, das erstmals seit Otto Rehhagels Abschied diesen Namen wieder verdient hatte. Werder war nun fast überall erstklassig besetzt, konnte auch durch Ausfälle nicht mehr entscheidend geschwächt werden und fand spielerisch zu einem Selbstbewusstsein, das Fans und Medien gleichermaßen überraschte und entzückte.

Werders Fußball war geradezu »sexy«. Eine Vokabel, die einst der große Ruud Gullit etablierte, als er Trainer des FC Chelsea wurde und dort einen formvollendeten, ästhetischen Angriffsfußball spielen ließ, der die Gegner Woche für Woche von einer Überraschung in die nächste stürzte. Für die Werder-Fans

mas Schaaf vor langer Zeit den unglückseligen Felix Magath abgelöst hatte, aber sie wurde seither jedes Jahr ein bisschen mehr in Ordnung, und nach Jahren zaghafter Hoffnungen schien die Saison 2003/04 die Rückkehr an die Ligaspitze zu markieren. Das Selbstbewusstsein der Fans stieg parallel zu dem der Spieler, die in ihren persönlichen Ausblicken auf die Saison Werder mehrheitlich teils spaßig, teils ernst, zu den Titelanwärtern gerechnet hatten.

Zunächst jedoch erlaubten sich die Herren Titelanwärter einen gelungenen Scherz: Sie flogen gegen den FC Superfund Pasching aus dem UI-Cup:

Gegen einen Klub aus einem Ort, der einem durch einige Wohnstraßen ergänzten Industriegebiet glich und seine Heimspiele in einem Freibad mit Ballspielgelegenheit austrug. Doch die wackeren Paschinger waren gut, sehr gut sogar. Und unweit des Dreimeterbretts zerlegten sie Werder mit 4:0. Das Rückspiel in Bremen wurde zur Formsache für die cleveren Österreicher, und Werder war nach dem hilflosen 1:1 um eine große Enttäuschung reicher. Mit diesen blöden Trikots schien doch irgendetwas nicht zu stimmen.

Der tatsächliche Sprung an die Tabellenspitze der Bundesliga nur 17 Tage nach dem Pasching-Aus war wie ein Ausrufungszeichen unter die zwischenzeitlich überholt wirkenden Hoffnungen auf eine Rückkehr in die warmen Regionen der Bundesligatabelle. Werder verblüffte die Konkurrenz durch einen wahren Raketenstart mit Auswärtssiegen in Berlin, Kaiserslautern und Köln, wobei vor allem der Sieg in der Domstadt einer Fußballdemonstration gleichkam. Im Weser-Stadion entsprang der hohe 4:1-Triumph gegen Schalke 04 einer schillernden Offensiv-Gala, der auch die hochgelobten, aber merklich lahmenden Heynckes-Schützlinge nicht die Bohne etwas entgegensetzen konnten.

Niemand weiß genau, ob es letztlich diese Klatsche war, die Schalke bitter Rache schwören ließ. Das königsblaue Imperium jedenfalls schlug in den ersten auch meteorologisch unfreundlicheren Tagen des Herbstes so brutal zu, wie man es bei Werder seit 1963 nie hatte spüren müssen. Schalke-Manager Rudi Assauer litt monatelang unter diversen persönlichen Niederlagen bei Trainersuche und Transferbemühungen. Die eigenen Fans nahmen ihn in die Mangel und mangelten immer herzloser, als auch noch der Saisonstart der »Knappen« völlig versemmelt wurde. Offenbar litt er auch unter einem zu vollen Bankkonto. Jedenfalls spuckte er Werder in den Tagen nach der Zweitbesteigung der Tabellenspitze (am 8. Spieltag, 5:3 gegen

Bester Torschütze und bester Vorbereiter: Ailton und Johan Micoud sorgten in jeder Abwehrreihe des Landes für Herzrasen

Wolfsburg nach großer Ailton-Show) aus dem Hinterhalt in die Euphorie-Suppe und verkündete binnen 24 Stunden erst die Verpflichtung von Mladen Krstajic und schließlich die von Ailton, beide zur neuen Saison und ablösefrei. Werder und ganz Bremen lagen im Schockzustand. Die Vertragsverlängerung mit beiden Heroen schien phasenweise nur noch eine Formsache, und nun das.

Das Schmerzliche am sich abzeichnenden Verlust der beiden Stars war nicht die mögliche sportliche Schwächung zum Saisonende. Es wäre noch genügend Zeit gewesen, um beide Abgänge durch erneute Geniestreiche der Supernasen Schaaf und Allofs zu kompensieren. Nein – was bitter, bitter wehtat war das Gefühl, dass es auch in Zeiten der Kirch-Krise und der Rückbesinnung auf zivilisiertere Gehaltsrahmen innerhalb der Bundesliga noch möglich war, dass ein einziger Verein mit nicht einmal selbst verdienten Geldbatzen eine prächtig spielende und wie ein gigantisches, funkelndes Mosaik zu einer aufstrebenden Spitzenelf geformte Werder-Mannschaft binnen kürzester Zeit erst moralisch und dann personell plattzumachen vermochte.

Hinzu kam: Schalke hatte den SVW weder auf offizieller Ebene über die beabsichtigten Verhandlungen mit Krstajic und Ailton informiert, noch hatte Schalke-Manager Rudi Assauer seinen langjährigen Männerfreund Dr. Franz Böhmert persönlich etwas davon wissen lassen. Eine unwürdige Heimlichtuerei endete mit der etwas vorlaut anmutenden, zappeligen Bekanntgabe

In dieser Saison der beste Spieler der Liga: Johan Micoud inspirierte Werder zu einem Meistertitel der besonders spektakulären Art

der beiden Verpflichtungen durch Schalkes Sportmanager Andreas Müller, der die wahren Gehaltsdimensionen jedoch nicht zugeben mochte. Am Ende des Tages hatte Schalke die Gehaltsangebote des SV Werder kurzerhand verdoppelt. Assauers schlechtes Gewissen trat im Verlauf eines Live-TV-Interviews zu Tage, als er auf die Reporterfrage nach seinem Verhältnis zu Dr. Franz Böhmert posaunte: »Alles wieder super, wir haben das geklärt und sind jetzt wieder beste Freunde!« Der spürbar angeschlagene Böhmert sah's entgeistert zu Hause im Fernsehen, knirschte vor Wut mit den Zähnen und stellte auf Nachfrage richtig: »Kein Wort davon ist wahr!«

Der Verlust der kurzfristig in alle Himmelsrichtungen zerstobenen Platz-1-Euphorie trieb jedem Werder-Fan unmittelbar vor dem (prompt in den Sand gesetzten) Schlagerspiel gegen den VfB Stuttgart tiefe Sorgenfurchen in die Stirn. Doch die waren sehr schnell wieder weg, denn in den Wochen tiefster Verunsicherung bei Fans und im Umfeld des Vereins zeigten die Spieler, dass in ihnen echte Champions stecken. Und einer dieser Champions hieß Ailton, trug immer noch grün-weiß-orange und brachte Werder beim nächsten Auswärtsspiel in Freiburg im Eiltempo mit 2:0 in Front. Werder siegte locker und leicht mit 4:2. Ohne es zu merken schuf Thomas Schaafs Mannschaft einen weiteren Schlüsselmoment einer an Schlüsselmomenten reichen Saison: Der Dicke trifft weiter, auch wenn er bald ein Blauer wird – und die Mannschaft ist immer noch eine Mannschaft. Und wie.

Sie setzt in der Folgezeit zu einer Siegesserie an, die immer unheimlicher wird. Die Gegner bekommen wahlweise drei, vier oder fünf Tore eingeschenkt, und nach drei Wochen Platz 3 und drei Wochen Platz 2 ist am 13. Dezember 2003 mitten im Winter der Platz an der Sonne zurückerobert. Und was noch niemand ahnt: Er bleibt sonnig bis zum Mai, der Platz.

Denn im Frühjahr entdeckt Werder die klassischen Bayern-Tugenden für sich: Knappe Siege gegen ebenbürtige Gegner, vorzugsweise durch Tore in der Schlussphase. Der Vorsprung auf die eigentlichen Urheber dieses Dusels wächst und wächst: Nach 17 Spielen sind es für die Bayern vier Punkte Rückstand auf Werder, nach 18 Spielen schon sechs, nach 20 Spielen neun und nach 25 Spielen elf. Auf einmal liegen wieder Welten zwischen Werder und den Bayern, nur diesmal andersrum.

An der Isar ist man schwer genervt. Aus reiner Gewohnheit holen Hoeneß und Co. die guten alten Nervenkriegs-Psychosprüche wieder aus der Mottenkiste, um Werder wacklig zu reden. Doch Werder denkt gar nicht daran, nervös zu werden. Zum einen liegt das daran, dass man Hitzfeld und Co. anmerkt, dass sie selbst nicht mehr so recht an die Wirkung ihrer Tiraden glauben. Die Bayern-Sprüche wirken wie eine zahnlose, lahme Parodie der früheren Bissigkeit.

Und zum anderen ist Werder schlicht und einfach viel zu gut, um durch solch einen Kinderkram Wirkung zu zeigen. Einer der letzten Stolpersteine ist das Nordderby gegen den HSV vier Spiele vor Saisonende. Die Bayern legen alle Hoffnungen in den etwas erlahmten Nordrivalen der Bremer. Tagelang posaunen sie ihre Meinung über die mittlerweile angeblich wieder vorzügliche Ausgangslage durch alle Medien und äußern im sekundentakt die Gewissheit, Werder werde gegen den Hamburger SV sicherlich stolpern.

Werder siegt jedoch hauchdünn. Mit 6:0.

Ein letztes Mal noch gibt der »Abteilungsleiter Attacke« bei den Bayern alles. Unter dem schockierenden Eindruck der Werder-Gala gegen den HSV und genau eine Woche vor dem direkten Showdown beider Erzrivalen holt er den ganz großen Hammer raus und bellt in das Sportschau-Mikrofon: »Wir werden die Bremer wegfegen. Ein 1:0 oder 2:1 reicht nicht, wir müssen 4:0 oder 5:0 gewinnen. Wir müssen sie richtig niedermachen!«

Und ausgerechnet der spricht von Fairness

Hoeneß will Werder niedermachen

Der Titel-Kampf wird immer heftiger. Bayern-Manager Uli Hoeneß geht auf Werder los: „Die müssen wir jetzt niedermachen!" Alles zum großen Meister-Finale – Seiten 12 - 14

BREMEN

www.bild.de Leser-Telefon 0421/1 45 68

Toni, hol uns die Schale nach Bremen!

Ärgert sich Hoeneß heute grün?

Ganz Bremen ist heiß auf den großen Showdown in München (heute 15.30 Uhr). Ein Sieg bei den Bayern, dann ist der 4. Meister-Titel für Werder perfekt – und Bayern-Manager Uli Hoeneß ärgert sich grün. Toni, hol uns die Meisterschale nach Bremen. Alles zum Spiel der Spiele im Sport auf den Seiten 15 bis 17.

Bayern-Manager Hoeneß grün vor Ärger (Foto-Montage)

Werders Torjäger Ailton (26 Treffer)

München, Olympiastadion, 8. Mai 2004, 15 Uhr 30 oder: Kleiner Crash-Kurs in Sachen »Niedermachen«

Wie eigens von der Natur dafür vorgesehen kommt es an einem strahlend schönen Samstag im Mai 2004 zum Spiel des Jahres: Werder Bremen reist zu den angeschlagenen Bayern und kann in der Höhle des Wurstfabrikanten die Meisterschaft eintüten! Ganz Bremen vibriert in einem fiebrigen Ausnahmezustand: Getränke werden gehamstert, Häuser angestrichen, Fahnen gibt es längst schon nicht mehr. Selbst bislang nur mäßig fußballbegeisterte BremerInnen organisieren ihren Werder-Tagesablauf, um im Siegfall in der passenden Location zu sitzen und nicht vereinsamt in die Röhre zu gucken, wenn Bremen gegen 17 Uhr 15 kollektiv jubilierend zu einem Freudenhopser ansetzt, der Tage anhalten sollte.

In den üblichen Kneipen Brommy, Wirtshaus, Taubenschlag und Co. werden die guten Plätze drei Stunden vor Spielbeginn knapp. Auf dem Domshof sieht das nicht anders aus. Schon am Mittag scheint ganz Bremen den Schulterschluss zu beschwören: Wir sind schon mal bereit, jetzt liegt es an der Mannschaft!

Als das Spiel im sonnendurchfluteten Olympiastadion von München angepfiffen wird, ist ganz Bremen sicher: Wir packen es! Wir! Das »Wir-Gefühl« in dieser Stadt erreicht an diesem Tag einen ungeahnten Höhepunkt, und plötzlich ist all das wieder da, was seit Otto Rehhagels Abschied immer vermisst wurde: Werder gut, Bayern böse. Werder cool, Bayern überheblich. Werder souverän, Bayern fahrig und unansehnlich. Werder klasse, Bayern teuer. Werder gegen Bayern, das macht nun endlich wieder richtig Spaß.

Vorausgesetzt, man ist kein Bayern-Fan, vorausgesetzt man ist nicht Uli Hoeneß. Und vorausgesetzt, man ist vor allem nicht Olli Kahn. Dem gelingt es schon nach wenigen Minuten, das letzte bisschen Meisterschaftshoffnungen in der bayerischen Landeshauptstadt zu pulverisieren. Ivan Klasnic seinerseits hat Bock auf Kahn, der ihm den Ball nach einem Verlegenheits-Steilpass von Ailton vor die Füße patscht. Ivan schnappt sich den Ball. Ivan dreht sich elegant, Kahn kriecht schneller. Ivan schiebt die Kugel aus der Drehung ins leere Bayern-Gehäuse.

Oben: Der Bayern-Killer: Ivan Klasnic bringt Werder in München mit seinem Tor zum 0:1 auf Titelkurs
Unten: Johan Micoud hebt eine Hansestadt ins Glück – 0:2!

Werder führt in München, bei den lauten Bayern, die auf einen Schlag merklich leiser werden und das auch bis zum Saisonende bleiben werden, auf eine für Werder sehr wohltuende Weise. »Killer-Klasnic« hat zugeschlagen, Werder spielt sich in einen Rausch und Bremen erbebt unter einem einzigen, minutenlangen Jubelschrei. Klasnic nimmt damit süße Revanche für das Hinspiel, nach dem er sich von Bayern-Trainer Hitzfeld öffentlich als Schwalbenkönig heruntermachen lassen musste.

Der Jubelschrei ist noch nicht verklungen, da steht es auch schon 2:0 für Werder. Ein Tor, bei dem nicht ganz klar ist, ob die Torvorbereitung von Fabian Ernst per millimetergenauem Schlenzer in den Lauf von Johan Micoud schöner war als dessen anschließender Heber in den rechten Winkel, oder umge-

»Sie lassen ihn zielen, sie lassen ihn schießen!« Ailton schlenzt die Kugel zum 0:3 ins Bayern-Herz

kehrt. Egal. Ein Tor wie ein Kunstwerk, und ein dickes Ausrufungszeichen hinter dieses Spiel, wenn nicht hinter einer ganzen, unbegreiflich schönen Saison. Kann das Leben eines Werder-Fans schöner werden als in diesem Augenblick?

Es kann.

Neun Minuten nach Micouds Tor-Augenweide stürzt Ailton eine ganze Stadt in einen grünweißen Taumel, der nie wieder aufzuhören scheint: Er wird von Tim Borowski am Strafraum angespielt, visiert endlose Sekunden lang das lange Eck an und dreht den Ball elegant und in einer wunderbar bananigen Kurve an Kahn vorbei in die Kiste. Haken dahinter, fertigmachen zum Feiern, Werder ist Meister!

Die Bayern gleichen für den Rest des Spiels einem gealterten, verwundeten Drachen, vor dem man aus Gewohnheit noch etwas Angst hat, obwohl er längst schnaufend am Boden liegt und schwer atmend alle Viere von sich streckt. Werders Mannschaft ist stets wachsam, um reagieren zu können, wenn von den Bayern noch etwas kommen sollte. Es kommt aber nichts mehr. Bayern gibt sich auf.

Niedermachen fehlgeschlagen: Bayern-Manager Uli Hoeneß in einem Moment der inneren Einkehr

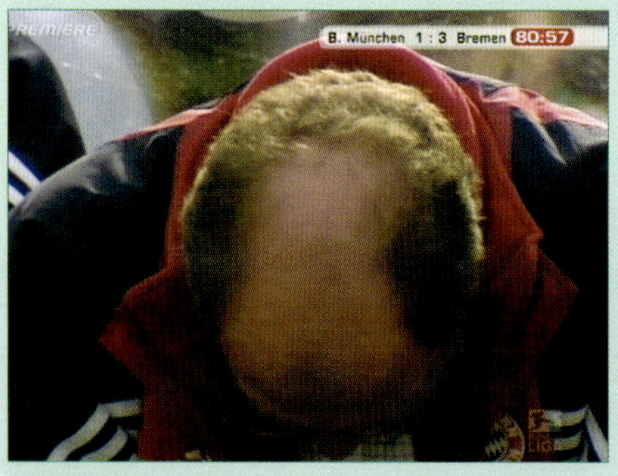

Nach Makaays Ehrentor (56.) kräht schon sehr bald kein Kahn mehr. Um 17 Uhr 10 bringt Zeugwart Uwe Behrens einen Karton in die Nähe der Trainerbank, in dem allen Beteuerungen des Sportdirektors zum Trotz die obligatorischen Meister-T-Shirts sind, die in Bremen in den nächsten Tagen reißenden Absatz finden werden, auch wenn Kapitän Frank Baumann bei »Premiere« anmerkt: »Das ›Deutscher Meister‹ ist ein bisschen klein geschrieben ...!«

Um 17 Uhr 17 ist Schluss. Ailton erleidet auf dem Platz einen Weinkrampf, Paul Stalteri überschüttet Klaus Allofs mit Sekt, Thomas Schaaf spaziert bewegt über den Rasen und prägt sich die Bilder eines Werder-Nachmittags ein, wie es ihn in 104 Jahren Werder Bremen nie zuvor so strahlend und ausgelassen gegeben hat.

Und im fernen Bremen? Eine ganze Stadt hebt ab! Das Epizentrum des Bebens liegt am Domshof, verlagert sich aber bald nach Schlusspfiff wie ein unaufhaltsamer grünweißer Lavastrom aus Menschen zum Bremer Flughafen, um die Helden zu empfangen, die per Chartermaschine gegen 21 Uhr 30 eintreffen werden. Bremen quillt über vor ausgelassen feiernden Menschen in grün und weiß und orange, die es magisch in Richtung Neuenlander Feld zieht. Die Szenerie auf dem Flughafen schließlich wird niemand je vergessen, der dabei war: Fast 30.000 Werder-Fans stürmen das Rollfeld und bilden einen grünweißen Teppich, der die Maschine des neuen Deutschen Meisters empfangen wird. Ein Jubelorkan bricht los, als der Flieger am Abendhimmel auftaucht und zunächst mehrere Ehrenrunden über dem Flughafengelände dreht. Und das Bild des ausrollenden Flugzeugs mit geöffneter Dachluke, aus der heraus Werders Meistertrainer Thomas Schaaf fahneschwenkend und filmend mit einem gerührtfassungslosen Gesichtsaudruck herausschaut, wird zu einem der großartigsten Werder-Motive.

Werders Mannschaft macht die Nacht ebenso zum Tag wie die Fans, die bis zum Morgengrauen die Kneipen Bremens bevölkern. Wer jemals behauptet hat, in Bremen könne man nicht vernünftig feiern, wird dieses Klischee ab heute bis an den Rest seiner Tage zu den Akten legen.

Werders Meisterschaften 1965, 1988 und 1993 waren durch die Bank Überraschungen. Aber keine von ihnen kam aus so heiterem Himmel wie der Titelgewinn 2004, der durch eine weitere Feierstunde im Berliner Olympiastadion wenige Tage später zum totalen Triumphmarsch wurde: Dank eines überragenden Tim Borowski siegt Werder im Pokalfinale mit 3:2 gegen Alemannia Aachen und sichert auch noch das Double.

Der heiße Frühling des Jahres 2004 entlässt die Bremer Fußballfreunde erschöpft in den Sommer. Ein monatelanger Fußball-Orgasmus ist vorüber. Werder hat eine Meisterschaft gewonnen, die nicht in einem Spiel, in einer lichten Sekunde oder einer tollen Woche sichergestellt wurde. Werder wurde monatelang Deutscher Meister. Und durch die Explosion der Gefühle in diesem nicht zu fassenden Fußball-Frühling bleibt dieser Titel für immer in den Herzen. Wer dieses Werder-Gefühl miterleben durfte, vergisst es nie wieder. Egal, was noch kommen wird.

Werder Bremen Mega-Meister!

Werderallala! Das Double ist da

Pokalfinale in Berlin: 3:2 gegen Aachen

Werder krönt seine Super-Saison nach der Meisterschaft jetzt auch noch mit dem Pokalsieg. Ganz Bremen singt Werderallala, das Double ist da! In dem spannenden Finale siegten die Norddeutschen mit 3:2 gegen Alemannia Aachen. Alles zum Spiel – **Seite 69**

Nach der Meisterschaft auch der Pokal: Tim Borowski wird mit zwei Toren im Finale gegen Aachen zum Vater des Erfolges und darf mit Fug und Recht als Erster am Cup naschen

WERDER BREMEN 2003/04

Trainer

Schaaf, Thomas »Schabba«
Verantwortlicher Trainer in allen 34 Spielen der Saison

Werders Neuzugänge im Sommer 2003

Der beste Fußball wird da gespielt, wo das meiste Geld ist – oder bei Werder. Thomas Schaaf stellt 2003 drei preisgünstige Neueinkäufe vor, die Werders kommende Meisterelf entscheidend prägen werden: Ismaël, Reinke, Davala (v.l.)

Wer kam?

Davala (Galatasaray Istanbul/Türkei)
Ismaël (Racing Straßburg/Frankreich)
Lagerblom (FC Lahti/Finnland, w.d.S.)
Lenze (eig. Amateure)
Reinke (Real Murcia/Spanien)
Rolfes (SSV Reutlingen, war ausgeliehen)
Stier (eig. Amateure)
Valdez (eig. Amateure)
Wehlage (1. FC Union Berlin, war ausgeliehen)

Wer ging?

Barten (SC Weyhe)
Friedrich (w.d.S. an FSV Mainz 05 ausgeliehen)
Lenze (VfL Osnabrück, w.d.S.)
Mamoum (Hamburger SV Am.)
Reich (Derby County/England, w.d.S.)
Tjikuzu (Hansa Rostock)
Verlaat (Austria Wien/Österreich)
Wierzchowski (Wisla Plock/Polen)

w.d.S. = während der Saison

Tor

Reinke, Andreas »Dicker«
34 Spiele; 0 Tore

Borel, Pascal
1 Spiel; 0 Tore

Walke, Alexander »Alex«
0 Spiele; 0 Tore

Abwehr

Stalteri, Paul »Stally«
33 Spiele; 2 Tore

Ismaël, Valérien »Valle«
32 Spiele; 4 Tore

Krstajic, Mladen »Kris«
30 Spiele; 3 Tore

Mittelfeld

Ernst, Fabian »Fabe«
33 Spiele; 2 Tore

Micoud, Johan »Joe«
32 Spiele; 10 Tore

Baumann, Frank »Baumi«
32 Spiele; 2 Tore

Angriff

»Ailton«, Gonçalves da Silva »Toni«
33 Spiele; 28 Tore

Klasnic, Ivan »Killer«
29 Spiele; 13 Tore

Charisteas, Angelos »Harry«
24 Spiele; 4 Tore

Erweiterter Kader

* Nicht-Amateur ohne Lizenz

2003/04

Der Sport-Verein »Werder« im Jahr 2003/04:

Geschäftsführung:	**Jürgen L Born (Vorsitzender), Klaus Allofs (Sportdirektor), Manfred Müller (Marketing) Klaus-Dieter Fischer (Amateure)**
Aufsichtsrat:	**Dr. Franz Böhmert (Vorsitzender), Willi Lemke (Politik), Hans Schulz (Sport), Dr. Hubertus Hess-Grunewald (Amateure), Gunnar Lübben-Ratjen (Amateure), Peter Logemann**
Leiter Spielbetrieb:	**Wolfgang Barkhausen**
Mediendirektor:	**Tino Polster**
Pressesprecherin:	**Marita Hanke**
Vereinsärzte:	**Dr. Karl Meschede und Dr. Götz Dimanski**
Physiotherapeut:	**Holger Berger**
Mitglieder:	**5.700**
Kapazität Weser-Stadion:	**35.800 Plätze (4.700 Stehplätze und 1.072 Logenplätze)**

Davala, Ümit
22 Spiele; 0 Tore

Schulz, Christian »Schulle«
17 Spiele; 0 Tore

Skripnik, Victor »Skripa«
6 Spiele; 1 Tor

Magnin, Ludovic »Ludo«
4 Spiele; 0 Tore

Wehlage, Holger
4 Spiele; 0 Tore

Friedrich, Manuel »Münn«
1 Spiel; 0 Tore

Lisztes, Krisztian
30 Spiele; 3 Tore

Borowski, Tim »Boro«
25 Spiele; 1 Tor

Lagerblom, Pekka
7 Spiele; 0 Tore

Banovic, Ivica »Izzo«
3 Spiele; 0 Tore

Reich, Marco »Siggi«
2 Spiele; 0 Tore

Beckert, Stefan*
0 Spiele; 0 Tore

Lenze, Christian
0 Spiele; 0 Tore

Rolfes, Simon »Simmse«
0 Spiele; 0 Tore

Valdez, Nelson
21 Spiele; 5 Tore

Daun, Markus
6 Spiele; 0 Tore

Stier, Marco »Stierchen«
0 Spiele; 0 Tore

In Freundschaftsspielen eingesetzt:

Banecki, Francis
Hunt, Aaron
Memisevic, Damir
Muzzicato, Benedetto
Wegerle, Bryce (Gastspieler, vereinslos)

Alle Spiele 2003/04

04.07.2003
Freundschaftsspiel
TuS Norderney/FC Norden – W. Bremen 0:12 (0:6)
Aufstellung: Reinke (46. Walke) – Magnin (46. C. Schulz), Ismaël (46. Krstajic), Friedrich (46. Baumann), Stalteri (46. Wehlage)– Ernst (46. Rolfes), Banovic (46. Lenze), Borowski (46. Lisztes), Micoud (46. Reich) – Stier (46. Charisteas), Klasnic (46. Valdez)
Trainer: Schaaf
Tore: 0:1 Magnin (8.), 0:2 Stalteri (15.), 0:3 Micoud (23.), 0:4 Klasnic (33.), 0:5 Klasnic (34.), 0:6 Stier (42.), 0:7 Krstajic (56.), 0:8 Charisteas (62.), 0:9 Charisteas (65.), 0:10 Valdez (79.), 0:11 Reich (89.), 0:12 Lisztes (90.)
Besonderheiten: Werder spielte in der 1. Halbzeit gegen TuS Norderney und in der 2. Halbzeit gegen FC Norden. Zur Halbzeit wechselte Thomas Schaaf alle 11 Spieler aus.
Zuschauer: 1.000

06.07.2003
Freundschaftsspiel
Kickers Emden – W. Bremen 0:2 (0:1)
Aufstellung: Borel (46. Reinke) – Baumann (46. Ernst), Lisztes (46. Stalteri), C. Schulz (46. Banovic), Lenze (46. Ismaël), Wehlage (46. Friedrich), Borowski (46. Reich), Rolfes (46. Magnin), Micoud (46. Klasnic), Ailton (46. Stier), Charisteas (46. Valdez)
Trainer: Schaaf
Tore: 0:1 Charisteas (9.), 0:2 Valdez (62.)
Besonderheit: Erneut spielte Werder in beiden Halbzeiten mit zwei komplett verschiedenen Mannschaften
Zuschauer: 3.680 in Firrel

10.07.2003
Freundschaftsspiel
SV Wilhelmshaven – W. Bremen 1:2 (0:2)
Aufstellung: Reinke – Wehlage (76. Lenze), Ismaël (62. Friedrich), Krstajic, Magnin (71. C. Schulz) – F. Baumann (71. Stier), Ernst (74. Reich), Banovic (62. Borowski), Micoud (27. Lisztes) – Klasnic (71. Valdez), Charisteas (46. Ailton)
Trainer: Schaaf
Tore: 0:1 Charisteas (18.), 0:2 Klasnic (41.), 1:2 Bi Ria (85.)
Zuschauer: 5.500

11.07.2003
Freundschaftsspiel
SV Bruchhausen-Vilsen – W. B. 0:9 (0:6)
Aufstellung: Borel – Lenze (65. Wehlage), Friedrich, Baumann (46. Ismaël), C. Schulz (65. Magnin) – Reich (65. Banovic), Borowski (65. Ksrtajic), Micoud (65. Lisztes), Stier (65. Ernst), – Valdez (65. Charisteas), Ailton (65. Klasnic)
Trainer: Schaaf
Tore: 0:1 Ailton (20.), 0:2 Reich (22.), 0:3 Reich (31.), 0:4 Ailton (33.), 0:5 Valdez (37.), 0:6 Ailton (43. FE), 0:7 Valdez (63. FE), 0:8 Ismaël (72.), 0:9 Banovic (90.)
Zuschauer: 2.100

15.07.2003
Internationales Freundschaftsspiel (Thöle-Pokal)
W. Bremen – ZSKA Sofia
3:3 (2:3) i. Elfmeterschießen: 2:4
Aufstellung: Borel (46. Reinke) – Wehlage, Ismaël, Krstajic, Magnin – F. Baumann, Banovic (46. Lisztes), Micoud, Ernst – Klasnic (46. Charisteas), Ailton
Trainer: Schaaf
Tore: 0:1 Mukasi (5.), 1:1 Micoud (9.), 2:1 Ailton (12.), 2:2 Mukasi (17.), 2:3 Mukasi (19.), 3:3 Charisteas (56.)
Elfmeterschießen: Ismaël, Ailton; verschossen: Micoud, Lisztes
Zuschauer: 3.500 in Verden

19.07.2003
UI-Cup – 3. Runde-Hinspiel
OGC Nizza – W. Bremen 0:0
Aufstellung: Reinke – Stalteri, Ismaël, Krstajic, Magnin – Banovic, F. Baumann, Micoud, Ernst (71. Lisztes), Ailton, Klasnic (20. Reich)
Trainer: Schaaf
Tore: –
Zuschauer: 14.000

22.07.2003
Internationales Freundschaftsspiel
W. Bremen – Amica Wronki 0:1 (0:1)
Aufstellung: Borel – Wehlage, Friedrich, C. Schulz, Lenze – Reich, Lisztes, Borowski, Stier – Charisteas, Valdez
Trainer: Schaaf
Tor: 0:1 Kryszalowicz (23.)
Zuschauer: 1.100 in Sedelsberg

26.07.2003
UI-Cup – 3. Runde-Rückspiel
W. Bremen – OGC Nizza 1:0 (0:0)
Aufstellung: Reinke – Stalteri, Ismaël, Krstajic, Magnin – Banovic (60. Lisztes), F. Baumann, Micoud, Ernst – Ailton, Charisteas
Trainer: Schaaf
Tor: 1:0 Micoud (75.)
Zuschauer: 24.300

30.07.2003
UI-Cup – Halbfinale-Hinspiel
SV Pasching – W. Bremen 4:0 (3:0)
Aufstellung: Borel – Stalteri, Ismaël, Krstajic, Magnin – Lisztes, Ernst, Micoud, Borowski (46. F. Baumann) – Ailton (70. Reich), Charisteas
Trainer: Schaaf
Tore: 1:0 Horvath (36.), 2:0 Glieder (40. FE), 3:0 Glieder (43.), 4:0 Baur (88.)
Besonderes Vorkommnis: Schicklgruber hält FE von Charisteas (73.)
Zuschauer: 4.500

02.08.2003
Bundesliga, 1. Spieltag
Hertha BSC Berlin – W. Bremen 0:3 (0:1)
Aufstellung: Reinke – Stalteri, Ismaël, Kjrstajic, Magnin (62. Wehlage) – Lisztes, F. Baumann, Micoud (84. Banovic), Ernst – Ailton (80. Reich), Charisteas
Trainer: Schaaf
Tore: 0:1 Ailton (18.), 0:2 Micoud (21.), 0:3 Ailton (65.)
Zuschauer: 40.152

06.08.2003
UI-Cup – Halbfinale-Rückspiel
W. Bremen – SV Pasching 1:1 (1:0)
Aufstellung: Reinke – Ismaël, Krstajic – F. Baumann (70. Daun), Lisztes, Stalteri – Davala (46. Wehlage), Micoud, Reich (63. Magnin) – Ailton, Charisteas
Trainer: Schaaf
Tore: 1:0 Charisteas (33.), 1:1 Kiesenebner (89.)
Zuschauer: 24.000

09.08.2003
Bundesliga, 2. Spieltag
W. Bremen – Bor. M'gladbach 1:1 (0:0)
Aufstellung: Reinke – Stalteri, Ismaël, Krstajic, Magnin (37. Wehlage) – Lisztes, F. Baumann, Micoud, Ernst – Charisteas, Ailton
Trainer: Schaaf
Tore: 1:0 Ailton (64. FE), 1:1 van Hout (81.)
Zuschauer: 30.100

16.08.2003
Bundesliga, 3. Spieltag
1. FC Kaiserslautern – W. Bremen 0:1 (0:0)
Aufstellung: Reinke – Davala, Ismaël, Krstajic, Stalteri – Lisztes (79. C. Schulz), F. Baumann, Ernst, Micoud (90. Borowski) – Charisteas, Ailton (84. Reich)
Trainer: Schaaf
Tor: 0:1 Micoud (66.)
Zuschauer: 36.056

17.08.2003
Freundschaftsspiel
FK Pirmasens – W. Bremen 1:6 (0:3)
Aufstellung: Borel – Wehlage, Friedrich (46. Ernst), C. Schulz, Rolfes (46. Lenze) – Borowski, Banovic, Wegerle, Reich – Valdez, Ailton (46. Stier)
Trainer: Schaaf
Tore: 0:1 Friedrich (7.), 0:2 Boffert (28. ET), 0:3 Banovic (36.), 0:4 Valdez (60.), 0:5 Wegerle (70.), 0:6 Valdez (78.), 1:6 Döpfner (82.)
Besonderheit: Der 20-jährige U-20-Nationalspieler Bryce Wegerle (Tampa/USA) wirkte als Gastspieler mit
Zuschauer: 1.000

23.08.2003
Bundesliga, 4. Spieltag
W. Bremen – FC Schalke 04 4:1 (3:0)
Aufstellung: Reinke – Davala, Ismaël, F. Baumann (83. Friedrich), Stalteri – Lisztes, Ernst, Micoud, Borowski (70. Banovic) – Ailton, Charisteas (78. Valdez)
Trainer: Schaaf
Tore: 1:0 Charisteas (13.), 2:0 Borowski (27.), 3:0 Ailton (37.), 4:0 Valdez (81.), 4:1 Agali (82.)
Zuschauer: 34.500

26.08.2003
Freundschaftsspiel
VfR Neumünster – W. Bremen 0:1 (0:1)
Aufstellung: Borel – Wehlage, Friedrich, C. Schulz, Rolfes – Daun (46. Lenze), Banovic (70. Banecki), Wegerle, Reich – Valdez (70. Muzzicato), Klasnic
Trainer: Schaaf
Tor: 0:1 Reich (17.)
Besonderheit: Der 20-jährige U-20-Nationalspieler Bryce Wegerle (Tampa/USA) wirkte erneut als Gastspieler mit
Zuschauer: 1.500

30.08.2003
DFB-Pokal, 1. Runde
Ludwigsfelder FC – W. Bremen 1:9 (0:3)
Aufstellung: Reinke – Davala, Ismaël, F. Baumann, Stalteri – Lisztes (60. Banovic), Ernst, Micoud, Borowski – Charisteas (60. Valdez), Ailton (63. Klasnic)
Trainer: Schaaf
Tore: 0:1 Borowski (8.), 0:2 Borowski (27.), 0:3 Ailton (32. FE), 0:4 Ailton (50.), 0:5 Ailton (58. FE), 0:6 Klasnic (67.), 0:7 Banovic (73.), 1:7 Fricke (80.), 1:8 Borowski (81.), 1:9 Klasnic (89.)
Zuschauer: 3.800

04.09.2003
Freundschaftsspiel
FC Huchting – W. Bremen 0:15 (0:11)
Aufstellung: Borel – Wehlage, Ismaël (46. Friedrich), C. Schulz (46. Rolfes), Magnin – Daun, Banovic, Micoud (46. Lenze), Reich – Ailton (46. Stier), Klasnic
Trainer: Schaaf
Tore: 0:1 Daun (5.), 0:2 Ailton (10.), 0:3 Reich (13.), 0:4 Klasnic (15.), 0:5 Banovic (20.), 0:6 Reich (22.), 0:7 Ismaël (24.), 0:8 Ailton (28.), 0:9 Daun (31.), 0:10 Banovic (40.), 0:11 Daun (41.), 0:12 Banovic (47.), 0:13 Banovic (78./Foulelfmeter), 0:14 Daun (79.), 0:15 Stier (87.)
Besonderes Vorkommnis: Rote Karte für Reich (75., Schiedsrichterbeleidigung)
Zuschauer: 2.400

05.09.2003
Internationales Freundschaftsspiel
W. Bremen – FC Groningen 2:0 (1:0)
Aufstellung: Borel – Wehlage, Friedrich (46. C. Schulz), Ismaël, Stalteri – Daun (72. Stier), Banovic, Micoud (20. lenze), Rolfes – Ailton (60. Valdez), Klasnic
Trainer: Schaaf
Tore: 1:0 Banovic (40.), 2:0 Valdez (63.)
Zuschauer: 2.200 in Bad Bederkesa

13.09.2003
Bundesliga, 5. Spieltag
Borussia Dortmund – W. Bremen 2:1 (1:1)
Aufstellung: Reinke – Davala, Ismaël, Krstajic, Stalteri – Lisztes (77. Banovic), F. Baumann, Ernst, Borowski – Charisteas, Ailton
Trainer: Schaaf
Tore: 1:0 Ewerthon (17.), 1:1 Lisztes (41.), 2:1 Ismaël (70. ET)
Zuschauer: 80.500

20.09.2003
Bundesliga, 6. Spieltag
W. Bremen – TSV 1860 München 2:1 (0:0)
Aufstellung: Reinke – Davala (82. Wehlage), Ismaël, Krstajic, Stalteri – Lisztes (78. Borowski), F. Baumann, Micoud, Ernst – Ailton, Charisteas (60. Klasnic)
Trainer: Schaaf
Tore: 1:0 Ailton (47. FE), 1:1 Schroth (56.), 2:1 Micoud (65.)
Zuschauer: 31.233

23.09.2003
Freundschaftsspiel
SC Weyhe – W. Bremen 1:7 (0:5)
Aufstellung: Borel – Wehlage, Friedrich (50. Ismaël), C. Schulz, Rolfes – Daun, Borowski, Lisztes (62. Stalteri), Klasnic – Ailton (46. Ernst), Valdez
Trainer: Schaaf
Tore: 0:1 Klasnic (13.), 0:2 Valdez (17.), 0:3 Valdez (25.), 0:4 Valdez (29.), 0:5 Klasnic (37.), 0:6 Valdez (63.), 0:7 Valdez (77. FE), 1:7 Seidel (83. FE)
Zuschauer: 2.000

27.09.2003
Bundesliga, 7. Spieltag
1. FC Köln – W. Bremen 1:4 (0:2)
Aufstellung: Reinke – Davala, Ismaël, Krstajic, Stalteri – Lisztes (67. Borowski), F. Baumann, Micoud, Ernst – Klasnic (75. Charisteas), Ailton (80. Valdez)
Trainer: Schaaf
Tore: 0:1 Micoud (10.), 0:2 Klasnic (40.), 0:3 Stalteri (70.), 1:3 Scherz (79.), 1:4 Charisteas (90.+2)
Zuschauer: 33.000

05.10.2003
Bundesliga, 8. Spieltag
W. Bremen – VfL Wolfsburg 5:3 (3:1)
Aufstellung: Reinke – Davala, Ismaël, Krstajic, Stalteri – F. Baumann, Lisztes (70. Borowski), Ernst, Micoud – Klasnic (81. Charisteas), Ailton (83. Valdez)
Trainer: Schaaf
Tore: 1:0 Ailton (2.), 2:0 Ailton (21.), 2:1 Biliskov (40.), 3:1 Stalteri (41.), 3:2 Streit (53.), 4:2 Micoud (57.), 5:2 Klasnic (58.), 5:3 Karhan (65.)
Zuschauer: 31.830

08.10.2003
Internationales Freundschaftsspiel
W. Bremen – RFC Antwerpen 6:0 (2:0)
Aufstellung: Borel – Wehlage, Friedrich, C. Schulz, Rolfes – Banovic, Borowski, Micoud (46. Krstajic) – Daun, Ailton (46. Klasnic), Valdez
Trainer: Schaaf
Tore: 1:0 Daun (2.), 2:0 Ailton (16.), 3:0 Daun (18.), 4:0 Banovic (70.), 5:0 Valdez (75.), 6:0 Valdez (79.)
Zuschauer: 1.200 in Lohne

10.10.2003
Freundschaftsspiel
1. FC Union Berlin – W. Bremen 0:3 (0:0)
Aufstellung: Borel – Friedrich, Krstajic (46. Ismaël), C. Schulz – Wehlage, Banovic, Borowski, Micoud (69. Banecki) – Daun (69. Hunt), Ailton (46. Klasnic), Reich
Trainer: Schaaf
Tore: 0:1 Daun (50.), 0:2 Reich (58.), 0:3 Banovic (65.)
Zuschauer: 2.500

18.10.2003
Bundesliga, 9. Spieltag
W. Bremen – VfB Stuttgart 1:3 (0:2)
Aufstellung: Reinke – Davala (76. Daun), Ismaël, Krstajic, Stalteri (59. Charisteas) – Ernst, F. Baumann, Micoud, Lisztes – Klasnic, Ailton (68. Valdez)
Trainer: Schaaf
Tore: 0:1 Szabics (31.), 0:2 Kuranyi (34.), 1:2 Charisteas (60.), 1:3 Tiffert (90.+2)
Besondere Vorkommnisse: Reinke hält FE von Hleb (45.); Gelb-Rote Karte für Bordon (89.)
Zuschauer: 41.100

25.10.2003
Bundesliga, 10. Spieltag
SC Freiburg – W. Bremen 2:4 (0:3)
Aufstellung: Reinke – Davala, Ismaël, Krstajic, Stalteri – Lisztes (87. C. Schulz), F. Baumann, Micoud, Ernst – Klasnic (74. Borowski), Ailton (69. Charisteas)
Trainer: Schaaf
Tore: 0:1 Ailton (14.), 0:2 Ailton (28.), 0:3 Micoud (37.), 1:3 Iashvili (60.), 1:4 Klasnic (65.), 2:4 Iashvili (90.)
Zuschauer: 25.000

28.10.2003
DFB-Pokal, 2. Runde
W. Bremen – VfL Wolfsburg
3:1 (1:1, 0:1) n.Verl.
Aufstellung: Reinke – Davala, Ismaël (110. C. Schulz), Krstajic, Stalteri – Lisztes, F. Baumann (116. Valdez), Micoud, Ernst – Klasnic (46. Charisteas), Ailton
Trainer: Schaaf
Tore: 0:1 Thiam (6.), 1:1 Ailton (55.), 2:1 Micoud (95.), 3:1 Charisteas (101.)
Zuschauer: 15.080

01.11.2003
Bundesliga, 11. Spieltag
W. Bremen – Eintracht Frankfurt 3:1 (2:0)
Aufstellung: Reinke – Davala, Ismaël, Krstajic, Stalteri – Ernst, F. Baumann, Micoud, Lisztes (67. Borowski) – Ailton (81. Daun), Charisteas (67. Klasnic)
Trainer: Schaaf
Tore: 1:0 Ailton (18.), 2:0 F. Baumann (25.), 2:1 Chris (67.), 3:1 Klasnic (70.)
Zuschauer: 34.619

08.11.2003
Bundesliga, 12. Spieltag
Hannover 96 – W. Bremen 1:5 (0:3)
Aufstellung: Reinke – Davala, Ismaël, Krstajic, Stalteri – Lisztes (84. Borowski), F. Baumann, Micoud, Ernst – Valdez (81. Daun), Klasnic (79. Charisteas)
Trainer: Schaaf
Tore: 0:1 Valdez (8.), 0:2 Valdez (37.), 0:3 Klasnic (41.), 1:3 Stajner (55.), 1:4 Klasnic (79.), 1:5 Ernst (87.)
Zuschauer: 25.894

14.11.2003
Internationales Freundschaftsspiel
SC Heerenveen – W. Bremen 1:2 (1:2)
Aufstellung: Borel – Wehlage, Friedrich, Ismaël, Magnin – Reich, Banovic, Borowski, Rolfes – Ailton (72. Lisztes), Valdez (46. Klasnic)
Trainer: Schaaf
Tore: 0:1 Ailton (2.), 0:2 Valdez (14.), 1:2 Selakovic (42.)
Zuschauer: 2.500

22.11.2003
Bundesliga, 13. Spieltag
W. Bremen – VfL Bochum 3:1 (2:0)
Aufstellung: Reinke – Davala, Ismaël, Krstajic, Stalteri – Lisztes, F. Baumann, Micoud, Ernst (71. Borowski) – Klasnic (76. Daun), Ailton (65. Valdez)
Trainer: Schaaf
Tore: 1:0 Ailton (6.), 2:0 Ailton (15.), 3:0 Ailton (50. FE), 3:1 Fahrenhorst (75.)
Zuschauer: 34.298

29.11.2003
Bundesliga, 14. Spieltag
Hamburger SV – W. Bremen 1:1 (0:1)
Aufstellung: Reinke – Davala, Ismaël, Krstajic, Stalteri – Lisztes, F. Baumann, Micoud, Ernst – Ailton, Klasnic (72. Charisteas)
Trainer: Schaaf
Tore: 0:1 Ernst (27.), 1:1 Rahn (50.)
Zuschauer: 55.500

03.12.2003
DFB-Pokal, Achtelfinale
W. Bremen – Hertha BSC Berlin 6:1 (3:0)
Aufstellung: Reinke – Davala, Ismaël, Krstajic (33. Borowski), Stalteri – Lisztes, F. Baumann, Micoud (74. Magnin), Ernst – Ailton, Klasnic (63. Charisteas)
Trainer: Schaaf
Tore: 1:0 Klasnic (19.), 2:0 Micoud (26.), 3:0 Klasnic (37.), 4:0 Ismaël (47.), 5:0 Ailton (78.), 6:0 Charisteas (85.), 6:1 Marcelinho (89.)
Zuschauer: 22.100

06.12.2003
Bundesliga, 15. Spieltag
W. Bremen – FC Bayern München 1:1 (0:0)
Aufstellung: Reinke – Davala, Ismaël, F. Baumann, Stalteri – Lisztes, Ernst, Micoud, Borowski – Ailton, Klasnic
Trainer: Schaaf
Tore: 1:0 Ailton (58. FE), 1:1 Pizarro (78.)
Zuschauer: 43.000

13.12.2003
Bundesliga, 16. Spieltag
Bayer 04 Leverkusen – W. Bremen 1:3 (0:2)
Aufstellung: Reinke – Davala, Ismaël, Krstajic, Stalteri – Lisztes, F. Baumann, Micoud, Ernst (89. C. Schulz) – Klasnic (75. Borowski), Ailton (78. Charisteas)
Trainer: Schaaf
Tore: 0:1 Ailton (42.), 0:2 Krstajic (44.), 1:2 Nowotny (73.), 1:3 Lisztes (90.+1. FE)
Besondere Vorkommnisse: Gelb-Rote Karte für Micoud (67.); Rote Karte für Nowotny (90.)
Zuschauer: 22.500

16.12.2003
Bundesliga, 17. Spieltag
W. Bremen – FC Hansa Rostock 3:0 (1:0)
Aufstellung: Reinke – Davala, Ismaël, Krstajic, Stalteri (84. Magnin) – Lisztes, F. Baumann, Ernst, Borowski – Klasnic (82. Valdez), Ailton (59. Charisteas)
Trainer: Schaaf
Tore: 1:0 Ailton (3.), 2:0 Ismaël (77.), 3:0 Lisztes (89.)
Zuschauer: 32.754

10.01.2004
Internationales Freundschaftsspiel
Roda JC Kerkrade – W. Bremen 2:1 (1:1)
Aufstellung: Borel – Stalteri (46. Wehlage), F. Baumann (46. Friedrich), Ismaël (46. Skripnik), Magnin (46. C. Schulz) – Lisztes (46. Daun), Ernst (46. Rolfes), Micoud (38. Lagerblom), Borowski (46. Reich) – Klasnic (46. Stier), Ailton (23. Charisteas)
Trainer: Schaaf
Tore: 0:1 Klasnic (19.), 1:1 Arouna (33.), 2:1 Anastasiou (53.)
Zuschauer: 2.000

13.01.2004
Efes-Pilsen-Turnier
PSV Eindhoven – W. Bremen 0:3 (0:2)
Aufstellung: Reinke – Davala, Ismaël, F. Baumann, Stalteri – Lisztes, Ernst, Micoud, Borowski – Klasnic, Charisteas
Trainer: Schaaf
Tore: 0:1 Ismaël (36.), 0:2 Klasnic (44.), 0:3 Klasnic (68.)
Zuschauer: 1.500 in Antalya

14.01.2004
Internationales Freundschaftsspiel
ADO Den Haag – W. Bremen 1:1 (1:1)
Aufstellung: Reinke – Wehlage, Friedrich, Skripnik, Magnin – Banovic, Lagerblom, C. Schulz – Stier, Rolfes – Daun
Trainer: Schaaf
Tore: 1:0 Skripnik (29. ET), 1:1 Banovic (41.)
Zuschauer: 150 in Belek

15.01.2004
Efes-Pilsen-Turnier
Trabzonspor Kulübü – W. Bremen 0:1 (0:0)
Aufstellung: Borel – Davala, Ismaël, Krstajic, Stalteri – Ernst (73. Borowski), F. Baumann, Micoud, Lisztes – Klasnic, Charisteas (88. Daun)
Trainer: Schaaf
Tor: 0:1 Lisztes (60. FE)
Zuschauer: 1.500 in Antalya

16.01.2004
Freundschaftsspiel
SpVgg Unterhaching – W. Bremen 3:2 (2:1)
Aufstellung: Borel – Wehlage, Friedrich, Skripnik, Magnin – Borowski, Banovic, C. Schulz – Stier– Rolfes – Daun
Trainer: Schaaf
Tore: 1:0 Barut (28.), 2:0 Lust (35.), 2:1 Daun (41.), 3:1 Lechleiter (54.), 3:2 Rolfes (87.)
Zuschauer: 150 in Belek

17.01.2004
Efes-Pilsen-Turnier, Endspiel
Galatasaray Istanbul – W. Bremen 2:0 (2:0)
Aufstellung: Reinke – Davala, F. Baumann (64. Friedrich), Krstajic, Stalteri (76. C. Schulz) – Lisztes, Ernst, Micoud, Borowski – Charisteas, Klasnic
Trainer: Schaaf
Tore: 1:0 Murat (1.), 2:0 Sabri (33.)
Besonderes Vorkommnis: Gelb-Rote Karte für Ernst (76.)
Zuschauer: 8.000 in Antalya

25.01.2004
Blitzturnier (2 x 22,5 Minuten)
VfL Bochum – W. Bremen
1:1 (0:1) i. Elfmeterschießen: 3:2
Aufstellung: Reinke – Davala, Krstajic, Ismaël, C. Schulz – Borowski, Ernst, Lisztes, Lagerblom – Ailton, Klasnic
Trainer: Schaaf
Tore: 0:1 Ailton (22.), 1:1 Hashemian (29.)
Elfmeterschießen: Ismaël, Ailton, verschossen: Lisztes, Klasnic
Zuschauer: 3.500 in Kropp

25.01.2004
Blitzturnier (2 x 22,5 Minuten)
Hamburger SV – W. Bremen 0:2 (0:1)
Aufstellung: Borel – Davala, Ismaël, C. Schulz, Magnin – Borowski, Ernst, Lisztes, Lagerblom – Ailton (23. Charisteas), Valdez
Trainer: Schaaf
Tore: 0:1 Ailton (10.), 0:2 Ismaël (34. FE)
Zuschauer: 3.500 in Kropp
Endstand:

	S U N	Tore	Pk
1. SV W. Bremen	1 1 0	3 : 1	4
2. Hamburger SV	1 0 1	1 : 2	3
3. VfL Bochum	0 1 1	1 : 2	1

28.01.2004
Freundschaftsspiel
W. Bremen – W. Bremen Amat. 5:2 (2:1)
Aufstellung: Borel – Wehlage, Memisevic, Skripnik, Magnin – Daun, Rolfes, Banovic, Hunt – Valdez, Stier
Trainer: Schaaf
Tore: 1:0 Stier (10.), 1:1 Canizales (18.), 2:1 Daun (22.), 3:1 Hunt (65.), 4:1 Hunt (80.), 5:1 Valdez (81.), 5:2 Karcan (86.)
Zuschauer: unbekannt

31.01.2004
Bundesliga, 18. Spieltag
W. Bremen – Hertha BSC Berlin 4:0 (3:0)
Aufstellung: Reinke – Davala, Ismaël, Ernst, Stalteri (83. Magnin) – Lisztes (76. C. C. Schulz), Lagerblom, Micoud, Borowski – Ailton (72. Valdez), Klasnic
Trainer: Schaaf
Tore: 1:0 Ailton (18.), 2:0 Ailton (30.), 3:0 Micoud (34.), 4:0 Valdez (90.+1)
Zuschauer: 34.500

03.02.2004
DFB-Pokal, Viertelfinale
SpVgg Greuther Fürth – W. B. 2:3 (0:1)
Aufstellung: Reinke – Davala, Ismaël, Krstajic, Stalteri – Lisztes (62. Borowski), F. Baumann, Micoud, Ernst (62. Lagerblom) – Klasnic, Ailton (72. Valdez)
Trainer: Schaaf
Tore: 0:1 Stalteri (18.), 1:1 Ismaël (73. ET), 2:1 Feinbier (76.), 2:2 Micoud (90.+1), 2:3 Klasnic (90.+2)
Besonderes Vorkommnis: Gelb-Rote Karte für Davala (83.)
Zuschauer: 14.500

07.02.2004
Bundesliga, 19. Spieltag
Bor. M'gladbach – W. Bremen 1:2 (0:0)
Aufstellung: Reinke – Davala, Ismaël, Krstajic, Stalteri – Lisztes (86. Borowski), F. Baumann, Micoud, Ernst – Valdez (62. Ailton), Klasnic (90. C. Schulz)
Trainer: Schaaf
Tore: 1:0 Sverkos (51.), 1:1 Klasnic (54.), 1:2 F. Baumann (90.)
Besonderes Vorkommnis: Gelb-Rote Karte für Krstajic (72.)
Zuschauer: 28.650

15.02.2004
Bundesliga, 20. Spieltag
W. Bremen – 1. FC Kaiserslautern 1:0 (0:0)
Aufstellung: Reinke – Davala, Ismaël, F. Baumann, C. Schulz – Lisztes, Micoud, Ernst, Borowski (71. Valdez) – Klasnic, Ailton
Trainer: Schaaf
Tor: 1:0 Ailton (90.+3. FE)
Zuschauer: 36.933

21.02.2004
Bundesliga, 21. Spieltag
FC Schalke 04 – W. Bremen 0:0
Aufstellung: Reinke – Davala, Ismaël, Krstajic, Stalteri – Lisztes (69. Borowski), F. Baumann, Micoud, Ernst – Ailton, Klasnic
Trainer: Schaaf
Tore: –
Zuschauer: 61.266

28.02.2004
Bundesliga, 22. Spieltag
W. Bremen – Borussia Dortmund 2:0 (0:0)
Aufstellung: Reinke (46. Borel) – Davala (78. C. Schulz), Ismaël, Krstajic, Stalteri – Lisztes, F. Baumann, Micoud, Ernst – Ailton (90. Valdez), Klasnic
Trainer: Schaaf
Tore: 1:0 Ismaël (57.), 2:0 Ailton (86.)
Zuschauer: 43.000

07.03.2004
Bundesliga, 23. Spieltag
TSV 1860 München – W. Bremen 0:2 (0:1)
Aufstellung: Reinke – Stalteri, Ismaël, Krstajic, C. Schulz – Lisztes (88. Borowski), F. Baumann, Micoud, Ernst – Ailton (70. Charisteas), Klasnic (83. Daun)
Trainer: Schaaf
Tore: 0:1 Klasnic (37.), 0:2 Charisteas (79.)
Besonderes Vorkommnis: Rote Karte für Tyce (22.)
Zuschauer: 25.000

13.03.2004
Bundesliga, 24. Spieltag
W. Bremen – 1. FC Köln 3:2 (3:0)
Aufstellung: Reinke – Stalteri, Ismaël, Krstajic, C. Schulz (83. Skripnik) – Lisztes, Ernst, Micoud, Borowski – Klasnic (69. Valdez), Ailton (69. Charisteas)
Trainer: Schaaf
Tore: 1:0 Micoud (16.), 2:0 Ailton (37.), 3:0 Ailton (43.), 3:1 Schröder (57.), 3:2 Lottner (71.)
Besonderes Vorkommnis: Gelb-Rote Karte für Voigt (87.)
Zuschauer: 39.555

16.03.2004
DFB-Pokal, Halbfinale
W. B. – VfB Lübeck 3:2 (1:1, 0:1) n.Verl.
Aufstellung: Reinke – Stalteri (101. Charisteas), Ismaël, Krstajic, C. Schulz – Lisztes (95. Valdez), F. Baumann (83. Borowski), Micoud, Ernst – Ailton, Klasnic
Trainer: Schaaf
Tore: 0:1 Krstajic (11. ET), 1:1 Micoud (54.), 1:2 Zandi (94.), 2:2 Ailton (112.), 3:2 Valdez (115.)
Zuschauer: 38.700

21.03.2004
Bundesliga, 25. Spieltag
VfL Wolfsburg – W. Bremen 0:2 (0:0)
Aufstellung: Reinke – Stalteri, Ismaël, Krstajic, C. Schulz (83. Skripnik) – Lisztes, F. Baumann, Micoud, Ernst – Klasnic (88. Charisteas), Ailton (71. Valdez)
Trainer: Schaaf
Tore: 0:1 Klasnic (75.), 0:2 Micoud (85.)
Besonderes Vorkommnis: Ailton schießt FE an den Pfosten (67.)
Zuschauer: 30.000

28.03.2004
Bundesliga, 26. Spieltag
VfB Stuttgart – W. Bremen 4:4 (2:3)
Aufstellung: Reinke – Stalteri, Ismaël, Krstajic, C. Schulz – Lisztes (79. Lagerblom), F. Baumann, Micoud, Ernst – Ailton (86. Valdez), Klasnic (83. Skripnik)
Trainer: Schaaf
Tore: 1:0 Bordon (3.), 1:1 Klasnic (13.), 2:1 Bordon (24.), 2:2 Klasnic (35.), 2:3 Ailton (43.), 3:3 Bordon (50.), 4:3 Streller (69.), 4:4 Ailton (70.)
Besonderes Vorkommnis: Rote Karte für C. Schulz (80.)
Zuschauer: 48.000

04.04.2004
Bundesliga, 27. Spieltag
W. Bremen – SC Freiburg 1:1 (1:1)
Aufstellung: Reinke – Davala (79. Charisteas), Ismaël, Krstajic, Stalteri – Lisztes (65. Valdez), F. Baumann, Micoud, Ernst – Klasnic, Ailton
Trainer: Schaaf
Tore: 0:1 Kruppke (1.), 1:1 Ailton (18.)
Besonderes Vorkommnis: Gelb-Rote Karte für Bajramovic (66.)
Zuschauer: 42.500

10.04.2004
Bundesliga, 28. Spieltag
Eintracht Frankfurt – W. Bremen 0:1 (0:0)
Aufstellung: Reinke – Davala, Ismaël, Krstajic, Stalteri – Lisztes, F. Baumann, Micoud (56. Borowski), Ernst – Ailton (71. Charisteas), Klasnic (56. Valdez)
Trainer: Schaaf
Tor: 0:1 Ismaël (80. FE)
Besondere Vorkommnisse: Rote Karten für Davala und Amanatidis (42.)
Zuschauer: 33.000

18.04.2004
Bundesliga, 29. Spieltag
W. Bremen – Hannover 96 0:0
Aufstellung: Reinke – Stalteri, Ismaël, Krstajic (60. Lagerblom), C. Schulz – Lisztes, F. Baumann, Micoud, Ernst – Ailton (72. Charisteas), Klasnic (72. Valdez)
Trainer: Schaaf
Tore: –
Zuschauer: 43.000

25.04.2004
Bundesliga, 30. Spieltag
VfL Bochum – W. Bremen 0:0
Aufstellung: Reinke – Stalteri, F. Baumann, Krstajic, C. Schulz – Lisztes (76. Lagerblom), Borowski, Micoud, Ernst – Ailton (69. Charisteas), Klasnic (69. Valdez)
Trainer: Schaaf
Tore: –
Zuschauer: 32.645

01.05.2004
Bundesliga, 31. Spieltag
W. Bremen – Hamburger SV 6:0 (3:0)
Aufstellung: Reinke – Stalteri, Ismaël, Krstajic, C. Schulz – Lagerblom (72. Skripnik), F. Baumann, Micoud, Borowski – Klasnic (62. Valdez), Ailton (80. Charisteas)
Trainer: Schaaf
Tore: 1:0 Barbarez (17. ET), 2:0 Ismaël (22.), 3:0 Klasnic (39.), 4:0 Ailton (48.), 5:0 Valdez (80.), 6:0 Skripnik (84. HE)
Zuschauer: 42.500

08.05.2004
Bundesliga, 32. Spieltag
FC Bayern München – W. Bremen 1:3 (0:3)
Aufstellung: Reinke – Stalteri, Ismaël (71. Lagerblom), Krstajic, C. Schulz (56. Skripnik) – Borowski, F. Baumann, Micoud, Ernst – Ailton, Klasnic (87. Valdez)
Trainer: Schaaf
Tore: 0:1 Klasnic (19.), 0:2 Micoud (26.), 0:3 Ailton (35.), 1:3 Makaay (56.)
Zuschauer: 65.000

15.05.2004
Bundesliga, 33. Spieltag
W. Bremen – Bayer 04 Leverkusen 2:6 (0:3)
Aufstellung: Reinke – Stalteri (73. Wehlage), Ismaël, Krstajic, C. Schulz (70. Skripnik) – Borowski, F. Baumann, Micoud, Ernst – Ailton, Klasnic (46. Daun)
Trainer: Schaaf
Tore: 0:1 Franca (7.), 0:2 Bierofka (12.), 0:3 Franca (21.), 1:3 Krstajic (50.), 2:3 Ailton (53.), 2:4 Franca (61.), 2:5 Berbatov (65.), 2:6 Neuville (80.)
Zuschauer: 42.500

Werder erfolgreichste Mannschaft aller Zeiten

22.05.2004
Bundesliga, 34. Spieltag
FC Hansa Rostock – W. Bremen 3:1 (1:1)
Aufstellung: Reinke – Stalteri, F. Baumann, Krstajic, C. Schulz – Borowski, Lagerblom (61. Valdez), Micoud, Ernst – Klasnic (76. Charisteas), Ailton
Trainer: Schaaf
Tore: 1:0 Prica (29.), 1:1 Krstajic (37.), 2:1 Krstajic (46. ET), 3:1 Lantz (74. FE)
Zuschauer: 29.000

29.05.2004
DFB-Pokal, Endspiel
Alemannia Aachen – W. Bremen 2:3 (0:2)
Aufstellung: Reinke – Stalteri, Ismaël, Krstajic, C. Schulz (90. Skripnik) – Borowski (88. Charisteas), F. Baumann, Micoud, Ernst – Ailton, Klasnic (87. Valdez)
Trainer: Schaaf
Tore: 0:1 Borowski (31.), 0:2 Klasnic (45.), 1:2 Blank (51.), 1:3 Borowski (84.), 2:3 Meijer (90.+3)
Besonderes Vorkommnis: Rote Karte für Mbwando (75.)
Zuschauer: 71.682 in Berlin

Meisterjubel auf dem Rasen, die »Salatschüssel« in den Händen der Väter des Erfolges und das Bild des Jahres 2004: Thomas Schaaf als filmender Triumphator bei der Rückkehr aus München am 8. Mai.

Bundesliga-Abschlusstabelle 2003 / 2004

Platz	Verein	Spiele	S	U	N	Tore	Diff.	Punkte
1.	**Werder Bremen**	**34**	**22**	**8**	**4**	**79:38**	**+41**	**74**
2.	Bayern München (M, P)	34	20	8	6	70:39	+31	68
3.	Bayer Leverkusen	34	19	8	7	73:39	+34	65
4.	VfB Stuttgart	34	18	10	6	52:24	+28	64
5.	VfL Bochum	34	15	11	8	57:39	+18	56
6.	Borussia Dortmund	34	16	7	11	59:48	+11	55
7.	Schalke 04	34	13	11	10	49:42	+7	50
8.	Hamburger SV	34	14	7	13	47:60	-13	49
9.	Hansa Rostock	34	12	8	14	55:54	+1	44
10.	VfL Wolfsburg	34	13	3	18	56:61	-5	42
11.	Borussia M'gladbach	34	10	9	15	40:49	-9	39
12.	Hertha BSC Berlin	34	9	12	13	42:59	-17	39
13.	SC Freiburg (N)	34	10	8	16	42:67	-25	38
14.	Hannover 96	34	9	10	15	49:63	-14	37
15.	1. FC K'lautern	34	11	6	17	39:62	-23	36
16.	Eintracht Frankfurt (N)	34	9	5	20	36:53	-17	32
17.	1860 München	34	8	8	18	32:55	-23	32
18.	1.FC Köln (N)	34	6	5	23	32:57	-25	23

Fieberkurve der Bundesliga-Saison 2003 / 2004

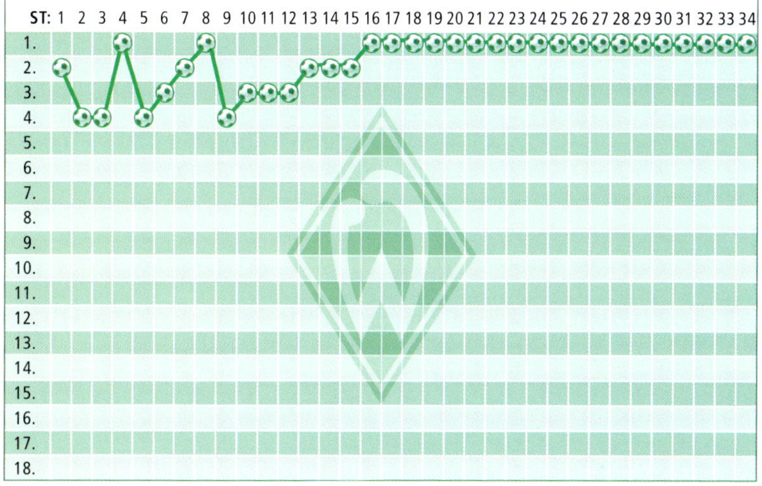

2004/05: Manege frei für Klosnic

Oben v.l.:
Pasanen, Charisteas, Borowski, Ismaël, Fahrenhorst, Baumann, Micoud, Stalteri
Mitte v.l.:
Sportdirektro Allofs, Trainer Schaaf, Co-Trainer Kamp, Co-Trainer Rolff, C. Schulz, Klasnic, Klose, Physiotherapeut Fitschen, Physiotherapeut Wolters, Zeugwart Behrens, Zeugwart Kollra, Mannschaftsarzt Dr. Dimanski
Unten v.l.:
D. Jensen, Hunt, Stier, Magnin, Walke, Reinke, Borel, Lagerblom, Lisztes, Ernst, Valdez

Das Double zu gewinnen, ist keine ganz einfache Sache, soviel steht mal fest. Aber anschließend, nach einem mehrmonatigen Nonstop-Rausch, der die Werder-nahen Bremer die Welt nur noch wie durch einen Schleier von leuchtendem Grün-Orange wahrnehmen ließ, erwartete Planet Erde die Dauerjubler von der Weser zurück. Und unten, auf der Erdoberfläche, warteten viele Fragezeichen. Manche warteten nicht nur, sie drohten sogar.

Das dickste Fragezeichen: Wie kommt Werder ohne sein Idol, sein Original, seinen Über-Torjäger Ailton zurecht? Skepsis machte sich breit, nachdem ausgerechnet Miroslav Klose als Nachfolger auserkoren wurde. Tenor: »Was sollen wir bloß mit dem? Der kann doch nur Kopfbälle!« Erschwerend kam hinzu, dass Klose mit einer Ablöse von fünf Millionen Euro der teuerste Einkauf der Werder-Geschichte war und zugegebenermaßen keine besonders gute Saison hinter sich hatte.

Bei den anderen Neueinkäufen hatten die Fans weniger Zweifel: Frank Fahrenhorst schien als torgefährlicher Innenverteidiger der geborene Krstajic-Nachfolger zu sein, und mit dem hochgelobten Brasilianer Gustavo Nery war zum ungefähr 50. Mal das Problem auf der linken Abwehrseite »endgültig« behoben. Den Finnen Petri Pasanen allerdings konnte man nicht so recht einordnen.

Aber dann kam alles ganz anders. Fahrenhorst mühte sich redlich, hatte aber Verletzungspech und Startschwierigkeiten. Der Westfale wollte seinen Platz in der ersten Elf einfach nicht so recht finden. Und Gustavo Nery ließ sein Können nur ein paar Minuten aufblitzen, blieb immer ein Fremdkörper im Team und trieb recht bald seine schnelle Rückkehr nach Brasilien voran. Pasanen wiederum wuchs nach anfänglichen Problemchen im Laufe der Saison zu einem überraschend souveränen Innenverteidiger an der Seite von Valérien Ismaël heran.

Das schwierige »Jahr danach« ist im Nachhinein schwer zu bewerten. Der befürchtete GAU trat nicht ein: Ein Absturz der Ailton-losen Meisterelf blieb aus. Zu Saisonbeginn schien die Zeit sogar kurz erfreulich stillzustehen, denn nach dem bizarren »Stromausfall-Auftaktsieg« gegen Schalke wurde locker mit 4:0 in Rostock gesiegt. Nach zwei Spielen hatte niemand außer Werder die Maximalpunktzahl erreicht. Der Meister war wieder oben und marschierte nahtlos weiter voran, schien es.

Aber es schien nur. Eine gänzlich unerklärliche Heimniederlage gegen Wolfsburg leitete eine unstete Vorrunde ein, in deren Verlauf Werder ohne Chance in Mönchengladbach blieb (1:3), den Bayern zuhause unterlag (1:2), den Aufsteigern aus Mainz jeweils alle drei Punkte überließ (und zwar jeweils mit 1:2) und dreimal in Folge unentschieden spielte.

Gründe dafür sind nicht allzu einfach zu beleuchten. Eine Vielzahl von Faktoren sorgte dafür, dass die Meister-Maschine des Vorjahres nicht mehr schnurrte. Johan Micoud, der geniale Lenker und Kopf der Meisterelf, schwächelte und spielte nur selten so überragend wie im Double-Jahr. Ümit Davala, das personifizierte Kämpferherz mit eintätowierter Siegermentalität, war dauerverletzt und kam nur auf zehn Teil-Einsätze, womit es ihm immer noch besser ging als Krisztian Lisztes, der nach seinem Kreuzbandriss zwar noch einmal einen Dankeschön-Vertrag bekommen hatte, aber sportlich nie wieder auf die Beine kam. Frank Fahrenhorst spielte durchwachsen, Werders traditionell hakende Außenbahnen hakten weiter und Zukunftshoffnungen wie Pekka Lagerblom, Gustavo Nery oder der während der Saison verpflichtete Superdribbler Mohamed Zidan stagnierten, waren schon wieder auf dem Absprung oder fanden nicht zu der Konstanz, mit der sie Werder hätten hilfreich sein können. Auf den Griechen Angelos Charisteas, der nach der für ihn triumphal verlaufenen Europameisterschaft in Portugal einer der großen Hoffnungsträger zu werden versprach, traf sogar alles zusammen zu: Er stagnierte, spielte nie konstant genug und nutzte die Chance zum Absprung in Richtung Amsterdam, wo es ihm auch nicht besser erging.

Die Übermannschaft der Vorsaison musste schließlich dem personellen Umbruch Tribut zollen und büßte schon im Herbst jegliche Chancen auf die Titelverteidigung ein. Der Rückstand auf die Tabellenspitze pendelte sich bei acht Punkten ein. Am Ende der Saison waren es gar 18.

Aber die nüchterne Aufzählung nicht gewonnener Spiele und die Zählerei von Punkten alleine gibt die Saison nach dem Double nicht vollständig wieder, denn es gab auch zahlreiche Lichtblicke und positive Überraschungen.

Die größte Überraschung betraf Ailton, obgleich der gar nicht mehr da war. Denn ihn vermisste schon nach kürzester Zeit niemand mehr, während der Verlust von Mladen Krstajic der schwerwiegendere war. Erwartet hatte man es eher genau umgekehrt. Dabei waren die Unkenrufe bezüglich der problematischen Ailton-Nachfolge in den ersten Wochen der Saison beunruhigend laut geworden, weil 5-Millionen-Mann Klose erst einmal so gar nicht einschlagen wollte. Gegen Schalke und in Mönchengladbach war er ein Ausfall, und nach drei Auswechslungen in den ersten vier Spielen fand er sich anschließend auf der Ersatzbank wieder. Allerdings nur sehr kurz. Gegen Hannover erzielte er nach seiner Einwechslung sein zweites Saisontor, und eine Woche später passierte in Bochum das, was bei großen Spielern immer mal vorkommt: Ein Knoten platzt, ein Knopf geht auf, ein Schalter wird umgelegt, oder welche Metapher auch immer gerade genehm ist. Bei Miro Klose passierte zum Leidwesen der bemitleidenswerten Bochumer alles zusammen: Zur Halbzeit erst eingewechselt, schredderte er die Hoffnungen der Bochumer auf einen Punktgewinn gegen den Meister mit einem Hattrick innerhalb von 19 Minuten fein säuberlich in die Mülltonne mit der Aufschrift »Punktgewinnhoffnungen«. Am Ende der Saison hatte Klose trotz aller Anlaufschwierigkeiten 15 mal getroffen und wurde vom Kicker zum notenbesten Stürmer der Liga gekürt. Und einen tollen Nebeneffekt hatte Kloses Siegeszug auch noch: An seiner Seite wurde der von den Fans verehrte Ivan Klasnic zum »Killer«, und beide zusammen deuteten an, in naher Zukunft zum Traum-Duo avancieren zu können. Die Boulevardpresse erfand für die Tor-Zwillinge vorsorglich schon einmal den Kosenamen »Klosnic«.

Nasenbohrer contra Rasenscorer: Beim Spiel Werder – Bayern gerateten die Nationalelf-Kollegen Kahn und Klose aneinander

Kloses persönliches Happy End ging einher mit dem glücklichen Saisonende seiner neuen Mannschaft. Der letzte Spieltag sorgte dafür, dass aus einer etwas durchwachsenen doch noch eine ziemlich positive Saison wurde. Werder hatte die angestrebte Champions League-Qualifikation eigentlich schon verpasst, nachdem ein 0:1 in Dortmund zwei Spieltage vor Schluss einen Fünf-Punkte-Rückstand auf Platz 3 bedeutete. Dank der Schützenhilfe von Hannover 96 und Bayern München aber wurden Berlin und Stuttgart in allerletzter Sekunde noch überholt, weil Werder zur selben Zeit den mittelmäßigen FC aus Kaiserslautern auswärts routiniert mit 2:1 besiegte. Ganz Bremen freute sich wieder auf die Champions League. Es galt, etwas gutzumachen, weil Werders Comeback in der europäischen Königsklasse nach einer tollen Vorrunde mit zwei katastrophalen Resultaten gegen Frankreichs Meister Olympique Lyon endete: nach einem 0:3 zu Hause gab's ein deftiges 2:7 in Frankreich.

Werder schien vielen noch zu grün für Europa. Doch schon sehr bald sollte sich die Chance ergeben, den Beweis anzutreten, dass Fußball-Europa gar nicht grün-weiß genug sein kann.

WERDER BREMEN 2004/05

Trainer

Schaaf, Thomas »Schabba«
Verantwortlicher Trainer in allen 34 Spielen der Saison

Werders Neuzugänge im Sommer 2004

Die »Men in Black« freuen sich über drei neue Nationalspieler, einen Bald-Nationalspieler und ein Supertalent: Werder verstärkt sich 2004 durch Frank Fahrenhorst, Miro Klose, Aaron Hunt, Petri Pasanen und Daniel Jensen

Wer kam?

Banecki (eig. Amateure, w.d.S.)
Fahrenhorst (VfL Bochum)
Friedrich (zurück vom FSV Mainz 05, war ausgeliehen)
Hunt (eig. Amateure)
D. Jensen (Real Murcia, w.d.S.)
Klose (1. FC Kaiserslautern)
Nery (FC Sao Paulo)
Pasanen (FC Portsmouth)
Zidan (FC Midtjylland, w.d.S.)

w.d.S. = während der Saison

Wer ging?

Ailton (Schalke 04)
Banovic (1. FC Nürnberg)
Beckert (eig. Amateure)
Charisteas (Ajax Amsterdam, w.d.S.)
Daun (1. FC Nürnberg)
Friedrich (FSV Mainz 05, w.d.S.)
Krstajic (Schalke 04)
Lagerblom (1. FC Nürnberg, w.d.S. ausgeliehen)
Nery (Corinthians Sao Paulo, w.d.S.)
Rolfes (Alem. Aachen)
Skripnik (Karriereende)
Wehlage (MSV Duisburg)

Tor

Reinke, Andreas »Dicker«
34 Spiele; 0 Tore

Borel, Pascal
1 Spiel; 0 Tore

Walke, Alexander »Alex«
0 Spiele; 0 Tore

Abwehr

Ismaël, Valérien »Valle«
32 Spiele; 4 Tore

Stalteri, Paul »Stally«
32 Spiele; 0 Tore

Magnin, Ludovic »Ludo«
25 Spiele; 3 Tore

Mittelfeld

Micoud, Johan »Joe«
33 Spiele; 8 Tore

Ernst, Fabian »Fabe«
33 Spiele; 2 Tore

Borowski, Tim »Boro«
31 Spiele; 7 Tore

Angriff

Klose, Miroslav »Miro«
32 Spiele; 15 Tore

Klasnic, Ivan »Killer«
28 Spiele; 10 Tore

Valdez, Nelson
27 Spiele; 7 Tore

Erweiterter Kader

Paul, Robert
0 Spiele; 0 Tore

Der Sport-Verein »Werder« im Jahr 2004/05:

2004/05

Geschäftsführung:	Jürgen L Born (Vorsitzender), Klaus Allofs (Sportdirektor), Manfred Müller (Marketing) Klaus-Dieter Fischer (Amateure)
Aufsichtsrat:	Dr. Franz Böhmert (Vorsitzender), Willi Lemke (Politik), Hans Schulz (Sport), Dr. Hubertus Hess-Grunewald (Amateure), Gunnar Lübben-Ratjen (Amateure) Peter Logemann
Leiter Spielbetrieb:	Wolfgang Barkhausen
Mediendirektor:	Tino Polster
Pressesprecherin:	Marita Hanke
Vereinsärzte:	Dr. Karl Meschede und Dr. Götz Dimanski
Physiotherapeut:	Holger Berger
Mitglieder:	15.000
Kapazität Weser-Stadion:	43.000 überdachte Plätze, davon 10.100 Stehplätze und 2.090 VIP- und Logenplätze

Schulz, Christian »Schulle«
23 Spiele; 2 Tore

Pasanen, Petri
23 Spiele; 1 Tor

Fahrenhorst, Frank »Fahne«
16 Spiele; 0 Tore

Davala, Ümit
10 Spiele; 0 Tore

Nery, Gustavo
3 Spiele; 0 Tore

Friedrich, Manuel »Manu«
0 Spiele; 0 Tore

Baumann, Frank »Baumi«
22 Spiele; 1 Tor

Jensen, Daniel
21 Spiele; 0 Tore

Lagerblom, Pekka
4 Spiele; 0 Tore

Banecki, Francis
2 Spiele; 0 Tore

Lisztes, Krisztian
2 Spiele; 0 Tore

Charisteas, Angelos »Harry«
11 Spiele; 5 Tore

Zidan, Mohammed
10 Spiele; 2 Tore

Hunt, Aaron
10 Spiele; 1 Tor

Stier, Marco »Stierchen«
0 Spiele; 0 Tore

In Freundschaftsspielen eingesetzt:

Brückner, Daniel (Mittelfeld)
Habryka, Michael (Mittelfeld)
Heidenreich, Florian (Abwehr)
Kacan, Deniz (Angriff)
Mohr, Florian (Abwehr)
Pekrul, Viktor (Mittelfeld)
Rockenbach da Silva, Thiago (Mittelfeld)
Schierenbeck, Björn (Abwehr)
Stallbaum, Sandro (Mittelfeld)
ter Heide, Ruud (Angriff)

Alle Spiele 2004/05

06.07.2004
Freundschaftsspiel
Kickers Emden – W. Bremen 0:4 (0:2)
Aufstellung: Reinke (46. Borel) – Stalteri (70. Stallbaum), Ismaël (65. Mohr), Friedrich (73. Heidenreich), Magnin – Fahrenhorst (65. Schierenbeck), C. Schulz, Borowski, Micoud – Brückner (70. Kaczan), ter Heide (77. Pekrul)
Trainer: Schaaf
Tore: 0:1 Ismaël (22. FE), 0:2 Micoud (28.), 0:3 ter Heide (52.), 0:4 Pekrul (82.)
Zuschauer: 1.700 auf Norderney

09.07.2004
Freundschaftsspiel
SV Meppen – W. Bremen 1:2 (0:0)
Aufstellung: Borel (46. Reinke) – Stalteri, Ismaël, Friedrich, Magnin – Fahrenhorst (60. Pekrul), C. Schulz (69. Heidenreich), Borowski (46. Paul), Micoud (46. Mohr) – Brückner, ter Heide (75. Kaczan)
Trainer: Schaaf
Tore: 0:1 ter Heide (59.), 0:2 Ismaël (67.), 1:2 Özcan (83.)
Zuschauer: 6.500 in Firrel

10.07.2004
Internationales Freundschaftsspiel
W. Bremen – Trabzonspor Kulübü 1:1 (0:1)
Aufstellung: Reinke (46. Borel) – Magnin, Friedrich (65. Mohr), Ismaël , Stalteri (80. Pekrul) – C. Schulz (65. Paul), Fahrenhorst, Borowski, Micoud – ter Heide (75. Heidenreich), Brückner (46. Kacan)
Trainer: Schaaf
Tore: 0:1 Yattara (30.), 1:1 Ismaël (70. FE)
Zuschauer: 5.500 in Minden

14.07.2004
Freundschaftsspiel
Blau-Weiß Bornreihe – W. B. 0:9 (0:4)
Aufstellung: Borel (46. Reinke) – Stalteri (46. Stallbaum), Ismaël (46. Mohr), Fahrenhorst (46. Friedrich), Magnin (46. Heidenreich) – C. Schulz (46. Banecki), Borowski (46. Schierenbeck), Micoud (46. Pekrul), Paul – Brückner, ter Heide (46. Kacan)
Trainer: Schaaf
Tore: 0:1 Magnin (4.), 0:2 Brückner (15.), 0:3 ter Heide (33.), 0:4 Micoud (41.), 0:5 Kacan (50.), 0:6 Brückner (61.), 0:7 Pekrul (88.), 0:8 Otten, (89. ET), 0:0 Kacan (90.)
Zuschauer: 4.000

16.07.2004
Internationales Turnier, Halbfinale
Sachsen Leipzig – W. Bremen 0:4 (0:2)
Aufstellung: Reinke – Stalteri, Ismaël (74. Stallbaum), Fahrenhorst, Magnin – Lagerblom (46. Paul), Borowski (80. Mohr), C. Schulz (67. Banecki), Micoud – ter Heide, Brückner (56. Friedrich)
Trainer: Schaaf
Tore: 0:1 Borowski (17.), 0:2 ter Heide (43.), 0:3 Micoud (55.), 0:4 Stalteri (65.)
Zuschauer: 9.000 in Leipzig

17.07.2004
Internationales Turnier, Endspiel
W. Bremen – Roter Stern Belgrad
2:2 (2:2) i. Elfmeterschießen: 4:5
Aufstellung: Borel – Stalteri, Ismaël, Fahrenhorst, Magnin – Borowski, F. Baumann (65. C. Schulz), Micoud (46. Lagerblom), Ernst (65. Banecki) – Klasnic (75. Brückner), Klose (60. ter Heide)
Trainer: Schaaf
Tore: 0:1 Pantelic (17.), 1:1 Klose (21.), 2:1 Klose (28.), 2:2 Pantelic (38.)
Elfmeterschießen: Fahrenhorst, C. Schulz, Ismaël, Borowski – verschossen: Magnin
Zuschauer: 9.312 in Leipzig

20.07.2004
Internationales Freundschaftsspiel
FC Basel – W. Bremen 3:3 (0:2)
Aufstellung: Walke – Stalteri, Ismaël, Fahrenhorst, Magnin (11. C. Schulz) – Borowski, F. Baumann, Ernst, Micoud – Klasnic, Klose
Trainer: Schaaf
Tore: 0:1 Klasnic (36.), 0:2 Klose (45.), 0:3 Borowski (50.), 1:3 Carignano (67.), 2:3 Rossi (74.), 3:3 Rossi (82.)
Zuschauer: 4.550 in Wil

24.07.2004
Internationales Freundschaftsspiel
Olympique Lyon – W. Bremen 3:3 (1:0)
Aufstellung: Borel (46. Walke) – Pasanen, Ismaël, Fahrenhorst, Stalteri – Borowski, F. Baumann, Micoud, Ernst – Klasnic, Valdez
Trainer: Schaaf
Tore: 1:0 Luyindula (44.), 2:0 Elber (49.), 3:0 Elber (59.), 3:1 Borowski (69.), 3:2 Klasnic (70.), 3:3 Klasnic (85.)
Zuschauer: 2.400 in Rapperswil/Jona

29.07.2004
DFB-Ligapokal, Halbfinale
W. Bremen – VfB Stuttgart 2:0 (1:0)
Aufstellung: Reinke – Pasanen, Ismaël, Fahrenhorst, Stalteri – Borowski, F. Baumann, Ernst (70. Lagerblom), Micoud – Klasnic (78. Paul), Charisteas (60. Valdez)
Trainer: Schaaf
Tore: 1:0 Klasnic (30.), 2:0 Valdez (86.)
Besonderes Vorkommnis: Hildebrand hält FE von Ismaël (26.)
Zuschauer: 12.900 in Meppen

02.08.2004
DFB-Ligapokal, Endspiel
FC Bayern München – W. Bremen 3:2 (2:0)
Aufstellung: Reinke – Pasanen, Ismaël, Fahrenhorst, Stalteri (46. Magnin) – Borowski, F. Baumann (46. Lagerblom), Micoud, Ernst (83. Valdez) – Klasnic, Klose
Trainer: Schaaf
Tore: 1:0 Deisler (27.), 2:0 Deisler (44.), 3:0 Ballack (65.), 3:1 Klasnic (68.), 3:2 Ismaël (74. FE)
Zuschauer: 13.200 in Mainz

06.08.2004
Bundesliga, 1. Spieltag
W. Bremen – FC Schalke 04 1:0 (0:0)
Aufstellung: Reinke – Pasanen, Ismaël, Fahrenhorst, Stalteri (64. Magnin) – Borowski, F. Baumann, Micoud, Ernst (79. Lagerblom) – Klose (73. Valdez), Klasnic
Trainer: Schaaf
Tor: 1:0 Valdez (83.)
Besonderheit: Wegen eines Stromausfalls begann das Spiel mit 65 Minuten Verspätung
Zuschauer: 42.109

08.08.2004
Freundschaftsspiel
VfL Osnabrück – W. Bremen 1:6 (1:1)
Aufstellung: Borel – Stalteri, Ismaël (46. Fahrenhorst), C. Schulz, Magnin (46. Pasanen) – Lagerblom, F. Baumann (46. Borowski), Micoud (46. Ernst), Nery (64. Hunt) – Valdez (60. Klose), Charisteas (60. Klasnic)
Trainer: Schaaf
Tore: 0:1 Stalteri (8.), 1:1 Menga (9.), 1:2 Klasnic (62.), 1:3 Klasnic (67.), 1:4 Hunt (80.), 1:5 Hunt (87.), 1:6 Klasnic (88.)
Zuschauer: 14.000

14.08.2004
Bundesliga, 2. Spieltag
FC Hansa Rostock – W. Bremen 0:4 (0:0)
Aufstellung: Reinke – Pasanen, Ismaël, Fahrenhorst, Magnin (84. Stalteri) – Borowski, F. Baumann, Micoud, Ernst – Klose (77. Valdez), Klasnic (77. Charisteas)
Trainer: Schaaf
Tore: 0:1 Klasnic (54.), 0:2 Micoud (58.), 0:3 Klasnic (64.), 0:4 Pasanen (89.)
Zuschauer: 23.200

21.08.2004
DFB-Pokal, 1. Runde
Jahn Regensburg – W. Bremen 0:2 (0:0)
Aufstellung: Reinke – Stalteri, Ismaël, Fahrenhorst, Magnin (46. Nery) – Borowski, F. Baumann, Micoud, Ernst – Klose (46. Charisteas), Klasnic
Trainer: Schaaf
Tore: 0:1 Micoud (61.), 0:2 Klasnic (90.+1)
Zuschauer: 10.700

23.08.2004
Internationales Freundschaftsspiel
Real Murcia – W. Bremen
2:2 (0:1) i. Elfmeterschießen: 5:4
Aufstellung: Reinke (46. Borel), Pasanen, Fahrenhorst (46. Magnin), (46. Stalteri), Nery – Lagerblom, F. Baumann (46. Ernst), Micoud (46. Borowski), C. Schulz – Charisteas (77. Klasnic), Valdez (46. Klose).
Trainer: Schaaf
Tore: 0:1 Charisteas (1.), 1:1 Caranca (51.), 1:2 Klose (54.), 2:2 Munteanu (70.)
Elfmeterschießen: Klasnic, Klose, Stalteri, Borowski treffen, Ernst verschießt.
Zuschauer: 6.000

29.08.2004
Bundesliga, 3. Spieltag
W. Bremen – VfL Wolfsburg 1:2 (0:0)
Aufstellung: Reinke – Pasanen, Ismaël, Fahrenhorst, Nery – F. Baumann, Borowski (65. Valdez), Micoud, Ernst (55. Charisteas) – Klose, Klasnic
Trainer: Schaaf
Tore: 0:1 Brdaric (46.), 0:2 Thiam (53.), 1:2 Klose (71.)
Zuschauer: 37.600

11.09.2004
Bundesliga, 4. Spieltag
Bor. M'gladbach – W. Bremen 3:1 (1:0)
Aufstellung: Reinke – Pasanen (70. Magnin), Ismaël, Fahrenhorst, Stalteri – Borowski

Seite 12 • BILD • Bremen, 7. August 2004 •
FUSSBALL

Stromausfall!

Keiner weiß, wie es weitergeht – weil keiner weiß, wo der Strom herkommt. Bremens Schaaf und Allofs und die Schiris sind hilflos

Das Protokoll der Pannen

Millionen ratlos am TV
Dann hatte Werder Saft

Von MARKUS BALCZUWEIT, PETER WENZEL und MANFRED MUCH

Bremen – Schalke 1:0

(61. Charisteas), F. Baumann, Micoud, Ernst – Klose (56. Valdez), Klasnic
Trainer: Schaaf
Tore: 1:0 Heinz (12.), 2:0 Neuville (53.), 2:1 Valdez (69.), 3:1 Ivic (90.+1)
Zuschauer: 52.100

14.09.2004
Champions League – 1. Spieltag
Inter Mailand – W. Bremen 2:0 (1:0)
Aufstellung: Reinke – Pasanen, Ismaël, Fahrenhorst, Stalteri – Borowski, F. Baumann (37. Magnin), Micoud, Ernst – Klasnic (61. Charisteas), Valdez (81. Klose)
Trainer: Schaaf
Tore: 1:0 Adriano (35. FE), 2:0 Adriano (87.)
Besondere Vorkommnisse: Rote Karte für Ismaël (5.); Reinke hält FE von Vieri (6.)
Zuschauer: 35.000

18.09.2004
Bundesliga, 5. Spieltag
W. Bremen – Hannover 96 3:0 (1:0)
Aufstellung: Reinke – Pasanen (62. Magnin), Ismaël, Fahrenhorst, Stalteri – Lagerblom (68. Klose), Ernst, Micoud, Borowski – Valdez, Klasnic (84. Hunt)
Trainer: Schaaf
Tore: 1:0 Ismaël (20. FE), 2:0 Micoud (78.), 3:0 Klose (88.)
Besonderes Vorkommnis: Rote Karte für Zuraw (20.)
Zuschauer: 40.100

22.09.2004
DFB-Pokal, 2. Runde
W. Bremen – Bayer 04 Leverkusen 3:2 (1:1)
Aufstellung: Reinke – Pasanen, Ismaël, Fahrenhorst, Stalteri – Lagerblom (46. Magnin), Ernst, Micoud, Borowski – Valdez, Klasnic (68. Klose)
Trainer: Schaaf
Tore: 1:0 Micoud (5.), 1:1 Babic (17.), 2:1 Valdez (55.), 3:1 Valdez (58.), 3:2 Berbatov (69.)
Zuschauer: 17.800

25.09.2004
Bundesliga, 6. Spieltag
VfL Bochum – W. Bremen 1:4 (0:0)
Aufstellung: Reinke – Pasanen (61. C. Schulz), Ismaël, Fahrenhorst, Stalteri – Borowski, Ernst, Micoud, Magnin – Valdez (46. Klose), Klasnic (90. Charisteas)
Trainer: Schaaf
Tore: 0:1 Borowski (54.), 1:1 Knavs (68.), 1:2 Klose (70.), 1:3 Klose (88.), 1:4 Klose (89.)
Zuschauer: 25.110

29.09.2004
Champions League – 2. Spieltag
W. Bremen – FC Valencia 2:1 (0:1)
Aufstellung: Reinke – Stalteri, Fahrenhorst, C. Schulz (61. Charisteas), Magnin – Borowski, Micoud, Ernst – Klose, Valdez, Klasnic
Trainer: Schaaf
Tore: 0:1 Vicente (2.), 1:1 Klose (60.), 2:1 Charisteas (84.)
Besonderes Vorkommnis: Gelb-Rote Karte für Marchena (55.)
Zuschauer: 36.034

02.10.2004
Bundesliga, 7. Spieltag
W. Bremen – FC Bayern München 1:2 (0:1)
Aufstellung: Reinke – Stalteri, Ismaël, Fahrenhorst (7. Lagerblom, 62. Valdez), C. Schulz – Ernst, Borowski, Micoud, Magnin – Klasnic (46. Charisteas), Klose
Trainer: Schaaf
Tore: 0:1 Ballack (20.), 0:2 Schweinsteiger (75.), 1:2 Klose (81.)
Zuschauer: 42.100

16.10.2004
Bundesliga, 8. Spieltag
FSV Mainz 05 – W. Bremen 2:1 (0:0)
Aufstellung: Reinke – Stalteri, Ismaël, Pasanen, Magnin – Borowski, F. Baumann, Micoud, Ernst – Klose, Charisteas (72. Klasnic)
Trainer: Schaaf
Tore: 0:1 Charisteas (56.), 1:1 Weiland (83.), 2:1 Auer (90.)
Zuschauer: 20.300

20.10.2004
Champions League – 3. Spieltag
RSC Anderlecht – W. Bremen 1:2 (1:1)
Aufstellung: Reinke – Stalteri, Ismaël, Pasanen, C. Schulz – Ernst, F. Baumann, Magnin, Micoud – Klose (77. Valdez), Klasnic (86. Lagerblom, 90. Banecki)
Trainer: Schaaf
Tore: 1:0 Wilhelmsson (26.), 1:1 Klasnic (36.), 1:2 Klasnic (59.)
Zuschauer: 21.187

23.10.2004
Bundesliga, 9. Spieltag
W. Bremen – 1. FC Nürnberg 4:1 (2:0)
Aufstellung: Reinke – Stalteri (81. Davala), Ismaël, F. Baumann, C. Schulz – Ernst, Banecki (70. D. Jensen), Micoud, Magnin – Klose (76. Valdez), Klasnic
Trainer: Schaaf
Tore: 1:0 Klasnic (13.), 2:0 Micoud (18.), 2:1 Mintal (64. FE), 3:1 C. Schulz (75.), 4:1 Ernst (88.)
Zuschauer: 38.800

27.10.2004
Bundesliga, 10. Spieltag
VfB Stuttgart – W. Bremen 1:2 (1:0)
Aufstellung: Reinke – Davala (46. D. Jensen), Ismaël, F. Baumann, C. Schulz (62. Valdez) – Ernst, Stalteri, Micoud, Magnin – Klose (89. Banecki), Klasnic
Trainer: Schaaf
Tore: 1:0 Delpierre (45.+1), 1:1 Klose (78.), 1:2 Valdez (80.)
Besonderes Vorkommnis: Rote Karte für Magnin (66.)
Zuschauer: 41.000

30.10.2004
Bundesliga, 11. Spieltag
W. Bremen – Hamburger SV 1:1 (0:1)
Aufstellung: Reinke – Davala (72. Pasanen), Ismaël, F. Baumann, Stalteri – D. Jensen (61. Valdez), C. Schulz, Micoud, Ernst – Klose, Klasnic
Trainer: Schaaf
Tore: 0:1 Jarolim (22.), 1:1 C. Schulz (74.)
Zuschauer: 42.100

02.11.2004
Champions League – 4. Spieltag
W. Bremen – RSC Anderlecht 5:1 (3:1)
Aufstellung: Reinke – Stalteri, F. Baumann, Ismaël, C. Schulz (66. Davala) – D. Jensen, Ernst, Micoud, Magnin – Klasnic (83. Charisteas), Klose (71. Valdez)
Trainer: Schaaf
Tore: 1:0 Klasnic (2.), 2:0 Klasnic (16.), 2:1 Iachtchouk (33.), 3:1 Klose (33.), 4:1 Klasnic (79.), 5:1 D. Jensen (90.)
Zuschauer: 37.359

06.11.2004
Bundesliga, 12. Spieltag
Hertha BSC Berlin – W. Bremen 1:1 (0:0)
Aufstellung: Reinke – Stalteri, Ismaël, F. Baumann, C. Schulz – D. Jensen (85. Davala), Ernst, Micoud, Borowski – Klose (61. Valdez), Klasnic (71. Charisteas)
Trainer: Schaaf
Tore: 0:1 Charisteas (81.), 1:1 Madlung (90.+2)
Zuschauer: 47.411

09.11.2004
DFB-Pokal, Achtelfinale
W. B. – Eintracht Trier 3:1 (1:1, 1:0) n.Verl.
Aufstellung: Reinke – Davala (66. Pasanen), Ismaël, F. Baumann, Stalteri – D. Jensen, Borowski, Micoud, Magnin – Charisteas (73. Klasnic), Valdez (106. Klose)
Trainer: Schaaf
Tore: 1:0 D. Jensen (5.), 1:1 Labak (57.), 2:1 D. Jensen (105.), 3:1 Klasnic (120.)
Zuschauer: 17.462

27.10.2004: Werder beschert dem VfB Stuttgart beim 1:2 eine Fliegenplage. Oberer Salto: Miro Klose nach dem Ausgleichstor. Unterer Salto: Nelson Valdez nach dem Siegtor

13.11.2004
Bundesliga, 13. Spieltag
W. Bremen – Bayer 04 Leverkusen 2:2 (1:0)
Aufstellung: Reinke – Stalteri, Ismaël, F. Baumann, C. Schulz (68. Valdez) – D. Jensen, Ernst, Micoud, Borowski (61. Magnin) – Klose, Klasnic
Trainer: Schaaf
Tore: 1:0 Klose (19.), 1:1 Voronin (51.), 1:2 Berbatov (53.), 2:2 Valdez (72.)
Zuschauer: 38.128

20.11.2004
Bundesliga, 14. Spieltag
Arminia Bielefeld – W. Bremen 2:1 (1:0)
Aufstellung: Reinke – Stalteri, Ismaël, F. Baumann, C. Schulz (78. Charisteas) – D. Jensen (70. Valdez), Ernst, Micoud, Borowski (70. Magnin) – Klose, Klasnic
Trainer: Schaaf
Tore: 1:0 Vata (45.), 2:0 Küntzel (77.), 2:1 Klasnic (83.)
Besonderes Vorkommnis: Rote Karte für Valdez (88.)
Zuschauer: 26.601

24.11.2004
Champions League – 5. Spieltag
W. Bremen – Inter Mailand 1:1 (0:0)
Aufstellung: Reinke – Pasanen, F. Baumann, Ismaël, Stalteri (83. Charisteas) – Borowski (67. D. Jensen), Ernst, Micoud, Magnin – Klose, Klasnic (46. Valdez)
Trainer: Schaaf
Tore: 1:0 Ismaël (49. FE), 1:1 Martins (55.)
Zuschauer: 36.728

27.11.2004
Bundesliga, 15. Spieltag
W. Bremen – Borussia Dortmund 2:0 (1:0)
Aufstellung: Reinke – Pasanen, Ismaël, F. Baumann, Stalteri (87. C. Schulz) – D. Jensen (69. Magnin), Ernst, Micoud, Borowski – Klose, Klasnic (23. Charisteas)
Trainer: Schaaf
Tore: 1:0 Micoud (31.), 2:0 Ismaël (55.)
Zuschauer: 40.702

04.12.2004
Bundesliga, 16. Spieltag
SC Freiburg – W. Bremen 0:6 (0:3)
Aufstellung: Reinke – Pasanen, Ismaël (73. Davala), F. Baumann, Stalteri – D. Jensen, Ernst (69. Lagerblom), Micoud (65. Magnin), Borowski – Charisteas, Klose
Trainer: Schaaf
Tore: 0:1 Klose (20.), 0:2 Klose (23.), 0:3 Charisteas (29.), 0:4 Charisteas (58.), 0:5 Micoud (63.), 0:6 Charisteas (87.)
Zuschauer: 24.500

07.12.2004
Champions League – 6. Spieltag
FC Valencia – W. Bremen 0:2 (0:0)
Aufstellung: Reinke – Pasanen, Ismaël, F. Baumann, Stalteri – D. Jensen (45. Magnin), Ernst, Micoud, Borowski – Klose (90. Klasnic), Charisteas (81. Valdez)
Trainer: Schaaf
Tore: 0:1 Valdez (81.), 0:2 Valdez (90.+2)
Besonderes Vorkommnis: Rote Karte für Angulo (90.)
Zuschauer: 42.000
Endstand:

		S U N	Tore	Pk
1.	Inter Mailand (I)	4 2 0	14 : 3	14
2.	W. Bremen (D)	4 1 1	12 : 6	13
3.	FC Valencia (E)	2 1 3	6 :10	7
4.	RSC Anderlecht (B)	0 0 6	4 :17	0

11.12.2004
Bundesliga, 17. Spieltag
W. Bremen – 1. FC Kaiserslautern 1:1 (0:0)
Aufstellung: Reinke – Davala (60. Klasnic), Ismaël, Pasanen, Stalteri – Ernst, C. Schulz (75. Charisteas), Borowski, Magnin – Klose, Valdez
Trainer: Schaaf
Tore: 0:1 Jancker (48.), 1:1 Borowski (59.)
Besonderes Vorkommnis: Gelb-Rote Karte für Stalteri (89.)
Zuschauer: 39.398

08.01.2005
Freundschaftsspiel
Eintracht Trier – W. Bremen 5:1 (3:0)
Aufstellung: Borel – Davala, Pasanen, Fahrenhorst, Magnin – Lagerblom, Banecki, Nery, D. Jensen – Stier (46. Klasnic, 79. Klose), Valdez
Trainer: Schaaf
Tore: 1:0 Maric (3.), 2:0 Pasanen (11. ET), 3:0 Patschinski (13.), 4:0 Koch (63. FE), 5:0 Reis (72.), 5:1 Nery (83. HE)
Zuschauer: 150 in Belek

10.01.2005
Internationales Freundschaftsspiel
Lokomotive Plovdiv – W. Bremen 1:1 (0:0)
Aufstellung: Borel – Davala, Ismaël, Fahrenhorst, Magnin – Ernst, Banecki, Borowski, D. Jensen – Valdez (62. Zidan), Klose
Trainer: Schaaf
Tore: 0:1 Valdez (47.), 1:1 Iliev (75.)
Zuschauer: 200 in Belek

12.01.2005
Internationales Freundschaftsspiel
Fenerbahce Istanbul – W. Bremen 4:1 (3:0)
Aufstellung: Reinke – Davala, Ismaël, F. Baumann, C. Schulz – Borowski, Ernst, Nery (35. D. Jensen), Micoud (46. Fahrenhorst) – Zidan (75. Klose), Klasnic (75. Valdez)
Trainer: Schaaf
Tore: 1:0 Alex (5.), 2:0 Alex (15.), 3:0 Cetin (33.), 3:1 Ismaël (82.), 4:1 Nobre (87.)
Zuschauer: 2.000 in Belek

14.01.2005
Internationales Freundschaftsspiel
Trabzonspor Kulübü – W. Bremen 5:6 (4:3)
Aufstellung: Reinke (46. Walke) – Banecki, Ismaël, F. Baumann, C. Schulz – Borowski, Ernst (73. D. Jensen), Micoud, Magnin – Zidan (61. Valdez), Klasnic (61. Klose)
Trainer: Schaaf
Tore: 0:1 Klasnic (10.), 1:1 Fatih (17.), 2:1 Gökdenziz (23.), 3:1 Gökdenziz (25.), 3:2 Klasnic (36.), 4:2 Mehmet (45.), 4:3 Micoud (45.), 4:4 Zidan (50.), 5:4 Yabbara (77. FE), 5:5 Valdez (87.), 5:6 D. Jensen (89.)
Besonderes Vorkommnis: Rote Karte für Banecki (76.)
Zuschauer: 300 in Belek

16.01.2005
Freundschaftsspiel
Hamburger SV – W. Bremen 2:2 (1:1)
Aufstellung: Reinke – Stalteri (46. Davala), Ismaël, F. Baumann (46. Fahrenhorst), C. Schulz – D. Jensen, Ernst, Borowski, Micoud (46. Magnin) – Klose (61. Zidan, 77. Banecki), Klasnic (61. Valdez)
Trainer: Schaaf
Tore: 0:1 Klose (20.), 1:1 Takahara (21.), 1:2 D. Jensen (67.), 2:2 Benjamin (68.)
Zuschauer: 6.000 in Kropp

22.01.2005
Bundesliga, 18. Spieltag
FC Schalke 04 – W. Bremen 2:1 (0:0)
Aufstellung: Reinke – Davala (76. Valdez), Ismaël, Fahrenhorst, C. Schulz – D. Jensen, Ernst, Micoud, Borowski (81. Nery) – Klasnic, Klose
Trainer: Schaaf
Tore: 1:0 Asamoah (48.), 1:1 Ismaël (51. FE), 2:1 Ailton (67.)
Zuschauer: 61.524

30.01.2005
Bundesliga, 19. Spieltag
W. Bremen – FC Hansa Rostock 3:2 (2:1)
Aufstellung: Reinke – Davala (78. Stalteri), Ismaël, Fahrenhorst, C. Schulz – D. Jensen (58. Nery), F. Baumann, Micoud, Borowski – Klose, Klasnic
Trainer: Schaaf
Tore: 1:0 Klasnic (5.), 2:0 Klose (31.), 2:1 D. Rasmussen (45.), 3:1 Klasnic (62.), 3:2 T. Rasmussen (65.)
Zuschauer: 38.345

06.02.2005
Bundesliga, 20. Spieltag
VfL Wolfsburg – W. Bremen 2:3 (1:0)
Aufstellung: Reinke – Stalteri, Pasanen, Fahrenhorst (66. C. Schulz), Magnin – Borowski, F. Baumann (52. D. Jensen), Ernst, Micoud – Klose, Klasnic (75. Valdez)
Trainer: Schaaf
Tore: 1:0 Brdaric (26.), 2:0 Thiam (49.), 2:1 Klose (50.), 2:2 Magnin (59.), 2:3 Valdez (87.)
Zuschauer: 24.231

12.02.2005
Bundesliga, 21. Spieltag
W. Bremen – Bor. M'gladbach 2:0 (1:0)
Aufstellung: Reinke – Stalteri, Ismaël, Pasanen, Magnin – Borowski, F. Baumann, Micoud (53. D. Jensen), Ernst – Klose (90. C. Schulz), Hunt (80. Zidan)
Trainer: Schaaf
Tore: 1:0 Hunt (29.), 2:0 Zidan (88.)
Zuschauer: 40.566

19.02.2005
Bundesliga, 22. Spieltag
Hannover 96 – W. Bremen 1:4 (1:2)
Aufstellung: Reinke – Stalteri, Ismaël, Pasanen, Magnin – Borowski (74. D. Jensen), F. Baumann, Ernst (87. C. Schulz), Micoud – Valdez, Hunt (83. Zidan)
Trainer: Schaaf
Tore: 0:1 Magnin (4.), 0:2 Borowski (7.), 1:2 Zuraw (38.), 1:3 Ernst (63.), 1:4 Zidan (85.)
Zuschauer: 41.862

23.02.2005
Champions League – Achtelfinale-Hinspiel
W. Bremen – Olympique Lyon 0:3 (0:1)
Aufstellung: Reinke – Stalteri, Ismaël, Pasanen, Magnin – D. Jensen, Ernst, Micoud, Borowski (61. Hunt) – Klose, Valdez
Trainer: Schaaf
Tore: 0:1 Wiltord (9.), 0:2 Diarra (77.), 0:3 Juninho (80.)
Zuschauer: 36.923

26.02.2005
Bundesliga, 23. Spieltag
W. Bremen – VfL Bochum 4:0 (1:0)
Aufstellung: Reinke – Stalteri, Ismaël, Pasanen, C. Schulz – Ernst, F. Baumann, Micoud (75. Zidan), Magnin (42. Borowski) – Klose (60. Hunt), Valdez
Trainer: Schaaf
Tore: 1:0 Ismaël (45.), 2:0 F. Baumann (49.), 3:0 Valdez (53.), 4:0 Micoud (73.)
Zuschauer: 37.492

01.03.2005
DFB-Pokal, Viertelfinale
Bayern München Amat. – W. Bremen 0:3 (0:2)
Aufstellung: Reinke – Stalteri (82. Davala), Ismaël, Pasanen, C. Schulz – D. Jensen, Ernst, Micoud (72. Lisztes), Borowski – Klose, Valdez (80. Hunt)
Trainer: Schaaf
Tore: 0:1 Borowski (8.), 0:2 Ismaël (23. FE), 0:3 Borowski (60.)
Besonderes Vorkommnis: Ismaël schießt FE über das Tor (26.)
Zuschauer: 4.675

05.03.2005
Bundesliga, 24. Spieltag
FC Bayern München – W. Bremen 1:0 (1:0)
Aufstellung: Reinke – Stalteri, Ismaël, Pasanen, C. Schulz (69. Hunt) – Borowski, F. Baumann (61. D. Jensen), Micoud, Ernst – Klose (77. Zidan), Valdez
Trainer: Schaaf
Tor: 1:0 Ballack (7.)
Zuschauer: 61.000

08.03.2005
Champions League – Achtelfinale-Rückspiel
Olympique Lyon – W. Bremen 7:2 (3:1)
Aufstellung: Reinke – Stalteri (76. Davala), Ismaël, Pasanen, Magnin – F. Baumann, Ernst, Micoud – Klose (46. Borowski), Valdez, Klasnic (69. Fahrenhorst)
Trainer: Schaaf

Tore: 1:0 Wiltord (8.), 2:0 Essien (17.), 3:0 Essien (30.), 3:1 Micoud (32.), 4:1 Wiltord (55.), 4:2 Ismaël (57. FE), 5:2 Malouda (60.), 6:2 Wiltord (64.), 7:2 Berthod (80. FE)
Zuschauer: 38.922

12.03.2005
Bundesliga, 25. Spieltag
W. Bremen – FSV Mainz 05 0:0
Aufstellung: Reinke – Davala (46. Stalteri), Ismaël, Fahrenhorst (67. Hunt), C. Schulz – Borowski, F. Baumann, Micoud, Ernst – Valdez (59. Klose), Klasnic
Trainer: Schaaf
Tore: –
Zuschauer: 39.301

19.03.2005
Bundesliga, 26. Spieltag
1. FC Nürnberg – W. Bremen 1:2 (0:2)
Aufstellung: Reinke – Stalteri, Ismaël, Pasanen, Magnin – Borowski, F. Baumann, Micoud, Ernst – Klasnic, Valdez (61. Klose)
Trainer: Schaaf
Tore: 0:1 Klasnic (22.), 0:2 Klasnic (45.), 1:2 Kießling (69.)
Zuschauer: 27.525

02.04.2005
Bundesliga, 27. Spieltag
W. Bremen – VfB Stuttgart 1:2 (0:0)
Aufstellung: Reinke – Stalteri, Ismaël, Fahrenhorst, C. Schulz (81. Magnin) – D. Jensen (53. Zidan), Ernst, Micoud, Borowski – Klasnic, Klose
Trainer: Schaaf
Tore: 0:1 Meißner (48.), 1:1 Klasnic (52.), 1:2 Tiffert (86.)
Besonderes Vorkommnis: Gelb-Rote Karte für Ismaël (84.)
Zuschauer: 40.710

09.04.2005
Bundesliga, 28. Spieltag
Hamburger SV – W. Bremen 1:2 (0:1)
Aufstellung: Reinke – Stalteri, Fahrenhorst, Pasanen, Magnin – D. Jensen (77. Lisztes), Ernst, Micoud, Borowski – Klose (46. Valdez), Klasnic (89. C. Schulz)
Trainer: Schaaf
Tore: 0:1 Klose (8.), 1:1 Mahdavikia (57.), 1:2 Klasnic (70.)
Zuschauer: 55.500

16.04.2005
Bundesliga, 29. Spieltag
W. Bremen – Hertha BSC Berlin 0:1 (0:1)
Aufstellung: Reinke – Stalteri, Ismaël, Fahrenhorst (73. Zidan), C. Schulz (55. Hunt) – D. Jensen, Ernst, Micoud, Borowski (46. Lisztes) – Valdez, Klasnic
Trainer: Schaaf
Tor: 0:1 Marcelinho (30.)
Zuschauer: 40.453

19.04.2005
DFB-Pokal, Halbfinale
FC Schalke 04 – W. Bremen
2:2 (1:1, 0:0) n.Verl. i. Elfmeterschießen: 5:4
Aufstellung: Reinke – Davala, Ismaël, Pasanen, Stalteri – D. Jensen (74. Hunt), Ernst, Micoud, Borowski – Klasnic, Valdez
Trainer: Schaaf
Tore: 1:0 Sand (64.), 1:1 Ismaël (84.), 1:2 Borowski (94.), 2:2 Ailton (96.)
Elfmeterschießen: 0:1 Ismaël, 1:1 Lincoln, Stalteri gehalten, 2:1 Vermant, 2:2 Micoud, 3:2 Krstajic, Borowski gehalten, Kamphuis am Tor vorbei, 3:3 Davala, Ailton an die Latte, 3:4 Pasanen, 4:4 Kobiashvili, Ernst gehalten, 5:4 Rost
Zuschauer: 61.524

24.04.2005
Bundesliga, 30. Spieltag
Bayer 04 Leverkusen – W. Bremen 2:1 (2:1)
Aufstellung: Reinke – Davala (46. Magnin), Ismaël, Pasanen, Stalteri (66. Hunt) – D. Jensen, Ernst, Micoud, Borowski – Klose, Klasnic (75. Zidan)
Trainer: Schaaf
Tore: 1:0 Krzynowek (3.), 2:0 Babic (38.), 2:1 Klose (39.)
Zuschauer: 22.500

30.04.2005
Bundesliga, 31. Spieltag
W. Bremen – Arminia Bielefeld 3:0 (1:0)
Aufstellung: Reinke – Stalteri, Ismaël, Pasanen, Magnin (89. C. Schulz) – D. Jensen, Ernst, Micoud, Borowski – Klose (81. Valdez), Klasnic (87. Zidan)
Trainer: Schaaf
Tore: 1:0 Magnin (43.), 2:0 Borowski (53.), 3:0 Klose (78.)
Zuschauer: 39.952

08.05.2005
Bundesliga. 32. Spieltag
Borussia Dortmund – W. Bremen 1:0 (1:0)
Aufstellung: Reinke – Stalteri, Ismaël, Pasanen (79. Zidan), Magnin – D. Jensen (75. Hunt), Ernst, Micoud, Borowski – Klose, Klasnic (45. Valdez)
Trainer: Schaaf
Tor: 1:0 Rosicky (32.)
Zuschauer: 81.300

09.05.2005
Freundschaftsspiel
W. Bremen – Deutsche Polizei-Nationalelf 7:2 (4:0)
Aufstellung: Borel (46. Walke) – C. Schulz, Fahrenhorst, Ismaël (46. Mohr), Stalteri (46. Pekrul), Ernst (46. Pasanen), Rockenbach (70. Mosquera), Hunt (46. Habryka), Micoud (46. Borowski), Valdez (70. Klose), Zidan
Trainer: Schaaf
Tore: 1:0 Zidan (7.), 2:0 Valdez (15.), 3:0 Zidan (19.), 4:0 Hunt (32.), 5:0 Zidan (52.), 5:1 Müller (69.), 6:1 Habryka (77.), 7:1 Mosquera (83.), 7:2 Wölm (85.)
Besonderheit: Der 17-jährige Kolumbianer John Jairo Mosquera wirkte als Testspieler mit.
Zuschauer: 23.000

14.05.2005
Bundesliga, 33. Spieltag
W. Bremen – SC Freiburg 4:1 (0:1)
Aufstellung: Reinke – Stalteri, Ismaël (40. Fahrenhorst), Pasanen, Magnin – D. Jensen, Ernst, Micoud, Borowski – Klose (77. Hunt), Zidan (65. Valdez)
Trainer: Schaaf
Tore: 0:1 Coulibaly (23.), 1:1 Micoud (48.), 2:1 Borowski (49.), 3:1 Borowski (53.), 4:1 Micoud (90.+2)
Besonderes Vorkommnis: Gelb-Rote Karte für Olajengbesi (82.)
Zuschauer: 39.650

21.05.2005
Bundesliga, 34. Spieltag
1. FC Kaiserslautern – W. Bremen 1:2 (1:2)
Aufstellung: Reinke – Stalteri (15. Fahrenhorst), Ismaël, Pasanen, C. Schulz – Borowski, F. Baumann, Micoud, Ernst – Klose (86. Klasnic), Valdez
Trainer: Schaaf
Tore: 0:1 Borowski (13.), 0:2 Valdez (42.), 1:2 Altintop (45.+1)
Zuschauer: 40.315

Bundesliga-Abschlusstabelle 2004/2005

Platz	Verein	Spiele	S	U	N	Tore	Diff.	Punkte
1.	Bayern München	34	24	5	5	75:33	+42	77
2.	Schalke 04	34	20	3	11	56:46	+10	63
3.	**Werder Bremen (M, P)**	**34**	**18**	**5**	**11**	**68:37**	**+31**	**59**
4.	Hertha BSC Berlin	34	15	13	6	59:31	+28	58
5.	VfB Stuttgart	34	17	7	10	54:40	+14	58
6.	Bayer Leverkusen	34	16	9	9	65:44	+21	57
7.	Borussia Dortmund	34	15	10	9	47:44	+3	55
8.	Hamburger SV	34	16	3	15	55:50	+5	51
9.	VfL Wolfsburg	34	15	3	16	49:51	-2	48
10.	Hannover 96	34	13	6	15	34:36	-2	45
11.	1. FCV Mainz 05 (N)	34	12	7	15	50:55	-5	43
12.	1. FC K'lautern	34	12	6	16	43:52	-9	42
13.	Arminia Bielefeld (N)	34	11	7	16	37:49	-12	40
14.	1. FC Nürnberg (N)	34	10	8	16	55:63	-8	38
15.	Borussia M'gladbach	34	8	12	14	35:51	-16	36
16.	VfL Bochum	34	9	8	17	47:68	-21	35
17.	Hansa Rostock	34	7	9	18	31:65	-34	30
18.	SC Freiburg	34	3	9	22	30:75	-45	18

Fieberkurve der Bundesliga-Saison 2004/2005

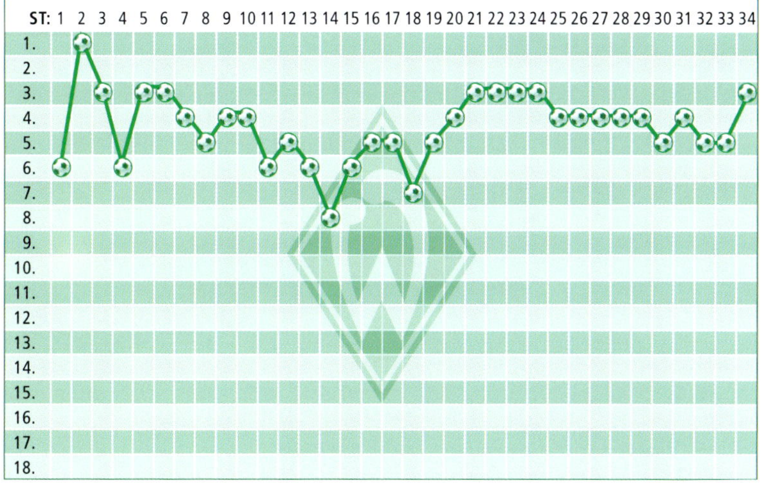

BUNDES
LIGA
11
kappa

Miroslav Klose: »… Ich bin voll mit dem Körper und mit dem Geist bei Werder Bremen!«

Miroslav »Miro« Klose (geboren am 9. Juni 1978 als Mirosław Kloze in Oppeln, Polen) hatte in seiner Anfangszeit bei Werder im Grunde fast keine Chance: Er kam als direkter Nachfolger eines der beliebtesten Werderaner aller Zeiten (Ailton). Er war der teuerste Einkauf aller Zeiten – und das bei einem Verein, der nie besonders stolz darauf war, Geld auszugeben. Dazu kam: Er hatte zuletzt keine gute Saison gespielt.

Als er mit seinem Noch-Verein 1. FC Kaiserslautern mitten im Trubel um seinen bevorstehenden Wechsel nach Bremen im Weser-Stadion antreten musste, flatterte in der Ostkurve gar ein nicht zu übersehendes Transparent: »GEGEN KLOSE!« Werders sportliche Leitung war sich dennoch einig: Diesen Mann muss man holen, wenn sich die Gelegenheit dazu bietet! Lange wurde debattiert, abgewogen und gerechnet, ehe die Ablösesumme von geschätzten fünf Millionen Euro gestemmt werden konnte. Miro Klose wurde Bremer … und spielte zunächst eher schlecht.

Stimmt, das war am Anfang alles nicht so einfach für mich. Aber ich habe mir selbst nie so viele Gedanken darüber gemacht wie andere. Ich wusste, dass es normal ist, dass man als Neuzugang erst die Mitspieler und das Umfeld kennen lernen muss, ehe alles optimal klappen kann. Und wenn dann das alles passt und die Mannschaft auch noch die eigene Spielweise verstanden hat, dann wird alles schlagartig einfacher. Das war bei Werder bald der Fall. Ich hatte das schon vorher im Training gemerkt, wo es von Woche zu Woche besser lief. Ich verstand die Mannschaft immer besser und lernte die Mitspieler auch immer besser kennen. Joe Micoud zum Beispiel, wie genau er auf der Zehner-Position spielt. Das passte schnell sehr gut. Und beim Spiel in Bochum ist bei mir so richtig der Knoten geplatzt: Wir gewannen 4:1, ich wurde eingewechselt und schaffte einen Hattrick. Das war auch ein bisschen Glück. Aber von diesem Tag an war ich Werderaner.

Ist es so, wie man als Außenstehender denkt: dass Deine auffällig ausgeprägte innere Ruhe und Unaufgeregtheit ein ganz wichtiger Faktor für Deine Stärke und Anpassungsfähigkeit in der neuen Mannschaft waren?

Ja, ich glaube, das ist ein wichtiger Punkt. Ich habe sicher eine etwas dickere Haut und kann Kritik annehmen und damit leben. Kritik ist wichtig für mich, und ich lege auch viel Wert darauf, mich selbst unter Druck zu setzen. Ich will immer etwas reißen, und das war in meiner Anfangszeit bei Werder auch der Fall.

Zu Deiner inneren Robustheit kommt ein scheinbar unverwüstlicher Körper dazu. Du hast im letzten Jahr einen Jochbeinbruch erlitten und eine schwere Schulterverletzung und dennoch nach kürzester Zeit immer wieder sofort Höchstleistungen abgeliefert. Gibt es dafür für Dich eine Erklärung?

Ja. Ich bin halt so ein Typ, der seine Verletzungen schnell abhakt. Ich mache mir nicht noch tage- oder wochenlang Gedanken, was ich da nun wieder für einen Schicksalsschlag erlitten habe. Verletzungen gehören dazu, das ist Profifußball. Man muss auch seine Verletzungen akzeptieren. Man hat ja bei jeder Verletzung eine Ahnung, wie lange es bis zur völligen Wiederherstellung dauert, und dann weiß ich: ›Okay, dann kann ich also wieder Fußball spielen!‹ Und dann muss man sich Tag und Nacht mit der Reha beschäftigen und absolut alles dafür tun, wieder gesund zu werden. Ich habe das immer so für mich angenommen und verinnerlicht, und wahrscheinlich ist das auch der Grund dafür, dass ich immer so schnell zurückkommen konnte.

Zurück zu Deiner Anfangszeit bei Werder. Per Mertesacker war 2006 in einer vergleichbaren Situation wie Du. Er hat nach seinem Wechsel nach Bremen in einem Interview gesagt: »Wenn man die Möglichkeit hat, zu Werder Bremen zu gehen, dann sollte man das tun.« Was hat denn bei Dir den Ausschlag für den Wechsel zu Werder gegeben?

Ich hatte sehr gute Gespräche mit dem Trainer und mit Klaus Allofs, und danach war sofort ein gutes Gefühl für Werder da. Ich wusste, dass ich mich hier weiterentwickeln kann. Der Transfer war ein großer Schritt für mich, und ganz entscheidend war das offensive Spiel-

Werder

Perfekt! Klose kommt

Es ist perfekt. Werder holt Lauterns Nationalstürmer Miroslav Klose (25). Er unterschreibt einen Vertrag bis 2008.

Lesen Sie mehr darüber im Sport auf Seite 15

Miroslav Klose (25) Foto: firo

Oben: Vieldiskutierter und nicht unumstrittener 5-Millionen-Einkauf (2004)
Unten: Unumstrittener 25-Tore-Stürmer (2005/06)

Erblich vorbelastet: Miros Vater Joseph spielte u.a. als Profi in Frankreich

system, für das Werder bekannt ist. Ich war mir sicher: Dieses Offensivspiel kommt mir entgegen.

Woran machst Du Deine Leistungsexplosion bei Werder Bremen fest? Ein guter Stürmer warst du ja auch schon, bevor du nach Bremen gekommen bist.
Das ist zwar richtig, aber man hatte mich ja vorher oft als guten Kopfballer abgestempelt, der sonst nichts kann. Ich glaube schon, dass ich mich bei Werder ein ganzes Stück weiterentwickelt habe: Was mein Kombinationsspiel angeht, was die Schnelligkeit eins gegen eins angeht – das ist alles besser geworden. Ich habe hier einfach die optimale Chance bekommen, mich im Rahmen meiner Möglichkeiten zu entfalten. Das Training ist gut, der Trainer ist gut, und der macht sich sehr viele Gedanken. Thomas Schaaf hat das gewisse Gespür für jeden einzelnen Spieler. Er hat bei jedem von uns eine Ahnung, wie er ihn auf ein höheres Level bringen kann. Das macht er sehr, sehr gut.

Das Klima innerhalb des Vereins und der Mannschaft ist perfekt, um Höchstleistungen zu bringen und sich immer weiter zu verbessern. Einfach durch die Konkurrenzsituation innerhalb des Kaders und durch die Harmonie und Stimmung in der Mannschaft. Die ist mit keinem anderen Verein vergleichbar – überragend! Man freut sich jeden Tag, zum Training zu kommen. In der Kabine herrscht Spaß pur, und wenn das alles so zusammenpasst, ist man auch bei den Spielen konzentrierter. Bei uns kann sich jeder auf den anderen verlassen, und das ist das Wichtigste im Fußball.

Du bist von einem abstiegsbedrohten Verein zum Deutschen Meister gewechselt und hast hier in Bremen viele Highlights erlebt. Für die Fans war der Sieg gegen Juventus Turin im Frühjahr 2006 ein ganz besonderes Spiel, weil man eine der besten Mannschaften der Welt eigentlich schon so gut wie aus der Champions League geworfen hatte. War dieses Erlebnis auch für euch wichtig, weil ihr am eigenen Leib spüren durftet, dass ihr selbst gegen die Allerbesten gewinnen könnt?

Wenn die Mannschaft funktioniert und jeder von uns einen guten Tag hat, können wir jedes Team der Welt zumindest an den Rand der Niederlage bringen. Gegen Juve hat schon fast alles gepasst. Aber es muss schon sehr viel stimmen, um auf diesem Niveau mitzuhalten. Im Vergleich zu unseren hohen Niederlagen gegen Lyon genau ein Jahr zuvor sind wir aber ein Riesenstück weiter. An diesem Sprung sieht man auch, wie viel man aus einem Spiel lernen kann.

Die besten des Landes: Torsten Frings und Miro Klose werden zu Beginn der Saison 2006/07 zu den beliebtesten Spielern auf ihrer jeweiligen Position gewählt. In der Mitte Hans-Günther Klemm vom Fachmagazin »Kicker«

In der Champions League, da kann man eben nicht einfach nach Lyon fahren und sagen »Die sind nicht ganz so stark, die packen wir schon!« Man hat gesehen, was dann passiert, und so etwas passiert uns nicht noch einmal.

Die WM 2006 war ein auch von Bremern mitgeprägtes Fußballfest. Du wurdest Torschützenkönig, Torsten Frings spielte ein Weltklasseturnier im Mittelfeld, Tim Borowski hinterließ einen blendenden Eindruck, und mit Per Mertesacker setzte auch ein künftiger Kollege Maßstäbe. Wie habt ihr die Begeisterung, den Enthusiasmus und die Ekstase erlebt, die um das Deutsche Nationalteam entstanden?
Ich war sehr überrascht. Wir haben ja selbst die meisten Eindrücke auch nur aus dem Fernsehen gewonnen. Direkt haben wir nur 20 oder 30 Prozent von dem mitbekommen, was um uns herum überhaupt los war. Jürgen Klinsmann hat völlig richtig gesagt, dass wir alle froh wären, wenn wir diese WM noch einmal als Fan erleben dürften. Am Ende war es einfach unfassbar, als uns auf der Fanmeile mehr als eine halbe Million Menschen zugejubelt haben. Das war ein faszinierender Höhepunkt. Dieses Erlebnis werden wir für immer behalten.

Eine so überragende WM und der Titel des Torschützenkönigs haben Folgen. Ganz Deutschland geht davon aus, dass Du bei nächster Gelegenheit ins Ausland wechseln wirst. Wie fühlt es sich an, wenn Du merkst, dass eine ganze Stadt Angst hat, Du könntest ihr den Rücken kehren?
Verrückt. Ich bin ja noch hier und bekomme jetzt schon massig Briefe, in denen ich gebeten werde, dass ich hier bleiben soll. Die

Auf dem Weg zum »Goldenen Schuh«: Miro Klose jubelt über eines seiner fünf Tore bei der WM 2006

Fans wünschen sich natürlich, dass ich in Bremen bleibe. Aber ich kann dazu doch überhaupt noch nichts sagen! Ich habe immer nur gesagt, dass es mein Wunsch ist, irgendwann im Ausland zu spielen. Es ist nichts fest oder definitiv beschlossen. Ich bin voll mit dem Körper und mit dem Geist bei Werder Bremen und das wird eine Zeit lang auch noch so bleiben. Wie lange diese Zeit sein wird, damit beschäftige ich mich gar nicht. Es muss sich also absolut niemand Gedanken machen, was zu tun ist, um mich zum Bleiben zu bewegen. Und ich möchte auch mal klarstellen, dass die Zahl der Vereine, zu denen ich überhaupt gehen könnte, sehr, sehr klein geworden ist, weil es nicht mehr viel Spielraum gibt, sich zu verbessern, wenn man in einer Mannschaft wie unserer spielt. Es sind vielleicht fünf Klubs, die einmal interessant sein könnten – nicht mehr.

Das Jahr 2006 war perfekt für Dich: Bundesliga-Torschützenkönig mit 25 Toren in 26 Spielen, WM-Torschützenkönig, Fußballer des Jahres, Deutscher Vizemeister, WM-Dritter – fällt es da nicht schwer, sich überhaupt noch Ziele zu setzen?

Ziele gibt es noch genug, und die muss man sich auch jedes Jahr stecken. Ich habe in der Bundesliga letztes Jahr ziemlich weit oben am Limit gespielt. Ich glaube nicht, dass das noch viel besser geht. Wenn ich dieses Jahr 20 Tore mache, dann bin ich sehr zufrieden. In der Nationalmannschaft bin ich auch auf dem richtigen Weg. Das alles sind Ziele, die mir wichtig sind. Im Moment ist das größte Ziel, mit Werder 2007 Deutscher Meister zu werden, und das werde ich mit aller Macht versuchen.

Spielerlaufbahn:

1996–98 SG Blaubach-Diedelkopf
1998/99 FC Homburg
1999–04 1. FC Kaiserslautern
2004– Werder Bremen

Länderspieldebüt:

24. März 2001 gegen Albanien (1 Tor zum 2:1)

Erfolgreichste Länderspiele:

13.02.2002 Deutschland - Israel 7:1 (3 Tore)
01.06.2002 Deutschland - Saudi Arabien 8:0 (3 Tore)

Auszeichnungen:

Silberner Schuh als zweitbester WM-Torschütze 2002
Tor des Monats Juni 2002 (zusammen mit Marco Bode für WM-Tor gegen Kamerun)
Bundesliga Torschützenkönig 2005/2006
Goldener Schuh als WM-Torschützenkönig 2006
Fußballer des Jahres 2006

2005/06: Die gefühlte Meisterschaft

Oben v.l.:
Klasnic, Pasanen, Owomoyela, Fahrenhorst, van Damme, Borowski, Banecki, Vranjes, F. Baumann, Micoud, Lagerblom
Mitte v.l.:
Sportdirektor Allofs, Trainer Schaaf, Co-Trainer Rolff, Davala, Andreasen, Hunt, Physiotherapeut Fitschen, Torwart-Trainer Burdenski, Co-Trainer Hönerbach, Co-Trainer Kamp, Mannschaftsarzt Dr. Dimanski, Zeugwart Kollra
Unten v.l.:
Stier, Mohr, Klose, C. Schulz, K. Jensen, Reinke, Wiese, D. Jensen, Frings, Valdez, Zidan

Es gibt beneidenswertere Aufgaben für einen Trainer als die Bewältigung zweier personeller Umbrüche in direkter Folge. Doch genau dieser Mission stellte sich Thomas Schaaf im Sommer 2005. Notgedrungen. Nach dem Verlust von Ailton und Mladen Krstajic genau ein Jahr zuvor, waren es diesmal vor allem Fabian Ernst, Valérien Ismael und Paul Stalteri, die ersetzt werden mussten. Im Tor stand zudem ein geplanter Generationswechsel an, nachdem Werder das Rennen um Tim Wiese vom 1. FC Kaiserslautern gewonnen hatte, der zu den hoffnungsvollsten jungen Torhütern gezählt wurde. Von der Meistermannschaft 2004 waren nach nur zwei Jahren plötzlich lediglich Baumann, Borowski, Micoud und Klasnic übrig geblieben.

Es spricht für Thomas Schaaf, dass er auch diesmal nicht jammerte. Im Gegenteil: Der Trainer äußerte öffentlich die Hoffnung, trotz der Abgänge sogar besser besetzt zu sein als in der Vorsaison. Und das, obwohl mit Ernst und Ismael zwei der besten Spieler der Liga ersetzt werden mussten. Doch auch das geschah mit der wie vom Tandem Allofs/Schaaf nicht anders gewohnten Weitsicht und Effektivität: Der Ismael-Abschied gestattete Werder im Tausch die Rückholaktion von Torsten Frings von den Bayern. Dass der Abschied von Ernst dadurch nicht nur aufgewogen, sondern sogar in eine deutliche sportlich Verbesserung umgekehrt werden konnte, war ein frommer Wunsch, der jedoch schon bald in Erfüllung ging. Ismaels Verlust als Abwehr-Kante und Führungspersönlichkeit schmerzte zwar, wurde aber durch immer mehr Qualität in fast allen anderen Mannschaftsteilen aufgewogen. Aus der Not wurde eine Tugend: Noch konsequenter als in den vergangenen Jahren musste Werder eine nicht perfekt funktionierende Hintermannschaft dadurch ausgleichen, dass vorne immer ein paar Tore auf Vorrat geschossen wurden, um so die teilweise fast schon obligatorischen Abwehr-Aussetzer nicht weiter ins Gewicht fallen zu lassen.

Dass diese aus der Not entstandene Philosophie fast über die ganze Saison gelang, ist ein kleines Fußball-Wunder, an das ganz Bremen dankbar zurückdenkt. Defensiv-Fanatiker runzelten verwirrt die Stirn, doch Thomas Schaaf gelang es, trotz der Defizite hinten einen vorne so reichen, gehaltvollen und bunten Fußball spielen zu lassen, dass die Abwehr zumindest oberflächlich gar nicht mehr ganz so wichtig schien. Sicher hätte der Trainer lieber über eine kugelsichere Deckung verfügt – es ging aber auch so, irgendwie. Und wie.

Obwohl das nicht unbedingt nötig gewesen wäre, schickte sich die Schaaf-Elf an, dieses merkwürdige Phänomen von der ersten Woche an zu belegen. Aufsteiger Arminia Bielefeld durfte am 1. Spieltag im Weser-Stadion zwei Tore machen, wurde aber dennoch mit 5:2 nach Hause geschickt. Auch Dortmund

und Nürnberg konnten sich zwar über je zwei Tore in Bremen freuen, verloren aber mit 2:3 (Dortmund) oder gar 2:6 (Nürnberg) gegen Werders Mannschaft, die nach der im Vorjahr deutlich verpassten Titelverteidigung diesmal wieder etwas enger an die Bayern gerückt zu sein schien. Im Laufe der Saison perfektionierte Werder seinen im Double-Jahr 2003/04 etablierten Offensiv-Fußball. Die umgekrempelte Elf schien sogar deutlich stärker als die der Vorsaison – und die war ja immerhin auch schon Dritter geworden.

In der gesamten Saison 2005/06 stand Werder nie schlechter da als Platz 4. Die Meisterschaft schien zwar nie in Reichweite, aber Werder steuerte in der Rückrunde mit beinahe wöchentlichen Sternstunden einem Saison-Finish entgegen, das sich kaum schlechter anfühlte als ein Titelgewinn: Nachdem Mainz nach 0:2-Rückstand noch mit 4:2 niedergekämpft wurde, die Bayern beim 3:0 ohne Chance gelassen wurden, Duisburg fünf und Köln gar sechs Werder-Tore bestaunen durfte, kam es zum Endspiel um den direkten Einzug in die Champions League – beim Nordrivalen in Hamburg, dem ein Unentschieden genügt hätte.

Doch eine begeisternd fightende Werder-Elf mit einem überragenden Tim Wiese stürmte die AOL-Arena durch Tore der Stürmerstars Klasnic und Klose mit 2:1. Vizemeister! Champions League – zum dritten Mal in Folge! Die Werder-Welt war rosarot, wieder einmal. Die Saison endete mit dem merkwürdigen Gefühl, zwar keinen Titel gewonnen zu haben, aber dennoch eigentlich der wahre Meister zu sein.

Mit Naldo gewann Werder einen Defensivkünstler der Zukunft, der sich auf diesem Bild mit Aaron Hunt gemeinsam über die Ankunft von Naldo Junior freut

Diese vermessen klingende Aussage lässt sich konsequent mit Zahlen belegen, denn die statistische Auswertung der Saison stellt sich als einziger Triumphzug in Grün und Weiß dar: Werder hatte den besten Angriff, den besten Torjäger (Klose), den besten Scorer (Klose), die beste Abwehr der Rückrunde (nur 16 Gegentore in 17 Spielen), die meisten Punkte der Rückrunde (34), mit Micoud und Klose (je 14 Assists) die beiden besten Vorbereiter der Liga, mit Frings, Micoud und Borowski gleich die drei (!) besten Mittelfeldspieler der Liga, wenn man die Noten des Fachmagazins »Kicker« heranzieht.

Als wäre das alles noch nicht genug, wurde die Arbeit von Thomas Schaaf während der WM 2006 von niemand geringerem als Cesar Luis Menotti gewürdigt. Der Argentinier, der 1978 sein Land zum Weltmeistertitel geführt hatte, äußerte in einem Interview ungefragt: »Ich habe immer gesagt, dass ich sehr gerne einmal eine deutsche Mannschaft sehen würde, die nicht immer nur dieses typisch deutsche ›Ordnung und Disziplin‹ verkörpert, sondern einmal eine andere Tür öffnet … so wie Werder Bremen! Das ist eine Mannschaft, die mir gefällt. Werder spielt revolutionär und kreativ und damit so untypisch für den oft erstarrten deutschen Fußball.«

Danke, Euer Ehren. Keine weiteren Fragen.

Links: Den ausgelassenen Jubel über den alles entscheidenden Sieg beim HSV gab es sogar als Postermotiv

WERDER BREMEN 2005/06

Trainer

Schaaf, Thomas »Schabba«
Verantwortlicher Trainer in allen 34 Spielen der Saison

Werders Neuzugänge im Sommer 2005

Sieben Neue aus fünf Ländern: Frings, Andreasen und Vranjes (oben v.l. neben Thomas Schaaf) und van Damme, Wiese, Kasper Jensen und Owomoyela (unten v.l.)

Wer kam?

Andreasen (Aarhus GF/Dänemark)
Frings (Bayern München)
Kasper Jensen (Werder Bremen II)
Lagerblom (zurück vom 1. FC Nürnberg, war ausgeliehen)
Mohr (Werder Bremen II)
Naldo (FC Juventude/Brasilien)
Owomoyela (Arminia Bielefeld)
Polenz (Werder Bremen II, w.d.S.)
van Damme (FC Southampton/England)
Vander (VfL Bochum, w.d.S.)
Vranjes (VfB Stuttgart)
Wiese (1. FC Kaiserslautern)

w.d.S. = während der Saison

Wer ging?

Beckert (unbekannt)
Borel (LR Ahlen)
Davala (Karriereende, w.d.S.)
Ernst (Schalke 04)
Ismaël (Bayern München)
Lisztes (Borussia Mönchengladbach)
Magnin (VfB Stuttgart)
Stalteri (Tottenham Hotspur/England)
Walke (SC Freiburg)
Zidan (FSV Mainz 05, w.d.S. ausgeliehen)

Tor

Reinke, Andreas »Dicker«
20 Spiele; 0 Tore

Wiese, Tim
15 Spiele; 0 Tore

Vander, Christian
1 Spiel; 0 Tore

Abwehr

Naldo, Ronaldo Aparecido Rodrig.
32 Spiele; 2 Tore

Owomoyela, Patrick »Owo«
32 Spiele; 0 Tore

Schulz, Christian »Schulle«
30 Spiele; 0 Tore

Mittelfeld

Borowski, Tim »Boro«
31 Spiele; 10 Tore

Micoud, Johan »Joe«
30 Spiele; 8 Tore

Vranjes, Jurica
29 Spiele; 1 Tor

Angriff

Klasnic, Ivan »Killer«
30 Spiele; 15 Tore

Valdez, Nelson
30 Spiele; 9 Tore

Klose, Miroslav »Miro«
26 Spiele; 25 Tore

Erweiterter Kader

Der Sport-Verein »Werder« im Jahr 2005/06:

2005/06

Geschäftsführung:	Jürgen L Born (Vorsitzender, Finanzen und Öffentlichkeitsarbeit), Klaus Allofs (Profifußball), Manfred Müller (Marketing/Management), Klaus-Dieter Fischer (Leistungszentrum Fußball und andere Sportarten)
Aufsichtsrat:	Willi Lemke (Vorsitzender), Dr. Hubertus Hess-Grunewald (Stellvertreter), Hans Schulz, Gunnar Lübben-Ratjen, Dr. Werner Brinker, Günter Schulze
Mediendirektor:	Tino Polster
Pressesprecherin:	Marita Hanke
Vereinsärzte:	Dr. Karl Meschede und Dr. Götz Dimanski
Physiotherapeuten:	Holger Berger, Marc Fitschen, Stefan Wolters
Mitglieder:	21.000
Kapazität Weser-Stadion:	42.500 überdachte Plätze, davon 10.100 Stehplätze und 2.090 VIP- und Logenplätze

Jensen, Kasper
0 Spiele; 0 Tore

Fahrenhorst, Frank »Fahne«
23 Spiele; 1 Tor

Andreasen, Leon
17 Spiele; 0 Tore

Pasanen, Petri
17 Spiele; 0 Tore

van Damme, Jelle
8 Spiele; 1 Tor

Davala, Ümit
1 Spiel; 0 Tore

Banecki, Francis
0 Spiele; 0 Tore

Mohr, Florian
0 Spiele; 0 Tore

Frings, Torsten »Lutscher«
28 Spiele; 3 Tore

Jensen, Daniel
27 Spiele; 1 Tor

Baumann, Frank »Baumi«
19 Spiele; 2 Tore

Lagerblom, Pekka
3 Spiele; 0 Tore

Polenz, Jerome
3 Spiele; 0 Tore

Hunt, Aaron
7 Spiele; 0 Tore

Stier, Marco »Stierchen«
0 Spiele; 0 Tore

Zidan, Mohammed
0 Spiele; 0 Tore

In Freundschaftsspielen eingesetzt:

Bischoff, Amaury (Mittelfeld)
Hanstveit, Erlend (Abwehr, Gastspieler von SK Brann Bergen)
Harnik, Martin (Angriff)
Rockenbach da Silva, Thiago (Mittelfeld)
Schachten, Sebastian (Mittelfeld)
Venekamp, Benjamin (Abwehr)

Alle Spiele 2005/06

05.07.2005
Freundschaftsspiel
SV Blau-Weiß Bornreihe – W. B. 1:16 (1:9)
Aufstellung: Reinke (46. Wiese) – Davala (46. Banecki), Fahrenhorst, Pasanen (46. Mohr), C. Schulz (46. van Damme) – Vranjes (46. Andreasen), F. Baumann (46. Lagerblom), Micoud (46. Zidan), Stier – Klasnic (46. Hunt), Valdez
Trainer: Schaaf
Tore: 0:1 Klasnic (14.), 0:2 Klasnic (17.), 1:2 Hasloop (20.), 1:3 Klasnic (22.), 1:4 Stier (23.), 1:5 Micoud (25.), 1:6 Valdez (34.), 1:7 Davala (36. FE), 1:8 Valdez (45.), 1:9 Valdez (45.+2), 1:10 Zidan (55.), 1:11 Stier (68.), 1:12 Valdez (75.), 1:13 Hunt (78.), 1:14 Zidan (80.), 1:15 Valdez (83. FE), 1:16 Zidan (87.)
Zuschauer: 4.000

09.07.2005
Freundschaftsspiel
SV Niederkassel – W. Bremen 0:15 (0:10)
Aufstellung: K. Jensen – Davala (46. Banecki), Fahrenhorst (46. Pasanen), Mohr, van Damme (46. C. Schulz) – F. Baumann (46. Vranjes), Andreasen (46. Lagerblom), Micoud (46. D. Jensen), Hunt (46. Stier) – Klasnic (46. Valdez), Zidan
Trainer: Schaaf
Tore: 0:1 Klasnic (6.), 0:2 Klasnic (8.), 0:3 Fahrenhorst (15.), 0:4 Micoud (16.), 0:5 Zidan (24.), 0:6 Micoud (30.), 0:7 Klasnic (37.), 0:8 Klasnic (41.), 0:9 Klasnic (43.), 0:10 Zidan (44.), 0:11 Zidan (53.), 0:12 Stier (61.), 0:13 Valdez (80.), 0:14 Vranjes (82.), 0:15 Zidan (86.)
Zuschauer: 3.500 auf Norderney

12.07.2005
Freundschaftsspiel
SV Meppen – W. Bremen 0:7 (0:3)
Aufstellung: Wiese (46. Reinke) – Davala, Pasanen (46. Fahrenhorst), Andreasen (66. Mohr), C. Schulz – Lagerblom, Vranjes (46. F. Baumann), Micoud (63. Stier), D. Jensen (46. Zidan) – Valdez (46. Klasnic), Hunt (66. Banecki)
Trainer: Schaaf
Tore: 0:1 Valdez (17.), 0:2 Valdez (29.), 0:3 Valdez (35.), 0:4 Hunt (60.), 0:5 Zidan (73.), 0:6 Zidan (80.), 0:7 Zidan (90.)
Zuschauer: 9.850

15.07.2005
Freundschaftsspiel
FC Energie Cottbus – W. Bremen 2:1 (0:0)
Aufstellung: Reinke (46. Wiese) – Davala (46. Pasanen), Fahrenhorst, Andreasen, van Damme (62. C. Schulz) – Vranjes (46. Lagerblom), F. Baumann – D. Jensen (14. Stier), Micoud (46. Valdez) – Hunt, Klasnic (62. Zidan)
Trainer: Schaaf
Tore: 1:0 Mokhtari (48.), 2:0 Mokhtari (63.), 2:1 Zidan (87.)
Zuschauer: 6.200

18.07.2005
Freundschaftsspiel
TSV München 1860 – W. Bremen 3:1 (1:1)
Aufstellung: Wiese – Owomoyela (58. Davala), Andreasen, Pasanen, C. Schulz – F. Baumann, Frings (58. Vranjes) – Micoud, Borowski (70. Lagerblom) – Klose (70. Zidan), Klasnic
Trainer: Schaaf
Tore: 0:1 Klose (13.), 1:1 Agostino (16.), 2:1 Lamotte (69.), 3:1 Krontiris (79.)
Zuschauer: 2.000 in Imst (Tirol)

20.07.2005
Internationales Freundschaftsspiel
Partizan Belgrad – W. Bremen 1:3 (1:0)
Aufstellung: Reinke – Owomoyela (73. Davala), Fahrenhorst, Pasanen, van Damme – Vranjes, Frings – Micoud, Borowski – Klose, Valdez
Trainer: Schaaf
Tore: 1:0 Grubjesic (20.), 1:1 Klose (67.), 1:2 Borowski (83.), 1:3 Valdez (84.)
Besonderes Vorkommnis: Gelb-rote Karte für Frings (48.) wegen Reklamierens
Zuschauer: 2.500 in Schruns (Österreich)

23.07.2005
Premiere-Ligapokal 2005, Halbfinal-Qualifikation
Bayer 04 Leverkusen – W. Bremen 0:1 (0:1)
Aufstellung: Reinke – Davala, Andreasen, Pasanen, C. Schulz – F. Baumann (83. Vranjes), Micoud, Borowski, Frings – Klose (69. Valdez), Klasnic
Trainer: Schaaf
Tor: 0:1 Klasnic (19.)
Besonderes Vorkommnis: Leverkusens Torwart Butt schießt einen FE neben das Tor (90. +5)
Zuschauer: 18.000 in Düsseldorf

27.07.2005
Premiere-Ligapokal 2005, Halbfinale
FC Schalke 04 – W. Bremen 2:1(1:0)
Aufstellung: Wiese – Davala, Pasanen, Fahrenhorst, C. Schulz – Frings, F. Baumann (79. Hunt), Borowski (46. Vranjes) – Micoud – Klasnic (46. Valdez), Klose
Trainer: Schaaf
Tore: 1:0 Bajramovic (34.), 2:0 Sand (71.), 2:1 Valdez (90.)
Zuschauer: 56.781 in Gelsenkirchen

30.07.2005
Freundschaftsspiel
FC Hansa Rostock – W. Bremen 0:2 (0:0)
Aufstellung: Wiese (42. Reinke) – van Damme, Naldo, Andreasen (46. Fahrenhorst), Owomoyela – Borowski, Lagerblom, Vranjes, Hunt – Valdez (46. Klasnic), Zidan
Trainer: Schaaf
Tore: 0:1 Klasnic (51.), 0:2 Borowski (88.)
Besonderes Vorkommnis: Platzverweis für Rostocks Torwart Schober wegen Notbremse gegen Andreasen (32.)
Zuschauer: 7.000

02.08.2005
Internationales Freundschaftsspiel
W. Bremen – OFI Kreta 2:1 (0:0)
Aufstellung: Reinke – Davala (46. Owomoyela), Pasanen (46. Fahrenhorst), Naldo (46. Andreasen), van Damme – Frings, F. Baumann (46. Lagerblom), Micoud (46. Hunt), Borowski (46. Vranjes) – Klose (46. Valdez), Klasnic (46. Zidan)
Trainer: Schaaf
Tore: 1:0 Valdez (55.), 2:0 Vranjes (65.), 2:1 Machlas (73.)
Zuschauer: 2.750 in Köhlen

06.08.2005
Bundesliga, 1. Spieltag
W. Bremen – Arminia Bielefeld 5:2 (3:2)
Aufstellung: Reinke – Davala (84. Owomoyela), Pasanen, Naldo, C. Schulz (61. van Damme) – F. Baumann (45. Vranjes) – Frings, Borowski – Micoud – Klose, Klasnic
Trainer: Schaaf
Tore: 1:0 Klose (1.), 1:1 Krupnikovic (12.), 2:1 Klasnic (18.), 2:2 Zuma (31.), 3:2 F. Baumann (36.), 4:2 Klose (81.), 5:2 Klasnic (84.)
Zuschauer: 38.156

10.08.2005
Champions League 3. Qualifikationsrunde – Hinspiel
FC Basel – W. Bremen 2:1 (1:0)
Aufstellung: Reinke – Davala (65. Owomoyela), Pasanen, Naldo, van Damme (46. C. Schulz) – Vranjes – Frings, Borowski – Micoud – Klose, Klasnic
Trainer: Schaaf
Tore: 1:0 Degen (28.), 2:0 Rossi (52.), 2:1 Klose (73.)
Zuschauer: 28.101

14.08.2005
Bundesliga, 2. Spieltag
FSV Mainz 05 – W. Bremen 0:2 (0:1)
Aufstellung: Reinke – C. Schulz, Naldo, Pasanen, Owomoyela – Frings, Vranjes, Borowski (78. D. Jensen), Micoud (87. Andreasen) – Klasnic (64. Valdez), Klose
Trainer: Schaaf
Tore: 0:1 Klasnic (21.), 0:2 Klose (62.)
Zuschauer: 20.300

20.08.2005
DFB-Pokal, 1. Runde
SG Wattenscheid 09 – W. Bremen 1:3 (0:0)
Aufstellung: Reinke – C. Schulz (81. van Damme), Naldo, Pasanen, Owomoyela – Frings, F. Baumann, Borowski , D. Jensen – Valdez (81. Hunt), Klasnic
Trainer: Schaaf
Tore: 0:1 Klasnic (59.), 0:2 D. Jensen (80. FE), 0:3 Hunt (82.), 1:3 Toborg (87.)
Zuschauer: 8.000

24.08.2005
Champions League, 3. Qualifikationsrunde – Rückspiel
W. Bremen – FC Basel 3:0 (0:0)
Aufstellung: Reinke – Owomoyela, Pasanen, Naldo, C. Schulz – Frings, F. Baumann (46. D. Jensen), Borowski – Micoud (87. Vranjes) – Klose, Klasnic (73. Valdez)
Trainer: Schaaf
Tore: 1:0 Klasnic (65.), 2:0 Borowski (68. FE), 3:0 Klasnic (72.)
Besonderes Vorkommnis: Micoud schießt FE am Tor vorbei (43.)
Zuschauer: 30.339

27.08.2005
Bundesliga, 3. Spieltag
W. Bremen – VfB Stuttgart 1:1 (1:0)
Aufstellung: Reinke – Owomoyela, Andreasen, Naldo, C. Schulz (78. van Damme) – F. Baumann (80. Hunt) – Frings, Borowski – D. Jensen – Klose (78. Valdez), Klasnic
Trainer: Schaaf
Tore: 1:0 Klasnic (41.), 1:1 Tomasson (50.)
Zuschauer: 38.440

10.09.2005
Bundesliga, 4. Spieltag
1. FC Kaiserslautern – W. Bremen 1:5 (0:3)
Aufstellung: Reinke – Owomoyela, Pasanen, Naldo, C. Schulz – F. Baumann – Frings (68. D. Jensen), Borowski – Micoud (76. Vranjes) – Klose, Klasnic (71. Valdez)
Trainer: Schaaf
Tore: 0:1 Micoud (31.), 0:2 Klose (44.), 0:3 Frings (45.), 0:4 Klose (78.), 1:4 Altintop (84.), 1:5 Vranjes (89.)
Zuschauer: 32.800

14.09.2005
Champions League, Gruppe C, 1. Spieltag
W. Bremen – FC Barcelona 0:2 (0:1)
Aufstellung: Reinke – Owomoyela, Pasanen, Naldo, C. Schulz – Frings, F. Baumann (63. D. Jensen), Borowski – Micoud – Valdez (83. Hunt), Klasnic
Trainer: Schaaf
Tore: 0:1 Deco (13.), 0:2 Ronaldinho (76. FE)
Zuschauer: 37.000

17.09.2005
Bundesliga, 5. Spieltag
W. Bremen – Borussia Dortmund 3:2 (1:1)
Aufstellung: Reinke – Owomoyela, Andreasen, Naldo, C. Schulz (87. van Damme) – F. Baumann – Frings, Borowski (75. D. Jensen) – Micoud – Klose, Klasnic (83. Vranjes)
Trainer: Schaaf
Tore: 0:1 Smolarek (8.), 1:1 Klose (37.), 2:1 Klasnic (54.), 2:2 Smolarek (69.), 3:2 Micoud (78.)
Zuschauer: 40.840

20.09.2005
Bundesliga, 6. Spieltag
Borussia M'gladbach – W. Bremen 2:1 (0:1)
Aufstellung: Reinke – Owomoyela (82. Vranjes), Andreasen, Naldo, van Damme – F. Baumann (71. Hunt) – Frings, Borowski (67. D. Jensen) – Micoud – Klose, Klasnic
Trainer: Schaaf
Tore: 0:1 van Damme (21.), 1:1 Broich (53.), 2:1 F. Baumann (60., Eigentor)
Zuschauer: 40.251

24.09.2005
Bundesliga, 7. Spieltag
W. Bremen – Bayer 04 Leverkusen 2:1 (0:0)
Aufstellung: Reinke – Owomoyela, Andreasen, Naldo, van Damme – Frings, D. Jensen (67. Hunt), Borowski (67. Vranjes) – Micoud – Klose, Klasnic (90. C. Schulz)
Trainer: Schaaf
Tore: 1:0 Klose (46.), 1:1 Rolfes (54.), 2:1 Klasnic (77.)
Zuschauer: 37.265

27.09.2005
Champions League, Gruppe C, 2. Spieltag
Panathinaikos Athen – W. Bremen 2:1 (2:1)
Aufstellung: Reinke – Owomoyela, L. Andreasen, Naldo, C. Schulz (75. Valdez) – F. Baumann (63. Hunt) – Frings, Borowski – Micoud – Klasnic, Klose
Trainer: Schaaf
Tore: 1:0 Gonzalez (6.), 2:0 Mantzios (8.), 2:1 Klose (41.)
Zuschauer: 40.000

01.10.2005
Bundesliga, 8. Spieltag
Hertha BSC Berlin – W. Bremen 1:2 (0:0)
Aufstellung: Reinke – Owomoyela, F. Baumann, Naldo, C. Schulz – Frings, Vranjes (72. D. Jensen), Borowski – Micoud – Valdez, Klasnic
Trainer: Schaaf
Tore: 1:0 Dardai (48.), 1:1 Borowski (85.), 1:2 Valdez (89.)
Zuschauer: 37.265

15.10.2005
Bundesliga, 9. Spieltag
W. Bremen – 1. FC Nürnberg 6:2 (3:1)
Aufstellung: Reinke – Owomoyela (73. Fahrenhorst), Andreasen, Naldo, C. Schulz – Frings, F. Baumann – Micoud, Borowski (81. Vranjes) – Klose (67. Valdez), Klasnic
Trainer: Schaaf
Tore: 1:0 Klose (2.), 1:1 Kießling (16.), 2:1 Klose (34.), 3:1 Klose (39.), 3:2 Schroth (57.), 4:2 Klasnic (66.), 5:2 Borowski (80.), 6:2 Klasnic (85.)
Zuschauer: 39.542

18.10.2005
Champions League, Gruppe C, 3. Spieltag
Udinese Calcio – W. Bremen 1:1 (0:0)
Aufstellung: Reinke – Owomoyela, Andreasen, Naldo, C. Schulz – Frings, F. Baumann, Borowski – Micoud – Klose, Valdez (84. Hunt)
Trainer: Schaaf
Tore: 0:1 Felipe (64. ET), 1:1 di Natale (86.)
Zuschauer: 25.000

22.10.2005
Bundesliga, 10. Spieltag
Hannover 96 – W. Bremen 0:0
Aufstellung: Reinke – Owomoyela, Fahrenhorst, Naldo, C. Schulz – Frings – Vranjes, Borowski – Micoud (63. D. Jensen) – Klasnic (84. Andreasen), Valdez (63. Klose)
Trainer: Schaaf
Tore: –
Besonderes Vorkommnis: Rote Karte für Fahrenhorst (82.) wegen Handspiels
Zuschauer: 48.627

25.10.2005
DFB-Pokal, 2. Runde
W. Bremen – VfL Wolfsburg
2:2 (0:0; 1:1) n.V. , 5:4 im Elfmeterschießen
Aufstellung: Reinke – Owomoyela, Fahrenhorst, Naldo, Andreasen (71. Hunt) – F. Baumann (79. Valdez) – Frings (110. Lagerblom), Borowski – D. Jensen – Klose, Klasnic
Trainer: Schaaf
Tore: 0:1 Marlet (64.), 1:1 Klose (88.), 2:1 Klose (105.), 2:2 Marlet (120.)
Elfmeterschießen: 1:0 Klasnic, D'Alessandro schießt neben das Tor, 2:0 D. Jensen, 2:1 Quiroga, Naldo schießt an die Latte, 2:2 Menseguez, 3:2 Valdez, 3:3 Hofland, 4:3 Borowski, 4:4 Marlet, 5:4 Hunt, Thiam schießt neben das Tor
Zuschauer: 19.100

29.10.2005
Bundesliga, 11. Spieltag
W. Bremen – Eintracht Frankfurt 4:1 (1:1)
Aufstellung: Reinke – Owomoyela (75. Lagerblom), Andreasen, Naldo, C. Schulz – F. Baumann – Frings (71. Vranjes), Borowski – Micoud – Klose, Klasnic (65. Valdez)
Trainer: Schaaf
Tore: 0:1 Amanatidis (19.), 1:1 Frings (29.), 2:1 Borowski (52.), 3:1 Klose (61.), 4:1 Borowski (90.)
Zuschauer: 41.085

02.11.2005
Champions League, Gruppe C, 4. Spieltag
W. Bremen – Udinese Calcio 4:3 (2:0)
Aufstellung: Reinke – Owomoyela (68. Fahrenhorst), Andreasen, Naldo, C. Schulz – F. Baumann (86. Vranjes) – Frings, Borowski – Micoud – Klose, Valdez (80. Hunt)
Trainer: Schaaf
Tore: 1:0 Klose (15.), 2:0 F. Baumann (24.), 3:0 Micoud (51.), 3:1 Di Natale (54.), 3:2 Di Natale (57.), 3:3 C. Schulz (60. ET), 4:3 Micoud (67.)
Zuschauer: 35.424

05.11.2005
Bundesliga, 12. Spieltag
Bayern München – W. Bremen 3:1 (3:1)
Aufstellung: Reinke – Owomoyela, Andreasen, Naldo, C. Schulz – F. Baumann (33. Vranjes) – Frings, Borowski – Micoud – Klose, Valdez (46. Hunt)
Trainer: Schaaf
Tore: 0:1 (1.) Klose, 1:1 (3.) Schweinsteiger, 2:1 (34.) Pizarro, 3:1 (44.) Makaay
Besonderheit: Miroslav Kloses Führungstor bedeutet das erste Bayern-Gegentor überhaupt in der Allianz-Arena.
Zuschauer: 66.000

15.11.2005
Freundschaftsspiel
HSC Alswede – W. Bremen 0:14 (0:7)
Aufstellung: Reinke (46. Vander) – Owomoyela (46. Mohr), Fahrenhorst, Naldo (46. Schachten), Venekamp (46. Vranjes) – F. Baumann, Frings (46. Rockenbach), Borowski (46. Bischoff), Micoud (46. D. Jensen) – Valdez (46. Stier), Klose (46. Polenz)
Trainer: Schaaf
Tore: 0:1 Owomoyela (5.), 0:2 Valdez (8.), 0:3 Frings (10.), 0:4 Borowski (12.), 0:5 Klose (15.), 0:6 Valdez (23.), 0:7 Valdez (38.), 0:8 D. Jensen (50.), 0:9 D. Jensen (62.), 0:10 Fahrenhorst (68.), 0:11 Schachten (85.), 0:12 D. Jensen (87.), 0:13 Schachten (88.), 0:14 Stier (90.)
Zuschauer: 3.500

19.11.2005
Bundesliga, 13. Spieltag
W. Bremen – VfL Wolfsburg 6:1 (2:0)
Aufstellung: Reinke – Owomoyela, Naldo, Fahrenhorst, C. Schulz – F. Baumann – Frings (77. Vranjes), Borowski – Micoud (70. D. Jensen) – Klose, Valdez (69. Hunt)
Trainer: Schaaf
Tore: 1:0 F. Baumann (5.), 2:0 Borowski (43.), 3:0 Borowski (52.), 3:1 Klimowicz (57.), 4:1 Klose (60.), 5:1 Naldo (72.), 6:1 Klose (85.)
Zuschauer: 37.258

22.11.2005
Champions League, Gruppe C, 5. Spieltag
FC Barcelona – W. Bremen 3:1 (2:1)
Aufstellung: Reinke – Owomoyela, Fahrenhorst, Naldo, C. Schulz – F. Baumann – Frings, Borowski – Micoud – Valdez, Klose (59. Hunt)
Trainer: Schaaf
Tore: 1:0 Gabri (14.), 1:1 Borowski (22. FE), 2:1 Ronaldinho (26.), 3:1 Larsson (71.)
Zuschauer: 67.200

26.11.2005
Bundesliga, 14. Spieltag
FC Schalke 04 – W. Bremen 2:1 (1:0)
Aufstellung: Reinke – Owomoyela, Fahrenhorst, Naldo, C. Schulz – Vranjes (70. Hunt), F. Baumann – Frings, Micoud, Borowski – Valdez
Trainer: Schaaf
Tore: 1:0 Kuranyi (2.), 1:1 Valdez (55.), 2:1 Kuranyi (64.)
Zuschauer: 61.524

03.12.2005
Bundesliga, 15. Spieltag
W. Bremen – MSV Duisburg 2:0 (0:0)
Aufstellung: Reinke – Owomoyela (85. Pasanen), Andreasen, Fahrenhorst, C. Schulz – F. Baumann – Vranjes (81. D. Jensen), Borowski – Micoud – Valdez, Hunt
Trainer: Schaaf
Tore: 1:0 Valdez (64.), 2:0 Borowski (73.)
Zuschauer: 38.000

07.12.2005
Champions League, Gruppe C, 6. Spieltag
W. Bremen – Panathinaikos Athen 5:1 (3:0)
Aufstellung: Reinke – Owomoyela, Fahrenhorst, Andreasen, C. Schulz (50. Pasanen) – F. Baumann (75. D. Jensen) – Frings, Vranjes – Micoud – Klose, Valdez (79. Hunt)
Trainer: Schaaf
Tore: 1:0 Micoud (2. FE), 2:0 Valdez (28.), 3:0 Valdez (31.), 4:0 Klose (51.), 4:1 Morris (53.), 5:1 Frings (90+1.)
Zuschauer: 38.000

11.12.2005
Bundesliga, 16. Spieltag
1. FC Köln – W. Bremen 1:4 (1:1)
Aufstellung: Reinke – Owomoyela, Fahrenhorst, Naldo, Andreasen – F. Baumann – Vranjes, Frings – Micoud – Klose, Valdez (72. Klasnic)
Trainer: Schaaf
Tore: 1:0 Szabics (24.), 1:1 Naldo (34.), 1:2 Klose (50.), 1:3 Micoud (90.), 1:4 Klose (90+1.)
Zuschauer: 50.000

18.12.2005
Bundesliga, 17. Spieltag
W. Bremen – Hamburger SV 1:1 (1:0)
Aufstellung: Reinke – Owomoyela, Pasanen, Naldo, Andreasen – F. Baumann – Frings, Vranjes (80. D. Jensen) – Micoud – Valdez (71. Klasnic), Klose
Trainer: Schaaf
Tore: 1:0 Micoud (45.), 1:1 Kucukovic (67.)
Besonderes Vorkommnis: Kirschstein hält FE von Micoud (39.)
Zuschauer: 38.000

21.12.2005
DFB-Pokal, Achtelfinale
Hannover 96 – W. Bremen 1:4 (0:0)
Aufstellung: Reinke – Owomoyela, Pasanen, Naldo, Andreasen – F. Baumann – Frings, Vranjes (58. D. Jensen) – Micoud – Klose, Klasnic (67. Hunt)
Trainer: Schaaf
Tore: 0:1 Naldo (71.), 0:2 Frings (83. FE), 1:2 Sousa (85. FE), 1:3 Balitsch (89. ET), 1:4 Hunt (90.)
Zuschauer: 49.000

06.01.2006
Internationales Turnier um den »Efes-Pilsen-Cup«, Halbfinale
Besiktas Istanbul – W. Bremen 3:2 (0:0)
Aufstellung: Reinke – Owomoyela, Fahrenhorst, Naldo, van Damme – F. Baumann (46. D. Jensen), Frings, Vranjes, Micoud – Klose, Klasnic
Trainer: Schaaf
Tore: 1:0 Ailton (54.), 1:1 Klasnic (56.), 2:1 Ailton (71.), 3:1 Ailton (76.), 3:2 Klose (86.)
Zuschauer: 5.000 in Antalya

08.01.2006
Internationales Turnier um den »Efes-Pilsen-Cup«, Spiel um Platz 3
Borussia Dortmund – W. Bremen 0:1 (0:0)
Aufstellung: Wiese – Andreasen, Pasanen, Naldo (61. Fahrenhorst), C. Schulz – Frings (46. F. Baumann), D. Jensen, Lagerblom, Micoud (46. Vranjes) – Valdez, Klasnic (71. Klose)
Trainer: Schaaf
Tore: 0:1 D. Jensen (64. HE)
Zuschauer: 800 in Antalya
11. Januar 2006

Freundschaftsspiel
Karlsruher SC – W. Bremen 1:2 (0:1)
Aufstellung: Vander (46. K. Jensen) – Owomoyela (46. Polenz), Pasanen, Andreasen, Hanstveit – Lagerblom (28. Bischoff), D. Jensen (46. Schachten), C. Schulz, Van Damme – Valdez, Hunt
Trainer: Schaaf
Tore: 0:1 Valdez (21.), 0:2 Valdez (50.), 1:2 Freis (70.)
Besonderheit: Als Gastspieler wirkte der Norweger Erlend Hanstveit (SK Brann Bergen) mit.
Zuschauer: 100 in Belek

13.01.2006
Internationales Freundschaftsspiel
Fenerbahce Istanbul – W. Bremen 2:1 (0:0)
Aufstellung: Wiese – Owomoyela, Fahrenhorst, Naldo (56. Pasanen), C. Schulz (46. van Damme) – F. Baumann, Frings (46. D. Jensen), Vranjes, Micoud – Klose (30. Valdez), Klasnic
Trainer: Schaaf
Tore: 0:1 Valdez (65.), 1:1 Tuncay (84.), 2:1 Anelka (90 + 3)
Zuschauer: 4.000 in Antalya

21.01. 2006
Freundschaftsspiel
Hamburger SV – W. Bremen 1:1 (0:1)
Aufstellung: Reinke (46. Wiese) – Owomoyela, Fahrenhorst (63. Andreasen), Naldo, C. Schulz (46. van Damme) – F. Baumann, Frings (46. D. Jensen), Vranjes, Borowski – Klose (46. Valdez), Klasnic (82. Polenz)
Trainer: Schaaf
Tore: 0:1 Frings (16.), 1:1 Takahara (61.)
Zuschauer: 8.000 in Kropp

25.01.2006
DFB-Pokal, Viertelfinale
FC St. Pauli Hamburg – W. Bremen 3:1 (1:1)
Aufstellung: Reinke – Owomoyela, Fahrenhorst (71. Andreasen), Naldo, C. Schulz – F. Baumann – Frings, Borowski – Micoud – Klasnic, Klose (42. Valdez)
Trainer: Schaaf
Tore: 1:0 Mazingu-Dinzey (10.), 1:1 Micoud (27.), 2:1 Boll (59.), 3:1 Schultz (65.)
Besonderes Vorkommnis: Hollerieth (St. Pauli) hält FE von Borowski (78.)
Zuschauer: 19.800

29.01.2006
Bundesliga, 18. Spieltag
Arminia Bielefeld – W. Bremen 0:1 (0:0)
Aufstellung: Reinke – Owomoyela, Fahrenhorst, Naldo, C. Schulz – F. Baumann (67. D. Jensen) – Frings, Borowski – Micoud (85. Vranjes) – Valdez, Klasnic
Trainer: Schaaf
Tore: 0:1 Fahrenhorst (72.)
Besonderes Vorkommnis: Kobylik (Bielefeld) schießt FE an die Latte (24.)
Zuschauer: 24.196

04.02.2006
Bundesliga, 19. Spieltag
W. Bremen – FSV Mainz 05 4:2 (3:2)
Aufstellung: Reinke – Pasanen, Fahrenhorst, Naldo (34. D. Jensen), van Damme – F. Baumann – Frings, Borowski (81. Vranjes) – Micoud – Valdez (85. Polenz), Klasnic
Trainer: Schaaf
Tore: 0:1 Zidan (1.), 0:2 Weiland (13.), 1:2 Valdez (39.), 2:2 Micoud (45.), 3:2 Klasnic (45. + 1), 4:2 Valdez (69.)
Besonderheit: Zidans Treffer nach 13 Sekunden bedeutet Werders schnellstes Gegentor der Bundesligageschichte.
Zuschauer: 37.717

08.02.2006
Bundesliga, 20. Spieltag
VfB Stuttgart – W. Bremen 0:0
Aufstellung: Reinke (82. Wiese) – Pasanen, Fahrenhorst, Naldo, C. Schulz – Frings – Vranjes (59. Owomoyela), D. Jensen – Micoud – Valdez, Klasnic
Trainer: Schaaf
Tore: –
Zuschauer: 28.000

11.02.2006
Bundesliga, 21. Spieltag
W. Bremen – 1.FC Kaiserslautern 0:2 (0:0)
Aufstellung: Wiese – Pasanen (64. Owomoyela), Fahrenhorst, Naldo, C. Schulz – F. Baumann – Frings, Borowski (61. D. Jensen) – Micoud – Valdez, Klasnic (71. Polenz)
Trainer: Schaaf
Tore: 0:1 Sanogo (71.), 0:2 Skela (88.)
Zuschauer: 36.218

18.02.2006
Bundesliga, 22. Spieltag
Borussia Dortmund – W. Bremen 0:1 (0:1)
Aufstellung: Wiese – Owomoyela, Fahrenhorst, Naldo, C. Schulz – F. Baumann, Frings, Borowski – Micoud – Valdez, Klasnic (81. Vranjes)
Trainer: Schaaf
Tore: 0:1 Klasnic (37.)
Zuschauer: 75.200

22.02.2006
Champions League, Achtelfinale – Hinspiel
W. Bremen – Juventus Turin 3:2 (1:0)
Aufstellung: Wiese – Owomoyela, Fahrenhorst, Naldo, C. Schulz – F. Baumann – Frings, Borowski – Micoud – Klose (67. Valdez), Klasnic
Trainer: Schaaf
Tore: 1:0 C. Schulz (39.), 1:1 Nedved (73.), 1:2 Trezeguet (82.), 2:2 Borowski (87.), 3:2 Micoud (90. + 2)
Zuschauer: 36.500

25.02.2006
Bundesliga, 23. Spieltag
W. Bremen – Borussia M'gladbach 2:0 (2:0)
Aufstellung: Wiese – Owomoyela, Fahrenhorst, Naldo, C. Schulz – F. Baumann – D. Jensen, Borowski (88. Vranjes) – Micoud – Klose (82. Polenz), Klasnic (70. Valdez)
Trainer: Schaaf
Tore: 1:0 Klose (16.), 2:0 Klasnic (27.)
Zuschauer: 39.900

04.03.2006
Bundesliga, 24. Spieltag
Bayer Leverkusen – W. Bremen 1:1 (1:1)
Aufstellung: Wiese – Owomoyela, Fahrenhorst, Pasanen, C. Schulz – Vranjes (60. D. Jensen) – Frings, Borowski – Micoud – Klose, Klasnic (68. Valdez)
Trainer: Schaaf
Tore: 0:1 Frings (3. FE), 1:1 Berbatov (41.)
Zuschauer: 22.500

07.03.2006
Champions League, Achtelfinale – Rückspiel
Juventus Turin – W. Bremen 2:1 (0:1)
Aufstellung: Wiese – Owomoyela, Fahrenhorst, Naldo, C. Schulz – F. Baumann (73. Pasanen) – Frings, Borowski – Micoud – Klose, Klasnic (81. Valdez)
Trainer: Schaaf
Tore: 0:1 Micoud (13.), 1:1 Trezeguet (65.), 2:1 Emerson (88.)
Zuschauer: 35.000

11.03.2006
Bundesliga, 25. Spieltag
W. Bremen – Hertha BSC Berlin 0:3 (0:0)
Aufstellung: Wiese – Owomoyela (63. Valdez), Fahrenhorst, Naldo, C. Schulz – Frings – D. Jensen (82. Andreasen), Borowski – Micoud (40. Vranjes) – Klose, Klasnic
Trainer: Schaaf
Tore: 0:1 Boateng (53.), 0:2 Marcelinho (76.), 0:3 Bastürk (83.)
Zuschauer: 37.728

18.03.2006
Bundesliga, 26. Spieltag
1. FC Nürnberg – W. Bremen 3:1 (2:0)
Aufstellung: Wiese – Owomoyela, Fahrenhorst, Naldo (46. Valdez), C. Schulz – Vranjes – D. Jensen, Borowski – Frings (24. Andreasen) – Klose, Klasnic
Trainer: Schaaf
Tore: 1:0 Vittek (21.), 2:0 Schroth (36.), 2:1 Klose (57.), 3:1 Vittek (69.)
Zuschauer: 40.924

25.03.2006
Bundesliga, 27. Spieltag
W. Bremen – Hannover 96 5:0 (2:0)
Aufstellung: Wiese – Pasanen, Fahrenhorst, Naldo, C. Schulz – Frings (33. Vranjes) – D. Jensen, Borowski – Micoud (70. Owomoyela) – Klose (79. Klasnic), Valdez
Trainer: Schaaf
Tore: 1:0 Valdez (43.), 2:0 Micoud (45+2.), 3:0 Valdez (52.), 4:0 Klose (53.), 5:0 Valdez (81.)
Zuschauer: 41.646

01.04.2006
Bundesliga, 28. Spieltag
Eintracht Frankfurt – W. Bremen 0:1 (0:0)
Aufstellung: Wiese (29. Vander) – Pasanen, Fahrenhorst, Naldo, C. Schulz – Vranjes – D. Jensen (64. Owomoyela), Borowski – Micoud – Klose, Valdez (46. Klasnic)
Trainer: Schaaf
Tore: 0:1 Klose (70. FE)
Zuschauer: 48.000

08.04.2006
Bundesliga, 29. Spieltag
W. Bremen – Bayern München 3:0 (1:0)
Aufstellung: Wiese – Pasanen, Fahrenhorst, Naldo, C. Schulz – Vranjes – Owomoyela (87. Andreasen), Borowski – Micoud (57. D. Jensen) – Klose, Valdez (75. Klasnic)
Trainer: Schaaf
Tore: 1:0 Schweinsteiger (33. ET), 2:0 D. Jensen (79.), 3:0 Borowski (83.)
Zuschauer: 42.100

15.04.2006
Bundesliga, 30. Spieltag
VfL Wolfsburg – W. Bremen 1:1 (1:1)
Aufstellung: Wiese – Pasanen (85. Andreasen), Fahrenhorst, Naldo, C. Schulz – Vranjes – Owomoyela (62. D. Jensen), Borowski – Micoud – Klose, Valdez
Trainer: Schaaf
Tore: 0:1 Valdez (6.), 1:2 Hristov (22.)
Besonderes Vorkommnis: Platzverweis für Quiroga (Wolfsburg) nach schwerem Foulspiel an Miroslav Klose (27.)
Zuschauer: 28.000

23.04.2006
Bundesliga, 31. Spieltag
W. Bremen – FC Schalke 04 0:0
Aufstellung: Wiese – Owomoyela, Fahrenhorst, Naldo, C. Schulz – Vranjes (21. Pasanen) – D. Jensen, Borowski – Micoud – Klose (59. Klasnic), Valdez
Trainer: Schaaf
Tore: –
Zuschauer: 42.100

25.04.2006
Freundschaftsspiel
SV Meppen – W. Bremen 0:4 (0:2)
Aufstellung: Reinke – Owomoyela (46. Pasanen), Naldo (46. Fahrenhorst), Andreasen, van Damme – Lagerblom, Borowski (46. D. Jensen), Rockenbach da Silva (46. Schachten), Micoud (46. Bischoff) – Valdez (46. Harnik), Klasnic (46. Polenz)
Trainer: Schaaf
Tore: 0:1 Valdez (9.), 0:2 Valdez (44. HE), 0:3 van Damme (64.), 0:4 Harnik (70.)
Zuschauer: 5.000 in Meppen

03.05.2006
Bundesliga, 32. Spieltag
MSV Duisburg – W. Bremen 3:5 (2:3)
Aufstellung: Wiese – Owomoyela, Fahrenhorst, Naldo, C. Schulz (46. Pasanen) – Frings (63. Andreasen) – D. Jensen, Borowski – Micoud – Klose, Valdez (72. Klasnic)
Trainer: Schaaf
Tore: 0:1 Micoud (4.), 0:2 Micoud (16.), 0:3 Klose (31.), 1:3 Ahn (41.), 2:3 Ahanfouf (45.), 2:4 Klose (75.), 3:4 Ahanfouf (76.), 3:5 Klasnic (86.)
Zuschauer: 23.104

2005/06

Turin, Stadio delle Alpi, 7. März 2006, 22:29 Uhr: Werder beschenkt die »alte Dame« Juve reich

Es war ein Moment wie der Kutzop-Elfer, die Lienen-Verletzung oder der Pfostenbruch von Mönchengladbach: Niemand, der die Situation gesehen hat, wird sie jemals vergessen können. Viele haben gar nicht hingeschaut, weil dieser Moment gar keine besondere Geschichte in sich zu bergen schien. In der drittletzten Minute des Champions League-Rückspiels in Turin fängt Tim Wiese eine harmlose Hereingabe der Italiener von rechts mühelos ab. Er geht mit dem Ball zu Boden und verliert die schon sicher gegrapschte Kugel wieder aus den Fängen. Juves Brasilianer Emerson sagt »Danke« (oder wahrscheinlich eher »Obrigado!«) und schiebt den Ball ins verwaiste Tor.

Bis dahin machte Tim Wiese das Spiel seines Lebens. Er rettete serienweise gegen wütend attackierende Turiner, stand im Minutentakt im Brennpunkt und brachte die italienischen Megastars durch seine Unbezwingbarkeit zur Verzweiflung. Ohne diese surreale 88. Minute wäre es auf ewig SEIN Spiel gewesen. Für immer. Aber Tim Wiese lässt den Ball los und Werder ist draußen.

Bis dahin war das Aufeinandertreffen zwischen Werder und dem italienischen Serienmeister dazu angetan, aus Bremer Sicht eines der größten Duelle aller Zeiten zu werden. Zwei Spiele für die Geschichtsbücher.

Juventus, eine mit Weltstars gespickte Klasseelf, hatte beim Hinspiel im Weser-Stadion cool auftreten wollen, war sogar mit 2:1 in Führung gegangen und musste dann doch dem Kampfgeist und der Phantasie des Werder-Offensivspiels Tribut zollen. Am Ende gewann Werder durch Schulz, Borowski und einen Treffer von Micoud in der Nachspielzeit noch mit 3:2 und verzückte nicht nur Werder, sondern die gesamte europäische Fachpresse.

Beim Rückspiel in Turin markierte Micoud per Schlenzer das frühe 0:1 (Bild oben) nach einem sensationellen Pass von Christian Schulz. Werder hatte alles in der Hand, blieb eiskalt und hatte mit Wiese einen Teufelskerl zwischen den Pfosten. Eine einzige Sekunde zerstörte den Traum vom Weiterkommen.

Was sie nicht zerstören konnte ist der Stolz über das neue Werder-Bewusstsein, an guten Tagen stark genug zu sein, um selbst die Größten der Großen besiegen zu können. Und der bedauernswerte Wiese wuchs an diesem Moment. Einen solchen Fehler macht niemand zweimal. Tim Wiese gehört seit diesem Tag zu den besten Keepern im ganzen Land.

Bundesliga, 31. Spieltag
W. Bremen – 1. FC Köln 6:0 (3:0)
Aufstellung: Wiese – Pasanen, Fahrenhorst, Naldo, C. Schulz (73. van Damme) – Frings, Andreasen (64. Lagerblom), D. Jensen – Borowski – Klose, Valdez (46. Klasnic)
Trainer: Schaaf
Tore: 1:0 Borowski (11.), 2:0 Klose (19.), 3:0 Borowski (25.), 4:0 Klasnic (50.), 5:0 Klasnic (69.), 6:0 Klose (75.)
Zuschauer: 42.000

Bundesliga, 34. Spieltag
Hamburger SV – W. Bremen 1:2 (0:1)
Aufstellung: Wiese – Pasanen (67. Valdez), Fahrenhorst, Naldo, C. Schulz – Frings – Owomoyela, D. Jensen (90 + 1. van Damme), Borowski – Klose (80. Lagerblom), Klasnic
Trainer: Schaaf
Tore: 0:1 Klasnic (27.), 1:1 Barbarez (59.), 1:2 Klose (72.)
Besonderes Vorkommnis: Borowski schießt FE an den Pfosten (83.)
Zuschauer: 57.000

Meistdiskutiertes Torwarttrikot aller Zeiten: Tim Wieses pinkes Shirt machte ihn zum »Rosaroten Panther«

Bundesliga-Abschlusstabelle 2005/2006

Platz	Verein	Spiele	S	U	N	Tore	Diff.	Punkte
1.	Bayern München (M, P)	34	22	9	3	67:32	+35	75
2.	**Werder Bremen**	**34**	**21**	**7**	**6**	**79:37**	**+42**	**70**
3.	Hamburger SV	34	21	5	8	53:30	+23	68
4.	Schalke 04	34	16	13	5	47:31	+16	61
5.	Bayer Leverkusen	34	14	10	10	64:49	+15	52
6.	Hertha BSC Berlin	34	12	12	10	52:48	+4	48
7.	Borussia Dortmund	34	11	13	10	45:42	+3	46
8.	1. FC Nürnberg	34	12	8	14	49:51	-2	44
9.	VfB Stuttgart	34	9	16	9	37:39	-2	43
10.	Borussia M'gladbach	34	10	12	12	42:50	-8	42
11.	1. FSV Mainz 05	34	9	11	14	46:47	-1	38
12.	Hannover 96	34	7	17	10	43:47	-4	38
13.	Arminia Bielefeld	34	10	7	17	32:47	-15	37
14.	Eintracht Frankfurt (N)	34	9	9	16	42:51	-9	36
15.	VfL Wolfsburg	34	7	13	14	33:55	-22	34
16.	1. FC K'lautern	34	8	9	17	47:71	-24	33
17.	1. FC Köln (N)	34	7	9	18	49:71	-22	30
18.	MSV Duisburg (N)	34	5	12	17	34:63	-29	27

Fieberkurve der Bundesliga-Saison 2005/2006

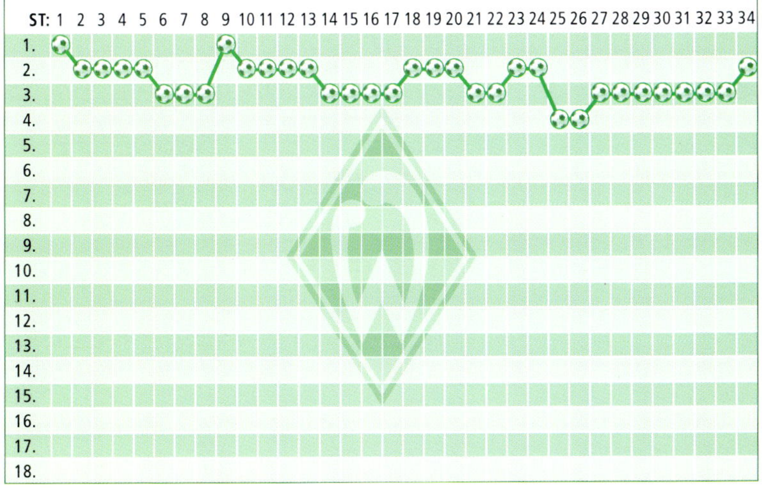

Johan Micoud: »... wenn ich an das ›Micoud-Lied‹ unserer Fans denke, bekomme ich eine Gänsehaut!«

Auf dem altehrwürdigen Panzenberg in Bremens Westen feierte am 3. September 2002 mit einem Freundschaftsspiel gegen den Bremer Sport-Verein eine charismatische, im Weltfußball seit langem etablierte Persönlichkeit ein eher wenig glamouröses Debüt, deren Wechsel nach Bremen für allgemeines Erstaunen gesorgt hatte: Johan Micoud (24. Juli 1973 in Cannes/Südfrankreich) eroberte die Sympathien der Werder-Fans umgehend. Seine ersten großen Erfolge hatte er mit Girondins Bordeaux eingefahren, war später zum AC Parma in die italienische Serie A gewechselt und war froh, den Klub in Zeiten größter wirtschaftlicher Turbulenzen wieder verlassen zu können. Klaus Allofs griff dankend zu und lockte einen der allerbesten Fußballer nach Bremen, die jemals Werders Farben trugen.*

Bei jenem besagten Test-Kick, der in Windeseile organisiert worden war, um den eleganten Franzosen ein wenig Werder-Luft schnuppern zu lassen, passte gleich sehr vieles: Micoud machte dramaturgisch wertvoll das erste Tor beim 8:0-Erfolg und erntete kollektives Zungenschnalzen. In seinem Bundesliga-Debüt gegen den 1. FC Nürnberg zeigte er eine Klasseleistung, verschoss einen Strafstoß, aber erzielte auch gleich sein erstes von insgesamt 31 Bundesligatoren.

Schon bei Micouds Verpflichtung im Spätsommer 2002 hatte Werders Sportdirektor Klaus Allofs die Hoffnung geäußert, ein Spieler wie Micoud könne innerhalb einer Mannschaft »den Unterschied ausmachen«. Der Franzose übertraf diese bescheiden formulierte Vision bei weitem: Johan Micoud wurde gleichzeitig zum Gehirn und zum Herz des Bremer Spiels. Er war torgefährlich, zudem ein Intellektueller auf dem Rasen, der auch in schwierigsten Situationen die Gabe besaß, dem Spiel durch einen Genieblitz eine Wende zu geben. An ihm, um ihn herum und unter ihm wuchs Werder in kürzester Zeit

Einer der größten Stars, die Werder-Fans jemals bejubeln durften: Johan Micoud besaß die Aura eines ganz besonderen Spielers

zu einer Spitzenmannschaft. In der Doublesaison 2003/04 feierte ihn die Bundesliga als den besten Spieler des Landes.

Die Medien rieben sich an dieser komplexen und oft auch kontroversen Persönlichkeit mit einer Ausstrahlung, die Intelligenz, Genialität, aber auch immer einen Hauch Arroganz verströmte. Er galt als launisch und unnahbar, was jedoch möglicherweise nur an den sehr konkreten Spielregeln lag, die der Franzose im Umgang mit der Öffentlichkeit verinnerlicht hatte.

Als er Bremen im Sommer 2006 verließ, um in der Heimat bei seinem aufstrebenden Ex-Verein Girondins Bordeaux noch einmal eine letzte Herausforderung zu suchen, trug ganz Bremen Trauer. Ähnlich wie im Falle Ailton ahnte man, dass der Spieler fortan vermisst werden würde, weitaus mehr aber noch die Persönlichkeit Joe Micoud. Das folgende Interview entstand wenige Tage vor seinem Wechsel nach Frankreich an einem wunderbaren Sommertag, in einem Café mit Weserblick. Johan Micoud kam zum verabredeten Termin in aufgeräumter Stimmung und hatte Lust zu reden. Er empfand es als Pflicht und Ehre zugleich, sich in diesem Buch ein letztes Mal ausführlich seinen Fans mitteilen zu können. Und in die Freude über die bevorstehende Rückkehr nach Frankreich mischte sich Wehmut angesichts des Abschieds aus Bremen. Einer Stadt, in der er unvergessliche Jahre verlebt hatte.

Als Du vor vier Jahren nach Bremen gekommen bist, hast Du Dir da vorstellen können, dass Werder das größte Kapitel Deiner Profikarriere werden könnte?
Nein, absolut nicht. Anfangs dachte ich, Bremen wird eine Station für vielleicht zwei Jahre. Ich hatte ein paar Probleme bei meinem früheren Verein in Parma. Meine Karriere war in einer schwierigen Phase, und in Bremen wollte ich sie wieder in Bewegung bringen. Aber dann ist es hier so gut gelaufen mit der Mannschaft, mit den Fans, mit der Stadt. Meine Familie und ich, wir haben uns so wohl gefühlt, dass wir dieses Bremer Abenteuer verlängert haben. Und jetzt bin ich glücklich, die vier Jahre hier geblieben zu sein.

Wie ist Dein Wechsel 2002 zustande gekommen?
Das ganze ist innerhalb von drei Tagen über die Bühne gegangen. Ich habe Klaus Allofs in Nizza getroffen und sofort festgestellt: Wir sind auf derselben Wellenlänge. Für mich ist es grundsätzlich sehr wichtig, dass das Bauchgefühl stimmt. Und das war von vornherein zwischen Klaus Allofs und mir der Fall - und ist es nach wie vor. Alles, was zwischen uns damals in Nizza be- und versprochen wurde, wurde auch eingehalten. Klaus hat mich nicht enttäuscht, und deswegen ist mein Wechsel zu Werder eine sehr gute Entscheidung gewesen.

Was hat man Dir über Deine geplante Rolle innerhalb der Mannschaft gesagt?

Zwei, die viel voneinander hielten und viel voneinander profitierten: Thomas Schaaf und sein Regisseur

Für Werder war es wichtig, dass ich als Spieler mit Erfahrung in diese damals sehr junge Mannschaft komme. Das war ein Teil meiner Rolle als zentraler Mittelfeldspieler. Und damals war für mich sehr bedeutend, dass man Vertrauen in mich hatte. Das war eine Phase in meiner Karriere, wo ich diesen Rückhalt brauchte. Bei Werder stimmte die Chemie von vornherein. Mit dem Vertrauen, so ist das entstanden.

War Klaus Allofs dafür eine entscheidende Person?
Ja, er war sehr wichtig. Ich kannte ihn natürlich von früher. Er hat ja auch in Bordeaux und Marseille gespielt und besitzt einen guten Draht nach Frankreich. In Frankreich ist man als Profi normalerweise nicht so in Richtung Deutschland orientiert. Dass Klaus da war, war sehr wichtig für mich und hat den Ausschlag gegeben, nach Bremen zu gehen.

Anfangs hatte man manchmal das Gefühl, Du könntest eigentlich zu gut für den Rest der Mannschaft sein. Ging Dir das auch manchmal so?
Also, diese Frage beantworte ich nur ungern, weil ich nicht gerne über meinen eigenen Status rede. Ich hatte mich bei Werder und auch bei anderen französischen Spielern, die in Deutschland spielten, über Werder informiert. Ich hörte viel Gutes und wusste dadurch eine Menge über meine neue Mannschaft. Natürlich, es war eine noch junge Mannschaft, die aber zuvor immer wieder den Sprung unter die ersten fünf, sechs in Deutschland geschafft hatte. Mir war deshalb klar: Da war schon viel Potenzial vorhanden. Ich wurde also in keiner Weise überrascht von der Qualität der Mannschaft. Und ich wurde auf Anhieb sehr gut aufgenommen, sowohl vom Team als auch allen anderen Mitarbeitern hier im Verein. Deshalb konnte ich von vornherein eine zentrale Rolle innerhalb der Mannschaft einnehmen. Um auf Deine Frage zurückzukommen: Ob ich also zu

1990–96: Erste Station beim AS Cannes

O la la: Auch im Torjubel besaß Joe Micoud stets etwas Erhabenes

jener Zeit zu gut war, gemessen am Gesamtniveau der Mannschaft, das war nie mein Thema. Ich habe mich sofort sehr wohl gefühlt, die sportlichen Voraussetzungen für mich waren klar und deutlich umrissen, und ich hatte eine klar definierte Rolle innerhalb dieses Kollektivs. Und die habe ich versucht, so gut wie möglich zu spielen.

Und Werder als Verein? Was macht Werder aus?

Ich hatte das Glück zu kommen, als der Verein sich gerade sowohl intern als auch extern sehr stark entwickelte. Das Stadion wurde ausgebaut und renoviert, und Hand in Hand mit dieser Entwicklung passierte quasi dasselbe auch mit der Mannschaft. Es war ersichtlich, dass personell das getan wird, was notwendig ist, um unsere Ziele zu erreichen. Es war klar, dass Bayern München im direkten Vergleich noch eine ganz andere Dimension darstellen würde. Wir hatten nicht Bayerns Voraussetzungen, aber wir haben es dennoch geschafft, uns ihrem Niveau immer weiter anzunähern, und heute sind wir den Bayern sogar schon sehr nahe gekommen. Die gesamte Organisation des Vereins war und ist auf dieses Ziel ausgerichtet und war dabei sehr effektiv, und hier wurde von allen Seiten alles getan, um viel Gutes in die Wege zu leiten.

Reizthema: Die Nationalmannschaft und Micoud mochten sich, wurden aber nie enge Freunde

Es gibt sehr, sehr viele Beispiele für Spieler, die Werder verlassen haben oder gar nicht erst gekommen sind, weil sie anderswo bessere Perspektiven gesehen haben. Ailton, Fabian Ernst oder auch Torsten Frings sind die auffälligsten Beispiele. Kaum jemand aber ist nach seinem Abschied aus Bremen anderswo wirklich glücklich geworden. Gibt es dafür eine Erklärung? Weshalb spielen die Spieler bei Werder auf so hohem Niveau?

Der Schlüssel für dieses Phänomen ist die Atmosphäre innerhalb des Vereins. Das ist hier wirklich wie innerhalb einer Familie. Wenn ein Spieler sich in seiner beruflichen Umgebung wohl fühlt, dann ist er auch auf dem Rasen besser drauf. Werder liefert keinen Nährboden für Medienrummel oder irgendwelche Krisen. Wir sind ein ruhiger Verein. Wenn überhaupt mal Probleme auftauchen, dann werden sie erst einmal intern ganz ruhig besprochen und gelöst. Wenn uns wichtige Spieler verlassen haben, war das natürlich jedesmal eine Enttäuschung. Ich denke, wir können sehr stolz darauf sein, dass wir trotz dieser Abgänge weiter auf sehr, sehr hohem Niveau gespielt haben. Trotz der Abgänge hat sich die Mannschaft immer weiter entwickelt. Das ist eine große Leistung! Für den Leistungsabfall mancher Spieler nach ihrem Abschied aus Bremen gibt es sicher sehr unterschiedliche Erklärungen. Vielleicht war die Stimmung oder die Atmosphäre im Umfeld des neuen Vereins nicht mehr so toll für den Spieler oder seine Familie. Dann kann es vorkommen, dass man schlechter spielt.

Wie fühlt sich Deine Familie in Bremen? Wie gut sprechen Deine Töchter deutsch?

Das Entscheidende ist, dass die Kinder sich wohlfühlen. Das tun sie hier in Bremen, und sie sprechen prima deutsch. Dieses Wohlfühlen ist erst einmal die Hauptsache. Natürlich vermissen wir die Verwandten, die Freunde. Die sind leider weit weg, und dadurch sieht man sich nicht so oft. So ist das nun einmal, wenn man im Ausland Fußball spielt. Aber der Rest, wie gesagt, der stimmt in Bremen rundum.

Wie hast Du Bremen als Stadt wahrgenommen? Was sind Deine Lieblingsplätze?

Ich mag das Viertel, die Gegend rund um das Theater mit ihren verwinkelten, krummen Straßen und Gassen. Dort ist es urig, und da fühle ich mich sehr wohl, weil es eine besondere Atmosphäre, einen eigenen Charme hat.

Wie hast Du die Bremer erlebt? Humorlos? Verschlossen? Kühl?

Das ist für mich schwer zu beantworten, weil man als ausländischer Fußballprofi nicht so einfach mir nichts dir nichts in eine Bremer Familie reinschnuppern kann. Klar ist natürlich, dass die Menschen hier eine andere Mentalität haben als die Menschen aus der Gegend in Südfrankreich, wo ich herkomme. Dort ist alles etwas lockerer, es gibt weniger Regeln, man arrangiert sich und findet immer einen Weg für alles. Hier sind die Leute etwas stringenter, Vorschriften werden beachtet und alles geht geordneter ab. Das war anfangs für mich schwierig, diese Umstellung. Aber ich habe über die Jahre sehr nette Leute kennen gelernt, und man gewöhnt sich dran. Und mit den Klischees ist es wie überall auf der Welt: Sicher gibt es humorlose Bremer, aber humorlose Menschen gibt es auch anderswo, und ich habe auch viele Bremer kennen gelernt, die sehr wohl Humor besitzen.

Du hast immer betont, mit dem Wort »Star« Deine Probleme zu haben. Aber Du erfährst unbestritten ein riesengroßes Maß an Verehrung von den Werderfans wie kaum ein zweiter Spieler. Wie hast Du das empfunden? Was bedeutet es Dir?

Für mich war das zu Beginn eher ein inhaltliches Problem. Ein ›Star‹ geht für mich eher so Richtung Hollywood, Glitzerwelt und was weiß ich noch alles. Und das hat mit Fußball nun einmal nichts zu tun. Deswegen war ich anfangs etwas irritiert über die Verwendung des Begriffes ›Star‹ im Zusammenhang mit meiner Person. Aber klar, die Fans hier haben mich immer phantastisch unterstützt, egal ob ich superfit war oder mal nicht so gut drauf. Dieser Rückhalt hat mir immer sehr viel bedeutet.

Die Werderfans singen im Stadion dieses Lied mit meinem Namen zur Melodie von ›Hey Jude‹ von den Beatles – super! Da kriege ich eine Gänsehaut! Ich muss sagen, dass die Beziehung zu den Fans hier immer irgendwie magisch war, von Anfang an. Und, um darauf zurückzukommen: Inzwischen habe ich auch mit dem Wort ›Star‹ kein Problem mehr.

Anfangs war Werder eine Mannschaft des Mittelmaßes. Wie war es für Dich, zentraler Spieler einer Mannschaft zu sein, die so klein anfing und jetzt stark genug ist, um Juve aus der Champions League zu werfen?

Ich habe ja schon erwähnt, wie elementar wichtig das Vertrauen in mich war, das ich hier sofort gespürt habe. Und ich habe versucht, mich dafür zu bedanken und etwas davon zurückzugeben, indem ich immer mein Bestes gegeben habe. Ich habe in meiner Karriere sehr viele sehr gute Spieler kennengelernt, egal ob in den Vereinen oder in der französischen Nationalmannschaft. Was ich mir durch den Umgang mit manch großartigem Spieler verinnerlicht habe, ist ein gewisser Spirit, eine Siegermentalität. Man muss sozusagen auch im Geist kämpfen, jeden Tag, selbst im Training. Man darf nicht nur die körperlichen und rein fußballerischen Eigenschaften trainieren und verbessern, sondern muss auch an seiner Mentalität und Einstellung arbeiten, um auf dem Platz eine gute Moral besitzen zu können. Ich habe versucht, genau diese Philosophie bei Werder einzubringen. Wir hatten sehr viele junge Spieler, die wirklich körperlich fit waren und gute Anlagen hatten, aber denen vielleicht gerade das fehlte, was ich eben beschrieben habe. Diesen Teil konnte ich beisteuern und war vielleicht ein gutes Beispiel für die unerfahreneren Spieler, so wie es früher andere für mich waren. Es freut mich sehr, dass ich manchem Spieler dadurch vielleicht weiterhelfen konnte. Tim Borowski ist ein gutes Beispiel. Tim war immer schon ein großartiger Fußballer, aber ihm hat manchmal ein Tick gefehlt. Früher habe ich ihn dauernd genervt: ›Los, Junge! Gib mehr, mehr, mehr! Du hast alle Eigenschaften, die man braucht! Du hast das Potenzial! Mach mehr, dann wirst Du ein Großer!‹ Ich freue mich, dass er 2006 eine derartige Leistungsexplosion hatte und ich möglicherweise einen Teil dazu beigetragen habe.

Viele Leute sagen, Werders wunderbare offensive Spielweise mit jenem fast schon künstlerisch wertvollen Kurzpass-Tempofußball im Mittelfeld sei zwar zu einem großen Teil ein Resultat der Arbeit von Thomas Schaaf, aber zu einem gewissen Prozentsatz möglicherweise auch schlicht und einfach ein Ergebnis Deiner Spielphilosophie auf dem Feld. Wie siehst Du das?

Ich hatte das Glück, hier in Thomas Schaf einen Trainer zu finden, der wirklich im wörtlichen Sinn Spaß am Spielen hat. Wir haben sehr viel Bewegung in unserem Spiel, sehr viele Kurzpässe, wenig Ballkontakte. Und dieses Spiel, das war immer schon meine Art Fußball. Ich passe einfach gut in dieses Spielsystem, und so ist es sozusagen ein beidseitiger Glücksfall, dass ich hier auf diesen tollen Trainer stieß. Im Mittelpunkt muss immer die Mannschaft als Ganzes stehen, und in dieses Kollektiv auf dem Spielfeld müssen die Eigenschaften des jeweiligen Spielers möglichst perfekt hineinpassen. Andersrum funktioniert es nicht, also sozusagen nach dem Motto: Erst mal gucken, welche Eigenschaften ein Spielers besitzt und dann überlegen, was man mit ihm möglicherweise anfangen kann. Die Mannschaft steht im Zentrum, und unsere Art Fußball üben wir im Training, bis alles perfekt sitzt: Im Spiel mit nur zwei Ballkontakten zum Beispiel. Wenn man das im Training verinnerlicht, dann kann man ein Spiel besser lesen, erfassen und kann dann diese Art Fußball auch im Ernstfall zeigen.

Was macht Thomas Schaaf aus?

Wie soll ich sagen? Der Kerl liebt Fußball einfach! Und er kann diese Faszination natürlich auch großartig vermitteln. Ich denke, das ist erst einmal das Auffälligste an ihm als Trainer. Dazu kommt, dass er den Spielern sehr nahe ist. Man kann mit ihm wirklich alles diskutieren. Sein Büro ist immer offen. Er hat ein prima Gespür dafür, welche Art von Nähe ein Spieler braucht. Thomas ist nicht jemand, der auf uns zukommt und von sich aus fragt: ›Na, Junge – wie ist es denn so?‹ Wir wissen aber, dass wir jederzeit zu ihm kommen können. Egal, ob es um fußballerische Dinge geht oder ob jemand private Sorgen hat. Thomas ist immer offen für uns und kann sehr gut zuhören. Das macht ihn aus. Und diese Gabe, diese Faszination zum Fußball vermitteln zu können, gepaart mit dieser Nähe zu uns Spielern sorgt dafür, dass wir alle die Bereitschaft haben, immer das Beste zu geben. Das Ergebnis sieht man auf dem Rasen.

Wenn man Dich hier in Bremen gesehen hat kann man sich kaum vorstellen, dass Du schon einmal eine stärkere Zeit in Deiner Karriere hattest. Sehen die Fans von Werder Bremen den besten Micoud, den es je gab?

Kann sein. Es war einfach ein perfekter Moment, als ich hier ankam. Ich hatte die schon erwähnten Probleme in Parma und kam in Bremen neu in diese Mannschaft. Ich hatte vorher sehr viel über meine eigenen Qualitäten gelernt, auch durch den Kontakt zu vielen großen Spielern, mit denen ich zusammen gespielt habe. Vielleicht kannte ich mich selbst besser denn je, als ich hier bei Werder anfing, und ich verspürte ein ganz neues Selbstbewusstsein auf dem Rasen. Genau das wurde hier auch von mir erwartet. Es passte einfach, und deswegen ist Werder sehr, sehr wichtig für mich. Ich kam hier an, als ich gerade richtig damit begann, ein Spielertyp zu sein, der einer solchen Mannschaft wirklich weiterhelfen kann.

Wie war für Dich die lange Zeit, in der Du nicht mit deutschen Journalisten geredet hast? Man hat heute den Anschein, dass es für Dich befreiend war, als Du diesen Presseboykott beendet hast? War die Aktion ein Fehler, oder musste sie sein?

Highlight: Bei Girondins Bordeaux reifte Micoud zum Star

Kurzes Intermezzo in Italien: Beim AC Parma (2000–02) wurde Micoud nicht glücklich. Anschließend wechselte er zu Werder

Einer der Besten, vor allem aber mit weitem Abstand Werders Coolster aller Zeiten: Micoud holt sich Miro Kloses Dankeschön für eine Torvorlage ab

Grundsätzlich: Ich bin vom Typ her eher verschlossen. Mit der Presse gab es unterschiedliche Phasen. Es ist so: Wenn ein Interview vernünftig geplant ist, dann ist das kein Problem für mich, nie gewesen. Wenn ich also weiß: Da ist ein Termin organisiert und da kommen dann auch wirklich richtige Fragen von jemandem, der sich ein paar Gedanken gemacht hat, dann habe ich keinerlei Probleme. Was mir hingegen immer Probleme machte, sind diese täglichen oberflächlichen Fragen von Journalisten, irgendwo zwischen Tür und Angel. Ich will ein Beispiel nennen: Nach dem, was vor einigen Jahren beim Trainingslager in der Türkei vorgefallen war (Johan Micoud spielt auf die sogenannte ›Kopfnuss-Affäre‹ an. Nach einem Wortgefecht hatte er im Trainingslager Fabian Ernst per Kopfstoß eine Augenbrauenverletzung beigebracht. Micoud hatte stets betont, dass diese Aktion erst nach einer längeren Provokation durch Ernst stattgefunden habe. Der Autor.), wurde ich fast von der gesamten Presse verurteilt, ohne dass ich mich selbst angemessen dazu erklären konnte. Alles wurde verfälscht, niemand fragte genau nach, und deshalb gab es immer nur eine Version dieses Vorfalls, die dann überall kursierte. Kein Journalist hat den Versuch unternommen, mal richtig bei mir nachzufragen, und darunter habe ich sehr gelitten. Be- oder verurteilt zu werden, ohne irgendetwas dazu beitragen oder mich verteidigen zu können, das war absolut kein schönes Gefühl. Es war eine Auseinandersetzung zwischen einem Ausländer und einem Deutschen, und ich als beteiligter Ausländer hatte in der Berichterstattung über diesen Vorfall automatisch die schwächere Position. Ich war also ziemlich sauer auf eine Reihe von Journalisten, und bei einzelnen Reportern hält dieser Groll bis heute an. Ich nenne die Namen nicht, aber ich gebe nach wie vor dieser großen Zeitung kein Interview, die in Deutschland sehr bekannt ist. Bei den anderen Kollegen habe ich diesen Boykott irgendwann aufgegeben. Ich musste die Nachwehen der Micoud-Ernst-Berichterstattung erst einmal verdauen, aber das ist nun geschehen und die Zusammenarbeit mit der Presse hat sich absolut normalisiert. Darüber bin ich einerseits froh, auch wenn ich andererseits betonen möchte, dass mein Schweigen seinerzeit gerechtfertigt war.

Rückkehr: »Le chef« kehrt 2006 zurück in die Heimat, um seinem alten Club Girondins Bordeaux zu neuer Blüte zu verhelfen

Glaubst Du, dass Du generell falsch wahrgenommen wirst? Man hält Dich ja für verschlossen, launisch, öffentlichkeitsscheu, manchmal sogar abweisend, aber wer dich kennen lernt, ist überrascht, wie nett und freundlich Du bist.

Für mich ist es wichtig, dass ich entscheide, was ich sagen will und wann. Aber sobald ich mal eine Anfrage ablehne, heißt es meistens schnell: ›Schau mal, der Micoud ist aber wieder launisch!‹ Und dann steht auch gleich wieder etwas entsprechendes in der Zeitung. Aber es ist nun einmal mein gutes Recht – als Mensch! Und das ist für mich superwichtig. Ich darf mich sehr wohl entscheiden, zu einer Sache auch mal »nein« zu sagen – deshalb bin ich nicht gleich launisch! Dass ich öffentlichkeitsscheu bin ist auch so ein Klischee. Ich würde es anders ausdrücken: Ich möchte meine Freiheit auf jeden Fall bewahren und bin ein ganzer Mensch mit großem ›M‹, soll heißen: Ich habe negative und positive Seiten. Ich bin ein Mensch mit Gefühlen und ich möchte mich nicht verstecken oder meinen Charakter ändern müssen, wenn ich in der Öffentlichkeit bin. Ich möchte so sein dürfen, wie ich bin. Es ist für mich wichtig, mir diese Natürlichkeit zu bewahren und die Freiheit für mich zu reklamieren, nicht alles mitmachen zu müssen. Wenn daraus einige Journalisten etwas Negatives machen, ist das im Grunde nicht mein Problem. Ich denke, es ist wichtig, dass ich immer als Mensch handle, zu meinen Gefühlen stehe und mir meine Freiheit bewahre.

Ich habe sehr häufig den Eindruck, dass viele Kritiker Dein Spiel nur unzureichend bewerten, weil sie einerseits bei einem Micoud immer auf das Besondere warten, auf geniale Pässe oder Tore, aber gar nicht ausreichend wahrnehmen, wie viel Drecksarbeit Du auf dem Platz für Deine Mannschaft erledigst. Siehst Du das auch so?

Diejenigen, die Fußball wirklich verstehen, die wissen genau, was ein Spieler leistet. Fachleute achten nicht nur auf die ›Champagner-Momente‹. Aber das gehört nun einmal zur Arbeit der Presse, mit Klischees zu arbeiten oder mit Schubladen. Man sagt also, stark vereinfacht: ›Okay, der Klose, der schießt die Tore! Der Micoud, der ist für geniale Pässe zuständig!‹ So kommt es, dass wir bei oberflächlicher Betrachtung immer nur mit einem besonderen Spielmoment identifiziert werden.

Du bist scheinbar ein sehr stilbewusster Mensch. Du interessierst Dich für Kunst, Du kleidest Dich sehr cool, Du fährst Roller – was glaubst Du, wie sehr Du diese Eigenschaften auch auf dem Platz verkörperst? Hat Fußball für Dich viel mit Stil und mit Kunst zu tun?

Ich empfinde uns ein bisschen wie Schauspieler in einem Theater. Beim Theater ist den Schauspielern der Text vorgegeben. Bei uns ist zwar dieses grüne Rechteck mit elf Personen vorgegeben, aber innerhalb der weißen Linien auf diesem Rechteck kann man kreativ werden. Man kann etwas Großes entwickeln, etwas Bedeutendes schaffen, wenn man als Kollektiv funktioniert. Das schöne Spiel entsteht durch die Mannschaft. Und wenn wir etwas zeigen und schaffen können, alle zusammen, wenn wir merken, dass wir erreichen, was wir uns als Ziel gesetzt hatten, dann ist das ist natürlich ein sehr schönes Gefühl. Und, ja, das hat wirklich Stil und da ist dann immer auch so etwas wie Kunst im Spiel.

Es hat immer den Anschein gemacht, dass die wiederholte Nichtberücksichtigung in der Nationalelf Dich sehr getroffen hat. Wird das immer ein Stachel für Dich sein, oder hast Du Dich ein bisschen damit abgefunden? Wie erklärst Du es Dir?
Zwei Tage vor unserem Gespräch hier ist Frankreichs WM-Kader benannt worden. Ohne mich. Ich bekam eine ganze Reihe Reaktionen von Leuten, die mich gerne im Kader gesehen hätten. Ich selbst war natürlich auch enttäuscht, aber ich hatte schon seit zwei Jahren kaum noch Kontakt zur Nationalmannschaft. Es wäre eher andersrum eine Riesenüberraschung gewesen, wenn man mich diesmal berücksichtigt hätte. Ich denke, das wichtigste für einen Fußballer muss aber ohnehin immer zunächst der Verein sein. Das ist unser Beruf und damit auch unsere erste Pflicht. Die Nationalmannschaft ist darüber hinaus ein Bonus. Dort hängt sehr vom jeweiligen Trainer ab, ob ihm dein Stil als Spieler auf dem Platz gefällt oder nicht. Damit muss man halt leben. Meine Nationalelf-Karriere scheint endgültig vorbei zu sein.

Ist Zinedine Zidane so etwas wie Dein fußballerisches Schicksal?
Nein, sehe ich nicht so! Es war super für mich, ihn spielen zu sehen und zu der Generation dieses außergewöhnlichen Spielers dazugehören zu dürfen – des besten Spielers der letzten zehn Jahre. Ich habe davon selbst sehr profitiert. Und ich habe Zinedine kennen gelernt, als er 17 war, und zu sehen, wie er sich entwickelt hat, das war auch für mich sehr hilfreich. Ich würde eher sagen, dass es großes Pech war, dass ich keinen Nationaltrainer vorgefunden habe, der uns zusammen spielen ließ. Einmal haben wir das probiert und danach leider nie wieder. Dass wir zur gleichen Generation gehören, wäre unter anderen Umständen eigentlich ein Gewinn gewesen. Oft wurde als Alibi für meine Nichtberücksichtigung in der Nationalelf angeführt, man könne Micoud nicht zusammen mit Zidane aufstellen. Ich denke aber, wenn Spieler wirklich gut sind und ihr Spiel beherrschen, dann können sie grundsätzlich gemeinsam für die Mannschaft spielen und sich ergänzen. Zinedine und ich hätten uns sicher nicht gegenseitig neutralisiert oder unserer Wirkung beraubt – im Gegenteil!

Wie lange möchtest Du noch Fußball spielen?
Also, ich stehe noch bis 2007 unter Vertrag. Ein weiteres Jahr spiele ich also schon mal auf jeden Fall. Ich habe mir kein Limit gesetzt. Solange es mit dem Körper stimmt, solange ich weiter fit bin, kann es weitergehen. Wichtig ist, dass ich auch mental weiterhin fit bin, denn nur wenn Körper und Kopf gut zusammenspielen, macht es Spaß. Und solange die Lust zu spielen noch da ist, werde ich sicher weitermachen. Keine Ahnung, wann genau Schluss sein wird.

Marco Bode hat mir übrigens mal gesagt, er habe eigentlich zu früh aufgehört, weil er dadurch verpasst hat, in seiner Karriere noch ein paar Pässe von Dir zu bekommen und von Deiner Spielweise profitieren zu können.
Das ist ein wunderschönes Kompliment, das mich sehr, sehr berührt! Ich habe Marco ein paar Mal getroffen und finde, dass das wirklich ein unglaublich netter Mensch ist. Er ist sehr unkompliziert, offen und zugänglich geblieben, was nicht die Regel ist, wenn jemand eine solche Superkarriere hinter sich hat. Ich mag solche Menschen, die sich nicht für etwas Wichtigeres halten, sondern bodenständig und supernett bleiben. Und er hat auch Recht: Es ist sehr schade, dass wir nie zusammen gespielt haben! Unsere Spielweisen hätten sich großartig ergänzt: Ich hätte die Pässe für ihn gehabt, und er hatte die Gabe, sich Freiräume zu verschaffen. Es sollte leider nicht sein, aber dieses Kompliment nehme ich wirklich mit großer Freude an!

Spielerlaufbahn:
1990–96 AS Cannes
1996–00 Girondins Bordeaux
2000–02 AC Parma
2002–06 Werder Bremen
2006– Girondins Bordeaux

Letztes Interview in Bremen: Joe Micoud während des Gespräches für dieses Buch im Café Ambiente an der Weser

2006/07: Per Anhalter zu Werder Deutschland

Oben v.l.:
Pasanen, Klasnic, Vranjes, Owomoyela, Borowski, Naldo, Mertesacker, F. Baumann, Almeida, Andreasen, Hunt
Mitte v.l.:
Sportdirektor Allofs, Trainer Schaaf, Co-Trainer Rolff, Co-Trainer Hönerbach, Torwart-Trainer Kraft, Wome, Klose, Zeugwart Behrens, Physiotherapeut Wolters, Physiotherapeut Lauerer, Mannschaftsarzt Dr. Dimanski und Zeugwart Kollra
Unten v.l.:
Fritz, Polenz, Mohr, C. Schulz, Vander, Reinke, Wiese, K. Jensen, Frings, Diego, D. Jensen, Zidan

Auch die schönste Bundesliga-Reise hat einmal ein Ende. Das ist im Falle dieses Buches nicht anders. Die Reise durch knapp 43 ½ Jahre Werder-Geschichte endet mit Helden, einem Neueinkauf, einem zähen Streit und ganz vielen Hoffnungen.

Die Saison 2006/07 ist unabhängig von ihrem Ausgang einmalig in Werders Geschichte. Denn zum ersten Mal überhaupt lernen Werders Fans das Gefühl kennen, als Meisterschaftsfavorit in eine Bundesligasaison zu gehen. Sicher, die Bayern sind auch noch da, und ihr Triumph im Sommer 2007 wäre nach wie vor weniger überraschend als eine erneute grün-weiße Jubelfeier auf dem Marktplatz. Aber ganz egal, wie diese Saison nun auch enden mag: Sie beschert uns Fans zunächst einmal dieses neue Gefühl: Wir sind verdammt gut, und vielleicht sind wir sogar die Besten im Land!

Um eines klarzustellen: Wir haben Werder nicht weniger lieb, wenn wir mal nicht die Besten sind. Genau das unterscheidet Werder Bremen wohltuend von manch anderer Bundesliga-Hochburg, wo bei Platz 3 die Krise beginnt. Aber die Identifikation mit dem eigenen Verein schenkt uns ein anderes Hochgefühl, wenn man das Gefühl vermittelt bekommt, dass rund um die eigene Lieblingsmannschaft verflucht gute Arbeit geleistet wird, auf die man selbst dann stolz sein kann und soll, wenn man sie »nur« als Fan in der Kurve bestaunen darf.

Und es darf gestaunt werden im Sommer 2006. Tim Borowski, Torsten Frings und allen voran Miro Klose kehren als Helden aus dem schwarz-rot-goldenen WM-Rausch in ihr Bremen zurück, wo es sofort neue Ziele anzupeilen gilt. Der Maestro Johan Micoud hat Werder nicht ganz leichten Herzens den Rücken gekehrt. Sein Nachfolger heißt vertrauterweise Diego, ist Brasilianer und kann diesen Umstand mit dem Ball am Fuß auch nur ganz schlecht verbergen.

Dass man außerdem mit Clemens Fritz von Bayer Leverkusen einen Bald-Nationalspieler, mit Pierre Wome von Inter Mailand einen international erprobten Haudegen und mit Hugo Almeida vom FC Porto einen der begehrtesten portugiesischen Nachwuchsstürmer verpflichten kann, fällt schon gar nicht mehr so sehr auf, obwohl jeder einzelne dieser drei Einkäufe vor zehn Jahren noch als absoluter Stareinkauf gefeiert worden wäre.

Werder anno 2006/07 ist so gut besetzt wie nie zuvor. Und wenn es nicht bei anderen Vereinen schon wiederholt fürchterlich nach hinten losgegangen wäre, könnte man gar vom »besten Werder-Kader aller Zeiten« reden, ohne groben Unfug zu plappern. Spätestens nach dem letzten Transfercoup würden diesen Satz auch diejenigen abnicken, die vorher noch die Augenbrauen hochgezogen haben. Denn nach den schon genannten Herren überzeugten Klaus Allofs und Thomas Schaaf mit Per Mertesacker den nächsten WM-Heroen davon, dass Fußball bei Werder einfach Spaß macht. Mertesacker hatte bei der WM die Fußballwelt durch die beste Zweikampfbilanz aller Spieler beeindruckt. Was die nackten Zahlen anging, so konnte Werder nun den besten Verteidiger (Mertesacker), den wohl besten Mittelfeldspieler (Frings) und den besten Stürmer (Klose) in die Wagschale werfen.

Und weil mit Tim Wiese noch einer der besten deutschen Torhüter hinzukam, der Leverkusener Fritz verblüffend gut einschlug, Eigengewächse wie Tim Borowski und Christian Schulz zu immer Höherem berufen scheinen, besitzt Werder eine der besten vorstellbaren Perspektiven. Wenn es nicht etwas zu geschwollen klingen würde, man könnte sich sogar zu der Aussage versteigen, Werder stelle im Jahr 2006/07 ein Vorbild für die ganze Liga dar. Ein finanziell gesunder Verein, der den Fans den bestmöglichen Fußball bieten möchte und neben Spielern aus dem eigenen Nachwuchs auch jeden anderen deutschen Profi über kurz oder lang zur Nationalmannschaftsreife führt. Das konnte vor allem im ersten Champions League-Heimspiel bewiesen werden, als Werder, mit neun deutschen Spielern in der Anfangsformation die weltbeste Formation überhaupt, den FC Barcelona phasenweise an die Wand spielte und nur durch viel Pech nicht gewann.

Resümieren wir also nun eine Saison, die man noch gar nicht resümieren kann: Eine Mannschaft, die sich riesengroßes Vertrauen verdient hat, steckt mitten in einer Spielzeit, deren weiterer Verlauf vor uns liegt wie eine prall gefüllte Wundertüte, deren Inhalt man noch nicht erahnen kann. Aber, Moment… schütteln wir mal … sie ist schwer! Sehr schwer!

Dieses Buch begann mit Pico Schütz, »Fischken« Multhaup, Baumwollhemden und Eintrittskarten zu zwei Mark, und es endet in diesem letzten Kapitel mit Diego und Thomas Schaaf, hochmodernen und kontrovers diskutierten Trikots Marke »Kappa« und dem Traum von einem hochmodernen, reinen Fußballstadion.

Es begann mit einem Vorwort, in dem der Autor Nick Hornby zitierte. Und Nick Hornby soll auch jetzt noch einmal helfen. Der erklärt uns nämlich in seinem Roman »Fever Pitch«, dass Fußball einen unschätzbaren Vorteil hat: Es geht immer alles wieder von vorne los! Wenn man das Pokal-Halbfinale im Januar verliert, darf man es im August wieder versuchen. Wenn man gegen Juventus Turin unglücklich aus der Champions League ausscheidet, kommt vielleicht sehr bald schon der FC Barcelona um die Ecke und ruft keck: »Los Werder, probiert es einfach noch mal!«

Dieses Buch lehrt uns, dass im Fußball alles irgendwann für irgendetwas gut sein kann. Und selbst die düsterste Zeit im Leben eines Fußball-Fans hat schöne Momente, die man nie

Einkäufe, von denen Werders Fans bis vor wenigen Jahren nur träumen konnten: Der brasilianische Zauberer Diego und Abwehr-Latte Per Mertesacker verstärken Werder 2006/07

Raum für Werder-Träume:

vergisst. Man muss nur sehr genau hinschauen und wird immer auch Perlen im manchmal morastigen Liga-Alltag entdecken können. Manchmal sind sie sehr klein, aber dennoch wunderschön. Und hinter vielen Türen mit der schwarzen Aufschrift »Enttäuschung« wartet schon der nächste grünweiße Triumph. Selbst die finstersten Werder-Zeiten hatten immer auch ihr Gutes. Man vergießt Tränen über den Bundesliga-Abstieg 1980, schüttelt sich kurz, und schon entdeckt man in einer trüben Zweitligasaison einen Mann namens Erwin Kostedde und dessen wunderbare Tore. Man grämt sich fürchterlich über den Verlust eines Ailton – und begrüßt als Nachfolger wenig später einen Mann namens Miro Klose. Und wenn Micoud nun partout gehen möchte, bitteschön. Nach ein paar zerdrückten Tränchen steht plötzlich Diego vor der Tür und möchte uns zurufen: »Wartet mal ab, ich bin auch ganz gut!«

Man ist schockiert über den Ausfall des eigenen Trainers Kuno Klötzer und bekommt als Krankheitsvertretung Otto Rehhagel vorgestellt, der nur vorübergehend aushelfen soll und dies dann volle vierzehn Jahre lang tut. Man ist deprimiert über miesen Fußball und Abstiegskampf unter Felix Magath und erkennt später, dass dieses Gemurkse erst den Boden bereitete für die Ära Schaaf/Allofs.

Fußball ist Veränderung. Dieses Buch beweist es auf knapp 600 Seiten. Und obwohl es eigentlich nicht vorhatte, uns irgendetwas zu lehren, lehrt es uns dies: Wo Werder ist, ist oben. Wenn nicht heute, dann morgen.

Der Vorgänger dieses Buches erschien im Winter 2003. Werder stand zum Zeitpunkt, da der Autor seine Tastatur ermattet zur Seite schob auf Platz 1 der Bundesliga, und am Ende gewann Werder das Double. Weil das todsicher ein gutes Omen ist und Träume selten schaden können, endet »Lebenslang grün-weiß« deshalb so, wie »Das W auf dem Trikot« vor drei Jahren endete: Mit Platz für Werder-Träume. Weil Werder inzwischen ein paar Schritte weiter ist, habe ich etwas mehr Platz gelassen.

Nie vergessen: Wir sind die Guten!

11
WERDER BREMEN

WERDER BREMEN 2006/07

Trainer

Schaaf, Thomas »Schabba«
Verantwortlicher Trainer

Tor

Wiese, Tim

Reinke, Andreas »Dicker«

Vander, Christian

Abwehr

Naldo, Ronaldo Aparecido Rodrig.

Mertesacker, Per

Fritz, Clemens

Mittelfeld

Baumann, Frank »Baumi«

Borowski, Tim »Boro«

Diego Ribas de Cunha

Angriff

Klose, Miroslav »Miro«

Klasnic, Ivan »Killer«

Hunt, Aaron

Erweiterter Kader

Werders Neuzugänge im Sommer 2006

Understatement war früher: Thomas Schaaf stellt der Presse zum Saisonstart die Hochkaräter Fritz, Diego und Wome vor. Almeida und Mertesacker kamen später nach

Wer kam?

Almeida (FC Porto/Portugal)
Diego (FC Porto/Portugal)
Fritz (Bayer Leverkusen)
Mertesacker (Hannover 96, w.d.S.)
Wome (Inter Mailand/Italien)
Zidan (FSV Mainz 05, war ausgeliehen)

w.d.S. = während der Saison

Wer ging?

Banecki (Eintracht Braunschweig, ausgeliehen)
Fahrenhorst (Hannover 96, w.d.S.)
Lagerblom (1. FC Köln)
Micoud (Girondins Bordeaux/Frankreich)
Stier (Bayern München II)
Valdez (Borussia Dortmund)
Van Damme (RSC Anderlecht/Belgien)

Der Sport-Verein »Werder« im Jahr 2006/07:

2006/07

Geschäftsführung:	Jürgen L Born (Vorsitzender, Finanzen und Öffentlichkeitsarbeit), Klaus Allofs (Profifußball), Manfred Müller (Marketing/ Management), Klaus-Dieter Fischer (Leistungszentrum Fußball und andere Sportarten)
Aufsichtsrat:	Willi Lemke (Vorsitzender), Dr. Hubertus Hess-Grunewald (Stellvertreter), Hans Schulz, Gunnar Lübben-Ratjen, Dr. Werner Brinker Günter Schulze
Mediendirektor:	Tino Polster
Pressesprecherin:	Marita Hanke
Vereinsärzte:	Dr. Götz Dimanski
Physiotherapeuten:	Holger Berger, Marc Fitschen, Stefan Wolters
Mitglieder:	23.5000
Kapazität Weser-Stadion:	42.500 überdachte Plätze, davon 10.100 Stehplätze und 2.090 VIP- und Logenplätze

Jensen, Kasper

Wome, Pierre

Schulz, Christian »Schulle«

Pasanen, Petri

Owomoyela, Patrick »Owo«

Andreasen, Leon

Mohr, Florian

Fahrenhorst, Frank »Fahne«

Frings, Torsten »Lutscher«

Jensen, Daniel

Vranjes, Jurica

Polenz, Jerome

Zidan, Mohammed

Almeida, Hugo

In Freundschaftsspielen eingesetzt:

Bischoff, Amaury (Mittelfeld)
Harnik, Martin (Angriff)
Mosquera, John Jairo (Angriff)
Peitz, Dominic (Mittelfeld)
Rockenbach da Silva, Thiago (Mittelfeld)
Theuerkauf, Norman (Abwehr)

Alle Spiele 2006/07

07.07.2006
Freundschaftsspiel
TuS Pewsum – Werder Bremen 0:5 (0:3)
Aufstellung: Wiese (46. Reinke) – Wome (46. Theuerkauf), Naldo (46. Andreasen), Fahrenhorst (46. Mohr), Owomoyela (46. Fritz) – F. Baumann (46. D. Jensen) , C. Schulz (46. Peitz), Diego (46. Bischoff), Hunt (46. Rockenbach da Silva) – Polenz (46. Mosquera), Zidan (46. Harnik)
Trainer: Schaaf
Tore: 0:1 Naldo (16.), 0:2 Fahrenhorst (26.), 0:3 Polenz (43.), 0:4 Rockenbach da Silva (68.), 0:5 Harnik (71.).
Zuschauer: 2.000 auf Norderney

10.07.2006
Freundschaftsspiel
VfL Germania Leer – W. Bremen 0:3 (0:3)
Aufstellung: Vander (46. K. Jensen) – Wome (46. Theuerkauf), Naldo (46. Mohr), Andreasen, Fritz (46. Owomoyela) – Schulz (46. Fahrenhorst), D. Jensen (46. Bischoff), Diego (46. Hunt), Rockenbach da Silva (46. Peitz) – Zidan (46. Polenz), Mosquera (46. Harnik, 77. Mosquera)
Trainer: Schaaf
Tore: 0:1 Zidan (8.), 0:2 Diego (35.), 0:3 Zidan (43.)
Besonderes Vorkommnis: Nach einer Verletzung des Nachwuchsstürmers Harnik wird der schon ausgewechselte Mosquera wieder eingewechselt.
Zuschauer: 4.800

Erster Titelgewinn der noch jungen Saison: Torsten Frings feiert den Ligapokal-Sieg gegen Bayern München

13.07.2006
Freundschaftsspiel
TSV Ottersberg – W.Bremen 0:10 (0:5)
Aufstellung: Vander – Theuerkauf (46. Wome), Fahrenhorst (46. Naldo), Andreasen (46. Mohr), Fritz (46. Owomoyela) – D. Jensen (46. Peitz), F. Baumann (46. C. Schulz), Rockenbach (46. Hunt), Diego (46. Bischoff) – Mosquera (46. Zidan), Almeida (46. Polenz)
Trainer: Schaaf
Tore: 0:1 D. Jensen (15.), 0:2 Almeida (16.), 0:3 Almeida (25.), 0:4 Diego (28.), 0:5 Diego (34. FE), 0:6 Naldo (65.), 0:7 Hunt (78.), 0:8 Naldo (83.), 0:9 Polenz (89.), 0:10 Zidan (90.)
Zuschauer: 3.000

16.07.2006
Freundschaftsspiel
Rot-Weiß Essen – W. Bremen 0:5 (0:2)
Aufstellung: Reinke (46. Wiese) – Wome, Naldo, Fahrenhorst, Fritz (46. Owomoyela) – C. Schulz (46. Vranjes), Hunt, D. Jensen (46. Andreasen), Diego – Klasnic (46. Almeida), Zidan (46. Mosquera)
Trainer: Schaaf
Tore: 0:1 Klasnic (4.), 0:2 Zidan (25.), 0:3 Almeida (48.), 0:4 Owomoyela (55.), 0:5 Andreasen (69.)
Zuschauer: 5.000

21.07.2006
Freundschaftsspiel
MK Ankaragücü – W. Bremen 0:2 (0:1)
Aufstellung: Wiese – C. Schulz, Naldo, Pasanen, Fritz – Diego, Rockenbach da Silva, Jensen, Andreasen – Mosquera, Zidan
Trainer: Schaaf
Tore: 0:1 Rockenbach da Silva (45.), 0:2 Naldo (62.)
Zuschauer: 800 in Schruns / Österreich

23.07.2006
Freundschaftsspiel
Olympiakos Piräus – W. Bremen 4:0 (1:0)
Aufstellung: Reinke – Owomoyela, Naldo, Fahrenhorst, Wome – Vranjes, Hunt (61. Bischoff), D. Jensen, Diego – Almeida, Klasnic (72. Polenz)
Trainer: Schaaf
Tore: 1:0 Kafes (19.), 2:0 Castillo (60.), 3:0 Rivaldo (62.), 4:0 Konstantinou (88.)
Zuschauer: 2.000 in Schruns / Österreich

26.07.2006
Freundschaftsspiel
1. FC Kaiserslautern – W. B. 4:0 (1:0)
Aufstellung: Vander – Fritz (46. Owomoyela), Fahrenhorst, Pasanen, C. Schulz – Diego (46. D. Jensen), Hunt (58. Vranjes), F. Baumann, Andreasen – Zidan (46. Klasnic), Mosquera (46. Almeida)
Trainer: Schaaf
Tore: 0:1 Andreasen (35.), 1:1 Pavlovic (47.), 2:1 Ouattara (65.) 3:1 Halfar (80.)
Zuschauer: 1.000 in Götzis / Österreich

28.07.2006
Freundschaftsspiel
W. B. – Girondins Bordeaux 0:1 (0:1)
Aufstellung: Wiese (46. Reinke) – Owomoyela (46. Fritz), Fahrenhorst (76. Pasanen), Naldo, Wome – F. Baumann, Vranjes, C. Schulz (64. Andreasen), D. Jensen – Zidan, Klasnic (46. Almeida)
Trainer: Schaaf
Tor: 0:1 Micoud (23.)
Zuschauer: 12.000 in Oldenburg

01.08.2006
Premiere-Ligapokal 2006, Halbfinale
W. B. – Hamburger SV 2:1 (0:0)
Aufstellung: Reinke – Fritz, Fahrenhorst, Naldo, Wome – Frings, F. Baumann – Diego (46. D. Jensen), Borowski (77. C. Schulz) – Klose (83. Klasnic), Zidan
Trainer: Schaaf
Tor: 1:0 (50.) Zidan, 1:1 (70.) Sanogo, 2:1 (82.) Frings
Besonderes Vorkommnis: Rote Karte für de Jong (HSV) wegen groben Foulspiels (76.).
Zuschauer: 27.000

05.08.2006
Premiere-Ligapokal 2006, Finale
W. B. – Bayern München 2:0 (1:0)
Aufstellung: Wiese – Owomoyela, Fahrenhorst, Naldo, Wome – C. Schulz (81. Vranjes), Frings, Diego, D. Jensen (77. Andreasen) – Klose (59. Hunt), Klasnic
Trainer: Schaaf
Tor: 1:0 Klasnic (29.), 2:0 Klasnic (66.)
Zuschauer: 45.000 in Leipzig

13.08.2006
Bundesliga, 1. Spieltag
Hannover 96 – Werder Bremen 2:4 (1:1)
Aufstellung: Wiese – Fritz, Pasanen, Naldo, Wome – Frings, Borowski (59. D. Jensen), F. Baumann (71. Hunt), Diego – Klose, Klasnic (76. Almeida)
Trainer: Schaaf
Tore: 0:1 Diego (19.), 1:1 Stajner (39.), 2:1 Hashemian (66.), 2:2 Almeida (79.), 2:3 Klose (85.), 2:4 D. Jensen (90. + 2)
Besonderes Vorkommnis: Borowski scheitert mit FE an Torwart Enke (Hannover) (43.)
Zuschauer: 49.000

19.08.2006
Bundesliga, 2. Spieltag
W. Bremen – Bayer Leverkusen 2:1 (1:1)
Aufstellung: Wiese – Fritz, Andreasen (56. Jensen), Pasanen, Womé – F. Baumann (72. Schulz) – Frings, Borowski – Diego – Klose, Klasnic (46. Almeida)
Trainer: Schaaf
Tore: 0:1 Freier (15. FE), 1:1 Klose (26.), 2:1 Almeida (77.)
Zuschauer: 39.600 Zuschauer

Die Spiele-Chronik dieses Buches endet mit dem Bundesliga-Heimstpiel gegen Mönchengladbach. Christian Schulz spielte in diesem Spiel groß auf und erzielte das 2:0 (Endstand 3:0)

25.08.2006
Bundesliga, 3. Spieltag
FC Schalke 04 – Werder Bremen 2:0 (1:0)
Aufstellung: Wiese – Fritz, Pasanen (56. Hunt), Naldo, Wome (56. C. Schulz) – Frings, Borowski, F. Baumann (71. Zidan), Diego – Klose, Almeida
Trainer: Schaaf
Tore: 1:0 Kuranyi (7.), 2:0 Hamit Altintop (72.)
Zuschauer: 61.482

09.09.2006
DFB-Pokal, 1. Runde
FK Pirmasens – W. B. 5:3 n.E. (0:0; 1:1; 1:1)
Aufstellung: Reinke – Wome, Naldo, Pasanen, Owomoyela – C. Schulz (77. Almeida), F. Baumann, D. Jensen (68. Hunt), Diego – Klose, Zidan (71. Klasnic)
Trainer: Schaaf
Tore: 1:0 Reich (64.), 1:1 Klasnic (83.)
Elfmeterschießen: 1:0 Hildebrandt, Klasnic scheitert am Torhüter, Schaufler schießt neben das Tor, 1:1 Pasanen, 2:1 Reich, Almeida scheitert am Torhüter, 3:1 Zellner, 3:2 Wome, 4:2 Carvalho
Zuschauer: 10.000
Besonderes Vorkommnis: Gelb-rote Karte für Frank Baumann (Werder) wegen Foulspiels (108.).

12.09.2006
Champions League, Gruppe A, 1. Spieltag
FC Chelsea – Werder Bremen 2:0 (1:0)
Aufstellung: Reinke – Fritz, Pasanen, Naldo, Wome – F. Baumann (86. Zidan) – Frings, Borowski – Diego – Klose, Klasnic (66. Almeida)
Trainer: Schaaf
Tore: 1:0 Essien (24.), 2:0 Ballack (68. FE)
Zuschauer: 32.135

16.09.2006
Bundesliga, 4. Spieltag
Werder Bremen – VfB Stuttgart 2:3 (2:1)
Aufstellung: Wiese – Fritz, Pasanen (62. Hunt), Naldo, Wome (80. Owomoyela) – F. Baumann – Frings, Borowski (75. C. Schulz) – Diego – Zidan, Almeida
Trainer: Schaaf
Tore: 1:0 Hilbert (4. ET), 2:0 Zidan (33.), 2:1 Hilbert (38.), 2:2 (58.) Pardo, 2:3 (87.) Gomez
Zuschauer: 40.000

19.09.2006
Freundschaftsspiel
VSK Osterholz-Scharmbeck – W. B. 0:9 (0:8)
Aufstellung: Reinke (46. Vander) – Naldo (65. Borowski), Owomoyela, Schulz, Mertesacker – Diego (46. Wome), Vranjes, Hunt (71. Baumann), Andreasen – Almeida, Zidan (71. Harnik)
Trainer: Schaaf
Tore: 0:1 Naldo (4.), 0:2 Diego (13.), 0:3 Naldo (20.), 0:4 Zidan (22.), 0:5 Zidan (27.), 0:6 Zidan (34.), 0:7 Almeida (39.), 0:8 Zidan (41.), 0:9 Naldo (61.)
Zuschauer: 4.200
Besonderes Vorkommnis: Reinke hält FE von Jaekel (VSK, 64.)

23.09.2006
Bundesliga, 5. Spieltag
Hamburger SV – Werder Bremen 1:1 (0:0)
Aufstellung: Wiese – Fritz, Pasanen, Naldo, Wome (46. Schulz) – F. Baumann, Frings, Borowski, Diego (76. Hunt) – Zidan, Almeida (68. Klasnic)
Trainer: Schaaf
Tore: 0:1 Borowski (58.), 1:1 Reinhardt (68.)
Zuschauer: 57.000
Besonderes Vorkommnis: Rote Karte für Mahdavikia (HSV) wegen groben Foulspiels (74.)

27.09.2006
Champions League, Gruppe A, 2. Spieltag
Werder Bremen – FC Barcelona 1:1 (0:0)
Aufstellung: Wiese – Fritz, Mertesacker, Naldo, Schulz – Baumann – Frings, Borowski – Diego – Klose (90. Klasnic), Hunt (90. Owomoyela)
Trainer: Schaaf
Tore: 1:0 Puyol (56. ET), 1:1 Messi (89.)
Zuschauer: 37.500

30.09.2006
Bundesliga, 6. Spieltag
W. B. – Borussia M'gladbach 3:0 (3:0)
Aufstellung: Wiese – Fritz, Mertesacker, Naldo, Wome – Baumann (34. D. Jensen) – Frings, C. Schulz – Diego – Klose (67. Klasnic), Hunt (71. Zidan)
Trainer: Schaaf
Tore: 1:0 Hunt (33.), 2:0 Schulz (35.), 3:0 Diego (38.)
Zuschauer: 41.000

Das Super-Werder-Spielerregister 1963–2006

Name	Land	geboren	BL-Spiele	Tore	Pokalspiele	Tore	EC-Spiele	Tore	Sonst.*	Tore	FS-Spiele	Tore	Sp. Ges.	Tore	Im Kader von	erstes Spiel	letztes Spiel	kam von	wechselte zu	gestor
Ackerschott, Carsten	D	24.04.1946	0	0	0	0	0	0	0	0	2	0	2	0		14.08.1966	28.05.1967	eigene Jugend	W. B. Amateure	
Ackerschott, R. †	D	10.12.1921	0	0	0	0	0	0	0	0	1	0	1	0		28.05.1967	28.05.1967	Reaktiviert	Karriereende	21.03.2
Ailton	BRA	19.07.1973	169	88	20	12	16	4	9	2	89	83	303	189	10.98–06.04	11.10.1998	29.05.2004	T. Monterrey (MEX)	Schalke 04	
Albayrak, Erhan	TUR	05.04.1977	2	0	0	0	1	0	0	0	9	11	12	11		27.07.1995	24.05.1996	Hamburger SV	Kocaelispor (Türkei)	
Allhorn, Heinz	D	23.01.1952	0	0	0	0	0	0	1	0	12	0	13	0	07.71–06.73	18.06.1971	08.04.1973	eigene Jugend	Polizei SV Bremen	
Allofs, Klaus	D	05.12.1956	78	18	14	7	10	2	4	1	27	13	133	41	07.90–06.93	01.08.1990	05.06.1993	Gir. Bordeaux (FRA)	Karriereende	
Andreasen, Leon	DEN	23.04.1983	18	0	3	0	4	0	1	0	11	0	37	0	07.05–	05.07.2005		Aarhus GF		
Aslund, Sanny	SWE	29.08.1952	19	4	0	0	0	0	0	0	19	9	38	13	08.75–06.76	09.08.1975	17.06.1976	Esp. Barcelona (ESP)	AIK Solna (SWE)	
Assauer, Rudolf	D	30.04.1944	188	4	28	2	0	0	4	0	151	24	371	30	07.70–06.76	27.06.1970	17.06.1976	Borussia Dortmund	Karriereende	
Aydin, Erhan	TUR	13.02.1981	0	0	0	0	0	0	0	0	2	0	2	0		25.03.2003	29.05.2003	Tennis Borussia	SC Verl	
Baiano, Junior	BRA	14.03.1970	32	2	4	0	5	0	3	0	23	5	67	7	07.95–08.96	14.07.1995	11.08.1996	FC Sao Paulo (BRA)	F. Rio de Janeiro (BRA)	
Banecki, Francis	D	17.07.1985	2	0	0	0	1	0	0	0	12	0	15	0		26.08.2003	12.07.2005	Tennis Borussia	Eintr. Braunschweig	
Banovic, Ivica	KRO	02.08.1980	52	2	4	1	2	0	5	0	56	32	119	35	07.00–06.04	05.07.2000	28.01.2004	NK Zagreb (CRO)	1. FC Nürnberg	
Bargfrede, H.-J.	D	10.03.1959	0	0	0	0	0	0	2	0	11	4	13	4	–06.81	12.05.1978	29.07.1980	TuS Heeslingen	FC St. Pauli	
Barten, Mike	D	20.11.1973	34	0	2	0	6	0	2	0	71	3	115	3	–06.03	31.07.1995	28.05.2003	VfB Lübeck	SC Weyhe	
Basler, Mario	D	18.12.1968	92	36	9	1	18	7	2	0	30	13	151	57	07.93–06.96	07.07.1993	18.05.1996	Hertha BSC	FC Bayern München	
Baumann, Carsten	D	07.10.1946	21	3	3	0	0	0	6	1	32	12	62	16	07.66–06.67	31.07.1966	28.05.1967	eigene Jugend	VfL Osnabrück	
Baumann, Carsten															07.71–12.72	27.07.1971	02.12.1972	VfL Osnabrück	Hessen Kassel	
Baumann, Frank	D	29.10.1975	193	13	24	0	33	4	11	0	70	1	331	18	07.99–	07.07.1999		1. FC Nürnberg		
Beckert, Stefan	D	03.05.1982	0	0	0	0	0	0	0	0	3	0	3	0		05.03.2002	29.05.2003	FC Carl Zeiss Jena	unbekannt	
Behrens, Uwe	D	10.04.1959	22	5	0	0	0	0	4	2	29	28	55	35	–06.82	16.02.1980	04.06.1982	TuS Heiligenfelde	Arminia Hannover	
Beiersdorfer, Dietmar	D	16.11.1963	64	6	10	2	14	0	2	0	36	6	126	14	07.92–12.95	04.07.1992	09.12.1995	Hamburger SV	1. FC Köln	
Benken, Sven	D	20.04.1970	29	0	5	0	2	0	10	0	43	8	89	8	07.97–09.99	28.06.1997	04.09.1999	Energie Cottbus	Hansa Rostock	
Bernard, Günter	D	04.11.1939	287	0	25	0	4	0	9	0	179	8	504	8	07.63–06.74	27.07.1963	08.06.1974	Schweinfurt 05	Atlas Delmenhorst	
Bestchastnykh, W.	RUS	01.04.1974	56	11	5	6	5	2	3	1	35	19	104	39	07.94–08.96	09.07.1994	24.08.1996	Spar. Moskau (RUS)	Racing Santander (ESP)	
Bester, Marinus	D	16.01.1969	15	0	1	0	3	1	0	0	14	14	33	15	–06.92	18.03.1991	28.04.1992	FC Süderelbe	Hamburger SV	
Bester, Marinus																23.01.1994	17.06.1995	Schalke 04	Concordia Hamburg	
Bischoff, Amaury	Frau	31.03.1987	0	0	0	0	0	0	0	0	3	0	3	0		15.11.2005		Ra. Straßburg (FRA)		
Björnmose, Ole †	DEN	07.05.1944	137	21	9	1	0	0	12	3	111	72	269	97	07.66–06.71	30.07.1966	24.06.1971	Odense BK (DAN)	Hamburger SV	05.09.2
Blank, Stefan	D	10.03.1977	1	0	0	0	0	0	2	0	24	6	27	6	07.01–01.03	27.06.2001	13.01.2003	VfB Stuttgart	FC St. Pauli	
Bockenfeld, Manfred	D	23.07.1960	94	2	14	2	21	2	2	0	66	18	197	24	07.89–06.94	13.07.1989	21.05.1994	SV W. Mannheim	1. FC Bocholt	
Bode, Marco	D	23.07.1969	379	101	42	10	56	18	18	5	150	95	645	229	–06.02	14.07.1989	04.05.2002	VfR Osterode	Karriereende	
Boelsen, Volker	D	24.08.1944	0	0	0	0	0	0	0	0	1	0	1	0	07.63–06.65	15.08.1963	15.08.1963	eigene Jugend	Bergedorf 85	
Bogdanovic, Rade	JUG	21.05.1970	56	15	7	1	9	3	2	0	65	55	139	74	10.98–06.02	03.10.1998	12.05.2002	Atl. Madrid (ESP)	Arminia Bielefeld	
Böhm, Lothar	D	18.02.1956	1	0	0	0	0	0	0	0	2	1	3	1		26.05.1984	08.06.1984	Bremer SV	Blumenthaler SV	
Böhnke, Michael	D	13.12.1959	27	1	3	0	4	0	5	1	29	11	68	13	–06.84	26.05.1981	30.05.1984	TSV Osterholz-Ten.	1. FC Bocholt	
Borchardt, Stephan	D	06.03.1973	0	0	0	0	0	0	0	0	2	2	2	2		11.11.1997	08.02.1998	Rotenburger SV	FC Bremerhaven	
Bordel, Wolfgang	D	27.12.1939	18	0	2	0	2	0	0	0	54	3	76	3	07.63–06.67	15.08.1963	03.06.1967	eigene Jugend	Phönix Lübeck	
Borel, Pascal	D	26.09.1978	32	0	4	0	4	0	2	0	55	0	97	0	–06.05	08.07.1998	09.05.2005	SV W. Mannheim	LR Ahlen	
Borowka, Ulrich	D	19.05.1962	239	8	38	1	44	1	7	0	112	25	440	35	07.87–02.96	08.07.1987	10.02.1996	Bor. M`gladbach	Tasmania 73 Berlin	
Borowski, Tim	D	02.05.1980	130	19	19	9	17	5	7	0	78	15	251	48		26.05.2000		FC Neubrandenb.		
Bracht, Uwe	D	10.07.1953	309	26	31	6	4	0	28	3	225	84	597	119	–06.84	11.05.1972	14.10.1983	ATS Buntentor	Sportinvalide	
Brand, Christian	D	23.05.1972	59	4	5	1	0	0	9	1	47	12	120	18	–06.99	22.06.1996	05.06.1999	FC Bremerhaven	VfL Wolfsburg	
Brasas, Stefan	D	31.08.1967	6	0	0	0	2	0	0	0	46	0	54	0	07.98–06.01	02.07.1998	27.05.2001	SV Meppen	MSV Duisburg	
Bratseth, Rune	NOR	19.03.1961	230	12	40	4	46	4	3	0	74	13	393	33	01.87–06.94	17.01.1987	10.03.1995	R. Trondheim (NOR)	Karriereende	
Brexendorf, Bernd	D	21.10.1954	11	0	3	0	0	0	0	0	46	14	60	14	07.73–06.75	20.07.1973	10.06.1975	Bremerhaven 93	Jahn Regensburg	
Brückner, Daniel	D	14.02.1981	0	0	0	0	0	0	0	0	6	2	6	2		06.07.2004	17.07.2004	HEBC Hamburg	Rot-Weiß Erfurt	
Bünting, Horst	D	01.10.1949	0	0	0	0	0	0	0	0	1	0	1	0	07.68–06.69	25.09.1968	25.09.1968	G. Wilhelmshaven	Sportinvalide	
Burdenski, Dieter	D	26.11.1950	479	1	0	0	16	0	35	0	252	3	782	4	07.72–06.88	03.07.1972	26.07.1988	Arminia Bielefeld	Karriereende	
Burgsmüller, M.	D	22.12.1949	115	34	12	6	14	3	1	1	78	66	220	110	11.85–06.90	19.11.1985	19.05.1990	RW Oberhausen	Karriereende	
Burton, Mark	NZ	18.05.1974	0	0	0	0	0	0	0	0	2	0	2	0		30.05.1995	03.06.1995	Miramar Rangers	VfL Osnabrück	
Cardoso, Rodolfo E.	ARG	17.10.1968	32	2	2	1	4	1	3	0	20	15	61	19	07.95–10.96	14.07.1995	05.10.1996	SC Freiburg	Hamburger SV	
Cesar, Julio	BRA	08.03.1963	12	0	2	0	6	0	0	0	4	0	24	0	08.99–	24.08.1999	08.02.2000	Pan. Athen (GRE)	Karriereende	
Chanko, Jacek	PL	25.01.1974	0	0	0	0	2	0	0	0	17	2	19	2	07.99–06.00	07.07.1999	29.05.2000	St. Olsztyn (POL)	Pogon Stettin (POL)	
Charisteas, Angelos	GR	09.02.1980	66	18	11	6	9	3	5	1	25	15	116	43	07.02–12.04	05.07.2002	11.12.2004	Aris Saloniki (GRE)	Ajax Amsterdam (NL)	
Conrad, Rolf	D	30.10.1953	0	0	0	0	0	0	0	0	1	0	1	0		15.06.1973	15.06.1973	Bremer SV	Bremer SV	
Coordes, Egon	D	13.07.1944	50	1	4	0	0	0	0	0	49	8	103	9	07.69–06.71	26.07.1969	24.06.1971	Bremerhaven 93	VfB Stuttgart	
Dabrowski, Christoph	D	01.07.1978	49	3	6	1	6	1	1	0	53	12	115	17	–06.01	20.05.1996	27.05.2001	Hertha BSC	Arminia Bielefeld	
Damme, Jelle Van	B	10.10.1983	8	1	1	0	1	0	0	0	11	1	21	2	07.05–06.06	05.07.2005	13.05.2006	FC Southamp. (ENG)	RSC Anderlecht (BEL)	
Danielsen, John	DEN	13.07.1939	131	17	7	1	2	2	12	1	108	28	260	49	07.65–06.70	24.07.1965	10.06.1970	Odense BK (DAN)	FC Chiasso (SUI)	
Daras, Dimitrios	GR	21.04.1956	4	0	0	0	0	0	3	1	29	11	36	12		24.04.1976	25.04.1979	Olympiakos Bremen	Atlas Delmenhorst	
Daun, Markus	D	10.09.1980	33	3	4	1	2	0	2	0	23	19	64	23	07.02–	05.07.2002	15.05.2004	Alemannia Aachen	1. FC Nürnberg	
Dausmann, Hugo	D	12.09.1942	14	5	1	2	0	0	0	0	13	11	28	18	07.65–06.66	24.07.1965	05.06.1966	FK Pirmasens	FK Pirmasens	
Davala, Ümit	TUR	30.07.1973	33	0	7	0	3	0	3	0	16	1	62	1	07.03–	06.08.2003	10.08.2005	Gal. Istanbul (TUR)	Karriereende	
Deering, Chad	USA	02.09.1970	0	0	0	0	0	0	0	0	1	0	1	0		20.05.1992	20.05.1992	Univ. Dallas (USA)	Schalke 04	
Deterding, Eckhard	D	13.04.1948	16	1	1	0	0	0	0	0	32	27	49	28	07.69–06.71	26.07.1969	27.06.1971	Bremerhaven 93	Olympia W`haven	
Dietrich, Peter	D	06.03.1944	82	7	6	0	0	0	3	1	42	9	133	17	07.71–06.76	27.07.1971	24.04.1976	Bor. M´gladbach	Westend Frankfurt	
Dietrich, Stefan	D	14.12.1956	0	0	0	0	0	0	0	0	0	0	0	0				Holstein Kiel	Holstein Kiel	
Diouf, Dame	SEN	31.03.1978	0	0	0	0	0	0	0	0	1	1	1	1		15.08.2000	15.08.2000	SV Wilhelmshaven	Hannover 96	
Dogu, Ersan	TUR	20.04.1972	5	0	0	0	0	0	0	0	3	0	8	0		14.10.1995	12.03.1996	FC Oberneuland	Gal. Istanbul (TUR)	
Dörner, Hans-Jürgen	D	25.01.1951	0	0	0	0	0	0	0	0	4	2	4	2		20.05.1996	23.05.1996	Reaktiviert	Karriereende	
Dreßel, Werner	D	30.08.1958	94	20	10	3	0	0	11	3	51	17	166	43	07.77–06.80	16.07.1977	31.05.1980	1. FC Nürnberg	Hamburger SV	
Dreyer, Uwe	D	14.08.1952	2	0	0	0	0	0	0	0	32	8	34	8	07.73–06.74	20.07.1973	08.06.1974	VfL Stade	BU Hamburg	
Dudjahn, Horst †	D	06.05.1939	0	0	1	0	0	0	0	0	7	0	8	0	07.63–06.65	20.07.1963	07.02.1965	VSK OHZ	VSK OHZ	16.09.19
Düsseldorf, Oliver	D	10.03.1966	0	0	0	0	0	0	0	0	1	0	1	0		28.04.1985	28.04.1985	TuRa Bremen	Blumenthaler SV	
Eickhoff, Torsten	D	23.08.1962	0	0	0	0	0	0	0	0	2	0	2	0		23.04.1983	06.09.1983	TV Falkenberg	Hummelsbütteler SV	
Eilts, Dieter	D	13.12.1964	390	7	50	3	53	4	22	1	189	27	704	42		06.07.1985	12.01.2002	SV Hage	Karriereende	
Erkenbrecher, Uwe	D	14.11.1954	24	1	5	3	0	0	0	0	53	16	82	20	07.73–06.75	21.02.1973	16.05.1975	Bremer SV	Wattenscheid 09	
Ernst, Fabian	D	30.05.1979	152	11	18	0	18	1	7	0	62	4	257	16	07.00–06.05	05.07.2000	21.05.2005	Hamburger SV	Schalke 04	
Faber, Ralf	D	12.09.1948	1	0	0	0	0	0	0	0	10	0	11	0	07.68–06.69	25.09.1968	18.06.1969	Düren 99	Düren 99	
Fahrenhorst, Frank	D	24.09.1977	39	1	4	0	8	0	3	0	28	2	82	3	07.04–	09.07.2004		VfL Bochum		
Fehrmann, Ralf	D	09.06.1963	0	0	0	0	0	0	0	0	1	0	1	0		23.04.1983	23.04.1983	FSC Eisbergen	TSV Verden	
Feldhaus, Wilfried	D	23.08.1954	4	0	0	0	0	0	1	0	7	2	12	2		25.04.1979	25.05.1982	TSV Verden	TSV Verden	
Ferner, Diethelm	D	13.07.1941	188	20	14	2	4	1	12	0	115	47	333	70	07.63–06.69	31.07.1963	25.06.1969	VfB Bottrop	Rot-Weiß Essen	
Fichtel, Klaus	D	19.11.1944	117	0	14	1	6	0	20	0	66	0	223	1	07.80–06.84	05.07.1980	08.06.1984	Schalke 04	Schalke 04	
Fischer, Andreas	D	08.07.1966	0	0	0	0	0	0	0	0	1	0	1	0		18.03.1991	18.03.1991	TSV OHZ-Tenever	TSV OHZ-Tenever	
Flo, Håvard	NOR	04.04.1970	55	5	5	1	4	1	6	2	25	20	95	29	10.96–12.98	15.10.1996	08.12.1998	Aarhus GF (DAN)	Wolverh. Wand. (ENG)	
Flock, Dirk	D	23.05.1972	31	1	3	0	3	0	1	0	45	7	83	8	08.98–10.00	21.08.1998	08.10.2000	FC Gütersloh	Arminia Bielefeld	
Frank, Bernd	D	12.08.1951	0	0	0	0	0	0	0	0	1	0	1	0		11.06.1972	11.06.1972	eigene Jugend	Bremerhaven 93	
Frese, Robert	D	26.10.1961	1	0	0	0	0	0	0	0	1	0	2	0		14.11.1981	18.11.1981	Eintracht Nordhorn	Weiße Elf Nordhorn	
Freund, Oliver	D	15.04.1970	1	0	0	0	0	0	0	0	7	0	8	0	–06.91	11.07.1990	27.04.1991	FV Lörrach	Hannover 96	
Frey, Dennis	D	09.12.1975	0	0	0	0	0	0	0	0	1	0	1	0		18.02.1998	18.02.1998	Leher TS	Sportfreunde Siegen	
Frey, Dieter	D	31.10.1972	30	3	4	1	0	0	12	2	40	10	86	16	07.97–06.01	24.06.1997	27.05.2001	SC Freiburg	1. FC Nürnberg	
Friedrich, Manuel	D	13.09.1979	1	0	0	0	0	0	0	0	23	2	24	2	07.02–07.04	05.07.2002	17.01.2004	FSV Mainz 05	FSV Mainz 05	
Friedrich, Manuel																06.07.2004	16.07.2004	FSV Mainz 05	FSV Mainz 05	
Frings, Torsten	D	22.11.1976	190	18	17	4	28	1	17	3	86	34	338	60	02.97–06.02	08.02.1997	04.05.2002	Alemannia Aachen	Borussia Dortmund	
Frings, Torsten															07.05–	18.07.2005		FC Bayern München		
Funk, Klaus	D	21.02.1954	3	0	0	0	0	0	4	0	56	3	63	3	1.82–06.86	03.01.1982	11.04.1986	Eintracht Frankfurt	Hertha BSC	
Fütterer, Danny	D	28.08.1975	1	0	0	0	0	0	0	0	6	0	7	0		25.11.1997	19.09.2000	SC Weyhe	VSK OHZ-Scharmbeck	
Geils, Karlheinz	D	20.05.1955	132	2	14	0	0	0	9	0	84	4	239	6	–06.80	21.02.1973	31.05.1980	TuSG Ritterhude	Arminia Bielefeld	
Gerling, Hans-Georg	D	12.01.1943	0	0	0	0	0	0	0	0	0	0	0	0	07.67–06.68	–	–	VfL Oldenburg	BBV Union Bremen	
Glowacz, Jürgen	D	30.09.1952	17	3	2	0	0	0	0	0	3	1	22	4	11.77–06.78	05.11.1977	25.04.1978	1. FC Köln	1. FC Köln	
Goldschmidt, Bernd	D	24.04.1970	0	0	0	0	0	0	0	0	2	0	2	0		10.10.1993	16.07.1994	TSV Osterholz-Ten.	Rotenburger SV	
Görts, Werner	D	15.01.1942	363	73	45	14	0	0	12	5	238	81	658	173	07.66–06.78	30.07.1966	22.04.1978	Bor. Neunkirchen	Karriereende	
Götz, Willi	D	20.09.1947	12	0	2	0	0	0	0	0	29	19	43	19	07.70–06.72	16.05.1970	28.06.1972	SV Baden	Hannover 96	
Gruber, Rigobert	D	14.05.1961	89	12	11	4	9	1	17	1	51	24	177	42	07.81–06.86	04.07.1981	01.05.1984	Eintracht Frankfurt	Sportinvalide	
Gundelach, H.-J.	D	29.11.1963	9	0	1	0	2	0	1	0	46	1	59	1	07.92–06.97	04.07.1992	09.07.1996	FC Homburg	Karriereende	
Haak, Peter	D	06.08.1947	3	0	1	0	0	0	0	0	19	0	23	0	07.71–06.72	27.07.1971	24.06.1972	Bremerhaven 93	RW Braunschweig	
Habryka, Michael	D	06.04.1982	0	0	0	0	0	0	0	0	1	1	1	1		09.05.2005	09.05.2005	TSV Havelse	1.FC Magdeburg	
Hänel, Klaus	D	23.02.1936	68	12	11	1	2	0	5	0	71	17	157	30	07.63–06.68	15.08.1963	21.05.1968	TuS Bremen-Neu.	Karriereende	
Hanses, Christoph	D	06.10.1964	4	0	1	0	1	0	0	0	25	5	31	5	–06.90	02.06.1984	17.02.1990	TSV Dörverden	SV Meppen	
Harnik, Martin	AUT	10.06.1987	0	0	0	0	0	0	0	0	1	1	1	1		25.04.2006	25.04.2006	SC V. M.		
Harttgen, Uwe	D	06.07.1964	82	15	15	3	6	0	2	0	65	41	170	59	–06.94	07.07.1988	21.05.1994	FC Mahndorf	Hannover 96	
Harttgen, Uwe															–06.01	01.09.1997	18.02.1998	Hannover 96	FC Oberneuland	
Hasebrink, H.-D.	D	28.08.1941	114	16	18	10	0	0	4	1	102	53	238	80	07.69–06.73	26.07.1969	24.06.1973	1. FC Kaiserslautern	TuS Vahr	
Haskamp, Helmut	D	23.08.1956	0	0	0	0	0	0	0	0	2	0	2	0		01.08.1977	30.06.1978	Blau-Weiß Lohne	TSV Verden	
Haskamp, Martin	D	11.09.1958	12	0	1	0	1	0	2	0	33	4	49	4	–06.83	09.06.1979	19.02.1983	Blau-Weiß Lohne	VfB Oldenburg	
Heidenreich, Florian	D	30.06.1981	0	0	0	0	0	0	0	0	5	0	5	0		05.03.2002	14.07.2004	R-W Maaslingen	VfL Osnabrück	

Stand: 1. Juli 2006

	Land	geboren	BL-Spiele	Tore	Pokal-spiele	Tore	EC-Spiele	Tore	Sonst.*	Tore	FS-Spiele	Tore	Sp. Ges.	Tore	Im Kader von	erstes Spiel	letztes Spiel	kam von	wechselte zu	gestorben
ann, Günter	D	05.12.1960	231	8	37	3	33	2	8	0	117	34	426	47	–10.92	11.12.1982	03.10.1992	BSV Rehburg	Wattenscheid 09	
g, Andreas	A	10.09.1968	236	58	23	4	32	5	16	6	110	54	417	127	07.92–06.95	04.07.1992	17.06.1995	Rapid Wien (AUT)	FC Bayern München	
g, Andreas															07.96–10.01	22.06.1996	20.10.2001	Bayern München	Rapid Wien (AUT)	
Franz	D	22.10.1950	162	4	14	0	0	0	9	0	113	18	298	22	10.74–06.80	04.10.1974	31.05.1980	FC Elche (ESP)	Nordstern Basel (SUI)	
ch, Bernd	D	07.05.1968	106	33	9	1	13	9	8	2	70	44	206	89	01.93–06.97	12.01.1993	28.06.1997	VfB Leipzig	Stade Rennes (Frau)	
ges, Horst-Dieter	D	10.09.1943	420	55	43	11	4	2	14	5	220	65	701	138	07.64–06.78	29.07.1964	04.12.1979	Bor. M`gladbach	SC Oberbecksen	
r, Norbert	D	17.10.1942	1	0	0	0	0	0	0	0	0	0	1	0		28.03.1970	28.03.1970	Hastedter TSV	TSV Osterholz-Tenever	
ng, Carsten	D	12.08.1967	0	0	0	0	0	0	0	0	0	0	0	0				SC Borgfeld	TSV Osterholz-Tenever	
Aaron	D	04.09.1986	17	1	5	2	7	0	1	0	11	7	41	10		10.10.2003		Goslarer SC 08		
ragomir †	JUG	16.08.1925	4	0	0	0	0	0	0	0	3	0	7	0	10.63–06.64	05.10.1963	18.01.1964	Reaktiviert	Karriereende	18.06.2004
Joseph Di	I	08.04.1982	0	0	0	0	0	0	0	0	0	0	0	0				S. Geor. Cross (AUS)	S. George Cross (AUS)	
l, Valérien	F	28.09.1975	64	8	11	3	7	2	6	1	29	8	117	22	07.03–06.05	04.07.2003	21.05.2005	R.. Straßburg (FRA)	FC Bayern München	
l, Peer	D	21.06.1982	0	0	0	0	0	0	0	0	2	0	2	0		27.05.2003	28.05.2003	TSV Lesum	VSK OHZ-Scharmbeck	
ski, Helmut †	D	13.03.1934	64	0	7	0	0	0	0	0	58	2	129	2	07.63–06.67	20.07.1963	03.06.1967	Schalke 04	Karriereende	25.12.2002
Klaus	D	23.11.1952	25	0	5	0	0	0	6	0	21	15	57	15	07.80–11.81	05.07.1980	22.11.1981	VfB Stuttgart	S. China Athletic (HKG)	
ob, Jens	D	19.10.1968	0	0	0	0	0	0	0	0	8	1	8	1		15.07.1997	29.05.1998	Kickers Emden	VfB Leipzig	
n, Daniel	DEN	25.06.1979	48	1	6	3	7	1	0	0	15	6	76	11		23.10.2004		Real Murcia (ESP)		
n, Kasper	DEN	07.10.1982	0	0	0	0	0	0	0	0	2	0	2	0		09.07.2005		Aalborg BK (DAN)		
Erwin	D	04.03.1941	5	1	1	0	0	0	0	0	9	8	15	9	07.63–06.65	27.09.1963	23.05.1965	RW Braunschweig	VfB Oldenburg	
n, Michael	D	12.09.1973	0	0	0	0	0	0	0	0	4	0	4	0		14.07.2000	19.07.2000	Arminia Hannover	Kickers Emden	
n, Michael																16.07.2002	15.01.2003	Preußen Münster		
n, Deniz	D	31.05.1984	0	0	0	0	0	0	0	0	4	2	4	2		06.07.2004	14.07.2004	V. Manisaspor (TUR)	Eintracht Trier	
r, Detlef	D	19.09.1954	0	0	0	0	0	0	0	0	2	0	2	0		26.07.1973	01.08.1973	eigene Jugend	TSV Osterholz-Tenever	
o, Karl-Heinz	D	26.09.1946	400	30	52	6	4	0	36	0	296	54	788	90	07.70–06.84	04.07.1970	23.05.1996	Opel Rüsselsheim	Karriereende	
Enrico	D	12.03.1979	0	0	0	0	0	0	0	0	9	7	9	7		24.03.2001	12.05.2002	Tennis Borussia	SV Waldhof Mannheim	
rt, Jürgen	D	02.10.1941	1	0	0	0	0	0	0	0	0	0	1	0		28.03.1970	28.03.1970	TSV OHZ-Tenever	SV Hemelingen	
ic, Ivan	KRO	29.01.1980	123	41	20	12	9	9	7	3	71	60	230	125	07.01–	27.06.2001		FC St. Pauli		
mann, Urban	D	29.06.1952	19	1	3	0	0	0	0	0	30	7	52	8	07.74–07.75	14.07.1974	19.07.1975	FC Villingen 08	SV Waldhof Mannheim	
ke, Frank	D	04.08.1963	0	0	0	0	0	0	0	0	3	1	3	1		09.07.1985	05.07.1986	OSC Bremerhaven	VfB Oldenburg	
kner, Theo	D	19.10.1934	31	8	3	0	0	0	0	0	28	14	62	22	07.63–06.65	27.07.1963	16.06.1965	Schwarz-Weiß Essen	Schwarz-Weiß Essen	
, Miroslav	D	09.06.1978	58	40	7	2	17	6	3	0	18	9	103	57	07.04–	17.07.2004		1. FC Kaiserslautern		
mann, Florian	D	09.09.1970	0	0	0	0	0	0	0	0	0	0	0	0				1.FC Phönix Lübeck	TSV Pansdorf	
er, Ralf	D	31.10.1965	0	0	0	0	0	0	0	0	2	0	2	0		12.08.1984	28.04.1985	OSC Bremerhaven	SFL Bremerhaven	
, Jens	D	21.06.1952	0	0	1	0	0	0	0	0	6	2	7	2		08.08.1976	31.12.1976	TSV OHZ-Tenever	Atlas Delmenhorst	
f, Georg	D	22.03.1937	0	0	0	0	0	0	0	0	10	0	10	0		22.05.1966	27.06.1971	Reaktiviert	Karriereende	
, Stefan	D	09.10.1965	44	10	8	10	6	3	3	0	22	17	83	40	07.91–06.93	17.07.1991	05.06.1993	VfL Bochum	1. FC Köln	
uch, Marcus	D	04.11.1971	0	0	0	0	0	0	0	0	0	0	0	0				Hertha Zehlendorf	Hertha Zehlendorf	
chal, Hartmut	D	02.04.1953	158	16	20	0	0	0	17	0	97	14	292	30	07.76–	21.07.1976	22.11.1981	Ein.B´schweig	Freiburger FC	
ny, Mario	D	07.04.1953	76	3	11	0	0	0	6	0	103	7	196	10	07.72–	09.07.1972	31.05.1977	Wilhelmsburg 09	Sportinvalide	
edde, Erwin	D	21.05.1946	75	38	9	7	0	0	8	2	29	40	121	87	07.80–06.82	19.07.1980	29.05.1982	Stade Laval (FRA)	VfL Osnabrück	
pe, Christoph	D	14.08.1967	0	0	0	0	0	0	0	0	1	0	1	0		10.10.1993	10.10.1993	FC Bremerhaven	BV Cloppenburg	
er, Fred	D	13.07.1965	0	0	0	0	0	0	0	0	1	0	1	0		03.08.1984	03.08.1984	Brinkumer SV	VfB Oldenburg	
jic, Mladen	SER	04.03.1974	112	11	14	0	9	1	7	0	37	7	179	19	07.00–06.04	05.07.2000	29.05.2004	Part. Belgrad (SCG)	Schalke 04	
er, Bernd	D	19.09.1946	0	0	0	0	0	0	0	0	3	0	3	0	07.69–06.71	24.06.1969	28.07.1969	VfL Stade	Polizei SV Bremen	
, Adrian	CH	07.07.1967	16	1	2	0	3	0	9	2	25	17	55	20	01.98–11.99	08.01.1998	13.02.1999	Xa. Neuchatel (SUI)	FC Zürich (SUI)	
, Adrian																07.07.1999	16.11.1999	FC Zürich (SUI)	FC Aarau (SUI)	
, Ahmet	TUR	23.04.1982	0	0	0	0	0	0	0	0	3	5	3	5		25.03.2003	29.05.2003	Rotenburger SV	Eintracht B`schweig	
op, Michael	D	24.03.1955	121	23	11	2	16	3	7	0	80	26	235	54	08.84–06.90	03.08.1984	21.04.1990	Kickers Offenbach	Karriereende	
adia, Bruno	D	08.02.1966	63	18	3	2	0	0	8	4	42	52	116	76	01.96–06.98	24.01.1996	29.05.1998	1. FC Köln	Arminia Bielefeld	
rblom, Pekka	FIN	19.10.1982	14	0	4	0	2	0	2	0	19	0	41	0	01.04–06.06	10.01.2004	08.01.2005	FC Lahti (FIN)	1. FC Nürnberg	
rblom, Pekka																05.07.2005	13.05.2006	1. FC Nürnberg	1. FC Köln	
bertz, Klaus	D	11.05.1940	17	0	7	0	0	0	0	0	47	0	71	0	07.63–06.67	20.07.1963	16.05.1967	eigene Jugend	unbekannt	
nen, Herbert	D	11.08.1943	60	18	14	6	0	0	4	4	60	59	138	87	07.71–08.73	27.07.1971	01.08.1973	Bor. M`gladbach	1. FC Kaiserslautern	
Dong Gook	KOR	28.02.1979	7	0	0	0	0	0	0	0	7	2	14	2	01.01–06.01	16.01.2001	27.05.2001	Pohang Steelers	Pohang Steelers (KOR)	
t, Thorsten	D	07.11.1968	70	4	12	1	16	0	4	0	38	17	140	22	07.91–06.94	17.07.1991	27.05.1994	VfL Bochum	Eintracht Frankfurt	
k, Dirk	D	03.01.1964	6	1	0	0	0	0	0	0	14	2	20	3	–06.86	23.04.1983	30.01.1985	eigene Jugend	Hertha BSC	
k, Dirk																17.01.1987	01.02.1987	V. Aschaffenburg	VfB Oldenburg	
k, Jens	D	31.01.1968	2	0	0	0	0	0	0	0	0	0	2	0		29.03.1997	25.04.1997	eigene Jugend	FC Oberneuland	
Arie van	NL	31.08.1970	32	6	4	1	0	0	3	1	34	27	73	35		26.07.1990	17.10.1992	Sp. Opheusden (NL)	VfB Oldenburg	
Arie van																30.05.1995	29.05.1998	VfB Oldenburg	SpVgg. Greuther Fürth	
e, Christian	D	26.04.1977	0	0	0	0	0	0	0	0	13	0	13	0		11.01.2003	05.09.2003	Kickers Emden	VfL Osnabrück	
Paul	D	04.01.1956	10	1	2	0	0	0	3	2	17	15	32	18	07.78–12.79	02.07.1978	04.12.1979	VfL Trier	OSC Bremerhaven	
es, Krisztian	UNG	02.07.1976	92	8	12	0	4	1	6	0	39	12	153	21	07.01–06.05	05.07.2001	16.04.2005	VfB Stuttgart	Bor. Mönchengladbach	
nz, Bernd	D	24.12.1947	51	10	2	0	0	0	0	0	44	40	97	50	07.69–06.71	26.07.1969	20.06.1971	Duwo 08 Hamburg	Rapid Wien (AUT)	
nz, Max	D	19.08.1939	176	15	16	0	4	0	5	0	107	17	308	32	07.63–06.69	20.07.1963	22.06.1969	SV Hemelingen	Eintracht B`schweig	
eg, Karl	D	16.04.1938	15	0	1	0	0	0	6	0	37	0	59	0	07.67–06.69	01.07.1967	22.06.1969	Hessen Kassel	FSV Frankfurt	
nin, Ludovic	CH	20.04.1979	45	4	6	1	10	0	6	0	35	4	102	9	01.02–06.05	12.01.2002	14.05.2005	FC Lugano (SUI)	VfB Stuttgart	
chow, Alexander	D	11.09.1969	0	0	0	0	0	0	0	0	2	0	2	0		18.03.1991	27.04.1991	SV Blockdiek	VfB Oldenburg	
noum, Blaise	CMR	25.12.1979	0	0	0	0	0	0	0	0	7	4	7	4		05.07.2002	15.01.2003	AS St. Etienne (FRA)	SV Waldhof Mannheim	
noum, Blaise																05.07.2002	15.01.2003	SV W Mannheim	Hamburger SV Amat.	
ztaler, Bogdan	PL	19.09.1949	3	0	1	0	0	0	3	0	10	3	17	3	07.80–06.81	05.07.1980	26.05.1981	SFL Bremerhaven	Wiener SK (AUT)	
ischak, Klaus	D	24.10.1938	42	20	3	0	4	2	0	0	25	11	74	33	07.64–06.67	29.07.1964	20.02.1971	Schalke 04	Karriereende	
imow, Juri	UKR	08.12.1968	69	9	9	5	15	3	3	0	45	18	141	35	–06.01	29.11.1997	27.05.2001	Dynamo Kiew (UKR)	SV Waldhof Mannheim	
er, Norbert	D	20.09.1958	281	82	33	11	30	7	28	14	128	98	500	212	07.80–12.89	16.07.1980	02.12.1989	Bergedorf 85	Bor. M`gladbach	
ners, Frank	D	18.03.1943	0	0	0	0	0	0	0	0	1	0	1	0		16.06.1965	16.06.1965	eigene Jugend	Studium, Göttingen	
ninger, Karlheinz	D	01.02.1953	52	12	9	1	0	0	5	2	39	34	105	49	07.76–06.78	29.07.1976	30.05.1978	1. FC Nürnberg	Rot-Weiß Essen	
nisevic, Damir	BIH	22.01.1984	0	0	0	0	0	0	0	0	1	0	1	0		28.01.2004	28.01.2004	FK B. Ban. Luka (BIH)	FK B. Ban. Luka (BIH)	
se, Willi	D	08.09.1957	16	3	3	1	0	0	4	1	30	19	53	24	07.76–06.78	14.08.1976	30.05.1978	SVA Gütersloh	Preußen Münster	
zer, Rolf	D	22.10.1952	0	0	0	0	0	0	0	0	9	0	9	0		16.04.1974	31.01.1976	TSV Lesum	unbekannt	
er, Dieter	D	07.04.1940	15	9	4	0	0	0	0	0	6	3	25	12	07.63–06.64	20.07.1963	15.05.1964	Bergedorf 85	Bergedorf 85	
er, Herbert	D	12.06.1948	32	0	2	0	0	0	0	0	70	6	104	6	07.68–06.71	06.08.1968	09.06.1982	eigene Jugend	Kickers Offenbach	
er, Rolf	D	03.10.1955	0	0	1	0	0	0	0	0	18	0	19	0	07.74–06.75	19.03.1974	10.06.1975	TSV Melchiorsh.	VfL Osnabrück	
er, Ulrich	D	11.09.1955	0	0	0	0	0	0	0	0	1	0	1	0		26.03.1974	26.03.1974	eigene Jugend	unbekannt	
oud, Johan	F	24.07.1973	123	31	16	7	22	8	8	1	45	11	214	58	09.02–06.06	03.09.2002	03.05.2006	AC Parma (ITA)	Giro. Bordeaux (FRA)	
dermann, A.	D	12.12.1962	0	0	0	0	0	0	0	0	2	2	2	2		08.06.1984	08.06.1984	SV Baden	TSV Verden	
lmann, Benno	D	01.08.1954	267	46	26	10	14	0	33	5	154	106	494	167	07.78–	30.06.1978	03.10.1987	Preußen Münster	Hamburger SV	
r, Florian	D	25.08.1984	0	0	0	0	0	0	0	0	10	0	10	0		06.07.2004		Concordia Hamburg		
r, Rüdiger	D	11.11.1962	0	0	0	0	0	0	0	0	2	0	2	0		01.05.1982	08.06.1984	SC Bremervörde	Lüneburger SK	
rmann, Dieter	D	25.04.1949	0	0	0	0	0	0	2	0	4	0	6	0		10.08.1969	19.08.1972	eigene Jugend	TuS Vahr	
quera, John Jairo	COL	15.01.1988	0	0	0	0	0	0	0	0	1	1	1	1		09.05.2005	09.05.2005	Atl. Colombia (COL)	Sönderjyske (DAN)	
ler, Klaus	D	19.11.1950	1	0	0	0	0	0	0	0	0	0	1	0		24.10.1970	24.10.1970	eigene Jugend	SpVgg. Bayreuth	
lner, Georg	D	24.10.1953	23	2	1	0	0	0	0	0	32	4	56	6	07.75–	19.07.1975	21.08.1976	VfB Stuttgart A	Eintracht Trier	
zzicato, B.	ITA	27.09.1978	0	0	0	0	0	0	0	0	1	0	1	0		26.08.2003	26.08.2003	FC Oberneuland	1. FC Union Berlin	
htwey, Walter	D	18.05.1934	6	0	5	0	0	0	0	0	6	0	17	0	07.63–06.65	23.10.1963	07.02.1965	Bremerhaven 93	Karriereende	
do	BRA	10.09.1982	32	2	4	1	9	0	0	0	8	0	53	3	07.05–	30.07.2005		Juventude (BRA)		
asi, Krisztian	HUN	21.06.1982	0	0	0	0	0	0	0	0	4	0	4	0		25.03.2003	29.05.2003	K.-Honv. B`pest (HUN)	K.-Honv. B`pest (HUN)	
y, Gustavo	BRA	22.07.1977	3	0	1	0	0	0	0	0	4	1	8	1		08.08.2004	30.01.2005	FC Sao Paulo (BRA)	Corin. Sao Paulo (BRA)	
barth, Frank	D	29.07.1962	317	97	39	25	48	13	17	6	162	132	583	273	07.82–06.96	02.06.1982	24.05.1996	Concordia Hamburg	Karriereende	
berger, Willi	D	15.04.1946	63	11	16	5	0	0	3	1	47	21	129	38	07.71–06.73	21.08.1971	19.06.1973	Borussia Dortmund	Wuppertaler SV	
naber, Mario	D	17.03.1982	0	0	0	0	0	0	0	0	2	0	2	0		03.09.2002	25.03.2003	VfL 07 Bremen	FC Sachsen Leipzig	
uschat, Axel	D	31.01.1962	2	0	0	0	1	0	4	0	21	1	28	1	–06.87	01.05.1982	18.01.1987	Blumenthaler SV	Rot-Weiß Essen	
ri, Alexander	D	20.08.1979	0	0	0	0	0	0	0	0	4	1	4	1		02.07.1998	21.07.1998	Vorw.-Wacker Billst.	Seattle Sounders (USA)	
. Offermanns	D	16.03.1957	36	4	4	0	0	0	8	1	19	18	67	23	07.79–12.80	24.07.1979	02.12.1980	R-W Lüdenscheid	Viktoria Köln	
ing, Volker	D	17.01.1955	53	8	6	4	0	0	0	0	85	59	144	71		21.02.1973	08.06.1977	TuRa Westrh`fehn	Bremerhaven 93	
dera, Yasuhiko	JAP	12.03.1952	159	11	17	0	14	1	17	1	75	14	282	27	07.81–06.86	04.07.1981	18.05.1986	Hertha BSC	Furukawa Denko (JAP)	
enewitz, Frank	D	25.03.1965	125	37	19	6	16	2	4	0	75	65	239	110	–06.89	11.02.1984	24.06.1989	TSV Dorfmark	1. FC Köln	
mann, Hans	D	12.09.1971	0	0	0	0	0	0	0	0	1	1	1	1		10.10.1993	10.10.1993	BSC Grünhöfe	BV Cloppenburg	
en, Jonny	D	31.01.1961	348	3	40	3	39	0	24	3	166	29	617	38	07.79–07.92	21.07.1979	04.07.1992	Hagener SV	VfB Oldenburg	
omoyela, Patrick	D	05.11.1979	32	0	4	0	10	0	0	0	10	1	56	1	07.05 -	18.07.2005		Arminia Bielefeld		
anen, Petri	FIN	24.09.1980	40	1	6	0	11	0	4	0	16	0	77	1	07.04–	24.07.2004		FC Portsm.(ENG)		
l, Robert	D	17.10.1984	0	0	0	0	0	0	1	0	4	0	5	0		09.07.2004	29.07.2004	FC Carl Zeiss Jena	Wacker Burghausen	
rul, Viktor	D	19.02.1982	0	0	0	0	0	0	0	0	5	1	5	1		06.07.2004	09.05.2005	BV Cloppenburg		
shorn, Thomas	D	27.08.1977	0	0	0	0	0	0	0	0	11	2	11	2		20.05.1996	18.02.1998	OSC Bremerhaven	FC Bremerhaven	
ers, Erwin	D	26.12.1944	0	0	0	0	0	0	0	0	1	0	1	0		15.08.1963	15.08.1963	eigene Jugend	SV Hemelingen	
rovic, Miodrag	JUG	16.11.1946	26	0	2	1	0	0	0	0	15	5	43	6	08.76–06.77	28.08.1976	08.06.1977	Westfalia Herne	ASC Schöppingen	
zey, Bruno †	A	03.02.1955	114	18	10	2	8	2	7	1	55	34	194	57	07.83–07.87	20.07.1983	18.07.1987	Eintracht Frankfurt	FC Tirol (AUT)	31.12.1994
fenberger, Heimo	A	29.12.1966	43	5	4	0	0	0	8	2	20	14	75	21	07.96–06.98	22.06.1996	21.03.1998	Cas. Salzburg (AUT)	Casino Salzburg (AUT)	
ntek, Josef	D	05.03.1940	203	15	19	0	4	0	9	0	123	6	358	21	07.63–06.72	20.07.1963	10.06.1972	Germania Leer	Karriereende	

Name	Land	geboren	BL-Spiele	Tore	Pokal-spiele	Tore	EC-Spiele	Tore	Sonst.*	Tore	FS-Spiele	Tore	Sp. Ges.	Tore	Im Kader von	erstes Spiel	letztes Spiel	kam von	wechselte zu	gest
Pizarro, Claudio	PER	03.10.1978	56	29	6	2	14	7	0	0	12	13	88	51	08.99–06.01	28.08.1999	23.05.2001	Alianza Lima (PER)	FC Bayern München	
Plaggemeyer, Walter	D	25.11.1949	2	0	0	0	0	0	0	0	0	0	2	0		28.02.1970	17.03.1970	TuS Bremen-Neu.	Göttingen 05	
Plump, Matthias	D	30.11.1978	0	0	0	0	0	0	0	0	7	0	7	0		18.08.1997	21.07.1998	TV Dinklage	VfL Osnabrück	
Podlich, Manfred	D	14.05.1940	11	6	3	0	2	1	0	0	22	11	38	18	07.65–06.67	24.07.1965	28.05.1967	Holstein Kiel	Preußen Münster	
Polenz, Jerome	D	07.11.1986	3	0	0	0	0	0	0	0	4	0	7	0		15.11.2005		Tennis Borussia		
Przondziono, Martin	D	11.06.1969	0	0	0	0	0	0	0	0	1	1	1	1		27.04.1991	27.04.1991	Spfr. Salzgitter	1. FC Nürnberg	
Quanz, Karl-Heinz	D	08.08.1951	0	0	0	0	0	0	0	0	2	0	2	0		26.06.1971	27.06.1971	eigene Jugend	Borussia Fulda	
Ramzy, Hany	EGY	10.03.1969	98	3	6	0	7	0	9	0	59	2	179	5	07.94–06.98	09.07.1994	29.05.1998	Xa. Neuchatel (SUI)	1. FC Kaiserslautern	
Rauh, Torsten	D	23.11.1970	0	0	0	0	0	0	0	0	2	0	2	0		10.10.1993	24.01.1995	Teutonia Uelzen	FC Oberneuland	
Rautiainen, Pasi	FIN	18.07.1961	41	2	4	0	0	0	5	2	23	10	73	14	12.80–06.82	30.12.1980	29.05.1982	Bayern München	Arminia Bielefeld	
Reck, Oliver	D	27.02.1965	345	0	48	0	50	0	10	0	151	0	604	0	–06.98	16.01.1986	09.05.1998	Kickers Offenbach	Schalke 04	
Rehhagel, Jens	D	06.09.1973	0	0	0	0	0	0	0	0	4	2	4	2		10.10.1993	18.01.1995	eigene Jugend	B.Leverkusen Amat.	
Reich, Marco	D	30.12.1977	17	0	3	0	0	0	3	0	29	16	52	16	07.02–01.04	05.07.2002	10.01.2004	1. FC Köln	Derby County (ENG)	
Reinders, Uwe	D	19.01.1955	243	83	29	16	6	2	30	19	129	153	437	273	07.77–06.85	13.07.1977	08.06.1985	Schwarz-Weiß Essen	Giro. Bordeaux (FRA)	
Reinke, Andreas	D	10.01.1969	88	0	15	0	16	0	6	0	27	0	152	0	07.03–	04.07.2003		Real Murcia (ESP)		
Riedle, Karlheinz	D	16.09.1965	86	38	16	9	23	11	1	1	30	30	156	89	07.87–06.90	08.07.1987	19.05.1990	Blau-Weiß 90 Berlin	Lazio Rom	
Ripke, Franz-Josef	D	11.10.1954	4	0	0	0	0	0	0	0	24	8	28	8		21.02.1973	29.04.1977	eigene Jugend	SV Meppen	
Rischker, Wolfgang	D	08.01.1953	0	0	0	0	0	0	1	1	1	0	2	1		09.08.1972	19.08.1972	TuS Vahr	Polizei SV Bremen	
Röber, Jürgen	D	25.12.1953	184	57	20	10	0	0	12	1	129	89	345	157	07.74–06.80	14.07.1974	31.05.1980	TuS Lingen	FC Bayern München	
Rockenbach da Silva	BRA	01.02.1985	0	0	0	0	0	0	0	0	3	0	3	0		09.05.2005		CN Marc. Dias (BRA)		
Roder, Kurt	D	25.09.1945	4	0	0	0	0	0	1	0	5	3	10	3	07.68–10.68	19.03.1968	12.10.1968	Bremer TG	Polizei SV Bremen	
Roembiak, Lodewijk	NL	18.05.1969	18	3	3	0	4	0	8	0	21	1	54	4	07.98–02.00	02.07.1998	01.02.2000	FC Aarau (SUI)	FC Aarau (SUI)	
Roembiak, Lodewijk																		FC Aarau (SUI)	SV Waldhof Mannheim	
Roggow, H.-J.	D	13.06.1951	0	0	0	0	0	0	1	0	1	0	2	0		16.08.1972	19.08.1972	SV Hemelingen	TuS Schwachhausen	
Rolfes, Simon	D	21.01.1982	0	0	0	0	1	0	0	0	32	8	33	8		27.06.2001	03.09.2002	TuS Recke	SSV Reutlingen	
Rolfes, Simon																04.07.2003	28.01.2004	SSV Reutlingen	Alemannia Aachen	
Rollmann, Jürgen	D	17.10.1966	9	0	1	0	4	0	0	0	55	0	69	0	07.88–06.92	02.07.1988	06.06.1992	FSV Frankfurt	MSV Duisburg	
Rollmann, Jürgen																15.07.1995	25.07.1995	MSV Duisburg	FC Augsburg	
Röntved, Per	DEN	27.01.1949	194	40	23	3	0	0	4	0	131	93	352	136	10.72–0679	07.10.1972	02.06.1979	Bro. K`hagen (DAN)	Freja Randers (DAN)	
Rose, Olaf	D	28.10.1967	0	0	0	0	0	0	0	0	1	2	1	2		11.07.1987	11.07.1987	Teutonia Uelzen	Eintracht B`schweig	
Rosenberger, Bernd	D	22.07.1947	2	0	0	0	0	0	0	0	2	0	4	0		21.02.1973	05.05.1973	Bremer SV	TuS Schwachhausen	
Rost, Frank	D	30.06.1973	147	1	17	0	22	0	17	0	89	1	292	2	–06.02	30.05.1995	04.05.2002	VfB Leipzig	Schalke 04	
Rufer, Wynton	NZ	29.12.1962	174	59	28	21	35	20	5	5	67	63	309	168	07.89–12.94	19.07.1989	10.12.1994	G` hoppers Zür. (SUI)	JEF Un. Ichihara (JAP)	
Rülander, Hermann	D	21.11.1960	2	0	0	0	0	0	0	0	9	0	11	0		08.07.1981	22.11.1981	SV Burlage	SV Meppen	
Ruländer, Matthias	D	16.08.1964	24	0	6	0	4	0	4	1	32	6	70	7	07.83–06.88	06.07.1983	19.08.1984	VfL Wolfsburg	FC St. Pauli	
Ruländer, Matthias																16.07.1985	24.02.1988	FC St. Pauli	Borussia Dortmund	
Rupp, Bernd	D	24.02.1942	58	23	4	2	0	0	0	0	38	35	100	60	07.67–06.69	09.08.1967	11.06.1969	Bor. M`gladbach	1. FC Köln	
Rütten, Klaus	D	14.06.1952	3	0	0	0	0	0	0	0	22	3	25	3	07.75–	19.07.1975	08.08.1976	FC Viersen	FC Homburg	
Salyer, Philip	USA	30.10.1981	0	0	0	0	0	0	0	0	4	0	4	0		12.01.2002	03.09.2002	Uni. of Mary.(USA)	Dallas Bum (USA)	
Sauer, Gunnar	D	11.06.1964	134	8	17	1	19	5	1	0	103	13	274	27	–06.96	02.08.1983	24.05.1996	Cuxhavener SV	Hertha BSC	
Schaaf, Thomas	D	30.04.1961	281	14	36	3	42	2	21	3	192	40	572	62	–06.95	18.04.1979	13.05.1995	BBV Union Bremen	Karriereende	
Schachten, Sebastian	D	06.11.1984	0	0	0	0	0	0	0	0	3	2	3	2		15.11.2005	25.04.2006	SC Paderborn 07		
Schaub, Horst	D	28.02.1941	0	0	0	0	0	0	4	0	3	2	7	2	07.67–06.69	29.06.1968	12.10.1968	Hessen Kassel	Freiburger FC	
Schierenbeck, Björn	D	12.07.1974	16	0	1	0	2	0	1	0	58	7	78	7		30.09.1996		SC Weyhe	SpVgg. Greuther Fürth	
Schierenbeck, Björn																	14.07.2004	SpVgg. Gr. Fürth		
Schildt, Hans-Gerd	D	12.06.1952	20	3	3	0	0	0	0	0	31	13	54	16	07.73–06.74	20.07.1973	08.06.1974	Bremerhaven 93	Borussia Dortmund	
Schimeczek, Helmut	D	04.07.1938	78	2	13	1	0	0	12	1	99	17	202	21	07.63–06.70	20.07.1963	24.06.1971	VfB Fallersleben	Karriereende	
Schlief, Wolfgang	D	13.04.1949	19	1	1	0	0	0	0	0	25	8	45	9	07.75–	02.08.1975	31.08.1976	VfR Neuss	Eintracht Trier	
Schlindwein, Dieter	D	07.02.1961	3	0	1	0	1	0	0	0	7	1	12	1	07.86–06.87	01.08.1986	21.04.1987	SV W Mannheim	Eintracht Frankfurt	
Schmedes, Lars	D	22.01.1981	0	0	0	0	0	0	0	0	1	0	1	0		15.08.2000	15.08.2000	Blau-Weiß Lohne	Karlsruher SC	
Schmidt, Bernd	D	01.12.1943	150	11	19	1	0	0	14	3	183	27	366	42	07.67–06.74	01.07.1967	05.06.1974	Hessen Kassel	Atlas Delmenhorst	
Scholz, Heiko	D	07.01.1966	52	2	5	0	4	0	4	0	42	4	107	6	07.95–11.97	14.07.1995	25.11.1997	Bayer Leverkusen	Fortuna Köln	
Schöttner, Volker	D	09.06.1952	1	0	0	0	0	0	0	0	11	2	12	2		17.04.1971	18.12.1971	eigene Jugend	Bremerhaven 93	
Schröder, Herbert †	D	22.12.1945	4	0	0	0	0	0	0	0	13	4	17	4	07.66–06.67	30.07.1966	15.04.1967	eigene Jugend	VfL Osnabrück	12.05
Schultz, Timo	D	26.08.1977	0	0	0	0	0	0	0	0	6	1	6	1		30.09.1996	25.03.1999	TuS Esens	VfB Lübeck	
Schulz, Christian	D	01.04.1983	81	2	7	0	13	1	2	0	43	2	146	5		13.08.2002		TSV Bassum		
Schulz, Christian I	D	22.08.1974	0	0	0	0	0	0	0	0	1	0	1	0		03.06.1995	03.06.1995	Hannover 96	SVG Einbeck	
Schulz, Hans	D	04.12.1942	31	6	2	0	3	1	0	0	26	5	62	12	07.63–06.66	20.07.1963	21.05.1966	eigene Jugend	Hamburger SV	
Schulz, Michael	D	03.09.1961	59	1	4	1	7	0	2	1	45	4	117	7	07.94–06.97	09.07.1994	24.06.1997	Borussia Dortmund	Karriereende	
Schütz, Arnold	D	19.01.1935	253	69	25	3	2	1	9	2	204	74	493	149	07.63–06.72	20.07.1963	03.04.1973	TuS Walle	Karriereende	
Schwän, Rainer	D	22.11.1954	0	0	0	0	0	0	0	0	0	0	0	0				eigene Jugend	TuS Schwachhausen	
Schweighöfer, Rolf	D	01.03.1939	18	6	3	1	0	0	0	0	29	32	50	39	07.66–06.69	30.07.1966	11.06.1969	Schweinfurt 05	SpVgg. Fürth	
Schwierzke, W	D	08.03.1937	3	0	0	0	0	0	0	0	4	0	7	0	07.63–06.64	27.07.1963	04.04.1964	1.FC Saarbrücken	Eintracht Trier	
Schygulla, Klaus	D	30.05.1946	0	0	0	0	0	0	0	0	1	0	1	0		10.04.1968	10.04.1968	eigene Jugend	VfB Lübeck	
Seidel, Sören	D	10.10.1972	12	1	1	0	3	0	7	3	34	44	57	48		01.09.1997	06.11.1998	Blumenthaler SV	Hannover 96	
Seidel, Sören																07.07.1999	03.06.2000	Hannover 96	MSV Duisburg	
Sidka, Wolfgang	D	26.05.1954	115	17	12	5	13	3	15	1	56	43	211	69	07.82–06.87	03.07.1982	04.04.1986	TSV 1860 München	Tennis Borussia	
Sidon, Heinz	D	22.09.1937	0	0	0	0	0	0	0	0	10	0	10	0		22.09.1965	08.06.1966	Schweinfurt 05	Bremer SV	
Siegmann, Norbert	D	20.05.1953	193	14	21	0	7	0	20	1	135	18	376	33	07.76–	21.07.1976	19.09.1984	Tennis Borussia	Fortuna Köln	
Silva, Roberto	PER	01.06.1976	6	0	1	0	0	0	0	0	14	15	21	15	07.01–06.02	17.07.2001	12.05.2002	Sp.Cristal Lima (PER)	Union Santa Fé (ARG)	
Simonsen, Sven	D	28.11.1969	0	0	0	0	0	0	0	0	4	9	4	9		10.10.1993	03.06.1995	Spfr. Itzehoe	VfL Osnabrück	
Skogheim, Vegard	NOR	28.04.1966	3	0	1	0	1	0	0	0	12	5	17	5	07.88–	26.07.1988	19.05.1989	Hamar-Kam. (NOR)	Viking Stavanger (NOR)	
Skripnik, Victor	UKR	19.11.1969	138	7	13	0	7	0	6	1	103	12	267	20	08.96–06.04	02.08.1996	29.05.2004	D. Dnjeprope. (UKR)	Karriereende	
Snater, Harald	D	03.03.1956	0	0	0	0	0	0	0	0	2	1	2	1		20.08.1974	11.01.1975	eigene Jugend	TSV Grolland	
Soya, Willi †	D	11.10.1935	34	8	8	0	0	0	0	0	45	13	87	21	07.63–06.66	20.07.1963	08.06.1966	Schalke 04	Bergedorf 85	04.07.
Spasskov, Alexej	RUS	29.01.1980	0	0	0	0	0	0	0	0	1	0	1	0		24.04.2001	24.04.2001	Zenith St. P`burg (RUS)	Holstein Kiel	
Stallbaum, Sandro	D	14.09.1981	0	0	0	0	0	0	0	0	3	0	3	0		06.07.2004	16.07.2004	TSG Neustrelitz		
Stalteri, Paul	CAN	18.10.1977	151	6	20	1	17	2	8	0	60	17	256	26	–06.05	11.11.1997	21.05.2005	Toronto Lynx (CAN)	T. Hotspur (ENG)	
Starzak, Norbert †	D	27.08.1950	2	0	0	0	0	0	0	0	6	1	8	1		06.05.1972	11.06.1972	SV Wiescherhöfen	DJK Gütersloh	14.08.
Stefens, Fritz	D	27.10.1948	6	0	0	0	0	0	0	0	31	0	37	0	07.69–06.71	26.07.1969	06.06.1971	SV Meppen	SV Meppen	
Steinkogler, Gerhard	A	29.09.1959	7	1	0	0	0	0	0	0	5	2	12	3	12.79–06.80	01.12.1979	31.05.1980	Grazer AK (AUT)	Austria Wien (AUT)	
Steinmann, Heinz	D	01.02.1938	184	4	13	0	4	0	11	0	118	8	330	12	07.64–06.71	29.07.1964	21.06.1973	1. FC Saarbrücken	Sportinvalide	
Stier, Marco	D	26.03.1984	0	0	0	0	0	0	0	0	21	10	21	10		27.05.2003	15.11.2005	FC St. Pauli	FC Bayern München II	
Struckmann, Rainer	D	09.05.1950	0	0	0	0	0	0	0	0	3	0	3	0		26.06.1971	24.05.1972	Rotenburger SV	VfB Oldenburg	
Sunday, Ibrahim	GHA	01.08.1950	1	0	1	0	0	0	0	0	34	14	36	14	07.75–06.77	03.06.1975	08.06.1977	FC Kumasi (GHA)	VSK OHZ-Scharmbeck	
ter Heide, Ruud	NL	15.02.1984	0	0	0	0	0	0	0	0	6	5	6	5		06.07.2004	17.07.2004	Eintracht Nordhorn	AGOVV Apeldoorn (NL)	
Tettenborn, André	D	31.03.1964	0	0	0	0	0	0	0	0	1	0	1	0		25.07.1984	25.07.1984	FC Oberneuland	unbekannt	
Teupel, Gerhard	D	20.11.1941	1	0	0	0	0	0	0	0	1	0	2	0	09.66–06.67	01.10.1966	03.05.1967	Goslar 08	Concordia Hamburg	
Thelen, Werner	D	08.07.1947	15	0	2	1	0	0	0	0	22	18	39	19	07.70–06.71	25.07.1970	23.06.1971	1. FC Köln	Alemannia Aachen	
Thiago, Traina Gama	BRA	16.09.1975	0	0	0	0	0	0	0	0	11	0	11	0		26.10.1999	03.06.2000	Joinville FC (BRA)	SC Recife (BRA)	
Thioub, Mamadou	SEN	23.06.1980	0	0	0	0	0	0	0	0	1	0	1	0		22.01.2000	22.01.2000	AS Camber. (SEN)	SV Braunau (AUT)	
Thun, Dieter	D	04.06.1939	24	6	0	0	0	0	0	0	13	1	37	7	07.63–06.65	20.07.1963	07.02.1965	VfV Hildesheim	VfL Wolfsburg	
Thygesen, Poul-Erik	DEN	17.07.1950	20	4	4	3	0	0	0	0	46	37	70	44	12.73–08.75	15.12.1973	03.08.1975	BK 03 K' hagen (DAN)	FC Winterthur (SUI)	
Tippelt, Dieter	D	20.11.1953	5	0	1	0	0	0	6	0	13	1	25	1	07.72–06.73	03.07.1972	31.05.1973	Hamburger SV	SV Meppen	
Tjikuzu, Razundara	NAM	12.12.1979	68	0	7	1	6	0	1	0	66	16	148	17	–06.03	08.07.1998	29.05.2003	eigene Jugend	Hansa Rostock	
Todt, Jens	D	05.01.1970	72	6	10	0	3	0	14	1	37	3	136	10	07.96–06.99	22.06.1996	12.06.1999	SC Freiburg	VfB Stuttgart	
Trares, Bernhard	D	18.08.1965	89	6	11	1	9	0	9	0	65	15	183	22	07.97–06.01	24.06.1997	27.05.2001	TSV 1860 München	SV Waldhof Mannheim	
Unger, Lars	D	30.09.1972	24	1	1	0	2	0	0	0	30	7	57	8	–06.97	29.07.1992	31.05.1997	TSV Neustadt	Fortuna Düsseldorf	
Valdez, Nelson	PAR	28.11.1983	80	21	12	3	17	4	4	2	37	39	150	69	–06.06	03.09.2002	13.05.2006	Atl. Tembetary (PAR)	Borussia Dortmund	
Vander, Christian	D	24.10.1980	1	0	0	0	0	0	0	0	2	0	3	0		15.11.2005		VfL Bochum		
Venekamp, Benjamin	D	18.12.1985	0	0	0	0	0	0	0	0	1	0	1	0		15.11.2005	15.11.2005	Rot-Weiß Essen		
Verlaat, Frank	NL	05.03.1968	81	5	6	0	5	3	3	0	36	4	131	12	07.00–06.03	19.07.2000	27.05.2003	Ajax A' dam (NL)	Austria Wien (AUT)	
Vier, Angelo	D	23.04.1972	11	1	2	0	5	1	0	0	9	4	27	6	07.95–12.95	14.07.1995	11.12.1995	SC Verl	Arminia Bielefeld	
Völler, Rudolf	D	13.04.1960	137	97	11	5	12	5	14	12	61	109	235	228	07.82–06.87	06.07.1982	17.06.1987	TSV 1860 München	AS Rom	
Völzke, Hendrik	D	22.03.1975	1	0	0	0	0	0	0	0	5	1	6	1		30.05.1995	18.08.1997	SC Vahr	VfB Oldenburg	
Voß, Albert	D	08.09.1951	9	0	1	0	0	0	9	0	84	1	103	1	07.75–06.81	19.07.1975	31.05.1981	VfB Oldenburg	VfB Oldenburg	
Votava, Dennis	D	16.12.1981	0	0	0	0	0	0	0	0	1	0	1	0		05.03.2002	05.03.2002	eigene Jugend	FC Oberneuland	
Votava, Miroslav	D	25.04.1956	357	18	49	2	62	1	13	0	176	27	657	48	07.85–12.96	16.07.1985	06.12.1996	Atl. Madrid (ESP)	VfB Oldenburg	
Vranjes, Jurica	KRO	30.01.1980	29	1	1	0	4	0	2	0	13	2	49	3	07.05–	05.07.2005		VfB Stuttgart		
Wachaczewsky, Claus	D	21.12.1965	0	0	0	0	0	0	0	0	1	0	1	0		09.07.1985	09.07.1985	SC Vahr	SC Vahr	
Walke, Alexander	D	06.06.1983	0	0	0	0	0	0	0	0	6	0	6	0		29.05.2003	09.05.2005	Energie Cottbus	SC Freiburg	
Watson, Dave	ENG	05.10.1946	2	0	0	0	0	0	3	0	4	1	9	1	07.79–	14.07.1979	18.08.1979	Manch. City (ENG)	FC Southampton (ENG)	
Weber, Jürgen	D	29.06.1944	27	5	4	0	0	0	0	0	30	14	61	19	07.71–06.72	27.07.1971	07.06.1972	Hertha BSC	Helenic Kapstadt (RSA)	
Weetendorf, Dirk	D	01.10.1972	7	0	0	0	0	0	0	0	19	20	26	20	01.99–11.99	16.01.1999	16.11.1999	Hamburger SV	Eintracht B`schweig	
Wehlage, Holger	D	03.07.1976	14	1	1	0	0	0	1	0	37	1	53	2	07.01–06.04	06.11.2001	27.08.2002	FC St. Pauli	1. FC Union Berlin	
Wehlage, Holger																04.07.2003	15.05.2004	1. FC Union Berlin	MSV Duisburg	

	Land	geboren	BL-Spiele	Tore	Pokalspiele	Tore	EC-Spiele	Tore	Sonst.*	Tore	FS-Spiele	Tore	Sp. Ges.	Tore	Im Kader von	erstes Spiel	letztes Spiel	kam von	wechselte zu	gestorben
Werner	D	11.03.1949	145	53	19	10	0	0	2	2	142	173	308	238	07.71–06.77	27.07.1971	08.06.1977	Borussia Dortmund	Stuttgarter Kickers	
chlag, Kay	D	25.02.1970	0	0	1	0	0	0	1	0	6	2	8	2	07.91–06.93	17.07.1991	04.07.1992	Rotation Berlin	Hansa Rostock	
el, Karl-Friedrich	D	26.09.1954	2	0	1	0	0	0	4	0	8	2	15	2		11.01.1975	30.05.1978	TuS Stemwede	VfL Osnabrück	
, Raphael	CH	26.04.1977	92	1	12	0	14	2	14	1	42	2	174	6	–12.00	28.06.1997	17.12.2000	FC Sion	Atletico Madrid	
ener, Andree	D	14.03.1970	164	3	18	0	25	2	11	0	147	13	365	18	–11.01	01.08.1989	06.11.2001	SV Velpke	Eintracht Frankfurt	
chowski, Jakub	PL	15.04.1977	3	0	1	0	0	0	0	0	24	0	28	0	07.01–06.03	27.06.2001	25.03.2003	R. Chorzow (POL)	Wisla Plock (POL)	
, Tim	D	17.12.1981	15	0	0	0	2	0	1	0	8	0	26	0	07.05–	05.07.2005		1. FC Kaiserslautern		
hausen, Bernd	D	22.09.1942	29	8	0	0	0	0	0	0	28	34	57	42	07.69–06.71	26.07.1969	31.10.1970	1. FC Kaiserslautern	Sportinvalide	
sek, Markus	D	08.03.1972	0	0	0	0	0	0	0	0	0	0	0	0				VfB Lübeck	FC Bremerhaven	
ala, Pawel	PL	27.10.1972	21	1	3	1	0	0	0	0	19	1	43	3	09.98–11.99	19.09.1998	28.11.1999	Hamburger SV	Legia Warschau (POL)	
er, Thomas	D	04.10.1963	312	12	38	0	42	2	11	2	197	17	600	33	07.84–06.98	30.05.1984	27.05.1998	HEBC Hamburg	Karriereende	
e, Pierre																				
ler, Klaus	D	13.09.1950	56	12	4	4	0	0	7	1	35	40	102	57	07.78–06.80	26.05.1978	31.05.1980	Hannover 96	FC Gohfeld	
wski, Gerhard	D	25.04.1940	145	40	12	2	3	1	10	1	104	48	274	92	07.63–06.69	20.07.1963	25.06.1969	TuS Walle	Bremerhaven 93	
wski, Manfred †	D	11.12.1941	0	0	0	0	0	0	0	0	2	0	2	0		22.09.1965	10.10.1965	TuRa Bremen	BBV Union Bremen	27.06.1999
ski, Dieter	D	06.11.1946	179	4	27	3	0	0	5	0	171	3	382	10	07.68–06.75	21.07.1968	31.05.1975	BBV Union Bremen	Eintracht B`schweig	
, Mohammed	EGY	11.12.1981	10	2	0	0	0	0	0	0	12	15	22	17		10.01.2005	02.08.2005	FC Midtjyll. (DAN)	FSV Mainz 05	
pieler:																				
eyi, Wilfred	SIM	04.07.1969									2	3	2	3				Umtata Bucks (ZIM)		
vic, Dejan	SER	04.04.1973									1	1	1	1				P. Belgrad (SCG) an	St. Lüttich (BEL) ausgel.	
rs, Marian	LAT	05.08.1976									1	0	1	0				Sk. FC Riga (LAT)		
evs, Vladimirs	LAT	22.04.1968									1	0	1	0				Sk. FC Riga (LAT)		
Seo-Jung	KOR	17.12.1970									1	0	1	0				Rac. Strassbourg (FRA)		
amba	SEN										1	1	1	1						
s, Tolga	TUR	19.09.1974									1	0	1	0				SD Croatia Berlin		
nrasian	IRN										1	0	1	0						
o, Asaf	ISR	27.02.1972									2	1	2	1				B. Jerusalem (ISR)		
yew, Sergey	RUS	03.04.1978									1	0	1	0				Sk. FC Riga (LAT)		
Mamadou	SEN	23.08.1979									2	1	2	1				FC Toulouse (Frau)		
vic, Anthony	AUS	04.07.1973									1	0	1	0				S. Hiroshima (JAP)		
os, F. Horacio	ARG	31.03.1978									1	0	1	0				Cl. Atl. Huracán (ARG)		
oval, Rodolfo	PAR										1	0	1	0				Cerro Porteno (PAR)		
s, Walter Ariel	PAR	27.02.1979									1	0	1	0				Cerro Porteno (PAR)		
ng, Timo	D	15.04.1983									1	0	1	0				SpVgg. Aurich		
er, Dennis	D	26.06.1980									1	0	1	0				TSV OT Bremen		
ert, Christoph	D	30.01.1980									1	0	1	0				TSG Hoffenheim		
ain, Jonathan	AUS	21.09.1982									3	0	3	0				Brisbane St. (AUS)		
az, Rasim	NL										2	0	2	0				SV Huizen (NL)		
ane	BRA										1	0	1	0						
erle, Bryce	USA	12.03.1983									2	1	2	1				ohne Verein		
tveit, Erlend	NOR	28.01.1981									1	0	1	0				Brann Bergen (NOR)		

tige Spiele sind Ligapokal, Supercup national, Supercup international, Toto-Runde und Überbrückungsrunde

mtstatistik
desliga-Trainer*

e	Land	geboren	BL-Spiele	Pokalspiele	EC-Spiele	Sonst.*	FS-Spiele	Ges.	gestorben
nagel, Otto	D	09.08.1938	505	63	69	31	252	920	
af, Thomas	D	30.04.1961	242	30	38	13	154	477	
tek, Josef	D	05.03.1940	122	23	0	6	106	257	
ker, Günther	D	24.05.1925	71	7	3	6	51	138	
gner, Fritz †	D	08.08.1912	62	6	0	5	54	127	25.01.1998
wski, Hans	D	12.07.1935	65	9	0	0	52	126	
haup, Willy †	D	19.07.1903	64	4	0	0	42	110	18.12.1982
ner, Hans-Jürgen	D	25.01.1951	54	4	0	8	36	102	
er, Wolfgang	D	26.06.1944	53	4	0	6	36	99	
hardt, Robert †	D	20.09.1920	41	3	0	6	36	86	08.02.1986
a, Wolfgang	D	26.05.1954	39	3	3	8	29	82	
uer, Rudolf	D	30.04.1944	32	2	0	6	10	50	
zer, Kuno	D	19.04.1922	28	5	0	6	10	49	
denski, Herbert †	D	19.05.1922	21	1	0	0	19	41	15.09.2001
ell, Fritz †	D	07.05.1905	22	0	0	0	18	40	12.10.1990
Mos, Aad	NL	27.03.1947	17	3	6	0	11	37	
gath, Felix	D	26.07.1953	22	3	1	0	9	35	
erschott, Richard †	D	10.12.1921	7	0	0	1	4	12	21.03.2002
np, Karl-Heinz	D	26.09.1946	0	0	0	0	6	6	
ütz, Arnold	D	19.01.1935	0	0	0	0	2	2	
ulz, Fred †	D	27.10.1903	0	0	1	0	0	1	01.04.1990
armann, Hugo †	D	26.03.1911	0	0	0	0	0	0	27.08.1979

n Einsätzen

amtstatistik
desliga-Trainer*

ne	Werder-Trainer von	Werder -Trainer bis	
thaup, Willy	01.07.1963	30.06.1965	
cker, Günther	01.07.1965	04.09.1967	
gner, Fritz	05.09.1967	30.06.1969	
ell, Fritz	01.07.1969	16.03.1970	
owski, Hans	17.03.1970	30.06.1970	
hardt, Robert	01.07.1970	29.09.1971	
lthaup, Willy	30.09.1971	24.10.1971	
ntek, Josef	25.10.1971	07.05.1972	
armann, Hugo	05.12.1971	07.05.1972	Strohmann
gner, Fritz	08.05.1972	10.06.1972	
ntek, Josef	11.06.1972	30.06.1975	
denski, Herbert	01.07.1975	28.02.1976	
hagel, Otto	29.02.1976	12.06.1976	
auer, Rudolf	13.06.1976	18.06.1976	
owski, Hans	01.07.1976	19.12.1977	
auer, Rudolf	20.12.1977	30.06.1978	
ulz, Fred	01.01.1978	30.06.1978	Strohmann
ber, Wolfgang	01.07.1978	29.01.1980	
auer, Rudolf	29.01.1980	30.06.1980	
gner, Fritz	20.02.1980	31.05.1980	Strohmann
tzer, Kuno	01.07.1980	30.03.1981	
hagel, Otto	01.04.1981	30.06.1995	
Mos, Aad	01.07.1995	09.01.1996	
rner, Hans-Jürgen	14.01.1996	20.08.1997	
ka, Wolfgang	21.08.1997	21.10.1998	
gath, Felix	22.10.1998	09.05.1999	
aaf, Thomas	10.05.1999		

onologisch

Alle Nationalspieler in Diensten Werder Bremens

Höttges	66 Länderspiele
Völler	41 Länderspiele
Bode	40 Länderspiele
Eilts	31 Länderspiele
F. Baumann	28 Länderspiele
Frings	28 Länderspiele
Borowski	25 Länderspiele
Ernst	20 Länderspiele
Klose	20 Länderspiele
Basler	19 Länderspiele
Lorenz	17 Länderspiele
Meier	16 Länderspiele
D. Burdenski	12 Länderspiele
Riedle	10 Länderspiele
W. Schroeder	10 Länderspiele
Borowka	6 Länderspiele
Otten	6 Länderspiele
Piontek	6 Länderspiele
Owomoyela	5 Länderspiele
Reinders	4 Länderspiele
Bernard	3 Länderspiele
C. Schulz	3 Länderspiele
H. Burdenski	2 Länderspiele
Fahrenhorst	2 Länderspiele
Ferner	2 Länderspiele
Heidemann	2 Länderspiele
Hermann	2 Länderspiele
Ordenewitz	2 Länderspiele
Steinmann	2 Länderspiele
Hotsch	1 Länderspiel
Neubarth	1 Länderspiel
Reck	1 Länderspiel
Rost	1 Länderspiel
Wolter	1 Länderspiel
Zembski	1 Länderspiel

Spiele insgesamt (alle Pflicht- und Freundschaftsspiele)

Kamp, Karl-Heinz	788
Burdenski, Dieter	782
Eilts, Dieter	704
Höttges, Horst-Dieter	701
Görts, Werner	658
Votava, Miroslav	657
Bode, Marco	645
Otten, Jonny	617
Reck, Oliver	604
Wolter, Thomas	600
Bracht, Uwe	597
Neubarth, Frank	583
Schaaf, Thomas	572
Bernard, Günter	504
Meier, Norbert	500
Möhlmann, Benno	494
Schütz, Arnold	493
Borowka, Ulrich	440
Reinders, Uwe	437
Hermann, Günter	426
Herzog, Andreas	417

Tore insgesamt (alle Pflicht- und Freundschaftsspiele)

Neubarth, Frank	273
Reinders, Uwe	273
Weist, Werner	238
Bode, Marco	229
Völler, Rudolf	228
Meier, Norbert	212
Ailton	189
Görts, Werner	173
Rufer, Wynton	168
Möhlmann, Benno	167
Röber, Jürgen	157
Schütz, Arnold	149
Höttges, Horst-Dieter	138
Röntved, Per	136
Herzog, Andreas	127
Klasnic, Ivan	125
Bracht, Uwe	119
Burgsmüller, Manfred	110
Ordenewitz, Frank	110
Björnmose, Ole	97
Zebrowski, Gerhard	92

Titelgewinne

Thomas Schaaf	8	DM 1988, P 1991, EC 1992, DM 1993, P 1994, *P 1999, DM 2004, P 2004*
Dieter Eilts	6	DM 1988, P 1991, EC 1992, DM 1993, P 1994, P 1999
Marco Bode	5	P 1991, EC 1992, DM 1993, P 1994, P 1999
Uli Borowka	5	P 1991, EC 1992, DM 1993, P 1994, P 1999
Rune Bratseth	5	DM 1988, P 1991, EC 1992, DM 1993, P 1994
Frank Naubarth	5	DM 1988, P 1991, EC 1992, DM 1993, P 1994
Oliver Reck	5	DM 1988, P 1991, EC 1992, DM 1993, P 1994
Otto Rehhagel	*5*	*DM 1988, P 1991, EC 1992, DM 1993, P 1994*
Mirko Votava	5	DM 1988, P 1991, EC 1992, DM 1993, P 1994
Thomas Wolter	5	DM 1988, P 1991, EC 1992, DM 1993, P 1994
Manfred Bockenfeld	4	P 1991, EC 1992, DM 1993, P 1994
Uwe Harttgen	4	P 1991, EC 1992, DM 1993, P 1994
Günter Hermann	4	DM 1988, P 1991, EC 1992, DM 1993
Wynton Rufer	4	P 1991, EC 1992, DM 1993, P 1994
Ailton	3	P 1999, DM 2004, P 2004
Andreas Herzog	3	DM 1993, P 1994, P 1999
Thorsten Legat	3	EC 1992, DM 1993, P 1994
Jonny Otten	3	DM 1988, P 1991, EC 1992
Klaus Allofs	3	P 1991, EC 1992, DM 1993

Kursiv = Titelgewinne als Trainer

Stand: 1. Juli 2006

Einsätze in der 1. Bundesliga 1963–2006:

Burdenski	444
Höttges	420
Eilts	390
Bode	379
Görts	363
Kamp	361
Votava	357
Reck	345
Neubarth	317
Wolter	312
Otten	308
Bernard	287
Bracht	272
Schaaf	262
Schütz	253
Meier N.	242
Borowka	239
Herzog	236
Hermann	231
Bratseth	230
Möhlmann	230
Reinders	206
Piontek	203
Roentved	194
Baumann F.	193
Frings	190
Assauer	188
Ferner	188
Röber	184
Steinmann	184
Zembski	179
Lorenz M.	176
Rufer	174
Ailton	169
Wiedener	164
Hiller	162
Okudera	159
Siegmann	153
Ernst	152
Stalteri	151
Schmidt B.	150
Rost	147
Weist	145
Zebrowski	145
Skripnik	138
Björnmose	137
Völler	137
Sauer	134
Konschal	133
Geils	132
Borowski	131
Danielsen	131
Ordenewitz	125
Klasnic	123
Micoud	123
Kutzop	121
Burgsmüller	115
Sidka	115
Hasebrink	114
Pezzey	114
Krstajic	112
Hobsch	106
Ramzy	98
Bockenfeld	94
Dressel	94
Basler	92
Lisztes	92
Wicky	92
Gruber	89
Trares	89
Reinke	88
Riedle	86
Dietrich	82
Harttgen	82
Schulz C.	81
Verlaat	81
Valdez	80
Allofs	78
Schimeczek	78
Kontny	76
Fichtel	75
Todt	72
Legat	70
Maximow	69
Hänel	68
Tjikuzu	68
Charisteas	66
Beiersdorfer	64
Ismael	64
Jagielski	64
Labbadia	63
Neuberger	63
Laumen	60
Brand	59
Schulz M.	59
Klose	58
Rupp	58
Bestchastnykh	56
Bogdanovic	56
Pizarro	56
Wunder	56
Flo	55
Ohling	53
Banovic	52
Meininger	52
Scholz	52
Lorenz B.	51
Coordes	50
Dabrowski	49
Jensen D.	48
Magnin	45
Kohn	44
Pfeifenberger	43
Matischak	42
Pasanen	40
Fahrenhorst	39
Barten	34
Soya	34
Daun	33
Davala	33
Kostedde	33
Baiano	32
Borel	32
Cardoso	32
Meyer H.	32
Naldo	32
Owomoyela	32
van Lent	32
Flock	31
Klöckner	31
Schulz H.	31
Frey D.	30
Benken	29
Vranjes	29
Windhausen	29
Weber	27
Petrovic	26
Rautiainen	26
Böhnke	25
Erkenbrecher	24
Ruländer	24
Thun	24
Unger	24
Müllner	23
Offermanns	22
Baumann C.	21
Wojtala	21
Schildt	20
Thygesen	20
Aslund	19
Klausmann	19
Schlief	19
Andreasen	18
Bordel	18
Roembiak	18
Schweighöfer	18
Glowacz	17
Hunt	17
Lambertz	17
Reich	17
Behrens	16
Deterding	16
Kunz	16
Mense	16
Schierenbeck	16
Bester	15
Loweg	15
Meyer D.	15
Thelen	15
Wiese	15
Dausmann	14
Lagerblom	14
Wehlage	14
Cesar	12
Götz	12
Seidel	12
Brexendorf	11
Podlich	11
Vier	11
Linz	10
Zidan	10
Gundelach	9
Haskamp M.	9
Rollmann	9
van Damme	8
Lee	7
Steinkogler	7
Weetendorf	7
Brasas	6
Lellek D.	6
Nachtwey	6
Silva	6
Stefens	6
Dogu	5
Jung	5
Tippelt	5
Daras	4
Feldhaus	4
Hanses	4
Ilic	4
Ripke	4
Roder	4
Schröder H.	4
Funk	3
Haak	3
Nery	3
Polenz	3
Rütten	3
Schlindwein	3
Schwierzke	3
Skogheim	3
Wierzchowski	3
Albayrak	2
Banecki	2
Dreyer	2
Lellek J.	2
Noruschat	2
Plaggemeyer	2
Rosenberger	2
Rülander	2
Starzak	2
Watson	2
Wessel	2
Blank	1
Böhm	1
Faber	1
Frese	1
Freund	1
Friedrich	1
Fütterer	1
Hoyer	1
Kiefert	1
Müller K.	1
Schöttner	1
Sunday	1
Teupel	1
Vander	1
Völzke	1
Voss	1

Tore in der 1. Bundesliga 1963–2006:

Bode	101
Neubarth	97
Völler	97
Ailton	88
Görts	73
Schütz	69
Reinders	67
Meier N.	66
Rufer	59
Herzog	58
Röber	57
Höttges	55
Weist	53
Klasnic	41
Klose	40
Roentved	40
Zebrowski	40
Riedle	38
Ordenewitz	37
Basler	36
Burgsmüller	34
Hobsch	33
Möhlmann	33
Micoud	31
Pizarro	29
Kamp	26
Bracht	24
Kutzop	23
Rupp	23
Björnmose	21
Valdez	21
Dressel	20
Ferner	20
Matischak	20
Borowski	19
Allofs	18
Charisteas	18
Frings	18
Labbadia	18
Laumen	18
Pezzey	18
Votava	18
Danielsen	17
Sidka	17
Hasebrink	16
Bogdanovic	15
Harttgen	15
Lorenz M.	15
Piontek	15
Baumann F.	13
Schaaf	13
Bratseth	12
Gruber	12
Hänel	12
Konschal	12
Meininger	12
Wolter	12
Wunder	12
Bestchastnykh	11
Ernst	11
Krstajic	11
Neuberger	11
Okudera	11
Schmidt B.	11
Kohn	10
Lorenz B.	10
Siegmann	10
Kostedde	9
Maximow	9
Meyer D.	9
Borowka	8
Hermann	8
Ismael	8
Klöckner	8
Lisztes	8
Ohling	8
Sauer	8
Soya	8
Windhausen	8
Dietrich	7
Eilts	7
Skripnik	7
Beiersdorfer	6
Podlich	6
Schulz H.	6
Schweighöfer	6
Stalteri	6
Thun	6
Todt	6
Trares	6
van Lent	6
Dausmann	5
Flo	5
Pfeifenberger	5
Verlaat	5
Weber	5
Aslund	4
Assauer	4
Behrens	4
Brand	4
Hiller	4
Legat	4
Magnin	4
Steinmann	4
Thygesen	4
Zembski	4
Baumann C.	3
Dabrowski	3
Daun	3
Frey D.	3
Glowacz	3
Kontny	3
Mense	3
Ramzy	3
Roembiak	3
Schildt	3
Wiedener	3
Baiano	2
Banovic	2
Bockenfeld	2
Cardoso	2
Geils	2
Müllner	2
Naldo	2
Schimeczek	2
Scholz	2
Schulz C.	2
Zidan	2
Böhnke	1
Burdenski	1
Coordes	1
Deterding	1
Erkenbrecher	1
Fahrenhorst	1
Flock	1
Hunt	1
Jensen D.	1
Jung	1
Klausmann	1
Kunz	1
Lellek D.	1
Linz	1
Offermanns	1
Otten	1
Pasanen	1
Rautiainen	1
Rost	1
Schlief	1
Schulz M.	1
Seidel	1
Steinkogler	1
Unger	1
van Damme	1
Vier	1
Vranjes	1
Wehlage	1
Wicky	1
Wojtala	1

Einsätze im DFB-Pokal: 1963/64–2005/06

Kamp	52
Burdenski	51
Eilts	50
Votava	49
Reck	48
Görts	45
Höttges	43
Bode	42
Bratseth	40
Otten	40
Neubarth	39
Borowka	38
Wolter	38
Hermann	37
Schaaf	36
Meier N.	33
Bracht	31
Reinders	29
Assauer	28
Rufer	28
Zembski	27
Möhlmann	26
Bernard	25
Baumann F.	24
Herzog	23
Roentved	23
Siegmann	21
Ailton	20
Klasnic	20
Konschal	20
Röber	20
Schütz	20
Stalteri	20
Borowski	19
Ordenewitz	19
Schmidt B.	19
Weist	19
Ernst	18
Hasebrink	18
Wiedener	18
Frings	17
Okudera	17
Rost	17
Sauer	17
Micoud	16
Neuberger	16
Riedle	16
Harttgen	15
Reinke	15
Allofs	14
Bockenfeld	14
Ferner	14
Fichtel	14
Geils	14
Hiller	14
Krstajic	14
Laumen	14
Piontek	14
Skripnik	13
Steinmann	13
Burgsmüller	12
Legat	12
Lisztes	12
Lorenz M.	12
Sidka	12
Valdez	12
Wicky	12
Charisteas	11
Gruber	11
Ismael	11
Kontny	11
Kutzop	11
Trares	11
Völler	11
Zebrowski	11
Beiersdorfer	10
Dressel	10
Pezzey	10
Todt	10
Basler	9
Björnmose	9
Hobsch	9
Kostedde	9
Maximow	9
Meininger	9
Schimeczek	9
Kohn	8
Bogdanovic	7
Danielsen	7
Davala	7
Klose	7
Schulz C.	7
Tjikuzu	7
Dabrowski	6
Dietrich	6
Hänel	6
Jensen D.	6
Lambertz	6
Magnin	6
Ohling	6
Pasanen	6
Pizarro	6
Ramzy	6
Ruländer	6
Verlaat	6
Benken	5
Bestchastnykh	5
Brand	5
Erkenbrecher	5
Flo	5
Hunt	5
Jank	5
Scholz	5
Baiano	4
Banovic	4
Borel	4
Coordes	4
Daun	4
Fahrenhorst	4
Frey D.	4
Lagerblom	4
Naldo	4
Offermanns	4
Owomoyela	4
Pfeifenberger	4
Rautiainen	4
Rupp	4
Schulz M.	4
Thygesen	4
van Lent	4
Weber	4
Wunder	4
Andreasen	3
Baumann C.	3
Böhnke	3
Brexendorf	3
Flock	3
Jagielski	3
Klausmann	3
Klöckner	3
Labbadia	3
Matischak	3
Mense	3
Meyer D.	3
Podlich	3
Reich	3
Roembiak	3
Schildt	3
Schweighöfer	3
Soya	3
Wojtala	3
Barten	2
Bordel	2
Cardoso	2
Cesar	2
Glowacz	2
Götz	2
Kunz	2
Linz	2
Lorenz B.	2
Meyer H.	2
Petrovic	2
Schulz H.	2
Thelen	2
Vier	2
Bester	1
Dausmann	1
Deterding	1
Gundelach	1
Haak	1
Hanses	1
Haskamp M.	1
Loweg	1
Masztaler	1
Meyer R.	1
Müllner	1
Nachtwey	1
Nery	1
Rollmann	1
Schierenbeck	1
Schlief	1
Schlindwein	1
Seidel	1
Silva	1
Skogheim	1
Sunday	1
Tippelt	1
Unger	1
van Damme	1
Voss	1
Vranjes	1
Wehlage	1
Wenschlag	1
Wessel	1
Wierzchowski	1

Tore im DFB-Pokal 1963/64–2005/06

Neubarth	25
Rufer	21
Reinders	16
Görts	14
Ailton	12
Klasnic	12
Höttges	11
Meier N.	11
Bode	10
Hasebrink	10
Kohn	10
Möhlmann	10
Röber	10
Weist	10
Borowski	9
Riedle	9
Allofs	7
Kostedde	7
Micoud	7
Bestchastnykh	6
Bracht	6
Burgsmüller	6
Charisteas	6
Kamp	6
Laumen	6
Ordenewitz	6
Maximow	5
Neuberger	5
Sidka	5
Völler	5
Bratseth	4
Frings	4
Gruber	4
Herzog	4
Ohling	4
Wunder	4
Dressel	3
Eilts	3
Erkenbrecher	3
Harttgen	3
Hermann	3
Ismael	3
Jensen D.	3
Otten	3
Roentved	3
Schaaf	3
Schütz	3
Thygesen	3
Valdez	3
Zembski	3
Assauer	2
Beiersdorfer	2
Bockenfeld	2
Dausmann	2
Ferner	2
Hunt	2
Klose	2
Kutzop	2
Labbadia	2
Pezzey	2
Pizarro	2
Rupp	2
Votava	2
Zebrowski	2
Banovic	1
Basler	1
Björnmose	1
Bogdanovic	1
Borowka	1
Brand	1
Cardoso	1
Dabrowski	1
Danielsen	1
Daun	1
Fichtel	1
Flo	1
Frey D.	1
Hänel	1
Hobsch	1
Legat	1
Magnin	1
Meininger	1
Mense	1
Naldo	1
Petrovic	1
Sauer	1
Schimeczek	1
Schmidt B.	1
Schulz M.	1
Schweighöfer	1
Stalteri	1
Thelen	1
Tjikuzu	1
Trares	1
van Lent	1
Wojtala	1

Dazu 9 gegnerische Eigentore

Einsätze in der Champions League bzw. im Europapokal der Landesmeister: 1965/66–2005/06

Micoud	18
Klose	17
Valdez	17
Reinke	16
Votava	16
Baumann F.	15
Borowski	15
Bratseth	14
Reck	14
Schulz C.	13
Pasanen	11
Wolter	11
Bode	10
Borowka	10
Frings	10
Owomoyela	10
Rufer	10
Basler	9
Beiersdorfer	9
Naldo	9
Neubarth	9
Ernst	8
Fahrenhorst	8
Herzog	8
Hobsch	8
Magnin	8
Stalteri	8
Eilts	7
Hunt	7
Ismael	7
Jensen D.	7
Klasnic	7
Legat	7
Schaaf	7
Hermann	6
Otten	6
Charisteas	5
Riedle	5
Andreasen	4
Bernard	4
Burgsmüller	4
Ferner	4
Höttges	4
Kutzop	4
Lorenz M.	4
Matischak	4
Meier N.	4
Ordenewitz	4
Piontek	4
Steinmann	4
Vranjes	4
Wiedener	4
Davala	3
Schulz H.	3
Zebrowski	3
Bordel	2
Danielsen	2
Gundelach	2
Hänel	2
Lagerblom	2
Podlich	2
Sauer	2
Schütz	2
Wiese	2
Banecki	1
Bockenfeld	1
Hanses	1
Harttgen	1
Skogheim	1
Unger	1
van Damme	1

Tore in der Champions League bzw. im Europapokal der Landesmeister 1965/66–2005/06

Rufer	8
Klasnic	7
Klose	6
Micoud	6
Hobsch	5
Bode	4
Valdez	4
Borowski	3
Basler	2
Danielsen	2
Höttges	2
Ismael	2
Matischak	2
Baumann F.	1
Bratseth	1
Burgsmüller	1
Charisteas	1
Ferner	1
Frings	1
Hermann	1
Jensen D.	1
Kutzop	1
Podlich	1
Riedle	1
Schaaf	1
Schulz C.	1
Schulz H.	1
Schütz	1
Wolter	1
Zebrowski	1

Einsätze in allen Europapokalen inkl. Super-Cup von 1961/62 bis einschl. 2005/06

Votava	63
Bode	58
Eilts	55
Reck	52
Neubarth	49
Bratseth	48
Borowka	46
Schaaf	43
Wolter	43
Otten	39
Rufer	36
Herzog	34
Baumann F.	33
Hermann	33
Meier N.	30
Frings	28
Wiedener	25
Riedle	23
Bockenfeld	22
Micoud	22
Rost	22
Sauer	19
Basler	18
Ernst	18
Legat	18
Borowski	17
Klose	17
Stalteri	17
Valdez	17
Ailton	16
Burdenski	16
Kutzop	16
Ordenewitz	16
Reinke	16
Hobsch	15
Maximow	15
Beiersdorfer	14
Burgsmüller	14
Möhlmann	14
Okudera	14
Pizarro	14
Wicky	14
Schulz C.	13
Sidka	13
Allofs	12
Völler	12
Pasanen	11
Magnin	10
Owomoyela	10
Bogdanovic	9
Charisteas	9
Gruber	9
Klasnic	9
Krstajic	9
Naldo	9
Trares	9
Fahrenhorst	8
Lorenz M.	8
Pezzey	8
Hunt	7
Ismael	7
Jensen D.	7
Kohn	7
Piontek	7
Ramzy	7
Schulz M.	7
Siegmann	7
Skripnik	7
Barten	6
Cesar	6
Dabrowski	6
Fichtel	6
Harttgen	6
Reinders	6
Schütz	6
Tjikuzu	6
Baiano	5
Bestchastnykh	5
Hänel	5
Verlaat	5
Vier	5
Zebrowski	5
Andreasen	4
Barth	4
Bernard	4
Böhnke	4
Borel	4
Bracht	4
Cardoso	4
Ferner	4
Flo	4
Höttges	4
Jagielski	4
Kamp	4
Kokartis	4
Lisztes	4
Matischak	4
Nachtwey	4
Roembiak	4
Rollmann	4
Ruländer	4
Schimeczek	4
Scholz	4
Soya	4
Steinmann	4
Vranjes	4
Bester	3
Davala	3
Flock	3
Gundelach	3
Kunz	3
Schröder W.	3
Schulz H.	3
Seidel	3
Todt	3
Banovic	2
Benken	2
Bordel	2
Brasas	2
Chanko	2
Danielsen	2
Daun	2
Lagerblom	2
Podlich	2
Schierenbeck	2
Unger	2
Wiese	2
Albayrak	1
Banecki	1
Hanses	1
Haskamp M.	1
Noruschat	1
Rupozinski	1
Schlindwein	1
Skogheim	1
van Damme	1

Tore in Europapokal-Wettbewerben total (inkl. Super-Cup von 1961/62 bis einschl. 2005/06)

Rufer	21
Bode	18
Neubarth	13
Riedle	11
Hobsch	9
Klasnic	9
Micoud	8
Basler	7
Meier N.	7
Pizarro	7
Klose	6
Borowski	5
Herzog	5
Sauer	5
Völler	5
Ailton	4
Baumann F.	4
Bratseth	4
Eilts	4
Valdez	4
Allofs	3
Bogdanovic	3
Burgsmüller	3
Charisteas	3
Kohn	3
Kutzop	3
Maximow	3
Sidka	3
Verlaat	3
Barth	2
Bestchastnykh	2
Bockenfeld	2
Danielsen	2
Hermann	2
Höttges	2
Ismael	2
Matischak	2
Ordenewitz	2
Pezzey	2
Reinders	2
Schaaf	2
Schütz	2
Stalteri	2
Wicky	2
Wiedener	2
Wolter	2
Bester	1
Borowka	1
Cardoso	1
Dabrowski	1
Ernst	1
Ferner	1
Flo	1
Frings	1
Gruber	1
Hänel	1
Jensen D.	1
Krstajic	1
Lisztes	1
Lorenz M.	1
Okudera	1
Podlich	1
Schröder W.	1
Schulz C.	1
Schulz H.	1
Soya	1
Vier	1
Votava	1
Zebrowski	1
Eigentor	5

Stand: 1. Juli 2006

WERDER

Lebenslang dankbar

Dieses Buch wäre ohne die tatkräftige Mithilfe unzähliger Personen nicht möglich gewesen.

In alphabetischer Reihenfolge standen folgende Spieler, Ex-Spieler, Trainer oder Ex-Trainer für meist sehr ausführliche Gespräche zur Verfügung oder halfen bei den Recherchen:

Ailton, Heinz Allhorn, Rudi Assauer, Frank Baumann, Günter Bernard, Marco Bode, Volker Boelsen, Lothar Böhm, Rune Bratseth, Horst Bünting, Dieter Burdenski, Dieter Eilts, Ralf Faber, Robert Frese, Torsten Frings, Hans-Georg Gerling, Peter Haak, Uwe Harttgen, Günter Hermann, Horst-Dieter Höttges, Norbert Hoyer, Kuno Klötzer, Florian Klugmann, Bernd Kugler, Klaus Lambertz, Udo Lattek, Herbert Laumen, Dirk Lellek, Max Lorenz, Bogdan Masztaler, Dieter Meyer, Johan Micoud, Benno Möhlmann, Dieter Mohrmann, Jonny Otten, Erwin Peters, Josef Piontek, Oliver Reck, Otto Rehhagel, Uwe Reinders, Karl-Heinz Riedle, Kurt Roder, Per Røntved, Bernd Rosenberger, Hermann Rülander, Wynton Rufer, Thomas Schaaf, Björn Schierenbeck, Bernd Schmidt, Volker Schöttner, Arnold Schütz, Hans Schulz, Heinz Sidon, Norbert Siegmann, Gerhard Steinkogler, Gerhard Teupel, Lars Unger, Rudi Völler, Dave Watson, Wolfgang Weber sowie Gerhard Zebrowski

Folgende Werder-Vorstands- oder Aufsichtsratsmitglieder haben auf phantastische Weise mitgeholfen, dieses Buch zu realisieren:

Klaus Allofs, Dr. Franz Böhmert †, Jürgen L. Born, Klaus-Dieter Fischer, Willi Lemke, Manni Müller

Des weiteren haben folgende Personen, Firmen oder Institutionen bei der Umsetzung dieses Projektes geholfen:

Sabine Anderson, Peter Arndt, Wolfgang Barkhausen †, Andreas Born, Carl-Gerd Buss, Reinaldo Coddou, Kenneth Dudjahn, Julia Ehlers, Entenspiel, Frank Fenken, Heiko Gefken, Jörn Gildehaus (Gildehaus & Lankenau), Hardy Grüne, Marita Hanke, Schorse Hasemann, Carsten Heidmann, Uwe Jahn, David James / Archiv Manchester City FC, Reinhard Jordan, Sammlung Peter Keller, Kicker Sportmagazin (Archiv), Harald Klingebiel, Peter Klinglmüller / Archiv Rapid Wien, Thomas Klumpp, David Koopmann, Landesbildstelle Bremen, Elke Maleika, Roland Martinez, Rolf Meierkord, Ulli Merk, Uwe Morawe, Richard M. Nuttall, Panini GmbH, Sabine Peege, Tino Polster, Oliver Rau, Alfons Rebell, Dr. Herbert Rienessel, Michael Rudolph, Holger Rullhusen, Walter Schumann und Gemahlin, Stefan Scibor, Lars Skødborg, Stolli, Jürgen Stroscher, Ralf Strömer, Carl van der Walle, Manfred Wagner, Roman Wagner, Hans-Joachim Wallenhorst, Pico Wilm sowie Tanja Zebrowski

Nicht zu vergessen die zahllosen RedakteurInnen, Archivare, SekretärInnen und Fotografen von Lokalzeitungen in ganz Deutschland, dazu in Korea, den USA, England, Ägypten, Spanien, Norwegen und Australien.

Ebenso alle MitarbeiterInnen von Sportvereinen in ganz Norddeutschland, die mit ihren Erinnerungen dazu beigetragen haben, die Spiele-Chronik dieses Buches zu komplettieren.

Ferner danke ich allen alten Werderanern, die mir für die Gestaltung dieses Buches ihre Fotos, Trikots oder sonstige Erinnerungsstücke zur Verfügung stellten.

Der allergrößte Dank richtet sich an Jürgen Anders, ohne dessen Mithilfe die Spiele-Chronik nie hätte entstehen können, und an Klaus-Dieter Fischer, dessen Aufzeichnungen und Gedächtnis diesem Buch sehr gut getan haben.

Anregungen, Verbesserungsvorschläge und Korrekturen sind jederzeit willkommen (Adresse siehe unten). Und folgende Personen könnten sich eigentlich ruhig mal bei mir melden: Der kleine Junge von Seite 70 (müßte im Jahr 2006 ungefähr 42 Jahre alt sein), der mysteriöse »Zuschauer im Tor« (Seite 92), der verschollene Ex-Spieler Klaus Müller (Seite 115) und jeder, der meint, Geschichten zu Werders Geschichte beitragen zu können.

Dieses Buch hat die nahezu komplette Freizeit dreier Jahre verschlungen. Es war ein großes Erlebnis, sich Werder Bremen auf derart intensive und intime Weise nähern zu können. Allerdings galt es auch große Opfer zu bringen, dies gilt vor allem für meine Familie, der ich tausend Dank schulde und mindestens ebenso viele »Sorry«!

Ein besonders lieber Gruß geht zuletzt an meinen Sohn Ben (5), der einmal ein großer Torwart wird. Papa hat jetzt wieder mehr Zeit.

Arnd Zeigler im Oktober 2006

(c/o Werder Bremen, Franz-Böhmert-Str. 1c, 28205 Bremen oder arndzeig@aol.com)

Für Ben Zeigler, Werders großen Rückhalt 2022 (ca.)

Die ultimative Bremen Vier AILTON-Maske
bremen vier
DEUTSCHER MEISTER 1965
RUDI VÖLLER
WERDER BREMEN
KIWI RUFER
kicker STELLT VOR:
WERDER BREMENS
Trainer Kalli Rehhagel nimmt einen Schluck aus der Pulle.
PIZARRO
CUP WINNER'S CUP FINAL
AS MONACO
SV WERDER BREMEN
6 MAIO 1992
ESTADIO DO SPORT LISBOA E BENFICA
ФУТБОЛ
„СПАРТАК"
„ВЕРДЕР"
21
HANNOVER 96
Werder Bremen
Block S8
Reihe 12
Platz 4
Eingang Süd
26,00 EUR
DIE ROTEN
BREMERLAND
Werder
Bremen
Abschiedsspiel Günter Bernard
Nationalspieler-Auswahl
gegen
SV WERDER
Dienstag, 7. Mai 1974, 19.30 Uhr
Weser-Stadion
BREMERLAND frisch vom Land
Mit BREMERLAND-Joghurt
FRANCE Football
MICOUD
LE NOUVEAU BORDEAUX
TRANSFERTS RIBERY, LE FEUILLETON DE L'ETE
Thomas Schaaf
BREMERLAND frisch vom Land
WERDER BREMEN
Deutscher Fussballmeister 1965
1. FC LOKOMOTIVE LEIPZIG
HSV
SV WERDER
Sonnabend, 17.
BREMERLAND frisch vom Land
ARSENAL FOOTBALL CLUB
MIXED ZONE PASS
PP 1 47
STADTHALLE BREMEN
DIE NEUE BREMER BUNDESLIGA
Rudolf Assauer Werder Bremen
werder
co op Bremen
P.S.V.-Philips Stadion
P.S.V. - WERDER BREMEN
1. FC KÖLN - WERDER BREMEN
DM 3,50